福州 2017 年鉴

FUZHOU YEARBOOK

福州市人民政府 主办　《福州年鉴》编纂委员会 编

（总第30卷）

方志出版社
Publishing House of Local Records

图书在版编目（CIP）数据

福州年鉴. 2017/《福州年鉴》编纂委员会编. —
北京：方志出版社，2017.10
ISBN 978－7－5144－2584－0

Ⅰ. ①福… Ⅱ. ①福… Ⅲ. ①福州市—2017—年鉴
Ⅳ. ①Z525.71

中国版本图书馆 CIP 数据核字（2017）第 254694 号

福州年鉴（2017）

编　　者：《福州年鉴》编纂委员会
责任编辑：章　瑾

出 版 人：冀祥德
出 版 者：方志出版社
　　地址　北京市朝阳区潘家园东里 9 号（国家方志馆 4 层）
　　邮编　100021
　　网址　http://www.fzph.org
发　　行：方志出版社发行中心
　　电话　（010）67110500
经　　销：各地新华书店
印　　刷：福州报业鸿升印刷有限责任公司

开　　本：889×1194　1/16
印　　张：30.25
字　　数：938 千字
版　　次：2017 年 10 月第 1 版　2017 年 10 月第 1 次印刷
印　　数：0001～2000 册

ISBN 978－7－5144－2584－0　定价：280.00 元

《福州年鉴》编纂委员会

总顾问：王　宁　（中共福建省委常委、中共福州市委书记）
尤猛军　（中共福州市委副书记、市政府市长）
陈为民　（市人大常委会主任）
何静彦　（市政协主席）

主　任：李　春　（市政府副市长）
副主任：高锦利　（市地方志编纂委员会主任）
叶　红　（市地方志编纂委员会副主任）

委　员：朱汉民（市政府秘书长）
程小马（市委副秘书长、市委办公厅主任）
丘志强（市人大常委会副秘书长、市人大常委会办公厅主任）
黄建新（市政府副秘书长、市政府办公厅主任）
陈向上（市政协副秘书长、市政协办公厅主任）
黄济霖（市政府副秘书长、市投资促进局局长）
刘用全（市政府副秘书长）
薛　博（市纪委常委、秘书长）
陈　惠（市委组织部常务副部长）
叶友琛（市委宣传部常务副部长）
阮文光（市委统战部常务副部长）
郭家彬（市委政法委常务副书记）
游通铃（市发改委主任）
王国晓（市经信委主任）
陈漠诚（市城乡建委主任）
唐　希（市委教育工委书记、市教育局局长）
任义文（市科技局局长）
林中麒（市财政局局长）
王命瑞（市人力资源和社会保障局局长）
翁芳明（市委农办主任、市农业局局长）
林汉隽（市商务局局长）
陈宗胜（市市场监督管理局局长）
彭锦华（市统计局局长）
曾国俊（市国资委主任）
程文光（鼓楼区政府副调研员）
林　实（台江区政府副区长）
王栋梁（仓山区政府副区长）
阮巍伟（晋安区政府党组成员）
侯爱平（福州经济技术开发区管委会调研员）
林峭立（福清市政府副市长）
陈航星（长乐区政府副区长）
张三放（闽侯县政府副县长）
谢志成（连江县政府副县长）
陈婉霞（闽清县政府副县长）
蒋仁正（罗源县政府科技副县长）
张青雅（永泰县政府副县长）

《福州年鉴》编辑部

（按姓氏笔画顺序）

主　　编：高锦利
副 主 编：叶　红
编　　审：陈　敏　陈文忠
责任编辑：吴　燕　卓明顺　周弭姣　郭秋延　黄　铭
目录翻译：郭秋延
内文排版：周　燕
彩页图片策划：张人峰　俞　松
封面、彩页排版：吴世荣
彩页图片文字：陈贝茜　吴　隽　朱毓松

《福州年鉴（2017）》撰稿人名单

（按姓氏笔画顺序）

丁　琮　王　宇　王　勇　王　翀　王文波　王文清　王玉龙　王东曜　王庆金　王晓莉
王鹏丽　文军成　方善明　邓华健　石美琳　卢余清　叶　平　叶伟奇　史中华　白　亮
兰克辉　宁启超　吕南勋　朱　晏　朱凌姗　任芝芬　华智敏　刘　煜　刘用福　刘静怡
齐　娟　江允英　汤枫灵　许　瑨　许培莲　苏燕铃　李　伟　李　拯　李　勇　李中平
李孝棋　李晓榕　李海峰　杨　潇　杨家铸　肖登峰　吴卫航　吴旭华　吴志琴　吴金捷
吴家松　吴翔凌　吴锦地　吴镇聪　邱金炜　何　琛　余　芳　余珊珊　余荣发　余端乐
沈必胜　宋增清　张　宇　张　灵　张　祎　张　春　张　勇　张　磊　张宝灯　张清炎
陆范欣怡　陈　今　陈　玉　陈　贞　陈　珊　陈　勇　陈　捷　陈　康　陈　辉
陈　锋　陈　嘉　陈　璐　陈　巍　陈乃锦　陈小刚　陈云娟　陈文浩　陈孝申　陈宏威
陈茂华　陈国栋　陈明亮　陈金章　陈学锋　陈俏彬　陈斯友　陈锦泰　陈新强　陈福虽
陈潇潇　范韩军　林　云　林　风　林　东　林　立　林　林　林　怡　林　烁　林　莹
林　钿　林萍（工委）　林萍（鼓楼区）　林　硕　林艺红　林木荣　林文亮　林秀忠
林邵劼　林城冰　林婧一　林舒浩　林婷婷　林榕捷　周金媛　周炜赟　周震宇　郑　丹
郑　强　郑龙腾　郑永平　郑自文　郑荣火　郑海云　郑颖青　郑福春　赵志鑫　俞少奇
姚岑姗　倪添灵　翁若菁　高晓燕　唐　宜　涂传宏　桑　莹　黄　威　黄　晓　黄　超
黄兰英　黄庆华　黄启韩　黄金寿　黄梦融　黄登权　曹友权　曹功义　程　栩　程龙吟
曾　进　温昌经　游向东　谢　辉　谢剑沂　谢冠君　谢浩忱　鄢权伟　雷振宇　詹志勤
黎　明　潘　珍　薛昭曦　穆清龙　魏善庆

编 辑 说 明

一、《福州年鉴》是福州市人民政府主办、《福州年鉴》编辑部承编的地方综合年鉴。1988年创刊，每年出版一卷。《福州年鉴》以马克思列宁主义、毛泽东思想、邓小平理论、“三个代表”重要思想、科学发展观、习近平新时代中国特色社会主义思想为指导，坚持辩证唯物主义和历史唯物主义的立场、观点、方法。旨在全面、系统、准确地反映福州市自然、政治、经济、文化、社会、生态等方面的基本情况，为读者了解和研究福州市提供资料查询。

二、《福州年鉴》主体内容由栏目、分目、条目组成，以条目为表现内容的基本形式。全书条目标题统一用黑体加【】表示，下一层次标题用楷体区别。

三、《福州年鉴(2017)》为总第30卷，主要记载2016年度福州市的基本情况、发展变化及年度大事要闻。全书主体内容有三个部分：(1)卷首设特载、大事记、市情概貌；(2)主体部分为各类事业；(3)卷末设县(市)区，人物，文献法规及统计资料。设有41个栏目、240个分目、1445个条目，配有80幅彩页图片、102张正文照片、135幅图表，共93.8万字。

四、本卷年鉴在保持基本框架相对稳定的前提下，对部分内容进行更新、调整、充实。其中：调整、归并“特载”“专记”栏目，仅保留“特载”栏目，记载2016年最值得关注的福州新闻；增设“新区　自贸区”栏目，专门记述福州新区、福建自贸区福州片区发展情况，反映福州区位叠加优势；“文化　体育”栏目拆分为“文化”和“体育”两个栏目，充实收录的信息量；“社会民生”栏目更名为“社会生活”，并将“中国福州市委”栏目的“民族宗教工作”分目、“科学技术”栏目的“气象”“防震减灾”分目调整至该栏目；“福州市地方法规、规章政策(选录)”栏目调整更名为“文献　法规”栏目，将往卷年鉴“特载”“专文”栏目收录的年度重要讲话、报告、专项工作完成情况等文献并入该栏目的“地方重要文献”分目，便于读者集中查阅资料，并设置“法规、规范性文件目录”分目，仅保留地方法规、政府令、政府规范性文件名录，不再全文收录。

五、本卷稿件主要由市直部门、各县(市)区、驻榕部队、省直单位专人撰写并经其主管领导审核。书中涉及的主要数据由于各供稿单位资料来源、统计口径及统计时点不尽相同，可能略有差异，读者在引用相关数据时应以福州市统计局正式公布的统计数据为准。如无特殊说明，数据均不含平潭。增长速度、指数均采用“水平法”。

六、本卷年鉴配备双重检索系统，书前刊有总目和中、英文目录，书后备有主题分析索引，范围详及条目和图表。

七、本卷年鉴随书附赠光盘，并在福州地情网(www.fzdqw.com)发布。

八、本卷年鉴的组稿、编纂出版得到全市各级各部门领导的重视与支持，在此《福州年鉴》编辑部向所有关心、支持和直接参与本卷编纂工作的领导、同志深表谢意与敬意。

宁德市
南平市
三明市
泉州市
莆田市
福州市
古田县
闽清县
（梅城镇）
永泰县
（樟城镇）
闽侯县（甘蔗街道）
鼓楼区
晋安区
仓山区
台江区
马尾
福清市
（玉屏街道）
涵江区
荔城区
城厢区
秀屿区
黄楮林自然保护区
图例
设区市行政中心
综合实验区
县级行政中心
街道办事处
镇、乡
社区居委会、村委会
设区市行政区域界
县级行政区域界
铁路及火车站
在建铁路
高速公路及互通
在建高速公路
国道及编号
省道及编号
县道
一般公路
主要街道
一般街道
河流
水库
审图号：闽S[2017]131号
比例尺1:580 000
福建省制图院 编制
资料截至2016年12月
注：本图界线为权宜画法，不作划界依据。

福州市地图

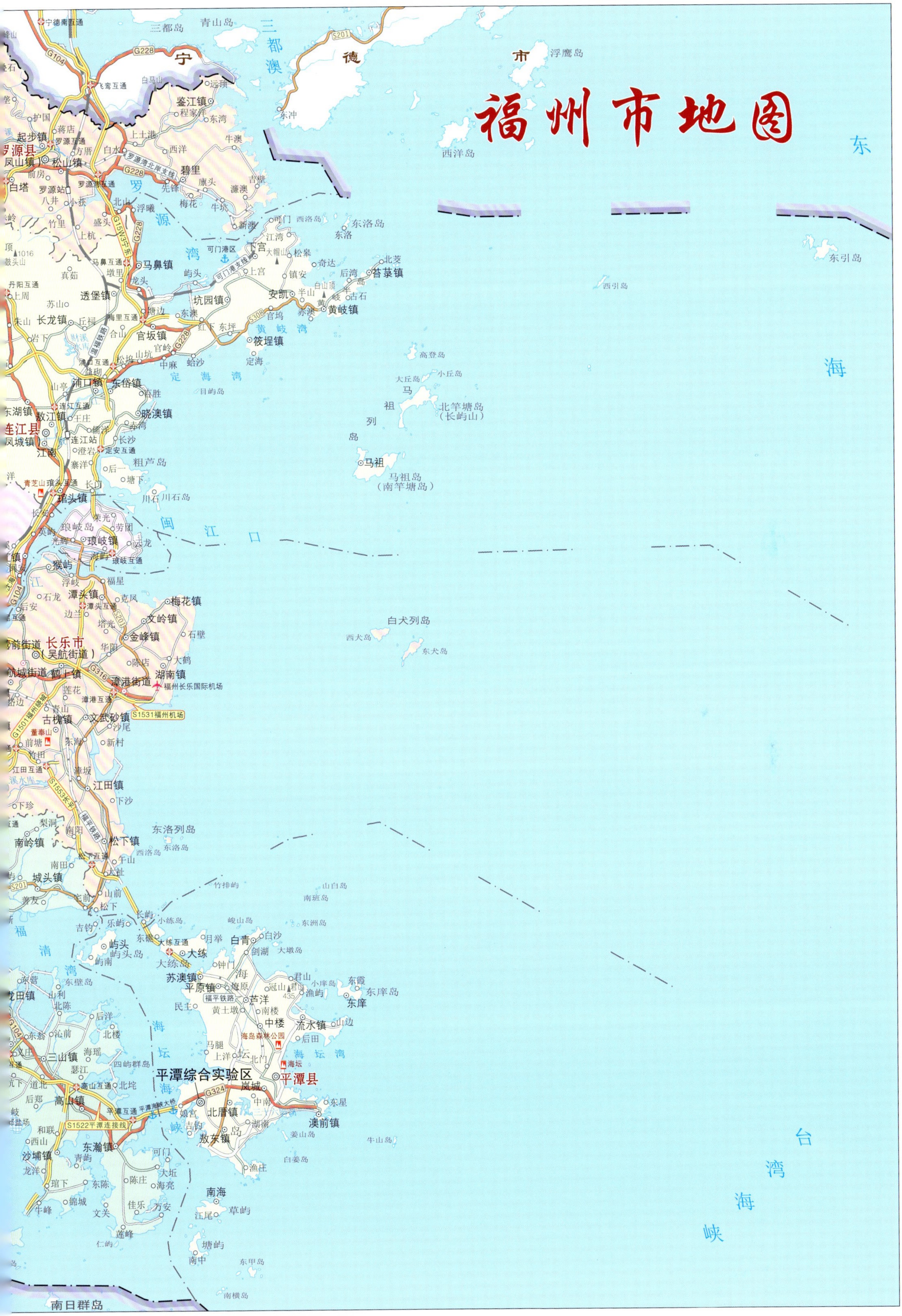

三都岛
青山岛
三都澳
宁德市
浮鹰岛
西洋岛
东冲
鉴江镇
起步镇
罗源县
凤山镇
松山镇
白塔
罗源站
碧里
罗源湾
马鼻镇
可门港区
下宫
东洛岛
东洛
苔菉镇
黄岐镇
安凯
坑园镇
透堡镇
长龙镇
官坂镇
筱埕镇
黄岐湾
定海湾
东岱镇
浦口镇
晓澳镇
敖江镇
连江县
凤城镇
连江站
粗芦岛
琯头镇
川石岛
闽江口
琅岐岛
琅岐镇
猴屿
潭头镇
梅花镇
文岭镇
金峰镇
长乐市
吴航街道
鹤上镇
漳港街道
湖南镇
福州长乐国际机场
古槐镇
文武砂镇
江田镇
东洛列岛
松下镇
南岭镇
城头镇
福清湾
屿头岛
大练岛
白青
苏澳镇
平原镇
芦洋
中楼
流水镇
东庠岛
海坛湾
平潭综合实验区
平潭县
岚城
北厝镇
澳前镇
敖东镇
三山镇
高山镇
东瀚镇
沙埔镇
南海
草屿
塘屿
南日群岛
海坛海峡
高登岛
大丘岛
小丘岛
马祖列岛
北竿塘岛
（长屿山）
马祖
马祖岛
（南竿塘岛）
白犬列岛
西犬岛
东犬岛
东引岛
西引岛
东海
台湾海峡
牛山岛

县石
闽侯民俗园
洽浦
京台
西山
关口
往闽侯
荆溪镇
荆溪
溪下
峰福铁路
合福铁路
李峰
过溪水库
福州绕城
益凤
西岭枢纽互通
昌福铁路
桐口
永丰互通
中房洲
闽江
新墩洲
港里岛
苏洋
往三明北
316国道
往南平
侯官
福州国家森林公园
福州动物园
福建证监局
福州软件园
兰庭
福州软件职业技术学院
大腹山
省高级人民法院
五凤街道
华大街道
左海公园
西湖公园
熊猫世界
福州总院分院
福建省工贸学校
福建行政学院
福建经济学校
福州总院
金牛山公园
煤矿中心医院
鼓西街道
东街街道
三坊七巷
洪山镇
洪山桥
省地方海事局
南街街道
市政府
省
沙堤
闽侯六中
红峰
厚美
蜂疗医院
福建农林大学
福建工业学校
福州科技学院
新峰
庄南
福州广播电视大学
福州职业技术学院
榕桥
省第三人民医院
福建中医药大学
福建医科大学
上街镇
上街投资区管委会
洪塘大桥
妙峰山
空军医院
金山寺
建新镇
福州大学
圣诞学校
省老年大学
市教院附中
安泰街道
闽江学院
福州第一技工学校
青洲
美岐
江夏学院
福州大学
浦口
金山工业集中区（金山片）
解放大桥
省血液中心
宁化街道
省广电中心
义洲街道
福州西互通
岐安
一中（高中部）
桔园洲大桥
榕城广场
仓山区
仓霞街道
岐头
建平
汽车西站
厚庭
福州高新区海西园
金山街道
市中级法院
江心公园
福建工程学院
蔗洲
福建师范大学
仓山万达广场
金港公园
上渡
旗山
新洲
乌龙江湿地公园
金山工业集中区（浦上片）
市肺科医院
华南女子职业学院
马保
闽江师范高等专科学校
浦上大桥
汇文学校
福州海峡奥体中心
劳动者公园
福州海福医院
金山工业集中区（福湾片）
G70福银
晓岐
湾边大桥
上岐
六凤
元峰
流洲
中溪
后山
六十份
福州南互通
南屿镇
G15W3宁东
南井
南前
江口
新岐
马腾
文山
罗洲
南港大桥
往永泰
图例
省政府驻地
设区市行政中心
区行政中心
街道办事处
镇、乡
社区居委会、村委会
机关企事业单位
学校 医院
山峰
体育场
河流
高速公路
铁路
环线
一级街道
在建一级街道
二级街道
三级街道
主要旅游资源
其他旅游资源
火车站
汽车站
地图审图号：闽S[2017]131号
福建省制图院 编制 资料截至2016年12月

福州市城区图

象峰
鹅峰
民义
杨廷
往贵安温泉
互通
桂湖
寨顶山
秀峰
涧田
新店互通
后山
桂山
琴亭
登云山庄高尔夫球俱乐部
登云水库
华威客运站
福州站
福建铁路干校
汽车北站
茶园街道
市邮政局
省检察院
福州机场
东山苗圃
园中
潭桥
鼓岭
过仑
南洋
鸡冠山
白眉水库
金鸡山公园
温泉公园
温泉街道
宜夏
柳杉王公园
竹屿
省动物研究所
化工互通
十中
晋安区
柯坪水库
东大路
晋都戴斯国际酒店
福兴经济区
省肿瘤医院
水部街道
鼓山镇
晋安区交通局
市体育馆
王庄街道
岳峰镇
象园街道
汽车南站
市广电局
财泉亭
绝顶峰
磨溪
南公园
新港街道
光明港公园
亚峰公园
水上公园
市电业局
鼓山
瀛洲街道
鳌峰街道
省革命历史博物馆
市委党校
台江区
金融街万达广场
鳄鱼公园
十八景
涌泉寺
国货互通
鳌峰大桥
闽江大桥
市航道分局
中洲
临江街道
烟台山公园
仓前街道
下渡街道
江边
东部办公区
往宁德
温福铁路
仓山区广电局
对湖街道
华威城乡客运站
福州机场
高湖
浦下
鼓山大桥
魁岐互通
龙门
快安
仓山镇
三叉街道
海峡国际会展中心
福马铁路
福建商贸学校
东升街道
中庚喜来登酒店
建坂
马尾科技园管委会
马尾镇
福建警察学院
盖山镇
仓山科技园
魁浦大桥
快洲
双协
白湖亭客运站
北园
盖山投资区
濂江
濂江工业园
儒江
福州海关
高盖山公园
高盖山
叶厦
跃进
黄山
福泉高速互通
黄山考场
往长乐机场
胪厦
省地质医院
市交巡警支队车管所
省民政干部学校
福建交通职业技术学院排下校区
尚保
谢安
安平
梁厝
福州经济技术开发区管委会
马尾区
天马山公园
天马山
二十一中
城门
福州外贸外语学院
竹榄
福建信息职业学校（社园校区）
前锦
城门镇
湖际
下洋
马尾大桥（在建）
中国船政文化
马限山公园
马限
吴凤
胪雷
福州南站
洋坑
螺洲镇
龙江
吴厝
洲尾
螺洲大桥
浚边
清富
禄家
福厦铁路
道庆洲
324国道
往莆田
乌龙江大桥
乌龙江特大桥
乌龙江
闽江
南港
往长乐、福清

马上就办
真抓实干

国家园林城市

全国文明城市

国家卫生城市

中国优秀旅游城市

全国绿化模范城市

国家环保模范城市

全国首批生态文明典范城市

全国双拥模范城市

国家历史文化名城

全国宜居城市

滨江滨海生态园林城市

福布斯中国大陆最佳商业城市百强城市

全国服务外包示范城市

全国『十三五』服务业综合改革试点区域

全国『十三五』海洋经济创新发展示范城市

中国领军智慧城市

党政要闻

2016 年 9 月 26—27 日，中国共产党福州市第十一次代表大会胜利召开，确定未来工作的中心任务就是建设“机制活、产业优、百姓富、生态美”的新福州。省会福州遵循习近平总书记当年亲自描绘的美好蓝图，坚持以人民群众关注的问题作为市委、市政府工作的重点，践行“马上就办、真抓实干”，全力当好全省经济社会发展的排头兵。

2016 年 9 月 12 日，省委书记尤权（前左二）率领省委、省政府工作检查组，赴福州江阴工业区开展工作检查，实地察看福州实施供给侧结构性改革、推进产业转型升级、加快重点项目建设等情况（池远 摄）

2016 年 4 月 15 日，省长于伟国（前左一）调研鼓楼区金太阳老年服务中心，指导推进养老家政服务业发展和公共停车设施建设（俞松 摄）

2016 年 12 月 24 日，省委副书记、市委书记倪岳峰（前左三）前往地铁站点和车辆基地，实地检查地铁开通试乘的各项准备工作（池远 摄）

2016 年 9 月 26 日，中国共产党福州市第十一次代表大会在福州海峡国际会展中心开幕（俞松 摄）

2016年8月9日，代市长尤猛军（前左二）赴长乐调研经济发展工作（黄立新 摄）

2016年8月23日，全市召开重大项目“抓征迁、促落实”百日攻坚行动动员大会，公布行动实施方案和攻坚项目清单（池远 摄）

城市建设

2016年，福州市完成全市“多规合一”工作；建成晋安南路等57条市政道路，绕城高速东南段、长平高速等9个重点快速通道项目建设进展顺利；启动内河水体黑臭治理项目94个、水系周边环境整治项目39个、城区交通拥堵治理项目252个、全民绿化项目535个、休闲步道项目12个。

2016年1月3日，海峡两岸（船政）文化创意产业园——“左营·左赢”园区正式开园（陈敏灵 摄）

2016年8月16日，经过近一年改造，修葺一新的南公园正式向市民开放（郑帅 摄）

2016年5月15日，福州市上下杭历史文化街区人选2016全国优选旅游项目。图为上下杭历史文化街区（俞松 摄）

2016年12月，鼓楼区大腹山休闲步道建成（陈成才摄）

2016年2月2日，闭园19年的江心公园经改造后试开园（陈贝茜 摄）

2016 年 6 月 30 日，尤溪洲大桥下环岛改造全面通车（俞松 摄）

2016 年 10 月 30 日，马尾大桥跨江段，最后一根钻孔灌注桩完成浇注（陈晓静 摄）

2016 年 11 月 28 日，历经 3 年的施工建设，沈海复线宁德漳湾至连江浦口高速公路二期工程宁德飞鸾至增坂段正式通车（赵炳祥 摄）

2016 年 12 月 21 日，建设中的长平高速松下跨海特大桥（陈鹤 摄）

1 2016年底，茶亭河部分河段完成综合整治（叶诚 摄）
2 2016年12月，福州投放150辆新能源公交车，新增优化公交线路10条（叶义斌 摄）
3 2016年12月，海峡文化艺术中心项目歌剧院主体钢结构封顶（俞松 摄）
4 2016年6月18日，福建省首个VR特色小镇——长乐东湖VR小镇开镇迎客（俞松 摄）
5 2016年12月29日，福州城区首条地下综合管廊在连潘凤坂片区的前屿西路开建（叶义斌 摄）

一线攻坚

2016年8月23日，福州市启动“抓征迁、促落实”百日攻坚行动，完成拆迁578.39万平方米，完成交地2440公顷，解决问题1562个，提速项目223个，开工项目139个，完成投资1473.47亿元。推行一线干部考核机制，突出急难险重任务和日常工作一线考察干部，对全市4万多名干部现实全覆盖考察。

至2016年底，仓山联建新苑社会保障房项目一区至三区完成交房。图为联建新苑绿化景观（叶义斌 摄）

2016年11月9日，台江区9个街道分片包干，近千名工作人员全力投入闽江北岸中央商务区二期地块房屋征收征迁工作（廖云岚 摄）

2016年12月11日，作为百日攻坚重点项目，全市第七大水厂、日供水15万吨的飞凤山水厂正式对外供水，可满足20万人的用水需求（叶义斌 摄）

2016 年 12 月 18 日，福州莆炎、长福高速公路开工仪式在永泰县梧桐镇举行（郑帅 摄）

2016 年 12 月 5 日，新洪山桥右幅 4 号墩钢筋搭建施工现场 （叶义斌 摄）

2016 年 11 月 21 日，连江塘坂引水二期工程高岳隧道施工现场（叶义斌 摄）

地铁时代

福州地铁 1 号线（一期）全长 24.89 千米，设 21 座车站，纵贯晋安、鼓楼、台江、仓山四城区，联络南、北火车站两大客运枢纽。地铁 1 号线于 2011 年 4 月 26 日展开全面施工，2016 年 5 月 18 日南段开通试运营，是全省开通营运的第一条地铁线。

此外，地铁 2 号线设 22 座车站，2016 年完成 6 座车站主体施工；地铁 6 号线会展中心站、林浦站、漳港站、营前站、航城站进入施工阶段。

2016 年 11 月 30 日，地铁 1 号线出库运行（叶义斌 摄）

2016 年，屏山地铁站内的《屏山古韵》浮雕艺术墙，融合周边 8 个重要景点（俞松 摄）

2016 年 5 月 18 日，福州地铁 1 号线南段开通试运营（黄立新 摄

2016 年 7 月，地铁 2 号线全线动建（俞松 摄）

2016 年 11 月 30 日，福州地铁 6 号线在林浦站正式开工（叶义斌 摄）

活力经济

2016年，福州市把握“五区叠加”战略机遇，经济增长稳中有升，产业发展提质增效。全市地区生产总值6197.64亿元，比上年增长8.5%；服务业增加值3114.96亿元，占GDP的比重超50%。通过开展“抓招商、促发展”专项行动，争取一批新项目落地；通过推进供给侧结构性改革，实施创新驱动发展战略，着力转方式、调结构。

2016年5月17日，亚洲合作对话（ACD）工商大会暨青年企业家创新峰会在福州开幕（福州日报社 供）

2016年1月20日，福州新区建设发展座谈会在北京举行对接央企和国企项目64项，总投资3315亿元（ 池远 摄）

2016 年 9 月 22 日，2016 腾讯全球合作伙伴大会在福州开幕（郑帅 摄）

2016 年 11 月 18 日，全国首家窄带物联网规模化商用局启动仪式在福州举行（欧阳进权 摄）

2016 年 3 月 23 日，福州至台湾的海运直航邮路在福建自贸区福州片区正式开通，成为大陆第二条对台海运直航邮路（姜克红 摄）

2016年5月，福州首个电子围网保税冷链库在马尾正式投用（陈敏灵 摄）

2016年5月6日，神华福州罗源湾港储电一体化项目烟囱混凝土外筒结顶，标志省内最高脱硫烟囱基本建成，该项目为国家能源局节能升级与改造示范项目（俞松 摄）

2016年6月，“华龙一号”全球首堆示范工程——福清核电5号机组进入全面建设阶段，该机组设备国产化率达89%（俞松 摄）

2016年12月18日，福州京东方光电科技有限公司基建竣工（俞松 摄）

海上福州

2016年11月，市委、市政府印发《对接国家战略建设海上福州工作方案》，提出传承上世纪90年代福州在全国沿海城市率先提出的“海上福州”发展战略，积极响应“一带一路”倡议和对接建设海洋强国的国家战略，加快建设海洋强市。

2016年，江阴港区集装箱吞吐量完成126.7万标准箱，比上年增长14.3%。图为江阴港区码头（福清市委宣传部 供）

2016年8月，货轮“纽约号”进入罗源湾港区可门作业区4号泊位卸货，标志着全省首个30万吨级干散货码头正式投入运营（黄立新 摄）

2016年8月，由福建野马飞机制造有限公司自主研发生产的首架通用飞机完成组装，为首架“福州制造”的飞机（福清市委宣传部 供）

2016年11月，中石油渤海钢管可门项目落地（俞松 摄）

位于毛里塔尼亚的“福州制造”渔业基地为中国最大的海外渔业基地，2016 年产值达 6000 多万美元（福州日报社 供）

2016 年 7 月 1 日起，平行进口汽车保税仓储新政策在福州自贸片区正式落地，江阴港成为全国第二个进口汽车保税仓储政策落地的口岸。图为江阴港区整车进口口岸（黄立新 摄）

2016 年 5 月 18 日，首届联合国海陆丝绸之路城市联盟城市论坛在福州举行（池远 摄）

2016 年 11 月 13 日，第二届“海上丝绸之路”（福州）国际旅游节正式启动，“9+9”国际旅游合作联盟正式成立（池远 摄）

文体活动

2016年，福州市推进文化惠民，完成103个文化站建设和1602个文化服务中心达标提升工程。挖掘闽都文化，鼓励发展文化产业，支持文艺创作。实施590个全民健身工程，开展32项1080场全民健身活动。成功举办第24届市运会、中国羽毛球公开赛、环福州·永泰国际公路自行车赛、福州国际马拉松赛等大型体育赛事。

2016年1月7日，闽剧《林则徐复出》参加文化部"全国地方戏优秀中青年演员汇报演出"（俞松 摄）

2016年7月17日，2016福州国际漆艺双年展在朱紫坊历史文化街区启幕（黄立新 摄）

2016年12月24日，福建省、福州市各界纪念福建船政150周年大会举行（杨勇 摄）

2016 年 9 月 9 日，“金钟之星”艺术团慰问演出暨第九届海峡两岸合唱节开幕式在长乐人民会堂举行（郑帅 摄）

2016 年 2 月 23 日，中国广播艺术团 2016 年首场演出在永泰县举行，冯巩、刘全利等 32 名中国广播艺术团文艺工作者与 40 多名福州市歌舞团演员参演（王永臣 摄）

2016 年 6 月 17 日，由福州市文化广电新闻出版局主办的“艺术扶贫 · 戏曲、曲艺进校园”成果展演在陈文龙尚书庙内举办（黄立新 摄）

2016年11月16日，2016环福州·永泰国际公路自行车赛在马尾正式鸣枪（叶义斌 摄）

2016年10月22日，福州市第二十四届运动会在海峡奥体中心开幕（叶义斌 摄）

2016年6月8日，在2016
赛（张旭阳 摄）

赛中，来自美国的塔科马龙舟队队员们与福州的龙舟队混编参加传统龙舟

2016 年 4 月 19 日，2016 世界沙滩排球巡回赛福州公开赛在南江滨开幕（俞松 摄）

2016 年 8 月 8 日，2016“全民健身日”福建 · 福州全民健身运动会开幕式暨海峡两岸全民健身交流展示活动在马尾区体育馆举行（叶义斌 摄）

2016年11月15日，中国羽毛球公开赛在福州举办。图为中国选手谌龙（俞松 摄）

2016 年 12 月 25 日，福州国际马拉松赛在海峡奥体中心鸣枪开跑，2 万名跑友参赛（俞松 摄）

重建家园

2016年，福州市全力抗击“尼伯特”“莫兰蒂”等超强台风，成立灾后恢复重建指挥部，有序有效开展灾后恢复重建，闽清、永泰227个灾后重建项目按计划推进。

2016年7月10日，驻榕部队在永泰北门清理桥面杂物（叶义斌 摄）

2016年底，闽清县坂东镇集中重建点基本完工（欧阳进权 摄）

2016年7月11日，闽清消防官兵进行灾后清淤工作（林善传 摄）

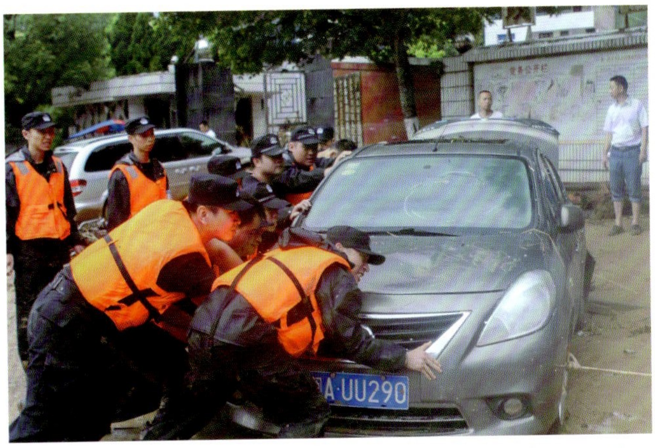
2016年7月10日，永泰民警开展灾后重建工作（连永绍 摄）

2016年10月，闽清县白樟镇新庄洋受灾住房重建点施工现场（叶义斌 摄）

2016年12月16日，永泰县白云乡32户受灾群众入住罗山苑。该项目为灾后首个入住的集中安置点（郑帅 摄）

共享福祉

2016年，中共福州市委、福州市政府完成22类为民办实事项目，推出各项便民利民服务，推进教育、医疗、文化等社会事业协调发展。推动保障房建设项目和“造福工程”搬迁，实施精准扶贫、精准脱贫成效显著，努力提高人民群众幸福指数，让人民群众共享改革发展成果。

2016年11月24日，福州市推行审批服务窗口无否决权机制，所有审批服务窗口面对办事群众不能轻易说“不”。图为福州市行政服务中心办事大厅（俞松 摄）

2016年12月7日，台江区第六中心小学新教学楼落成(廖云岚 摄)

2016 年 10 月，福州市重点建设保障房项目——鳌祥家园安置房项目完成施工（叶义斌 摄）

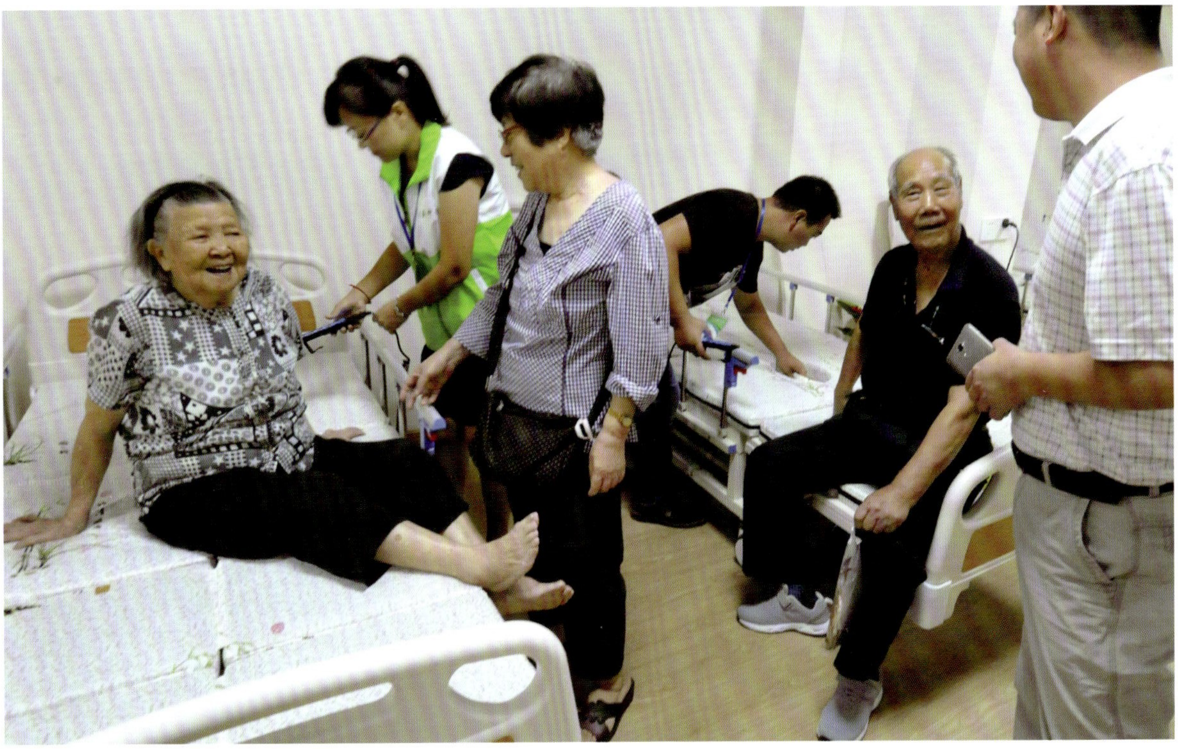

2016 年 8 月，老人在社区居家养老综合（信息）服务中心体验多功能床（陈建国 摄）

2016 年 5 月 4 日，永泰县盘谷乡新丰村因地制宜，发展特色农业，脱贫致富。图为村民种植油茶（张国俊 摄）

2016 年 10 月 25 日，福清市公安局启用全省首个出入境 24 小时自助受理服务中心（郑帅 摄）

2016 年 9 月 25 日，福州市区首本不动产权证发出（郑帅 摄）

2016 年 12 月 9 日，福州自贸片区签发首批 5 年期工作类居留证（福州日报社 供）

生态榕城

2016年，福州市空气质量在全国74个环保重点城市排名第五，居全国省会第二，“福州蓝”成为省会城市的金质名片。为守护“福州蓝”，福州市践行绿色发展理念，推进大气、水环境、噪声污染、近海水域环境污染等治理。

2016年5月15日，永泰青云山景区入选2016全国优选旅游项目。图为青云山景区（永泰县委宣传部 供）

2016年2月8日，省、市重点项目左海公园——金牛山城市森林步道（又称“福道”）部分区段试开放（张振桔 摄）

2016 年 8 月 21 日，新建成的南江滨生态公园正式开放。南江滨生态公园全部在江堤外进行建设及布置，堤外面积超过 120 公顷，包括沙滩儿童游乐园、花海公园、乐活休闲广场等（廖云岚 摄）

数字福州 2016

年末常住总人口	地区生产总值	规模以上工业总产值	农林牧渔业总产值
757 万人	**6197.64 亿元**	**8419.65 亿元**	**866.25 亿元**
全社会固定资产投资	社会消费品零售总额	进出口总额	一般公共预算总收入
5218.07 亿元	**3763.14 亿元**	**2082.17 亿元**	**934.06 亿元**

·年末户籍总人口：687.06 万人
·人均地区生产总值：82251 元
·城镇居民人均可支配收入：37833 元
·城镇居民人均消费支出：26392 元
·农村居民人均可支配收入：16346 元
·农村居民人均消费支出：14033 元
·施工房屋建筑面积：7760.77 万平方米
·竣工房屋建筑面积：823.82 万平方米
·商品房销售额：1354.29 亿元
·公路旅客发送量：10152 万人次
·水路旅客发送量：188 万人次
·旅客出港量（航空）：591.81 万人
·公路货物发送量：15694 万吨
·水路货物发送量：9797 万吨
·沿海港口货物吞吐量：11812.1 万吨
·年末邮局（所）：238 处
·年末固定电话用户：181.37 万户
·年末移动电话用户：868.38 万户
·出口总额：1406.79 亿元
·进口总额：675.38 亿元
·新批外资项目：483 项
·实际利用外资（验资口径）：18.14 亿美元
·金融机构年末存款余额（本外币）：12432.31 亿元
·金融机构年末贷款余额（本外币）：12538.24 亿元
·高等院校：32 所
·中等职业技术学院：52 所
·普通中学：319 所
·高中：101 所
·小学：900 所
·卫生机构数：1995 个
·城市道路长度：1467 公里
·建成区绿化覆盖面积：11639 公顷
·年末公交营运线路：378 条
·供水总量：54431 万吨
·液化气供气总量：65635 万吨
·天然气供气总量：43555.8 万立方米

总　目

目　录

特　载

大事记

市情概貌

中共福州市委

福州市人民代表大会

福州市人民政府

政协福州市委员会

民主党派与工商联

社会团体

外事　侨务　港澳台事务

法 治

军　事

综合经济管理

财政　税务

农村经济

工　业

城市建设与管理

环境保护

建筑业　房地产业

交通运输与邮政

信息业

口　岸

新区　自贸区

园区建设

商贸流通与服务业

对外及港澳台经济贸易

金融业

旅游业

科学技术

社会科学

教　育

文　化

体　育

卫生　人口与计划生育

社会生活

历史文化街区

县(市)区

人　物

文献　法规

统计资料

索　引

Contents

Special Issue

Memorabilia

City Profile

The Communist Party of China Fuzhou Municipal Committee

Fuzhou Municipal People's Congress

Fuzhou Municipal People's Government

CPPC Fuzhou Municipal Committee

The Democratic Parties and the Federation of Industry and Commerce

Social Organizations

Foreign Affairs, Hong Kong, Macao and Taiwan Affairs

Rule of Law

Military

Comprehensive Economic Management

Finance and Tax

Rural Economy

Industry

City Construction and Management

Environmental Protection

Construction and Real Estate

Transportation and Postal Services

Information

Port

New Area and Pilot Free Trade Zone

Park Construction

Commodity Circulation and Services Industry

International and Hong Kong, Macao and Taiwan's Business and Economy

Financial Industry

Tourism

Science and Technology

Social Science

Education

Culture

Sports

Health, Population and Family Planning

Social Life

Historical and Cultural Blocks

County (City) and District

Person

Literature and Legislation

Statistical Data

Index

特　载

百日攻坚　一线考察

马上就办，真抓实干，铆足排头兵的精气神

去年以来，一股雷厉风行、紧抓快办的新风吹遍榕城大地——重点项目建设现场，“百日攻坚”屡掀热潮、捷报频传；服务企业、服务群众的各个窗口，“马上就办”历久弥新、蔚然成风。

同时，在抓发展、惠民生、保稳定的各条战线，一根“指挥棒”激励着各级干部迎难而上、建功立业。这就是一线考察干部机制——对关键时刻敢于挺身而出、做出实绩的干部予以重用，对“问题干部”、不作为干部予以“一票否决”，让“能者上、庸者下、劣者汰”成为鲜明导向。

新起点，新福州，新作风，新跨越。这股新风继承和发扬了“马上就办、真抓实干”“四下基层”“四个万家”等优良传统，提振着干部的精气神，引领福州向着“机制活、产业优、百姓富、生态美”的发展目标奋进，当好带动全省经济社会发展的排头兵，助力新福建建设再上新台阶。

一线考察，成就“福州速度”

建设新福州，当好排头兵，需要靠实干。一定程度上而言，各级干部特别是领导干部有什么样的精神状态、有什么样的担当作为，就有什么样的工作成效。如何激励干部更好地作为？

福州改进干部评价和选拔任用方式，建立一线考察干部工作机制，去年9月相继出台一系列制度举措。在抢险救灾、精准扶贫、维稳处突、征地拆迁、项目建设等急难险重任务和日常工作一线，坚持通过收集“责任清单”、掌握“问题清单”、核实“成绩单”等办法，客观准确评价干部责任担当、能力水平和实际成效，成为福州考察干部的“新常态”。

福州市领导强调，要重视考察结果运用，将其作为干部培养、使用和奖惩的重要依据，真正让“能者上、庸者下、劣者汰”成为鲜明导向。

4个多月来，一线考察干部机制作用日益彰显，福州干部的精神面貌有了明显转变。在“百日攻坚”行动中，他们马不停蹄、主动作为，热情高、作风实、敢担当；在抗击台风和抢险救灾中，他们战斗在一线，保护群众生命财产安全；在“抓招商、促发展”专项行动中，“一把手”挂帅，精准发力，招大引强……

“一线考察”激励，实干精神打底，成就了一个个“福州速度”：

百日攻坚气势如虹，全市共完成拆迁578.39万平方米，完成交地3.66万亩，完成投资1473.47亿元；

开展招商引资专项行动80天，落地项目107项，开工动建34项。全国首个VR产业基地落户中国东南大数据产业园，全国首家窄带物联网规模化商用局在马尾启动，福州成为国家首批健康医疗大数据中心与产业园建设试点城市.

一批关注度高的民生热点工作突破瓶颈，加速推进，水系综合治理完成年度计划；治堵打出“组合拳”，福州在全国大中城市的交通拥堵排名持续下降；福建省首条地铁——福州地铁1号线全线试运营，比原定试运营时间提前了半个月……

各个县市区也是自我加压，提速快跑。在百日攻坚行动中，仓山区立下“军令状”，在短短120天以日均拆迁1万多平方米的气势，圆满完成了38个市级征迁交地项目，交地率100%，交地面积居五区第一；在“抓招商、促发展”专项行动中，市里给晋安区下的任务数是3个，而晋安区争取落地了6个……

除了实实在在的发展成效，更加可喜的是，在一线考察“指挥棒”激励下，干部的精气神得到有效提升。一批干部在急难险重任务和日常工作中脱颖而出，走上重要领导岗位，“能者上、庸者下、劣者汰”的用人导向更加彰显。广大干部经历精神洗礼，态度更坚决、行动更快——从“要我干”到“我要干”，变成“我要干得更好、更快、更漂亮”。

马上就办，锤炼“福州作风”

20多年前，福州软硬件环境都不算好，但正是有了高瞻远瞩的“3820”工程等发展战略的引领，有了“马上就办、真抓实干”优良作风的支撑，有了“外经一幢楼办公”等改革创新之举拓路,实现了超常规、跳跃式发展。

20多年后,福州基础更好、优势更多,"五区叠加、一区毗邻",全市上下正按照习总书记在福州工作期间制定的发展战略,传承弘扬"马上就办、真抓实干"优良作风,铆足排头兵的精气神,乘势而上,推动发展再上新台阶。

"弄潮儿向涛头立"。只有干在实处,才能走在前列。

对群众和企业来说,政府部门及其工作人员实干不实干,最直接的感受就是来自在行政服务中心、市民服务中心的办事体验。而在这两个"窗口","马上就办、真抓实干"的"福州作风"已经实实在在彰显,并且创下多项"全国第一"。

"以前换证隔天拿,现在从提交材料到拿到新证,3分钟就办好了,真是快!"1月17日11时25分许,在福州市行政服务中心,新国线集团(福州)运输有限公司经办人员杨如拿到新的"道路运输证",深有感触地说。杨如所在的公司有50多辆大巴,主要经营福州到广东等地的长途运输线,每隔一段时间,她都要到这里"报到",更换新证。

据了解,国家对这个事项没有规定法定服务时限,今年1月6日以前,市交通委窗口对该事项执行的办理时限是1个工作日,也就是当天受理、次日拿证。今年1月6日开始,市行政(市民)服务中心管委会推行办事服务承诺时限以小时为单位计算,市交通委"自加压力",将服务承诺时限压缩到20分钟。

"办事服务承诺时限以小时为单位计算,这在全国尚属首创。"福州市行政(市民)服务中心负责人介绍,去年9月以来,市行政(市民)服务中心响应市委主要领导"设立更多的办事窗口,专门开设周末服务窗口等,确保企业、群众办事更加便捷高效"的要求,实现了从以"工作日"计算,到百日攻坚期间周末无休的以"日历日"计算,再到如今以小时甚至分钟为单位计算的审批再提速。

目前,福州市民服务中心有319项公共服务事项办理时限实现以小时为单位计算,占入驻事项总数的70.73%,其中,302项实现以分钟为单位计算。市行政服务中心有214项行政审批事项办理时限实现以小时为单位计算,占入驻事项总数的30.3%。

另一项"全国首创"是实行服务窗口动态增减机制,解决市民办事排长队问题。

"我们每个月开展入驻单位(窗口)办件情况分析,根据窗口办件量及申请人办事排队平均时长,提出次月窗口增减方案。目前,我们是全国唯一推行这项机制的中心。"有关负责人介绍,去年9月以来,根据窗口办件情况,市不动产交易和登记中心增设了6个窗口,市国税局、市供电公司分别增设了2个窗口,市市场监管局、市建委各增设1个窗口,市房管局、市地税局则分别减少了1个窗口。

率先之举还有创新实行"窗口无否决权":只能说"行",不能说"不行"。即便条件不符合,工作人员也要告诉前来办事人员"怎么办","不是我办"改为"告知谁办",改"不知道办"为"想办法办"。此举推出,群众纷纷点赞。

告别旧岁,"攻坚2017"的大幕拉开,一批批项目已启动建设。改进作风、提振精气神无止境,"马上就办、真抓实干",锤炼"福州作风"亦无止境……

(引自2017年1月20日《福建日报》2版,作者林榕文、林宇熙)

【延伸阅读】

"抓征迁、促落实"百日攻坚行动

2016年8月23日,福州市启动"抓征迁、促落实"百日攻坚行动。至年底,建设项目共完成投资1473.47亿元,占计划投资的126.59%,有467项达到或超过计划目标;139个项目动工建设,开工率95.21%;86个项目建成或部分建成,占计划内的竣工率95.56%。12个县(市)区、高新区以及16个市直责任部门均超额完成攻坚投资任务。征迁交地项目共完成交地3.66万亩、拆迁578.39万平方米、征迁17317户,完成比例分别为99.37%、99.77%、98.12%,有334个项目全面完成百日攻坚任务。经营性出让逾期交地项目完成交地0.39万亩,完成比例为95%;逾期安置项目完成回迁户数11892户、回迁套数20330套、回迁面积183.83万平方米,完成比例均为100%。

一、工作机制

成立市百日攻坚行动领导小组,负责攻坚行动组织领导、统筹推进工作,领导小组办公室挂靠市发改委(重点办),具体负责攻坚行动日常项目生成、跟踪、协调和考评等牵头工作;设立福州新区、城建、工业交通、农林水、商贸、文教卫生、公共安全七个协调推进小组,负责项目协调推进工作。建立攻坚责任机制。各县(市)区、市直责任单位承担本辖区、部门的攻坚任务,明确每个项目责任人。推行一线干部考核机制,出台"一线考察干部"工作办法,在百日攻坚行动一线锻炼干部、考核干部,市直各部门、各县(市)区均出台相关配套措施。

二、服务保障

实施挂图作战,市发改委(重点办)建立攻坚项目管理系统,跟踪攻坚项目全程进展情况,每日形成百日攻坚行动进度表,每周对完成交地拆迁、已解决问题数、开竣工情况进行张榜公布。市直有关单位推出开通绿色服务通道、缩短拆迁裁决时限、向上争取资金等服务保障措施,对于项目推进中存在的重大疑难问题及时上报省、市重大项目协调例会予以解决,推动百日攻坚项目建设提速增效。

三、督查考核

专项督查组进行一线效能督查,对推进滞后所涉及的责任单位予以预警,对整改不力的责任单位予以黄牌警告,对被黄牌警告的责任单位下发整改通知书或效能督办单。市发改委牵头制定百日攻坚考核评比办法,报市委、市政府审定并实施,结合责任单位工作量大小、完成进度快慢进行月度、年度综合考评;市国土局、房管局对照攻坚行动要求,对交地、拆迁进展情况进行核实,确保考评结果的公正性和准确性。对年度综合考评结果前三名的县(市)区(含高新区),在绩效管理上予以加分奖励;对考评结果落后的责任单位进行约谈。

四、宣传报道

以突出汇聚共识、突出成效报道、突出氛围营造的报道为重点，通过开设宣传报道专栏、挖掘先进典型等形式，多角度、多视点宣传报道攻坚行动进展情况，营造有利于攻坚的舆论氛围。飞凤山水厂一期正式供水、塔头路晋安河桥主车道提早1个月恢复通行、鹤林一期安置房共37万平方米（涉及拆迁户3800户）完成回迁任务等重大进展均在媒体上进行宣传，在社会引起良好反响。

（市发改委综合处）

福州市推行一线考察干部制度机制研究

习近平同志历来高度重视干部考察工作。在福州工作期间，他对干部考察工作作出了一系列重要论述和指示，具有很强的思想性、实践性、前瞻性和可操作性。党的十八大以来，中央和省委多次强调要充分调动干部积极性、提升干部干事创业精气神。福州市结合传承弘扬习近平总书记在福州工作期间留下的宝贵精神财富，不折不扣地贯彻落实中央和省委的选人用人规定，探索推行在一线发现、考核、激励干部的一线考察干部机制，树立干部想干事、能干事、会干事的积极导向。深入研究一线考察干部工作机制，深刻揭示其丰富内涵，全面总结一年来的实践经验，具有重大的理论意义和现实意义。

一、开展一线考察干部工作的重要意义

福州市一线考察干部机制，是以习近平同志在福州工作期间提出的重要思想和工作方法为理论武器，以中央和省委的选人用人规定为重要依据，改变了以往不提拔不考察干部的做法，对干部考察工作实现了一系列根本转变：一是由被动考察干部向主动考察干部转变；二是由坐在办公室翻档案查资料考察干部向深入工作一线实地考察干部转变；三是由任前集中考察干部向集中与经常性考察干部相结合转变；四是由纯粹“考人”向“考人”与“考事”相结合转变。

一线考察干部机制，是传承弘扬习近平同志在福州工作期间留下宝贵精神财富的重要举措。习近平总书记曾经在福州工作6年多，在此期间，他对如何考察干部以及建立什么样的考察机制等重大问题，都作出许多精辟阐述。他多次强调选用干部要注重实践性，通过考察实绩看德才。对于如何考察干部，他指出要把定期考察和经常性考察结合起来，把个别谈话和群众评议结合起来，把定性考察和定量考察结合起来，务必使考察真实准确。他还注重从完善考察机制入手，激励干部担当尽责，提出要下决心破除旧的过时的框框，改进考核工作，建立一种激励人们敢闯敢干的机制。这些重要思想和工作方法，包含了他对干部工作的深层思考和实践经验，体现了历史和现实的结合、当下和未来的衔接、理论升华和实践深化的统一，至今仍具有重要的指导意义。福州市推行一线考察干部机制，就是以习近平同志这些重要论述和要求为根本遵循，自觉坚守和大力弘扬习近平同志为福州留下的宝贵精神财富。

一线考察干部机制，是贯彻落实习近平总书记选人用人思想的实际行动。党的十八大以来，习近平总书记在多个场合指出党员干部必须对党忠诚、个人干净、敢于担当。同时强调，对干部的认识不能停留在感觉和印象上，必须健全考察机制和办法，多渠道、多层次、多侧面深入了解。在党的十八届六中全会上，总书记进一步提出精准科学选人用人的重要思想，总书记强调的精准，重在考准考实，就是要经常性、近距离、有原则地接触干部、考察干部。他还多次强调选拔干部要突出实干实绩导向，指出要按照实绩晋升原则，引导干部在实干、实绩上竞争。总书记这些重要思想，进一步深化了对党的执政规律、党的建设规律、干部工作规律的认识，是对党的组织路线、干部路线的最新阐释和创新发展。福州市推行一线考察干部机制，就是要把习近平总书记这些重要思想落实到干部工作的各方面、全过程，坚持经常性考察干部，注重以具体工作成效评价干部，树立重实干、重实绩的选人用人导向。

一线考察干部机制，是推动福州当好全省经济社会发展排头兵的迫切需要。当前，福州干部队伍干事创业的劲头是好的，是一支可以信赖、有坚强战斗力的队伍。同时，在一定程度上也出现如个别干部积极性不高，推进工作不冷不热，解决问题不急不忙，化解矛盾不疼不痒的问题。然而，加快发展的步伐不能走一步看一步，必须坚持不能等、不能停，必须发挥自身的主观能动性，撸起袖子加油干。福州推行一线考察干部机制，就是要通过完善干部考核机制，强化正向激励和反向问责，充分调动广大干部干事创业的积极性。

二、开展一线考察干部工作的主要做法

在一线考察中，将日常工作和抢险救灾、项目建设、精准扶贫、维稳处突、征地拆迁、招商引资等急难险重任务，列为“一线”考察范围，把组织部门挺在前面，按照“2/3人员沉到一线，2/3工作时间用在一线”的要求，组建204支考察组、1250余人参与一线考察工作。在推行过程中，形成了干部考核、管理、培养、奖惩、监督的完整链条。

完善考核评价办法。探索创新动态跟踪、列席旁听、节点对账、明察暗访、综合研判等考核评价方法。比如“列席旁听”，在地铁建设、水系治理等涉及多个县（市）区、多个部门的重大行动中，市委组织部分别派出一支考察组不定期参加项目协调会，考察组成员在会上“听”和“记”，给干部带来压力和动力，参会干部能积极表态、主动担当。比如“节点对账”，一块地什么时候拆下来，一个项目什么时候完成，全都定好时间、定好人头，到了时间节点，由考察组一一对账，哪些干部没有完成任务，哪些干部超额完成任务，都是清清楚楚，等等。这些考核方法，不仅能够“见人”，也能“见事”，不仅能够“见思想”，更能够“见成效”，较好实现了差异化考核，有力推动了地方发展。

完善干部管理措施。实施“三单管理”办法，即对承担急难险重任务的干部，根据所承担的具体任务列出“责任清单”，对其作风情况和推进工作中存在的问题列出“问题清单”，根据任务完成情况建立“成绩单”，这构成了干部的“实绩档案”。去年以来，对市管干部共建立2016份实绩档案。在日常一线，采取“个人自评”“领导点评”“群众评议”“组织考评”相结合，也就是“四评定性”的方法，对干部进行客观评价。干部一月一自评,由领导分级点评,半年度大家做一个互评,年终进行一次考评。事实证明,这些干部管理方式的创新,能够及时将干部的现实表现和工作实绩记录下来,实现由结果管理向过程管理、结果管理并重转变,极大激发了干部建功立业的热情。

完善激励奖惩制度。市委对于敢担当、有实绩的干部确立了"四个优先":优先提拔重用、优先宣传褒奖、优先评先评优、优先选送培训。比如,优先提拔重用,当前市委提拔的干部,多是立过二等功、三等功,或者受过嘉奖、年度考核优秀的,选人用人导向非常鲜明。自一线考察干部机制推行以来,市县两级已提拔1175名优秀干部。注重加大宣传褒奖力度,一个干部的先进事迹在报纸、电视或网络上一经宣传,对于个人和家庭都是巨大的荣耀,事实证明这也是一个非常有效的激励手段。同时,通过谈话提醒、通报批评、诫勉函询、组织调整等方式,加大反向问责力度,去年以来已对10名处级干部作出调整,对表现不力的40多名干部,由县(市)区主要领导或组织部长进行约谈。

完善干部培养方式。鼓励所有干部,特别是年轻干部到一线,接受实践磨练。同时,把一线考察和一线培训结合起来,围绕招商引资、水系治理、福州新区建设等一线重点任务,开设专题培训班,进行专业化培训,提高干部攻坚克难的能力;将一线优秀案例列入干部在线学习平台,运用互联网建立"一线课堂",为一线干部提供个性化、订制化教育培训;采取点名调训等方式,组织一线优秀干部到国内知名高校或先进城市学习考察,开阔视野、增长见识。这些举措,丰富了干部培养方式,促进干部能力得到有效提升。

完善干部监督体系。建立了选人用人巡察机制,把一线巡察和一线考察结合起来。在选人用人过程中,对研究的提任人选,在公布之前,由市纪委和市委组织部组成选人用人巡察小组,通过开展谈话、查验资料等方式开展专项巡察,对拟提任干部进行"体检",看是否符合有关干部政策规定,是否符合"忠诚、干净、担当"要求,是否经过一线锻炼考察,并取得明显实绩。截至目前,共开展选人用人巡察62批次,涉及976人次,发现并督促整改问题91个。事实证明,这种方式前移监督关口,有效地防止了考察失真失实和干部"带病提拔"。

三、开展一线考察干部工作取得的成效

一线考察干部机制推行时间虽不长,但因措施有力、激励有效,发挥了四两拨千斤的作用,产生了明显的撬动效应。

一是弘扬了"马上就办、真抓实干"优良作风,推动了全市经济加快发展。一线考察干部机制,全方位考察干部的精神状态和工作实绩,充分激发了广大干部干事创业的热情,"马上就办、真抓实干"蔚然成风。2016年,全市1800多个项目全面启动、多点开花。原定到2017年5月招商88个大项目、好项目,截至5月中旬落地646项,总投资额2136.41亿元。福州地区生产总值增幅从去年底的8.5%,到今年1-2月的9.0%,再到一季度的9.2%,增速逐渐提高,第一季度位列全省第一。同时,全市第一季度固定资产投资完成1162.59亿元,增长23.5%,在全国27个省会城市中,增速排名第一。

二是树立了正确选人用人导向,营造了风清气正的政治生态。通过一线考察考出了干部的忠诚、干净和担当,考出了干部的能力、水平和实绩,树立了不比来头比劲头、不靠关系靠实绩的正确导向,使各方面的优秀干部充分涌现,各尽其能、人尽其才,以用人环境的风清气正促进了政治生态的山清水秀。同时,在推行一线考察干部机制中,实行一线考察和选人用人专项巡察相结合,强化了党内监督,促使各级党组织自觉防范和纠正用人上的不正之风和种种偏向,进一步将全面从严治党要求落实到基层。

三是提振了干部队伍精气神,较好破解了"为官不为"难题。一线考察干部机制直指干部队伍中存在的"不能为、不想为、不敢为"问题,辨证施治、对症下药,极大提振了干部队伍精气神。一线考察干部机制坚持一线考察与一线培养相结合,使干部掌握了方法,积累了经验,锤炼了意志,破解了能力不足"不能为"的问题。比如,一些参与征地拆迁的干部在实践中,摸索出以真心换"征心"、运用法律手段攻下"钉子户"等方法;还有的干部在经历过一次防汛抗台后,提高了应对危机的能力。一线考察干部机制坚持正向激励与反向问责相结合,让干部时刻感觉组织就在身边,考察就在眼前,破解了动力不足"不想为"的问题。以前很多干部不愿到急难险重一线,现在大家争先恐后报名去。据统计,一线考察干部工作开展以来,各地各部门战鼓齐鸣,共有4万多名干部参与到急难险重任务一线,全市上下形成了"没有旁观者、只有参与者"的生动局面。一线考察干部机制坚持树立鲜明用人导向和创造良好政策环境相结合,旗帜鲜明地褒奖担当者、支持担当者、保护担当者,破解了担当不足"不敢为"的问题。在一线考察干部机制的推动下,干部的胆略气魄日益显现,截至6月底,"攻坚2017"已动建项目246个,完成交地7.8万亩、征迁574万平方米。

四是解决了一批群众反映强烈的问题,增强了人民群众获得感、幸福感。一线考察干部工作,促使一大批人民群众普遍关心关注的问题得到解决。比如,2016年空气质量在全国74个城市排名中,上升为第5位,在全国省会城市中排名第2位,"福州蓝"成为金质名片;市民服务中心坚持"事未毕人不离、周末加班不休息",创下多个全国第一;通过持续交通治堵,由国内权威机构发布的福州高峰拥堵延时指数逐步降低,等等。这些成效,回应了群众的热切期盼,获得人民群众纷纷点赞。市委组织部开通"一线福州"微信公众号不到4个月,关注人数就超过10万人,收获网民大量点赞。在2016年公众评议中,12个县(市)区、高新区平均得分87.667分,比2015年提高2.326分,监管与服务类市直部门平均得分89.6分,比2015年提高0.56分。

五是充分发挥党的组织优势、组织功能、组织力量,推动基层党建全面提升。在推行一线考察机制中,指导各地把推进中心工作与"两学一做"学习教育结合起来,把支部建在一线,充分发挥党组织的战斗堡垒作用和党员的先锋模范作用。全市先后在重大项目一线成立临时党支部(党小组)260个,集结党员16143名,设立党员先锋岗13589个、组织党员突击队897支,有效推动各项中心工作开展。比如,闽清、永泰等地区受“尼伯特”台风重创后，通过成立临时党组织，引导党员干部冲锋在抗台抢险、灾后重建等急难险重任务最前面，使灾区道路、水电等基础设施第一时间全面恢复，2469户重建户在2017年春节前全部搬入新居。再比如，在征地拆迁一线，各地通过成立攻坚小分队、青年突击队等方式，促使广大党员干部带头攻坚克难，挨家挨户做通涉迁群众思想工作，帮助解决实际困难，等等。同时，市委组织部把基层党建工作纳入“一线考察”范围，开展“一季度一主题”基层党建工作交流会，增强了各级党组织书记抓党建的责任意识。

四、几点启示

全面回顾和总结福州市开展一线考察干部工作的实践探索，可以得到很多重要启示。

启示一：开展一线考察干部工作，必须强政治之本。福州是习近平总书记曾经工作过的地方，是总书记治国理政思想的重要发源地，各项工作具有一定的代表性、指向性，在政治站位上必须要有更高标准，在维护核心上必须旗帜鲜明地当标杆。市委建立的一线考察干部机制，以习近平总书记系列重要讲话精神和治国理政新理念新思想新战略为科学指引，是对习近平总书记选人用人思想的坚决贯彻和生动实践，坚持把坚决维护核心作为一条鲜明主线。在具体考察中，市委把“忠诚”作为第一位的要求，把讲政治作为首要标准，教育引导广大党员切实增强“四个意识”，不断夯实坚决维护核心的思想基础；把干净作为底线、把担当作为重点，教育引导广大党员干部用干净彰显本色、用担当诠释忠诚。实践充分证明，什么时候在维护核心上坚定不移，什么时候就能凝聚起党员干部的共识和智慧，就能凝聚起人民群众的磅礴力量。也只有真正做到了这一点，地方的各项工作才能做好。

启示二：开展一线考察干部工作，必须站全局之高。开展一线考察干部工作，必须放眼地方经济社会发展大局，自觉把工作放到大局中去思考、定位、布局。市委在开展一线考察干部工作中，紧紧围绕“攻坚2017”“招商2017”等专项行动，以及水系治理、交通治堵等决策部署，是组织工作服从服务大局的生动实践。习近平总书记强调，稳中求进工作总基调是治国理政的重要原则。这不仅是对经济工作讲的，也是对全局工作、对各个领域工作的重大要求。稳中求进，就是要在稳的前提下在关键领域有所进取，在把握好度的前提下奋发有为。市委牢牢抓住干部考察工作这个关键领域，找准推动经济社会发展的切入点和着力点，知难而进、奋发进取，实现了牵一发而动全身、落一子而活全盘，从而推动经济社会各项事业的发展质量和效益明显提高。事实充分证明，一线考察干部机制，有利于激励干部担当作为、狠抓落实，推动各项工作稳中求进。

启示三：开展一线考察干部工作，必须行创新之举。我们党在长期的实践中形成了很多关于干部考察的好经验、好做法，这些行之有效的经验做法必须长期坚持。同时，要立足新的实际，对干部考察机制进行改革创新，这种改革创新并不是要抛弃过去的做法，“另起炉灶”，而是要在继承的基础上，不断完善政绩考核评价体系，规范干部政绩考核机制，对已不适应新形势新任务新要求的部分环节进行改革，使之发展成为一种新的工作机制。一线考察干部机制，在坚持以往好的做法基础上，探索创新动态跟踪、节点对账、列席旁听、明察暗访、综合研判等方式方法，使考核指标可量化、可对比、可参照，较好实现了差异化考核。事实充分证明，一线考察机制是考准考实干部的重要途径，是贯彻总书记精准科学选人用人思想的实际行动。

启示四：开展一线考察干部工作，必须谋长远之策。福州市在推行一线考察干部机制中，把中央和省委要求、实际需要、新鲜经验结合起来，按照“简单、可操作、管用”的原则，制定出台了一线考察干部工作暂行办法等制度文件和选人用人专项巡察等配套制度，较好实现了一线考察工作的制度化、规范化、程序化。在具体实施中，市委还注意及时总结基层的实践经验，把行之有效的做法上升为制度规范，研究制定加强日常工作一线考察办法等制度文件，着力形成内容科学、程序严密、配套完备、运行高效的制度体系和长效工作机制，推动一线考察干部工作不断深化。实践证明，推行一线考察干部机制，既要立足当前，又要着眼长远，必须抓住制度建设这个长远之举、根本之策，推动一线考察干部机制常态、长效运行。

（中共福州市委组织部课题组）

海上福州建设

福州对接国家战略加快推进海上福州建设

向海进军，有福之州扬帆远航。

面朝大海，拓展蓝色经济空间，福州的发展中心已打破三面环山一面临水的历史格局，经略海洋成为全市人民的强烈共识。

踏浪而歌，195个海洋经济重点项目，已成为海上福州建设跳动的音符，正谱写着一曲建设新福州、当好排头兵的时代乐章。

增实力，临港产业加速崛起

建设海上福州，重点在项目，关键在实施。沿着连绵的海岸线，一个个海上项目风生水起。

在福州南翼，江阴工业集中区再添“利器”。11月20日，中景石化年产150万吨多元共聚聚丙烯项目动工建设。“项目推动了软包装上游原料产业转型升级，促进产业链条集聚发展，投产后将有效缓解国内共聚聚丙烯长期依赖进口的供需矛盾。”中国软包装集团董事局主席翁声锦介绍，项目将力争2018年建成投产，年产值180亿元。

还是在江阴，前不久，市政府与福建省能源集团签订战略合作框架协议，共同规划建设总投资约320亿元的福能（江阴）化学园。“江阴拥有省内唯一‘光气点’的特殊布局优势，化学园建设大有可为。”福能集团董事长林金本表示，福能集团将在江阴已建成投产项目基础上，通过技改、投资和引进产业链项目等方式，共同打造江阴化工新材料千亿产业集群。

再把目光投向北翼。在连江可门经济开发区，申远聚酰胺一体化项目一期主装置单元本月实现封顶,明年一季度试投产。该项目总投资400亿元,全部建成后可年产100万吨己内酰胺,成为全球最大的己内酰胺生产基地。

福州鉴江海洋生物产业园签约落户罗源。这一福州市国家海洋经济创新发展示范城市项目的"新成员",包括海洋牧场在内开发建设规模达12000亩。目前,产业园一期项目已着手开发建设,占地3000亩,计划总投资约50亿元,力争在2年内建成工厂智能化循环水养殖项目。

"三年内,福州将举全市之力集中实施一批重点海洋经济项目,确保到2020年,全市海洋经济总产值达到7000亿元。"对此,福州态度坚决,海上福州将作为福州今后一个时期改革和发展的主攻方向。

强基础,保障海上福州建设

"五区叠加",千载难逢,前所未有。作为连接"一带一路"沿线国家和地区的天然桥梁,福州正以"五区叠加"为机遇窗口,发挥海洋互联互通优势,持续优化打造海洋强市的发展根基。

建设海上福州,拓展人文交流是其中一个重点。为此,福州提出,要依托"5·18"海峡两岸经贸交易会、21世纪海上丝绸之路国际高峰论坛、ACD工商大会、中国(福州)渔业博览会、丝绸之路国际电影节、海丝国际旅游节等一批有国际影响力的经贸交流平台,扩大与"一带一路"沿线国家和地区交流往来,在更高层次、更广领域推进与海丝沿线国家和地区的开放合作。

当前,福州已明确提出,将构建以福州港为核心,与海丝沿线国家和地区互联互通、安全高效便捷的海陆空运输通道网络。同时,推动实现地方电子口岸的互联互通和信息共享。

建设海上福州,机制体制如何创新?对此,福州也有清晰的思路:完善海上福州建设的推进机制,推动福州新区实体化运作,在海上福州建设中发挥引领示范作用,加快福建自贸试验区福州片区建设,打造体制创新和对外开放新样板。

向海发展,离不开资金的支持。目前,福州正在设立额度100亿元建设海上产业投资基金,继续设立不少于5亿元的建设海上福州专项资金,加快发展涉海金融服务业,探索建立"海洋银行",建立涉海产权收储交易中心。

政策助力,效应凸显。当前,福州还通过强化科技支撑、建设人才队伍、扩大对外开放、加强生态保护、争取政策支持等措施,为海上福州建设提供基础保障。其中,建设海上福州的重点任务和重点项目,一律优先适用"五区"优惠政策和改革成果。

谋新篇,海洋蓝图超前布局

坚持一张蓝图绘到底。把建设海上福州作为今后加快发展的重要引领,福州谋定而后动,制定了《对接国家战略建设海上福州工作方案》,并于11月中旬将方案转化为一个个任务清单、项目清单。

《方案》科学有序推进海岸、海岛、近海、远海开发,尽快形成"一轴串联、四湾联动、全域共建"的联动发展阶段性战略格局,推动海上福州建设,同时服务福州新区建设。这个发展布局,既是传承历史,又是响应时代号召,吹响了新一轮海上福州建设冲锋号!

建港兴城,港以城兴,加快建设海上福州,福州抓住港口建设这个关键,完善港口设施,优化开放环境,健全服务体系,不断提升福州港的核心力。

《方案》提出,全力做大做强江阴港区,力争到2020年集装箱吞吐量突破300万标箱,跃升为东南沿海国际航运枢纽大港,成为引领省会发展的突破口和支撑点。为此,福州将大力推进港口配套设施建设——加快推进江阴港区6~9号等泊位建设,加快罗源湾港区、江阴港区、福清湾深水航道建设。

先进制造业在闽台(福州)蓝色经济产业园开花落地。9月1日,总投资100亿元的中铝东南沿海铝精深加工基地正式动工建设,一期工程预计2018年建成投产,投产后将助力福建铝加工产业集群加快形成,带动的产业发展规模将超过300亿元。

海洋新兴产业加快在榕布局。11月5日,福清兴化湾海上风电样机试验风场、福建三峡海上风电产业园在福清启动建设,标志着从福建海上风电基地开始,中国海上风电发展进入到了集中连片大规模开发的快速发展新阶段。

面向大海,再续梦想。在迈向海洋强市的崛起之路上,海上福州一路向前,正成为加快建设"机制活、产业优、百姓富、生态美"的新福州的重要引领。

(引自2016年11月27日《福州日报》,记者柯竞、朱毓松)

【延伸阅读】

向海进军　福州有基础

建设海上福州,拥有哪些优势,又面临哪些挑战?市委、市政府出台的《对接国家战略建设海上福州工作方案》明确指出,海洋是福州发展的一大优势。上世纪90年代,习近平同志亲自领导福州的现代化建设,立足于推进和加快建设闽江口金三角经济圈与全面实施"3820"发展战略,作出了建设海上福州的战略决策。由此,福州在我国沿海城市中最早吹响向海进军的号角。

20多年来,历届市委、市政府一以贯之地推进海上福州建设,强有力地推动福州海洋经济蓬勃兴起。如今,全市经济社会发展重心已打破三面环山、一面临水的历史格局,向广阔浩瀚的滨江滨海地区战略转移,关心海洋、认识海洋、经略海洋已成为全市人民的强烈共识。

数据显示,"十二五"期末,全市海洋经济总产值已达2928亿元,增加值达1173亿元,占全市GDP的20.88%,福州已通过国家"十三五"海洋经济创新发展示范城市评审;福州港现有万吨级以上生产性泊位55个,吞吐量超过1亿吨,实现了从河口港向深水外港的提升;沿线县(市)工业增加值已占全市的50.7%;现代渔业稳步增长,福州已成为国内乃至东南亚重要的水产品交易集散中心。

福州市还主动对接平潭综合实验区建设,服务祖国和平统一大业,深化与"一带一路"沿线国家和地区的交流合作,成功举办海峡两岸经贸交易会、亚洲合作对话——共建“一带一路”合作论坛暨亚洲工商大会、中国（福州）渔业博览会、丝绸之路国际电影节、海丝国际旅游节等“海丝”系列活动。

党的十八大以来，海洋经济面临着新的时代背景、竞争态势，特别是深水、绿色、安全的海洋高技术成为海洋强国竞争的制高点，海洋在“一带一路”建设中的互联互通优势和经济文化潜力正在进一步显现。时代发展要求我们，必须积极应对新的挑战和机遇，马上就办、真抓实干，不断谱写海上福州建设的新篇章。

（引自2016年11月14日《福州日报》，记者柯竞）

福州出台对接国家战略建设海上福州工作方案
“四湾”联动“全域”共建

“福州向海”迎来新时代！市委、市政府日前印发《对接国家战略建设海上福州工作方案》，提出要深入贯彻习总书记建设海上福州战略决策，着力把握“五区叠加”战略机遇，努力打造“21世纪海上丝绸之路核心区海上合作战略支点城市”，加快智慧海洋建设，发展特色鲜明的湾区经济，迈出海洋强市建设新步伐。《方案》确定了七大发展定位和十大重点任务。

发展目标：2020年全市海洋经济总产值达7000亿元

《方案》提出，在3年内集中实施十大重点任务和一批重点海洋经济项目，确保到2020年全市海洋经济总产值达7000亿元；到2025年，全市海洋经济总产值超过1万亿元，海洋经济增加值占全市GDP的三分之一。

《方案》提出了七大发展定位：一是21世纪海上丝绸之路建设的排头兵；二是“一带一路”互联互通重要门户枢纽；三是两岸海洋交流合作主通道；四是实施海洋强国战略领军城市；五是国家海洋经济创新发展示范城市；六是东亚现代海洋渔业贸易中心；七是世界海洋历史文化名城。

发展布局：形成“一轴串联、四湾联动、全域共建”格局

在发展布局方面，《方案》提出，要推进海岸、海岛、近海、远海开发，尽快形成“一轴串联、四湾联动、全域共建”的联动发展阶段性战略格局，推动海上福州建设，服务福州新区建设。

“一轴”串联，即以贯穿全市南北海岸带的滨海大通道（228国道）为依托，按“串珠式”布局模式，串联起沿海城市群、港口群和产业群，形成滨海新兴城市带，衔接福州新区规划的滨海发展轴。

“四湾”联动，即依据海湾的不同特点，实施差异化发展，全面统筹海湾产业发展与功能定位，积极推动湾内产业功能区、居住和服务配套区的相互衔接、相互依托。

——环罗源湾区域：依托罗源湾港区建设，形成以船舶修造、大宗散货中转物流、新材料、不锈钢生产为主的综合开发区域。

——闽江口区域：以福州城区和闽江口内港区为依托，建设以高新技术产业、蓝色总部经济、现代服务业、海洋渔业、滨海旅游、邮轮游艇为主的都市型开发区域。

——环福清湾区域：以松下港区为依托，形成以粮油仓储、水产集散、肉类加工为主营业务的海内外客商国内采购平台、国际高品质进口食品分销中心。

——环兴化湾区域：以江阴深水大港和保税物流园区、闽台蓝色经济产业园为依托，建设以海洋工程装备、仓储物流、医药化工、冶金机械、电力能源为主的综合开发区域。

“全域”共建，即既要发挥沿海县（市）区主力军排头兵作用，加强与平潭综合实验区的全方位对接，也要调动中心城区科技金融人才文化优势和其他地区涉海配套项目的支持功能，促进军民深度融合发展，形成全市共同推进建设海上福州的强大合力。

重点任务：突出发展港口经济和海洋产业

《方案》明确了十大重点任务，提出在全面推进建设海上福州的同时，围绕发展港口经济、海洋产业，近两三年内重点推进以下工作。

——打造一个国际深水大港。全力做大做强江阴港区，力争到2020年，江阴港区集装箱吞吐量突破300万标箱，跃升为东南沿海国际航运枢纽大港，成为引领我市发展的突破口和支撑点。

——建设四大千亿临港工业基地。发挥江阴、罗源湾、福清湾等临港工业区的区位优势和产业基础优势，打造江阴工业区千亿化工新材料专区，建设罗源湾南岸可门千亿临港产业基地，构建罗源湾北岸千亿冶金建材产业基地，打造环松下港区千亿级粮油肉类加工产业基地。

——培育四大海洋新兴产业集群。发挥福州海洋资源禀赋优势，提升海洋装备制造业，壮大海洋新能源产业，发展通用飞机（水上飞机）制造业，培育海洋药物及生物制品业。

——打造四大滨海旅游度假区。在做好马尾中国船政文化城、长乐郑和文化国际旅游城和罗源海洋世界（三期）等项目的同时，重点打造琅岐国际生态旅游岛、环马祖澳滨海旅游区、长乐滨海旅游度假区、环福清湾（东壁岛）旅游度假区等四大滨海旅游度假区。

——做强一个现代海洋渔业集群。发挥我市海洋渔业资源优势，以打造现代海洋渔业集群为目标，加快渔业转型升级，推进现代化渔港经济区建设。

——构建一条现代化滨海城市带。在继续抓好三江口组团建设的同时，以长乐滨海新城为核心，利用滨海大道串联各城市组团，形成新兴滨海城市带和景观带，促进港产城一体化。

——发展三个海洋特色产业园区。以蓝色经济产业园、数字福建（长乐）暨VR产业园、临空经济区为重点，推动园区转型升级，打造支撑建设海上福州、发展海洋产业的重要承载空间和战略支点。

——开发八个无居民海岛。注重开发与保护并重，重点推进福清黄官岛、长乐东洛岛和连江洋屿岛、黄湾屿等4个无居民海岛建设，加快启动连江目屿岛、虎橱岛、兀屿、蛤沙青屿等4个无居民海岛开发，促进海岛资源科学集约节约利用。

——打造四大海洋文化品牌。深入挖掘福州海洋文化资源，充分挖掘郑和文化品牌，大力提升马尾船政文化品牌，积

极弘扬昙石山文化品牌,尽快筹建福州海丝博物馆。

——拓展人文交流。加强与"一带一路"沿线国家和地区联系交往,推动设立一批外事服务平台,用好"中国·福建周""福州日"等综合性外事服务平台,着力打造一批有国际影响力的经贸交流平台,精心构建一批文教交流合作平台,建设一批福州特色文化交流载体,提升福州的国际影响力。

(引自2016年11月14日《福州日报》,记者柯竞)

十大举措保障海上福州建设

在建设海上福州进程中,我市将采取哪些措施加以保障?市委、市政府日前出台的《对接国家战略建设海上福州工作方案》从机制体制、人才资金、政策支持、项目推进等方面,给出了明确答案。

——强化规划引领。将"多规合一"理念全面融入海上福州建设,以海陆主体功能区规划为指导,合理布局产业用地用海空间。

——创新机制体制。完善海上福州建设的推进机制。推动福州新区实体化运作,在海上福州建设中发挥引领示范作用。加快福建自贸试验区福州片区建设,打造体制创新和对外开放新样板。

——凝聚社会力量。发挥人大、政协职能,尽快通过关于建设海上福州的决议,提出推动海上福州建设的重大议案。充分利用广大榕籍海外乡亲商贸网络,扩大海上福州的辐射力和影响力。进一步加大宣传力度,全面提升全市人民的海洋意识。

——加大资金支持。设立额度100亿元建设海上福州产业投资基金,继续设立不少于5亿元的建设海上福州专项资金。加快发展涉海金融服务业,探索建立"海洋银行",建立涉海产权收储交易中心。

——构建交通支撑。构建以福州港为核心,与海丝沿线国家和地区互联互通、安全高效便捷的海陆空运输通道网络。推动实现地方电子口岸的互联互通和信息共享。

——强化科技支撑。加快国家自主创新示范区福州片区建设。支持涉海企业技术中心建设。高起点建设福州海洋研究院本部。创造有利条件引进国家级海洋科研机构或分机构、中试产业基地等落户福州。

——建设人才队伍。制定实施中长期涉海人才发展规划。支持闽江学院建立二级海洋学院,鼓励福州职业技术学院开设涉海学科专业,与台湾海洋大学等合作办学。建立福州市海洋战略性新兴产业人才培训基地。

——扩大对外开放。建设海上福州的重点任务和重点项目一律优先适用"五区"优惠政策和改革成果。实现我市港口全域口岸开放。

——加强生态保护。以推进国家生态文明试验区建设为契机,合理有序开发海洋资源,加强海洋环境保护,集约用海、节约用海。

——争取政策支持。在对外开放方面,争取国家赋予我市在航运税收、航运金融、船舶管理、信息服务、商品交易、海铁联运等方面的政策支持。在海域海岛方面,积极向国家争取围填海计划指标。在项目资金方面,主动对接国家海洋局"智慧海洋"编制工作;争取中央有关部委和省级专项资金以及政策性银行贷款支持;积极争取国家重大涉海产业、科研项目落地福州。

(引自2016年11月14日《福州日报》,记者柯竞)

(编辑　黄　铭)

大事记

1月

3日　海峡两岸(船政)文化创意产业园——"左营·佐赢"园区举行开园揭牌仪式。该园区起自船政文化博物馆,依马限山而建,占地约8700平方米、建筑面积约4200平方米,是一条具有船政特定历史时期(1866—1920年)风格的街区。

11日　国家旅游局、环境保护部发布2015年国家生态旅游示范区名单,福州市鼓岭生态旅游区、永泰云顶旅游区入榜。

15日　全省首个居住主题创新型孵化器、全国第17个YOU+(优家)青年创业社区——福州YOU+(优家)青年创业社区在台江区菏泽小区正式成立。社区建筑面积6000多平方米,有173个房间及近百个免费工位。

20日　福州新区建设发展座谈会在北京举行,为福州新区获批后,福州市首次举行和中央企业、地方国企大规模签约活动。当日对接央企、地方国企项目64个,总投资3315亿元,其中,央企项目50个,总投资2802亿元;地方国企项目14个,总投资513亿元。32个项目上台签约。

同日　福州市公布《生态福州总体规划》,规划范围为中心城区范围,面积约为1447平方千米,其中规划建设用地规模约为378平方千米。

30日　闽东北经济协作区市委(工委)书记、市长(主任)联席会议在福州召开。闽东北五市一区党政主要领导出席会议并发言,共商"十三五"区域协作大计,共谋闽东北深度融合发展。

31日　首届中国福建青年留学人员高峰论坛在福州举行,为福建省迄今举办的规模最大的青年归国人才峰会,300多名归国人才代表参会。

2月

2日　闭园19年的江心公园经改造后试开园。改造后的公园修建1.2千米长环岛观江亲水漫步道,改造悬索桥,建设夜景灯光等。

3日　第九届闽台陈靖姑民俗文化旅游节在仓山区陈靖姑故居举行启动仪式,并首次开展海峡两岸青年陈靖姑文创大赛和海峡两岸临水歌曲征集活动。

4日　市政府与海航集团全面战略合作暨福州航旅集团入资协议签约仪式在福州举行。

15—19日　市政协十二届五次会议在福州海峡国际会展中心举行,会议审议通过《市政协十二届五次会议决议》。

16—21日　市十四届人大四次会议在福州海峡国际会展中心举行,会议表决通过《关于福州市人民政府工作报告的决议》《关于福州市2014年国民经济和社会发展计划执行情况及2015年计划的决议》等9项决议、决定。

20—21日　以"福天福地福文化海风海韵海峡情"为主题的2016年海峡两岸民俗文化节在福州花海公园举行,上百个两岸民俗文化项目上演,近2000名演员现场演出。

21日　省农业厅公布"2015年福建省最美休闲乡村"名单,全省有21个村入选,闽清县后垅村入选。

23日　福州新区闽商投资项目签约大会在福州海峡国际会展中心举行。签订闽商投资项目70个,总投资额1122.67亿元;精准扶贫项目40个,帮扶总额1000.5万元。

同日　中国广播艺术团2016年首场演出在永泰县举行,冯巩、刘全利等32名中国广播艺术团文艺工作者与40多名福州市歌舞团演员参演。

27日　中国·福建VR产业基地建设发展座谈会在福州海峡国际会展中心举行。基地位于福州长乐滨海新城。

同日　2016年省级重点项目——国家知识产权局专利审查协作福建分中心在福州高新区海西园奠基。项目总投资4.4亿元,占地面积4.2公顷,建筑面积6.3万平方米。

29日　晋安区通过全国绿化委员会核查,获评"全国绿化模范区"称号,为全市首个获得该称号的县(市)区。

3月

3日　由福州自贸片区与福州海关共同建设的海关信息化平台(一期)正式上线试运行。可实现系统管理,建立企业和货物信息管理,纳入一线进境、货物入库出库、卡口核放等海关全程监管流程,设置电子账册审批、保函、区域间货物流转、调拨管理,满足多种业务模式需求。

4日　福州市台湾青年创业就业服务中心举行成立仪式。该中心位于市行政服务中心,将衔接市行政服务中心、市民服务中心的行政审批服务平台,为到福州创业就业的18~45周岁台湾青年提供公益性服务。

同日　福州市公安局举行地铁分局揭牌仪式,为全省首支专司地铁安保工作的新警种。地铁分局内设6个科室、大队。其中,1号线设立3个派出所,每个车站设置警务室。

23日　22时,福州至台湾的海运直航邮路在福建自贸区福州片区正式开通,成为祖国大陆第二条对台海运直航邮路。

26日　福州市首个市级老年人体育活动中心启动试运营。中心位于鼓楼区海潮路,占地面积12015平方米,总建筑面积22521平方米。

同日　19时30分,全省首座建于公园内的220千伏变电站——温泉公园变电站投产送电。

28日　以“新电商、新引擎、新福建”为主题的2016福建省电子商务大会在福州海峡国际会展中心召开。大会设置“电子商务推进会”主会场和“跨境电商项目对接会”“农村电商项目对接会”“电商领军人物座谈会”3个主题分会场,并举行项目签约仪式和交流对接展。阿里巴巴、苏宁云商、京东、腾讯、当当网、神州租车等集团相关嘉宾在主会场作主旨演讲。电商企业代表、电商领域专家学者、相关政府部门负责人等1000多人参会。

29日　第二届中国质量奖颁奖大会在北京人民大会堂举行。福耀玻璃工业集团股份有限公司获第二届中国质量奖提名奖,实现全市“中国质量奖”奖项零的突破。

30日　福建自贸区福州片区江阴区块优联跨境电商监管中心、利嘉跨境电商监管中心相继通过验收、测试,正式投入运行。

31日　环境保护部发布国家生态县(市、区)名单,全国有20个县(市、区)入选,福建有7个县(市、区)上榜,其中包括福州市的马尾区、福清市、长乐市。

4月

4日　福建省确定12个县市区试点全域旅游。永泰县作为福州的后花园、中国优秀旅游县,是全市唯一入围的试点县。

8日　面向福州市贫困白内障患者的公益性医疗救助活动——“福州市老年白内障光明援助志愿服务行动”百千万工程在闽清县梅城镇正式启动。活动计划历时5年,在全市范围内救助1万例贫困白内障患者。

12日　由缅甸华侨华人青年工商会主办、缅甸福州三山同乡会协办的2016年中缅投资贸易促进交流会在福州举行。

14日　首部福建自贸区蓝皮书——《中国(福建)自由贸易试验区发展报告(2015—2016)》在福州发布。

15日　欧洲八国联合签证中心在福州正式对外开放,可办理希腊、意大利、西班牙、葡萄牙、奥地利、比利时、克罗地亚和芬兰等国家的签证,可办理的签证种类包括留学(90天内)、旅游(个人签和团体签)、探亲访友、商务、会展以及文化交流等。

同日　福州市反诈骗中心正式成立,下设警情处置组、金融防控组、通信防控组、研判打击组、宣传防范组,实行“7×24小时”全天候的工作运行模式。

19日　福州紫荆海峡科技母基金在马尾成立,标志福州市与清华大学、清华控股在科技金融领域的战略合作拉开序幕。

21—22日　在福建、广东自贸区成立一周年之际,“闽粤六地自贸区税收创新论坛”在福州马尾举行。省市有关部门和福州开发区、厦门象屿保税区、平潭综合实验区、广州南沙开发区、深圳前海深港合作区、珠海横琴新区的代表出席论坛。

22日　第二届“世界读书日·海峡读者节”在省体育中心田径馆主会场开幕,标志为期1个月的海峡两岸全民阅读季正式开始。

同日　第34届中国国际体育用品博览会在福州海峡国际会展中心开幕。

25日　财政部、住房城乡建设部、水利部公布2016年海绵城市试点竞争性评审结果。福州市在评选结果中排名第一,入选第二批全国海绵城市建设试点。

5月

12日　第十届中国品牌价值500强榜单揭晓,福建有31个品牌入围,其中5个来自福州,分别为兴业银行、福耀玻璃、永辉超市、华莱士和天福。

13—15日　福州地铁1号线南段(三叉街—福州南站)正式开放试乘。

15日　第六届闽台残疾人文化周活动在省残疾人体育运动管理中心开幕,来自海峡两岸的残障人士代表、助残志愿者和社会各界爱心人士近300人参加开幕式。活动现场启动关爱残疾儿童行动,向全省1万多名贫困残疾儿童赠送总价值610万元的爱心礼包。

同日　国家旅游局发布747个2016全国优选旅游项目,福州市上下杭历史文化街区、闽侯八闽古城(八闽文化旅游开发建设项目)、永泰云顶旅游区入选。

17日　亚洲合作对话(ACD)工商大会暨青年企业家创新峰会在福州开幕。全国政协副主席、中华全国工商业联合会主席王钦敏,省委书记尤权,省长于伟国出席开幕式。大会以“共同亚洲:合作与机遇”为主题,邀请ACD成员国官员、学者和企业代表围绕“一带一路”战略背景下亚洲企业家创新机遇进行交流。

18日　福州地铁1号线南段开始试运营。试运营初期,地铁每天运行13个小时,服务时间从7:00~20:00,工作日高峰时间(7:00~9:00、17:00~19:00)、双休日高峰时间(9:00~19:00)行车间隔为7分钟,其余平峰时间行车间隔为

10 分钟。票价为起步价 2 元,可乘 5 千米(含),南段全程最高票价为 3 元。

18—22 日　第十八届海峡两岸经贸交易会在福州海峡国际会展中心举行。其间,安排 ACD 工商大会暨青年企业家创新峰会、首届联合国陆海丝绸之路城市联盟论坛、台湾名品馆开馆仪式、泰国产品分销中心成立仪式、ACD 中小企业服务联盟发布宣言暨签约仪式、福州新区重点项目签约仪式、采购洽谈对接会、2016 年德国—福州合作论坛暨企业项目投资对接会等 8 场主要活动和 5 场配套活动。

18 日　第十一届中国(福建)消费品全球采购交易会在福州海峡国际会展中心举行。采购交易商品包括食品、水产品、日用百货、文化用品、工艺品、电子产品、酒类、食用油、纺织品等多类消费品。

同日　第十八届海交会福州新区重点项目签约仪式在福州海峡国际会展中心举行,60 个重点项目落地福州新区,总投资 759.49 亿元。

同日　首届联合国海陆丝绸之路城市联盟城市论坛在福州举行,联合国有关机构和"一带一路"沿线国家地区 35 个城市代表参加论坛。论坛围绕"城市投资合作共赢,促进区域互联互通,实现丝路贸易发展"主题展开系列活动。

19 日　海峡两岸信息产业对接交流会在福州举行,来自台湾的 20 多家企业与全省 70 多家企业进行对接交流,共同推动两岸信息服务产业融合发展。

同日　全国首个落户自贸区、服务海峡两岸众创的双创示范基地——自贸区两岸众创·优空间开业仪式在福建自贸区福州片区综合服务大厅正式揭牌。自贸区两岸众创·优空间拥有 3000 平方米空间,配备有台湾候鸟工作站、两岸文化思想阵地、两岸创客实践基地、两岸科技成果展示区、两岸双创文化长廊、两岸创客路演吧。

6 月

3—5 日　2016 海峡(福州)渔业周·中国(福州)国际渔业博览会在海峡国际会展中心举行。该届渔业周·渔博会以推动"一带一路"和"海丝"建设为主题,设置福建现代渔业品牌馆、国际展区和台湾展区、水产综合展区、纯天然水产品展区、渔业设备展区、渔业电商展区、福州金鱼及观赏鱼展区、休闲海洋渔业展区八大展区,展示面积达 5.8 万平方米。签约项目 28 个,签约金额 169.23 亿元,比上年增长 3.53%,涵盖境外渔业基地建设、跨境电商、远洋造船、滨海旅游、临海产业、水产养殖、加工等产业。其中上亿元的签约项目有 14 个,签约金额 164.1 亿元,占签约总金额的 96.97%。

11—13 日　第七届海峡两岸船政文化研讨会在福州举行。研讨会主题为"船政与孙中山海防思想",两岸百余名专家学者以及船政名杰后裔,共同追忆、研讨孙中山与福建船政的深厚关系。

13 日　首届海峡两岸福州新区发展论坛在福州开幕,来自海峡两岸的 300 多名专家学者、企业家和青年创业者参会。论坛主题为"福州新区与台湾对接合作",与会专家学者就福州"如何成为经济转型升级的领头雁""如何争当改革创新的试验田""如何建设宜居宜业的新城区"等 3 个话题展开讨论。

18 日　第五届世界闽商大会、第十四届中国·海峡项目成果交易会、第六届民营企业产业项目洽谈会在福州召开。中共中央政治局委员、中央统战部部长孙春兰出席开幕式并致辞。2200 多家企业参展,其中央企 7 家,台湾企业 30 多家,世界 500 强企业 18 家。其间,累计举办 66 场活动,对接合同项目 2120 个,总投资 494 亿元,其中福州市对接项目 746 个,总投资 420.2 亿元。

20 日　国务院向科技部、省政府批复同意福厦泉国家高新区建设国家自主创新示范区,享受国家自主创新示范区相关政策,并将福厦泉国家高新区建设国家自主创新示范区纳入国家自主创新示范区部际协调小组统筹指导。"福厦泉国家自主创新示范区福州片区"空间布局规划以福州高新区为核心区(面积 75.99 平方千米),覆盖福州市各县(市)区,规划总面积为 218.92 平方千米。

21 日　市政府、省经信委、华为技术有限公司、智润科技有限公司在福州签署 NB－IoT(窄带物联网)项目合作备忘录,共同在福州推进完成全国首个 NB－IoT实验局建设和商业化部署,建立开放实验室,共同打造福建 NB－IoT 应用样板点。

7 月

1—11 日　2016 海峡两岸青少年文化体育夏令营在马尾举行,为马尾、马祖第三次共同举办,其中马祖代表团 35 人,马尾代表团 20 人。夏令营包括游泳、乒乓球、围棋及乐乐棒球等体育项目,以及福州传统文化学习交流、手工制作"板凳龙"、文艺表演、三坊七巷参访等文化项目。

2 日　2016 年海峡两岸暨港澳大学生中华文化研习营在福州开营。活动主题为"华夏文明·薪火相传",来自港澳台的大学生和北京、福建的高校学生一起参观福州三坊七巷、林则徐纪念馆等。

9 日　第 1 号台风"尼伯特"在泉州石狮登陆。受"尼伯特"台风影响,8 日 20 时至 9 日 20 时,福州市有 58 个乡镇日雨量超过 100 毫米,闽清、永泰有 13 个乡镇超过 250 毫米。永泰大樟溪支流清凉溪流域、闽清梅溪流域发生百年一遇特大洪水和超百年一遇特大洪水。闽清、永泰、闽侯等县的部分乡镇遭受洪水侵淹,大量民房倒塌,农田淹没,公路交通、电力、通信中断。福州市成立灾后恢复重建指挥部,下设办公室和 16 个工作组,统筹全市恢复重建工作。

17 日　2016 福州国际漆艺双年展在朱紫坊历史文化街区启幕,来自 8 个国家和地区 125 名漆艺家的 625 件作品参展。活动同时在三坊七巷的海峡民间艺术馆、南后街展览馆、宗陶斋和雕刻艺术馆以及沈绍安漆艺馆、福州海峡创意产业园、福州长乐国际机场等设立 7 个外围展区。

18 日　鼓楼区创建国家级生态区通过环境保护部专家组验收。

19 日　国家级文化产业试验园区——闽台(福州)文化产业园揭牌仪

式在福州海峡(红坊)创意产业园举行。闽台(福州)文化产业园为文化部命名的第四批国家级文化产业试验园区之一,产业园以三坊七巷历史文化街区为核心区,以福州软件园为产业延伸区,以仓山的福州海峡创意产业园和长乐的海西动漫创意谷为产业拓展区。

22—24日　第十五届海峡两岸大学生辩论赛在福州举行。台湾大学、福建师范大学和台湾政治大学分获冠军、亚军、季军;台湾大学洪玉珍和福建师范大学吴淑娟获最佳辩手。

8月

3日　地铁1号线北段铺轨工作正式宣告完成,标志1号线全线实现轨道贯通。

6日　纪念中国报业先驱林白水就义90周年座谈会暨《林白水文选》首发式在福州举行。

13日　第四届海峡青年节集中活动开幕。至15日,举行海峡青年(福州)峰会、两岸青年"携手·同心"嘉年华、两岸青年交流成果分享汇、海峡青年"魅力福州"体验等四大活动。

18日　第十四届海峡法学论坛在福州开幕。论坛主题为"民法现代化与城市发展",与会专家学者针对民法与城市生活、民事立法、住宅用地70年期满后续应对、物业小区开放等问题展开探讨。

19—30日　2016年"首届中国漆人节"在福州沈绍安漆艺馆举行。其间,举办项目签约仪式、作品征集启动仪式、创意集市、研讨会及公益拍卖等活动。

23日,福州市重大项目"抓征迁、促落实"百日攻坚行动动员大会召开,公布行动方案和攻坚项目清单。

26日　由泰国驻厦门总领事馆商务处、省侨办、福建自贸区福州片区管委会、马尾区政府主办的中泰跨境经贸交流暨产品展示会在马尾举行,近20家泰方企业和近200家中方企业参展,涵盖传统进出口贸易、电子商务、商超、微商等行业形态。

31日　"近代以来福州与台湾"学术研讨会在福州举行。海峡两岸的专家学者共同研讨近代以来闽都文化与台湾关系,为推动两岸交流合作稳定持续发展献计献策。

同日　2016年中国文化馆年会在银川举行,福州市群众艺术馆获"全国优秀文化馆"称号。

9月

1日　即日起,福州市开始为期3个月的城区路面施工围挡集中专项整治行动。

7日　第22届中国国际化纤会议在闽江世纪金源会展大饭店召开,是继2004年之后该会议第二次在福州市召开,主题为"联动发展的全球化纤工业——创新、协调、绿色、共享",历时两天,设有1场发展论坛、9场专题论坛和1场化纤纺织科技成果展示。近20个国家和地区的纺织化纤业界专家、学者和企业家参会。

9—12日　第九届海峡两岸合唱节在长乐举行,来自海峡两岸17支合唱队伍参加,其中台湾地区4支,总参与人数约800人。

13日　2016年海峡两岸家庭教育高峰论坛在福州举行。两岸家庭教育专家学者、家庭教育工作者等300余人参加论坛。

15日　第14号台风"莫兰蒂"在厦门翔安登陆,登陆前后带来的强风和大暴雨,造成连江、闽侯、永泰、晋安等县(市)区受灾严重。

17日　2016年福建省暨福州市全国科普日主场活动在花海公园举行,主题为"创新放飞梦想科技引领未来",主场活动设置科学大观园、感触科学、炫彩科普、VR科普、学会科普五大板块,现场展示VR虚拟现实技术、青少年科技创新创意获奖作品、机器人表演、无人机等科技成果。

24日　2016年度海峡两岸中华凤头燕鸥保育交流研讨会在福州国家森林公园举行。来自台北野鸟学会、台湾大学、浙江野鸟会的研究团队就2016年度"神话之鸟"中华凤头燕鸥的保育情况进行汇报交流,并实地考察闽江河口湿地。

26日　中国共产党福州市第十一次代表大会在福州海峡国际会展中心开幕。省委常委、省纪委书记、市委书记倪岳峰作题为《马上就办　真抓实干　为建设"机制活、产业优、百姓富、生态美"的新福州而努力奋斗》的报告。

28日　第17号台风"鲇鱼"在泉州惠安沿海登陆,受其影响,全市173个乡镇受灾。

10月

10日　福州市举行全市"抓招商、促发展"动员部署大会,全面启动"抓招商、促发展"专项行动。省委常委、省纪委书记、市委书记倪岳峰主持会议并讲话,市委副书记、代市长尤猛军作工作部署。

13日　第三届中国温泉·旅游推广季暨首届世界温泉论坛大会在辽宁营口市开幕。会上对国字号等级温泉景区进行颁奖,福州3家温泉旅游景区获国家星级温泉称号,其中溪山温泉获五星级温泉,源脉温泉园和贵安温泉获四星级温泉。

13—14日　由中央财经领导小组办公室、住房城乡建设部、国家发改委联合主办的特色小(城)镇建设工作经验交流会在杭州召开。住房城乡建设部公布首批127个中国特色小镇名单,永泰县嵩口镇成为全市唯一入选的乡镇。

14日　福州市国家生态市创建考核验收汇报反馈会召开,福州市通过国家生态市考核验收。

20—22日　第95届全国糖酒食品交易会在福州海峡国际会展中心举行。总展出面积12万平方米,参展企业近3000家,来自法国、意大利、新西兰等近40个国家和地区的海外展品占全部展品比例超过25%,展商和观众累计入场接近20万人次。展会期间还举办"创领产业新经济"主论坛、"寻找中国酒业独角兽"高峰论坛、第八届中国糖酒食品业投洽会等配套活动。

21日　国家卫生计生委召开全国

健康医疗大数据中心及产业园建设国家试点工程启动推进会，宣布第一批国家试点工程在福州、厦门、南京、常州正式启动。

同日　作为第95届全国糖酒会的相关活动，中国食品安全30人论坛暨2016中国（福建）第二届食品安全峰会在海峡国际会展中心举行，国内食品安全领域专家学者、食品药品监管部门负责人、福建省食品企业代表等参会，围绕“尚德守法打造福建食品安全放心省”主题进行讨论。

22日　福州市第二十四届运动会开幕式在海峡奥体中心举行。运动会于9月7日开赛，10月30日结束，历时54天。比赛设县（市）区组25个大项433个小项，行业组16个大项80个小项。有1人1次破1项福州市最高纪录（田径），37人8队72次破57项福州市少年纪录（游泳、举重）。

29日　第二届海峡创新创业论坛在福州软件园开幕。福州软件园基金联盟在论坛上揭牌成立。

31日　鲁迅文学院福州研修班正式开班，为期13天，来自福州市作家协会以及各县（市）区的50名中青年作家参加学习。

11月

1日　福州市启动县、乡两级人大代表换届选举，选举涉及全市12个县（市）区、130个乡镇，直接面对500多万名选民，选举产生近1.1万名县乡两级人大代表，至12月15日结束。

5日　福建福清兴化湾海上风电样机试验风场、福建三峡海上风电产业园等两个海上风电项目在福清启动建设。该项目是三峡集团与福建省签署战略合作协议以来，在福建省启动的首个海上风电集中连片大规模开发的先导性、示范性、标志性项目。

5—8日　第52届全国制药机械暨中国国际制药机械博览会在福州海峡国际会展中心举办，为博览会首次在福州举办。展览面积12万平方米，来自美国、日本、韩国及欧洲等20个国家和地区的1300余家厂商参展，展位总数7300多个，展出设备涵盖制剂机械、原料药机械、药品包装机械等8大类近万台（套）。

10日　福州市召开建设海上福州和绿化福州动员部署大会。省委常委、市委书记倪岳峰主持会议并讲话，市委副书记、代市长尤猛军作工作部署。根据部署，福州市出台《对接国家战略建设海上福州工作方案》和《福州市城区绿化提升实施方案》。

13日　第二届“海上丝绸之路”（福州）国际旅游节正式启动，十余项主题活动持续至12月31日。旅游节由“会、展、赛、节”四大系列活动组成。“会”，即11月13日在福州海峡国际会展中心举办的启动仪式，以及“海上丝绸之路”智慧旅游高峰论坛。“展”，即11月12—14日举办的2016海丝国际旅游嘉年华，在海峡国际会展中心向市民免费开放。“赛”，包括第二届“海上丝绸之路”导游员大赛、福州旅游伴手礼创意设计大赛以及环福州·永泰公路自行车赛、2016福州国际马拉松赛等同期举办的体育赛事。“节”，包括11月14日—12月31日在连江举行的第七届福州温泉国际旅游节、11月15日在永泰举行的首届福州民俗旅游节，以及在闽江公园南园举行的首届“映像闽江海丝故里”沙雕艺术节。其间，还举办面向境内外旅行商的“海上丝绸之路”福建旅游资源踩线活动，以及面向广大市民和游客的第二届海丝国际旅游节惠民主题活动。

14日　《福州市城区水系综合治理工作方案》正式发布，决定从内涝治理、污染源治理、黑臭水体治理、水系周边环境整治四个方面，推进城区水系综合治理工作。方案确定四大类337个治理项目，其中，内涝治理项目39个，污染源治理项目66个，黑臭水体治理项目193个，水系周边环境整治项目39个。

18日　福州市出台《“有福之州·文明同行”福州市文明城市建设工作方案》，提出“提高市民群众文明素养、深化文明创建系列活动、推动城市环境秩序提升优化、推进志愿服务深化拓展、落实全国文明城市创建动态管理举措要求”五大重点任务，实施169个重点项目。

21日　平潭及闽江口水资源配置——“一闸三线”工程（长乐段）大华岭输水隧洞工程正式动工。“一闸”即在大樟溪永泰莒口建设水闸，将溪水通过山体隧洞供给长乐、福清、平潭等地区。“三线”即闽江竹岐段作为补充水源，引水至大樟溪莒口库区，实现枯水期补水；莒口库区引水至闽侯三溪口水库，从而分流至长乐、仓山城门等地；莒口库区引水至福清东张水库，后经龙高半岛，穿越海峡引水至平潭岛三十六脚湖。该工程总投资约64亿元，总工期4年。

26日　福州市国家健康医疗大数据中心与产业园建设试点工程（福州园区）在数字福建（长乐）产业园正式揭牌。该项目规划用地面积66.67公顷（1000亩），其中国家健康医疗大数据中心规划用地4公顷。

27日　历经3年的施工建设，沈海复线宁德漳湾至连江浦口高速公路Ⅱ期工程宁德飞鸾至增坂段正式通车，标志沈海复线宁连高速实现全线通车运营。宁连高速公路起于宁德蕉城漳湾，终于连江浦口，全长24.54千米。路线采用双向六车道高速公路标准建设，设计行车速度为100千米/小时。

29日　《福州市缓解城区交通拥堵行动总体方案》正式发布，确定26项缓堵工作措施及252个缓堵项目。

30日　福州市地铁6号线正式动建。林浦站和位于长乐市境内的营前站、航城站、漳港站同期开工。该线路起于海峡国际会展中心，途经东部新城、长乐市区、滨海新城等地，终于长乐国际机场。线路全长40.869千米，其中地下线长33.439千米。预计2021年开通。

12月

1日　即日起，大陆游客经马尾口岸或连江黄岐到马祖旅游，将通过价格优惠的形式得到补贴。马尾区推出“情系两岸，畅游两马”活动，时间为2016年12月1日至2017年12月1日；连江县推出“到连江走走,去马祖逛逛”活动,时间为2016年12月1日至2017年3月31日。

同日　福州市人民政府发布《关于加强对超标电动自行车、残疾人机动轮椅车销售和改装源头治理的通告》,在市区开展超标电动自行车、残疾人机动轮椅车销售和改装源头清理整治工作。

2日　省人大常委会会议批准《福州市轨道交通条例》,于2017年元旦起施行,为全省首部有关轨道交通的地方性法规。条例包括地铁营运、配套设施、安全管理、票价等方面的规定。

6日　国家发改委发文将全国37个地区列为全国“十三五”服务业综合改革试点区域,10个“十二五”期间开展试点的地区作为全国服务业综合改革示范典型,其中,福州市被列为全国“十三五”服务业综合改革试点区域,鼓楼区被列为服务业综合改革示范典型。

7日　国家发改委公布第三批国家新型城镇化综合试点地区名单,福清入选,为全市首个国家新型城镇化综合试点地区。

同日　福州市历史文化名城管理委员会举行福州市获批第二批国家历史文化名城30周年纪念座谈会。

11—14日　作为海峡青年节系列活动之一,2016年第二期台湾青年到榕创(就)业研习班在福州开班。交流活动期间,台湾青年先后走访考察福州自贸片区、福州新区、台湾青年创业就业服务中心,以及海峡两岸青年创业孵化中心(山亚)、唯美客文创园区、福州软件园、高速物流园区等多个台湾青年创业基地。

15日　海峡文化艺术中心项目歌剧院主体全面封顶。海峡文化艺术中心位于仓山区城门镇梁厝村,总投资27亿元,规划用地15.8公顷,建筑面积约15万平方米,其中地面建筑面积约10万平方米,地下室建筑面积约5万平方米。预计2018年竣工投用。

16日　由省商务厅与阿里巴巴集团联合举办的福建精品电商年货博览会暨阿里年货节在福州海峡国际会展中心启动。该届年货节为第二届阿里年货节,福州为主会场,全国11个省的分会场同日启动。年货节期间(16—18日)还举办县域电商发展高峰论坛、电商精品年货博览会、年货节晚会、农村淘宝村小二共创会等综合系列活动。

19日　《船政志》和《船政文化研究选集》首发仪式在马尾区举办。《船政志》由30多名国内船政研究专家及学者历时7年编撰而成,填补闽都四大文化专志的最后一项空白。全书90万字,采用述、记、志、传、图、表、录等体裁,分章记述船政机构、产品制造、人才培养等各项事业发展情况,记载船政的历史沿革和发展历程。《船政文化研究选集——纪念船政创办150周年》分为文化内涵、史实研究、人物述评和学术散论四大部分,收录船政研究论文80多篇。

20日　厦门航空福州飞机维修库正式启用,为全省最大、华东第二大维修机库。机库由维修大厅及地上五层、地下一层附楼组成,占地面积15298平方米。大厅可同时容纳1架波音787和2架波音737飞机进行维修,台风期间可同时存放5架波音737飞机。该项目获得中国空间结构最高荣誉“中国钢结构金奖”。

22日　福州·宁德山海协作工作座谈会在福州召开。

24日　福建省、福州市各界纪念福建船政创办150周年大会举行。省船舶工业集团公司、船政文化研究学者、船政人士后裔、驻闽部队等代表在会上发言。

25日　2016“福建农信杯”福州国际马拉松赛在海峡奥体中心举行。赛事设全程马拉松、半程马拉松和迷你马拉松3个项目,起点设在海峡奥体中心,全程和半程马拉松终点设在海峡国际会展中心,迷你马拉松终点在横江支路。赛道围绕闽江两岸,经过闽江大道、南北江滨路、台江步行街、花海公园等路段和景点。

(编辑　黄　铭　郭秋延)

自然资源

【地理】 福州市是福建省省会,位于福建省中部东端,介于北纬25°15′~26°39′、东经118°08′~120°31′之间。东临台湾海峡,西靠三明市、南平市,南邻莆田市,北接宁德市。东西最大横距128公里,南北最大纵距145公里,总面积11968平方公里。南部为福州盆地的大部分;北部为山地,从西南向东倾斜;西部为中低山地;东部丘陵平原相间。山地、丘陵占全区土地总面积的72.68%,其中山地占32.41%,丘陵占40.27%。鹫峰、戴云两山脉斜切南北,闽江横贯市区东流入海。 (市方志委)

【资源】 *土地资源* 2016年,福州市土地面积118.58万公顷(不含平潭)。其中,耕地14.97万公顷,园地5.41万公顷,林地68.81万公顷,草地1.15万公顷,城镇村及工矿用地9.86万公顷,交通运输用地2.57万公顷,水域及水利设施用地11.65万公顷,其他土地4.16万公顷。

矿产资源 2016年,福州市境内已发现各类矿产56种(包括亚矿种),优势矿产以砂、石、土、地热为主,金属矿产矿种少、储量小,高品位矿少。已经探明列入福建省矿产资源储量表的固体矿产14种,已探明资源储量的矿区和已开发利用的矿山以非金属矿为主。开发利用的矿产有11个矿种,主要矿种为饰面用花岗岩、建筑用花岗岩和建筑用凝灰岩、叶蜡石、地热、砂、高岭土。饰面用花岗岩主要产于罗源、连江、福清等县(市),年内饰面石材采矿权全部关闭退出;建筑用花岗岩、凝灰岩主要产于福清、连江、闽侯、永泰等县(市);叶蜡石主要产于晋安区、闽清、罗源、福清等县(市)区。产自晋安区北峰山区的雕刻用叶蜡石(寿山石)最为珍稀,其品种达100多种,已有1000多年的开发历史。寿山村的"田黄石"和峨嵋村的"芙蓉石"是寿山石的上品,名扬国内外,寿山石于1999年8月被推选为"国石"候选石之首。福州市地热资源丰富且有特色,地热田(点)主要分布于市城区和永泰、闽侯、闽清、连江、福清等县(市)。境内地热资源埋藏浅、水温高、水质好,自古有"闽中温泉甲天下"之美誉,福州市2010年12月获"中国温泉之都"称号,永泰县、连江县及闽清县也先后获"中国温泉之乡"称号。闽江流域福州段天然石英砂资源极为丰富,质量上乘。高岭土矿主要产于闽清县,为建筑陶瓷、电陶瓷的主要原料,支撑闽清县陶瓷业享誉国内外。 (市国土资源局)

水力资源 2015年,福州市平均降水量1775毫米,折合水量209.05亿立方米,比2014年偏多12.9%,比多年平均值偏多15.7%,属丰水年(年降水量罗源县最大,2130.5毫米;长乐市最小,1452.9毫米。与多年平均值相比,各县市偏多8.4%~23.7%)。最大点降水量为罗源县中房2528.0毫米,最小为福清市高山1070.0毫米。地表水资源量109.27亿立方米(永泰县最大,20.93亿立方米,占福州市地表水资源总量19.2%,比多年平均值偏多3.5%;长乐市最少,5.38亿立方米,占4.9%,比多年平均值偏多1.3%)。地下水资源量32.25亿立方米(永泰县最多,6.23亿立方米,占福州市地下水资源量19.3%;长乐市最少,1.65亿立方米,占5.1%)。地下水与地表水不重复计算量0.32亿立方米,水资源总量109.59亿立方米,人均水资源拥有量1552立方米。福州市年供水总量29.65亿立方米〔其中:地表水源(蓄、引、提)供水量29.28亿立方米;地下水源供水量0.37亿立方米〕;年用水总量29.65亿立方米,比2014年减少2.7%(其中:农业用水量10.74亿立方米,占总用水量36.2%;工业用水量11.53亿立方米,占38.9%;城镇公共用水量2.28亿立方米,占7.7%;居民生活用水量3.79亿立方米,占12.8%;河道外生态环境用水量1.31亿立方米,占4.4%)。对福州市主要江河重要河段1034.1公里河长进行评价,其中水质符合和优于《地表水环境质量标准》(GB 3838—2002)Ⅲ类水的河长677.4公里,占评价河长65.51%;超标(Ⅳ类、Ⅴ类、劣Ⅴ类)河长356.7公里,占34.69%;主要超标项目为氨氮、总磷和溶解氧。 (市水利局)

森林资源 2016年,福州市有林地面积63.10万公顷,林业用地面积74.83万公顷,其中生态公益林31.31万公顷,

商品林43.52万公顷。林木总蓄积4163万立方米,森林蓄积量3862万立方米。森林覆盖率56.0%。有国家级森林公园5个、省级10个,省级以上森林公园经营面积1.6万公顷。湿地面积约20.68万公顷,其中近岸与海岸湿地15.82万公顷、河流湿地1.5万公顷、湖泊湿地236.75公顷、沼泽湿地25.04公顷、人工湿地3.32万公顷。基干林带面积1.4万公顷,基干林带662.6千米。油茶林1.71万公顷、竹林5.73万公顷、经济林6.98万公顷、花卉面积0.49万公顷。 (市林业局)

海洋资源 2016年,福州市海域总面积10573平方公里。大陆海岸线长度920公里(占全省1/4),乡级海岛海岸线390公里。海岛837个,其中无居民岛803个。拥有100多种经济价值较高的海洋鱼类、1471种海洋生物种类。

(市海洋与渔业局)

气 候

【概况】 2016年,福州市气候属偏差年景。全市年平均气温20.8℃,比常年平均高0.9℃,属显著偏高;平均年雨量2235.3毫米,比常年平均多48.9%,属异常偏多;平均年日照时数1422.6小时,比常年平均少12.7%,属显著偏少。

【气温】 2016年,福州市年平均气温20.8℃,比常年平均高0.9℃,属显著偏高,和2008年、2013年并列为1971年以来气温最高的年份。在月度平均气温中,5月、6月和12月显著偏高,10月异常偏高,其余月份正常。各县(市)年平均气温为19.9℃~21.1℃,其中罗源正

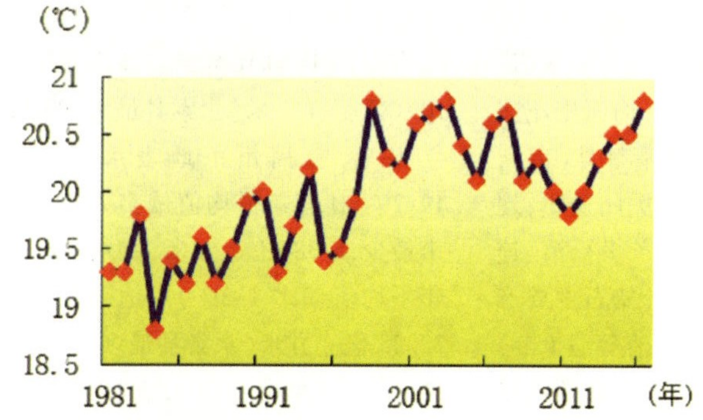

图1 1981—2016年福州市逐年平均气温

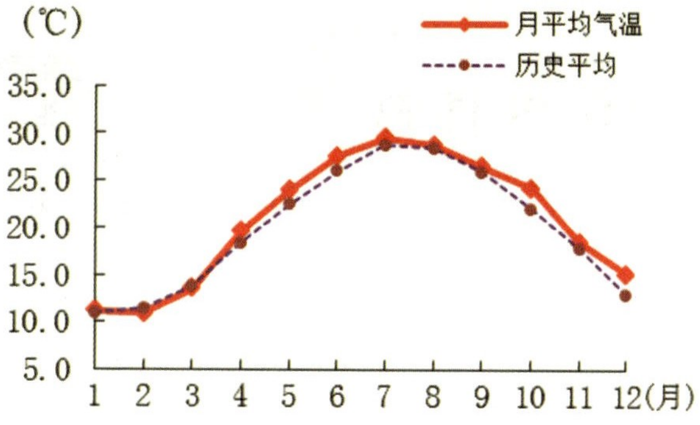

图2 2016年福州市逐月平均气温

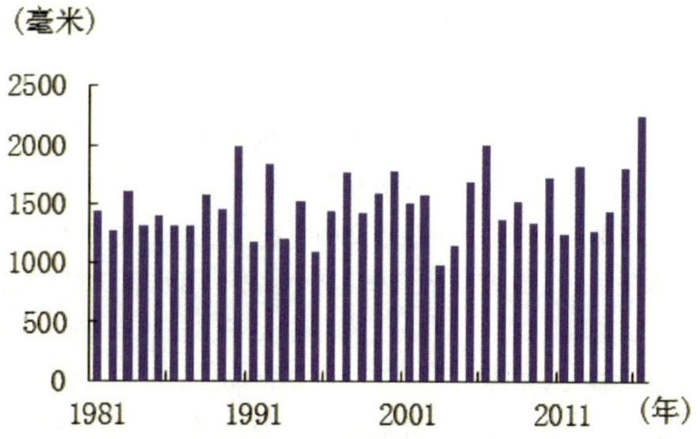

图3 1981—2016年福州市逐年降水量

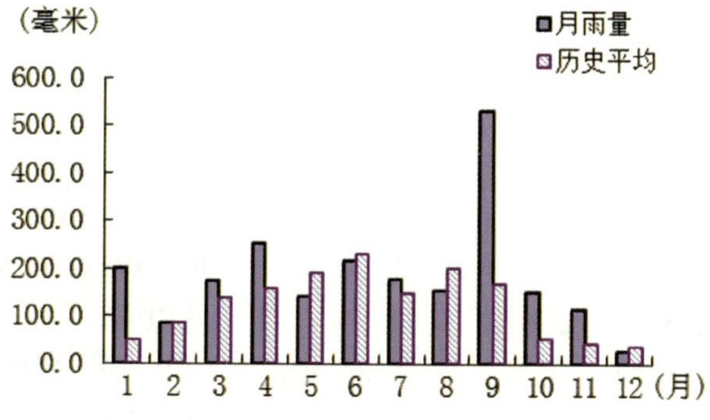

图4 2016年福州市逐月雨量

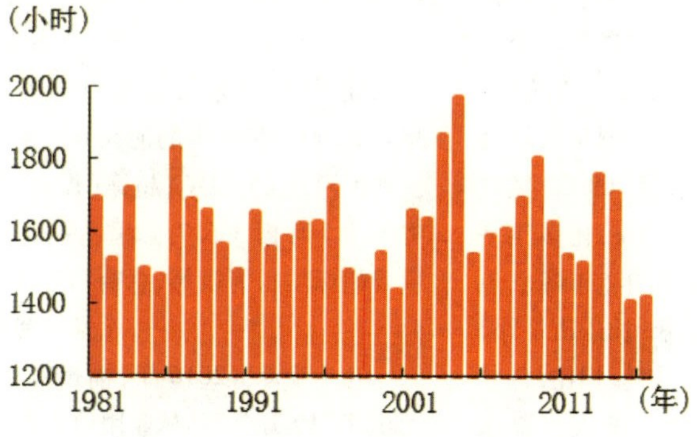

图5 1981—2016年福州市逐年日照时数

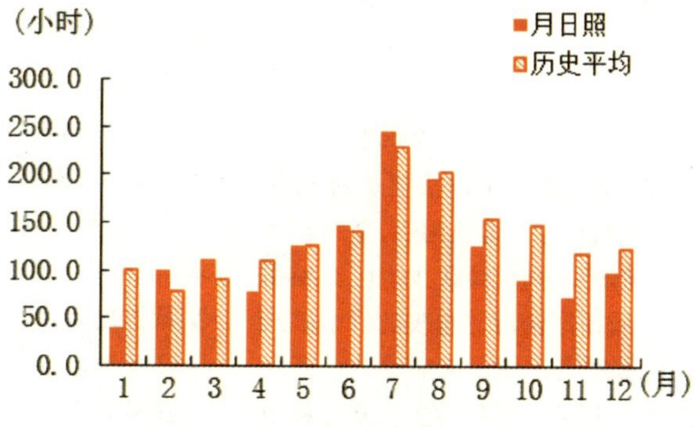

图6 2016年福州市逐月日照时数

表1　**2016年福州市各县(市)平均气温、雨量、日照评价**

	福州市区	闽清	闽侯	永泰	罗源	连江	长乐	福清	全市
平均气温(℃)	21.0	21.1	21.0	20.8	19.9	20.3	21.0	21.1	20.8
距平(℃)	0.8	0.9	1.0	0.9	0.4	0.9	1.1	1.0	0.9
评价	显著偏高	显著偏高	异常偏高	显著偏高	正常	显著偏高	显著偏高	显著偏高	显著偏高
雨量(毫米)	2263.6	2352.3	2086.7	2249.5	2338.1	1969.3	2343.4	2279.8	2235.3
距平百分率	62.6	62.3	45.9	47.9	39.8	26.1	61.6	48.4	48.9
评价	异常偏多	异常偏多	异常偏多	异常偏多	异常偏多	显著偏多	异常偏多	异常偏多	异常偏多
日照时数	1287.2	1396.7	1480.0	1384.7	1443.8	1453.7	1459.1	1475.6	1422.6
距平百分率	-17.7	-14.7	-8.2	-17.1	-9.7	-7.3	-12.4	-14.5	-12.7
评价	异常偏少	显著偏少	正常	显著偏少	偏少	正常	偏少	显著偏少	显著偏少
年最低气温	-1.9	-2.9	-2.2	-2.2	-3.7	-2.1	-1.8	-0.7	—
年最高气温	38.7	39.0	38.8	39.0	38.0	38.1	38.0	36.8	—
最大日雨量	241.2	217.7	164.4	197.7	241.1	158.6	271.4	208.0	—

常，其余县(市)属显著偏高—异常偏高。受强冷空气影响，1月25日各县(市)均出现当地的年内低温极值，以罗源-3.7℃为最低。各县(市)年最高气温为36.8℃~39.0℃，多数县(市)出现在7月28日；永泰(6月1日)和闽侯(7月28日)最高气温达39.0℃，位居年度全市高温榜首。

【雨量】　2016年，福州市平均年雨量2235.3毫米，比常年平均多48.9%，属异常偏多，打破年雨量的历史纪录。在月度雨量中，1月、3月、4月、9月、10月和11月偏多—异常偏多，5月偏少，其余月份正常。各县(市)年雨量为1969.3~2352.3毫米，福州市区、闽侯、闽清、永泰、长乐均突破当地年雨量的历史纪录。除连江显著偏多外，其余县(市)均属异常偏多。受"尼伯特"台风影响，7月9日闽清日雨量217.7毫米，为当地年度最大日雨量，打破日雨量的历史纪录；其余县(市)于9月28日("鲇鱼"台风影响期间)，普降大暴雨—特大暴雨，均出现年内当地日雨量的极值，其中永泰、晋安打破当地日雨量的历史纪录，另有福州(乌山站)、闽侯、永泰、福清4县(市)打破当地9月的日雨量纪录。

【日照时数】　2016年，福州市平均年日照时数1422.6小时，比常年平均少12.7%，属显著偏少，是1971年以来的次少年份(仅次于2015年)。全市平均逐月日照时数中，1月、4月、10月和11月显著偏少—异常偏少，其余月份正常。各县(市)年日照时数为1287.2~1480.0小时，除闽侯、连江正常外，其余县(市)属偏少—异常偏少。

重要气象事件

【概况】　2016年，影响福州市的灾害性天气主要有台风、暴雨、强对流天气、高温、强冷空气和低温过程，其中第1号台风"尼伯特"、第14号台风"莫兰蒂"和第17号台风"鲇鱼"，给福州市带来严重的风雨影响；1月下旬的强冷空气过程给农业带来严重灾害。

【强冷空气和低温过程】　2016年，福州市主要有4次强冷空气和低温过程，1月下旬极端气温低，农业损失大。

1月22—26日，闽清、闽侯、永泰和罗源城区最低气温过程降幅达10℃以上；24—26日，大部分县(市)城区最低气温-4℃~-2℃，高海拔地区-9℃~-6℃；25日早晨，罗源最低气温-3.7℃为年度全市城区低温极值，乡镇以闽侯大湖-9.7℃为最低，福州市区和长乐城区打破当地最低气温的历史纪录。22日夜里至24日早晨，罗源中房、福清一都和福州北部山区，以及闽清、闽侯和永泰的高海拔地区出现雪或雨夹雪天气，24—26日，大部分地区有结冰。受低温天气影响，长乐、福清、永泰、闽侯、连江、闽清6个县(市)农业、畜牧、水产养殖经济损失达4.5681亿元，以农业影响最大。

2月14—16日，各县(市)最低气温48小时降幅7.4℃~12.2℃，过程降幅10.1℃~12.2℃，过程最低气温3.7℃~6.5℃(出现在16日早晨)，其中福清达到寒潮标准。

3月24—28日，除闽清外，各县(市)均出现连续3天以上日平均气温低于12℃的低温天气；罗源和连江日平均气温连续5天低于12℃，达到"倒春寒"标准。

12月27—28日，各县(市)最低气温48小时降幅9.5℃~11.1℃，过程最低气温4.6℃~7.3℃(出现在28日早晨)，闽清、闽侯、罗源、连江4个县(市)出现寒潮。

【强对流天气】　2016年春、夏季强对流天气多发，影响较大的过程有4次。

4月3—4日，出现雷电、短时大风和冰雹等强对流天气，闽清梅城、梅溪、云龙和闽侯小箬、白沙于4日14—15时出现冰雹，最大直径2~4厘米。

5月6日15—18时，福州市部分乡镇出现6~8级短时大风，闽清县城关出现拇指大的冰雹，闽侯县鸿尾乡、竹岐乡、上街镇出现1~1.5厘米的冰雹，闽清北部的部分乡镇出现暴雨,以金沙镇66.7毫米为最大。

5月7日14—20时,永泰、闽侯、闽清的部分乡镇出现6~8级短时大风。永泰县城关和长庆镇、白云乡、红星乡、葛岭镇先后出现冰雹,城关冰雹直径11毫米。永泰和闽清普降中到大雨,局部出现暴雨,最大雨量为洑口镇86.9毫米。受其影响,永泰大部分乡镇供电供水短暂中断,部分居民房屋瓦片被冰雹砸穿,李果等农作物不同程度受损,永泰县直接经济损失235万元。

7月27—28日,福州市午后出现强对流天气,其中27日福州五四北路出现小冰雹,28日福州鼓楼出现11级(30.6米/秒)大风,少量树木被吹断。

【暴雨】 2016年,福州市暴雨日数多,日雨量多站次突破极值,主要的暴雨过程有5次(不含台风暴雨)。

4月17日(17日8时—18日8时),全市出现大雨—暴雨,局部大暴雨。福州市区及永泰、罗源、长乐、福清5个县(市)城区出现暴雨,城区最大日雨量为永泰82.9毫米,区域站最大为永泰岭路乡148.6毫米;强降雨主要出现在17日夜里。

4月23—24日,全市出现大范围暴雨,局部大暴雨。其中24日闽侯日雨量149.3毫米,打破当地4月日雨量历史纪录。闽侯、闽清1144人受灾,倒塌房屋2间,直接经济损失4334.67万元。

6月17日,闽清和永泰的部分乡镇出现暴雨,局部大暴雨,其中闽清8个乡镇日雨量超过70毫米,12小时雨量最大为云龙135.8毫米,白樟128毫米次之。永泰、闽清部分道路、山体出现溜方,多处农田、水渠等水利设施受损,房屋倒塌1间,直接经济损失893万元。

8月28日,全市有40个乡镇出现暴雨,14个乡镇出现大暴雨,日雨量以连江筱埕镇184.6毫米为最大。

9月11日下午到夜间,福州市出现大范围暴雨—大暴雨。11日8时—12日8时,全市有45个乡镇日雨量超过100毫米,以仓山区建新镇181.8毫米为最大。该次过程短时雨强大,最大1小时雨量120.4毫米,最大3小时雨量159.7毫米,均出现在仓山区建新镇;强降雨集中在福州主城区,包括仓山、鼓楼、台江和晋安在内的福州主城区雨量均超过100毫米。全市有5个县(市)区受灾,受灾人口5400人,直接经济损失760万元。

【台风】 2016年,影响福州市的台风个数多,灾害损失重。全年影响福州市的台风有7个,分别为:第1号台风“尼伯特”(影响时间7月7—11日)、4号台风“妮妲”(8月1—2日)、14号台风“莫兰蒂”(9月13—16日)、16号台风“马勒卡”(9月16—17日)、17号台风“鲇鱼”(9月26—29日)、19号台风“艾利”(10月8—9日)和22号台风“海马”(10月19—23日)。其中有3个台风(“尼伯特”“莫兰蒂”“鲇鱼”)给福州市带来严重的风雨影响。

第1号台风“尼伯特”于7月3日8时在关岛以南洋面生成,最强时风力达17级以上(68米/秒,超强台风级);于7月9日13时45分在泉州石狮登陆,登陆时最大风力10级(25米/秒,强热带风暴级)。受“尼伯特”台风影响,福州市部分地区出现强降水天气,降水雨量大、时段集中;主要出现在8日夜里至9日下午,最强时段集中于9日6—14时。8日20时—9日20时,全市有58个乡镇日雨量超过100毫米,闽清、永泰有13个乡镇超过250毫米,以永泰红星乡321毫米为最大。9日6—14时,永泰红星、丹云、盘古,闽清塔庄、云龙、三溪6个乡镇8小时雨量超过250毫米,最大3小时雨量达254毫米(红星乡)。永泰大樟溪支流清凉溪流域、闽清梅溪流域发生百年一遇特大洪水和超百年一遇特大洪水。闽清、永泰、闽侯等县的部分乡镇

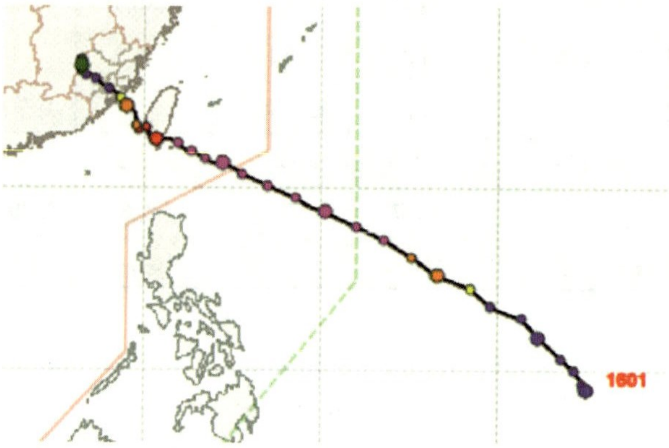

图7 2016年第1号台风“尼伯特”路径

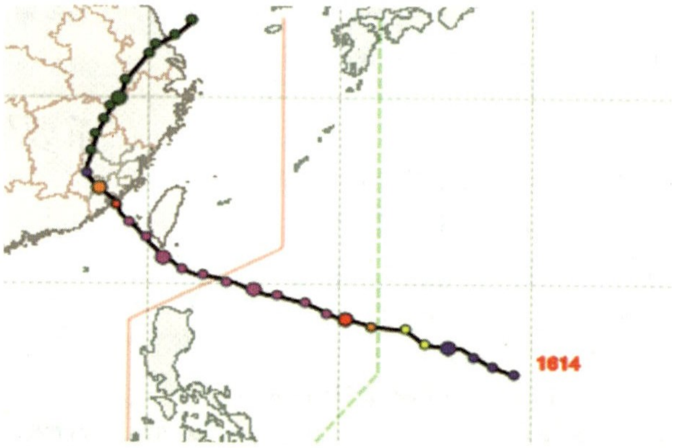

图8 2016年第14号台风“莫兰蒂”路径

图9 2016年第17号台风“鲇鱼”路径

遭受洪水侵淹，大量民房倒塌，农田淹没，公路交通、电力、通信中断。全市5个县（市）区63个乡镇受灾，受灾人口204369人，转移人口124702人，死亡87人，失踪15人，倒塌房屋9652间，全市直接经济损失70.5841亿元。

第14号台风“莫兰蒂”于9月10日14时在菲律宾以东洋面生成，最强时风力达17级以上（70米/秒，超强台风级）；于15日3时5分在厦门翔安登陆，登陆时最大风力48米/秒（15级，强台风级）。受台风“莫兰蒂”影响，全市沿海6个乡镇出现12级以上的大风，最大为长乐石屏山38.4米/秒（13级）。降水集中在14日夜里至15日上午；9月13日8时—16日8时，全市有63个乡镇累积雨量超过100毫米，5个乡镇超过250毫米，以永泰嵩口镇403.8毫米为最大。台风“莫兰蒂”登陆前后带来的强风和大暴雨，造成连江、闽侯、永泰、晋安等县（市）区受灾严重。全市10个县（市）区101个乡镇受灾，受灾人口132156人，转移人口51532人，倒塌房屋120间，死亡2人，失踪1人，全市直接经济损失3.5073亿元。

第17号台风“鲇鱼”于9月23日8时在菲律宾以东洋面生成，最强时风力16级（52米/秒，超强台风级）；于28日4时40分登陆泉州惠安沿海，登陆时最大风力12级（33米/秒，台风级）。受台风“鲇鱼”影响，9月26日白天起，福州市沿海风力逐渐增大，27日夜里风力最大；最强降雨出现27日夜里至28日白天。台风过程降雨持续时间较长，累积雨量大。9月26日8时—10月1日8时，全市有155个乡镇累计雨量超过100毫米，92个乡镇超过250毫米，23个乡镇超过400毫米，9个乡镇超过500毫米，以永泰云顶585.0毫米为最大。全市沿海27个乡镇出现12级以上大风，7个乡镇出现14级以上大风，以长乐松下码头47.9米/秒（15级）为最大。全市13个县（市）区173个乡镇受灾，受灾人口381741人，转移人口127173人，倒塌房屋433间，死亡2人，全市直接经济损失7.5713亿元。

【高温】 2016年，福州市高温日数少于常年，影响较轻。年内除福清外，各县（市）均出现2天以上日最高气温≥37℃的高温天气；其中闽清、闽侯、永泰3个县≥37℃的高温日数达14～22天，福州市区≥37℃的高温日数为7天。高温天气主要出现在6月20—25日、7月19—30日、8月2—7日、8月19—26日。

（郑颖青）

行政区划

【概况】 福州市简称“榕”，辖鼓楼、台江、仓山、晋安、马尾5个区，闽侯、连江、罗源、闽清、永泰、平潭6个县，以及福清、长乐2个县级市。总面积11968平方公里。市人民政府驻鼓楼区乌山路96号。2016年，全市辖43个街道、99个镇、45个乡（含连江县马祖乡）、2个民族乡；490个社区居委会、2383个村民委员会。

表2　**2016年福州市县（市）区行政区划一览表**

县（市）区名称	面积（平方公里）	街道、乡（镇）名称	社区居委会（个）	村委会（个）
鼓楼区	35	东街、南街、安泰、水部、温泉、鼓东、鼓西、华大、五凤街道，洪山镇	69	—
台江区	18	茶亭、洋中、后洲、新港、瀛洲、苍霞、义洲、上海、宁化、鳌峰街道	52	—
仓山区	142	仓前、下渡、临江、三叉街、对湖、上渡、金山、东升街道，建新、盖山、仓山、城门、螺洲镇	72	102
晋安区	567	茶园、王庄、象园街道，新店、岳峰、鼓山、宦溪镇，寿山、日溪乡	75	113
马尾区	281	罗星街道，马尾、亭江、琅岐镇	13	62
福清市	1518	玉屏、龙山、龙江、音西、宏路、石竹、阳下街道，东张、海口、龙田、高山、渔溪、城头、江镜、三山、江阴、港头、沙埔、东瀚、上迳、新厝、镜洋、一都、南岭镇	52	438
长乐市	658	吴航、航城、营前、漳港街道，梅花、金峰、潭头、玉田、江田、古槐、鹤上、首占、文武砂、湖南、文岭、松下镇，罗联、猴屿乡	29	226
闽侯县	2136	甘蔗街道，白沙、尚干、祥谦、青口、南通、南屿、上街、荆溪镇，竹岐、洋里、鸿尾、大湖、小箬、廷坪乡	29	292
连江县	1168	凤城、晓澳、浦口、琯头、敖江、东岱、东湖、丹阳、马鼻、透堡、官坂、黄岐、筱埕、苔菉、长龙、坑园镇，潘渡、蓼沿、下宫、安凯、江南、马祖乡，小沧畲族乡	34	243
罗源县	1187	凤山、鉴江、松山、起步、中房、飞竹镇，白塔、西兰、洪洋、碧里乡，霍口畲族乡	12	189

续表

县(市)区名称	面积(平方公里)	街道、乡(镇)名称	社区居委会(个)	村委会(个)
闽清县	1466	梅城、坂东、池园、梅溪、白樟、白中、塔庄、东桥、雄江、金沙、省璜镇,云龙、上莲、三溪、下祝、桔林乡	21	271
永泰县	2241	樟城、嵩口、梧桐、葛岭、城峰、清凉、长庆、同安、大洋镇,塘前、富泉、岭路、赤锡、洑口、盖洋、东洋、霞拔、盘谷、红星、白云、丹云乡	12	255
平潭县	371	潭城、苏澳、澳前、北厝、流水、平原、敖东镇,岚城、中楼、白青、南海、屿头、大练、东庠、芦洋乡	20	192

(市民政局)

人　口

【概况】　2016年,福州市总户数198万户,总人口数643.28万人(人口数据不含平潭,下同),较上年增加8.02万人,平均每户3.25人。其中,市区总户数67.5万户,总人口数203.06万人,较上年增加3.1万人;七个县(市)总户数130.5万户,总人口数440.22万人,较上年增加4.92万人。60周岁以上老年人口115.9万人,占总人口18.01%,较上年多5.07万人。男女比例:全市男性329.46万人,占51.22%,女性313.82万人,占48.78%,男比女多16.22万人,比幅较上年略有缩小。市区男性100.54万人,女性102.52万人,女比男多1.98万人;七个县(市)男性228.93万人,女性211.29万人,男比女多17.64万人。

【人口自然变动】　2016年,福州市出生人口9.55万人,较上年多603人,人口出生率14.94‰,比上年低0.04‰。死亡人数2.83万人,较上年少796人,人口死亡率4.43‰,比上年低0.17‰。人口自然增长6.72万人,人口自然增长率10.51‰。市区人口出生2.57万人,人口出生率12.74‰,死亡人数8919人,人口死亡率4.43‰,人口自然增长1.67万人,人口自然增长率8.31‰。七个县(市)人口出生6.98万人,人口出生率15.96‰,死亡人数1.94万人,人口死亡率4.43‰,人口自然增长5.04万人,人口自然增长率11.52‰。市区人口自然增长率较七个县(市)低3.21‰。

【人口机械变动】　2016年,福州市迁入人口12.8万人,迁出人口11.4万人,人口迁移增长率2.25‰。其中,市区迁入7.7万人,迁出6.26万人,迁入多于迁出1.45万人,人口迁移增长率7.2‰。七个县(市)迁入5.1万人,迁出5.14万人,迁出多于迁入137人,人口迁移负增长率0.03‰。

(陈茂华)

国民经济和社会发展情况

【概况】　2016年,福州年实现地区生产总值6197.77亿元,比上年增长8.5%。其中,第一产业增加值492.65亿元,同比增长4.1%;第二产业增加值2598.31亿元,同比增长7%;第三产业增加值2106.81亿元,同比增长10.7%。第一产业增加值占地区生产总值的比重为8%,第二产业增加值比重为41.9%,第三产业增加值比重为50.1%。人均地区生产总值82253元,比上年增长7.5%。

战略性新兴产业实现增加值455.94亿元,比上年增长9.3%,占地区生产总值的比重为7.4%。

电子商务交易总额1799亿元,比上年增长57.0%。限额以上批发和零售企业实现网上零售额94.76亿元,同比增长70.6%。"正统网"入驻电子商务企业1650家。

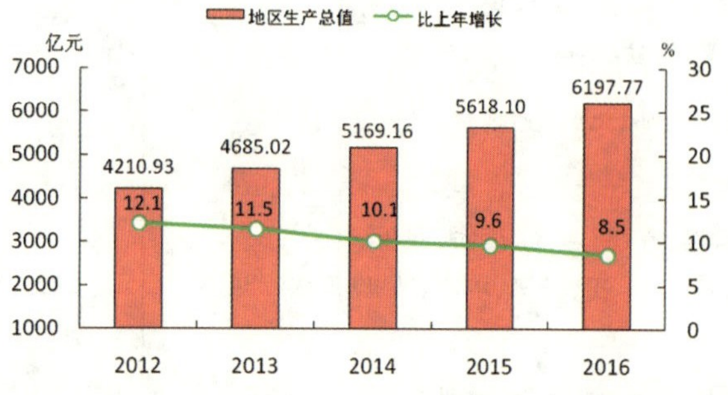

图10　2012—2016年地区生产总值(GDP)及其增长速度

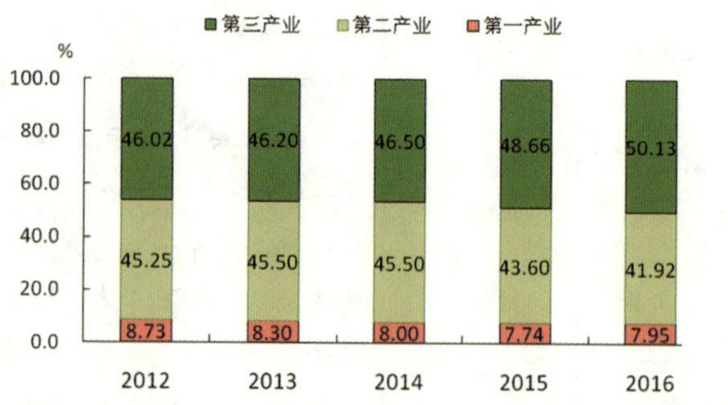

图11　2012—2016年三次产业增加值占地区生产总值比重

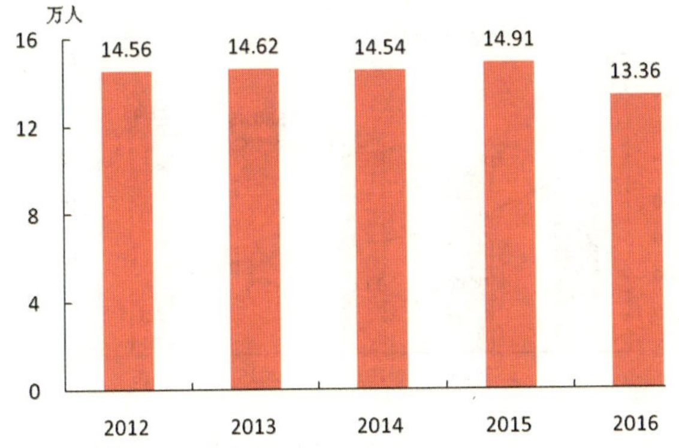

图 12　2012—2016 年城镇新增就业人数

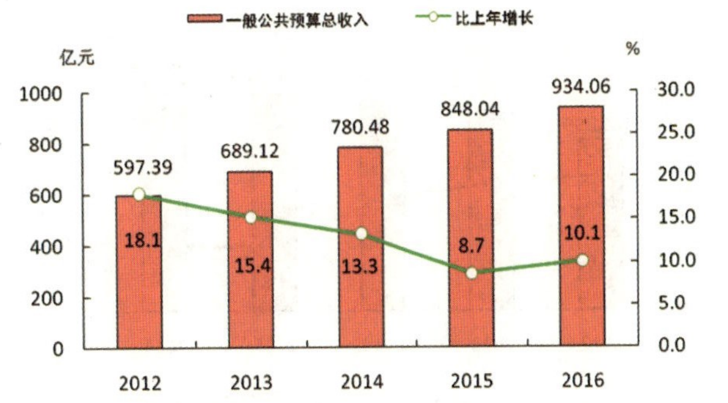

图 13　2012—2016 年一般公共预算总收入及其增长速度

年末，全市常住人口 757 万人（人口数据含平潭），比上年末增加 7 万人，同比增长 0.93%，增幅比上年略低 0.01 个百分点。其中，城镇常住人口 518.5 万人，占总人口比重为 68.5%，比上年末提高 0.8 个百分点。全年出生人口 10.2 万人，出生率为 13.5‰；死亡人口 4.5 万人，死亡率为 6‰；自然增长率为 7.5‰。

全年城镇新增就业 13.36 万人，就业困难人员实现再就业 4099 人，失业人员再就业 8995 人，农业富余劳动力转移就业 43248 人。年末城镇登记失业率 2.43%，比上年末下降 0.01 个百分点。

全年居民消费价格总水平比上年上涨 2.3%，其中食品烟酒类价格上涨 3.5%。工业生产者出厂价格比上年下降 1.6%。12 月，福州市新建商品住宅销售价格同比上涨 27.6%。

全市一般公共预算总收入 934.06 亿元，比上年增长 10.1%，其中，地方一般公共预算收入 598.91 亿元，同比增长 11.7%；一般公共预算支出 831.24 亿元，同比增长 14.5%。全市税收收入 450.85 亿元，同比增长 2.2%。

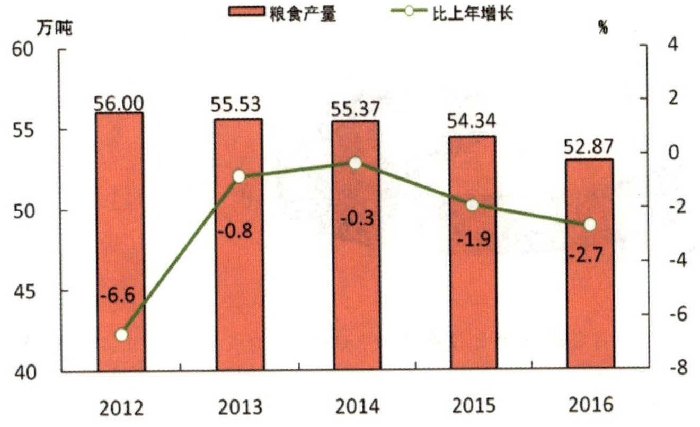

图 14　2012—2016 年粮食产量及其增长速度

表 3　**2016 年末福州市人口数及其构成**

指　标	年末数（万人）	比重（%）
常住人口	757	100.0
其中：城镇	519	68.5
乡村	238	31.5

【农业】　2016 年，福州市农林牧渔业实现总产值 866.25 亿元，比上年增长 4.1%。粮食种植面积约 9.97 万公顷，比上年减少约 2573.33 公顷，其中稻谷面积 5.2 万公顷，比上年减少 3620 公顷；油料种植面积约 2.35 万公顷，增加约 13.33 公顷；蔬菜种植面积约 12.85 万公顷，增加约 3033.33 公顷。

粮食产量 52.87 万吨，比上年减少 1.48 万吨，同比下降 2.7%，其中稻谷产量 29.58 万吨，比上年减少 2.34 万吨，同比下降 7.3%。

肉蛋奶总产量 36.24 万吨，比上年同期下降 1.8%。肉类总产量 24.73 万吨，同比增长 0.1%。其中，猪肉产量 20.56 万吨，同比下降 0.4%；禽肉产量 2.68 万吨，同比增长 1.8%；牛肉产量 0.36 万吨，同比下降 0.9%；羊肉产量 0.71 万吨，同比增长 6.4%。年末生猪存栏 100.94 万头，同比下降 32.8%；生猪出栏 252.80 万头，同比增长 0.9%。牛奶产量 1.80 万吨，同比增长 1.9%。

水产品产量 238.48 万吨，比上年增长 4.5%。其中，淡水产品产量 26.61 万吨，同比增长 4.8%；海洋捕捞 70.36 万吨，同比下降 5.6%；海水养殖 141.51 万吨，同比增长 10.3%。

299 家市级以上重点龙头企业销售收入 750 亿元，比上年增长 5.6%，其中，挂牌院士（专家）工作站企业 61 家，“国家农产品加工技术研发中心认定企业”7 家，现代农业科技创新基地 57 家。年末国家级农业标准化示范区 13 个，省级农业标准化示范区 18 个，市级农业标准化示范区 24 个。

【工业】　2016 年，福州市全部工业增加值 1982.8 亿元，比上年增长 6.9%。规模以上工业增加值同比增长 7.7%。

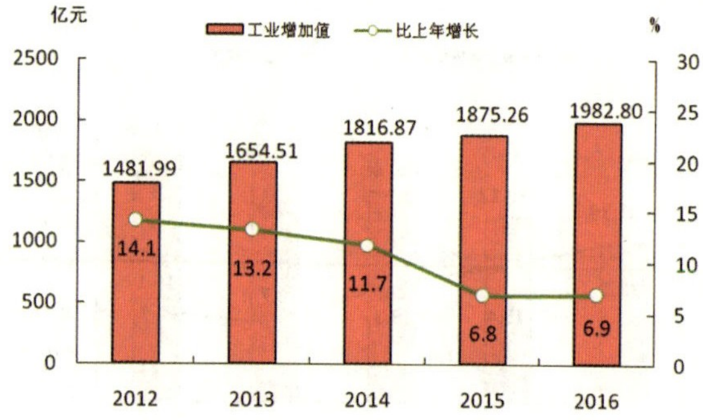

图 15　2012—2016 年全部工业增长值及增长速度

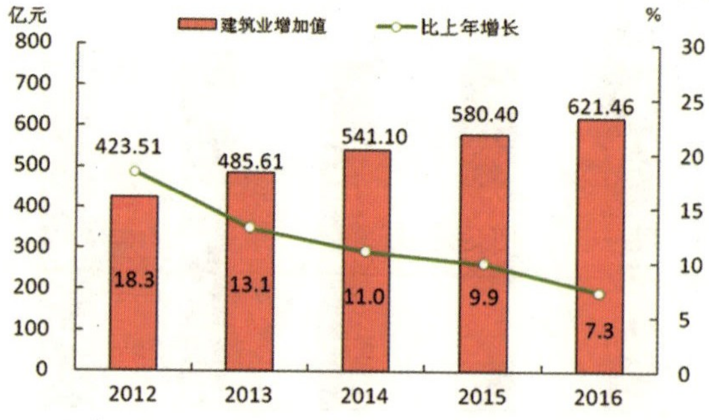

图 16　2012—2016 年全部建筑业增加值及其增长速度

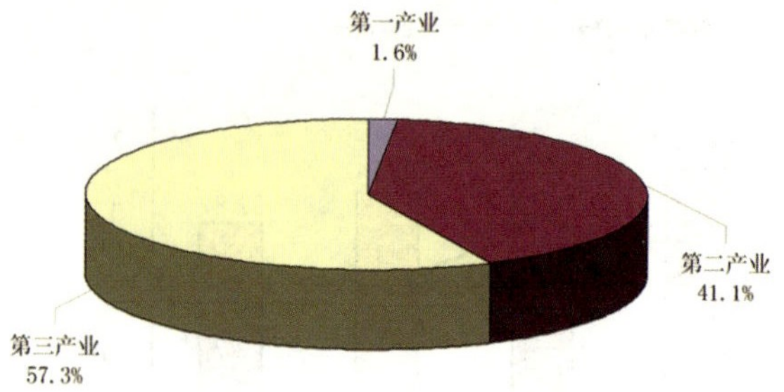

图 17　2016 年固定资产项目投资三次产业投资构成

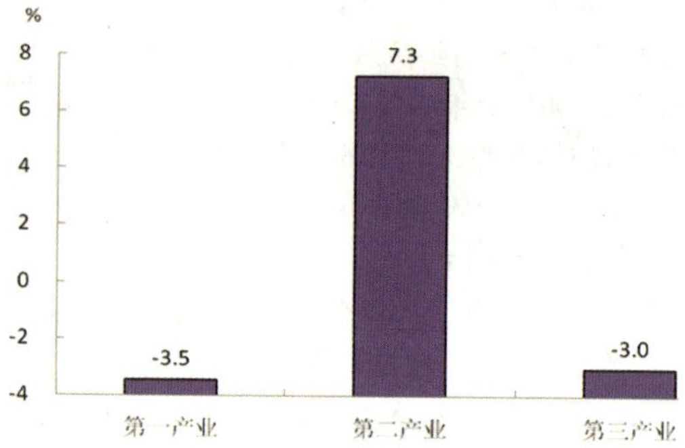

图 18　2016 年固定资产项目投资分产业投资增长速度

在规模以上工业中，分经济类型看，国有控股企业同比增长 3.5%，大中型企业同比增长 8.2%；国有企业同比增长 24.1%，集体企业同比下降 3.8%，股份制企业同比增长 7.5%，外商及港澳台商投资企业同比增长 7.2%；私营企业同比增长 10.0%。分轻重看，轻工业同比增长 10.7%，重工业同比增长 4.8%。分门类看，采矿业同比下降 7.3%，制造业同比增长 9.7%，电力、热力、燃气及水生产和供应业同比增长 1.3%。工业产品销售率 96.7%，比上年下降 0.2 个百分点。

全市规模以上工业的 35 个行业大类中有 13 个增加值增速在两位数。其中，化学纤维制造业比上年增长 27.6%，石油加工、炼焦和核燃料加工业同比增长 17%，非金属矿采选业同比下降 7.6%，有色金属冶炼和压延加工业同比增长 18.5%，废弃资源综合利用业同比增长 24.3%，黑色金属冶炼和压延加工业同比下降 12.2%，燃气生产和供应业同比下降 13.4%，化学原料和化学制品制造业同比增长 15.4%。规模以上工业中十大主导行业实现增加值 1419.15 亿元，同比增长 8.3%。其中，纺织业实现增加值 212.59 亿元，同比增长 11.9%；化学纤维制造业实现增加值 126.90 亿元，同比增长 27.6%。六大高耗能行业实现增加值 444.19 亿元，同比增长 4.1%，占规模以上工业增加值的比重 22.4%。高技术制造业实现增加值 264.32 亿元，同比增长 7.4%，占规模以上工业增加值的比重 13.3%。装备制造业实现增加值 537.28 亿元，同比增长 6.5%，占规模以上工业增加值的比重 27.1%。年末全市规模以上工业列入重点监测的战略性新兴企业 223 家，实现增加值 455.94 亿元，同比增长 9.3%，占规模以上工业增加值 23%。

全年规模以上工业企业实现利润 433.95 亿元，比上年增长 18.7%。其中国有控股企业 58.31 亿元，同比增长 42.3%；国有企业 17.89 亿元，同比增长 152.7%；集体企业 0.95 亿元，同比下降 54.5%；股份制企业 220.02 亿元，同比增长 7.4%；外商及港澳台商投资企业 176.37 亿元，同比增长 33.1%；非公有企业 369.47 亿元，同比增长 16.7%。规模以上工业企业资产负债率 55.57%，同比下降 1.70 个百分点，每百元主营业务收入中的成本 87.84 元，主营业务收入利润率 5.6%。

【建筑业】　2016 年，全社会建筑业实现增加值 621.46 亿元，比上年增长 7.3%。全市具有资质等级的总承包和专业承包建筑业企业完成建筑业总产值 3074.13 亿元，同比增长 12.6%。

【固定资产投资】　2016 年，福州市固定资产投资 5184.36 亿元，比上年增长 6.8%。从含跨区项目情况看，第一产业投资同比回落 3.5%；第二产业投资同比增长 7.3%，其中，工业投资同比增长 13%；第三产业投资同比回落 3%。基础设施投资 1641.91 亿元，同比增长 12%，占固定资产投资的比重 31.7%。民间投资 2677.82 亿元，同比增长 1.5%，占固定资产投资的比重 51.7%。高新产业投资 382.82 亿元，同比增长 62.7%，占固定资产投资的比重 7.4%。

全年房地产开发投资 1679.44 亿元，比上年增长 21.6%，其中住宅投资 1123.59 亿元，同比增长 31.2%。全年新开工建设城镇保障性安居工程住房

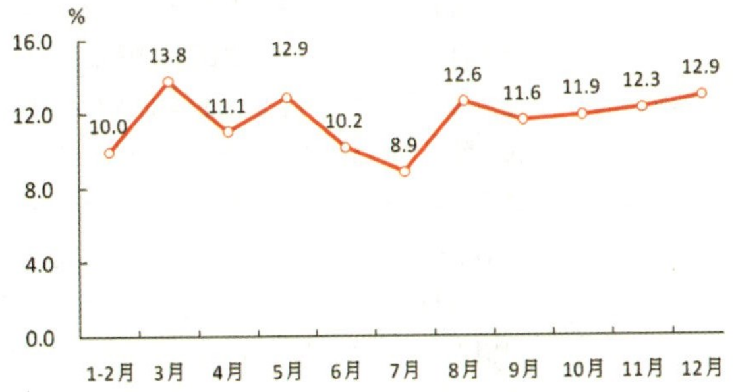

图 19　2016 年社会消费品零售总额增长速度(月度同比)

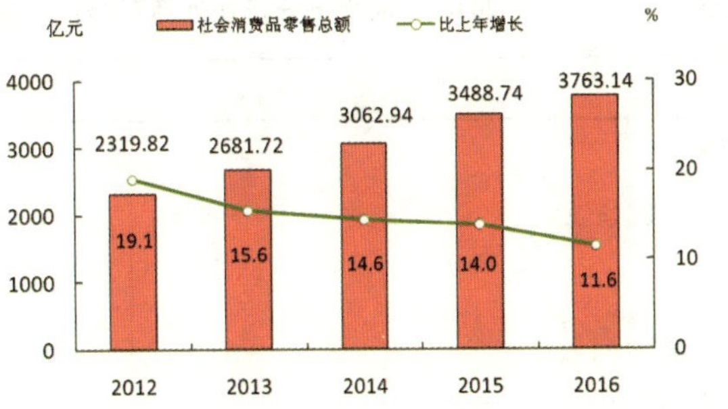

图 20　2012—2016 年社会消费品零售总额及其增长速度

20281 套(户),基本建成保障性安居工程住房 33335 套。

【国内贸易】　2016 年,福州市社会消费品零售总额 3763.14 亿元,比上年增长 11.6%。按消费形态统计,商品零售额 3368.49 亿元,同比增长 11.6%;餐饮收入额 394.65 亿元,同比增长 11.5%。

在限额以上企业商品零售额中,通讯器材类零售额比上年增长 33.4%,服装鞋帽针纺织品类同比增长 9.4%,金银珠宝类同比增长 45.3%,粮油食品类同比增长 20.3%,日用品类同比增长 26.3%,家具类同比增长 9.9%,化妆品类同比增长 18.3%,汽车类同比增长 14.3%,体育、娱乐用品类同比增长 39.5%,家用电器和音响器材类同比增长 5%,石油及制品类同比下降 6.8%。

【对外经济】　2016 年,福州市进出口总额 2082.2 亿元,比上年增长 1.8%。其中,出口 1406.8 亿元,同比增长 8.9%;进口 675.4 亿元,同比下降 10.2%。进出口顺差 731.4 亿元。

实际利用外商直接投资 18.14 亿美元,比上年增长 8.1%。新批合同外资项目 483 项,同比增长 42.5%。新批合同外资金额 16.3 亿美元,同比下降 48.6%。

新批境外投资项目 104 个,比上年增加 31 个。新批境外协议投资总额 35.82 亿美元,比上年增长 19.9%,其中中方协议投资额 29.94 亿美元,同比增长 96.2%。

对外劳务合作完成营业额 2.90 亿美元,比上年增长 12%;对外劳务合作期末在外人员 29323 人,同比增长 8.1%。

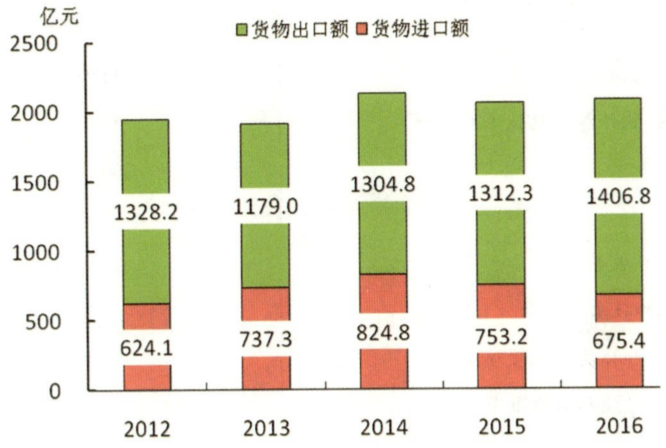

图 21　2012—2016 年货物进出口总额

表 4　**2016 年福州市分行业固定资产投资(含跨区项目)情况**

行　业	投资额(亿元)	比上年增长(%)
农林牧渔业	63.16	1.7
采矿业	3.55	-56.4
制造业	1008.86	12.9
电力、热力、燃气及水生产和供应业	385.14	15.1
建筑业	43.28	-59.8
批发和零售业	65.71	-67.5
交通运输、仓储和邮政业	487.26	-4.4
住宿和餐饮业	41.40	-19.7
信息传输、软件和信息技术服务业	188.37	26.5
金融业	33.33	19.2
房地产业	273.12	20.3
租赁和商务服务业	34.41	-34.7
科学研究和技术服务业	25.83	114.0
水利、环境和公共设施管理业	613.65	11.2
居民服务、修理和其他服务业	9.77	-40.7
教育	69.63	0.7
卫生和社会工作	34.50	-21.2
文化、体育和娱乐业	74.15	-4.2
公共管理和社会组织	49.82	-34.6

表5　2016年福州市分行业外商直接投资情况

行业	实际利用金额(万美元)
总计	181372
农、林、牧、渔业	86
采矿业	
制造业	52344
电力、燃气及水的生产和供应业	254
建筑业	1763
批发和零售业	89135
交通运输、仓储和邮政业	
住宿和餐饮业	1150
信息传输、软件和信息技术服务业	5498
金融业	26011
房地产业	1583
租赁和商务服务业	3486
科学研究和技术服务业	
水利、环境和公共设施管理业	
居民服务、修理和其他服务业	42
教育	
卫生和社会工作	
文化、体育和娱乐业	20
公共管理、社会保障和社会组织	
国际组织	

表6　2016年福州市各种运输方式完成货物运输量情况

指　标	单位	绝对数	比上年增长(%)
公路			
货物发送量	万吨	15694	7.1
旅客发送量	万人次	10152	-7.4
水路			
货物发送量	万吨	9797	21.5
旅客发送量	万人次	188	-4.4
铁路			
货物发送量	万吨	605	58.1
旅客发送量	万人次	2601	7.2
民航			
货邮吞吐量	万吨	12	4.4
旅客吞吐量	万人次	1161	6.6

【交通】　2016年，福州市交通运输、仓储和邮政业实现增加值254.92亿元，比上年增长6.1%。公路通车里程(不含平潭)预计11414公里，增长2.7%，其中高速公路总里程588公里，与上年持平；高速铁路总里程344.94公里，与上年持平。

全年沿海港口完成货物吞吐量11812.10万吨，比上年增长4%，其中外贸货物吞吐量4777.9万吨，同比增长4.3%。集装箱吞吐量260.77万标箱，同比增长9.9%，其中，对台直航集装箱吞吐量35.01万标箱，同比增长7.3%。

年末全市汽车保有量108.08万辆(含三轮汽车和低速货车)，比上年末增长12.2%，其中私人汽车保有量93.75万辆，同比增长13.4%。全市轿车保有量67.30万辆，同比增长12.1%，其中私人轿车保有量62.36万辆，同比增长12.4%。

【邮政】　2016年，福州市实现邮政业务总量62.05亿元，比上年增长46.4%；电信业务总量308.04亿元，同比增长48.5%。邮政业务收入40.36亿元，同比增长28%；电信业务收入106.04亿元，同比下降3.2%。邮政业全年完成邮政函件业务3014.8万件，快递业务量26427.15万件。年末全市电话用户总数1049.75万户，其中固定电话用户181.37万户；移动电话用户868.38万户(3G/4G电话用户636.36万户，比上年净增20.05万户)。全市年末互联网宽带接入用户(不含手机上网用户)245.14万户，比上年增加38.44万户。

【旅游】　2016年，福州市接待境内外游客(含一日游)5522.34万人次，比上年增长18.3%，其中，接待境外游客108.68万人次，增长12.5%；国内游客5413.66万人次。旅游总收入663.30亿元，增长23.5%，旅游外汇收入13.47亿美元，增长12.2%。年末星级酒店46家，星级酒店客房8399间，A级景区34个，全年经福州口岸赴台旅游4.35万人次，增长5.8%。

【金融】　2016年末，福州市金融机构本外币各项存款余额12432.31亿元，比上年末增长10.3%，其中，非金融企业

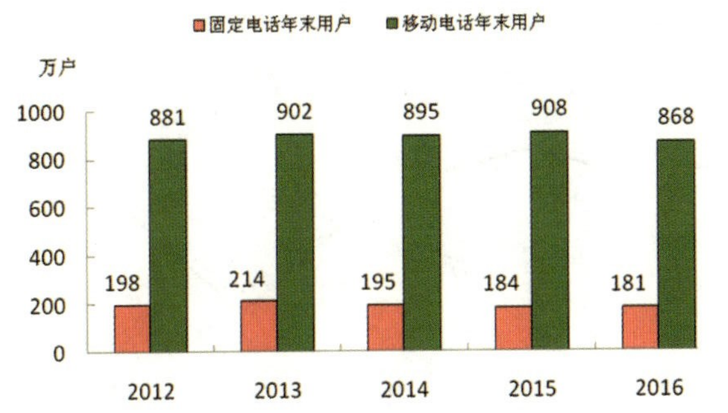

图22 2012—2016年末电话用户数

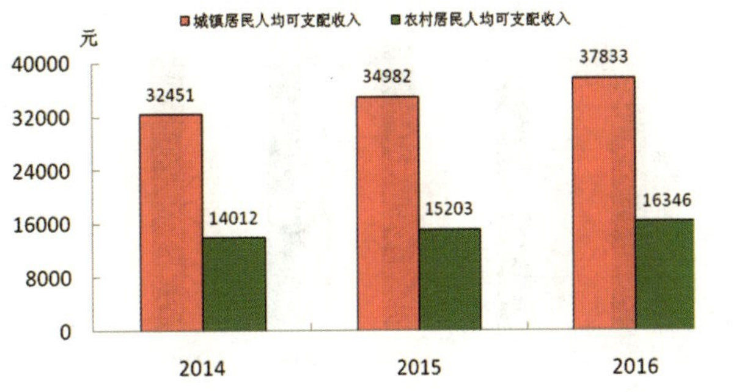

图23 2014—2016年城镇及农村居民可支配收入

存款4755.38亿元,同比增长10.3%,住户存款4248.09亿元,同比增长11.8%;金融机构本外币各项贷款余额12538.24亿元,同比增长12.8%(短期贷款3325.14亿元,同比增长1.9%,中长期贷款8537.68亿元,同比增长14.7%)。金融机构人民币存款余额12076.5亿元,同比增长11%,金融机构人民币贷款余额12124.69亿元,同比增长14%。

年末境内上市公司32家,比上年增加2家,市价总值7183.9亿元,比上年下降5.7%;全市股票、基金交易额60122.55亿元,同比下降42.6%;全年期货交易额23313.97亿元,同比下降55%。年末股民资金开户数272.22万户,新增40.17万户;年末期货公司3个,期货营业部29个;证券公司2个,证券营业部(含分公司)146个。

全年内外资保险公司保费收入268.86亿元,同比增长29.9%。其中,财产险保费收入69.92亿元,人身险保费收入198.94亿元。支付各类赔款及给付86.99亿元,同比增长16.7%。其中,财产险赔款42.59亿元,人身险赔款44.4亿元。年末各类保险营业网点416个,外资保险机构在福州设立分公司13个,代表处2个。

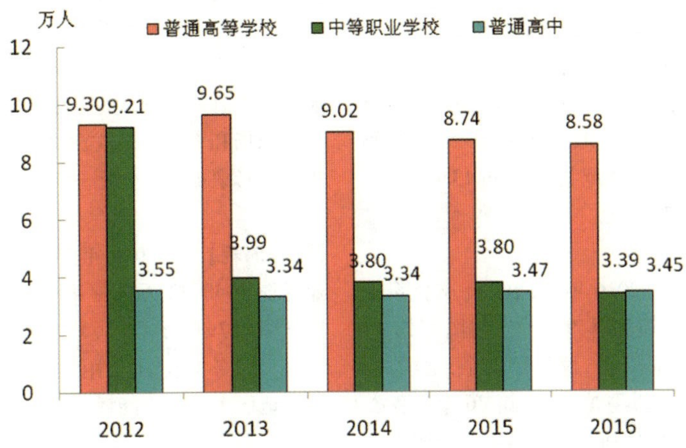

图24 2012—2016年各类学校招生人数

【人民生活】 2016年,福州市居民人均可支配收入30045元,比上年增长8.1%。按常住地分,农村居民人均可支配收入16346元,同比增长7.5%;城镇居民人均可支配收入37833元,同比增长8.2%。居民人均生活消费支出21913元,同比增长6.5%。按常住地分,农村居民人均生活消费支出14033元,同比增长6.7%;城镇居民人均生活消费支出26392元,同比增长6.3%。

【社会保障】 2016年末,福州市参加社会基本养老保险人数410.79万人,比上年增加23.22万人,其中参保城镇企业职工169.09万人,城乡居民养老保险人员212.36万人,被征地农民养老保障人员41.14万人,机关事业单位养老保险人员29.34万人。全市参加城镇基本医疗保险人数290.68万人,其中参保的城镇职工154.95万人,参保的城镇居民135.73万人。年末生育保险参保人数109.27万人,比上年增加6.74万人。全市参加失业保险人数119.51万人,增加4.24万人。年末工伤保险参保人数151.80万人,增加6.81万人。

年末全市领取失业保险金人数6354人,比上年增加684人;全市纳入城市最低生活保障的居民9600人,同比减少4435人;纳入农村最低生活保障的居民47783人,同比减少29693人;"五保"供养对象7246人。

年末全市有社区卫生服务中心(站)172个,每千人拥有卫生机构床位4.75张,每千人拥有医院床位3.86张,每千人拥有卫生技术人员7.25人,每千人拥有医生2.64人。全年新型农村合作医疗人数334.85万人。

【教育】 2016年,福州市研究生教育招生7586人,在学研究生21905人。普通高等教育招生85829人,在校生317477人。中等职业教育招生33943人,在校生92392人。全市普通高中招生34509人,在校生101237人。初中招生73436人,在校生206272人。普通小学招生92589人,在校生537312人。特殊教育在校生1520人。学前教育在园幼儿269879人。市级示范园71所,省级达标中学73所。初中毕业升学率98.1%。

【科学技术】 2016年末,福州市全市有国家级创新型企业3家,国家创新型试点企业4家,省级创新型(试点)企业

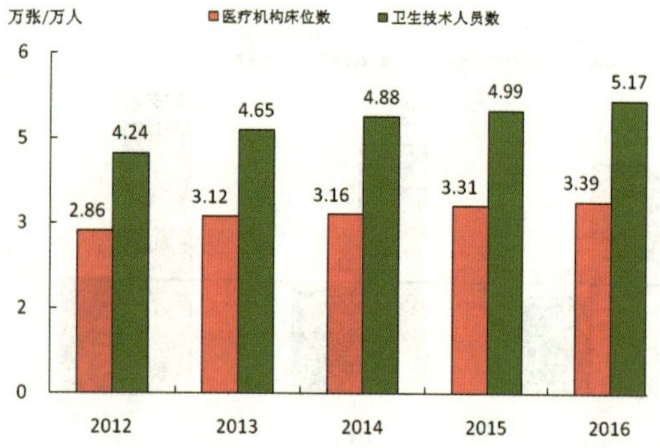

图 25 2012—2016 年卫生机构床位数和卫生技术人员数

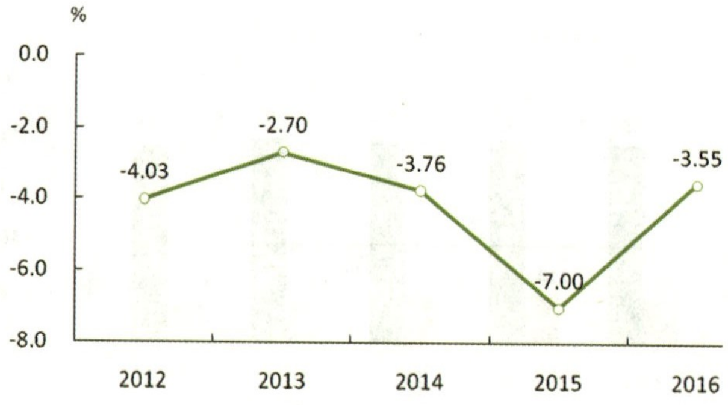

图 26 2012—2016 年单位 GDP 能源消耗增长率

186 家;新认定高新技术企业 142 家,总数 586 家。新认定省级企业技术中心 3 家,新认定市级企业技术中心 14 家。全市专利申请受理 23455 件,专利授权 10740 件,分别比上年增长 51.9% 和 4.6%。全年登记技术合同 1354 项,成交额 12.72 亿元。

【文化】 2016 年末,福州市文化系统有艺术表演团体 9 个,公共图书馆 13 个,文化馆 12 个,群艺馆 1 个,剧场、剧院数 1 个,博物馆、纪念馆 36 个。各类艺术表演团体演出 2640 场,公共图书馆藏书量 886.98 万册,博物馆、纪念馆收藏文物 17.01 万件,图书流动点 608 个,乡镇综合文化站 130 个,农家书屋 2195 个。

有影院 52 个,新增 7 个。电视台 8 座,电视节目 13 套。广播电台 8 座,广播节目 11 套。有线电视用户 180 万户,入户率 91.8%。有线数字电视用户 168 万户,入户率 85.6%。年末广播节目综合覆盖率、电视节目综合覆盖率均为 100%。

【卫生】 2016 年末,福州市有各级各类医疗卫生机构 4125 个,其中医院 107 个,乡镇卫生院 124 个,村卫生所 2130 个。有医疗机构床位 33877 张。有卫生技术人员 51703 人,其中执业(助理)医师 18841 人,注册护士 22373 人,乡镇卫生院卫技人员 5000 人,村卫生所卫技人员 602 人。

【体育】 2016 年,福州市运动员在全国最高级别比赛中获 7 金 8 银 2 铜,在第三十一届巴西里约奥运会上,2 人获得金牌。全市全民健身运动会开展篮球、羽毛球、飞镖、跳绳等 32 类项目、近千场次活动。新建 14 个城市社区多功能运动场、11 个社区室内健身房、4 个笼式足球场和 1 个拆装式游泳池。全年销售体育彩票 15.09 亿元。

【能源消耗】 2016 年,福州市规模工业耗能 1140.33 万吨标准煤,比上年同期下降 8.7%,万元工业增加值能耗同比下降 15.2%。全社会用电量增长 7%。万元地区生产总值能耗下降 3.6%。

【环境】 2016 年,福州市人工造林总面积 4119.07 公顷,新增 437.87 公顷。全市森林覆盖率 56%。商品材产量 34.12 万立方米,同比增长 31.9%。年末公园绿地数 101 个,预计公园绿地面积 3507.25 公顷。全市城市(县城)新增建成区绿地面积 350.84 公顷,预计建成区绿地率 40.6%。城市(县城)新增公园绿地面积预计 234.25 公顷,预计人均公园绿地面积 14.07 平方米。新增 2000 平方米以上街头绿地 5 处。

福州市获得省级生态市命名并通过国家生态市考核验收,至年末,全市有 8 个县(市)区获得国家级生态县(市)区命名,累计完成 118 个国家级、125 个省级生态乡镇(街道)和 1919 个市级以上生态村创建。闽江(福州段)干流水质功能区、敖江(福州段)干流水质功能区、龙江流域水质功能区、6 个市级饮用水水源地、县(市)级以上饮用水水源地水质达标率均为 100%。

区域环境噪声 56.9 分贝,区域交通噪声 69.3 分贝,城区环境空气达标天数 346 天,城区环境空气达标率 98.6%,空气质量综合指数 3.32。全市有自然保护区 9 个,其中国家级自然保护区 2 个。全市污水处理率预计达 90%,市县生活垃圾无害化处理率 100%。

【安全生产】 2016 年,福州市发生生产安全事故 345 起,死亡 147 人,按可比口径,分别比上年下降 25.5% 和 18.3%。各类生产安全事故受伤人数 320 人,直接经济损失 834.8 万元。

说明:1.“国民经济和社会发展情况”分目未包括连江县的马祖列岛;

2. 数据为初步统计数,部分合计数或相对数由于单位取舍不同而产生的计算误差,均不做机械调整;

3. 福州市地区生产总值、各产业增加值按现价计算,增长速度按可比价格计算;

4. 卫生机构数含村卫生室

(吴翔凌)

机构及负责人

中共福州市委员会

书　记:倪岳峰
副书记:尤猛军
　　　　林晓英
常　委:修兴高
　　　　洪　波
　　　　王进足
　　　　薛　侃
　　　　林　飞
　　　　陈　晔
　　　　高　明
　　　　蔡战胜

吴深生
张　忠
秘 书 长:张　忠
副秘书长:程小马
戴清泉
高明保

福州市人民代表大会常务委员会

主　任:周振华
党组书记:陈为民
副主任:陈　奇
鄢　萍
柯有铭
陈建平
林厚新
陈春光
关瑞祺(候选人)
林　峰(候选人)
秘 书 长:刘晓强
副秘书长:丘志强
杨信增
郭　云
叶　勇

福州市人民政府

代市长:尤猛军
副市长:林　飞(常务)
严可仕
阮孝应
潘东升
杭　东
胡振杰(挂职)
杨新坚
李　春
秘 书 长:林　贤
副秘书长:朱汉民
黄济霖
林　强
郭建国
蔡　文
吴德泉
黄建雄
张则铭

中共人民政治协商会议 福州市委员会

主　席:周　宏
党组书记:何静彦
副主席:雷成财
范美先
林治良
郑新清
林绍彬
郑　勇
林恒增
陈继鹏
郑云春(候选人)
王绍知(候选人)
秘 书 长:张大斌(候选人)
副秘书长:陈向上
林　敦
朱宗瑜
路　琳

福州市中级人民法院

院　长:胡志伟
副院长:黄贤光
欧阳春
林志雄
赵彦邦
黄勤民

福州市人民检察院

检 察 长:叶燕培
副检察长:王　矗
顾　颀
董良馨
张　捷
陈秀云
鼓山地区检察院
检 察 长:叶爱国
副检察长:张治清

中共福州市委工作部门及办事机构

市委办公厅
(市委政策研究室,机要局)
主　任:(空缺)
副主任:张清泉
兰爱佺
政策研究室
主　任:戴清泉
机要局
局　长:朱秀兰
市国家保密局
局　长:王贤伟
市委、市政府接待办公室
主　任:苏　青
副主任:丁如丹
郑晓春
市纪律检查委员会、市监察局
书　记:修兴高
副书记:张娇兴
肖敦颖
叶　谊
常　委:曾开寿
林裕煌
张晓容
林　海
秘书长:张晓容
市监察局
局　长:叶　谊
副局长:曾开寿
林群慧
市委巡察办
主　任:鄢　荣
市委组织部
(市委非公有制企业工作委员会)
部　长:吴深生
副部长:陈　惠
王　聪
林　舫
市委非公有制企业工委
书　记:王　聪
市委宣传部
部　长:蔡战胜
副部长:叶友琛(常务)
鲍　闽
张学勇
潞　江
市委精神文明建设办公室(市精神文明建设指导委员会办公室)
主　任:张学勇
副主任:林家枢
练　文
市委统一战线工作部
部　长:陈　晔
副部长:阮文光(常务)
张性魁
莫雪平
程　辉
市委政法委员会(含市社会管理综合治理委员会办公室)
书　记:高　明
副书记:潘东升(兼)
李　勇
郭家彬
余永俤

陈武成
秘书长:吴　钢
综治办
主　任:郭家彬
副主任:(空缺)
市委防范和处理邪教问题领导小组办公室
主　任:陈武成
副主任:陈建祥
刘志杰

市委台湾工作办公室(市政府台湾事务办公室)
主　任:邓达木
副主任:汪孝敏
许春保
谢祖禄

市委机构编制委员会办公室(市政府机构编制办公室)
主　任:陈涌华
副主任:林仁健
许开夏

市委市直机关工作委员会
书　记:林晓英
副书记:陈晓晖(常务)
刘　迟
林　敏

市委老干部局
局　长:邓　岚
副局长:倪为民
曾海方
刘丹峰

市委信访局(市政府信访局)
局　长:许舜举
副局长:郭汉平
金昌铭
郑昌进

福州市人大常委会工作机构及专门委员会

市人大法制委员会
主　委:严孟灿(候选人)
副主委:张　诚

市人大常委会办公厅
主　任:丘志强
副主任:许海霖
欧阳伟键

市人大常委会研究室
主　任:饶春贵
副主任:杨永生

市人大常委会人事代表工作室
主　任:蓝　锋
副主任:谢晓妹

市人大常委会法制工作委员会
主　任:张　诚
副主任:林　峻

市人大常委会内务司法工作委员会
主　任:李　锋
副主任:黄修钗

市人大常委会财政经济工作委员会
主　任:朱光华
副主任:张　航
张　娟

市人大常委会城建环境工作委员会
主　任:陈　巍
副主任:林　强
周开城

市人大常委会华侨(台胞)工作委员会
主　任:张修强
副主任:王询斌

市人大常委会农村经济工作委员会
主　任:吴兰铮
副主任:黄文希
杨健浩

市人大常委会教科文卫工作委员会
主　任:陈　燕
副主任:林福明

市人大常委会信访局
局　长:谢晓芳

福州市人民政府工作部门

市政府办公厅(加挂市海防委员会办公室、市双拥工作领导小组办公室、市爱国卫生运动委员会办公室、市政府法制办公室牌子)
主　任:朱汉民
副主任:林　雯
李　强
纪文杰
刘广辉
徐　强
海防办
主　任:朱汉民(兼)
副主任:李光宝
陈　明
双拥办
主　任:黄建雄(兼)
副主任:陆炳成
爱卫办
主　任:朱汉民(兼)
副主任:林　怡
法制办:
主　任:魏善庆(兼)

市发展和改革委员会(加挂市物价局牌子)
主　任:游通铃
副主任:李占卫
谢志忠
黄敬池
连建华
林　津
总经济师:(空缺)
物价局
局　长:李占卫(兼)
经动办
主　任:游通铃(兼)
副主任:梁　毅(常务)
重点办
主　任:林　津
副主任:王石融
蔡峻林

市经济和信息化委员会
党组书记:王国晓
副主任:林端雄
林高星
翁云疆
谢竞红
总工程师:陈志毅

市城乡建设委员会
主　任:陈漠诚
副主任:郑　鸿
张麒蛰
总工程师:林宝钧

市交通运输委员会(加挂城市交通战备办公室牌子)
主　任:陈希治
副主任:林昌达
陈志武
庄　骁(兼)
总工程师:陈思明
交战办
主　任:陈希治(兼)
副主任:李元群

市卫生和计划生育委员会
主　任:林　澄
副主任:于　萍
叶　明
杨晓煜

叶晓霞

市教育局(市委教育工作委员会)

书记、局长:唐　希

副局长:严　星

黄　林

陈　亮

市科学技术局

局　长:任义文

副局长:王建忠

邹勇志

市民族与宗教事务局

局　长:王寿钦

副局长:杨国富

市公安局

局　长:潘东升

副局长:张　鸿

黄作璋

黄敦蒲

曾　晖

朱　卫

林晓东

孙　兵(挂职)

市民政局(加挂市革命老根据地建设办公室牌子)

局　长:林子波

副局长:赵艺萍

林　峰

黄大明

老区办

主　任:刘建平

市司法局

局　长:唐新文

副局长:林　松

方振荣

岗永红

丁　萍

市财政局

局　长:林中麟

副局长:郑道新

蒋爱玉

林贞华

陈龙建

金晖辉

总会计师:黄振奋

市金融工作办公室

主　任:杨猛猛

副主任:俞　敏

秦　凡

市人力资源和社会保障局

(加挂市公务员局牌子)

局　长:王命瑞

副局长:冯　音

熊玉平

高远忠

市国土资源局

局　长:(空缺)

副局长:彭永麒

张仁灿

李　仲

聂晓梅

总规划师:张　武

市环境保护局

局　长:郭海阳

副局长:姜　晗

赵炳荣

汪家升

总工程师:许爱琼

市城乡规划局

局　长:罗蜀榕

副局长:吴建青

彭　冲

张　帆(挂职)

总工程师:(空缺)

总规划师:(空缺)

市住房保障和房产管理局

局　长:郑章干

副局长:江家良

高学良

市城市管理委员会

(加挂市城市综合执法局牌子)

主任(局长):林　坦

副主任(副局长):杨立宏

江玉坤

金德荣

葛宏鹏

市安全生产监督管理局

局　长:陈仁德

副局长:林万震

林　晞

刘承勇

王学初

总工程师:叶　军

市农业局

(市委农村工作领导小组办公室)

局长(主任):翁芳明

副局长(副主任):王贞锋

黄　菁

黄礼滨

李　鹏(驻村干部领队)

市林业局

局　长:童桂荣

副局长:张顺恒

冯　平

廖胜彪

市水利局

局　长:陈济斌

副局长:吴聪先

吴红城

总工程师:林　凯

市海洋与渔业局

局　长:林海华

副局长:高　琳(挂职)

陈　钰

陈佳丁

陈明东

总工程师:陈国生

市粮食局

局　长:卢　林

副局长:陈　颖

市商务局

(加挂市支前办公室牌子)

局　长:范建敏

副局长:黄武闽

沈鹭滨

黄雪勋

支前办

主　任:范建敏(兼)

副主任:樊新江

市投资促进局

局　长:黄济霖

副局长:严周文

市市场监督管理局(加挂市食品药品监督管理局、工商局、质量技术监督局、食品安全办公室牌子)

局　长:陈宗胜

副局长:陈　敏

陈建荣

颜耀鹏

李振强

高　峰

叶　明(兼)

蔡晓峰

食品安全总监:周　璇

市文化广电新闻出版局

(加挂市文物局牌子)

局　长:孙晓岚

副局长:陈炳荣
陈思源
吴聿建
卓继辉
朱祖辉

文物局
局　长:吴聿建

市体育局
局　长:张　涵
副局长:高慧萍
刘　丹
黄　毅

市审计局
局　长:林良云
副局长:郑生明
刘小红
林光明

市统计局
局　长:彭锦华
副局长:朱　政
陈　杰
总统计师:曹寿全

市旅游局
局　长:潘　威
副局长:李春茂
林小玲

市机关事务管理局
局　长:高明保
副局长:刘延梅
林春贵
陈起平
总会计师:赵善才

市政府外事侨务办公室
主　任:林汉隽
副主任:马亚明
张素燕

市人民防空办公室
主　任:陈燕敦
副主任:林金潘
杭　琥

市政府国有资产监督管理委员会
主　任:曾国俊
副主任:陈宙泉
蔡立福
周志坚

福州市人民政府派出机构及其他机构

市机关效能建设领导小组办公室（市机关效能投诉中心）
主　任:林　贤(兼)
副主任:盖文玲
刘常辉

市政府驻北京联络处(加挂市政府[北京]招商中心牌子)
主　任:(空缺)
副主任:张炜鸣(主持)
严周文(兼)
陈建荣(挂职)

市政府驻上海办事处
主　任:葛根旺

市政府驻深圳办事处
主　任:林发希

市医疗保障管理局
局　长:郑道新

市行政服务中心管委会（加挂市市民服务中心管委会牌子)
主　任:黄建新
副主任:鲍一高
周建国
翁宜冰

市历史文化名城管委会（市三坊七巷管委会)
主　任:杨　勇
副主任:吴聿建(兼)
杨洪华
凌　敏
总工程师:林中林

市市场监督管理行政执法支队
支队长:王锦文
政　委:林跃力

市老龄工作委员会办公室
主　任:林子波(兼)
副主任:陈敬水

市金山工业集中区(市金山工业集中区开发建设有限公司)
主　任:(空缺)
副主任:(空缺)

福州新区管委会
副主任:黄忠勇(常务)
肖　华

中国(福建)自贸区福州片区管委会（福州保税港区管委会)
主　任:黄忠勇
副主任:阮孝应(常务)
陈曾勇(兼)
张　帆(兼)
李　平
梁　栋(兼)
游　力
梁　勇

福州高新技术产业开发区管委会
主　任:阮孝应(兼)
党工委书记:吴晓杰
副主任:江智文(常务)
唐　寅
吴　力
林松旺

福州台商投资区管委会
主　任:黄　超
副主任:林桂强

闽台(福州)蓝色经济产业园管委会(筹)
主　任:(空缺)
副主任:何玉金(兼)
吴忠东

福州临空经济区管委会(筹)
主　任:林建国
副主任:陈立武
黄华贤

福州地区大学新校区管委会
主　任:李　春(兼)
副主任:陈长泽(常务)
程道龙
林　蔚

中国人民政治协商会议福州市委员会工作机构

市政协办公厅
主　任:陈向上
副主任:林忠武

市政协调查研究室
主　任:陈小刚
副主任:(空缺)

市政协提案委员会
主　任:余　松
副主任:官　兵

市政协经济建设委员会
主　任:曹　波
副主任:刘若兰
林秀燕

市政协教科文卫体委员会
主　任:汪芷江
副主任:陈　芳

市政协港澳台侨和外事委员会
主　任:郑建平
副主任:陈小凡
陈　琳

市政协社会和法制委员会

主　任:张　硕

副主任:俞昌林

李林菁

市政协民族和宗教委员会

主　任:陈光华

副主任:(空缺)

市政协文史资料和学习宣传委员会

主　任:杨　凡

副主任:张苏飞

严宪玲

市政协人口资源环境委员会

主　任:江　海

副主任:潘德兴

福州市民主党派与工商联

民革福州市委

主　　委:林　锋

专职副主委:陈子华

民盟福州市委

主　　委:林治良

专职副主委:刘福莲

民建福州市委

主　　委:罗蜀榕

专职副主委:倪　真

民进福州市委

主　　委:严可仕

专职副主委:柴刚丽

农工党福州市委

主　　委:林　澄

专职副主委:陈向红

致公党福州市委

主　　委:鄢　萍

专职副主委:陈京香

九三学社福州市委

主　　委:林绍彬

专职副主委:罗　枫

台盟福州市委

主　委:甘海疆

副主委:粘少梅

福州市工商业联合会

主　席:雷成财

副主席:张性魁

宋晓非

张　强

林　升

福州市人民团体、群众团体机构

市总工会

主　席:陈　晔

副主席:郑湘国

林如长

金　纶

高远忠(兼)

崔　华

经审委

主　任:尤　山

共青团福州市委员会

书　记:赵春荣

副书记:肖善颖

市妇女联合会

主　席:陈　红

副主席:陈小玲

娄月琴

市社会科学界联合会

主　席:蔡战胜(人选)

副主席:陈日官

张春斌

陈　亮

市文学艺术界联合会

主　席:鄢　萍(兼)

副主席:武夏红

田　磊

市残疾人联合会

理 事 长:郑永登

副理事长:邱松青

叶　青

徐世元

市科学技术协会

主　席:付贤智(兼)

副主席:尤典真

陈　华

市归国华侨联合会

主　席:蓝桂兰

副主席:林良明

李清华(人选)

市台湾同胞联谊会

会　长:甘海疆

副会长:林鸿榕

中国国际贸易促进委员会福州市委员会

(中国国际商会福州商会)

会　长:王熙云

副会长:吴毓青

陈晓玲

市计划生育协会

副会长:王　锋

市中华职业教育社

主　任:陈今明(兼)

副主任:陈美华

市红十字会

会　长:严可仕(兼)

副会长:胡晓强(常务)

胡树林

胡经民

市法学会

会　长:高　明(兼)

专职副会长:陈建忠

秘书长:陈建忠(兼)

市对外友好协会

副会长:(空缺)

福州市参公事业单位

市委党校、市行政学院、市社会主义学院

市委党校(市行政学院)

校(院)长:吴深生(兼)

副校(院)长:陈高英(常务)

林秀玲

王小珍

市社会主义学院

院　长:陈高英

副院长:林秀玲

阮文光(兼)

王小珍

市委党史研究室

主　任:吕　斌

副主任:(空缺)

市档案局(馆)

局(馆)长:林香平

副局(馆)长:蔡光荣

宋美榕

市委讲师团

团　长:张启强

市“数字福州”建设领导小组办公室

主　任:曾伟东

市政府发展研究中心

主　任:郑　立

副主任:姚瑞强

郑洪海

市地方志编纂委员会

主　任:高锦利

副主任:叶　红

市供销合作社联合社

主　任:陈春恩

副主任:林洪锦

陈建文

市知识产权局

局　长:何朝晖

市地震局

局　长:戴　黎

副局长:卓良辉

江　晨

市园林局

局　长:杨　晓

副局长:陈锵艳

陈志光

总工程师:林　诚

市城镇集体工业联合社

主　任:陈　彪

副主任:陈子平

林爱华

市环境卫生管理处

处　长:林长盛

市卫生局卫生监督所

所　长:林　强

市文化市场综合行政执法支队

支队长:吴　跃

政　委:赵民儿

市道路运输管理处(加挂市轨道交通运营管理处牌子)

处　长:王镜秋

市水路运输管理处(市地方海事局)

处　长:颜永忠

市国土资源综合行政执法支队

支队长:尚文彬

市海洋与渔业执法支队

支队长:陈如祥

政　委:朱　斌

市五一广场管理处

主　任:林　忠

市住房公积金管理中心

主　任:兰仰金

副主任:蔡　颖

郑宗沐

市不动产登记和交易中心

主　任:林京洪

副主任:邓世清

林礼岑

杨荣南

市鼓岭旅游度假区(市鼓山风景名胜区)管委会

主　任:林　峰

副主任:林贻亮

马建明

颜学清

总工程师:江敬勋

市交通综合行政执法支队

支队长:(空缺)

政　委:林启明

市水电站库区移民开发局

局　长:陈苏闽

福州市事业单位

市"智慧福州"管理服务中心

主　任:林　贤(兼)

副主任:曾伟东(兼)

福州广播电视台

台　长:刘　屏

副台长:陈　航

陈建斌

总编辑:陈　航

总工程师:林钦华

总会计师:黄一峰

福州日报社

社　长:鲍　闽

副社长:楼卫东

林雨夏

总编辑:楼卫东

市社会科学院

院　长:郑新清(兼)

副院长:林丽娟

福州地区大学新校区基建管理中心

主　任:陈传熙

副主任:林　震

福州地区大学新校区后勤服务管理中心

主　任:陈永辉

福州仲裁委员会

主　任:薛海玲

秘书处副秘书长:黄尚斌

市疾病预防控制中心

主　任:张晓阳

市住宅发展中心

主　任:夏　宁

副主任:张　帆

市国有房产管理中心

主　任:夏　宁

副主任:陈可传

肖贤荣

陈惠平

市土地发展中心

主　任:谢　促

副主任:陈韩德

刘　锋

潘建平

市民用建筑统建办公室

主　任:张志强

副主任:林国良

陈　怡

市政工程管理处

主　任:郑世忠

市规划勘测设计研究总院

院　长:高学珑

副院长:桂兴刚

市公路局

局　长:林著惠

市建筑设计院

院　长:林兴年

市农业科学研究所

所　长:林　燕

市蔬菜科学研究所

所　长:陈文辉

市海洋与渔业技术中心

主　任:杨小强

市城市管理综合行政执法支队

支队长:许向华

政　委:程明星

福州市属院校、医院

闽江学院

党委书记:王新民

党委副书记:陈　曦

刘元芳

纪委书记:詹　林

副 院 长:庄毓敏(聘任,主持行政工作)

赵麟斌

金德凌

狄俊安

李新贤

吴建铭

福州职业技术学院

党 委 书 记:陈承茂

党委副书记、院长:林承超

党委副书记:沈锦华

副　院　长:刘松林

张兰英

欧阳少鸣

纪 委 书 记:庄晓钟

闽江师范高等专科学校

校　　长:林治良(兼)

党委书记:陈荣生

党委副书记、纪委书记:陈　新
副 校 长:张昌勋
黄耀荣

福州教育研究院
院　长:林明华

福州市业余科技大学
校　长:杨　震

福清卫生学校
校　长:刘翔炜

福州市体育运动学校
校　长:郭志农

福州第一技师学院
(保留省机械工业技术学校牌子)
院(校)长:张美青
副院(校)长:母安明
刘伟诚
余　丰

福州第二技师学院
院　长:张礼旺

福州工业学校
校　长:陈　欣

福州市第一医院
院　长:张　帆

福州市第二医院
院　长:朱　琪

福州结核病防治院(肺科医院)
院　长:王　琳

福州神经精神病防治院
院　长:张　忠

福州市皮肤病防治院
院　长:王　林

福州市传染病医院
院　长:刘景丰

福州市妇幼保健院
院　长:阮能健

福州市中医院
院　长:张峻芳

福州市第八医院(福州铁路中心医院)
院　长:江　波

中共各县(市)区委员会　县(市)区人大　人民政府　政协

中共鼓楼区委
书　记:薛　侃
副书记:朱训志
王振松
常　委:陈一飞
朱向东
陈　丹
徐金泰
陈　辉
杨　辉
杨朝晖
郑寅球

鼓楼区人大常委会
主　任:李　力
胡道坦(候选人)
副主任:严孝义
刘建兴
马宇建
姚晓敏
柯岩辉(候选人)
唐庆善(候选人)

鼓楼区人民政府
代区长:朱训志
副区长:徐金泰
陈晓彬
林　诚
黄坚瑜
马彦萍(挂职)
郑炳锋
陈　斌
黄绍兴(挂职,人选)
黄瑞忠(人选)

鼓楼区政协
主　席:林碧芬
李瑞琨(候选人)
副主席:谢裕波
陈宏鸥
钟　薇
王文锐(候选人)

中共台江区委
书　记:李　凡
副书记:孙　利
陈诸凯
常　委:李　辉
吴　勤
吴声龙
严立武
王晶晶
吴晓云
陈自勇
张其顺

台江区人大常委会
主　任:林培清
何长嘉(候选人)
副主任:郑功敏
卓小明
刘华杰
薛安发(候选人)

台江区人民政府
代区长:孙　利
副区长:黄胜进
张统廉
林　实
郭　挺
林立清
吴晓云(人选)
林友惠(挂职,人选)
汪映霞(人选)
沈　力(挂职,人选)

台江区政协
主　席:林品光
邓万铣(候选人)
副主席:陈　飞
陈子湘
陈丽霞
黄怀英(候选人)
唐佑钗(候选人)
徐　平(候选人)

中共仓山区委
书　记:蔡福勇
副书记:梁　栋
翁国平
常　委:林　宇
潘仰武
刘毅宙
陈登峰
陈　甦
李　雄
黄炳新
游志强

仓山区人大常委会
主　任:潘邦瑞
阮　锋(候选人)
副主任:陈玉莲
张玉俤
刘玉卿
刘金桨

仓山区人民政府
代区长:梁　栋
副区长:潘仰武
魏道航
姚　伟(援藏)
王栋梁
魏辅彧
黄　翔

缪　霞(挂职)
王香华(人选)
潘宣彬(挂职,人选)
林文峰(人选)

仓山区政协

主　席:阮　锋
陈　峰(候选人)
副主席:邓　斌
张敬明
吴　滨
吴文华(候选人)

中共晋安区委

书　记:刘卓群
副书记:张定锋
林　峰
常　委:郭　勇
郑德志
林存武
张忠健
李朝波
林文福
叶晓兰
陈劲松

晋安区人大常委会

主　任:林圣婉
赵　坚(候选人)
副主任:林菊容
王伟国
林　群
张里岩(候选人)
刘　磊(候选人)

晋安区人民政府

代区长:张定锋
副区长:陈劲松
丁振新
俞　华
马金山(挂职)
张　琴
毛向标
郭　勇(人选)
郑　南(挂职,人选)

晋安区政协

主　席:赵　坚
魏晓辉(候选人)
副主席:黄　玲
张秉洁
郑喜明
张秋英
陈立新(候选人)

中共福州经济技术开发区党委、马尾区委

书　记:赵学峰
副书记:陈曾勇
游　昕
马尾区常委:倪晓嵘
赵　洵
刘　宇
郑是平
苏　建
刘晓东
林　全
伍南腾
开发区党委书记:赵学峰
副书记:陈曾勇
党委委员:游　昕
倪晓嵘
赵　洵
伍南腾
王苏闽
杨木泽

马尾区人大常委会

主　任:沈　甦
李利民(候选人)
副主任:吴　强
王　峪
林桂英(候选人)

福州经济技术开发区管委会

主　任:陈曾勇
副主任:倪晓嵘
陆裔波(挂职)
黄宇清
陈　禺

马尾区人民政府

代区长:陈曾勇
副区长:倪晓嵘
黄宇清
张发春
陈　昱
潘德璋(人选)
陈　禺(人选)
江典顺(人选)

马尾区政协

主　席:吴友习
张　林(候选人)
副主席:林海鹰
邓文飞
吴永润
卢　融(候选人)

中共福清市委

书　记:王进足
副书记:张　帆
王建生
常　委:张新怿
张志华(挂职)
罗晓晖
陈存枫
胡世才
陈恒东
张永森
陈明俤
林　彤

福清市人大常委会

主　任:王德玉
林　中(候选人)
副主任:陈建文
朱育平
严　萍
俞大军(候选人)
林鹤志(候选人)

福清市人民政府

代市长:张　帆
副市长:张新怿
张志华(挂职)
林　泓(挂职)
潘俏黎
高双成
赖家洪(挂职)
韩　军(挂职)
林峭立(人选)
陈代祥(人选)
刘必建(人选)
李文清(人选)

福清市政协

主　席:林　中
林　健(候选人)
副主席:陈　生
陈永青
吴华云
何德信

中共长乐市委

书　记:许南吉
副书记:蔡劲松
林建国
常　委:池至清
王命发
鄢挺辉
赵　峰

余岸明
陈　锦
吴翔天
郑子毅

长乐市人大常委会

主　任:吴文琪
副主任:黄玉钗
魏义锋
林春营
林少惠(候选人)
沈小航(候选人)
陈国衍(候选人)

长乐市人民政府

代市长:蔡劲松
副市长:刘惠珍
陈航星
卓国鸿
赛力克江(挂职)
罗晓忠(挂职)
陈　锦(人选)
林建华(人选)
黄雨涛(人选)
吴永忠(人选)

长乐市政协

主　席:延建霖
陈增国(候选人)
副主席:宋丽晶
林勇魁
李瑞芳
郑宽挺(候选人)
林　宇(候选人)

中共闽侯县委

书　记:李永祥
副书记:林　颖
叶仁佑
常　委:林建善
李　充
陈政宝
吴盛洲
郑学锦
林　莉
林坤泉
陈祥波

闽侯县人大常委会

主　任:王彦强
副主任:郑铭魁
曾小榕
陈剑锋
程心东(候选人)

闽侯县人民政府

代县长:林　颖
副县长:林建善
张　旗
叶　玲
樊学双(援宁)
沈　骅
余深传
张三放(挂职)
吴祖刚(人选)

闽侯县政协

主　席:陈乐森
副主席:周　敏
陈昭锋
林　炳
吴文英(兼)
张君著(候选人)
郑钱清(候选人)

中共连江县委

书　记:周应忠
副书记:郑立敏
郭春曦
常　委:彭国华
黄齐秋
孙祥光
林毅敏
林贤清
程　靖
冯慧钦
王和平

连江县人大常委会

主　任:邱德光
张金潮(候选人)
副主任:林　竹
魏宗仁
吴贤鹏(候选人)
邱仁龙(候选人)

连江县人民政府

代县长:郑立敏
副县长:孙祥光
陈坚斯
谢志成
俞传华
兰　超
李向阳(挂职)
郑　浩(人选,援藏)
李承辉(人选)
陈　钦(人选)

连江县政协

主　席:林承祥
副主席:林　文
董俊光
凌婷柳
刘麟翔
雷发勇(候选人)

中共闽清县委

书　记:许用贵
副书记:陈忠霖
郑子记
常　委:郭有旭
张光增
林志斌
李荣寿
张　薇
赵　勇
余颖凌
郑晓春

闽清县人大常委会

主　任:刘久兴
副主任:王　强
黄　坚
林从娇(候选人)
叶林生(候选人)
林以銮(候选人)

闽清县人民政府

代县长:陈忠霖
副县长:黄　斌
杨大兴
林志斌(人选)
陈婉霞(人选)
任　巍(人选)
张　凯(人选)
张文裕(人选)

闽清县政协

主　席:毛行青
副主席:张　文
华秀敏
陈　峰
黄道立(候选人)
谢养书(候选人)

中共罗源县委

书　记:何杰民
副书记:林心銮
李小荣
常　委:刘必霖
兰可明
黄元祥
郑　勇

沈海勇
周龙敏
黄文华
谢　婧

罗源县人大常委会

主　任:雷光秀
肖永建(候选人)
副主任:易建勤
陈启辉
董志先
陈敏鸿(候选人)

罗源县人民政府

代县长:林心銮
副县长:刘必霖
何瑞强
赖时铿
郑育新
蒋金狮
蒋仁正(科技,挂职)
林　颖(人选)
徐　超(人选)

罗源县政协

主　席:何宗乐
董志干(候选人)
副主席:于红旗
吴　敏
张振灯
陈明娟
兰志红(候选人)

中共永泰县委

书　记:陈　斌
副书记:雷连鸣
林从宇
常　委:刘用全
吕运祥
张是全
曾　玉
许以章
薛　博
柯永华
王礼灯

永泰县人大常委会

主　任:吴秋惠
王德冠(候选人)
副主任:侯文辉
江晓鸣
陈　榕
张庆宗
黄身瑜(候选人)
罗智林(候选人)

永泰县人民政府

代县长:雷连鸣
副县长:许以章
林　巍
侯一晞
魏秀惠(人选)
张青雅(人选)
唐　磊(人选)
余　斌(人选)
陈　浩(科技,人选,挂职)

永泰县政协

主　席:王德冠
陈家恬(候选人)
副主席:江惠文
官升玲
张培奋
史　瑜

福州市园区管理机构

福州市软件园管委会

主　任:陈　晖
副主任:刘珍昌

福州高新技术产业开发区洪山园管委会

主　任:(空缺)

福州市台西科技园区(加挂福州海西现代金融中心区管委会牌子)

主　任:何　宝

福州市金山投资区管委会

主　任:(空缺)

福州福兴经济开发区管委会

主　任:(空缺)

福州市火车站地区综合管理办公室

主　任:沈建文

福州市琅岐经济区管委会

主　任:刘　宇
副主任:余广暖
刑鼎斌
张如福

福清融侨经济技术开发区管委会

主　任:何玉金
副主任:林云明
陈秀香(挂职)
蔡和斌
施如星

福州市江阴工业集中区管委会

主　任:程红梅
副主任:颜美春
詹金瑞
施家雄
王言霖

福州市元洪投资区管委会

主　任:陈金友
副主任:陈　嘉
林友华
项箴雄
黄　侠

福清江镜华侨农场

场　长:高　勇

福清东阁华侨农场

场　长:庄瑞顺

福州市滨海工业集中区管委会

主　任:晁　旭
副主任:陈家登
王洪安
陈宝贵

福建闽江河口湿地国家级自然保护区管理处

主　任:杨渭平

福州市青口投资区管委会

主　任:(空缺)
副主任:沈　骅
陈　榕
林碧莹

福建连江经济开发区管委会

主　任:(空缺)

福建雄江黄褚林国家级自然保护区管理处

主　任:(空缺)

罗源湾开发区管委会

主　任:范永刚

永泰青云山风景名胜区管委会

主　任:(空缺)

(林　钿)

(编辑　黄　铭)

中共福州市委

重要会议及活动

【概况】 2016年,中共福州市委先后召开十届十二次、十三次、十四次全会,市第十一次党代会,十一届一次、二次全会,选举产生中共福州市第十一届委员会和纪律检查委员会,审议《关于实施创新驱动发展战略建设创新型省会城市的决定》《福州市推进供给侧结构性改革总体方案》《关于市管党费收缴、使用和管理情况的报告(草案)》等文件;开展市委市政府工作检查1次;召开常委会议51次。

【全市城市工作会议】 2016年1月5日召开。省委常委、市委书记杨岳主持会议并讲话。强调要抓住关键,加快建设滨江滨海现代化国际大都市。一要坚持规划先行,做到以前瞻理念谋规划,以整体思维抓规划,以融合方法编规划;二要传承历史文脉,留住城市记忆,凸显文化底蕴,赋予时代特征;三要加快补齐短板,着力建设畅通城市、海绵城市、智慧城市;四要强化服务理念,坚持民本核心,做足精细文章,创新管理方式;五要提升宜居品质,坚持节约集约,方便群众生活,着力打造绿城、花城、水城。市委副书记、市长杨益民作具体工作部署。

【市纪委十届七次全会】 2016年1月27日召开。会议审议通过市纪委常委会工作报告、市纪委十届七次全会决议。省委常委、市委书记杨岳强调,学习领会中央纪委六次全会、省纪委七次全会精神,一要认清严峻形势,时刻保持清醒;二要扛起政治责任,从严管党治党;三要持续精准发力,净化政治生态;四要加强党内监督,促进廉政勤政。

【市委政法工作会议】 2016年2月23日召开。总结2015年全市政法工作,部署2016年和今后一个时期的政法工作。省委常委、市委书记杨岳,市长杨益民向各县(市)区委书记、县(市)区长和高新区主要领导颁发《2016年福州市县(市)区党政领导综治(平安建设)责任书》。杨岳强调,各级各部门要进一步增强政治意识、责任意识、大局意识,把综治平安工作的各项部署和措施落到实处。

【全市领导干部"学习贯彻十八届五中全会精神"专题研讨班】 2016年3月24日开班。省委常委、市委书记杨岳出席开班式并作主题报告。强调要全面认识经济发展新常态,准确把握中国经济新特征;要落实五大发展理念,加快建设现代化新福州;要大力推进供给侧结构性改革,持续增强经济发展活力动力;要努力提高干部能力素质,切实把新发展理念落到实处。

【第十八届海峡两岸经贸交易会】 2016年5月18日开幕。突出"深化对台交流、搭建海丝平台、共享发展成果"主题,先后举办亚洲合作对话(ACD)工商大会暨青年企业家创新峰会、首届联合国海陆丝绸之路城市联盟城市论坛、21世纪海上丝绸之路沿线国家产品及

2016年9月26日,中国共产党福州市第十一次代表大会在福州海峡国际会展中心开幕 (中共福州市委办公厅 供)

旅游文化展等活动。省委常委、市委书记杨岳,市长杨益民等参加相关活动。

【市委市政府工作检查】 2016年5月19—25日开展。省委常委、市委书记杨岳,市长杨益民率领市委市政府检查组,围绕产业发展、城乡建设、社会事业、民生保障等,实地察看各县(市)区和福州高新区60个项目建设情况,通过实地观摩、现场点评、工作评价等方式,对各地2016年的工作进行检查。25日,召开总结会,省委常委、市委书记杨岳,市长杨益民在会上讲话。

【市委十届十二次全会】 2016年6月27日召开。会议讨论筹备召开市第十一次党代会的有关事宜,审议通过《关于召开中国共产党福州市第十一次代表大会的决议》。会议强调,全市上下要以更加饱满的热情、更加务实的作风、更加有力的举措,创造更加优异的成绩,迎接市第十一次党代会的胜利召开。市委副书记、市长杨益民主持会议并讲话。

【上半年经济形势分析会】 2016年7月19日召开。会议传达省委上半年经济形势分析会精神,研究分析福州市经济运行情况,部署下一阶段经济工作。市委副书记、市长杨益民主持会议,强调要加强经济运行精准调度,加大企业帮扶力度,继续扩大有效投资,盯紧招商引资工作,加快第三产业发展,加强统计工作,用好用足优惠政策,全力以赴推动发展,努力完成全年各项目标任务。

【市委十届十三次全会】 2016年8月5日召开。全会审议通过《关于实施创新驱动发展战略建设创新型省会城市的决定》《中共福州市第十届委员会第十三次全体会议决议》,讨论《福州市推进供给侧结构性改革总体方案》及其相关配套文件。代市长尤猛军强调,一要认真学习领会,切实把思想和行动统一到省委九届十六次全会精神上来;二要实施创新驱动发展战略,加快建设创新型省会城市;三要扎实推进供给侧结构性改革,推动省会经济持续健康发展;四要加强组织领导,确保创新驱动发展和供给侧结构性改革取得实效。

【重大项目"抓征迁、促落实"百日攻坚行动动员大会】 2016年8月23日召开。代市长尤猛军强调,要全面落实市委、市政府研究出台的《行动方案》,确保攻坚行动取得应有成效。一要把清单上的项目逐一落实下去;二要把握属地原则和职责原则;三要把全体干部和社会各界动员起来;四要营造浓厚氛围;五要把征迁作为落实行动的切入点和突破口。

【全市领导干部大会】 2016年8月29日召开。省委书记尤权作指导讲话。省委常委、组织部长王宁主持会议并宣读省委决定:倪岳峰任中共福州市委委员、常委、书记。倪岳峰表示,要继续按照习近平总书记亲自描绘的蓝图,马上就办、真抓实干,着力建设"机制活、产业优、百姓富、生态美"的新福州,和全市干部群众一起,以务实的精神补短板,以创新的思维促改革,以赶超的勇气谋发展,共同谱写福州的美好未来。

【调研地铁建设专题会】 2016年9月3日召开。省委常委、省纪委书记、市委书记倪岳峰指出,人民群众关注的问题,就是党委政府工作的重点,就是下一步的主攻方向,就是一线考察干部的主要战场。要以对750万福州人民高度负责的精神,以如履薄冰、如坐针毡的态度,把地铁建设这一重大民生工程抓紧抓实。代市长尤猛军作具体部署。

【市委十届十四次全会】 2016年9月19日召开。省委常委、省纪委书记、市委书记倪岳峰主持会议。会议听取市第十一次党代会筹备工作情况报告,审议通过十届市委工作报告(草案)、十届市纪委工作报告(草案)及《关于市管党费收缴、使用和管理情况的报告(草案)》。

【市第十一次党代会】 2016年9月26—27日召开。会议选举产生十一届市委委员、市委候补委员、市纪委委员和出席省第十次党代会代表,通过《关于中共福州市第十届委员会报告的决议》《关于中共福州市第十届纪律检查委员会工作报告的决议》。大会通过倪岳峰代表中共福州市第十届委员会所作的《马上就办、真抓实干,为建设"机制活、产业优、百姓富、生态美"的新福州而努力奋斗》报告,以及修兴高代表中共福州市第十届纪律检查委员会所作的书面工作报告。

【市委十一届一次全会】 2016年9月27日召开。会议选举倪岳峰、尤猛军、林晓英、修兴高、洪波、王进足、薛侃、林飞、陈晔、高明、蔡战胜、吴深生、张忠为市委常委,选举倪岳峰为市委书记,尤猛军、林晓英为市委副书记。

【"抓招商、促发展"动员部署大会】 2016年10月10日召开。省委常委、省纪委书记、市委书记倪岳峰主持会议,强调要增强做好招商引资工作的责任感和紧迫感,明确新时期招商引资工作的思路举措,强化招商引资工作的有力保障,在全市形成招商引资新热潮,努力推动招商引资工作取得新成效,实现新突破。市委副书记、代市长尤猛军作工作部署。

【建设"海上福州"和"绿化福州"动员部署大会】 2016年11月10日召开。省委常委、市委书记倪岳峰主持会议并讲话。指出关于建设"海上福州"工作,一要提高思想认识,切实增强建设"海上福州"的责任感和使命感;二要坚持谋定而后动,准确把握建设"海上福州"的基本要求;三要突出工作重点,推动"海上福州"建设迈上新台阶。关于"绿化福州"工作,一要深化认识,二要扩大绿量,三要打造精品,四要全民动员。倪岳峰强调,要强化责任担当,强化一线考察,强化督促检查,确保工作取得实效。市委副书记、代市长尤猛军作具体工作部署。

【城区水系综合治理工作动员部署会】

2016年11月14日召开。省委常委、市委书记倪岳峰主持会议并讲话。强调水系治理和水体黑臭问题人民群众非常关注,要采取最坚决的办法、最有效的措施,让"水"的问题得到根本性解决。一要统一思想,坚定信心;二要多措并举,齐抓共治;三要夯实责任,务求实效。市委副书记、代市长尤猛军作具体工作部署。

【缓解城区交通拥堵工作动员部署会】 2016年11月29日召开。省委副书记、市委书记倪岳峰主持会议并讲话。强调要全面落实城区交通治堵各项举措,切实改善城区交通拥堵状况,努力营造安全便捷的出行环境,提升省会城市形象。一要统一思想认识,增强行动自觉;二要坚持综合施策,全力攻坚突破;三要加强组织领导,形成工作合力。市委副书记、代市长尤猛军作具体工作部署。

【市委十一届二次全会】 2016年12月16日召开。会议学习贯彻党的十八届六中全会和省第十次党代会、省委十届一次全会精神,讨论市委常委会工作报告,审议通过市委十一届二次全会决议。省委副书记、市委书记倪岳峰主持会议,强调要坚决维护党中央权威,坚决维护习近平同志在全党的核心地位;要严肃党内政治生活,着力构建风清气正的党内政治生态;要着力加强党内监督,扎实推进全面从严治党向纵深发展;要牢牢抓住"关键少数",充分发挥领导干部示范表率作用。

【全市经济工作会议】 2016年12月27日召开。省委副书记、市委书记倪岳峰主持会议并讲话。强调要明确目标任务,突出重点工作,推进2017年全市经济平稳健康发展。一要坚持创新引领,深化供给侧结构性改革;二要加快产业转型升级,着力发展实体经济;三要强化改革攻坚,激发发展活力动力;四要坚持城乡统筹,持续提升城市宜居品质;五要聚焦民生关切,不断提高人民群众获得感;六要加强风险防控,全力维护好社会安定稳定。市委副书记、代市长尤猛军对做好2017年经济工作作具体部署。

(林吓清)

【重要接待】 2016年1月11日,省委常委、市委书记杨岳,市委副书记、市长杨益民在鲤鱼洲国宾馆拜会中共中央政治局原委员、全国人大常委会原副委员长王兆国。

2月19日,全国政协副主席韩启德率全国政协深化医药卫生体制改革专题调研组视察福建东南眼科医院、福建省人民医院、福州市晋安区医院,市政协主席周宏、副市长陈晔、市政协副主席林绍彬陪同视察。

5月17日,省委常委、市委书记杨岳,市委常委、秘书长薛侃,市政协副主席、工商联主席雷成才在芳沁园拜会全国政协副主席、工商联主席王钦敏。

6月17日,中共中央政治局委员、中央统战部部长孙春兰视察福州海峡国际会展中心、福州软件园、福州地铁,市委副书记、市长杨益民,市委常委、常务副市长、市委统战部部长黄忠勇,市委常委、秘书长薛侃陪同有关活动。

11月5日,全国政协副主席陈元视察永盛装饰有限公司、福州市军队离休退休干部五凤休养所,省委副书记、市委书记倪岳峰,市政协党组书记何静彦,市委常委、秘书长张忠陪同视察。

11月8—11日,中共中央政治局原委员、国务院原副总理曾培炎在榕考察,省委副书记、市委书记倪岳峰,市长尤猛军,市委常委、秘书长张忠陪同有关活动。

(郑永平)

纪检监察

【概况】 2016年,福州市推进纪检体制改革,整合市县两级纪委机关内设机构职能,增设第六纪检监察室,市、县级纪委机关执纪监督部门和人员均占到机构和编制数的70%以上。落实县(市)区纪委书记副书记等3个提名考察办法,完成市、县、乡三级纪委班子换届工作。加强派驻机构业务指导,对市直单位纪检组长的工作分工进行调整和规范。

【"两个责任"落实】 2016年,福州市落实省委"五抓五看"要求,市委带头履行党风廉政建设主体责任。由市领导带队对全市落实"两个责任"(落实党风廉政建设责任制,党委负主体责任,纪委负监督责任)情况进行量化考核,实行中期"模拟考"和年度"大考"相结合的"一年两检"机制。强化考核结果运用,将其纳入绩效管理指标,市委、市纪委主要领导约谈得分排名靠后单位的主要领导。组织县(市)区党委书记向市纪委全会述廉述责,并接受市纪委委员评议。建立市县党委巡察制度,出台《中共福州市委关于建立市委巡察制度的意见》,成立市委巡察工作领导小组及其办公室,同时成立3个巡察组。启动首轮巡察,对市供销社和市国土资源局等2个市直单位开展为期1个月的巡察,重点巡察监督党的领导干部特别是主要领导干部执行《中国共产党章程》和党内法规有关规定,遵守党的纪律,落实全面从严治党主体责任和监督责任等情况。重点检查巡察对象是否存在党的领导弱化、党的建设缺失、全面从严治党不力、党的观念淡薄、组织涣散、纪律松弛、管党治党"宽松软"等问题。推进"两个责任"清单工作,实现市、县、乡三级责任体系全覆盖。落实问责条例,严格执行责任清单、问题清单和问责清单,对234名落实"两个责任"不力的领导干部进行责任追究、党内问责,对其中57人予以党纪政纪处分。

【监督执纪"四种形态"运用】 2016年,福州市建立分层分级谈话机制,推行发现苗头性问题必谈、新提任领导干部必谈、重要时间节点必谈、重要风险岗位必谈、履行"两个责任"不力必谈等"五必谈",全年廉政谈话函询2840件次。健全市管干部廉政谈话提醒机制,落实领导干部述责述廉、报告个人事项、任前撰写廉政对照检查材料等制度,严把"党风廉洁意见回复"关2293人次,提出不宜使用或暂缓提拔使用38人。根据信访举报和执纪审查数据情况,绘制"廉情地图",摸清党风廉政建设情况。

【纪律审查】 2016年,福州市纪检监察机关办理办理检控类初信初访件2172件,比上年下降16.4%,重复访、越级访分别下降16.1%、41.0%,实现检控类初信初访件"零暂存";立案1390件,上升37.6%,其中县处级干部案件32件、乡科级干部案件214件,分别上升45.5%、21.6%。构筑防逃网络,全年追回涉嫌外逃党员和国家工作人员5人,位列全省第一。集中开展移风易俗

2016年8月23日,福州市罗源县纪检监察干部在飞竹镇蛤蟆石村向畲族村民了解少数民族地区专项扶贫资金发放使用情况　　(张国俊　摄)

专项整治等"一县一专项"整治工作,严肃查处党员干部参与"两违"建设、公务接待"隐身衣"等一批违纪违规典型问题,立案57件,给予党纪政纪处分16人。扶贫领域监督执纪问责专项工作,立案43件,党纪政纪处分69人。开展纪律审查"后半篇文章",开展"一案双查"63人次。

【作风建设】　2016年,针对元旦春节、五一端午、中秋国庆3个重要时间节点,组织65个工作小组集中开展7轮全市性督查。全市查处违反中央八项规定精神问题321起,处理481人,党纪政纪处分258人,分别比上年增长47.9%、22.1%、38.7%;在新闻媒体上点名通报曝光126批259起典型问题。出台《关于深入开展移风易俗、综合治理大操大办、推进基层党风廉政建设工作方案》,整治大操大办、炫富摆阔等不良风气,组织签订承诺书,发出勤俭节约倡议,严肃查处违纪典型问题。落实市委一线考察干部工作机制,对防抗台风、灾后重建等急难险重任务开展专项督察,对7个县(市)区、6个市直单位211名科级干部提任人选选任程序进行专项巡察。

【廉政教育】　2016年,福州市突出纪律主题、地方特色、文化内涵,组织观看《永远在路上》《打铁还需自身硬》等电视专题片,举办学习用典廉政画展,参观人数15.5万人次。通过车载LED屏幕、地铁车厢、广播电视、报刊网络等载体开展廉政宣传教育,发送廉政短信100余万条。通过市纪委监察局网站和"清风福州"微信公众平台,发布信息689条,推送信息155期593条,单条信息最高阅读量达1.63万人次。以福州市查处的村级组织干部违纪违法典型案例为素材编发《警示录》《忏悔录》,用"身边事"教育警示"身边人"。挖掘本土廉政文化资源,打造提升林则徐纪念馆、福州三坊七巷历史人物勤廉馆等廉政教育基地。全市有廉政教育基地18个,2012—2016年接待参观人员529万多人次;警示教育基地15个,组织党员干部接受警示教育近24万人次;各类廉政文化示范点108个,接待参观人员82万多人次;家风家训馆12家,接待参观人员31万多人次。

【队伍建设】　2016年,福州市实行纪检监察干部问题线索归口管理,下发《关于重申执纪审查有关纪律的通知》,重申执纪审查有关纪律,严明"五严禁、五不准"要求,开展纪检监察系统借款、出借资金和融资担保专项清理活动,对纪检监察干部实行廉政教育谈话全覆盖。防止"灯下黑",全年立案查处纪检监察干部8人。

(刘　煜)

组织工作

【概况】　2016年,福州市推出一线考察干部工作法,建立7个考察组,选派2/3以上的干部、投入2/3以上的时间深入各个项目点参与一线考察工作,树立能者上,庸者下的用人导向机制。继续开展"两学一做"学习教育活动,全市各级领导干部讲党课10561人次、参加研讨20052人次。创新人才引入机制,引入57名福建省引进ABC类高层次人才。

【一线考察干部】　2016年,福州市出台《关于强化在一线考察干部工作的暂行办法》《关于加快建立一线考察干部工作机制的通知》《关于在城市地铁项目一线考察干部的推进措施》,制定在项目征迁、防汛抗台、招商引资、水系治理等一线具体的考核办法,形成系统完备、各有侧重的考核评价体系。根据简单、可操作、管用原则,采取动态跟踪、列席旁听、节点对账、明察暗访、第三方测评、综合研判等方法,考准考实干部履职表现。市委组织部机关选派2/3以上的干部、投入2/3以上的时间参与一线考察工作,建立7个考察组,深入各个项目点,考察了解一线干部实绩表现,建立市管干部实绩档案2016份。强化结果运用,共有105名在急难险重一线表现突出的市管干部得到提拔重用,12个县(市)区提拔重用科级干部219名,一批不敢担当、不胜任现职的市直和县区部门主官被调整转岗或下岗。

【"两学一做"学习教育】　2016年,福州市组织党员系统学习党章党规,系统学习系列重要讲话,引导党员读原著、学原文、悟原理。市委常委带头讲党课、以普通党员身份参加组织生活,带动全市各级领导干部讲党课10561人次、参加研讨20052人次。编印《马上就办　真抓实干——习近平同志在福州工作期间重要文稿摘编》《做一名合格共产党员——农村党员学习简明读本》等特色教材,采取就地参学、网上助学、上门送学、结对帮学等方式,满足不同群体学习需求。建立清单台账，组建4个督导组，持续推进不严不实问题整改。

【市县乡领导班子换届】 2016年，福州市开展市第十一次党代会和市“两会”的各项组织工作，开展市“两委”委员、“两代表一委员”的推选考察，组织大会选举，完成人事安排有关工作。选拔优秀年轻干部，新一届县(市)区党政领导班子40岁左右62人，占30.85%。该次换届在市党代会测评中，代表对换届纪律知晓率达100%，选举风气好评率达99.6%。

【干部教育培训】 2016年，福州市创新党性教育模式，打造30个党性教育示范基地。选派1000多名学员赴延安、井冈山等地开展异地培训。加强干部专业化培训，围绕福州新区、自贸区建设、市县乡换届、落实五大发展理念、推动供给侧结构性改革等主题，先后举办各类专题培训班52期，培训干部6000余人次。推动党校教育提档升级，完成县处级进修班等主体班20期1000人次。拓宽清华、北大等名校合作培训渠道，举办创新驱动等专题培训班10期，培训干部500余人次。依托“左海大讲堂”高端培训论坛，邀请知名专家学者到榕授课6次，培训3000人次。运用“互联网+”思维，打造特色干部在线学习平台，登记学员4.3万余人，实现986个优质教学资源向全市干部开放共享。

【干部监督管理】 2016年，福州市各级组织部门提醒、函询、诫勉干部377人，其中处级62人、科级315人。完善谈心谈话制度，通过日常了解、谈心谈话、信访举报等，及时掌握干部情况，对发现的苗头性、倾向性问题，及时咬耳扯袖、红脸出汗；持续开展“7+3”专项整治，“7”指的是：一是清理规范干部选拔任用有关文件问题，二是整治“三超两乱”问题，三是规范机构设置和报告审批程序问题，四是规范和调整干部切线改非和办理提前离岗、提前退休问题，五是规范干部任期调整和履行相关程序问题，六是整治“裸官”问题，七是整治领导干部违规兼职问题；“3”指的是：一是整治违反干部任用标准、程序问题，二是整治跑官要官和说情打招呼问题，三是整治干部档案造假问题。加大领导干部个人有关事项报告核查力度，随机抽查市管干部176人。对“为官不为”的干部实行“下课问责”，共处理“为官不为”295人次(单位)，其中党政纪处分60人次，效能问责219人次(单位)，组织处理16人次。坚持市、县两级联动，推进在连江县开展干部“能上能下”试点工作。

【党的建设制度改革】 2016年，福州市制定、修订《加强干部选拔任用工作监督的实施意见》《关于进一步加强社会组织党的建设工作的实施意见》《福州市领导联系高层次人才暂行办法》等9项制度文件。推动基层改革试点，干部能上能下、人才强县、村民自治机制等试点工作，各地各部门结合实际制定配套改革举措。对已出台的制度文件落实情况开展专项检查，对发现问题督促整改。

【人才队伍建设】 2016年，福州市优化人才评价机制，对符合引进高层次ABC类人才，按资格条件直接审查确认，全年研究确认57名福建省引进ABC类高层次人才，数量居全省第一。引进和培养一批高层次人才，2人入选国家“千人计划”，5人入选国家“万人计划”，16人(团队)入选省“百人计划”，24人入选省“海纳百川”11类人才，入选人数均名列全省前列。优化人才发展环境，闽都人才聚集区入选省人才聚集区(人才特区)建设单位，福州新区被确认为国家首批双创示范基地，福州市软件园和马尾区入选省产业人才聚集基地建设单位，省对接市绩效指标“人才发展指数”全省第一。搭建人才需求对接云平台，以信息化手段精准识才引才育才。建立市领导联系高层次人才工作机制，推行闽都英才卡，组织高层次人才休假学习考察，提供优质的环境及贴心的服务。

【基层党组织建设】 2016年，福州市落实县、乡党委书记抓基层党建工作责任制考核办法，持续推进市县乡三级“联述联评联考”。各县(市)区完成党建项目38个、县(市)区委书记领办项目22个。整顿软弱涣散基层党组织184个，统筹安排1500万元作为薄弱村集体经济发展专项资金；深化在职党员进社区认领“微心愿”活动，总结推广便民代办和民情工作一体化机制，推动2.6万名在职党员进社区服务、认领困难群众“微心愿”2.4万个；实施“两个覆盖”攻坚行动，非公企业和社会组织党组织覆盖率分别达91.9%、82.9%，位居全省前列。拓展“中心+基地”党员创业就业培训模式，案例入选中组部《全国党员教育典型工作案例选编》目录；排查失联党员2829人，取得联系2533人，完成党费收缴工作专项检查。结合庆祝建党95周年，表彰宣传全省优秀共产党员14人、全市优秀共产党员80人，全省优秀党务工作者16人、全市优秀党务工作者80人，全省先进基层党组织30个、全市先进基层党组织50个等一批“两优一先”先进典型。

(华智敏)

宣传思想文化工作

【概况】 2016年，福州市以学习宣传贯彻习近平总书记系列重要讲话精神为主线，推进理论学习研究宣传、新闻舆论引导、培育和践行社会主义核心观、文化改革发展等各项工作。年内“美丽海峡·美丽心灵”海峡两岸志愿者生态保护共同行动项目被评为全国“最佳志愿服务项目”。“激情广场大家唱”成为国家公共文化服务体系示范项目，福州市群众艺术馆被评为全国优秀文化馆，福州市参与投资拍摄的电视剧《原乡》获第三十届中国广播电视飞天奖。福州海峡创意产业园设立的台湾青年设计师候鸟工作站获评国家级台湾青年创业基地称号，鼓楼区鼓东街道庆城社区被中宣部命名为全国社区宣传思想文化工作示范点。在Facebook和Twitter上开设“中国福州”海外账号，账号互动率位居中国地方账号前列。建成福州日报、福州晚报全媒体中心，福州广播电视台高清频道正式开播，手机客户端“掌上福州”“福视悦动”在福州市机关党员干部中推广使用,媒体融合发展速度位居全省前列。

【理论工作】 2016年,福州市组织市委中心组集中学习17场,持续开展"月读一书"活动,举办福州市理论骨干研修班和学习《习近平总书记系列重要讲话读本(2016版)》座谈会。组建学习贯彻党的十八届五中、六中全会精神宣讲团,宣讲472场次。制定出台《中共福州市委关于加强新形势下哲学社会科学工作的意见》。市中国特色社会主义理论体系研究中心2015年度结项19项,2016年度立项33项。组织申报省中国特色社会主义理论体系研究中心项目,获立项11项。2016年度福州市社会科学规划项目共收到申报147项,立项41项。开展第九届福州市社科成果优秀成果评选,收到参评作品176件,评审产生48项候选成果。年内福清市港头镇草柄村党支部书记王长勇入选全国理论宣讲先进个人,长乐市被列为第二批省级社会科学普及示范创建县(市)区。

【培育和践行社会主义核心价值观】

2016年,福州市培育宣传"身边好人""最美人物""时代楷模""道德模范"4类先进典型,评出福州市十类践行社会主义核心价值观最美人物,其中,林新华被评为福建省"最美村官",许鸿升被评为福建省"最美警察"。举办陈桂林先进事迹报告会,连续推出系列报道。开设"福州市诚信建设信息公布综合平台",每月发布诚信红黑榜信息。以"学者+记者"工作模式,推进企业培育和践行社会主义核心价值观的做法,得到福建省委宣传部肯定。制定实施《福州市省、市级文明单位创建管理办法》,组织对福州市行业窗口暗访4次。运用福州文明网、"福州微文明"微信公众号开展网络文明传播活动,微信公众号在全国文明系统新媒体排名位居前三名。开展志愿服务,福州市治理城市交通拥堵行动期间,每天组织800人次志愿者协助交通疏导。

【新闻宣传】 2016年,福州市组织中央和省、市属媒体开展党中央治国理政新理念新思想新战略、供给侧结构性改革、福州新区建设、自贸区建设等重大主题宣传活动,其中,《人民日报》刊登新闻60多篇、新华社播发700多篇(条),中央电视台各频道播出新闻160多条。福州市第十一次党代会期间,《人民日报》以"1+1"形式刊发福州新区的消息和通讯。举办新闻发言人和网络舆情研判处置工作培训班,共举行市级新闻发布会26场,市级新闻发布厅建成投入使用。成立应急新闻机构,统一组织、指挥突发事件新闻应急报道组织协调和媒体服务工作。应对"尼伯特""莫兰蒂""鲇鱼"等台风突发事件的舆论宣传引导工作受到福建省委主要领导表扬。《福州日报》新闻漫画"手机时代我们的面孔"获中国新闻奖二等奖。福州新闻网全面改版提升,"闽都大家"栏目被省委网信办列为重点培育和扶持的互联网精品栏目。组织召开"一县一网"建设工作推进会,12家县(市)区新闻网站全面完成省级三类新闻网站申报。《国际日报·今日福州》英文版在美国、加拿大出版发行,福州广播左海之声在美国纽约、澳洲墨尔本以及中国的台湾地区、"海峡号"落地。继续与中央电视台"华人世界"栏目合作推出"海外福州人"系列专题节目。

【文化事业】 2016年,福州市组织开展福州市第三届茉莉花文艺奖评选活动,评选表彰10个艺术门类82件优秀作品。福州伬艺《风雨苍霞人》入围国家艺术基金2016年度资助项目,福州伬唱《秦楼月·春回坊巷》等2个节目入选第七届全国少儿曲艺展演。在福建省广播电视艺术奖和福建省第二届"丹桂奖"少儿曲艺大赛等省级文艺赛事上,福州市获奖总数均位居全省前列。闽剧《林则徐与王鼎》成为陕西西安第三届丝绸之路国际艺术节压轴剧目。音乐剧《啊·鼓岭》旅游版和闽剧《沈绍安》成功首演,3部闽剧折子戏获选晋京参加"福建百折传统折子戏展演"。推进福州市图书馆新馆、海峡文化艺术中心等重点文化项目,举办海峡两岸合唱节、海峡两岸民俗文化节、元宵灯会、中国广播艺术团走进福州等重大文化活动。福州市百余个"激情广场大家唱"平台经常性参与活动的市民达数万人。福清市文化馆等3个基层文化单位获"第六届全国服务农民、服务基层文化建设先进集体"称号。完成非遗地方剧种展演、"周周有戏"、"相约九日台"周末音乐会、"文化惠民·六进"活动等公益演出500多场,开展农村公益电影放映2万多场,观影近200万人次。举办书画、摄影、文博等各类专题展览100多场、艺术培训30多期。完善"一县一品"特色文艺示范基地建设,组织文艺志愿服务,受益市民达2万人次。组织开展福建船政创办150周年系列纪念活动,加深两岸民众对船政文化的认知和感悟。建成福州市海上丝绸之路展示馆。制定出台《福州市廊桥保护管理办法》,是福建省首个廊桥保护管理法规文件。

【文化产业】 2016年,福州市制定《福州市文化产业"十三五"发展专项规划》推动海西动漫创意之都、海峡非物质文化遗产生态园、中国船政文化城等一批重大文化产业项目建设。举行国家级闽台(福州)文化产业试验园区挂牌仪式。推进闽剧大观园项目,拨付闽剧大观园项目150万元专项扶持资金。开展"企业服务月"活动,为多家企业和园区协调解决问题近30个。开展全国文化企业30强、省文化企业十强等的推荐申报工作,网龙公司连续3年获评第八届"全国文化企业30强"。

2016年,通过福州市漆艺术研究院龙头项目带动,推动朱紫坊漆文化街区项目建设。举办2016福州国际漆艺双年展和"漆语时代"研讨会,共有来自8个国家和地区的125名漆艺家的625幅作品参展,同期举办7个漆艺外围展,接待全国各地观众3万多人次。研究制定《福州市漆艺术品征集管理办法》和《实施细则》等文件,完善福州漆艺术研究院各项规章制度。

【文化交流】 2016年,福州市举办以"光影梦之帆"为主题的第三届丝绸之路国际电影节福州分会场活动。组团参加新加坡妆艺大游行、荷兰第69届花车巡游、丹麦霍尔拜克丝路童话中国文化节等对外文化交流活动。组织海峡两岸合唱节、海峡两岸民俗文化节、台湾民俗文化展演、海峡两岸舞蹈节、中国书画名家海峡两岸采风行、海峡两岸生态摄影展、海峡东岸诗人西岸行等榕台文化交流活动。组织省、市媒体赴马祖采访报道。培育引进台湾青年创业基地、两岸信息大赛加油站等榕台文创产业合作项目。组织闽剧等非遗项目参加第12届深圳文博会和香港美食文化节等展会。结合传统佳节和重点海外侨团活动,开展"榕情四海"系列活动。

(陈孝申)

统战工作

【概况】 2016年,中共福州市委统战部门开展课题调研88项,举办"亲清润榕商"活动,配合党外干部人选考察工作,签约"回归工程"合同项目64项,总投资1097.37亿元。统战信息建议献策工作被中央统战部评为三等奖,信息工作在全市60多家市直单位中连续三年排名第一,调研文章获评全国统战理论政策研究创新成果三等奖。

【多党合作和政治协商】 2016年,中共福州市委统战部门围绕全面深化改革、实施十三五规划、企业转型升级、生态文明、民生改善等重大课题与"攻坚"行动,开展课题调研88项,报送的建言献策类信息被上级有关部门采用455条,其中33条获中央和省、市领导批示。坚持市委同各民主党派、工商联季谈会和每月直报制度,全年报送12期提出186条意见建议,完成市委重点调研课题19个。开展"百名党外人士大走访"活动,将新媒体从业人员、网络意见人士纳入工作视野。开展市级无党派人士的调查摸底和无党派人士确认工作,确定重点联系和培养对象。

【非公有制经济工作】 2016年,中共福州市委统战部门会同市纪委、工商联以"亲清润榕商,促进两健康"为主题,通过召开座谈会讲述榕商亲清好故事、挂钩服务企业、举办企业防范法律风险专题讲座等系列活动,夯实榕商构建亲清政商关系的思想和行动根基。围绕适应经济新常态,组织民营企业家500多人次参加专题培训和讲座,帮助70后、80后、90后青年企业家特别是"创二代"企业家提高经营管理水平。搭建商务服务平台,累计为1400多家会员企业提供线上推介服务。推动非公经济代表人士参与扶贫攻坚和公益事业,在"百企帮百村"精准扶贫行动中,动员83家企业(商会)参与结对帮扶,共投入帮扶金366万元。在闽清、永泰等县遭受"尼伯特"台风袭击后,发动75家民营企业和商会组织以及宗教界捐款捐物(折现)约4000万元。指导"五好"县级工商联建设工作,4家县级工商联被确认为全国"五好"县级工商联。先后组建哈尔滨福州商会等6家异地商会以及福州家具制造企业商会等5家行业商会。

【回归工程】 2016年,福州市召开福州新区闽商投资项目签约大会、融商大会等,广泛联络联谊海内外榕商,吸引和鼓励其回乡投资。全年对接落实64个回归工程项目,总投资1097.37亿元,项目履约率约80%。协调往年项目,2015年对接落实的45项回归工程总投资526.84亿元,项目履约率100%。

【民族宗教事务】 2016年,中共福州市委统战部通过投放广告、指导有关县(市)区制作畲族文化专题片、编印《习近平同志关于民族工作的重要论述摘编和党的十八大以来中央有关民族工作会议及讲话精神汇编》等,推进民族团结进步宣传活动深入开展。指导县(市)区设立12个民族团结进步建设试点社区。推动新农村幸福家园建设补助政策向少数民族村倾斜,全市32个少数民族县级示范村和创建村的补助资金由20万元增至30万元。向市县两级领导和宗教工作联席会议成员单位赠送宗教知识书籍。联合市民宗局举办宗教工作重点乡镇宗教干部培训班。指导市道教协会和市基督教两会完成换届工作;推动市天主教爱国会换届工作。支持道教协会与澳门道教界开展道乐交流,支持佛教界举办"21世纪海丝佛教·福建论坛"和闽台佛教文化交流周等对外交流活动。支持福清黄檗山万福寺重建修缮,促进黄檗文化传播和中日佛教交流。

【联谊工作】 2016年,中共福州市委统战部接待来自新加坡、马来西亚、澳大利亚、南非等国家和中国香港、澳门、台湾地区回榕省亲访友、参观考察的团组20多个近1600人。参加澳门福州十邑社团总会成立、香港长乐联谊会换届庆典、香港福清同乡会荃湾联络处成立大会、澳门福清社团联谊会第七届主席团会议、澳门福建青年联会建会19周年暨第七届理监事就职庆典活动等港澳榕籍社团活动。邀请澳门福州十邑青年联合会开展"2016青春有约——榕澳文化夏令营"活动,举办第二届海峡两岸名家篆刻展暨首届海峡两岸青年篆刻大赛。将一批政治立场鲜明、经济实力较强、社会影响力较大、文化层次较高的人才引荐到市政协、海联会、青年联合会等组织中。推动港澳代表人士队伍建设。

【党外代表人士和队伍建设】 2016年,中共福州市委统战部向组织部门推荐优秀党外干部,配合做好党外干部人选考察工作,9个县区政府配备党外副县(市)区长,配备率高于上届。2名党外干部提任市级政府工作部门正职。加强市各民主党派领导班子建设,提任(转任)4名党外干部担任党派机关副处级领导职务,提任党派机关正处级干部1人。采取"先定原则、后定人选"办法规范新一届市政协委员推荐提名工作,参与市人大代表资格审核工作,严格把关,党外代表人士在市人大代表和常委、市政协委员和常委中的比例均优于政策的要求。

(林　立)

精神文明建设

【概况】 2016年,福州市围绕培育和践行社会主义核心价值观主题,推进"有福之州·文明同行"行动,开展群众性精神文明创建活动,推进各项工作取得新进展、新成效。鼓楼区在省级文明城市(城区)测评中名列全省第一。"美丽海峡·美丽心灵"两岸志愿者生态保护共同行动项目被评为全国最佳志愿服务项目。志愿服务制度化建设、网络文明建设、福州读书月活动、农村社会风气治理等方面形成福州特色品牌,中央文明办5次到榕调研,对福州文明城市建设工作给予肯定。

【文明城市建设】 2016年,福州市制订实施《“有福之州·文明同行”福州市文明城市建设工作方案》,梳理出5个方面、169个重点项目,责任分解到人,明确时限要求,推动工作落实。制订印发《关于调整充实2016年文明城市建设专项整治工作组的方案》,专门成立市容环境、公共交通、交通秩序、各类市场和中小店、各类场馆5个专项整治组,由市政府分管领导各自牵头负责,开展专项整治工作。围绕交通、小区物业管理、内河等重点项目进行8次专项督查,集中力量对城市环境秩序开展全面、常态的督查工作。对创建不力的8批次129个单位进行红(黄)牌警告。

加强行业(窗口)文明建设,推选“文明服务之星”31人。组织文明行业窗口暗访4次,及时通报存在的问题并推动整改。制定《福州市省、市级文明单位创建管理办法》,对1093个2015—2017年度省、市级文明单位参评对象开展初评工作,对创建工作不到位或创建工作明显滑坡的45个参评对象进行批评并责令整改。持续加强与省直机关、在榕高校、驻榕部队的沟通联系,开展六大共建品牌活动,共同推进全国文明城市创建。

【公民道德教育】 2016年,福州市开展“讲文明树新风”公益广告宣传。围绕“文明交通”“内河整治”“人文福州”等主题,设计各类公益广告,在全市700多座楼宇电视,1000多面公交候车亭展位,3000多辆公交车载电视、5800多面出租车、公交车LED显示屏,2000多面地铁工地围挡、地铁1号线21个站点广告牌、各条内河沿线栈道立面牌常态刊发。开展“讲文明树新风”公益广告征集评选活动,共推选出31件优秀作品。全年各级各部门设计报送480多件优秀作品,其中2件视频类作品、2件平面类作品在福建省“讲文明树新风”公益广告原创作品征集评选活动中各获一等奖和二等奖。

组织道德模范、身边好人推荐评比和学习宣传活动,深化“我推荐、我评议身边好人”工作,开展“福州好人大家评”活动。全市3人入选“中国好人榜”,8人入选“福建好人榜”。汇编《2014—2015年福州市道德模范、身边好人事迹故事会》。落实《福州市帮扶礼遇道德模范和“身边好人”实施办法》,以专项资金、道德基金、社会捐助、志愿服务等方式,帮助生活困难的道德典型解决实际问题。

开展“我们的节日”主题活动,组织市级节日主场活动38场,各县(市)区、市直单位开展节日相关活动1700场次。开展文明家庭创建,举办三坊七巷名人家风家训展,组织福州首届“最美家训”征集评选活动,推选出“最美家训”10条。福州市推荐的施增英家庭入选首届全国文明家庭。加强诚信“红黑榜”联合发布机制建设,在“中国福州”政务网站、福州文明网开设“福州市诚信建设信息公布综合平台”,每月在诚信红黑榜上发布失信被执行人、交通违法违规行为等信息。开展诚信创建活动,表彰福州市第三批“党员诚信示范店”26家。开展“推行‘八不’行为规范,做文明公民”“文明交通行动”“文明餐桌行动”“垃圾不落地”等活动,开展道德讲堂建设工作。编印《德孝漫谈》《文明福州》,免费发放。

推动书香榕城建设,举办第十一届福州读书月、“4·23”世界读书日全民阅读活动,组织周末惠民书市、“书语心愿”微心愿认领、“悦读慢火车”活动、“2016我的一本课外书”评选、“福州最美阅读空间”评选等读书活动50多项。完善“书香榕城”掌上图书馆,涵盖22个类别的电子图书20多万册,有声读物5万多集。推动文明旅游行动,健全部门联动推进文明旅游工作长效机制,开展“文明旅游知识进社区”“爱护美丽乡村”志愿者活动、“文明旅游随手拍”等活动,打造三坊七巷省级文明旅游先行示范区和三坊七巷、西湖公园、永泰云顶景区等3个市级文明旅游工作示范点,推出福建省中国旅行社作为“文明旅游示范旅行社”、福州大饭店作为“文明旅游示范酒店”。

【农村精神文明建设】 2016年,福州市推进美丽乡村建设,培育连江县江南乡梅洋村、马尾区亭江镇闽安村等26个省、市级美丽乡村文明建设示范村。推进农村社会风气突出问题专项治理,持续打击赌博违法犯罪行为、整治文化娱乐市场、破除封建迷信活动、反对铺张浪费现象,推动突出问题整治,净化农村社会风气。推进“五古丰登”行动,培育福清市新厝镇江兜村、长乐市江田镇、永泰县同安镇等全省第一批“五古丰登”活动示范点3个和仓山区城门镇濂江村等首批“五古丰登”市级示范点22个,依

2016年5月18日,福州地铁1号线南段开通运营。图为福州地铁志愿者指导乘客使用自动售票机 (叶义斌 摄)

托古厝、古庙、古祠堂、古树、古桥等历史文化遗迹，因地制宜，拓展基层宣传文化新阵地。推动城乡共建，推动文明单位与农村开展“结对子·种文化”活动，组织179个市级以上文明单位与11个县（市）区的美丽乡村、幸福家园示范村开展“一对一”结对共建。

【志愿服务】 2016年，福州市加强志愿服务培训，举办福州市志愿服务骨干培训班、文明交通志愿者骨干培训会，制定下发《关于进一步规范文明单位志愿服务工作的通知》，对文明单位志愿服务队伍组建、服务重点、活动组织等工作进行细化和规范。围绕交通治堵、内河治理、绿化福州等市委市政府重点工作，组织开展文明交通劝导、“我来护河”、爱绿护绿、服务地铁学雷锋等专项志愿服务活动。下发《关于支持和发展志愿服务组织的通知》，对支持和发展志愿服务组织提出目标任务和具体工作要求。推广使用“志愿云”系统进行志愿者登记注册和服务记录等信息管理，全市登记注册志愿者497531人、志愿团体数1488个，发布志愿项目3937个。三坊七巷志愿服务驿站等6个志愿服务站点入选首批“福建省志愿服务示范驿站”，常态化开展各项志愿服务活动。开展“社区＋义工”社区志愿服务活动，开展邻里互助等志愿服务活动，引导群众就近就便参与志愿服务活动，培育福州市志愿服务示范社区12个。全年25个单位和个人获全国、全省学雷锋志愿服务“四个100”先进典型称号。

【未成年人思想道德建设】 2016年，福州市组织“我的中国梦”主题教育实践活动，开展“清明祭英烈”、“六一”期间“学习和争做美德少年活动”、“十一”期间“向国旗敬礼”、“童心向党歌咏”和“学长征精神，做红色传人”等活动。推进城乡学校少年宫规范化建设，培育自建乡村学校少年宫示范学校，加快城市学校少年宫试点建设。推进福州数字青少年宫建设向乡村延伸，打造全省德育数字化平台。推进未成年人心理健康辅导站建设，发挥市未成年人心理健康辅导站辐射带动作用，指导县（市）区级校外未成年人心理健康辅导站规范化、制度化建设，加强心理健康辅导员队伍培训，提升业务技能。持续推进文明学校创建，组织对383所申报省、市级文明学校进行考评。深化“公共文化服务校园行”活动，利用市直、县（市）区各级各类文化资源，为全市城乡中小学生提供文化艺术服务、科普知识宣传、体育技能培训等各类公共文化服务，年内共实现网上对接项目277个。

（林艺红）

机关党的工作

【概况】 2016年，中共福州市直机关工委开展“两学一做”学习教育，组织动员机关党组织和党员干部开展服务百日攻坚活动，推进机关党的思想、组织、作风、反腐倡廉和制度建设。年内，市直机关工委被省人力资源和社会保障厅、省委省直机关工委评为“全省机关工委系统先进集体”。

【思想理论建设】 2016年，中共福州市直机关工委建立市直机关“两学一做”学习教育联系点制度，将105个市直单位分成5个联系片区，召开3场市直机关部署推进会，组织7轮全覆盖督导；举办“两学一做”先进典型报告会，开展学习冯振波、陈燕清等身边先进典型活动。围绕习近平总书记系列重要讲话、十八届六中全会、庆祝建党95周年、换届纪律、“百日攻坚”行动、“文明交通、绿色出行”等，编印《福州机关党员学习文选》12期18万册。结合纪念中国共产党成立95周年暨中共福州地方组织成立90周年，与市委党史研究室联合开展爱国主义传统教育和地方党史教育，组织100多个市直机关党组织3000多名党员干部参观“中共福州市委旧址”“福州鸡角弄革命先烈就义处纪念地”“福建新四军抗战史暨福州抗战史展览馆”等。指导市直机关组织十八届六中全会、省市党代会等理论宣讲280多场次，机关党员干部19161人次参加学习。发挥市直机关学习型党组织示范点作用，汇编《发挥示范引领作用　建设创新有为机关》，拨付专项资金19万元帮助建设市直单位干部书屋30家。换届产生福州市机关党建研究会第三届理事会成员，表彰2015年度重点调研课题一等奖5篇、二等奖11篇、三等奖15篇、组织奖3个。在2016年度全省机关党建重点课题调研评选中，福州市获一等奖1篇、二等奖5篇、三等奖1篇和活动组织奖。

【机关作风建设】 2016年，中共福州市直机关工委围绕全市重大项目“抓征迁、促落实”百日攻坚行动，研究出台市委市直机关工委党群组织“1＋3”工作措施（“1”是《市委市直机关工委关于贯彻落实福州市重大项目“抓征迁、促落实”百日攻坚行动的工作措施》；“3”是《市直机关工会关于贯彻落实福州市重大项目“抓征迁、促落实”百日攻坚行动的工作措施》《市直机关团工委关于贯彻落实福州市重大项目“抓征迁、促落实”百日攻坚行动的工作措施》《市直机关妇工委关于贯彻落实福州市重大项目“抓征迁、促落实”百日攻坚行动的工作措施》）和《关于在全市机关党组织广泛深入开展服务百日攻坚“十百千万”活动的实施意见》，组织动员全市机关党组织和党员干部深入开展服务百日攻坚“十百千万”活动，市直机关组建重点项目临时党支部85个，党员攻坚服务队687支，开展专项行动5548场次，机关党员干部101880人次投身其中。开展“红色旋律·清新机关”“百日攻坚一线风采”机关党员干部手机微摄影比赛和“百日攻坚微事迹”征集评选活动，征集摄影作品650幅，评选表彰一等奖10名、二等奖20名、三等奖30名、优秀奖50名、特别奖35名；征集微事迹103篇，在《福州日报》专版刊发16篇。与省委省直机关工委联合开展“省直机关看福州”主题活动，组织省、市机关党员干部389人，调研考察福州新区重点项目。围绕市委市政府建设“海上福州”、“绿化福州”、内河整治等部署，开展“最美庭院”“最美阳台”评选、市花市树认种认养、“护河进机关”等活动。广泛动员市直机关干部职工报名参加第24届市运动会，协助拔河等项目赛事组织工作，组织800名市直机关干部职工参加开闭幕式。

【基层组织建设】 2016 年,中共福州市直机关工委开展市第十一次党代会代表推选工作,召开市直机关党代表会议,选举出席市第十一次党代会代表 145 人。全面抓党员组织关系集中排查、党费收缴专项检查、基层党组织按期换届情况专项检查等基层党建重点任务落实,理顺"口袋党员"组织关系 33 人,查找失联党员 1160 人,141 个基层党组织完成换届工作,市直机关补交党费 1592.36 万元。编印《机关党内政治生活小读本》5000 册,分发市直机关 2058 个基层党组织,落实"三会一课"、组织生活会、党员领导干部双重组织生活、谈心谈话、党性定期分析和民主评议党员等制度。专项抽查 389 个基层党支部组织生活开展情况,推动党员领导干部带头讲党课 1288 场次,督促基层党组织书记讲党课 1456 场次,开展专题研讨 4634 场。

推进《关于加强市直机关党务干部选配和交流培养使用工作的意见》贯彻落实,强化市直机关党组织专职副书记任前选配考察、任职谈话、任中教育培训、年度述职 4 个环节,全年考察审批专职副书记 18 人。制定《市直各部门(单位)机关党组织书记和专职副书记审批工作流程》,规范机关党组织书记、专职副书记审批工作。组织开展"优秀机关党建创新项目""十佳党建品牌""十佳党务干部"评选活动。结合纪念中国共产党成立 95 周年,评选表彰市直机关优秀共产党员 80 人、优秀党务工作者 80 人、先进基层党组织 77 个,其中 8 个基层党组织、18 名党员获得省、市表彰。全年举办党务干部示范培训班、党务干部异地培训班等党务培训班 2 期,培训党务干部近 300 人;举办发展对象培训班 2 期,培训 430 人次,发展新党员 348 人。筹措专项经费 70 多万元,慰问困难党员、职工 1300 多人。

【党风廉政建设】 2016 年,中共福州市直机关工委开展市直单位落实党风廉政建设责任制情况检查。通过每月收集汇总市直各单位党风廉政建设报表,分析薄弱点,提出整改意见,指导市直机关党组织和机关纪委开展党内监督工作。制定《关于落实〈关于在全市开展常态化廉政谈话提醒工作的实施方案(试行)〉的贯彻意见》,推动市纪委未派驻纪检组单位开展廉政谈话函询,开展廉政谈话 471 人次,其中函询 6 人,诫勉谈话 24 人。查办违纪案件,直接查处市直机关党员违纪案件 2 件,审理批复党员违纪案件 14 件,受理信访件 4 件。组织 102 个市直单位、党员干部 1 万多人次参观《复兴之路》福建展、《纪念中国共产党成立 95 周年》大型图片展。

【精神文明建设】 2016 年,中共福州市直机关工委参与全国文明城市创建和全市城区交通拥堵整治行动,制定下发《关于在市直机关开展"文明交通,绿色出行"主题宣传教育活动的通知》,发出"文明交通 从我做起"倡议书,组织 93 支党员志愿服务队和 2857 名机关干部,参加城区交通拥堵整治和文明交通劝导。推进省市共建共创,协助开展"省直机关看福州、携手共建文明城"、"机关党建'三级联创'、合力助推百日攻坚"等活动。组织开展"邻里守望·情暖榕城"学雷锋、"我为党旗添光彩"无偿献血、"为推进城乡绿化美化,建设美丽新福建"义务植树等志愿服务活动,全年机关干部 972 人次累计献血 37.7 万毫升。

【群团工作】 2016 年,中共福州市直机关工委推进市直机关工青妇组织换届工作,更新完善团建、劳模和困难职工数据库。开展"五一先锋岗""巾帼文明岗""青年文明号"等创建活动,培植群团先进典型 26 个。组织开展"为民服务、马上就办"劳动竞赛、"助力新区建设、奉献青春力量"团日竞赛、"寻名人足迹 探福州历史 树心中英雄"公益夏令营等主题活动。开展母亲健康"1+1"活动,全年收到 56 个单位"两癌"贫困母亲捐款 9.14 万元。举办市直机关八段锦教员培训班、摄影讲座、青年交谊会、羽毛球邀请赛、第二十二届"双拥杯"射击比赛、"庆元旦 迎新年"趣味运动会等活动,机关干部 6597 人次参加。开展市直机关干部职工医疗互助活动,全年发放医疗救助金 272.89 万元、帮扶救助 597 人次。

(林 萍)

信访工作

【概况】 2016 年,福州市信访总量 42537 件次,比上年下降 2.0%。其中,群众来访 9745 批 28129 人次,人次比上年下降 14%;进京非正常上访 268 人次,下降 11.8%。进京集体访 15 批 94 人次,批次下降 6.3%,人次下降 27.1%。群众到省集体访 99 批 2328 人次,批次比上年下降 27.7%,人次下降 23.2%。推进"百日攻坚行动"信访工作,接待涉及"百日攻坚"重点项目群众来访 69 批 366 人次,办理涉及"百日攻坚"重点项目群众来信 103 件,向市委、市政府呈报信访专报件 19 件,编发简报 5 期,及时、妥善处理解决群众反映的问题。

【信访工作制度改革】 2016 年,福州市完善网上信访信息系统的升级应用,根据《关于进一步做好人民网网民留言办理工作的通知》要求,加大对群众来信来访的督查督办,对市司法局医患调处纠纷中心调处医疗纠纷、鼓楼区信访工作网格化管理、长乐市漳港街道引入第三方社会力量做好信访工作的做法进行总结提炼,总结经验得到中央联席会议联合督察组的肯定。推进聘请律师参与信访接待制度,坚持每周一、周三聘请律师到市信访局参与群众来访接待。全年安排 7 个律师事务所 18 名律师参与接待群众来访 500 多人次。每月 15 日市主要领导接待群众来访,每周一市领导轮流到市信访局接待来访群众活动常态化,并获中央联席会议联合督察组的肯定,市领导接待群众来访的有关资料被选送为全国信访工作专题会议的材料。

【信访查核】 2016 年,福州市信访局配合市政府办公厅开展信访复查复核,年内办理群众来信来邮 8311 件,其中来信 2093 件、国信网诉件 2721 件、闽信网诉件 548 件、人民网网友留言诉求件 637 件、省长信箱 2312 件。接待群众来访 792 批 3961 人次,办理信访复查复核 564 件,其中出文 204 件、不予受理 127

件、交办32件。

年内，上级交办福州市信访积案129件，其中国家信访积案9件、省级积案20件、市县级积案100件，均办结化解，息诉息访120件，息诉息访率93.02%。开展专案评审51件，发放特殊疑难信访专项资金319.9万元，用于化解19件疑难信访积案。

【信访秩序规范】 2016年，福州市在重要节点前，制定工作预案，对重点人员、重点部位和特殊群体进行摸排，完善重点人员“逐人专班”稳控方案，做好全市38个重点群体（项目）的疏导化解工作。开展“三无”创建活动，制定下发《关于开展“三无”县乡村创建活动的指导意见》，将“三无”创建列入信访工作考核内容、年度绩效考评和文明县（市）区、文明村镇评选的重要内容之一。定期选派优秀干部赴京挂职，充实驻京劝返工作力量。全年依法处置215人次，其中警告训诫64人次、治安拘留135人次、刑事拘留2人次。

先后对台江、仓山、长乐、连江、闽清5个县（市）区信访工作落实不到位的28人进行倒查问责，其中有10人被综治约谈，有16人被通报批评，有2人被辞退（村综治调解员）。对进京非正常上访靠前的县（市）区和排名前10名的乡镇（街道）进行通报，并对前10名乡镇（街道）党委书记和所属县（市）区分管领导进行约谈，对整改措施不明显的1个乡镇进行挂牌督办。

（王文清）

老干部工作

【概况】 2016年，福州市老干部局开展正能量活动，组织老干部参观考察活动，走访慰问老干部5993人次，改造提升各级老干部活动学习场所，其中新建市老年大学教学楼项目总投资2.7亿元。年内市县两级老干部局服务管理老干部2070人，其中离休干部1333人，厅级退休干部80人，“5·12”退休干部657人。

【待遇保障】 2016年，福州市老干部局落实离退休干部阅读文件、参加重大活动、订阅报刊、参观考察等制度；通过通报会、读书班、培训班、形势报告会等形式，组织离退休干部学习宣传贯彻中共十八大，十八届五中、六中全会和习近平总书记系列重要讲话精神，参与“两学一做”学习教育。全市召开老干部座谈会221场次，参加人数8084人次；专题报告会87场次；组织老干部4378人次参观考察活动；与市委市直机关工委联合举办市直单位离退休干部党支部书记培训班1期。晋安区、福清市、连江县成立离退休干部党工委。市老干部活动中心、市老年大学、市老年大学协会、晋安区、闽侯县、永泰县委老干部局以及福清市老年大学成立离退休干部临时党支部。

举办老干部迎春游园活动，向1500多名市直离退休干部发放春节慰问金（品）。建立离休干部特困家庭安度晚年救助和离休干部无工作遗偶困难帮扶机制，联合省委老干部局慰问110名特困离休干部或离休干部遗偶，补助11万元；为157位离休干部无工作遗偶交纳社会医疗保险金、报销医药费及“两节”慰问补助共计35万元。省市联合慰问闽清县、永泰县在台风“尼伯特”中受灾的老干部，发放慰问金22.49万元。全年各级各部门共走访慰问老干部5993人次，发放慰问补助金300多万元。

【组织老干部参加各类活动】 2016年，福州市老干部民生及重点项目志愿督导组48名离退休干部深入基层一线明察暗访，推动民生工作有效落实；完善市级老领导座谈会制度，全年提出意见建议55条；结合纪念中国共产党成立95周年暨红军长征胜利80周年，开展“我参与、我见证、我助力——榕城老干部为全面建成小康社会增添正能量”主题活动，市老干部摄影协会和市老年大学摄影学会“重走红军路”专题影展在中央电视台一套“新闻联播”栏目播出；市老干部合唱团代表福建省，赴四川省南充市参加由文化部主办的“永远的辉煌”——第十八届中国老年合唱节”；市老年大学举办“纪念中国共产党建党95周年暨红军长征胜利80周年”大型书画笔会；各县（市）区分别举办纪念中国共产党建党95周年暨红军长征胜利80周年文艺专场演出。

《中国老年报》、福州电视台、《福州日报》等新闻媒体，设专栏宣传全国离退休干部先进个人、福州市第四届道德模范杜进兴的先进事迹；全市25名老干部被省委老干部局评为“最美老干部”。770多名老干部加入离退休干部网络宣传队伍。

【学习活动场所建设】 2016年，福州市政府常务会议研究同意市老年大学教学改扩建工作方案，新建市老年大学教学楼项目总投资2.7亿元。晋安区投入200万元改造升级老干部活动学习场所，罗源县投入1600万元兴建老年大学。全市离退休干部活动学习场所面积达4.5万平方米，闽清县获评省级示范性老干部活动中心。与市人社局等6部门联合举办老年节登山活动。市老干部活动中心依托20个协会，开展成立30周年专场文艺汇演、书画摄影展等系列活动。福州市老年大学被评为“全国示范老年大学”，在校学员达9600人次。年内全市创办各级老年学校2419所，在校学员20.72万人，入学率达21.1%。鼓楼区老年大学、闽侯县老年大学被评为“省级老年大学示范校”，鼓楼区、福清市成为全国老年远程教育实验区，全市县（市）区普遍成立老年大学协会。市老年大学通过组织汇编诗书画影集、拍摄纪录片、文艺汇演、举办大型展览等开展庆祝福州市老年教育发展30年暨福州市老年大学建校30周年系列活动。

（林婷婷）

党校工作

【概况】 2016年，中共福州市委党校举办各类培训班130期，培训学员1.5万人次。与江西吉安、新疆奇台、西藏朗县、安徽合肥、广东佛山、四川成都等十几个省外兄弟单位合作办学。全年申报课题100项，立项68项。年内被省人力资源和社会保障厅、中共福建省委党校、福建行政学院授予“全省党校、行政学院系统先进集体”称号。

【教学工作】 优化教学布局 2016年,福州市对党校、行政学院、社会主义学院班次进行分设,从学员调训、教学单元、课程设置、异地办班等多个环节进行区分安排,做到“一班一策”。党校班次教学单元优化为党的理论教育、党性教育、能力培养和福州市情研究三大单元,确保党的理论教育和党性教育不低于总课时的70%,党性教育课不低于总课时的20%,重点突出习总书记系列讲话精神和党章、党规、党纪的学习。行政学院班次教学单元设置为党的理论与公仆教育、专业化知识和能力培养、福州经济社会发展研究3个单元,侧重运用党的理论,提高公务员分析问题、把握问题、解决问题的能力。社会主义学院班次,突出统一战线理论和有中国特色的政治理论重点,课程模块设置为政治理论、业务知识与能力培养、福州经济社会发展研究3个教学单元,提高党外干部自身理论水平和参政议政能力。全年更新教学专题20多个,课程更新率达30%。

推进教学改革 加大现场教学点建设,配合市委组织部打造全市优秀传统文化教学点和红色文化教育基地,通过提炼经典案例的精神内涵、制作教学视频、开发课程教案等办法,使现场教学有别于现场参观,《当代好干部的历史典范——民族英雄林则徐(林则徐纪念馆)》通过市委组织部验收。改变以往灌输式的党性教育,利用龙岩古田、江西井冈山、陕西延安等省内外现场教学基地开展党性教育和革命传统教育。探索多种教学方法融合的教学模式,新开设“公仆情怀”课程,邀请全国英模代表进课堂授课,打破以往单一的研究式教学模式,实现体验式、案例式、研讨式教学三合一。

【科研工作】 2016年,中共福州市委党校申报国家社科规划课题2项;申报省社科规划课题1项;申报省中国特色社会主义理论体系研究中心课题9项,立项3项(其中2项由省社科规划办立项);申报省党校、行政学院系统中特基地课题17项,立项11项;申报市社科规划课题4项,立项1项;申报市中国特色社会主义理论体系研究中心课题15项,立项8项;全市党校系统课题申报52项,立项45项,其中1项为重点课题立项。

2015年度各项课题进入结项送审阶段的57项课题均完成结项,其中,省中国特色社会主义理论体系研究中心课题2项,省党校、行政学院系统中国特色社会主义基地课题10项(其中5项被评为年度优秀课题),市中国特色社会主义课题4项,校级课题41项。

成立智库工作处;将《党校教研》改版为《决策咨询参考》,及时从学员、教师论文中筛选出反映干部群众普遍关注的社会热点问题,转化为决策咨询文章,编辑印发10期。校刊《福州党校学报》用稿重点力求突出党建特色和福州特色,开辟“‘两学一做’学习教育”“学习贯彻全国党校工作会议精神”等新专栏,强化“福州市情研究”“公共治理”等传统专栏,编辑出版6期。以“在加快建设新福州中发挥党校智库作用”为主题,举办2016年度“福州市情论坛”。总结梳理习近平总书记在福州工作期间的执政思想和施政实践,编印《习近平在福州工作期间思想与实践研究成果汇编》。

完善科研咨政激励机制,制定《教研人员科研与决策咨询工作量考核办法》和《关于加强新型智库建设的具体实施意见》,通过完善评价管理机制,有效激励教研人员科研咨政的积极性。

【队伍建设】 2016年,中共福州市委党校针对干部、教师的特长和不足,支持到国(境)外进修访学、开展学术合作,拓宽学术视野和研究空间,推进教师到党政机关或基层挂职。先后选派教师赴延安党性教育基地、高校、省校院学习培训。推进《新招聘教师培养管理规定》的落实,通过导师制和跟班听课、做副班主任、到与本学科有密切联系的单位跟班锻炼等环节加大新教师培养力度。

【其他工作】 学员管理 2016年,中共福州市委党校落实《校委会委员联系主体班制度》和《培训质量分析工作规程》,定期召开学员意见座谈会、服务质量满意度评估、教学质量反馈调查,多渠道收集学员意见。加强培训质量分析结果的应用,及时将学员的合理意见建议纳入管理思路。从评估数据看,教学组织质量满意度、学员楼服务质量满意度、食堂服务质量满意度较上年有进一步提升。

信息编辑和报送 编撰印发《党校信息》21期,用于宣传校院各项主体工作和特色工作。向省校院网站投稿,全年报送信息60余篇,刊登40余篇。

党校系统业务指导 完善基层党校工作考核评价机制,会同市委组织部开展基层党校办学质量评估达标工作。年内举办2016年全市党校行政学校校长会议、福建省党校教育研究会福州分会年会、全市党校系统师资培训班、全市党校系统“市情论坛”,落实省校院组织开展的评估及精品课评选活动。

基础设施建设 先后完成河道修复工程、荷花池花园景观改造工程、办公楼综合改造工程,更换一批教学设施。智慧校园建设完成并投入使用。图书馆在加大图书资料收集整理的同时,发挥警示教育馆作用,接待中航油、地铁公司、海峡银行等8批次约500名党员干部参观。

(王鹏丽)

政策研究

【概况】 2016年,中共福州市委政策研究室起草市委文件、领导讲话、署名文章等综合文稿28篇,撰写各类调研报告49篇。编发《福州调研》《福州政研专报》《决策参考》《报刊资料索引》《报刊专送件》《福州摘报》等147期,《闽都通讯》《福州城市科学》等16期。编纂完成《马上就办 真抓实干——习近平同志在福州工作期间重要文稿摘编》《十三五规划〈建议〉汇编》《福州调研文集》3本文集。完成《闽都通讯》《福州城市科学》的系统改版。市委政研室蝉联福建省重点课题优秀调研成果组织奖。

【课题调研】 重点课题调研 2016年,中共福州市委政策研究室探索实行“1+N”模式确定全市重点课题,牵头起草《强化精准扶贫　壮大集体经济，补齐现代化新福州发展短板》市年度重点课题，同步督促《加快建设更有魅力的现代化新福州研究》《加快完善现代化新福州公共文化服务体系的研究》等其他8篇市重点课题，《福州市乡村教师队伍建设情况调研报告》等19篇市直部门重点课题完成。配合市委统战部形成《加快福州新区产城融合发展的建议》《福州创新型城市建设的问题与对策》《加快福州现代特色设施农业发展》等10篇市各民主党派、工商联年度重点调研课题。完成《小金鱼可以"游出"大产业》《用好政策性金融资金的若干建议》《鼓岭的文化深耕与弘扬》《闽都文化与福州新区开放开发研究》等调研报告，先后被《福州日报》《福建金融》等党报刊物转载。

专项调研　围绕城区交通拥堵整治问题完成《关于缓解中心城区交通拥堵的对策建议》《重要交通节点拥堵治理应多策并举》等8篇调研报告；围绕精准扶贫问题完成《进一步加快产业扶贫的对策建议》《加快旅游发展推动扶贫开发的思路》等9篇调研报告；围绕水系综合治理完成《加快福州市海绵城市建设的对策建议》等3篇调研报告；围绕地铁攻坚问题，完成《地铁提速助力城市腾飞》等专项报告。完成《加快福州市大健康产业发展的若干思考》《加快福州市大数据产业发展的对策建议》《加快园区建设的对策建议》《健全完善福州市招商引资项目异地落户机制的工作建议》等调研报告和推进罗源湾养殖退养、乡镇机构改革等一批短平快调研文稿。

【调研成果转化】　2016年，中共福州市委政策研究室围绕2017—2021年全市战略定位、目标任务和工作思路，开展前期调研活动，参与完成市第十一次党代会报告。牵头完成《中共福州市委关于印发市委常委会2016年工作要点的通知》、《福州市推进供给侧结构性改革总体方案（2016—2018年）》"1＋5"系列文件，《关于加强福州新型智库建设的实施意见》、《福州市重大项目"抓征迁、促落实"百日攻坚行动方案》等9份政策性文件。全年有20篇次调研报告获市领导批示，6篇被省委政研室《调研文稿》采纳。

【决策信息服务】　2016年，中共福州市委政策研究室对《闽都通讯》实施全新改版、实现全彩页印刷，全年撰写、编校各类文稿400余篇，组织安排各类图片600余幅。对《福州城市科学》的栏目设置、内容定位、风格设计等进行全方位调整。吸收外地经验、提炼发展热点，整理形成38期《报刊专送件》《福州摘报》，发挥《报刊资料索引》的信息参考作用。开展贺国强在榕考察图片及新闻报道汇编、孙春兰在榕视察图片汇编等领导文献整理工作。

【其他工作】　2016年，中共福州市委政策研究室不定期地宣传和推介福州，完成传承福州城市战略思想建设滨江滨海现代化国际大都市、争当福建国家生态文明试验区建设的排头兵等一批署名文章。起草完成2篇总结性署名文章，其中《浅谈起草地方党委工作总结的几点体会》一文在《秘书工作》上刊登。联合福州日报社开辟理论版，市委政研室撰写的《交通整治的一线观察与现象分析》《两面看　两手抓　两侧推》等4篇文稿先后刊登。强化福州市城市科学研究会、福州市政策咨询研究会自身建设，加强同中国知网、安邦智库等智囊机构以及省内高校、科研院所交流，建设福州特色智库。

（俞少奇）

保密工作

【概况】　2016年，福州市国家保密局组织2个绩效考核检查组对县（市）区国家保密局和单位、街道及市直机关单位开展保密工作绩效考核检查；推进保密工作"两识教育"促进年活动，编辑4期"两识教育"专题简报印制800多份、印制《保密笔记本》2000本等供全市各级部门学习宣传。开展7次专项保密检查。进行内部机构改革，5月福州市国家保密局恢复设立秘书处和法规检查处2个内设处室。

【保密绩效管理】　2016年，福州市国家保密局组织2个绩效考核检查组对11个县（市）区国家保密局和12个县（市）区直单位、10个街道及13个市直机关单位开展保密工作绩效考核检查，46家受检单位符合规定要求。结合福州保密工作实际和2016年度保密工作要点，对照国家保密局《机关、单位自查自评工作规则（试行）》，制订福州市2016保密工作绩效管理具体实施方案。年内收到12个县（市）区和111个市直单位报送的保密绩效管理自查评分表。强化保密"三大管理"工作，落实履职培训管理制度，邀请省委办副巡视员、省国家保密局副局长陈立强和省国家保密局副局长魏和军分别为福州290多名专兼职保密干部讲授"国家秘密确定和管理

2016年8月25日，福州市国家保密局在于山堂举办保密工作业务培训班，邀请福建省国家保密局专家讲授保密业务知识　（市国家保密局　供）

工作”与“涉密人员确认和管理工作”。年内监督检查2起不规范定密的事件。结合保密自查自评督查和保密绩效考评工作,开展定密管理和涉密人员保密管理专项督导工作。

【保密宣传教育】 2016年,福州市国家保密局开展保密工作“两识教育”促进年活动,编辑4期“两识教育”专题简报印制800多份、印制“保密笔记本”2000本、购买《涉密人员保密行为规范》挂图140多份,分发全市各级各单位供学习宣传使用。4月,印发《关于做好2016年各种大型经贸活动期间保密工作的通知》,做好“5·18”海交会、海青节、渔博会等大型涉外活动的保密宣传提醒,配合承办单位开展涉外保密培训。6月,邀请在福州挂职的国家保密局政策法规研究室主任王舒毅为全市160多名保密专兼职保密干部作题为“认清形势 切实履职 做好新形势下保密工作”的保密讲座。分别于8月25日和9月1日在于山堂举办2期保密工作业务培训班,全市125个市直单位、12个县(市)区国家保密局共296名专兼职保密干部参加培训。9月,配合市十一次党代会期间的安全保密工作,编制党代会《保密须知手册》300多份,发放至党代会主办及参与会务的单位。年内向新任、调任处级领导干部发出《保密提醒函》310多份,到市文广新局等40个市直单位和市委党校、8个县(市)区委党校、行政学院主体班开展保密知识专题讲座,赴市公安局、市国家安全局等10多个单位开展对台保密工作调研,形成调研报告上报国家保密局。全年征订《保密工作》杂志1470份,居全省第二。向省国家保密局涉密网报送信息318篇,刊登237篇,4篇被省国家保密局评为“保密工作好信息”,向《保密工作》杂志报送信息29篇,刊登5篇。年内福州市国家保密局获评“保密通联工作先进单位”。

【保密监督检查】 2016年4月,福州市国家保密局协同市政府办公厅开展福州市公文交换站保密专项检查,发现市公文交换站基础设施落后、公文交换程序不规范、交换人员把关不严等诸多隐患,检查组要求公文交换站立即整改。加强对市公文交换的监督指导工作,市政府办公厅每天派人到市公文交换站监督交换。5月,印发《关于组织开展机关、单位互联网门户网站等保密检查的通知》,要求各级各单位对互联网门户网站、微信、微博等开展拉网式清查。全市各级各单位共对85个互联网门户网站的384210条信息,102个政务微博的186912条信息,39个微信公众账号的24557条信息以及85个互联网电子邮箱的28764份邮件进行自查,未发现失泄密情况。5月,协同市公安局、市教育局对福州市及所属7个县(市)普通高考保密室开展联合检查,共检查12个高考试卷保密室,基本符合安全保密要求,并颁发高考保密室合格证。6月,对国家医学考试试卷保密室进行现场指导和检查,提出整改意见。8月,对市人力资源和社会保障局统一考试试卷保密室进行检查指导。10月,开展重点骨干网络专项保密检查工作,其中10个重点骨干网络保密工作基本符合要求,对发现计算机使用弱口令、警示标识未粘贴完整等问题,要求限期整改到位。8—11月,开展涉军安全保密督查工作,组织召开2场工作协调会,建立军地协作长效机制。11月,接受国家督导组检查,获好评。开展福州市保密自查自评督查工作,督查单位覆盖率达82%。年内协同福州市委办公厅对3个密件未清退单位进行督查指导,核查4起涉嫌失泄密和违规事件。

【保密技术防护】 2016年,福州市国家保密局强化内网监控,核查违规外联事件31起,比上年下降52%。基本完成互联网检查监控系统第一期安装配备工作,全市66个单位有2267台计算机安装部署监控客户端,系统开始试运行。开展涉密载体印制等保密资格审查工作,年内完成8个涉密项目确认,11个企事业单位的涉密载体印制资质初审和书面审查,有10家通过省国家保密局现场审查,并取得涉密资质。推进涉密信息系统测评审批工作。年内,协助完成市委办等2个单位、3个涉密信息系统分级保护方案评审,参与全市各县(市)区政务内网节点的可行性研究评审。协助省国家保密局做好省保密技术服务中心项目相关工作。

(陈云娟)

党史研究

【概况】 2016年,中共福州市委党史研究室开展党史资料征编,修复立本弄中共福州市委旧址,筹划福州革命历史纪念馆建设和陶铸故居旧址修复,开展纪念中国共产党成立95周年暨中共福州组织建立90周年及红军长征胜利80周年活动,召开全市党史研究室主任会议,编辑出版《福州党史》《福州党史信息》刊物。

【党史资料编纂】 2016年,中共福州市委党史研究室完成《中国共产党福州史》(1949—1978)的资料征集和编纂;指导县(市)区完成《中国共产党仓山历史》《中国共产党连江历史》《中国共产党闽清历史》出版发行;加强对各县(市)区指导,启动党史三卷资料的征集整理,推进开创和发展中国特色社会主义时间段福州党史资料的征集和研究;完成《福州市抗日战争时期人口伤亡和财产损失》的第八稿修订;出版发行《抗战福州》画册;出版《红韵罗川》《隐蔽战线传奇英雄——吴石》《助力连江》《中国梦——连江情》等党史类图书。

【党史宣传】 2016年,中共福州市委党史研究室开展纪念中国共产党成立95周年暨中共福州组织建立90周年及红军长征胜利80周年活动。7月1日,“纪念中国共产党成立95周年暨中共福州组织建立90周年图片展”开展,至10月15日,共吸引市直机关党员干部群众8000余人次观展。指导各县(市)区开展系列纪念活动。7—10月,福清市举办“参观革命圣地,传承红色基因”活动,长乐市在“掌上长乐”微信公众平台推出中国共产党成立95周年红色故事系列文章,连江县举办“纪念红军长征胜利80周年暨红军北上抗日先遣队途经连江82周年主题展”,台江区邀请党史专家作《长征从这里出发——福建人民对长征的历史贡献》专题报告，罗源县举办“纪念红军长征胜利80周年暨创建公共文化服务体系示范区宣传文艺汇演”及书画笔会活动，各县(市)区还相应举办图片展等纪念活动。在《福州党史》杂志开辟纪念专栏，回首90年来福州革命建设的沧桑巨变。

【党史资政】 2016年，中共福州市委党史研究室编辑出版《福州党史》刊物4期，发表文章155篇、38.4万字；编辑《福州党史信息》4期46篇；抓《中国共产党福州市历次代表大会资料汇编》的征集编纂和《中共福州市委执政实录》资政课题的调研。指导县(市)、区开展资政课题研究，福清市编辑《福清党史》10期，闽清县编辑《资政参考》5期。

【革命遗址保护利用】 2016年，中共福州市委党史研究室开展革命遗址保护利用工作。4月29日，鼓楼区安民巷立本弄3号中共福州市委旧址修复并举办陈列展，组织市直机关党员干部、青年学生观展，至7月1日，共有6500余人次参观展览。筹划福州革命历史纪念馆建设和陶铸故居的修缮，开展资料征集研究、脚本撰写、外出考察、方案设计等相关工作。7月18日，参加市委召开的关于加强革命遗址保护利用工作协调会，提出系列革命遗址保护利用的合理化建议。

【红色文化开发】 2016年，中共福州市委党史研究室开展红色文化开发的课题研究，向市委提出在晋安区宦溪镇降虎村一带建设红军长征纪念园的建议。指导各县(市)区开展红色文化开发相关工作，连江县在座洋山风景区和革命烈士陵园内建成红军文化长廊和红色文化石质浮雕长廊，并参与承办《人民公仆谷文昌》大型综艺歌舞剧展演活动；闽清县通过红色文化宣传制度化、红色文化研究长效化、红色精神教育常态化传承红色基因。

(吕南勋)

档案工作

【概况】 2016年，福州市各级档案馆接收档案434124卷(册)，399224件。全市档案馆馆藏总量6746446卷(册)，787436件，其中福州市档案馆馆藏总量558336卷(册)、86640件。市档案局获“2014—2016年度全国省会城市和计划单列市档案宣传工作先进单位”称号。市档案局举办全市档案人员持证上岗培训班，对机关、企事业单位180多名档案人员进行培训，并首次采取自制视频教学与实践操作相结合的模式，赴国资委及下属企业单位开展业务技能培训，并先后到市检察院系统、市教育系统、市供销社系统、市疾控中心系统开展档案新规培训。福州市被国家档案局《档案工作信息》、《中国档案》杂志、《中国档案报》和《福建档案工作信息》采用的信息数量居全省设区市第一。市民服务中心档案窗口全年获“标兵窗口”4次，获“先进窗口”7次，并在福州市行政(市民)服务中心组织的2016年“三赛三比”竞赛活动中，获得“比窗口服务质量项目(集体)”二等奖、“比窗口服务规范竞赛项目(集体)”三等奖和“比办事效率竞赛项目(个人)”二等奖等多个奖项。

【档案行政管理】 档案法治建设 2016年，福州市档案馆修订出台《机关档案工作手册》，统一全市机关企事业单位的档案业务规范和标准。举办全市档案服务机构业务交流会，宣传贯彻档案新规和数字化加工基本操作规范，印发《关于进一步规范档案服务外包管理的通知》，开展档案服务机构专项督查工作，确保档案服务机构在档案整理、数字化工作中符合规范要求。

档案监督检查 “档案工作综合考评”首次纳入2016年度县(市)区、福州高新区绩效管理特色考评指标体系，12月完成绩效考评工作，鼓楼区、马尾区、福清市、长乐市、闽侯县和连江县在考评中获得满分。11月起，结合“双随机”对48家市直单位档案工作进行检查，并针对检查中发现的管理体制不健全、档案基础设施落实不到位、档案利用不规范等问题提出整改意见。组织对重点建设工程永泰大樟溪界竹口水电项目档案进行专项验收。11月，联合市城建馆对福州三坊七巷、海峡图书馆等20多个重点项目开展档案执法检查。

【档案资源建设】 档案接收征集 福州市档案馆接收57个市直单位报送的公开信息文件3247份；接收市委办等26个单位档案7838卷、37020件，实物档案631件，会计档案321卷，资料1000卷，科技档案431卷，声像档案目录9405条。整理完成市委编办、市委办公厅等部门文书档案8671件，市委领导批示件668卷，并对馆藏档案进行全面清点工作。鼓楼区档案馆接收鼓楼景观改造前后对比数码照片档案7000余张。市城建档案馆核发《福州市建设项目档案审

2016年6月6日，福州市档案局(馆)举行第一届全国青年运动会档案入馆仪式 [福州市档案局(馆) 供]

查意见书》122 项,出具市政基础设施工程档案移交清单 10 项。接收建设项目档案 159 项。整理入库档案 3075 盒,共 6066 卷。市房地产档案馆围绕福州市不动产登记职责整合,将市本级原分散于各部门的不动产登记档案收集整合,完成房屋登记档案接收、整理、编目和入库 22.7 万件,完成档案装订 10.33 万件。市国土资源档案馆接收单位地籍档案 581 宗、个人地籍档案 8.05 万宗。市档案馆征集到陈友荣创作的 100 幅福州民俗画、1860 年《福省全图》复制件等一批档案资料。仓山区档案馆开展"寻找记忆中的古镇名街"老照片征集活动,征集到仓山老照片 17 张。马尾区档案馆发动民间文史专家力量,征集到族谱 68 套。

档案信息化建设　实施"存量数字化、增量电子化"战略,推进存量纸质档案数字化。全年完成档案数字化扫描 350.9 万页,著录和校对目录 32.9 万条,并将数据导入专题档案数据库提供利用。实现增量档案电子化,各单位按照《福州市电子文件与电子档案管理暂行办法》要求,归档保存本单位新形成的电子文件,定期向同级国家综合档案馆移交。开展市直单位电子文件在线归档和电子档案在线移交进馆试点工作,福州市政务电子文件档案接收管理中心项目通过初验,市城建档案馆启动"福州市数字城建档案管理系统"建设。

【档案服务】　档案利用服务　2016 年,福州市各级档案馆接待档案利用群众 485646 人次,调阅档案 69354 卷、425631 件,其中市档案馆接待档案利用群众 8230 人次,提供利用档案 22458 卷。市档案局拓展跨馆合作单位和档案门类,出台《福州市国家综合档案馆档案跨馆利用服务办法(试行)》,对档案跨馆利用的服务方式、利用范围、工作流程、服务时效、安全保密等进行明确,这一创新做法得到省档案局发文全省推广,并受到国家档案局的肯定,在《档案工作信息》刊发向全国推介。全年跨馆利用接待 3022 人次,为机关和社会各界人士在编史修志、工作参考、解决纠纷,学术研究、房屋拆迁、办理提前退休和补交医保社保等方面提供大量翔实的档案材料。

服务重大活动和重点建设项目　市档案局全程介入首届全国青运会档案收集整理工作,参与青运会主题展示馆布展策划、参展档案遴选等工作。参与地铁项目档案百日攻坚战,推动市地铁公司建立健全档案工作机制和档案管理网络,落实档案经费、档案人员、服务外包等举措,为地铁 1 号线开通运营和管理提供档案服务保障。服务新农村建设,各级档案部门按照《福建省农村土地承包经营权确权登记档案验收办法》要求,对乡镇档案工作分管领导及经办人员、项目外包服务公司相关人员进行档案业务培训,跟踪指导县、镇、村三级土地确权登记颁证全过程档案的收集和整理。组织对福清龙山街道瑞亭村和海口镇牛宅村"乡村记忆档案"示范项目建设进行验收。

【档案宣传】　2016 年,福州市档案局联合五城区档案局以及市城建档案馆、市房地产档案馆、市国土资源局档案馆,在市档案馆举办以"档案与民生"为主题的"国际档案日"系列宣传活动。市档案馆举办"档案与民生"主题展览,通过 20 多块展板,从多个角度向市民展示民生档案的作用及利用。设立档案咨询服务台,就房产、社保、婚姻等民生类档案问题为市民答疑解惑,提供专业咨询。举行"档案馆开放日"活动,向公众开放档案查阅大厅、展览大厅、档案裱褙工作室、政府信息公开查阅中心、抗战史料室等场所,让市民了解档案,认识档案,提高自觉保护档案和利用档案的意识;举办《陈友荣先生福州民俗风情画展》,展示福州传统民俗文化,让市民群众了解闽都文化内涵。市档案馆爱国主义教育基地开展中小学生档案教育实践活动,并成为"福晚小记者社会实践基地";与福州广播电视台《福文话》栏目联合开展"在福州的时光里遇见你"老照片发布活动,通过《福文话》栏目微信公众账号对馆藏的 48 张福州老照片进行展示。鼓楼区档案馆联合区摄影家协会举办第二届"档案杯"摄影比赛作品展、"中国梦·家庭美"摄影展。台江区档案馆编辑出版《双杭人家》画册。马尾区档案馆编纂《见证:"两马"同春闹元宵》,举办"船政老人"陈道章生平事迹展。长乐市档案馆举办"长乐记忆"老照片展。连江县档案馆编写《连江县知青志》。各级档案部门利用政务微博、微信等新渠道传播档案文化,延伸档案服务,打造"指尖上的档案馆"。

【档案馆库建设】　2016 年 12 月 12 日,福清市档案馆新馆正式启用。马尾区档案馆正在进行新馆搬迁工作。罗源县档案馆新馆完成项目决算审计工作,正在进行专业设备采购。连江县档案馆新馆规划建设规模约 9000 平方米,库房面积约 4500 平方米,选址基本确定,正在办理前期征地手续。仓山、晋安新馆项目列入区"十三五"规划及为民办实事项目。市国土资源档案馆库房改扩建项目进入招投标阶段。

(陈　辉)

(编辑　吴　燕)

福州市人民代表大会

综　述

【概况】　2016年，福州市人大常委会审议地方性法规4件、通过并颁布施行3件；开展执法检查4项、专题询问2项，听取和审议“一府两院”（市人民政府、市人民法院、市人民检察院）专项工作报告33项，备案审查规章和规范性文件23件；作出决定、决议28项；依法选举、任免地方国家工作人员252人次；组织办理代表提出的议案3件、建议411件（含闭会期间23件）。

【立法工作】　2016年，福州市人大常委会颁布施行《福州市人民代表大会及其常务委员会立法条例》《福州市轨道交通条例》《福州市湿地保护管理办法》于2017年1月1日起施行，《闽菜（福州）技艺文化保护与传承条例》进行一审。

重要会议及决议决定

【市十四届人民代表大会第五次会议】　2016年2月16—20日在福州海峡国际会展中心举行，出席会议代表452人，20名公民旁听大会。

会议听取市政府市长杨益民作的《福州市人民政府工作报告》、市发改委代表市政府作的《关于福州市2015年国民经济和社会发展计划执行情况及2016年计划草案的报告》、市财政局代表市政府作的《关于2015年预算执行情况与2016年预算草案的报告》、市人大常委会主任周振华作的《福州市人大常委会工作报告》、市中级人民法院代院长胡志伟作的《福州市中级人民法院工作报告》、市人民检察院检察长叶燕培作的《福州市人民检察院工作报告》。经审议，会议决定批准上述6项工作报告，表决通过《福州市第十四届人民代表大会第五次会议关于〈福州市国民经济和社会发展第十三个五年规划纲要〉的决议》《福州市人民代表大会关于加快福州新区开放开发的决定》《福州市人民代表大会关于修改〈福州市人民代表大会及其常务委员会立法条例〉的决定》。会议选举陈春光为福州市第十四届人大常委会副主任，胡志伟为市中级人民法院院长。首次组织大会选举的国家工作人员向《中华人民共和国宪法》宣誓。

【市十四届人大常委会会议】　第三十三次会议　1月15日召开。审议并表决通过《福州市人民代表大会常务委员会关于召开福州市第十四届人民代表大会第五次会议的决定》。会议审议《福州新区发展规划（草案）》。

第三十四次会议　2月3日召开。审议《福州市人民代表大会关于加快福州新区开放开发的决定（草案）》《福州市人民代表大会及其常务委员会立法条例修正案（草案修改稿）》，表决通过市

2016年2月16日，福州市第十四届人民代表大会第五次会议在海峡国际会展中心开幕
（福州日报社　供）

人大常委会关于提请审议《福州市人民代表大会关于加快福州新区开放开发的决定(草案)》的议案、市人大常委会关于提请审议《福州市人民代表大会及其常务委员会立法条例修正案(草案)》的议案。

第三十五次会议　4月21—22日召开。听取市政府关于福州新区建设情况、道路交通建设管理工作情况、安全生产工作情况、2015年环境状况和环境保护目标完成情况、海绵城市建设工作情况、榕台青年交流与合作情况以及实施全面"二孩"(一对夫妇生育两个孩子)政策、改革完善计划生育服务管理工作情况的报告。会议听取审议市政府关于2014年度市本级预算执行和其他财政收支审计发现问题整改情况的报告、市人大常委会执法检查组关于《中华人民共和国红十字会法》《福建省红十字会条例》执法检查情况的报告,审议《福州市湿地保护管理办法(草案修改稿)》、市政府关于提请审议《福州市环境总体规划(2013—2030)(草案)》的议案。会议审议《福州市人大常委会主任会议关于提请通过福州市第十四届人大常委会代表资格审查委员会组成人员增补名单的议案》,表决通过福州市第十四届人大常委会代表资格审查委员会组成人员增补名单。会议听取市十四届人大五次会议主席团交付市人大常委会审议的代表提出的3件议案办理意见的报告。

第三十六次会议　6月28—29日召开。对福州新区建设情况、福州市道路交通建设管理工作情况进行专题询问,听取市政府关于保护和促进少数民族文化发展工作情况、海洋生态文明建设情况的报告,审议市政府关于提请审议《福州市城市总体规划(2011—2020)修改方案(草案)》的议案,听取审议市人大常委会执法检查组关于《福州市城市供水管理办法》《福州市历史文化名城保护条例》执法检查情况的报告。

第三十七次会议　8月3日召开。经审议和表决,决定任命尤猛军为市人民政府副市长;因工作变动,决定接受杨益民辞去市人民政府市长职务的请求,报市人民代表大会会议备案;决定副市长尤猛军代理市人民政府市长职务。

第三十八次会议　8月30—31日召开。会议听取市政府关于"多规合一"(将国民经济和社会发展规划、城乡规划、土地利用规划、生态环境保护等多个规划融合到一个区域上)工作情况的报告、关于扶贫开发、小康建设和新农村"幸福家园工程"建设工作情况的报告、关于创建国家公共文化服务体系示范区情况的报告;听取和审议市政府关于2015年度市本级预算执行和其他财政收支情况的审计工作报告、2016年1—7月国民经济和社会发展计划执行情况的报告、2016年1—7月市本级预算执行情况的报告;听取和审议市法院关于知识产权案件审判工作情况的报告、市检察院关于公诉工作情况的报告;审议《福州市轨道交通条例(草案)》。会议审查批准市政府关于2015年市本级决算、2016年新增地方政府债务分配方案。

第三十九次会议　10月25—27日召开。对福州新区建设情况、道路交通建设管理工作进行专题询问;听取市政府关于自贸试验区福州片区、21世纪海上丝绸之路核心区、生态文明先行示范区建设工作情况、台风"尼伯特"灾后恢复重建情况、重点项目建设工作情况、城乡环境综合整治工作情况、国家生态市建设工作情况、为民办实事工作情况的报告。听取和审议市人大常委会执法检查组关于《福州市城乡规划条例》执法检查情况的报告、市人大常委会关于市十四届人大五次会议代表议案办理情况的报告、市政府关于市十四届人大五次会议代表建议、批评和意见办理情况的报告、市法院关于市十四届人大五次会议代表建议、批评和意见办理情况的报告;审议《闽菜(福州)技艺文化保护与传承条例(草案)》;审议并表决通过《福州市轨道交通条例》《福州市湿地保护管理办法》和《福州市人大常委会关于福州市第十五届人民代表大会代表选举问题的决定》。

第四十次会议　12月9日召开。审议并表决通过《福州市人民代表大会常务委员会关于召开福州市第十五届人民代表大会第一次会议的决定》。

第四十一次会议　12月29日召开。听取市政府关于福厦泉国家自主创新示范区福州片区建设情况的报告、关于城区水系综合治理工作情况的报告、关于绿化福州工作情况的报告;审议市十四届人大五次会议主席团交付市人大常委会审议的代表提出的3件议案办理情况的综合报告、市十四届人大五次会议代表建议、批评和意见办理情况的综合报告。会议审议市政府关于"六五"普法规划实施情况暨"七五"普法工作安排的报告,审议并表决通过《福州市人民代表大会常务委员会关于开展第七个五年法治宣传教育的决议》;审议并表决通过《福州市人大常委会关于授予日本那霸市市长城间干子女士"福州市荣誉市民"称号的决定》。会议补选省十二届人大代表。

【福州市人民代表大会关于加快福州新区开放开发的决定】　2016年2月20日,市第十四届人民代表大会第五次会议审议表决通过。围绕加快福州新区开放开发,对市县两级人大、全市各级政府、司法机关、各有关部门在加快新区开放开发中如何履行职责、发挥作用提出要求。

【福州市人民代表大会常务委员会关于开展第七个五年法治宣传教育的决议】

2016年12月29日,市第十四届人大常委会第四十一次会议审议表决通过。围绕在全市公民中开展第七个五年法治宣传教育,对突出学习宣传宪法、广泛宣传中国特色社会主义法律体系、推动全市公民学法守法用法、坚持国家工作人员带头学法守法用法、加强青少年法治宣传教育、推进福州特色法治文化建设、推进多层次多领域依法治理、推进法治宣传教育创新、健全普法责任制、加强组织实施和监督检查等方面提出要求。

监督工作

【福州新区建设情况专题询问】

2016年4月21日,市十四届人大常委会第三十五次会议听取市人民政府关于福州新区建设情况的报告。6月29日,市第十四届人大常委会第三十六次会议围绕福州新区规划编制、开发建设、改革创新、对外开放等方面情况进行专题询问。10月27日，市第十四届人大常委会第三十九次会议再次就福州新区建设情况进行专题询问。强调市政府及有关部门要发挥“五区叠加”（福建自由贸易试验区、21世纪海上丝绸之路核心区、福州新区、国家级生态文明试验区、福厦泉国家自主创新示范区共同发展）优势，完善福州新区规划体系，理顺新区管理机构与相关县（市）区、乡镇人民政府的关系，健全完善管理运行机制；构建具有福州特色的现代产业体系；做好招商引资工作；进一步健全新区基本公共服务体系，加大民生基础设施建设。

2016年10月27日，福州市十四届人大常委会第三十九次会议就福州新区建设和道路交通建设管理工作进行专题询问　　（市人大　供）

【道路交通建设管理工作专题询问】

2016年4月21日，市第十四届人大常委会第三十五次会议听取市政府关于道路交通建设管理工作情况的专项报告。6月29日，市第十四届人大常委会第三十六次会议就福州市城市道路的规划、建设和交通管理等方面工作情况进行专题询问。10月27日，市第十四届人大常委会第三十九次会议再次进行专题询问。

强调市政府及市直有关部门要持续推进城区交通拥堵综合整治，完善考核指标；加快改造城市道路交通重要节点，完善城区路网结构；改造机动车和非机动车混行、非机动车和行人混行的路段路口；依法查处交通违法行为，防止交通乱象回潮；推进城区路面施工围挡集中专项整治；加快地铁建设，规范地铁围挡；增加城区各类停车泊位；加强电动自行车管理，严惩超标、改装车；开展联合执法整治非法营运行为；加快发展安全便捷的公共交通体系。

【《中华人民共和国红十字会法》《福建省红十字会条例》实施情况检查】

2016年4月5　6日实施检查。强调全市各级政府要加强领导，推进红十字会管理体制改革，配齐专职领导和工作人员，完善部门配合和联动执法工作机制；宣传法律法规、先进人物和感人事迹，营造社会共同参与氛围；加大财政投入，完善政府购买服务制度；拓展两岸交流合作，探索建立人道救助及捐献褒奖新机制；拓宽红十字基层组织，提升应急救援和应急救护培训服务能力；强化对志愿者的管理、培训。

【《福州市城市供水管理办法》实施情况检查】　2016年6月2—3日实施检查。强调全市各级政府及相关部门要加大宣传力度，提高全社会的节水意识；开展畜禽养殖禁养区内畜禽养殖项目的取缔、关闭、搬迁工作，治理个别水源区域污染问题，保障饮用水水源的安全；依法统一各县（市）区供水行业管理部门，加快城市供水专项规划的编制工作，完善城市供水基础设施；推进老旧供水管网、二次供水设施的升级改造和一户一表改造工作，解决供水管网漏损率偏高问题；明确供水企业时间表，推进供水企业向最终用户收费和相关主体依法承担二次供水设施维护责任等工作；引入“互联网+”，实现城市供水事业信息化、网络化、智能化；推动城市供水管网向城镇和农村延伸。

【《福州市历史文化名城保护条例》实施情况检查】　2016年6月7日实施检查。强调全市各级政府要依法开展名城保护与宣传，发挥新闻媒介、基层社区、社会组织作用，营造良好氛围；完善市、县两级统筹协调和部门协作、联动执法机制。加大财政常态保障和分类投入；完善五城区历史文化风貌区、历史建筑群及历史环境要素等专项保护规划编制；加快名城保护名录更新和历史建筑普查工作，制订《福州市历史建筑保护管理办法》配套规章，完善公共服务、消防安全等配套设施；创新保护利用模式，推动历史文化街区、风貌区、名镇名村、历史建筑等资源的分级分类保护和差异化开发。

【《福州市城乡规划条例》实施情况检查】

2016年9月28—29日实施检查。强调全市各级政府及相关部门要加强城乡治理；完善规划体系，加快《福州新区城市总体规划》、各县（市）区总体规划编制审批工作，启动新一轮福州市城市总体规划的编制工作，推动城乡发展“一张蓝图绘到底”；推进全市“多规合一”工作；健全城乡规划工作机构和管理体制，加强基层规划技术人员配备和经费投入；运用现代化科技管理手段，提升执法水平；通过宣传加强规划实施的社会监督；向人大常委会报告规划实施情况，并接受监督。

【听取和审议市人民政府关于《福州新区发展规划（草案）》编制情况的报告】

1月15日听取。强调全市各级政府和有关部门要推进新区城市总体规划、产业发展规划、生态环保规划、重点区域控制性详规等专项规划和课题的研究编制，同时加快“多规合一”试点工作；理顺新区管理机构与相关县（市）区、乡镇人民政府的关系；正确处理好人口与环境、产业与城市、建设与生态的关系，推动产业布局、生活居住、公共服务、生态文明等城市功能有机融合。承接、放大平潭综合实验区优惠政策辐射;推进交通、能源、环保等基础设施建设和教育、医疗、商贸等城市配套设施建设;完善督查考核、绩效考评、统计监测等工作机制。《规划》依法批准后市政府应当及时公布,接受监督,并适时向市人大常委会报告实施情况。

【听取和审议市人民政府关于《福州市环境总体规划(2013—2030年)(草案)》编制情况的报告】 4月21日听取。强调要注重环境总体规划与经济社会发展规划、城市总体规划、土地利用总体规划相衔接,促进"多规合一";落实生态红线保护制度,确保各区域科学合理开发;继续完善环境公共服务体系,全面提高环境管理科学化水平。市政府要建立评估机制,及时对规划目标和任务进行分解评估;环保部门要做好规划跟踪监测评估工作,对规划实施存在的问题提出改进措施和建议,并及时报备。市政府应予以及时公布规划,接受监督,并适时向市人大常委会报告规划实施情况。

【听取和审议市人民政府关于《福州市城市总体规划(2011—2020年)修改方案》的报告】 6月28日听取。建议要以人为本,统筹协调发展与保护的关系,加强对环境、历史文化和城市特色风貌资源的保护。坚持生态优先,合理保护城市内河水系、绿地等生态系统。做好与经济社会发展规划、土地利用规划、生态环境保护规划等的有效衔接,修改调整相关专项规划和控制性详细规划等,促进城市功能疏解、区域协调发展、人居环境和谐。适时研究启动新一轮城市总体规划编制工作,优化提升城乡生态空间布局和功能、城市基础设施体系、城市品质和文化内涵等规划内容。《方案》依法批准后,市政府应予以公布,接受监督,并适时向市人大常委会报告规划的实施情况。

【听取和审议市法院关于知识产权案件审判工作情况的报告】 8月3日听取。强调市法院要探索总结推广知识产权"三合一"审判工作模有效运用司法保护手段保护知识产权。要加强与知识产权行政执法部门的沟通协作,完善诉调对接工作机制,推动各类矛盾纠纷解决;维护知识产权人合法权益,鼓励促进创新,发展公共利益;通过发布典型案例,营造良好的法治环境;及时更新审判人员知识结构,提升案件审判质量。

【听取和审议市检察院关于公诉工作情况的报告】 8月3日听取。强调市检察院要坚决打击危害国家安全犯罪和严重刑事犯罪,依法惩治经济犯罪,加强和改进职务犯罪公诉工作;规范办案行为,加强案件审查把关,避免冤假错案,依法保障犯罪嫌疑人的合法权益;深化公诉工作改革,构建以证据为核心的刑事指控体系,推进以审判为中心的诉讼制度改革,强化刑事审判监督;确保检察队伍公正廉洁。

2016年2月18日,旁听公民听取政府工作报告 (福州日报社 供)

【听取和审议市政府关于2014年市本级预算执行和其他财政收支审计发现问题整改情况的报告】 8月3日听取。要求市政府重视审计整改工作,督促部门落实责任,限期整改;完善由政府牵头,组织人事、监察等有关单位参与的整改联动机制,推进常态化的分类督办和联合督查,强化追责问效;加强审计成果的转化运用,完善预算管理、决策机制等制度;加强有关人员的财经纪律培训,各相关单位要严格落实审计整改第一责任人制度,确保审计整改逐项落到实处;对审计反映的问题要举一反三,做好自查,并完善内部控制和内部审计制度,提高预算管理水平和资金使用绩效。审计部门要探索审计整改情况动态跟踪管理和问题清单销号制度,强化审计整改督促工作。

【听取和审议市政府关于2015年市本级预算执行和其他财政收支情况的审计工作报告】 8月3日听取。要求市政府重视审计成果的综合运用,对问题集中的重点领域,要紧盯不放,持续巩固整改成果;对典型问题,要严肃追责问责。各有关部门单位要及时整改问题,加强内部控制,不断提升预算管理和财务管理水平。审计部门要强化对问题整改情况的跟踪督查,拓展审计广度和深度,实现资金绩效、财政经济安全、政策执行等方面实现审计全覆盖;扩大审计公开的范围和内容;创新审计管理模式和组织方式。

【听取和审议市政府关于2016年1—7月国民经济和社会发展计划执行情况的报告】 8月3日听取。要求市政府及有关部门推进供给侧结构性改革,紧扣"三去一降一补"五大任务,完成全年计划目标;发挥"五区叠加"优势,推进全面深化改革;加快创新创业平台建设,培育发展新一代信息技术、高端装备制造、新能源等战略性新兴产业;推进工业技术改造,消除过剩产能,推动产业转型升级;坚持"一线工作法",推进百日攻坚项目完成;加快开展产业链招商,加强"三维"项目对接,实施"回归工程";持续提升服务业水平,促进旅游会展、服务外包、现代物流等现代服务业提速发展;

着力建设海绵城市，提升防灾减灾能力，并做好灾后重建工作；落实新一轮积极就业创业政策，创新人才体制机制，持续完善社会保障工作，提高公共服务均等化水平，推进社会事业全面发展。

【听取和审议市政府关于 2016 年 1—7 月市本级预算执行情况的报告】 8 月 3 日听取。要求市政府及财税等部门加大资金统筹使用力度，保障重大项目百日攻坚行动；整合产业扶持资金，支持创新驱动发展和产业转型升级，推进供给侧结构性改革；落实营改增等减税降费政策，降低企业负担；加强收入形势分析，依法强化税收征管。强化预算支出管理，加快项目支出进度，对支出进度慢的项目，按一定比例收回资金统筹使用；加强对专项资金使用情况的监管，特别是救灾等对下专项转移支付的跟踪监督；加强对专项资金的绩效考评，提高资金使用效益。规范结转结余等资金的管理，压缩存量规模。改进项目预算编制，强化项目前期论证和储备工作。编制 3 年滚动财政规划，提升 2017 年预算编制质量。扩大预决算公开范围，逐步公开政府债务、转移支付等情况。

【评议公安（边防）派出所工作】 2016 年 11 月 1 日，召开评议公安（边防）派出所工作动员部署会，启动 2015—2016 年度的评议工作。11—12 月，组织市县乡三级人大代表和群众，采取听取汇报、召开座谈会、明察暗访、发放测评表、随机抽样调查等方式，对全市公安（边防）派出所 2015—2016 年度工作进行评议。对评议中人大代表、群众反映较为集中的问题，由各县（市）区人大常委会评议工作机构分类整理后，交公安机关整改。

【其他监督工作】 2016 年，福州市人大常委会对市教育局、民宗局、司法局、房管局、农业局、海洋渔业局、投资促进局、文广新局、人防办、行政服务中心 10 个部门（单位）开展工作评议。

市人大常委会会议听取市政府关于安全生产工作情况、2015 年环境状况和环境保护目标完成情况、海绵城市建设工作情况、榕台青年交流与合作情况、实施全面两孩政策、改革完善计划生育服务管理工作、保护和促进少数民族文化发展工作情况、海洋生态文明建设情况、“多规合一”工作情况、城乡环境综合整治工作情况、扶贫开发、小康建设和“幸福家园工程”建设工作情况、创建国家公共文化服务体系示范区情况、为民办实事工作情况、自贸试验区福州片区、21 世纪海上丝绸之路核心区、生态文明先行示范区建设工作情况、重点项目建设工作情况、国家生态市建设工作情况、台风“尼伯特”灾后恢复重建情况、福厦泉国家自主创新示范区福州片区建设情况、城区水系综合治理工作、绿化福州工作、“六五”普法规划实施情况暨“七五”普法工作安排等情况报告，向政府有关部门提出意见建议。

开展重大项目“抓征迁、促落实”百日攻坚行动、台风“尼伯特”灾后恢复重建、“海上福州”建设、地铁建设、城区水系综合治理、城区交通拥堵治理、加强电动自行车管理等视察调研，形成调研报告。联动组织千名市、县两级人大代表围绕重大项目“抓征迁、促落实”百日攻坚行动开展视察调研。

代表工作

【代表议案办理】 关于制定《福州市古寨堡保护条例》的议案　2016 年，福州市人大常委会城环工委和教科文卫工委共同组织开展调研，并召集市直文物保护、环境保护等部门进行研究论证。调研认为，古寨堡是福州历史文化传承的重要载体，也是独具福州地域特色的建筑物（群）。鉴于古寨堡作为历史文化保护中的一部分，在保护范围、类别认定、保护规划编制和实施等方面有待进一步探索，该项目正式制定地方性法规的条件尚不成熟。可建立古寨堡分类保护名录，探索在开发与保护中寻求平衡，加强福州市古寨堡保护工作。建议待《福建省历史文化名城名镇名村保护条例》颁布施行后，结合福州市历史文化名城保护立法和三坊七巷、朱紫坊、上下杭等保护工作经验，在制定或者修订福州市古建筑、古民居保护法规时，从地方性法规层面对古寨堡保护进行规范。

关于制定《福州市生活垃圾分类管理条例》的议案　市人大常委会城环工委会同市城管委、市房管局等部门研究议案办理工作，开展专题调研。调研表明，全市城市生活垃圾总量呈逐年增长态势，通过垃圾分类管理，实现垃圾资源利用、改善环境质量十分必要。可借鉴上海、杭州、深圳等地出台的生活垃圾分类管理办法及条例，规范福州市垃圾分类管理工作。鉴于福州市生活垃圾的分类收集、处置、管理工作仍在探索中，还未形成统一有效的管理模式，制定地方性法规的条件尚不成熟。可从强化源头分类、规范分类标识，强化基础建设、优化垃圾运输管理、加强垃圾后端处置设施建设，整合社会力量、形成社会共识等方面加强垃圾分类管理工作。建议市政府先行出台生活垃圾分类管理规章，待条件成熟时再制定相应的地方性法规。

关于出台《福州市社会救助条例》的议案　市人大常委会内司工委会同市民政局等政府部门研究议案办理工作，开展专题调研。调研认为，鉴于国务院行政法规和省、市相关规范性文件贯彻执行的时间尚短，社会救助实际工作中存在的问题和不足有待进一步了解，需要在地方立法中予以规定的内容有待进一步明确，出台社会救助地方性法规的条件暂不具备。建议继续开展调研，待条件成熟时，再适时出台符合福州市实际、操作性强、与上位法有效衔接的地方性法规。

【代表建议办理】 2016 年，福州市十四届人大第五次会议期间，代表围绕福州市改革发展稳定大局，针对经济、政治、文化、生态文明建设和社会生活中的重大问题以及人民群众普遍关心的问题，就各方面工作向大会提出建议、批评和意见（以下简称建议）共 388 件。大会闭幕后，市人大常委会在法定时限内对上述建议进行交办。代表对建议办理答复情况表示满意或基本满意的 382 件，占总件数的 98.5%；表示不满意的 6 件，占总件数的 1.5%。10 月 25—27 日，市十四届人大常委会第三十九次会议分别听取和审议市政府、市中级人民法院关于代表建议办理情况的报告。

【市县乡三级人大代表换届选举】 2016年9月至2017年1月上旬,福州市开展市县乡三级人大代表换届选举工作。共选出市人大代表484名,县(市)区人大代表2661名,乡镇人大代表7984名,基层代表特别是一线工人、农民和专业技术人员代表的比例得到提高。

人事任免

【概况】 2016年,福州市人大常委会选举任免国家工作人员252人次,其中,选举国家工作人员2人次,办理市人大常委会组成人员和市人大常委会办事机构、工作机构负责人任职、辞职23人次,任免政府组成人员68人次,审判人员83人次,检察人员76人次。

表7 2016年福州市人大常委会、政府副职以上和“两院”正职领导选举任免名单

时 间	被任免人员	通过任免会议	任免职务
2月3日	徐诗文	市十四届人大常委会第三十四次会议	接受辞去市十四届人大常委会副主任、市十四届人大常委会代表资格审查委员会主任委员职务的请求,报市人民代表大会会议备案
2月20日	陈春光	市十四届人大第五次会议	补选为市十四届人大常委会副主任
2月20日	胡志伟	市十四届人大第五次会议	补选为市中级人民法院院长
4月22日	杨新坚	市十四届人大常委会第三十五次会议	任命为市人民政府副市长
4月22日	林 飞	市十四届人大常委会第三十五次会议	免去市人民政府副市长
6月28日	潘东升	市十四届人大常委会第三十六次会议	任命为市人民政府副市长、市公安局局长
6月28日	徐凡新	市十四届人大常委会第三十六次会议	免去市人民政府副市长、市公安局局长
8月3日	尤猛军	市十四届人大常委会第三十七次会议	任命为市人民政府副市长,决定代理市人民政府市长
8月3日	杨益民	市十四届人大常委会第三十七次会议	接受辞去市人民政府市长职务的请求,报市人民代表大会会议备案
8月3日	黄忠勇	市十四届人大常委会第三十七次会议	免去市人民政府副市长
8月31日	林 飞	市十四届人大常委会第三十八次会议	任命为市人民政府副市长
8月31日	李 春	市十四届人大常委会第三十八次会议	任命为市人民政府副市长
10月26日	阮孝应	市十四届人大常委会第三十九次会议	任命为市人民政府副市长
10月26日	陈 晔	市十四届人大常委会第三十九次会议	免去市人民政府副市长
10月26日	高 明	市十四届人大常委会第三十九次会议	免去市人民政府副市长

表8 2016年福州市人大常委会组成人员和工作机构负责人任免名单

时 间	被任免人员	通过任免会议	决定任免职务
2月3日	赵宝昌	市十四届人大常委会第三十四次会议	接受辞去市十四届人大常委会委员、市十四届人大法制委员会委员和市十四届人大常委会代表资格审查委员会委员职务的请求,报市人民代表大会会议备案
4月22日	孙晓岚	市十四届人大常委会第三十五次会议	接受辞去市十四届人大常委会委员职务的请求,报市人民代表大会会议备案
6月28日	郭荣贵	市十四届人大常委会第三十六次会议	接受辞去市十四届人大常委会委员职务的请求,报市人民代表大会会议备案

续表

时　间	被任免人员	通过任免会议	决定任免职务
6月28日	陈钦华	市十四届人大常委会第三十六次会议	接受辞去市十四届人大常委会委员、市十四届人大法制委员会委员和市十四届人大常委会代表资格审查委员会委员职务的请求，报市人民代表大会会议备案
6月28日	郑立敏	市十四届人大常委会第三十六次会议	接受辞去市十四届人大常委会委员职务的请求，报市人民代表大会会议备案
8月3日	张新怿	市十四届人大常委会第三十七次会议	免去市人大常委会人事代表工作室主任
10月26日	江瑞平	市十四届人大常委会第三十九次会议	接受辞去市十四届人大常委会委员职务的请求，报市人民代表大会会议备案
12月9日	吴　强	市十四届人大常委会第四十次会议	接受辞去市十四届人大常委会委员职务的请求，报市人民代表大会会议备案
12月29日	郑云春	市十四届人大常委会第四十一次会议	接受辞去市十四届人大常委会秘书长职务的请求，报市人民代表大会会议备案
12月29日	饶春贵	市十四届人大常委会第四十一次会议	任命为市人大常委会研究室主任
12月29日	蓝　锋	市十四届人大常委会第四十一次会议	任命为市人大常委会人事代表工作室主任
12月29日	朱光华	市十四届人大常委会第四十一次会议	任命为市人大常委会财政经济工作委员会主任
12月29日	吴兰铮	市十四届人大常委会第四十一次会议	任命为市人大常委会农村经济工作委员会主任
12月29日	陈　燕	市十四届人大常委会第四十一次会议	任命为市人大常委会教科文卫工作委员会主任
12月29日	赵时可	市十四届人大常委会第四十一次会议	免去市人大常委会农村经济工作委员会主任
12月29日	刘晓明	市十四届人大常委会第四十一次会议	免去市人大常委会教科文卫工作委员会主任
12月29日	王培德	市十四届人大常委会第四十一次会议	免去市人大常委会财政经济工作委员会主任

表9　**2016年福州市政府工作部门主要负责人任免名单**

时　间	被任免人员	通过任免会议	决定任免职务
2月3日	陈宗胜	市十四届人大常委会第三十四次会议	任命为市市场监督管理局局长
2月3日	蔡福勇	市十四届人大常委会第三十四次会议	免去市市场监督管理局局长
2月3日	刘晓强	市十四届人大常委会第三十四次会议	免去市机关事务管理局局长
4月22日	张大斌	市十四届人大常委会第三十五次会议	任命为市发展和改革委员会主任
4月22日	黄济霖	市十四届人大常委会第三十五次会议	任命为市经济和信息化委员会主任
4月22日	唐　希	市十四届人大常委会第三十五次会议	任命为市教育局局长
4月22日	林中麟	市十四届人大常委会第三十五次会议	任命为市财政局局长
4月22日	罗蜀榕	市十四届人大常委会第三十五次会议	任命为市城乡规划局局长
4月22日	林鲤晟	市十四届人大常委会第三十五次会议	任命为市投资促进局局长

续表

时　间	被任免人员	通过任免会议	决定任免职务
4月22日	孙晓岚	市十四届人大常委会第三十五次会议	任命为市文化广电新闻出版局局长
4月22日	高明保	市十四届人大常委会第三十五次会议	任命为市机关事务管理局局长
4月22日	陈继鹏	市十四届人大常委会第三十五次会议	免去市发展和改革委员会主任
4月22日	张大斌	市十四届人大常委会第三十五次会议	免去市经济和信息化委员会主任
4月22日	郑　勇	市十四届人大常委会第三十五次会议	免去市教育局局长
4月22日	林恒增	市十四届人大常委会第三十五次会议	免去市财政局局长
4月22日	陈　勇	市十四届人大常委会第三十五次会议	免去市城乡规划局局长
4月22日	黄济霖	市十四届人大常委会第三十五次会议	免去市投资促进局局长
4月22日	陈　惠	市十四届人大常委会第三十五次会议	免去市文化广电新闻出版局局长
8月3日	郭海阳	市十四届人大常委会第三十七次会议	任命为市环境保护局局长
8月3日	林　坦	市十四届人大常委会第三十七次会议	任命为市城市管理委员会主任
8月3日	陈忠霖	市十四届人大常委会第三十七次会议	任命为市农业局局长
8月3日	童桂荣	市十四届人大常委会第三十七次会议	任命为市林业局局长
8月3日	张文胜	市十四届人大常委会第三十七次会议	任命为市海洋与渔业局局长
8月3日	张定锋	市十四届人大常委会第三十七次会议	免去市城乡建设委员会主任
8月3日	孙　利	市十四届人大常委会第三十七次会议	免去市环境保护局局长
8月3日	林　颖	市十四届人大常委会第三十七次会议	免去市城市管理委员会主任
8月3日	黄诗杨	市十四届人大常委会第三十七次会议	免去市农业局局长
8月3日	蔡劲松	市十四届人大常委会第三十七次会议	免去市林业局局长
8月3日	林心鎏	市十四届人大常委会第三十七次会议	免去市海洋与渔业局局长
8月31日	陈忠霖	市十四届人大常委会第三十八次会议	免去市农业局局长
10月26日	黄济霖	市十四届人大常委会第三十九次会议	任命为市投资促进局局长,免去市经济和信息化委员会主任
10月26日	张秀榕	市十四届人大常委会第三十九次会议	免去市监察局局长
10月26日	张维船	市十四届人大常委会第三十九次会议	免去市民政局局长
10月26日	林鲤晟	市十四届人大常委会第三十九次会议	免去市投资促进局局长
12月9日	陈漢诚	市十四届人大常委会第四十次会议	任命为市城乡建设委员会主任
12月9日	王寿钦	市十四届人大常委会第四十次会议	任命为市民族与宗教事务局局长
12月9日	翁芳明	市十四届人大常委会第四十次会议	任命为市农业局局长

续表

时间	被任免人员	通过任免会议	决定任免职务
12月9日	陈济斌	市十四届人大常委会第四十次会议	任命为市水利局局长
12月9日	郑道新	市十四届人大常委会第四十次会议	免去市卫生和计划生育委员会主任
12月9日	林阿善	市十四届人大常委会第四十次会议	免去市民族与宗教事务局局长
12月9日	黄文希	市十四届人大常委会第四十次会议	免去市水利局局长
12月29日	游通铃	市十四届人大常委会第四十一次会议	任命为市发展和改革委员会主任
12月29日	林　澄	市十四届人大常委会第四十一次会议	任命为市卫生和计划生育委员会主任
12月29日	叶　谊	市十四届人大常委会第四十一次会议	任命为市监察局局长
12月29日	林子波	市十四届人大常委会第四十一次会议	任命为市民政局局长
12月29日	杨猛猛	市十四届人大常委会第四十一次会议	任命为市金融工作办公室主任
12月29日	林海华	市十四届人大常委会第四十一次会议	任命为市海洋与渔业局局长
12月29日	张　涵	市十四届人大常委会第四十一次会议	任命为市体育局局长
12月29日	张大斌	市十四届人大常委会第四十一次会议	免去市发展和改革委员会主任
12月29日	江　海	市十四届人大常委会第四十一次会议	免去市金融工作办公室主任
12月29日	林　锋	市十四届人大常委会第四十一次会议	免去市国土资源局局长
12月29日	张文胜	市十四届人大常委会第四十一次会议	免去市海洋与渔业局局长
12月29日	陈光华	市十四届人大常委会第四十一次会议	免去市体育局局长

（鄢权炜）

（编辑　吴　燕）

福州市人民政府

重要会议及活动

【市政府常务会议】 2016年，福州市政府召开27次常务会议，其中1～13次常务会议由市长杨益民主持，14～27次常务会议由代市长尤猛军主持。

第一次常务会议 1月18日召开。会议传达贯彻2016年省政府第一次全体会议精神及2016年全省经济运行分析暨“行动计划”督查落实第一次专题会议精神，审议《关于进一步加强环境保护工作的实施意见》《关于推进精准扶贫打赢脱贫攻坚战的实施意见》，研究2016年市委、市政府为民办实事项目等有关事项。

第二次常务会议 1月29日召开。会议研究关于贯彻落实进一步加强防范和化解企业信贷风险的工作方案，审议《关于促进中国（福建）自由贸易试验区福州片区开放开发建设的若干意见》《福州市落实粮食安全省长责任制考核办法》。

第三次常务会议 2月22日召开。会议研究部署当前经济工作，审议《福州市人民政府关于化解房地产库存促进房地产市场平稳健康发展的若干意见》《福州市人民政府关于支持跨境电子商务发展暨海峡两岸电子商务经济合作实验区发展的若干措施》。

第四次常务会议 3月2日召开。会议审议《关于贯彻省政府促进全省工业经济稳定增长若干措施的实施意见》《福州市新一轮企业技术改造专项行动执行计划》《关于进一步推动企业兼并重组若干措施的通知》等扶持工业发展政策配套措施，研究2016年城乡宜居环境建设、福州市创建国家食品安全城市工作方案等有关事项。

第五次常务会议 3月21日召开。传达学习全国“两会”精神和省委、市委常委（扩大）会议精神，审议《福州市人民政府关于贯彻落实省人民政府加快发展现代职业教育的实施意见》，研究建设创业创新示范中心实施方案等有关事项。

第六次常务会议 4月1日召开。会议研究2016年城区旧屋区改造计划等有关事项，审议《关于促进福州市VR产业加快发展的十条措施》《福州市“十三五”水资源开发利用与保护专项规划》。

第七次常务会议 4月16日召开。会议审议《福州市人民政府关于进一步实施标准化发展战略的意见》，研究2016年度积极扩大有效投资实施方案等有关事项。

第八次常务会议 4月29日召开。会议审议《关于培育科技小巨人领军企业实施意见（2016—2020年）》《关于提升福州市环境空气质量行动计划2016年实施方案》《关于贯彻落实计量发展规划（2013—2020年）实施意见》。

第九次常务会议 5月13日召开。会议审议《福州市社会信用体系建设规划（2016—2020年）》《福州市轨道交通运营管理办法》，研究2016年海峡（福州）渔业周·中国（福州）国际渔业博览会筹备工作等有关事项。

第十次常务会议 6月1日召开。会议审议《关于加快构建现代公共文化服务体系的实施意见》《福州市近期公交线网规划》《关于福州市精准脱贫（2016—2017年）实施方案》。

第十一次常务会议 6月24日召开。会议审议《福州市“十三五”安全生产专项规划》《福州市交通运输发展“十三五”专项规划》《关于扶持薄弱村村级集体经济发展的意见》。

第十二次常务会议 7月16日召开。会议研究福州市“尼伯特”台风救灾及恢复重建工作有关事项。

第十三次常务会议 7月21日召开。会议传达贯彻省政府关于“尼伯特”台风受灾地区灾后重建工作专题会议精神，研究部署进一步推进全市灾后重建工作；研究福州市当前经济形势，部署下一阶段工作举措；研究进一步做好2016年普通高校毕业生就业创业工作等有关事项。

第十四次常务会议 8月3日召开。会议研究推进供给侧结构性改革有关方案、实施创新驱动发展战略建设创新型省会城市等有关事项。

第十五次常务会议 8月21日召开。会议审议《福州市轨道交通条例》《关于深化供销合作社综合改革的实施意见》及《试点方案》，研究重大项目建设百日攻坚战行动方案等有关事项。

第十六次常务会议 8月26日召开。会议审议《福州市森林火灾应急预案》《福州市关于落实省2016年投资工程包实施方案》《福州市城乡居民医疗救助办法》《福州市"十三五"科技发展与创新驱动专项规划》。

第十七次常务会议　9月2日召开。会议审议《福州市促进旅游投资和消费实施方案》《福州市机动车排气污染防治管理办法》《福州市"十三五"教育事业发展专项规划》。

第十八次常务会议　9月9日召开。会议研究市政府领导工作分工及近期重点工作、加快商业办公房地产去库存和促进房地产市场平稳健康发展工作、调整完善福州市土地利用总体规划等有关事项。

第十九次常务会议　9月24日召开。会议分析研究1—9月全市经济运行形势、"抓招商、促落地"专项行动方案、福州市第四轮简政放权有关工作、建立福州市重大安全隐患和城区易涝点监管责任人制度等有关事项。

第二十次常务会议　10月14日召开。会议审议《关于在全市公民中开展法治宣传教育的第七个五年规划》《福州市"十三五"消防事业发展规划》，研究第95届糖酒会筹备工作等有关事项。

第二十一次常务会议　10月27日召开。会议审议《福州市深化出租汽车行业改革实施方案》《福州市网络预约出租汽车管理实施细则》《关于对接国家战略建设海上福州的工作方案》，研究洪塘大桥拓宽改建项目保通车方案等有关事项。

第二十二次常务会议　11月11日召开。会议审议《福州市加快现代物流业(含快递业)发展的若干措施》《福州市"十三五"人力资源和社会保障事业发展专项规划》，研究福州市贯彻《福建省贯彻落实〈国家生态文明试验区(福建)实施方案〉任务分工方案》的意见及相关文件等有关事项。

第二十三次常务会议　11月17日召开。会议研究推进福州市NB-IoT项目建设有关事项。

第二十四次常务会议　11月28日召开。会议研究2017年福州市元宵灯会总体方案等有关事项，审议《福州新区管委会关于承接121项省级经济管理权限实施方案》《福州市区道路交通安全设施管理办法》。

第二十五次常务会议　12月7日召开。会议审议《福州市关于落实社会信用建设规划，提升城市信用水平的工作方案》《福州市小流域及农村水环境整治计划(2016—2020年)》《关于贯彻福建省实施〈居住证暂行条例〉办法的意见》。

第二十六次常务会议　12月22日召开。会议研究2017年福州市道路交通安全隐患路段整治工作、推动服务业跨越发展、全市第五轮简政放权工作等有关事项。

2016年1月20日，福州新区建设发展座谈会在京举行

（福州市政府驻京办　供）

第二十七次常务会议　12月24日召开。会议研究《福州市2016年国民经济和社会发展计划执行情况及2017年计划草案的报告》(讨论稿)、《福州市2016年预算执行情况和2017年预算草案的报告》(讨论稿)、市十五届人大一次会议《政府工作报告》(讨论稿)、2017年市委市政府为民办实事项目等有关事项。

【全市经济工作会议召开】　2016年1月5日召开。省委常委、市委书记杨岳主持会议并讲话，市长杨益民出席会议并讲话。会议强调，要深入贯彻落实习近平总书记系列重要讲话和来闽考察重要讲话精神，按照中央和全省经济工作会议的部署要求，积极适应经济发展新常态，坚持稳中求进工作总基调，努力建设更具实力、更富活力、更有魅力的现代化新福州，确保"十三五"福州发展开好局起好步。市四套班子领导，市直有关部门和各县(市)区负责人参加会议。

【全市城市工作会议】　2016年1月5日召开。会议贯彻落实中央和全省城市工作会议精神，研究部署省会城市工作。省委常委、市委书记杨岳主持会议并讲话，市长杨益民作具体工作部署。周振华、周宏等市领导，市直有关部门和各县(市)区负责人参加会议。

【全市安全生产电视电话会议】　2016年1月6日召开。在收听收看全国、全省安全生产电视电话会议后，市长杨益民主持召开全市安全生产电视电话会议，贯彻全国全省会议精神，全面部署全市安全生产各项工作，副市长杭东参加会议。

【福州新区建设发展座谈会】　2016年1月20日在北京举行。国务院国资委，70家中央企业、大型国企领导，福建省、福州市领导参加。国务院国资委副主任黄丹华，省委常委、市委书记杨岳，省委常委、常务副省长张志南出席座谈会并讲话。市长杨益民主持。座谈会上共对接央企、国企项目64个，总投资3315亿元，上台签约项目32个，项目涵盖新能源、基础设施、高端服务业等诸多领域。

【第一届全国青年运动会总结表彰大会】 2016年1月27日召开。省委常委、市委书记杨岳,省体育局局长徐正国出席会议并讲话。市长杨益民主持会议。省委编办主任、首届青运会开闭幕式总指挥部总指挥陈元邦,市领导陈为民、何静彦、林晓英、徐凡新、薛侃、林飞、鄢萍、王长鹰出席表彰会,副市长陈晔宣读表彰决定。市体育局、仓山区、运动员代表、公安民警代表、志愿者代表分别作发言。

【福州·宁德山海协作工作座谈会】 2016年1月29日在榕召开。福州市领导杨岳、杨益民、周振华、陈为民、薛侃、严可仕,宁德市领导廖小军、隋军、谢仰俊、郑民生、陈其春、林志坤、冯桂华,闽东北经济协作区办公室常务副主任陈铭玉出席会议。市长杨益民主持。会上,福州市向宁德市捐赠山海协作资金200万元,两市有关部门还签订2016年相关领域的8份合作协议。

【闽东北经济协作区联席会议】 2016年1月30日在榕召开。闽东北五市一区党政主要领导参加。省委常委、市委书记杨岳主持会议并讲话。市长杨益民,市委常委、秘书长薛侃,副市长严可仕参加会议。闽东北五市一区党政主要领导在会上发言,闽东北经济协作区办公室常务副主任陈铭玉作2015年闽东北经济协作区工作报告。会议通过《2015年闽东北经济协作区工作报告》《"十三五"闽东北区域合作发展规划》和《闽东北经济协作区市委(工委)书记、市长(主任)福州联席会议纪要》。

12月10日在南平召开。闽东北五市一区党政主要领导围绕闽东北区域协作展开座谈。省委副书记、市委书记倪岳峰,市领导尤猛军、张忠、严可仕参加会议,南平市委书记袁毅主持会议。

【福州市与省直部门和中央驻闽机构座谈会】 2016年2月2日召开。省委常委、市委书记杨岳,市长杨益民,市人大常委会主任周振华,市政协主席周宏等市领导与120多个省直部门和中央驻闽机构的负责人参加。市长杨益民介绍2015年福州经济社会发展情况。会议还通报福州市征求省直等部门对福州市工作意见建议的落实办理情况。

【福州市政府与海航集团全面战略合作暨福州航旅集团入资协议签约仪式】 2016年2月4日在榕举行。省委常委、市委书记杨岳,海航集团董事局主席陈峰出席签约仪式。市长杨益民与海航集团董事局董事、海航航空集团董事长、海航旅游集团董事长张岭分别代表市政府和海航集团共同签署协议。市委常委、常务副市长黄忠勇主持。根据协议,双方以总部基地建设为基础,结合各自优势,在航空运输(含通用航空)、旅游度假、跨境电商、创新金融、实业开发、文化创意等方面进行全面合作和统一开发。福州航旅作为海航集团与福州市深化全面合作的实施主体,以旅游产业开发为核心,打造"旅游+航空""旅游+金融""智慧旅游"三大经济发展引擎,逐步发起设立福州通航产业、福州智慧旅游、福州文化旅游、福州海峡度假村、福州旅游产业基金、福州旅游银行、东盟旅游交易中心等。

【福州市政府与厦门航空签订"十三五"战略合作框架协议】 2016年4月15日在榕举行。省委常委、市委书记杨岳,厦门航空公司董事长、总经理车尚轮出席签约仪式。市长杨益民与厦门航空公司副总经理赵东分别代表市政府和厦门航空共同签署协议。副市长高明主持。根据协议,"十三五"时期双方将进一步深入合作,共同推进福州"海上丝绸之路"门户枢纽机场建设,不断推动"福州中转"。协议约定,厦航在飞机运力、运行保障、航空配套建设等方面持续加大对福州基地的投入,做大做强福州核心基地;全面架设福州机场国内、国际航线网络,将福州打造成为国内往来东南亚/东北亚门户枢纽以及东南亚往来东北亚的桥梁枢纽。福州市政府从用地落实、航线补贴、财政奖励、人才引进和政府服务等方面加大对厦航的扶持力度,并支持厦航开展多种形式的民航主业和辅业经营,加快国际化运营。

【首届联合国海陆丝绸之路城市联盟城市论坛活动】 2016年5月17日,省长于伟国在榕会见海陆丝绸之路城市联盟荣誉主席龙永图、泰国外交部部长顾问蔡斯里·安拿马仁等出席第十八届海峡两岸经贸交易会、亚洲合作对话(ACD)工商大会暨青年企业家创新峰会、首届联合国海陆丝绸之路城市联盟城市论坛的中外嘉宾代表。省领导杨岳、梁建勇,中国中小企业国际合作协会执行副会长董松根、秘书长苗长兴,外交部大使陈明明,市领导杨益民、薛侃、杭东等参加。

【福州市政府与中科建设开发总公司签署战略合作框架协议】 2016年5月27日在榕举行。省委常委、市委书记杨岳,中科建设开发总公司党委书记董生聚出席签约仪式。市长杨益民、中科建设开发总公司总经理顾玮国分别代表市政府和中科建设开发总公司共同签署协议。市领导薛侃、杨新坚参加活动。

【全市职业教育和高校毕业生就业创业工作会议】 2016年6月1日召开。会议学习贯彻全国、全省有关工作会议精神,部署福州市职业教育、职业培训和高校毕业生就业创业工作。市长杨益民出席会议并讲话。会议强调,全市各级各有关部门要加快建设现代职业教育体系,提高高校毕业生就业创业水平,为全力建设现代化新福州提供坚实的人才支撑。市领导鄢萍、林治良出席会议,副市长陈晔主持会议并部署具体工作。

【福州新区推介会】 2016年6月13日在上海召开。宣传推介福州新区和福建自贸试验区福州片区。市长杨益民出席会议并致辞,副市长胡振杰主持会议。长三角地区的300多名企业家、海内外知名人士参加推介会,并进行项目对接洽谈。推介活动期间,杨益民、胡振杰还会见参会的部分海内外重要客商。

【第十四届"6·18"海外专家科技成果暨"侨梦苑"项目成果福州专场对接会】 2016年6月18日,由省侨办、福州市政府在福州联合举办。省侨办领导杨辉、林泽春,福州市领导杨益民、杭东出席对接会。对接会上，来自海外的54名华侨华人专业人士携带100多个海外科技前沿项目，与福州150家企业负责人进行对接洽谈。其中11个共拟投资41.46亿元的合作协议、科技项目成果及"侨梦苑"投资项目成果成功签约，项目涉及现代农业、生物医药、医疗器械、电子信息、电子工程、装备制造、新能源和节能环保、建筑等领域。同时，还有36位海外专家被授予福建省虚拟研究院特聘专家。

【第五届世界闽商大会、第十四届中国·海峡项目成果交易会、第六届民营企业产业项目洽谈会】 2016年6月18日在榕开幕。中共中央政治局委员、中央统战部部长孙春兰出席开幕式并致辞。中央统战部常务副部长张裔炯，中央统战部副部长、全国工商联党组书记全哲洙，省委书记尤权、省长于伟国、省政协主席张昌平出席会议。于伟国主持会议。会议表彰福建省非公有制经济优秀建设者和福建省捐赠公益事业特别贡献奖获得者。国家有关部委领导，省委、省人大常委会、省政府、省政协领导，全国人大、政协专委会领导，福州市市长杨益民等市领导，海内外闽商代表1000多人出席大会。

【福州市庆祝中国共产党成立95周年大会】 2016年6月27日举行。大会号召全市各级党组织和广大共产党员紧密团结在以习近平同志为核心的党中央周围，高举中国特色社会主义伟大旗帜，进一步解放思想、真抓实干、攻坚克难，为福州经济社会又好又快发展作出新的更大贡献。市领导杨益民、周振华等出席会议，市委副书记陈为民主持会议。

【海峡青年（福州）峰会】 2016年8月14日在福州海峡国际会展中心举行。国台办副主任龙明彪、全国青联负责人傅振邦、民革中央副主席郑建邦、福建省副省长梁建勇，以及两岸青年代表1300多人出席活动。市领导尤猛军、周振华、陈为民、何静彦、张忠、严可仕、杭东参加活动。

【福州市重大项目"抓征迁、促落实"百日攻坚行动动员大会】 2016年8月23日召开。会议号召全市广大干部群众弘扬"马上就办"优良传统，抓项目、促落实、补短板、稳增长，推动全市经济保持良好发展态势。市委副书记、代市长尤猛军等四套班子领导出席大会。

【倪岳峰、尤猛军会见福州籍奥运健儿】 2016年9月9日，省委常委、省纪委书记、市委书记倪岳峰，代市长尤猛军会见从里约奥运会载誉归来的福州籍运动员并合影留念。市领导蔡战胜、张忠、李春参加会见。

【第三届丝绸之路国际电影节福州分会场活动】 2016年9月19日启动。省委常委、省纪委书记、市委书记倪岳峰，省委常委、宣传部长高翔出席启动仪式。来自意大利、澳大利亚、俄罗斯、印度、菲律宾、泰国等11个国家与中国香港等地区的电影业界人士参会。市领导尤猛军、周振华、林晓英、蔡战胜、张忠、李春、郑勇参加启动仪式。

【2016腾讯全球合作伙伴大会】 2016年9月22日在榕开幕。8000多名来自海内外的专家学者和企业行业代表围绕"开放·分享"主题展开讨论。国务院发展研究中心副主任张军扩，市委副书记、代市长尤猛军分别在主论坛上致辞，市政府党组成员阮孝应、副市长胡振杰出席大会。

【全市"抓招商、促发展"动员部署大会】 2016年10月10日召开。省委常委、省纪委书记、市委书记倪岳峰主持会议并讲话，市委副书记、代市长尤猛军作工作部署。

【福州投资环境推介会】 2016年11月8日由市政府和北京市投资促进局联合主办，在北京召开。代市长尤猛军、福州新区领导黄忠勇、北京市投资促进局局长周卫民等出席会议并致辞。副市长胡振杰主持会议。推介会宣传推介福州市"五区叠加"政策优势和发展成果，重点介绍福州新区、福建自贸试验区福州片区以及福州市支柱产业、现代服务业发展情况和招商重点，并组织开展深入的项目对接洽谈。北京福建企业总商会会长陈春玖、北京福州企业商会会长韩孝煌、京东方科技集团高级副总裁杨安乐等600多名在京客商代表，中国美国商会、中国欧盟商会等外国和地区驻京商会负责人、外国驻华机构代表、跨国公司代表等参加推介会。

【福州市政府与福建省能源集团公司举行战略合作框架协议签约仪式】 2016年11月14日在榕举行。协议约定，市政府将引导江阴工业集中区为福能（江阴）化学园建设提供完善的基础设施配套条件，推动产业园加快建设，促进新项目加快落地、动建、投产。福能集团将在江阴工业集中区建成投产项目的基础上，充分挖掘福建省唯一"光气点"的特殊布局优势，通过对江阴工业集中区化工新材料专区项目的技改、投资和引进产业链项目等方式，投资建设福能（江阴）化学园，打造江阴化工新材料千亿产业集群。省委常委、市委书记倪岳峰，代市长尤猛军，省国资委主任郭锡文、省能源集团公司董事长林金本、省石化集团公司董事长张忠出席签约仪式，市委常委、福清市委书记王进足主持签约仪式，福建自贸试验区福州片区管委会常务副主任阮孝应与省石化集团公司总经理徐建平分别代表市政府和省能源集团公司签订战略合作框架协议。

【福建省、福州市各界纪念福建船政创办150周年大会】 2016年12月24日举行。省领导高翔、刘群英、李红、张燮飞、陈向先，市领导尤猛军、周振华、何静彦、蔡战胜、李春出席会议。

【福州国际马拉松赛】 2016年12月25日举行。全国政协教科文卫体委副主任、中国田径协会主席段世杰，福州市委副书记、代市长尤猛军，省政协教科文卫体委副主任徐正国，副市长李春出席比赛起跑仪式。来自9个国家的2万名马拉松运动员、长跑爱好者参赛。

（谢剑沂）

政务督查

【概况】 2016年,福州市编发各类工作督查情况通报73期,完成27次市政府常务会议和22次市长办公会共365个议题的跟踪督办;完成市委市政府召开的22次协调重大项目建设例会,共91个省、市重大项目,221项议定事项的跟踪落实。年内各议定事项基本办结。结合重点项目"百日攻坚"行动、地铁建设、"企业服务月"活动、交通治堵、灾后重建以及市领导批示交办的省、市交通重点项目建设、空气环境质量综合整治、市长环保目标责任书项目、小流域整治、脱贫攻坚、"登革热"防疫工作等30多项专项督查任务,组织开展190多次实地督查或暗访抽查,对未能按期落实或项目进展滞后的责任单位进行约谈或通报。

【领导批办件督查】 2016年,福州市政府督查室规范登记、交办、把关、反馈、归档等环节,完善运转办理工作流程,对主要领导批示件,做到即交即办。全年落实办理省、市政府主要领导批示(办)件4791件,其中,省领导批示交办事项80件,市长批示交办事项4711件。转办信访件352件。

【人大代表建议督查】 2016年,福州市政府系统承办人大代表建议441件,其中主办425件,协办16件,均办复。主办的425件代表建议中,所提问题已解决或基本解决的有193件,占总件数45.4%;所提问题正在解决或列入计划逐步解决的有194件,占总件数45.6%;所提问题因政策、财力或客观条件限制暂时无法解决的有28件,占总件数6.6%;所提建议有关部门留作参考的有10件,占总件数2.4%。代表对建议办理情况表示满意或基本满意的419件,满意率达98.6%;不满意的6件,占1.4%。

【政协委员提案督查】 2016年,福州市政府督查室承办提案393件(共782件次),均办理答复,办复率100%,满意率99.8%,其中所提建议已采纳、问题已解决或基本解决的225件,占57.3%;所提建议拟采纳、问题正在解决的156件,占39.7%;所提问题因条件限制或其他原因暂时无法解决的11件,占2.8%;所提建议留作参考的1件,占0.2%。

(福州市政府办公厅督查室)

机关效能建设

【概况】 2016年,福州市各级效能办效能督查项目236(个)次,查处"为官不为"284人次。效能问责231人次,其中,效能告诫61人次、通报批评77人次、诫勉教育93人次。各级机关效能投诉中心受理、办理投诉923件。年内以市政府办公厅名义下发《关于强化便民服务"马上就办"的通知》,把便民服务"马上就办"情况纳入文明单位、绩效考评内容。各级效能办对不落实便民服务"马上就办"的给予绩效扣分。

【效能督查】 2016年,福州市效能办采取电话督查、实地督查、约谈责任人、暗访等方式,对福州新区建设、自贸区建设、城市轨道交通建设、提升空气质量、治理城市拥堵、水环境整治等方面存在的突出问题开展跟踪督查,针对提升空气质量问题,市效能办约谈4个责任单位的分管领导和处室负责人;对"五个一批"、省市行动计划、"百日攻坚"、市领导挂钩项目开展跟踪督查,推动长平高速、东南绕城高速、福平铁路、104国道的征迁进度,问责3个街镇党政主要领导6人;对深化体制改革、"比服务"活动、电网建设、新农村幸福家园建设、精准扶贫、防抗台风、灾后重建、逾期未交付经营性用地等重点工作开展持续性督查,对"尼伯特"台风灾后闽清、永泰两县的救灾资金物资、项目审批"绿色通道"等重建工作开展3次效能督查。对81个市直单位、市行政(市民)服务中心、自贸区福州片区管委会、高新区管委会窗口单位人员服务情况,以及61个区直单位(含区行政服务中心)、33个街道(乡镇)、13个派出所上班秩序情况进行暗访督查。全年市效能办办理市委、市政府领导批示件160件,派出督查人员272人次,督查项目236次,发出"整改通知书"92份、"效能督办单"94份。

【绩效管理】 2016年,福州市效能办调整2016年度市对县(市)区、市直部门的绩效考评方案,12个县(市)区、福州高新区、67个市级机关单位纳入绩效管理。将市直单位分为市直党群机构、市直综合与管理类政府工作部门、市直监管与服务类政府工作部门三大类进行考核。对市级机关单位考核方面,首次新增"创新争优"考评项目,将新区开发开放、支持自贸区福州片区制度创新纳入绩效考评。对县(市)区、福州高新区考核中,加大经济发展和民生改善考评内容权重,将列入限制开发区域的闽清、永泰取消地区生产总值考核,降低工业指标权重,强化农业发展、绿色发展的导向作用。继续将省对福州市察访核验情况和县(市)区、市级机关单位年度绩效总评挂钩,被省察访核验查出违规问题的,计入所属县(市)区、市级机关单位下年度绩效总评,并对相关责任人予以效能问责。年内在2015年度省对设区市绩效考评结果中,福州市位列第二名,获评"优秀"等次。针对考评中查处的问题,对相关单位2016年度绩效双倍扣分,对单位主要负责人和相关个人进行集体约谈。

【经济运行和民生工作季度考评】 2016年,福州市效能办牵头组织市发改委、市重点办、市政府督查室等单位对2016年福州市主要经济指标、重点项目、为民办实事完成情况进行季度考核,由市领导对季度排名倒数三位的责任单位主要领导进行集体约谈。

【"为官不为"整肃】 2016年,福州市调整充实福州市整肃"为官不为"领导小组,出台《福州市整肃"为官不为"联席会议机制》,明确单位职责,推动全市整肃工作的长效、扎实开展。完善市领导、市整肃办、市直机关和县(市)区等多层面督查机制,形成"上下联动、全力出击"局面。全年处理"为官不为"284人次,其中党政纪处分24人次、效能问责216人次、组织处理44人次。

(林榕捷)

政务公开

【概况】　2016年，福州市有政府信息公开单位619个，政府信息公开工作专职人员7名，兼职人员696名。各级各部门举办政务公开工作业务培训班17场，1176人次参加培训。

年内，明确政务公开工作职责由市效能办划归市数字办（市政府信息公开办），负责指导、协调、监督、推进全市政务公开工作。制定印发《2016年政务公开工作主要任务分解表》，将年度工作任务分解落实到各县（市）区、市直各部门。各级政府及其工作部门主动公开政府信息23594条，审查受理政府信息公开申请2200件，答复办结2185件。各级部门举办政务公开工作业务培训班17场，1176人次参加业务培训。政府信息公开工作经费纳入各级政府财政预算，全年支出22.72万元。

3月，中国社科院发布《中国政府透明度指数报告（2015）》，福州市政府透明度在49个较大的市中排名第七位。

【权力清单和责任清单公开】　2016年，福州市梳理编制市本级政府42个工作部门7944项行政职权清单、48个工作部门10013项责任事项清单，在“中国福州”门户网站“行政权力”栏目公开。各县（市）区政府全部完成权力清单和责任清单编制工作，并在本级政府门户网站公布。全市172个乡镇和街道权力清单和责任清单全部编制完成，并在所在县（市）区政府门户网站公布。

公开政府工作部门行政审批项目取消、下放以及非行政许可审批事项等信息。全年取消和暂停实施行政审批事项69项，取消或改为延后办理、并联办理前置审批条件74项，取消事项办理环节39个，取消证明材料30项，实施多点办理审批事项20项。梳理26个市直部门150个中介服务项目，决定保留126个、取消24个，均在“中国福州”门户网站公布。

【市场监管信息公开】　随机抽查事项清单公开　2016年，福州市发改委完成对行政事业性收费、商品价格、服务价格与其他价格行为的抽查事项清单及随机抽查市场主体名录库编写汇总工作。市市场监管局、市民政局等部门制订《推广随机抽查机制规范事中事后监管实施方案》和《“双随机”抽查工作细则（试行）》，公开随机抽查事项清单，明确抽查依据、主体、内容和方式，建立“双随机”抽查工作机制，完善抽查市场主体信息库和市、县两级执法人员名录库，并向社会公开。年内市市场监管局随机抽查医疗美容机构、机动车维修市场、医疗器械、药品流通、餐饮服务等24个项目，抽检单位30809个。市民政局对984个市级社会组织、公办养老机构、福利彩票投注站、公墓等市场主体开展“双随机”抽查。

监管执法信息公开　福州市房管局与有关部门联合开展房地产市场整规行动，及时通过网络和媒体公布检查结果，对11家房地产企业和中介机构进行曝光。市安监局通过网站和企业信用信息公示系统公示行政许可、行政处罚、抽查检查和企业严重违法失信等信息。市市场监管局依托省市场主体信用信息公示平台向社会公开行政处罚信息，全年公示1558件行政处罚信息。

企业信用信息公开　建立福州市企业信息归集联席会议制度，推进“国家企业信用信息公示系统”建设应用，规范办案程序，统一行政处罚文书格式，公示行政处罚信息。全年归集企业信用信息55369条，其中行政许可信息31786条、行政许可变更信息1359条、行政处罚信息14520条、抽查检查信息5522条、联合惩戒信息669条、小微企业扶持信息1513条。全市各级政府网站均与“信用中国”网站链接，推动信用信息互联共享。

【政务服务公开】　“互联网+政务服务”体系建设　2016年，福州市推动政务服务事项办理由实体政务大厅向网上办事大厅延伸。建立以公民身份证号和法人统一社会信用代码为唯一标识的市民统一身份认证体系，构建政务大数据平台，推进基础信息资源互联互通。建成电子证照库，实现纸质证照和电子证照同步生成，推进电子证照跨部门、跨层级汇聚共享应用。完成46个市直颁证部门674类证照和批文电子化，年内入库电子证照总量332.6万份。汇聚10个部门27类450个人口基础数据项，形成准确权威的全市人口数据692.9万条。整合多种平台，提高行政审批和公共服务事项网上预审或办理比例，全市90%以上的行政审批和公共服务事项实现网上预审或办理。

面向转移落户人员的服务公开　制定实施《福州市人民政府关于贯彻〈福建省实施居住证暂行条例办法〉的意见》，推进以人为核心的新型城镇化战略和流动人口服务管理工作，公开转移落户人员的权益保障、证件办理、申领条件、办理流程和收费标准等服务信息。

【惠企政策公开】　2016年，福州市发改委、经信委及各县（市）区及时发布支持“双创”、培育发展新动能、改造提升传统动能、深挖内需潜力、优化产业结构、扩大对外开放等方面的政策措施。市发改委对已公开的重大政策分专题梳理汇总，并在部门网站发布《关于征集2016年和2017年福建省互联网经济新增引导资金扶持项目的通知》《关于征集基于互联网的分享经济项目的通知》等，营造加快互联网经济发展氛围。市经信委在部门网站、《福州工业》、官方微博等平台公开发布涉及工业和信息化相关政策及解读信息，汇编形成《惠企政策摘编102条》，免费发放8000余本，组织开展14场惠企政策宣讲会，服务企业1300余家。

【重大建设项目信息公开】　2016年，福州市公开政府投资的重大建设项目审批、核准、备案、实施等信息。市发改委通过“福建省工程建设领域项目信息和信用信息公开共享专栏”及“中国福州”门户网站“重大建设项目信息公开”专题，依法发布其审批、核准、备案的建设项目及招标投标核准信息，全年公开296个项目信息。

公开政府和社会资本合作（PPP）项目信息。制定出台《福州市人民政府办公厅关于印发福州市政府和社会资本合作（PPP）项目管理办法的通知》，依托PPP综合信息平台，建立PPP项目库，及时、准确向社会发布地铁二号线机电设备项目、闽台(福州)蓝色经济产业园等11个PPP项目招商信息和进展情况,开展PPP项目全生命周期信息公开工作。

【公共资源配置领域信息公开】 2016年,福州市公共资源交易中心依法公开交易公告、资格审查信息、成交信息、履约信息及有关变更等信息,全年公示相关交易信息约1300条。

【减税降费信息公开】 2016年,福州市地税局编制"小微企业税收优惠政策""网上办税功能"等多种图解资料,通过部门网站、政务微博微信、办税服务厅、"12366"热线等多渠道、多形式公开。市财政局根据各行业经济运行情况,适当下调行业税负预警值,并在"中国福州"门户网站上发布。

公布《福州市涉及企业行政事业性收费清单》和《福州市行政事业性收费优惠政策清单》。公布福州市市级定价管理的行政审批前置服务收费目录清单、市级定价管理的涉企经营服务性收费目录清单、市级定价管理的涉企经营服务性收费优惠政策清单等信息。在收费场所公示收费文件依据,对乱收费、不执行明码标价规定等行为进行处罚,全年公示10件价格行政处罚案件,累计罚没款89万余元。

【国有企业运营监管信息公开】 2016年,福州市国资委通过"中国福州"门户网站及时公开国有资本整体运营情况、国有资产保值增值、所出资企业经营业绩考核情况、国有资产监管制度和监督检查情况、国有企业改制重组、产权交易、增资扩股、公司治理及管理架构、所出资企业主要财务指标、人事变动等信息,全年公开相关信息33条。

【扶贫捐赠工作信息公开】 2016年,福州市公开实施精准扶贫、精准脱贫方面信息。市农业局将中央、省、市出台的17项扶贫开发政策编印成册,制定"扶贫政策清单"发放到有减贫任务的乡村和贫困户,对建档立卡贫困户、扶贫小额信贷资金进行公示。通过福州农业信息网公开各县(市)区2016年度建档立卡贫困人口脱贫计划、造福工程易地扶贫搬迁指标、申请流程、申请条件、资金管理办法等信息,开设"扶贫协作"专栏,介绍典型经验和做法。

建立扶贫公告公示制度。对建档立卡的贫困人口逐户逐人审核认定,建立精准扶贫台账,实行有进有出的动态管理。乡镇对建档立卡贫困户进行公示,逐级上报、比对核实后进行公告。

指导督促社会组织公开扶贫捐赠信息。市民政局在登记、年检及各类会议中指导督促慈善类社会组织加大信息公开力度,全面及时公开扶贫捐赠等信息。福州市慈善总会、红十字会等社会组织在各自网站开设信息公开专栏,公开捐赠等相关信息,主动接受捐赠人和社会监督。

【社会救助信息公开】 2016年,福州市民政局细化社会救助信息公开目录和范围,每月公布上月份城乡低保对象人数、特困人员人数、低保标准、补助水平、资金支出等信息,每季度公布上季度医疗救助和临时救助统计数据等信息。公开减灾救灾信息,灾害发生后2小时内及时上报灾情,记录灾情工作进展,通过媒体、部门网站和政务公开栏公布救灾工作进展情况和救灾物资调拨使用情况等信息。

【就业创业信息公开】 促进就业创业政策、措施公开 2016年,福州市人社局运用微博、微信、手机APP等信息化手段宣传就业创业各项优惠政策,并通过全市172个街道(乡镇)、423个社区、2216个行政村设立的基层公共就业服务平台,向全体城乡居民提供就业政策、职业指导、创业服务等信息。重点公开涉及就业创业相关补贴文件和优惠政策、相关补贴申领条件、申领程序等信息,均在7个工作日内上网公布。

就业供求信息公开 以"中国福州"门户网站、市人社局部门网站和市人事人才公共服务网为平台,为各类求职人员免费提供招聘岗位、招聘会、职业指导等就业信息服务。开展国有企业人员招聘信息和人力资源市场供求信息发布工作,扩大就业信息服务的受众面。涉及公务员考录、事业单位公开招聘及"三支一扶"等就业型选拔考试,有关笔试、面试、体检、录用等环节信息均在7个工作日内上网公开。

【住房保障信息公开】 2016年,福州市公开棚户区改造政策及相关任务完成情况信息。市房管局围绕保障性住房、棚户区改造、旧屋区改造、老旧小区整合整治等信息,在"中国福州"门户网站和部门网站公开相关政策信息42条、业务信息355条。

公开农村危房改造信息。市城乡建委通过部门网站发布《福州市2016年农村危房改造实施方案》,落实"三榜公示"(村集体评议后公示、镇入户审核后公示、县复核审批后公示),全市1126户危房改造对象全部完成改造前公示,563户完成竣工后公告。

公开住房公积金年度报告。市住房公积金管理中心每年通过《福州日报》、"中国福州"门户网站和部门网站向社会公布福州市住房公积金年度报告。

【环境保护信息公开】 公开空气质量信息。2016年,福州市环保局每月发布福州市区空气质量6项污染物达标情况,环保部74个重点城市空气质量排名情况等信息。

公开水源水质信息。福州市环保局在部门网站增设"集中式生活饮用水水源水质监测信息"二级栏目,每月发布闽江、敖江、龙江等福州市重点河流断面水质状况,福州市区6个水源地及七个县(市)14个饮用水水源地水质状况等信息。加强与市水务有限公司联系,及时公开饮用水水质情况。

公开重点排污单位信息。将污染源环境监管信息公开作为环境信息公开工作重点,定期公开重点污染源基本信息、污染源监测、总量控制、污染防治、排污费征收、监察执法、行政处罚、环境应急8个方面信息,及时主动公开污染源环境监管信息、环境违法案件及查处情况、大气污染防治专项检查情况。建设完善污染源环境监管信息公开平台,推进国家重点监控企业污染源监督性监测信息、污染物减排信息、核与辐射安全信息公开。年内公开危险废物转移信息284条、排污许可证20件、重点排污单位环境信息214家。

公开建设项目环境影响评价信息。主动公开建设项目环境影响报告书、环境影响评价批复文件等信息，做到环评受理、审批和验收全过程公开。年内主动公开650条建设项目环境影响评价信息。

【教育、卫生和食品药品安全信息公开】

教育信息公开　2016年，福州市教育局公开有关中小学有偿补课、校园欺凌专项治理工作和改善薄弱学校基本办学条件工作的督导报告，发布2016年小学及初中招生工作意见及相应政策解读信息，对随迁子女入读公办义务教育阶段学校作出明确规定。市属高校全部通过学院网站、院报、宣传栏、LED公告栏等公开招生、财务等校务信息。

医疗信息公开　市卫计委指导市属、县(市)区属各卫生计生单位开展院务公开、办事公开等工作，通过门诊大厅电子屏幕、医院网站、对外公开栏和电子触摸查询台公开各类医疗服务项目和收费信息。

食品药品安全信息公开　市市场监管局每季度公开食品安全监督抽检报告，公布2016年粽子、月饼质量专项监督抽检报告。整理汇编食品安全宣传资料，制作“食品安全宣传手册”，举办全市食品安全月宣传活动，发放宣传材料72190份，接受群众咨询9400人次，张贴宣传材料2108张。发挥舆情监测作用，应对“康特大酒店虚假投诉食物中毒”“闽侯海峡批发市场柠檬酸泡莲藕”等重大突发舆情事件。

【决策公开】　2016年，《福州市公安局重大决策合法性评估审查程序规定》出台，推进重大决策预公开。市城乡建委对城市建设、内河整治等社会关注度高的决策事项，决策前在部门网站开展民意调查征集。市房管局围绕房地产市场去库存、房价上涨过快、物业管理等热点问题征集意见，开展在线问卷调查，出台相关政策措施。

建立重大民生决策事项民意调查制度，在“中国福州”门户网站设置“规章草案征求意见”栏目，对医疗卫生、资源开发、环境保护、社会保障等重大民生决策事项开展民意调查。市政府2016年向社会公开征集决策意见158篇，并及时反馈意见采纳情况。

【政策执行和重点工作进展落实情况公开】　2016年，福州市公开重点工作进展和完成情况信息。各级各部门细化公开执行措施、实施步骤、责任分工、监督方式等信息，及时公布重点工作进展和完成情况。市农业局围绕全市农业工作会议部署重点工作，重点抓扶贫工作、强农惠农政策、特色现代农业建设及农业依法行政状况等工作信息公开。市安监局每月在部门网站公开全市生产安全事故统计情况信息，分析安全生产形势，并公布“十三五”期间重点任务工作分解落实及进展情况。

公开审计结果公告及整改情况信息。市审计局在部门网站公开审前公告85篇，按月公开审计进度，督促各个审计项目及时推进。修订《关于进一步加强审计整改落实工作的实施意见》，规范审计发现的问题整改，明确被审计单位主要负责人作为整改第一责任人，确保审计整改工作有效落实。推进审计结果公开，将2015年度审计结果公告汇编成册，在一定范围内公开。

【财政资金信息公开】　2016年，福州市公开市、县两级使用财政资金的部门和单位预决算及“三公”经费。市财政局通过“中国福州”门户网站公开《关于福州市2015年预算执行情况及2016年预算草案的报告》《福州市人民政府关于2015年市本级决算(草案)及2016年1—7月预算执行情况的报告》《2015年度福州市财政决算收支情况》《2015年度福州市本级“三公”经费决算支出情况》《2016年市本级“三公”经费财政拨款支出预算说明》。组织各县(市)区、市直各部门开展部门预算、决算和“三公”经费公开工作。各级各部门均在门户网站公开本单位职责、机构设置、一般公共预算收支、机关运行经费等信息。除涉密信息外，部门预决算支出公开到功能分类项级科目，一般公共预算基本支出细化公开到经济分类款级科目。

重点公开民生支出信息。市财政局牵头组织市直部门及各县(市)区做好民生支出信息公开，重点公开教育、医疗卫生、社会保障和就业、住房保障、涉农补贴等信息。市农业局通过部门网站公示扶贫小额信贷等资金信息。

【政策解读】　2016年，福州市人民政府办公厅印发《关于加强政策解读工作的通知》，明确解读范围、责任和形式，将政策解读工作情况纳入政府信息公开与政府网站绩效考核及社会评议范围，强化督查落实。市政府办公厅率先制定政策解读工作细则，在OA办公系统增加“政策解读”功能模块，要求将政策解读材料作为政策文件的附件，与政策文件同步起草、同步报审、同步公布。统筹运用媒体开展发布工作，注重发挥“中国福州”门户网站、《福州日报》、《福州晚报》、市广播电台“政风行风热线”、“福州发布”政务微博、“e福州”政务微信公众号和手机客户端等各级各类媒体作用，及时准确解读政策。年内市政府及市政府办公厅解读涉及面广、社会关注度高、专业性强的政策147条。市公安局加强与《法制日报》《人民公安报》《福建日报》等媒体对接，通过主流媒体及时发布信息、解读政策、引导舆论。

【回应社会关切】　2016年，福州市加强政务舆情监测，由市网信办、公安局牵头，市网信办定期编写网络舆情日报、专报、快报、处置报告，全年编写各类网络舆情报告1500多期，向省委网信办报送涉闽、涉台等舆情信息4392条。制定印发《关于进一步规范我市新闻发布工作的通知》《关于进一步加强信息发布和政策解读工作的实施意见》。形成市级、市直有关部门、各县(市)区党委、政府以及工业园区4个层次的新闻发布格局。全市各级新闻发言人120人，举办1期新闻发言人培训班。建设固定的市政府新闻发布厅，全年召开市级新闻发布会25场，发布重大政策、重大活动和突发性事件等信息。各部门自主召开新闻发布会20余场。成立突发事件应急新闻办公室，负责重特大突发事件应急新闻报道的组织协调和媒体服务工作，组织协调相关地方和部门举办突发事件新闻发布会、新闻通气会，与各级应急新闻办的衔接工作，规范完善突发事件新闻应急处置工作。

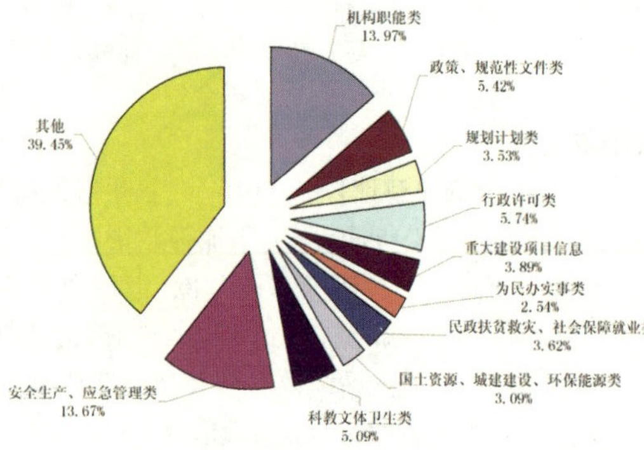

图27　2016年福州市主动公开政府信息类别

图28　2008—2016年福州市受理政府信息公开申请数量

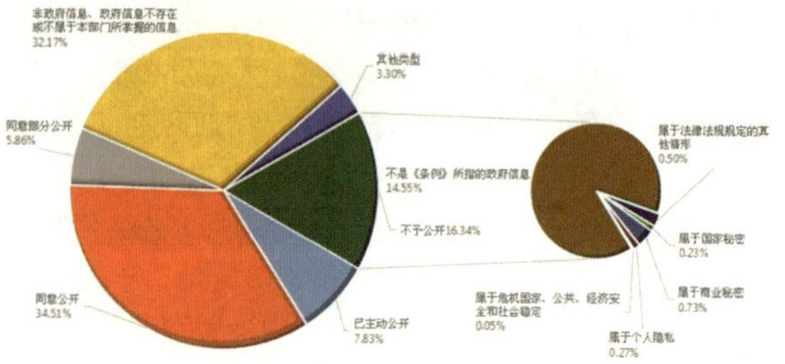

图29　2016年福州市依申请公开政府信息受理办理情况

图30　2008—2016年福州市政府信息公开行政复议、诉讼情况

依托“中国福州”门户网站开展“高端访谈”，全年开展“高端访谈”43期，市直各部门主要负责人主动参加访谈，对涉及面广、社会关注度高的法规政策和重大措施进行解读，回应社会关切。推进专家库建设，为专家学者了解政策信息提供便利，发挥专家解读政策的作用。市公安局通过召开新闻发布会、发布新闻通稿、组织媒体随警采访等形式，处置涉警重要政务舆情及媒体关注的热点问题，全年召开新闻发布会10场，组织网络在线访谈3场，借助“两微一端”，开展辟谣、日常普法、案情通报等对外宣传工作，处置126起涉警舆情和敏感案事件，通过主动应对、主动发声，及时澄清21起谣言。年内各地区各部门回应社会关切热点问题170起。

【公开渠道建设】　2016年，福州市加强政府网站集约化平台建设，提升公开信息集中度，全市各级政府及其工作部门通过门户网站主动公开政府信息23591条，网站政府信息公开专栏或网页访问量3175.02万人次。

发挥政府公报作用，提升政府规章、规范性文件发布质量和时效，扩大公报赠阅范围。全年通过政府公报公开政府信息111条。

加强政府信息查阅场所建设。各级各部门主动公开信息定期送交政府信息查阅场所，市档案局(馆)、行政(市民)服务中心和各县(市)区12所档案馆、7所图书馆建成政府信息查阅场所。市档案局(馆)政府信息查阅场所累计接收、保存市本级政府信息公开单位报送的政府公开信息44380条(份)，其中，2003—2015年产生的政府公开信息41133条(份)，2016年产生的政府公开信息3247条(份)。年内全市各级政府信息查阅场所接待社会公众现场查阅政府信息41329人次。

发挥“福州发布”政务微博服务平台作用，市政府、12个县(市)区和81个市直单位均开通政务微博，发布政府信息，解读政策，回应关切，引导舆论。全年通过“福州发布”政务微博主动公开政府信息3600条，微博粉丝(听众)数量超过75万人。6月开通“e福州”手机客户端和微信公众号，为市民提供政务公开、便民服务等内容。

对“12345”热线进行升级改造，开通企业诉求服务通道，受理企业对各级各部门的投诉、建议、咨询、举报、求助等，及时有效解决企业问题。将12345热线“即问即答”政务咨询服务功能从鼓楼区扩大到全市范围，基本做到“事事有着落、件件有回音”，群众满意率逾99%。

【主动公开政府信息】　2016年，福州市各级政府及其工作部门主动公开政府信息23594条。其中，市、县(市)区、乡镇(街道)各级政府主动公开政府信息8813条，政府工作部门主动公开政府信息14781条。全年主动公开政府信息250226条，其中，市、县(市)区、乡镇(街道)各级政府主动公开政府信息85601条，各级政府工作部门主动公开政府信息164625条。

各级政府及其工作部门主动公开政府信息的主要类别有：机构职能类信息3295条，占13.97%；政策、规范性文件类信息1278条，占5.42%；规划计划类信息832条，占3.53%；行政许可类信息1354条，占5.74%；重大建设项目信息918条，占3.89%；为民办实事类信息

600条，占2.54%；民政扶贫救灾、社会保障就业类信息853条，占3.62%；国土资源、城乡建设、环保能源类信息730条，占3.09%；科教文体卫生类信息1202条，占5.09%；安全生产、应急管理类信息3225条，占13.67%。

【依申请公开政府信息】 2016年，福州市收到政府信息公开申请2200件，其中市本级政府收到131件，下级政府收到358件，各级政府工作部门收到1711件，其中，当面申请506件，占23%；网络申请1053件，占47.86%；以信函形式申请640件，占29.09%。申请数量居前的事项有：土地征用与补偿、拆迁许可和补偿安置、城市规划和建设、建设项目立项审批、食品安全、工商管理等。受理申请数量较大的部门有：市国土局、市房管局、市规划局、市发改委、市市场监管局、市公安局等。年内各级政府及其工作部门累计收到政府信息公开申请9179件，其中市本级政府收到620件，下级政府收到1024件，各级政府工作部门收到7535件。为方便群众，2016年各级政府及其工作部门依申请提供政府信息继续暂不收费。

全年各级政府及其工作部门经审查受理政府信息公开申请2200件，办理答复2185件（其中4件是结转办结上一年度的申请件），其中"已主动公开"171件，占7.83%；"同意公开"754件，占34.51%；"同意部分公开"128件，占5.86%；"不予公开"357件，占16.34%；"非政府信息、政府信息不存在或者不属于本部门所掌握的信息"703件，占32.17%。有19件申请正在办理，结转下年度答复。

【政府信息公开行政复议、行政诉讼】 2016年，福州市受理政府信息公开行政复议59件，因政府信息公开被提起行政诉讼33件，无举报件。全市因政府信息公开累计被申请行政复议203件，提起行政诉讼134件，受理举报2件。

【机制建设】 考核工作 2016年，福州市政务公开工作纳入绩效管理考核体系。市委、市政府制订《福州市2016年度绩效管理工作实施方案》，将政务公开

表10 2015年度福州市县（市）区政府信息公开工作总体测评结果

县（市）区	总得分	县（市）区	总得分
长乐市	82.5	晋安区	60.0
台江区	73.0	连江县	58.0
仓山区	73.0	闽清县	56.5
鼓楼区	72.0	闽侯县	54.5
马尾区	66.0	福清市	54.5
罗源县	65.0	永泰县	42.5

表11 2015年度福州市市直行政机关政府信息公开工作总体测评结果

市直机关	总得分	市直机关	总得分
市安监局	95.0	市水利局	79.5
市地震局	95.0	市审计局	78.5
市司法局	94.0	市海洋与渔业局	78.0
市环保局	92.5	市住房公积金管理中心	78.0
市公安局	91.0	市供销社	78.0
市卫计委	90.0	市商务局	77.5
市旅游局	90.0	市档案局	77.0
市发改委	89.0	市体育局	76.0
市园林局	89.0	市住房保障局	74.5
市地税局	88.5	市机关局	74.0
市林业局	88.0	市外侨办	74.0
市文广新局	88.0	市城镇联社	70.5
市房屋登记中心	88.0	市住宅发展中心	68.0
市规划局	86.5	市投资促进局	67.5
市农业局	86.5	市粮食局	67.0
市经信委	86.0	市监察局	64.0
市交通委	85.0	市国资委	63.0
市人防办	85.0	市民宗局	62.5
市市场监管局	84.5	市人社局	62.5
市城管委	83.5	市行政服务中心管委会	61.5
市统计局	83.5	市财政局	60.0
市国土资源局	83.0	市无线电管理局	58.0
市土地发展中心	82.0	市金融办	54.5
市教育局	81.0	市知识产权局	48.5
市科技局	80.0	市保税区管委会	47.5
市民政局	80.0	市高新区管委会	41.0
市建委	79.5	市国有房产管理中心	26.5

工作纳入市对县(市)区、市直部门绩效管理考核体系。市数字办印发《关于做好政府网站建设和信息公开绩效考核工作的通知》,明确政务公开工作绩效考核内容、对象和评分细则。9月1日,“福州市政府信息公开电子监察系统”正式运行,推动政务公开工作考核从人工定期考核向系统实时考核转变,提高考核效率和精确度。

审查工作　建成政府信息主动公开基本目录,明确公开的主体、内容、时限、方式等,各级各部门严格按目录要求公开信息。市政府法制办定期开展政府规章和政策性文件清理,并将清理结果在“中国福州”门户网站上公布。加强对规范性文件公开的审查,完善政府信息公开保密审查制度,依法依规对拟公开的政府信息执行保密审查,严格落实“谁公开、谁审查”制度,做到应公开尽公开。

通报工作　建立工作情况通报机制,定期通报政务公开工作情况。8月,市政府办公厅印发《关于政务公开工作落实情况的通报》,11月向有关单位下发政务公开工作“整改通知书”,要求各单位及时对政务公开工作存在问题进行整改。

【政府透明度报告】　2016年4月,福州市社科院、市数字办联合课题组公布《2015年度福州市行政机关透明度报告》,为课题组连续5年对福州市行政机关贯彻实施《中华人民共和国政府信息公开条例》、开展政府信息公开工作情况进行调研和测评。2015年度课题调研对象为福州市所辖12个县(市)区政府和54个市直行政机关。2015年度因新一轮市政府机构改革,部分行政机关撤销或合并,市直行政机关测评对象减少5家。

2015年度调研测评指标基本维持上一年度测评指标的内容,但分值权重分配更倾向于相关领域信息公开情况。根据工作性质及社会关注侧重点的不同,对县(市)区政府和市直行政机关开展调研测评的指标及权重设置略有差异。其中,对县(市)区政府调研评测指标包括6个部分,总分100分,分别是政府信息公开指南编制情况(满分5分)、政府信息公开目录设置情况(满分20分)、编制公布政府信息公开年度报告情况(满分5分)、依申请公开政府信息情况(满分30分)、食品安全信息公开情况(满分15分)、环境保护信息公开情况(满分15分)、行政审批信息公开情况(满分10分);对市直行政机关调研测评指标包括6个部分,总分100分,分别是政府信息公开指南编制情况(满分10分)、政府信息公开目录设置情况(满分20分)、编制公布政府信息公开年度报告情况(满分5分)、主动公开政府信息报送公共查阅场所情况(满分15分)、依申请公开政府信息情况(满分20分)、相关领域信息公开情况(满分30分)。

(叶伟奇)

行政(市民)服务中心建设

【概况】　2016年,福州市行政服务中心入驻46个审批服务部门和单位,提供348个审批和服务事项。受理各类申请91.31万件,日均受理3813件,当日办结84.72万件,当日办结率88.89%。

市市民服务中心入驻45个部门(单位),提供451项审批服务事项,其中319个事项可实现当场办结,全年共受理各类申请227.06万件,工作日日均受理7266件,双休日日均受理4210件,当场办结192.18万件,当场办结率84.64%。

全年市公共资源交易服务中心完成政府采购1086项,预算金额101.09亿元,成交金额91.03亿元,节约率9.9%;建设工程464项,总标的246.80亿元,中标金额224.07亿元,降低率9.2%;土地矿产交易公开出让共计30宗,其中包括29个地块与1宗采矿权出让,成交金额235.16亿元;国有产权交易成交103个项目,底价4.75亿元,成交价6.59亿元,增值率38.7%。

市涉及行政审批技术服务大厅入驻91个单位,涉及编制咨询、评估评价、安全评价报告、工程规划审查、设计检测、财政评审、图纸审查设计、工程测量勘测、工程招标代理及政府采购服务等十大类技术服务事项44项,全年办件总量为3256件;市涉及行政审批技术服务网上超市入驻企业1016家,各类技术服务组织在“网上超市”公布服务内容、服务规范、收费项目、收费标准等事项,是全省场所面积最大、入驻单位最多、服务类型最广、服务流程最优、信息化程度最高的“中介超市”。

【简政放权】　2016年,福州市对于市场机制能有效调节、可以由企业自主管理、采取事中事后监管方式进行管理以及上级已公布取消的69项行政审批事项予以取消和暂停实施。取消因法律法规修订或上级文件精神、审批方式转变的74项前置审批条件,部分改为延后或并联办理。简化39个事项办理环节,取

市行政服务中心窗口工作人员热情服务。图为2016年7月21日,重点项目代办窗口工作人员在受理业务　[市行政(市民)服务中心管委会　供]

消实质性意义不大的现场勘察、专家论证或技术审查和多个部门重复审查环节，取消市级行政审批事项的县级部门初审环节，市级部门不再保留已授权县级实施事项审批环节，取消法律法规依据不充分、国家部委统一发文取消或可以内部调取的证明材料30份。推行多点办理改革，对于跨县（市）区办理或涉及建设项目并联审批工作的20项审批事项实行“市区同权、多点办理”，方便企业就近办事。

【公共资源交易平台整合】 2016年，福州市整合原市政府采购中心、市产权交易服务中心和市建设工程交易服务中心职能及市土地矿产交易中心部分职能，组建市公共资源交易中心，接受委托负责工程建设项目招投标、土地使用权和矿业权出让、国有产权交易、政府采购及其他各类公共资源项目进场交易服务和集中采购工作，为公共资源交易活动提供场所、设施和服务。

【多规合一】 2016年，福州市实施“多规合一”审批流程改革，制订出台《福州市“多规合一”协作审批流程改革实施方案》，11月1日起，正式启用“多规合一”审批业务协同平台。前期工作阶段，制定年度重点推进的建设项目前期工作计划、土地储备计划、项目前期协调机制，开展规划选址“五线”检测等前期工作，确保各类项目符合“一图五线”管控要求。审批阶段，将建设项目审批流程再造为立项决策、工程规划许可、施工许可、竣工验收4个阶段，通过“一份办事指南、一张申请表单、一套申报材料、完成多项申报”的统一收件模式，推出容缺预审、设计方案联审及会商机制，解决部门之间各自为政、标准不一、互为前置等问题，建设项目审批时限在原有基础上实现提速50%。

【互联网+政务服务】 2016年，福州市电子证照数据入库总量达76.85万份，市直16个单位的106项事项74类证照、60项事项50类批文与市网上审批系统对接，初步实现部分电子证照全流程的调用查询、共享交换和复用生成的闭环管理与应用，窗口工作人员可从市本级和省级电子证照库中调用电子证照，对企业和社会公众提交的材料进行查验，减少企业反复提交材料的麻烦。

年内市行政（市民）服务中心官方微信平台获“福建智慧民生奖”。该平台提供办事指南及办件在线查询，在微信上实时查询办事进度；推出微信二维码推送预约服务功能，完善排队查询功能，通过官方微信可以查询当前排队情况以及日常排队情况、拥挤排队情况分析。推出“政务服务掌上通”，在官方微信增设网络无纸化取号、现场叫号提醒功能模块，办事群众无需取纸质排队号，可使用微信实现无纸化取号，并提供现场叫号提醒、离台评价服务。

【办事窗口服务】 2016年，福州市在全国创新推行办事服务承诺时限以小时为单位计算。市市民服务中心有319项公共服务事项办理时限实现以小时为单位计算，占入驻事项总数的70.73%，其中有302项实现以分钟为单位计算；市行政服务中心有214项行政审批事项办理时限实现以小时为单位计算，占入驻事项总数的30.32%，实现服务时限精准到点。

在全国率先建立窗口动态增减机制，每月开展入驻单位（窗口）办件情况分析，通过分析当月各窗口办件量及申请人办事排队平均时长，研究提出次月窗口增减方案，满足企业、群众办事需求，减少排队等候时间，确保各类申请“当日取号、当日受理”。9月，根据窗口办事情况，市不动产登记局增设6个窗口，市国税局增设2个窗口，市市场监管局、市建委各增设1个窗口，市地税局、市房管局各减少1个窗口。

在全省率先推行审批服务窗口无否决权服务机制，全市各窗口工作人员对于申请人提出的需求、诉求，特别是涉及不属于受理范围、不符合申请条件以及属于模糊地带、空白领域的非标准化申请，不能简单直接地说“不行”，其行使否决权必须得到批准，并给申请人以合理解释和引导的服务机制。同时，建立健全“窗口否决”快速反应和报备监督机制，制定形成贯穿窗口受理人员、后台审核人员、审批决定人员的全服务流程快速研判机制，对无法当场答复的新情况、新问题，一般事项报批不得超过1个工作日，特殊事项在2个工作日内完成。

（张　勇）

机关事务管理

【概况】 2016年，福州市开展市直机关公务用车制度改革，推进乌山机关大院景观改造项目建设，开展办公用房、公务用车专项检查，完成市第十一次党代会后勤保障工作。获得“2015年绩效管理优胜单位”的称号。

【财务及国有资产管理】 2016年，福州市推进公务卡结算，加强公务用车配置、会议差旅、公务接待及一般性支出等各项行政经费监管，压缩一般性和“三公”经费支出，完成市委办公厅等21个单位的工资、公积金、医保支出和项目经费保障共计2亿多元。开展全市党政机关礼品登记、收缴及处置工作，接收礼品近200件全部移交市档案局保管。开展市机关局管理的国有资产清理清查工作，全面盘点全市公务车辆情况，市直行政、全额拨款事业单位办公用房情况以及机关事务管理局的固定资产情况，摸清底数。

【办公用房管理】 2016年，福州市督促各县（市）区、市直各单位利用腾空用房。严格控制办公用房维修改造项目，严格按规定核定办公用房面积，杜绝豪华装修，共核准市法院等7个单位房屋维修改造申请，调剂解决市经信委等18个单位办公用房，核销闽江学院等4个单位部分房产。推进乌山机关大院景观改造项目建设，完成大院内党工委楼、统计局楼、地方志楼和中巴车库拆除，机要保密业务楼、科技楼、沈公祠、食堂、5号楼、6号楼等修缮及景观改造任务。

【公务车辆管理】 2016年，福州市制订完善福州市全面推进公务用车制度改革实施方案、保留车辆分配方案、离退休干部保留服务用车方案。9月13日启动车改工作，组织开展车辆资料收集，取消车辆封存、集中停放以及评估、拍卖招标等工作，推进保留公车服务监管平台建设，为融入全省公车监管“一张网”建设做准备。规范公务用车专用号牌管理，完成531个单位2324辆公务用车的号牌改挂工作；推进黄标车淘汰和旧车报废工作，完成应淘汰的90辆公务类黄标车处理工作，审核报废210辆旧车。全年审批市直单位购置及更新特种等用车6辆。

【会议会务管理】 2016年，福州市完成省市领导“拉练”、省委省政府主要领导到榕调研、市第十一次党代会、市委全会等市级重大会议和春节团拜会、“5·18”海交会、第四届海青节及全国职业学校创新创效创业大赛、“9·8”投洽会等市级重要活动的服务保障。福州人民会堂管理处完成各种会议任务391场次。在市第十一次党代会期间，牵头15个成员单位，完成周边氛围、主会场东区大会堂、5个小会场、19个代表团分组讨论点、7个会场工作间布置和495名与会代表、工作人员的食宿、交通保障。

【办公集中区管理】 2016年，福州市机关事务管理局加强乌山机关大院管理。完善应急处置预案，排除安全隐患，更新安防设施，设立微型消防站；协助信访部门劝导上访群众，组织安全检查和反恐演练，全年组织演练40余次，妥善处理100余起群体性上访；规范停车秩序和通行秩序，增设停车位；在院内设立便民自行车场站、网约车及的士停车位，保证干部职工出行便利。服务保障东部集中办公区。增加发车频次，定期对办公区物业管理和食堂保障情况进行巡查，每周实地走访各入驻单位，听取意见建议，及时落实整改；完善办公区配套设施，增设附属楼外来办事群众地下停车场，优化东部办公区公共区域标识指示牌设置，建立一体化导向系统，改造东部办公区电动车库增加充电设备，方便外来群众办事；完善外围附属楼群众接待室、警务室建设以及6个岗亭进出口监控系统和门禁设置，规范车辆停放秩序。

【公共机构节能】 2016年，《福州市公共机构节约能源资源“十三五”专项规划》制定。开展能源审计，规范废旧物品回收利用，推进垃圾分类，鼓励绿色出行，推动既有建筑节能改造，完成东部办公区9万平方米地下停车场LED节能灯改造。加大节能宣传培训力度，组织全市用能单位业务经办人员参加公共机构节能远程培训，围绕“节能领跑、绿色发展”主题，举办市直单位专场活动，开展节能政策与技术咨询，展示新能源汽车、高效照明产品的节能效果。“十二五”期间，全市人均综合能耗下降17.8%，单位建筑面积能耗下降14.9%，人均用水下降14.2%。

【后勤服务与保障】 2016年，福州市政府机关食堂主动配合“抓征迁、促落实”百日攻坚行动，延长就餐时间，增加夜间加班餐供应；定期调整食谱，丰富饭菜品种，增开服务窗口，降低服务成本，全年乌山机关大院就餐人数超过15万人次。开展办公设施维保、水电保障、卫生保洁、绿化美化、门卫值班等物业管理与服务，全年维修水电、办公场所2000多人次；为适应车改后公务用车管理需要，市直机关公务车队更名为市直机关公务车辆管理服务中心，全年完成中央和省领导到榕检查指导、兄弟城市党政代表团来榕考察、市领导日常工作调研及重大活动、应急救灾等中巴车辆保障830趟，安全行车84.702万千米。

【办公用房、公务用车专项检查】 2016年，福州市制订开展办公用房、公务用车专项检查方案，印制检查工作手册，明确相关标准、检查注意事项、风险点以及各单位应准备材料。9月中旬和12月下旬，分别组织检查组对各县(市)区、市直各单位办公用房、公务用车管理情况进行专项检查，并将有关检查报告及问题线索向市纪委报送，同时下发整改通知书。

(程　栩)

机构编制

【概况】 2016年，福州新区管理机构获批在市政府挂牌并确定为行政正厅级，小城镇机构改革工作通过省编办验收，市不动产登记和交易中心整合组建，工商、质监、食药监“三合一”市场监管体制改革获中央编办刊物《中国机构改革与管理》刊载推广，全国商务综合行政执法体制改革试点工作通过商务部、中编办中期评估并获优秀成绩，医疗保障管理体制改革基本完成，在全省率先开展“证照分离”改革工作，“双随机一公开”监管工作做法经验在全省视频会上交流，网上名称管理工作连续两年获中央编办通报表扬。

【政府职能转变和机构改革】 福州新区管理机构设置　1月11日，中央编办批复同意福州新区管委会在福州市政府挂牌，并核定行政正副厅级职数。福州新区管理机构设置按照“大部门、扁平化、高效率”的管理机构设置思路，采取“两级机构、协同管理”的总体框架模式，新区党工委、管委会机构设置方案报经省委、省政府批准，省委编委下发《关于福州新区有关机构编制事项的通知》。经市委、市政府研究，印发《福州新区党工委、管委会主要职责及机构编制规定》，新区管委会层面的机构设置工作基本完成。

新区功能区管理机构设置　从促进产城联动、理顺区政关系、建活机制着手，按照扁平、高效的设置原则，研究提出采取区政合一、市管为主、县管为主等多种模式设立福州经济技术开发区(马尾区)、临空经济保税港区、蓝色产业经济区、海峡现代商务经济区、福清临港工业经济区、江阴港城经济区、长乐滨海经济区7个经济功能区管理机构和1个新区公共服务机构设置的建议方案，经市委常委会原则通过，12月22日以市委编委的名义上报省委编委。

小城镇机构改革　青口、荆溪、龙田、金峰4个小城镇机构改革试点取得新进展，通过省委编办验收。推进强镇扩权，通过下放、委托和延伸派驻的方式，赋予小城镇在产业发展、规划建设、项目投资、安全生产、环境保护、市场监管、社会综治、公共服务等方面与经济社会发展相适应的县级管理权限。优化机构设置，按照“精简、统一、高效”原则，对试点镇党政事业机构进行整合提升、综合设置，形成“五办一所+五中心一大队”组织框架。完善公共服务,推进综合服务中心建设,依托“智慧城市”信息网络体系,试点镇改造升级行政(便民)服务中心,搭建网上综合服务平台,提升小城镇公共服务水平。建立小城镇综合执法平台,将县级派驻执法机构纳入综合执法日常监管范畴,镇域范围实行网格化管理,小城镇镇政府统一调度。

【行政审批制度改革】 2016年,福州市在全省率先开展“证照分离”改革试点工作。12月22日,《福州市开展“证照分离”改革工作总体方案》(简称《总体方案》)经市政府常务会议通过,12月30日经市委常委会议通过,并上报省政府研究。《总体方案》按照“六个一批”(完全取消审批一批、审批改为备案一批、实行告知承诺制一批、合并核准一批、提高透明度和可预期性一批、严格准入一批)的改革方式,在重点领域和与社会、企业关系密切的行业,推出改革行政审批事项170项,加快照后许可审批,释放企业创新创业活力,增强经济发展动力。

组织开展中央、省、市取消、下放审批事项跟踪督查和“回头看”。推进第三批小城镇机构改革试点镇按需扩权工作,其中闽侯下放青口和荆溪119项,长乐下放金峰140项,福清下放龙田104项。完成第四轮、第五轮简政放权,取消和暂停实施69项行政审批事项;对74项可以简化的前置审批条件予以取消或改为延后办理、并联办理;对20项需要跨县(市)区办理或涉及建设项目并联审批工作的审批事项实施多点办理。

在全省率先编制并公布权力清单、责任清单和政府向社会组织转移职能目录。梳理26个市政府部门(单位)中介服务事项150项,保留126项,取消24项。梳理前置审批事项144项,其中保留123项,调整21项。按照依申请类、法律咨询类等13个分类标准,梳理完成市本级51个市直部门(单位)的公共服务事项目录清单并对外公布。梳理编制街道权责清单事项129项,目录清单作为全省街道办事处编制权责清单范本在全省推广。

整合市政府采购中心、市建设工程交易管理中心等4个机构,组建市公共资源交易服务中心,率先在全省实现公共资源交易机构实质性整合。拓展电子政务,全市逾90%的行政审批和公共服务事项实现网上审批系统预审或办理;全市电子证照数据入库总量达76.85万份,电子证照库建设走在全国前列。市直38个部门(单位)列入清单的随机抽查事项473项,12个县(市)区实行随机抽查事项652项,市县两级输入名录库的市场主体超过40万户、执法检查人员1684名,福州市“双随机一公开”监管工作做法经验在全省视频会上交流。

【事业单位分类改革】 全面完成事业单位分类 2016年,福州市在基本完成事业单位分类工作的基础上,根据分类指导目录和单位所承担的功能,研究确定市属23个及县(市)区302个暂未分类事业单位分类类别。对福州市承担行政职能事业单位和生产经营类事业单位重新进行摸底,推进条件成熟的生产经营类投资管理公司等事业单位转企改制工作。深化从事公益服务事业单位改革,配合相关部门建立和完善人事、收入分配、养老保险和财政保障等制度。

配合推进医药卫生体制改革 配合相关部门拟订《福州市深化医药卫生体制改革整体方案(2015—2020)》《福州市公立医院综合改革实施方案》《福州市属公立医院综合改革实施方案》《进一步深化基层医疗卫生综合改革的实施方案》《全科医生特设岗位计划实施方案》《福州市加快推进分级诊疗制度建设工作实施方案》等配套政策。

【重点领域关键环节改革】 2016年,福州市重新调整市交通综合行政执法支队机构设置,加强重点区域执法所配置,构建新型城市交通综合执法体系。推进全国商务综合行政执法体制改革试点,建立商务综合行政执法工作联席会议制度,出台《福州市商务综合行政执法体制改革试点工作实施方案》并通过商务部、中编办组织中期评估,获优秀成绩。指导长乐市开展全省市场监管体制改革试点,将物价和知识产权等执法事项纳入市场监管执法范畴,整合行政执法队伍,建立大市场监管执法体系。

理顺园区管理体制,对各工业园区的机构性质规格、内设机构、人员编制等具体情况进行梳理,并针对园区提出的有关机构编制方面的问题深入调研,向省里报送明确青口投资区管委会、连江经济开发区规格为正处级的请示,研究调整融侨经济开发区内设机构设置。

落实从严治党工作要求和省委建立巡察工作机构的部署,设立市委巡察办和巡察组,明确市委巡察办的主要职责,并相应核定人员编制和领导职数。同时,指导各县(市)区做好党委巡察工作机构设置的相关工作。深化医疗保障管理体制改革。协调市直有关部门做好相关职责划转和机构编制调整设置工作,11月29日,印发《关于市医疗保障管理局主要职责和机构编制问题的通知》,基本完成市医保局和市医疗保障基金管理中心整合组建。

【机构编制监督管理】 实名制管理 2016年,《福州市机构编制实名制管理暂行办法》出台。对党政群机关和事业单位使用编制、领导职数、增减人员,严格执行核编制度;对机关、事业单位机构编制实行动态管理,严把人员“入口关”,从源头上落实“财政供养人员只减不增”“不准超编进人”的要求。建立部门间协调配合机制,规范公务员招录、选调(聘)大学毕业生审核制度,有效控制招考招聘规模。

控编减编督查 机构编制数控制在中央要求的总量内,进行“吃空饷”单位编制核减工作。

网上名称管理 建立督查通报制度,加强经费保障,提升机构编制信息化水平。推进福州市中文域名注册和党政机关网站标识管理工作,市、县两级行政、事业单位共开通政务、公益域名6767个,注册率达100%,216个市直单位网站全面完成开办审核,并加挂网站标识,获中央编办通报表扬。

网上核编试点工作 试点30个市直单位通过政务内网进行网上核编,人员入编、减编及个人信息调整均通过政务内网报送。在全省设区市中率先为县(市)区申请开通内网即时通信账号,打通省、市、县信息沟通交流渠道。

业务培训 组织市、县两级编办人员6批22人次参加中央编办主办的网上名称管理、机构编制监督检查、机构编制统计等业务培训班。

【事业单位登记管理】 2016年,福州市开展统一社会信用代码赋码换证工作,至12月23日,3212个事业单位领取"三证合一"新版法人证书,存量转换率达100%,1096个机关群团单位领取"统一社会信用代码证书"。严格"一单、两库、一细则"建设,共抽取171个事业单位开展抽查,抽查比例6%。提高法人证书电子化覆盖率,在市级审批系统平台上发布415个市直事业单位法人证书信息和90个机关及群团单位的统一社会信用代码证书信息。

完成事业单位法人年度报告公示,市县两级登记机关分别在当地政府门户网站或机构编制网站发布2909个事业单位2015年度法人年度报告。推动其他组织利用国有资产举办事业单位,全市新登记2个其他组织利用国有资产举办事业单位。

【机构编制资源调配】 事业单位整合撤并 2016年,福州市撤销11个职能萎缩的市属事业单位,收回编制121名。完成市乡镇企业培训中心、计划生育干部培训中心、房地产职工学校等6个机构整合撤并工作。推动全市妇幼保健和计划生育技术服务资源整合工作,整合市级妇幼保健和计划生育机构组建新的妇幼保健院,指导各县(市)区基本完成基层妇幼和计划生育资源和机构整合工作。

机构编制资源配置 从建筑工程职业中专学校等6所学校空编内,调剂169名事业编制满足教育学院四附小、江南水都中学等18所中心学校编制需求。强化社会管理和公共服务职能,统筹调剂事业编制149名用于加强公共文化服务、公安文职、轨道交通、涉外婚姻登记、金融服务、外事翻译等方面工作。加大政府购买服务力度,对市"智慧福州"管理服务中心坐席员和采集员队伍均采取政府购买服务的方式,减少用编需求约800名。探索"编外聘用人员数"等管理办法,对儿童学园、蓓蕾幼儿园的保育员、炊事员等人员核定编外聘用人员数。

其他行业体制改革 调整福州日报社机构设置和人员编制配置。配合相关部门拟订《福州市国有林场改革实施方案》,开展省以下环保机构监测监察执法垂直管理等前期工作,配合开展海域使用管理改革,建立海域收储制度,组建海域收储机构,变"审批用海"为"交易用海",盘活现有海域资源。

(李中平)

人事人才工作

【概况】 2016年,福州市面向社会考试录用公务员(含参公管理人员)726人,从基层一线遴选公务员37人,公开聘用事业单位工作人员800人,安置军转干部448人,新增省引进高层次人才ABC类人才57人、市级优秀人才130人、市第三届首席高级技师10人、市第三届优秀高技能人才30人,培养高技能人才1.1万人。

【海西引智试验区建设】 2016年,福州市出台《中国福州海西引智试验区五大引智计划实施细则》,开展试验区外专百人计划、高端外专产业项目合作计划、海外高端人才团队计划、海外人才特聘岗位计划、国际化创新人才培养计划,4名外国专家、5个项目、2个团队、1名特聘专家入选,选送13名高层次专业技术人员赴国(境)外访学研修。依托澳大利亚福建乡情联谊会、美国大纽约地区福建学生学者联谊会、美国欧美精英创业家协会、玛萨纳(英国)有限公司、德国百水环境科技有限公司等5个海外机构设立福州市引进海外人才联络处。研究实施海外人才集聚工程,优化海西引智试验区引才聚才环境。深化榕台交流合作,利用福建工程学院海峡工学院台湾人才资源优势,邀请台湾专家学者到榕开展交流活动,通过台湾104人力银行、1111人力银行等人力资源机构招聘高层次专才担任福建自贸区福州片区管委会招商顾问。成立榕台人才交流协会,由49名个人会员(其中台湾会员18名)和4个单位会员组成,立足福州市实际研究制定两岸人才合作开发和培训计划,实现两岸人才交流的常态化。承办"2016年海外留学博士海西行——走进福建自贸区"人才和项目对接洽谈活动,邀请38名来自美国、德国等国家的电子商务、大数据、互联网金融等尖端领域的海外博士,与70家驻榕企事业单位开展对接洽谈。

加强海外人才服务管理,省部共建"中国福州留学人员创业园"获批,获得人社部、省人社厅在政策、资金、人才、信息、服务等方面更多支持。加强留学人员创业管理服务,依托紫光创投平台,为优秀企业和项目提供融资顾问服务,为创业团队提供全方位、一站式的众包服务开发平台。组织开展国家软件与集成电路人才国际培训(福州)基地第12场技术论坛、新媒体培训课程和IT实训课程,邀请英国达比大学博士,台湾中华设计学会理事长管幸生教授开展技术讲座,培训新大陆科技集团等30多家软件、集成电路、工业设计等企业的技术总监、工程师、技术骨干人员等300人。开展2016年度福州市留学人员创业启动资金申报评审工作,全市15个留学人员创业项目获得创业启动资金290万元。

【闽都人才高地建设】 高层次人才政策体系建设 2016年,福州市制定《支持台湾人才在福州自贸区内企事业单位、科研院所等任职的实施意见》,从台湾人才就业任职、创新提升、住房保障、引进培育和加强服务体系建设等方面支持台湾人才在福州市自贸区创业创新。制定《关于鼓励引进高层次人才的七条措施》,从引进高端人才、紧缺急需毕业生、人才税收奖励、博士后科研工作建站、人才住房保障等方面提出7条创新举措,作为全市2017年重点实施的创新政策之一。研究制定总部企业人才支持政策,提出实行总部企业人才配额制等支持政策。制订《聘用福州新区顾问工作方案》,为新区聘请熟悉国际规则惯例、具有较高学术(技术)水平、在国内外具有较强影响力的国内外专家。

聚集高层次人才工作 开展"人才兴企促进"计划,梳理省市人才政策,举办500多家重点规上企业人才政策宣讲会、软件园专场政策宣讲活动,以科技型、成长型、示范型企业和龙头企业为重点建立联系服务重点企业制度,组建福州市人才交流QQ群、高层次人才微信群，针对性帮助企业解决人才方面问题。在全省率先开展福建省引进高层次人才ABC类人才确认工作，采用资格认定制和推荐制简便高效的人才认定办法，实行以用人单位主体认可、行业认同、薪酬业绩为导向的新型人才认定标准，确认高层次人才57人，其中A类1人、B类31人、C类25人，确认数全省第一。在自贸区实施企业首席科技官制度，确认首席科技官2名。组织开展第三届福州市优秀人才选拔工作，130人入选。开展2016年享受政府特殊津贴人选评审选拔工作，4人入选。启动工科类青年专业人才支持计划，确认26人。开展福建省第二届互联网经济优秀创业人才项目选拔推荐工作，共有17家企业入选，其中3家重点，4家优秀。开展系列省级人才项目推荐工作，推荐产业人才聚集基地3个、企事业人才高地2个、福建省青年拔尖创业创新人才7人、福建省百千万领军人才1人。

高技能人才培养工作　制定《关于加快现代职业教育发展的五条措施》的高技能人才配套政策，提高高技能人才医疗和住房保障待遇。通过企业、技工院校、培训机构集中办班、社会化考试等方式培养高技能人才，培养高级工以上国家职业资格证书技能人才1.1万人。开展职业技能竞赛，组织12个行业22个工种开展职业技能竞赛12场，5850人参加竞赛，其中"海峡青年节"职业技能竞赛有技能人才1260人参加。开展高技能人才评选和表彰工作，评选推荐省级技能大师4人。开展福州市首席技师、优秀高技能人才评选工作，新增市第三届首席高级技师10人、市第三届优秀高技能人才30人。开展全市技能人才队伍数量、分布、薪酬等情况梳理汇总工作，为企业用工、人才培养提供依据。

【公务员管理】　考录遴选　2016年，福建省公务员招考公共科目笔试福州考区设50个考点，40195人参考，人数约占全省考生的1/3。全市新考录公务员（含参公管理人员）726人，市直政府机关录用有两年以上基层工作经验人员的比例继续保持100%。市级机关公开遴选计划遴选公务员（含参公管理人员）45人，有8个招考职位报考人数未达到开考比例，实际计划37人。9月对《福州市市级机关公开遴选公务员工作暂行办法》做进一步修改，取消在工作实践中难以认定且流于形式的有关量化考察的内容。

职位管理　抓科级职数管理及竞争性选拔任用，审查市直单位正科级职务182人、副科级职务310人，审核市住房保障和房产管理局、市政府办公厅等共4个职位竞争上岗方案。开展公务员登记工作，办理公务员、参公人员登记手续965人，其中新考录公务员496人，新考录参公人员214人，军转安置人员89人，交流调配22人，县区公选12人，其他4人，乡镇科技副职11人，"六类人员"3人，转制人员114人。各县（市）区落实建立公务员职务与职级并行制度，首轮有5182名公务员（含参公管理人员）完成晋级并兑现工资。推进市公安局城区分局职务与职级并行工作，市公安局鼓楼、台江、仓山、晋安、上街（高新区）等5个城区分局共505人符合职级晋升条件，其中10人晋升正处级，71人晋升副处级，62人晋升正科级，362人晋升副科级。办理各类人员调动手续165人。

考核培训　对《关于进一步加强市直机关公务员岗位考核工作的意见（试行）》进行修订完善，强化一线考核，简化考核程序，加强考核结果应用、提升考核科学性。在马尾区及市科协、市民政局、市统计局开展公务员平时考核试点。开展2016年度考核工作，根据"百日攻坚"评比排名和各单位年度工作成绩，调整市直部门年度考核优秀比例，年度报送考核结果10469人，优秀1907人、称职8162人、不称职5人、不定等次327人、未考核68人。组织3期公务员初任培训，培训2015年度新录用以及往年录用未培训的555名公务员（含参公人员）。开展省级公务员培训基地资格认可工作，福州市行政学院、福州市职业技术学院、福州市人民警察培训学校、福清市行政学校、永泰县委党校（永泰县行政学院）晋安区华天国防教育训练中心6个单位列入省级公务员培训基地。

奖惩工作　对在青运会举办过程中表现突出的37人给予嘉奖，授予581人筹办（参赛）工作"先进工作者"称号。给予在"百日攻坚"一线中做出较大贡献的50人记三等功，给予表现突出的20人嘉奖。给全市181名2013—2015年连续3年年度考核优秀的市直机关公务员（含参公、机关工勤人员）记三等功。推荐国家级先进集体11个、先进个人23名，推荐省级系统先进集体17个、先进个人37名。将13名公务员列入诚信红名单、4名公务员列入诚信黑名单。将2007年6月至2016年12月期间公务员受处分的情况、处分决定和解除处分决定的情况进行备案登记。

【专业技术人员管理】　职称评审改革　2016年，福州市中小学、职专职称评审实行1:1按岗推荐，全年评审通正高级中小学教师14名、正高级职专教师2名。闽江学院评聘51人，福州职业技术学院评聘23人，闽江师范高等专科学校评聘11人。39名木雕艺人、12名石雕艺人取得中级职称，2名石雕艺人取得高级职称；39人获得副高级基层医疗卫生专业技术资格，台湾在榕人才1人获得高级职称，9人获得中级职称。下放马尾区、罗源县、闽清县、永泰县、福州市地铁公司工程系列中级评审权，下放中级专业技术职务任职资格确认权给县（市）区职改办。全年确认中级职称26人、初级职称117人。委托省评审高级251人、中级52人、初级34人，福州市组织申报高级924人、评审通过683人，开展中级评委会10场，申报1009人，评审通过768人。

职称考试　1281人参加全国专业技术人员计算机应用能力考试，5321人参加职称外语等级考试，14851人参加注册一级建造师，4805人参加执业药师考试，3681人参加经济专业技术资格考试，2778人参加消防工程师考试，4121人参加全国卫生专业中、初级考试，1385人参加护士执业资格考试，7401人参加会计专业初级考试会计，20473人参加二级建造师考试。

继续教育　开展企事业单位专业技术人员继续教育学时验证工作，审验3.2万人。指导各基地继续教育办班629期，6.9万人次参加学习培训。联合福建省工艺美术研究院共同举办福建省首届工艺雕刻高级研修班，60位名师参加学习研讨。印发《福州市人力资源和社会保障局关于开展2016年机关事业单位工勤人员技能等级岗位(职务)升级考核工作的通知》,组织608名工勤人员参加升级考核,其中技师135人、高级工148人、中级工119人、初级工206人。

【事业单位人事管理】 事业单位分类招聘 2016年,福州市组织全市事业单位统一公开招聘考试,2.5万人参加笔试,2338人参加统一面试,公开招聘800人。采取发布招聘信息、组织供需见面会和直接面试考核相结合的方式赴省外知名高校现场招聘36名高层次人才。教育系统专项招聘市直教师199人,卫生系统专项招聘461人。高校自主招聘191人,两家公立医院自主招聘105人。

岗位设置管理 建立事业单位岗位结构比例动态调整机制,适当提高基层事业单位中、高级专业技术岗位结构比例。基层事业单位高级专业技术岗位实行总量控制、比例单列,适当放宽高层次人才比较密集的乡镇基层事业单位正高、副高比例,对规模小、人员少、较分散的乡镇基层事业单位进行集中设岗、统一管理。引进具有副高以上职称或硕士研究生以上学历的急需高层次人才可申请特设岗位用于聘任,不受单位岗位总量、结构比例限制。扩大农村教师、农技推广特设岗位计划实施范围和规模,完善全科医生特设岗位政策。任务特别重、基层一线单位可申请特设岗位用于聘任紧缺专业技术人才。对在农村工作满25年且仍在农村工作的中小学教师、医疗卫计人员、农技人员、国有林场技术人员,已取得专业技术职务任职资格的,可不受岗位职数限制直接聘任。全年批复974个事业单位调整变更岗位,其中市属72个,县(市)区属902个,市直单位共聘任2361人、续聘1275人、调动核岗160人,县(市)区属单位中高级聘任备案392人。

【工资收入分配制度改革】 2016年,福州市调整机关事业单位基本工资标准,市直机关单位工作人员月人均增加305元,市属事业单位工作人员月人均增加300元。调整警衔等岗位津贴,5823人调整警衔津贴标准月人均增加790元,103人调整环保津贴月人均增加345元。核定市属225个除中小学外事业单位2015年度绩效工资总量。出台《中共福州市委管理企业负责人基本年薪基数认定暂行办法》《中共福州市委管理企业薪酬信息披露办法》等改革配套政策措施,完成市委管理企业负责人薪酬制度改革,国企负责人平均年薪由49万元降为37万元。发布2016年企业工资增长指导线、劳动力市场部分职位(工种)工资指导价位、企业人工成本信息,2016年企业工资增长指导线上线为12%、基准线为8.5%、下线为3%。

【军转干部安置】 2016年,福州市实行军转干部"阳光安置",完成2016年省下达年度军转干部接收安置任务,其中计划安置182名,自主择业232名。为全市企业军转干部发放生活困难补助经费920万元、养老金托低资金28.5万元、体检费50万元、慰问金15万元、个人部分医疗补助34万元。重新核对1171名自主择业军转干部退役金,采取与市委组织部、市委党校联合办学、协同管理的方式开展军转干部培训,培训118人。

【退休干部管理服务】 2016年,福州市推荐第二批20名处级退休干部参加市重点项目老干部(处级)志愿督导组,每人每月发放200元工作津贴。组织13名医疗专家赴长乐市漳港街道为500名农村居民免费诊断治疗、发放药品。在福州画院举办退休干部书画展,编印《丙申年福州退休干部书画集》。福州市退休干部管理服务中心入选第二届全国"敬老文明号"。

(黄启韩)

发展研究

【概况】 2016年,福州市政府发展研究中心组织完成各类调研成果100多项,撰写重要文稿30多篇,其中,《对接国家战略建设海上福州》获得市委主要领导批示。年内编发《研究报告》(专报件)19期,《研究报告》(参阅件)83期,编辑出版《福州经济》杂志6期。编印《2016年福州发展研究报告》文集。

【重点课题调研】 2016年,福州市政府发展研究中心开展市委、市政府重点课题调研,主导或参与《对接国家战略建设海上福州》《完善工业园区体制机制》《推动服务业跨越发展》《用足用活优惠政策加快发展总部经济》等市政府重点课题调研。集中力量,按时完成《我市与泉州、厦门主要指标差距简析》《福州市经济发展情况分析》等重要文稿。完成市委重点课题《加快建设更具实力的现代化新福州研究》《加快建设更富活力的现代化新福州》2项课题研究。抽调业务骨干参加全市"企业服务月"活动,承担文字材料汇总工作,完成5份周总结、36份活动报表和1份总体报告。

【政策咨询服务】 2016年,福州市政府发展研究中心作为协办单位,协助新区管委会举办"福州新区发展研讨会",邀请中心智库专家指导,探讨福州新区发展定位、体制机制等问题。发挥全国政策咨询信息交流协作的优势,收集分析各地经验做法,形成《创新突破:为什么是深圳》《国内新区体制改革的趋势与做法》等19期专报件。开展前瞻性研究,形成《以城市更新理念引领推进特色省会城市建设》《"十二五"福厦漳泉发展之比较及启示》《促进福州新区和中心城区互动发展》等15期参阅件。

【全市政府系统重点课题调研】 2016年,福州市政府决定从2016年起在全市政府系统开展重点课题调研工作,并由市政府发展研究中心负责牵头抓总。中心从选题指导、做好部门沟通、跟踪督办、文稿编辑修改、制度设计等工作入手。围绕重点精准选题,从全市政府系统报送的115个选题中,筛选出27个重大课题和47个专项课题作为2016年度全市政府系统重点调研课题,协调各部门按时完成调研报告,形成参阅件上报市委、市政府。经市政府研究同意,中心研究出台《市政府系统调研课题优秀成果管理办法(内部试行)》,依据调研成果进入决策的层次和程度,组织开展优秀课题评选工作。

(林舒浩)

地方志工作

【概况】 2016年，《福州市志（1995—2005）》报省方志委验收，出版1部县志、2部乡镇志，整理出版3部旧志，举办3场年鉴工作会议，承办2场全国年鉴工作会议，出版《福州年鉴（2016）》《船政志》。《福州史志》（内刊）复刊，方志馆正式立项、选址，福州市地方志事业“十三五”规划正式印发实施。

【《船政志》出版】 2016年，由商务印书馆正式出版发行，全书90万字、图片300余幅。2010年《船政志》经市政府研究同意后立项开编，是福州市重要的文化工程。该书以“国际视野、全国定位、福建眼光、精品志书”的编纂要求，采用述、记、志、传、图、表、录等体裁，分章记述船政机构、产品制造、人才培养等各项事业发展情况，系统地记载船政的历史沿革和发展历程。

【《福州市地方志事业发展规划纲要（2016—2020年）》印发实施】 于2016年印发实施。该规划是福州市第一份关于地方志事业的专项规划，明确“十三五”期间福州市地方志事业发展的目标和任务。根据发展规划纲要，福州市地方志事业发展的总体目标为，到2020年，全面完成全市第二轮志书出版任务；确保市、县（市）区两级地方综合年鉴一年一鉴，提高编纂质量；建立和完善地方志资料年报制度；加快福州市方志馆建设；加强特色志鉴编纂和旧方志整理；及时编写“福州月报”；加强方志理论研究和队伍建设。基本形成地方志编修体系、质量保障体系、资源开发利用体系、理论研究体系、工作保障体系“五位一体”的方志工作格局。

【《福州市志（1995—2005）》编纂工作】

2016年2月，福建省方志委反馈专家初审意见，《福州市志》总编室成员进行逐条消化。4月，省方志委召开《福州市志》评审验收第一次工作会议，对篇目、内容、文字等方面存在的问题进行交流讨论。会后，福州市方志委按照专家意见，组织力量对各册进行全面修改。9月，《福州市志》报送省方志委验收。

【县及乡镇志书出版】 2016年7月，《永泰县志（1986—2005）》正式出版发行。全书设29卷，共计100万字，全面反映1986—2005年永泰县的经济社会发展情况。由福建省地图出版社出版发行。

年内，连江县完成《马鼻镇志》（48.4万字）、《馆读村志》（30万字）出版发行。

【旧志整理出版】 2016年7月，民国版《连江县志》发行，印数500册，内部发行。该志于民国6年（1917年）肇修，民国16年完稿，民国22年出版，先后由民国连江县知事（即县长）曹刚、张景良、高时驾监修，邱景雍编纂。全书35卷，下限至清宣统三年（1911年）。

10月，长乐方志办历时4年组织整理的明崇祯《长乐县志》由厦门大学出版社出版发行。该书由明崇祯年间长乐知县夏允彝主持纂修。原志包括序、凡例、修志姓氏、目录、县治图与海防图、志六部分，其中志分为“封域志”“经略志”“官师志”“食货志”“祀典志”“崇教志”“人物志”“选举志”“存往志”“艺文志”“丛谈志”11卷。

10月，乾隆版《连江县志》点校出版，全书采用点校版和原版合并一册，共60多万字。该志于乾隆五年（1740年）肇纂，知县戚弢言、教谕王子鑑、训导陈鹏南负责总修。邑人孙发曾总辑，全书13卷30多万字。现由郭庭平点校，2016年10月完成，鹭江出版社出版。

【《福州年鉴（2016）》出版发行】 该卷结合全市政府机构改革，对栏目进行优化设置。针对2015年的年度大事要闻，新增相关资料。整合“特载”“专文”栏目内容，统一并入“特载”栏目。增设“专题”栏目，集中反映2015年福州市重大事件，收录福州新区、中国（福建）自由贸易试验区福州片区、海上丝绸之路等4个部分内容；整合“邮政通信与政府信息化建设”“交通”栏目，其中，邮政内容并入“交通”栏目，整合为“交通运输与邮政业”栏目；通信、政府信息化建设内容及“工业”栏目中的电子信息产业内容整合为“信息业”栏目。结合全市政府机构改革，拆分“卫生　体育”栏目，将卫生内容并入“社会民生”栏目，将体育内容并入“文化　体育”栏目。2016卷年鉴还首次随书附赠光盘，并继续在福州地情网上发布。

福州市各县（市）区综合年鉴2016卷全面开编，至年底，永泰、鼓楼、台江、仓山、罗源、长乐、闽侯、晋安、福清、连江、闽清均已出版发行。

【地情书籍编纂工作】 2016年，福清市编纂出版《福清市情手册2016》。闽侯县编写《2016年闽侯县大事记》。罗源县编写《罗源家训》《清风正气——罗源历史上的清官廉吏》。

【福州地情网建设】 2016年7月，福州地情网采用全省统一的地情全文数据库系统改版后正式上线运行。栏目设置在政务信息、魅力福州、闽都文化、城市之窗、地情全文数据库、互动交流、在线办事等板块的基础上开设“工作动态”“法规　文件”“修志成果”“机构概况”“福州概貌”“福州月报”“图说福州”“名镇名村”“风景名胜”“方志视频”“在线咨询”“领导信箱”“方志知识库”“办事指南”等40多个一级栏目和50多个二级栏目。年内地情全文数据库共计116部7000余万字，其中，福州市志数据库8部，部门、专业志数据库13部，年鉴数据库24部，县（市）区志数据库16部，旧志数据库33部，期刊数据库22期。

【福州方志馆建设】 2016年6月16日，福州市政府协调会同意福州市地情展示馆的选址，即在三坊七巷中黄巷的郭伯荫故居一、二进建筑设立福州市方志馆，面积约1100平方米。同时同意按照“一馆两址”的思路，在福州市图书馆设立方志专区，并寻求与在榕高校形成协作，由其为方志馆进行文献资料的后台帮助。

【举办3场年鉴工作会议】 2016年，《福州年鉴（2016）》组稿会暨年鉴业务培训班分3场分别在长乐、连江、福州东部办公区召开，各县（市）区人民政府，市

表12　**2016年福州市(含县市区)综合年鉴出版统计**

书　名	创刊时间	卷号	主办单位	承办单位	出版单位	出版时间	字数(万字)
福州年鉴	1988	2016	福州市人民政府	福州市方志委	方志出版社	2016.10	115
永泰年鉴	2000	2016	永泰县人民政府	永泰县方志委	福建省地图出版社	2016.6	50
长乐年鉴	2014	2016	长乐市人民政府	长乐市方志委	福建科学技术出版社	2016.10	84.4
台江年鉴	2014	2016	台江区人民政府	台江区方志办	海峡书局	2016.10	60
鼓楼年鉴	2015	2016	鼓楼区人民政府	鼓楼区方志办	海峡书局	2016.12	52.5
罗源年鉴	2015	2016	罗源县人民政府	罗源县方志委	福建省地图出版社	2016.12	60.3
仓山年鉴	2015	2016	仓山区人民政府	仓山区方志办	海峡书局	2016.12	53
闽侯年鉴	2015	2016	闽侯县人民政府	闽侯县方志委	海峡文艺出版社	2016.12	50
晋安年鉴	2015	2016	晋安区人民政府	晋安区方志办	海峡出版社	2016.10	65
闽清年鉴	2015	2016	闽清县人民政府	闽清县方志委	哈尔滨工程大学出版社	2016.11	48
福清年鉴	2015	2016	福清市人民政府	福清市方志委	厦门大学出版社	2016.12	65
连江年鉴	2015	2016	连江县人民政府	连江县方志委	福建省地图出版社	2016.11	80

《福州年鉴》编辑部创新培训方式,图为1月3日,在东部办公区会议室举办《福州年鉴(2017)》组稿会暨撰稿人第二期培训班　(林雪锋　摄)

直各委办局(公司),中央、福建省驻榕单位,各园区管理机构,省属、市属高校分管领导及撰稿人共170余人参会。会议表彰优秀撰稿人20名。

【承办2场全国年鉴工作会议】　2016年11月13—14日,由中国地方志指导小组主办,福州市方志委承办的中国年鉴精品工程专家指导会议在榕召开。会议主题围绕深入贯彻落实《全国地方志事业发展规划纲要(2015—2020年)》,推动中国年鉴精品工程顺利进行,同时对《山西年鉴(2016)》《广东年鉴(2016)》《南京年鉴(2016)》《拉萨年鉴(2016)》《温州年鉴(2016)》《驻马店年鉴(2016)》《北京海淀年鉴(2016)》《延吉年鉴(2016)》《威远年鉴(2016)》9部年鉴稿进行评析。中国地方志指导小组办公室主任冀祥德出席并讲话,中国地方志指导小组办公室副主任刘玉宏主持会议,福建省地方志编委会副主任俞杰致辞,福州市地方志编委会主任高锦利出席会议。

11月15日,由中国地方志指导小组主办,福建省方志委承办,福州市方志委及福清市方志委协办的第一次全国省级综合年鉴编纂研讨会在福清市召开。中国地方志指导小组办公室主任、中国地方志学会副会长兼秘书长冀祥德出席开幕式并讲话。中国地方志指导小组办公室副主任、中国地方志学会副会长刘玉宏主持开幕式。福建省地方志编纂委员会主任陈秋平、福州市人民政府办公厅副调研员李世苞、福清市人民政府副市长林峭立分别致辞。

【宣传信息咨询与服务】　2016年11月,由福州市方志委策划,福州新闻网拍摄制作的反映方志人精神的宣传短片《檀怡晏:修志问道,直笔著史》在"讲述福州"栏目播出。年内为福州市委组织部整理搜集的全市干部教育现场教学点的各项参考资料1.2万字,其中有王审知、闽安巡检司、朱熹等10个专题近20个主题参观点相关材料。

(张　灵)

福州市人民政府驻北京联络处

【概况】　2016年,福州市政府驻京联络处共招商对接5个项目,其中1个项目完成签约,其余4个项目在沟通对接。创办《京榕快讯》,共编发21期;北京福州宾馆全年总营业额802.67万元。

2016年11月8日，福州投资环境（北京）推介会在京举行

（福州市政府驻京办 供）

【招商引资】 2016年，福州市政府驻京联络处持续跟踪重点项目落户福州，主动对接京东方信息医学产业园项目、浪潮集团东南运营总部项目、网库集团闽茶互联网交易中心项目、中船工业集团LNG石化码头项目、三乐建材项目5个项目。其中，浪潮集团项目签约，其余4个项目在沟通对接。协助组织在京大型招商活动，“福州新区建设发展座谈会”和“福州投资环境（北京）推介会”先后于1月20日和11月8日在京举行。拓展在京外商资源，拜访德国联邦外贸和投资署、美中贸易委员会和中美商会、欧盟商会等外国驻华贸易机构及外国在京商会。

【信息收集】 2016年11月7日，《北京信息专报》改版为《京榕快讯》，第一时间向市委、市政府主要领导直接呈报国家部委正在研究的事项和政策、央企的动向、招商项目类信息和一些可供福州市借鉴的各地新举措、新做法。改版后，共编发21期，其中多期获市领导批示。

【信访维稳】 2016年，福州市政府驻京联络处落实驻京疏导劝返工作机制，确保在规定的时间到达马家楼、久敬庄接济中心开展劝返工作，实现每日清零的工作目标，其中，第三季度福州市在京非正常上访人员当日接离率达100%。

【服务保障】 2016年，福州市政府驻京联络处完成市委、市政府主要领导率队赴京拜访国家发改委、卫计委、中联部、财政部、工信部、住建部等国家部委和中央企业的服务保障任务。完成联络处公务用车改革。

【宾馆经营】 2016年，福州市政府驻京联络处调整下属的北京福州宾馆营销政策，引入新的经营团队。宾馆全年总营业额802.67万元，基本上实现收支平衡。

（陈国栋）

福州市人民政府驻上海办事处

【概况】 2016年，福州市人民政府驻沪办发挥上海的区位优势，为内外资企业到福州投资牵线搭桥。主要筹备完成“福州新区推介会”，促成盈创建筑科技（上海）有限公司等大型企业到榕进行投资考察。全年接待福州市、县（区）等到沪考察团20多批次。组织人员多渠道搜集、整理、传递江、浙、沪改革开放和经济建设方面的重大政策举措、先进经验和可供借鉴的招商引资策略。

【招商引资】 2016年6月13日在上海举办“福州新区推介会”，长三角地区近400多家知名企业负责人到会，其中台湾客商约80名，部分客商还进行项目对接洽谈。

7月下旬，邀请盈创建筑科技（上海）有限公司副总裁廖建宁到榕进行考察，拟投资建设3D打印高层生态示范区及3D打印梦工厂。该公司专业从事建筑新材料研发、生产，拥有100多项发明专利和实用型专利，是3D打印行业的国际领军企业。根据其投资意向及项目建设用地需求，10月24日，副市长胡振杰和公司方进行洽谈对接。

8—10月，邀请上海斐讯数据通信技术有限公司高管陈劼佳等人到榕考察，拟投资建设上海斐讯福建省云计算大数据中心产业园项目。该公司是上海国资委参股的高新技术企业，其全球总部位于中国上海，主要向用户及客户提供移动终端、数据通信产品、云计算等各种软硬件及整体解决方案。

10月23日，代市长尤猛军率团赴上海实地考察，并和上海斐讯公司董事长顾国平洽谈对接。

11月11—13日，邀请以香港建设（控股）有限公司监事会主席徐正文为团长的台商经贸投资考察团一行18人到榕考察台商青年创业基地、福建自贸区福州片区、福州市台商投资区等。

11月19日，邀请宜家集团副总监唐晓仲到榕进行投资。该公司为全球最大家具及家居用品零售商。经考察选址，预计投资13亿元。截至年底，福州市土发中心与晋安区政府完成福兴经济开发区鸿福纺织地块土地收储工作，并完成收储协议签订，土地收储工作在进行中。

12月1日，实地察看上海“体汇+法拉利公园”和“古北体汇+”2个项目后，邀请仲益控股集团到榕进行福州建设“体汇+项目”投资考察。“体汇+”项目是创新的商业形态模式，主要从事体育公园的运作与经营，在保证规定的绿化指标范围内，在公园中建设运动型设施（足球场、篮球场、羽毛球场、网球场等），同时建设具有餐饮、娱乐等综合功能的配套活动中心，并通过举办各种体育赛事来扩大影响力，项目正在对接中。

12月29日，邀请K11购物艺术中心执行董事王月青到榕投资考察。该中心是香港新世界集团旗下的高端生活品牌，集购物中心、艺术博物馆、环保体验中心、主题旅游景点和展示人文历史的绝佳场所于一体。

12月30日，邀请香港中天商置有限公司总经理黄子健考察茶亭街王府城项目。随后立即制订该项目的可行性方案和推进进度表。

联系福建国航远洋集团到榕投资建设“蓝梦海丝”近海游轮项目和国际游艇俱乐部，分别到马尾区、仓山区实地考察游轮码头选址。配合市投资促进局开展德国企业克诺尔车辆设备公司和福伊特驱动技术系统(上海)有限公司的招商工作。

【驻沪企业】 2016年,福州籍在沪企业达3700多家,从业人员达10万人。通过上海市福州商会平台,主动与企业进行互动沟通,与上海市综合经济部门进行沟通协调,帮助会员企业逐步走出困境。引导会员企业为家乡扶危济贫、捐资助学等公益事业作贡献,1号台风"尼伯特"灾情发生后,上海市福州商会会长魏锦标向永泰县民政局捐款100万元。上海市福州商会筹集到捐款48.65万元,通过福州市光彩事业促进会转永泰县红十字会258250元,闽清红十字会228250元。

(吴金捷)

福州市人民政府驻深圳(广州)办事处

【概况】 2016年,福州市政府驻深圳(广州)办事处按照拟订的个性化招商方案,走访50多家企业,对接11个招商项目。编发《广深信息快报》36期。开展商会及联络工作,全年接待人员52批553人次。

【招商工作】 2016年,拟定个性化招商方案(搜集线索—筛选项目—上门走访—组织赴榕考察—市直相关部门、县(市、区)、工业园区对接—市领导会见—拟定项目推进时间表—项目落地),走访50多家企业,对接11个招商项目,具体是:1. 福州世纪天元通讯技术有限公司智能终端生产项目;2. 深圳周大生珠宝公司总部基地项目;3. 深圳周大生珠宝公司海西珠宝时尚创意园项目;4. 深圳周大生公司互联网小贷、第三方支付公司项目;5. 广州薛航物流公司飞机维修改装项目(被列入市重点项目);6. 深圳宝能集团福建区域金融总部项目;7. 深圳宝能集团中央商务区地标性建筑项目;8. 深圳宝能集团科技产业园项目;9. 深圳一体医疗集团福州中心肿瘤专科医院项目;10. 深圳比亚迪轻轨生产基地和电动大巴生产基地项目;11. 深圳首欣通科技有限公司华东区域中心销售中心和研发中心项目。同时由市驻深办、项目承接地相关县(市)区、工业园区和项目企业3家组成项目工作小组。

【信息工作】 2016年,福州市政府驻广深办编发《广深信息快报》,每月3期,每期220份,发给市领导、市直有关部门、各区县(市)。经常走访深圳、广州等地政府相关部门,及时了解深圳、广州等地在经济、科技、人才政策等方面的好做法、好经验,编发后及时提供借鉴。《广深信息快报》还采编福州在经济、政治、社会等方面的发展情况及市领导在粤考察调研、开展招商引资等主要活动情况,发给深圳、广州相关政府部门、闽籍在粤企业、重点跟踪的广东知名企业等。

【商会工作】 2016年12月,福州市政府驻广深办帮助商会成立深圳市福州党委。宣传福州"五区叠加"的优势、新一届市委、市政府领导的执政理念以及新一轮经济创新发展十项政策49条措施,推动榕籍企业家回福州投资兴业。全年在粤榕籍商会向家乡捐款捐物达500多万元。

【联络工作】 2016年,福州市政府驻广深办与广深两地政府相关部门的联络,走访各兄弟省市办事处,共同交流探讨办事处工作及招商引资经验。走访拜会美国、英国、法国、俄罗斯、瑞典、挪威、韩国等国驻广州总领事馆总领事,介绍福州的经济社会发展情况和"五区叠加"的发展优势,送"5·18"、"6·18"邀请函,邀请到榕参观考察。年内被深圳市政府评为"全国各地驻深机构先进单位",被广州市政府评为"全国各地驻穗机构先进单位"。

【接待工作】 2016年,福州市政府驻广深办制订详细的接待方案,接待任务完成后均召开总结分析会。年内保障市领导和县(市)区在粤参加"广交会""文博会""高交会""人才交流会"和"福州市政协港澳委员座谈会"等全国性的大型活动和招商会10场,接待人员52批553人次。

(朱凌姗)

(编辑 吴 燕)

政协福州市委员会

综　述

2016年，政协福州市委员会召开全体委员会议1次，常务委员会议8次。组织开展2次专题议政性常委会议，6次专题协商、38场对口协商、10场重点提案办理协商。全年完成“加快发展电商服务业、助推福州新区发展”“凝聚港澳台侨乡亲和力、助推福州新区加快建设”等9个课题调研，开展委员视察30多场、界别活动80多次，提出意见建议200多条。全年共立案交办提案396个，办复率100%。完成《三坊七巷史话》文史征编出版工作；征编出版“三亲”文史资料选集“福州文史资料”（内刊）第34辑。

重要会议

【政协第十二届福州市委员会第五次会议】　2016年2月15—18日在福州举行。会议审议并同意周宏代表十二届市政协常委会所作的常委会工作报告和雷成财所作的提案工作情况的报告。会议期间，委员列席市十四届人大五次会议，听取并审议市长杨益民所作的政府工作报告和市中级人民法院、市人民检察院工作报告，讨论计划和预算报告及福州市国民经济和社会发展第十三个五年规划纲要（草案）。会议增选郑勇、林恒增、陈继鹏为十二届市政协副主席。会议审议通过市政协十二届五次会议决议。会议认为，政府工作报告总结2015年和“十二五”时期的工作客观实在，部署2016年工作和“十三五”规划重点突出，切实可行。委员们围绕制定实施“十三五”规划，加快“四区”建设发展，做好稳增长、调结构、惠民生、防风险等建言献策。

【市政协十二届常委会】　第21次会议　1月29日召开。主要内容：会议听取副市长杭东关于政府工作报告（征求意见稿）起草情况的说明。会议听取副市长杭东作的关于市政府系统办理市政协十二届四次会议以来提案情况的通报。会议分别听取市建委、市公安局交警支队、市经信委关于办理市政协重点提案工作的汇报。会议听取市政协调查研究室主任曹波对政协第十二届福州市委员会常委会工作报告（送审稿）起草情况的说明。会议听取市政协提案委员会主任余松对政协第十二届福州市委员会常委会关于政协十二届四次会议以来提案工作情况的报告（送审稿）起草情况的说明。会议书面审议市政协各专门委员会2015年工作总结和2016年工作思路。会议同意将上述文件材料提交政协第十二届福州市委员会第五次会议审议。会议分别听取市委组织部副部长柳欣关于政协第十二届福州市委员会副秘书长任免名单（草案）、部分专门委员会副主任任免名单（草案）的说明；市委统战部常务副部长阮文光关于中国人民政治协商会议第十二届福州市委员会常务委员调整名单（草案）、委员调整名单

2016年2月15日，中国人民政治协商会议第十二届福州市委第五次会议在海峡国际会展中心召开　（福州日报社　供）

(草案)及关于撤销任志强中国人民政治协商会议第十二届福州市委员会委员资格的决定(草案)的说明。会议听取市政协副秘书长、办公厅主任陈向上关于召开中国人民政治协商会议第十二届福州市委员会第五次会议的决定(草案)及有关文件(草案)的说明。

第22次会议　2月14日召开。主要内容:一、审议《关于同意林雄等同志辞去中国人民政治协商会议第十二届福州市委员会副主席职务的决定》(草案)。决定:因年龄原因,同意林雄、王长鹰辞去中国人民政治协商会议第十二届福州市委员会副主席职务,报政协第十二届福州市委员会第五次会议备案。二、审议通过《中国人民政治协商会议第十二届福州市委员会第五次会议执行主席日程安排》和《中国人民政治协商会议第十二届福州市委员会第五次会议开幕式、闭幕式上主席台就座人员名单》。

第23次会议　2月15日召开。主要内容:一、听取市委常委、市委组织部部长林晓英关于《中国人民政治协商会议第十二届福州市委员会副主席候选人名单》(草案)的说明。同意将上述候选人名单(草案)印发政协第十二届福州市委员会第五次会议各小组酝酿。二、协商《中国人民政治协商会议第十二届福州市委员会第五次会议选举办法》(草案)和《中国人民政治协商会议第十二届福州市委员会第五次会议大会选举总监票人、监票人名单》(草案)。会议同意将上述两份文件(草案)发政协第十二届福州市委员会第五次会议各小组酝酿。

第24次会议　2月18日召开。听取秘书长吴建成关于各组讨论《中国人民政治协商会议第十二届福州市委员会第五次会议决议》(草案)情况及主席会议审议情况的汇报。经审议,同意将该决议(草案)提交政协第十二届福州市委员会第五次会议第四次大会审议。

第25次会议　6月28日召开。听取秘书长吴建成作的《中国人民政治协商会议第十二届福州市委员会部分专门委员会副主任任免名单》(草案)、《中国人民政治协商会议第十二届福州市委员会常务委员调整名单》(草案)、《关于撤销王松中国人民政治协商会议第十二届福州市委员会委员资格的决定》(草案)的说明。

第26次会议　7月22日召开。书面审议《福州市政协十二届常委会第二十六次会议方案》,听取秘书长吴建成作的《关于同意郑建闽等同志辞去中国人民政治协商会议第十二届福州市委员会副主席职务的决定》(草案)说明。

第27次会议　11月3日召开。听取福州新区管委会关于福州新区建设有关情况介绍;听取市政协副主席陈继鹏作"凝聚海内外乡亲合力、助推福州新区加快建设"调研课题专题发言;陈晓津、许枫卿、高玉鼎3名常委、课题组成员、委员危小薇从不同角度围绕"凝聚海内外乡亲合力、助推福州新区加快建设"建言献策;市台办、市外侨办、市工商联等部门对委员的意见建议作回应发言。市政府副市长李春代表市政府出席会议。

第28次会议　12月30日召开。主要内容:会议以书面方式协商《政府工作报告》(征求意见稿)。一致认为,市政府为推动福州市经济社会科学发展、跨越发展做了大量卓有成效的工作,市政协和委员对市政府的工作是满意的,没有提出新的意见建议。会议听取市政府办公厅副主任纪文杰关于市政府系统办理市政协十二届五次会议以来提案情况的通报。会议认为,市政协十二届五次会议以来,市政府系统共承办提案393件,均办复。重点提案10件,涉及实体经济转型升级、培育创业创新服务体系、建立茉莉花产业园、福州新区服务业发展、交通规划人性化、互联网+医疗发展、历史文化街区保护与运营、智慧城市建设、加快台湾农民创业园发展、电梯安全管理等内容。会议书面听取市教育局、市卫计委关于办理市政协提案情况的汇报。对两个单位关于办理市政协提案情况的汇报表示满意。会议听取市委常委、统战部部长陈晔对十三届市政协委员名单(草案)情况的说明。会议审议通过十三届市政协委员名单(草案)。会议听取市委组织部副部长陈惠对《中国人民政治协商会议第十二届福州市委员会副秘书长任职名单》(草案)、《中国人民政治协商会议第十二届福州市委员会部分专门委员会主任、副主任任免名单》(草案)的说明。会议审议通过关于召开市政协十三届一次会议的决定(草案),决定市政协十三届一次会议于2017年1月9日召开。会议审议通过市政协十三届一次会议日程(草案)、主席团、秘书长名单(草案),以及关于授权主席会议审议市政协十二届常委会第二十八次会议未尽事宜的决定(草案)。会议还审议通过市政协十三届一次会议议程(草案),同意将会议议程提交市政协十三届一次全会审议。会议书面审议市政协十二届常委会工作报告(草案)

2016年2月15日,福州市政协委员在两会期间分组讨论政府工作报告
(福州日报社　供)

和市政协十二届常委会提案工作情况的报告(草案)。

政治协商

【全委会议协商】 2016年,福州市政协十二届五次全体会议期间,全体委员和列席人士围绕市政府工作报告、“十三五”规划纲要(草案)和计划、预算报告等全市中心工作展开讨论,就福州新区、自贸区、经济产业、城乡建设、交通管理、教育、文化、医卫、港澳侨台、外事、民族宗教、政府自身建设等19个方面工作提出222条建议,市政府办公厅予以分解督办,相关市部门和县区政协按期进行办理反馈。

【常委会议协商】 2016年,福州市政协开展两场常委会议协商。一是由市政协副主席范美先、郑新清牵头,市政协调研室、经建委具体负责,与市政府及市商务局、市科技局、台江区政府、仓山区政府、马尾区政府开展“加快发展电商服务业、助推福州新区发展”常委会议协商。二是由市政协副主席陈继鹏牵头,市政协调研室、港澳台侨和外事委具体负责,与市政府及市发改委、市外侨办、市台办、市新区办、福清市政府、长乐市政府、马尾区政府、仓山区政府、闽侯县政府开展“凝聚港澳台侨乡亲合力,加快福州新区建设”常委会议协商。

【专题协商】 2016年,福州市开展6场专题协商。由市政协副主席范美先牵头,市政协经建委具体负责,与市政府及市海洋与渔业局、市财政局、市科技局、市国税局、市金融办、马尾区政府、闽台(福州)蓝色经济产业园管委会,开展“抢抓一带一路战略机遇加快打造现代渔业强市”专题协商。由市政协副主席林治良牵头,市政协教科文卫体委具体负责,与市政府及市人社局、市科技局、市财政局,开展“加强博士后工作站建设,助推企业转型升级”专题协商。由市政协副主席陈继鹏牵头,市政协港澳台侨和外事委具体负责,与市政府及市外侨办、市台办、团市委、市人社局,开展“关于加强与港澳台青年交流工作的研究”专题协商。由市政协副主席林恒增牵头,市政协社法委具体负责,与市政府及市人社局、市财政局、市数字办、市房管局、市国土局、市市场监管局、市环保局、市妇联、市民政局,开展“加快推进县(市)区公共法律体系建设的建议”专题协商。由市政协副主席陈继鹏牵头,市政协民宗委具体负责,与市政府及农业局、市民宗局、市文广新局、市旅游局,开展“建设美丽乡村发展畲族生态文化旅游”专题协商。由市政协副主席郑勇牵头,市政协人资环委具体负责,与市政府及市建委、市城管委、市规划局、市园林局、市水利局,开展“关于建设海绵城市的建议”专题协商。

【对口协商】 2016年,福州市政协开展38场对口协商。分别是市政协经建委具体负责,与市海洋与渔业局开展“关于大力发展特种水产养殖业的建议”对口协商;与市金融办开展“加快福州自贸区金融改革推动金融主体多元化的建议”对口协商;与市交通委开展“关于缓解高峰期公交乘车难问题的建议”对口协商;与市农业局开展“关于推进我市油茶产业发展,助力精准扶贫的建议”对口协商;与市商务局开展“关于建立跨境电商质量溯源平台的建议”对口协商;与市建委、市规划局开展“关于提升城市道路规划理念建立建设监管机制的建议”对口协商。

市政协教科文卫体委具体负责,与市教育局、市人社局、市财政局、市国资委开展“关于进一步推进校企合作的建议”对口协商;与市委宣传部、市文广新局、市人社局开展“关于闽剧艺术传承发展的建议”对口协商;与市体育局、市文投集团、市发改委、市经信委开展“关于加快我市体育产业发展的建议”对口协商;与市卫计委、市人社局、市发改委开展“关于进一步加强社区卫生服务中心人才队伍建设的建议”对口协商;与市规划局、市建委、市民政局、市地震局、市信息办开展“关于进一步加强防震减灾系统建设的建议”对口协商;与市科技局、市人社局、福州高新区管委会开展“关于推进我市高层次人才创新创业环境建设的建议”对口协商。

市政协港澳台侨和外事委具体负责,与市商务局(口岸办)、福州海关、福州出入境检验检疫局、元翔(福州)国际航空港有限公司开展“关于改进福州机场进出关安检行李方式的建议”对口协商;与市经信委、市商务局、市财政局开展“关于政府加大对实体店扶持”对口协商;与市交通委、福州公交集团公司、市规划局开展“关于推进都市公交创建的建议”对口协商;与市经信委、市商务局、市财政局、市发改委、市规划局开展“关于优化整合现有产业园区的建议”对口协商;与市旅游局、市建委、市商务局、市卫计委开展“关于大力发展福州温泉特色旅游项目,推动健康温泉养生产业链新格局的建议”对口协商。

市政协社法委具体负责,与市城管委、市房管局、市财政局、市国有房产管理中心开展“关于采取有效措施解决环卫工人后顾之忧的若干建议”对口协商;与市教育局、市司法局、市综治办、市公安局开展“关于预防我市未成年人毒品犯罪的建议”对口协商;与市卫计委、市社区办、市民政局、市教育局开展“关于加强福州市社区心理健康服务的建议”对口协商;与市卫计委、市人社局、市民政局、市财政局、市数字办开展“当前养老业发展中亟需解决的若干问题”对口协商;与市公安局、市司法局开展“关于强制戒毒出所人员社区衔接工作的建议”对口协商;与市公安局、市人社局、市委编办开展“关于在福州市区增加步行巡逻警察的建议”对口协商。

市政协民宗委具体负责,与市民宗局、市教育局、罗源县民宗局、罗源县教育局开展“关于在罗源县二附小民族班招收山区民族学生的建议”对口协商;与市发改委、市民宗局、市物价局、市电业局开展“关于推进宗教活动场所用电实行居民合表电价的建议”对口协商;与市农业局开展“关于我市农业保险发展的建议”对口协商;与市文广新局、马尾区文广新局、马尾船政文化管委会开展“关于把马尾镇沿山后山天主教堂列入马尾船政文化建设整体保护的建议”对口协商;与市农业局、市市场监督管理局开展“关于规范蛋鸡养殖业发展的建议”对口协商;与市民宗局、市商务局、市文广新局、市旅游局开展“宗教工作服务于21世纪海上丝绸之路建设的若干建议”对口协商。

市政协人资环委具体负责，与市水利局、市环保局、闽侯县政府开展“关于加强小流域水质监测与治理”对口协商；与市建委、市自来水公司、市房管局、市物价局、市卫计委开展“关于加强老旧小区二次供水监管的建议”对口协商；与市园林局、市城管委开展“关于推进城市立体绿化建设的建议”对口协商；与市城管委、市环保局开展“关于加快推进我市餐厨垃圾专业化处理的建议”对口协商；与市农业局开展“关于推进畜禽粪便资源化利用实现化肥用量负增长的建议”对口协商；与市智慧服务中心开展“关于推进政府智慧城市建设促进社会互联网 + 发展的建议”对口协商。

市政协文史学宣委具体负责，与市委宣传部、市文广新局、聚春园集团开展“加强于山艺术展馆专业化管理的建议”对口协商；与永泰县政府、市文广新局、市旅游局开展“保护与发展古寨堡建筑文化的建议”对口协商。

【立法协商】 2016年，福州市政协社法委与市人大法工委合作，分别就《福州市市容和环境卫生管理条例》《福州市湿地保护管理办法》和《福州市轨道交通条例》等地方法规开展立法前协商，委员提出的部分修改意见被吸收采纳。市政协社法委组织市政协委员及市政协办公厅、调研室、各专委会负责人参与市“两院”报告征求意见会。

民主监督

【概况】 2016年，福州市政协社法委组织召开市政协民主监督员工作座谈会。民主监督员各小组组长在会上交流民主监督工作经验，对2016年的民主监督员工作作出部署。针对民主监督员开展工作中存在的困难和问题，如缺乏必要的监督机制和平台、监督员日常工作繁忙且层级偏低、监督员专业水平不够高、被监督单位无压力等，会议提出4点改进意见。

【委员视察】 2016年，由福州市政协副主席带队，开展“抓征迁、促落实”百日攻坚行动，组织市、县(市)区两级政协委员开展重大项目建设视察24次。采取全会前视察、常委会视察、专委会视察和界别小组视察等形式组织委员视察30多场。

【重大项目建设视察评议】 2016年，福州市围绕“抓征迁、促落实”百日攻坚行动，组织市县两级政协委员开展重大项目建设视察评议；开展“海上福州”建设专题调研，动员社会各界力量参与“全民动员、绿化福州”、城区水系与交通拥堵综合治理等工作，组织引导市政协委员就市委部署的系列行动开展专项视察、提交提案、反映社情民意，协力推进相关行动。配合开展“抓招商、促发展”专项行动，向异地商会、港澳委员宣传推介福州“五区叠加”的政策优势和投资环境，引导在外乡亲参与自贸区、福州新区建设。研究出台《关于汇聚合力服务市委百日攻坚、抓招商、建设海上福州、绿化福州、城区水系与交通综合治理等重大行动的实施意见》。

委员与提案

【委员服务管理】 2016年，政协福州市委员会以专委会为基础，通过调研、视察等履职平台联谊委员，通过专门走访激励委员。加强政协专委会与市直部门的对口联系、对口协商，并定期通报情况。推出“福州政协”微信公众号和委员服务管理平台，及时发布履职信息，便利委员掌握政协动态。加强政协专委会队伍建设，督促专委会用好“政协委员之家”活动平台，加强委员履职服务引导，开展常规性委员活动。全年420多人次参与调研协商，800多人次参加全会、常委会和专委会视察，160多人次主动或者受邀开展民主监督评议工作，参与反映社情民意信息400多条。

【政协提案】 2016年，政协福州市委员会接收提案488件，经审查，立案396件。其中，委员提案247件，政协参加单位和专门委员会提交集体提案149件。不予立案的91件作为委员来信或社情民意转送有关部门研究参考。委员对提案办理结果表示满意的265件，表示基本满意的130件，表示不满意的1件。

文史信息

【文史资料征编】 2016年，政协福州市委员会完成《三坊七巷史话》文史征编出版工作；征编出版“三亲”文史资料选集“福州文史资料”(内刊)第34辑；开展《走向世界的黄檗文化》《福州与琉球》《圆瑛大师与“一带一路”》(暂定名)等专辑的征编工作；编辑出版“福州文史”期刊4期；编辑印发委员“学习参考资料”6期；在福州电视台策划编播24期“政协之声”专题片；在《福州日报》刊登“政协之声”专题报道18篇；支持和协助协调福州市政协书画院开展各项书画笔会办展及采风活动。

【信息编报】 2016年，福州市政协编发“福州政协信息”普刊25期、对口协商专报27期、“福州市政协社情民意专报件”103期。全年收集政协委员报送的各类专报信息1500余条，被全国政协办公厅采用3条，被省政协办公厅采用85条，得到省领导批示19人次；向市委、市政府编发信息专报106条，主要涉及福州新区、自贸区、产业转型升级、城市管理、园林绿化、便民服务等方面，得到市领导批示91人次，部门办理反馈40余条。

交流联谊

【党派团体委员调研协商】 2016年，福州市政协加强与市各民主党派、工商联、人民团体的联系，在调研、协商、提案督办、反映社情民意信息等履职活动中搭建履职平台。年内9个参加单位在市政协全会上围绕新区建设、海上福州、自贸区建设等作专题发言，5个参加单位作书面发言。邀请党派团体委员200多人次参加各课题的调研协商活动。

【界别委员调研协商】 2016年，福州市政协以各专委会为主要依托，以界别协商、调研视察为主要途径，通过对口联系会议、联合调研、专题研讨等形式，组织开展90多次界别活动。

组织教育界别委员开展"金山片区生源爆满问题"调研，赴市教育学院附属第三小学、福州四中橘园洲中学实地调研；开展"我市乡村教师支持计划实施情况"民主监督活动，实地察看闽侯县东南学校、青口中心小学；开展教育、医卫界别委员联合走访活动。

组织医卫界别委员开展"医联体建设情况"调研，实地调研水部街道社区卫生服务中心和福州市第一医院；开展"民营医院建设情况"调研，到东南眼科医院金山新院实地调研，并就民营医院存在的规模偏小、人才和资金缺乏、人员流动性过大等普遍的问题进行探讨。

开展"新区体育产业发展"调研，组织教育、体育、文艺界别委员深入体育用品制造企业——福州宜美电子科技有限公司实地调研；开展"大数据技术平台建设与应用情况"调研，组织科技、科协界别委员深入委员企业伊时代信息科技股份有限公司调研座谈；开展"基层公共文化设施建设使用情况"视察，组织文艺、教育等界别委员视察海峡文博院、水部街道建华社区文化服务站、台江区图书馆、台江区文化馆等基层公共文化设施。

【台港澳委员活动】 *举办海峡论坛·第七届海峡两岸船政文化研讨会* 研讨会以"船政与孙中山的海防思想"为主题，6月11—12日举办。来自国台办海峡两岸研究中心、中国社科院、中国军事科学院、北京大学、复旦大学和台湾大学、政治大学、台湾联合大学等海峡两岸科研院校的专家学者以及中华统一促进党沈葆桢党部代表、船政后裔等200多人参会。

举办海青节·第十三届榕台青年夏令营活动 8月，举行由福州市政协主办的第四届海峡青年节系列活动之一——"牵手相约·体验福州"第十三届榕台青年夏令营活动，营期7天。营员包括台湾新竹高中、新竹女中、台北福州十邑同乡会和福州第八中学近百名学生参加，其中台湾学生40人。开展"结对子"、联欢晚会、武术教学、篮球友谊赛等活动，举办福州历史讲座，参访各种人文古迹以及长乐海西网龙创意产业园、海峡（福州）大熊猫研究交流中心等。

召开2016年福州市政协港澳委员、海联会常务理事深圳座谈会 10月15日，市委常委、副市长、统战部长陈晔向参加会议的市政协港澳委员、海联会常务理事、广东地区福州商会负责人通报市第十一次党代会精神和福州市经济社会发展情况；福州新区管委会副主任肖华通报福州新区2016年度工作情况。书面通报市政协、市海联会2016年的工作情况。与会人员围绕福州新区建设等福州发展话题提出意见和建议。市政协党组书记何静彦提出两点希望。

其他活动 组团参加澳门福州十邑社团总会首届理监事就职庆典、澳门福建青年联会成立十九周年暨第七届理监事就职典礼。协助做好香港新界地区闽籍社团考察交流团到榕考察交流活动。组织召开"市领导与出席市政协十二届五次会议的港澳台委员、特邀委员及列席人士"座谈会。

【民族宗教委员活动】 2016年，福州市政协民宗委组织委员赴林阳寺、连江县实验小学民族班、琅岐、金鸡山南天照天君宫、永泰县富泉芭蕉村、永泰县清凉镇开展6场活动。走访慰问福州鼓山涌泉寺释普法方丈、福清石竹山道院谢荣增道长、福州雪峰寺、万佛寺释广霖方丈、福州西禅寺释赵雄方丈。走访林阳寺、雪峰寺、南天照天君宫、福清石竹山道院，了解宗教活动场所管理维护等情况。应邀参加雪峰寺牡丹节暨书画展、陈靖姑诞辰1249周年庆典、第八届闽台佛教文化交流周开幕式、晋安区宗教活动场所标识牌挂牌仪式等活动。

（李　伟　陈小刚）

（编辑　吴　燕）

民主党派与工商联

民革福州市委

【概况】 2016年，民革福州市委会下辖5个工委，4个总支，50个支部。有党员987名，其中中高级职称620人，占62.8%，大学及以上学历477人，占48.3%。17人次担任市级以上人大代表、政协委员。全年提交提案、建议43件。被评为“民革福建省委会信息工作先进集体”“政协福州市第十二届委员会提案工作先进集体”。

【参政议政】 2016年，民革福州市委会报送省政协委员提案1篇，提交市人大建议8件，市政协集体提案17件，委员个人提案17件。省政协委员提案《大力推进福州、南平山海协作、互补联动发展的建议》得到时任副省长梁建勇的批示，省商务厅、省旅游局会同福州、南平两市召开专门的提案办理协调会，形成帮扶工作备忘录；《关于加强历史街区保护运营发展的建议》提案被评为市政协重点督办提案，《拓展福州港陆向腹地，打造海丝枢纽城市》被选为市政协点题协商提案，《关于在自贸区建立跨境电商质量溯源平台的建议》被市政协经建委选为专题协商议题。

完成调研文章14篇。其中，《关于进一步促进福州设施农业、休闲农业发展的建议》等3篇调研报告在《福州调研》刊登；《关于加强历史街区保护运营发展的调研》等2篇调研文稿被民革福建省委会评为优秀调研论文三等奖；《关于加强历史街区保护运营发展的建议》《关于发挥港口经济带动作用，进一步加强“海上福州”建设的几点建议》获市领导批示。

整理、报送社情民意信息209条，被各级部门采用96条，被省市领导批示14条。其中《对慈善法草案的修改意见》等8篇被中央统战部采用，《关于化解土地供需矛盾的若干建议》等23篇信息被省委办、省统、省政协采用，67篇信息被市委办、市政协采用，《报刊违法刊登代开发票广告应引起高度重视》获省领导批示，13篇获市领导批示。

【思想理论建设】 2016年，民革福州市委会开展纪念孙中山先生诞辰150周年活动，征集纪念文章17篇，向民革福建省委报送8篇，其中1篇获二等奖，2篇获优秀奖。闽江学院支部与闽侯县总支联合举办专题书画笔会，鼓楼区工委举办纪念孙中山诞辰150周年文献资料图片展。

组织撰写《深入开展“两学一做”学习教育，切实加强和改进党的群团工作》等3篇理论文章。其中《民革前辈陈绍宽故居保护纪实》被选入民革中央的《孙越崎生平事迹研讨会暨民革前辈纪念场馆联谊会第五次年会会议交流材料》，《深入开展“两学一做”学习教育切实加强和改进党的群团工作》被收入《福州市第十一次政协理论研讨会论文选编》。编辑《福州民革》定期刊物，8篇报道被民革中央《地方情况反映》采用。

2016年6月9日，民革福州市委会主办两岸青年同源信俗体验营开幕式

（市民革　供）

【组织建设】 2016 年,民革福州市委会完成经委会、祖统委调整充实工作,将长乐市支部升格为总支,成立第二支部。开展示范性支部实践活动,建立民革党员之家,完成组织信息管理软件升级工作,对党员信息进行全面采集核对,通过民革 E 家、QQ 群、微信群等形式联系基层。年内发展新党员 20 人。

【服务榕台交流】 2016 年,民革福州市委会主办"海峡两岸传统手工技艺传承人青年论坛""两岸同源信俗文化体验""两岸生态产业项目合作与对接洽谈会"等 3 个海峡青年节活动项目。完成民革中央领导和中国国民党青年团等到榕参会接待工作。支持党员成立两岸青创联盟福州基地、福建省汉服文化促进会,建设两岸同源信俗民俗博览馆等。

【社会服务】 2016 年,民革福州市委会开展"海西春风春雨光彩"行动,各级民革开展"三下乡"活动 5 次,各类社区慰问活动 8 次,各类公益捐款 352.3 万元。赴观景社区、琴湖社区向结对困难户送去慰问金、慰问品,开展写春联、义诊、法律咨询等活动;慰问困难党员和民革抗战老兵;赴罗源民族中学、闽侯高洲小学开展支教兴学、关爱农村留守儿童活动,捐赠总值 1 万余元的体育器材;与晋安区寿山乡前洋村共建农村书屋,捐赠书籍 600 余册和电脑 1 台;以福州市中山法律援助工作站为平台,开展法律援助 5 例;与洪山镇司法所对接,为矫正对象提供法律援助。

(王晓莉)

民盟福州市委

【概况】 2016 年,民盟福州市委会下辖福清、长乐两个县级市委会,5 个区工委,2 个总支,73 个基层支部。有盟员 1836 人,其中具有中高级职称的占 71.9%,教育、文化、科技界占 73.53%。

盟市委先后获评盟中央"民盟社会服务工作先进集体"、2015 年度民盟省委社情民意信息工作二等奖,1 人获评盟中央反映社情民意信息工作先进个人,1 人获评盟中央社会服务工作先进个人。12 月 24 日,民盟福州市第十四次代表大会召开,选举产生民盟福州市第十四届委员会委员 38 人。

【参政议政】 2016 年,福州市"两会"期间,民盟福州市委会提交集体提案 12 件,人大代表建议案 25 件,政协委员个人提案 16 件,其中《加快福州新区建设更好发挥福州中心城市作用的对策建议》被盟省委作为集体提案报送省政协十一届四次会议,得到福建省委书记尤权,省长于伟国,时任省委常委、福州市委书记杨岳等省领导的批示。全年完成福州市委和盟省委课题 6 篇,市政协理论研究课题 1 篇。调研成果《关于做好科技扶贫、精准扶贫的建议》《关于全面二孩政策背景下促进我市基础教育发展的几点建议》作为市委直报件被采用,获市领导批示。

向盟省委、市政协、市委统战部等单位报送信息 191 条,简讯 12 条。信息被采用 74 条,其中《关于建设具有地方特色的福州海峡图书馆建议》《建议我市建设空中轨道列车解决城市拥堵问题》《民营医院乱象频发亟需动真格整顿》等 3 条信息获市领导批示。《建议省高院取消在立案时要求当事人提供裁判文书生效证明的规定》获省领导批示。

【思想理论建设】 2016 年,民盟福州市委会召开 11 次主委、常委会议,2 次全委会议学习中共十八届五中、六中全会精神,习近平总书记系列讲话精神,以及福建省委第十次代表大会、福州市委十一次代表大会等重要会议精神。选送骨干盟员 26 人参加民盟中央、民盟省委和福州市委举办的党派干部培训班;组织 160 余名盟员参加盟市委举办的暑期骨干培训班、新盟员学习班;组织 200 余人次参加市政协、市委统战部等单位举办的学习班。

【组织建设】 2016 年,民盟福州市委会发展新盟员 20 人,平均年龄 39.65 岁。完成福州市 52 个基层支部和民盟长乐市委会的换届工作。在鼓楼区、仓山区、晋安区成立"盟员之家",规范"盟员之家"建设工作。市属基层支部开展活动 200 余次,各专委会开展专题活动 6 场。

【社会服务】 2016 年,民盟福州市委会开展"黄丝带"帮教活动,联合盟省委走访福建省女子监狱、省女子戒毒所和省未成年人戒毒所,就文艺帮扶、戒毒帮扶工作开展调研;赴挂钩帮扶的新夏社区走访慰问贫困家庭,送去 5000 元慰问金和总值 1000 多元的慰问品;组织盟员到贵州省毕节市梨树中学、层台小学开展教育帮扶的调研,向两所学校捐赠 18 万元的助学资金;参与闽清灾后重建工作,向闽清第二实验小学捐赠 10 万元重建电脑室;向宁德市霞浦县浦宫小学、后山小学捐赠 5000 多册图书和 10 套多媒体教学电脑;组织医务届盟员与市第七医院合作,到闽清县塔庄镇林洞村村部开展"送温暖、送健康"美丽乡村义诊活动,经盟市委协调,福州市第七医院在当地设立免费义诊点。

(王　翀)

民建福州市委

【概况】 2016 年,民建福州市委会下辖 1 个县级市委会,5 个区工委,1 个企业家委员会,30 个支部,7 个专门委员会(含艺术中心),会员 1078 人,平均年龄 53.5 岁,经济界人士占比 83.5%。市委会领导及成员担任各级人大代表 18 人,担任各级政协委员 78 人。

年内被民建福建省委评为 2014—2015 年度新闻宣传工作先进单位,4 人获民建福建省委 2014—2015 年度新闻宣传工作先进个人称号。获评 2015 年度全市政协信息工作先进单位,连续两年蝉联全市政协系统社情民意信息评比第一名。12 月 22—23 日,民建福州市第十二次代表大会召开,选出常委 14 名,委员 34 人。

【参政议政】 在 2016 年初市政协年会上,民建福州市委会围绕福州新区建设、精准扶贫、互联网金融等方面向大会提交 13 篇集体提案,其中《以海洋旅游助推福州新区跨越发展》被列为 2016 年市政协重点提案。针对福州市自贸区建设，形成《尽快设立福州片区开发基金》《加大引进自贸区共建研究院所工作力度》《抓住建设福建自贸区的机遇，推进榕台高科技园区交流合作》《关于进一步促进新区一带一路建设的建议》等建言材料。完成《关于借鉴新加坡经验，精准推进我市城市主城区海绵城市建设的建议》《以海洋旅游助推福州新区跨越发展》《关于进一步推动我市创新创业发展的建议》等31篇调研文章。其中，《关于借鉴台湾特殊经济区发展经验，促进福州新区发展的建议》获2015年福建统一战线建言献策优秀论文一等奖；《借鉴新加坡经验建设福州海绵城市》被《福州经济》2016年第2期采用。《以电商推动互联网金融发展》被《政协天地》2016年第四期刊用。撰写政协年会大会发言稿《发挥海洋优势　助推"海上福州"海洋高端产业发展》，选送20篇作为提案。年内完成参政议政文集(2012—2016年)汇编。

会员报送的《关于准许增值税小规模纳税人自开增值税专用发票的建议》被全国政协办公厅采用并获党和国家领导人批示。创投专委会集体撰写的《关于设立福州"基金小镇"的建议》被市委办采用，获市长尤猛军和市政府常务副市长林飞的批示。受市政府常务副市长林飞委托，创投专委会多次参与"设立福州新区华侨基金母基金研讨会议"，直接参与福州新区华侨基金母基金方案的制定。

编发上报各类社情民意信息280多篇，其中被全国政协办公厅、省委办公厅、省、市政协、市委办采用60多篇，8篇文章获得省市领导批示。《关于准许增值税小规模纳税人自开增值税专用发票的建议》被全国政协采用并得到党和国家领导人批示。《对提升我省电网应对灾害能力的建议》被省委办公厅《八闽快讯》专报件采用并获省委书记尤权批示；《关于进一步发挥政府在我省商品房去库存中主导作用的建议》获省委书记尤权、副省长洪捷序、黄琪玉批示；《关于加快菌草技术成果转化　推进我省生态建设和扶贫开发的建议》获省委书记尤权、代省长于伟国批示；《关于借鉴台湾特殊经济区发展经验，促进福州新区发展的建议》《加强我省与台湾都市现代农业发展互动助力精准扶贫的建议》获省长于伟国，副省长黄琪玉批示；《划定海水养殖区生态红线》获副省长黄琪玉批示；《关于支持福州市少数民族乡村图书室发展・打造少数民族乡村现代"小微书院"的建议》获市长杨益民批示。

【思想理论建设】　2016年，民建福州市委会开展中国特色社会主义教育实践活动部署会，将2016年定为"中特教育实践活动推进年"，下发《中国民主建国会福州市委员会关于继续开展加强中特教育活动的通知》。举行民建福州地方组织成立65周年纪念大会。《对提升当前我国高校民主党派基层组织参政议政能力的几点思考》《强化创建品牌意识　全面提升政协履职水平》被《市政协第十一次政协理论研讨会论文选编》收录，《民建参与修宪历史对新时期提升政党协商效能的启示》《提升民主党派社会服务工作实效性分析与建议》等理论成果在民建中央理论委员会2016年年会上作交流汇报。

【组织建设】　2016年，民建福州市委会发展会员51人，其中大专及以上学历100%，硕士研究生以上学历8人，具有各类技术职称及专业从业资格134人次，经济界人士40人，企业高级管理人员31人。年内推荐后备干部和骨干成员参加民建中央基层组织主委培训班、民建省委骨干会员培训班、民建福建省委基层组织主委培训班等各级各类培训班20多人次。完成鼓楼综合支部换届工作；完成民建福清市委会、仓山区工委、马尾区工委和晋安区工委调整(换届)的准备工作。推进鼓楼、台江区工委和企业家委员会"会员之家"建设。

【社会服务】　2016年春节前夕，民建福州市委会走访鼓楼开元社区和王庄街道，向困难户送去慰问金和慰问品。1月，组织企业家会员前往政和县外屯乡洋屯村开展"三下乡"新春慰问活动，向村里20名困难户送去慰问金和总值1.2万元的慰问品。4月，组织前往连江东湖镇天竹村开展扶贫慰问活动，慰问困难户3户，送去慰问金1500元。5月，与福州市中华职教社联合开展"企业家进校园"活动。发动企业家会员赴闽清、永泰等台风受灾地区开展赈灾救灾活动，捐赠总值10余万元的赈灾物资。开展鼓楼区开元社区火灾赈灾工作。"民建・同心"基金向高校资助50万元用于开展奖教奖学、助教助学和有利于提高教学质量、促进学校发展的活动。鼓楼综合支部与军门社区签订为期3年的设立法律援助窗口的协议，与鼓楼庆城社区签订开设"民建公益社区讲堂"的协议。

全年走访两岸传媒机构、妮娜艺术工作室、平行汽车销售服务有限公司、灵调艺术工作室、青州集装箱码头有限公司、福建浩达智能科技有限公司等近50家会员企业。组织会员企业家参加"2016年中国(河南)非公有制经济发展论坛""2016(第十八届)中国风险投资论坛"等民建中央、省民建组织的论坛、培训活动。6月，组织部分企业家会员赴福建行政学院与台湾中小企业交流培训班学员开展交流对接活动；组织会员参加闽王(王审知)文化旅游节，加强会员企业和台湾企业的交流合作。与会员企业《两岸传媒》合作，举办财智沙龙2场。

(余端乐)

民进福州市委

【概况】　2016年，民进福州市委会下辖5个工委，4个总支，39个支部。有会员785人，新发展会员12人，平均年龄49岁。其中，中高级职称682人，占86.8%，教育、文化界617人，占78.5%。担任各级人大代表16人，担任各级政协委员55人，担任各级特约监督员6人。

年内，市委会获评"民进全国先进集体"和"民进全国参政议政工作先进集体"。1人获评"民进全国参政议政先进个人"，1人获评"民进全国宣传思想工作先进个人"。市委会获评"民进全省参政议政先进工作单位"、2个支部获评"民进全省社会服务工作先进集体"，5人获评"全省民进社会服务先进个人"。12月16—17日，民进福州市第七次代表大会召开，选举产生民进福州市第七届委员会委员21人。

【参政议政】　2016年，民进福州市委会向市政协十二届五次会议提交18件集体提案，并在大会上作题为《加快制造业转型升级，促进福州新区发展》的大会发言。《整合大数据资源，加快推进我市智慧城市建设的建议》《关于加快我市制造业转型升级的一些建议》作为2016年度重点协商提案得到市政协领导督办。

组织课题组开展调查研究活动，赴漳州市漳浦县电子商务中心就农村电商发展情况开展调研，形成相关调研成果；赴厦门就县（区）域内义务教育校长教师交流情况和"二胎"政策放开后学前教育发展面临问题开展调研，形成相关提案和社情民意信息；就"农村幼儿教育"和"民间文化传承保护"两个课题，赴民进合肥市委会和民进铜陵市委会开展调研座谈，交流参政议政情况，了解合肥和铜陵当地农村幼儿教育和民间文化传承保护情况和经验。全年完成调研报告13篇，其中《国家级新区产城融合发展对福州新区的借鉴和启示》《福州创新型城市建设的问题与对策》被列为福州市委重点调研课题，分别在8月23日第14期《福州调研》和12月13日第51期《福州调研》刊登。全年有11项课题通过民进福建省委会的评审验收。

全年收集和报送社情民意信息152条。其中，4条信息获省领导批示，6条信息获市领导批示；信息直报件《福州朱子文化遗存保护情况及保护建议》直报市领导，获市委书记杨岳的批示，市委常委、宣传部长何静彦，副市长陈晔召集市直部门及省市专家研讨办理。

【思想理论建设】　2016年，民进福州市委会开展暑期骨干会员学习班和新会员学习班。完善宣传思想工作平台，加强与电视、报纸、网络、杂志等媒体的合作。全年向有关媒体报送宣传稿件70篇次。其中，21篇次被国家级媒体采用，40篇次被省级媒体采用，5篇次被市级各类媒体采用。全年编辑出刊《福州民进》6期，《福州民进工作简报》13期。年内编辑出刊《2012—2016年参政议政成果汇编》。

【组织建设】　2016年，民进福州市委会完成格致中学支部等10个基层组织的换届工作。开展2015—2016年度全市民进先进支部和先进会员评比工作，评选出10个先进支部，59名先进会员。全年发展新会员12人，其中科技、经济、机关等界别6人。全年选送17名领导班子和骨干会员参加各级各类培训。

【社会服务】　2016年，民进福州市委会在浦下社区开展"春联进万家"活动，为社区居民书写春联100多幅，在该社区开展义诊、法律咨询、家电维修等社会服务活动，服务群众200多人次，向社区6户贫困家庭送去慰问金3000元，为社区干部送去新春祝福。组织支教小组，不定期前往薄弱校开展助学活动；调研了解部分贫困乡村的情况，开展智力扶贫、捐资助学等社会服务工作。

（黄庆华）

2016年1月14日，民进福州市委会在浦下社区开展义诊及法律咨询活动

（市民进　供）

农工党福州市委

【概况】　2016年，农工党福州市委会下辖1个地方组织（福清市委会）、5个区工委会、69个基层组织，其中总支6个、市直属支部或支部委员会17个。全市有农工党员1613人，中高级职称占81.4%，其中医药卫生、人口资源和生态环境领域主界别的党员占62.0%，教育界占24.4%。有16人在各级政府部门担任实职，16人担任市级及市级以上特约监督员。担任各级人大代表23人，政协委员81人。

年内被农工党中央评为"2013—2014年社会服务工作先进市级组织"，1人被评为先进个人。获评农工党福建省2016年度社情民意信息标兵单位，7人被评为信息先进个人。获评福州市政协第十二届委员会提案工作先进集体，3人被评为提案工作先进个人。26人分别被评为第三批全国优秀中医临床人才、福建省五一劳动奖章、福建省科技进步二等奖、福州市第三届优秀人才等称号。12月22日，农工民主党福州市第十三次代表大会召开，选举产生农工党福州市第十三届委员会，其中委员37人，常委16人。

【参政议政】　2016年，农工党福州市委会向市政协十三届一次全会提交集体提案21件和书面大会发言2篇，在大会作《坚持绿色发展夯实福州新区的生态优势》的发言。《关于古树名木保护和完善立法的建议》被省十二届人大四次会议评为重点建议案。

围绕绿色福州、山体公园建设、跨境电商、互联网+工艺品、美丽乡村旅游、分级诊疗等课题开展30多场调研，完成调研文章16篇，其中福州市委重点课题2项，农工党福建省委重点课题1项。市委重点课题《关于积极推进医养结合型养老护理模式的建议》被福州市委办公厅评为优秀调研成果三等奖。《关于大武夷旅游圈发展生态旅游的若干建议》等2篇获农工党福建省委2016年优秀调研论文一等奖，获二等奖1篇，三等奖2篇。《关于加快我省医疗卫生供给制改革，提高人民群众获得感的思考》获福建省海西论坛优秀调研论文三等奖。

报送社情民意信息143条。其中全国政协等中央一级部门采用6条，省委办等省级部门采用16条，市委办等市一级部门采用37条。被省市领导人批示9人次。其中《我省平潭台湾商品免税市场异常现象值得关注》获省委书记尤权批示，《建议将长乐桃坑欧阳家族古宅确定为文物保护单位并对其进行修缮开发》获市长杨益民批示。

【思想理论建设】 2016年，农工党福州市委会组织党员参加农工党中央举办的“走进基层，贴近党员，培育和践行社会主义核心价值观”百场宣讲活动。以农工党中央机关旧址、福建事变纪念馆、党史长廊等为学习教育基地，接待遵义、常州、银川等兄弟市委会来榕交流学习。年内，2篇学习心得在农工党省委党刊《农工闽讯》刊登。在农工党福建省委2014—2015年度理论研究优秀论文的评选中，获二等奖2篇、三等奖3篇、优秀奖2篇。3篇理论文章入选市第十一次政协理论研讨会论文选编。东南眼科医院支部获评全省统战系统先进基层组织称号，在福建省委统战部召开的省各民主党派“坚持和发展中国特色社会主义学习实践活动经验交流暨先进事迹报告会”上发言。市委会自2014年以来开展的学习实践活动经验体会在农工党中央党刊《前进论坛》上刊登。编辑出版第十二届委员会《五年工作回顾》画册及《2012—2016建言献策选编》。

【组织建设】 2016年，农工党福州市委会健全谈心会、述职和民主评议制度，召开主委、常委、全委会议12场。完成18个支部的换届选举工作。发展新党员52人，其中人口资源和生态环境领域等主界别35人，占发展数67.3%。选派11名党员参加农工党中央、省社院、中共省委和市委党校等举办的各类培训班，举办暑期骨干读书班和新党员培训班等，培训党员150人。向市委组织部、市委统战部等单位推荐后备干部20人次。全年有4名党员被提拔，其中处级2人。

【社会服务】 2016年春节，农工党福州市委会走访慰问退休老干部、生病及生活困难党员56人；到宁化、凤凰、后县等社区和长乐市营前、梅花镇等农村慰问困难群众30人，发放慰问品、慰问金总值4.81万元。开展第九届“中国环境与健康宣传周”活动和第二十八届“国际科学与和平周”活动，组织31场次义诊宣传活动，捐资捐药总值3.3万元，发放宣传资料3500多份，服务群众6000多人次。联合闽清县政府、县政协在县金沙镇光辉村举办“慈善复明同心光明”眼科义诊行动，眼病筛查近百位当地群众，免费为需要治疗的30多名患者做手术。“六一”节前夕到闽侯县廷坪乡尾桥村小学开展捐赠图书和体检义诊活动，捐赠1500多本图书与总值3000元的体育器材。参加农工党中央举办的“对台联络会”，并在会上交流经验。3月，副主委陈向红与市委会中医专家党员随福建省中医药促进会赴台开展中医药学术交流。

（林　风）

致公党福州市委

【概况】 2016年，致公党福州市委会有县(市)委会1个，工委会5个，总支部1个，支部35个。有党员861人，其中女性党员377人，平均年龄56岁，中高级以上职称占69.5%。在政府机关和司法部门担任副科级以上职务27人，担任各级人大代表18人次、各级政协委员76人次。

年内，获评“致公党福建省委调研和提案先进集体”“反映社情民意信息工作先进集体”“福州市政协系统信息工作先进单位”“全市统战系统反映社情民意工作先进集体”等称号，23人获得市级以上奖励。12月20—21日，致公党福州市第七次代表大会召开，选举产生委员23人，常委11人，主委1人，副主委4人。

【参政议政】 2016年，致公党福州市委会在市政协十二届五次大会上提交党派集体提案20件、个人提案16件，并在大会作《关于发挥侨海资源优势，培育壮大福州新区服务业新业态的建议》的发言，该大会发言转化为集体提案后被市政协确定为重点提案。《关于进一步提升福州火车站综合管理水平的建议》被致公党省委采纳为省政协十一届四次会议集体提案，入选重要提案摘报，获省领导批示。

完成调研文章30余篇。其中，《福建省高层次引进人才现状调查与对策建议》被致公党省委列为重点调研；《放大资源优势，加快福州新区产城融合发展研究》《城市更新理念语境下的福州市城市升级发展思考》被市委列为重点课题；《对接国家海洋战略，实现福州海洋产业创新发展》和《打造海丝名家聚集区，再现福州历史文化名城风采》等9篇次调研课题和理论研究课题被《福建省社会主义学院学报》《闽都通讯》《福州调研》《政协天地》《福州城市科学》等刊载。

编辑上报社情民意信息183篇。其中，《关于加强主动认证技术应用构筑电信防诈骗屏障的建议》等4篇被中央统战部、全国政协办公厅采用；《尽早公布“南中国海领海基线图”主动出击南海仲裁案》等13篇被致公党中央采用；《“营改增”引发的涨价乱象亟待加强普法严格执法》等21篇被省委办、省政协专报件采用；《“两节”慰问与精准扶贫有序结合的建议》等54篇被市民情专报、市政协专报采用；《关于两岸三地多形式纪念孙中山先生诞辰150周年的建议》获中央政治局委员批示；《应让在台“潜伏”牺牲的英烈们魂归故里》等3篇获省领导批示，《汇聚合力支持福州经开区加快自贸区建设的建议》等14篇获市领导批示。

【思想理论建设】 2016年，致公党福州市委会编辑出版《致力为公，同心筑梦》致公党员履职风采录、《不忘合作初心，致公与你同行》第七届委员会工作集锦画册。依托中共省委、市委党校，省、市社会主义学院、中共市委统战部和市政协组织的各类学习会、研讨会、座谈会和致公党中央和省委“一周课堂”以及市委举办的青年骨干党员培训班、新党员培训班，培训党员120人次。

【组织建设】 2016年，致公党福州市委会全年发展党员17人，其中留学归国人员1人。完成19个支部的换届工作，其中长乐直属支部升格为总支部，下设长乐一支部、长乐二支部。增补福清市委会副主委1名、晋安区工委副主委1名，调整马尾区工委班子。

【对台交流】 2016年，致公党福州市委会推动和参加两岸民间交流活动，接待台湾国际洪门中华总会主席刘沛勋一行，参加由致公党中央主办的第八届海峡论坛·两岸社区服务恳谈会。与致公党省委联合开展2016年台湾青少年“中国寻根之旅”夏令营（福州营）活动。

【对外交流】 2016年，致公党福州市委会接待来榕参加首届联合国海陆丝绸之路城市联盟城市论坛的官员以及国外访问团等40余人次。与致公党省委联合开展2016年海外华裔“中国寻根之旅”夏令营（福州营）活动。

【社会服务】 2016年，致公党福州市委会组织基层组织、骨干党员参加义诊、扶贫助困及“送教下乡”100余人次。落实“致公小学”帮扶，为“致公图书室”新增总值2万元的图书1000册，为“致公电脑室”新购总值1万元电脑以及复印打印一体机2台，企业家党员认捐优秀贫困学生；依托鼓楼区乐天泉社区致公学校、台江苍霞社区致公学校、福清金墩社区致公学校，设立民意收集箱，开设预防心血管疾病等精品课程6节，组织开展义诊、上门关爱孤残老人、免费进行家电维修等“志愿行动在社区”活动；开展精准扶贫，向永泰县白云乡蒲溪村受灾困难群众捐助1万元，资助修路补助金1万元，向学习优异的青年学子捐赠助学金2万元。

（陈　锋）

九三学社福州市委

【概况】 2016年，九三学社福州市委会下辖2个县级市委会，5个工委，1个基层委员会，39个支社。有社员693人，其中高级职称332人，占47.9%，中级职称272人，占39.3%。担任各级人大代表，政协委员76人次。

年内，社市委被社省委授予“参政议政工作先进集体二等奖”“信息工作先进集体一等奖”“社会服务工作优秀组织奖”；被评为市政协、市统战系统信息工作先进集体；3人被省委授予“参政议政工作先进个人”，5人被社省委、市政协授予“优秀信息员”，4人被社省委授予“社会服务工作先进个人”称号。

12月19—20日，九三学社福州市第七次代表大会召开，选举产生九三学社福州市第七届委员会，其中常委11人，委员19人。

【参政议政】 2016年，九三学社福州市委会向“两会”提交大会发言、提案、议案151件。其中，全国政协16件，省政协7件，市政协33件，市人大建议18件，区县级人大、政协77件。1件提案被社中央选为党派界别提案提交全国政协全会；1件提案被省政协列为2016年度重点提案；3件提案被社省委选为党派提案提交省政协全会；在市政协年会上作《大力推进我市建筑垃圾资源循环利用的建议》的大会发言，1件党派提案被市政协列为2016年度重点提案；1件议案被市人大列为大会议案。

完成福州市委、社省委、市政协、市委统战部各类调研论文9篇。其中，《福州新区融入一路一带建设的研究》《实施绿色发展战略，建设生态文明新区》被《福州调研》刊载；《关于强化科技在我省生态文明建设中作用的建议》《关于我省融入“一带一路”战略的研究》分别获评2016年福建统一战线建言献策成果汇报会暨第十二届建言献策论坛调研论文二等奖、三等奖。

全年报送社情民意信息195件，被全国政协、中央统战部、社中央、省委办、省政协、省委统战部、市委办、市政协采用93件次，其中，2件被全国政协办公厅采用，9件被中央统战部《零讯》采用，9件被社中央采用；1件获中央领导批示，19件次信息获省、市领导批示。

【思想理论建设】 2016年，九三学社福州市委会组织社员参加社中央开展的《中国面孔·中国梦》《天下·苍生——九三人镜头中的美丽中国》摄影作品征集活动；举办暑期读书班，开展纪念九三学社创建七十一周年活动；参加社中央第三届“九三学社中央坚持和发展中国特色社会主义论坛”论文征集、市政协理论研讨会征文活动。

【组织建设】 2016年，九三学社福州市委会完成晋安工委、福清市委会届中调整和仓山支社换届等工作。全年发展新社员21人。1人转任副处级领导职务，2人提任正科级职务；组织14人参加省社会主义学院、社省委骨干社员培训班学习。

【社会服务】 2016年春节期间，九三学社福州市委会到华美社区慰问，送去年货和慰问金；向日溪乡汶洋村农家书屋捐赠总值5000多元的图书；与社闽侯基层委员会联合在闽侯县竹岐乡举办第21个“国际爱眼日”健康医疗咨询、义诊活动，免费发放老花镜、药品；开展“爱眼护眼进校园”活动；在连江县蓼沿乡和台江区茶亭街道开展“扶贫助学、温暖童心”活动，走访10个贫困家庭，送去慰问金；与市第二福利院签订“育残成长、快乐课堂”爱心公益项目协议书，捐赠公益项目活动经费；组织机关干部参加为闽清、永泰台风受灾地区捐款活动。发动基层组织开展社会服务工作，社长乐市委会到猴屿乡卫生院开展“走进侨乡”公益义诊活动；社福清市委会开展福清一中金秋献爱心助学、西华小学助学活动；社马尾工委赴琅岐镇、连江小沧乡慰问贫困户、到亭江镇开展“进乡村、送春联”活动，与连江支社联合到苔菉镇资助贫困生；社闽侯基层委员会到大学城开展2016秋季助学活动；社闽侯第一支社到闽侯鸿尾开展助学活动。

（张宝灯）

台盟福州市委

【概况】 2016年，台盟福州市委会有鼓楼、台江、仓山、晋安4个基层组织，下设参政议政、青年工作、妇女工作、老年工作4个专委会。有盟员119人，盟员平均年龄50.3岁。其中，新发展盟员5人，中高级职称44人，担任各级人大代表4人、政协委员31人。

年内提交议案建议55件，接待台湾客人6批58人次，捐助公益事业2万余元。12月17—18日，台盟福州市第八次盟员大会召开，选举产生台盟福州市第八届委员会。

【参政议政】 2016年，台盟福州市委机关及盟员在全国及省、市“两会”提交提案、议案、建议55件，向福州市委统战部、市政协等部门报送信息233条，45篇次被中央、省、市有关部门采用，7篇次获领导批示。完成《台湾青年的认同问题与增进两岸青年交流路径研究》《福建自贸试验区福州片区促进台资发展研究》《由民进党执政浅谈岛内民意及对策建议》《福建扶贫开发主要经验及思考建议》《促进陆生在台社会适应推动闽台青年交流合作》等5篇调研报告，其中《台湾青年的认同问题与增进两岸青年交流路径研究》《福建自贸试验区福州片区促进台资发展研究》分别获2016年福建统一战线建言献策成果汇报会暨第十二届建言献策论坛优秀论文一、二等奖；《由民进党执政浅谈岛内民意及对策建议》获台盟中央2016年第二次协商议政论坛二等奖；《福建自贸试验区福州片区促进台资发展》被选送为2017年市政协大会发言。2016年，盟市委被评为台盟中央参政议政先进集体、政协福州市第十二届委员会提案工作先进集体、台盟福建省委2015—2016年度信息工作先进单位。1名机关干部连续9年获台盟中央参政议政先进个人称号。

【思想理论建设】 2016年，台盟福州市委会推荐优秀盟员参加各级党校、社会主义学院以及盟中央、盟省委组织的各类学习培训。其中，1名领导干部参加市行政学院第32期县处级进修班；1名盟员参加省社院举办的第30期省各民主党派人士培训班；1名机关干部参加台盟中央新媒体宣传骨干培训班，1名盟员参加台盟中央中青年盟员培训班。

【组织建设】 2016年，台盟福州市委会组织盟市委参议政顾问及课题组成员赴上海等地开展调研。青年工作委员会开展“五四青年节”爱国主义教育活动，并结合《台资参与自由贸易试验区建设相关问题的调研》课题，组织青年盟员骨干及入盟积极分子赴上海等地开展调研交流活动，开展“学雷锋志愿者”服务、团队拓展等活动。暑期读书班邀请市台盟参政议政顾问、原省社科院现代台湾研究所所长吴能远教授作台情讲座；邀请台盟福建省委原副主委、南平市人大常委会原副主任、台盟南平市委原主委简少玉为青年盟员作社情民意写作技巧讲座。

【社会服务】 2016年春节期间，台盟福州市委会到福屿社区、连江县蓼沿乡2个“春风行动”帮扶社区慰问困难群众，了解当地生活生产和工作情况，送去慰问品。“三八”国际妇女节期间，组织盟员和所联系台胞、盟市委学雷锋志愿者服务队成员到市第二福利院、市精神病疗养院开展慰问帮扶活动，组织盟员、台胞捐衣捐物。

【服务榕台交流】 榕台青少年夏令营 2016年8月20日，以“牵手相约·体验福州”为主题的第十三届榕台青年夏令营在福州开营，台盟福州市委会协办。来自台湾新竹高中、新竹女中，台北福州十邑同乡会，福州第八中学的近100名师生参加为期8天的夏令营。夏令营开展联欢会、“结对子”等特色活动，参观三坊七巷、福州市规划馆、中国船政文化博物馆、平潭综合实验区、鼓岭风景区，走访福清西山文武学校，与在校师生进行武术交流。

海峡两岸船政文化研讨会 6月中旬，第七届海峡两岸船政文化研讨会在福州召开，盟市委协办。研讨会以“船政与孙中山海防思想”为主题，探讨两岸如何在“九二共识”基础上，共同传承船政精神和孙中山先生的海防思想，实现领土统一和中华民族的伟大复兴。

学术文化交流活动 年底接待台湾成功大学建筑系古民居及古墓考察团。成功大学建筑系博士研究生来闽开展古民居村落保护的研究、马祖南竿乡坟墓与大陆原乡的形式及材料差异性的研究。

（周金媛）

2016年“三八”国际妇女节前夕市台盟赴福州市第二福利院慰问

（市台盟 供）

福州市工商业联合会

【概况】 2016年，福州市有非公有制经济人士近45万人，其中工商联会员有30367人(不含省外市级异地商会会员)；发展市级异地商会93家，行业商会34家，乡镇商会12家，街道商会19家，园区商会1家；企业会员占全市私营企业总数的14.2%。全年实有内资各类市场主体454125户，比上年增长12.12%，资金总额16239.98亿元。其中，全市内资企业实有10389户，比上年下降5.59%，注册资本(金)1673.55亿元，增长4.46%；私营企业实有180126户，增长21.69%，注册资本(金)14321.52亿元，增长14.93%；个体工商户实有261175户，增长7.06%，资金数额165.51亿元，增长24.47%。福建金纶高纤、福耀玻璃集团、祥兴(福建)箱包集团、福建明辉电力4家企业被全国工商联评为2016年中国民企500强。

【参政议政】 2016年，福州市工商联组织担任人大代表、政协委员的非公有制经济代表人士参与市委季谈会、市政协民主协商等活动。组织福建盛辉物流、福州宋氏车业等商贸服务业企业就市政府拟出台的《关于加强服务业统计工作的意见》建言献策。调研成果转化政协大会发言1篇、政协集体提案6篇、市委与民主党派、工商联季谈会发言4篇、社情民意专报5篇。其中，《培育新动能，拓展新空间，助推福州新区实体经济转型升级》大会发言转化为2016年市政协重点提案，市长、市政协主持召开专题督办协商会。

【会员服务】 2016年，福州市工商联组织开展为期1个月的“排企忧、解企困、送服务、促发展”走访调研活动，实地走访28家在榕异地商会、22家直属行业商会，收集商会、企业反映的营改增税费缴纳、项目用地征迁、企业融资等方面困难、问题24条，形成专报件或社情民意，及时上报有关部门请求协调解决。推动福州新闻网“榕商频道”与福州市各异地商会、行业商会网站进行对接，通过“榕商频道”政策咨询平台，实现强企惠企政策和招商推介信息的实时更新发布。为1400多家会员企业提供线上推介服务，推荐优质产品与特色服务。福州达丰来贸易有限公司等20多家企业借助该平台向东南亚等地开拓业务，实现年营业额翻番。为非公有制企业提供职称评定服务，评定2015年申报的各类初级职称专业技术人员46名、各类中级职称专业技术人员65名，审核并向省工商联推荐各类高级职称专业技术人员107名。

【回归工程】 2016年，福州市工商联引进并签约回归项目70个，总投资额1122.67亿元。其中，投产3个，总投资额14.5亿元；竣工4个，总投资额93.05亿元；动工29个，总投资额450.02亿元；进入前期工作阶段18个，总投资额368.6亿元；16个项目中止，签约项目履约率77.1%。

【商会建设】 2016年，福州市工商联组建哈尔滨福州商会等6家异地商会、福州家具制造企业商会等5家行业商会，吸纳为团体会员；制定《福州市工商联2016年商会工作指导意见》；指导泉州、永安等5家异地商会的换届工作。配合市民政局社团管理部门进行基层商会社团年检的前期预审工作，指导在榕基层商会依照章程开展活动、通过社团年检。年内市石材商会被评为AAAAA级社会组织，市木业公会被评为AAAA级社会组织。

【社会服务】 2016年，福州市工商联组织基层商会和非公有制经济人士参与“百企帮百村”精准扶贫行动。2月，在福州市精准扶贫企(商会)村结对帮扶签约仪式上，83家民营企业(商会)与福州市40个村205户631名贫困人口开展为期两年的结对帮扶，投入帮扶金365.98万元，至10月，到位资金211.5万元；组织参与帮扶的企业(商会)到所有受助村开展实地考察，召开30多场对接座谈会，引导企业(商会)与帮扶村达成茶油树种植、农业观光旅游、健康养老等21项开发合作意向。福耀玻璃、名城集团、北京闽清商会、福州泉州商会等75家民营企业和商会组织累计向“尼伯特”台风灾区捐款3301.86万元、捐赠总值527.3万元的物资；融旗集团、福州清荣绿色除四害消毒服务公司、盛辉物流集团等组织人力、物力参与灾后道路清淤、卫生防疫、物资运送等工作。广州福州商会成立5年来为榕穗两地教育、养老等慈善事业捐资2000万元；福州晋江商会募集100万元教育医疗基金和生育关怀基金；福州古田商会为家乡捐建多媒体互动阅读教室，改善当地留守儿童学习条件。各基层商会、会员企业通过“百企联百村”等公益助学活动，对口帮扶在当地就读的贫困榕籍学生或在榕求学的老区贫困生；通过认购书画等方式募集45万元善款捐助省扶贫基金会。

【对外交流】 2016年，福州市工商联建立并完善“一带一路”沿线国家侨商社团信息库；组织13个商会团组、152人次参加第十八届“海交会”；组织会员企业参与吉林、济南、甘肃、黔西南州以及德国、泰国、非洲等地在榕招商推介活动15场，福建鸿博光电科技公司等6家企业在LED产品应用、运动腕表、生态污水处理等方面达成初步合作意向。参与第五届世界闽商大会的嘉宾邀请、推荐表彰等筹备工作，组织近100位民营企业家参会，推荐15名在产业升级、自主创新、热心公益等方面表现突出的民营企业家参评福建省非公有制经济优秀建设者。

【教育培训】 福州市财政从2016年起将20万元非公有制经济人士教育培训专项经费纳入财政预算安排。组织工商联执委以上企业家、各异地商会、行业协会副会长以上企业家500多人次参加现代服务业“营改增”专题讲座、福州大学经济与管理学院“怡山讲坛”、市委组织部“左海大讲坛”、第四届“三坊论剑”研讨会等各类专题培训、讲座8场。福州市工商联联合市委统战部在北京大学举办福州市青年企业家高级研修班，组织85名70后、80后、90后青年企业家特别是“创二代”企业家进行培训。全年组织320多人次青年企业家参加各类培训，占受训总数64%。

(余　芳)

(编辑　郭秋延)

社会团体

福州市总工会

【概况】 2016年，福州市新增企业基层工会747家，新增企业工会涵盖单位5375家，新增农民工会员15万人，企业工会建会率98.6%，已建会企业职工入会率98.1%。基层工会1.5万家，涵盖4.22万个企事业单位，工会会员123.2万人。全市有1个先进集体获评全国“五一劳动奖状”，4人获全国“五一劳动奖章”，7个先进集体获评省“五一劳动奖状”，33人获评省“五一劳动奖章”，157人获评市“五一劳动奖章”。推荐全国“工人先锋号”4个，福建省“工人先锋号”34个，新命名福州市“工人先锋号”“五一先锋岗”554个。推进职工技术创新活动，征集申报216项职工发明创新成果参加“6·18”海峡两岸职工创新成果展，申报数位列全省第一；征集申报870项职工创新成果参加全省“五小”创新成果评选，申报数和获奖数均列全省第一；开展“名师带高徒”和“劳模工作室”创建活动，推动师徒结对4000对，推荐福建省劳模工作室7个，命名福州市劳模工作室27个。

【职工劳动竞赛】 2016年，福州市总工会开展以“当好工人主力军　打好百日攻坚战”为主题的“三百”活动，即开展百场示范性职工劳动竞赛，创建百家市级“工人先锋号”，评选百名市五一劳动奖章。组织百名劳模与省市工会干部一道在牛浦河公园种下“劳模林”，组织开展地铁口绿化景观劳动竞赛。组织开展抗击“尼伯特”“鲇鱼”台风，恢复灾后重建生产系列劳动竞赛。在汽车、船舶制作业，高新园区信息产业，茶叶行业等重点领域和企业中开展职工劳动竞赛。在市行政服务中心、市民服务中心等为民服务窗口单位开展以“为民服务　马上就办”为主题的劳动竞赛。在环卫（内河）、园林职工中开展以“优化城市环境　建设美丽福州”为主题的劳动竞赛。在公交、出租车、道路养护职工中开展专场技能竞赛。在环境监测、气象系统举办职工专业技能竞赛。全年市、县两级工会组织开展劳动竞赛、技能竞赛115场。

【职工教育培训】 2016年，福州市总工会开展“我们的职工　最美的劳动”体验式采风，推出“中国梦　劳动美”劳模形象公益广告，开办“来自劳动一线的报道”“劳动者之歌”等栏目，举办“五月风”讲坛，宣传劳动模范、一线职工的真人真事和凡人善举。全年在《光明日报》、《工人日报》、《福建日报》、人民网、腾讯大闽网等媒体发表各类稿件1228篇次。在农民工相对集中的工业园区、科技园区、大型企业开展职工教育培训示范点培育工作，全市获评全国职工教育培训示范点称号2个。推进职工书屋

2016年12月1日，百名劳模与省市工会干部种植“劳模林”活动在南江滨举行
（市总工会　供）

建设,4家企业获评全国“职工书屋”示范点称号,1家企业获评省级“职工书屋”示范点称号。年内工人文化宫承办“永远跟党走”全省职工歌咏大会、全省职工体育节,举办五一职工文化节等,打造集职工快闪、职工歌会、劳动者风采展、职工拔河赛于一体的福州职工文化品牌。

【职工权益维护】 2016年,福州市总工会推行劳动合同和集体合同制度,推动企业普遍建立工资集体协商机制。全年全市签订集体合同2329份,覆盖建会企业3.6万家,覆盖职工108.4万人,其中企业单独签订集体合同2036份,签订区域(行业)性集体合同10份。签订工资专项集体合同2306份,覆盖建会企业3.6万家,覆盖职工108.4万人。向市政府与市总工会联席会议提交事关职工群众切身利益和工运事业长远发展的议题。加强与人大、政府、政协等部门的联系,构建社会化职工维权体系。开展“安康杯”竞赛活动,配合人社等有关部门开展欠薪专项整治行动、夏季防暑降温专项检查、《女职工劳动保护特别规定》执行情况检查。全市有29个单位和个人获全国“安康杯”竞赛组委会表彰,其中市总工会被授予优秀组织奖。发挥“12351”职工维权热线作用,参与劳动关系矛盾纠纷调处,处理侵犯职工权益案件。

【职工帮扶服务】 2016年,福州市总工会在全省率先实施“职工温暖工程”,在春送岗位、夏送清凉、金秋助学、冬送温暖以及“有福之州 共建共享”等关爱职工系列品牌工作基础上,转型提升为“职工温暖工程”,全年有近1100家基层工会参与,筹集资金3000多万元,覆盖职工约40万人。“两节”期间走访慰问建档困难职工,环卫、公交、市政等艰苦行业一线职工。举办第七届新福州人集体婚礼,开展“情暖返乡路”、建设者年夜饭、新福州人看新福州等关爱新福州人系列活动。开展“关爱职工 夏送清凉”防暑降温慰问活动,慰问重点工程、高温作业企业1500多家,完善环卫职工爱心服务点200个。开展金秋助学行动,发放助学金800多万元,帮助6000多名建档困难职工在学子女。

(翁若菁)

共青团福州市委

【概况】 2016年,共青团福州市委有团组织2.5万个、团员总数43.32万人,建立青少年工作阵地43个,社区建团率100%。建立乡镇直属团组织3953个,覆盖团员19134人,35岁以下青年100420人,县域农村合作组织团工委5个,农村合作组织团组织数136个,较上年新增33个。全市数字共青团综合管理系统、数字共青团综合服务系统录入基层团组织数12403个,覆盖团员数180681名,基层开展“三会一课”、重温入团誓词、志愿服务等活动发布数7683条。

全市评定星级团支部523个。全年发展团员2.9万人。建立“青年之家”青少年综合服务平台105个,组建300多人组成的法律和心理专家队伍,为青少年提供各类法律、心理服务。全市各级团组织开通运行“青年之声”平台17个,建立青年就业创业、青年婚恋交友、青年思想引导、青年志愿服务和青年心理咨询等服务联盟132个,吸引2232名青少年工作专家加入。海峡青少年活动中心建设项目被列为2017年省、市和福州新区重点项目。

【全国职业学校创新创效创业大赛】 2016年8月11—14日,2016年“挑战杯—彩虹人生”全国职业学校创新创效创业大赛在榕举办。海峡两岸304所高(中)职院校,391个项目,2100多名海峡两岸师生及嘉宾参加开幕式暨主旨论坛、大赛集中问辩和答辩、两岸职校校长论坛、两岸优秀职校学生论坛、创新创业教育与青年人才发展论坛、全国高职共青团工作研讨会、项目签约仪式、闭幕暨颁奖仪式等10场次活动。大赛期间对接组织本地骨干企业,具有良好产业化前景的优质项目25项,与东南汽车有限公司、福州软件园产业服务有限公司等骨干企业签订技术、人才转让协议。大赛期间团中央经报国台办、教育部、人力资源与社会保障部同意,授予福州市“两岸职校学生交流基地”。各级媒体广泛关注,“匠心筑梦”微博话题稳居教育类微话题第一名,话题参与人数达309.3万人次,为海峡两岸各界青年搭建多领域、全方位、深层次的交流与合作的平台。

【第十一届两岸青年联欢节暨第四届海峡青年节】 2016年8月13—15日,第四届海峡青年节集中活动在福州举办,团市委承办“2016海峡青年(福州)峰会”“青春创想秀”暨第四届两岸大学生社团活动策划大赛、“中建海峡杯”第三届海峡两岸大学生实体建构大赛、第三届两岸学生活动营、2016海峡两岸金门籍青少年国学夏令营和海峡青年文创论坛等6项活动,邀请两岸青年嘉宾约1500人参加。

【志愿者服务】 2016年,共青团福州市委依托“数字共青团”信息管理系统和各类志愿服务活动,推动39.6万名团员青年注册成为青年志愿者。组织327个青年志愿者团队,12个公益类青年社会建立全省首个“社区青年志愿服务联盟”,常态化服务鼓楼中山社区3200户居民。推动三坊七巷、火车北站和西湖公园青年志愿服务驿站成为首批省级志愿服务示范驿站,组织3.7万人次青年志愿者参与“春运·暖冬”“文明交通、青春先行”“抗击尼伯特”“世界闽商大会”“‘5·18’海交会”“海丝国际电影节”“第二十四届市运会”“中国羽毛球公开赛”“国际自行车赛”和“国家马拉松赛”等志愿服务活动,奉献31.7万个志愿服务时。形成“文明福州、青春先行”“共青团义务星期六”“关爱农民工子女”“助残阳光行动”等多个团属青年志愿服务品牌。面向青年社会组织遴选165名志愿者骨干加入市青年志愿者协会,划分为“学校志愿服务”。依托行业协会办公场所和青年创业孵化基地设立5个志愿者活动空间,动员青年志愿者捐赠总值150万元“尼伯特”救灾专项款物。举办各类培训16期、开展文化宣传72场次。

【青年文明号】 2016年,共青团福州市委开展青年文明号“服务十三五,建设新福州"示范月系列活动,组织各级青年文明号"号户结对""号企联动"优质服务活动160场,服务群众34387人。推动全市组建青年突击队245支,开展青年突击队竞赛活动13场。联合海警一支队开展十佳"海警青年忠诚卫士"评选活动,联合电业局、高速交警支队等开展技能竞赛活动培育青年岗位能手。举办青年安全生产月系列活动,在马尾大桥项目工地等开展青年安全生产示范岗创建、宣传活动。

【环保活动】 2016年,共青团福州市委围绕"保护母亲河"主题开展青少年生态环保宣传实践活动,建立17个市级"青春家园"示范点,推报2个省级"青春家园"示范点,全市各级团组织共组织3715名团员青年参与植树护绿活动,栽种各种林木33384棵,植树面积20.4公顷。

【青年就业创业】 2016年,福州青年创业促进会通过"机制保障+平台支撑+项目运作"新模式,构建融政策扶持等"六位一体"的服务体系。推进"福州青年创业导师团"建设,吸纳两岸专家、学者、企业家加入青创导师或专家服务团,导师团有成员1200人。在各县(市)区和高校建立青年创业分会5个、青年创业服务站41个,支持"众创空间""青创之家""台创基地"的建设和发展,发布《福州新区青年创业地图》,推荐和选送两岸优秀青年创业项目和人才入驻创业基地。全市发放青年创业小额贷款633笔2836.5万元,开展创业培训活动22场次,培训950人,累计带动就业岗位近2000个。

组织两岸青年企业家和文创、旅游行业专家赴嵩口镇考察投资环境,引进两岸青年文旅创业项目在嵩口落地;扶持当地青年创业就业或外出务工就学青年返乡创业就业,推动优空间在嵩口建立创业孵化基地。实施"农村青年电商培育工程",通过举办创业青年电子商务培训班培养电商创业青年200多名。开展"送金融知识下乡"活动100多场,覆盖青年3000多人。

年内,组织参加2016年"创青春"第九届"挑战杯"福建省大学生创业计划竞赛,本科组获金奖1件、银奖10件、铜奖13件、优秀奖14件,专科组获金奖4件、银奖6件、铜奖12件、优秀奖10件。

【青少年维权】 2016年,共青团福州市委建立权益典型案件和热点事件响应机制。全市各级青少年社工机构围绕青少年学业困扰、人际焦虑、青春期生理困惑、家庭亲子关系等问题开展个案服务86个,服务青少年5000多人次。指导福州大学城检察室、市法院少年庭等一批单位创建为全国级"青少年维权岗",市检察院未检处、市法律援助中心等单位创建为省级"青少年维权岗"。开展"共青团与人大代表、政协委员面对面"活动,围绕青年就业创业、青少年社会工作推动提交提案7份。筹集希望工程款项184万元,帮扶200名家庭困难学生入读大学。年内举办各类青年公益交友活动17场。

依托全市专兼职青少年事务社工开展"青春护航"社区青少年成长发展、"阳光计划"青少年毒品预防教育试点项目、"罪错青少年社会扶助"等专项服务,覆盖青少年20万人次,服务社会闲散青少年覆盖率84%,帮助初中以下闲散青少年502人次回归正常教育体系,转化不良行为青少年128人,帮扶和救助农村留守儿童1461人,为155人次家庭困难的服刑人员的未成年子女提供物质与心理帮扶。推动全市各级青少年社工机构争取市级预青经费、中央财政、省财政、团省委、兴业慈善基金会等政府或社会组织购买重点青少年群体项目经费706万元。

(齐　娟)

2016年7月12日,抗击"尼伯特"台风,志愿者搬运救灾物资(俞松　摄)

福州市妇女联合会

【概况】 2016年,福州市妇联有基层组织2855个,其中县(市)区妇联12个、市直机关妇工委1个,市直机关妇委会67个,乡镇妇联129个,街道妇联43个,社区妇联439个,村妇代会2134个,村妇联30个。全国三八红旗手1个,巾帼文明岗23个;省级巾帼文明岗43个;市级三八红旗手(标兵)138人,三八红旗集体、巾帼文明岗145个。年内举办榕台儿童庆"六一"联欢活动;承办海峡两岸家庭教育高峰论坛。

【创业创新巾帼行动实施】 2016年,福州市妇联举办首届中国(福建)女大学生创新创业大赛福州动员会,福建农林大学的"天生我材GIY绿色环保新材"等9个项目获首届中国(福建)女大学生创新创业大赛创新奖。举办各类招聘会64场次,提供招聘岗位5120个,帮助4024名女性实现就业。

创建全国、省、市级巾帼示范基地18个,省、市级巾帼美丽家园9个,组织新农村建设女性大讲堂和"专家快车农村行"专项培训30期,2200名农村妇女参加培训。创建全国巾帼脱贫示范基地1个,推进女性种养大户、返乡女大学生等各类巾帼致富带头人与贫困妇女结对帮扶。年内帮助76名妇女申请小额贷款480万元。

【妇女儿童合法权益维护】 2016年,福州市妇联围绕反家暴、反邪教等开展"送法到家"教育活动近1500场。闽清、福清、鼓楼、晋安法院先后开出人身安全保护令维护受暴妇女的人身安全;年内承办联合国妇女署、中国婚姻家庭研究会的反家暴骨干再培训会。全年市县两级妇联受理1179件(项)信访件;全市成立妇联婚姻家庭纠纷人民调解委员会(调解室)138个,调解婚姻家庭纠纷1429件。

【家庭文明建设】 2016年,福州市妇联完成三坊七巷名人家风家训馆的搬迁升级工作。开展寻找"最美家庭"活动,年内产生全国级五好文明家庭3户、最美家庭3户;省级五好文明家庭标兵(提名家庭)2户、五好文明家庭10户,最美家庭(含十佳)(提名家庭)21户;市级五好文明家庭(标兵户)104户、最美家庭140户。联合市纪委等部门在市直机关党员干部家庭中开展"树清廉家风·建最美家庭"主题活动。启动"书香飘万家"主题宣传教育活动;举办首届"名人家风家训"中小学硬笔书法大赛;开设网上网下家庭教育公益大讲堂111场次,培训10万人次;与市教育局联合举办家教工作骨干培训班;开展"家风家训公益宣传展示及家庭教育理论研究"项目;联合鼓楼区妇联打造凤湖社区家庭教育示范点。在"拗九节""重阳节"等节日开展关爱老人巾帼志愿服务活动。

【新"两纲"实施】 2016年,福州市妇联完成妇女儿童发展规划中期评估工作,全市94项妇女儿童可量化指标,87项指标得到明显改善,改善率92.55%,提前达标33项,提前达标率35.1%。"两节"期间,走访慰问贫困妇女20人,发放慰问金1.6万元。"三八"期间组织医疗专家为外来女工免费提供义诊服务。联合市农业局下发《关于开展"巾帼脱贫攻坚行动"的实施意见》;承办第二届福建省"为爱奔跑·母亲健康1+1"大型公益募捐活动,募集善款130万元;实施"两癌"贫困妇女救助行动,安排179万元救助526名"两癌"贫困妇女。加强对2个省级"两纲"项目示范点的实施情况的督促检查。邀请省统计局专家对市、县(市)区"两纲"统计监测人员进行专业培训与指导。

【特殊困境儿童关爱】 2016年,"两节"期间,福州市妇联动员社会各界为贫困儿童献爱心,筹集慰问款5万元,慰问贫困儿童100人。募集"春蕾款"117.1万元资助贫困儿童1429人,转发受助儿童感谢信169封;组织市离退休女干部联谊会、市三胞妇女联谊会、市留学生同学会等爱心团体到连江、闽侯等地开展"春蕾女童"结对资助见面活动。援建"春蕾爱心书屋"13所,赠送总值11.2万元的图书;开展关爱女性健康(保险)活动,参保女性近5万人。

【基层组织建设】 2016年,福州市妇联推动闽清县成立白樟镇池埔村企联合妇联、白云渡片联合妇联两个片区妇联组织,推进"妇女之家"建设,评选市级优秀妇女之家示范点15个,在机关、事业单位、"两新组织"的妇女组织、社会组织等领域横向拓展"妇女之家"24个。举办"魅力女性与服饰文化"大讲堂,联合市委组织部在复旦大学举办女干部培训班,并在市委党校举办基层妇干培训班,参训干部近300人。

(黎　明)

福州市科学技术协会

【概况】 2016年,福州市科学技术协会所属市级学会76个,企业科协263个。市本级预算内科普经费1321.71万元,市级人均科普经费1.76元。县(市)区科普经费1369.51万元。

【校地合作】 2016年,福州市科协促成马尾区与福州大学签订战略合作框架协议,围绕高新技术、现代服务业、海洋经济等重点产业展开合作。牵头落实福州市与北京师范大学全面合作协议,促成福州市与北师大开展2项教育合作,校方提供"北京师范大学基础教育资源服务项目手册",提出区域教育、学科教学、教育培训等8个方向的项目合作。推动福州大学、福建农林大学、福建师范大学、福建工程学院、闽江学院等在榕高校加入福州市泛VR产业联盟,助推全市VR产业发展。

【院士(专家)工作站建设】 2016年,福州市科协促成张钹、俞建勇、赵法箴、郭孔辉等院士与企业新建4个院士工作站,开展5个项目研发。至年底,福州市累计引进院士36人,在33家企业、6个事业单位建立40个院士工作站(含1个海外院士工作站、1个第二院士工作站),建站单位与院士团队开展项目研发攻关198个,累计项目总投资27.9亿元,预计新增产值146.83亿元,上缴税收8.78亿元,新增利润23.11亿元。开展福州市第六批院士(专家)工作站认定工作,有20个院士(专家)工作站通过市政府认定。组织首批"十佳院士工作站""十佳专家工作站"评选工作,星网锐捷通讯等10个院士工作站和冠林科技等10个专家工作站通过评审。仙芝楼生物科技院士工作站、福光股份院士工作站获评全国示范院士专家工作站(全国共110个,福建省入围8个);神蜂科技院士工作站、福光股份院士工作站获福建省院士专家示范工作站。

【企业科技对接】 2016年,福州市科协在"6·18"创新驱动助力工程暨院士专家"一带一路"项目咨询对接活动、项目签约授牌仪式上,促成4个院士项目签约。促成361个院士专家项目与企业成功对接,组织108名专家服务123家企业。推动榕籍清华大学张钹院士与家乡合作,在福州市设立清华大学智能技术与系统国家重点实验室福州基地,与张钹院士在"合作建立医疗健康大数据平台"等3个方面达成初步合作共识。

【科普基地建设】 2016年,《福州科技馆分馆认定管理办法(试行)》出台,启动福州科技馆分馆认定工作。至年底,全市建立福州市科技馆植物园分馆、福州市科技馆海洋知识分馆、福州市科技馆熊猫世界分馆等首批8个专业分馆。推进福州左海公园大型LED电子显示屏建设。福州科技馆全面改造"科学探索"和"儿童科学"展区,丰富完善"机器人世界"展区,更新升级"开心农场"。

【社区科普标准化建设】 2016年,《福州市社区科普标准化建设实施方案(试行)》出台,制定福州市社区科普服务平台地方标准。全市精选17个社区作为2016年"社区科普标准化建设"首批试点社区。

【科普宣传】 2016年,福州市科协开通"福州科普"微信公众号,推送科协重点工作、优秀科技人才、科普知识等信息120余篇。依托福州新闻网,整合市科协网站和福州科技成果对接网,开通统一对外的网络科普平台。建设"闽江清风"微信公众号。编印《榕城科普读本》《全民科学素质系列丛书》(福州常见花卉100种、福州常见树木100种)《第31届福州市青少年科技创新大赛获奖作品集》。编印福州科普春联等科普宣传品。与《文化生活报》合作,出版《2016年福州市全国科普日宣传专刊》。开展反邪教进农村、进社区、进学校、进公园活动,印制反邪教知识读本。科普大篷车完成展教活动40场,受众3.2万人次。

【品牌科普活动】 2016年,福州市科协以"创新放飞梦想,科技引领未来"为主题,举办2016年福建省暨福州市全国科普日主场活动。主场活动设置虚拟现实、智慧生活、炫彩科普、感触科学、科学大观园等5大板块,开展VR体验、青少年科技创新创意成果展示、学会创新成果展示、科学秀表演,机器人表演,青少年科学调查体验活动、科学DIY、电脑机器人挑战赛、牛顿小小科学家、漫游花海科学大观园、科普大篷车巡展等11项重点活动。联合市科技局、市委宣传部,以"创新引领·共享发展"为主题举办2016年科技活动周。联合相关机构在福州科技馆举办2016年"猴年看猴"迎春科普游园、世界气象日、防震减灾日、"快乐六一,放飞童心""海峡两岸中学生自然探索夏令营"活动、第六届在榕高校大学生才艺节等主题科普活动10余场,累计受众5万余人次。

2016年9月17日,福建省暨福州市全国科普日主场活动 (王香花 摄)

【基层科普行动计划】 2016年,福州市科协开展市级"基层科普行动计划"项目实施工作,14个科普示范社区,6个农村专业技术协会、11个农村科普示范基地、9名农村科普带头人获市本级奖补资金102万元。福州市仓山区茶叶行业协会等2个农村专业技术协会、福州市弥高仙茶叶有限公司科普示范基地、闽侯县白沙镇大目埕村陈赛仙等2名农村科普带头人、仓山区下渡街道下滕社区等分别获2016年全国"基层科普行动计划"先进单位和个人,获奖补资金90万元;福州大世界橄榄有限公司等5个农村科普示范基地、福州市琅岐经济区万叶园农业开发有限公司叶志平等6名农村科普带头人、鼓楼区鼓东街道庆城社区等4个科普示范社区,分别获2016年福建省"基层科普行动计划"优秀项目单位(个人)称号。

【科技下乡】 2016年,福州市科协参加2016年全市文化、科技、卫生"三下乡"启动仪式暨集中示范活动,捐赠《生活中的科学》、《全民科学素质系列丛书》、《大众趣味有氧健步操》(科普光盘)、科普春联等科普资料3000多册(份),捐款5万元给永泰县嵩口镇用于支持科普服务场所建设。开展科普宣传、咨询、服务等活动近30场次,实施科普兴村"三个一"工程。组织市级学会和县(市)区科协实施18个"学会联村送科技"项目。

【青少年科技活动】 2016年,福州市科协举办福州市第32届青少年科技创新大赛暨第九届"两马"青少年科技创新作品巡回展。参赛项目(作品)466个,评出优秀项目125个,优秀实践活动21项,优秀科幻画作品120幅,优秀科教作品15件,优秀科技教师4名,优秀组织单位6个。参加福建省第31届青少年科技创新大赛,获奖45项。组织参加第31届全国青少年科技创新大赛,获奖5项,其中一等奖1个,二等奖1个,三等奖3个。

举办福州市第十二届青少年电脑机器人竞赛,全市106所中小学校、295支参赛队、700多名选手参赛,评出一等奖53队,二等奖63队,三等奖109队。福州市代表队派出56支队伍参加第14届福建省青少年机器人竞赛,有51支队伍获奖,其中一等奖13支,二等奖16支,三等奖22支。组织参加第十六届全国青少年机器人竞赛,鼓一小获vex小学组一等奖冠军,福清玉屏中心小学获vex小学组一等奖亚军,福建师大附中获vex

高中组一等奖亚军，三牧中学获 vex 初中组二等奖。

举办第二十二届全国青少年信息学奥林匹克联赛（NOIP2015）福建・福州赛区竞赛，评出 237 名竞胜者（高中组 137 名，初中组 100 名），有 237 名选手入围省级复赛。

组织开展全市教育工作者科技教育论文评选活动，评出一等奖论文 7 篇，二等奖论文 13 篇，三等奖论文 25 篇，推荐 20 篇优秀论文参与第 25 届全省教育工作者科技教育论文评选活动，获奖 8 篇。

【学术活动】 2016 年，福州市科协以“创新发展　美丽福州”为主题，举办“第十四届福州市科协年会”，征集论文 1500 篇次，精选 109 篇入选《第十四届福州市科协年会论文集》。年会主会场邀请中国科学院遗传与发育生物学研究所研究员、博士生导师朱桢，福建中医药大学副校长、福州市科协副主席郑健担任主会场报告嘉宾，围绕转基因食品安全、中医药事业发展专题开展学术报告活动。全市设立 28 个分会场，涉及医、理、农、工等领域。开展 2013—2014 年度福州市自然科学优秀学术论文奖评选，收到 1000 多篇投稿，评出优秀论文 135 篇，其中一等奖 10 篇，二等奖 20 篇，三等奖 40 篇，优秀奖 65 篇。推荐 19 篇优秀论文参加省级评选活动，获奖 5 篇。

【重点课题调研】 2016 年，福州市科协围绕“一带一路”战略、重点产业链发展等问题，开展 16 项重点课题调研，编制《专家建言》18 期，其中 3 篇分别被《福州调研》《福州政研专报》《福州经济》转载，3 篇被评为福州市优秀调研课题三等奖，1 篇被评为福州市优秀调研课题特别奖。

【人才工作】 2016 年，福州市科协推荐 25 人次参加第五届福州青年五四奖章、第二十三届福建运盛青年科技奖、第八届紫金科技创新奖等评选。推荐福光股份公司总工程师肖维军获第十九届中国科协求是杰出青年成果转化奖，1 人获评全国优秀科技工作者，2 人获评第五届福建省优秀科技工作者，1 人获评第三届福州市优秀人才，1 人获第五届五四青年奖章。开展第二届福州青年科技奖的颁奖及宣传工作。完成非公企业职称评审，开展 2016 年度职称评审。编撰《福州院士》《福州高级科技专家名录》，推荐清华大学建筑学院教授毛其智、复旦大学经济学院院长张军、复旦大学上海自贸区综合研究院秘书长尹晨担任福州新区顾问。

【榕台交流与合作】 2016 年，福州市科协邀请台湾自然科学博物馆馆长、台湾大学物理系及天文物理研究所教授孙维新来榕举办“趣谈物理，追踪天文宇宙大发现”科普讲座；组织开展“海峡两岸青少年科普夏令营”“两马青少年科技教育交流”系列活动；推进榕台两地学会学术交流活动；邀请台湾部分优秀师生代表到榕参加“海青节”系列品牌交流活动。开展海智项目对接工作。推动中国科协海智专家、比利时华人高继明教授与永泰县福建景行园林工程有限公司签署合作框架协议，实现“现代生态农业”海智项目落户永泰。举办“2016 年福州（中国—以色列）现代设施农业生产技术培训班”，促成中国科协在永泰县筹建国际双边科技交流合作基地中以农业示范培训基地的初步意向。

（陈　贞）

福州市社会科学界联合会

【概况】 2016 年，福州市社会科学界联合会新成立 1 个研究会，有市级哲学社会科学类社会团体 61 个，其中 56 个业务主管社团，5 个团体会员社团；组织 2016 年度市社科规划课题立项和第九届市社科优秀成果评奖工作；举办 2016 年全市社会科学普及宣传周和全省社科普及宣传周主会场活动；推动闽清县社科联召开成立大会暨第一次代表大会；推动长乐市列入第二批省级社会科学普及示范创建县（市）区；参与组建市党建智库、筹建市社会管理智库，协同连云港、天津、广州等 14 个城市创建全国“一带一路”智库联盟。在全国第十八次社会科学普及工作经验交流会上，1 人被评为全国社科普及专家，《〈记住乡愁〉文化丛书》被评为全国优秀社科普及作品，1 人被评为全国优秀社科普及工作者。年内召开第六次代表大会和六届二次全会，选举产生新一届市社科联领导班子。

【社科研究】 2016 年，福州市社科规划征集到 161 项申报课题，确定 40 个资助立项项目，总资助金额 86 万元，其中福州新区专题研究重大立项 3 项，重点立项 5 项，一般立项 3 项；各学科组重点立项 14 项，一般立项 15 项。第九届市社会科学优秀成果评奖产生获奖成果 48 项，其中一等奖 5 项、二等奖 13 项、三等奖 26 项、佳作奖 4 项。

【学会工作】 2016 年，福州市社科联指导成立市闽浙赣边区革命史研究会；市税务学会、市国际税收研究会、市检察学会和市会计学会等 4 个学会完成换届工作。筹建市社科联社会组织党委，成立 44 个社会组织党支部，实现学会党的组织覆盖率达 80% 以上、党的工作覆盖率 100%。

资助市老年学学会、市摄影研究会、市霞光画院等 3 个学会开展学术活动。市闽都文化研究会 8 月举办“近代以来福州与台湾学术研究会”，11 月在台湾举办第五届闽都文化论坛；市老年学学会 5 月举办“市老龄化社会与健康”研讨会；市海洋经济学会 11 月在平潭举办“一带一路”战略海丝智库高端论坛；市诚信促进会启动“诚信动漫剧”制作工作；市税务学会、市国际税收研究会开展税务体制改革学术交流与研究；市文化艺术交流协会、市霞光画院组织送书画艺术进机关活动；市闽浙赣边区革命史研究会参加抗日志士纪念墙纪念及柯海燕烈士纪念碑揭碑仪式；市审计学会、市监察学会、市闽浙赣边区革命史研究会首次获得 2016 年度市社科规划项目立项。

【社科宣传普及】 2016 年 10 月 16—22 日，福州市社科联开展 2016 年社会科学普及宣传周活动，承办全省社科普及宣传周主会场活动。有近百家省、福州市和长乐市的学会、协会、研究会集中开展“社会科学在你身边”大型普及咨询活动,500多位专家学者在现场为广大干部群众普及社会科学知识;举办“树立发展新理念·加快建设新福建”科普挂图展、“红军从这里出发——纪念红军长征胜利80周年”大型图片展;邀请中央党校专家为500多位机关干部和高校师生作“以新发展理念引领新发展”专题报告。活动期间,全市开展各主题讲座论坛30多场,开放人文社科展馆近50个,举办科普挂图展10场次,发放社科普及读物1万多本,350多个单位、1500多位专家学者及社科工作人员参加活动。

举办福州社科成果展(2009—2015),展出《弘扬正能量》《马克思主义中国化研读》《乡村治理与农村基层党组织建设》等300多项著作、期刊、科普作品。《福州市扎实推进社会科学宣传普及工作》被省委宣传部《宣传思想工作》刊载。

开展社科进基层活动,邀请福建师范大学、省革命历史纪念馆、福建农林大学的专家学者赴各县(市)区开展社会主义核心价值观讲座、纪念船政创办150周年主题讲座、红色文化专题讲座等30多场。

(吴家松)

福州市文学艺术界联合会

【概况】 2016年,福州市文学艺术界联合会各文艺家协会有市级会员5595名,省级会员数1758人,国家级会员数465人。年内完成2015年度福州文艺事业发展专项基金项目评审工作,评出各门类文艺扶持项目21个。完成第三届茉莉花文艺奖评奖工作,评选出文学、音乐、舞蹈、戏剧、曲艺等10个艺术门类的文艺精品82项。完成市音协、市舞协、市美协、市书协、市曲协、市民文协、市剧协等7家协会的换届工作。

【文艺活动】 2016年,福州市文联与鲁迅文学院联合开办鲁迅文学院福州研修班。组织文艺家开展“福州故事,福州表达”文艺创作采风活动。围绕“中国精神·中国梦”,开展“中国梦·我的梦”主题实践活动,集中创作聚焦当代中国决战决胜全面小康、聚焦时代楷模、聚焦身边的老百姓创造新生活追求真善美感人事迹的长诗画卷。围绕纪念中国共产党成立95周年,集中展演展示弘扬革命文化、红色文化的优秀作品。围绕长征胜利80周年,创作反映长征路上红军指战员浴血奋战、不怕吃苦、勇于牺牲的革命英雄主义精神的作品,举办“永远的长征——纪念红军长征胜利80周年寿山石篆刻艺术展”“永远的长征——福州市纪念红军长征胜利80周年音乐会”。

【文艺交流】 2016年9月8—15日,福州市文艺代表团访问丹麦霍尔拜克、英国伯明翰等城市,开展文化交流洽淡、拜访榕籍华侨华人,参加丹麦霍尔拜克首届中国文化节开幕式,举办“海峡流觞”福州摄影作品展、福州优秀传统文化演出及非物质文化遗产项目展示3场,走访伯明翰市艺术博物馆、伯明翰皇家艺术家协会、伯明翰市博物馆、艺术馆、美术馆等。11月25—30日,组织部分文艺家代表参加由福州市闽都文化研究会等单位联合主办的“第五届闽都文化论坛暨闽都文化艺术巡回展”等系列对台交流活动,访问期间与高雄师范大学、厦门大学台湾研究院联合主办“第五届闽都文化论坛暨两岸青年文化研讨会”,联合台湾中华画院分别在高雄和马祖举办“海峡流觞——闽都文化走进台湾书画摄影作品巡回展”,在马祖举办闽都优秀传统文化交流活动。在南昌、福州两地分别举办福州·南昌书画交流展,在宁波、福州两地分别举办福州·宁波硬笔书法交流展。

【文艺惠民】 2016年,福州市文联开展“送欢乐下基层”“文化进万家”、文艺“四到基层”等活动,组织摄影家协会会员到罗源县参与“尼伯特”台风灾后救助,组织作协、音协创作骨干开展福州新区创作采风活动,与鼓楼区后县社区、福建工程移民职业技术学校、马尾区企业文联等10多个单位建立一对一帮扶意向,成立钱塘小学屏北分校和福州林则徐小学摄影创作基地,与市教育局联合开展“书法、篆刻艺术进校园”晋安行暨示范校师资培训活动,为基层、社区、学校、企业等开展文艺培训辅导,举办“记得住乡愁——我记忆中的福州”主题摄影展、福州广场舞大赛,新春走基层、拍摄全家福、墨香飘万家等活动。

(郑龙腾)

福州市归国华侨联合会

【概况】 2016年,福州市有归侨侨眷约200万人,海外乡亲约400万人,主要华侨华人社团260多个,分布在世界160个国家和地区。市侨联第十二届委员会有委员173人,主席、副主席(含兼职)18人,常委57人。聘荣誉职务160人,其中名誉主席2人,荣誉主席11人,国内顾问6人,港澳顾问28人,海外顾问40人,海外委员67人,台湾侨界特邀委员

2016年10月31日,鲁迅文学院福州作家研修班举行开班仪式(市文联 供)

6人。有基层侨联组织841个,12个县(市)区、3个华侨农场、重点侨乡的乡镇(街道)及村(居)均建立侨联组织。市侨联有侨商会、华侨历史学会、归侨之家、法律顾问委员会、青年委员会、缅甸归侨联谊会、越柬老归侨联谊会等团体会员7个。

【侨资侨智引进】 2016年,福州市侨联跟踪对接项目8个,福建中能惠民新能源汽车有限公司、吉安食(福建)贸易有限公司、欧创(福建)投资公司和十一维度(福州)网络科技有限公司4个项目注册,注册资金2.92亿元;推动剑桥大学滕忠照博士的血管影像科学研究和发展中心落地,首期注册5000万元。参与"首届联合国海陆丝绸之路城市联盟城市论坛"保障工作,举办"福建—以色列创新科技、商务、旅游交流会",组织侨商侨企考察中国·福建VR产业基地,举办"营改增"政策及实务讲座、福州海上丝绸之路与侨商文化系列讲座。协助缅甸侨团举办"中缅投资贸易促进交流会"。到国家"千人计划"专家企业开展联系服务。

【侨胞权益维护】 2016年,福州市侨联联合市法院在市"侨胞之家"设立全国首家"涉侨诉调法官工作室"。联合边防支队出台《关于建立为侨服务互动工作机制的实施意见》,建立"一侨一号"互动工作机制。推动福清、长乐、马尾、连江、罗源等县(市)区侨联与所在地边防派出所建立合作机制,开展警民共建、"爱侨固边"座谈会及慰问活动。每周二与4家共建律师事务所开展义务轮值法律咨询,全年接待来访452人次。举办省、市、区三级"12·4"国家宪法日暨侨法宣传活动。筹集扶贫款86.8万元,慰问贫难侨600人,走访115个侨领(侨资企业家)、41名知识分子,看望81名老侨联工作者。发放"魏可英助学奖学金""索高广场侨心助学"等奖(助)学金18项131.46万元,奖励资助学生222人。9次到"尼伯特"台风灾区了解侨界受灾情况,推动机关干部、侨联组织、海外乡亲、侨商侨企捐款77.622万元。推动省侨联"百侨百企科教助学"活动走进连江、仓山、罗源等地小学,开展赠送爱心文体书包活动。

【联络联谊】 2016年,春节前后,福州市侨联上门拜访林文镜、陈清泉、孙仁坤等在榕著名侨领和重点人士。出访美国、秘鲁、英国、荷兰、沙特、印度尼西亚、马来西亚等国家。接待美国、秘鲁、苏里南、阿根廷、巴西、澳大利亚、马来西亚、荷兰、新西兰、西班牙等126个国家及中国港澳台地区的110多个社团,85批次约3000人次。与马绍尔、巴布亚新几内亚、刚果(金)、安哥拉、厄瓜多尔、加纳、哥伦比亚等20多个国家的新侨社团建立联系机制。举办2016年"亲情中华·汉语桥"夏令营(福建·福州营),西班牙华裔青少年40人参加为期15天的夏令营。联合省侨联举办"华侨心、中国梦——亲情中华侨界2016年迎新春联欢会"。在旗山大院、三坊七巷宫巷18号举办2016年中美书画家联谊会、世界著名华侨书画家陈渭书画义展。省、市、县(区)侨联开展"三级联创"种植"侨青林""侨心林",祭扫中法马江海战烈士陵园等活动,组织侨界参观《肝胆相照——福建华侨与孙中山》展。参加由香港福建侨民会主办的榕港侨界传统文化交流暨"安踏杯"青年龙舟友谊赛。开展"侨胞之家建设年"活动,深入基层考评验收50个市级"侨胞之家"申请对象,指导13个创建"示范点"的省级"侨胞之家"。接待中国侨联《赤子五洲》摄制组专访福州市基层侨联先进事迹。

2016年8月4日,"亲情中华·汉语桥"夏令营(福建·福州营)营员演绎在夏令营学到的太极八段锦 (唐宜 摄)

【参政建言】 2016年,福州市各级侨界人大代表提出议案、建议意见182件,侨界政协委员提出提案64件,其中作为大会发言11件。市侨联的《激活侨海资源,助推琅岐国际生态旅游岛建设》被选为市政协大会发言,《发挥侨的独特优势,融入"一带一路"建设》入选政协大会书面发言。召开市侨联参政议政工作年会,聘请新一届参政议政工作小组成员。开展"我为建设美丽福建献一策"征文活动,12篇文章入选省侨联汇编,市侨联获2016年度"献一策"征文活动组织奖,《中国投资移民海外权益保护应引发关注》获二等奖。获2016年度全省侨联系统信息宣传工作先进集体一等奖。

(唐 宜)

福州市台湾同胞联谊会

【概况】 2016年,福州市台联完成1360份在榕台胞信息采集。全市台胞当选省党代表6人,市党代表9人,市人大代表1人,县(市)区人大代表5人,市政协委员12人,县(市)区政协委员21人。全年接待岛内、海外台湾同胞近百人,组织节日联谊活动5次,走访慰问困难台胞、80岁以上高龄台胞105人。年内发放台胞生活扶助金78.96万元、两节慰问款5万元、助学金0.7万元。

【交流联谊】 2016年,福州市台联协办以"两岸一家亲·共圆复兴梦"为主题的第五届闽王文化旅游节暨海峡两岸共祭"开闽三王"大典;参与主办海峡两岸青年传统手工技艺体验活动暨海丝汉服文化艺术展和"水墨中华·丹青两岸"书画作品展;组织福州市台籍学生参加"海峡两岸青年夏令营"活动;举办以"海峡两岸一家亲 童心共筑中国梦"为主题的榕台儿童庆"六一"联欢活动。组织在榕女性台胞健康讲座;陪同华侨大学台生在福州开展社会实践活动,帮助台生了解闽都文化和海峡两岸青年创业相关政策;接待泉州、南平、安庆、昆明等地台联到福州参观调研的考察团。邀请台商参加"5·18""6·18""9·8"等经贸活动。帮助闽清台资企业开展"尼伯特"台风救灾和灾后恢复重建。

【台胞参政议政】 2016年,福州市台联向市两会提交《关于福州市景观改造工程的建议》《关于在福州建设陈靖姑纪念馆的建议》《关于积极推进"医养结合"养老护理模式的建议》《关于加强城市排涝建设的建议》《关于大力推广屋顶绿化的建议》《关于将福州非物质文化"茶帮拜妈祖"纳入福州文化旅游活动中的建议》等提案。

(陈 珊)

福州市残疾人联合会

【概况】 2016年,福州市持有第二代中华人民共和国残疾人证残疾人9.37万人,其中肢体残疾人4.33万人,视力残疾人1.32万人,听力言语残疾人1.07万人,精神残疾人0.9万人,智力残疾人1.27万人,多重残疾人0.48万人。福州市残疾人联合会有市盲人协会、市聋人协会、市肢残人协会、市精神残疾人及亲友协会、市智力残疾人及亲友协会5个专门协会。年内,市残联在2016年辅助器具服务技能大赛中获第一名。福州市盲校作品《秦楼月》获第七届全国特教学校学生艺术汇演器乐类一等奖,福清市政府残疾人工作委员会获全国残疾人工作先进单位,市残联1人获全国残疾人工作先进个人。

年内,出台《福州市人民政府关于加快推进残疾人小康进程的实施意见》《福州市困难残疾人生活补贴和重度残疾人护理补贴实施办法》《福州市"一户多残"残疾人家庭生活困难补助实施暂行办法》《福州市盲人保健按摩机构(个体)扶持暂行办法》等助残扶贫政策。

【助残工程项目】 2016年,福州市4项"助残工程"列入省委、省政府和市委、市政府为民办实事助残项目。项目包括为全市残疾人免费适配盲人辅助器具组合包1500件(含盲用电压力锅、盲用电磁炉、语音体重秤、盲用电饭煲、语音手提秤);向777名0~6岁残疾儿童发放每人一学年1.5万元的康复训练补助,为116名7~12岁残疾儿童发放每人8000元的康复救助补助;扶持470户农村贫困残疾人家庭开展种植、养殖、生产经营等,每人补助5000元;资助1450名智力、精神和重度肢体残疾人(其中贫困残疾人300人)居家养护,每人补助2000元。

【社会保障】 2016年,福州市对生活困难、靠家庭供养且无法单独立户的成年无业重度残疾人,参照单人户纳入最低生活保障范围;对重度残疾人参加城乡居民基本养老保险的个人最低缴费部分和城乡居民基本医疗保险的个人缴费部分,予以全额资助;非重度残疾人参加城乡居民基本养老保险,由财政代缴50%的最低标准养老保险费;完善重度残疾人医疗报销制度,9+20项康复项目纳入基本医疗保障支付范围;对重度残疾人和参与社会生活及自理困难的残疾人给予医疗救助,保障残疾人特殊门诊、住院医疗费用在医疗保险报销后个人负担的合规医疗费用按70%的比例救助。

对"一户多残"家庭给予每户每月300元困难补助,且不计入家庭经济收入。全年1896户"一户多残"残疾人家庭发放补助金680万元。

建立困难残疾人生活补贴和重度残疾人护理补贴制度,残疾人困难补贴标准在省级每人每月50元的基础上增加至150元,将听力、语言和多重重度残疾人纳入生活困难救助补助范围。全年为2.3万名困难残疾人发放每人每月150元的生活困难补助,为2.6万名重度残疾人发放护理补贴。

全年为9万残疾人建立意外伤害保险;为1450名智力、精神和重度残疾人提供每人每年2000元的托养服务补助;元旦、春节期间走访慰问贫困残疾人4500户;实行残疾人免费乘坐市内公交车。

台风"尼伯特"后,市财政下达补助经费240.3万元帮扶闽清、永泰两个县628户受灾残疾人家庭开展灾后重建:扶持贫困残疾人重建户每户1万元,其他残疾人重建户每户5000元;慰问死亡、失踪残疾人家庭每人1万元;非重建其他受灾损失2万元以上残疾人家庭,一次性生活困难临时救助2000元。

【精准扶贫】 2016年,福州市核实摸底16793名农村贫困残疾人,将1141名残疾人纳入全市精准扶贫建档立卡名册。推进农村残疾人扶贫基地带动就业创业,帮助近4000名农村残疾人增加收入、改善生活。完成全市858户农村贫困残疾人家庭危房存量摸底工作,为230户残疾人家庭实施无障碍改造工作(中央30户每户平均补助6000元,省级200户每户平均补助3500元)。

【康复辅具服务】 2016年,福州市完成全市11万残疾人基本服务状况和需求信息动态更新和数据分析,核查率100%。年内福州市被列为全省残疾人康复服务体系建设试点市,全省率先推动听力辅具补贴制度改革,出台《福州市听力残疾人助听器适配补贴实施方案(试行)》。继续实施"七彩梦行动计划"、国家彩票公益金项目等国家和省级重点康复项目,建立残疾儿童抢救性康复救助制度并实现全覆盖,为777名残疾儿童提供每人每月1500元的抢救性康复训练补助;实现贫困白内障患者复明手术救助常态化,为1225名贫困白

2016年3月3日，第十七个全国“爱耳日”活动（市残联 供）

内障实施复明手术；精神障碍患者社区防治康复救助纳入政府制度性安排。2016年全市近1万名残疾人得到不同程度康复，免费发放适配辅具4500件。分别为2204名和200名贫困精神病患者提供服药补助和住院医疗救助，向贫困精神病患者提供康复救助补贴每人每月1200元。为肢体残疾人适配假肢矫形器237例，为贫困盲人适配盲人辅具1500件，为低视力残疾人适配助视器361例。市残疾人康复就业中心项目完成供地。年内总投资3000多万元、建筑面积1万多平方米的福清市级康复中心投入使用。全市建立社区残疾人康复站（室）62个，县（市）区辅具适配站11个，残疾人康复服务机构27个，其中扶持新建残疾人社区康复站16个，县级辅具适配站4个，每个站点补助5万元。培养康复机构学科带头人22人，在职培训康复专业技术人员100多人，社区康复协调员200余人，到各县（市）区开展辅具下基层巡回筛查适配及回访活动。

【就业服务】 2016年，福州市“1+5”扶持残疾人就业创业奖励补贴金额473.85万元，其中超比例安置残疾人就业247人，奖励167.41万元，集中安置残疾人就业422人，社会会保险补贴129.99万元；残疾人自主就业创业养老保险702人、医疗保险294人，共补贴175.45万元；安置残疾人大学生2名，奖励1万元。举办残疾人就业招聘会、残疾高校毕业生专场招聘会，增加残疾人公益性岗位，开展职业培训和能力测评，开展就业安置推介服务，全年残疾人新增就业1772人，技能培训2251人次，110名应届残疾大学生及时得到就业服务或继续升学教育。推动福建省首个特殊教育“二元制”人才培养模式改革项目，31名鸿博股份有限公司在职残疾员工参加招生考试，22人获批入学。

在全省率先补助残疾人汽车驾驶技术培训，对符合条件的残疾人学习汽车驾驶技术给予支持，考取驾驶证一次性补助1500元；对从事驾驶岗位并签订就业劳动合同、依法缴纳社会保险满1年以上的残疾人一次性奖励500元。

出台《福州市盲人保健按摩机构（个体）扶持暂行办法》，对视力残疾人自主创业新办医疗按摩机构并正常经营一年以上给予创业补助1万元。对盲按机构每安排1名盲人就业，每年按照当地从业人员基本养老保险、基本医疗保险最低缴费基数的60%给予补助；每安排1名本市户籍盲人就业，每年给予2000元补助。市级财政对获评省级“福乐”示范店的盲按场所给予一次性配套扶持3万元。

【扶残助学】 2016年，福州市对残疾人及残疾人子女考入高中和中专、大专、本科、硕士、博士的，每年分别给予不低于2000元、3000元、3500元、4000元、4500元的补助，全年为1500多名残疾学生及残疾人子女发放助学金443万元。完成未入学适龄儿童少年调查统计、数据信息录入、通报工作，落实“一人一案”。年内帮助8名残疾人考生获得高考合理便利政策。

【残疾人权益保障】 2016年，福州市残联成立法律救助站，指导鼓楼、闽清、马尾3个县（市）区建设县级残疾人法律救助工作站。开通12385残疾人服务热线，建立信访跟踪随访制度，受理残疾人来信来访223次。推进残疾人参政议政工作，办理人大代表建议和政协委员提案3件。全市有9名残疾人及残疾人工作者推荐当选各级人大代表或政协委员。

【残疾人非机动轮椅车整治】 2016年，福州市为五城区716部残疾人非机动轮椅车投保，向304名享受低保待遇的残疾人非机动轮椅车车主发放交通补贴。对注册登记的残疾人非机动轮椅车进行走访摸排，向每名车主发放市政府交通整治通告书、“守法出行、文明交通”倡议书、组织不进行改装和不从事非法营运承诺书的签订工作。配合市交通执法、交警支队开展残疾人非机动轮椅车非法营运行为路面执法查处工作，加强对残疾人非机动轮椅车车主教育劝导。全年发放告知书987份，收回签订承诺书953份，完成“一车一档”更新登记827辆，注销299辆，实现符合条件的车辆更新登记98%。

【残疾人关爱行动】 2016年，福州市残联与市联通公司合作开展残疾人关爱项目，为残疾人提供最优惠的通信信息服务，包含6种专属关爱套餐，最高优惠幅度60%，最高优惠流量8GB，全年有431名残疾人享受优惠。

【宣传文体活动】 2016年，福州市残联在福州电视台“新闻110午报”频道开设周末手语新闻栏目，举办全国助残日、国际残疾人日、闽台残疾人文化周、“心手相连 我梦最美”马尾区公益巡演活动等活动。参加第六届闽台残疾人文化周残障人士书画展、摄影作品展、首届全国残疾人书画展、“讲家风故事”征文活动等残疾人文体赛事。开展特殊艺术人才和体育人才苗子选拔工作。举办第四届全市残疾人运动会,全市12支代表队240名残疾人运动员参加田径、乒乓球、羽毛球、飞镖、游泳等5个大项比赛。

(郑海云)

福州市关心下一代工作委员会

【概况】 2016年,福州市有关工委组织4380个,成员2.89万人,其中"五老"(老干部、老教师、老专家、老劳模、老战士)人员2.2万人。全市有173个乡镇(街道)、2614个行政村(社区)、723所学校、97个机关事业单位以及89家企业组建关工委组织。全市各级关工委有报告团226个,"五老"报告员4023人,涵盖各县(市)区、乡镇(街道)以及部分村(社区)和学校。年内出台《关于开展"基层工作深化年"活动的意见》《福州市创建"五好"基层关工委具体标准》《福州市机关、事业单位和公有、民营企业关工委建设基本要求》《关于抓好党建带关工委建设的实施意见》。12月,召开市关工委成立25周年纪念会,对关心下一代工作先进集体和先进个人进行表彰。

【思想道德教育】 2016年,福州市关工委结合纪念建党95周年和红军长征胜利80周年,开展"学习党史、国史,讲好福州故事"比赛活动,评选出特等奖4名、一等奖8名、二等奖13名、三等奖21名,选取部分优秀选手在市关工委成立25周年纪念大会上进行汇报表演并表彰。鼓楼区关工委以清明祭扫,追念先烈为契机,开展清明节党史、国史教育活动,对青少年进行爱国主义教育。

【青少年普法】 2016年,福州市关工委开展"关爱明天、普法先行"活动,到农村、社区、学校开展文化活动、安全知识培训、法律知识竞赛等,推动青少年参与零犯罪社区、村、学校等创建活动。年内,中国关工委、司法部、中央综治办联合授予福州市3个"全国青少年普法教育示范区"(仓山区关工委、区司法局,连江县司法局),1个优秀组织奖(连江县关工委),8个"零犯罪"学校,3名先进个人。3月23日,在福州第十二中学举行第三届"关爱明天、普法先行"青少年普法教育活动启动仪式。

【青少年身心健康关爱】 2016年,福州市组建各级关爱工作团(组)1275个,参加的"五老"8160人。把失足、失管、失学、失业、失亲等"五失"青少年和留守儿童、外来工子女作为关爱帮扶的重点对象,发挥关爱工作团(组)的作用,开展"大手拉小手""一帮一""一帮二"等结对帮扶工作。组织全市1026名"五老"网吧义务监督员到网吧、游戏厅等开展明察暗访,引导青少年正确上网,向网吧业主宣传有关政策法规。暑假期间,联合福州晚报等共同举办第三期外来工子女夏令营活动,开展有关艺术类、拳击、武术以及防拐防骗等为主要内容的安全知识课程等。年内,市关工委青少年心理健康服务团到学校、社区、企业等开展服务,邀请心理学专家为学生、老师和家长进行专题讲座、开设团体辅导示范课、现场互动交流以及心理咨询等服务活动。联合市教育局、市妇联创办的福州市家长网校每月举办一场网络讲座,参加听讲座的学生家长由3年前的360人增加到2016年的4000多人。根据学生心理状况,邀请心理学专家围绕不同的教育热点与家长们在网上互动交流。4月27日,福州市家长网络学校、福州教育手机报和连江东岱中心小学三家联合举办《拥抱亲情　感恩父母》网络专题活动,全市有36所学校、2276家庭的父母参加。

【困难青少年关爱】 2016年,福州市关工委发动爱心企业家在闽清县东桥镇开展关爱助学活动。从闽清县东桥镇"五失"青少年中筛选出25名困难学生,由六位爱心企业家与他们进行结对助学,筹集助学金37.5万元,分三年(2016—2018年)对25名困难学生进行资助,每人每年5000元。

【青少年科普教育基地建设】 市关工委设立10个"夕阳红青少年科技教育服务示范基地"。各级关工委培育和依托科技示范基地对青少年开展各具特色的科技教育和农村实用技术培训,扶持农村青年创业,帮助青年职工提高技术和技能水平。年内,市关工委参与福州市青少年科技创新大赛,组织马祖师生到仓山小学开展两岸青少年科技文化交流活动。

(陈　今)

福州市红十字会

【概况】 2016年,福州市红十字系统筹募款物价值4560万多元,救助困难群体12650人次。在各级媒体发表文章、信息780多篇次,为市人大、闽江学院等机关、学校作《国际人道法》等宣讲10多场次,出版《红十字三字经》。连江县红十字会和市红十字会1人、鼓楼区红十字会1人分别被授予2011—2016年度全省红十字系统先进单位和先进工作者称号。

【应急救援】 2016年7月9日,台风"尼伯特"灾情发生后,市红十字会发出为闽清、永泰灾区捐款捐物倡议书,联合《福州晚报》、福建宏途渣土运输有限公司等单位,紧急调拨总值10多万元的面包、矿泉水等食品饮料送往闽清、永泰。工作人员连续10多天在灾区组织救援,组织红十字水上救援志愿服务队,为灾区送去急需的食品、被席等生活物资和发电机等救灾设备,募集700多万元款物。

【人道救助】 2016年,福州市红十字会开展"博爱送万家""救助一个患儿,解放一个家庭——先心、脑瘫、自闭症儿童关怀行动""博爱情·学子梦——人道助学行动""捐闲置物品,献一份爱心""关爱农民、关注健康——百千万援助行动""美丽乡村光明行"等红十字品牌救助活动。全年救助困难群体3560多户、12650人次。红十字城乡困难居民重特大疾病医疗救助基金全年救助急危险重困难患者659人,发放救助金830余万元。

【生命工程】 2016年,福州市遗体器官捐献累计报名901人,实现捐献228

人、器官(含组织)捐献 29 人,救活 18 人,帮助 58 人复明。4 月 2 日,在三山陵园人生广场举行遗体和器官捐献者追思悼念活动。发挥造血干细胞捐献福州工作站和志愿者之家的作用,以志愿者联谊活动和"生命之花"评选推介等活动为平台,举办捐献宣传活动。造血干细胞累计入库 31500 多人份,成功捐献 50 例,总捐献人数居全省第一。年内新冠名"连江红十字医院"。

【救护培训】 2016 年,福州市红十字会为外资、台资企业和公安、消防、电力等特种行业工作人员开展自救互救知识和技能培训工作,全年举办培训班 73 期,颁发急救员证书 4230 人。为"红十字应急救护志愿服务进社区、学校"项目培训学校急救志愿者 580 人、社区急救志愿者 649 人;开展卫生救护知识讲座 122 场,受众 1.81 万人。

【对台交流】 2016 年,福州市红十字会为榕台双方开展打击犯罪、私渡遣返、医疗救助、交流互访等提供民间渠道。与台湾新北、马祖红十字组织临床用血和造血干细胞互捐、急危险重病人互救、弱势群体互助、救援救助物资互通、红十字人员互动开展合作。开通连江黄岐—马祖红十字人道绿色救助通道,成功双向帮助 12 名两岸急危险重人员得到及时救治。

(林　怡)

福州市慈善总会

【概况】 2016 年,福州市慈善总会系统接受社会捐赠总额 3.19 亿元,其中市本级 1.78 亿元,县(市)区 1.41 亿元;各项公益事业活动支出 4.63 亿元,其中市本级 3.21 亿元,县(市)区 1.42 亿元。受助群众 57.09 万人次,其中市本级 35.97 万人次,县(市)区 21.12 万人次。

【"慈善情暖万家"系列慰问活动】 2016 年,在元旦、春节期间,福州市慈善总会开展"慈善情暖万家"系列慰问活动,筹措资金 2076 万元,面向城乡各类困难户 2.08 万户开展慰问活动,包括慰问类似孤儿 477 人,慰问入住慈善助老安居楼的五保户、孤寡老人 201 人,为 2 万多户困难群众发放福建永辉集团"爱心购物卡",对城区 35 个患有癌症、白血病等重大疾病的困难家庭进行慰问。

【"331 慈善救助工程"】 2016 年,福州市慈善总会在全市 9 个县(市)区农村地区实施"331 慈善救助工程",救助各县(市)区"三类"困难群众 1003 人,其中类似孤儿 452 人,孤寡老人 289 人,贫困高中生 262 人,每人每年发放救助金 2000 元,拨出救助金 200.6 万元。

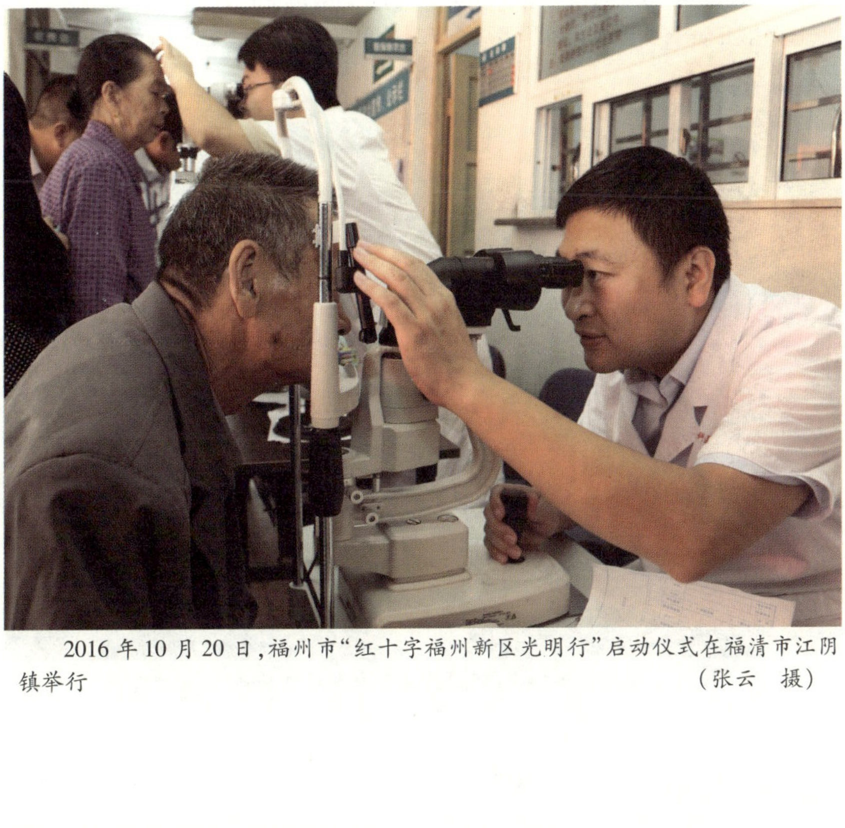

2016 年 10 月 20 日,福州市"红十字福州新区光明行"启动仪式在福清市江阴镇举行　(张云　摄)

【慈善助老】 2016 年,福州市慈善总会在罗源、连江、永泰、闽侯投入 173 万元建设 8 座慈善助老安居楼,可安置 124 名孤寡老人。在鼓楼区开展慈善助老服务工作,聘请 14 名义工为 24 名城区孤寡老人免费提供清理卫生、换洗衣物、购物、看病取药等服务。

【慈善医疗救助】 2016 年,福州市慈善总会与东南眼科医院联合开展慈善复明行动,先后在连江县长龙镇、闽侯县白沙镇等农村地区为 300 名贫困白内障患者免费实施复明手术;开展特罗凯、拜科奇、安维汀、倍泰龙 4 个慈善赠药项目,分别为肺癌患者、血友病患者、多发性硬化患者、直肠癌患者免费发药 10550 盒,价值 9942.42 万元,受益人数 5178 人次;年内引进国外先进医疗设备 10 台援助省肿瘤医院。

【关爱军人困难家庭救助活动】 2016 年,福州市慈善总会与市双拥办、市民政局开展"关爱军人困难家庭救助活动",救助困难军人家庭 407 个,每个家庭发放补助款 5000 元,共计发放救助金 203.5 万元。

【中华慈善日捐赠活动】 2016 年 9 月 5 日,福州市委、市政府发布《关于贯彻实施〈慈善法〉开展首个"中华慈善日"活动的通知》,全市捐款物 1495.65 万元,其中市本级 609.27 万元,各县(市)区 886.38 万元。善款主要用于助孤、助老、助残、助医、助学等慈善公益活动。

【慈善法宣传活动】 2016 年 9 月 1 日,福州市慈善总会与市民政局、鼓楼区民政局、鼓楼区慈善总会联合举办"福州市实施《慈善法》暨首个'中华慈善日'"大型宣传活动,有 25 个单位与社会团体参与。活动包括法律咨询、义诊、义卖、文艺演出与现场捐赠等。9 月 5 日,开展"百车千人"巡游宣传《慈善法》活动。

【台风灾后重建支援】 2016年7月,福州市慈善总会开展“尼伯特”台风赈灾活动,筹措捐款总额937万元。定向捐给闽清县的赈灾款物241万元,其中现金145万元;定向捐给永泰县的赈灾款物696.2万元,其中现金610.89万元。

【旧衣物捐赠】 2016年,福州市慈善总会在福州外语外贸学院等6所高校开展旧衣物捐赠活动。在部分社区设置供市民捐赠投放旧衣物的专用“捐赠箱”。所接收的旧衣物通过福州为民再生资源利用有限公司的整理,分别处理,一部分捐给困难群众,一部分重新再生利用,产生的利润捐给慈善机构用于慈善救助工作。

【扶贫开发示范点】 2016年,福州市慈善总会在永泰县设立扶贫开发示范点,投入50万元建立“丹云慈善扶贫开发基金”,通过福建蕃秀玫瑰园科技有限公司发展玫瑰产业项目实现基金保本增值。基金每年增值的收入(不低于15%)由丹云乡慈善分会用于救助该乡“五保户”或没有劳力没有经济收入的贫困户,每户救助金2000元,每年帮助37个贫困户。

(李孝棋)

福州市个体劳动者协会、私营企业协会

【概况】 2016年,福州市个体劳动者协会、私营企业协会有个体会员18.38万户;私营企业会员有17.17万家,从业人员116.42万人。

【服务会员企业】 2016年福州市个协、私协利用短信平台向会员企业发送节日问候、银企对接宣传以及生日问候短信1万多条,帮助会员企业了解新出台的工商制度和政策。成立商务公司为入驻的会员企业提供注册地址、记账、报税等服务,吸引企业401家,注册资金37.89亿元。定期走访会员企业,为企业协调解决问题。

【技术职称评定】 2016年福州市个协、私协向会员企业发放3000多份“福州市私营企业协会职称评审须知”。有253人申报参加职称评定,其中108人通过中级职称,73人通过初级职称。

【非公党建】 2016年福州市个协、私协帮助有条件的私营企业组建党支部,发展新党员,市私营企业党委组建党支部51个,有党员633人。

(黄 超)

福州市消费者权益保护委员会

【概述】 2016年,福州市消委会受理消费者投诉2056件,解决结案2022件,结案率98.35%。为消费者挽回经济损失212.76万元,其中欺诈行为得到加倍赔(补)偿42件,赔(补)偿金额3.8万元。家用电子电器类、生活与社会服务类、交通工具类位居投诉类别前3位,分别占投诉总量的15.61%、11.67%、9.48%。质量问题、合同纠纷、售后服务位居投诉性质前3位,分别占投诉总量的35.75%、13.95%、13.57%。11月24日,召开市消委会第五届全委会一次会议,选举第五届全委会领导机构及常务委员、监事。

【“3·15”国际消费者权益日活动】 2016年,福州市消委会组织各种纪念活动85场,参加活动人数1.94万人次,接受咨询1.07万人次,受理投诉290件,挽回经济损失13.64万元,发放宣传材料8.65万份。联合相关部门在福建会堂举行纪念“3·15”国际消费者权益日宣传活动。活动现场播放“携手共治,畅享消费”电视专题片,发布规范市场秩序、保护消费者权益等方面的统计数据,为“福建省消委会珠宝玉石专家委员会”授牌,举行“一言九鼎,诚信传递”接力活动启动及示范单位授匾仪式。

【商品质量抽检】 2016年,福州市消委会联合福建省林产品质量检测中心对流通领域销售的实木复合地板和浸渍纸层压木质地板进行比较试验,抽查16家木地板经营企业销售的48个批次产品,所有样品的甲醛释放量均符合国家标准要求。

【收费听证】 2016年,福州市消委会在市区公开征集、推荐28名消费者代表参加福州地铁票价、城区居民生活用管道天然气价格暨天然气终端销售价格与上游销售价格联动和城区居民生活用水价格调整3场听证会。市消委会代表不特定多数消费者对听证方案提出8点意见和建议。马尾、长乐、闽侯、闽清、永泰

2016年“3·15”国际消费者权益日活动 (市消委会 供)

分别参与马尾船政格致园票价、居民生活用水阶梯价格暨污水处理费征收标准调整、天然气阶梯价格及销售价格调整等价格听证，代表消费者发表意见和建议。

【消费宣传教育】 2016年，福州市消委会邀请律师解读新《中华人民共和国食品安全法》、新《中华人民共和国广告法》和“新消费，我做主”年主题，举办各类消费维权培训班13场次，培训人数950多人次。通过报纸、杂志、网站发布“2015年消费投诉十大典型案例”，印发法律宣传材料和“十大案例”1.5万份，发布消费提示、忠告、警示300多篇。参与食品安全宣传周、社会科学普及宣传周、安全支付宣传、法律“三下乡”等活动。

【社会监督检查】 2016年，福州市消委会参与节日市场物价检查，配合市场监管等执法部门开展电动自行车生产和销售环节监督管理、“两节”期间节庆用品商品质量专项整治，参与陶瓷、砂轮、成品油、眼镜、小家电、电动儿童玩具、家用燃气灶具、燃气快速热水器等工业产品和流通领域商品质量抽检工作。联合县(市)、区消委会征集43名志愿者对永泰云顶、平潭海坛、罗源畲山等3条旅游线路开展服务质量满意度调查，总体评价为基本满意，对发现的合同签订不够规范、安全管理存有隐患、导游服务有待提高等问题，约谈3家旅行社。晋安、福清分别开展旅游服务质量消费体察和通信行业消费者满意度调查。

【案例举要】 2016年1月7日，林女士投诉晋安某橱柜店，称其在该店订购衣柜和橱柜5万元，安装时发现板材并非多层实木板，而是使用颗粒板充当，要求更换板材并赔偿。经调解，橱柜店按每平方米100元标准，退还差价并补偿林女士1.6万元。

4月15日，任先生投诉马尾某电动车店，称其14周岁的孩子擅自取走家里钱财，在该店购买一辆价格2600元的燃油助力车，事后任先生要求电动车店全额退款，遭到拒绝。经调解，该电动车店回收燃油助力车，扣除折旧及维修相关费用后，退还任先生1800元。

5月3日，林先生投诉仓山某汽车4S店，称其2014年在该店购买的越野车因发动机机油位过低而报警，多次到店进行维修，分别添加机油、更换零配件。2016年5月，该车再次发生机油位过低报警，他要求退车或更换发动机并延长质保期限。经调解，该4S店为林先生免费更换车辆发动机。

7月20日，池女士投诉长乐某酒店，称其入住该酒店时，淋浴室玻璃门突然发生爆裂，导致其被玻璃划伤。池女士要求酒店赔偿，遭到拒绝。经调解，该酒店向池女士赔礼道歉，并一次性赔偿2000元。

10月1日，邱女士投诉罗源某影城，称其前往该影城，检票时影城工作人员以其自带饮料不允许入场，认为不合理。鉴于电影即将开始，工作人员电话联系影城，指出这种行为做法违法，先让邱女士入场观影。事后，工作人员发现该影城有销售饮料等食物，允许消费者购买并带入食用，但限制消费者自带饮料及其他食品的情况，对该影城相关负责人进行约谈。

(刘用福)

(编辑　郭秋延)

外事 侨务 港澳台事务

外事侨务

【概况】 2016年，福州市政府外事侨务办公室接待外宾团组92批838人次，其中副总理以上外宾3批60人次，副部（省）级以上团组13批167人次，友城团组10批176人次，外国使领馆团组30批187人次。审核和审批因公出国（境）675批1390人次，其中国家工作人员因公出国（境）585人次，民营企业因公渠道出国（境）805人次。妥善处置涉外事件10起；发放领事保护宣传手册5000份；完成领事认证2934件。全年对33个侨商投资项目进行跟踪服务，其中在建项目12个、完成项目5个。启动首届海外华裔中小学生“印象·福州”书画征文大赛，收到来自21个国家和地区的参赛作品865件；开展“福州日”“榕情四海”品牌活动，组织经贸文化交流团赴澳大利亚、新西兰、泰国、日本举办经贸推介会、城市形象推介、文艺表演等交流活动。“5·18”海交会期间，在福州市华商创业教育培训基地对来自马来西亚、印度尼西亚、新加坡、日本、泰国、南非等10个国家和地区40余名侨领开展为期3天的培训活动。

年内，市外侨办获外交部颁发“因公护照管理服务奖”，获中国人民对外友好协会颁发“国际友好城市特别贡献奖”；市外侨办1人获“全国侨办系统先进工作者”称号。

【国家级团组访问福州】 2016年4月22—23日，坦桑尼亚革命党主席、前总统基奎特一行19人访问福州，参观宏东远洋渔业公司、福州自贸片区、军门社区、三坊七巷、林则徐纪念馆，探讨渔业合作机会。

10月28日，巴基斯坦参议院副主席毛拉纳·阿卜杜尔·加富尔·海德里率代表团一行28人访问福州，参观三坊七巷。

【省部级团组访问福州】 2016年2月23—29日，加纳大阿克拉省省长（部级）拉耶·安非特·阿格鲍携夫人等一行5人以非官方身份访问福州，拜会市领导，商谈其辖区内的加纳首都阿克拉市与福州市的结好事宜。

3月18日，应中联部邀请，安提瓜和巴布达与巴巴多斯执政党干部考察团一行12人参观鼓楼区东街街道军门社区，考察社区党组织建设基本情况和相关经验。

4月9—13日，澳大利亚塔斯马尼亚州州长、艺术部部长分别率团访问福州，举办塔州商品展、塔州艺术展等“塔斯马尼亚周”活动。

4月14—15日，美国奥斯汀市“奥斯汀—福州友好交流委员会”联合主席、得克萨斯美中商业和文化促进会主席赵春华访问福州。

4月26日，比利时列日省政府代表团（副部级）一行7人访问福州，副市长杭东会见代表团。

5月16日，巴勒斯坦外交部亚澳司司长穆汉纳德·穆罕默德·易亚德·阿卜杜法塔赫·阿尔哈姆里、拉马拉市副市长卡迈乐·布利斯·苏莱曼·戴布斯一行2人拜会市领导，商谈拉马拉市与福州市结好事宜。

6月8日，阿根廷布宜诺斯艾利斯省体育部长拉米罗·吉梅内斯率代表团一行6人访问福州，与福清市文体局、教育局座谈。

9月21—24日，印度国会前议长、人民福利统筹部前部长阿贡·拉科索诺一行13人访问福州，拜访市领导，洽谈福州与印度加强交往和了解福州市经济社会发展情况。23日，副市长杭东会见客人一行。

9月27—30日，印度尼西亚东爪哇省省长助理阿玛特·穆吉布·阿凡率东爪哇省政府代表团一行18人访问福州，参观自贸区、东盟海交所、星网锐捷、新大陆集团、长乐郑和纪念馆。

10月8日，印度尼西亚民主斗争党干部考察团一行23人访问福州，参观三坊七巷、海欣食品、城市规划馆、军门社区等。

10月31日—11月1日，柬埔寨人民党中央委员考伊索卡率柬埔寨人民党青年干部考察团一行24人访问福州，参观青年创业基地、军门社区和三坊七巷。

11月9日，加纳贸工部部长代表团一行5人访问福州，参观三坊七巷和长乐VR产业园。

11月10日，冲绳县环境部副部长

棚原宪实一行6人访问福州，拜访市海洋与渔业局，就缓解海洋漂浮垃圾问题交换意见，邀请福州市有关专家参加2017年在冲绳举办的应对海洋漂浮垃圾会议。

11月14—15日，新加坡国际企业发展局局长李沃文一行17人访问福州，参观福州市规划馆和三坊七巷，代市长尤猛军、副市长杭东会见，市商务局、市建委、市旅游局、教育局等部门领导与客人就不同的合作项目进行对接。

【友城团组访问福州】 2016年1月15—22日，日本长崎县文化观光物产局文化振兴课课长辅佐山口保彦一行4人访问福州，参观开元寺和孙中山纪念堂等。

4月22日，巴西坎皮纳斯市副市长恩黑克·特谢拉一行5人访问福州，参观高新区。副市长杭东会见客人，双方签署《关于进一步加强交流合作备忘录》。

5月17—20日，接待肯尼亚蒙巴萨郡代表团一行3人。

6月6—10日，塔科马市市议员约瑟夫·朗尼根率龙舟队一行23人访问福州，参加中华龙舟大赛。

10月11—13日，美国塔科马市林肯中学121名师生访问福州。12日，到福州教院附中访问，两校签订《建立友好学校关系协议书》。在榕期间，代表团参观鼓岭旅游度假区和三坊七巷。

10月16—19日，日本长崎县文化振兴课山口保彦一行访问福州，考察万福寺、南少林寺以及正山堂茶叶公司等。

11月24日，日本长崎县企画振兴部新干线综合交通对策课企画监松伟刚一行3人拜会市发改委，商讨长崎县和福建省开辟空中直飞航线事宜。

12月2日，冲绳县餐饮文化交流团一行30人访问福州，祭拜琉球人墓园。

【使领馆官员团组访问福州】 2016年1月8日，法国驻广州总领事傅伟杰一行5人访问福州，拜会市领导，探讨经贸、大学法语教学方面的合作，参加在榕法资企业开业签约仪式，通报在榕开设法国签证中心情况。

1月11日，美国驻广州总领馆商务处谷茉莉商务领事等一行5人访问福州空港公司，探讨开通航线可能性。

1月21日，日本贸易振兴机构广州代表处所长天野真也一行3人拜访市外侨办，探讨建立联系，加强沟通，为在榕日资企业提供更优质的服务。

1月25日，美国驻华大使博卡斯、总领事白智理一行6人访问福州，拜会市领导，了解福州经济社会发展情况，探讨美国与福州合作交流事宜。

1月27日，斐济驻华大使阿尼·奈法卢拉一行3人访问福州，拜会市主要领导，推动斐济与福建省在经贸、投资、教育、农业等领域的合作。

3月2日，加纳共和国驻华使馆副大使贺拉斯·安克拉先生访问福州，副市长杭东会见客人。

3月7—9日，新加坡驻厦门总领事池兆森一行4人访问福州。

3月21日，新加坡大使罗家良、总领事池兆森一行7人拜会省委常委、市委书记杨岳，了解福州新区及自贸区建设情况。

4月13日，加拿大驻广州总领馆商务副领事曹燮荣和商务专员李廷睿一行2人到福州拜访福州外国语学校和福州阳光国际学校。

4月14日，冲绳上海代表处兼福州代表处所长首席代表大濱長健一行4人拜访市外侨办，探讨进一步加强冲绳与福州的交流。

4月27—29日，加纳使馆副大使安克拉和参赞马福一行2人访问福州，参观城市规划馆，与市外侨办座谈友城、贸易办事处、签证中心等议题，访问福建医科大学、福州职业技术学院。

5月5日，美国驻广州总领事馆副安全官韩歌、美国移民海关执法局广州办公室助理参赞张伟等一行4人到福州与市公安局出入境管理处案件调查科交流工作信息。

5月15—19日，法国敦刻尔克市副市长及法国驻广州总领事一行4人访问福州。

5月17日，斯里兰卡驻华大使卡鲁纳塞纳·科迪图瓦库和斯中友谊协会主席班德拉·迪塞纳亚克2人访问福州，拜会市领导，探讨促进福州与斯里兰卡的产业、人文交流与合作等事宜。

5月18日，泰国总领事邱塔泰、副总领事孟坤一行2人到福州参加“海交会”和ACD工商大会。

5月18日，菲律宾总领事付昕伟到福州参加“海交会”和ACD工商大会。

5月18—23日，波兰驻上海总领事馆领事安杰依·贝俊嘉3人到福州参加“海交会”活动。

5月23日，日本驻广州总领事馆副总领事高垣了士到福州拜访市外侨办。

6月27日，英国领事西蒙·梅伦一行2人到福州拜会市卫计委、市民政局。

6月29日，泰国驻厦门总领事邱塔泰一行12人访问福州，泰国驻厦门总领事馆与泰国投资促进委员会与市外侨办、市经信委、市商务局、市贸促会、市工商联联合举办泰国新投资机遇推介活动。其间拜会市长杨益民，商谈拟于2017年首次在榕举办泰国文化节事宜。

7月5日，德国驻华大使柯慕贤一行及德国驻广州总领事馆代总领事金永亨一行5人访问福州，参观西禅寺和三坊七巷的福建省非遗博览苑。

7月13日，安哥拉驻广州总领事若昂·巴蒂斯塔·达科斯塔一行5人访问福州，参观三坊七巷。

7月19日，日本驻广州总领事斋藤法雄一行2人访问福州，参观三坊七巷。

7月19—22日，芬兰驻华大使馆商务处高级项目专家杜米宁一行3人访问福州，拜会福州新区办，就芬兰与福州新区开展优势互补等议题进行座谈。

8月29日，以色列驻广州总领事南可安一行2人访问福州，参观中以农场示范基地，出席福州市现代化设施农业培训班开幕式。

9月21日，立陶宛驻华大使馆参赞里提斯·萨特考斯卡斯访问福州，考察历史上首位到福州的立陶宛人卢安德的史料，参观市博物馆、市图书馆、省博物院、省图书馆、泛船浦教堂、三坊七巷，拜访福建师大历史学教授。

10月8日，新加坡驻厦门总领事池兆森率新加坡企业家一行16人访问福州，拜会市领导，与市委组织部、市发改委、马尾区委、福州市规划设计研究院等座谈交流。

10月25日，以法国驻广州总领事傅伟杰为首的法国、德国、荷兰、瑞士四个国家领事官员团一行9人访问福州，出席福州签证受理中心开业庆典。

11月11—14日，印度尼西亚驻华大使苏更·拉哈尔佐一行3人访问福州，拜会省、市领导，出席第二届“海上丝绸之路”国际旅游节，访问福建省高校、企业，就推动福州与印度尼西亚在经贸、旅游、文教等领域的交流与合作交换意见。

11月11—14日，哥伦比亚驻华大使鲁埃达访问福州，拜会市领导，出席第二届“海上丝绸之路”国际旅游节有关活动。

11月21日，美国驻广州总领事馆白大咏领事一行4人访问福州，参观三坊七巷。

12月1日，冲绳驻上海事务所所长大滨长健一行3人访问福州，了解福建省开通国际航线方面的政策，探讨两地间重新开通直航的可能性。

【经贸文化交流】 2016年1月12日，新西兰奥克兰市政府投资及国际关系处主任洪承琛访问福州，参观利嘉国际商业城、海峡农副产品物流中心和福建省昙石山文化遗址博物馆。

1月30日—2月4日，冲绳县那霸市友好人士、日本东亚共同体研究所理事、琉球·冲绳中心负责人绪方修一行3人访问福州，与福建师大相关学者研讨琉球历史，并参拜琉球人墓园、参观琉球馆，就琉球馆和琉球人墓园修缮事宜，与市文物局、台江区文联等座谈。

2月28日—3月2日，冲绳县文化观光运动部文化振兴课主查久部良和子一行3人访问福州，调研冲绳空手会馆的开馆及资料展出事宜。访问期间，客人祭拜琉球人墓园，考察琉球馆、元帅庙和金将军庙等。

3月9日，丹麦霍尔拜克市文化节组委会负责人、市长代表纳德·夏克·麦德森一行3人访问福州，就福州举办文化节相关事宜座谈。

3月22日，泰国工业部副次长武隆·挽逸瓦蔡一行11人访问福州，参观马尾统一食品，与经信委、商务局、贸促会、投促局等座谈。

4月26日，印度尼西亚井里汶第十四世苏丹阿里耶夫、新加坡国际郑和协会中国考察团陈达生博士一行7人访问福州，市长杨益民会见，就开展福州与海丝沿线国家交流与合作，以及福州自贸区与井里汶经贸合作等事宜进行洽谈。

5月2—5日，韩国全罗南道光阳市媒体访问团一行2人到福州拍摄永泰青梅及旅游业发展情况。访问团考察青梅产业情况，探讨两地在青梅产业合作的可能性。

5月16—17日，中东欧国家非政府组织联合考察团一行24人访问福州，参观三坊七巷和中国船政博物馆。

5月16—19日，尼泊尔全国乡村发展委员会协会代表团一行3人访问福州。

5月16—19日，全印度地方自治体协会代表团1人访问福州。

5月17—19日，柬埔寨暹粒市市长宋·普拉同一行3人访问福州。

5月17—19日，韩国光阳市代表团一行3人访问福州。

5月17—19日，接待孟加拉国城市协会代表团1人访问福州。

5月17—20日，加纳特马市市长伊萨克·欧丹腾等一行7人访问福州，参加首届海陆丝绸之路城市联盟城市论坛。

6月18—19日，德国莱法州代表团一行9人访问福州。

6月19—21日，东南亚国家智库学者考察团一行18人访问福州，参观三坊七巷、福州自贸片区综合服务大厅、中国—东盟海产品交易所。

7月11—13日，柬埔寨人民党农林渔业部委员、柬埔寨青年联合会中央常委占萨乌率领的柬埔寨人民党青年干部考察团一行19人访问福州，参观三坊七巷。

7月20日，冲绳县产业振兴公社海外商贸支援课长比嘉哲博一行4人拜会市外侨办，交流冲绳县组团参加2017年“9·8”投洽会的参展情况，商讨共同打造冲绳企业和福建企业对接合作的平台。

8月25日，冲绳县商工劳动部亚洲经济战略课课长仲荣真均一行7人访问福州，实地考察自贸区福州片区。

8月26日，中东欧国家高级别官员访问团一行14人访问福州。

9月5日，由印度尼西亚苏门答腊相关电视台和报社记者组成的印度尼西亚媒体代表团一行8人访问福州，参观中国—东盟海产品交易所。

9月7日，日本熊本县日中协会理事鬼海洋一行8人访问福州，考察自贸区福州片区等地，探讨与福建省、福州市在航线开辟、邮轮互送及贸易物流等领域的合作事宜。

9月9日，美国德州州长办公室经济发展和旅游部国际投资总监陈中及美南福建同乡会一行5人访问福州。

9月10日，马来西亚沙捞越州工业与企业发展、贸易与投资部部长拿督阿里·哈桑一行15人访问福州，参观三坊七巷。

9月12日，巴西塞阿腊州政府和自由贸易区代表团一行4人访问福州。

9月12日，泰国外交部东亚司副司长彻德杰·阿特哈科一行7人访问福州，参观福州青州集装箱码头、自贸区福州片区和三坊七巷。

9月26—29日，由尼泊尔、柬埔寨、印度尼西亚、老挝、缅甸、巴基斯坦、马来西亚、马尔代夫8个国家政府领事对口部门官员参加的研修班一行25人访问福州，拜会市领导，参观三坊七巷。

10月11—12日，法中友协联合会代表团一行7人访问福州。

10月12日，冲绳县文化体育统括监照喜名一等8人访问福州，参观开元寺。

10月23—26日，阿尔巴尼亚国家电视台导演余利·佩波等4人摄制组到福州采访，拍摄福州江阴港、长乐郑和公园、郑和史纪陈列馆。

11月1—2日，新加坡国际企业发展局代表团一行2人访问福州。

11月15日，巴西塞阿腊州州长卡米洛·桑塔纳一行5人访问福州，考察福州市经济社会发展情况和汽车制造企业。

11月21—23日，冲绳大学教授园田浩二、王志英访问福州。21日，与市外侨办、市旅游局以及省国旅、康辉、春秋等旅行社进行座谈交流，了解福州市民赴冲绳旅游的现状、存在问题和发展趋势等情况。22日，拜访福建师大外国语学院，了解福建师大接收冲绳留学生的情况，就两校间互派留学生进行座谈。

12月4日，缅甸少数民族政党考察团一行22人访问福州，参观军门社区、三坊七巷、西禅寺等。

12月11—13日，以南非驻华大使多拉娜·姆西曼为团长的非洲37个国家驻华使节一行46人访问福州，参观滨海工业区、数字福建产业园、金源纺织公司、三坊七巷和春伦茶叶集团等，了解福州经济社会建设的最新情况。

12月16日，由印度、孟加拉、缅甸、巴基斯坦等"一带一路"沿线国家学者和媒体人士组成的考察团一行14人访问福州，参观中国—东盟海产品交易所、新大陆集团和三坊七巷等。

【市领导出访活动】　2016年3月7日，中共福建省委常委、市委书记杨岳应斯里兰卡体育部、斯里兰卡中国友谊协会、全印度地方自治政府协会和肯尼亚蒙巴萨郡政府邀请，率团赴斯里兰卡、印度、肯尼亚开展经贸洽谈及友城交流，副市长杭东随团出访。

3月9日，市政协副主席郑新清应新加坡福清会馆邀请，率团赴新加坡参加林绍良先生的夫人李金娘女士追悼会。

4月17日，市长杨益民随省委组团赴新加坡、马来西亚、印度尼西亚开展经贸洽谈。

5月19日，市人大常委会副主任鄢萍应纳米比亚温得和克市政府、加纳大阿克拉省政府办公室、马达加斯加塔那那利佛市政府及文化和手工艺品部邀请，率团赴纳米比亚、马达加斯加、加纳开展经贸洽谈活动。

6月3日，市长杨益民应瑞士伯尔尼州经济发展局、德国汉诺威国际展览中心、意大利威尼斯市政府、意大利莱富康集团邀请，率团赴瑞士、德国、意大利开展经贸洽谈及友城交流。

6月7日，副市长林飞应德国科隆市经促局、通用技术欧洲德玛斯有限公司、奥地利奥钢联伯乐焊接有限公司、意大利通用技术有限公司邀请，率团赴德国、奥地利、意大利洽谈地铁项目。

6月13日，市人大常委会副主任陈奇应捷克卡罗维发利市政府、匈牙利布达佩斯第十五区政府、奥地利霍立克咨询有限公司邀请，率团赴捷克、匈牙利、奥地利开展经贸洽谈和项目对接。

6月26日，市政协主席周宏应美国波特兰市市长、加中商贸投资联盟、古巴共和国哈瓦那市政府邀请，率团赴美国、加拿大、古巴洽谈经贸项目。

6月30日，副市长高明应美国微软公司、加拿大ART公司邀请，率团赴美国、加拿大开展经贸洽谈，项目对接。

7月3日，副市长徐凡新应中非友谊协会肯尼亚分会、坦桑尼亚革命党、埃塞俄比亚外交部亚洲和大洋洲司邀请，率团赴肯尼亚、坦桑尼亚、埃塞俄比亚开展经贸洽谈及友好交流。

7月21日，市委常委、宣传部部长何静彦应冲绳县那霸市政府、韩国大漆造型协会、泰国福州会馆邀请，率团赴冲绳县、韩国、泰国开展"榕情四海·佳节同庆"系列活动。

8月4日，市人大常委会副主任林厚新应肯尼亚内罗毕省政府、津巴布韦维多利亚市政府、南非约翰内斯堡议会邀请，率团赴肯尼亚、津巴布韦、南非开展经贸洽谈。

8月19日，副市长杭东应印度尼西亚万隆市政府、马来西亚福州社团联合总会、泰国罗勇府政府邀请，率团赴印度尼西亚、马来西亚、泰国开展经贸洽谈、友城交往和侨务活动等工作。

8月21日，市委副书记陈为民应埃及埃中友好关系协会、阿联酋迪拜市经济委员会、伊朗加兹温市市政府邀请，率团赴埃及、阿联酋、伊朗洽谈经贸项目。

8月22日，市委常委、福清市委书记王进足应澳大利亚纵腾国际集团有限公司、印度尼西亚三林集团邀请，率团赴澳大利亚、印度尼西亚开展经贸洽谈及侨务活动。

10月6日，市委常委、福清市委书记王进足应福耀玻璃美国有限公司邀请，率团赴美国开展经贸洽谈及侨务活动。

10月10日，市政协副主席范美先应埃及投资局、南非非国大经济发展论坛委员会、纳米比亚温得和克市政府、纳米比亚渔业协会邀请，率团赴埃及、南非、纳米比亚洽谈经贸项目。

10月18日，副市长杭东应联合国工业发展组织、瑞士米兰朵国际公司邀请，率团赴奥地利、瑞士参加"一带一路包容及可持续城市展览与对话"活动，并开展经贸洽谈及侨务工作。

10月26日，副市长严可仕应巴西圣保罗州坎皮纳斯市经贸发展局、秘鲁利马自由市政府、智利维纳·波尔达德阿尔多股份有限公司邀请，率团赴秘鲁、巴西、智利开展都市现代农业经贸洽谈。

10月31日，市委副书记林晓英应澳大利亚霍巴特市政府、新西兰奥克兰市发展局邀请，率团赴澳大利亚、新西兰开展"福州日"活动。

11月30日，市政协副主席、市第二医院副院长林绍彬应澳华科学技术协会、藤田保健卫生大学邀请，率团赴澳大利亚、日本洽谈医疗合作项目。

12月10日，市委常委、鼓楼区委书记薛侃应新加坡吉宝置业、印度尼西亚泛华集团邀请，率团赴新加坡、印度尼西亚洽谈经贸项目。

【福州首次当选UCLG世界执行局成员】　2016年5月，在印度新德里参加UCLG亚太区2016年执行局会议上，福州获得2017年UCLG亚太区执行局（第二次）和理事会会议的承办权。9月6—10日，在韩国全罗北道举行的世界城市和地方政府联合组织（简称"UCLG"）第六届亚太区大会上，福州市首获UCLG世界执行局成员提名，成功连任UCLG亚太区理事会成员（2016—2018年）及获世界理事会成员（2016—2019年）提名。10月，在哥伦比亚波哥大举行的UCLG世界大会上，福州与中国人民对外友好协会、北京、海口一起正式当选UCLG世界执行局成员。

【重大外事活动】　2016年5月17—21日，第十八届海峡两岸经贸交易会、ACD亚洲工商大会暨青年企业家峰会、首届海陆丝绸之路城市联盟城市论坛在福州举行。海交会邀请来自21个国家和地区、24个团组、130名来宾到福州参会。副市长杭东与敦刻尔克副市长签署《福州市与敦刻尔克城市共同体建立友好交流关系协议书》，市外侨办与特马市签署两市《关于加强友好交流合作的谅解备忘录》。

【"丝绸之路友城带"打造】　2016年，福州市与印度尼西亚三宝垄市签署结好协议书；与澳大利亚霍巴特市结好获全国友协批准，福州市友城增加到13

个;与法国敦刻尔克市签订友好交流城市协议。福州市提出打造“丝绸之路友城带”的工作计划,与印度科钦市、柬埔寨暹粒市、泰国罗勇府、印度尼西亚万隆市等沿线城市就结好意向进行洽谈,恢复与巴西坎皮纳斯市的友城交往与联系。

【与冲绳县民间交流载体打造】 2016年,福州市推进琉球馆、琉球人墓园两个文物点的修缮提升工作,对琉球馆进行重新布展,丰富展品内容,提升参观接待水平;对琉球人墓园进行整修,纳入烟台山综合治理规划。

开展福州市与冲绳县那霸市结好35周年纪念活动,市领导率团赴那霸市访问,举办“福州图片展”、非遗技艺展示、文化和武术交流等系列庆典活动。

【“福州日”活动举办】 2016年10月31日—11月7日,中共福州市委副书记林晓英率团赴澳大利亚、新西兰举办“福州日”活动。组织中心团、经贸团、企业团、文化交流团29名团员首次走进大洋洲城市,举办一系列活动。当地主流媒体对“福州日”活动全程报道。

【侨务招商引资】 2016年,福州市对33个侨商投资项目进行跟踪服务,其中意向项目6个、项目线索7条、协议项目3个、在建项目12个、完成项目5个。确定其中7个条件较成熟的项目为重点跟踪项目,有3个侨商项目落地,总投资7.4亿元。

【侨商参与福州新区建设】 2016年,福州市支持中国—东盟海交所建设,推动“中国—东盟海上合作基金”部分扶助资金下拨到位,协助其发展海外会员和建设海外分中心。至年底,发展渔企会员358家、交易商2187个。全年现货交收16234吨,成交额7.66亿元。建成马来西亚分中心,是中国首家以海产品为主题的线上交易所;推动美国侨商张贻团投资新区冷链食品项目,引入美式安全食品HACCP规范;推动华人头条新媒体(香港)有限公司在新区设立公司,负责《华人头条》的全球运营。

【“侨梦苑”建设】 2016年,《福建“侨梦苑”领导小组工作制度及2016年“侨梦苑”工作要点的通知》印发,制定《福建侨梦苑实施意见》和《福建“侨梦苑”2016—2020年规划》;组织参加湖北“华创会”侨梦苑专区展示、美国西雅图科技商贸高峰会“侨梦苑”专场推介会;开展“走近‘侨梦苑’东南行”“为侨资企业服务网上活动月”、第十四届“6·18”海外专家科技成果暨“侨梦苑”项目成果对接会、“万侨创新”发展论坛等专题活动,推动物流产业、静脉产业、电子商务、新媒体等8个项目53.89亿元落地“侨梦苑”。

【侨务联谊】 2016年,福州市先后与20多个国家和地区的651名华侨华人开展交流活动;组织300多名到访侨商开展考察、洽谈活动,有污水治理、电子商务、生物制药等多个项目落地;协助海外侨团在榕举办“中缅投资贸易促进交流会”“走进德国投资推介交流会”“2016中美投资策略论坛”。市外侨办在肯尼亚内罗毕举办非洲榕籍侨团侨领、侨商以及驻非机构代表座谈活动,来自非洲5个国家10名华侨华人代表参加活动。福清市、长乐市、闽清县推动本地主要领导率团访问美国、印度尼西亚、马来西亚、新加坡、澳大利亚等地区,走访20多个侨团,看望慰问乡亲,推介宣传家乡建设发展成就。

【海外侨务】 2016年,福州市举办2期华文教育夏(冬)令营,来自12个国家和地区120多名榕籍华裔青少年参加活动,形成“中华文化·寻根闽都”华文教育品牌;启动首届海外华裔中小学生“印象·福州”书画征文大赛,组织104家海外侨团、54所海外华文学校参加,收到来自21个国家和地区的参赛作品865件;打造“榕情四海”活动品牌,组织经贸文化交流团赴泰国、日本举办经贸推介会、城市形象推介、文艺表演等活动,与日本、泰国乡亲共庆侨团庆典;创办“名师巡讲团海外行”活动,组织优秀教师赴印度尼西亚、马来西亚,对300多位华文教师和60多名学生行培训;承办国侨办“中餐繁荣”、中国华文教育基金“中华文化海外行”等品牌活动,组织闽菜传承人、优秀教师分别前往瑞士、葡萄牙、爱尔兰、南非等地,开展闽菜文化、华文教育宣传活动;向西班牙侨团、华文学校赠送图书2747册,打造“榕侨书屋”第一站。闽侯县、福清市、闽清县定期开展华文教育夏(冬)令营活动,闽侯县印制《记住乡愁——闽侯风情大视角摄影、书画作品集》。

【归侨侨眷权益维护】 2016年,福州市受理华侨、归侨侨眷来信、来电、来访1500多件(次),受理华侨来榕定居申请3892件,约占全省总受理量的90%;办理“三侨子女”加分证明365份。

投入226.826万元,用于归侨(贫困侨)补助、华侨农场发展扶持等工作;投入72.72万元,对606名散居社会贫困难进行固定补助;投入34.87万元,开展全市归难侨慰问活动;投入30.42万元,对全市117名因父(母)在国外身亡、丧失依靠的儿童进行生活和就学补助。开展侨界摸底调研工作,按照生活贫困(436户)、低保救济(216人)、残疾致困(106人)等类别进行调查,建立人员名单。

利用侨法宣传角、社区侨务活动、全市法制宣传日等平台,将“侨爱工程——送温暖医疗队”活动与侨法宣传结合。年内组织医疗专家到福清市江镜华侨农场、闽清县上莲乡、永泰嵩口镇开展送爱心活动,1400多名归侨侨眷接受免费就诊,免费发放日常用药总值3万元,发放侨法宣传资料1000余份。

【华侨捐赠管理】 2016年,福州市开展侨捐信息库建设,在全市范围内收集整理改革开放以来所有侨捐项目的文字、数字、图像、视频等数据。年内完成1759个、43亿元的侨捐项目录入工作;配合省侨办开展省政府捐赠公益事业表彰活动,福州市有19名侨领获“特别贡献奖”,累计捐赠金额7.82亿元;争取日本侨领继续注资“旅日福建同乡育英基金”;组织海外乡亲捐助闽清灾后重建工作,举办福州市外侨系统暨旅外华侨华人赈灾捐赠仪式,募集资金200多万元。

【因公出国(境)管理】 2016年,福州市审核和审批因公出国(境)675批

1390 人次，其中国家工作人员因公出国(境)585 人次，民营企业因公渠道出国(境)805 人次；收集整理 2016 年度出访项目 533 个，全年压缩制止无实质性出访 81 批 147 人次 49 天；颁发新版因公电子护照 353 本、新版通行证 311 本，为 140 家民营企业 230 人向外交部申请 APEC 商务旅行卡；销毁证件 631 本；办理签证 336 批 3870 人次，签证成功率 99.9%，护照回收率 100%。

港澳事务

【概况】　2016 年，福州市审批 378 批 754 人次因公出访港澳，办理港澳通行证 311 本，处理港澳居民身份确认 28 份。年内，推动鼓楼区政府派遣社区干部前往香港学习社区管理先进经验；对接冠城大通新能源汽车动力电池、香港悦胜集团泡沫铝规模化生产、华润新能源风电等重大合作项目。3 月 18 日，市政协主席周宏应澳门福州十邑社团总会邀请，率团赴澳门参加澳门福州十邑社团总会首届理监事长就职庆典。

【市领导赴港澳交流】　4 月 10 日，福州市政府党组成员、福州自贸区管委会常务副主任阮孝应应全港各区工商联邀请，率团赴香港开展招商推介、洽谈项目。

4 月 14 日，市委常委、统战部部长陈晔随省政府组团赴香港参加闽港合作会议第二次会议。

6 月 8 日，市政协副主席、福州新区领导小组办公室常务副主任陈继鹏应澳门福建青年联会邀请，率团赴澳门参加澳门福建青年联会成立十九周年暨第七届理监事就职典礼。

9 月 18 日，市委常委、统战部部长陈晔根据省委统战部通知，赴香港开展专项工作。

【榕港澳交流】　2016 年 3 月、12 月，福州市与香港特区政府驻粤办、香港特区政府驻福建联络处、香港贸发局福建代表处联合举办两场榕港交流会；推动澳门贸易投资促进局驻福州办事处在福州设立葡语系国家商品展示馆。

4 月，参加国家旅游局团组在香港举办旅游推介会；年内组织福州市旅游企业两次招募 1000 多名老年人乘坐夕阳红旅游专列前往港澳地区旅游；探索建立港澳旅游大数据平台。

7 月 26 日—8 月 9 日，2016 年海外华裔青少年“中国寻根之旅”夏令营在福州华侨中学举行，30 名香港地区青少年到福州寻根学习。

8 月，组团参加第十一届泛珠三角区域发展论坛暨经贸洽谈会，促成闽澳互联网 + 文化创意产业园项目签约，总投资 8 亿元。

12 月 12 日，香港福建同乡会会长陈聪聪率香港福建同乡会访问团一行访问福州，市委副书记、代市长尤猛军会见访问团一行并介绍福州经济社会发展情况。

（林木荣）

台湾事务

【概况】　2016 年，福州市出台《关于进一步促进台资企业产业转型升级的意见》，设立台胞权益保障法官工作室作为深化改革试点在各县（市）区推广。年内举办第四届“海峡青年节”，海峡两岸青年创业孵化中心被国台办授予“海峡两岸青年创业基地”。全市审批因公赴台交流团组 232 个 1542 人次。

【榕台经贸合作】　2016 年，福州市新批准台资项目 322 个（含第三地转投资），实际利用台资 2.85 亿美元；榕台贸易总额 17.2 亿美元，其中进口额 11 亿美元，出口额 6.2 亿美元。2 家企业赴台投资设点；新批台资农业项目 4 个，合同台资 1427 万美元。台湾银行福州分行于 6 月 6 日在榕开业，该行是第 4 家落户福州的台资银行分行。自贸区福州片区出台对台原产地证书核查机制、率先采信和认可台湾建筑等机构颁发的执业证书等 13 项创新举措，出台金融和增值电信业务方面 8 项对台率先开放措施。出台《关于进一步促进台资企业产业转型升级的意见》。台商福州协特来照明有限公司董事长蔡圣人选第二届“在闽台湾优秀人才”。

【台湾青年在榕创业就业】　2016 年，《福州市台湾青年创业示范基地和推荐示范团队认定及奖励办法（试行）》出台，建立福州市台湾青年创业就业工作联席会议，由市政府分管领导牵头召集，不定期研究解决台湾青年在榕创业就业过程中遇到的困难和问题；成立福州市台湾青年创业服务中心，为到榕创业就业的台湾青年提供政策申报、项目对接、培训辅导等公益性服务。4 月、12 月，市台办分别和台湾省社科院、高雄市青年联合协会联合举办两期“台湾青年来榕创（就）业研习班”，约 80 名台湾青年参加研习活动。至 2016 年底，主要台湾青年实习就业创业平台入驻台湾青年创业企业 212 家、台湾青年创业团队 49 个、台湾青年个体工商户 34 个，创业、就业、实习的台湾青年 426 人。海峡两岸青年创业孵化中心（山亚）被国台办授予“海峡两岸青年创业基地”。

【榕台文化交流】　2016 年 2 月，福州市举办以“福天福地福文化·海风海韵海峡情”为主题的第九届海峡两岸民俗文化节；举办以“两马同心·两岸同梦”为主题的第十四届“两马”同春闹元宵；举办以“传家风　颂家训”为主题的海峡两岸书法名家主题展；举办海峡两岸大学生创新创业暨两岸教育成果展。

3 月，举办以“南台连海丝·临水耀青春”为主题的第九届闽台陈靖姑民俗文化旅游节。

4 月，举办以“两岸一家亲·共圆复兴梦”为主题的第五届闽王文化旅游节等多项特色对台交流活动；举办 2016 年中国门球公开赛（福州站）暨福建·福州第十届海峡两岸门球邀请赛。

6 月，举办以“船政与孙中山海防思想”为主题的第八届海峡论坛·海峡两岸船政文化交流系列活动。

7 月，举办第十届“两岸中学生自然探索夏令营”，来自海峡两岸的 30 余名学生在福建进行为期 9 天的自然探索和文化交流；举办首届“海青杯”两岸青年足球邀请赛。

8月，2016年全民健身日交流展示

活动和2016年全面健身运动会广场舞比赛邀请台湾66人组成的代表队参加。

9月,举办第九届海峡两岸合唱节,来自海峡两岸的17支合唱队伍800余人参加合唱节。

11月,第五届闽都文化论坛暨闽都文化与台湾系列巡展活动在高雄、马祖举办,“海峡流觞·闽都文化走进台湾”书画摄影作品在高雄、马祖展出,以近代以来福州与台湾为主题的海峡两岸青年文化学术研讨会在高雄师大举办。

年内,鼓楼、连江、福清等3个县(市)区16个乡镇赴台开展对接交流。第四届“海峡青年节”、第九届海峡两岸民俗文化节等6项活动被国台办列为2016年重点对台交流项目。

2016年8月12日,第四届海峡青年节活动——以“互联网+创新创业教育”为主题的首届两岸青年教育沙龙在福州举行 (市台办 供)

【海峡青年节】 2016年,福州市举办第四届“海峡青年节”,活动以“中国梦·中华情”为主旋律,以“青年·体验·创造”为主题,全年举办30项系列活动。集中活动于8月13—15日在福州举办,活动期间举办海峡青年(福州)峰会、两岸青年“携手·同心”嘉年华、两岸青年交流分享汇等9项活动,“挑战杯——彩虹人生”第二届全国职业学校创新创效创业大赛等11项系列活动。国台办副主任龙明彪,团中央书记处书记傅振邦,民革中央副主席郑建邦,全国台联副会长杨毅周,省委常委、宣传部部长高翔,副省长梁建勇等分别出席相关活动。两岸青年3000多人参加活动,其中台湾方面有来自30多个青年团体、近100所高校的600多名台湾青年代表参会。活动期间,人民日报社、新华社、福建日报社以及台湾联合报社、“中国时报社”、中天电视台等近70家海峡两岸媒体300多名记者到福州采访,各类媒体刊(转)播各类新闻报道2500余篇(条)。

【榕台直航】 2016年,福州至台北松山、桃园、台中、高雄等4条空中客运直航常态化航线每周客运有20个航班40个往返架次。全年福州空港往返台湾航班2777航次,运送旅客397535人次;全国经福州水陆路邮政总包125.59吨,空运邮货量131.48吨。全年黄岐至马祖客运航线运送旅客55246人次,“两马”航线运送旅客47430人次。福州至高雄港、台中港、基隆港等港口海上货运直航实现常态化运营,全年集装箱运输34.95万标准箱,散杂货运吞吐量202.56万吨。

【媒体交流】 2016年,《福州日报》与台湾海峡两岸儿童文学研究会等联合举办第三届“海峡两岸好文章”活动;《福州晚报》与台湾“中华日报”等台湾媒体联合举办第七届榕台大学生新闻营;福州人民广播电台左海之声《福州好行》通过台湾城市广播网在台湾本岛播出,节目每周1期,每期1小时。邀请台湾“中国时报”、《工商时报》、《联合报》、中天电视台等7家台湾媒体到福州采访第十八届海交会各项活动。邀请台湾旺旺中时媒体集团、联合报系和东森新闻事业股份有限公司作为第四届海峡青年节合作单位,邀请台湾“中国时报”、中天电视台、《民众日报》等11家台湾媒体派记者采访报道第四届海峡青年节,刊播各类报道100余篇。围绕台湾青年创业就业主题,组织2016年“两岸媒体福州行”活动,邀请台湾“中国时报社”、联合报社、台湾导报社、中天电视台和中央人民广播电台、中国台湾网、两岸关系等14家海峡两岸媒体进行集中采访。

【服务台胞】 2016年,福州市在各县(市)区设立台胞权益保障法官工作室,自贸区福州片区和12个县(市)区台胞权益保障法官工作室挂牌运行,通过法官工作室平台,创新“法院—台办”联动工作机制、诉调衔接机制、涉台特邀调解员、陪审员参与机制,为台商台企提供司法服务。3月23日,召开在榕台商座谈会,省委常委、市委书记杨岳,市长杨益民等出席并听取在榕台商对福州新区建设、台企转型升级、台湾青年创业就业以及企业生产发展存在的困难问题,并协调解决。全年受理台商、台企和台胞投诉案件105件,办结101件,办结率96.2%。入驻市民服务中心集中承办受理台商子女入学,台籍、台胞考生认定工作,全年受理认定120人。

【福州马祖交流联络会议机制】 2016年4月,组织《福建日报》、《海峡都市报》、海峡卫视、东南卫视、《福州日报》等13家省市媒体赴马祖采风,向公众推介马祖旅游,刊播各类报道20篇次。5月3—5日,副市长杭东率团赴马祖交流访问,参加第二次榕马磋商会,双方就共同开发环马祖澳旅游、开展海洋养殖合作、培育连江黄岐—马祖航线、建立渔事通报机制等13项议题交换意见。年内,马尾琅岐镇、连江黄岐镇、长乐潭头镇和连江筱埕镇与马祖的4个乡镇建立乡镇对口交流机制,开展渔业养殖、海上救助等特色交流项目;马尾区、连江县、长乐市部分乡村与马祖22个村对接,在两地旧村改造保护、发展旅游观光、促进渔业养殖合作等方面进行交流合作。

(杨家铸)

(编辑 郭秋廷)

法治

地方立法

【福州市人民代表大会及其常务委员会立法条例】 2月20日，市第十四届人民代表大会第五次会议审议立法条例修正案，并依法作出修改决定，报请省人大常委会批准。4月1日，经省第十二届人大常委会第二十二次会议批准，由市人大常委会颁布施行。

【福州市轨道交通条例】 10月26日，市十四届人大常委会第三十九次会议审议通过。12月2日省十二届人大常委会第二十六次会议批准，由市人大常委会颁布，于2017年1月1日起施行。《条例》对轨道交通的管理体制、规划与建设、运营与服务、安全与应急等方面作出规定。

【福州市湿地保护管理办法】 10月26日，市十四届人大常委会第三十九次会议审议通过。12月2日省第十二届人大常委会第二十六次会议批准，由市人大常委会颁布，于2017年1月1日起施行。《办法》对湿地管理体制、市重要湿地名录管理、湿地保护措施、湿地用途管控等作出规定。

【闽菜(福州)技艺文化保护与传承条例】 10月26日，市十四届人大常委会第三十九次会议进行一审。该《条例(草案)》于2014年由陈长钦等10名市人大代表提交，2015年、2016年，市人大常委会均开展《闽菜文化保护条例》立法调研。

【其他立法项目】 2016年，福州市人大常委会还开展风景名胜区管理条例(修改)、城市建筑景观管理办法、电梯安全管理条例、大樟溪水资源保护办法、海上丝绸之路文化遗产保护管理办法、鼓岭旅游度假区条例、古寨堡保护条例等立法项目调研，组织议案的领衔代表会同市直有关部门，对立法的必要性、可行性进行分析研究论证。

法治政府建设

【概况】 2016年，福州市人民政府提请审议地方性法规草案2件，出台规章和规范性文件31件。办理148件行政复议案件，应诉案件110件。取消和暂停110项行政审批事项、74项前置审批条件、取消65个办理环节。组织对全市3624名执法人员进行行政执法综合考试和专业考试，对考试合格的执法人员发放执法证件。向上级行政机关和权力机关报备31件规章和规范性文件，审查市直部门、各县(市)区人民政府报备的规范性文件86件。

【依法行政】 2016年，福州市定期组织各级工作人员参加专题法律知识培训、行政执法业务培训、基础法律知识考试。制定福州市2016年推进依法行政建设法治政府工作要点，落实牵头部门和责任单位，将推进依法行政工作任务具体分解到各个单位。完善依法行政工作考核机制，制定《福州市依法行政工作考核指标及评分标准》，将加强依法行政工作组织领导、健全重大行政依法决策机制、规范行政执法的基本要求等8个方面纳入考核范围。完善重大行政决策公众参与和专家论证制度，对群众普遍关心、涉及群众切身利益的重大决策信息及时公开、广泛听取意见，对专业性较强的决策事项，组织相关领域专家进行必要性、可行性、科学性论证。推进政府法律顾问制度，制定《全面推行法律顾问制度和公职律师公司律师制度的实施意见》。完善重大行政决策的实施评估机制。要求各级各部门选择1～2件重大行政决策开展实施情况评估，并将评估结果报上级部门备案。完成福州市首个重大行政决策后评估项目“五城区旧住宅小区综合整治项目”评估工作。

【地方立法】 2016年，福州市组织起草并提请市人大常委会审议《福州市轨道交通条例》《闽菜(福州)技艺文化保护与传承条例》等2件地方性法规草案，制定《福州市轨道交通运营管理办法》《福州市机动车排气污染防治管理办法》《福州市人民政府办公厅关于福州市小微企业贷款保证保险试点工作的实施意见》《福州市人民政府办公厅转发市市场监督管理局关于促进中国(福建)自由贸易试验区福州片区开放开发建设的若干意见的通知》《福州市人民政府关于实施第五阶段机动车排放标准的通告》等31件规章规范性文件,并向上级行政机关、同级权力机关报备。全年审查各县(市)区政府报备的规范性文件78件,市直部门报备的规范性文件8件。

【行政复议】 2016年,福州市收到行政复议申请148件,案件呈现类型多样化,以土地房屋征收及政府信息类为主的特点。市政府应诉案件110件,被复议案件37件。加强行政复议应诉能力建设,采取充实专职行政复议应诉工作人员、增加行政诉讼专项经费,下发《关于进一步规范行政机关复议应诉工作的通知》、制定《福州市行政机关行政应诉暂行办法》等,对行政机关的行政复议应诉工作予以规范,要求行政机关提升行政行为合法率,降低行政诉讼败诉率,提高行政机关执行生效裁判率,依法接受司法机关的监督。

【行政审批制度改革】 2016年,福州市组织对42个市直部门共约8000项行政权力分批开展新一轮的调整审核,根据法律、法规、规章的立、改、废情况,对市直行政执法部门提出修改、调整行政职权的要求进行审核,对其行政职权及部门职责予以相应的调整。取消和暂停实施69项行政审批事项;对74项可以简化的前置审批条件予以取消或改为延后办理、并联办理;简化39个事项的办理环节、取消30份申请材料;20多项行政审批事项推行多点办理。要求各县(市)区、市直各部门做好取消、精简行政审批事项的落实工作,落实《福建省人民政府关于公布省级前置审批事项的通知》,市政府公布清理规范后的市级前置审批事项,保留123项、调整21项。实行前置审批清单管理制度,要求各有关部门向社会公开本部门保留的前置审批事项。市政府对涉及市级25项行政审批中介服务事项进行调整规范,加强事中事后监管,按照"双随机、一公开"工作要求,建立透明、规范、高效、协调监管机制。向国务院申报福州市作为国家"证照分离"改革试点城市,在中国(福建)自由贸易试验区福州片区率先开展"证照分离"改革试验。按照便于操作、风险可控的要求,选择审批频次比较高、改革后成效明显的179项行政许可事项,采用"六个一批"(取消审批一批、改为备案一批、实行承诺一批、合并核准一批、提高透明度一批、严格准入一批)的方式对工商营业执照后的市场准入许可进行简化优化。

【行政执法监督】 2016年,《福州市商务综合行政执法体制改革试点工作实施方案》印发,建立福州市商务综合行政执法体制改革试点工作联席会议制度。推进行政处罚信息公示工作,建成福州市行政处罚公示系统,并将其确定为市级行政处罚信息公示的唯一平台。健全行政执法人员管理制度,实行行政执法人员持证上岗,组织对全市3624名执法人员进行行政执法综合考试和专业考试,对考试合格的执法人员发放执法证件。8月,印发《福州市行政执法主体资格动态确认公告办法和2016年度行政执法主体资格确认及行政执法人员清理工作方案的通知》,开展市本级行政执法主体资格确认和行政执法人员清理工作,确认市本级具有行政执法主体资格的行政机关44个,法律、法规授权的组织40个,受委托的行政机关或组织26个,持有福建省行政执法证件的执法人员共计2394人。开展行政执法案卷评查,对检查中发现的问题逐一反馈,并发出整改意见书。

(魏善庆)

政法综治

【概况】 2016年,福州市政法系统制定《关于进一步加强全市政法队伍思想政治建设的实施意见》《关于强化在一线考察干部工作的实施细则》,搭建司法实务论坛、学术交流、专题讲座等学习平台,提升政法干警的业务技能,推进执法规范化建设。制定党风廉政建设"两个责任"清单,通过日常检查、明察暗访、效能投诉等渠道和驻点巡察工作模式,巩固拓展"三严三实"专题教育和规范执法司法行为专项整治成果,整改政法干部队伍作风和执法司法工作方面存在的突出问题,推进司法体制改革和社会治理体制改革。完成首批入额法官、检察官选任工作,启动人员分类定岗工作试点,开展司法责任制改革,扩大适用简易程序、速裁机制、繁简分流工作机制的范围。审议制订《福州市社会治理体制改革2016年工作方案》。推进社会公共安全体系、社会调解机制、社会服务管理、社会组织建设、军民融合发展等领域改革。出台福州市《关于贯彻福建省实施〈居住证暂行条例〉办法的意见》,权益保障较省里增加劳动、交通两项服务与便利,在全市派出所全面开展居住证受理业务。出台《危险物品生产、流通、存储、使用等"一体化"监管工作意见》,健全完善社会治安防控体系建设。出台《关于进一步加强肇事肇祸等严重精神障碍患者救治救助工作的实施意见》,整合救治救助资源。

年内,省对设区市综治责任制考评全省第一;综治平安建设"三率"升幅全省第一,其中群众安全感全省分组考评小组第二,平安建设知晓率全省第一,执法工作满意率全省第二。

【国家安全和社会稳定维护】 2016年,福州市加强情报信息搜集核查导侦,建设反恐情报信息平台,利用即时通信工具侦控、视频监控、出租屋二维码管理等手段构建反恐情报信息汇聚合成体系。完善扁平化应急指挥体系,落实"1—3—5分钟"应急处突机制,建立67个重要涉恐目标联勤联动机制,建立派出所勤务实时在线管理平台和勤务布警图,提升最小指挥单元协同作战能力。组织开展各类专项行动,全市刑事案件总量比上年下降13.5%,破获刑事案件上升8.1%;八类暴力案件发案数下降23.6%。

【"六个专项治理"推进】 2016年,福州市建设福州市强制医疗所,建立推行严重精神障碍患者以奖代补日常监护制度和监护人责任险制度。开展对吸毒人员问题突出地区挂牌整治,社区戒毒社区康复执行率上升至85.3%,阿片类吸毒人员就业安置率升至85.5%，吸毒人员漏管失控现象得到控制。成立反诈骗中心，形成从接处警到涉案资金快速止付、冻结、案件查证打击一体化的运行模式，立案查处电信诈骗案件8096件，比上年下降27.5%；破案798件，上升143.3%；发现案件线索1856条，成功止付1658个账户内涉案资金2740.6万元。制订《福州市进一步做好防范和处置非法集资工作实施方案》，组织开展融资性担保、小额贷款、典当行融资租赁行业风险排查，共破获非法集资案件100件，挽回群众经济损失8778万元。部署开展寄递物流清理整顿专项行动，组建市级邮政业安全中心和闽侯、福清县级寄递安全监管中心，主要品牌快递企业"三个100%"查验措施全覆盖，建设大学城"五个100%"安全闭环。开展危险物品安全监管专项治理，编印职能部门责任、重点行业领域检查、重点监管对象名录三张清单，试点专家会诊制度，抓好民爆企业安全生产标准化创建和危险废物日常环境监管，排查整治全市危险物品从业单位安全隐患1508条。完善法院与银行、工商、海事、房管、车管、国土等部门的对接联动，从更宽范围、更广领域化解法院"执行难"问题。共清理执行积案48577件，清结率达71.80%，执行到位标的金额超24亿元。

【矛盾纠纷排查化解】　2016年，福州市排查化解发挥矛盾纠纷多元化解工作领导小组和办公室职能作用，依托县级人民调解中心成立矛盾纠纷多元化解中心，在176个重点领域成立专业性行业性调委会，建成驻公安派出所调解室118个。全市调处矛盾纠纷11439件，调解成功11386件，调解成功率99.5%。提升医患纠纷调解品牌影响力，充实学科专家库，增强第三方调解公信力，年内接访医患纠纷投诉件173件，立案104件，结案87件，结案率84%，赴现场应急处置重大医患纠纷26件。

【"雪亮工程"建设】　2016年，福州市将公共区域视频监控系统和市级网格化综合管理平台建设纳入"十三五"规划和"智慧城市"范围统筹同步建设，推动智慧城市公共安全云平台、社会视频资源整合和城市公共视频共享服务平台建设，在全市建成1.4万路"平安福州"视频监控探头和3万路公共部位社会视频探头，设置治安卡口414个、抓拍机1087路，城区布设道路交通探头1761路，实现进出福州城区、市域车辆全时监控。督促城区所有77个加油（气）站出入口改造、新建154路监控探头，建成71个"动中备勤"点监控探头，布设市区广场、大桥等重要位置高空探头30多路，实现重要敏感位置视频监控全程可控。

【平安创建】　2016年，福州市推进平安县（市）区、平安村（社区）、平安单位创建工作，巩固平安医院、平安校园、平安铁路、平安企业、平安家庭等创建成果，拓宽平安创建领域。开展平安宣传，利用电视广播、LED屏、灯杆道旗、地铁围挡等载体投放平安宣传视频或图片，加大入户宣传、治安巡逻力度，提升入户率和见警率。加强综治平安建设亮点培育，有"齐家看保平安""五化五微"立体化治安防控等亮点项目。建立综治"三个清单"，《福州市市直单位综治责任目标管理和考评奖励办法》出台，构建党委领导、政府主导、综治协调、各部门齐抓共管、社会力量积极参与的格局。建立社会化动员模式，推动平安志愿者参与救灾救助、治堵、维稳处突等工作，提升对涉稳案事件及群体性事件预测预警预防能力，夯实综治维稳群防群治基层基础。执行对盗窃警情、进京非访、越级集体访等问题捆绑问责，加大对城乡结合部、商圈、学校、医院等重点区域和复杂场所的治安突出问题整治力度。

【法治宣传】　2016年，福州市推进建立报纸、电视、网络、微信互补的立体化政法宣传矩阵。创新新媒体宣传平台建设，实现基层微信公众号和今日头条号全覆盖。制作"福州政法综治特色亮点"宣传视频，组织开展"六个专项治理""互联网＋平安宣传""闽都法治文化""双十佳"基层政法干警先进事迹等专题、专栏宣传报道活动。开展"百名法学家百场报告会"活动。发挥"双百"活动在加强法治宣传教育中的作用，为平安福州、法治福州营造法治环境。推动、指导各县（市）区成立法学会，实现县级法学会全覆盖。

（陈　璐）

公　安

【概况】　2016年，福州市公安局组织严打暴力恐怖活动专项行动，先后开展16轮（次）涉恐隐患摸排整改，加强涉恐目标联勤联动，在全省率先全面完成最小作战单元装备建设任务。实施打击"盗抢骗"、打击农村黑恶势力、"烈焰""猎手"等专项行动。开展社会治安百日会战，处罚违规出租屋、流动人口、用人单位3.4万件，新登记流动人口39.8万人。全市乡镇（街道）专职巡防队的覆盖面占82%；反电信诈骗成功止付1903个账户，止付冻结赃款4107万元。城区道路交通治堵初见成效，媒体报道福州在全国100个主要城市中交通拥堵由2015年第19名下降至2016年第30名。初步建成省、市推进的包括快递安全进校园平台、"一侨一号"综合服务平台、万宝商圈联防联动机制等14项改革试点项目。年内有"中国好人榜"闽清县局许鸿升、全省"十佳政法干警"鼓楼分局陈明月、全市"文明服务之星"台江分局刘蓉以及抗灾抢险"泥人"长乐市局林秋弟、"铁面交警"福清市局吴东辉和40名"福州警星"等一批先进典型。

（曹友权）

制定党风廉政建设和反腐败工作责任分工表。查处民警违法违纪案件37件49人（含职工2件2人）。完成各类审计项目45个，提出审计意见和建议56条。警务督察基层所队1168个次，发现执法不规范问题158个，制作现场督察记录312份，对3名违纪民警采取禁闭措施；查处侵害民警正当执法权益案件122件，维护民警174人，处理违法侵权人171人。举办新警、反恐专项、警衔晋升等培训班18期1740人，各类公安信息化应用培训班70期4944人，49人参加公安部、省公安厅、市委党校等培训。比武考核获得全省公安交通管理、反恐处突、出入境管理、户籍、消防岗位等业务技能竞赛5个第一名。落实从优待警,由局领导分工督查各县公安机关"暖警"工程派出所场所建设进展,完成达标所9个;获准调配164套公租房为无房民警解决住房问题;为9194名民警补发警衔工资1.04亿元,发放各类慰问金80余万元,组织民警向福建省公安英烈基金会捐款45余万元,协调医院开通"绿色通道"6次,救治民警7人;建立民警心理健康档案,推行"红橙蓝"三级心理危机预警机制,对"7·9"抗洪抢险救灾民警等进行心理疏导。为先进单位记集体二等功9个、三等功42个,嘉奖21个;为民警记个人一等功3人、二等功39人、三等功364人,嘉奖726人,评出"福州警星"40人。举办援疆行动及"7·9"抗洪抢险救灾先进事迹巡回报告会11场。

年内,技术侦察支队九、十大队从副科级调整为正科级机构,增设十一大队(正科级),批准成立5个副科级侦察站;增设交警支队指挥中心(正科级);在公共信息网络安全监察支队加挂"福州市网络与信息安全通报中心"牌子。全年招录新警213人(包括特殊技能人才6人)、文职人员20人。省公安厅确定市公安局、鼓楼分局、福清市局、仓山分局对湖派出所为全省公安队伍正规化建设示范单位创建点;市公安局确定4个县级公安机关和20个基层所队为全市示范单位创建点,创建工作获省厅中期评估。(宋增清)

【刑事犯罪侦查】 2016年,福州市破获各类刑事案件2.8万件,其中年内案件2.56万件,分别比上年上升8.1%、18.1%,现行案件破案率35.3%,增加7.1个百分点;抓获刑事作案成员1.45万人,增长33.69%,摧毁犯罪嫌疑团伙48个、成员168人;依法刑事拘留犯罪嫌疑人1.35万人,提请逮捕7551人,移送起诉1.12万人,分别增长15.33%、3.34%、9.3%,起诉率93.73%,提高1.55个百分点。各类刑事案件立案7.27万件,案件总量下降13.5%,八类暴力犯罪案件在连续10年下降基础上又下降23.57%,事关民生的盗窃、抢劫、抢夺、诈骗等几类主要侵财案件分别下降14.47%、45.95%、45.15%和27.57%。

打击严重暴力犯罪和黑恶势力犯罪 破获八类暴力案件1085件,破案率87.1%,比上年上升11.6个百分点;现行命案发67件破66件,破案率98.5%,攻克年前命案积案4件。以涉黑罪名判决18人,以"九类"涉恶罪名判决1591人。

打击多发性侵财犯罪 破获侵财案件1.8万件,比上年上升4.32%;立案数下降17.6%。全市虚假信息诈骗案件立案9288件,比上年下降23.1%,破案1459件,增加753件,破案率15.7%;刑拘虚假信息诈骗犯罪嫌疑人495人、提请逮捕276人,冻结赃款4171万元,返还2093.2万元;案值10万元以上虚假信息诈骗和6万元以上盗窃银行储户存款案件立案360件,破获130件,破案率36.1%。破各类盗抢骗案件1.2万件,其中外省案件99件,打掉各类团伙204个,捣毁销赃窝点15个,追缴赃款1340.8万余元。抓获犯罪嫌疑人3615人,其中重点地域性职业犯罪群体嫌疑人53人,惯犯、累犯485人。全市发生盗窃电动车案件2.34万件,破案6646件,刑拘盗车嫌疑人1254人、行政拘留519人,打处数与警情数比率为7.57%,查扣电动车4473辆;扒窃案件立案4459件,比上年下降44.4%,破案3623件,上升21.1%,刑拘扒窃嫌疑人687人,与立案数的比率为15.4%。

追逃工作 全市抓获2015年6月30日以前网上在逃人员487人,比上年上升175.1%,年前逃犯库存979人,归案492人,归案率50.26%。

刑事技术应用 全年勘验刑事案件现场6.52万件,勘验率90.7%,其中十类案件现场100%勘验;通过指掌纹系统认定案件860件,占破案总数3.4%;通过DNA认定案件522件,认定率0.7%。采集录入立破案、人员、被盗抢车辆、未知名尸体、失踪人员信息、指纹等各类信息14万余条。刑侦部门通过视频图侦研判发现案件线索8928条,从中抓获犯罪嫌疑人1600余人,直接或引导破案1500余件。

【十大刑事要案】 拐卖儿童案 2016年9月,福州市公安局刑侦支队根据公安部通报线索开展调查摸排,于11月下旬先后抓获侯某文、邱某金等41名犯罪嫌疑人,解救7名被拐婴儿并妥善安置。经查,以马某英、陶某富等为首的拐卖犯罪团伙,自2014年以来,以福建漳州为集散地联系、中转、贩卖多名婴儿至江西、广东,以及福州、莆田、三明、龙岩等地,进行非法牟利。该案被央视《今日说法》《中国新闻周刊》等媒体采访报道。

涉枪聚众斗殴案 9月18日晚,在鼓山镇前屿东路与浦乾路交叉口发生涉枪聚众斗殴案。市公安局刑侦支队、晋安分局成立专案组,辗转贵州、宁德、南平和福州等地抓获陈某峰、邹某等30名涉案嫌疑人,缴获砍刀、渔叉、锌管等作案工具。据查,案发当晚陈、邹等人在前屿东路毗连处骑摩托车因发动机声音太大,引起在邻近交叉路口大排档吃饭的吕某静等10余人的不满并发生口角,进而引发群体性械斗。嫌犯陈某竟持来复枪将吕击伤。经查,陈某峰、邹某等人运用网络平台组建所谓"战神团",在鼓山镇某村设立用于存放砍刀、斧头等作案工具的"兵器库",分别实施寻衅滋事20余件,聚众斗殴3件,重伤害与敲诈勒索各1件等违法犯罪活动。

开设赌场案 9月2日,市公安局刑侦支队根据省公安厅批转的举报线索,对陈某等人开设赌场问题正式立案侦查。至30日,先后抓获陈某(曾因强迫交易被判缓刑)等20人。查获"捕鱼机""齐天大圣"等赌博机和电脑主板,以及POS机、电脑、账本等一批赌场工具。据审理,发现嫌犯陈某等人自2015年5月至2016年9月,利用其同伙投资的38台赌博机,在鼓山、岳峰和王庄等22处开设赌场,非法赢利1900余万元。

抢劫杀人案 9月5日凌晨,家住君临闽江小区的王某生独自离家一天未归且无法联系,其银行卡被人分20次转出385万余元。6日,鼓楼分局接报后,在当天傍晚抓获犯罪嫌疑人郑某、郑某通。据查,犯罪嫌疑人经预谋,5日凌晨驾车在君临闽江小区楼下守候,将被害人王某生劫持上车并开往连江方向,途中用电棍击晕、麻绳捆绑、铁锤敲打头部将王某生杀死,将尸体掩埋在连江长龙镇一山上,抢走其手表、手机,又通过转账方式分次取走被害人的存款385万余元。

绑架案　8月3日，市公安局刑侦支队联合仓山分局专案组在平潭抓获绑架犯罪嫌疑人严某强，追回300万元赎金，缴获仿制六四式手枪1支、子弹6发及仿真手雷等作案工具。据查，严某强经事先预谋踩点，于2日晚至仓山区金辉淮安半岛将李某及小孩绑架，并向其家属勒索300万元赎金。

特大入室盗窃案　1月18日，尚某报警称其位于鼓楼区蔚蓝国际小区的家中保险柜被撬，柜内的翡翠、钻石、黄金、手表、现金等被盗，损失价值1173.7万元。鼓楼分局专案组于2月3日将嫌犯刘某亮抓获归案，并缴获玉石吊坠、钻石、戒指等大部分赃物。

贩毒犯罪团伙　5月初，台江分局刑侦大队发现以仓山融侨外滩B区某单元房为据点的一贩毒团伙，后于10日对唐某等5名贩毒团伙成员实施抓捕，又于30日在广东汕头抓获其上线彭某，先后查获冰毒1000余克、海洛因700余克等毒品、部分制贩毒工具，以及毒资80余万元、手机10余部。

特大金店盗窃案　9月20日凌晨，长乐市江田镇三溪村某金店被盗黄金饰品约3000克，价值90余万元。长乐市局刑侦大队于10月25日在四川省中江县抓获嫌犯陈某。陈某对该盗窃案供认不讳，在其指认下，侦查员在江田镇烟台防护林一处沙丘地起获掩埋该处的全部被盗金器。

贩、运毒品犯罪团伙　在省公安厅刑侦总队和四川警方协助下，市公安局刑侦支队牵头禁毒等部门于10月1日抓获嫌犯俄力某坡、其妻果机某玛等16名涉案成员，摧毁四川凉山籍贩卖、运输毒品的犯罪团伙，查获海洛因1700余克。查明该团伙利用毒品控制吸毒人员在福州实施盗窃活动。

买卖银行卡案　11月3日，福清市公安局刑侦大队在深圳抓获犯罪嫌疑人周某、吴某，查明二人组织隋某胜、吴某云等人，在河北霸州各银行办理银行卡，后通过快递公司将卡批量寄至广东深圳、福建厦门、广西宾阳等地供诈骗分子使用，当有被骗款进账后即带领开户人到开户网点“挂失”，补办新卡取走被骗款。该团伙先后使用银行卡200余张，涉案金额超过2000万元。

【经济犯罪侦查】　2016年，福州市经济犯罪立案2997件，比上年上升12.5%；破案2482件，上升59.2%；抓获犯罪嫌疑人1099人，上升33.7%；移送起诉793人，上升24.5%。

“猎狐2016”专项行动　全市“猎狐”对象51人，其中17人是市纪委移送公安机关追逃的涉腐人员，抓获在逃境外经济犯罪嫌疑人16人，缉捕率31.3%。6月底，由省公安厅经侦总队统一组织协调，市公安局经侦支队派出境外追捕组赴莫桑比克，将潜逃13年之久的经济犯罪嫌疑人朱某抓获归案。

打击非法集资犯罪专项行动　非法集资犯罪立案162件，涉案总金额20.872亿元，受害群众6604人；破案143件，移送起诉犯罪嫌疑人147人，挽回经济损失1.172亿元。

打击恶意逃废债专项行动　对重点打击的九类案件立案741件，涉案总额24.812亿元，破案469件，抓获犯罪嫌疑人338人，移送起诉341人，挽回经济损失1.285亿元。

打击整治传销犯罪专项行动　立案94件，涉案总额1762万元，破案87件，抓获犯罪嫌疑人223人，打掉团伙63个，摧毁窝点163个，查破传销活动引发的非法拘禁案58件，解救、遣散696名参与非法传销人员。

打击金融诈骗犯罪专项行动　互联网金融犯罪立案22件，涉案金额7198万元，参与人数1313人，损失金额3571.61万元，破案21件，抓获犯罪嫌疑人46人，追缴金额528万元；破获保险诈骗案7件，抓获9人，移送起诉9人；破获其他10类金融诈骗案161件，挽回经济损失1002万元，抓获嫌犯125人，起诉98人。

打假专项行动　立案35件，破案33件，捣毁窝点30个，抓获嫌犯41人，涉案金额8149.9万元。

【经济犯罪要案案例】　“5·27”非法传销案　2016年，犯罪嫌疑人黄某林以天津市天狮生物发展有限公司直销保健品的名义，引诱福州市和省内外一些青年加入其传销活动，并限制其人身自由。5月，市公安局经侦支队开展侦查，8月统一收网，依法取缔其在连江、长乐、上街、晋安等地的传销窝点17个(处)，抓获黄某林等47名非法组织传销的犯罪嫌疑人，解救受害人136人。

“4·28”涉美涉台特大地下钱庄案　犯罪嫌疑人郑某明等人从2014年1月以来，采取在境外收支外币、境内收支人民币手段进行地下钱庄活动。已查明的受害人有2000余人，涉案金额达110亿元。该件被公安部督办的案件经市公安局经侦支队半年多的侦查，抓获嫌犯郑某明等6人，捣毁非法经营窝点6处，累计冻结资金1000余万元。

金融诈骗案　5月，中国农业银行工作人员柯某斌、黄某利用职务之便，窃取持卡人的身份信息和储蓄账户信息，同时冒充持卡人通过第三方支付方式，将用户卡内528万元资金盗刷。市公安局经侦支队经6个昼夜工作，在第一时间止付其被盗转的资金，一周内将犯罪嫌疑人柯某斌、黄某缉捕归案，悉数挽回被害人的经济损失。

重大销售假烟案　12月，市公安局经侦支队对公安部督办的“林建平等人售假案”全国集群战役成功收网，抓获涉案嫌犯24人，查获“中华”牌等假烟3500余条及走私香烟1.5万条，涉案金额4700余万元。据查，以林建平为首的犯罪团伙，利用QQ、微信等自媒体购买大量走私卷烟、假烟，并通过物流快递运出，涉及福建、广东、陕西、四川等8个地域。　　(曹友权)

【禁毒工作】　2016年，福州市破获涉毒刑事案件1922件，比上年上升3.3%，其中部省目标案件27件，破获互联网涉毒案163件，抓获涉毒嫌犯2322人，上升12.5%；缴获各类毒品(折海洛因)220.43千克，上升158.6%，制毒物品1.97吨；抓获涉毒逃犯79人。

市禁毒办出台《福州市禁毒重点整治工作办法》等文件，建立市禁毒委成员单位挂钩联系制度，确定连江县为市禁毒委重点整治警示地区。市综治委、禁毒委在全市开展为期9个月的毒品问题专项治理活动。全市公安机关开展吸毒人员“大清查、大收戒、大管控”活动，查处吸毒人员9359人次，强制隔离戒毒

1392人次,分别比上年上升12.5%、15.7%。对强制戒毒出所未满3年人员的管控率56.9%;阿片类吸毒人员就业安置率85.6%。设立美沙酮维持治疗门诊点及延伸服药点10个,在治人员797人。成立社区戒毒社区康复工作站111个,实现县(市)区全覆盖。责令社区戒毒社区康复2987人,执行率82.1%。

推动毒品预防教育进学校、单位、家庭、场所、社区、农村活动;开展广播电视禁毒公益广告展播活动,依托微信、微博、互联网等新媒体,拓宽宣传覆盖面。推进青少年毒品预防教育"6·27"工程建设,创建全市22所毒品预防教育示范学校。全民禁毒宣传月期间,各县(市)区因地制宜深入开展"纪念'6·26'国际禁毒日暨'让青春在禁毒中出彩'"主题活动。市禁毒办走进福建医科大学海外教育学院,首次向300多名海外留学生讲解毒品种类、危害及识毒、防毒技巧,全程安排中英同声传译。

【巡特警工作】 社会治安防控 2016年,福州市巡特警支队调整街面动中备勤,优化各执勤点警务配置。配备5辆移动警务室专用车,分别试点驻守城区5个重要部位并划定巡逻线路和辐射区域,改定点执勤为守护和武装车巡、步巡执勤。在"两节""两会"及五一、国庆长假期间,支队联合福州武警支队在城区重要、重点部位开展联合武装动中备勤工作,先后出动巡特警1.19万人次,盘查可疑人员2936人次,盘查可疑车辆1925辆次,检查可疑物品1102次,收缴管制刀具4把,缴获弩枪1支,打击现行违法犯罪行为6件12人,处置突发事件2件,处理纠纷320件,实施群众救助和咨询3021次。出动警力3423人次,完成重大节日和体育赛事等安全保卫任务72场次。

重大勤务任务 3月3日,出动71名民警协助仓山分局赴安徽执行电信诈骗涉案人员的押解任务;7月10—18日,出动警力310人次、车辆28辆次、警用直升机1架,赴闽清驰援救灾任务;8月14日至9月11日,支队派出120名民警赴福鼎、厦门,配合完成G20杭州峰会和"9·8"厦门投洽会跨区域的安保任务。

训练演练工作 加强反恐处突技能培训。支队举办全市巡特警反恐专项培训班,参训民警200人,进行多类警情的现场先期处置、武器使用训练等实战性基础科目训练。举办中队后备教官和警务技能业务骨干培训班。推进联演联训机制,参加省反恐办组织实施的"闽盾6号"处置"一地多点"恐怖袭击事件演习;3月下旬,支队组织20余名民警参加福州地铁1号线反恐火灾综合应急演练。加强公安和武警反恐力量衔接,定期进行武装联勤联训。

【出入境与往来港澳台管理】 2016年,福州市办理各类出入境证件105.62万件次,其中公民因私出国(境)103.66万人次(公民因私出国28.37万人次,内地居民往来港澳地区54.06万人次,大陆居民往来台湾21.22万人次);办理出入境通行证2939人次,办理各类外国人证件、签证、居留许可9773件次。窗口办理台湾居民证件1405件;长乐国际机场口岸落地签注办证3734件次;"两马"(马尾、马祖)直航办证签注1753件次。年内,出入境管理处被评为全省先进基层党组织、全省公安机关执法示范单位,立功受奖35人次。

审核审批往来港澳地区劳务申请117万人次,批准赴港澳定居申请1985人,对不符合出入境证照签发规范的依法不予签发83件,对提供虚假材料申请赴港澳定居等依法不予批准271人,审批企业赴港澳商务报备577件。完成国家工作人员登记备案信息新增5352条,修改报备3386条,撤销报备3322条。新增报备法定不批准出境人员898人次、撤销213人次。对遣返人员依法宣布证照作废并限制6个月至3年不准出境790人。全市有因私出入境中介机构17个。

升级改造自助受理机接口、互联网客户端,实现省内居民可通过该受理机就近办理往来港澳旅游再次签注。8月1日,推出赴台旅游再次签注自助受理。全年自助受理赴港澳、台湾再次旅游签注4.22万件次;经公安部批准授权,4月1日起,马尾区公安局可受理签发制作外国人签证证件;经省公安厅出入境管理局批准授权,11月1日起,马尾、福清、长乐出入境管理机构可签发制作往来港澳签注及前往台湾签注;在福清市局、马尾区局和琅岐分局的行政派出所设立出入境受理窗口,全年受理出入境证件8175件次;对厦门、平潭综合实验区等六地户籍居民开放在福州市申请往来台湾通行证及赴台本岛个人旅游签注;以电话或短信通知方式,为逾期未及时领证的申请人发放证件2185本;对申请出境奔丧、探望危重病人、紧急商务活动等开辟"绿色通道"、特事特办8215人次。

依法查处涉外、涉台行政案事件1160件1265人次,其中外国人"三非"案件1102件1206人次,台湾居民非法居留58件59人次。遣送出境85名外国人,依法列入不准入境人员名单31人,抓获网上在逃人员3人。

【公安法制】 2016年,福州市制定《2016年度福州市公安机关执法质量考核评议工作方案》,对办理刑事、行政案件、接处警、执法监督救济、涉案财物管理、执法办案场所和办案信息系统应用管理情况等7个项目开展考评,其中抽查案件234件,合格率98.29%;移送起诉9424人,检察院提件公诉8843人,不起诉率14.58%。全市公安法制部门开展执法考评419次,考评案件1.98万件,发现并纠正执法问题6.20万个,执法责任追究24件34人。日常网上巡查案件6.24万件,下发监督日报1856份。年内,仓山分局法制科被公安部命名为"全国公安机关执法示范单位",台江分局、罗源县局及鼓楼分局东街派出所等30个基层所队被省公安厅命名为"全省公安机关执法示范单位"。

为全市公安机关一线执法勤务民警配备执法记录仪5672台、采集工作站186个。在警情中使用执法记录仪20.69万次。完成派出所"四区八室"建设验收193个,完成率96%。4979名公安民警参加基本级、中级执法资格考试,176人参加高级执法资格考试。组织执法培训396场,参训人员1.27万人,派教员授课114次。推行受立案制度改革,至11月,全市各级公安机关均增设案管机构,并由挂靠的法制部门负责监督。市公安局法制支队开展网上巡查监督，发出5期通报，对未作处理的1107件违法犯罪警情和118件未及时受案的，提出督促整改。推行公职律师和法律顾问制度，12月，市公安局聘任20人为公职律师，组建首批23人法律顾问队伍。

全年办理行政复议案件231件，办结193件；办结刑事不予立案复议案件6件；办结刑事不予立案复核案件32件。办理国家赔偿案件7件，办结6件，赔偿1件金额2197.2元。办结行政诉讼案件294件，审结231件（一审126件，二审105件）。组织民警463人（次）参加旁听庭审51次，局领导参与出庭应诉12件。

全市公安机关接访1753件，比上年增长1.5%，其中公安部217件信访件均在期限内办结。市公安局信访室接访501批927人。登记、转办信访件2619件。受理信访复查申请10件，维持1件，撤销7件，正在办理2件。“厅长信箱”交办626件，办理反馈475件；办理反馈“局长信箱”2479件、“12345”诉求件4.4万件，比上年增长12.2%。领导接访408场，接待群众1708批2531人次，其中市局领导接访169次216批318人次。　（宋增清）

【社会治安管理】　2016年，福州市查处治安案件10.24万件，比上年上升140%，结案8.44万件，同比上升137%。

破获“四黑四害”重点领域案件1362件，上升88.4%。查破李某、谢某2件网络销售假烟案，抓获犯罪嫌疑人8人，涉案金额分别为近1亿元、近1000万元。

开展“缉枪治爆”专项行动。检查涉枪涉爆从业单位241个，整改隐患112处。查处涉枪涉爆案件68件，抓获在逃人员3人，收缴枪支635支，子弹6万发，炸药850千克，雷管3527枚，管制刀具2900把。9月，组织开展“枪爆物品、流动人口、出租屋清查整治百日会战”，查处涉枪涉爆案件153件157人，收缴枪支736支，子弹3.8万发，管制刀具2513把，涉枪涉爆在逃人员缉捕率100%。

对全市84家危险化学品企业、16间烟花爆竹仓库实施监管检查，整改隐患1508处。对全市304个加油站点安装、应用“散装汽油销售实名登记系统”；查处非法储存、运输、销售散装汽油案件43件。全市摸排物流行业营业网点796个，整改安全隐患438处，行政处罚73件65.2万元。9月，在圆通、申通两家快递网点查获钢珠1398颗、管制刀具与改制射钉枪各1把，抓获涉案人1人。

查处涉黄案件1186件、涉赌案件3288件。破获部督案件6件、省督案件24件，联合边防支队破获“5·13”利用网络开设赌场案，刑事拘留8人，涉案金额上亿元。破获阮某特大网络赌博案，抓获犯罪嫌疑人10人，涉案金额8亿元。查处娱乐场所涉毒案件140件。

协调处置群体性非正常上访71批3537人次。处置各类突发性治安事件582件，其中处置马尾琅岐绕城高速公路施工纠纷等群体性事件28件2552人次。接访调处医患纠纷投诉72件。指导全市221个医疗机构落实安防措施，排查整改安全隐患587处。

全市通过旅馆业“四实”登记系统上传旅客住宿信息2000余万条，处罚未如实登记住客信息的旅馆783家次，取缔无证经营183家次，抓获互联网上通缉的在逃人员457人。“四实”登记合格率由60.77%提升至80%，旅馆业发案数比上年下降2.6%。

【社区警务】　2016年，福州市受理制发居民身份证60.67万张，申办临时居民身份证3.69万张，服务评价满意率100%，排名全省第一。年内，全面落实居民身份证异地受理、挂失申报和丢失招领3项制度，受理省外居民身份证225张，审核签发省外异地居民身份证1568张，捡拾发还居民身份证65张，登记挂失居民身份证16386张。至6月底，省内异地居民换补领身份证3.31万张。依托“福州公安”微信公众号和“福州市公安局公众服务网”等互联网平台，推广“派出所窗口业务网上预约系统”，受理微信业务2.85万笔，办结2.41万笔。简化户籍审批环节，落实限时审批制度，审核回国定居落户2001笔。审批户籍迁移和项目更正4.49万笔。清理整顿假、重、错户口359人，纠正重证号65对。

清查登记流动人口186.04万人，出租房屋17.43万户。其中新登记流动人口40.43万人，注销流动人口17.69万人；新登记出租屋6640户，注销出租房屋3662户。查处涉及流动人口、出租房屋管理案件4.02万件，倒查涉及“流口”案件1254件。创新管理，推广“物业式”“旅店式”管理模式，动员物业、房东、中介等社会力量开展流动人口信息采集工作。推广出租房屋地址二维码申

2016年7月16日，福州市公安局仓山分局举行退赃仪式　（市公安局　供）

报系统。全市绑定二维码房屋数47.13万户,备案出租房屋4.78万户,通过微信二维码系统采集流动人口19.09万人、注销13.39万人。

全市派出所调解矛盾纠纷2万余件,其中土地征用房屋拆迁219件、医患纠纷92件、劳动争议167件、安全生产7件、物业管理68件、村务管理38件,及时制止群体性上访、械斗事件52件,防止民转刑案件4件。

【网络安全监察】 2016年,福州市发现、处置网上有害信息3.98万条,落地调查1655人,约谈处置455人(其中治安处罚37人,教育训诫403人),报送信息2.13万条(部优2条、省优24条)。公开辟谣"福州一女子在江滨路被人恶意驾车撞死"等30多件敏感谣言,协助河北警方解救微博直播自杀网民1人,协助宁德警方破获涉案金额上亿元的微商"微转动力"诈骗案。

破获涉网案件2537件,抓获犯罪嫌疑人4331人,CCIC网安撤逃178人,办理案件协查2856件。在打击侵犯公民个人信息行动中,破获案件125件,抓获犯罪嫌疑人155人,缴获公民信息数据2亿余条。7月7日,抓获犯罪嫌疑人杨某游,现场提取数据180G,涉及公民个人和企业信息3000万余条,资金4万余元。开展"飓风肃毒"行动,破案391件,抓获犯罪嫌疑人486人。5月10日,破获部督贩毒案件,抓获贩毒团伙成员5人,缴获各类毒品14袋(冰毒950.7克,海洛因713.66克)、毒资40万元。

推进网上"扫黄打非",侦办网络涉黄案件12件,抓获嫌疑人23人。3月18日,破获"3·9"传播淫秽物品牟利案,抓获林某等7名犯罪嫌疑人;5月25日,破获董某等人传播淫秽物品案,抓获5名嫌疑人。

开展"电话黑卡""翻墙工具"等23个专项清理整治行动。全年收集并下发"政治谣言"、涉疆藏和暴恐信息等有害信息关键词和样本2427个、违法网站域名1935个。依法行政处罚属地网站17家、责令限期整改31家次。违法有害信息自主发现处置率96.7%。落实网吧实名登记,检查2.47万家次,处罚违法违规232家次,移送相关部门处理黑网吧17家,在网吧抓获CCIC在逃人员78人。 (陈茂华)

2016年5月17—18日,福州市公安机关完成"5·18"系列活动安保工作任务。图为安保人员携警犬巡逻 (市公安局 供)

【警卫工作】 2016年,福州市完成警卫任务329批(场)次,其中级别警卫任务38批次,重要会议和重大活动106场次,其他警卫任务185批次。主要有:省市人大、政协"两会",G20杭州峰会、"5·18""6·18"海峡两岸大型经贸展会、"9·8"投洽会,省、市党代会等安保任务。4月12—13日,中央政治局委员、中央军委副主席许其亮到福州视察;7月9—10日,肯尼亚副总统威廉·卢托到访福州。9月4—5日,全国政协副主席万钢到福州出席福厦泉国家自主创新示范区建设动员大会,并参观福州软件园创客谷和福建新大陆集团。10月20—23日,第95届全国糖酒商品交易会第二次在福州海峡国际会展中心举办。10月26—30日,巴基斯坦参议院副主席、神学会秘书长毛拉纳·阿卜杜尔·加富尔·海德里率巴基斯坦政党联合代表团一行24人到榕访问。11月4—6日,全国政协副主席陈元一行31人到榕调研等各项安全保卫任务。

开展基础信息采集,对经常涉及的重点场所、路线等警卫阵地实行常态化管理新模式,警卫阵地的社会环境综合整治纳入市政建设统筹。各区县(市)按照"一套文字资料、一套布警示意图、一套演示预案"的要求,备有一级规格警卫任务的常备方案、应急预案等以适应任务之急需。 (李晓榕)

【道路交通管理】 2016年,福州市发生道路交通事故2365件,死亡534人,受伤2558人,财产损失238.9万元,分别比上年下降5.02%、3.96%、9.58%。

查处各类交通违法496.1万件,比上年上升66.4%,其中查处机动车违反禁令标志124.16万件,"加塞"70.89万件,乱停车75.94万件;查处非机动车交通违法14.57万件;查处行人交通违法5.27万件。全年查处严重交通违法25.5万件,其中涉酒(毒)驾驶5884件、超员5.08万件、现场查处超速8566余件、涉牌涉证11.32万件。市区查处机动车显见性交通违法394万件,其中"加塞"64万件,乱停车155.8万件,查处非机动车交通违法13.15万件,查处行人交通违法3.37万余件。在全国率先开发应用三大自动抓拍系统,抓拍曝光行人和非机动车闯红灯5.37万件、机动车滥用远光灯1.02万件、乱鸣喇叭1212件。

建立交警指挥中心,快速排堵指挥发布黄色缓慢预警信息2.96万次,点对点指挥路面骑警排堵1245次,发送拥堵提示短信7万多条,快处轻微交通事故8000余件。城区日均发生交通堵情27件,较治堵前下降46.1%;路口和路段机动车"加塞"、乱停车等显见性违法行为下降30%，引发的道路交通事故同比下降27%。建立市民参与治堵抓拍举报奖励机制，收到市民2.03万条举报，其中4734条举报通过审核，发放奖金3万多元。

开发信号灯智能化管理控制平台，512个路口信号灯实行中心控制、中心优化、智能配时，实现一键式远程控制全线绿灯通行、自动调控信号灯配时、实时预警流量变化。在29个路口设置行人二次过街信号，确保行人和非机动车过街安全。

实行便民惠民新举措，对小型汽车驾驶员考试，实行网上预约。年内约考的考生79万多人次，日均2860人次。将小型汽车驾驶员考试的科目一、科目三考试、满分学习考试、恢复驾驶资格、境外驾驶证换领等下放县级车管所，考生可自主预约自行选择考场就近考试；全面放开所有车型驾驶证异地申请、异地考试，全面放开驾驶证异地补领、换领、审验，受理上肢残疾人和单眼视障人员申请小型汽车、小型自动挡汽车驾驶证，体检年龄由60周岁调整为70周岁。

【典型交通事故案例】　2016年1月25日6时，杜某良驾驶大客车行驶至连江北路，李某明无证驾驶无牌轻便摩托车、后载何某英在其相邻车道同向行驶滑倒，杜某良采取措施不及，致两车相撞，何某英当场死亡。

2月3日22时，王某龙无证醉酒驾驶无牌两轮摩托车，载王某雄行至福清市港头镇南芦村路口，与郭某朝驾驶的机动车发生碰撞，致王某龙、王某雄受伤，其中王某雄经抢救无效死亡。

2月14日17时，杨某富驾驶轿车沿鼓山镇洋里村道行驶，至三叉路口左转时，撞上蹲在路口玩耍的刘某，刘某被卷入车底卡住熄火，杨某富重新启动又继续行驶致辗压刘某后离开现场。当晚杨某富投案自首，刘某经抢救无效死亡。

2月18日21时，陈某驾驶小轿车在福清市区洪宽大道行驶，将转往溪头村方向行走的行人林某英撞倒受伤，经抢救无效死亡，陈某驾车逃逸并试图伪造现场，后被抓获。

2月28日0时，高某林饮酒后驾驶小车至仓山区战备路，遇李某旭驾驶的电动自行车载陈某临时停在路边，李某旭离开，陈某仍坐车上。高某林驾车撞向电动车，造成陈某当场死亡。

3月3日6时，冯某敏驾驶小客车，行经长乐市玉田镇琅峰村路段，未及时发现同向前方部某得驾驶无牌三轮车后载严某红等4人，导致小客车与三轮车相撞，造成3人死亡、2人受伤，冯某敏弃车逃逸。　　（陈茂华）

【消防工作】　2016年，福州市发生火灾2175件，死亡10人（其中2人为放火自杀），受伤2人，直接财产损失2984.6万元。火灾事故亡人数、伤人数、财产损失数分别比上年下降33.3%、66.7%、27.8%。接警出动5883次，抢救被困人员2157人，保护财产价值3亿多元。成功处置“7·30”仓山金山橘园洲工业区片区金得利厂房及“11·9”台江区排尾民房等火灾，支队被公安部消防局评为“抗洪抢险先进支队”。年内完成抗击“尼伯特”“莫拉蒂”超强台风、G20杭州峰会消防安保等重大任务。

市政府与12个县（市）区政府、高新区及29个市直部门签订年度消防目标责任状。《福州市“十三五”消防事业发展规划》经市委、市政府审议通过，获得消防业务经费4.41亿元。投入3.8亿元购置64部消防车辆；投资1.73亿元，扫尾完成全省建筑体量最大的综合训练基地建设并投入使用。完成350兆同播数字通信系统建设，实现全区350兆无线信号全覆盖。招收政府专职消防员153人。完善消防指挥中心功能，与交警、水利、海事等部门建立联动机制，利用交警支队智能交通控制系统，保障消防车优先通行；利用巡特警支队警航直升机优势，填补高层建筑、山岳地区等救援盲点；利用登山协会山地救援队专业技术装备，提高消防部队山地救援效能；利用海事局水域救援装备，提升水域火灾事故处置能力。

火险隐患整改　完成中央综治委挂牌督办的仓山金山橘园洲工业区片区火灾隐患整改。全年重大火灾隐患立案54件，整改销案50件。检查3.9万家次，发现火灾隐患4.8万处，整改4.7万处，发出责令改正通知书1.7万份，临时查封危险部位221处，责令“三停”单位221家，罚款869万元，拘留44人。

消防辅助力量建设　投入7.65亿元新建、改造15个消防站。全市完成重点单位建立微型消防站1368个，277个社区、40个街道分别建立微型消防站。全市123个乡镇（街道）实现消防安全“网格化”规范管理，安装简易火灾报警器3.5万个。　　（李晓榕）

【重大火灾案例】　2016年8月7日21时许，鼓楼区五显巷创业新村2号楼4层一单元突发大火。消防支队出动21辆消防车、122名官兵，并在现场架起云梯，破窗救出19名被困居民。大火持续4个小时后被扑灭，过火面积约800平方米。

10月1日17时40分，仓山区城门镇黄山的一座布料仓库突然起火。消防车前往现场，因周围水源紧缺，使用水罐车接力运水灭火，到20时30分，大火被扑灭，未造成人员伤亡。

10月8日凌晨5时许，台江区排尾一弄民房聚集区域因电动车充电引发大火。消防部门出动20多辆消防车，100多名消防官兵赶赴现场灭火，无人员伤亡。

11月20日22时23分，台江区排尾路公交车站后面商铺和民房突发大火，从排尾支路旁烧到江十尚进小区一侧。消防支队调动10个中队、30辆消防车、近180名官兵到场灭火。

12月13日13时许，鼓楼区通湖路驿里直街一栋8层民房5楼着火，大火一度殃及楼上住户。消防队赶到将火扑灭，未造成更大损失。

12月17日23时许，一辆小轿车冲进闽清县梅溪镇榕星加油站，撞击站内的一部加油机，导致机和车同时起火。闽清消防大队出动5辆消防车、20多名官兵赶赴现场灭火，无人员伤亡。

（陈茂华）

【森林公安】　2016年，福州市受理各类森林案件383件，查处322件，打击处理各类涉林违法犯罪人员499人次。其中森林刑事案件立案114件，破获75件（重大案件6件、特大案件3件），抓获犯罪嫌疑人126人（其中逃犯34人），提请检察机关批准逮捕16人,移送起诉47件63人;查处治安案件31件,行政拘留34人次;查处林政案件216件,处罚339人次。收缴木材1183.169立方米以及省级以上保护的野生动物669只(条)、制品159.6公斤,挽回经济损失889.13万元。

打击非法占用林地等涉林违法犯罪。查处非法占用林地的林政案件109件。破获国家林业局和省林业厅督办的永利矿业公司非法侵占福清市阳下街道北林村林地9.49公顷案,抓获2名犯罪嫌疑人;破获市林业局督办涉林刑事案件12件。

打击破坏森林和野生动植物资源违法犯罪。破获盗伐林木刑事案件11件、滥伐林木刑事案件22件,森林火灾刑事案件6件,非法占用农用地(林地)刑事案件18件;非法收购珍贵濒危野生动物制品案件3件,救助蟒蛇、猫头鹰、眼镜蛇、孔雀等野生动物181只(条)。

开展"全民禁毒宣传月""绿剑禁毒"等专项行动,编印发放《珍爱生命 拒绝毒品》等宣传册2万份。创建"无毒林区",将有毒品原植物种植史的重点地区、重点人和林区边沿地带、人迹罕至的深山丛林峡谷和国有林场,纳入监管视线,确保"零种植、零产量"。

【边防管理】 2016年,福州市破获公安部挂牌督办特大组织他人偷越国(边)境案3件,抓获组织者22人、偷渡人员227人,捣毁3个制假窝点,阻断骗取英国、美国、澳大利亚等国家签证偷渡出境的3条通道。查破涉毒案件827件981人,缴获各类毒品1432.2克。查获网络赌案1件,涉案金额8.4亿元,查扣赌资84余万元、2.5万港元。查获走私案件132件318人,查扣车辆149辆、船舶31艘,油罐32个,收缴无合法手续的成品油6658.08吨、冻品68.55吨及台货606件,总案值1930万元。查获非法买卖汽油案3件。

在连江县黄岐港设立"立体化"海上综合管理服务中心,在福州自贸区江阴片区建设下石警务综合平台。发动473名村民参与群防群治组织,组建治安巡逻队94个,新增监控探头387个与派出所联网联控。长乐边防大队针对"临空港"片区"四所一队"(漳港、文武砂、大鹤、江田边防派出所和机动大队一中队)警务机制进行改革,建立社会治安打防管控联动机制,投入60余万元建设可视化、智能化联勤指挥平台,购置具有GPS实时定位功能的4套车载、8套单警4G图传装备,加大对海边和重要路段巡逻防控。年内,区域侵财性案件比上年下降34.7%,破案率上升23.8%。

福清边防大队建成"一侨一号"在线服务侨胞中心和在线服务平台,帮助侨胞寻亲、办证、就业、求援等。将回国落户办理时限由45天缩短到30日以内,办理各项涉侨业务379项。登记侨乡留守儿童185人、孤寡老人45人,将近年来在国外遭遇重大变故的37个侨胞家庭及65名失依儿童纳入帮扶范围,并予建档;为6名贫侨及侨眷优先解决就业问题。 (李晓榕)

【"110"指挥中心】 2016年,福州市"110"报警服务台接报276.5万余起(有效警情106.6万起),其中违法犯罪18.7万件,纠纷8.5万件,交通警情42.2万件,消防警情0.9万件,治安事件595件,举报11.5万件,求助18.2万件以及其他类6.6万件。警情质量合格率为96.9%,接处警满意率93.19%。全年编报警情通报、快报、专报等1460期。

指挥中心依托街面巡逻防控资源,发挥多警种联动联防、站卡应急联动、公路联网联控的实战作用,及时处置突发事件。成功处置台江"1·26"五一南路民房火灾警情、晋安"2·18"持刀伤害警情、台江"4·26"吸毒致幻寻衅滋事警情、罗源"4·26"投放虚假危险物质警情、仓山"5·5"故意杀人警情、长乐"8·8"持刀抢劫等重大警情。

在城区派出所试点的基础上,在9个基层派出所接处警巡逻车安装一体化车载终端,初步实现多功能指挥应用、接处警勤务智能管理的实战功能。城区PGIS警用指挥地理信息系统二期建设完成融合对接,形成全市"一张网"的扁平可视化指挥调度体系。 (曹友权)

【监所管理】 2016年,福州市有公安监所21个,其中看守所9个、拘留所8个、强制隔离戒毒所2个、收容教育所和精神病收容所各1个。全年新收押33701人次。监所转递案件线索442条,协助破获案件529件,抓获犯罪嫌疑人533人,查获在逃人员492人。

整改监所安全隐患和推进基础设施建设。全市8个监所因基础设施老旧,未达基本羁押条件,被省公安厅列为未达标级监所,其中闽侯县看守所被公安部列为全国后进所。市公安局针对存在问题制定整改方案,督促有关单位落实整改,年内实现监所问题整改销号53项,5个监所整改率均100%。闽侯等3个单位的7个问题正在继续解决。新建的强制医疗所完成立项、征地、设计等工作。长乐市、闽清县、连江县"两所一队"项目主体建设竣工。市第一、第二看守所投入1300余万元对安防技术系统进行升级改造。

针对市、县看守所出现多名患严重疾病罪犯、艾滋病罪犯及越南籍罪犯无法交付监狱执行刑罚、强制隔离戒毒人员转投送司法强戒所困难等问题,经沟通协调,20余名被拒收的已决罪犯交付监狱执行,市强制隔离戒毒所553名戒毒人员转投司法强戒所。 (李晓榕)

【公安科技信息通信】 2016年,《福州市公安局科技信息化建设项目暂行管理规定》制定,成立市公安局科技信息化建设领导小组;编制《福州市视频监控系统2015年—2020年建设应用规划》并通过评审;开展公共安全云平台项目建设准备工作,组建福州市新型"智慧城市"暨公共安全云平台建设工作专班,设数据汇聚、建设、应用和安全等4个小组,完成初步设计方案。建成地铁1号线公安通信系统及市公安局350兆警用数字集群(新购1500部)、加油(气)站视频监控系统、应急通信340兆便携移动式图传基站、警用多旋翼无人机飞行服务、警务通终端(新购2400台)、病毒预警防治等系列公安信息化项目建设,完成福州市高清视频监控系统(2.5万路)可研方案编制。升级改造1500路标清监控探头;启动108个治安卡口建设工程;福州市4项公安科技创新成果参加中国国际社会公共安全产品博览会展出。市公安局被公安部确定为全国公安机关基础信息化建设示范单位。

推动“平安福州”视频监控建设联网应用，建立高标准、广覆盖的治安防控体系防控网。至年底，累计在市区建成8155路“平安福州”视频监控探头。全年运用视频图像信息研判案件3.96万件，发现线索1.14万条，破案1576件（含串并案），抓获犯罪嫌疑人1425人。

（曹友权）

检　察

【概况】　2016年，福州市检察机关立案侦查各类职务犯罪案件275人（含平潭，下同），依法批准逮捕各类刑事犯罪嫌疑人5818件7924人，起诉8413件11852人。年内，市检察院监所检察处更名为刑事执行检察局；16个集体43名检察人员受到省级以上表彰，5名业务骨干被评为全省检察业务专家，11名检察人员入选全省检察教育培训师资库。依托“人民检察院案件信息公开网”发布案件程序性信息14089件，法律文书8091份，重要案件信息61条。完善全员轮训、专题练赛等机制，组织职务犯罪预防、刑事执行检察等9期专项业务和岗位技能培训班，举办全市首届十佳公诉人评选和全市检察机关侦查监督业务竞赛。推进检察人才重点工程，5名业务骨干被评为全省检察业务专家，11名检察人员入选全省检察教育培训师资库。开展中青年干部挂职锻炼工作，市检察院选派5名干部分别到市委政法委、平潭县院、闽清县驻村、连江乡镇挂职锻炼。

部署开展“学制度、用制度、提高制度执行力”专项检务督察，完善谈话提醒、动态督查、暗访纠风和检务督察专员制度。惩处检察人员违纪违法问题，初步核实举报线索22件26人，立案3件，涉案3人。探索驻点巡察工作模式，组织对长乐、马尾等基层检察院党组开展巡察。

【刑事检察】　2016年，福州市检察机关依法批准逮捕各类刑事犯罪嫌疑人7924人，涉案5818件；起诉11852人，涉案8413件。起诉故意杀人、故意伤害、抢劫、强奸、绑架等严重暴力犯罪案件1219件，涉案1687人。参与“六个专项治理”，起诉毒品犯罪案件1749件，涉案2084人，诈骗犯罪案件463件，涉案761人。从宽办理初犯、偶犯、过失犯等轻刑案件，作出无社会危险性不捕478人、相对不起诉578人。起诉侵犯商标权、专利权等案件22件，涉案29人。开展打击危害食品药品安全犯罪专项立案监督，督促公安机关立案侦查8件、涉案13人。起诉制售假药、非法行医等案件14件，涉案16人；查处医药监管、医疗设施建设等环节职务犯罪5件，涉案5人。开展打击破坏环境资源犯罪专项立案监督活动，督促公安机关立案侦查6件，涉案6人；起诉侵占农用地、污染水源、非法采砂等案件27件。适用“补植复绿”机制，完成复绿造林面积124.95公顷。依法监督福清市三山镇大扁垦区百亩国家海防林被砍伐事件，督促森林公安部门对4名犯罪嫌疑人采取刑事强制措施。闽侯县检察院率先推动创建“生态环境损害修复公益基金”。

妥善办理涉法涉诉信访1599件，两级检察院检察长参与接待群众466批次，主动开展走访下访171次。加强涉检信访案件办理力度，通过领导包案、带案下访、司法救助等形式，调处涉检信访积案9件，依法办理省检察院交办件11件。探索律师参与化解和代理涉法涉诉信访案件试点工作，移送人民调解中心成功调解107件。开展司法救助33件，发放司法救助金59.3万元。

针对电信欺诈、校园安全、储备粮管理等问题，发出检察建议45件。联网安装社区矫正信息管理系统，强化对全市近4709名矫正对象的管理帮教和法律监督工作。推进未检工作专业化建设，与团市委协作，构建青少年司法社工参与未检工作机制，设立首个市级“青少年法治教育帮扶基地”。规范19个乡镇、社区和巡回检察室的职能作用，充实就地参与综合治理的一线平台。开展“五个百场”法治宣讲，与教育、司法行政等部门联合启动为期3年的“法治进校园”全市巡讲活动，强化面向村居、机关、企业、学校等领域的普法责任，组织开展法治宣讲245场次。

【职务犯罪查办和预防】　2016年，福州市检察机关立案侦查各类职务犯罪案件275人，其中贪污贿赂案件226人、渎职侵权案件49人。运用督办、交办、参办等手段，突破大要案99件、窝串案74件，涉案130人，其中查办处级以上要案12人。查处行贿犯罪案件54件，涉案60人，查处行政执法人员和司法工作人员职务犯罪38人。查办发生在国企中的贪污、挪用公款等职务犯罪案件17件，涉案17人，起诉发生在民企、台企、

2016年12月13日，福州市人民检察院举行首批入额检察官宪法宣誓仪式，市院党组书记、检察长叶燕培领誓　（市检察院　供）

外企中的职务侵占、挪用资金等案件43件,涉案52人。查办市政、交通、能源等工程建设领域职务犯罪88人。开展查处损害群众利益职务犯罪专项工作,查处征地拆迁、"三农"建设等民生领域职务犯罪63件,涉案70人,其中查处家电下乡、助学金补贴、宅基地复垦补偿等领域职务犯罪9件14人。

查核举报线索592条,向举报有功人员发放奖励金4.25万元。加大追赃追逃力度,追缴赃款3600万元,抓获在逃职务犯罪嫌疑人3人。加强政策攻心和警示宣教,敦促自首11人。完善侦查指挥、线索管理等机制,审慎运用电子数据恢复等技术获取证据,探索运用执法记录仪全程监控办案过程。

围绕生态环境保护、涉农惠民、自贸区行政监管环节3个专项预防,细化海洋生态执法综合整治、残疾人就业保障金专项监管、"两岸金融创新合作示范区"负面清单执行情况等15个重点领域,组织法治宣教214场,预防咨询61场,开展预防调查28项,提交案例剖析报告47份。创新完善预防工作机制,探索构建预防告诫机制,组织廉政H5微片制作宣传竞赛,发挥检察机关警示教育基地的预防教育功能。围绕保障项目投资安全,向项目招标方提供行贿犯罪档案查询12151批次。

【司法活动监督】 2016年,福州市检察机关推进"两法衔接"信息共享平台建设,全市接入成员单位415个,接入率90.6%。强化侦查活动监督,督促公安机关立案侦查103件、撤案130件,决定追捕207人、追诉74人。在审查陈蓉等60余人涉嫌电信诈骗案中追捕13名同案人。加大对公安派出所刑事执法的监督力度,监督纠正侦查活动违法问题99件次。提出提请刑事抗诉36件,纠正刑事审判活动违法问题11件。

拓展民事行政检察,受理民事行政申诉案件509条,提出提请民事抗诉10件,发出检察建议162件。完善民事执行活动监督的范围和程序,开展民事执行监督100件。部署开展"防空地下室易地建设费"和"矿山生态环境恢复治理保证金"等专项监督活动,督促相关行政机关收回水资源管理费、防空地下室易地建设费以及行政罚款等430.4万元。

强化刑事执行监督,推动两级院监所检察部门更名为刑事执行检察部门。开展集中清理判处实刑罪犯未执行刑罚专项活动,筛查出220名未执行刑罚罪犯。强化监管场所日常监督,会同看守所、监狱开展安全检查305次,针对监管活动不规范问题提出纠正意见136次。开展羁押必要性审查662件,其中建议变更强制措施598件,被采纳582件。运用刑诉法赋予的刑事执行监督新职能,探索开展财产刑执行监督,对7名不负刑事责任的精神病人的强制医疗执行活动进行监督。

【监督渠道畅通】 2016年,福州市检察机关向市人大常委会专项报告惩防职务犯罪、刑事执行检察、民事行政检察、侦查监督、公诉等工作。开展联系人大代表"四个一"活动,建立定向联络、定期走访机制,邀请视察生态资源、未成年人刑事检察等检务活动10场次。

向市政协通报检察工作,配合开展保障律师执业权利、保障非公有制经济健康发展等调研活动。办理市政协委员关于查处涉农财政补贴领域职务犯罪提案,邀请政协委员视察检务活动。

开展检察开放日活动,邀请乡村、社区群众走进检察机关。对于当事人有重大异议的案件,通过公开审查、公开答复等形式听取意见、释法说理。构建全媒体宣传矩阵,推送发表各类新闻作品约3500篇,发布微信微博525条。市检察院微信平台先后多次跃居中国法律微信影响力排行榜。

【检察改革】 2016年,福州市检察机关推进检察人员分类管理改革,遵循上级院关于检察人员分类管理改革的步骤和进度要求,按照"考核+考试"的模式完成全市两级院488名员额制检察官的遴选工作,推动首批入额检察官定岗定位。

开展司法责任制和职业保障改革,落实司法责任制意见,明确检察官权力清单和办案责任,变更调整检察统一业务应用系统文书审签权限,按照司法责任试点改革的相关要求试运行司法办案工作。探索检察人员职业保障和省以下检察院人财物统一管理等改革任务,配合做好经费上划准备、清产核资、工资改革等工作。

推广刑事案件速裁程序试点,建立捕诉衔接、刑拘直诉、量刑协商等配套制度,适用速裁程序办理案件1495件。落实公诉环节认罪认罚从宽制度,针对如实供述罪行且自愿接受司法机关处理意见的犯罪嫌疑人,8月起试行从宽处理制度,依法决定不起诉76人,向法院提出从宽处理的量刑建议956件。开展检察机关提起公益诉讼试点。针对公共利益受侵害问题,全年发出检察建议56件,督促相关单位履行职责。

(黄兰英)

法　院

【概况】 2016年,福州市两级法院受理各类案件165591件(含平潭,下同),审结126642件,分别比上年增长23.29%、25.32%。其中,市法院受理27263件,审结23008件,分别增长3.64%、4.03%。全市法院一线法官人均办案158.1件。制订《福州市重大项目"百日攻坚战"司法服务保障工作方案》,组织全市非试点法院开展入额考试,市法院设立全国法院首家"涉侨诉调工作室",与市总工会联合成立"劳动争议诉调工作室",与市医患纠纷调解处置中心联合设立"福州市法院医患纠纷诉调工作室"。开展刑事速裁改革试点工作,推广民商事案件速裁,市法院被省法院推荐为繁简分流示范法院。年内,全市法院系统3个集体、66人次受到全国性表彰,47个集体、102人次受到省级表彰,其中,1人被评为"全国法院先进个人"、1人被授予"福建青年五四奖章"、1人被评为全省政法系统"十佳政法干警",市法院民一庭被评为全国老年法律维权工作先进集体,市法院被评为2015年度中国法院网网络宣传先进单位。

开展司法能力提升行动,市法院共举办培训班7期,参训干警442人次,组织全市法院639人次参加上级举办的培训56期。与华东政法大学、西南政法大学合作,举办“司法能力提升行动”培训班2期,126名干警参训。组织学术论文讨论会,1篇论文获得国家级奖项、16篇论文获得省级奖项。市法院连续14年被评为全省法院学术讨论会“组织工作先进奖”。建立“一线考察干部”机制,每月根据工作绩效评选出若干“红旗集体”“红旗手”。

制定《福州法院建设“三不腐”机制的工作意见》《关于在全市法院开展常态化廉政谈话提醒工作的实施方案(试行)》。开展严格审判纪律、杜绝虚假案件专项整治、防止干预司法“两个规定”落实情况督查和执行政治纪律等情况的专项检查。对马尾法院、福清法院开展第二轮司法巡查。坚持院领导带班周督查制度,市法院开展周督查37次,邀请人民法院监督员开展督察2次,发现问题63个并督查整改。全市法院共查实涉嫌违纪5件6人,其中政纪立案3件4人,移送司法机关审查2件2人。18人受到诫勉教育、通报批评、效能告诫、责令辞职等问责处理。

2016年11月11日,福州市中级人民法院举行首批入额法官宪法宣誓仪式暨审判团队成立誓师大会 (市法院 供)

【刑事审判】 2016年福州市法院审结各类刑事案件9793件,其中市法院审结1518件;审结故意杀人、故意伤害、强奸等侵害人身权利案件1579件;审结贩卖、运输、制造毒品等犯罪1065件;审结走私、非法集资、生产销售伪劣商品等破坏市场经济秩序案件679件。8月,市法院宣判福州市首例海淘网购走私案。审结各类侵犯财产犯罪2626件,其中审结金融诈骗、集资诈骗、网络诈骗等各类诈骗案件467件,仓山法院审结涉案82人的系列网络投资交易平台诈骗案。审结贪污、贿赂、渎职等案件280件;审结减刑、假释案件8703件。坚持惩教结合,判处未成年犯525人、对360人实行轻罪记录封存,帮助43名失足青少年复学、就业。

【民商事审判】 2016年,福州市法院审结各类民商事案件67735件,诉讼标的额365.09亿元,其中市法院审结8609件,诉讼标的额152.62亿元。审结权属、侵权类纠纷10888件。审结继承、婚姻家庭等纠纷9708件,市法院被评为“全国老年法律维权工作先进集体”。开展涉军维权,审理涉军案件29件,连江法院在驻地部队中设立法官工作室,市法院的“双拥工作”和“司法维军护权工作”受到省政府、省军区、市委的表彰。审结公司、证券、票据等纠纷1013件,审结建设合同纠纷726件。审结民间借贷、借款、金融纠纷21899件。审结破产清算案件23件,完成福州地区首批企业破产案件管理人选任及名册编制工作。年内,市法院公开发布《福州市金融商事审判报告(2012年—2015年)》。

【行政审判】 2016年,福州市法院审结各类行政案件2339件,其中市法院审结1150件。审结国家赔偿案件17件,决定赔偿147.14万元。审结全省首例内幕交易行政处罚案件、全省行政赔偿金额最高的远大船业公司行政强制及行政赔偿案。推进行政案件跨区域管辖改革,市法院与宁德市政府召开异地府院联席会议,探索建立司法片区常态化协调机制。深化依法行政与公正司法良性互动,全市法院发出司法建议93件。

【涉外涉港澳台审判】 2016年,福州市法院审结涉外、涉港澳台案件3322件。在全市法院推广设立13个“台胞权益保障法官工作室”。与市侨联联合下发《关于涉侨案起诉调对接机制的若干意见》,设立全国法院首家“涉侨诉调工作室”。

【知识产权审判】 2016年,福州市法院经报请最高人民法院批准,新增马尾法院管辖部分知识产权案件。推进知识产权民事、行政和刑事案件审判“三合一”工作,完善“专家证人”制度,全市法院审结著作权、商标、专利和不正当竞争等知识产权案件846件。与福州海关、市市场监督管理局、市文广新局、市知识产权局等行政执法部门建立诉调对接工作机制,集中化解路易威登马利蒂公司为原告的侵害商标权系列案等一批重大涉外知识产权案件。发布《知识产权审判白皮书》及《知识产权诉讼服务指南》。开展“4·26”知识产权宣传月活动,走访高新技术园区和高新技术企业,提供维权咨询和司法建议,举办法治宣传讲座5场,发放宣传手册300余册。

【环境案件审判】 2016年,福州市法院推进生态环境案件审理“四合一”审判模式,全市法院审结涉林及破坏生态、污染环境案件152件。探索设立生态修复补偿资金专户,保障“补植复绿”工作顺利开展。永泰法院挂牌成立全省首个水资源保护巡回审判点。

【案件执行】 2016年,福州市法院执结各类案件36210件,执结标的额35.11亿元。集中开展执行积案清理工作,清理积案62073件,清积率91.75%。司法拘留被执行人426人次,罚款3人次;移送涉嫌被执行人拒执罪37件37人,其中11件11人获刑;将31491名符合条件的被执行人纳入失信被执行人名单库,在网络、报纸、电视等媒体上曝光,并定期向市文明办推送;福清法院推行执行悬赏公告,征集被执行人财产线索。提升执行信息化水平,健全"点对点"网络执行查控机制,对新收执行案件集约批量查询、集约送达执行通知书及查控裁定,防止财产转移。开展网络司法拍卖,全市法院上传拍卖标的物1555个,成交753个,平均成交率48.42%,成交总额18.80亿元,平均溢价率19.24%,节省拍卖佣金5640.65万元。开展"假日执行",对长期逃避执行的案件采取突击行动。倡导"和解执行",以执行和解方式办结案件1316件。10月底,市法院成功调解鸿福公司系列执行积案,推动宜家家居项目的落地进程。

【审判管理监督】 2016年,福州市法院对各单位和部门的执法办案情况实行每周通报,加大审限管理和案件催办力度。落实罪刑法定、证据裁判、疑罪从无、非法证据排除等原则和制度,全市法院宣告无罪7人。审结各类再审案件214件,其中改判、发回重审143件。市法院审结检察机关抗诉案件121件,其中维持54件,改判38件,发回重审10件,调解3件,撤回抗诉16件。

【涉诉信访化解】 2016年,福州市法院实行院领导每日接访和预约接访工作制度,市法院院领导接待群众来访1979件次。推行律师参与化解和代理涉诉信访工作机制,56名律师参与接访102件102人。开展信访清积工作,根据"属地管理、分级负责"的原则,建立档案、分解任务。市法院成立清积督导组,对17件重点案件指定基层法院院长负责包案,化解信访积案114件,化解率94.21%。

【司法改革】 *人员分类管理改革* 2016年,福州市法院在完成3个试点法院首批入额法官选任工作的基础上,组织全市非试点法院开展入额考试,通过笔试面试、业绩比对、组织考核等方式,完成608名法官入额选任。市法院组织首批入额法官进行宪法宣誓。对审判辅助人员、司法行政人员进行分类定岗,有序流转。

司法责任制改革 市法院组建42个审判团队,编组入额法官107名,法官助理75名,聘用制书记员79名。制定《裁判文书签发的若干规定》《审判权运行职责清单》《专业法官会议工作规则》《审判委员会工作规则》《审判团队考评实施办法》《入额法官岗位目标责任制考评办法》《司法行政人员考核办法》《非入额法官协助办案的规定》等8项配套制度,明确专业法官会议成员、法官考评委员会成员、司法行政人员考核领导小组成员,结合审判监督管理对审判团队进行全面考核,综合评价。罗源法院对员额制法官按专业特长分工,由主审法官自行签发审判文书、管理审判团队。提倡领导带头办案,全市法院院、庭长担任审判长参与审理案件34896件,其中承办案件27772件。

法院工作机制改革 推进多元化纠纷解决机制改革。市法院成立矛盾纠纷多元化解中心办公室,与市总工会联合成立"劳动争议诉调工作室",与市医患纠纷调解处置中心在台江区联合设立"福州市法院医患纠纷诉调工作室",加强与各联动单位的衔接互动,建立涵盖交通事故损害赔偿、劳动争议、医患纠纷、物业纠纷等领域的诉调对接工作机制。市法院、马尾法院与市、区台胞权益保障法官工作室、市台办和涉台特邀调解员多元联动,成功调解涉台企劳动争议相关案件,被推荐为全省法院多元化解纠纷典型案例。罗源法院在全省率先建立特邀调解制度,首批聘请10个特邀调解组织和57名特邀调解员。完善繁简分流工作机制。开展刑事速裁改革试点工作,2015年9月至2016年底,全市12个基层法院共适用刑事速裁程序审结案件1867件,占同期审结一审刑事案件总数的18.76%。市法院在省内率先成立民商事案件速裁合议庭,全年以速裁方式审结民商事案件1974件,平均审理周期12天,服判息诉率98%。市法院被省法院推荐为繁简分流示范法院。推进立案登记制改革。在保障当事人诉权的同时,依法制裁虚假诉讼、违法滥诉。全市法院立案窗口登记案件110158件,其中,裁定不予立案277件。

【法院信息化建设】 2016年,福州市法院建设完成25个高清科技法庭,实现全部审判法庭信息化、科技化的目标。贯彻落实省法院"八个看得到"建设要求,实现对各审判法庭、重点安防区域、公众通道的视频监控。在全市7个监所建成远程视频提讯系统。推进"智慧法院"建设,闽侯法院成功研发诉讼自助服务终端ITC,该系统已升级到第四代机型,为群众提供4大模块9个功能30项服务。开发"福建法院移动办公平台"APP,打造移动办案办公平台。

【司法便民措施】 2016年,福州市法院推行"跨域"立案,对属于省内异地法院管辖的案件提供代为立案服务,市法院收到当事人申请跨域立案案件40件,审查异地法院转来跨域立案案件14件。健全司法救助机制,依法缓、减、免收诉讼费177.43万元,为172名刑事被害人、申请执行人和涉诉信访人提供司法救助336.68万元。全市法院与市法律援助中心联合开展法律援助联络点工作,由30名志愿者律师到法院诉讼服务中心值班,为困难群众提供法律援助咨询、受理法援申请等服务,为当事人提供法律援助82件。

【司法民主公开】 2016年,福州市法院落实"人民陪审员倍增计划",开展专业培训6场。全市法院人民陪审员增至1193人,一审案件陪审率91.52%。推进司法公开三大平台建设,上网公开生效裁判文书76184份。加强法治宣传,开展法律进机关、进乡村、进社区、进学校、进企业、进单位的"六进"活动,开展青少年法治教育,发放未成年人犯罪典型案例宣教手册。继续加强"两微一网"新媒体平台建设,首创福州法院新媒体矩阵,实现全市法院新媒体平台的上下联动和"两微一网"平台的内外互通。年内市法院微信公众号两次获评全国法院微信影响力排名第一,3次获评福建法院微信影响力排名第一。市法院司法新闻宣传工作和司法网络宣传工作受到最高法院通报表扬。鼓楼法院与

《福建法治报》合作成立“全媒体工作室”。

【监督渠道畅通】　2016年，福州市法院向人大常委会作知识产权案件审判工作情况、市第十四届人民代表大会第五次会议代表建议、批评和意见办理情况等报告，并按照审议意见落实整改。办理代表建议件4件，代表满意率100%；办理人大代表来信和人大常委会转办件、督办件120件。院领导、联络办当面听取市人大代表建议或问题反映156人次，及时吸纳代表对法院工作的意见和建议。聘请8名人大代表担任人民法院监督员，邀请代表参加庭审观摩、见证执行、基层调研和新闻发布会、全市法院院长会议等活动，组织代表开展视察履职活动19场。

加强与各民主党派、工商联、无党派人士和人民团体的密切联系，通过通报工作、联席会议、走访调研等机制，听取政协委员对法院工作的意见建议，办理委员提案3件，聘请6名政协委员担任人民法院监督员。

（吴旭华）

司法行政

【概况】　2016年，福州市有司法所173个，司法助理员380人；公证处13家，执业公证员105人（含实习公证员）；律师事务所195家，执业律师3248人；法律援助中心13家，法律援助工作人员64人；司法鉴定机构25家，司法鉴定人292人；基层法律服务所23家，基层法律服务工作者134人。

全市司法行政系统有9个集体、15名个人受到省部级以上表彰，12个集体、13名个人受到厅局级表彰。市司法局获得“2011—2015年度全国法治宣传教育先进单位”称号，市法律援助中心获得“第五届全国法律援助工作先进集体”称号。

【公共法律服务体系建设】　2016年8月1日，福州市公共法律服务网站作为福建省首个“12348”公共法律服务网络平台上线启动，为百姓提供网上查询、咨询、预约、投诉等法律服务。至年底，网站接受访问7383人次，提供在线咨询2441次，处理留言439条。推进“一村（社区）一法律”顾问工作，基本建成市、县、乡、村四级一站式公共法律服务实体平台。已建成县级公共法律服务中心12个，公共法律服务工作站128个，联络点1693个。

【人民调解】　2016年，福州市司法部门排查调处矛盾纠纷15088件，调处成功15009件，调处成功率99.5%。制定《推进矛盾纠纷多元化解机制建设重点项目表》，在全省率先出台福州市《关于加强人民调解化解物业服务纠纷的指导意见》等文件。全市173个司法所业务用房全部建成，165个“福建省规范化司法所”中有67个获“精品司法所”称号。建成12个县级人民调解中心，开辟就地化解矛盾纠纷“新阵地”。全市受理市检察院案件监督活动11件，组织人民监督员33人参加，均为拟不起诉案件。年内进驻派出所（边防所）的调解室118个，成立专业性、行业性调委会176个，其中环保、国土等18个群众关注、矛盾突出的行业基本实现广覆盖。

【社区矫正】　2016年，福州市累计接收社区服刑人员22590人，解除矫正18680人，在册社区服刑人员3910人，重新犯罪率0.1%，连续7年低于全国和全省平均水平，未发生社区服刑人员重大恶性案件、影响社会和谐稳定的群体性事件，未出现特赦舆情异常情况，未发生严重精神障碍患者肇事肇祸致人死亡案件。扩大“电子脚环”系统、云视频监管系统覆盖面，通过人防技防的有机结合，加强市、县、乡三级管控力度。制定《福州市社区服刑人员实时电子监督管理暂行办法》，规范“源头衔接，多方管控”入矫衔接机制。对拟适用社区矫正的罪犯进行社会影响评估，完成审前评估报告2486份。市级监管指挥中心抽查社区矫正罪犯3.23万人次，核查信息12.9万条，发出预警指令634条，县（市）区反馈率100%。6月，福州市司法局社区矫正处更名为福州市司法局社区矫正管理局。

【安置帮教】　2016年，福州市新增刑满释放人员5316人，安置5245人，安置率98.66%，帮教5255人，帮教率99.22%，重新犯罪率0.09%。落实刑满释放人员“必接必送”制度，全市从监所接回重点对象254人。组织入矫集中教育6期327人次。新增依托企业建立的过渡性安置基地2家，刑满释放人员落实责任田1751人，获得社会救济77人，推荐企业安置27人，过渡性安置基地安置就业100人，获得就业服务247人。

【医患纠纷调解处置】　2016年，福州市接访医患纠纷投诉205件，立案134件，结案115件，调处成功率85.8%，赴现场应急处置重大医患纠纷31件78场

2016年8月1日，福州市公共法律服务网站作为福建省首个“12348”公共法律服务网络平台上线启动　（市司法局　供）

次。全市30余个省、市属医疗机构按要求完成医疗纠纷调解室规范化建设,在市医调中心设立福州市中级人民法院医患纠纷诉调工作室、福州市台江区人民法院医患纠纷巡回法庭,由法院选派法官为解决医患纠纷提供司法服务,对受理的典型案例在巡回法庭开庭审理,对经医调委调解达成的协议进行司法确认。推动保险经纪联络组在市医调中心设立保险理赔联络室,为医院医疗纠纷提供理赔服务。

【普法依法治理】 2016年,福州市司法部门起草福州市"七五"普法规划。12月,召开"七五"普法动员部署会议,总结福州市"六五"普法经验,表彰先进集体和先进个人,部署福州市"七五"普法工作。梳理2016年度"谁执法谁普法"责任清单,制定出台《福州市关于落实国家机关"谁执法谁普法"责任制实施意见》。加强"互联网+法治宣传"新媒体建设,开通"法治福州"官方微信号,开展"七五"普法微讲堂活动和微信端统一普法考试。制作"和谐福州 法治先行"系列主题访谈节目、《闽都法治文化》系列专题片等,分别与市委宣传部、市教育局等部门开展法治进企业、法治进校园等活动。在马尾阳光学院举办"12·4"国家宪法日系列宣传暨"法治进校园"系列活动,活动全程采用微信视频互动直播。命名26个市级"民主法治村(社区)"。重点培育市级法治企业创建基地——金山御景商务中心、永泰县梧桐镇春光村法治栈道、连江县军营法治园、大学城检察室青少年教育基地等25个普法依法治理示范点建设。

【律师工作】 2016年,福州市市有律师事务所195家,执业律师3248人,担任政府、企事业单位法律顾问3356家,办理各类案件3.45万件。完成省直律师事务所管理移交至市司法局工作及福州市律师协会换届选举工作。建立律师执业诚信档案制度,加强对律师事务所和律师执业的日常监管。建立和完善律师参与信访接待制度;坚持律师常驻法院提供法律援助,推动刑事案件速裁程序制度落实,启动律师参与化解和代理涉法涉诉信访案件试点工作,受理各类司法行政审批及公共服务事项1773件。

【公证工作】 2016年,福州市公证部门办理各类公证24.56万件,其中国内民事公证64378件,国内经济公证3516件,涉外公证165737件,涉台公证11004件,涉港澳公证972件,公证收费6439.45万元。开展《中华人民共和国公证法》实施十周年系列宣传活动,举办"我的公证梦"演讲比赛,获全省二等奖和优秀组织奖。与三明市开展公证质量互查,强化公证质量监管。福州市公证处整建制入驻市民服务中心,全年市公证处办理公证量和公证收费总额分别比上年增长14%和36%。

【法律援助】 2016年,福州市办理法律援助案件12187件,案件数居全省首位;接待群众法律咨询19112人次,直接受益群众近4万人次。健全基层法律援助服务网络,在台江区法院和市法院设立法律援助律师工作室。在市法院、五城区及福清市共7家法院和全市9家看守所建立法律援助站、点,组建刑事速裁案件法律援助律师团队,对接刑事速裁工作。举办案件质量评审会,连续3届在省十佳法律援助案例评选中占据近30%比例,居全省首位。组建维军专家组,成立福建省海警第一支队法律援助站,相关经验被刊登在司法部网站并向全国推广。组建17个法律援助律师工作委员会,完善法律服务机构、法律援助人员数据库,数据库内有省直、市直、区县100家律师事务所,594名律师。福州市司法局被司法部法律援助司评为第二批全国法律援助工作联系点先进单位,确定为第三批全国法律援助工作联系点。市法律援助中心被评为"第一届全国青年运动会福州市筹办工作先进集体",连续两届获得"全国青少年维权岗"称号。

【司法鉴定】 2016年,福州市司法鉴定机构办理各类司法鉴定业务3.3万件,业务收入3100万余元。对全市司法鉴定机构和司法鉴定人进行年度考核。开展鉴定机构规范化建设,20个司法鉴定所由省厅验收达标。开展鉴定机构认证认可和能力验证,5个鉴定机构参加省级资质认定。11月,开展鉴定机构"双随机"抽查和《司法鉴定程序通则》落实情况专项检查工作。

【国家司法考试】 2016年,福州市组织2016年国家司法考试考务工作,首次启用国家司法考试考务安全管理系统,通过人脸识别比对进行考生身份信息核验。福州考区报名人数4888人,实际参考3653人,成绩合格759人,上线率20.8%。考务工作综合评比蝉联全省第一名。发放法律职业资格证书650本,受理法律职业资格证书网上年度备案1773本。

【法律服务专线】 2016年,福州市市"12348"法律服务专线累计接听群众来电咨询20639人次,工单录入9916条。回复"12345"便民呼叫系统诉求552件。

(张 祎)

(编辑 郭秋延)

征兵工作

【概况】 2016年，福州市征兵工作按照“提高兵员质量，降低退兵率”目标，依法规范征兵。组织应征人员进行体检，按时完成征兵任务，同时从高校毕业生中直接招收士官。

【征兵宣传】 2016年6—7月，福州市开展征兵宣传进高校系列活动，实现预征阶段、征兵期间、新兵入营3个阶段宣传不间断。6月7日，在福建中医药大学组织征兵宣传进高校活动，组织各县(市)区征兵办开设征兵咨询站提供咨询服务；开展全市征兵宣传成果展评，组织观看征兵宣传晚会等活动。7月，在福州电视台、电台及《福州日报》《福州晚报》等媒体开展征兵宣传活动。

【廉洁征兵】 2016年，福州市落实“事前规范、事中监察、事后核查”的监督机制，设立廉洁征兵举报箱、公开举报电话、发放廉洁征兵宣传卡，实行“三公开”“四公布”。纪检部门采取突击检查、重点抽查、暗访督查等形式，参与预征对象初审、上站体检人员验证、体检过程巡查和定兵会议审核。征兵期间，给每名应征青年及其家长寄一封《廉洁征兵调查函》，了解廉洁征兵情况，年内未发生征兵违规问题。

民兵工作

【概况】 2016年，福州警备区围绕国防和军队改革主线，突出海上民兵队伍建设，组织全区民兵参加改革强军主题教育。科学编组民兵队伍，实现海上民兵实时指挥。加强骨干民兵队伍训练，组织实战化演练。

【政治教育】 2016年，福州警备区开展“新体制新职能新使命”大讨论和“坚定改革强军意志、投身改革强军实践”主题实践活动。推进全面停止有偿服务、住房及地产项目清理整顿工作。结合遂行维稳处突、抢险救灾等行动，开展民兵整组、训练和多样化军事任务中的政治工作，在防抗“尼伯特”台风期间，指导各人武部开展遂行抢险救灾中的党组织建设、思想发动、宣传报道、宣扬好人好事等政治工作，宣传报道闽清、永泰人武部抢险救灾，《中国国防报》7月18日的头版头条、20日二版和25日二版头条先后报道警备区抢险救灾新闻。年内警备区被军委国防动员部评为拥护支持改革先进单位。

【民兵组织整顿】 2016年，福州警备区调整基干民兵队伍编组，推进传统民兵整组由纸质向信息化转变、单向编兵向双向互动转变、个体分散向地域网聚转变、单一指挥手段向信息集成控制转变，重点加强海上民兵、新型动员力量、民兵应急三类队伍编组。

【民兵实战演练】 2016年，福州警备区组织民兵实战化演练，检查官兵相识情况、检查携带装备和指挥所开设情况，查看民兵应急连集结动员、摩托化开设、宿营地开设等行动。组织民兵野战化拉动演练，重点演练动员集结、快速机动、野外宿营、视频点验、综合演练、组织回撤等内容。结合建设“一部一品”活动，组织福清人武部率先展开民兵训练基地场地规范化建设，协调福清龙翔教育基地建立民兵实战化训练场，为民兵分队开展实战化训练提供场地保障。

【民兵骨干队伍训练】 2016年4月，福州警备区组织教案评审和“四会”教练员评比，12名“四会”教练员和12个人武部245份教案参评；5月，采取“线上组训、网上考核”的方法，组织专武干部集训和网上业务考核。组织冲锋舟操作手骨干集训，并通过考核评选“冲锋舟操作能手”，组建抢险救灾突击队。

国防动员

【概况】 2016年，福州市完善“榕兵一号”平台建设，开展福州市军民融合深度发展、“闽兵一号”信息系统建设、“一部一品”等试点任务。福州警备区召开警备区党委第一书记、县(市)区人武部党委第一书记任命大会，福州市成立国防教育委员会。

【国防教育活动】 2016年,福州市加强国防教育组织领导,成立由省委副书记、市委书记倪岳峰担任主任的福州市国防教育委员会。2月,召开全市国防教育基地工作部署会。年内,闽侯林祥谦"八一七"烈士陵园、福州森林公园长江支队纪念园被评为省级国防教育基地。

通过将国防教育纳入地方党委中心组理论学习扩大,举办国防教育内容为主题的专题报告、讲座,推动国防教育进党校、进干部行政学院。8月,依托市委党校举办市直部门和县(市)区党政领导党管武装研讨班和乡(镇)街道武装部政治教导员培训班,组织到延安参观见学。在节庆日开展走访慰问、参观展览、纪念瞻仰等国防教育活动,9月30日,省、市在文林山革命烈士陵园举行祭扫活动,驻榕部队、福州群众和青少年学习代表3000多人参加。开展全省第二个国防教育宣传周暨第十六个全民国防教育日活动,市国教办会同市双拥办、市图书馆组织开展福州市第二届"双拥杯"暨"传承长征精神,军民同心筑梦"纪念红军长征胜利80周年主题征文活动。依托"榕兵一号"组织全市国防教育网上授课比赛,组织全市3000多名民兵、群众参加省国教办在东南网举行的全民国防教育"网络有奖知识"竞赛,在五一广场、温泉公园、宝龙广场、东泰禾广场、仓山万达广场等人流密集的中心广场设置10块大型国防教育宣传广告牌。

【市委专题议军会】 2016年3月,中共福州市委召开专题议军会,对进一步规范党管武装工作、加强民兵力量建设、深化军民融合发展、推进国防动员信息化建设、加强双拥共建工作等内容进行研究规范。5月,市委、市政府、福州警备区联合下发任务分解书,明确议军会议定事项责任分解安排。

【警备区党委第一书记、县(市)区人武部党委第一书记任命大会】 2016年10月19日,福州市召开警备区党委第一书记、县(市)区人武部党委第一书记任命大会,省委常委、省军区司令员熊安东宣读福州警备区党委第一书记任职的通知并讲话,省委常委、省纪委书记、市委书记倪岳峰作任职讲话。会上任命福州市各县(市)区人武部委员会第一书记。

【基层武装部教导员党管武装培训班】 2016年8月23—28日,福州警备区依托市委党校举办2016年基层武装部教导员党管武装培训班,福州市12个县(市)区分管领导、部分市直机关分管领导、乡(镇)街道党(工)委书记兼武装部政治教导员共67人参加培训。培训期间,安排军事训练,赴陕西延安、梁家河进行现场教学等教学配合活动。

【国防动员信息化建设】 2016年,福州警备区继续完善"榕兵一号"信息系统建设,并纳入福州市"智慧福州""数字福州"顶层设计重点项目;制定信息编报制度,通过"榕兵一号"平台更新各单位武装工作动态。福州警备区参与省军区研发"闽兵一号"信息管理系统相关工作。5月,省军区在福州警备区组织召开全省"闽兵一号"信息系统推广使用现场观摩会。

【后勤保障】 2016年,福州市组织经济动员潜力调查,核实更新各类后勤动员潜力数据。在2015年依托闽侯人武部开展的"财物统管"工作试点的基础上,2016年在福州警备区进一步推广,在人武部经费所有权、使用权、审批权不变的前提下,统筹财力物力。全面开展行业清理整顿工作,在财务、生活费、固定资产、住房等方面进行清查。与市财政沟通协调,拨付专项建设资金300万元,用于建设福州市党管武装工作展览馆。协调市委、市政府,将营区建设纳入鼓楼区环境综合整治范围,投入建设经费400余万元用于营区建设。

突出重点项目搞保障,指导闽清人武部加快新办公楼和训练中心建设进度,同时结合党管武装纪念馆建设项目需求,采购相关配套硬件设施。按照警备区"一部一品"工作规范试点方案,指导闽侯人武部依托"榕兵一号"等信息化平台,建立健全财物"三全"统管制度。加强与地方火车站、接兵部队协调,完成兵员输送任务。

双拥共建

【概况】 2016年,福州市双拥工作围绕创建全国双拥模范城"八连冠"的目标,开展双拥共建活动,在福州电视台和《福州日报》开设"爱我人民爱我军"专题、专栏,开设"情满榕城"微信公众号等。5月,驻榕部队和驻地群众共同在鼓岭风景区种植军民共建双拥林。开展纪念红军长征胜利80周年系列活动,举办第二届"双拥杯"暨"传承长征精神,军民同心筑梦"纪念中国工农红军长征胜利80周年主题征文活动,开展"双拥杯"文体(射击)比赛,协调市歌舞剧院为驻榕部队举办"举城作一庆、圆梦八连冠"为主题的文艺晚会。年内福州市实现连续8次获评"全国双拥模范城"称号,福清市、长乐市获评"全国双拥模范城(县)"称号,福州市茶园山中心小学校长杨建华获评"全国爱国拥军模范"称号。

【拥军支前】 2016年,福州市支持驻榕部队改革,在东部战区陆军机关进驻福州时,协调市委、市政府主要领导第一时间走访、现场办公,帮助解决存在困难,为东部战区陆军机关干部解决120套公租房。

【拥军优属】 2016年,福州市财政安排优抚优待经费8800多万元。全市先后召开军地协调会、军地联席会、涉军问题专题协调会130多场次,解决24名随军家属随迁安置,召开24场专场招聘会,推荐420名无工作随军家属就业,为无工作随军家属发放每月600元补助金。推进"百村百连结对子、军民融合促发展"共建活动,继续开展关爱军人困难家庭救助活动,全年救助404个军人困难家庭,发放救助金202万元。会同教育局实施"军娃进城就学工程",全年有1454名军人子女入学就读。全年接收军转干部458人,接收退役士兵、转业士官2069人。依托市中院、市司法局成立法律援助站，开展法律进军营，建立涉军家属维权绿色通道、组建维军专家组、健全军人军属法律援助等工作机制。

【抢险救灾】　2016年，福州市协调驻榕部队参与抗洪抢险、森林灭火等任务，全年驻榕部队出动官兵45000多人次、车辆机械3900多台次，参加抢险救灾2800多次。其中，在防抗台风"尼伯特"期间，协调驻榕部队出动兵力6150人次、车辆机械1329台次、冲锋舟71艘，营救遇险群众660多人次，挽回经济损失8000多万元。

【"四区"建设】　2016年，福州警备区调整制订警备区本级支持"四区"建设方案。4月，警备区召开电视电话会议，专题部署支持"四区"建设工作，要求各县（市）区人武部支持1个贫困村（居）经济社会建设，全区现役干部特别是团以上干部各支持帮助至少1名贫困学生。警备区重点帮扶晋安区日溪乡建设，年内确定6个帮建项目；全区50名团以上干部均参加"1+1"助学结对活动，12月，警备区到宦溪乡中心小学开展"1+1"助学结对活动，慰问贫困家庭。

（史中华）

人民防空

【概况】　2016年，福州市人防系统办理修建防空地下室设计审核项目124个，审批防空地下室面积62.86万平方米；易地建设30个；组织视频联调98次，电台通联67次，检修测试通信设备3573台次；测试警报5622台次，设备完好率100%。年内市人防办被授予"全国人民防空先进集体""全国人民防空先进单位"称号，连续第13年被评为"全国人防宣传报道先进单位"。

【人防工程建设】　2016年，福州市办理修建防空地下室设计审核项目124个，审批防空地下室面积62.86万平方米；易地建设30个；竣工验收40.35万平方米。加强地铁兼顾人防工程建设的审批、质量监督和竣工验收工作，市人防办于11月4日提前完成1号线北段人防专项验收任务。推进人防重点项目建设，万象宝龙平战结合人防工程项目进入收尾阶段。开展全市收缴防空地下室易地建设费专项检查工作，重点检查2015年3月以来，是否存在易地建设费"减、免、缓"问题、易地建设费挪用、滥用职权和不作为等情况3140项。开展早期人防工程日常管理，全年组织开展4次安全检查，规范平战结合开发利用项目的招投标工作。6—10月，全面修缮乌山北坡防空洞，组织开展福州评话、道德讲堂、播放电影等文化娱乐活动30多场。开展防护（防化）设备企业和产品质量检查、市场监管、合同备案工作，全年检查进场的防护设备16批次，备案工程合同115项。

【指挥通信建设】　2016年，福州市组织视频联调98次，电台通联67次，检修测试各类通信设备3573台次。11月，施工建设地下指挥所视频通信子系统标清升级高标清融合工程项目。测试警报5622台次，升级改造防空预警控制系统，完成世茂大厦顶楼警报控制信号中继站建设。结合4月21日防空警报试鸣活动，参加省人防办在福建工程学院开展的应急疏散演练，现场组织人员紧急疏散隐蔽、医疗救护、防空防灾知识展示活动，全市222台警报参加试鸣，鸣响率100%。全年组织开展战备系统应用、信息系统管理、通信保障等专业训练33次，参训316人次。

超强台风"尼伯特"期间，闽清县和永泰县于7月9日鸣响防空警报，配合开展防灾准备和人员疏散。9月"莫兰蒂""鲇鱼"超强台风期间，永泰县多次利用防空警报发出台风、洪水、泥石流预警。

【人防法制建设】　2016年，福州市人防办受理反馈"12345"投诉咨询124件，办结率100%；"数字城管"批转189件，在全市政府系统评比中名列A级。梳理包括行政许可、行政处罚、行政强制、行政征收和行政监督等23项行政权力；制订并落实市人防办推广随机抽查机制规范事中事后监管工作实施方案、随机抽查事项清单、市场主体目录库、执法检查人员名录库，以及抽查结果运用的具体办法，完成双随机抽查任务名录库中市场主体5%，抽查频率2次；组织安排市人防办工作人员65人参加市司法局举办的年度法律知识学习和网络考试。市人防办与多个县（区）人防办联合执法，处理违法案件6件。

【人防宣传教育】　2016年，福州市人防办向全市各级党委、政府、军事机关和其他相关部门赠阅《中国人民防空》《福建人防》1.68万册。结合"4·21"防空警报试鸣活动，播放公告、在公交移动频道播放《防空与防灾》动画片，提高试鸣活动的知晓率和市民参与率。全市人防系统在市级以上新闻媒体发表文章、信息369篇（幅）。指导全市初级中学开展人防知识教育，5月举行全市中学生防空防灾知识竞赛，7月举办第25期全市人防教师师资培训班，9月向全市开设人防课程的学校发放《防空与防灾——中小学生读本》2.1万册。8月，联合《福州晚报》开展"人防在我身边"主题征文活动，收到全国各地来稿135篇，择优在《福州晚报》副刊上刊登30篇，于11月底评选出优秀作品57篇，并编辑成书1万册免费赠送。10月26日，在《政风行风热线》栏目开展"了解人防、关注人防，履行人防权力与义务"访谈节目。

（曹功义）

武装警察

【概况】　2016年，武警福州市支队围绕改革强军主题教育，探索建立军地联动保障机制，全年执勤、突发事件处置、抢险救灾等任务715起。1个单位被省武警总队评为"窗口单位"，2个单位被省武警总队评为基层建设标兵中队，6个单位被省武警总队评为基层建设先进大（中）队，2个基层团支部被省市团委表彰；12名个人被省武警总队评为"百名典型"，20名战士考入军校，3名个人抽组赴海外执勤。

【政治教育】 2016年,武警福州市支队完善"每月一课、网络查课、推门听课、点将上课"机制,推进改革强军主题教育和经常性教育活动。举行任务部队出征誓师大会和凯旋仪式,成立16支党员突击队,编发《支队官兵防抗"尼伯特"台风先进事迹集》。开展纪念长征胜利80周年和"强军风采"系列文化活动,参加武警部队"军歌嘹亮献给党"通讯赛获三等奖;参加省武警总队"庆八一"歌咏比赛夺得第一名;创拍的动漫《超级特战队》获全军二等奖、最佳创意奖和武警部队一等奖,被武警部队政治工作部指定为新兵教育5部必看动漫之一;微电影《热血军功章》获武警部队二等奖、最佳创意奖;年内市武警支队被省武警总队评为优秀组织奖。先后在省级以上主流媒体发稿170余篇,《永远铭记您的嘱托——按照习主席要求建功执勤一线纪实》在《人民武警报》头版头条刊发。1名干部获省武警总队"四会"优秀政治教员授课竞赛二等奖。

【执勤保障】 2016年,武警福州市支队推进执勤方式优化改革试点工作,加强执勤隐患治理、AB门和"五防一体化"建设,支队执勤连续23年安全无事故,完成等级警卫、押解押运、省市两会、元宵灯会、中华龙舟赛、监狱搬迁移押、植树造林、防抗台风"尼伯特""莫兰蒂"等任务715起。特勤排在省武警总队特战军事比武中获团体总分第一名。

1月10—15日,省十二届人大四次会议、省政协十一届四次会议期间,市武警支队出动342名官兵,完成省"两会"1处主会场、9处代表住地安保警卫任务。

2月15—20日,市十四届人大第五次会议、市政协十二届第五次会议期间,支队出动85名官兵,完成市"两会"一处主会场、两处代表住地安保警卫任务。

2月18—22日,福州市元宵灯会在闽江公园南北两岸以及三坊七巷举办,支队出动483名官兵,累计投入兵力2500余人次,完成灯会现场安全保卫任务。

3月9—15日,支队出动212名官兵,驻扎宁德市周宁县浦源镇大麻岭开展植树造林活动,完成16.67公顷、5万株植树造林任务。

5月12日,支队出动20名官兵,参加市"5·12"防震减灾综合演练暨科普宣传活动。

5月13日,市双拥办在鼓岭旅游度假区宜夏村开展军民共建"双拥林"活动,支队出动42名官兵,完成1000余株植树造林任务。

6月4—9日,2016年中华龙舟大赛福州站比赛在福州海峡国际会展中心浦下河畔举行,支队出动52名官兵,完成龙舟大赛现场安保任务。

11月23—27日,省第十次党代会期间,支队出动170名官兵,完成一处主会场、三处代表住地安保警卫任务。

【抢险救灾】 2016年7月9日,受1号台风"尼伯特"影响,福州西部山区的永泰、闽侯、闽清等地普降300~450毫米的特大暴雨,境内大樟溪、穆源溪、梅溪等流域暴发山洪。市武警支队累计出动兵力1962人次、车辆舟艇155台(艘)次、各类抢险救援装备1300余件(套),在永泰清凉、城峰,闽侯鸿尾,闽清梅城、坂东、云龙、池园、省璜等灾害核心区开展抢险救援和灾后重建活动,累计转移受灾群众793人,解救受困群众72人,搜索危房塌方作业面3万余平方米、挖掘遇难者遗体7具,清理道路、水渠63公里,打通紧急救援通道3处,搬运生活垃圾及废墟约3762吨,填装沙袋200个,组织危房坍塌紧急避险1次,处置1起持械斗殴事件并将4名当事人移送公安机关。

9月15日,受14号台风"莫兰蒂"影响,厦门市区多处道路积水,树木受损,房屋倒塌,水电中断。市武警支队前进指挥部率龙岩备勤的450名官兵紧急转场,跨区行驶300千米,往厦门思明、湖里方向担负抢险救灾任务,协调征用市政设备,对倒塌树木、散落电线等杂物进行清理、搬运。

9月27日,受17号台风"鲇鱼"影响,福州全市普降大雨,部分县市达到暴雨到大暴雨,市区发生严重内涝,部分县市相继出现险情。应福清市政府请求,市武警支队七大队出动43名兵力,协助完成324国道磨石村路段低洼地带沙袋填堵任务,以及音西街道福塘路加洲城小区地下室和玉屏街道办公楼进水险情排除、沙袋填装、群众转移等任务,搬运救灾物资200余箱,转移受灾群众93人,填装搬运沙袋600余个。29—30日,受台风降雨影响,福州市区出现严重内涝点30余处,内涝带来大量淤泥。市武警支队出动253名兵力,担负晋安区新店镇和茶园街道方向排涝清淤任务,疏通道路5公里,清除淤泥90余吨,扶正树木60余株,清扫绿化带600余平方米。

【基层建设】 2016年,武警福州市支队成立专项领导小组,编发《"福清模式"基层正规化建设标准图册》《"福清模式"经常性基础性工作规范》,派出工作组巡回督查、跟踪指导。修订完善《"双争"考评实施办法》,印发《机关指导服务基层备忘录》,安排4批196人次到一线蹲点帮建,帮助基层解决问题7类82个。3月1日,省武警总队领导带领党委扩大会代表100余人,到市武警支队七大队二十五中队观摩指导基层经常性基础性窗口试点工作,参观部队营院、场所库室、训练场地和执勤目标等场所。5月3—18日,省武警总队三级主官《纲要》集训、2016年师团职领导干部理论轮训分别在市武警支队教导队和四大队举办。

【后勤保障】 2016年,武警福州市支队完善两类13种后勤保障预案,与中石油、永辉超市、福建凤凰旅行有限公司以及3所三甲医院建立联储联供联保机制,县市中队与驻地应急办建立联动保障机制。支队军需、财务专业在省武警总队后勤专业兵比武竞赛中分别夺得第二名、第三名。

(陈乃锦)

(编辑　黄　铭)

综合经济管理

发展和改革工作

【概况】 2016年，福州市围绕“五区叠加”战略部署，开展“抓征迁、促落实”“抓招商、促发展”“抓治理、促提升”等专项行动，推进福州新区、“海上福州”建设。全市地区生产总值完成6197.775亿元（含平潭，该分目下同），比上年增长8.5%，高于全省平均水平0.1个百分点；固定资产投资完成5184.36亿元，比上年增长6.8%，总量位居全省第一。

推进海上福州战略建设，配合制订《关于对接国家战略　建设海上福州的工作方案》《2016年海丝核心区建设工作要点》，组织福州市海洋经济建设项目申报列入省海洋经济重大建设项目，推动项目落地实施。配合开展海上福州建设课题调研。

编制《福州新区产业发展规划》，安排新区重点项目391个，年计划投资1596.88亿元，完成投资1780亿元，完成年度计划的111.5%。建立市、县两级福州新区重点项目服务窗口，全面推行“5+X”审批会商机制，优化新区项目审批管理。

【规划编制和政策制订】 2016年，《福州市国民经济和社会发展第十三个五年规划纲要》编制完成，通过市十四届人大五次会议审议批准实施。跟踪推进19个重点专项规划，其中11个重点专项规划正式印发。推动“福州新区开放开发”等重大项目纳入福建省“十三五”规划纲要。开展福州市“十三五”规划纲要监测工作，形成《2016年度福州市“十三五”规划纲要实施情况监测报告》。牵头编制《福州市社会信用体系建设规划（2016—2020年）》《福州新区产业发展规划》《“十三五”电动汽车充电基础设施专项规划》等系列规划。

制定《福州市民航专项扶持资金管理办法》，出台推进创业创新、扩大有效投资等政策文件。牵头起草《福州市推进供给侧结构性改革总体方案（2016—2018年）》《福州市供给侧结构性改革补短板行动计划（2016—2018年）》，跟踪落实去产能、去库存、去杠杆、降成本、补短板五大任务。

【项目投资】 重点领域投资　2016年，福州市制订《关于2016年度积极扩大有效投资的实施方案》，全年有效投资3792.4亿元，完成年度计划的105%，完成年计划投资率在福建省九地市中居第一位。其中，城乡基础设施投资816.2亿元，完成年度计划的102.3%；工业投资1397.5亿元，完成年度计划的97%；房地产开发投资1578.7亿元，完成年度计划的114.8%。

重点项目建设　行动计划重大项目投资3233.32亿元，完成年度计划的122.4%；市级重点项目完成投资3049.55亿元，完成年度计划的122.8%。召开重大项目建设协调例会22场，协调解决福平铁路、长平高速、马尾大桥等94个项目推进中遇到的困难和问题。

项目资金保障　分3批次申报国家

2016年，中铝公司铝精深加工产业项目开工（市发改委　供）

专项建设基金,入选项目82个,获批基金额度167.07亿元。申报中央和省级预算内投资项目,188个项目获中央、省级预算内补助资金6.92亿元。

基础设施建设　福平铁路福州段完成投资34.95亿元,完成年度计划的120.5%。福厦客专项目工可报告获批;推进轨道交通6号线、5号线一期工程及4号线一期工程工可编制报批工作。江阴港区6~7号泊位工程、罗源湾港区可门作业区下屿1~4号泊位工程、福清湾深水航道二期工程开工建设;将军帽作业区15万吨级泊位工程码头主体完工,马尾造船项目大部分完成;推进元洪作业区西1号、1~2号泊位和山前作业区16号、17号泊位项目前期工作。

2016年,长乐东湖VR特色小镇被列入首批省级特色小镇创建名单

(市发改委　供)

【产业发展】　工业转型升级　2016年,福州市推动中铝公司铝精深加工产业项目开工,福州京东方第8.5代新型半导体显示器件生产线项目、连江申远聚酰胺一体化项目、福清江阴聚丙烯项目、长乐山力熔体直纺项目等一批重大制造业龙头项目加快建设,开展钢铁、水泥等产能过剩行业清理整顿。

服务业发展　开展"十三五"国家服务业综合改革试点申报工作,福州入选全国"十三五"服务业综合改革试点,鼓楼区入选"十二五"服务业综合改革示范典型。培育服务业集聚区,福州市软件园、福建高速物流园配送中心、闽台AD创意产业园、海峡水产品交易市场、三坊七巷旅游休闲区等5个园区获评省级服务业集聚示范区。编制《2016年福州市重点招商项目册》,落实总部企业扶持政策,开展《用足用活优惠政策加快总部经济发展》课题研究,研究制定《关于加快福州市总部经济发展的八条措施》,启动新一轮总部企业审核申报工作。制定出台《福州市人民政府关于加快海丝门户枢纽机场建设的若干意见》,新增马尔代夫、巴厘岛、甲米航点,福州机场年旅客吞吐量1160.6万人次,比2015年增长6.6%。

【重点领域改革】　经济社会事业体制改革　2016年,福州市协调推进经济社会事业体制和生态文明体制改革工作。统筹城乡一体化发展,推进新型城镇化建设,福清市入选第三批国家新型城镇化综合试点,长乐东湖VR小镇、永泰嵩口休闲旅游小镇列入首批省级特色小镇创建名单。牵头开展公车改革,完成全市公车改革数据采集、测算,推动福州市公车改革实施方案及相关配套文件的制定和落实,统筹相关部门和各县(市)区推进车改进程,出台福州市公车改革方案,福州市成为全省最早完成公车改革的设区市。

社会信用体系建设　编制印发《福州市社会信用体系建设规划(2016—2020年)》及任务分工实施方案,出台《关于落实社会信用建设规划提升城市信用水平的工作方案》。建成福州市公共信用信息平台,并以"信用福州"网站形式上线运行。动态调整信用信息指导目录,为福州市公共信用信息平台建设提供数据支撑。推动"福州市诚信建设信息综合平台"上线,发布诚信"红黑榜"信息。开展守信联合激励和失信联合惩戒工作,会同市国税局、市地税局、市市场监管局、市商务局、市公安局等14个部门召开税收联合惩戒合作会议,建立联动机制。开展行政许可、行政处罚信息"双公示"工作。建立统一社会信用代码转换及公示工作周报、月报制度。推动第三方信用服务机构协同监管。

简政放权　全面清理行政审批中介服务事项,市发改委保留3项行政审批中介服务事项,试行投资项目并联审批工作流程。将备案权限和7类企业投资项目核准权限下放至县(市)区发改部门。推进市场准入负面清单制度改革试点,下发《关于开展市场准入负面清单制度改革试点工作的通知》。

医药卫生体制改革　牵头修订《福州市城乡居民医疗救助办法》,起草《关于贯彻省政府加快推进社会办医的实施意见》,出台深化医药卫生体制改革工作要点,提出7个方面32项改革任务。改革医保管理体制,成立市医疗保障管理局,城乡居民基本医保实行"五统一"。建立药品集中采购新机制,与省属医院组成省属(福州)采购片区,实行同城、同价、同平台集中采购和"两票制",平均价格降幅约为13%。开展医保支付方式改革,扩大单病种试点病种数至100个。实施公立医院院长目标年薪制和总会计师制度试点,成立儿科医联体,促进分级诊疗制度建设,推进家庭医生签约服务,在全省率先开展"家庭医生工作站"试点建设。运用"互联网+"促进远程医疗,启动国家健康医疗大数据中心与产业园建设。基本公共卫生服务经费财政补助标准提高到45元/人,全市城镇基本医保和新农合参保人数达615万人,参保率为98%。提高医疗保障水平,政府对城乡居民参保补助标准提高到430元/人。

【闽东北区域协作】 2016年，福建省完成《“十三五”闽东北区域合作发展规划》编制，该规划经闽东北经济协作区书记市长福州联席会议审议通过并印发实施。推动闽东北跨区域协作项目的实施，32个跨区域协作重点项目总投资2288.08亿元，年内计划投资267.13亿元，完成投资288.76亿元，完成年度计划的108.1%。

【生态文明建设】 2016年，福州市推进国家生态文明试验区建设，完成国家生态市建设技术评估整改任务，年内福州市通过国家生态市考核验收。推动控制温室气体排放，开展“十二五”单位地区生产总值二氧化碳降低目标责任考核评估自查，核实福州市拟纳入全国碳排放权交易的企业名单。组织申报国家、省环境资源、水流域整治预算内投资项目。

【价格管理】 价格总水平调控 2016年，福州市居民消费价格总水平(CPI)比上年上涨2.3%，福州市区CPI指数平均涨幅在全国36个大中城市中列第9位，CPI涨幅总体在控价目标以下的合理区间运行。

价格补贴联动机制 全市发放临时价格补贴、节日食品券金额6802万元，受益人数84.8万人。启动蔬菜价格协商机制，开展农副产品平价商店建设试点工作。新增6家平价商店门店，全市农副产品平价商店门店达35家。

价格监测预警 每月编发《福州市主要商品价格变化情况综述》，对全市600多个品种重要商品和服务价格实施价格监测，完成1350项监测上报任务。建立福州市主副食品批发市场价格监测报告制度，对粮食、食用油、蔬菜、水产、水果、家禽的批发价格实施跟踪监测。

商品价格改革与监管 降低工商业用电价格，一般工商业企业用电价格下调2.98分/千瓦时，全年减轻企业用电负担1.99亿元；下调非居民用气价格，全年减轻企业负担1.4亿元。召开城区居民生活用管道天然气价格暨建立上下游价格联动机制听证会，下调居民生活用气价格0.79元/立方米，基础气价由3.65元/立方米下调为2.86元/立方米；实施城区自来水价格和污水处理收费标准调整工作。

非商品价费监管 推进行政事业性收费管理方式改革，建立福州市涉及企业行政事业性收费清单常态化公示制度。完成民办学校收费调整工作，调整福州黎明中学等民办学校的学费和住宿费。深化医院停车收费试点改革，整治和规范行业协会、商会收费，组建整治社会组织乱摊派工作督查组，抽查市房地产估价协会等10家行业协会收费情况。

价格监督检查 开展旅游、涉企、药品等行业价费专项检查工作，全年受理价格投诉举报和咨询8346件，查处价格违法案件15件，罚款36.7万元，没收72.82万元。

价格服务 完成景区成本、教育生均培养、公租房租金、污水处理费、管道燃气、医疗固体废物处理定价成本等16项监审工作，加强调定价成本约束。年内建成民生商品价格信息数据库及网站发布平台，定期发布民生商品价格信息。

（陈潇潇）

统计与调查

【概况】 2016年，福州市加强对主要经济指标运行情况的监测研判，开展“福州市经济运行分析平台”建设，加强对大数据应用的研究。全年市统计局撰写统计分析109篇、呈阅件34篇、信息260条，发布《2015年福州市国民经济和社会发展统计公报》；开展横向对比资料的交流工作，加强与全国兄弟城市的沟通，收集、整理、提供沿海开放城市、副省级城市、省会城市、省内设区市的有关综合统计资料；开展2015年度县(市)区政府绩效管理有关指标数据的科学采集和考核评分工作，参与改进2016年度县(市)区绩效评估指标体系、评估方法、计算方案。国家统计局福州调查队提供《福州经济运行情况月报》16期，编发调查分析27篇，报送各类调查信息152条，编印《福州民生调查与思考》《福州调查资料》；推进新样本数据衔接、新增调查任务及改革试点工作。

（叶 平 黄梦融）

【普查与专项调查】 第三次全国农业普查 2016年，福州市启动普查前期筹备工作，完成市县乡三级普查机构组建，抽调、选聘普查员1.2万人。落实市级普查经费341.7万元，县(市)区普查经费2803万元，市、县两级PDA购置经费394.2万元。组织举办县、乡、村三级农业普查业务培训45场，培训人员1.2万人。清查摸底122.5万户，筛选出符合条件的调查对象75.6万户、规模经营户2.1万户、农业单位6453家，在永泰县嵩口镇下坂村开展农业普查综合试点工作。 （叶 平）

第三次全国农业普查农作物种植面积遥感测量 制定《福州市三农普农作物面积遥感测量工作实施意见》，5月启动遥感测量工作。抽选7个县、101个村、505个样方开展春播农作物种植面积遥感测量调查。夏播调查过程中，对福州市部分调查村采用“天—空—地”一体化的调查方式开展调查，即在天上，采用卫星遥感取得地块位置及图像；在空中，采用无人机现场航拍成像；在地上，采用手持PDA现场采集登记。

（黄梦融）

企业用工情况调查 全市开展2次企业用工情况快速调查，分别于一季度、二季度抽取46个、31个调查单位，完成企业用工调查工作。

大城市月度劳动力调查 召开大城市月度劳动力调查培训会议，抽取调查住户样本量的5%进行入户回访和10%进行电话回访。在全省首次创新采用电话交叉回访，确保电话回访的真实有效。

“四众”平台企业调查 召开“四众”(众包、众创、众扶、众筹)企业专项调查工作会议，通过部门行政记录、“大数据网络”等渠道获取“四众”平台企业名单，其中众创空间30个，科技孵化器30个，互联网平台7个，省级中小企业公共服务示范平台11个，中小企业公共服务网络窗口平台2个，省级小微企业创业基地4个。年内全市下发170余家“四众”平台企业名录，收到报表115份报表，剔除排查出非“四众”平台企业6家，报送“四众”平台企业单位109家报表。 （叶 平）

其他专项调查 组织实施农业、工业、建筑业、批发零售住宿餐饮业、房地产开发经营业、服务业等行业,能源、投资、居民收支、价格、人口、劳动、社会、科技、环境等领域各项常规统计调查和城市年报。组织开展高新技术产业,农业产业龙头企业调查,少数民族乡、村社会经济调查,2015 年私营单位工资情况抽样调查,非公有制企业(单位)人才资源状况抽样调查,妇女、儿童“两纲”监测统计调查,“三新”统计调查等。完成农民工动态监测调查、党风廉政建设民意调查等国家调查任务,以及地方绩效管理公众评议调查、公众安全感调查。

(叶　平　黄梦融)

【常规调查】　2016 年,福州市实现流通和消费价格调查、工业生产者价格调查及房地产价格调查专业基期轮换工作的过渡和新旧数据衔接。实施住宿和餐饮服务价格统计调查试点、快递服务协议客户价格统计调查试点、小微企业非金融资产投资情况调查、网购用户专项调查,开展“三新”活动情况采集和全国房价信息管理系统项目地址定位校验及拓展信息补充工作。　(黄梦融)

【统计改革】　2016 年,福州市统计局配合省统计局研究制定自贸区指标体系和统计方法制度,建立福州新区建设发展统计监测体系,协调闽侯县、市级相关部门支持配合高新区开展各项统计业务工作。

推进正统网建设,推进鼓楼区作为服务业统计改革省级试点区工作,加大对新兴服务业统计监测方法的探索。探索生态文明建设情况监测评价体系,长乐市开展编制自然资源资产负债表试点工作;开展全市生态文明建设差别化监测和评价分析。完善总部经济统计核算方法制度的框架与实际操作流程;梳理工业园区企业名录,加强园区企业统计监测。

探索居民收支直接调查方式,改变传统的辅调员调查方式,采取“半坐班”调查员与统计部门调查员相结合的直接调查方式,全年直接调查户占全部市区城镇居民调查户的 37.8%。

【统计法制建设】　2016 年,福州市开展统计工作专项督查工作,市统计局 3 个督察组先后赴全市 12 个县(市)区,走访 12 个乡镇,近 40 家企业(项目);开展“数据造假、以数谋私”专项整治行动;建立统计失信企业公示制度,年内查处长乐市 3 家虚报统计数据数额巨大的企业,并在失信企业公示平台公开公示。国家统计局福州调查队立案查处统计违法案件 3 件,罚款 3500 元。发放责令改正通知书 1 份,统计检查查询书 8 份,报表催领通知书 1 份。

向所有涉及到法人单位的统计调查对象发放《统计调查行政义务告知书》。开展统计“七五”普法宣传工作,在 12 月 4 日国家宪法日、12 月 8 日统计法颁布纪念日、12 月 31 日第三次全国农业普查标准时点,集中开展法治宣传日系列活动。建立双随机抽查机制,年内对罗源县开展专项统计执法检查工作,抽查 10 家企业;对马尾区开展综合统计执法检查工作,抽查 50 个单位。

(叶　平　黄梦融)

国有资产管理

【概况】　2016 年,福州市政府国有资产监督管理委员会履行出资人职责企业(简称“所出资企业”)资产总额 2191.97 亿元,比上年增长 28.4%;所有者权益 969.29 亿元,比上年增长 25.1%;实现营业收入 188.61 亿元,比上年增长 12.9%;利润总额 19.83 亿元,比上年增长 16.7%;上缴税金 18.87 亿元,比上年增长 36.6%。所出资企业的资产总额、所有者权益和上缴税金均位居省内各设区市第二名。

【国资履职监管】　国资监管　2016 年,福州市国资委作为年初被国务院国资委确定为指导监督地方国资工作联系点(全省唯一,全国 21 家之一),健全党委班子成员挂钩联系服务企业工作机制,由每名党委成员分工联系 2~3 家企业(集团),挂钩联系企业 19 家,开展“服务企业春季行动”,赴所出资企业及其权属企业服务调研 235 人次。梳理近年扶持企业政策,编发、分送实用性文件《福州市企业国有资产监督管理实用文件选编(六)》《扶持企业政策选编》。完成 2015 年度企业财务决算审计和全地区国有资产统计工作。调整完善律师事务所库,指导各投资集团及其权属 13 家企业完成法律顾问选聘工作。推进简政放权,研究制定《福州市政府国资委履职服务企业事项清单》《所出资企业担保暂行办法》。推进企业法律审核制度,重大事项审核率 100%。通过海峡纵横电子竞价平台成功竞租 388 宗,成交价 8.09 亿元,溢价 1.22 亿元,总溢价率 17.72%。落实《福州市安全生产“党政同责、一岗双责”规定》,督促所出资企业建立健全安全生产责任制,加强隐患排查整治,国资系统国有企业全年未发生一起较大以上安全生产事故。

外派监事会和县区国资监管　通过委周工作例会和月工作报告形式,反映企业重大事项和存在突出问题,发现企业内控制度建设、建设项目管理、资产租赁等方面存在的问题 42 个,提出建议意见 59 条,印发书面纠正函、提醒函,推动企业存在问题的整改与规范。马尾、鼓楼、仓山、福清、罗源、永泰等县区专门成立国有资产管理中心,推动国有资产保值增值。

国企党建　以党建工作目标责任制和党风廉政建设工作责任制为抓手,结合一线考察干部工作,完善党建和党风廉洁工作目标与企业负责人业绩考核和薪酬兑现挂钩。开展基层党建 7 项重点工作和党员组织关系集中排查;对 5 名违法违纪党员作出相应处理;对尚未完成的市管企业党组织换届工作,配合市委组织部结合一线考察工作,逐步换届到位;规范党费收缴,全系统补缴纳党费 518.4 万元。对 140 家企业开展廉洁纪律集中督查,开展廉政谈话函询 312 人次,立案 6 件,对 2 家企业发出《“一案一整改”通知书》。支持纪委选派 129 人次参加上级业务培训,推荐 15 名干部(其中纪检监察干部 10 名)进入市级巡察工作人才库。组织 80 名企业领导人员(其中主要负责人 42 人)旁听法院审理省、市国企原领导人员案件。

【国企改革发展】　2016 年,福州市完成国务院国资委到榕开展指导监督地方国资工作调研、福州新区建设发展(北京)座谈会等活动承办与配合工作任务。各所出资企业融入"五区"建设,推进百日攻坚行动,全年完成投资516.21亿元,完成年计划118.88%,比上年增长8.07%。其中,重点项目累计完成投资287.13亿元,完成年计划122.06%;新区项目累计完成投资149.06亿元,完成年计划135.18%。所出资企业为责任单位的35个"百日攻坚"项目计划投资52.44亿元,至12月底,完成投资70.72亿元,占8—12月计划投资134.85%,超序时进度34.85个百分点。对接国务院国资委和华润集团、中船工业、首钢城运等企业,落地2个项目,超额完成福州市下达市国资委1项任务;取得实质性进展3项,继续跟踪推进5项。落实精准扶贫工作,带领所出资企业对接建宁县精准扶贫工作。

国企改革顶层设计　开展福州市深化国企改革的顶层设计工作,牵头起草福州市深化国企改革及其配套工作文稿。配合制定出台福州市国有企业负责人薪酬制度改革实施意见。

国企改制　推进政企脱钩交接后续工作。农工商(集团)总公司所属国有红星农场划归仓山区政府管理,并申请列入农业部农垦局组建的区域性现代农业企业集团试点。按照省国资委部署,启动企业"三供一业"(供水、供电、供暖和物业管理)分离移交工作。

转型升级　组建福州新区开发投资集团和新区融资租赁公司,参与海南航空合作组建福州航空公司和航旅集团、铝精深加工产业园、海上风电产业园和京东方等项目。交投集团控股组建大数据产业基地开发有限公司,成立交通新能源科技有限公司,推进配电售电、智慧城市投资公司组建。地铁公司与中国电子科技集团成立福州中电科轨道交通有限公司。新区集团与仓山区协同开发建设福州新区三江口核心区,与长乐市合作组建基地开发公司,共同推进VR产业发展。民天集团与新西兰融霞集团签署战略合作框架协议,建设新西兰优质农副产品展销储平台。城投集团在霞境新城九区尝试推进装配式建筑,参与基础设施PPP项目,探讨建筑垃圾资源化。公交集团完成公交智能调度系统(二期)建设,利用交通科技手段治堵。

【国有资本运作】　2016年,福州市召开5次推进市属国企资本证券化工作座谈会,温泉公司新三板挂牌实现股转系统申报,商储公司制订完成挂牌新三板筹备运作总体方案。指导企业拓宽融资渠道,完成融资329.71亿元,完成年计划107.47%。城投集团实现外部信用AAA等级。交投集团利用自身"AA+"信用等级,争取在建高速公路项目国家专项建设资金18亿元,节约财务成本4.47亿元。

支持聚春园集团结合"安泰楼"餐饮品牌"小可复制"的小吃连锁企业发展规划,申请作为国有控股混合所有制员工持股试点企业,让员工共享改革发展成果,共担市场竞争风险。"海峡环保"完成上市培育,2016年底通过中国证监会发审会审核,时隔20年再次实现市属国企主板上市"零"的突破。

(陈　捷)

市场监督管理

【概况】　2016年,福州市有各类市场主体45.95万户,市场主体总量和投资总额实现双增长。深化商事制度改革,实施企业"五证合一、一照一码"登记制度改革;行政审批事项共39类83项全部入驻市行政服务中心,创新食品生产、经营许可审批实行"市区同权、多点办理"模式,实现服务事项跨区域办理。颁布全省首部市场监管行政处罚程序规章,建立"双随机一公开"抽查机制等监管举措。推进国家食品安全城市创建,筹建成立食品药品专家委员会,市市场监督管理局开展学校食堂专项整治,农村食品安全"扫雷"等专项行动,保障省市"两会"、体博会、糖酒会等40多项重大活动餐饮服务保障工作,开展药品、医疗器械等专项检查,药品行业企业安全生产标准化建设三年提升行动收官。"12315""12365""12331"3条热线全年处理消费者诉求21.1万件。全市41个涉企部门参与"全省一张网"(国家企业信用信息公示系统)信息归集,数量累计5.61万条。

推进服务供给侧改革,开展"全国质量强市示范城市"验收迎检工作,推进长乐市、三坊七巷"全国知名品牌示范区"创建工作,全市国家级、省级、市级质量教育基地总数居全省首位。福耀集团获第二届中国质量奖提名奖,实现全市该奖项零的突破。闽侯县行政服务中心作为全省首家国家级社会管理和公共服务综合标准化试点高分通过验收。福建自贸区福州片区综合服务大厅与马尾区行政服务中心省级标准化试点项目获批创建。在全省率先建成"96196"电梯应急救援平台并投入运行。年内出台促进自贸区福州片区开放开发建设的18条意见。

【商事制度改革】　2016年,福州市实施"五证合一""两证整合"改革。9月1日起实施企业"五证合一、一照一码"登记制度,比全国早1个月。10月1日起实施"两证整合"改革,比全国早2个月。年内,全市发放"五证合一"营业执照1.25万张,发放"两证整合"营业执照1.45万张,存量企业换发"一照一码"营业执照14.56万张,换照率99.22%。

市场主体注册登记实行一照多址、一址多照、集群注册,支持属全省首创的"商务秘书公司"模式,破解"住所"登记难题。推进全程电子化试点工作,累计发放电子营业执照14.56万张。39类83项行政审批事项全部入驻市行政服务中心。创新食品生产、经营许可审批"市区同权、多点办理"模式,实现服务事项跨区域办理。实行服务窗口动态增减机制和无否决权机制,提供不限量取号、延时受理,以及重点项目节假日、周末无休服务。新设立企业办理承诺时限由3个工作日缩减至3个小时。

【企业注册登记】　至年底,福州市有各类市场主体45.95万户,其中,内资市场主体45.41万户,资金总额16239.98亿元,分别比上年增长12.12%、13.74%;外商投资市场主体5383户,注册资本178.46亿美元,分别比上年增长11.77%、13.35%。

内资市场主体　年内新登记内资市场主体90592户,比上年增长6.57%;注

表 13　2015—2016 年福州市各类内资市场主体发展情况比较

年份	内资企业		私营企业		个体工商户		农民专业合作社	
	数量(家)	注册资金(资本)(亿元)	数量(家)	注册资金(资本)(亿元)	数量(户)	资金数额(亿元)	数量(个)	出资总额(亿元)
2016 年	10389	1673.55	180126	14321.52	261175	165.51	2435	79.40
2015 年	11004	1602.03	148019	12461.04	243941	141.04	2054	73.88
增长率(%)	-5.59	4.46	21.69	14.93	7.06	24.47	18.55	7.47

表 14　2015—2016 年福州市各类内资市场主体新登记情况比较

年份	内资企业		私营企业		个体工商户		农民专业合作社	
	数量(家)	注册资金(资本)(亿元)	数量(家)	注册资金(资本)(亿元)	数量(户)	资金数额(亿元)	数量(个)	出资总额(亿元)
2016 年	428	135.86	42737	4357.73	46975	41.64	452	8.78
2015 年	544	232.10	35291	5110.46	48773	41.89	397	16.03
增长率(%)	-21.32	-41.46	21.10	-14.73	-3.69	-0.57	13.85	-45.23

表 15　2016 年福州市外资法人企业类型统计

企业类型	数量(家)	占比(%)
外商独资企业	2499	73.76
中外合资企业	864	25.50
中外合作企业	24	0.71
外商投资股份有限公司	1	—
合计	3388	—

表 16　2016 年福州市外资法人企业投资地区统计

地区	数量(家)	占比(%)
亚洲	2629	77.59
非洲	40	1.18
欧洲	83	2.45
北美洲	282	8.32
拉丁美洲	209	6.17
大洋洲	145	4.28
合计	3388	—

表 17　2016 年福州市外商投资企业产业类型统计

产业类型	数量(家)	占比(%)
第一产业	82	1.60
第二产业	1694	33.18
第三产业	3329	65.22
合计	5105	—

表 18　2016 年福州市外商投资企业数量居前五位的行业

行业	数量(家)
制造业	1605
批发和零售业	1438
租赁和商务服务业	518
住宿和餐饮业	347
信息传输、软件和信息技术服务业	254

册资金总额 4544.01 亿元,比上年下降 15.86%。至年底,全市实有内资市场主体 454125 户,比上年增长 12.12%;资金总额 16239.98 亿元,比上年增长 13.74%。

外资市场主体　新设各类外资市场主体 770 户,其中,外商投资企业 767 户(法人企业 502 户、有限合伙企业 1 户、分支机构 264 户),占比 99.61%;外国(地区)企业常驻代表机构 3 户,占比 0.39%。至年底,全市有各类外资市场主体 5383 户,其中,外商投资企业 5105 户(法人企业 3388 户、有限合伙企业 4 户、分支机构 1713 户),占比 94.83%;外国(地区)企业常驻代表机构 278 户,占比 5.17%。年内全市发放外资市场主体电子营业执照 4470 户。

【企业帮扶】　2016 年,福州市出台《促进中国(福建)自由贸易试验区福州片区开放开发建设的若干意见》,从降低市场准入门槛、鼓励外商和民间投资、推进审批注册便利化、优化登记服务机制、创新市场监管模式等 5 个方面,推动自贸试验区体制机制创新。出台"就近办理、全城通办"的便捷准入,企业自主选择登记机关,打破自贸区福州片区登记地域限制,构建起"多网点、全时空、零距离"登记服务平台。年内片区外新增自贸区内企业 5079 户。

至年底，全市累计有125661户内资企业（年报率84.75%）、210957户个体工商户（年报率97.2%）、1827户农民专业合作社（年报率94.6%）完成年报。

【市场监管执法】 “红盾护农”专项行动 2016年，福州市市场监督管理局在各县（市）区以化肥为重点，以进货渠道不明的、信誉差、农户投诉和反映集中的、曾经被查处过的农资经营单位作为监测重点，组织开展重要农资商品抽检工作，抽取化肥样品45份，5份样品检测不合格。开展农户化肥免费检测，以福清市、连江县、闽清县为农作物重点县，设立若干个固定收样点，其他县（市）区设立1～2个流动点，进村入户巡回收取样品，收取样品21份，检测均合格。

合同监管 以公用事业类、旅游类、汽车消费类、房地产等重点行业、重点领域的合同格式条款为整治重点，加大对利用合同补充条款设定不平等格式条款侵害消费者权益违法行为的查处力度，全年查处利用格式合同侵害消费者权益案件12件，罚没3.2万元。开展动产的反担保抵押、资产抵押等多形式的抵押登记工作，全年办理动产抵押登记771件，为企业融资711.31亿元。加强拍卖备案，办理网上报备360场次，在线指导补正材料98处，审查拍卖成交确认书2838份，成交金额40.56亿元。开展国家、省、市三级“守合同重信用企业”公示工作，公示茶花现代家居用品股份有限公司等359家企业为“福州市2014—2015年度守合同重信用企业”，国家工商总局和省工商局2014—2015年度“守合同重信用”公示活动同步进行，年内全市117家企业被公示为省级“守合同重信用”企业，25家企业被公示为全国2014—2015年度“守合同重信用”企业。

成品油监督抽检 全市实际营业的加油站数量为264家，年内市市场监督管理局抽检264家加油站、312个批次成品油，检出8个批次不合格，均由当地市场监管部门立案查处。

【广告监管】 2016年，福州市查处广告违法案件144件，罚没款195.3万元，案值289.02万元。根据工商总局广告监测数据，年内全市广告违法率0.03%，较上年下降99%。

完善违法广告综合治理机制。召开3场整治虚假违法广告联席会议，并以联席会名义组织专项整治行动。开展非法集资广告、房地产广告、“两品一械”广告等8次专项行动。牵头成立互联网广告整治工作小组，联合14个单位下发实施方案，检查1889家投资类企业，发放自查表680份。

创新制定广告活动主体信用管理办法，市政府审议通过《福州市广告活动主体信用评价管理办法》。市政府审议通过由园区所在地县（市）区政府实行属地管理，同时设立相应管理机构，审议通过《促进福建海西国家广告产业园区（福州园）发展的若干意见》。

年内，组织广告企业参加“6·18”品牌创新展，在闽台AD广告创意园举办“数字化背景下广告行业发展转型”论坛。组织广告协会推动部分高校与广告企业建立产学研联盟。建立广告产业公共服务平台评委会专家库。开展广告业摸底调查工作，调查结果显示，全市有广告类企业6285家，其中广告类规模标准企业50家，2016年度规模标准广告类企业营业额16.1亿元。

【企业信用监管】 2016年2月，国家工商行政管理总局在福建、贵州、江西等7个省市先行建设“国家企业信息公示系统”，将分散在各部门、各地方、各行业的各类企业信用信息归集到企业名下，并统一在国家企业信用信息公示系统向社会公示。市政府成立福州市企业信息归集联席会议制度。至年底，全市参与全省“一张网”信息归集数量累计55369条，其中行政许可信息31786条、行政许可变更1359条、行政处罚信息14520条、抽查检查信息5522条、联合惩戒信息669条、小微企业扶持信息1513条。

年内制定《福州市市场监管局关于印发2016年建立企业随机抽查机制规范中事后监管实施方案的通知》《福州市市场监督管理局关于印发〈“双随机”抽查工作细则（试行）〉的通知》，建立双随机抽查名录库等工作并组织实施。全年市场监督管理系统抽查24个项目，其中医疗美容机构（生活美容机构）405家，机动车维修机构203家，投资咨询公司、非融资性担保公司3804家，商务服务业的商标使用单位1349个，药品生产机构47家，特种行业机构84家，医疗器械机构698家（含医疗器械生产企业、三类批发企业和二级以上医疗机构），药品流通机构927家，餐饮服务企业13620家，食品流通企业126家，食品生产企业68家，消保处机构7862家，保健食品经营企业12家，化妆品经营企业8家，特种设备按重点生产、使用总数抽取生产单位119个、使用单位抽取2084个，共30809个。

规范企业列入和移出经营异常名录管理工作，制定并在全系统实施《关于规范核查移出经营异常名录企业操作规程》，年内全市移出经营异常名录企业2371家次，列入经营异常名录管理的有1477家。

开展企业信用分类监管工作，对企业、个体工商户、农民专业合作社进行抽查，根据省工商局有关信用分类的办法，按照守信企业5%～10%、失信企业30%、严重失信企业100%等不同信用级别实行不同比例的抽查，对失信或严重失信企业全部提高抽查比例。全市良好信用企业15060家，守信企业124348家，失信企业28939家，严重失信企业360家。

开展无照经营综合治理，制定2016年查处无照经营工作要点，下发县（市）区政府，推进建立与社区、乡镇网格化相衔接的工作机制，查办无照经营案件268件，案值221.92万元，入库136.32万元，全市“查无”成员单位通过“无照经营抄告平台”抄告无证照信息6934条。

开展电动自行车专项整治，出台《福州市合格电动自行车目录登记办法》，建立举报奖励办法和市场监管责任倒查机制，年内立案查处74件。

【网络监管】 2016年，福州市启动网络经营主体电子标识发放管理专项工作，向独立商务网站发放主体电子标识，并下发未贴标网站数据7557条，经甄别，全市累计发放电子标识2140个，比上年增长133.1%，数据处理率达81%。依托食药监总局网站对网络食品药品生产经营者进行摸底核查，全年下发主体核查数据9982条，确认从事食品相关网站512家,药品经营相关网站84家,入网食品经营者4095家。开展网络食品经营主体信息备案工作,福建神蜂科技开发有限公司成为全省首家备案主体。

针对电商"6·18""双11"等集中促销节日进行定向监测。"双11"期间,市市场监督管理局对京东、天猫、淘宝三大平台150个网店样本进行随机抽测,发现存在问题网店20家,涉嫌违法违规行为22起,责令整改11家,立案1件。

开展网络市场专项行动,全市累计检查各类网站、网点5979个次,实地走访网络经营主体238个次,责令整改网站134个,清查涉嫌伪造或冒用企业名称的非法主体网站91个次。

开展网络食品安全净网行动,对网络订餐交易第三方平台的底数、餐饮服务实体单位进行摸底排查。全市检查外卖餐饮服务单位8531个(次),出动执法人员3614人次,责令整改外卖餐饮服务单位215户次,引导办理餐饮服务许可证82家,取缔无证外卖餐饮服务单位8个,约谈网络食品交易第三方平台38次,检查入网食品生产经营主体1055次,指导入网食品经营主体申请食品经营许可"网络经营"资质170个,查处互联网食品违法案件17件。

对涉嫌发布违法互联网广告的医疗机构责令整改45个,立案61件,罚没款逾150万元,其中在"魏则西事件"发生之前,查处为福建片区提供百度竞价排名服务的公司经营网络违法广告系列案,合计罚没17万元。至年底,民营医疗机构涉嫌发布违法广告网站数量比上年下降64%。

表19　2016年福州市消费者投诉举报信息系统受理投诉统计情况

受理投诉分项排名	投诉具体项目	数量(件)	占投诉总量比例(%)
受理投诉前六位项目	销售服务	2716	9.22
	交通工具	2905	9.12
	#汽车	2396	7.93
	电信服务	2464	8.00
	服装鞋帽类	1916	6.10
	餐饮和住宿服务	1876	6.21
	家电电器	1674	5.54
受理商品类投诉前五位项目	交通工具	2905	18.80
	服装鞋帽	1916	12.40
	家用电器	1674	10.83
	通信产品	1705	11.03
	家居用品	1574	10.18
受理服务类投诉前五位项目	销售服务	2716	18.41
	电信服务	2464	16.71
	餐饮和住宿服务	1876	12.72
	制作、保养和修理服务	1410	9.56
	互联网服务	1307	8.86

【消费维权】　2016年,福州市消费者投诉举报信息系统("12315""12365""12331"专线)受理消费者咨询、投诉、举报211490件,比上年下降5.66%,占全省总量的40%。其中,接受消费者咨询172708件,占受理总量81.66%;受理投诉32484件,占受理总量15.36%,为消费者挽回经济损失2365.99万元;受理群众举报6298件,占受理总量2.98%。全市各级消费者权益保护委员会受理消费者投诉2056件,解决2022件,结案率98.35%。为消费者挽回经济损失212.76万元,其中欺诈行为得到加倍赔(补)偿42件,加倍赔(补)偿金额3.8万元。

接受咨询情况　全市依托消费者投诉举报信息系统接受咨询172708件,比上年下降2.28%。咨询问题中涉及工商业务的168593件,占97.62%;涉及食品药品业务的3117件,占1.8%;涉及质监业务的998件,占0.58%。咨询问题主要集中在企业注册监管、企业年报、企业信息公示、企业信息查询、"三证合一"、"异常名录"、服务消费监管、商品质量监管以及食品药品质量问题等方面。6月1日起全省"一照一码"登记制度改革先行实施后,有关"三证合一、一照一码"成为咨询热点,全年通过"12315"平台预约注册登记12547件。

受理投诉情况　全市市场监管部门"三线"并轨运行后,涉及质监、食药职能范畴内的消费投诉逐渐并入"12315"投诉举报信息系统。年内全市受理投诉32484件,比上年增长28.02%。在受理投诉中,烟酒饮料食品餐饮类投诉大幅增加,受理相关投诉3514件,比上年增长115.1%,其中,食品1810件(比上年增长83.23%)、餐饮服务1429件(比上年增长153.35%)、烟酒和饮料275件(比上年增长64.6%)、保健品275件(比上年增长311.3%);消费者投诉的内容主要有:食品变质、食品过期或者没有标识生产日期、食品内有异物、食品外包装标识错误、虚假宣传、使用绝对化语言、使用医疗术语宣传食物作用误导消费者等。药品和医疗器械受理数量明显增加,分别为190件(比上年增长149%)和65件(比上年增长261.11%)。销售服务中的网络购物和预付卡投诉增幅较为明显。从投诉问题类别看,位于前三位的分别是售后服务问题4667件(占投诉总量14.37%),合同问题12171件(占比37.47%)、质量问题8382件(占比25.8%);广告类投诉呈井喷式增长,受理736件,占投诉总量2.27%,比上年增长112.1%。从投诉的消费类型看,商品类投诉15456件,占投诉总量47.58%,服务类投诉14749件,占投诉总量45.4%。

受理举报情况　全市受理举报6298件,同比增长56.08%。举报位列前五位的是:无照经营1294件(占举报总量

21.12%)、侵害消费者权益行为23件(占比3.8%)、产品质量违法行为498件(占比8.13%)、广告违法行为74件(占比1.21%)、商标违法行为3件(占比0.04%)。与投诉情况相仿,广告违法和烟酒饮料食品餐饮类成为新的举报热点,全市受理涉及广告违法行为的举报74件,比上年增长19.35%,反映比较集中的是使用"最高级""顶级"等绝对化语言的内容。全市市场监管部门"三线"并轨运行后,"12315"受理的食品餐饮类(包括烟酒饮料、食品、餐饮服务)举报数量持续增长,年内受理烟酒饮料食品餐饮类举报1585件,比上年增长50.86%。

【食品安全生产监管】 食品生产环节信息化可追溯监管 2016年,福州市市场监督管理局制订下发《推进食品安全追溯管理系统运用实施方案》,组织召开推进四类重点食品生产企业可追溯体系试点工作培训会,在全市统筹推进省食药监局建设上线的食品安全追溯管理系统应用。12家食用植物油、白酒等4类试点企业通过改进自身信息化管理体系,建成食品安全电子追溯台账系统并投入使用,至年底,全市乳制品、食用植物油等6类重点食品生产企业全部纳入可追溯系统管理。

食品生产安全风险排查整治 制定11类重点食品风险问题清单,印发风险排查整治方案。结合"食品安全示范城市"创建工作,对重点生产单位、重点产品加大排查力度。全市部署开展食用油塑化剂专项监督检查、复原乳标签标识专项检查、食品添加剂、蜂蜜产品、肉制品、瓶(桶)装饮用水、糕点等10余项重点食品专项治理工作。全市市场监督管理系统检查肉制品、糕点、食用植物油、瓶(桶)装饮用水、蜜饯、酒类、蜂产品、食品添加剂等食品生产企业2000多家次,督促整改181家次,抽检加工食品2578批次,合格率98.7%。

创建食品生产加工小作坊示范点 组织开展食品生产加工小作坊综合治理和示范点创建工作。市市场监督管理局编制4项管理制度供小作坊业主参照执行,印制"食品加工小作坊配料记录表""原辅料、添加剂查验入库及出库使用台账"等4类台账记录本1200册,免费发放小作坊业主使用;各县(市)区市场监督管理局采取入户宣传和集中培训相结合的方式,与小作坊业主签订食品安全承诺签认书,发放小作坊专项整治通知、宣传资料600余份。全年指导规范取证67家,创建省、市示范点29个,查处、取缔违法小作坊23家。

【食品安全流通监管】 2016年,福州市以大型商超、一级批发、连锁经营等条件较好的食品经营单位为新创建对象,建设流通环节食品质量可追溯体系省级示范点,年内建成流通环节食品质量可追溯体系省级示范点21个。在流通环节抽检食品7883批次;对抽检不合格(问题)食品开展核查处置工作80余件。研究制定食品销售企业多点办证条件和办事指南,启动多点办证。2次组织全市食品经营许可准入审批核查人员及食品流通、餐饮服务、保健食品监管人员共300余人参加全省食品经营许可视频培训班。

农村食品安全"扫雷"专项行动 重点检查食品来源、是否存在"三无"、过期食品现象及进货查验和查验记录,并抽检936批次。检查农村集贸市场437个次、食品经营户6014户次,对检查中发现的问题,发出整改通知书452份,立案35件,移送公安机关2件。

食用农产品专项整治 在专项整治期间,市市场监督管理局安排食用农产品专项监督抽检360批次,各县(市)区市场监督管理局根据辖区实际制定抽检方案并组织实施,同时指导集中交易市场开办者、大型连锁商超开展自检。全市检查食用农产品批发市场47户次,检查食用农产品农贸市场424个次,检查食用农产品销售者3677个次,抽检相关食品432批次,其中不合格9批次,全部依法查处。规范食用农产品市场准入管理,各县(市)区市场监督管理局选择1个农贸市场和场内销售的部分品种开展准入工作的试点,重点督促入场销售者建立食用农产品进货查验台账。开展食用农产品追溯试点建设,在马尾名成水产批发市场和闽侯海峡蔬菜品批发市场建成食用农产品可追溯电子结算交易系统,系统自动生成批发经营户的进销货台账,确保整个销售渠道基本实现来源可溯、去向可追。

【餐饮业食品安全监管】 食品经营许可改革 2016年6月1日起,福建省全面推行食品经营许可证制度,市市场监督管理局开展食品经营许可改革相关法规政策解读、资料审查、现场核查、许可管理等辅导培训工作,与市卫计委联合发文,推进饭馆、咖啡馆、酒吧、茶座4类餐饮服务场所卫生许可证与食品经营许可证整合改革工作,为全市新增咖啡馆、酒吧、茶座颁发食品经营许可证669家,

2016年,福州市市市场监督管理局检查永辉超市食用农产品快检设备

(市市场监督管理局 供)

特大型、大型、中型和小型餐馆发证2515家。

“明厨亮灶”创建工作　确定餐饮服务“明厨亮灶”建设的创建重点区域,引导符合资质的餐饮服务单位改变传统餐饮加工方式,逐步实现厨房透明化。至年底,全市1465个餐饮服务单位参与“明厨亮灶”创建,并建设15个省级示范单位。

餐饮服务食品安全示范工程建设　落实福建省建设“食品放心工程”三年行动方案,全市完成25条餐饮服务食品安全示范街和379个示范店创建验收。指导鼓楼区市场监督管理局开展南后街创建省级食品安全示范街工作,该局自主研发食品安全信息化智能监管平台,实现“从生产到餐桌”全过程监管。

【食品安全检测】　2016年,福州市市场监督管理局通过面向全国公开招投标等形式,分别委托5个食品检验检测机构在全市抽检粮食加工品、调味品、肉制品、乳制品、水产制品等32类食品(大类),已完成12969批次,其中,检验合格样品12780批次,检验不合格样品189批次,总合格率98.54%。

在抽检的32类食品中,粮食加工品合格率99.68%、食用油合格率99.01%、乳制品合格率100%、肉制品合格率100%、婴幼儿配方食品合格率100%、茶叶合格率98.32%、饮料合格率99.07%、速冻食品合格率99.80%、食用农产品(含禽畜肉、水产品、蔬菜、水果等)合格率98.07%。

【食品药品风险监控管理】　2016年,福州市推送各类舆情910条,制作舆情通报86期,核查反馈重点舆情81期。监测并跟踪督导“康特酒楼疑似食物中毒”“香格里拉销售过期食品”“闽侯莲藕经柠檬酸美容”“仓山区爱琴海万象曼谷餐厅疑似食物中毒”“台江万达威斯汀周杰伦团队疑似食物中毒”等事件的核查处置、情况汇总上报等工作。

指导县(市)区市场监督管理局开展食品安全突发事件应急处置工作,防范7起具有一定社会影响力的疑似食物中毒舆情事件的进一步扩大。在市市场监督管理局门户网站分8次公开监督抽检51批次不合格食品信息。承担食品药品34类报表、福建省企业数据直报系统的统计上报工作,接收分发监督抽检不合格食品报告476批次,药械及化妆品58批次;风险监测报告47批次,受理不合格食品复检申请49批次。

表20　2016年福州市32类食品抽检情况　单位:批次

抽检环节	抽检	合格	不合格	抽检合格率(%)
生产环节	2610	2578	32	98.77
流通环节	7895	7807	88	98.89
餐饮环节	2464	2395	69	97.20
合计	12969	12780	189	98.54

6月13日,2016年福建省暨福州市食品安全宣传周启动仪式在东二环泰禾广场举行　(市市场监督管理局　供)

【食品药品安全宣传】　2016年,福州市开展“进机关、进学校、进社区、进企业、进家庭”活动,推动开展食品药品科普活动89场,举办科普讲座14场,参与人数3万余人次,现场解答群众咨询1000余件,发放相关科普宣传材料21万余份。与福建医科大学药学院共同倡导的“家庭小药箱”志愿队入围福建省首届志愿服务项目大赛,并获铜奖。

开展药品安全满意率综合评价工作,委托第三方机构开展市对县级局药品安全消费者满意率调查。推动药品行业安全生产标准化三年行动计划落实,完成三级达标企业48家的达标任务;协调成立食品药品安全专家委员会,入选47名专家,职能涵盖应急处置、评估认定、技术咨询等食品药品监管的各领域。

【药品生产监管】　2016年,福州市市场监督管理局对辖区37家制药企业开展47次的日常监管,对19家制药企业开展医用氧、胶囊、GMP跟踪以及计算机化系统和物料管理专项检查工作。全年完成省食药监局下达的换证现场检查8家次,生产许可证变更验收4家次,GMP认证不合格项目整改核查10家次,生产关键设备变更检查4家次,抽取药品生产领域品种67批次,药包材19批次。

协调省食药监局,组织全市基层监管人员参加高层次业务培训;全市200多人次接受省、市举办的业务培训。

【药品流通监管】　2016年,福州市市检查药品经营企业1800多家次(批发、连锁总部实现全覆盖),责令改正468家,上报省食药监局建议收回GSP证1家,处理42起,罚没款26.84万元。市市场监督管理局在区县局全覆盖检查和省食药监局飞行检查后，对尚未被省局抽查的药品批发企业进行检查，“飞行检查”17家药品批发企业，监督检查16家批发（连锁）企业、25家零售药店。全市收回批发企业GSP证书7家，注销药品批发企业9家，注销药品连锁总部1家，注册地址搬离福州的药品批发企业1家，6家批发企业歇业。年内2家药品批发企业，2家零售连锁企业，18家零售药店（门店）被省食药监局评为全省“双十百家”药品经营企业质量管理示范单位。

处置山东非法经营疫苗事件　成立山东非法经营疫苗处置工作领导小组，组织全市药品批发企业开展自查和现场检查，全面排查疾控中心、接种点，同时检查全市疫苗批发企业62家次（10家），抽查零售企业158家，检查疾病预防控制中心23个次，接种单位314个次，均未发现有购进非法疫苗行为。

【保健食品化妆品监管】　2016年，福州市完成141家保健食品经营企业和310家化妆品经营使用单位的“双随机”抽查工作。开展保健食品非法添加药物、非法宣传功效专项治理，检查各类生产企业23家次、各类经营企业1324家次，检查产品品种2237种；对违规销售未经批准注册的进口化妆品和国产特殊用途化妆品开展整治，检查化妆品经营使用单位609家次。全年立案保健食品及化妆品类型案件19起，结案14起，罚没金额4.9万元。

完成年度保健食品生产企业量化等级评定，确定A级企业2家，B级企业4家和D级企业2家。推进保健食品生产质量受权人示范企业创建工作，确定的1家示范参评企业通过省食药监局考核验收；超额完成保健食品化妆品信用体系建设任务，其中保健食品和化妆品生产企业评级21家，完成率超100%，保健食品经营企业评级617家，完成率195%。

开展国产非特殊用途化妆品网上备案，完成542个品种的首次备案审查，85个品种的产品变更，以及48个品种产品注销审查，并完成570个品种的备案后现场检查；对企业保健食品化妆品研发立项工作进行指导，扶持2项海洋生物医药类特色保健食品化妆品项目申报为福州市海洋经济创新发展（产业链协同创新类）示范项目。

【医疗器械监管】　2016年，福州市开展打击非法制售和使用注射用透明质酸钠行为专项行动、体外诊断试剂专项治理、定制式义齿生产企业专项监督检查、无菌和植入性医疗器械专项监督检查等5个专项检查，检查企业3030家次，其中，生产企业77家次，经营企业2332家次，使用企业621家次；整改企业395家次，查处企业56家次。

制定下发生产、经营企业和使用单位的日常监督检查计划，全年完成4家四级企业、10家三级企业、26家二级企业的全项目检查；完成生产企业101家次、经营一次性无菌医疗器械企业438家次、二甲及以上医疗单位60个次的日常监督检查。

制订“医疗器械监管双随机抽查实施方案”，完成“双随机”抽查生产企业6家，三类批发经营企业29家，二级以上医疗机构4家的现场检查工作任务。

配合省食药监局开展医疗器械产品注册和生产许可现场检查，全年完成省食药监局委托检查34件，其中注册核查12件，生产许可22件，委托工作完成率100%。

2016年9月13日，第二届中国质量奖福耀经验分享会在福清召开
（市市场监督管理局　供）

【质量检查和整治】　2016年，福州市完成省政府对福州市2015年度质量工作考核迎检相关工作，完成实地核查等迎检工作，福州市考核结果列为A级，继续位列全省第二。委托第三方机构开展市民质量满意度、全市6个服务业顾客满意度测评工作，形成相关测评报告，其中，市民质量满意度总体评价85.85分，较2014年（82.13分）有所提升。年内福州市编制发布《2015年福州市产品质量状况分析报告》。

推动企业建立首席质量官制度。组织113名企业代表参加两期企业首席质量官任职资格培训，年内全市有336家企业404人参加首席质量官培训。在全省率先试点开展质量责任首负承诺工作。与市商务局联合印发《关于开展质量责任首负承诺试点工作的通知》，在各县（市）区大中型商场，试点推行质量责任首负承诺。举办第二届中国质量奖获奖组织（福耀集团）经验分享会，全市50多家政府质量奖重点培育企业共同分享获奖企业的经验。推进中小学质量教育基地建设，新增2个省级质量教育基地，全市国家级、省级、市级教育基地分别达1个、8个和4个，各级质量教育基地总数居全省首位。

【品牌产品培育和推荐】　2016年，福州市出台《福州市各级政府质量奖培育发展规划（2016—2018年）》《福州市“福建名牌产品及“福州市产品质量奖”培育发展计划（2016—2018年）》；启动第三届福州市政府质量奖评选工作,11家企业申报,年内产生获奖企业4家。福耀集团凭借"福耀铁三角"质量经营模式获第二届中国质量奖提名奖,为全市首家获奖企业。春伦集团获第五届福建省政府质量奖,成为全市第3个获该奖项的企业(捷联电子、星网锐捷分获首届、第二届省政府质量奖)。

实施名牌发展战略、商标战略。组织参加2016年品牌价值评价工作,全市7家企业通过市场监管部门或行业协会推荐上报参加2016年品牌价值评价。福州经济技术开发区参与"全国电子信息产业(微电子物联网)知名品牌创建示范区"答辩,全市"全国知名品牌创建示范区"总数继续位居全省第一(与厦门并列)。"融侨""福民王""华威""坤兴"4件商标新认定为驰名商标。全市推荐上报"2016年度福建名牌产品"53个,"福建省著名商标"新认定76件、延续认定139件,新认定福州市知名商标77件、延续认定154件。至年底,全市有中国质量奖提名奖企业1家,驰名商标52件,省政府质量奖3家(全省第二,居泉州之后,与厦门、龙岩并列),福建名牌产品269个(全省首位),福建省著名商标699件(全省第二,居泉州之后),市政府质量奖企业10家,市产品质量奖92项,市知名商标651件。

【标准化管理】 2016年,《福州市人民政府关于进一步实施标准化发展战略的意见》出台,建立市政府标准化协调推进联席会议制度,统筹规划全市标准化工作。年内全市有585家企业上报2307项标准,其中,国家标准上报251项,行业标准上报128项,地方标准上报5项,企业标准上报1923项,涵盖4212种产品。全市企事业单位参与制订、修订国际标准7项(发布1项),国家标准75项(发布21项),行业标准60项(发布219项),地方标准52项(发布11项)。

农业标准化　推进第八批国家蔬菜种植综合标准化示范区建设和省级农业标准化示范区建设。指导完成秀珍菇设施栽培和金线莲仿野生栽培技术规范等农业地方标准研制工作。组织开展第二批农村综合改革标准化试点项目申报工作。

工业标准化　指导推动福耀玻璃公司开展国家技术标准创新基地申报工作。继续开展4家省级"标准化良好行为企业"创建工作,福建恒杰塑业新材料有限公司试点通过省质监局组织的专家确认。推荐企业参加福建省标准贡献奖的评选,获一等奖1个、二等奖3个,三等奖3个。

服务业标准化　新增制定、修订电子商务各级各类标准12项,发布5项。推进永泰县旅游标准化试点县、福州三坊七巷历史文化街区、福建省中国旅行社有限公司、福州大饭店4个省级旅游服务业标准化试点项目建设。推动福州市申报国家物流标准化试点城市创建工作,编制全国物流标准化试点城市申报方案。4家企业申报国家级农产品冷链流通标准化示范企业,5家龙头企业申报省级家政服务业标准化试点。至年底,全市有国家级服务业标准化试点8个(验收3个),省级服务业标准化试点11个(验收5个)。

社会管理和公共服务标准化　8月22日,闽侯县行政服务中心作为全省首家实行国家级社会管理和公共服务综合标准化试点项目承担单位,通过国家标准委验收,为全省唯一一家通过验收的县域行政服务中心。4月18日,国内首个自贸区(福州片区)综合服务大厅与马尾区行政服务中心省级标准化试点项目获批创建。指导嘉儒蛤地理标志产品制定地方标准,引导符合条件的茶口粉干、连江鲍鱼等3家生产企业获批使用地理标志产品保护专用标志。

【计量管理】 2016年5月,《福州市人民政府关于贯彻落实国务院计量发展规划(2013—2020年)的实施意见》发布实施。年内开展定量包装商品净含量计量监督抽查,完成定量包装商品净含量双随机监督抽查试点任务,对全市大米、调味料、食用油、熟肉制品、小食品及电线电缆等生产企业进行定量包装净含量计量监督抽查,抽查29家企业29个批次产品,合格率100%。组织开展重点领域安全用计量器具检定监督检查,对全市煤矿、非煤矿山、石油石化、冶金、化工、冷库、建材、印染和洗涤等重点领域使用安全防护类计量器具的配备、检定及管理情况进行摸排和检查。开展民生计量检查,对集贸市场、超市、生鲜小店及加油站等的计量器具强制检定情况进行监督抽查,至年底,免费检定250个农贸市场和410条路(或村)周边生鲜小店电子秤59568台件。

【特种设备管理】 2016年,福州市有各类特种设备75836台,其中电梯44591台,锅炉3324台,压力容器11219台,起重机械12101台,场内专用机动车辆3415台,大型游乐设施164台,客运索道3条。另有压力管道1256.6千米,气瓶1295945只(其中车用气瓶10135只)。

现场监督检查特种设备生产使用单位3977个次,下达安全监察指令书986份,处置检验机构上报重要事项2621条(涉及设备8925台),处理各类举报投诉880件,立案查处特种设备违法违规案件116件,罚没款293万元,罚没款入库232万元。开展安全宣传教育活动129场次,指导开展应急演练217场次,组织开展特种设备监管业务培训39期1290人次。

检查全市电梯使用单位1087个,维保单位376个,现场发出监察指令书304份,立案查处使用单位10个,安装维保单位49个,媒体曝光3个(1个维保单位、2个使用单位),立案查处数量比上年增长4倍。完成在福州开展维保业务的87个维保单位的等级评定工作;全市2734个电梯使用单位完成电梯使用管理标准化工作,完成率51.98%。提前完成地铁1号线(一期)北段12站点112台电梯专项验收。

电梯应急救援指挥中心运行　2月,市市场监督管理局成立福州市电梯应急救援指挥中心("96196"热线),承担全市电梯应急救援指挥职责,并于9月在全市10个试点小区开通试运行,10月实现五城区全覆盖,涉及2.4万台电梯,实现五城区24小时接警救援,为全省首个建成并投入使用的电梯应急救援指挥中心。年内处置电梯困人救援指挥调度26起。

电梯隐患闭环处理机制　检验机构在检验中发现重大问题,通过监察平台向设备所在地的县(市)区市场监督管理部门报告,负责核实处理的市场监管部门将核实情况、处理结果或处理进展录入监察平台，并对问题实行信息化闭环管理。问题整改完毕后反馈监察平台。对未完成闭环的重大问题，市市场监督管理局一方面通过与省特检院定期召开的监察、检验工作协调会，另一方面对未完成闭环的重大问题建立通报制度，对长期未能解决的重大问题，报安委会对辖区政府实施挂牌督办。年内处理检验机构报告电梯隐患问题2196个，涉及电梯4400台。

【科技认证管理】 2016年，福州市开展国家质检总局、省质监局、省科技厅科研项目及2016年度福州市科技进步奖的申报工作，开展5个往年立项的项目申请验收。申报2016年国家质检总局技改技装项目1个、储备项目2个，省质监局技改项目1个；获批省质监局技改项目1个，获得配套资金50万元。完成拨付闽清省陶瓷电瓷质检中心建设补助资金50万元。组织各区县局开展2015年度全市“质检科技资源管理与统计分析系统”填报及2015年科普统计调查。

至年底，全市有资质认定检验检测机构180多个，累计发放各类管理体系及产品认证证书8737张，获证企业3217家。

【法治市场建设】 2016年，福州市出台《福州市市场监督管理机关行政处罚程序暂行规定》，规定工商、质监、食药监案件在立案、调查取证、行政强制措施、审查批准、告知、决定、执行、送达等环节的要求和程序，统一办案时限和行政复议权限；制定《福州市市场监督管理机关行政处罚案件核审规定》《福州市市场监督管理机关行政处罚听证规则》《福州市市场监督管理机关行政处罚文书格式》3项配套制度，自3月1日起与规章同时施行；完成工商部分的规范性文件清理工作。

结合机构整合、职能调整、简政放权及新法新规的出台，开展权力清单和责任清单的编制、调整和完善工作，初步完成工商、质监、食药监三局合一后的清单编制，分别为行政权力1660项、行政责任1663项、公共服务事项39项。

行政处罚　规范行使行政处罚自由裁量权，草拟《福州市市场监督管理机关行政处罚自由裁量权适用规则》及83部法律法规规章的裁量基准。组织开展《食品药品行政执法案例汇编》的收集整理工作，向省食药监局报送食品药品典型案例10件。

行政许可审批　对行政许可及公共服务事项办事权限进行重新梳理，对部分行政许可及公共服务事项办事权限进行调整，向市政府法制办报送调整行政审批事项及修改办事指南请示5批共52项。拟定食品生产许可证补领、食品生产许可证注销、国产非特殊用途化妆品备案、食品经营许可证核发等19项行政食品事项办事指南。

执法监督　组织召开案件听证会6场；召开案件审查会9场，案审委员会集体研究案件24件。印发《福州市市场监督管理局行政复议和行政诉讼应诉案件办理规定》，规范工商、质监、食药监三类复议案件的办理流程，明确被复议和应诉案件的办理机构。至2016年底，受理复议案件63件、被复议案件答复11件，应诉23件，其中行政首长出庭应诉2件，发布复议、应诉情况分析通报1期。

【行政案件执法】 2016年，福州市市场监管系统立案查处违法违规案件2024件，结案1656件，罚没款2621.5万元，其中，工商类型案件立案907件（不正当竞争案件立案57件），结案825件，罚没款1054.81万元；质监类型案件立案193件，结案142件，罚没款366.73万元；食药监类型立案557件，结案520件，罚没款498.94万元。

组织开展“八闽红盾出击”——2016年集中整治公用企业限制竞争和垄断行为专项执法行动，全市市场监管系统立案不正当竞争案件57件，办结68件，罚没180.97万元。“12315”消费者申诉举报中心接到关于公共服务行业申诉317件，为群众挽回经济损失17.32万元。处理福建延年药业有限公司反映制药行业原料垄断问题；立案查处中国电信福州分公司擅自收取不合理费用案。

开展查处无合法来源成品油专项行动，全市市场监管系统立案查处非法成品油案件20件，结案14件，罚没28.21万元。立案查处进口商品类案件58件，结案40件，罚没41.41万元。配合开展“净网”“清源”“秋风”“护苗”等扫黄打非行动，配合开展非法销售卫星地面接收设备整治、生产经营易制毒品企业监管，以及“伪基站”设备、电话“黑卡”等整治工作。

继续开展创建“无传销城市”活动，在8个县（市）区通过省级验收的基础上，晋安、闽侯、闽清、连江4个区（县）的创建工作通过市级初评。年内全市传销刑事案件立案75件，移送起诉55件，抓获嫌疑人225人，摧毁传销窝点76个，教育、遣散传销人员563人。11月11

2016年11月11日，福州市创建“无传销城市”主题宣传活动在东二环泰禾广场举行　（市市场监督管理局　供）

日,省工商局,福州市、晋安区市场监管局举办"远离传销,共建和谐"创建"无传销城市"主题宣传活动。加强直销企业监管,约谈4家直销企业,发放4份行政指导书,督促企业对夸大宣传、违规招募、违规培训等行为进行自查自纠。

加强行政处罚信息公示,对违反法律法规、被市场监管机关查处的经营者,依托"1+N"版案管系统,自动将结案的案件导入全国企业信用信息公示福建系统和福州市市场主体信用信息平台,并在福州市市场监督管理局政务网站予以公开,年内全市公示行政处罚信息1078件。

(白　亮)

安全生产管理

【概况】　2016年,福州市推进安全生产责任体系建设、安全生产基层基础规范化建设、企业安全生产标准化提升工程、隐患排查整治攻坚年行动、道路交通安全综合整治、重点行业领域安全专项整治、安全生产大检查活动、遏制重特大事故试点城市等工作。召开福州市季度防范重特大事故会议,研究部署全市安全生产工作。出台《福州市安全生产"党政同责、一岗双责"工作机制》,细化9个方面配套机制、28项制度措施。每月分析通报安全生产形势,定期向市委组织部报送安全生产情况,年度点评县级政府和市直有关部门主要负责人安全生产履职情况。各县(市)区在7月底全部由政府常务副职分管安全生产工作。组织制定《各级各职能部门安全生产工作责任清单》《重点行业领域安全生产检查清单》《重点监管对象名录清单》等,明确各级党委、政府及55个有关部门安全生产责任。年内发生生产安全事故345起,比上年减少118起,下降25.5%;死亡147人,比上年减少33人,下降18.3%;受伤320人,比上年减少113人,下降26.1%;直接经济损失834.8万元,比上年增加418.9万元,增长100.7%。发生较大生产安全事故4起,与上年持平,其中较大生产经营性道路交通事故3起,较大建筑施工事故1起。年内市安全生产执法支队获"全国安全生产监管监察系统先进集体"称号。

【安全生产标准化建设】　2016年,福州市开展企业安全生产标准化提升工程"三年行动"。编印《标准化工作手册》,出台《2016年全市安全生产标准化建设提升工作意见》,采取"政策引、典型带、督查促、专家帮、考核激、规范评、动态管"7项措施,推动未达标和达标等级低的企事业单位的达标与升级。至11月上旬,全市应达标企事业单位11210个,全部通过评审达标任务。

【诚信体系建设】　2016年,福州市制订《福州市企业安全生产诚信体系建设实施方案》《福州市生产经营单位安全生产不良记录"黑名单"管理实施办法》等制度,建设福州市公共信用信息平台,将涉及安全生产的行政许可、行政处罚、安全事故、中介资质认定等信息录入系统,将6家企业纳入"黑名单"管理。

【道路交通安全综合整治】　2016年,福州市实施道路交通安全综合整治"三年提升工程",市、县、乡设立道路交通安全综合整治工作领导小组办公室脱产办公,其中市级11人,县级63人,乡级534人,各镇街全部配备专兼职交通安全协管员。1366个行政村(占比63.06%)建立交通安全劝导站。完成53处重点道路交通安全隐患路段整治,905处农村道路交叉口安全设施建设工程,90千米国省道公路安保工程,239.6千米农村公路安保提升工程,12座公路危桥改造工程,以及4座病害城市桥梁除险加固等任务。开展重点车辆、"五小车辆"专项整治,大中型客货车等五类重点车辆检验率和报废率均达100%,重点车辆驾驶人审验率100%,危货罐车紧急切断装置安装率100%。加强车辆卫星定位装置检定,构建重点车辆联网联控系统,"两客一危"(旅游的包车、三类以上班线客车和运输危险化学品、烟花爆竹、民用爆炸物品的道路专用车辆,运输里程超过800千米)、重型货运车(含渣土车)、校车等重点车辆入网率100%。全市新注册登记摩托车16307辆,带牌销售率100%。加强公路视频监控设置,完善交警执法站和联合治超站建设,全市累计建有交警执法站12个、联合治超站6个。每月逢六、逢九开展交通执法统一行动,查处超速、超员超载、疲劳驾驶、涉牌涉证、酒驾等"五类十项"严重交通违法行为。全年查纠各类严重交通违法行为25万余起。

【重点行业领域专项整治】　非煤矿山　2016年,福州市推进矿山资源整合重组和敖江流域矿山整治,关闭敖江流域142家饰面石材矿山。开展专家会诊、风险分级、"微信助力"三项监管,对全市非煤矿山企业确定风险评级,实施分级分类监管。

建筑施工　突出城市地铁施工、建筑起重机械、深基坑、脚手架、高大模板、"危大工程"落实施工方案等专项整治,检查在建工程项目1942个次,排查隐患2853处,完成整改2754处,责令改正或停工1686次,罚款469万元,利用动态监管系统对企业计分7066.61分,对有关责任人员计分12098.9分。

交通运输　开展"道路运输平安年"活动,加强"两客一危"企业的安全监管,打击非法违法运输车船,检查道路和水上运输企业1653家次,排查隐患650处,完成整治650处,处理违章车船5404辆(艘),罚款1647万元。

渣土运输　开展"白加黑"专项整治行动,白天进渣土车企业签订责任状,督促对违法驾驶人采取批评教育、停岗培训、调离解聘等措施,夜间以出城主通道、二环路以内主干道为重点区域,严查渣土车闯禁行、不按规定时间线路行驶、未平斗密闭运输等突出违法行为。

危险化学品　突出散装汽油、油气罐区专项整治与"两重点一重大"自动化改造,组织危化品大检查大排查大整治,检查企业2843家次,排查整改隐患2267条。检查16家烟花爆竹仓库,1485个零售网点,排查整改隐患480处;查获并集中销毁非法烟花爆竹4000余件。

瓶装液化气　开展"燃情岁月"系列活动,对全市1.33万个餐饮场所入户安检宣传,排查整改隐患1811处,查处"黑气"店点103个,查扣气瓶3862个,拘留45人。

消防安全　集中开展劳动密集型企业治理、"三合一"(住宿与生产、仓储、

2016 年，福州市安监局调研检查福州市危险化学品企业安全生产情况
（市安监局　供）

经营一种或一种以上使用功能违章混合设置在同一空间内的建筑）、城市地铁、城市综合体、易燃易爆危险品场所专项整治等行动，检查场所 37275 个次，督促整改火灾隐患或消防违法行为 45996 处，重大隐患政府挂牌督办 13 家，已整改销案 6 家；责令“三停”218 家，查封危险部位和场所 215 处，罚款 859 万余元，行政拘留 42 人。

职业卫生　职业卫生监管系统建档企业 921 家，全部完成职业病危害项目申报。开展“四类企业”（陶瓷、耐火材料、石材加工、水泥制造企业）粉尘危害专项治理，指导 111 家企业完成填报“粉尘危害专项治理企业调查表”。推进用人单位职业卫生基础建设，加强对 300 家基础较好的用人单位指导，加大对职业健康培训与检查力度，培训各类人员 11082 人次，体检 9427 人次，开展现状评价 57 家。

【遏制重特大事故试点城市工作】 2016 年，福州市政府印发试点城市工作方案，拟用 3 年时间实现全市安全生产工作“五个转变”，即由过程治理为主向源头预防为主转变，由局部治理向区域治理转变，由人防为主防范向人防物防技防综合防范转变，从单打独斗向群防群治转变，从灾害治理向风险管控转变。上半年，福州市被国务院安委会确定为全国 11 个标本兼治遏制重特大事故试点城市之一。年内设立市安全发展专项资金，按全市常住人口每人 1 元的标准（约 700 万元）提取市级安全发展专项资金。开展城市安全风险评估，委托专业机构全面摸排评估城市主要安全风险构成、分布，编制《城市安全风险评估报告》和《城市安全风险电子地图》，并进入招投标程序。出台《福州市安全生产隐患排查购买服务实施方案》，协议邀请专业技术服务机构定期对化工集中区和钢铁、化工等高危行业领域企业开展安全检查，推进“专家查隐患、群众共监督、企业重整改、政府抓监管”的工作流程。

【安全生产大检查与隐患排查整治攻坚年行动】 2016 年，福州市安委会确定 2016 年为“隐患排查整治攻坚年”，突出重点行业领域专项整治与城市运行安全风险防范，采取“七项措施”（集中整治、专家助力、挂牌督办、社会监督、诚信约束、督查落实、“一案双查”），集中整改整治。行动开展以来，全市检查生产经营单位 47380 家次，排查隐患 59034 处，整改 58475 处，整改率 99.1%，排查重大隐患 46 处，整改到位 19 处；纳入不良记录管理 57 家次，媒体网站曝光 62 家次，罚款 3652.11 万元，责令停业整顿 343 家，关闭取缔 30 家。

10 月下旬至年底，在全市各行业领域开展安全生产大检查。印发 3 万份《致全市各机关、团体、企事业单位的一封信》。建立《福州市重大安全隐患点监管责任人制度》，摸排筛查首批 422 个重大安全隐患点（其中市级 30 个，县级 392 个），编制《重大安全隐患点监管责任清单》，挂牌督办，逐项制订、落实整治方案措施。大检查活动期间，全市出动检查组 585 次，检查生产经营单位 2387 个次，排查隐患 5272 处，已整改 5225 处，罚款 700.83 万元。

【应急救援建设】 2016 年，福州市修订《福州市危险化学品生产安全事故应急预案》和《福州市非煤矿山生产安全事故应急预案》，对非煤矿山、危险化学品等行业企业应急预案进行备案。开展应急资源核对工作，普查福州市非煤矿山企业、危险化学品企业和其他重点行业企业，以及各社会组织的应急资源，并编印成册。推进江阴化工应急救援基地建设，组建江阴应急救援中心、江阴安监执法中队和江阴消防特勤中队，首批消防救援器材车辆全部到位。应急中心大楼 1 号楼和消防特勤大楼 2 号楼完成主体施工，进入砌体及二次结构施工。

在 6 月“安全生产月”期间，全市组织、指导各类应急预案演练近 3700 场，其中现场演练 3400 多场，桌面推演近 300 场，参演人员达 95 万人，投入经费 1200 万元，修订预案 450 余份。6 月 24 日，在福建中景石化有限公司组织开展“福州市 2016 年危险化学品生产安全事故应急救援演练暨观摩活动”，20 多个部门参加，参演人数 140 余人，出动各类车辆 25 辆。

【安全监管基础建设】 2016 年，福州市在开展市、县、园区、镇、村安全监管机构规范化建设的基础上，推行面向园区、乡镇、村居等基层定区域、定人员、定责任的网格化监管模式，推动“安全意识到基层、安全责任到基层、安全投入到基层、安全监管到基层、事故遏制在基层”。推进“智慧安监”建设，在“数字安监”（一期）的基础上，启动（二期）项目建设。拓展企业标准化、网格化监管等功能模块。

【安全宣传教育】 2016 年，福州市在主流媒体开设“安全生产之窗”专版专栏,开通安全生产政务微博微信,以安全生产月、“安康杯”、安全普法讲座、“守护生命”知识竞赛、“身边隐患随手拍”等形式,开展“安全七进”活动。推进安全文化示范点建设,建成3个省级安全社区、8个省级安全园区,11家安全文化示范企业(其中国家级1家,省级10家),指导长乐市创建“全省安全发展示范试点市”。组织“百镇、千村、万企”安全大培训,对12个县(市)区、46个市直部门、26个园区、173个镇街的分管领导和安监干部,2597个村居的安全协管员、1万余名重点行业领域企业管理人员开展分级分类别的安全业务知识大轮训。自主创作安全生产题材微电影三部曲第二部《底线》,举办福州市“中建海峡杯”安全生产摄影大赛及优秀作品展。

(陈学锋)

审　计

【概况】　2016年,福州市审计机关完成审计和审计调查项目(单位)315个,超计划6.42%。审计查出应上缴财政、归还原渠道资金、调账处理等审计处理处罚金额13.69亿元,移送有关部门处理事项11件,涉及金额1977.21万元,促进增收节支和挽回损失4.34亿元,推动建立健全规章制度和整改措施57项。年内全市有6个项目获全省(表彰)项目,市审计信息化工作、审计统计和信息宣传工作在全省审计系统考核中均名列第一名。

【政策落实情况跟踪审计】　2016年,福州市分季度持续开展13个专题专项政策落实情况跟踪审计,涉及251个省市重点建设项目。通过审计促进社会就业保障、税收优惠政策、简政放权等9项政策落实到位,促进资金到位或盘活财政存量资金36.20亿元。自加压力,主动融入服务保障“百日攻坚”大局,对福州市76个攻坚重大项目落实情况跟踪审计检查,揭示反映项目问题42个,协调推进项目进度22项,规范20项工程招投标程序履行。

【城镇保障性安居工程审计】　2015年12月至2016年3月,福州市审计局对福州市本级及七县(市)2015年保障性安居工程第四次跟踪审计。取消保障资格或调整待遇209户,清理收回被违规使用的住房18套,完善配套设施促进住房交付使用1452套,规范管理和加快项目建设15个,出台或调整相关政策3个。

【财政收支审计】　2016年,福州市在全省率先探索推进“一线两翼”(以全部财政性资金为主线,计算机审计和绩效审计为两翼支撑)工作模式,推进审计监督全覆盖。采取部门“组团式”“五统一”模式和“集中分析,分散核查”的数字化审计,对138个部门(单位)进行预算执行与决算审计,其中市级部门预算执行审计25个,县级部门72个,地方政府财政决算审计41个,查出主要问题金额69.25亿元。

【公用经费审计】　2016年,福州市结合年度审计项目,对市直86个部门(单位)及县(市)区129个单位2015年度公用经费管理使用情况进行专项审计检查,同时,对部分单位2016年公务支出和公款消费情况及节假日重要时间节点进行检查。审计的215个部门(单位)2015年公务接待费、公务出国(境)费用、公车购置与运行费、会议和培训费均呈现明显下降趋势,分别比2014年下降15.90%、15.07%、13.57%、16.97%。对审计发现的费用支出审批手续不完整、公务接待费及陪餐人数超标、车辆管理不规范、超编进人或编外用人、吃空饷、公款私存、违规申报补助等问题进行处理和纠正,提出加强公务用车和控编减编工作、强化制度保障和监督检查,加大问责力度等5条审计建议。

【政府投资审计】　2016年,福州市对市本级重点建设项目、第一届全国青年运动会场馆建设项目、对口援疆、援藏项目等22个投资类审计项目,审计项目投资额604.77亿元,查出主要问题金额2.37亿元,处理和纠正工程项目履行基建程序不到位、未按规定公开招投标、未完成政府工作目标、资金使用管理不规范、建设工程进展缓慢、多计征收补偿款等问题,完善相关制度3项。福清、闽侯、连江、罗源、永泰、仓山、晋安等7个县(市)区政府投资审计中心,对3606个工程项目进行造价审计,送审资金135.54亿元,净核减14.35亿元。

【民生资金和资源环境审计】　2016年,福州市审计局对2015年保障性安居

2016年12月7日,福州市审计局派出审计组对闽清县“尼伯特”台风灾后恢复重建建设项目进行跟踪审计,在梅城镇中心幼儿园对项目已施工的板面分布筋间距进行抽查

(市审计局　供)

工程、职业技能培训与促进就业创业政策落实情况、绿道网建设项目、水污染防治资金、市都市现代化农业发展状况审计等55个重点民生和环境项目(资金)进行审计(调查),查出主要问题金额6.81亿元。对"尼伯特"台风灾后重建进行跟踪审计,走村入户和现场核查1410户,占实际重建户的58.53%。开展精准扶贫、涉农资金专项审计(检查)和深入落实中央八项规定精神"1+X+Y"专项督查,移送侵害群众利益等问题线索17条(件)。

【经济责任审计】 2016年,福州市对88个单位的95名党政及国有企业领导人员进行任期经济责任审计,其中离任审计59人,占62.11%;任中审计36人,占37.89%。查出主要问题金额34.31亿元,其中应负直接责任0.1亿元、主管责任16.65亿元、领导责任17.56亿元。移送有关部门处理事项4件,涉及金额1467.28万元。按照省审计厅部署,结合建瓯市经济责任审计,对闽清县开展领导干部自然资源资产经济责任审计。

【审计信息化建设】 2016年,福州市加强审计项目计算机应用推动工作,建立计算机审计思路形成过程记录制度。推进审计管理系统国产化升级改造工作,完成全市审计机关办公网络迁移,保障福州市审计局门户网站运行。建立定期向审计署报送电子数据联合工作机制,完成对市、县两级13个财政部门财政管理信息系统、业务报表和扶贫等数据的采集和报送工作。

【审计整改】 2016年,福州市政府印发《关于进一步加强审计整改落实工作的实施意见》,建立健全审计整改长效机制。首次按照部门审计报告反映的问题逐一对应,形成审计发现问题清单、整改落实清单和审计建议采纳清单。首次由市政府领导向人大常委会报告审计发现的问题整改;市人大首次听取和审议"同级审"发现的问题整改情况;市委首次将领导干部经济责任审计结果和审计发现的问题整改落实列入2016年党风廉政建设责任制检查考核内容。

【内部审计】 2016年,福州市有内部审计机构90个,其中专职机构21个。内审人员252人,其中专职人员74人。完成审计项目(单位)753个,其中,财务审计162个,效益审计27个,经济责任审计56个,内部控制评审51个,信息系统审计7个,基本建设审计123个,其他审计327个。审计总金额414.4亿元,提出建议意见被采纳的有733条,移送有关部门处理事项1件,给予行政处分38人。

【审计信息采编】 2016年,福州市审计局采集、编报《福州审计信息》、专刊及增刊,《审计要情专报》共58期204条,被采用或批示330篇(次);提出审计建议875条,被采纳661条。其中《市审计局推动乡镇审计办设立》《已竣工建设项目的财政结转结余资金应及时上交财政》《市审计局迅速部署"尼伯特"灾后恢复重建项目资金跟踪审计工作》被福州市委市政府、《中国审计报》《中国审计》《福州日报》《福州晚报》等多方采用,《漳平市认真整改自然资源资产专项审计发现问题》被省审计厅评为优秀信息。开设"福州审计"微信公众号,运用新媒体扩大审计宣传。

【内部审计协会】 2016年,福州市内审协会组织会员单位开展内审质量自我评估、内审理论研究和赴台交流学习考察工作,参加内审信息化优秀成果展示和百佳审计案例评选活动,抽调内审人员4名以审代训。完成社会组织党建工作情况的摸底调查和组建协会兼合式党支部,协调完成内审协会脱钩的前期工作,内审协会被市民政局评为AAA级社会组织。3月,市内审协会与市审计局联合对市直85家行政事业单位开展内审情况调查,并汇总2015年国有企业内审调查情况上报市政府。11月,市内审协会举办《政府会计准则》业务培训班,220人参训。

【审计学会】 2016年,福州市审计学会组织对5个重点审计科研课题开展立项研究,其中《新常态下审计监督全覆盖路径研究》和《完善政策跟踪审计服务福州经济发展》《政府投资审计研究》等课题被市发展研究中心列入2016年度政府系统重大课题,研究成果入选《研究报告》参阅件。《新常态下审计监督全覆盖路径研究》项目被确定为市社科规划项目,《政策措施落实情况跟踪审计研究》课题被省审计厅列为2016年度全省重点审计研究课题。完成《福州市审计志》初稿。组织开展2015年度优秀论文及学组科研成果评比,评出优秀论文27篇,优胜学组11个;对2015年度6个科研立项课题进行结题。10月,审计学会与审计局机关以"审计在你身边"为主题参加在长乐市举办的全省社科普及宣传周活动;参加全国大中城市社科联第27次工作会议,被评为全国社科组织先进单位。

(林城冰)

(编辑　黄　铭)

财政　税务

财　政

【概况】　2016年，福州市（含平潭，下同）一般公共预算总收入934.06亿元，完成预算的102.0%，比上年增长10.1%。其中：地方一般公共预算收入598.91亿元，同口径完成预算的103.7%，比上年增长11.7%。一般公共预算支出831.24亿元（含省专款和上年结转等支出，下同），增加105.31亿元，比上年增长14.5%。全市政府性基金收入615.14亿元，完成预算的122.3%，增加213.06亿元，比上年增长53.0%；支出493.05亿元，增加38.39亿元，比上年增长8.4%。全市社会保险基金收入147.10亿元，完成预算的94.6%，增加38.31亿元，比上年增长35.2%；支出127.22亿元，增加43.18亿元，比上年增长51.4%。

市本级一般公共预算总收入357.82亿元，完成预算的100.1%，比上年增长8.1%。其中：地方一般公共预算收入225.07亿元，同口径完成预算的102.6%，比上年增长12.0%。一般公共预算支出233.28亿元，增加50.61亿元，比上年增长27.7%。市本级政府性基金收入425.21亿元，完成预算的160.3%，增加182.45亿元，比上年增长75.2%；支出290.93亿元，增加67.54亿元，比上年增长30.2%。市本级社会保险基金收入93.13亿元，完成预算的99.9%，增加22.30亿元，比上年增长31.5%；支出78.12亿元，增加27.20亿元，比上年增长53.4%。

【财政保障工作】　全年上级下达转移支付资金163.20亿元，比上年增加25.09亿元，比上年增长18.2%。全面跟踪推行“营改增”试点后财政收入变化情况，研究减税对相关产业发展及财政收入的影响。运用各项经济数据，分析税源变化情况，提高财政收入中税收收入和可用财力两个比重，促进财政良性发展，全市财政收入增速双双位居全省首位。细化部门预算项目安排，提高预算到位率。加快对下转移支付进度，加强对重点支出项目的督导，按月考核通报部门预算支出，落实预算执行主体责任。加大财政资金统筹力度，盘活财政存量和部门沉淀资金。加强重大专项资金等重点支出绩效评价。创新财政支持方式，设立福州新区投资发展基金、紫荆海峡科技基金等，加大PPP模式的推广运用，制定出台PPP项目管理办法。

【经济发展投入】　*落实减税降费政策*　2016年，福州市执行涉企各项税收减免优惠政策，免征、停征18项行政事业性收费，实施失业、工伤、生育保险费阶段性降费，扩大教育费附加、地方教育附加、水利建设基金免征范围，减轻企业负担217亿元。

扩大政府有效投资　统筹资金419亿元，保障铁路、高速公路、轨道交通等基础设施和市政、水利重点项目建设，支持城市棚户区改造和重点项目征迁，发挥政府投资在稳增长中的拉动作用。统筹资金11.22亿元，兑现港口、民航运力补助和新开辟重点航线航班补助，支持国省干线及农村路桥等交通路网建设，推进道路安全隐患整治，贴补公交政策性亏损等。

激发企业发展活力　完善出台多项支持重点企业和中小企业的扶持政策，落实专项资金21.60亿元，促进制造业和现代服务业加快发展。争取省企业技改基金支持，缓解中小企业融资难问题，促进优势成长性企业发展。支持科技成果转化和激励企业创新，实施163个市级科技计划项目，支持城市信息化、“平安福州”建设，扶持众创空间、“互联网+”等信息产业发展。

推动产业转型升级　发挥财政专项资金和政府产业基金的杠杆作用，支持战略性新兴产业集聚基地建设，推动传统行业技术改造升级，促进经济转型和培育新财源有机统一。

【民生事业投入】　2016年，福州市优先保障民生等重点支出，确保市委、市政府63个为民办实事项目完成。全市用于民生方面的支出达654.74亿元，占一般公共预算支出的78.8%，比上年提高1.3个百分点。

公共财政事业　支持教育优先发展，促进学前、义务、中职、特殊各类教育均衡发展，优化师资合理配置。完善社会保障制度体系，完成城乡居民基础养老金、农村低保、困难群体医疗救助等政

策提标扩面。深化医药卫生体制改革，提高新农合、城镇居民医保和人均基本公共卫生服务经费标准。支持各项重大文化、体育项目建设，促进文体事业发展。

文体事业　支持文化设施建设，统筹资金5.60亿元，丰富“文化惠民·六进”和农村公益电影放映等活动，支持文艺创作和精品发展，推进历史文化名城保护，举办海峡两岸合唱节等文化交流活动，支持群众性体育和竞技比赛等。

扶贫救助　完善资金资源整合机制和创新管理机制，采用产业开发补助、就业扶持、担保增信、融资贴息等多种方式，助推精准扶贫工程。转移支付分配向革命老区、民族地区和贫困地区倾斜，加大对因病因灾致贫群体救助力度，帮助1.06万人实现脱贫。

农村建设　统筹资金14.87亿元，支持农业扶贫开发，落实强农惠民政策，推进新农村“幸福家园工程”和“造福工程”，扶持农业产业化龙头企业和农民创业园区，支持优势特色农业、设施农业、农业新型经营主体加快发展，实施森林生态效益补偿和造林绿化，建设防洪水利基础设施，对病险水库除险加固，推进水土流失综合治理。

灾区重建　建立横向对口援建机制，加强救灾资金筹措调度，累计下达闽清、永泰等救灾资金5.07亿元，支持农房、供水、水利、学校、医院、交通等公共服务设施恢复重建。加强重建资金管理监督，确保资金使用安全高效。

【财政管理改革】　2016年，福州市推进乡镇国库集中支付改革，全市130个街镇试行国库集中支付。推进市本级国库集中支付电子化，提高支付效率。加强内控制度建设，全面梳理财政业务流程，坚持分事行权、分岗设权、分级授权，科学制定符合财政实际的内控制度和办法，完善财政权力运行监督和约束机制。细化公开内容，规范公开形式，104个市直部门公开部门预决算和“三公”经费预决算。预算绩效管理持续深化，213个项目纳入绩效目标管理。“依法行政依法理财”省级示范点建设取得阶段成果，提升财政服务时效，优化财政资金拨付流程，大幅压缩工程项目评审时限，促进重点项目尽快开工。

（林劭劼）

国家税务

【概况】　2016年，福州市国家税务局组织入库税收收入507.63亿元，比上年增收58.07亿元，增长12.92%。完成财政规模收入341.87亿元，比上年增收57.95亿元，增长20.41%。实现市本级财政收入50.85亿元，比上年增收13.09亿元，增长34.66%。全市国税收入总量居全省第二位，直接收入居全省第一位，增量居全省第二位，增幅居全省中游。年内办理出口退税100.60亿元，比上年同期少退1.99亿元，下降1.94%；海关代征税款63.76亿元，比上年增收1.18亿元，增长1.88%。管征各类纳税人27.56万户，其中企业19.35万家，个体工商户6.98万户，一般纳税人5.17万户。

【税收政策新规】　2016年，福州市落实营改增政策，营改增试点全面推开后，全年减税超过40亿元。落实小微企业税收优惠政策，全市有1.75万户小微企业减免所得税8686万元，分别比上年增长10.8%、35.63%，政策落实面达100%。落实固定资产加速折旧政策，有336家次企业享受固定资产加速折旧优惠金额1.23亿元，比上年分别增长425%和325%，相当于减少税收3090.75万元。落实科技创新等其他优惠政策，2015年汇算年度，为1002家次企业落实免税收入、加计扣除、高新软件等各项企业所得税优惠政策，涉及所得额398亿元。落实境外旅客购物离境退税政策，11家企业获批入选境外旅客购物离境退税商店目录，已经申报办理境外旅客购物离境退税3批次8289.15元。落实跨境行为零税率政策，审核办理跨境应税行为零税率退(免)税4860万元，降低“营改增”零税率出口企业税收负担。

【税收法制建设】　2016年，福州市受理重大案件11件，审结13件(含上年度5件)，维持初审意见12件，改变调查部门拟处理意见1件。受理行政复议案件3件，其中不予受理1件，维持1件，撤销复议1件。做出行政复议答复2件。推进公开行政审批事项及税收执法权力清单工作，公告市局税务行政许可事项1项，县级税务行政许可事项4项。落实税务行政处罚裁量权基准，规范税务执法。对2015年11月1日以来6份税收规范性文件进行合规性评估。对2015年1月1日至2016年7月31日的文件进行清理，确定继续有效17件、部分条款失效1件、全文失效4件。成立公职律师办公室，有公职律师3人。完成4名基层局长任中经济责任审计。对4个基层单位开展执法重点督察，发现并整改执法问题79户次。对750条执法疑点开展核查，确认问题604条，查补202.16万元，退税3.4万元。对各类执

2016年4月21日，福州市国税局和福州自贸片区管委会联合举办闽粤自贸区“税收创新论坛”　（市国税局　供）

法过错开展追究问责,批评教育168人次,通报批评10人次,责任书面检查1人次,经济惩戒2.27万元。年内开发区国税局、台江区国税局和长乐市国税局3个单位通过省国税局法治基地复评。开发区国税局和闽侯县国税局被评为2016年福建省法治税务示范基地。

【税收征管改革】 2016年5月1日起福州市在建筑业、房地产业、金融业和生活服务业全面推行营改增试点。接收地税移交纳税人10.44万户,其中本地正常户6.87万户,经确认登记6.42万户。完成营改增"开好票""报好税""分析好""改进好"4个阶段工作。全年4大行业营改增纳税人申报入库增值税93亿元。按期完成金税三期推行准备工作,系统初始化、数据清理、定向演练、双轨试运行、人海压力测试等工作量均居全省首位。6月17日晚上全系统1800名干部职工全员加班开展"金三"人海压力测试。7月8日,金税三期工程优化版在福州市国地税局同时上线运行。在"金三"上线后,加强运行维护,完成数据运维1042条。39个市级国地税合作项目在全市推广。有7个县(市)区国税局在地税设置办税窗口,14个县(市)区国地税局共同入驻政务服务中心,9个国地税局共建联合自助办税服务场所。国地税局与多家金融机构签订"银税互动"合作协议,推出"税易贷"和"税贷通"服务项目,为580家小微企业凭纳税信用获得贷款7.2亿元。联合完成4.36万家2015年度纳税信用级别评价工作。对187家纳税人联合实施进户检查,共同向公安机关移送案件149件,对18户纳税人协同采取税收保全和税款执行措施,通过联合稽查合计补税9810万元。2次联合发布税收违法"黑名单",3次开展联合惩戒。国地税共享涉税信息13.17万条,联合从36个部门采集第三方涉税信息28.26万条。联合开展共享涉税信息应用,国地税增加税款1.55亿元。协同开展税收风险应对,双方共增加税款2.41亿元。市、县两级国地税局实现系统直接互访,可浏览对方网页,登录查询对方金三系统信息。联合开展干部交流,国地税各选派15名干部到对方挂职。鼓楼区被确定为全国百佳国税地税合作县级示范区。台江区国地税局成立联合纳税人维权中心。仓山区国地税局针对到榕从事演出活动和会展的企业联合制定管征措施,征收税款1247.34万元。连江国地税局在黄岐岛打造福州首个"一窗一人、双机双网"全功能联合办税大厅。永泰县国地税局联合规范税务行政处罚裁量权基准执行标准,实现"一事不二罚"。

【税收管理】 2016年,福州市推行《全国税收征管规范》(1.1版),深化登记制度改革,全市办理"一照一码"3.46万户。10月起对个体工商户实施"两证整合"登记制度改革。12月1日起推行办税实名制。市局4次对欠税人进行公告,审核3户纳税人延期缴纳税款1537万元。与工商协作开展长期停业未经营企业清理工作。清理出未办理税务登记的企业706家,对逾期不改正的企业提请工商吊销营业执照。推行简并征期工作,对所有小规模纳税人实行按季申报缴纳增值税,减轻纳税人办税负担。全市下达风险应对任务4387户,有问题结案3564户(其中评估移送稽查处理60户),有问题率81.24%,通过风险应对查补税款、调减留抵金额、加收滞纳金合计10.21亿元。应用"网络爬虫"技术,在福州市国税局互联网涉税信息监控平台抓取和分类储存上市公司信息超过300万条,在上市公司、"新三板"股权转让监控、非上市股份公司股权转让等方面取得突破,其中国内上市公司十大股东股权转让监控13户查补税款6399.79万元,非上市公司股权转让监控评估4户查补收入110.88万元。掌握57家香港上市企业子公司、孙公司,涉及福州居民企业101家,抓取各类公告2.83万个。对首批资产转让的4家企业进行调查,入库税款9447.6万元。构建"新三板"基础信息数据库,掌握福州挂牌企业61家,抓取涉税信息15万条,精确匹配4户疑点企业,其中2家确定应补税款12.15万元,弥补亏损33.43万元。获得政府部门提供的第三方涉税信息80万条。从市财政局和市土地收储中心获取福州市城区土地收储资金拨付信息52条,评估补税5758.11万元。晋安区国税局获取某企业土地收购补偿信息后,辅导企业入库税款1.37亿元。优化总局风险模型应用,全市采集353家典型户数据,选取36家下达评估任务开展模型应用,合计补税401.46万元,提出总局模型优化建议40条,撰写精品案例18篇。

【货物劳务税征管】 2016年,福州市开展增值税发票使用管理情况专项检查,重点检查营改增试点全面推开后商业零售业和生活服务业纳税人发票使用情况,实地检查2862户,有问题户47户,按规定进行行政处罚。同时,对税务机关代开发票、发票发放及缴销情况开展检查,督促地税部门限期完成858户原营业税发票缴销工作。运用防伪税控抵扣凭证系统升级版新系统开展数据分析,审核评估1144户,挽回税款损失14.04亿元。开展车辆购置税专项检查,核查疑点信息3256条,补征车购税64台158.05万元。台江区国税局创新推出车购税客户信息验证管理系统,实现车购税信息审核智能化。

【企业所得税征管】 2016年,福州市开展所得税预缴管理,确保预缴税款不低于全年税款70%的要求。2015年度企业所得税汇缴申报率达到100%,汇算清缴数据汇总差错率小于1%。加强优惠事项后续管理,对91家次已经申报享受优惠却没有备案的企业开展核查,对其中3家调增应纳税额26.18万元,对其他企业责成办理补备案手续。开展不征税收入跟踪管理,抽取2009—2010年度不征税收入疑点信息112户进行核实,补税153.34万元。开展亏损弥补情况后续管理,核实疑点信息208家次,查补入库211万元。清理企业所得税多缴税金5.96亿元。建立"政策性搬迁""重组特殊性税务处理"等特殊事项管理电子台账。继续开展高风险事项团队管理试点,全年重点税源和高风险事项共发现问题企业71家,调增应纳税所得额29.54亿元,查补税款6.08亿元。高新区国税局运用房地产行业模型开展风险分析、识别和排序,审核116家,评估补税1.1亿元。

【国际税收征管】 2016年,福州市全年组织国际税收收入18.93亿元,比上年增长68.56%。建立137家次"走出去”企业清册。组织9家企业参加全省“一带一路”税收行研讨会。撰写8篇“一带一路”税收调研文章，获得全省一等奖等奖项。走访中国武夷、新大陆等多家“走出去”企业宣传税收政策。与省、市国地税局和福建省闽商海外服务促进会联合举办74家闽企参加的境外投资税收宣讲会。落实税收协定待遇，支持企业参与“一带一路”建设。帮助香港恒生银行享受协定税收优惠24.6亿元，全国多家媒体报道。全年入库非居民收入8.67亿元。91无线网络有限公司间接股权转让案累计入库7.55亿元，创下全省非居民税收入库税款新纪录。天安投资集团间接转让股权案件合计入库所得税1.65亿元。开展股息红利专项风险应对，7户企业补税1206.20万元。开展非居民税收协定待遇后续跟踪管理，补回一家企业税款1344万元。闽侯县国税局对82家汽车配套企业开展对外大额费用支付专项风险应对，发现存在关联支付38家，已评估结案3家，入库税款719万元。反避税案件和监控管理组织税款10.26亿元，创历史最高水平。反避税调查结案1家，已批准初步结案1家，上报批准特别纳税调查立案4家。福州博远无线网络科技有限公司等4家企业监控管理入库税款8.34亿元。分别向日本、意大利、美国、巴西、俄罗斯等14个G20国家提供481条自动情报信息。

【出口退税管理】　2016年，福州市办理出口退(免)税120.35亿元，比上年下降11.75%。落实《出口退税规范》(1.1版)，合并纸质审核岗和计算机审核岗，缩短审核审批时限。从4月1日起，在全市全面推行退(免)税无纸化管理，平均节省出口退税办理时间4—5天。完成1960家出口企业无纸化备案工作，无纸化申报出口退(免)税85.77亿元，占全部申报税额71.26%。完成3843家出口企业分类工作，评定一类企业69家，二类企业1820家，三类企业1895家，四类企业59家。实现外贸企业出口退税申报随到随报，针对一达通等重点外贸企业，采取“人机结合、差额审核”、开设绿色申报通道等多种个性化帮扶措施。开展出口企业首次申报实地核查194家次。完成出口企业预警分析和专项评估257家，查补税款1423万元。约谈3家外贸企业，不予退税208万元。清理历史遗留案件，追缴入库税款1600万元。

【纳税服务】　2016年，福州市印发《便民办税春风行动》实施意见，推进落实10类31项便民措施。在开发区国税局设立“福州国税O2O涉税事项集中办理中心”，全面推行O2O办税服务模式。全年有7.96家户次纳税人通过网上申领发票1159.47万份。市局O2O项目获省国税局创新项目一等奖，被省国税局在全省推广，并进入全国税务“互联网+税务”创新候选项目。推行涉税事项“二维码”一次性告知制度。通过推广APP、网上办税、增设自助办税终端等渠道，为纳税人提供24小时自助办税服务。推行“办税一网通10+10”税收服务措施，推动自贸区税收服务管理创新。12月1日起，在全市办税服务厅及各级行政服务厅国税窗口实行无否决权服务机制。推行一窗通办、涉税事项即办、同城通办、预约快办、延时续办和领导督办等“六办”服务机制。从7月开始推行部分涉税事项“全省通办”。对税务登记、认定管理、发票管理、税收优惠管理、申报征收等103项实行办税服务厅即办，对89项涉税审批非即办事项，实行“窗口受理、内部传递、限时办理、窗口出件”。对照全国纳税人满意度调查指标和发现的问题，进行整改，重点加强税收政策宣传、解决办税厅拥挤、提高业务技能、征纳沟通等方面工作。完善纳税服务投诉处理工作机制，多种方式维护纳税人合法权益。通过“12366”“12345”，门户网站局长信箱等受理纳税服务咨询、投诉、举报733件，及时回复率达100%。

（王玉龙）

地方税务

【概况】　2016年，福州市地税系统组织入库税费(含平潭)615.3亿元，比上年减收3.89亿元，下降0.63%，扣除“营业税改征增值税”因素影响，可比口径同比增长17.33%，其中福州市局税收全年累计入库399.91亿元，比上年减收15.24亿元，下降3.67%，扣除“营改增”因素影响，可比口径比上年增长22.95%；各项费金全年累计入库164.66亿元，比上年增收9.86亿元，增长6.37%。组织财政总收入(含平潭)421.60亿元，比上年减收3.62亿元，下降0.85%，扣除“营改增”和四城区土地交易契税级次调整因素影响，财政总收入可比口径比上年增长22.70%，其中组织地方财政收入(含平潭)311.60亿元，占全市地方财政收入的45.14%。至年底，管征各类纳税人26.84万户，其中单位纳税人19.14万户，个体纳税人7.2万户。

【税收优惠落实】　2016年1—4月，福州全市月营业额未超过3万元而享受免征营业税优惠政策的企业和个体工商户5.45万户，免征营业税税额1437.54万元。5—12月，免征月租金收入未超过3万元小微企业增值税3400万元。全年预缴申报享受小型微利企业所得税优惠政策的盈利企业6498户，减免企业所得税4611.80万元。落实房地产交易相关税收优惠，合计减免个人房产交易营业税、增值税、契税等21.92亿元。65家高新技术企业申报减免2015年度企业所得税1.32亿元，比上年增加0.02亿元，增幅1.54%；96家企业申报研发费用加计扣除额4.61亿元，比上年增加0.93亿元，增长25.27%。工业企业江海堤防工程维护费按流转税额的0.9‰代征；执行免征水利建设基金和残疾人就业保障金相关规定，扩大政府性基金免征范围；停征价格调节基金；失业保险单位费率和个人费率分别从2%和1%下调为1.5%和0.5%，全年减征失业保险费4.19亿元。

【税收法制建设】　2016年，福州市清理全文失效废止的规范性文件77件、部分条款失效废止的规范性文件17件、现行有效的规范性文件34件。开展法治税务示范创建工作，福清市地税局被命名为“福建省法治税务示范基地”，闽清县地税局被省地税局选送为“全国法治税务示范基地”推荐单位。推行公职律师、法律顾问制度，13个基层地税局聘请法律顾问，另有5名公职律师和2名具有法律职业资格人员参与行政执法工作。

【税务稽查】 2016年,福州市全市稽查立案检查企业99家,组织企业自查70家,稽查查补2.81亿元,稽查收入入库2.58亿元。查处发票违法企业104家,查处非法发票份数1531份,涉及金额1亿元,查补税款、滞纳金、罚款等各项收入247.55万元。受理群众举报案件354件,查补税款、滞纳金、罚款等各项收入861.78万元。对国家税务总局、省地税局确定的49户"双随机"抽查户进行检查,其中26户与国税局进行联合检查,同步提取数据,共享信息、资料和检查结果,查补税款451.76万元。

【税收风险防控】 2016年,福州市通过风险管理系统推送风险纳税人1.8万户,入库税款9.66亿元,比上年增长21.93%。其中以风险提醒方式推送至税管员提醒纠偏1.56万户,入库税款2353.61万元;通过各级风控中心推送2402户,入库税款9.42亿元。开展住宿、餐饮、房屋租赁、娱乐等"营改增"涉及行业的票表比对分析,推送发票开具金额与申报营业税计税依据不符的涉税风险,推送2个风险项目2977条涉税信息,评估入库税款6758.70万元。对福州市136家房地产企业的221个开发项目的涉税风险点进行排查,排查涉税风险点1223个,正在排查涉税风险点434个,查补税款2.1亿元。与国税部门合作,利用网络爬虫技术,从互联网相关网站采集十大股东减持股票和新三板股权转让涉税数据,获取涉税信息36.03万条。试点开展上市公司股权转让、股票减持、上市公司年度财务报表与企业所得税年度申报表、非上市公司的股权变更等互联网涉税数据分析比对。

【营业税管征】 2016年5月1日,"营改增"试点工作全面推开。福州市全年入库81.67亿元,比上年同期减收72.82亿元,下降47.14%。加强建筑、房地产和金融业等重点税源管理,开展税款清理、发票管理等工作,组织"票表比对",坚持"以票控税",根据营业税纳税义务发生时间的规定,开展以前年度的税款清缴工作,及时组织税款入库,确保营业税应收尽收。

【企业所得税管征】 2016年,福州市企业所得税入库84.35亿元,比上年增收23.89亿元,增长39.52%。加强股权转让所得税管理,入库股权转让所得企业所得税8.53亿元,比上年增收3.34亿元,增长64.35%。建立国地税长期合作机制,统一确定应税所得率,协同核定征收企业所得税。新增核定征收企业所得税188家。动态跟踪解决申报问题,全市3.24万家企业参加2015年度汇算清缴,比上年增加2668家,增长8.97%,汇算清缴入库企业所得税28.67亿元,比上年增收10.81亿元,增长60.53%。

【个人所得税管征】 2016年,福州市个人所得税入库72.40亿元,比上年增收15.69亿元,增长27.68%。全市7.43万名年所得12万元以上的纳税人依法自行纳税申报,比上年增加5130人,增长7.41%,补缴税款588.68万元。财产转让所得补缴税额256.51万元,占补缴税款的43.63%。通过"金税三期"系统建立自然人税收管理体系,个人所得税明细申报覆盖面达到90.44%,申报率为96.44%,比上年提高24个百分点。制定《福州市地方税务局关于部分行业个人所得税核定征收问题的公告》,明确全市交通运输业、建筑安装业个人所得税实行核定征收的具体核定征收标准。委托福州市邮政局寄递2015年度个人完税证明16.51万件,其中福州市区13.23万件、8县3.27万件。引导本地证券公司吸引限售股托管和转让业务落地,简化退税审核流程,提高限售股转让个人所得税的缴纳清算效率。全年入库限售股转让所得个人所得税10.86亿元,比上年增收10.52亿元,增长幅度超30倍。

【财产行为税管征】 2016年,福州市加强财产行为税各税种明细申报,落实分税种管理规程(指引、办法),入库175.52亿元,比上年增收15.76亿元,增长9.86%。

土地增值税 2016年,福州市入库60.59亿元,比上年增收11.35亿元,增长23.05%。执行分类型预征率,按照规定程序实行单项预征率,确定预征率水平,入库预征税款38.89亿元。创新土地增值税开发成本审核模式,通过购买服务的方式,全省首创引入工程造价咨询中介机构参与土地增值税清算审核,破解土地增值税开发成本审核难的问题。全年土地增值税清算税款入库21.7亿元,比上年增收4.5亿元,增长26.49%。

房产税和土地使用税 依托"金税三期"系统,重点开展房产税、土地使用税税源信息清理和维护工作,加大对房产、土地税源的日常监控力度。推广"以地控税、以税节地"工作,通过与国土部门沟通协调,确定数据交换和共享内容,开展土地信息和税收信息的相互比对,强化土地利用和税收管理。全年入库房产税17.26亿元,比上年增收2.34亿元,增长15.71%;入库土地使用税6.87亿元,比上年增收0.82亿元,增长13.46%。

资源税 7月1日起,资源税全面改革在全国推开。对福州市9个资源税征收品目的税费负担率进行调研测算;对内、对外开展业务培训,解读有关改革的文件精神,辅导纳税人正确填写、准确核算、规范申报,帮助企业尽快适应新申报操作流程,确保平稳过渡。全年入库2629万元,比上年减收517万元,下降16.43%。

耕契两税 在房产、国土等部门的配合下,加大对耕地占用税和契税的征管力度,规范管理,强化征管基础工作,坚持"先税后证"原则,努力挖掘税源;落实首套房、二套房的契税优惠政策,支持房地产行业去库存。入库契税37.95亿元,比上年增收0.97亿元,增长2.62%。全年入库耕地占用税2.57亿元,比上年减收1.94亿元,下降43.03%。

【规费征收】 2016年,福州市加强基本养老保险费"五率"征管和行业缴费基数预警值管理,开展规费专项调查,实现社会保险费收入持续稳定增长。全年各项规费入库152.47亿元,比上年增收8.99亿元,增长6.27%,其中福州本局基本养老保险费入库76.83亿元,比上年同比增收8.20亿元,增长11.94%。

【纳税服务】 2016年,福州市地市局组织"简政放权,我来@国务院"宣传活动，征集意见建议941个，优化服务措施24项，完善5项基本服务制度和4项保障机制，增设备用窗口49个，创新窗口“双屏”显示，开辟绿色通道36个。统一排队叫号软件系统，利用手机APP、微信、网上办税系统、自然人个税办税平台等工具，推出“预约办税”服务，实现申报、缴纳、涉税查询等事项线上一网办结。在自贸区福州片区推出11项创新举措，其中，3A“一掌通”、涉税文书网上送达、国地税重点税源联合直报等3项举措被评为全国首创。更新自助办税终端机至60台，设置24小时自助办税服务场所12个。提升“12366”热线服务水平，接通率最高达到99%、排队率最低降至5.87%。

2016年4月27日，福州市地税局在福州大学举办“大学生税法知识竞赛”
（市地税局　供）

【税收宣传】　2016年，福州市地市局全年在省级以上媒体刊发稿件1205篇（条），其中被中国政府网、中央电视台新闻直播间、《光明日报》等中央级媒体采用14篇。举办“八闽春风行、税法进万家”主题活动，参训人员超3000人；在福州一中开展“税法知识进校园”活动；在福州大学举办2016年度福州市大学生税法知识竞赛。联合台江局摄制《两张票　两岸情》税收公益广告，联合马尾局共同拍摄《聚焦·助力》税收公益广告作品，其中《两张票　两岸情》获得年度全国税收公益广告鼓励奖。通过网站、微信等渠道发布税收宣传586期。

【国地税合作】　2016年，福州市国地税部门通过互设窗口、共同入驻行政服务中心等方式，整合、规范国地税服务资源，实现纳税人“进一家门，办两家事”。全市10个县（区）地税局在国税局办税服务厅设办税窗口（15个）、国地税共同入驻行政服务中心13个，建成自助办税服务场所11个，共用基层服务资源2个。依托国地税联合纳税人学堂，开展线上线下联合培训，培训纳税人3万多人次。联合完成2015年度纳税信用评价工作，健全按月动态调整的复评机制，评出A级1100户、B级2.12万户、C级2.13万户、D级1983户已补评49户，其中评定为A级8户、B级41户，已复评147户，其中评定为A级62户、B级84户、C级1户。联合推动与7个金融机构签订“银税互动”协议20份，为中小企业发展提供融资便利，累计发放贷7.65亿元，惠及企业580个，解决就业4000多人。

【“营改增”】　2016年，福州市成立“营改增”全面推开工作领导小组，下设6个工作组，制定任务分解表，实行每日工作情况通报，成立9个督导组，由市局领导带队开展专项督导。印发“营改增”专项绩效考评及结果运用办法，落实奖惩机制。印制“营改增”宣传手册3.4万份，开设“营改增”咨询窗口与绿色通道，开设“12366”热线专栏，制订备用办税服务厅、应急值班、机房供配电、舆情监控等应急预案。与国税部门紧密对接，配合开展税源户数据资料核实和确认工作，全市移交户数10.66万户。开展征管衔接，试点前，严禁跨月、跨季度征收或调整预征缴办法提前征收；严禁运动式清理欠税、补税。做好发票等各项衔接工作，合理发放发票。与国税部门、市房屋登记中心召开联席会议，细化合作事项的时间表、路线图和实施方案。5月1日—12月31日，全市代开增值税发票8.28万份，合计代征增值税税款2.97亿元，减免增值税10.01亿元，实现增值税双代业务的过渡。

【“金税三期”推广上线】　2016年，福州市地市局分前期准备、双轨运行、单轨上线3个阶段，开展“金税三期”推广上线各项工作。抽调28名业务骨干组成核心团队，制作简易版操作指引，涵盖常用业务依申请69项、依职权20项。通过“金税三期”专栏发布信息，全市发起流程类业务1.15万件，即办类业务2.14万件。发布数据清理周报12期，数据清理问题解答6期，清理指引2期，清理基础登记信息20.93万户、60.33万条问题数据，完成率超99%。5月16日—6月30日，开展双轨运行工作。通过各办税服务厅（点）、对外门户网站、微信公众号、《福州日报》《的士公交LED联播网》《海峡都市报》《福州晚报》等平台或媒体提前向社会公告系统上线情况；召开新闻发布会，邀请新华社福建频道、《福建日报》、福建电视台、新华网等媒体，介绍“金税三期”工程推出的意义和作用，对新系统上线后社会关注的问题作出解答。向市政府汇报，召开金税三期专项业务协调会，市委、市政府等17个相关部门参加会议。7月8日“金税三期”系统正式上线运行，开展专项督导，出台责任追究办法，完善办税服务厅管理，全面推广预约服务，制定错峰办税计划。通过分析征收数据，组织全市开展虚欠清理，核实“金税三期”系统中迁入的税款滞纳金数据，对1208户滞纳金迁移数据进行清理核实。7月起对相关小规模纳税人简并征期，从按月申报改为按季申报。

（谢浩忱）

（编辑　卓明顺）

农村经济

新农村建设

【概况】 2016 年，福州市农林牧渔业总产值 866.25 亿元，第一产业增加值 507.55 亿元，均比上年增长 4.1%。全市农村居民人均可支配收入 1.63 万元，比上年增长 7.5%。

【幸福家园工程】 2016 年，福州市开展新农村“幸福家园工程”建设，按照“十个一”建设标准，全市 420 个市、县两级新农村“幸福家园工程”示范村和创建村完成 3823 个项目，投资 9.09 亿元，其中 11 个市级示范村完成项目 229 项，投资 7395 万元，完成计划 101.3%。

【造福工程】 2016 年，福建省安排福州市造福工程指标 4500 人，动工 1137 户 4825 人，超额完成省下达任务的 7.2%，实施省、市造福工程集中安置区 17 个，累计完成投资 2.74 亿元，占全年计划投资的 101.4%。

【精准扶贫】 2016 年，福州市实现精准脱贫 1.14 万人，国定贫困人口全部脱贫。实施第五轮农村扶贫济困春风行动计划，市县两级财政安排 1500 万元专项资金，扶持 5000 户贫困农户和低收入农户发展生产。市财政安排 1000 万元，给予永泰、闽清、连江、罗源、闽侯各 200 万元作为市级小额信贷风险担保金配套资金，为 253 户建档立卡贫困户发放无担保贷款 1138 万元。开展“雨露计划”培训 2348 人。

【强农惠农政策】 2016 年，福州市农业支持保护补贴 13693.73 万元；水稻种植保险投保面积 4.94 万公顷，中央、省、市、县四级财政补贴 80% 保费 695 万元；科技示范户补贴落实 4360 户 130 万元的物化补贴；新建茉莉花基地每公顷奖励 37500 元，新建 34.5 公顷奖励资金 129.7 万元；现代果、茶、菌及水肥一体化项目补助 43 个项目通过评审，合计项目补助 560 万元；农机购置补贴完成补贴资金 1155.3 万元，补贴农机具 6237 台（套），带动农民投资约 3500 万元；中央、省、市三级补助闽清、永泰两县农业救灾资金 8.1 亿元。

【三农体制改革】 2016 年，福州市开展农村土地承包经营权确权登记颁证工作。全市 2146 个村基本完成入户调查工作，完成权属调查（外业地块指界）工作的有 1948 个村，占 90.77%；1787 个村完成审核公示工作，占 83.27%；1308 个村完成合同签订工作，占 60.95%。农村土地流转工作。全市土地流转面积 3.96 万公顷，其中耕地流转 2.95 万公顷，耕地流转率 30.07%。闽侯县国家级农民股份合作赋予集体资产股份权能改革试点工作。作为全省唯一试点，全县 279 个村村级集体清产核资全面完成，村集体成员身份界定和报备工作基本完成，14 个试点村完成折股量化工作。

新农村幸福家园示范村—连江县小沧乡小沧村 （市农业局 供）

【农产品质量安全监管】 2016年，福州市将农产品质量安全绩效考核延伸至县区级；完成953家生产主体备案登记和生产记录档案管理；充实县镇村三级质量安全监管力量，完成204家农产品质量安全可追溯管理平台信息注册工作。纳入农资监管平台的农药兽药企业341家，其中，完成规范化改造企业204家，开展产品登记备案企业234家，用户实名登记490户，开展网上农资监管巡查3480次。国家级"饲料质量安全管理规范"示范企业达4家，全省第一。全市农产品质量安全例行监测合格率居97%以上，未发生重大农产品质量安全事件。

农业产业化

【概况】 2016年，福州市连江县成为农村一二三产业融合发展全国示范县，福州市在全省率先评定市级农村一二三产业融合发展示范平台7家、示范点5个。福清国家现代农业示范区完成投资1.1亿元，省级农民创业园（创业基地）完成投资7.4亿元。印发市级农民创业园实施建设管理办法。

【农业经营主体】 2016年，福州市推动农业产业化龙头企业"互助资金池"项目，累计发放贷款1646万元。第八轮省级农业产业化龙头企业福州市105家，比第七轮增加50家，新增1家国家级农业产业化龙头企业，开展第七轮市级农业产业化龙头企业评定。新增全国农产品加工示范合作社2家，省级农业类农民合作社示范社7个、家庭农场示范场9个、省级合作社发展项目2个，评定10个市级农业类农民合作社示范社、20个市级家庭农场示范场。

【休闲农业】 2016年，福州市在全省率先成立福州市休闲农业协会，开发"福州市休闲农业公共信息服务平台"，编制《"十三五"休闲农业专项规划》。永泰县成为全国休闲农业与乡村旅游示范县。新增4家全省休闲农业示范点、3个福建省最美休闲乡村。省级以上休闲农业示范点33家，福建省最美休闲乡村福州市有7个，均位列全省第一。

【现代设施农业】 2016年，福州市新建设施钢架大棚面积126.6公顷，全市钢架大棚千亩以上蔬菜基地19个，位列全省第一。新增智能控温集约化育苗基地2个、果蔬茶菌标准化示范区91个。

农业科研

【概况】 2016年，福州市完善工作机制和技术服务模式，建立农业科技试验示范基地29个、农民田间学校48所、科技网络书屋837个，选聘78名专家、490名技术指导员，遴选4360户科技示范户。年内，连江县再次被列为全国农技推广体系改革与建设示范县（全省3个），罗源县、永泰县被列为省级示范县。

【科技培训】 2016年，福州市招收9名乡镇农技推广紧缺专业定向委培生，推荐24名乡镇农技人员参加专升本"直通车"学历教育。在7个主要农业县（市）全面开展新型职业农民培育工作，培训3174名新型职业农民，占全省28.7%；完成录入4346人（含计划与正在培训），占全省33.2%。推荐上报新型职业农民专科学历教育学员181人，超额完成省下达的145名任务。组织农村实用技术远程培训5.41万人次。8月30日起举办为期一周的现代设施农业生产技术培训班，以色列的阿姆拉姆·哈赞和尼西姆·鲁西两位专家从日光温室种植技术和病虫害综合治理等方面进行授课，来自福州市各县（市）区农业局、科协的一线工作人员和现代农业专家、企业家等代表100余人参加培训。

【"五新"技术推广】 新品种　2016年，福州市全市建立各类优质、专用、高效农作物新品种示范片点2066.6公顷，推广各类农作物新品种10.35万公顷，超额完成全年任务2.3万公顷。征集217个新品种，其中粮油作物47个，经济作物170个，设立75个展示点。

新技术　推广超级稻面积1.42万公顷，超额完成任务0.86万公顷；全市落实再生稻留桩任务面积0.15万公顷，超额完成0.02万公顷，建立百亩级示范片21片、面积373.3公顷。

新肥料　商品有机肥示范推广项目建立30个示范片，示范0.04万公顷，并通过以点带面，示范推广商品有机肥面积0.42万公顷，种植绿肥面积0.56万公顷。

新农药　重点示范推广10种农药，通过抓示范片，推动全市的新农药推广应用。年内，开展技术培训39期、受训人数3025人次，发放资料2.38万份，建立核心示范片面积达2366.6公顷，辐射推广面积达4.6万公顷次，超额完成3.33万公顷任务，防治效果达85%。

新机具　完成机耕作业面积13.12万公顷，水稻机收作业面积3.79万公顷，水稻机插作业面积1.6万公顷，均超

罗源县岐峰村山水农民专业合作社蘑菇种植大棚　（市农业局　供）

额完成任务。

【农业科研项目】 2016年,福州市完成市级农业科技(五新)示范推广项目、创新与集成项目31个,建设13个农业物联网应用市级示范点。市菜科所“蔬菜智能温室生产技术创新集成与应用”项目获得省发改委项目经费200万元、“主要绿叶蔬菜品种创新与配套技术研究与应用”获得福州市首批科技重大专项项目经费100万元,创建国家蔬菜育种创新基地。市农业局组织,市菜科所、农技站、省蔬菜站联合申报的“南方设施蔬菜生产技术研究与应用”获全国农牧业丰收奖三等奖。市农科所承担国家、省、市科技计划项目40项,按合同要求开展。

表21 **2016年福州市主要农产品产量**

产品名称	产量(万吨)	同比增长(%)
粮食	528672	-2.7
春收	46342	3.2
夏收	83982	-6.3
秋收	398348	-1.8
油料	56701	0.6
其中:花生	55900	0.5
油菜籽	781	9.2
糖料	23152	-3.3
甘蔗	23152	-3.3
茶叶	30873	12.4
水果	546406	2.4
蔬菜	3729699	3.6
食用菌	185729	6.8

种 植 业

【概况】 2016年,福州市全市水果产量54.64万吨,比上年增长2.4%;蔬菜产量372.97万吨,全省第一,比上年增长3.6%;茶叶产量3.09万吨,比上年增长12.4%;食用菌(干鲜混合)产量达18.57万吨,比上年增长6.8%。

【粮食生产】 2016年,福州市完成粮食播种面积10.5万公顷,超额完成计划0.54万公顷,其中水稻播种面积6.37万公顷。2公顷以上水稻种植大户890户,种植面积达0.72万公顷,其中1.5公顷以上水稻种植大户有303户,33.33公顷以上水稻种植大户有25户。

【经济作物】 2016年,福州市推进橄榄、李梅、龙眼、荔枝等优势品种更新换代,实施现代果业项目,完成8个百亩果树品种结构调整示范片,建设28个水果标准化果园。市农业局与财政局联合出台《福州市设施农业温室大棚市级配套奖励办法》,对建设符合6类省级设施农业设施温室大棚进行配套补贴。全市设施蔬菜面积1.57万公顷,约占全市蔬菜面积的1/6。建设49个蔬菜标准园。福州茉莉花茶品牌价值达到28.52亿元,位列全国茶叶类区域公用品牌第7。珍稀食用菌比例达39%,举办2016国际灵芝大会。

【植物病虫害防控】 2016年,福州市按照“预防为主、综合防治”的植保方针,抓科学植保、公共植保、绿色植保,开展农作物病虫害防治47.4万公顷次,挽回粮食损失达4.5万吨,农作物病虫害造成损失有效控制在3%以内,属中等发生。完善监测预警体系建设,全市启用病虫测报灯40盏,其中,水稻病虫测报灯25盏、蔬菜病虫测报灯7盏、柑橘病虫测报灯3盏、茶叶病虫测报灯1盏、桃李奈病虫测报灯1盏、荔枝龙眼病虫测报灯3盏。加强农作物病虫预警与控制区域站建设,长乐市完成并投入使用;罗源县完成建设,进入验收阶段;永泰县正在建设。实行每周一汇报制度,全市发布病虫情报157期、1.10万份,手机短信39期、1.53万条。开展农作物病虫害绿色防控等综合防控技术示范,建设18个示范点,其中果树10个、茶叶1个、蔬菜4个、水稻3个,全市开展农作物绿色防控843.7公顷,开展统防统治面积1.33万公顷,其中水稻统防统治面积0.7万公顷。

(张清炎)

农 垦 业

【概况】 2016年,福州市全系统(市属企业)实现营业收入2443.59万元,国民生产总值12160.64万元,亏损621.66万元,上缴税金148.21万元。11家市属企业在岗职工年人均收入55354.61元,茶叶产量297吨,水果产量170吨,出栏肉猪8500头,家禽106吨,禽蛋278吨。开拓鸡苗市场向周边省份布点,销售鸡苗220万羽,鸡蛋278吨,禽肉106吨,销售收入1024万元。

【重点建设交地搬迁】 2016年,福州市农垦系统完成3处征地拆迁项目:海西茶城房屋征迁涉及店铺67家,总面积达6091.44平方米,9月27日海西茶城商户全面签订搬迁协议并动迁完毕,完成市政府要求的征迁任务;11月,鳝溪钢材市场完成搬迁协议签订及交地任务;西洪路乳品厂宿舍拆迁项目,涉及总公司资产部分签订协议并完成交地任务。

【农业基地建设】 特色农业江洋农场建千亩绿化苗木基地和饲料加工厂;扶持村民建起33.3公顷的甜柿基地、23.3公顷的翠梨基地和油茶基地;各个村都种植发展茭白等当地特色的农产品，甜柿、翠梨和茭白成为农场的品牌产品，也是当地特色的农产品。鸿尾农场43.3公顷现代化果园基础设施建设项目实施方案通过审批，进入实施阶段。江洋农场扶贫项目分期实施，年内第3期的苗木基地、机耕路、茶园整理、灌溉工程建设和饲料加工厂项目通过验收，第四、五期扶贫项目正在续建中。

（张　春）

林　业

【概况】　2016年，福州市林业总产值278.41亿元，比上年增长4.75%，其中，第一产业71.96亿元、第二产业177.45亿元、第三产业29.0亿元。全市有林地面积63.10万公顷，林业用地面积74.83万公顷（其中生态公益林31.31万公顷，商品林43.52万公顷）。林木总蓄积4163万立方米，森林蓄积量3862万立方米。森林覆盖率56%。有国家级森林公园5个、省级10个，省级以上森林公园经营面积1.6万公顷。湿地面积20.68万公顷，其中近岸与海岸湿地15.82万公顷、河流湿地1.51万公顷、湖泊湿地236.75公顷、沼泽湿地25.04公顷、人工湿地3.33万公顷。基干林带面积1.4万公顷，基干林带662.6千米。油茶林1.71万公顷、竹林5.73万公顷、经济林6.98万公顷、花卉面积0.49万公顷。

【集体林权制度改革】　2016年，福州市培育新型林业经营主体，7个林业站列入乡级林权管理服务网点建设扶持项目，2个林业专业合作社入选省级新型林业经营主体标准化建设项目。全市林业类农民专业合作社达306个，其中国家级示范社1个，省级示范社5个、省级规范社8个、市级示范社15个。全市省级以上生态公益林补偿标准提高到每年每亩26元。

【造林绿化】　2016年，福州市全年完成植树造林面积0.82公顷、占总任务的148%，其中"三带一区"造林面积0.4万公顷，占任务的103%。实施为民办实事项目沿海基干林带面积0.4万公顷（其中，新造林面积0.027万公顷，林带修复面积0.308万公顷，封山育林面积0.54万公顷），占任务的101%。完成森林经营总面积2.54万公顷，其中森林抚育面积1.27万公顷，封山育林面积1.27万公顷。组织全民义务植树活动，全市完成义务植树1144.96万株，参加人数313.88万人。

【森林资源保护】　2016年，福州市修订完善《福州市森林火灾应急预案》，下发2016—2020年森林防火责任书，强化重要时间节点和重点部位森林火灾管控，全市火灾发生起数、受害面积分别比上年下降82.4%、88.3%，没有发生重大以上森林火灾。编制年度松材线虫病防控实施方案，开展松材线虫病疫情除治和主要林业有害生物防治，清除松材线虫病疫情621公顷，清除松树枯死木2.73万株，全市松材线虫病疫情总面积下降32.54%，连江县解除松材线虫病防控综合整治。组织开展打击破坏森林、野生动植物资源，非法占用林地等违法犯罪专项执法，全市林业行政执法机构查处各类林业行政案件331件。《福州市湿地保护管理办法》正式颁布实施，湿地保护管理纳入法制化、规范化轨道。全面启动福州市第四次森林资源规划设计调查工作，完成样地调查619个，占总样地数100%。全市完成各类育苗315.5万株，开展主要造林苗木及景观绿化大苗价格参考信息编制工作，每年定期更新价格的参考信息。

【林业产业】　2016年，福州市全市规模以上涉林企业179个、省林业产业化龙头企业6个、上市企业2个，拥有中国驰名商标1个、中国驰名品牌1个。推进林业供给侧结构性改革，促进林业产业转型升级。扶持华鸿竹木、双棱竹业新增竹木加工生产线，预计投产后可实现产值4000万元；协调推进新兴家具竹加工项目在晋安区寿山乡落地，带动北峰1万公顷毛竹销路和林农增收。建立福州市花卉苗木公众信息服务平台，完成《福州市花卉苗木发展规划（2016—2026）》，新增花卉苗木基地206.6公顷、设施花卉5000平方米，引进新品种3个。发展林下经济，续建17个省级示范项目，新建1个中央财政和6个省级示范项目，新增1个省级著名商标。

【林业科技】　2016年，福州市开展雷公藤丰产栽培技术推广示范、阔叶林林下仿野生金线莲丰产栽植技术推广示范2项市级推广项目，开展油茶高效培育技术示范与推广、五节芒林地免"炼"造林耕作技术推广2项省级推广项目，开展福州市滨海沙地不同树种凋落叶分解及养分释放、华重楼林下仿生态育苗及种植技术研究、油茶老树桩嫁接山茶花定向培育技术研究3项科技攻关项目。在永泰县嵩口镇举行送科技下乡活动，现场开展林业实用技术、政策法规咨询，人数达100多人，发放林业技术手册400份、林业科普资料700份，林业宣传图片1000份，赠送香樟、闽楠、枫香、相思等苗木1000株。"6·18"中国·海峡项目成果交易会，完成征集企业技术需求5项，组织、筛选20名农民参加新型职业农民专科学历教育。

【国家森林城市创建】　2016年，福州市完成乡村生态景观林项目面积26.6公顷、40个村，占任务数100%。长乐市、闽侯县、永泰县获评"福建省森林县城"，福清市、连江县、罗源县、闽清县创建省级森林城市（县城）正在有序推进。

【林业审批服务创新】　2016年，福州市实行"市县同权"优化占用征收林地审批（核）服务工作，实行审批权和审核权适当分离，市、县同时审核、同时一次性告知。办结征占用林地申请201件，其中，永久用地176件，使用林地定额面积946公顷；临时用地22件，使用林地面积130公顷；内部用地3件，使用林地面积6公顷；福州新区34件、面积151公顷。

（吴志琴）

畜 牧 业

【概况】　2016年，福州市肉蛋奶总产量36.17万吨，比上年下降2%。生猪存栏97.94万头，下降17.2%；出栏197.1

万头,下降5.2%;能繁母猪存栏10.97万头,下降18.1%。牛存栏3.4万头,下降6.2%,出栏1.35万头,下降4.8%;羊存栏16.61万头比上年下降1.5%,出栏16.62万头,下降7.6%;家禽存栏1078.82万只,下降18.7%,出栏1753.67万只,下降6.5%。

【产业化经营】 2016年,福州市病死猪无害化处理机械补贴项目下达补贴资金两批41个615万元。新创建3家国家级畜禽标准化示范场,1个通过验收,10个省级畜禽标准化示范场通过验收。推进拟保留生猪规模养殖场标准化改造,136个标准化改造中,完成68个(23个通过验收,45个完成项目工程建设);59个正在建设;1个择址重建;8个拟列入拆除。存栏5000头以上35个生猪养殖场完成标准化建设内容,完成省政府下达的任务,在全省党政领导生态效能考核中畜禽养殖污染整治项目得分福州市与厦门市并列第一名。

良种繁育体系建设　推进奶牛品种改良,选择高产荷斯坦种公牛冻精8000支,发放给县(市)区奶牛场、奶牛配种站5300支,余2700支备用。配种母牛2649头,怀孕母牛1820头。加强4个地方畜禽品种资源保护,下达2016年畜禽品种资源保护专项经费40万元。开展生猪良种补贴工作,推广猪人工授精技术。

经费补助项目　市级财政安排400万元,用于补助2014年以来所在地农民从事生猪养殖的转产转业,具体为发展特色畜禽养殖、标准化果茶园建设、茶叶、食用菌、中药材和花卉苗木等项目。设施畜禽项目安排160万元,补助项目5个。

【动物疫病防控】 2016年,福州市完成春、秋两季重大动物疫病强制免疫工作,落实动物免疫日制度,全年免疫高致病性禽流感4520.33万羽、口蹄疫454.64万头、猪瘟403.99万头、高致病性猪蓝耳病400.16万头,确保存栏畜禽“应免尽免,不留空档”。集中组织开展5次大规模消毒灭源工作,消毒面积累计达26650.98万平方米,覆盖全市13个县(市)区、142个乡镇、2219个行政村、1568个规模养殖场、29个屠宰场、330个活禽交易市场(活禽宰杀点),开展动物疫病净化五年行动。

【动物卫生监督】 2016年,福州市全市产地检疫生猪156.82万头、牛羊2.44万头、禽类68.98万羽,屠宰检疫生猪125.82万头、牛羊8.94万头、禽类48.25万羽,例行抽检“瘦肉精”尿样7.17万头份。开展“查处无证经营八闽出击”专项行动、动物诊疗机构专项整治行动、生猪屠宰“扫雷行动”。养殖环节病死猪无害化处理17.15万头,屠宰环节病害猪无害化处理2532头。推进生猪定点屠宰监控信息平台建设。

(张清炎)

海洋与渔业

【概况】 2016年,福州市海洋经济总产值3425亿元,比上年增长17%,占全省31%;全市渔业经济总产值1068.4亿元,比上年增长8.3%,占全省41%。全市确权项目用海69宗,确权面积1616.05公顷,征收海域使用金2.31亿元。全市水产品总产量预计238.48万吨,比上年增长4.5%,占全省31%;产值489.86亿元,比上年增长4.5%,占全省39%,占全市大农业57%。

【专项工作及重点项目】 申报海洋经济创新发展示范城市工作　2016年,福州市选择海洋生物、海洋高端装备两个产业作为福州市海洋经济重点发展方向。9月,在全国22个申报城市中福州被确认为8个海洋经济创新发展示范城市之一,争取到中央财政首批1.8亿元的扶持资金,用于扶持市战略性新兴产业发展。同时,联合市发改委征集“智慧海洋”工程项目68个,开展国家级海洋经济发展示范区申报前期工作。

“百日攻坚”项目　梳理出涉海涉渔“百日攻坚”重点项目20个,其中19个涉及项目用海保障,1项为罗源湾海域综合整治项目中的罗源湾退养任务。用海保障方面,台商投资区松山片区基础设施启动项目、福州万翔快递中心陆域形成工程等10个项目用海获批,其他项目用海审批工作也在有序推进中。罗源湾海域综合整治方面,连江县完成全部网箱退养任务9.59万箱、深水大网箱20口,并强制拆迁1.58万箱未登记网箱;罗源县完成网箱拆除12.43万标准箱,完成总数的93%。

三无船舶拆解　确定最低拆解任务数为51艘,其中连江县拆解任务数11艘、长乐市拆解任务数38艘、罗源县拆解任务数2艘,年内全市完成拆解67艘,其中连江县拆解23艘、长乐市拆解42艘、罗源县拆解2艘。同时对执法中查获的5艘非法从事捕捞作业的“三无”船舶全部予以没收拆解。

【海域使用管理】 顶层规划设计　2016年,福州市在全国设区市率先出台《福州市海岛保护和利用规划》《福州市近岸海域环境保护规划》;《福州市海洋功能区划》通过省海洋与渔业厅组织的专家评审;《福州市海域采砂用海规划》正在开展规划项目招标前期筹备工作。市海域使用动态监管中心获评全国海域动管系统优秀单位。

用海审核报批　指导福清江阴东部片区区域用海规划范围内项目用海确权报批工作;马尾琅岐岛特色海洋经济园区域建设用海规划获国家海洋局批复;福州港松下港区牛头湾作业区区域用海规划上报国家海洋局待批;连江可门经济开发区临海工业区(二期)区域建设用海规划上报省海洋与渔业厅评审。推进滨海大通道、机场二期、闽台蓝色经济产业园和福建省海峡现代渔业经济区等一批重点项目用海审核审批工作。

海域资源市场化配置　福州市B4、B5、J2区块总面积1080公顷的海域采砂临时用海使用权,以7011万元的总价成交,超出标准海域使用金5796万元;出让福清市江阴半岛壁头角东侧机械制造2号项目,连江可门工业区1、2、3号用海和福建省海峡现代渔业经济区(一期)项目等经营性项目用海海域使用权,成交价总额达2.5亿元,实现海域资源公平配置和保值增值。启动市海域海岛收储中心筹建工作。

海洋生态文明　编制完成《2015年洋环境状况公报》和《2015年福州市海洋灾害公报》。全年开展用海项目海洋环评12宗,环评率达100%。加快海洋环境整治修复，在罗源、连江、福清、长乐等地的重点海湾、海滩、渔港、养殖区，实施海漂垃圾清理等海洋环境综合整治试点。6月6日，开展包括八闽放鱼日主会场在内的大规模渔业资源增殖放流活动20场，投放各类水生生物苗种近4.7亿尾(粒)。

【现代渔业经济】 优化水产养殖结构 2016年，福州市扶持设施渔业，新增陆上工厂化养殖面积2.24万平方米。鼓励企业创建健康养殖示范场，全市有28个农业部健康养殖示范场，新增6个。开展福州金鱼良种保种工作和水产良种场认定工作，逐步实现水产苗种良种化和生产管理规范化、标准化，全市有1个国个级水产原种场、3个省级水产良种场和18个市级水产良种场。

鼓励发展远洋渔业 针对印尼渔业政策重大调整带来的影响，鼓励企业实施转场生产，拓展远洋渔业发展空间，3家企业获得15艘入渔东帝汶、33艘入渔利比里亚、14艘入渔坦桑尼亚的配额。全市外派远洋渔船361艘，比2015年新增8艘。向农业部申请远洋渔船船网工具指标104艘。在东盟、非洲国家等地建成5个境外远洋渔业综合基地，4个境外水产养殖基地。中利渔业综合基地取得33艘利比里亚近海和专属经济区捕捞渔船入渔权；中国·西非远洋渔业产业园在比绍取得150公顷土地和30公顷海域所有权，准备启动“三通一平”和填海工程。

水产加工流通 采取以奖代补的方式引导水产加工企业扩大规模、延伸产业链、发展精深加工、提升产品附加值。全市拥有规模以上水产加工企业116家，国家级农业产业化龙头企业4家，省农业产业化省级重点龙头企业35家，福州市农业产业化龙头企业82家。全市水产品加工产量155.24万吨、产值287.66亿元，分别比上年增长2.5%、4.2%，水产品加工的规模、质量均居全省前茅。

渔业交流合作 举办2016海峡(福州)渔业周·中国(福州)国际渔业博览会，展区面积5.8万平方米，来自33个国家和地区500家协会和企业参会参展，现场签约、交易、零售额达169.23亿元。展会规模为世界第三、中国第二。加强渔业对外交流合作，促进福州市与斯里兰卡、肯尼亚、印度、加拿大等国家的渔业合作。

【安全体系建设】 渔业灾后重建工作 2016年“尼伯特”台风灾害后，福州市组织受灾严重的闽清和永泰两县开展渔业灾后重建工作，下达补助资金40万元，另安排20万元经费购置消毒药品、修复设施、进行无害化处置等，并赠送70万尾淡水苗种；对受灾较重、重建意愿较强的8家企业，采取“点对点”帮扶模式，指导企业恢复基础设施，抓紧投苗补苗，并在资金项目上给予支持；12月下拨120万中央财政渔业救灾资金，强化灾后重建。

2016年6月3日，中国海带之都授牌仪式在榕举行(林 莹 摄)

保障渔业生产安全 开展渔业安全生产督查行动76次，检查渔船9963艘次，查处存在安全隐患渔船244艘次。强化宣传教育培训，开展安全培训33期1200人次。推进渔船检验“三大行动”，推进捕捞渔船更新改造和减船转产项目，改善海洋捕捞作业结构，提高渔船安全性能。推进渔船安全生产标准化建设，全市60马力以上渔船三级达标率100%，二级达标率76.4%；10家远洋渔业企业完成率100%，其中二级6家，三级4家。

水产品质量安全 开展水产品质量安全源头治理工作和三级抽样检测工作，各项抽检合格率均达100%。全市有24家水产品质量安全追溯试点企业，新增4家。累计认定无公害水产品产地209个、认定面积1.58万公顷，认证产品275个、产量22.13万吨。

海洋渔业防灾减灾体系 完善海上监控网络，海洋与渔业应急指挥系统项目建成并投用；在3个二级渔港建成LED防灾减灾宣传平台；海上渔港和重点渔排养殖区视频项目建成7路信号待验收；“福州海洋预报”微信公众号完成一期开发。全市渔业防御寒潮和防汛防台无事故，组织撤离渔船3.95万艘次，船员4.84万人次，渔排人员2.88万人次。上报市政府审议通过《福州市海啸灾害应急预案》，成立市海洋与渔业应急保障中心，全年接警并处置24起突发事件，协助救起船舶6艘、人员19人。推进渔港建设，筹建、续建、新建渔港项目16个，其中3个竣工、3个在建、10个正进行立项和开工前各项准备工作。渔业互保工作进展顺利，全市渔工投保1.89万人，渔船投保1548艘，完成率100%，签单保费约4099.19万元。

综合执法 结合上下联体、部门联合、两岸联动，以及“海盾”“碧海”等专项执法行动，查处海洋案件136起，收缴罚没款2655.39万元。打击海域非法采砂行为，强化与海警、边防、海事等部门协作，定期开展海上协同执法，形成高压态势，全年查处海域违法采砂案件120件，收缴罚没款1119万元。完成全国“海洋工程环境保护”执法示范建设任务，办案数和罚款额均居全国地级市前列。打击非法采捕红珊瑚、整治涉渔“三无”船舶,全市查处渔业案件173件,收缴罚没款133.99万元。300吨级新型渔政船建造项目进入建造阶段,新购置的2艘执法快艇投入使用。

(林　莹)

水　利

【概况】　2016年,福州市水利投资完成48.02亿元,占福建省水利厅下达福州市年度计划42.71亿元的112.43%,较2015年增加11.33亿元,比上年增长30.88%。其中马尾区完成投资2.53亿元、闽侯县4.18亿元、福清市5.08亿元、长乐市3.70亿元、连江县5.57亿元、罗源县5.28亿元、永泰县1.76亿元、闽清县2.57亿元、高新区0.47亿元、晋安区0.10亿元、仓山区14万元、福州闽江下游管理处0.212亿元、福州水务投资发展有限公司1.41亿元、福州市城乡建设委员会等其他部门水利投入7.47亿元、福州市闽江下游防洪工程建设公司6.22亿元;重大水利项目完成投资34.14亿元,占计划30.78亿元的110.92%;面上水利项目完成投资13.88亿元,占计划11.93亿元的116.35%。

【水行政工作】　2016年,福州市培育发展25个农业用水协会,完成农民用水协会的登记注册和专题培训。实施闽侯农田水利设施创新运行管护机制改革,推行以开展产权确权和移交、建立工程产权所有者筹集为主,政府绩效考核进行奖补为辅的工程管护经费筹集机制,完成白沙、小箬乡(镇)试点。开展闽清县水利工程管理体制改革试点,在永泰县和罗源县推广,进行摸底调查工作。

水利规划编制工作　完成水利“十三五”规划、治涝工程专项规划、独流入海流域治理工程专项规划、《福州市“十三五”水资源开发利用与保护专项规划》《敖江流域水量分配调整方案》《福州市水资源综合规划(初稿)》《福州市水资源调度方案与应急预案(初稿)》,编制福州市河道岸线和生态保护蓝线规划,启动福州新区水资源配置规划编制,组织编制《闽江下游(福州段)2016年度河道采砂计划实施方案》,经福州市人民政府批准,下达闽江下游开采河砂年度指标181万立方米。

水资源管理保护　在第24个“世界水日”和第29个“中国水周”开展以“节约水资源,保障水安全”为主题的水法律法规和水资源保护知识宣传教育活动。

行政执法检查　对福建省永泰县牛项山矿区建筑用花岗岩矿、鹤林路东段道路、连江县风吹岭风电场等140个生产建设项目开展水土保持监督执法。开展闽江下游河道非法采运砂执法,依法查扣违法采、运砂船舶70艘,清理非法堆砂场3处,推砂还江1万立方米,拆解无船名船号、无船舶证书、无船籍港的“三无”非法采砂船舶12艘,上缴罚没款597.75万元。

行政审批与水利工程招标投标工作　受理各类审查审批项目129个,办结118个。依法征收水土保持补偿费1002万元、水资源费650.4万元。福州市本级核准20个进入福州市公共资源交易市场招投标的项目,开标监督19个。

【水利工程建设】　2016年,福州市重大水利项目有平潭及闽江口水资源配置工程、福州市霍口水库、福州市江北城区山洪防治及生态补水工程、福州市安全生态水系建设等69项,总投资289.93亿元,完成投资34.14亿元,占年度计划30.78亿元的110.92%,其中在建重大水利项目34个,完成投资26.89亿元;计划新开工项目22个,完成投资6.95亿元;开展前期工作的项目13个,完成投资0.299亿元。

冬春水利建设　福州市2015—2016年度冬春水利建设,截至3月31日,完成投资8.53亿元(含2015年数据,下同),占计划101.71%,水毁工程修复277处,防渗渠道新增108.3千米,新建、加固堤防30.42千米,河道疏浚46.71千米,渠道清淤206.6千米,水库除险加固63座,供水能力新增50.3万立方米,灌溉面积新增2513.33公顷,改善灌溉面积6726.67公顷,除涝面积新增1800公顷,中低产田改造66.67公顷,节水灌溉新增面积1693.33公顷,水土流失治理面积36.51平方千米,水电装机容量新增6010千瓦。

农村饮水安全工程　连江县官坂镇、筱埕镇、江南乡列为2016年福州市农村饮水巩固提升中央投资项目乡镇,受益人口2.93万人,解决国家建档立卡贫困户159户484人的饮水不安全问题,完成投资683万元,占年度投资计划101.9%,其中完成中央投资600万元,占中央投资计划100%;闽侯县、长乐市、福清市、连江县、罗源县、永泰县12个项目列为2016年农村饮水安全建设省级拾遗补缺项目,受益人口8000人,完成投资334万元,占年度投资计划102.77%。

农田水利建设　连江、罗源、永泰列为2016年度小型农田水利项目县,分别完成投资2360万元、2736万元和2708万元,占计划总投资的94.4%、100%和94.2%,其中分别完成年度中央投资1600万元、1200万元和1200万元,均占计划100%。福建康利来生态农业科技开发有限公司、闽清梅溪马洋村天硕生态农业专业合作社、罗源光滑农林合作社山地水利示范工程均完成13.33公顷灌溉建设任务。完成农田灌溉面积4124公顷,占年度计划3666.67公顷的112.47%。开展2016—2017年度长乐莲柄港,闽侯洋里溪、溪源江,连江敖江、牛溪,闽清安仁溪,罗源白塔乡7项安全生态水系建设工程,整治河道83.33千米,总投资36120.61万元。完成投资26631.29万元,占总投资的73.73%。

水利设施加固改造工程　完成列入水库除险加固常态化项目的闽侯县磨里、清水井、箬洋、胡子坑、地状、里洋,长乐市罗联、云居里、井门9座水库除险加固。完成46座水库大坝安全鉴定。完成2座大型水库、12座中型水库、101座小(一)型水库和313座小(二)型水库注册登记及换证工作。罗源松山围垦水闸除险加固列为2016年大中型水闸除险加固项目,完成投资3970万元,占计划100%。完成“十三五”期间13座农村水电增效扩容改造项目初步设计批复和河流生态改造方案编制。

水土流失治理　水土流失综合治理任务8666.67公顷。投资8841万元,完成10933.33公顷,占年度任务126.15%。永泰、闽清为省级水土流失治理重点县,分别完成1351.6公顷、280

公顷，均占计划100%；闽清县塔庄镇为省级水土流失治理重点乡镇，完成250公顷，占计划100%。

闽清县灾后重建　闽清县水利设施在“尼伯特”台风影响期间因洪灾损毁严重，灾后重建工作完成投资1.99亿元，占年度计划投资104.63%，其中城区防洪应急加固工程完成3592万元，占年度计划99.78%；梅溪流域乡镇河道应急加固工程概算总投资2500万元，年内完成投资275.6万元；梅溪干流段疏浚工程完成塔庄、省璜、坂东3个乡镇清障任务，完成投资658万元，占年度计划100%；农田水利灾后重建项目概算总投资18572万元，完成修复拦河坝355座，灌排渠道、排洪沟380条，泵站6座，完成投资12658万元，占年度计划11160万元的113.42%；完成农村饮用水安全灾后重建项目概算总投资3796万元，涉及15个乡镇农村饮用水重建项目，完成投资2745万元，占年度计划105.58%。审查闽江防洪工程梅溪段整治工程可行性研究报告。

永泰县灾后重建　永泰县水利设施在“尼伯特”台风影响期间受洪灾损毁严重，灾后重建工作分两批进行。第一批水利重建项目34个，总投资4992万元，年度计划投资4392万元，全部完工，完成投资4543万元，占年度计划103.44%。其中，永泰县城区堤防应急修复涉及城区防洪堤及清凉溪防洪工程，完成投资1400万元，占计划100%；农村安全饮水工程涉及修复清凉镇、白云乡、丹云乡、葛岭镇、红星乡、盘谷乡、长庆镇、大洋镇8个乡镇农村安全饮水受损工程，完成投资927万元，占年度计划100%；农田水利工程涉及修复丹云、红星、清凉、葛岭、富泉、白云、盘谷7个乡镇受损渠道、拦河坝、塘坝、护岸工程，21个项目，完成投资2166万元，占计划2010万元的108%。

（陈　嘉）

防汛抗旱

【概况】　2016年，福州市因洪涝灾害造成直接经济损失83.23亿元，死亡91人、失踪16人。降水总体偏多，累计平均降水量2038毫米，雨量平均比常年偏多45%。1—10月，经历18场暴雨天气过程。“尼伯特”台风期间，闽清、永泰12个乡镇雨量超过250毫米，达到特大暴雨量级。受“尼伯特”台风暴雨影响，永泰大樟溪支流清凉溪流域、闽清梅溪流域分别发生百年一遇特大洪水和超百年一遇特大洪水。4—6月，有3次强对流冰雹过程和6次暴雨过程，4月23—24日、5月7—8日、6月17—18日的暴雨过程给福州市多地不同程度造成损失。影响福州市台风有7个：1号台风“尼伯特”、4号台风“妮妲”、14号台风“莫兰蒂”、16号台风“马勒卡”、17号台风“鲇鱼”、19号台风“艾利”、22号台风“海马”。其中1号台风“尼伯特”、14号台风“莫兰蒂”和17号台风“鲇鱼”给福州市带来严重风雨影响和灾害损失，“尼伯特”台风引发的特大洪灾，给闽清、永泰造成重大经济损失和人员伤亡。

【雨季强降雨灾害】　2016年4月23—24日，福州市出现大范围强降雨天气过程，部分县市出现暴雨到大暴雨。23日8时—25日8时，171个乡镇累计雨量超过50毫米，23个乡镇累计雨量超过100毫米。闽侯、闽清县受灾，受灾人口0.145万人，倒塌房屋9间，转移人口858人，直接经济总损失4391万元。其中农作物受灾面积424.67公顷，农林牧渔业直接经济损失2624.9万元。公路中断2条次，供电中断1条次，工业交通运输业直接经济损失586万元。损坏护岸11处，损坏灌溉设施99处，水利设施直接经济损失604万元。

5月7日下午起，出现多次强对流天气，永泰县3个乡镇7—8日24小时累积雨量超过50毫米。8日下午到夜里，福州市内陆地区出现强对流天气。10日，部分县市出现中到大雨，29个乡镇雨量超过25毫米，其中两个乡镇出现暴雨。闽侯县、永泰县、高新区，受灾人口1.23万人，转移人口1616人，直接经济总损失1125万元。其中农作物受灾面积282公顷，农林牧渔业直接经济损失628万元。公路中断3条次，供电中断5条次，工业交通运输业直接经济损失90万元。损坏护岸3处，损坏灌溉设施22处，水利设施直接经济损失190万元。

6月17—18日，闽清、永泰北部和闽侯北部部分乡镇出现暴雨，闽清局部乡镇出现大暴雨。17日8—20时，福州市31个区域站累积雨量超过50毫米，其中闽清3个乡镇累积雨量超过100毫米。永泰大樟溪部分支流发生小山洪灾害，长庆溪水位上涨1.5—2米，部分农田被淹，果树受损。闽清、永泰县，受灾人口828人，转移人口117人，直接经济总损失893万元。其中农作物受灾面积111.53公顷，农林牧渔业直接经济损失122万元。公路中断2条次，工业交通运输业直接经济损失167万元。损坏护岸6处，损坏灌溉设施112处，水利设施直接经济损失515万元。

9月11日午后到夜里出现大范围暴雨到大暴雨天气，114个乡镇雨量超过50毫米，其中30个乡镇雨量超过100毫米。福州城区街道路面多处积水，有43处积水点，部分路段因大面积积水造成车辆无法通行。5个县（市）区，受灾人口0.54万人，直接经济损失0.076亿元。其中农作物受灾面积73.33公顷，直接经济损失0.22亿元；公路中断11条次，供电中断10条次，工业交通运输业直接经济损失278万亿元；损坏护岸13处，损坏灌溉设施14处，水利设施直接经济损失0.022亿元。

【台风灾害】　第1号台风“尼伯特”2016年7月3日在西太平洋生成，最强时中心风力17级，8日5时50分在台湾台东太麻里乡沿海登陆，登陆时近中心风力16级，9日13时45分在泉州、石狮沿海再次登陆，登陆时近中心最大风力10级（25米每秒）。受“尼伯特”台风严重影响，福州市出现局地强降水天气，8日20—9日20时，54个乡镇24小时雨量超过100毫米，闽清、永泰12个乡镇雨量超过250毫米，达到特大暴雨量级。最强时段主要出现在9日6—14时，永泰、闽清26个乡镇出现大暴雨，永泰红星、丹云、白云、盘古和闽清塔庄、省璜、坂东、云龙、三溪9个乡镇出现特大暴雨。梅溪流域的坂东镇、塔庄镇、坂东、云龙、三溪5个乡镇最大3小时降雨量210毫米，最大6小时雨量263毫米，为当地历史之最。受短时强降雨影响，9日

受“尼伯特”台风影响,永泰县清凉镇政府办公楼受淹(市水利局　供)

永泰大樟溪支流清凉溪流域发生百年一遇特大洪水,最高洪峰水位55.58米。白云、丹云、红星、清凉、葛岭、塘前、大洋、霞拔等乡镇受淹,约1/3永泰县城受淹,福永高速公路中断,202省道永泰到清凉、白云、红星,县道永泰到丹云中断。梅溪流域闽清县境内发生超百年一遇特大洪水,闽清梅溪洪峰流量5000立方米每秒,最高洪峰水位26.48米。洪水淹没沿岸大量平原地区、漫入沿河镇街、村庄,约1/4闽清县城受淹,电力通信系统受损严重,道路塌方、街道积水、干渠损毁,城区防洪堤台山桥段护坡垮塌400余米,316国道溪口双桥右桥垮塌,梅溪沿线公路桥梁损毁15座。闽侯、罗源、永泰、闽清县和高新区63个乡镇,受灾人口20.43万人,转移人口12.47万人,死亡87人,失踪15人,倒塌房屋9652间,直接经济损失70.58亿元。其中农作物受灾10402.67公顷,成灾5230.47公顷,绝收2343公顷,经济作物损失2.1366亿元,农林牧渔业直接经济损失13.537亿元;铁路中断2条次,公路中断95条,供电中断95条,通信中断85条,停产工矿企业166个,工业交通运输直接经济损失20.6334亿元;损坏堤防25处39.9千米,堤防决口4处700米,损坏护岸366处,水闸3座,冲毁塘坝74座,损坏灌溉设施2428处,损坏机电泵站32座,损坏水电站56座,水利设施直接经济损失17.97亿元。

14号台风“莫兰蒂”　9月15日3时05分在厦门翔安沿海登陆,登陆时中心附近最大风力15级(48米米秒,强台风)。受“莫兰蒂”严重影响,福州市普降暴雨到大暴雨,局部达到特大暴雨,14日8时—15日13时,44个乡镇累计雨量超过100毫米,其中3个乡镇超过250毫米(连江梅洋302毫米,潘渡乡299.1毫米,永泰嵩口镇273.7毫米)。大樟溪、梅溪、敖江等江河以及支流发生超警戒、超保证水位以上洪水。沿海地区出现10—11级大风,局部风力达12—13级。14—15日,沿海地区普遍出现2.5~4.0米的大到巨浪,外海出现3.5~5.5米大到巨浪,15日凌晨闽中渔场出现7.9米狂浪。闽江下游沿海潮位站发生超警戒以上高潮位2站次(琯头站1次,最高潮位3.55米;白岩潭站1次,最高潮位3.63米)。10个县(市)区、101个乡镇因台风登陆前后带来的强风和暴雨受灾,受灾人口14.2172万人,转移人口5.1532万人,倒塌房屋159间,死亡2人,失踪1人,直接经济损失4.35亿元。其中,农作物受灾面积4503.87公顷、成灾面积2487.47公顷,农林牧渔业直接经济损失10769.61万元。公路中断67条次,停产工矿企业48个,供电中断105条次,通信中断36条次,工业交通运输业直接经济损失10790.36万元。损坏堤防19处、0.925千米,损坏护岸274处,损坏灌溉设施243处,水利设施直接经济损失6830.92万元。

第17号台风“鲇鱼”　9月28日4时40分在泉州惠安沿海登陆。27日12时—29日6时,福州市86个乡镇雨量超过250毫米,达到特大暴雨量级,其中14个乡镇超过400毫米。67个乡镇降雨量超过100毫米,达到大暴雨量级。晋安区日雨量333.4毫米,突破历史日雨量极值(2015年8月8日318.5毫米)。福州市区、闽侯县和福清市的日雨量也突破历年9月日雨量极值。9月27日12时—29日6时,27个乡镇风力大于12级,其中9个乡镇出现13级阵风、6个乡镇出现14级大风。27—28日,沿海出现3.0~5.0米大到巨浪,外海出现6.0~8.5米巨到狂浪;28日1时,闽东渔场出现瞬时最大浪高达10.6米狂涛。沿海出现23~196厘米的风暴增水。大樟溪、梅溪、敖江等江河及支流发生超警戒以上洪水5站次,其中超保证1次。闽江下游沿海潮位站发生超警戒以上高潮位5站次。“鲇鱼”带来的强风和暴雨使福州城区出现26处积涝,13个县(市)区、173个乡镇,受灾人口38.1741万人,转移人口12.71万人,倒塌房屋433间,死亡2人,全市直接经济损失7.57亿元。其中农作物受灾面积1.43万公顷、成灾面积5286.67公顷,水产养殖损失1544公顷,农林牧渔业直接经济损失3.4149亿元;路中断119条次,取消航班62班次,关闭渡口码头46个,停运客运3327班次(省际客运127班次、市际客运664班次、县际客运2536班次),停产工矿企业125个,供电中断562条次,通信中断280条次,工业交通运输业直接经济损失1.426亿元;坏堤防49处、6.463千米,损坏护岸244处,损坏水闸5座,冲毁塘坝6座,损坏灌溉设施450处,水利设施直接经济损失1.09亿元。

(陈　嘉)

(编辑　卓明顺)

工　业

综　述

【概况】　2016年，福州市工业总产值8810亿元，其中，规模以上工业总产值8488.3亿元，比上年增长9.7%；规模以上工业增加值1983亿元，比上年增长7.7%；居全省第4位，工业投资完成1397.5亿元，比上年增长13%，居全省第3位。技改投资完成842亿元，比上年增长6.6%；软件和信息技术服务业实现业务收入1013亿元，比上年增长19.1%；单位GDP能耗下降3.55%以上。

全年举办13场政策宣讲会，发放《惠企政策摘编102条》8000册，覆盖县(市)区、重点工业园区、龙头企业。由市经信委牵头起草并由市政府发布《福州市新一轮企业技术改造专项行动》《贯彻省政府促进全省工业经济稳定增长若干措施的实施意见》《进一步促进台资企业产业转型升级的意见》等10余项惠企政策，推动企业转型升级、提质发展。

【重点项目投资】　2016年，福州市推进“抓征迁、促落实”百日攻坚行动，成立市经信委百日攻坚行动领导小组，分片区、分行业，责任落实到人、落实到项目。全面推行“一线工作法”，跟踪督促105个百日攻坚工业项目建设，提前20天完成全年目标任务。跟进督实重大工业项目，组织实施136项市级重点工业项目，全年完成投资405亿元，完成年度计划的109%，其中，东旭光电、中科数据产业园等19个重点项目开工建设，经纬新纤、旭成科技等72个重点项目投产或部分投产。开展“抓招商，促发展”专项行动，对接在谈重大产业项目59个，总投资1017亿元，中铝东南沿海铝精深加工产业园、三峡海上风电装备产业园、中景石化150万吨多元共聚聚丙烯等重大项目落地。

【创新驱动战略】　2016年，福州市培育发展新业态，推动全国首家NB－IoT(窄带物联网)规模化商用局在马尾启用，并在城市供水漏损治理上试点应用。

表22　**2016年福州市规模以上工业企业主要产品产量**

产品名称	单　位	绝对数	同比增长(%)
发电量	亿千瓦时	474.63	3.6
#火　电	亿千瓦时	196.67	-26.8
水　电	亿千瓦时	92.18	15.9
核　电	亿千瓦时	161.66	84.4
风　力	亿千瓦时	21.58	6.0
食用植物油	吨	674973.00	-6.1
纱	万吨	278.87	9.0
化学纤维	吨	4223751.00	25.5
人造板	立方米	345180.00	5.5
皮革鞋靴	万双	13089.25	4.6
塑料制品	吨	1095228.00	5.2
水　泥	吨	6178466.00	-2.1
花岗石板材	万平方米	20001.86	15.5
钢	吨	5647231.00	-2.9
钢　材	吨	7918310.00	-5.6
铝　材	吨	736469.00	10.7
汽　车	辆	134814.00	40.8
显示器	万台	3025.05	4.9
打印机	万台	147.54	12.1

说明：发电量为全社会口径

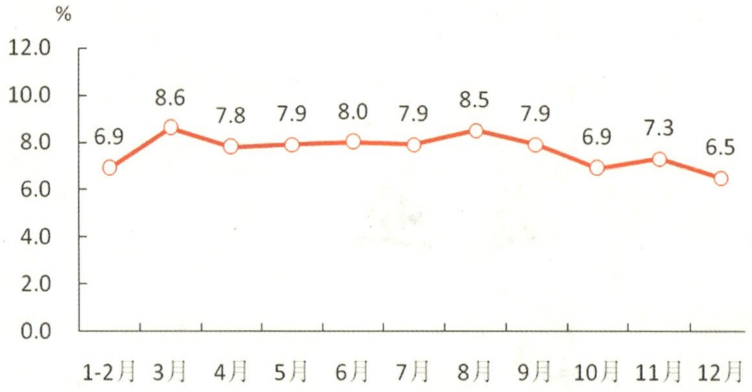

图 31　2016 年福州市规模以上工业增加值增长速度(月度同比)

2016 年 11 月 18 日,全国第一家 NB－IoT(窄带物联网)规模化商用局在福州开通启用　　(市经信委　供)

抢先布局 VR 产业,出台全国首个促进 VR 产业发展政策,推动全国首个 VR 产业基地和最大的 VR 体验中心落户数字福建(长乐)产业园。组织实施 92 个市级战略性新兴产业重点项目,其中 32 个列为省级重点项目,数量居全省第一。全市规模以上战略性新兴产业增加值 456 亿元,占全市规模以上工业增加值的 23%,比上年增长 9.3%,高于规模以上工业增加值增速 1.6 个百分点。创建“中国制造 2025”试点示范城市,编制完成实施方案,上报工信部评审。实现智能制造试点示范零的突破,福耀玻璃获评工信部智能制造试点示范项目,福耀玻璃、东旭光电列入工信部智能制造综合标准化和新模式应用专项,马尾区获评省级智能制造试点示范基地。强化企业创新能力建设,新增省级企业技术中心 3 个,市级企业技术中心 14 个,省级工业设计中心 3 个,市级工业设计中心 2 个。实施 96 项市级重点产学研项目。推动 119 个项目列入省级两化融合重点项目,18 家企业列入国家两化融合管理体系贯标试点,14 家企业通过国家两化融合管理体系贯标评定。

【供给侧改革】　2016 年,福州市牵头编制并由市政府颁布“去产能、降成本”行动计划,推动产业供给侧结构性改革工作深入实施。退出和压减钢铁(粗钢)产能 50 万吨,化解船舶产能 21 万载重吨,提前 3 个月完成全年目标任务。鑫海冶金、马尾中钢、福泰钢铁等企业停产产能达 140 万吨。推进企业降成本,全面落实国务院降低实体经济企业成本的 45 条政策措施以及省政府降低企业成本减轻企业负担的 21 条政策措施,全年减轻企业负担 217 亿元。推动企业兼并重组,出台《关于贯彻省政府进一步推动企业兼并重组若干措施的实施意见》,跟踪推进三钢重组福泰钢铁、马尾中钢,省船舶集团重组冠海造船,河北东海特钢破产重整鑫海冶金等一批兼并重组项目。

【园区建设】　2016 年,福州市开展“完善工业园区体制机制”课题研究,从园区干部体制管理、财政收入分配、统计体系、投融资机制 4 个方面入手,根据园区发展的条件、资质、环境特点,探索建立科学的体制机制。牵头起草《重点园区绩效管理指标考核暂行办法》,强化对园区发展、科技创新、招商引资、绿色集约、安全生产、管理服务等指标的考核,完善绩效激励机制。设立市级工业园区发展专项基金,专项用于投资工业园区公共配套设施建设;推荐 15 个 PPP 项目列入省级工业园区基金建设项目库,24 个项目列入省级工业园区改造升级工程包项目。福建火炬高新技术创业园评为国家级小微企业创业创新基地,中国检验认证集团附件有限公司等 6 个单位评为省级中小企业公共服务示范平台,福州新南方家居建材旗舰中心等 4 个项目评为省级小微企业创业基地。

(范韩军)

机械冶金

【概况】　2016 年,福州市机械制造及冶金建材行业完成产值 2431.2 亿元,其中,机械制造业规模以上企业 511 家,完成产值 1350.1 亿元,比上年增长 8.4%,占全市规模以上工业总产值的 15.8%;完成规模以上工业增加值 323.6 亿元,比上年增长 5.9%。冶金建材行业有规模以上企业 307 家,全年完成产值 1081.1 亿元,比上年增长 2.3%,占全市规模以上工业总产值的 12.6%;完成规模以上工业增加值 242.5 亿元，比上年增长 2.2%。

【机械制造行业】 汽车制造业 2016 年，福州市规模以上汽车及零部件企业 100 家(含整车生产企业)，完成规模以上工业总产值 312.2 亿元，比上年增长 17.2%；完成规模以上工业增加值 69.9 亿元，同比增长 12.1%。全年整车产量达 13.5 万辆，比上年增长 40.8%。其中，东南汽车在 DX7、DX3 等车型热销带动下，产值首次突破百亿元，实现 69.3% 的高速增长；福建奔驰完成产值 41.2 亿元，比上年下降 20.5%。

船舶行业 规模以上企业 17 家(含平潭)，完成规模以上工业总产值 92.5 亿元，比上年下降 29.3%；完成规模以上工业增加值 22.6 亿元，比上年下降 30.4%。其中，福建省马尾造船股份有限公司完成产值 23 亿元，比上年下降 30.2%；福建省东南造船厂完成产值 20 亿元，比上年下降 26%。船舶行业全年合计去产能 21 万载重吨，提前完成 3 年去产能目标。

金属制品业 规模以上企业 70 家，完成规模以上工业总产值 140.7 亿元，比上年增长 11.6%；完成规模以上工业增加值 34.8 亿元，比上年增长 11.1%。其中，昇兴集团股份有限公司完成产值 13.4 亿元，比上年增长 3.5%；福州德通金属容器有限公司完成产值 26.9 亿元，比上年增长 2.8%。

通用设备制造业 规模以上企业 80 家，完成规模以上工业总产值 142.9 亿元，比上年增长 7.3%；完成规模以上工业增加值 33.7 亿元，比上年增长 5.5%。其中，日立数字映像(中国)有限公司完成产值 11 亿元，比上年下降 24.7%；福建雪人股份有限公司完成产值 6.4 亿元，比上年增长 11.7%。

专用设备制造业 规模以上企业 74 家，完成规模以上工业总产值 120.9 亿元，比上年增长 14.6%，完成规模以上工业增加值 33 亿元，比上年增长 12.4%。鑫港纺织机械是目前国内唯一生产多梳栉经编及系列和最早生产多梳栉带压纱板经编机的专业厂家，产品占据全国市场 60% 的份额；全年完成产值 1.9 亿元，比上年增长 24.1%。福建省轻工机械设备有限公司完成产值 25 亿元，比上年增长 20%。

电气机械及器材制造业 规模以上企业 123 家，完成规模以上工业总产值 438 亿元，比上年增长 8.9%；完成规模以上工业增加值 98.1 亿元，比上年增长 6.2%。其中，福建明辉电力系统有限公司完成产值 92 亿元，增长 12.5%；福州大通机电有限公司完成产值 25 亿元，增长 88.6%。天宇电气超高压变压器、部分开关产品达到国际先进水平。

仪器仪表制造业 规模以上企业 37 家，完成规模以上工业总产值 71 亿元，比上年增长 25.3%，完成规模以上工业增加值 20.8 亿元，比上年增长 21.9%。其中，福建智恒电子新技术有限公司完成产值 5.6 亿元，比上年增长 9.9%；福建上润精密仪器有限公司完成产值 25 亿元，比上年增长 39.7%，公司在高精度硅压力敏感芯片、电路板研发及核心技术膜盒封装上取得突破。福建福光光电科技有限公司完成产值 2 亿元，比上年增长 19.6%，公司在军用特种光学镜头、民用光学镜头和光学镜片研发及生产方面居于全国领先地位。

金属制品、机械和设备修理业 规模以上企业 10 家，完成规模以上工业总产值 31.9 亿元，比上年增长 27.8%，完成规模以上工业增加值 10.7 亿元，比上年增长 24.2%。其中，福州华旭机械电子工程有限公司完成产值 1.1 亿元，比上年增长 25%。

【冶金建材行业】 2016 年，福州市黑色金属冶炼及压延加工业有规模以上企业 39 家，完成规模以上工业总产值 385.6 亿元，比上年下降 13.1%；完成规模以上工业增加值 71.7 亿元，下降 12.2%。钢铁行业持续推进供给侧结构性改革，提前完成去产能任务，退出和压减中国国际钢铁制品有限公司炼钢产能 50 万吨。重点钢企宝钢德盛完成产值 77.4 亿元，比上年下降 2%；亿鑫钢铁完成产值 42.4 亿元，增长 21.7%；三钢小蕉完成产值 33.5 亿元，下降 11.6%；福建罗源闽光钢铁完成产值 54.5 亿元，增长 67.7%；吴航不锈钢完成产值 65.5 亿元，下降 7.3%；吴航钢铁完成产值 27.6 亿元，下降 11.9%。

有色金属冶炼及压延加工业 规模以上企业 18 家，完成规模以上工业总产值 212.3 亿元，比上年增长 21.6%；完成规模以上工业增加值 27 亿元，增长 18.5%。其中，中铝瑞闽铝板带有限公司完成产值 42.2 亿元，比上年增长 19.7%；福建奋安铝业有限公司完成产值 88.6 亿元，增长 3.3%。

非金属矿物制品业 规模以上企业 250 家，完成规模以上工业总产值 483.3 亿元，比上年增长 9.6%；完成规模以上工业增加值 143.8 亿元，比上年增长 8.1%。其中，福建福清万年青水泥有限公司完成产值 2.6 亿元，比上年下降 10.8%；福州金牛水泥有限公司完成产值 9.5 亿元，增长 11.2%；福建省大地管桩有限公司完成产值 6 亿元，增长 5.4%；福耀玻璃工业集团股份有限公司完成产值 15.5 亿元，增长 6%；金强(福建)建材科技股份有限公司完成产值 19.5 亿元，增长 94.8%；福建省闽清豪业陶瓷有限公司完成产值 2.7 亿元，下降 2.7%。

(鲍建森)

电力工业

【概况】 2016 年，福州供电区域面积 1.21 万平方千米(以上数据包含平潭，下同)，供电人口 727 万人，供电户数 329.5 万户。拥有 220 千伏变电站 36 座，主变 71 台，变电容量 1362 万千伏安，220 千伏输电线路 2150.76 千米，其中电缆线路 55.4 千米。110 千伏变电站 134 座，主变 259 台，变电容量 1181 万千伏安，110 千伏输电线路 2600.14 千米，其中电缆线路 298.41 千米。35 千伏变电站 34 座，主变 61 台，变电容量 48.1 万千伏安，35 千伏输电线路 744.11 千米，其中电缆线路 27.49 千米。

【电力供应】 2016 年，福州地区电网依靠省网供电，有 500 千伏、220 千伏两个电压等级主干电网，辐射 110 千伏及配电网络。其中，500 千伏电网拥有可门火电厂(240 万千瓦)、福清玉融核电(326.7万千瓦)、江阴火电厂(120万千

2016 年 3 月 29 日,国网福州供电公司使用无人机对线路进行巡视

(市供电公司　供)

瓦)、水口水电站(80 万千瓦)4 座主力电源以及洋中(200 万千伏安)、福州北(150 万千伏安)、东台(200 万千伏安)、笠里(100 万千伏安)、燕墩(200 万千伏安)5 座 500 千伏变电站,500 千伏网架形成南北贯通、布点均匀的双回环网结构;220 千伏电网以 500 千伏变电站作为主电源点,并有东部福州华能电厂(272 万千瓦)、水口水电站(60 万千瓦)作为补充,220 千伏电网架构双回多环、南北拓展、分区供电、相互支援、网架坚强。全市联网的中小型电厂规模总装机容量 1462.45 兆瓦,其中火电容量 245.34 兆瓦,水电容量 600.11 兆瓦,风电容量 617 兆瓦,所占比例分别为 16.78%,41.03%,42.19%。全年福州地区全社会用电量位列全省第 2 位,比上年增长 6.95%,增幅列全省第 4 位。第一、二、三产业和居民生活用电增幅分别为 3.13%、3.04%、11.97%、14.06%。其中工业用电回升势头明显,比上年增长 3.49%,增速上升 5.5 个百分点。第三产业和居民生活用电继续保持快速增长。各地区用电增幅差异明显,永泰、闽侯、仓山地区用电增幅超 10%,罗源地区用电出现负增长,降幅为 5.04%。

【电网建设】　2016 年,福州市完成市区及七个县电网发展规划编制,科学、稳健推进各级电网发展,全年完成投资 44.3 亿元,比上年增长 27%。组建 10 个区县电网建设项目指挥部,投产公园变、排尾变等 52 个输变电工程,项目较 2015 年增长 1.29 倍,新增变电容量和线路长度分别占全省 36.3%、22.1%,均位列全省第一位。以建设一流电网为目标加快电网建设,新建、改造 10 千伏线路 1066 千米、配变 1257 台,整改低电压台区 1185 台,高故障线路 152 条。户均配变容量比上年增长 0.36 千伏安,高低压平均供电半径分别缩短 200 米、24 米,馈线 N-1 率、联络率分别提升 2.43%、5.15%。解决低电压问题 3.19 万户,平均停电时间由 2.42 小时/户降至 1.07 小时/户。助推城市亮化美化,推进电缆入地工作,完成南王线、北秀线等 45 条线路和晋安南路、鼓岭、群众路、前横南路等 206 条道路缆化工作,城区缆化率达到 71.3%。实施农网改造升级工程,全年完成投资 9.85 亿元,新增农网、小城镇(中心村)等项目如期竣工,新建改造 10 千伏配变 993 台、线路 717.4 千米,户均容量提升 12%,过重载台区数量比上年下降 60.8%。提升电网防灾能力,投入资金 4.03 亿元,开展"尼伯特"台风受灾区域电网重建工作。完成 86 座易涝区域配电站房搬迁改造工作。

【电力安全生产】　2016 年,福州市开展安全隐患"三查三强化"专项行动,发现并整改各类隐患 2123 条,整改率 99.91%。开展履职评价 4 次。各级管理人员到位监督 3402 人次。完成福建省第十次党代会、世界沙滩排球巡回赛、第 95 届全国糖烟酒会等 35 项重大活动保供电任务。修订市县大面积停电预案,建成配网灾害应急指挥体系,完成"莫兰蒂""尼伯特"台风灾后抢修复电工作,实现连续安全生产 3495 天。

【电力技术创新】　2016 年,福州市开展港口岸电、空港陆电等新兴电能替代技术调研,向码头、机场客户推广船舶岸电接入、飞机 APU 电能替代,推动社会实现电能替代电量 13.04 亿千瓦时。开展电网和办公场所节能节能改造,完成改造项目 114 个,累计节约电量 7730 万千瓦时,节约电力 1.96 万千瓦。推广国家电网公司"95598"互动网站、"电 e 宝"、手机 APP、微信公众平台等服务渠道。开展电动汽车配套建设,累计投资 3584 万元,分别在沈海、京台、宁东高速福州段的 4 对服务区,建设 8 座快速充电站,现场配置 4 台直流充电桩。在福州市区内建设 3 座公交车充电站,配置 12 台直流充电桩。保障福州齐安电动公交车站所属线路电动公交车的日常充电运营。支撑清洁能源发展,累计接入风电容量 61.3 万千瓦,全年累计消纳电量 1.39 亿千瓦时。为光伏分布式电源提供高效便捷的接入上网条件,全年新增并网项目 54 个,累计发电 293.34 万千瓦时。参与国家级、省部(行业)级等科技奖申报,在第九届国际发明展览会上取得四金三银九铜成绩,获福建省总工会职工"五小"创新一等奖 1 项,二等奖 2 项,三等奖 9 项。

【客户服务】　2016 年,福州市供电局融入百日攻坚行动,推出电力迁改、用电报装提速十条举措,全过程跟踪对接 439 个项目,服务 168 个重点项目提前送电,总体接电时间比上年缩短 36%。开展"生命线工程"等重要用户 7×24 小时用电情况监测。围绕"大力开拓电力市场,助力经济稳增长"的服务主题,走访 71 家省、市、县重点工业项目企业,电量负增长以及暂停、减容的大客户,"面对面""一对一"了解用电需求,现场解决问题,协助策划用电方案,鼓励企业扩大生产。推动大客户直购电交易,19 家大型企业累计购电39.7亿千瓦时，为企业节约成本2.4亿元。实现18家短周期直购电用户兑现电量3.8亿千瓦时，合计优惠金额1958万元。执行优惠电价政策，为台湾农民创业园等企业减少用电支出3596万元。创新服务举措，构建自贸区“专属、提速、提质”供电服务机制。全容量放开企业用电报装申请，对供电能力不足的实行“用户先接入、电网后改造”，实现用电报装一站式办理。开展“红旗示范窗口”创建，供电服务实现标准化、规范化。优化“网格化”抢修体系，抢修时长比上年下降12%。推进老旧小区配电设施“一户一表”改造，累计投资2.36亿元，改造3.71万户。

（许　珺）

医药化工

【概况】　2016年，福州市生物医药行业完成规模以上工业总产值93.5亿元，比上年增长7.6%；完成规模以上工业增加值26.5亿元，增长7.2%。石油化工行业规模以上企业62家，完成规模以上工业总产值327.7亿元，比上年增长20.5%；完成规模以上工业增加值48.8亿元，增长15.5%。

【生物医药行业】　2016年，福州市生物医药行业主要子行业包括化学制药、中药工业、医疗器械和生物制药业。形成以福抗药业、丽珠福州福兴医药为代表的原料药生产（发酵生产工艺）企业；以泰普生物、迈新生物、金山生物制药、新大陆生物、大百特科技等为代表的基因工程药物、基因诊断试剂的生产企业；以北京同仁堂、海王金象、金陵药业福州梅峰制药厂、南少林药业、麝珠明眼药、闽海药业、回春中药饮片厂、屏山制药、炎洪生物、长富星新药等为代表的中药及天然药物生产企业；以泰普生物、梅生医疗、福州大学科技开发总公司等为代表的生物医学分析仪器、生物应用软件生产企业。

【石油化工行业】　石油加工及炼焦业　2016年，福州市规模以上企业5家，完成规模以上工业总产值23.9亿元，比上年增长21.2%；完成规模以上工业增加值3.8亿元，增长17%，其中，福建中源新能源股份有限公司完成产值10亿元，增长21.7%；福建德胜能源有限公司完成产值5.8亿元，下降30.5%。

化学原料及化学制品制造业　规模以上企业57家，完成规模以上工业总产值303.8亿元，增长20.4%；完成规模以上工业增加值45亿元，增长15.4%。总投资250亿元的中景石化科技园项目，首套年产35万吨聚丙烯项目3月份建成投产，全年产值达32.8亿元。天辰耀隆完成产值36.8亿元，增长4.5%；耀隆化工完成产值18亿元，增长1.7%；东南电化完成产值17亿元，增长71.8%。

（颜芳华　石美琳）

轻纺塑料工业

【概况】　2016年，福州市轻纺行业规模以上企业940家，累计完成工业增加值954.3亿元，比上年增长10.6%，工业增加值占全市48.1%，经济总量继续位居6个行业之首。年内，长乐恒申合纤科技有限公司、长乐市华源纺织有限公司、长乐市长源纺织有限公司等9家企业入选“2015—2016年度中国纺织服装企业竞争力500强”名单。塑料行业有福建祥龙塑胶有限公司“轩龙＋图形牌塑料管材管件”，福建和盛塑业有限公司“合晟、图形牌复合井盖”“合晟、图形牌低压电能表计量配电箱”等12家企业拥有13个福建名牌产品。福州闽荣鑫家具有限公司“闽荣鑫”、福建亚通新材料科技股份有限公司“亚通及图”等22家行业企业拥有23个福建省著名商标。福建省长乐市山力化纤有限公司被授予“2016年度中国纺织工业联合会产品开发贡献奖”称号；福建凯邦锦纶科技有限公司被授予“‘十二五’产品开发突出贡献奖”称号；福建省长乐市金源纺织有限公司被授予“2016年度中国纺织工业联合会可持续纺织产品开发—卓越能效奖”称号。

【纺织工业】　2016年，福州市有规模以上企业471家，完成规模以上工业增加值575.3亿元，比上年增长14.1%，占全市规模以上企业工业增加值的29%，位居福州市八大产业首位，占全省纺织工业增加值的38.9%，位居全省第二。其中纺织业229家企业，实现规模以上工业增加值212.6亿元，比上年增长11.9%；化学纤维制造企业29家，实现规模以上工业增加值126.9亿元，增长27.6%；毛皮、羽绒制造企业136家，实现规模以上工业增加值196.6亿元，增长8.5%；服装企业77家，实现规模以上工业增加值39.2亿元，增长12.6%。

2016年7月7日，福州京东方第8.5代新型半导体显示器件生产线项目主体厂房封顶　（市经信委　供）

【轻工业】 2016年，福州市有规模以上企业469家，完成规模以上工业增加值379.5亿元，比上年增长5.9%，位居福州市八大产业第二。其中，食品业规模以上企业265家，实现规模以上工业增加值191.1亿元，比上年增长10.4%；其他轻工规模以上企业204家，实现规模以上工业增加值188.3亿元，增长4.7%。食品中农副食品加工业实现规模以上工业增加值133亿元，增长9.9%；食品制造业实现规模以上工业增加值26.7亿元，增长1.0%；饮料制造业实现规模以上工业增加值31.4亿元，增长3.9%。

【联合社所属行业】 2016年，福州市城镇集体工业联合社系统经济完成工业总产值975.30亿元，增长8.90%，完成工业增加值298.50亿元，比上年增长6.70%。7家企业的7个项目列入福州市2016年工业重点项目，总投资14.65亿元，其中塑胶类总投资10.60亿元，鞋革箱包类总投资4.05亿元。联合社所属行业祥兴（福建）箱包集团有限公司"高性能PC/PET/纤维合金箱体材料研发及应用"项目列入2016年市级产学研项目。

行业管理与改制政策 1月13日福州市城镇集体工业联合社市属集体企业改革和离退休人员服务中心挂牌成立，1月22日联合社接收市属39家已改制集体企业，3月22日接收符合移交条件的市经信委、市农业局、市交通委、市国土资源局和市商务局等部门的未改制集体企业39家（有在册职工约2200人、离退休职工约8200人），12月，接收市经信委下属6家已改制集体企业，1家未改制集体企业，至此市属集体企业承接工作全部完成。全年接收34家集体企业党组织并接管原隶属其他工会系统的企业工会。

重要政策 年内，制定《关于进一步深化城镇集体企业改革指导意见》，《指导意见》经福州市政府2016年第16次常务会议研究通过，并于9月14日由福州市政府办公厅转发，适用于福州市城镇集体工业联合社所属集体企业，福州市各县（市、区）政府部门所属集体企业及其他集体企业可参照执行。

2016年5月18日，"东方遗珍"福州巨匠手工艺展在第十八届海峡两岸经贸交易会上拉开序幕 （市经信委 供）

【龙头企业】 2016年，福州市金纶高纤全年完成工业总产值149.95亿元，比上年增长14.5%；恒申合纤完成工业总产值122.16亿元，比上年增长7.3%，成为化学纤维制造业两家超百亿企业。山力化纤（产值比上年增长109.4%）、景丰科技（产值比上年增长207.4%）、恒捷实业（产值比上年增长66.1%）等企业依托技术改造转型升级，增速在行业中名列前茅。棉纺行业克服原料价格波动影响和经济下行压力，总体运行稳中有升，金源集团、经纬集团产值超百亿元，长源纺织、锦源纺织、长乐二棉、翔隆纺织等10家企业年产值超20亿元。祥兴（福建）箱包集团有限公司完成工业总产值99.69亿元，比上年增长21.3%。

【重点项目】 2016年，福州市工业重点项目中，轻纺行业50项，其中纺织业29项，轻工业21项。宇邦纺织高档纺织品及多功能性染整加工项目、经纬新纤40万吨差别化涤纶化学纤维项目、爹地宝贝纸尿布生产线等项目竣工。

【技术进步】 2016年，福州市福建友谊胶粘带集团有限公司被认定为2016年市级企业技术中心，福建宝利特科技股份有限公司工业设计中心等5家企业被认定为2016年市级工业设计中心，福融辉实业（福建）有限公司等3家企业被认定为福建省高新技术企业。福州隆成实业有限公司与福建省师范大学合作的"回收聚酯高值利用技术研发及示范推广"项目获得福建省科学技术进步奖二等奖。福建祥龙塑胶有限公司、福建和盛塑业有限公司与福建省师范大学合作的"高耐热高强度PET管道系统的制备与产业化技术开发"项目获得福建省科学技术进步奖三等奖。

福建卡冠纤维科技有限公司、长乐市永大纺织有限公司、福建锦程高科实业有限公司3家认定为市级企业技术中心；鸿盛家具（福建）有限公司被认定为市级工业设计中心。长乐力恒锦纶科技有限公司的锦纶6单孔全取向细旦丝制备工艺研发、福建鑫港纺织机械有限公司的XGHF51/1/26（200英寸）全电脑多梳带压纱板经编机、福州大世界橄榄有限公司的橄榄精深加工关键及综合技术的研究与应用等获得"省科技进步奖"。

【企业服务】 2016年，福州市塑料行业，全年实现服务企业318家，开展服务活动次数3167次，开展技术研发143项次，提供塑胶材料检测服务385项次，提供技术培训337人次，提供塑胶专业信息1.5万条以上。推动产学研对接和校企合作，长乐力恒、恒申加强同北京服装学院、东华大学以及中国工程院等国内科研院所合作，研发"高性能锦纶6分纤母丝生产工艺的研发""高性能蓄热调温锦纶6纺丝工艺的研究与开发纤"等多个项目。

打造"21世纪海上丝绸之路"战略

枢纽城市，福州市列入福建省“一带一路”建设重点轻纺企业6家，投资额28.79亿元。其中，春申股份有限公司与印尼SUMS海洋发展股份有限公司合作建设2333.3公顷淡海水混合鱼类、对虾生态养殖暨精深加工产业化基地，福建汉吉斯国际冷链枢纽发展有限公司与印尼海成企业联合集团合作建设汉吉斯大型国际冷链枢纽中心暨跨境电商生产中心一期项目投入使用。

（颜芳华）

工艺美术

【概况】 2016年，福州市工艺美术行业规模以上企业111家，完成产值205亿元，比上年增长5.2%，出口交货值93亿元，增长2.2%。年内，组织参加“中国工艺美术百花奖”“青田全国四大名石展”“5·18”海峡两岸经贸交易会、“厦门文博会”等9项展会，完成福州工艺美术技法丛书之《软木画技艺法》的编写，并筹备编写《福州市寿山石鉴定手册》。恢复福州市工艺美术馆并将其列入福州市政府“十三五”工作规划。

【工艺美术人才培养】 2016年，福州市开展行业技术人才定期进修、培训和提升等相关工作。委托福州旅游职业中专学校定向委托培养工艺美术濒危品种的软木画、脱胎漆器专业学生80余人。一小部分学生自主创业，多数学生安排到福建沈绍安脱胎漆艺制作中心、福州脱胎漆艺制作中心和福州守望传统文化艺术有限公司等企业就业。完善传统工艺美术保护发展专项资金发放制度，订立专人考察、推荐负责制，确保200万元专项资金用于扶持、救助与发展。福州脱胎漆艺制作中心与全国高等院校合作设立漆艺专业师生实训基地，继续接收来自广东、四川、湖南、北京、浙江、台湾、福建师大、闽江学院等210名教师、学生实训。

【工艺美术行业重大活动】 2016年5月，“沈绍安漆艺馆”在天下西湖开馆，全国各地的漆艺大师、教授、学者、专家齐聚福州，其间，举办福州脱胎漆艺与传播的高峰论坛。7月，由中国工艺美术大师林飞等制作的融合寿山石雕、漆艺、软木画于一体的《西湖春晓》在镇海楼落成。10月中旬，福州脱胎漆艺研究院在朱紫坊成立，中国工艺美术大师郑益坤出任院长。12月，福州市木雕行业协会在闽侯县上街镇成立，高级技师陈忠任会长。

【工艺美术精品推广】 2016年，福州市工艺美术行业组织福州寿山石行业协会、福州脱胎漆艺协会、福州木雕协会（筹）、福州西园软木画协会等重点企业和协会会员参加“中国工艺美术百花奖”大赛、第十一届中国（莆田）海峡工艺品博览会、福建省“争艳杯”大奖赛、暨福州市“5·18”海峡经济贸易交易会首届工艺美术“巨匠杯”精品博览会、“第14届中国工艺美术博览会暨古典家具收藏品博览会”、福州市首届全国“漆人节”纪念活动、“第十二届中国名石雕刻艺术展”、“2016年厦门海峡书画艺术产业博览会”、“2016年寿山石精品拍卖会”、扬州全国标准化会议以及“第三届寿山石文化旅游节”等活动。

（陈国光）

（编辑　卓明顺）

城市建设与管理

城乡规划

【概况】 2016年,福州市城乡规划局规划审批4178件,发证1214件。其中核发《选址意见书》361件,面积2028.8万平方米;核发“建设用地规划许可证”269件,面积1420.9万平方米;核发“建设工程规划许可证”(建筑)208件,建筑面积1211.7万平方米;核发“建设工程规划许可证”(市政)110件;出具规划条件核实意见166件;审核批复总平100件。年内编制完成《福州市海绵城市建设专项规划》并获福州市政府批复,编制完成《福州新区总体规划(2011—2030年)》并形成成果上报;编制完成《福州林浦、阳岐历史文化名村保护规划》《福州冶山历史文化风貌区保护规划》及《福州螺洲历史文化名镇保护规划》通过福州市规划建筑与环境委员会审议,琴江历史文化名村保护规划正式获得批复。推进《福州城市热环境与风道控制规划研究》,在此基础上编制《降低福州城区热岛效应技术导则》,完成中期成果。开展编制《福州市重点区域海绵城市建设实施方案》《福州火车南站枢纽综合交通组织专项设计》等城市规划编制及城市设计工作。

【总体规划实施评估编制】 2016年2月,中国共产党福州市委员会托开展《福州市城市总体规划(2011—2020年)实施评估》编制工作,于12月30日经福州市规划与建筑环境委员会2016年第11次会议审议通过。6月委托开展编制《福州市城市综合交通规划(2010—2020)实施评估》。

【新区规划】 2016年,福州市组织开展《福州新区城市总体规划(2015—2030)》《福州新区城市综合交通规划》编制工作,组织开展《福州新区人口规模及人口空间分布前期研究》《福州新区三江口南台岛东部片区城市设计》等规划的编制工作。

【控制性详细规划】 2016年,福州市推进《福州市中心城区闽江北岸片区单元控制性详细规划》《福州市南台岛(农大—淮安)单元控制性详细规划》《福州市南台岛(金山片区)控制性详细规划》《福州市南台岛(奥体片区)控制性详细规划》《福州市南台岛(烟台山片区)控制性详细规划》《福州市南台岛(义序片区)控制性详细规划》《福州市南台岛(会展片区)控制性详细规划》报批工作,推进《福州自贸区(快安、马江、长安片区)控制性详细规划》及《福州马尾新城三江口组团南站片区控制性详细规划(修编)》编制与审查工作,完善规划编制体系,实现中心城区控规全覆盖。

【专项规划】 2016年,福州市组织编制《福州市海绵城市建设专项规划》《福州市海绵城市试点区域(鹤林片区)控制详细规划》《福州市海绵城市试点区域(三江口片区)控制性详细规划》。组织编制《福州城市热环境与风道控制规划研究》《降低福州城区热岛效应技术导则》。组织开展《福州市中心城区公共文化设施布局专项规划》《福州市养老设施布局专项规划》《福州市中心城区通信基础设施专项规划》等编制工作,以及开展《福州市中心城区邮政设施专项规划》等项目编制。

【“多规合一”】 2016年,福州市加强国民经济和社会发展规划、城乡规划、土地利用总体规划、环境保护规划等规划的衔接,解决用地低效粗放、生态用地蚕食、审批效率低下等问题。开展“多规合一”工作。“多规合一”包括“六个一”工作,即形成“一张图”、搭建“一个信息平台”、构建“一个协调机制”及建立“一个审批流程”“一套监督体系”“一个反馈机制”。

【旧屋区改造】 2016年,福州市完成仓山区烟台山片区洋洽河·联建村旧区改造,华屏园(原省农业厅)旧区改造,杨桥新村二期旧改项目,鼓楼区西洪片区西门经合社湖头街支巷地块调整,盖山新苑(原东部新城社会保障房)旧改项目规划调整等10余项旧改项目工作。

(胡华锋)

智慧福州建设

【概况】　福州市"智慧福州"管理服务中心(以下简称"中心")是市委、市政府于2015年1月批准成立,为市政府直属全额拨款的事业单位,归口市政府办公厅管理,规格相当为正处级。主要职责是牵头推进全市新型智慧城市标杆市创建工作,承担智慧城市建设调查研究、顶层设计、总体规划,负责福州市"智慧福州"建设领导小组办公室日常工作,以及负责"12345"政府公共服务系统和数字城管系统的日常运行管理等职能。

【国家新型智慧城市标杆市创建】　2016年,福州市被确定为全国新型智慧城市标杆市试点城市。1月中心牵头与市发改委、经信委、财政局、数字办、通管办、中国电子科技集团公司联合成立新型智慧城市标杆市顶层设计编制工作组,在全市范围内开展新型智慧城市标杆市顶层设计(简称"顶层设计")需求调研和编制工作。编制工作组先后调研市直部门和县(市)区政府51个,开展现场调研座谈会129场次,召开针对新区、涉台和企业家座谈会9场,组织召开征求意见会2次,在深圳、北京和福州召开"顶层设计"预评审会3次。7月18日,"顶层设计"在福州通过由中国工程院院士郭仁忠为组长的专家组正式评审,并于12月22日通过市政府常务会议审议。

"顶层设计"初步确定11个拟建重点项目(即"两中心、两平台、一体系、六项智慧应用"),两中心为城市大数据中心和城市运营管理中心,两平台为通用功能平台、物联网通用接入平台,一体系为网络安全体系,六项智慧应用为公共安全应用平台、网格化服务管理信息平台、智慧交通信息服务平台、城市内涝综合治理平台、人口健康信息平台、智慧教育应用公共服务平台。

【精细化城市管理】　2016年,智慧福州管理中心受理上报有效案件77.8万件,日均发现问题2100件。出台《福州市数字城管急要件管理办法(试行)》。11月,数字城管系统县(市)拓展项目通过省内专家组初步验收。开展违章排放、施工扰民、机动车乱停放等28项专项巡查,消防设施、行道树、废弃车辆、景观灯4项专项普查。

【监督考评体系与便民服务】　2016年,智慧福州管理中心制定《福州市"12345"政府公共服务系统督办工作暂行办法》,对诉求件办理不力的单位,发出整改通知15份,向市效能办、文明办等单位移送效能问责线索9件次,市效能办给予约谈8人次,问责相关责任人4人次。全年受理群众有效诉求29.86万件,比上年增长10.54%,群众基本满意率为99.70%。每月定期对"12345"政府公共服务系统运行情况、典型案例、综合得分、群众满意度进行通报,全年发出12期月运行情况通报。印发《福州市2016年度新型智慧城市标杆市创建工作绩效指标考核评估具体办法》,建立绩效考核指标体系,对县(市)的考核权重由原来的3分提高到8分。

(郑自文)

国土资源管理

【概况】　2016年,福州市出让经营性用地面积732.54公顷,成交价款459.58亿元;出让工业用地面积456.38公顷,成交价款11.21亿元,办理划拨国有建设用地使用权251宗,面积1260.79公顷;协议出让(含划拨转出让)54宗,面积148.18公顷,出让价款78.11亿元,其中,市本级累计公开出让土地32宗,土地面积85.66公顷,成交价款302.5亿元;市本级办理划拨国有建设用地使用权48宗,土地面积168.56公顷;协议出让(含划拨转出让)23宗,土地面积78.80公顷,出让价款72.86亿元。

五区七县经国务院和省政府批准的农用地转用和土地征收项目214批次,面积1927.5105公顷,其中四城区批准农用地转用和土地征收项目62批次,批准用地面积533.46公顷,涉及农用地面积264.36公顷(耕地面积143.05公顷)、新增建设用地面积347.27公顷,包括西气东输三线天然气管道东段干线(吉安—福州)福州段、104国道连江至晋安段、地铁1号线(下洋站、三江口站)、316国道拓宽改造、洪山桥至洪塘大桥拓宽改造工程、溪口组团等一批省市重大项目用地。开展新一轮基准地价的更新工作。完成年度福州市(含七个县、马尾)修编工作。

【土地利用总体规划】　2016年,福州市上报国土资源部福州市中心城区规划调整2个批次,获批调整中心城区有条件建设区规模162.27公顷。完成县(市、区)规划调整156个批次,涉及规模合计747.47公顷;配合市规划局、市环保局开展"多规合一""生态红线"划定工作,并组织开展各县(市、区)土地利用总体规划调整完善工作。

【农村土地整治】　*年度补充耕地和农田建设任务*　2016年,福州市市政府与各县(市、区)政府签订《2016年耕地保护目标责任书》。将省政府下达的补充耕地与高标准农田建设任务分解下达到各县(市、区)。验收高标准农田建设规模面积9661公顷,完成补充耕地面积712.73公顷。

旧村复垦工作　上报省厅核定实施旧村复垦和城乡建设用地增减挂钩项目20宗,整治规模面积47.9公顷,可产生增减挂钩指标面积47.56公顷;验收旧村复垦项目28宗,整治规模面积50.35公顷,可新增耕地面积49.39公顷,完成增减挂钩指标面积49.49公顷。

【地籍管理】　2016年,福州市完成2015年度土地变更调查与遥感监测工作,完成各县(市)区土地变更调查面积8751公顷,通过国土资源部审核。开展耕地后备资源调查评价工作,根据国土资源部和省厅的部署和要求,组织对福州市9873个图斑1294公顷耕地后备资源地块进行调查评价,并通过部、省的初步检查。开展地籍管理信息化建设工作,完成以2014年12月31日为时点的福州市市本级地籍数据库更新工作,并草拟福州市市本级地籍管理信息化系统改造升级方案和具体技术方案,该项目待市数办审定后即组织正式实施。开展土地登记发证工作,办理国有土地使用权证10.64万本,集体土地使用权证6073本,其中市辖区办理国有土地使用权证6.64万本,集体土地使用权证93本。办理"两权证"历史遗留问题土地登记发证859本。为社会单位和个人提供查询资料115件,协助各地各级法院土地查封、解封、冻结件42宗。开展土地登记窗口入驻市民服务中心工作,福州市个人土地登记业务于5月4日正式入驻市民服务中心,原福屿路窗口仍予保留。设置18个对外窗口,配备工作人员50人,承办4个城区个人土地登记。入驻后,2个窗口受理土地登记4.69万宗,办结土地登记4.60万宗。

【农村地籍调查】 2016年,福州市推进宅基地和集体建设用地使用权确权登记发证工作,3月9日,召开动员部署会对各县(市、区)宅基地和集体建设用地使用权确权登记发证工作予以具体落实布置,制定并下发有关工作规范、格式文书及表单、技术服务招投标参考方案。年内,全市开展调查的行政村数为659个,完成调查的行政村数为586个。

【不动产登记与调查】 2016年,福州市市、县两级成立不动产登记局及隶属于同级国土资源局的不动产登记事业单位,完成原国土、房管、林业、海洋部门登记人员的划转到位工作;按照市政府批准的方案,完成市、县两级房屋、林权、海域等相关登记档案资料移交工作;落实市县两级不动产登记工作经费1243.62万元。至9月底,全市不动产统一登记实现全覆盖,颁发不动产权属证书及证明17.05万本(市本级7.08万本),其中,"不动产权证书"6.65万本(市本级3.47万本)、"不动产权证明"10.40万份(市本级3.60万份)。结合实施不动产统一登记的新要求,组织制定并印发《关于做好福州市主城区土地房屋权籍调查工作的通知》,完成不动产权籍调查系统建设和人员业务培训,推动市本级不动产权籍调查工作的开展。全年(9月25日实施不动产登记后)办结不动产权籍调查10件。

【土地登记】 2016年,福州市全年市本级(包括市民服务窗口、福屿路窗口、行政服务中心)受理各类土地登记申请5.92万件,办结5.97万件(含2015年度结转)。

【执法监察】 2016年,福州市发现卫星遥感监测图斑涉及违法用地3556宗,面积282.70公顷(其中耕地148.65公顷),全部予以查处。土地卫片执法检查工作通过省国土资源厅验收。受理上级批办转办件、群众来电、来信投诉件1249件,全部办结;接待群众来访409批1217人次;办理信访复查60件。

【矿产管理】 *矿产资源开发利用* 2016年,福州市采矿许可证尚在有效期内的矿山24个,其中建筑石料13个,叶蜡石2个,高岭土1个,陶瓷土2个,矿泉水2个,地热4个。全市公开出让5宗采矿权,均为拍卖出让,采矿权成交价款8261万元。

关闭敖江流域饰面石材矿山 市国土局会同市安监局、环保局、林业局、水利局对采矿许可证仍然有效的饰面石材矿山开展评估检查,对未履行开采义务的,依法予以关闭。罗源县5个饰面石材采矿权依法在3月、7月全部注销采矿许可证,实现敖江流域饰面石材矿山全面关闭退出。多次开展督查,督促罗源、连江县按照时序计划,加快推进关闭矿山现场整治工作,落实断电、断路、设备、矿石清场等措施。将敖江流域关闭矿山全部列入"福建省打击非法违法采矿管理信息系统",督促县、乡政府加强动态巡查,及时发现、报告、查处非法采矿行为。

机制砂配套矿山采矿权出让 联系省国土厅和市重点办,加强机制砂配套矿山采矿权出让服务,开展采矿权出让方案审查、矿业权公开出让管理系统操作应用等相关工作。多次会同市重点办前往晋安、福清、闽侯、高新区等地矿点实地察看,督促指导各地推进机制砂配套矿山采矿权出让前期工作。年内拍卖出让3个采矿权。

编制第三轮矿产资源总体规划 联系规划编制单位,收集整理矿产储量统计、矿山开发利用、矿业权设置方案等资料信息,对收集的材料进行综合分析,并跟踪、协调生态保护红线划定工作,开展矿业权设置区划划定,推进规划编制工作。掌握有关县(市)区规划编制工作进度,加强督促指导,同步推进市、县级规划编制。4月21—22日,举办全市第三轮矿产资源总体规划编制培训班。7月28日、9月29日,两次召开第三轮矿产资源总体规划编制情况汇报会议。

打击非法违法采矿 专人查看"福建省打击非法违法采矿管理信息系统",对各县(市)区进行动态监测,及时发现问题,督促乡镇政府落实动态巡查制度,打击各类非法违法采矿行为。每月对上月的运行情况进行通报,抄送当地县(市)区政府。全年各县(市)区计开展巡查6503次,含固定点巡查4605次,区域巡查1898次。市国土局组织各县(市)区开展非煤矿山安全生产大检查、打击非法违法采矿专项行动,立案查处矿产卫片违法图斑40宗。

【地质灾害防治】 2016年,福州市颁布并执行市、县两级年度地质灾害防治方案。落实1006处地灾点防灾责任制,确定监测、防灾人,逐点制定临灾避险转移预案,发放防灾明白卡1943张,避险明白卡8436张,更新补充警示牌536个。落实防灾责任制、领导带班、24小时双人值班、巡查监测、应急处置等各项防灾措施,"尼伯特""莫兰蒂""鲇鱼"等超强台风暴雨期间,引发新增地质灾害点682处,及时转移群众3.96万人,紧急派出地灾专家1276人次处置闽清、永泰、闽侯等地群发性地质灾害,并提交一批综合性应急调查报告。地灾搬迁651户,省、市下拨搬迁补助资金1449万元,安排4205万元用于地灾应急处置、工程治理及降险处理。

【矿山生态环境恢复治理】 2016年,福州市开展矿山生态环境恢复治理保证金清理工作,对应当编制生态方案而未编制的或者按规定应当重新编制生态方案而未重新编制的矿山,督促县级国土资源部门整改到位;推动敖江流域饰面石材关闭矿山土质裸露区域复绿工作,纳入"矿山复绿行动"的矿山23处,坚持"因地制宜,分类治理"的原则,实施覆土绿化,恢复绿面积48.36万平方米,植树 8.45 万棵，藤本 6.69 万株，草皮 1.57 平方米，各级投入治理资金 1142 万元。

【“中国温泉之都”建设】 2016 年 6 月，闽清县以优秀级 86.5 分获评“中国温泉之乡”称号。11 月 14 日由福州市人民政府承办的第二届“海上丝绸之路”（福州）国际旅游节·第七届福州温泉国际旅游节在福州连江举办。

【数字县域地理空间框架建设】 2016 年 12 月 4 日，福州市联合省测绘局组织“数字福清”地理空间框架项目建设工作通过项目验收。该项目完成福清市地理信息公共平台的开发，包括政务版和公众版两个版本，实现展示中心、数据中心、服务中心、二次开发接口中、我的空间等功能。同时，数字连江地理空间框架建设立项获得省测绘地理信息局的批复，正在进行项目设计书的编制工作。

【永久基本农田划定】 2016 年，福州市作为全国 106 个首批开展永久基本农田划定工作试点城市之一，综合运用遥感影像图、土地变更调查、耕地质量等级、地力等级等成果，结合“多规合一”、茉莉花田保护等工作，推进永久基本农田划定，督促检查各县（市）区将集中连片的优质耕地划定为永久基本农田。5 月，福州市城市周边永久基本农田划定成果通过国土部、农业部审查；7 月 8 日，在杭州召开全国永久基本农田划定工作现场交流会上作典型经验介绍。各县（市、区）全域永久基本农田划定工作经市国土局、市农业局审核并上报省厅。

【敖江流域综合水环境整治】 2016 年根据福州市政府办公厅《关于印发福州市 2015—2016 年敖江流域（福州段）水环境综合整治工作实施方案的通知》精神，市国土局开展敖江流域饰面石材矿山全面退出、打击非法违法采矿、矿山生态恢复治理等工作，开展敖江流域水环境综合整治。配合市建委、市环保局、市安监局等牵头单位开展敖江流域（福州段）水环境综合整治工作督查、检查。9 月，市政府将敖江流域矿山关闭和生态环境治理纳入“百日攻坚”行动。12 月 1 日，市国土局赴连江县开展敖江流域饰面石材矿山关闭治理检查调研，掌握两县饰面石材矿山关闭治理“百日攻坚”行动进展情况，对两个县提出的问题予以指导，部署工作，帮助协调解决治理方案编制等困难。12 月 7—8 日，市国土局牵头组织市公安局、市财政局、市环保局、市安监局、国网福州供电公司等单位，对罗源县、连江县饰面石材矿山关闭治理情况进行阶段核查，逐矿核查矿山关闭、生态环境恢复治理措施落实情况。

（朱 晏）

市政建设

【概况】 2016 年，福州市本级完成城建固定资产投资 158.96 亿元。城市建成区面积 265.33 平方千米，市区市政道路总长度 1467 千米，道路面积 3228 万平方米，道路密度达 6.7 千米/平方千米，路网面积率为 13%。市政供水普及率达 98.59%，燃气普及率 97.44%。年内完成投资 53.97 亿元，攻坚考评成绩居市直单位之首。塔头路跨晋安河桥、飞凤山水厂等 25 个项目提前完成。引进浙江东南网架股份公司钢结构体系装配式建筑设计研发、生产与安装一体化项目，提前 5 个月完成市政府下达的招商任务。

【市政路桥建设】 2016 年，福州市市政路桥完成投资 93 亿元，南台大道北段、塔头路跨晋安河桥、晋安南路等 57 个市政道路建成通车。完成《福州市缓解城区交通拥堵行动（硬件）方案》编制，动建第一批 6 个治堵重大项目，推进第二批 118 个缓堵硬件项目建设。完成地铁 1 号线沿线象峰站等 10 个站点及周边道路恢复提升，以及北段沿线秀峰路等 8 条道路恢复工程。新、扩建市政道路 97 千米，市区市政道路总长度达 1467 千米，道路密度达 6.7 千米/平方千米，路网面积率 13%。福州市城市拥堵排名从 2015 年第 19 名持续下降到 2016 年第 30 名。

【内河综合整治及黑臭水体治理】 完成投资 30.75 亿元 2016 年，福州市内河及黑臭水体治理完成三捷河、茶亭河南段、光明港一支河等 7 条内河综合整治，南公园水体、打铁港、飞凤河等 6 条黑臭水体治理，树兜河、屏东河、琴亭湖等 5 条河湖灾后应急清淤，以及晋安河—打铁港、凤坂河—磨洋河 2 个分流调水工程泵站主体建设。参与制定《福州市城区水系综合治理工作方案》，完成城区水系治理课题研究。

【供水】 2016 年，福州完成供水收入总额 13.6 亿元，比上年增长 15.27%；实现净利润 7448 万元，完成年计划 275.85%；上缴税收 1.37 亿元；实现融资 13.83 亿元，完成年计划 213%；成本费用利润率 6%，净资产收益率 1.78%，流动资产周转率 0.68 次。供水生产能力达 155 万立方米/日，完成供水量 4.15 亿吨，比上年增长 3.25%；全年日均供水量为 113.73 万立方米，比上年增加 3.49 万立方米，其中，最高日供水量达到 121.06 万立方米。完成售水量 2.73 亿吨，比上年增长 7.92%。完成工业总产值现价 5.167 亿元，比上年增长 8.55%。自来水供水量 4.13 亿吨，完成年计划 102.6%，水费回收率为 93.7%，出厂水综合合格率 100%。污水处理量 2.24 亿吨，比上年增长 5.31%；垃圾渗滤液处理量 50.4 万吨。温泉供水量 199 万吨，实现泡浴 18.58 万人次（日均 509 人次）。雨污水管网疏浚完成 800 千米，完成年计划 200%。城建设计院设计、勘察、监理等业务实现产值 1.71 亿元，比上年增长 36.6%；水务工程公司施工业务实现产值 2.6 亿元，比上年增长 53.43%。

重大基建项目建设 鼓岭供水分公司柯坪水厂于 1 月 1 日正式投入生产，供水能力为 1000 立方米/日。飞凤山水厂建设（一期）厂区于 11 月 12 日起正式对外通水运行，供水量为 15 万立方米/日。新义序水厂清水管建设累计完成 1.16 千米，厂区土建主体工程生产管理用房已封顶，完成 16 组膜处理集装箱安装及膜处理池基座建设。东南区水厂鳌江引水原水管道建设累计完成 6.52 千米。

村容整治后的永泰县嵩口镇大喜村(市建委　供)

水质水源　增加飞凤山水厂淮安水源地,供水量为6万立方米/日。公司水质监测站每月对5个水源地原水水质进行29个基本项目和水源地补充指标的检测。公司按照《国家生活饮用水卫生标准》106项检测指标,加强对水处理工艺关键指标的在线监控,并半年对水源水、出厂水、管网末梢水进行1次取样检测分析,全年累计公布水质检测报告7022份。

二次供水和管线维护建设　全年累计完成户表改造1.61万户,地面管改造6844户,超额完成投资789.06万元。累计完成小区管网及供水设施维修任务3.05万项;清洗、消毒小区生活水池(箱)1.75万个。完成外部管道改造42项,改造长度9.5千米;完成技措管网改造23项,改造长度4.3千米;完成代建、新建项目38个,新建管道长度23.6千米。城区管网总长2747.24千米(其中口径100毫米以上2076.7千米)。管网平均水压为0.22兆帕,压力合格率达99.55%。累计完成市政管网及设施维修任务8763项,维修及时率达99.50%。全年出厂水质合格率达99.98%,管网水水质综合合格率达99.93%。

水价调整　完成水价调整工作,福州市城区自来水价格和污水处理收费标准根据榕发改价格要求,自2017年1月1日起施行。居民生活用自来水基础价格由1.70元/吨调整为2.40元/吨,价格执行周期为7年。考虑用户承受能力,实行分步调整,具体实施方案为自2017年1月1日抄见水量起到2019年12月31日抄见水量止,调整至2.10元/吨,2020年1月1日抄见水量起至2023年12月31日抄见水量止再由2.10元/吨调整至2.40元/吨;污水处理收费标准由0.85元/吨调整为0.95元/吨,自2017年1月1日抄见水量起执行。

实施阶梯价格制度,取消原规定的对"户内多表"改造的居民实行季节性加价政策,并对所有抄表到户的居民用水阶梯水量、水价比例进行适当调整。第一阶梯水量保持每户18吨/月以内用水量,第二阶梯水量调整为每户19~29(含)吨/月·户以内用水量部分,第三阶梯水量调整为每户30吨/月以上用水量部分。阶梯水价比例调整为1:1.5:3。

自12月27日起,福州市鼓楼、台江、晋安及仓山区5口及5口以上家庭居民用户,可申请一户多人口用水量调整。人口数以户口本或居住证为准,每户每增加1人,每月增加用水基数4吨,每户最高月增加水量不超过20吨。同一户口本仅可申请一套房产。调整后,5口之家第一阶梯水量为每户0~22吨/月,第二阶梯水量为每户23—33吨/月,第三阶梯每户34吨以上,依此类推,两年核定一次。

客户服务　公司在册客户总量93万户,是全国抄收到户率最高的城市之一。全年收到"12345"、"数字城管"、来电来信来访、微博等各类信访投诉件7.38万件次,结案率100%。公司六一、杨桥、仓山、金山4个客服营业大厅及行政服务中心、市民服务中心、房地产交易中心3个营业窗口累计接待客户总量17.65万人次,受理客户报装业务申请累计5.57万件,开具各类发票合计35.34万张,一户一表窗口接待客户来电来访9000多人次,预约受理项目949个2.67万户。　（桑　莹）

【污水处理】　2016年,福州市污水处理完成投资4.68亿元,管网建设方面,动工建设连坂外管二期工程,推动洋里污水处理厂外管三期工程和随路建设污水管网,新建改造污水管网134.2千米、雨水管网约63.1千米。排水管网泵站维护改造方面,完成管网维护973千米,专项清疏排查176千米,检查井、进水井23.17万座,检查井改造846座,泵站维护21个,闸门维护21个泵站改造2个,防坠网增设6000套,冒溢点、易涝点整治40个。污水厂建设及提标改造方面,完成连坂污水处理厂二期扩建(5万吨/日)及提标改造一期(10万吨/日),并投入使用,启动洋里污水处理厂一、二、三期提标改造工程。

【城区内涝防治】　2016年,福州市建立由建设、环卫、排水、交警、卫生等部门共同参与的城区47个易涝点排涝机制,实行"一点一策",缩短排涝时间;整合接入市政法委"平安福州"106处监控视频及市气象局72处气象站实时雨量监测信息,构建排水设施信息化平台。

【城市供气】　2016年,福州市城市供气完成投资0.76亿元,市区供应天然气1.9亿立方米,比上年增长0.5%,其中,管道天然气1.72亿立方米,液化天然气1.29万吨(折合气态0.18亿立方米)。市区燃气企业15家,全年新增管道燃气用户点火数4.2万户,燃气用户数73.71万户,其中管道燃气用户55.18万户,瓶装燃气用户18.53万户。五城区新建、改造燃气管道72千米,开展餐饮场所燃气安全专项整治和瓶装液化气市场安全专项整治。

【户外广告及夜景灯光提升】　2016年,福州市加强市区户外广告日常巡查,向市城管委发出56批次广告拆除函,涉

表 23　　**2016 年福州市自来水公司供水水质合格率汇总表**　　单位:%

项目 \ 月份		1月	2月	3月	4月	5月	6月	7月	8月	9月	10月	11月	12月	全年平均
出厂水		100.00	100.00	100.00	100.00	100.00	100.00	100.00	100.00	100.00	100.00	100.00	100.00	100.00
管网水	浑浊度	100.00	98.80	98.99	100.00	100.00	100.00	99.34	99.46	100.00	98.69	99.48	98.96	99.48
	色度	100.00	100.00	100.00	100.00	100.00	100.00	100.00	100.00	100.00	100.00	100.00	100.00	100.00
	臭和味	100.00	100.00	100.00	100.00	100.00	100.00	100.00	100.00	100.00	100.00	100.00	100.00	100.00
	余氯	100.00	100.00	100.00	100.00	100.00	100.00	100.00	100.00	100.00	100.00	100.00	100.00	100.00
	细菌总数	100.00	100.00	100.00	100.00	100.00	100.00	100.00	100.00	100.00	100.00	100.00	100.00	100.00
	总大肠菌群	100.00	100.00	100.00	100.00	100.00	100.00	100.00	100.00	100.00	100.00	100.00	100.00	100.00
	CODMn	100.00	100.00	100.00	100.00	100.00	100.00	100.00	100.00	100.00	100.00	100.00	100.00	100.00
	其余 31 项	100.00	100.00	100.00	100.00	100.00	100.00	100.00	100.00	100.00	100.00	100.00	100.00	100.00
水质综合合格率		100.00	99.85	99.87	100.00	100.00	100.00	99.92	99.93	100.00	99.84	99.94	99.87	99.93

及 5648 面违章广告;发布文明城市创建等各类公益广告 1320 面。完成南江滨西大道三盛段沿江堤岸等节点夜景灯光建设,开展城区亮化提升工程前期工作。

【公共代建】　2016 年,福州市公共代建完成投资 14.8 亿元。海峡奥体中心、福州规划馆竣工并移交;完成海峡妇女儿童活动中心二装施工;海峡图书馆通过竣工验收。

【宜居环境建设】　2016 年,福州市安排宜居环境建设项目 1482 个,完成投资 356.9 亿元。实施 134 个美丽乡村(12 个示范村)、3 条美丽乡村景观带整治建设,争取省级“以奖代补”资金 1.2 亿元;完成 11 个乡镇污水处理设施建设和 161 个村庄污水治理任务;全面完成 725 户省、市“为民办实事”农村危房改造任务,启动中央提前下达的 401 户农村危房改造项目;牵头推进敖江流域水环境综合整治,全面完成省、市下达的 40 项任务,连江、罗源两县 212 家石板材加工企业按期关停。

【温泉保护利用】　2016 年,福州市政府成立福州市温泉资源综合开发利用工作小组,推进福州温泉资源综合开发利用。螺洲温泉资源勘查工作取得新进展,完成《福州市螺洲地热资源预可行性勘查报告》,初步查明螺洲温泉的日可开采量为 3600 立方米,圈定约 7 平方千米地热异常区,温泉分布区从螺洲镇拓展至龙祥岛;开展日常温泉资源管理工作和市区温泉资源动态监测工作。

【“尼伯特”台风灾后重建】　2016 年,福州市城乡建设委员会参与闽清、永泰“7·9”风灾后抢险救灾,牵头成立工作组驻点开展农房灾后重建工作,开展城区供排水设施修复重建、乡镇污水恢复重建等民生工程建设工作;省、市、县三级质量安全监督机构联动,对灾后重建工程统规统建点开展高密度、多频次检查,在加快工程建设进度的同时确保质量安全,实现春节前灾民全部回迁。

(黄金寿)

园 林 绿 化

【概况】　2016 年,福州市建成区新增城市园林绿地面积 350 万平方米,梳理提升林荫道 66 条,新建改扩建公园绿地 10 处,完成绿道建设 30 处。园林绿化 3 项指标绿化覆盖率为 43.87%,绿地率 40.6%,人均公园绿地面积 14.07 平方米。

【城市绿化】　闽江大道绿化改造提升工程　2016 年,绿化面积 2 万多平方米。采用行道树和路旁绿地增种大树的形式,打造林荫道。种植大树 1200 株,其中秋枫 708 株,盆架木 432 株,香樟 60 株。

金山大道绿化改造提升　采用补种行道树和增种后排行道树的形式,建设林荫大道,种植大树 1500 株,有香樟、美丽异木棉、秋枫、腊肠树等品种。全线新增游步道 1865 米,平台广场 19 个。游步道及平台广场主要分布在洪湾北路—茶城、茶城—建新北路、建新北路—金洲北路、金榕北路—金山大桥北侧、洪湾南路—建新南路、建新南路—金洲南路。

地铁 1 号线沿线绿化项目　地铁 1 号线北段沿线绿化,包括地铁北段 12 个站点的配套绿化(象峰站,秀山站,罗汉山站,火车站,斗门站,树兜站,屏山站,东街口站,南门兜站,茶亭站,达道站,上藤站),以及秀峰路等道路改造项目的配套绿化,绿化面积 2.5 万平方米。种植大树 1521 株,其中榕树 66 株,香樟 680 株,桂花 350 株,紫薇 425 株。种植茉莉花 2500 平方米,约 9 万株,非洲茉莉 400 株。其中在秀峰路沿线主要包括市政工程管理处、市地铁公司实施的道路改造项目的配套绿化,地铁象峰站周边、地铁秀山站周边及秀峰路沿线闲杂地的绿化。实施绿化面积 1.75 万平方米,种植茉莉花1.85万株,种植大树982株,其中榕树36株,香樟380株,桂花166株,紫薇400株。

道路花化工作　完成市区华林路、湖滨支路、乌山路、五四路、五一路、铜盘路、梅峰支路等道路节点花化,新增北江滨大道、会展中心、潘墩路等道路花化面积约2400平方米。新增三环路全线12座互通、双福和福湾路高架桥、机场主线桥等桥梁三角梅,全市高架桥、人行天桥及其他桥梁的三角梅总长达160.5千米,45.69万株。

【公园景区建设】　于山北麓保护修复建设项目　2016年,打通于山北入口、建设入口公园、整治修复观巷古建筑群及古街巷为主,项目建设总投资约4500万元,分两部分进行。第一部分先启动广场、登山步道、园林绿化及仿古建筑及部分古建修复;第二部分为鳌峰坊、观巷及宦贵巷周边古建修缮(包含市文保单位李世甲故居)。新建于山北入口全线贯通(于山风景区牌坊—观巷教堂—新建登山步道—风雨廊—于山管理处)。新建休闲步道与观巷、太平街等于山巷道连接,串联于山风景区原有休闲步道,打通朱紫坊与于山之间的通道。

金鸡山栈道灯光夜景工程　该工程投资近200万元,安装3500盏LED节能灯,以公园南门入口、金鸡塔、飞虹桥、观晋台和茉莉花台为重要节点。金鸡塔总高42米,其中基座高10米,经过改造通过彩色光与动态光相结合,同时搭载显示时间和图案的LED屏幕,改变原先公园夜晚光线不足的问题。

建新园(榕树、茉莉花主题园)绿化工程　项目位于浦上大道和建新路交叉口,总面积1.06万平方米。采用"榕树广场+茉莉花园"的形式,种植榕树、羊蹄甲、蓝花楹、紫薇等乔木,配套观光亭、座椅、园路等休憩设施。

牛港山公园改造项目　牛港山公园改造项目位于鹤林片区,北至在建牛港山路,南至化工路,选址面积51.60万平方米。该项目对现状牛港山进行提升和改造,并新建中央滨水休闲绿地,将牛港山与中央滨水绿地串联成横屿组团的绿轴。项目建设内容包含景观绿化、配套服务设施、停车场、登山步道等。

2016年6月18日,福州市白马河柳河路至乌山西路西岸景观改造完成

(市建委　供)

动物园动物繁殖　市动物园繁殖动物27只,其中自然繁殖金丝猴1只,松鼠猴3只,绿狒1只,猕猴1只,火烈鸟3只,黑天鹅4只,丹顶鹤1只,蓝孔雀3只,南美浣熊1只,北美浣熊1只,梅花鹿5只,骆驼2只,黄麂1只。救助眼镜蛇、黄麂、鳄龟、果子狸等野生动物59次,134头(只)。引进动物8只,其中从南非引进白狮1对,从南宁动物园引进山魈1只、黑叶猴2只,从灯塔市鹏翔野生动物旅游开发有限公司引进袋鼠1对、黑帽悬猴10只、松鼠猴20只,从上海野生动物园引进雌性白颊长臂猿1只,白狮为新引进品种。加强与国内先进动物园的合作繁殖,分别与广东粤北华南虎省级自然保护区管理处开展华南虎合作繁殖,与上海动物园开展黑猩猩合作繁殖,与南平市城市公园管理处开展黑熊合作繁殖。

【古树名木保护】　2016年,福州市组织专家对洋浛、螺洲、烟台山、金鸡新苑、流花溪等20个旧屋区改造和工程建设地块内的古树进行调查,新鉴定古树83株;对师大附中、师大生物系、二十九中、钱塘小学、鼓山、鼓岭、南江滨、茶亭河、福大等区域的14株古树名木进行专项保护,联合仓山区和晋安区政府拆除齐安村和东园村影响古树的违章建筑。对确因无法避让的地铁2号线水部站、茶亭河整治工程和林浦一期地块等项目的5株古树名木进行移植。完成对市区在册的古树名木的白蚂蚁危害情况普查,其中有302株古树存在严重及较严重的白蚂蚁危害;同时对市区28株的古树进行病虫害防治。

组织各古树管护单位完成每年2次古树名木巡查工作,并反馈巡查情况。将古树名木地理信息系统迁移至市数字办的政务平台。对省府路1号、省气象局工地、省劳动厅宿舍、烟台山、南江滨大道延伸段、王庄支路、厚峰村、茶亭河8个项目破坏古树的行为开展专项执法检查。

【园林管理】　抗台抢险工作　2016年,福州市园林部门首次成立抗台总指挥部,按照"325"模式精准预防、备战。对因园林绿化受灾导致的安全、电力、交通3个方面进行重点保障;对市动物园、市园林科学研究院2个地质灾害点进行重点布控;对滨江、滨河园区5个公园(西湖公园、晋安河公园、闽江公园、花海公园、沙滩公园)进行重点预防。受第14号台风"莫兰蒂"影响,全市树木出现倒伏1366株,断枝、倾斜760处。市、区两级园林部门在灾后24小时市区基本完成树木清理、扶正加固等工作,市管公园全部开园。第17号台风"鲇鱼"后,全市树木出现倒伏5787株,断枝、倾斜3250处。园林系统在48小时内基本完成危情处置,市管公园全部正式开园。

绿地责任划分　组织对失管绿地进

行调查摸底，绘制养护责任区域示意图，在对失管绿地在基本养护的基础上，科学划定市、区养护分担机制。结合市政环卫做法，市园林部门下放298条道路绿化给区一级园林部门。年内市园林部门直接养护350条道路的行道树约1万株，绿地约736万平方米。鼓楼、台江、仓山、晋安四区园林部门直接养护233条道路的行道树2.44万株，绿地17.52万平方米。

审批审查工作　对所有行政审批事项重新梳理，减少前置条件及所需材料，压缩审批流程，清理中介服务事项2项、取消办理环节1项、简化取消申请材料5项。对部分主件具备的审批项目，推行容缺审批，提前介入对现场进行踏勘，清点需移植苗木，先行审批，后补足材料，减少审批时间。

执法工作　采取加强日常主动巡查和开展侵绿专项整治相结合的方式，提高案件处置效率，制订《专项整治工作联合行动方案》。接到市民群众、媒体记者、养护单位电话举报419件，其中立案处罚案件23件，“12345”投诉件46件，处理有关领导和部门督办案件22件，行政处罚金额10.9万元，在整治行动过程中，劝导停放在绿地上的机动车35辆，发出违停告知书17辆，拖曳2辆，处罚1辆；拆除各类侵绿建设广告牌54面(其中20面只有杆体)，劝导商家自行整改3面。

宣传服务工作　在每个公园景区设置学雷锋便民服务站，定期在公园景区开展养花知识讲座、插花技巧现场传授等活动；刊播遵德守礼、讲文明树新风、“垃圾不落地、文明添福气”等公益广告，制作爱绿护绿宣传小短片及宣传海报。利用网络平台宣传手段，推送42期“榕城护花使者”微信公众号消息，向群众宣传城市园林建设。先后开展“童心播种春天·共享美丽家园”“邻里守望·春满榕城”“美丽福州·清新校园”“改善环境质量·推动绿色发展”等15场志愿服务主题活动，提供普法宣传、文明劝导、爱心帮扶等志愿服务，鼓励市民认捐认建榕树。

（周震宇）

城市管理与执法

【概况】　2016年，福州市城市管理委员会依托福州市“两违办”牵头组织全市拆除“两违”建筑面积692万平方米。完成宜居环境建设市政项目总投资2.8亿元，比原计划提高1000万元。拟订环卫作业招标和考核准则，成为制定全省标准的重要依据，推进垃圾处理设施建设，全市生活垃圾无害化处理率100%。“尼伯特”台风后，调集100部渣土运输车、90部环卫保洁车、470个垃圾桶支援闽清、永泰灾区。做好第十八届海峡两岸经济贸易交易会、环永泰自行车赛、国际马拉松赛等18场重大活动的市容和环卫保障工作，加强流动摊点管理，增加环卫保洁力量，布设流动公厕，为101万人次客流量提供服务。办理省市人大代表、政协委员建议、提案53件、批办件906件；办结信访诉求107件、微博诉求92件、人民网诉求63件；受理市“12345”诉求1.09万件、数字城管1.04万件；“110”联动接警9879起。主动报道宣传信息388篇、应对城管突发应急新闻事件45起。

2016年12月26日，城管执法人员在竹岐乡拆除3座江边违建别墅

（市城管委　供）

【“两违”综合治理】　2016年，福州市开展专项整治，拆除7月以来新增“两违”322宗、建筑面积11.72万平方米。6—9月，整治国土卫片疑似图斑443宗及住房和城乡建设部下达的经核查确定违建图斑89宗，完成拆违图斑302宗；开展“沿江边、靠山边”主题拆违行动，拆除河道管理范围内违建68宗、靠山边地质灾害易发区内违建34宗；组织四城区治违办整治城区违法挪作他用地下停车场18处，缓解中心城区停车难问题；开展砂场“两违”专项整治，摸排并拆除江河流域非法砂场(点)、违法占地、违法建设55处。

研发“两违”综合监管平台(一期)并于12月20日建成运行，依托移动互联网，通过手机、电脑终端实时上报“两违”信息，实现“两违”治理动态管理，落实网格化管理机制。福清市、长乐市对经审批的城区私有危房改造及农村个人建房实行挂牌施工。对仓山区、晋安区、长乐市等地购买无人机的单位，建立“天上飞+地下巡”天罗地网查违、控违方式；仓山区、高新区、福清市、闽侯县等地采取购买服务方式，成立应急保障队伍，形成快速反应、随时待命机制，实现新增“两违”监管、拆除常态化。分类处置，疏堵结合，全年审批项目4158个(农村个人建房审批1892个、危旧房改造2266个)。将台江区及10个乡镇(街道)示范点、131个村(居)作为“无违建”示范点；推荐台江区为福州市“无违建”创建工作示范区，推荐4个乡镇(街道)级、14个村居级“无违建”创建工作示范点。全年因“两违”管控不力受到问责处理139人。加强宣传，营造氛围，全市各地媒体公示违建295批次3119宗，拆除公示违建面积192.87万平方米；分别在省“两违”综合治理信息平台、省市新闻媒体上发布信息557篇、1751篇,并定期以手机报形式报送“两违”治理最新情况。

【市政设施管养维护】 市政设施维护 2016年,福州市完成人行道日常中小修面积20.7万平方米、沥青路面日常维护中小维护面积16.4万平方米,修复破路13万平方米、地铁场站6个,修灯1.9万盏,保养桥梁800多座次。道路维护率达92%,主次干道亮灯率达98%,桥梁合格率达95%。

道路日常养护 对浦上大道、国货路、华林路等45条道路实施中修改造、开展重点道路维护专项提升;完成西洪路、六一北路等多处路面塌陷抢修工作;配合治堵工作完成杨桥、梅峰支路等6个路口道路机非分离改造,同时结合日常养护,全年完成沥青路面修补19.4万平方米,人行道维护19.8万平方米。

路灯日常养护 完成上渡路、乌山高架桥、江滨路等7条道路的LED改造工程,完成火车南北站周边6条道路的亮化提升。完成市区易涝路段的接地极检测、市区高杆灯基础检测等中修项目,加大零星灭灯修复力度,全年修复路灯1.91万盏,主次干道亮灯率达99.11%,支路、街巷亮灯率平均达98.25%、景观灯亮灯率平均为98.08%。配合市区地铁2号线的建设,完成市区2号线沿线站点的路灯迁移工程,在五四北路、三环路、河下街等路段试用防漏电装置、新型光源等新产品。

桥梁检测维护 加强桥梁设施的检测力度和日常维护工作,对管辖的400座城市桥梁及隧道、地下通道设施进行隐患清理排查,完成桥梁日常维护700多座次,完成三县洲大桥南立交、琴亭高架桥结构病害整治等任务。

【市容综合整治】 2016年,福州市以交通拥堵治理为切入点,按照“科学布局,应划尽划”原则,增加非机动车停放区域,完成9家医院、8所学校以及福州地铁1号线沿线站点周边非机动车停放区域划线,完成39个交通堵点治理。牵头组织各区取缔占道摊点3.7万个,查扣摊车2472部、帐篷1112顶、电子秤2341台、桌椅9580张、其他占道物品5923件。取缔夜间大排档、烧烤摊6718个,查扣摊车、烤架1082个。查扣机动车占道载货车辆152部,罚款14.73万元。开展“两车”停放专项整治,查纠乱停放“两车”6.42万个,搬离暂扣4130个,处罚2402辆次、罚款2.54万元;查处占道销售电动车2044个,暂扣占道电动车291辆,罚款1.57万元。组织拆除楼顶、墙体、外挂、布幅、灯杆道旗等户外广告5113面,处罚25个违法设置户外广告案件。台风期间拆除存在安全隐患的户外广告牌600面。开展乱张贴治理,移送通信部门停机乱张贴电话号码1批858个。开展便民市场专项督查,查处占道市场越线经营2047处、超时经营1759处;取缔未经审批占道市场1794处。开展流浪犬专项督查,收容处置流浪犬303只。

【环境卫生管理】 道路清扫保洁市场化 2016年,福州市道路清扫保洁面积3855万平方米(含三环路、螺洲大桥),人均保洁面积5500平方米。清扫保洁道路2734条:一类道路1270条(段),面积1924万平方米;二类道路1003条(段),面积1442万平方米;三类道路461条(段),面积489万平方米。其中,鼓楼区446.46万平方米,台江区439.05万平方米,仓山区1115.23万平方米,晋安区771.38万平方米,马尾区490.23万平方米,市环卫处直管三环道路592.78万平方米。全市道路分成29个合同包,年清扫保洁经费3.57亿元,分由13家保洁企业中标承包。

内河河道保洁市场化 鼓楼、台江、晋安、仓山4个行政区有内河107条,正在整治或尚未整治的河道39条,已整治并列入市、区两级环卫部门日常保洁管理的河道68条。完成10条市直管河道保洁管理市场化工作,保洁经费617.32万元,由福州东飞环境工程有限公司中标。起草并完善《福州市内河日常保洁市场化动作招标管理实施意见》,推进区管河道保洁市场化,60条区管内河年保洁经费912.22万元。经市财政核定的全市内河保洁人员总基数311人,实行双休制度增加对应轮休人员后,总人数455人。

制定环卫保洁市场化标准 编制下发《福州市道路清扫保洁经费定额》《福州市道路清扫保洁市场化运作招标导则(试行)》,被省住房和城乡建设厅制定作为全省行业标准的重要依据,修订《福州市道路清扫保洁质量标准与检查考核导则》,强化环卫保洁市场化监管。

环境卫生保洁管理 环卫企业作业道路监管考核标准根据《福州市道路清扫保洁质量标准与检查考核导则(试行)》,将全市道路分为4类进行管理、考核和处罚。内河监管考核标准依据修订完善的《福州市城区内河管理考核办法》《考核评分细则》。每周检查道路200多条、内河10多条,每月发送内河考评通报;同时依据《福州市道路清扫保洁作业质量考核奖惩规定(试行)》《内河考评

2016年6月23日,城管执法人员向志愿者示范共享单车停放秩序

(市城管委 供)

奖惩规定》进行处罚。加强环卫机械清扫和冲洗降尘作业,城区主干道实行每日“一冲洗、三降尘”,控制扬尘污染。以国控点2千米范围内为重点,采取机动巡查、定点值守、设卡检查相结合,集中查处渣土车未密闭、车身不洁、滴洒漏污染路面等违法行为。

城区内河生态补水 全年各泵站开机5.39万小时,引入闽江、乌龙江新鲜水源39.72亿立方米补充稀释内河,满足城区内河生态补水需要和流量调控需求。科学调控茶园、铜盘、左海、洪湾和白马河水闸,改善西湖、左海等重点河湖水质。开展重大节日、重要会议和重大活动期间的内河生态补水保障工作。完成琼东河泵站300米河道、1800立方米淤泥的应急清淤,完成城区内河生态补水任务。

内河引水泵站运行管理 完成文山里泵站2台机组、新西河泵站2台机组、连潘河泵站3台机组、琼东河1台机组、五四排涝站7台机组的维修工作,完成新西河泵站内河侧闸门启闭机和水封橡胶改造。对五四排涝站设备进行技改,包括更新旧水泵机组、和高低压电气柜,改造双电源,改变机组出水方向,8月,完成供电双电源改造和供电专线改造。汛期前清理五四排涝站进水口河道,清淤量2300立方米。五四排涝站全年开机2328小时,解决琼东河、旧树兜河、五四河等河段低洼地带的内涝问题。配合城区内河整治,白马河水系沿线截污设施排查,配合拆除茶园水闸、86师水闸,晋安河塔头桥改造施工建设。

生活垃圾处理费征收 全市征收生活垃圾处理费8000万元。加大垃圾处理收费宣传力度,编印垃圾处理费征收宣传手册10万册,制作宣传专栏10版,摸底非居民户垃圾处理费“搭水征收”3.6万户并完成试点工作。

环卫设施建设 各区推进环卫设施建设,动工建设大凤地下垃圾转运站,完成新建公厕4座、环卫工人休息室10座、垃圾桶房70座。完成改造提升垃圾转运站8座,正在改造提升垃圾转运站3座,完成改造提升公厕20座,正在改造提升公厕11座,购置果皮箱800个,完成公厕污水接入污水管网2座,市环卫处采购木机船1艘、小木船37艘。五城区有公厕863座,其中环卫部门管理的公厕366座,垃圾转运站59座。

关爱环卫工人 组织开展两节慰问“送温暖”“夏送清凉”等活动,划拨15万元用于慰问一线环卫工人。开展金秋助学、医疗互助、困难救助、公租房申请等活动,220多名困难环卫工人得到帮扶救助。开展环卫定向公租房申请分配工作,全年审核分配108套环卫公租房。配合省福彩中心及平安保险等爱心单位开展慰问活动,组织爱心企业增设环卫工人休息点,全市有154个休息点。8—10月,组织一线环卫工人开展“美洁环境、清新福州”清扫保洁技能劳动竞赛,评选139个先进个人和6个优胜班组。

【垃圾无害化处理】 *垃圾处理设施建设* 2016年,福州市红庙岭垃圾焚烧发电厂二期工程建设用地占地面积1.5公顷,总投资2.45亿元,项目设计规模为日处理生活垃圾600吨,配置一条垃圾焚烧发电生产线(1×600吨/日)。项目于2月进入正式商业运行。红庙岭二期填埋场续建工程,项目设计填埋总库容407万立方米,填埋库区续建工程总投资约9000万元,使用年限13年,7月建成投入运行。

生活垃圾无害化处理 加强BOT项目日常监管和服务,垃圾处理兼顾环保和资源利用,全面实行垃圾无害化处理工艺,焚烧排放符合环保标准,生活垃圾无害化处理率达100%。全市消纳生活垃圾132.9万吨,其中焚烧80万吨、填埋52.9万吨,日均3631吨,其中焚烧处理2186吨/天、填埋处理1445吨/天;焚烧发电厂处理生活垃圾80万吨,发电2.6亿度,稳定化处理飞灰1.9万吨,综合利用炉渣14.76万吨,处理渗沥液64.2万吨。

红庙岭循环经济产业园专项规划 园区总规划用地358公顷。6月18日,编制完成《福州市红庙岭固废循环经济产业园区概念性规划》正式稿,8月9日,福州市规划与建筑环境委员会原则通过规划编制方案。9月26日,编制单位中国城市建设研究院会同城管、环保、国土、规划及园区各项目投资商、设计单位召开园区现场讨论会,确定最终项目建设布局方案。10月下旬,召开内部讨论会,编制单位与规划单位和勘测院进行对接,确定规划范围,探讨规划深度,圈定地形勘测的内容和范围。开展园区内详细地形等条件测量,12月初完成地形勘测,根据新测地形数据,按照修建性规划深度对《规划》进行修改,并补充完成道路、电力、电信、给水、污水、综合管线、单体建筑总图等20张修规图纸。

【建筑垃圾工程渣土管理】 *渣土处置执法监管* 2016年,《福州市建筑垃圾综合管理提升实施方案》编制完成,厘清18个部门45项职责清单,明确77项工作任务清单,提出6项主要工作举措。核发渣土运输卡730张,收缴建筑垃圾处置费468.32万元、泥浆收纳费423万元;与交警、交通、建设等部门建立违法案件协作办理机制,移送交警及交管部门协作处理不配合执法车辆269辆,移送建设部门协作处理拒不履行行政处罚决定工地26起;强化部门信息共享,提高案件发现率和处置率;实行分区域管理,加强与各区市容局的日常执法联动,建立联络员制度。持续开展各类渣土运输专项整治行动,移送属地城管部门查处乱卸倒案件34起。暂扣涉案渣土运输车458辆,立案查处渣土类案件1382件、噪声案件886件,罚款到账约776万元。

渣土运输行业监管 加强渣土车辆监控,每月定时调取车辆管理部门有关各渣土公司车辆详单,实时监控车辆动态,发现177辆渣土车未纳入监管范围及时限期整改。审查运输企业建筑垃圾处置资格条件,包括运输企业法人资格、道路运输管理机构核发的道路普通货物运输经营许可;运输车辆运力、企业营业执照、车辆卫星定位车载终端安装、车辆外观标识等,发现不符规定车辆停办运输卡并限期整改。针对部分渣土公司对车辆相关标识粘贴不干胶、喷涂遮盖、涂改等现象,重新修订渣土运输车辆标识标准,完善渣土车辆标识管理。

渣土监管平台升级改造 6月,对所有渣土车GPS车载终端进行更新升级,并接入过渡平台。8月起所有登记在册的渣土运输车均按要求接入过渡监控平台。按照部颁标准设计的《福州市建筑垃圾智能化监管平台项目技术设计

南江滨沿江绿化景观　　　　(福州日报社　供)

方案》通过专家评审,10月12日通过公开招投标,确定中标人和中标价格,开展平台升级改造的前期调研工作。

渣土受纳场选址工作　制定渣土受纳场选址要求并联合行文下发相关县(市)区,牵头召开专题会议,组织相关部门工作人员赴晋安、长乐、闽侯、连江、永泰现场查看并落实渣土受纳场选址工作,对各县(市)区提出的拟选址地块逐个进行调研论证确定8个渣土受纳场选址(晋安区新店镇益凤村、长乐市古槐镇福坊村、长乐市漳港街道龙峰村、闽侯县竹岐乡元格村和鸿尾乡奎石村、连江县琯头镇长门村、连江县江南乡镜路村、永泰县塘前乡官烈村)。

首个渣土资源化利用项目建成投产　福建昌明建材有限公司,位于福州高新区两园区南屿镇窗厦村,注册资本2500万元。该厂一期投入近1亿元,环保烧结空心砖年产值1.2亿元,远期按4条生产线规划,年消耗工程渣土、煤渣、污泥等120多万立方米。福州高新区窗厦资源化利用项目(一期)年底前建成并投产,成为福州市第一个建成投产的建筑垃圾和工程渣土资源化利用项目,同时也是福州地铁2号线定点渣土应急受纳场。

【行政审批工作】　2016年,福州市城市管理部门审批窗口全年接受审批咨询3800人次、受理申请办结856件,其中受理办结市政类许可服务251件,建筑垃圾处置类核准服务605件,全年缴纳城市道路挖掘修复费占用费10751.89万元,建筑垃圾处理费963.91万元。简化11个行政审批办理流程,减少申报材料1项;"缴纳城市道路挖掘修复占用费"办理时限由1个工作日改为当场受理办结。完善11个行政审批服务事项的办理规程、申报材料、申请表及办理流程,实现省市审批网上办理无缝对接。取消"市区饲养家禽家畜审批""占用城市道路作为集贸市场审批""参与独立设置的城市公厕竣工验收"事项并在网上公布。受理、咨询和申报网上行政审批服务项目540个。对市政、环卫、渣土方面200件行政审批增量存量证照进行电子转化工作,9月底,行政审批事项实现电子证照化管理。"百日攻坚"行动期间,对8项审批服务事项办理由周一至周五改为全周,其中"容缺预审"提前办结,"百日攻坚"行动申请事项65项。3月审批窗口首次被福州市行政服务中心管委会评为"先进窗口",4月、7月、9月、10月、11月5次被评为"标兵窗口"。

(林秀忠)

(编辑　卓明顺)

环境保护

综　述

【概况】 2016年，福州城区环境空气达标率98.6%，空气质量在全国74个城市重点中排名第五；闽江（福州段）、敖江（福州段）和龙江干流水质达标率分别为100%、100%和90%；全市市级集中式饮用水源地水质达标率100%，县级集中式饮用水源地水质达标率99.3%。市区环境噪声57.4分贝，市城区功能区夜间噪声达标率与去年持平。城市生活污水集中处理率94.26%，生活垃圾无害化处理率98.43%。工业废水排放量5071.05万吨，处理排放达标率95.79%，工业固体废物综合处置利用率98.08%，工业危险废物综合处置利用率100%，医疗废物处置率100%。10月，福州市通过环境保护部组织的国家生态市建设考核验收。

年内开展生态红线划定，推行全行业排污权交易；强化主要污染物减排重点项目落实，完成减排指标任务；开展工业企业、机动车、餐饮油烟、城市扬尘、垃圾焚烧等大气污染整治专项行动，提升空气环境质量监测与预警能力；实施“河长制”，继续加大流域水环境污染整治，保障饮用水水源安全；严格建陶、钢铁等重污染行业环境监管，加大冒黑烟、非法小电镀等污染的查处力度；加强环境监察、监测、科研、宣教、信息化能力和环保队伍建设，提升环境监管水平。

【大气环境】 2016年，福州市城区环境空气达标天数346天，达标率98.6%（全年有效监测天数351天）。全年有5天超标，超标污染物为：二氧化氮、细颗粒物（PM2.5）。福州市空气质量综合指数为3.32，在全国重点74个城市中排名第五。市城区降水pH均值为5.52，酸雨率50%。各县（市）中，长乐城关空气质量最好。

【水环境】 2016年，福州全流域水质总体为优；Ⅰ类～Ⅲ类水质比例90%；Ⅰ类～Ⅱ类水质比例60%，无劣Ⅴ类水质断面。

福州城区6个饮用水水源地水质达标率为100%。各县（市）城关饮用水水源地水质良好，达标率均为100%。山仔水库总体水质为良好的水平，东张水库总体水质为优的水平，西湖全年总体水质为Ⅴ类。按综合营养状态指数计，山仔水库、东张水库、西湖水质均处于中营养化状态。城区内河3个省控断面（晋安河三孔闸、光明港九孔闸、龙津浦港头）为Ⅴ类水质，彬德闸断面的氨氮

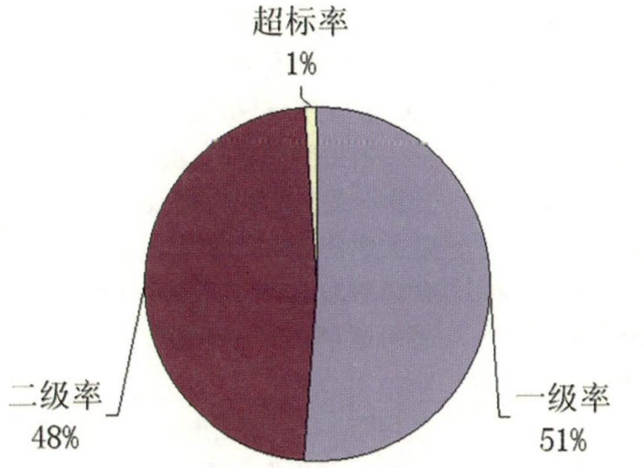

图32　2016年福州市空气质量分级比例

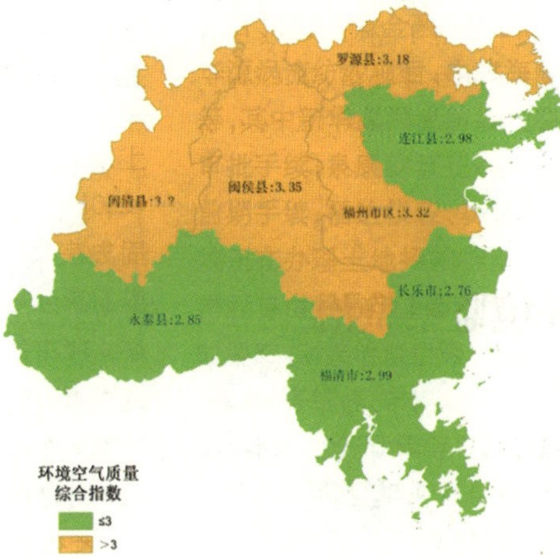

图33　2016年福州市各县（市）环境空气质量综合指数

表 24　　2015—2016 年福州市流域水质达标情况

河流/河段名称	断面数	定性评价	Ⅰ类～Ⅲ类水质比例(%)		Ⅰ类～Ⅱ类比例(%)	
			2015 年	2016 年	2015 年	2016 年
闽江福州段	11	优	100	100	0	72.7
敖江	5	优	100	100	0	40
龙江	4	轻度污染	50	50	0	50
福州	20	优	89.5	90	0	60

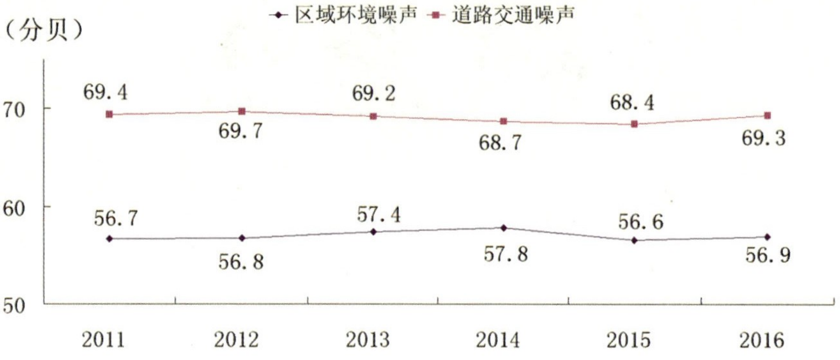

图 34　福州市区域环境噪声、道路交通噪声变化趋势

超Ⅴ类标准。近岸海域 17 个站位中，Ⅰ类～Ⅱ类水质比例 64.7%，主要污染物为无机氮。按照功能区类别评价，达标率 68.8%，超标项目有活性磷酸盐、铅、无机氮。下半年开展福州闽江、敖江、龙江、闽东沿海诸河，以及闽东南沿海诸河等小流域普查监测，监测 62 条河流 72 个断面，Ⅱ类水质比例 22.2%，Ⅲ类水质比例 40.3%，Ⅳ类水质比例 16.7%，Ⅴ类水质比例 6.9%，劣Ⅴ类水质比例 13.9%。

【声学环境】　2016 年，福州全年市建成区区域环境噪声年均值 56.9 分贝，处于"一般"水平(55.1 分贝～60.0 分贝)，道路交通噪声年平均值 69.3 分贝，维持在"较好"水平(50.0 分贝～55.0 分贝)。

环境监察整治

【大气污染防治】　2016 年，福州市实施《福州市环境空气质量行动计划 2016 年度实施方案》《提升福州市环境空气质量行动计划 2016 年 10—12 月工作方案》《福州市轻微污染天气应对办法》。针对性地加强施工扬尘控制长效管理、黄标车淘汰、机动车污染防治、燃煤锅炉整治、工业企业大气污染治理、工业区集中供热、推广新能源汽车、区域联防联控等重点工作，环境空气质量得到改善。市委、市政府对空气质量目标与重点任务实施"双考核"，将大气污染防治纳入市直相关部门和县(市)区政府绩效考核内容，以统计通报、抽查督查、挂牌督办等方式推进重点工作落实。

开展扬尘污染监督检查，全年检查工地 2413 个次，向各责任单位发出加强扬尘污染控制通知 23 份，通报存在问题工地 1311 个次，扬尘专项情况通报 166 份。建立扬尘污染在线监控网络平台，重点工地安装扬尘在线监控设施安装并上传数据，实现扬尘污染实时控制，完成 161 个工地网络平台建设。完成福州市建成区及各县(市)建成区 10 蒸吨以下燃煤小锅炉淘汰改燃工作，完成 315 台 10 蒸吨以下锅炉燃煤锅炉的淘汰改燃及 285 台锅炉的验收、7 台 10 蒸吨以上燃煤锅炉脱硝设备的安装。

加大工业企业污染整治力度，火电行业燃煤发电机组完成除尘设施升级改造，烟尘均达到大气污染特别排放限值要求。推进工业集中区集中供热工程，在实现福清江阴工业区集中供热的基础上，完成福清元洪工业区集中供热设施建设，集中供热工程按规范建设投运除尘、脱硫、脱硝设施，并安装在线监控设施，确保污染物稳定达标排放。

推广新能源汽车，全市新能源公交车占公交车总数的一半以上。在现有的出租车中，双燃料车辆占总数的 65%。强化区域联防联控，建立空气质量监测预警体系，至年底，建成环境空气自动监测站 59 个，并建成 1 座超级空气监测站，在全省率先做到空气站点全覆盖。

【水环境综合整治】　2016 年，福州市建成 9 座水源地水质自动监测站，完成 2015 年度全市集中式饮用水水水源地环境状况调查评估工作，针对调查评估中发现的问题，督促相关县(市)区政府整改。对城区 75 条内河全面开展水质本底数据监测，抽调环保执法监测人员并对城区内河 6 个主要水系内河周边污染源实施环保执法大检查。贯彻落实"水十条"，组织开展水源保护区现场勘查和部分水源保护区调整工作，继续加强饮用水源保护区规范化管理，对市级水源地缺失或损坏的水源保护区标志牌和隔离围网进行补充完善；强化饮用水源常态化管理，督促落实饮用水源巡查报告制度，对各级水源地开展定期巡查。建成使用连江观音阁备用水源地水质自动监测站。

开展畜禽养殖污染整治工作，实施养殖总量控制和标准化改造。全年投入拆除补偿资金 2.15 亿元，拆除生猪养殖场 1378 家，拆除猪舍面积 223 万平方米，削减存栏生猪 76.6 万头；强化生猪养殖总量控制，拟保留生猪养殖场年出栏生猪控制在 150 万头以内；下达省级标准化改造补助资金 3000 万元，推进拟保留生猪养殖场标准化改造工作，逐步建立农业面源污染防控体系。推广测土配方施肥面积 14.66 万公顷，完成农作物病虫害统防统治服务面积 0.66 万公顷。

推动石材加工集中区转产关停，连江县 45 家企业全部关停，罗源县 167 家企业也基本关停，抓紧开展验收及补偿款发放工作。强化对在用堆渣场和废弃堆渣场巡查力度,组织对全部未闭坑渣场重新进行安全评估和地质灾害评估,至年底,在用堆渣场年内均基本新建成二道拦渣坝,并继续对坝体加高加固,渣场所在地政府均委托相关单位编制或编制完成闭坑方案。强化对已关闭矿山监管力度,打击偷采盗采行为,同时加快矿山覆土绿化工作,经过治理,原先浊度超标严重的牛溪、花园溪、兰水溪水质趋向好转。开展梅溪流域建陶企业"煤改气"改造。列入年度整治计划的港城、欧美2家企业完成"煤改气"改造,闽清县40家建陶企业全部完成窑炉釉烧工序改造,梅溪流域水质提升至Ⅲ类。完善陈塘港流域周边印染企业污水接驳,潭头污水处理厂建成厂外污水管网主干管14.8千米、支干管9.5千米和污水提升泵站2座,流域周边19家印染企业生产废水全部接驳,经过治理,长乐陈塘港下半年主要污染物浓度较上半年明显下降。推进长庆溪流域蜜饯企业污染治理,督促企业落实污水处理措施,提升污水处理效果,长庆溪水质由上一年的劣Ⅴ类提升至Ⅴ类。完成1万吨以下废纸造纸企业淘汰任务,全市已没有化学制浆造纸和制革企业。结合排查取缔"十小"企业,全市查处"十小"企业64家,其中造纸3家、炼油11家、电镀3家、其他47家。全市省级以上工业园区污水基本实现集中处理并安装自动在线监控装置,污水处理能力达到14万吨/日。

全年流域范围内新建成福清渔溪、闽清梅溪等4座乡镇污水处理设施,全市有111个的乡镇(包括流域1千米范围内35个乡镇)建成生活污水处理设施或实现污水接驳处理。同时,新建村庄集中污水处理设施101个、污水管网7.8万米。巩固和深化农村"家园清洁行动"整治成果,持续推进乡镇垃圾收集、转运设施改造升级,有107个乡镇建成压缩式垃圾转运设施,提升乡镇生活垃圾转运效率。

【污染减排】 2016年,福州市化学需氧量、氨氮、二氧化硫、氮氧化物4项指标均完成年度减排目标。全市继续从工程项目、能源结构、管理减排、政策减排4个方面开展主要污染物总量减排工作。

全市新(扩)建生活污水处理厂2座,新增生活污水处理能力逾11万吨/日,累计生活污水处理能力达158万吨/日。新建工业区污水处理厂1座,新增工业污水处理能力2万吨/日,基本实现所有省级以上工业园区污水集中处理。火电行业全面实施脱硫脱硝除尘超低排放改造,12台现役燃煤发电机组中有7台完成超低排放改造,其余5台确定改造方案。4家钢铁企业13台烧结机(球团机)全部配套"一(烧结)机一(脱硫)塔",实现全工况脱硫。推动建陶企业煤改天然气工作,闽清县97.5%建陶企业完成全窑炉(釉烧窑炉)煤改天然气工程,基本用足天然气供应量。实施机动车氮氧化物减排,全面推广使用国五标准车用汽油柴油。推进黄标车淘汰工作,全年淘汰黄标车1.67万辆,年度任务完成率为117.54%;扩大无绿标车限行范围,7月31日前将范围扩大至三环及南台岛;推进无绿色环保标志机动车限行区电子执法系统建设,9月底完成三环路无绿标车电子执法系统建设工作。

完善总量控制目标责任考核制度,实行总量减排与环境质量挂钩的减排考核方式,健全减排联席会议制度和重点减排项目的调度制度。落实完善减排经济支撑政策,全面深化排污权交易制度改革,出台《关于贯彻落实省政府全面实施排污权有偿使用和交易工作的意见》等政策,健全排污权有偿使用和交易政策体系,完成试点行业排污权核定和8家排污单位排污权收储等基础工作,启动全行业排污权核定,至年底,累计完成排污权交易180笔金额9088万元。

【固体废物处置】 2016年,福州市工业固体废物产生量489.05万吨,其中综合利用量477.94万吨,处置量11.01万吨,贮存量0.10万吨,处置利用达率99.9%;工业危险废物产生总量7.54万吨,其中综合利用量2.18万吨,处置量4.15万吨,贮存量1.21吨,工业危险废物全部依法安全处置;医疗废物无害化处理量7561.99吨,处置率100%。

【环保专项整治】 2016年,福州市开展环保大检查,全市出动执法人员1.2万人次,立案处罚案件412起、处罚金额1138万元;移送涉嫌犯罪和行政拘留案件31件、查封扣押90件。开展执法大练兵,全市立案处罚案件213件、处罚金额495万元;其中按日计罚1件,行政拘留3件、移送涉嫌犯罪4件、查封扣押35件、停产限产1件。开展"清水蓝天"专项执法行动,出动执法800人/次,督查企业172家,其中司法移送4家,查封扣押28家,立案处罚43家。开展"十小"企业取缔行动,查出64家,完成取缔58家,其中造纸行业3家、炼油行业11家、电镀行业3家、其他41家。

【环境安全】 2016年,福州市开展环境安全隐患排查,出动环境执法人员3560人次,检查企业1073家,其中76家存在问题的企业完成整改;完成市66家较大以上风险企业的环境风险评估;完成"2016年福州市环保局苯泄漏环境应急演练";处置闽江福州段西北区水源保护区水面油污污染险情3次;辖区内未发生1件较大以上突发环境事件。受福建省环保厅委托向全市发放40本辐射安全许可证(其中新发14本,延续22本,变更4本)。结合危险物品一体化专项行动对全市41家使用放射源单位的354枚Ⅳ、Ⅴ类放射源开展检查。对全市142个射线装置使用单位的307台Ⅲ类射线装置开展督查。深化核应急宣传教育,组织市环保志愿者实地参观宁德核电厂;组织贴近实战的核应急拉动演习,模拟核事故状态下的应急响应。落实核应急值班,确保"尼伯特""莫兰蒂""鲇鱼"等台风天气下以及"G20会议"等重要时间节点期间的核辐射安全。

环境监测与科研

【环境监测】 2016年,福州市全年开展空气、酸雨、地表水、集中式饮用水水源地、噪声、农村环境、土壤、辐射等环境质量监测,获手工监测数据4.1万个,自动监测数据130万个;完成国家、省、市重点污染源废水、废气的监督性监测,取得数据3万个。至年底,全市13个环境监测机构达到国家级标准化建设要求,达标率为100%。开展福建省环境监管能力建设三年行动方案中的环境监测能力建设,包括生态专项能力建设、环境应急能力建设等6方面的扫尾工作;加强土壤有机物监测能力建设;投入建设福建省首座地市级环境空气超级监测站;建成并投入使用福建省首个地市级环境噪声自动监测系统,该系统包含22个噪声功能区自动监测子站、6套气象自动监测子站、5套车流量自动监测子站以及1个声环境质量监控中心。

【环保信息化建设】 2016年,福州市编制十三五"智慧环保"建设工作规划,并纳入到智慧福州建设总体规划中;市环保执法支队初步完成环保网格化管理平台的建设工作;市监测中心站开展福州市环境监测管理支撑系统的建设工作,市环科院开展福州市生态红线管理信息系统的建设工作;实施全市环保专网融合建设和视频会议系统升级改造项目;建设福州市环境质量APP发布系统;加强对"福州环保"微信公众平台以及环保微官网和"福州环境保护网站"维护和管理,充实信息公开栏目和内容,规范信息公开形式,强化与公众互动功能,完善环境监测数据发布平台。

【环保科研】 2016年,福州市围绕生态市创建、城区水系整治、空气质量提升、土壤污染防治、饮用水源保护等环保重点工作,完成"水源地环境状况评估""福州市'十三五'环境保护规划""福州市环境总体规划(2013—2030年)""福州市畜禽养殖业污染防治规划""福州市土壤污染防治行动计划实施方案""福州市生态保护红线划定(第一轮)"。开展"内河水系水质监控和评估""土壤污染修复试点研究""生态红线数据库平台建设""福州市生态环境损害赔偿工作""环境污染第三方治理机制研究""排污权交易创新研究"等课题研究。与清华大学、复旦大学、河海大学、环境保护部环境规划院等国内知名高校和科研单位进行交流合作。

2016年6月5日,福州市开展世界环境日主题宣传活动(梁吉江 供)

环保宣传与环境信访

【环保公益组织及活动】 2016年,福州市开展新闻宣传和纪念世界环境日等社会宣传活动。联合《福州日报》《福州晚报》《海峡都市报》开设专栏,宣传环境保护各项工作,全年在中央、省、市各级媒体发布环境新闻报道980条。发挥"福州环保"微信公众号宣传作用,实时发布环境保护工作动态及环保相关知识信息764条。参加电台"无绿标车限行"访谈、"中国福州"门户网站在线访谈和"政风行风"访谈活动,解读各项环保政策措施。以世界环境日为契机开展节能宣传周、世界环境日主题宣传、"交通整治,绿色出行"等环保公益宣传活动,向广大市民传递生态文明理念,发挥民间环保组织的桥梁纽带作用,组织环保志愿者1000余人次参加各项宣传活动。

【环保诉求情况】 2016年,福州市受理环境信访投诉6842件,其中环保部系统33件、省信访信息系统36件、环保微信投诉546件、省"12369"平台449件、市"12369"热线4298件、市环保局官网投诉平台87件、市"12345"平台712件、群众上访27批196人、群众来信111件、省环保厅互动平台538件、人民网地方领导留言平台5件。

(谢冠君)

(编辑 卓明顺)

建筑业　房地产业

建筑业管理

【概况】　2016年，福州市完成建筑业总产值2919.26亿元，比上年增长13.1%，产值居全省第一，增幅居全省第二；实现建筑业增加值621.46亿元，增长7.3%，占全省建筑业增加值的25.7%。完成房地产开发总投资1679.44亿元，比上年增长21.6%。全市一级建筑企业达243家。年内，完成市辖县(市)二手房网签平台建设。在全省率先试推行建筑行业农民工实名制管理。

【建筑市场管理】　2016年，福州市对未取得施工许可证擅自施工、违法分包、非法转包、无资质或超越资质承接任务以及弄虚作假等违法行为加强治理，对25个单位和个人违法行为实施行政处罚。清理返还建设领域各类保证金2.14亿元。

【质量安全监督】　2016年，福州市对410个建筑工程项目检查2924次，发出督促整改通知书1185份。开展专项整治，组织建筑施工安全生产“打非治违”专项检查2380次，查处违法行为为62起。推进绿色文明施工，在全省率先推行在城区扬尘污染重点区域规模以上房建工地安装PM10、PM2.5在线监测系统。

【建筑产业化】　2016年，福州市推动建筑产业现代化基地工程承包的福建建工建筑工业化研发生产基地(一期)、中建(福建)绿色建筑产业园、博那德房屋科技园3个项目建设。落实试点项目，市传染病医院等约40万平方米建筑项目采用或准备采用建筑产业化技术建造。

【海绵城市建设】　2016年，福州市入选2016年国家第二批海绵城市建设试点城市，制定实施《福州市海绵城市试点建设行动计划(2016—2018年)》，全年计划投资2.63亿元，实际完成投资5亿元，超过计划的90.1%。推进三江口、鹤林两个试点片区建设。加快会展岛启动区等一批打样项目实施，推动三江口会展片区、鹤林片区PPP招标工作。

【地下综合管廊】　2016年，福州市地下综合管廊年度计划投资1.07亿元，实际完成投资1.29亿元，超过计划的20%。完成琅岐环岛路西北段(二期)项目综合管廊3.94千米、南街地下空间开发综合管廊0.6千米土建主体工程建设；完成前屿西路综合管廊、福泉高速连接线综合管廊2.31千米施工图设计。

【工程招投标】　2016年，福州市依法监督房屋建筑和市政基础设施工程招投标项目390项，总建筑面积224.81万平方米，中标价72.95亿元，节约投资5.86亿元；依法处理76件招投标活动信访举报件，及时纠正招投标过程中的违法违规行为；行政处罚4家投标企业和5名相关责任人员，罚款247.54万元；审查福州市工程招标代理机构从业人员岗位资格295人次。

【地铁监管】　2016年，福州市对涉及主体结构质量安全和主要使用功能的材料和构件、可能发生安全生产事故的重要分部分项，抽查抽测，加强动态监管，每季度对地铁工程质量安全文明施工行为实施考评记分，项目考评率100%，记分情况均记入省住建厅动态监管系统。加强专项检查，针对地铁工程主要风险点，实施8次不定期质量安全专项整治。地铁1号线全面完成工程质量专项验收。

【工程造价管理】　2016年，福州市住建部门指导督促造价咨询企业完成网上业绩备案3428项；完成13家工程造价咨询企业分支机构备案；完成日常造价员变更管理318人次；完成158家劳保核定卡办理；参与福建省新版各专业工程预算定额的编制，主编《福建省古建筑保护修复工程预算定额》；完成新工艺消耗量定额4项；编制出版《2016年福州市建设工程材料价格信息》年刊，发行《福州建设工程造价管理信息》月刊。

【城建档案管理】　2016年，福州市住建部门加强地铁1号线的档案移交和规范地铁2号线档案的收集、编制及整理工作。接收编审房建档案159项、市政档案10项;城建档案整理入库3075卷、6066卷,接待查档1090人次、调阅档案2401盒,为652个单位和个人出具原件证明材料3886份。

【房地产业监管】 2016年,福州市建立健全房地产开发企业资质差异化制度建设,实施优胜劣汰化机制管理,批准268家企业设立、转正升级、延续申请,注销40家企业房地产开发资质。推进烂尾楼复工续建,晓康苑、新兴大厦等5个项目完成整治。

(黄金寿)

房地产业管理

2016年9月25日,福州市政府副市长杨新坚为市民发放第一本《不动产权证书》

(市不动产登记中心 供)

【概况】 2016年,福州市商品房累计销售面积1214.25万平方米,销售金额1385亿元,分别比上年增长44.22%和46.2%,商品房库存面积1162.57万平方米,较2015年底减少446.4万平方米,下降27.7%,完成房地产开发投资1679亿元(含平潭),增长21.6%,完成房地产业税收241亿元,增长17%。全市房屋施工面积7760.77万平方米,比上年下降0.5%,房屋新开工面积1409.63万平方米,增长1.5%,房屋竣工面积823.82万平方米,比上年下降22.6%。

【房地产新政】 2016年,福州市贯彻落实中央"三去一降一补"部署,因城施策,分类指导,制定去库存政策,推行"农民安家贷",引导农民进城购房。出台《福州市人民政府关于化解房地产库存促进房地产市场平稳健康发展的若干意见》,各县(市)对农民和农民工进城购买新建商品房给予一定的购房补贴,严格控制商务办公等非住宅用地供应量。

9月26日、10月6日相继出台《福州市进一步促进房地产市场平稳健康发展若干意见》《关于进一步促进房地产市场平稳健康发展的补充通知》,增加住宅用地供应,提高福州城区公开出让项目用地竞买保证金和缩短土地出让金付款期限,竞买保证金由现行的20%提高到30%,全额土地出让金支付期限调整为3个月,同时在五城区实施商品住房限购政策,对拥有2套及以上商品住房的福州市五城区户籍居民、拥有1套及以上商品住房的非福州市五城区户籍居民家庭、无法提供购房之日前2年内在福州市五城区累计缴纳1年及以上个人所得税或社会保险证明的非福州市五城区户籍居民家,暂停向其销售福州市五城区范围内建筑面积144平方米及以下的商品住房,购买首套商品住房申请商业性个人住房贷款,福州市五城区户籍家庭首付比例不低于30%,非福州市五城区户籍首付比例不低于40%。

【房地产市场管理】 2016年,福州市制定《关于开展福州市商品住房销售市场秩序专项检查与治理工作的通知》,由市房管局等部门组成4个检查小组,按照房地产市场巡查工作方案,对市区在售67个楼盘进行拉网式检查,通过全面巡查、集中约谈、督促整改、个案查处等方式,重点纠正和查处房地产违规销售等9种不正当经营行为。巡查房地产开发项目67个和中介机构26家,累计发出整改通知33份,集中约谈开发企业60家,重点约谈12家,对未公示"一房一价"的17个项目和违规广告宣传的25个项目,由市物价局和市市场监督局依法查处,对11家违规房地产开发企业和房地产中介机构进行通报和媒体曝光,并计入违规失信企业诚信档案。

【住房保障】 2016年,福州市保障性安居工程开工20281套(户),占省下达任务的100%,基本建成3.33万套(户),占省下达任务329.8%,完成投资192亿元,占年度计划168.4%。福州市城区加大住房保障工作力度,降低保障资格准入门槛,扩大保障覆盖面,公共租赁住房申请家庭的人均年收入标准由原来的3.1万元放宽至3.4万元,家庭财产由58万元放宽至61万元,外来务工人员缴纳养老等社会保险年限由原来的6年放宽为4年。建立并正式投入运行福州市住房保障管理信息系统,市、区两级住房保障部门、民政部门以及公安(车辆管理)、市场监管、税务、人社、国有房产管理、不动产登记、住房公积金等多部门通力协作,全面实现住房保障资源配置的数字化、信息化运作。城区累计通过系统受理申请1.1万户家庭,登记保障资格6227户,配租6852户(含部分2015年登记保障资格的轮候家庭)。审核发放市直机关事业单位住房补贴3650.44万元,市属国企工龄补贴794.8万元,提升职工购房能力。

【房屋征收】　2016年，福州市“抓征迁促落实”百日攻坚期间，全市完成交地337个项目，面积2447公顷，完成房屋征迁面积578.83万平方米，逾期未安置项目回迁1.18万户、2.03万套、183.83万平方米。五城区启动旧屋区改造62个项目，涉及旧房692万平方米，占年度目标任务的182%，回迁安置1.55万户、2.50万套、223.08万平方米，占年度计划的155%。出台政府购买棚改服务办法，与国开行、农发行等政策性银行对接贷款414亿元。试运行房屋征收和安置房源管理系统，制定《关于进一步规范我市安置房源对接工作的意见》，简化安置房源对接环节，安置房源调配使用全程公开。

【物业管理】　2016年，福州市构建市、区、街(镇)、村(居)四级物业管理网络，完善市、区房管部门常态化的物业服务项目巡查机制，检查物业服务项目1662个次，下发整改通知书727份，给予15家物业企业黄牌警告，2家物业企业红牌警告。拓宽物业维修资金续筹渠道，在台江颐景园小区开展试点，探索将公共部位经营收入22万元转为公共维修资金。新归集住宅专项维修资金5.3亿元，五城区累计归集51.4亿元，覆盖1018个小区。简化住宅维修资金使用审核程序，审核流程由7个压缩为3个，办理时限从20多天缩短为7天，建立电梯、消防、给排水等设施紧急维修制度。开展旧住宅小区综合整治67个，通过引导业主自治管理、引进物业服务企业专业管理等形式，建立整治后小区长效管理机制。针对城区低洼易涝的住宅小区汛期受淹问题，联合供电部门开展专项行动，对城区易涝86个小区地下室入口挡水设施建设和32个小区地下变(配)电房搬迁上移改造，在防抗“莫兰蒂”“鲇鱼”台风中发挥积极作用。

【住房公积金管理】　2016年，福州市归集住房公积金64.03亿元，比上年增长13.19%；新增缴存职工15.22万人；1996—2016年，累计归集住房公积金404.52亿元。全年提取住房公积金44.39亿元，比上年增长11.39%，其中购买、建造、翻建、大修自住住房提取15.25亿元；用于偿还购房贷款本息提取18.09亿；离休、退休提取4.52亿元；与单位终止劳动关系未再就业和职工部分或全部丧失劳动能力造成家庭生活严重困难提取5.65亿元；户口迁出本市或出境定居提取0.55亿元。1996—2016年，累计提取住房公积金235.83亿元。

全年发放个人住房贷款59.41亿元，比上年增长43.30%，涉及1.18万户家庭。回收公积金贷款14.88亿元，比上年增长44.87%。住房公积金贷款逾期率为0.108‰，公积金贷款风险控制良好。1996—2016年，累计向7.68万户家庭发放个人住房公积金贷款262.85亿元(其中：住房公积金贷款248.64亿元；贴息贷款14.21亿元)，贷款余额197.87亿元(其中：住房公积金贷款余额183.77亿元；贴息贷款余额14.11亿元)，住房贷款使用率为108.94%(不含贴息贷款，含贴息贷款为117.30%)。实行最高贷款限额与流动性系数双调节机制：当流动性宽松、正常时，职工家庭住房公积金最高贷款限额统一按双职工80万元、单职工50万元执行；当流动性紧张时，职工家庭住房公积金贷款最高额度统一按双职工60万元，单职工40万元执行；为支持中低收入家庭的购房需求，住房公积金贷款最低额度不论资金流动性情况如何统一确定为20万元。同时第二次申请公积金贷款的职工家庭，其可贷额度计算公式中的流动性系数为0.8，以此建立住房公积金风险动态调节机制、缓解住房公积金流动性紧张状态。开展公积金贴息贷款和贷款轮候制。对在五城区购房的职工家庭提高二次申请公积金贷款首付比例，首付款比例不低于50%，且住房公积金贷款申请人及其配偶的任一方使用过住房公积金贷款的，在结清满2年后方可再次申请住房公积金贷款。对在七县(市)购房的，维持首付款比例维持20%不变，以促进县(市)房地产去库存。

全年实现增值收益2.53亿元，提取廉租房建设补充资金1.31亿元。1996—2016年，实现增值收益18.02亿元，累计提取廉租房建设补充资金9.34亿元，上缴廉租房建设补充资金8.03亿元。

简化办事程序，拓宽业务办理途径2项，精简业务办理材料14项，研究并制定6项规定，规范业务办理。强化银行监管，首次引入第三方机构对承办住房公积金业务的22个银行网点的2015年度业务办理情况进行考核，提高服务质量。抓标准化建设，编制具有公积金特色的公共服务和管理标准150项，建立标准体系，实现管理服务精细化。开通住房公积金微信公众平台，为缴存职工提供便捷的互联网体验。

2016年9月25日，福州市不动产登记和交易中心正式揭牌
(市不动产登记中心　供)

【房地产管理】 2016年,福州市新建商品房销售(网上签约口径,下同)14.06万套(间/个,下同)、面积1214.25万平方米、金额1385.06亿元,分别增长52.23%、44.22%、46.2%,其中住宅8.61万套、面积944.7万平方米、金额1061.62亿元,分别增长41.21%、37%、39.88%。全市新建商品房预售批准新增供给面积878.14万平方米,比上年下降14.86%,其中住宅515.58万平方米,比上年下降25.87%。全市二手房交易6.65万套、面积650.42万平方米、金额292.49亿元,分别增长54.08%、59.57%、43.02%;其中住宅5.28万套、面积558.1万平方米、金额259.66亿元,分别增长58.98%、57.68%、52.2%。

市本级新建商品房销售5.83万套、面积449.46万平方米、金额712.01亿元,分别比上年增长31.12%、16.14%、25.91%;其中住宅2.88万套、面积304.92万平方米、金额491.88亿元,分别增长13.75%、4.28%、14.98%。市本级新建商品房预售批准新增供给面积380.83万平方米,比上年增长18.03%,其中住宅197.78万平方米,下降7.3%。市本级二手房交易5.35万套、面积456.52万平方米,分别比上年增长53.9%、60.19%;其中住宅4.14万套、面积411.75万平方米,分别增长59.35%、60.03%。

【不动产统一登记制度实施】 2016年9月25日,福州市举行不动产登记和交易中心揭牌暨首批不动产权证书发证仪式,并向社会公布各类办事指南、示范文本,正式启动城区不动产统一登记工作,标志着城区结束房屋、土地、林地、海洋分散登记的历史,实现"颁发新证、停发旧证"的目标,进入不动产统一登记时期。9月25日—12月31日,市本级受理不动产登记申请10.02万件,办结不动产权证书和登记证明8.16万本,其中不动产权证书3.95万本,不动产登记证明4.21万本。

不动产统一登记整合形成"出具住房情况查询证明+房屋交易管理+计缴税费+不动产登记"四合一一条龙最简登记流程,该项举措被省政府列入自贸试验区创新推广举措。年内接收外单位不动产登记档案632件,其中接收晋安林业局林业登记档案143件,市海洋渔业局海域登记档案11件,鼓楼、台江、仓山、晋安房管局房屋登记档案分别为100、104、104、180件。

【商品房预售审批调整工作】 2016年,福州市及时调整商品房预售许可审批条件,对9月26日之后受理的商品房预售许可,其建筑主体施工形象进度应达到总层数的1/3(含地下部分)。在预售许可实勘环节审查有关事项,凡未达到施工形象进度要求的项目,不予办理预售许可审批。11月15日启动房地产开发企业"双随机"抽查工作,通过电脑随机抽查的方式确定检查人员、检查楼盘,对在售楼盘进行检查。2次组织检查12个楼盘,相关检查结果通过官网向社会公布。

【开展期满档案鉴定销毁工作】 2016年,根据《房地产登记技术规程》,成立保管期限届满销毁档案鉴定小组。鉴定小组由档案管理人员、房屋登记官、纪检监察部门人员组成,按规定开展档案鉴定、销毁报批和销毁监督工作。完成抵押登记逾期保管档案销毁整理鉴定工作4.29万件,销毁3.88万件。通过定期销毁腾退出部分档案库容,同时通过档案分类和库房腾挪,缓解库容问题。

12月9日,二手房转移登记网上办事大厅正式推出。群众通过网上申请、网上提交申请材料,中心网上审核,网上告知办理结果,群众持材料原件窗口核验后,即可现场领取不动产权证书。该网上办事大厅让群众从跑两趟减少为跑1趟即可完成全部事项,节约办事成本。组织召开3次"两权证"例会(第100—102次),研究解决24个项目,办理13个历史遗留项目产权初始登记(总登记),为1157户群众解决办证问题。

在福屿路200号中心本部推出一手商品房办证、二手房交易过户收件窗口"两班制"不限号不间断延时服务。第一班8:30—15:00,第二班14:30—21:00,从早到晚不间断服务。专门成立重点项目对接服务小组,为重点项目开辟绿色通道,优先受理,优先办结。8月底,完成124个征迁项目,涉及3.18万户的产权信息检索工作,为重点项目提速增效提供保障。

5月1日起,申请契税优惠的家庭住房情况查询证明与申请一手房、二手房办证合并办理,购房群众申请享受契税优惠政策时无需专门查档开具家庭住房信息查询证明,由工作人员一并受理并查询。该举措让办税群众由跑4趟、排4次队减为只需跑两趟,排两次队即可办理开具住房查询证明、交易、登记、计缴税费4个事项,一个窗口进,一个窗口出,减少群众往返次数,缩短办事时限1.5个工作日,节约办事资源,1年可节约12万张打印纸。

成立继承科,梳理未持有继承公证书的继承登记材料清单、办理流程等,并于12月5日正式推出未提交继承公证书的不动产继承登记业务,日均接待群众咨询50名。制定《关于进一步规范民间借贷抵押登记工作的通知》,允许企业与企业之间为保障其因企业生产、经营而设立的债权实现,提供不动产设定抵押权登记,开拓企业融资的途径,减轻融资的成本。

拓展合并登记和即来即办办理范围,对新建商品房尚未办理房屋登记,因继承、法院强制执行、夫妻关系产权变更,可同时申请一手房、二手房合并办理,减少办事环节。对登记过程出错产生的错证、证件名称、号码变动等需办理办理的变更登记实行当场办结。同时简化收件材料,取消赠与登记需前置公证的要件。

表 25　**2016 年福州市区商品房交易情况**

月份	面积（万平方米）	金额（亿元）	均价（元/平方米）
1 月	30.15	42.61	14134
2 月	20.68	28.22	13646
3 月	38.35	57.06	14878
4 月	57.77	82.49	14279
5 月	32.19	49.06	15240
6 月	45.03	80.09	17786
7 月	43.56	68.34	15688
8 月	42.69	73.00	17102
9 月	45.91	80.58	17554
10 月	37.39	66.46	17773
11 月	21.72	35.61	16395
12 月	34.02	48.49	14253

说明：表内数据为新建商品房网签销售量数据，包括住宅、商业、办公等所有房屋。均价为简单算数平均价，受物业类型结构等因素影响，不反映城市“均价”及其变化情况

（余珊珊　温昌经　许培莲）

（编辑　卓明顺）

交通运输与邮政

公路建设与养护

【概况】 2016年，福州市公路总里程1.14万千米，其中，高速公路588千米，二级以上普通公路1857千米。完成交通建设投资111.2亿元，市内洪山桥、长福高速、莆炎高速、福银高速闽侯鸿尾互通等一批项目在建，长平高速、沈海复线连江洋门至闽侯青口段、东通道一期等项目进展顺利。《“十三五”交通运输发展规划》《促进现代物流业（含快递业）加快发展的若干措施》出台，《优化综合交通体系建设方案》《福州滨海新城综合交通体系建设方案》通过市委市政府审定并印发执行，新规划闽侯洋里至永泰嵩口公路列入全省高速公路网规划。

【重点项目建设】 2016年，福州市高速公路在建规模176千米，总投资108亿元。沈海复线、京台高速、东南绕城公路先行动建段先后建成通车，启动长福高速、莆炎高速福州段、洪山桥至洪塘大桥拓宽改建工程、江涵大桥、东部快速通道二期、闽侯洋里至永泰嵩口公路等新规划路段等重点项目前期工作。国省干道方面，国道104线连江至晋安改建工程BT段项目正式开工，国道316线雄江大桥建成通车。

【农村公路建设】 2016年，福州市完成农村公路建设213千米，总投资2.63亿元，完成年度投资计划131%；完成农村公路安保工程294.5千米，总投资5724万元，完成年度计划里程147.25%；完成危桥改造12座，完成投资3029万元，完成年度投资计划121%；完成撤渡建桥1座，完成投资710万元，完成年度计划118%。在行政村通达率100%基础上，改造少数民族村、革命老区村和贫困村公路60千米。

【行业安全监管】 2016年，福州市推动全市1027家企业完成安全生产标准化三级以上达标，其中一、二级达标企业分别为6家、50家。推进安全监管标准化建设，对客运、危货、公交和出租车行业检查覆盖率100%。全年检测营运车辆4.71万辆次，全市1.67万辆“两客一危”车辆100%应用北斗终端，8个县区全部建立监控站；检查各类船舶1057艘次，查处违章船舶27起。全年组织培训14.37万人次。组织各类应急演练173场。

【管理养护】 2016年，福州市专养公路建设与养护总投资5.62亿元，公路养护综合优良路率达91.08%、干线优良路率达92.47%，管养公路国省干线可绿化地绿化率达95%，县乡道可绿化地绿化率达85%，养护工程质量合格率100%。实施养护管理标准化，在国省干线重点实施桥涵改造标准化，完成45座涵洞进出口改造，增设涵帽78道，在桥头设置防抛网，桥下空间设置绿色铁栅栏，种植绿色植物，用水泥预制块铺砌边坡，提高抗毁能力，美化公路环境。对全市专养公路457座桥梁与9座隧道开展

2016年7月12日，为迎战台风“尼伯特”，福州市养路工人连夜在永泰葛岭镇濑下村搭建贝雷桥 （市公路局 供）

专项检查，对4座桥梁开展特殊检查。实施生命安全防护工程127.1千米、灾害防治工程39处，主要出村道路交叉口隐患点整治646处、改造危（病）桥6座、绿化提升122千米、改造修缮班站14座。在国省干线新增布设22个高清监控点、3面F型可变情报板、6面“96330”便民服务电话标识。

【路政管理】 2016年，福州市开展联合整治行动193次，纠正制止各类违章1311件，办理许可案件286件、路产赔偿案件135起。推行路政许可标准化管理，推进网上办事大厅和电子证照应用，推行全程网办服务。与当地政府、交通综合执法机构联合执法，整治辖区84座桥梁桥下空间垃圾堆放、违章搭建等。

（王东曜　李然）

2016年8月29日，国道316线上的新石潭溪大桥正式建成通车

（市公路局　供）

公路运输

【概况】 2016年，福州市公路累计完成旅客运输量9395万人次、周转量503967万人千米，累计完成货物运输量15538万吨、周转量2548961万吨千米。

【客运市场管理】 2016年，福州市辖区客运企业83家，其中班车客运42家，旅游（包车）客运企业42家，道路旅客运输车辆3588辆，道路旅客运输经营从业人员9393人。道路旅客运输班线548条，其中市际班线155条，县际班线167条，县内班线226条。全市有34个等级客运站，其中4个一级客运站、5个二级客运站、2个三级客运站、13个四级客运站、10个五级客运站。

【运输保障】 各级运管部门，加强监测值守和预警管控，提高应急保障运力，节假日出行返程高峰期，组织公交、出租车企业参与现场服务保障工作，增加保障企业及车辆。在“中国国际体育用品博览会”“5·18”海峡两岸经贸交易会、“福州马拉松赛”等重大活动期间，采取延伸公交线路、开辟区间车、强化出租车保障等措施，充足运力准备，确保旅客及时疏运。开展道路运输公众监督评价服务工作，督促客运企业公布所属车辆信息。

【货运市场管理】 2016年，福州市道路运输经营业户数907家，其中普通货物运输753家，货物专用运输315家，大型物件运输2家，危险货物运输40家。道路货物运输经营从业人员5.28万人，拥有各类货物运输车辆4.93万辆。集中整治危货运输企业停车场所，对危货运输安全实行精细化管理。明确道路危险货物运输停车场地属地化管理职责，加强对其日常安全监管工作，规范场地变更工作需要履行的程序。督促运输企业建立健全平台、终端、驾驶员违法行为处理等管理制度，利用监控平台，定期抽查企业车辆在线率、违章情况。保障G20峰会期间物流渠道安全，督促全市物流企业落实“三个100%”措施。市道管处联合市公安局治安支队、市交通执法支队组成联合检查小组，在全市范围内开展物流行业安全管理专项检查。

【城市出租车管理】 2016年，福州市有出租车企业19家，出租车6345辆，其中经营使用权属企业的出租车4142辆，占65.28%；经营使用权属个体的出租车2203辆，占34.72%。出租车从业资格驾驶员3万余人，在岗驾驶员1.44万人。

制定出租车改革及网约车落地政策，出台《福州市深化出租汽车行业改革实施方案》和《福州市网络预约出租汽车管理实施细则》、网约车许可相关业务《办事指南》，拟订《网约车业务办理工作规范》，对接许可车辆性质变更流程、驾驶员背景审查等相关事宜，进行驾驶员考试的准备。

通过媒体平台开展“心系乘客、情满出租”活动。通过在公交移动电视、876广播中滚动播出13名优秀司机的宣传片，在2600辆出租车上张贴车贴接受乘客监督，评选出15名优秀出租车司机。

开展企业管理目标考核，考核等次优秀的企业5家，合格14家。开展出租车驾驶员服务质量考核，对1.47万名驾驶员进行服务质量记分考核，对4890人次拒载等违章驾驶员进行服务质量扣分，对1107人次拾金不昧、助人为乐的优秀驾驶员进行奖励加分。经综合评定，服务质量等级优秀的驾驶员1.17万人，占79.59%；服务质量等级合格的驾驶员2700人，占18.36%；服务质量等级不合格的驾驶员140人，占0.95%。

【机动车维修管理】 2016年，福州市有一、二、三类机动车维修企业638家，按照政府采购程序，确定7家机动车综合性能检测站作为政府购买服务供应商。8月1日起至年底，全市1.69万辆次道路运输车辆获得273.5万元综合性能检测及技术等级评定政府购买服务。年内完成营运黄标车淘汰总数2897辆,超出年度任务394辆。开展维修企业质量信誉考核,完成324家一、二类汽车维修企业质量信誉考核,并将考核结果在市交通委进行公示。其中一类AAA级16家,AA级35家,A级22家,B级1家;二类AAA级11家,AA级57家,A级172家,B级10家。

表26　**2016年福州市新增公交线路表**

序号	线　路	起始站
1	188路	公交海峡国际会展中心东站→齐安公交总站
2	189快	闽侯甘蔗—金山浦上公交枢纽站
3	190路	东部办公区—金山浦上公交枢纽站
4	191路	大学城公交总站环线
5	192路	大学城公交总站环线
6	195路	螺洲泰禾福州院子—金山公交总站
7	196路	正荣璟园环线
8	198路	天泽奥莱时代—万象城
9	328路	公交鳌峰洲站—森林公园
10	329路	公交福湾站—福建行政学院
11	福清905路	福清水南车站—上迳村
12	福清906路	福清水南车站—上迳村
13	福清907路	福清水南车站—芦华村
14	福清908路	福清水南车站—高山车站
15	长乐601路	长乐公交枢纽站—火车南站
16	长乐15路	仙岐(显应宫)—长乐公交枢纽站
17	长乐16路	临空港首末站—长乐公交枢纽站
18	海峡建材城专线	海峡建材城环线
19	东部人大政协专线	市行政服务中心—东部办公区

【运输驾驶从业人员培训管理】 2016年,福州市有机动车驾驶培训机构82个,教练车4702辆,教练员7257名,年培训人数17.8万余人,从业资格培训机构5个。82个驾校全部使用统一制式合同。对所有驾校按照每台教学车辆25人的培训能力进行核定,每月5日前在交通委网站公示上月各驾校培训信息,学时管理系统对超出培训能力的驾培机构自行停止招生直至符合培训能力要求。全市82所驾校中有69所驾校场地符合国家标准,10家在建,2个未开工建设,1个无场地长期停班。对未完成整改的,由辖区运管所开具整改通知书,责令其限期整改到位,采取限制招生、限制车辆更新、停止部分车辆执教等方式直至企业整改完成。

【公共交通】 2016年,福州市公交车有4386辆,市区公交线路244条(其中快速公交9条),定制公交(含定制校车)158条,公交场站(含枢纽站、停车场)54个,载客量5.43亿人次;公交从业人员8443人。

公交都市建设　通过实施公共交通一体化、公共交通提速、公共交通枢纽、智能公共交通、绿色低碳、需求管理、特色示范7项工程,32项指标中的13项指标达到或基本达到创建目标;2项指标提前达到创建目标,通过交通运输部中期督导。城市公共交通出行分担率(不含步行)达26.62%,公共交通出行占机动化出行比例达46.5%,城市建成区公交线网密度达3.89千米/平方千米;市区实现万人公交车车辆保有量17.4标台。清洁能源和新能源公交车达到3348辆,占总数的62%;城市公共交通乘客IC卡使用率34.5%,公交车进场率达到94.11%以上;城市公共交通的乘客测评满意度达到75%。火车北站的运营时刻表日常延时8条公交线路,增加班次10趟,节假日再延时8条公交线路,增加班次10趟,实现全时段运营。火车南站的运营时刻表延时6条公交线路,增加班次12趟,节假日再延时7条,增加班次31趟,运营时间每天5:30—23:40。

整治城市交通拥堵　优化公交线路,加强火车站地区夜间运力保障,以公交车保障为主、出租车保障为辅,通过增加班次、延长运营时间、开通定时公交、节假日出租车保障等措施,强化火车南北站夜间保障,确保乘客及时输运。开通2条大学城公交环线,对途径大学城的公交线路进行优化调整。对马尾通往市区的多条公交线路采取增加配车数、延长运营时间和延伸线路等措施,优化马尾区内的公交线路。

掌上公交服务　掌上公交累计注册用户数达141万人,累计点击13500万人次,产品信源包括福州市区及4个县城(长乐、永泰、平潭、连江)区域,可查到290条公交线路,4000多辆公交车。

公交巴士　针对近郊的科技园、工业园和市中心的大型CBD、行政单位集中区等区域推出定制公共巴士线路,年累计达到158条定制公共巴士线路,并试点开通3条周末大学城至市区主要商业区的定制专线和大学城至市区的夜间定制专线。

自行车服务　完成60座便民自行车亭棚建设,市区累计建成211座便民自行车站点,全年自行车投入2628辆自行车运营,投放7743辆便民自行车。

专项整治　制订出租车和公交车的文明城市建设专项整治工作方案,通过安全行车、文明服务、车容车貌等方面的督查。加强驾驶员文明行车的宣传教育,以“和谐公交　温情旅途”为主题,开展评选“公交文明示范线路”“公交场站文明示范窗口”“优秀公交驾驶员”“优秀公交调度员”为主要内容的文明服务竞赛活动，并成立公交行业文明督导组，督查公交车文明行车情况，规范驾驶员的服务行为。

（陈宏威）

铁　路

【概况】　2016年，福州车站发送旅客2602.36万人，比上年增长7.2%。每日图定开行179.5对列车，其中普速列车18对、动车组列车103对、动检列车7对、回空动车组列车21对、货物列车12.5对，单机18对；福州南站每日图定开行列车124对，其中动车组列车99对（办理乘降69.5对）、动检列车4.5对、回空动车组列车18.5对、货物列车2对。福州客运段担当福州—北京、福州—北京西、福州—成都、福州—贵阳、福州—呼和浩特等14对图定旅客列车（运用车底47组，班组94个），以及福州—北京、福州—厦门、福州—龙岩、福州—上海虹桥等95.5对动车组列车（运用动车车底93组，班组211个）的乘务工作。福州机务段配属机车305台，担负182对货物列车、28对旅客列车、2.5对行包列车、164对动车组列车的牵引以及34个作业点的调车工作。福州车辆段配属客车1407辆，福州动车段配属动车组152组。8月17日，埃及路地交通工会秘书长埃德尔·埃沙率领的交通行业代表团一行5人对福州车站进行参观访问和现场交流。

【福平铁路建设】　2016年，福州铁路完成投资48亿元，累计完成投资148.3亿元，占初步设计批复概算248.82亿元的59.7%；累计完成路基土石方311.32万方，占设计的56.9%；隧道及明洞25560.4成洞米，占设计的73.5%；中桥以上桥梁23624.0成桥米，占设计的59.0%；涵洞349.0横延米，占设计的53.4%。

【福州可门港铁路支线建设】　2016年，福州可门港铁路支线完成投资500万元，占年度计划的100%（开累完成116500万元，为概算总额的91.4%）。永久征地面积91公顷、占设计的100%，房屋拆迁1.14万平方米、占设计的81.8%。路基土石方完成254万方，占设计的99.0%。特大、大、中桥完成9424成桥米，占设计的100%；涵洞完成559.62横延米，占设计的98.7%；隧道完成2031成洞米，占设计的100%；电力线路完成18千米，占设计的82.9%；接触网开累完成27条千米，占设计的73.3%。铺轨完成18.9千米，占设计的88.0%；房建工程完成4368平方米，占设计的41.2%。

【永安车辆段整体搬迁至福州】　根据铁路运输生产需要，永安车辆段于11月19日整体搬迁至福州，并更名为福州东车辆段。新段机关位于福州市晋安区鼓山镇东三环路，有机械动力及起重运输设备602台，厂修台位4个、段修台位16个、临修台位28个、预检预修台位13个，配套有转向架、轮轴、钩缓装置、制动梁、制动阀等8条检修流水线；年生产能力为厂修400辆、段修5000辆以上，临修1万辆。全年完成货车厂修323辆、段修5029辆、临修8505辆、破损车集中整治4240辆、通过修403.08万辆。

（曾　进）

地　铁

【概况】　2016年，福州地铁3条线在建（其中1号线一期建成），2条线完成工程可行性研究报告评审。完成投资54.25亿元，其中1号线（一期）完成投资15亿元，1号线（二期）完成投资3.13亿元，2号线完成投资22.74亿元，6号线完成投资2.26亿元，资源上盖开发完成投资11.12亿元。5月18日，福州市道路运输管理处加挂“福州市轨道交通运营管理处”牌子，下设轨道交通运营综合管理科、轨道交通运营安全管理科2个科室，对地铁运营安全、效率与服务等实施监管，为福建省首个轨道交通运营监管机构。

【地铁建设】　1号线建设　2016年福州地铁一号线一期工程21个站点完成全部土建、机电等施工，并于9月28日开始试运行，12月18日通过试运营基本条件专家正式评审，12月25日开始为期10天的市民试乘活动；二期工程4个站点（安平站、梁厝站、下洋站、三江口站）全部动工建设，其中火车南站站至安平站区间有一台盾构始发掘进。

2号线建设　全线22个车站均动工，其中沙堤站、上街站、福州大学站、厚庭站、橘园洲站及金祥站6个车站完成主体结构施工；金屿站等8个车站进行主体结构施工；董屿站等3个车站进行基坑开挖施工；苏洋站等5个车站进行围护结构和地基加固施工；竹岐停车场

2016年12月25日，福州市民参加地铁1号线全线试乘　（地铁公司　供）

及下院车辆段进行全面施工。全线有16台盾构下井，其中8台始发掘进，2台始发验收完成。2号线机电部分采用PPP(政府和社会资本合作)模式，由中国电子科技集团第十四所牵头的联合体中标，并于11月19日完成签约。

6号线建设　11月30日，6号线林浦站、营前站、航城站及漳港站同时开工建设，标志着6号线正式开工。

5号线建设　10月19日完成工程可行性研究报告评审，并展开总体设计招投标相关工作。

4号线建设　12月22日完成工程可行性研究报告评审。

【地铁运营】　1号线运营　地铁1号线南段于2016年5月18日正式开通试运营，1号线全线于12月25日全线试乘，福州地铁实行里程分段计价票制，起步价2元，全程最高票价6元，1号线运营时间为6:30—22:30。福州市地铁1号线一期共设21座车站，分别为象峰、秀山、罗汉山、福州火车站、斗门、树兜、屏山、东街口、南门兜、茶亭、达道、上藤、三叉街、白湖亭、葫芦阵、黄山、排下、城门、三角埕、胪雷、火车南站。至12月31日，1号线南段运营228天，列车高峰期运行间隔7分钟，平峰期间隔10分钟，开行载客列车4.41万列次，无抽线、清客现象，运行图兑现率100%。正点率99.95%，无车辆、供电设备故障，信号系统故障率0.07%，屏蔽门故障率0.02%。各项指标数据均优于国家标准。南段9站进站客流189.29万人次，日均客流为8302人次/日。日均进站客流前3名的是三叉街站(2028人次/日)，福州火车南站站(2402人次/日)，白湖亭站(1026人次/日)。通过"12345"平台及"968875"热线处理投诉98件。语音报站、噪音扰民、一卡通使用、社会招聘、运营时段，分别占比15.3%、7.1%、6.1%、5.1%、5.1%。

服务工作　与厦航福州分公司签订合作框架协议，实行"服务走出去—提升服务，服务走进来—加强业务"的"1+1"服务模式，开展"星服务"系列活动。同时通过设置服务热线、开通官方微博及微信平台，开展线上市民活动等，建立乘客服务互动平台。全年服务热线受理咨询、投诉等2000件，热线事务接听率100%。

【建章立制】　《福州市轨道交通运营管理办法》，于2016年6月18日起施行；福州市交通委制定发布《福州市轨道交通乘客守则》，于7月1日起正式施行；福建省首部有关轨道交通的地方性法规《福州市轨道交通条例》于10月26日由福州市人大常委会会议表决通过，12月2日由福建省人大常委会会议审核批准，12月12日向社会公布。

【资源开发】　2016年，福州地铁上盖物业开发方面，首个地铁上盖开发项目——新店车辆基地上盖物业开发地块完成土地整理工作；开展2号线金山站等主要储备项目控规调整论证及方案设计等前期工作；推进朱紫坊西入口等附属用房建设工作。非票务资源资源开发方面，完成站厅商铺连锁便利店、连锁面包店、自助售货机和智能导乘机的招商工作，收益处于全国中上水平；完成站内广告资源经营权招标工作。

(陈　强　陈宏威)

水　路

【概况】　2016年，福州市有水路运输业151家，其中水路运输辅助业91家、海运企业38家、内河企业22家。拥有经营性船舶536艘180.04万载重吨。其中内河船舶304艘17.65万载重吨，沿海船舶210艘138.75万载重吨，远洋船舶22艘23.64万载重吨。至年底，福州地区内河在册有各类船舶980艘、总吨33.26万吨，其中，散货船583艘、总吨27.93万吨；非运输船舶152艘、总吨4.31万吨；油船47艘、总吨3770吨；客(渡)船172艘、总吨4713吨；其他船舶26艘、总吨1630吨。在册共有注册船员1939人。内河适任船员1030人，其中，持内河一类适任证书船员368人，持内河二类适任证书船员420人，持内河三类适任证书船员242人。全年进行船舶检验602艘次，比上年增长28.3%，完成吨位丈量66艘次船舶，征收检验费用263.5万元，比上年增长43%。

【水上运输】　2016年，福州市水路运输完成货运量0.87亿吨，货运周转量1477亿吨千米，分别比上年增长22.05%和14.03%；旅客运输量114万人次，旅客周转量2115万人千米，分别比上年增长2.03%和0.14%，"两岸"和港澳航线运输总体相对稳定。受空中直航的影响，"两马"、"黄岐—马祖"航线客运量增长受限。全年运送旅客6.56万人次，比上年增长47.75%，对台货运完成124.72万吨，下降17.71%。

【内河水上交通安全监督管理】　2016年，福州市加强内河水上交通安全监管。一是加大辖区日常巡航力度和密度，强化对渡口渡船、旅游客船和桥区航段监管，开展通航环境、在建和已建工程助航设施专项检查，整治各类隐患26处。二是加大对"三无"船舶、非法载客、超载航行、配备不足、超航区航行等违法行为的打击力度，开展检查"打非治违"633次，出动执法人员2537人次，检查各类船舶1057艘次，检查渡口、码头468道次，排查隐患196处次。三是及时清除水域内有碍航行安全的漂流物、碍航物3000立方，强制清除敖江水域"三无"闲置船舶5艘，维护辖区水域通航秩序。四是强化G20杭州峰会水路运输安保工作，及时掌握10家辖管航运企业发往浙江的船舶信息动态，对入浙的福州市管辖船舶、人员、货物进行100%安全检查，峰会期间，全市出动海巡艇28艘次，出动执法人员135人次，检查船舶109艘次，处置油污事件2起，舫船系缆断裂事件1起，组织开展"6·9"闽侯鸿尾龙舟翻船、"7·9"寻找抗洪救灾英雄刘景泰、"9·28"东绕城高速贵安大桥船舶触碰等水上突发险情的应急救援行动。五是完善应急救助配套设施，筹集资金610.5万元全面建成多功能救助船配套码头，添置无人机1架。六是水口海事处作为福建省地方海事系统海事"三化"建设示范点，按照"革命化、正规化、现代化"要求，围绕提高队伍素质、创新管理模式、提升监管水平等方面，对水口处软、硬件建设进行全面升级改造，并通过省局验收。全年海事执法组织检查739次，出动执法车辆295车次，出动海巡艇

446 艘次，出动人数 2092 人次，检查渡口 372 处次，锚地、停泊区、水工作业区 197 处次，各类船舶 1267 艘次；受理处罚案件 37 件，罚款金额 20.35 万元。

【水路运输行业管理】 2016 年，福州市开展水路运输企业和船舶核查，完成核查国内水路运输及其辅助业 130 家，其中，沿海（含港澳台）航运企业 45 家，内河企业 22 家，辅助业 63 家，营运船舶 509 艘，发出整改通知书 20 份。开展全市内河企业航运船舶跨航区运营专项治理，检查企业 22 家，对 6 家航运企业、11 艘船舶跨航区经营进行查纠，经整改注销船舶 2 艘，召回船舶 9 艘。

（汤枫灵）

港口

【港口建设】 2016 年，福州港完成港航固定资产投资 38 亿元（福州 30.58 亿元，宁德 4.42 亿元，平潭 3 亿元），超年度计划 0.8%，比上年增长 15.2%。新开工 5 个项目，交工验收 4 个项目，竣工验收 17 个项目，新增 8 个泊位，新增吞吐能力 1074 万吨（其中集装箱 4 万 TEU）。全港生产性泊位 179 个（其中 5 万吨级以上 24 个），设计吞吐能力达到 1.41 亿吨（其中集装箱 259 万 TEU）。

【港口运输】 2016 年，福州港完成货物吞吐量 1.45 亿吨，比上年增长 3.9%，其中集装箱 268 万 TEU，比上年增长 10.4%，增幅均为全省第一。江阴港区完成 126 万 TEU，比上年增长 14.3%，增速在全国沿海集装箱专业化港区中排名第一。全年完成旅客运输 15.69 万人次，比上年增长 1.6%。

【港口安全监管】 2016 年，福州港创建“平安港口”，提升危货码头安全监管能力，对辖区危货码头开展 37 项安全检查，实现港口危货企业安全检查全覆盖，完成 G20 杭州峰会港口安保工作。创建“平安工地”，先后开展安全生产隐患排查治理攻坚行动、“平安交通”、工程监理专项整治、安全生产大检查等系列活动，排查治理各类安全生产隐患，督促各参建单位落实安全责任，列入“平安工地”考核的项目均达到达标等级，可门作业区 14#号泊位工程被列为全省水运工程标准化交流示范项目。创建“平安航道”，提升航道安全保障监管能力，“建、管、养”并重发展，将航道管养工作重心调整为“以沿海为主，统筹兼顾内河，为地方经济发展提供服务”。推动形成以地方政府牵头，港口、海洋、海事等部门共同参与的常态化联合执法机制。

【安全引航】 2016 年，福州市引领进出港船舶 4330 艘次，其中 5 万吨级以上大型船舶 1581 艘次，10 万吨级以上船舶 479 艘次，20 万吨级以上 76 艘次。

（任芝芬）

航空

【概况】 2016 年，福州长乐国际机场有航线 100 条，其中国际航线 16 条、国内航线 78 条、地区航线 6 条；有航点 74 个，其中国际航点 15 个、地区通航点 5 个，国内通航点 53 个；有航空公司 34 家。全年完成飞机运输起降 9.29 万架次，比上年增长 2.54%；旅客吞吐量 1160.6 万人次，增长 6.61%；货邮吞吐量 12.2 万吨，增长 4.43%。

【国际航线】 2016 年，福州市长乐机场新增北美和非洲两条洲际航线，一是厦航执飞的福州—纽约航线，一是埃航执飞的福州—开罗（阿斯旺）航线；新增巴厘岛、沙巴、甲米等多个东南亚航点；第一家外航“新加坡胜安航空公司”于 11 月 21 日开通福州—新加坡航线；引进马尔代夫航空、泰新航空、苏拉维加雅航空、新加坡胜安航空 4 家国际航空公司；年内，航线比上年增长 56%. 巴厘岛、甲米、曼谷转为定期航班；春秋航空开通福州—大阪航班，每周 3 班；全年境外旅客吞吐量 172.9 万人次。

【国内航线】 2016 年，福州市长乐机场新开航线 45 条，新增航点 18 个，完善以福州为中心的干支线网络。新增宜昌、丽江、南通、临沂、烟台、兴义 6 个支线航点，支线航点达 18 个。年内引进奥凯航空，执飞福州—长沙—西安航线；引进长安航空，执飞福州—南昌—西安航线。日均超 5 班的空中快线 14 条，全年国内旅客吞吐量 987.7 万人次。

【城市候机厅】 2016 年，福州市长乐机场在全省布局 7 个城市候机厅，其中 5 个位于福州市，另有 2 个分别设置在南平市、莆田市。福州火车南站、锦颐大酒店、三坊七巷、金山正祥的城市候机厅开始运行，旅客可以到这些在候机厅乘坐机场大巴，并现场办理值机手续，只要刷身份证，就可以率先办理登机牌，实现“铁陆空”无缝联运。

【航空安全】 2016 年，福州市长乐机场开展平板车适用性、靠机作业、设备设施完好性、平安机场建设等专项整治活动，修订《不停航施工管理规定》，组织专项、综合性检查，发出整改单 16 份，督促代建单位与驻场单位及时整改。年内拟订各类整改措施 98 项，处置航空器空中遇险、候机楼爆炸物威胁等突发事件 7 起。

【机场服务】 2016 年，福州市长乐机场组织“春节 · 八闽年味”“一生长乐”等各类主题活动近 20 场次，展示同利肉燕、耳聋伯元宵、永和鱼丸、福州三宝、寿山石、福州金鱼等多种非物质文化遗产产品。9 月 25 日，福州长乐国际机场在三明地区推出“福来福往”陆空联运产品推出“候机楼商家免费充电”“寻找最美微笑”等提升服务氛围及旅客体验的项目，开展“人文空港点赞服务”“服务管理先锋单位评比”等窗口服务品牌建设活动。

【基础设施建设】 2016 年，福州市长乐机场二轮扩能的南站坪新建 11 个机位并投入使用，北站坪道面基本完成。安检通道改造完成，国内安检通道由 12 条增至 16 条，其中旅客安检通道 15 条、工作人员通道 1 条。实施登机桥专项维修与候机楼 1 号变电所低压柜、停车场供电线路、候机楼隐蔽电源等改造，增设监控探头及配套照明，更新监控为高清自洁高速云台数字摄像机。

【福州航空】 2016年，福州航空全年引进B737－800飞机3架，运营10架飞机，在福州民航业占市场份额逾17%，安全飞行3.14万小时，总周转量28410万吨千米；运输旅客202万人，货邮运输12226吨。年销售收入突破10亿元，年平均小时收入近4万元，开通41条国内航线，通航33个城市。加密西安、郑州、海口等航班密度，优化昆明、郑州、西安、重庆等重点机场时刻，旅客运输量逾200万人次。在年度华东区域航空安全责任考核评比中，福州航空考核总成绩102分，连续3年在华东区域航空安全责任考核评比中位列福建辖区第一名。在华东片区12家运输航空公司中排名第三。6月21日，开设哈尔滨过夜基地，实现双基地运行管理。9月22日，通过第一轮航空安保审计。

优化航线网络布局 搭建福州基地骨架航线网络，通航33个城市，开通41条航线，新增福州—北京、哈尔滨—台州/襄阳—三亚航线，加密福州—西安/郑州/海口航线，优化福州—昆明/郑州/西安/重庆等重点机场时刻，延续福州—上海浦东/天津/济南/贵阳等重点航线，逐渐形成更为合理的航线网络架构。夏秋换季，25条航线通过审核进入中国民航夏秋航季飞行计划，较上年同期增加11条；冬春换季，有29条航线通过审核进入中国民航冬春航季飞行计划（红头文件），同比增加12条，包括福州—北京/上海浦东/西安/昆明、哈尔滨—襄阳/台州—三亚等重点航线，储备优质航权及时刻资源。

产业合作及技术升级 2月4日，福州市政府和海航集团共同签署《旅游产业战略合作框架协议》，将航空旅游产业的联动发展作为第二阶段双方合作的重心，并合资成立福州航空旅游集团有限公司，7月20日，完成工商注册登记，取得集团资质营业执照。年内民航华东地区管理局批复福州航空更换B737－800飞机CFM56－7B发动机的维修能力，标志福州航空已具备更换发动机资格。

（李 拯 陈 康）

邮 政

【概况】 2016年，福州市邮政行业业务总量累计完成62.05亿元，比上年增长46.41%，占全省比重20.64%；业务收入累计完成40.36亿元，增长28.00%，占全省比重22.61%，其中，邮政公司实现业务总收入8.34亿元，增长13.16%。快递业务量完成2.64亿件，增长55.05%；快递业务收入完成27.28亿元，增长36.58%；快递业务投递量完成2.90亿件，增长35.99%（以上数据含平潭）。

全市取得合法快递业务经营许可证的企业有135家，取得经营快递业务的分支机构名录网点651个，备案分支机构452个，登记快递末端网点1208个。拥有快递主要品牌20个，从业人员数近1.5万人，持有快递职业证书人员5422人。车辆近1300辆，电动三轮车近800辆。各类快递品牌在福州设有分拨中心20处，占地面积近20万平方米，其中处理中心面积9万平方米，日均处理量近170万件，设计最高处理量230万件。

全市普遍服务营业网点有238个，与上年持平，其中电子化网点197个，手工网点41个，4项法定业务开办率100%，乡镇网点覆盖率100%。福州市邮政分公司分批延长41个普服网点营业时间，城区普服网点营业时间达到8小时以上，农村普服网点营业时间达到6小时以上。全市建有村邮站424个，三农服务站8个，便民服务站2950个。实现村村通邮，行政村直接通邮率100%。

【县级邮政监管与政策】 2016年11月18日，市首个县级邮政监管机构闽侯邮政管理局成立，为福州市邮政管理局派出机构，机构规格为正科级，核定行政编制1名。对未成立县级邮政监管机构的县市，按照市综治办、市交通委、市邮政管理局《关于明确县级寄递渠道安全监管部门的函》规定，依托县级交通运输部门承担寄递渠道安全监管工作。年内，联合市发改委印发福州市首部邮政业发展“十三五”规划《福州市邮政业发展“十三五”规划》。市政府办公厅印发出台《福州市促进现代物流业（含快递业）加快发展的若干措施》。

【末端投递建设】 2016年，福州市建成快递公共投递服务站1865个、智能快件箱1854组，日均派件量近11.2万件，占市区投递量20.6%；“双11”期间，“人工投递服务站＋智能快递件箱”快递末端网点日均投递量超13万件，为日常投递量1.8倍，占市区投递量24%。年内福州市本土第三方运营企业易栈、升腾集团在省内漳州、三明、莆田、宁德和贵州、深圳等分别设有1000个、2000个全国性快递综合服务站点，迈出“走出去”历史一步。

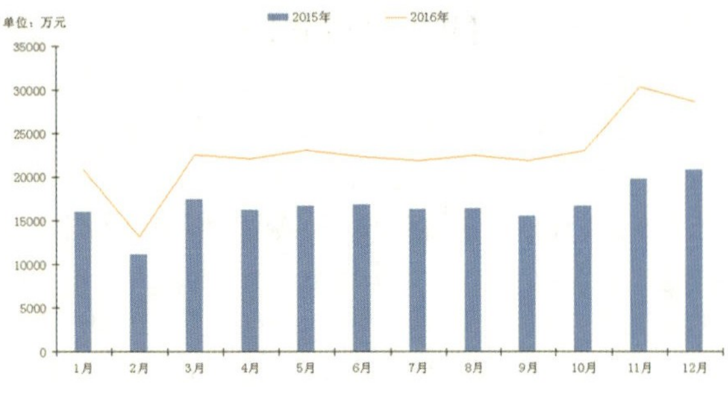

图35 2015—2016年福州市快递业务收入对比图

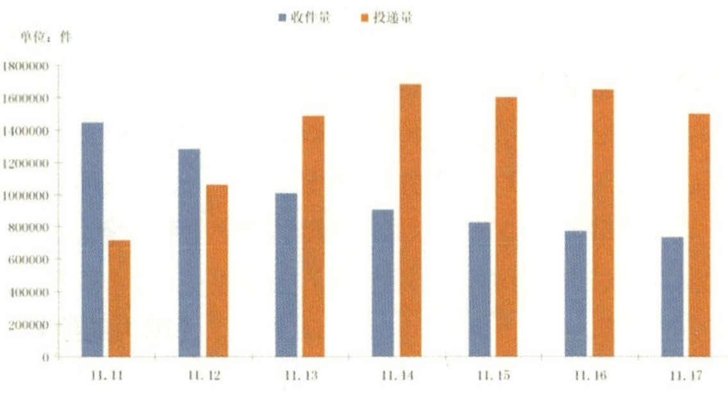

图36 2016年福州市“双11”快递业务旺季业务量情况

2016年9月22日，福建农林大学举行大学生电商创新创业成立周年庆暨ebay进校园启动仪式 （市邮政管理局 供）

【智能信包箱推广】 2016年，智能信包箱升级改造纳入“福州市2016年五城区旧住宅小区综合整治项目”，拟改造11个小区，惠及约2500户居民。获批福建省发改委下达的年度第二批省级预算专项资金100万元，并选定省直湖前小区开展第一期信报箱智能化改造项目示范点。

【快递进高校】 2016年，福州邮政速递企业与福建农林大学携手创建“大学生跨境电商创业孵化基地”，日均订单量约2000件，年跨境销售近200万例、年跨境创汇接近2亿元，主要走件美国、俄罗斯、西欧等国家和地区。引导福建省高速物流园首创校园寄递“实名收寄+收寄验视+过机安检+末端安检+全程监控”5个100%。年内，闽江学院、福州大学、福州职业技术学院、福建工程学院4所高校完成校园快递服务中心建设并投入使用，全市34所高校100%完成快递进高校建设。

【便民服务】 2016年，福州邮政继续开展第二批“快递专车”申批工作，全年有111辆“快递专车”上路运行，保障快递车辆的城市便捷通行和运输配送时效。

福州至台湾海运直航邮路在中国（福建）自由贸易试验区福州片区正式开通，成为大陆第二条对台海运直航邮路。

研发“以转型为目标的明信片业务开发管理”项目，推动函件明信片向电影文化和新技术转型，获评中国邮政集团公司第十二届企业管理现代化创新成果二等奖。设计研发并上线运行涉农电子商务平台“福州邮政邮惠购”，可实现邮政基础、增值、储蓄服务、线上商城等业务功能。

【安全执法】 2016年，福州邮政行业立案90件，罚款金额89.7万元。杭州G20峰会期间联合公安、国安等部门出检595人次，检查企业286家，下发责令改正通知书45份，立案查处62件，完成杭州G20峰会寄递渠道安全保障任务。

全面开展实名登记监管系统（APP）推广工作，全年该系统注册快递营业网点848个、快递员1.13万名，通过系统实名收寄快件698万余件，居全省第一。

接办邮政业有效申诉件360份，为消费者挽回直接经济损失4万元，对申诉中发现的违法行为立案2起，罚款1万元。

【行业文化】 2016年6月6—8日，福州市邮政管理局、市总工会、市人社局、市交通委和市商务局共同举办“走进快递，发现美丽”福州市首届快递行业职业技能竞赛活动。通过开展快递行业职业技能竞赛、体验快递员工作、快递摄影比赛等，提升快递员素质与技能。

（周炜赟 陈俊媛 陈武进 张力勤）

（编辑 卓明顺）

信 息 业

中国电信

【概况】 2016年，中国电信福州分公司推进全民升4G、流量大提升及宽带大提速3个专项行动。抢抓“五区叠加”战略机遇，落实“互联网+”行动，主动对接福州市重大项目建设，做好重点项目信息化服务支撑，围绕智慧政务、智慧经济、智慧民生三大领域提供信息化应用，助力“数字福州”建设。全年完成经营收入31亿元，比上年增长3.67%。完成“尼伯特”“莫兰蒂”和“鲇鱼”台风期间及“5·18”海峡两岸经贸交易会、“6·18”海峡项目成果交易会、中国共产党福州第十一次代表大会、华东区应急通信演练等重大政治社会活动通信保障。获评年度“全国文明单位”称号。

【通信业务】 2016年，中国电信福州分公司在全民升4G、流量大提升及宽带大提速3个专项行动中，用翼支付红包、天翼视讯、4G业务深度融合等加强资源保障、整体联动，推进宽带、高清ITV规模发展，通过科学建点，做“精”专营、做“广”开放、做“深”跨界，推进“强渠”工程。以提升客户感知为核心，强化宽带“五心”服务和“4G五优”服务。根据防范打击通信信息诈骗工作要求，严格实行实名制、400专线核查等相关工作。

【网络运营】 2016年，中国电信福州分公司打造全光网城市，推进4G网络覆盖水平与C网可比，全年建设末梢光接入端口超50万个，端口总量达到343万个，城市主要地区实现100M带宽的接入能力，商务楼宇、行政村光缆通达率达到100%，全市用户平均网速较上年同期大幅提升。无线网新增室外站点1650个，基本实现1.8G连续覆盖，4G-DT覆盖率提升至99.38%。

【信息化建设】 2016年，中国电信福州分公司智慧政务方面，打造福州政务内外网、智慧政务云、网格化平台、数字城管等20类应用，助力各级政府政务高效处理、城市科学管理和行政便捷服务，其中综治网格系统覆盖全市158个街镇，1690个乡村（社区），4082个网格单元。智慧经济方面，打造智慧物流、中小企业公共服务平台、闽商全球智慧贸易平台等15大类智慧应用，推进“两化”融合与产业升级，全市“智慧企业”达2万多家，“智慧物流”应用于400多家物流企业，“智慧海渔”惠及4000多户渔民，云数据中心吸引一大批省内外的知名互联网（阿里、百度、腾讯、网宿等）、金融（兴业证券、招商银行）、科技、商超（永辉）等各类客户入驻。智慧民生方面，打造智慧社区、智慧教育、智慧医疗等25类应用，催生新的信息消费热点，培育信息服务新业态。其中“智慧社区”平台覆盖全市320个社区，883所中小学接入福州电信教育城域网。

2016年2月20日，中国电信福州分公司电信工作人员在地铁1号线测试站台语音和4G数据业务的无缝覆盖 （欧扬波 摄）

【客户服务】 2016年,中国电信福州分公司聚焦宽带、4G重点业务,通过推广宽带"先装后付"、延伸服务产品化、"流量争议,退一补一"、"办理等候超时,赠送流量"、星级服务等专项工作打造差异化服务。同时通过组织投诉压降专项工作,提炼服务热点问题,对有缺失或不合理的流程提出优化建议,协同专业部门对资源建标库流程、催装催修管控流程、政企营销商机流程等进行优化。建立发现问题、导入问题、解决问题的闭环管理和奖惩机制,围绕典型案例分析提炼问题,运用服务问题单系统派单方式督促相关单位做好整改提升,共同提高分公司的整体服务质量与客户感知水平,年内工信部百万用户申诉率零超标,月均控制在3.69次/百万用户,服务健康度评价由年初的危险提升至年中的预警,健康度为85.75分。

(陈俏彬)

中国移动

【概况】 2016年,中国移动福建公司福州分公司加大提速降费力度,促进2G/3G客户向4G迁移,加快行业4G应用拓展及VoLTE商用,通信服务收入完成52.88亿元,比上年增长5.02%,增幅超过行业平均水平。公司获评"全国文明单位"称号。

【市场拓展】 2016年,中国移动福建公司福州分公司实现4G客户规模快速健康增长,全区4G客户规模达335.4万户,4G客户月均流量超1.3G。推动"宽带+电视"融合产品发展,抓品质提升、运营管理、能力建设,在营业厅等渠道全面建成"和家庭体验专区",全区宽带客户规模达42.4万户。全年完成集团信息化收入5.7亿元。

【网络建维】 2016年,中国移动福建公司福州分公司4G基站总数超1.3万个,主城区及县城城关覆盖率达到99.5%,基本实现全区乡镇及以上行政区域连续覆盖,农村数据热点全面覆盖,沈海高速复线、京台高速、福州地铁全线覆盖,VoLTE精品网格达标率达100%。实现集团、聚类市场和写字楼95%厚覆盖,宽带端口超100万个,城区宽带接入能力达100M,平均接入带宽达28M。全年2G和4G网络投诉量分别比上年下降28.9%和38.9%。年内围绕VoLTE精品网络打造、问题挖掘、平台完善以及终端测试等方面组织开展VoLTE百日会战,实现VoLTE网络质量和客户感知的双提升。

【通信保障】 2016年,中国移动福建公司福州分公司全力抢修"尼伯特""莫兰蒂""鲇鱼"等台风灾害灾区的通信故障,第一时间恢复移动网络信号。完成"5·18"海峡两岸经贸交易会、"6·18"海峡项目成果交易会等重大活动的应急通信保障工作。全年出动各级保障人员3000人次,抢险车辆1892辆。

【信息化建设】 2016年,中国移动福建公司福州分公司与福州市政府签订深化战略合作协议,在提升通信能力、推进政务信息化、完善城市信息化、改善农村信息化、建设数据云平台、推动产业转型升级、推广民生信息应用、营造良好信息消费环境8个方面开展深度合作。全面推动智慧政务、智慧教育、智慧城管等智慧福州项目落地,完成智网工程建设,提供高速稳定的专线接入服务。推进公检法信息现代化建设,打造4G警务通、法院车务通、4G巡逻车、掌上检务通、智慧法院及大数据平台应用。探索行业信息化新模式,完成高品质和高标准的酒店样板工程,打造涵盖WLAN、大数据应用、CRM商业管理系统、互联网电视业务、和包支付、"12580"联盟商户等优势业务的智慧商场模式,并在福州东百和泰禾广场成功应用。

【客户服务】 2016年,中国移动福建公司福州分公司各类触点关怀调查共覆盖客户约570万频次;针对提出不满意意见的客户,安排专人对意见建议进行处理并回复,全年总体客户满意度从78.12分提升至82.26分。年内,开展防范打击通信信息诈骗专项行动,落实电话用户真实身份信息登记制度,全量客户电话实名率达100%。

(杨 潇)

2016年11月10日,福州市政府与中国移动福建公司签署深化战略合作协议

(杨潇 摄)

中国联通

【概况】 2016年,福州联通全年实现主营业务收入17.84亿元,获取利润3.59亿元(含平潭,下同)。新建4G基站1400个,基站总数5369个,推动"4G发展上规模",4G规模迅速增长到86.99万户。

【网络建设】 2016年,福州联通在移动网络方面,以五区六县为重点区域,加快4G网络建设,4G广度覆盖实现镇镇通,人口覆盖率达到95%;有3G基站6321个,广覆盖实现村村通,底层网络基本完善;聚焦区域的移动网络质量、下载速率的不断突破,城市的核心城区路测良好,覆盖率达到99.08%,平均下行速率达67.26Mbps。固网宽带方面,新建宽带端口12万线,端口总数达到104万个,实现城区住宅宽带覆盖率到达85%,商务楼宇74%覆盖;完成全部光改工作,实现全部ADSL用户转网,宽带网络全面实现50M速率;城域网出口带宽达到700G。

2016年9月28日,福州联通公司为抗击台风,在全市开展排查保卫核心机房工作 (吴卫航 摄)

【市场营销】 流量业务 2016年,福州联通率先在福州推出无限流量新产品,解决消费者流量不够用、不敢用的问题,同时根据客户流量个性化需求,推出“流量V网”APP,支撑客户流量自由存储、转赠、共享等功能,实现流量不清零,全家齐共享目的,全年4G用户户均流量达到3.3G。

宽带业务 实施“提速降费”工作,9月,对30万具备提速条件的宽带用户进行免费提速,全区50M及以上占比用户超过30%;同时下调宽带接入产品资费,11月底,单位宽带资费较上年末降幅为49%。与福州广电网络签订战略合作协议,并合作推出“沃爱家”融合产品,涵盖高清互动电视、4G上网通话和高速光宽带服务,在实现一站式的便捷服务新体验的同时,价格较分别办理单项业务降低50%。

服务渠道 全年累计新增自有营业厅79个,新增沃店209家,改善62个区域渠道布局。

【通信保障】 2016年,福州联通修订完善各级通信保障应急预案,形成体制化的应急保障机制,并在实战中建立一套“练”“防”“抢”“建”的防灾抗灾应急机制,在应对“尼伯特”“莫兰蒂”“鲇鱼”等多场强台风时,用最短的时间恢复受损区域网络通信。在台风“尼伯特”两县阻断率超85%,县乡光缆大面积冲毁的情况查下,实现3天镇镇通,8天修复率达90%,在台风“鲇鱼”市电大面积受损,最高停电达1200个基站的情况下,两天抢通率达95%。完成永泰国际公路自行车赛、福州国际马拉松赛等多项重大赛事和活动的通信保障工作,全年累计保障46次场次,出动保障技术人员280人次,出动保障车辆176架次,出动通信应急车36次。推动网络支撑能力转型,打造900MHz领先的NB-IOT网络,支撑物联网业务发展。

【信息化服务】 2016年,福州联通构建政府各部门信息系统,实现全市政务、公安、交警、消防、医疗、水文、电力信息综合化指挥调度,助力福州市信息化进程。9月30日,福建联通与福州市政府正式签署《共同推进窄带物联网(NB-IoT)战略合作协议》,11月12日,在福州的(NB-IoT)19个试点基站区域和省公司展厅内完成基站端到端的调通,应用端到端也在福州实验网成功调通。10月28日,福州联通与福州市残疾人联合会正式签订战略合作协议,与市残联一起携手利用现代通信信息化服务,帮助残疾人。10月30日,福州联通与福州市防汛办签订《关于共同推进福州市防汛应急通信信息化建设战略合作框架协议》,提升福州市防汛办的信息化水平,强化防汛监测和指挥能力,推进“智慧防汛”信息化建设。全年完成数字城管二期、跨境电商一期、综治网格、智网工程、烟草移动办公、白衣天使卡、专/租车司机专项、顺丰物流、公路局电路、工行电路项目、宁波奕彩物联网项目、法院庭审直播科技法庭、泰禾宝视通、中石化加油站电路等一系列重大项目的落地实施。

【客户服务】 2016年,福州联通以提升客户感知为目标,聚焦“重点业务、重点客户、重点渠道、重点问题”,改善服务短板。通过日排产改善机制、建立名单制帮扶机制和正向考核激励等3项措施,全年客户投诉处理满意率90.7%,较年初提升11.2PP,重复投诉率2.9%,较年初控降3.6PP。配合外部单位,做好“3·15”服务保障工作和“政风行风”热线工作,推进服务模式转型,主动适应互联网模式,推出“互联网+微信”在线客服平台,开启“让数据多跑路,客户少跑路”的便民服务新模式。

(吴卫航)

电子信息产业

【概况】 2016年,福州市电子信息产业完成2个千亿产业集群,其中电子信息制造业完成产值1132亿元,比上年增长10.1%;软件和信息技术服务业完成主营业务收入1013亿元,比上年增长17.4%。第十届中国电子企业品牌价值评议结果,星网锐捷公司品牌价值达到

168.46亿元,比上年增长27.5%,品牌价值在所有参评的福建企业中排名第一。在中国安防十大品牌颁奖典礼上,星网锐捷安防公司入选视频监控类十大民族品牌,创高安防公司入选防盗报警类、消费智能硬件类十大民族品牌,冠林科技公司入选对讲类十大民族品牌。新大陆电脑公司和星网锐捷公司入选2016年度福建省工业企业质量标杆名单。

【知识产权和标准制定】 2016年,新大陆科技集团、实达电脑公司2家企业入选2016年度国家知识产权示范企业,星网视易公司、中邮科通信公司、鑫诺通讯公司3家企业入选2016年度国家知识产权优势企业。新大陆公司主持编制的两项行业标准——《信息技术非接触式一维码扫描枪通用规范》《信息技术非接触式二维码扫描枪通用规范》获得国家工信部批准发布,6月1日起实施。

【信息产品生产与应用】 2016年,总投资300亿元的福州京东方第8.5代新型半导体显示器件生产线项目主体厂房完成封顶,项目主要生产高分辨率、窄边框电视及桌面显示器等液晶显示产品,建成投产后可填补福州市平板显示面板生产空白。年内,引进东旭光电的玻璃基板、德国林德的大宗气体、韩国东进的化学品等多个前端、高端配套项目。推进"国家数字家庭应用示范产业基地"建设,加大建设数字家庭示范小区(村),通过安装数字家庭应用产品投入,实现视频监控、远程看护、智能感应、防火防盗等功能。福州市数字家庭企业加快研发数字家庭应用产品,创高安防公司的可视智能门铃获评2016中国好设计奖,冠林科技公司的智能家庭网关获评2016年智能家居创新产品奖。

【窄带物联网(NB-IoT)】 2016年6月21日,福州市与省经信委、华为公司和智润公司签署《NB-IoT项目四方合作备忘录》,共同在福州市推动建设全国首个NB-IoT开放实验室和物联网孵化基地。10月28日,市自来水公司与智润公司签订福州市城市供水漏损治理合同节水管理合同,推动NB-IoT技术在水务管理上的试点应用。10月31日,电信运营商完成试点区域NB-IoT基站的查勘设计和到货安装,并开通运行。11月17日,市政府办公厅印发《福州市NB-IoT项目推进工作方案》。11月18日,全国第一家NB-IoT规模化商用局在福州市成功启用。

【大数据和虚拟现实(VR)】 2016年,福州市出台全国首个专项扶持VR产业政策《关于促进VR产业加快发展的十条措施》。数字福建(长乐)产业园暨中国·福建VR产业基地揭牌,建成"数字福建"云计算中心"政务云"与"社会和企业云"。中国·福建VR产业基地申报为虚拟现实产业联盟首批理事单位,举办VR产业/大数据发展高峰论坛。

【软件产业】 2016年,福州市入选中国"互联网+"十大标杆城市。福大自动化、星网锐捷、国网信通亿力电力科技、新大陆科技集团企业分别以第26位、第42位、第60位、第65位入选2016年中国软件业务收入前百家企业;福大自动化、星网锐捷、国网信通亿力电力科技、网龙4家企业分别以第33位、第64位、第86位、第90位入选2016中国软件和信息技术服务综合竞争力百强企业;网龙、新中冠、利嘉电子商务、中金在线4家企业入选2016年中国互联网企业100强。全市软件相关企业上市公司达56家,其中境内上市公司49家,境外7家。9月22—24日,2016腾讯全球合作伙伴大会在福州市召开,参会的海内外专家学者、企业行业代表逾4万人次。10月30日,第六届海峡两岸信息服务创新大赛暨福建省第十届计算机软件设计大赛决赛在福州市举行,省内50多所高校、200多家企业的数百支队伍报名参赛。

(卓　鹏　严文倩)

政府信息化建设

【概况】 2016年,"数字福州"重点建设项目234个,组织"数字福州"专家组评审信息化项目60个,招标文件45个,变更评审11个,核减财政投资概算7757.34万元,资金节约率达19%。新开工建设福州市旅游电子信息系统(二期)、福州市"智慧福州"管理服务中心综合工作平台、福州市社区政务服务综合管理平台、福州市环境监测管理支撑系统、福州公安情报综合应用平台(二期)等60个项目。建成福州市审计局视频会商系统、福州市数据交换平台(一期)、福州市市场主体信用信息平台、福州市"两违"综合监管平台(一期)、福州市改造提升市区电子警察工程、福州市行政服务中心综合业务管理系统等34个项目。电子政务建设工作继续走在全国、全省前列。7月30日,国家行政学院公布《2016中国城市电子政务发展水平调查报告》,福州市电子政务发展指数位列17个非副省级省会城市之首。11月,福州市获"2016中国领军智慧城市"称号。12月24日,清华大学发布《2016年中国互联网+政务服务调查评估报告》,福州市互联网+政务服务水平获评"四星"级。

【制度建设】 编制规划　2016年,根据《福建省"十三五"数字福建专项规划》和《福州市国民经济和社会发展第十三个五年规划纲要》要求,编制《数字福州"十三五"发展规划》,阐明"十三五"时期数字福州发展的总体要求、目标任务和保障措施,作为全市信息化工作的指导性纲领,成为各行业各部门在"十三五"期间实施信息化建设的重要依据。

制度管理　在开展基础网络建设、云环境搭建以及各应用系统建设的同时,发布《福州市市级电子政务云计算平台应用管理暂行办法》《福州市东部办公区中心机房管理制度》《福州市智网网络技术规范(暂行)》及《福州市智网网络日常管理及运行维护实施细则(暂行)》等配套管理制度。

【基础设施建设】 整合提升政务网络　2016年,福州市整合政务网络资源,建设全市政务外网城域骨干网("智网工程")。市数字办牵头组织中国移动、中国电信、中国联通3家电信运营商共同成立"智网工程"建设推进工作组,编制完成"智网工程"建设方案和全网配置方案,完成核心线路、核心设备及区县汇聚设备的部署安装,谈判确定“智网工程”接入线路指导价格,下发各县(市)区参考。全市100多个市级单位接入智网,鼓楼区、晋安区、福清市、长乐市、连江县、闽清县、永泰县的综治网格、数字城管及两违系统也接入并运行良好。

“智慧福州·公益无线” 该项目继续为社会公众提供公共场所免费上网服务,至年底,在五城区和长乐市开放“SmartFuzhou”热点,布设“无线AP”1万多个,统一提供信号并定制“智慧福州”个性化认证界面,每月登陆人数超过60万人次。

拓展市级政务云计算平台 政务云平台项目通过专家终验,为30个市直党政机关单位和2个区县的信息化应用提供云资源服务和技术支撑,累计开通虚拟服务器500余台,云端部署应用系统近60个,完成政务云平台一期扩容,扩展政务云资源池等硬件设施。

建设完善城市公共基础数据库 建设城市公共基础信息资源数据库和全市政务信息资源共享交换体系,建立人口、市场主体(法人)、电子证照、空间地理、公共信用等基础数据库,实现多部门基础数据的多方校验、审核、共享、复用和协同审批,为各项应用提供基础信息保障和数据支撑。一是继续完善空间地理数据库。启动建设“多规合一”信息联动平台空间数据库项目,实现规划区1026平方千米1:2000比例尺的数字正射影像图、数字线划图和矢量电子地图全覆盖,为全市“多规合一”工作提供基础底图。建设福州市时空信息公共服务平台,为城乡一体化规划、建设和管理提供支撑。推进地理信息数据在规划、房管、数字城管等部门共享应用。福州市1:2000比例尺电子地图数据生产获“2016中国地理信息产业优秀工程金奖”。二是建成人口信息数据库。人口信息数据库通过“数字福州”专家组验收投入使用。年内整合市政法委、卫计委、人社局、教育局、地税局、民政局、住房公积金管理中心、残联等10个业务单位27类450个数据项的人口基础数据,并与市公安局常住人口“姓名”“性别”“身份证号”进行校核,形成准确权威的全市人口数据692.9万条。三是建设公共信用数据库。建成市级公共信用库和“信用福州”网站,采集46个市直单位九大类数据,实现与省级信用平台数据互通共享,累计入库各类信用数据190万条。

数据共享交换应用 建成福州市数据交换平台(一期)项目,启动福州市数据交换平台(二期)项目并完成项目招投标,扩充数据源,优化功能和增强安全措施,打造覆盖全市所有部门的政府数据采集、存储、发掘、分析和应用的福州市大数据平台。

基础设施管理和维护 完成市数字办乌山机房改造项目终验,以及东部办公区机房基础设施维护和应用提升工作。市公安局、国土局、财政局、房管局、民政局、卫生局、教育局、发改委、环保局等30多个市直部门政务内网、政务外网、互联网等多种业务系统入驻东部机房,服务器柜使用率达65%,网络柜使用率达15%。指导各县(市)区开展机房基础设施的建设整改工作。完成145场电视电话会议的技术调试、现场值守,保障全市电视电话会议系统的正常运转。

升级改造办公自动化系统 整合全市各级机关办公自动化系统(OA系统),启动建设福州市综合协同办公系统项目,在全市街道(乡镇)以上的党委、政府、人大、政协机关进行统一部署,实现全市各级各部门共用一套办公系统,实现移动办公功能。项目年底完成招投标并启动建设。

【应用服务】 *提升政府网站服务水平* 2016年,福州市建设市建委、人社局、农业局、不动产登记和交易中心等13个市直部门子网站,“中国福州”门户网站群子网站达45个。政府信息公开报送管理系统、政府信息公开电子监察系统、事业单位招聘考试报名系统、公众版电子地图展现与管理系统等业务系统依托网站开展应用,实时更新民生动态数据信息,提升网站公共服务能力和绩效水平。“中国福州”门户网站获全省设区市政府网站绩效考核“六连冠”。开展政府网站普查工作,按照全国政府网站普查指标和省政府绩效考核指标,依托政府网站群运维监测平台,加强对“中国福州”门户网站及市直部门网站,12个县(市)区网站及县区单位网站的“更新性、可用性、健康度、安全、错误链接、错别字”等情况进行日常监测,提升政府网站管理和运维水平。

增强“两微一端”服务能力 继续突出政务微博的“政务”特色,持续加强政务微博运营管理。全年“@福州发布”发布微博信息超过2.1万条,微博粉丝(听众)75万多人。在《人民日报》和新浪微博联合发布的《人民日报·政务微博影响力报告》中,“@福州发布”继续入选福建十大党政新闻发布微博,排名第一。6月,开通“e福州”APP和微信公众号,为市民打造政务公开、便民服务、信息沟通的新媒体平台,提供教育、医疗、住房、交通、环保、旅游等领域便民服务。

建设市民公共服务平台 在政务服务方面,实现45个部门503项办事指南在线查看,33个服务机构市民办事事项在线预约等服务;在主题服务方面,提供公积金、医保、自来水等11类公共服务查询及缴费服务;在互动服务方面,对接福州市“12345”系统,开发“平安管家”小助手,架起公众与政府的沟通桥梁,发挥群防群治力量。

开展网格化管理系统升级改造和综合指挥平台建设 统一划分基础网格和部门管理网格。在全市时空地理一张图的基础上,编制印发实施《福州市空间信息统一基础网格划分标准》,完成对全市5区7县的市—县(市)区—街道(乡、镇)—社区(村)四级基础网格统一划分,梳理整合综治、城管等12个部门业务管理网格,实现“一个城市,一套网格”。整合综治、城管、食药监、环保和安监5个部门的数据和管理事项,实现信息统一采集上报、事件自动分发、过程监管和联动处置,打造“纵向畅通、横向集成、联动融合、共用共治”的网格化管理系统。并以此为基础,通过整合综治管理、政务服务、“12345”公众服务、“平安福州”视频监控、音视频通信及卫星定位等资源,启动建设“e福州”综合指挥平台,实现互联互通、日常防控、监测预警和应急联动。

建设社区政务服务综合管理平台 创新政务服务模式,加快政务服务与网格化管理的融合,建设基于网格的社区政务服务综合管理平台。整合前端各专项业务服务窗口,建设后端统一的社区

综合管理平台和数据交换体系，打造全市通办的社区政务服务综合窗口，推动政务服务从行政服务中心向基层社区延伸。在鼓楼区、晋安区、福清市、长乐市4个区县13个社区试点建设社区政务服务综合受理点，实现市民政局、卫计委、人社局、老龄办等单位33个政务服务事项下沉社区窗口受理。建设网上办事的市民公共服务平台，构建线上线下一体化的政务服务体系，实现政务服务资源整合、流程优化、数据共享和业务联动，提高政务服务的办事效率。

电子证照跨部门跨层级共享　电子证照库实现与网上审批系统、办公自动化系统、国土局土地利用系统、福州市网上办事大厅、自贸区福州片区监管信息共享平台、福州市民公共服务平台等业务系统的应用对接，实现纸质证照和电子证照的同步生成，电子证照跨部门、跨层级的汇聚共享应用。开展存量证照电子化工作，至年底，市电子证照数据累计入库总量332.6万份，占全省电子证照数据的60%。

市民统一身份认证　以“一次认证、全网共享”为目标，建成以公民身份证号和法人统一社会信用代码为唯一标识的市民统一身份认证平台，项目通过“数字福州”专家终验，实现全市各政府部门网上办事服务的实名认证应用，为一站式网站服务提供基础支持。至年底，市民统一身份认证平台有实名注册的个人用户42.18万人，其中通过窗口面签的有5.82万人。

建设电子缴费公共服务系统　搭建全市统一的电子缴费公共服务系统，拓展网上支付应用，并对接省财政厅非税平台，为全市政务服务支付业务提供统一的支付渠道和支付服务。项目完成招投标，启动建设，年底初步建成线上缴费、缴费监控和社区自助缴费等功能模块，为市民公共服务平台、社区政务服务综合管理平台等多个应用系统的支付服务提供技术支撑。

社会保障卡（市民卡）工程　按照“统一规划，分期整合，逐步推广”原则，推进实施社会保障卡（市民卡）工程。至年底，累计制发社会保障卡（市民卡）约660.45万张，实现社会保障卡（市民卡）在社保、就诊、新农合、公交、水电煤气及广电缴费等领域的应用。

【信息安全】　福州市电子政务容灾备份体系建设　2016年，福州市推进信息安全项目建设年内开展的项目有容灾基础设施平台、容灾数据管理平台、容灾IT运维管理平台；“两个示范应用”，即城市环境管理、城市发展管理综合数据示范应用；“一套规范”，即运行机制及标准建设规范，包含组织管理机制、采集更新机制、数据共享机制、数据管理制度、数据安全制度、监督考核制度6个运行机制以及数据编码规范、信息安全技术信息系统灾难恢复规范、信息安全标准3个标准规范。年内完成项目初验并试运行，实现对人口、法人、宏观经济、地理空间和电子证照5大基础数据库以及信用、环境、城市管理等10个专题数据库业务系统数据容灾备份。

福州市政务云计算平台安全体系建设　云平台通过信息安全三级等保测评。启动建设福州市政务云平台安全服务项目，引进专业力量协助提升政务云安全水平。年底完成项目可研编制工作，项目招标正在推进。建设福州市“智网工程”网络运维管理项目，加强对智网和政务信息网的网络运维和安全监管。在政务外网云平台“中国福州”门户网站群项目安装部署网络与应用预警处置系统，实现与市级网安部门预警信息实时联动。加强全市政府网站安全巡检，开展常态化的第三方安全监控服务，全年完成4次全面安全巡检，1月和8月各开展1次应急响应演练。针对发现的漏洞第一时间完成修复工作，安排专业安全从业人员值班，实时保障网站各业务系统的安全运行。

【全国电子政务工作座谈会】　于2016年9月28—29日在福州召开，会议由中央网信办会同有关部委共同举办。中央网信办副主任庄荣文发表题为“以习近平总书记系列重要讲话精神为引领统筹推进国家电子政务健康发展”的讲话，福建省委常委、常务副省长张志南出席会议并致辞，来自各省（自治区、直辖市）和新疆生产建设兵团党委、政府办公厅、网信办、发展改革委，部分省市工业和信息化部门以及中办、国办、国家发改委、国家标准委等电子政务工作负责人150余人出席会议。

【福州市入选2016中国领军智慧城市】　2016年11月16—21日，在由国家发展改革委员会、工信部、商务部、科技部等9大部委以及深圳市政府共同举办的第18届高新技术成果交易会上，公布“中国领军智慧城市”获奖名单，福州市以综合得分第4的成绩获得“2016中国领军智慧城市奖”。福州市推进智慧城市建设重要做法：一是通过建立相关制度，创新信息资源共享管理机制；二是通过数据汇聚，建设城市数据资源池，实现信息资源在事项受理审批过程、流程中的实时查询和共享；三是统筹建设政务云平台，整合全市软硬件资源，开展对政务外网各部门专网的整合，解决“不能共享、不敢共享”问题；四是践行国务院关于“互联网＋政务服务”指导意见，推行“前台一口受理，后台分工协作”服务模式，推进业务协同办理，实现群众办事就近可办、全城通办，提高办事效率，以多元普惠的智慧民生应用构建民生信息服务体系，入选新型智慧城市标杆市。

【福州市“互联网＋政务服务”水平获评“四星”级】　2016年12月24—25日，由清华大学主办的2016年清华大学国家治理研究院年会暨政务服务与国家治理现代化论坛，发布《2016年中国互联网＋政务服务调查评估报告》，从事项清单目录化、服务功能网络化、办事资源标准化、便民服务实用化、服务渠道便捷化5个方面对省级和地市级“互联网＋政务服务”平台建设和应用情况进行评估。根据上述5个方面的综合指数表现，将“互联网＋政务服务”从高到低划分为卓越、领先、发展、起步、准备5个阶段。福州市因具有建立一体化、用户体验极高的政务服务平台，办事资源的标准化建设水平较高，便民服务资源数量相对丰富，建立多元化服务渠道体系等优势，“互联网＋政务服务”水平获评“四星”级，在全国处于领先地位。

（叶伟奇）

（编辑　卓明顺）

口岸

口岸管理

【概况】 2016年，福州市海港口岸完成货物吞吐量11812.09万吨，比上年增长4.10%，其中，完成外贸货物吞吐量4778.59万吨，比上年增长4.34%；完成集装箱吞吐量260.76万标箱，比上年增长9.97%，其中，完成外贸集装箱吞吐量152.39万标箱，比上年增长13.63%；"两马"(含黄岐一马祖航线)客运直航累计出入境旅客6.80万人次；空港口岸出入境旅客累计174.08万人次，比上年增长17.29%。

表27 2016年福州口岸客运统计

口岸类型	出/入境	累计(人次)	比上年增长(%)
海港口岸	出境	34035	—
	入境	34064	—
	合计	68099	—
空港口岸	出境	873473	17.30
	入境	867345	17.28
	合计	1740818	17.29

表28 2016年福州口岸海运统计

类别	完成量	比上年增长(%)	进口累计	比上年增长(%)	出口累计	比上年增长(%)
货物吞吐量(万吨)	11812.09	4.10	—	—	—	—
外贸吞吐量(万吨)	4778.59	4.34	3462.57	1.96	1316.02	11.18
集装箱(万标箱)	260.76	9.97	—	—	—	—
外贸集装箱(万标箱)	152.39	13.63	74.88	14.08	77.51	12.02

【口岸开放】 2016年，福州港口岸扩大开放罗源湾港区国家级验收前的相关工作通过市级验收，进入省级验收阶段。黄岐港区扩大开放申报工作进入国家口岸办征求国家有关部委意见阶段；罗源湾港区环下屿岛作业区扩大开放申报工作进入征求省级有关部门意见阶段；罗源湾港区第24轮、黄岐港区第3轮临时靠泊国际航行船舶继续获得交通运输部批准。临时开放(黄岐—马祖客运航线)获得交通运输部批准。口岸开放范围内新增涉外作业点启用，其中松下港区福建元载国际港口有限公司5万吨级散杂货码头、江阴港区福州江阴建滔化工码头有限公司5万吨级化工码头通过市级验收，并向省口岸办申请省级验收。

【口岸建设】 2016年，总投资2.7亿元，面积2.09万平方米的连江县可门查验中心建成，并进入装修阶段；总投资2200万元，面积2593平方米的福州边检站罗源边检分站综合业务用房建成，并进入装修阶段；总投资3000万元，面积9100平方米罗源口岸通关中心正进入装修阶段；罗源湾港区国检应急指挥中心，总投资350万元，面积1000平方米在建。

【口岸航线】 2016年，福州海港口岸开通北美、西非、印巴远洋干线、日本、韩国、东南亚、越南、马尼拉、内支线等36

条航线，以及“两马”（马尾—马祖、黄岐—马祖）海上直航客运航线。

福州空港是全国20大空港之一，跻身大型航空港行列，成为中国第25个千万级机场。新开航线45条，新增航点9个（马尔代夫、巴厘岛、甲米、宜昌、丽江、南通、临沂、烟台、兴义）。33家航空公司参与国内外航线运营，同时引进首家国际航空公司胜安航空开通定期航班。全年福州空港国内外航线106条，其中国际航线19条，地区航线6条，81条境内航线；通航城市77个，国际城市15个：新加坡、吉隆坡、大阪、雅加达、曼谷、纽约、东京、名古屋、济州、悉尼、巴厘岛、甲米、清州、江原道、沙巴；地区城市5个，境内城市57个。

【口岸通关】　马尾海关　2016年，落实区域通关一体化、“三互”大通关、国际贸易“单一窗口”、审单模式等作业改革。全年异地企业在马尾口岸申报的进出口报关单7.82万份，货值14.13亿美元，比上年增长26.9%；辖区通关无纸化比例达98.44%，在原基础上提升1.07个百分点。在扶持中国—东盟海产品交易所建设、推进跨境电子商务业务发展、简化ECFA和CEPA原产地证书、简化无纸化通关随附单证和备案清单、实施关检“一站式查验场”、实施预约查验制度中，关检“一站式”查验、改革和简化原产地管理，中国—东盟海产品交易所交易平台，跨境电子商务公务服务平台等项目，入选福建自贸区“十大创新举措、十大开放措施、十大功能性平台”。

福州国检　在福建国检局首创进口预包装食品“前推后移、口岸直放”、进口粮谷“随到随检、合格即卸”、进口矿产品“船边直提”模式和进口鱼粉港区联动便利化措施，扩大直通放行、绿色通道、通关单无纸化等检验检疫便捷措施的适用范围，各项通关便利化举措直接减免检验检疫收费1200余万元，为企业节约通关时间20余万小时，间接为企业节约费用3000余万元。采用5种模式全力服务自贸试验，即进口食品检验监管“现场查验、抽样检测和监管三优化”模式；出口食品“过程安全管控、口岸直接放行”模式；“开放式申报+验证式监管”国际航行船舶供水检验检疫管理模式；涉台业务“先报、预核、后补”快捷通关模式；出口大宗竹木草制品“事前简化、事中优化、事后强化”检验检疫监管模式。

福州边检　兑现通关“零等待”承诺，自主研发“网上便民服务平台”获总队全省推广应用，获评公安边防部队科学技术进步奖三等奖。以企业需求为导向，创新授权自助办证、锚地查验通关等便利举措9项，打造“修造船厂VIP通道”“远洋渔企通关ING”“大型企业诚信服务套餐”等特色服务品牌，口岸通关效率提升，其中“边检服务掌上直通车”等两项创新举措被福建自贸区推广实施，系全省边检机关首例。

福州海事　支持自贸区（福州片区）建设，实施船舶证书“三合一”并联办理，缩短近70%的办理时间。前移政务服务窗口进驻自贸区（福州）综合服务大厅。改进海事监管模式，整合资源，建立安全、便捷、高效的海事综合服务模式。支持在江阴港区试点海运快件国际和台港澳中转集拼业务，加强中转集拼危险货物的申报与监管，为相关船舶全天24小时办理进出口手续。支持中外合资船舶代理企业开展船舶代理业务，开展船舶代理公司的诚信分级管理。

（陈　勇）

海关监管

【概况】　2016年，福州海关关区监管进出口货物5688.7万吨，进出口总值1824.1亿元，进出境人员224.7万人次，进出境运输工具2.54万辆（架）次，征收关税和进口环节税116.99亿元。刑事立案66件，案值11.5亿元，涉案偷逃税款2.48亿元，走私行为案件立案46件，案值3872.9万元；违规违法案件立案546件，案值10.85亿元。年内海关总署署长于广洲率国务院督查组一行在闽督查。统计数据及信息被总署、省委省政府采用近70篇次。承办省人大代表建议、省政协提案16件，实现及时答复率和代表委员满意率两个100%。官方微信获腾讯总部区域影响力峰会“2016年度政务创新奖”，系全国海关唯一获奖单位。

【服务地方发展】　促进外贸回稳向好　2016年，福州海关落实税收优惠政策，减免税款4.71亿元，自贸协定项下优惠关税4.54亿元。提交税则修订和调整建议34项，其中1项被列入世界海关组织2017版《协调制度》，7项被国务院关税税则委员会采纳，福耀集团车用玻璃，每年可为企业增加出口退税9000多万元。江阴口岸整车进口8368辆，比上年增长105%，在全国新增整车进口口岸中排名第二。免除查验无问题企业集装箱查验作业费用逾千万元，惠及企业2000余家。

扶持重点项目　发挥海关职能作用，支持中央支持福建加快发展各项政策措施落地生根。落实“龙头”带动战略，服务福州新区建设，支持罗源湾等口岸临时开放，促进福州跨境电商、平行进口汽车保税仓储等新兴业态政策落地发展，帮扶福州航空、京东方、连江申远、福清核电等重点企业发展。整合优化海关特殊监管区域，批准设立福州进出境快件监管中心等海关监管场所。

支持海丝核心区建设　落实中新、中欧、中韩AEO互认政策，启动海峡两岸AEO互认试点。促成中韩原产地证书电子联网及无纸化，6篇原产地管理建议被总署采编报送国办。促成福清南青屿等4个对台小额贸易点放开“两限”。支持福州宏东远洋渔业在西非国家毛里塔尼亚建立毛塔渔业综合基地。与乌鲁木齐海关合作开展“一带一路”两个核心区海关协作机制研究。

维护外贸秩序　保持打击走私高压态势，开展“国门利剑2016”专项行动，全年刑事立案66件，案值11.5亿元；行政立案592件，案值11.2亿元，其中9件被署局列为一级挂牌督办案件。加强口岸协同治理，多项口岸工作建议被省政府采纳。开展关区74个监管场所达标专项治理，加大“扫黄打非”力度。查办出口骗退税案件23件，案值4.02亿元。开展“清风行动”，采取知识产权保护措施665批次，案值731.9万元，2件知识产权案件分别被海关总署、品保委评为年度“十佳案例”。

【监管改革工作】　2016年，福州海关区域通关一体化、通关无纸化、“三互”大通关、关检“三个一”、国际贸易“单一窗口”、审单模式等作业改革进展顺利,通关无纸化率达 97.55%,24 小时进、出口通关率均高于全国平均水平,8 个单位在省口岸单位通关便利化测评中获奖,隶属保税区海关排名全省第一。

启动综合风险审价、汇总征税、信任接单、预归类社会化、多维自主担保等多项改革,提升征管合力,增强执法统一性。全年关区征收“两税”累计入库 116.99 亿元,比上年上升 6.98%。制定税收征管、案件计税等操作指引,依法依规,不征“过头税”。开展税收巡查,实现税收质量检查全关区覆盖,减免税考核、原产地审核正确率均为 100%。

制定 97 项试验任务和支持措施,推出自主创新举措 40 项,其中 17 项获评全国首创,位列福建省 31 个申报单位第一名;“简化和改革原产地管理”“国际贸易单一窗口”和“福州保税区整车进口综合服务平台”等 9 个创新项目入选福建自贸区“十大创新举措、十大开放措施、十大功能性平台”。年内自贸试验区内新增海关注册企业 1852 家,增长 3 倍。

推进二级风险防控中心建设,落实“两个随机”优化布控查验,深化机动稽查改革,开展企业主动披露试点。“一照一码”企业注册登记制度改革全面落实,年内通过高级认证企业 17 家,新注册企业 2485 家。

推行行政审批“一个窗口”网上办理,开展行政审批事项前置审批清理,优化行政执法内部核批。开展文件清理,全年清理需要废止文件 294 份,需要宣布失效文件 936 份,修改文件 32 份。

(陈斯友)

检验检疫

【概况】 2016 年,福州出入境检验检疫局检验检疫进出口货物 6.30 万批、货值 46.16 亿美元,分别比上年增长 3.75% 和下降 7.17%,批次占福建检验检疫系统 31.98%,居第一位,货值占福建检验检疫系统 21.23%、居第二位。配合福州“全国质量强市示范城市”验收,支持福州市通过环保部国家生态市考核验收。在福建检验检疫系统率先构建进口汽车后市场监管网络、率先完善互联网大数据背景下的县域外贸发展和质量分析报告制度。上报 5 项自贸创新举措均被省自贸办采纳并推荐至第三方评估。完成福州出入境检验检疫局“e 检”信息化平台规划建设方案。实施“县域外贸发展定向支持 + 项目带动”模式,出台服务马尾、长乐外经贸发展 10 条措施。支持东北理光公司全省首家获得福建自贸试验区入境维修再制造双资质;帮扶高龙公司成为国内首家对澳大利亚、加拿大出口饲料鱼油生产企业;帮助太平洋公司恢复对俄出口;帮扶好事达公司成为全国首批出口竹木草制品质量安全示范企业。

【出境货物检验检疫】 2016 年,福州市全年检验检疫出口货物 4.96 万批,货值 16.5 亿美元,比上年增长 1.97% 和下降 1.45%。检出不合格出口货物 485 批,货值 4126.73 万美元,比上年下降 18.21%、23.44%,批次、货值不合格率分别为 0.98%、2.50%。主要不合格产品为食品(443 批)、轻工品(10 批)、化工品(31 批)、机电产品(1 批)。出口前 4 大国家和地区为美国、日本、东盟和欧盟,出口货值占出口总货值的 76.68%。其中,出口美国 4.49 亿美元,比上年增长 0.16%;出口日本 2.86 亿美元,下降 9.76%;出口东盟 2.71 亿美元,比上年增长 20.72%;出口欧盟 2.59 亿美元,下降 4.30%。辖区传统大宗出口产品竹木草制品(含家具)、食用菌、烤鳗、海藻类产品、粮食制品出口均居福建辖区(不含厦门,下同)第一。其中出口竹木草制品(含家具)3.90 万批、8.05 亿美元,出口食用菌 2149 批、2.89 亿美元,出口烤鳗 528 批、1.13 亿美元,出口粮食制品 692 批、1502.02 万美元,出口海藻类产品 301 批、697.08 万美元。

【入境货物检验检疫】 2016 年,福州市全年检验检疫进口货物 1.34 万批、货值 29.66 亿美元,比上年增长 10.96% 和下降 10.07%。货值排名前 10 的货物分别为:铁矿砂 9.15 亿美元,比上年下降 16.31%;大豆 6.61 亿美元,比上年增长 7.95%;煤 2.87 亿美元,比上年下降 20.12%;机电产品 2.47 亿美元,比上年增长 24.32%;水产品 2.36 亿美元,比上年增长 9.41%;鱼粉 1.72 亿美元,比上年增长 9.41%;油籽和植物油 1.02 亿美元,比上年下降 17.96%;钢铁及钢铁制品 5958.53 万美元,比上年下降 49.95%;有机化工品 3663.22 万美元,比上年下降 60.17%;其他粮谷类 3183.44 万美元,比上年增长 28.62%;进口货值占全部进口货物货值的 93%。福州检验检疫局在福建辖区首创进口预包装食品“前推后移、口岸直放”、进口粮谷“随到随检、合格即卸”、进口矿产品“船边直提”模式,扩大进口水产品“统一申报、集中查验、分批核放”模式溢出效应,创新推出进口鱼粉港区联动便利化措施,辖区进口粮谷、矿产品、水产品、鱼粉均居福建辖区第一。进口产品不合格检出率仍然较高,检出不合格 3264 批、货值 12.37 亿美元,分别比上年增长 7.62%、下降 25.50%,批次、货值不合格率分别为 24.45%、41.70%。主要不合格产品为铁矿砂、煤炭、大豆、机电产品、食品等。牵头退运销毁进口食品 108 批、297.19 吨。退运 2 台进口德国无证压力容器,销毁 1 批进口以色列废旧物品及 1 批进口日本婴儿连身衣,完成 25 批出口退运追溯调查。进出口工业品不合格检出率、退运销毁率等均居福建检验检疫系统前列。

【动植物检疫】 2016 年,福州截获进境植物疫情 1798 批、410 种、1.25 万种次,分别比上年下降 21.4%、24.2% 和增长 13.1%,其中检疫性有害生物 29 种、968 种次,分别下降 14.7%、38.0%;非检疫性有害生物 381 种、1.15 万种次,分别下降和增长 24.9%、11.4%。从加拿大进境油菜籽夹带的豌豆种子上截获豌豆细菌性疫病,均为全国首次截获;从美国进境黄大豆中截获北美刺龙葵为福建省首次截获;从泰国进口竹叶空心菜种子中截获大量土壤,质检总局为此下发警示通报。

【卫生检疫】 2016 年,福州检疫出入境船舶 5259 艘次,比上年增长 27.61%,其中出境 2620 艘次,入境 2639 艘次。检疫查验出入境人员12.95万人次，比上年增长23.84%，其中出境6.35万人次、入境6.60人次。检出发热及其他相关症状人员170例，筛查率13.13人次/万人，确诊传染病48例，确诊率28.24%。首次在福州马尾—马祖“两马”客运口岸入境旅客检疫中检出1例成人水痘确诊病例。组织17个单位在马尾客运站开展G20杭州峰会反恐演练。在福建辖区首次监测发现日本伊蚊。旅检口岸实施放射性监测3.49万次，发现8例旅客放射性诊疗导致的放射性剂量超标，予以排查放行。对货物、集装箱实施核生化有害因子监测，发现生化气体超标1例。截获医学媒介疫情并报信息317条，数量10.44万只。医学生物媒介携带病原体累计检测116项次，开展鼠疫F1抗体、鼠疫F1抗原、汉坦病毒、钩端螺旋体核酸检测汉坦病毒阳性，均为阴性。对18家码头供水及外供食品单位实施卫生监督105次。签发卫生许可证书食品生产经营类9份。开展船舶食品快检27批次，未检出异常。码头供水监测5批次，检出细菌总数超标2批次，其余无异常。开展湿度、相对湿度、风速、一氧化碳、二氧化碳、细菌总数、照度、噪声、可吸入颗粒物、甲醛等口岸内环境因素微小气候监测，按每3个月两次要求对“两马”客运站候船厅监测8次。

【进出境集装箱检验检疫】　2016年，福州受理进出境集装箱报检，进出境集装箱报检25.84万标箱，比上年下降3.43%；查验2.08万标箱，比上年下降35.96%，查验率为8.04%；对19.54万标箱实施卫生除害处理，比上年下降2.7%，卫生除害处理率75.6%。在福建辖区首次检出集装箱化学有害因子超标。进境集装箱重箱检出不合格83标箱，检出率为1.05%，分别比上年下降94.29%、89.49%；空箱检出不合格638标箱，检出率为8.62%，增长6.69%、38.81%。主要截获为白腹皮蠹、小杆目线虫、交链孢、青霉菌、玉米、滑刃属线虫、根霉属、伞滑刃属线虫等，对携带疫情的各批次集装箱均作有效的检疫除害处理。

【涉台检验检疫】　2016年，福州市支持福盛物流公司开辟大陆第二条对台海运直航邮路；在福建检验检疫系统首次启动两岸直航口岸卫生检疫窗口联系机制；帮扶松下对台小额贸易点通过总局购入冰鲜产品指定口岸考核；探索涉台来自成套设备检验监管新模式，检出来自台湾地区成套设备不合格45批、219.06万美元；率先在福州自贸片区对台业务开通“凭基础信息报检，相关材料后附”的快捷报检模式；探索以风险监测为主的货物质量安全监管模式，马祖小额贸易货物到黄岐卸货后不过夜即可送至用户。海上直航客轮2064艘次，比上年增长169%，货轮1962艘次，下降9.46%。进出人员10.59万人次，比上年增长39.48%，发现有传染病症状99人次，比上年增长154%；确诊病例25人次，比上年增长78.57%。检疫旅客携带物6.03万批，比上年增长49.57%。对台小额贸易船舶484艘次，比上年增长35.96%，其中出船舶242艘次，进船舶242艘次。进货物554批次、货值202.53万美元。

【产地证业务】　2016年，福州签发各类原产地证书5.82万份、签证金额19.58亿美元，分别比上年增长10.05%和下降3.92%，为企业减免进口国关税约1.1亿美元。其中区域性优惠原产地签证量持续增长，签发2.30万份，签证金额7.07亿美元，比上年增长57.98%和15.50%；普惠制和一般原产地证书签证量均呈下降态势，分别签发2.47万份、1.05万份，分别比上年下降9.70%、4.48%，其中签发ECFA证书71份，签证金额135.9万美元，分别比上年下降25.26%、36.89%。在福建辖区率先上线单一窗口原产地证申报端，全部实现单一窗口申报，无纸化报检率达80%，通关便利化举措约为企业节约12.3万小时、2503万元。创新的产地证签证检企零见面模式新增入选福建自贸试验区第七批制度创新，产地证签证量、金额、可减免关税均居福建检验检疫系统第一。

【法治稽查】　2016年，在福建检验检疫系统率先编制并对外公开涉及190项行政权力和责任的“两个清单”和工作流程图；行政处罚数量、金额居福建系统首位；办结一起历时近6年，经法院强制执行罚没50.09万元，福建系统最大的行政处罚案件，唯一入选质检系统“法治案例”；创新普法形式，组织开展“双打”和“国门利剑2016活动”；妥善处置举报投诉10件；加强同杭州、深圳等地的食药局和市场监督管理局的执法协作，接受其他部门线索移交和协查证书16件，对公安系统查获的23份假冒《熏蒸/消毒证书》予以认定；年内办结行政处罚案件35件，罚款64.89万元人民币，发放行政建议书30份。

【跨境电商监管】　2016年，福州推行“5+1”监管模式，即探索备案、申报、监管、追溯、产业可持续发展5个关键点和1个检验检疫监管服务信息化平台的跨境电商“5+1”监管模式，辖区跨境电商备案企业数和业务量均居福建辖区第一、约占福建辖区七成。全年备案跨境电商商品2372品种次、备案企业59家；进口跨境电商商品146批次，货值1.03亿元，发出订单邮包27.11万单，货值1.01亿元。主要经营商品品种有婴幼儿配方奶粉、纸尿裤、洗护用品、化妆品、麦片、保温杯等食品及消费品。同时加强事中事后监管，建立严格的风险监控和质量追溯机制，让电商商品“管得住、可追溯”。全年对跨境电商商品实施质量风险监测项目560个，发现不合格商品4批次，均按规定实施停止销售、强制召回、退运或销毁等措施。

（林婧一）

边防检查

【概况】　2016年，福州边检站检查出入境（港）船舶5179艘次，员工6.74万人次，旅客6.91万人次，办理各类证件2.38万份。年内在全省口岸通关便利化上下半年测评中均获“综合得分奖”。福州边检站“边检掌上直通车”服务举措入选省自贸区第四批可复制创新成果。“边检掌上直通车”和“边检诚信企业‘自助办证’服务”两项举措申报福建自贸区创新举措，是全省边检机关便民利民举措首次入选。

2016年1月24日,福州边检站"暖心服务"助力黄岐客运航线春运出行旅客便捷通关

(福州边检站 供)

【信息化建设】 2016年,福州边检站基础信息化建设投入资金500余万元,先后获评"全省公安机关信息化建设先进集体""总队信息化工作先进单位"等称号。自主研发的《边检服务监督评价管理系统》获"公安边防部队科学技术进步奖优秀奖";自主研发的"边检网上便民服务平台"获公安边防部队"科学技术进步奖"三等奖,被纳入总队边检信息化"三大平台"在全省推广应用。4月27—28日,公安部边防管理局在北京召开公安边防部队信息化工作会议,福州边检站被评为"十二五"信息化工作先进支队级单位,是福建边防总队唯一获得该称号的边检站。

【服务保障客运航线】 2016年,"连江黄岐—马祖白沙"航线全年完成客运班轮1400余艘次。福州边检站结合黄岐航线航班密、航程短的特点,科学调配执勤警力,先后推出"网上客流预报""旅游团队分团验放""老幼旅客特别帮扶"等服务举措,对进香团大件器具联合客运站和海关等联检部门采取"人物分离"方式验放通关,全年验放往来人员5万人次,服务交流访问、旅游观光、进香祭扫等各类团队百余个。12月23日为该航线开通周年纪念日。

(张 磊)

海防管理

【概况】 2016年,福州市海洋与渔业部门查处海洋案件136件,收缴罚没款2655.39万元,查处渔业案件173件,收缴罚没款133.99万元;公安边防部门破获偷私渡案件14件260人,接收审理台湾遣返案件5件36人,查获涉毒案件827件981人,缴获各类毒品及制毒原料约1041千克,收缴各类枪支35支、子弹320发,抓获网上在逃人员80人,破获公安部督办2015年"6·11"特大开设赌场案,抓获犯罪嫌疑人27人,涉案金额达8.4亿元;办理各类案件92件,查获无合法齐全手续成品油45件9670吨,查获冻品1500吨、卷烟纸300盘,抓获涉案人员228人、查扣涉案船舶49艘、油罐车9辆,案值约1.256亿元。海事部门组织搜救行动33次,协调出动各类救助船艇238艘次、飞机6架次,救助遇险人员220人,船舶22艘,人命救助成功率和船舶救助成功率分别为96.49%、88%,挽回直接经济损失约9000万元。

【平安海域创建】 2016年,福州市海洋与渔业执法部门开展"蓝剑2016"行动,省、市、县三级机构联动执法,在福州海域开展为期5个月的打击非法采砂专项联合行动,全年开展"蓝剑2016"行动12次,出动执法船艇46艘次,执法人员363人次,查获违法船舶111艘;首次与海事部门协作,在非法采砂船滞留调查取证期间,由海事部门直接介入对违反海事管理的行为进行查处。全年拆解"三无"船舶67艘,其中连江县拆解23艘,长乐市拆解42艘,罗源县拆解2艘,超额完成年度拆解任务,转作他用的"三无"船舶,不得继续从事渔业生产活动;全市开展港口巡查1262次,检查港口2104个次,检查渔船9963艘次,查处存在安全隐患渔船244艘次,督促整改236艘次,整改到位率96.7%,列入渔船"黑名单"管理11艘,整改到位取消"黑名单"的3艘。针对辖区个别地方出现渔船违章载客、非法搭载人员从事休闲渔业活动等行为,在全市范围内开展为期1个月的专项执法行动。

市公安边防支队与市水政监察支队签订《闽江下游河道采砂长效治理联合执法协作协议》,明确联合执法、鉴定勘验、案件移交等工作机制,共同部署开展非法采捕红珊瑚和河道非法采砂专项整治等行动,开展各类联合执法13次,检查辖区各类船舶9300艘,走访渔船民1.3万人,查获违规采砂案件24件26艘次。

省海警一支队开展海上治安巡逻、检查,打击海上各类违法犯罪活动,履行抢险救难、保护海上人民生命财产安全等保卫任务。年内累计出动舰艇执勤915艘次,航时8028小时48分钟,航程6.88万海里,检查走访船舶406艘、渔船民2783人。开展打击成品油走私、非法采捕红珊瑚、"国门利剑2016"、"碧海2016"、伏休执法监管等多个专项行动,配合海军温州水警区、海军福建基地完成"海鹰-2016B"战术演习""海峡通航带航道管制"行动。

福州海事局推进商渔船安全会商机制和通航安全联合执法机制建设,联合市海洋与渔业局印发《海上协作执法会商机制》,与宁德、莆田、平潭等兄弟局建立综合执法联动机制。联合福建民航监管局举办华东地区首次航空器事故海上演练,联合东海救助局福州基地开展海上救助业务培训,密切同周边地市海上搜救部门的交流与合作,实现搜救力量共享、搜救业务互动,增强海上应急支援能力。

【军警民联防】 2016年，伏季休渔期间，福州市在重点渔业乡（镇）开展伏季休渔宣传会28场，参加人数约5300人，在重点渔村、港口、码头等主要位置张贴“伏季休渔公告”2000份，发放“伏休宣传册”1.50万份，发送宣传短信8.6万条。

市公安边防支队在连江黄岐半岛设立“立体化”海上综合管理服务中心，在长乐实行“四所一队”联勤合成作战警务机制。实施警务室、船管站“亮灯见人”工程，推动16个一类警务室、9个一类船管站安装内部视频监控，推动未设边防派出所的沿海乡镇布建非边防辖区岸线执勤点、船管站，提升沿海一线管防水平。

海警第一支队联合渔业、海事等涉海部门开展打击电炸毒鱼、禁砂、航道清理等执法行动9次，协助查处违规作业船舶21艘次，核查赴钓鱼岛等敏感海域作业船舶12艘，查扣非法采砂船12艘次，处罚50人次；投入地方抢险救难，“海上110”接处警33件，其中救助类警情12件，救助各类船舶6艘、人员13人。先后出动舰艇4批次遂行东海钓鱼岛，南海西沙、南沙、黄岩岛等海域常态化维权巡航，完成全国“两会”、杭州G20峰会等安保任务，组织实施福清核电站、平潭大桥等重点在建工程的安全警戒以及“尼伯特”“莫兰蒂”“鲇鱼”等台风防抗任务；独立保障2016年中日渔业执法工作会谈。

（高晓燕　文军成）

打击走私

【概况】 2016年，福州市打私办开展反走私宣传月活动，组织开展打击走私“国门利剑2016”等5项联合专项行动。全年刑事立案30件，立案案值约3.12亿元，涉嫌偷逃税款7174万元。行政立案837件，立案案值12.05亿元。

【综合治理】 落实责任制　2016年3月中旬至4月下旬以及6、7月份，福州市打私办分别到沿海县（市）、马尾海关缉私分局、市公安边防支队等主要缉私职能部门，开展反走私工作调研，检查元旦、春节期间开展打击冻品走私专项行动开展情况，针对福州流通领域柴油销售市场出现无合法来源油品问题，市打私办分别到市市场监管局、中石化森美福州分公司等单位专题调研，并于7月1日牵头召开中石油福州销售分公司、中石化森美福州分公司、市市场监管局主要领导（分管领导）参加的协调会。12月8日，省打私办责任制考评组对福州市落实2016年反走私工作综合治理领导责任制情况进行量化考评，市政府副市长、公安局长潘东升参加考评会。12月13—16日，分别对福清、长乐、连江、罗源、闽侯5个沿海县（市）2016年反走私工作综合治理责任制落实情况进行量化考评。

宣传月活动　3月，福州市开展为期1个月的反走私综合治理法治宣传月活动。沿海各县（市）利用报刊传媒开展反走私工作宣传，组织缉私职能部门在重点镇村、澳口、交通干道、集市码头等走私易发地区设立流动宣传点，挂横幅、立展板、发放反走私宣传材料，现场进行政策法律咨询。同时，开展为民送温暖活动。

取缔非法加油站点　316国道闽侯县鸿尾乡、竹岐乡路段盘踞多家“黑加油站”问题，引起省、市领导高度重视，批示要求加强市场监管、迅速取缔非法加油窝点。市政府副市长、公安局长潘东升指示市打私办成立专项督导组，向闽侯县通报省、市领导指示、批示精神，全面了解情况，督导市市场监管局查处取缔，指导闽侯县开展联合专项整治。9月3日，闽侯县政府牵头，县市场监管局、商务局、安监局、公安等多部门联合执法，取缔6个非法加油点，查封扣押6台加油机及加油设备，依法扣押柴油100多吨。执法行动经《福州晚报》报道后，人民网、东南网、百度网、福州新闻网等多家新闻媒体网站刊载转发。

【专项行动】 打击冻品专项行动　2016年，福州市打击走私办组织开展元旦、春节期间打击冻品走私专项行动，突出打击以下重点：一是重点物品、冷冻食品等应节商品；二是主要海域及地段，福清、长乐、连江、罗源海域，闽江口及两江流域，陆路交界路段；三是重点渠道，冷库等转运渠道、加工贸易渠道等。

“国门利剑2016”联合专项行动　3—12月，组织开展打击走私“国门利剑2016”联合专项行动，采取“专项＋联合”的方式，突出打击以下重点：一是打击农产品走私，包括粮食类（大米、玉米、小麦）、冻品类（冻猪肉、冻牛肉、冻鸡肉、冻羊肉、冻水产品及其副产品）、食糖、棉花、皮革、食用油等商品。二是打击集成电路等高新电子产品走私，包括集成电路、电脑、手机、液晶面板、投影仪、数码相机等。三是打击重点涉税商品走私，

2016年3月10日，福建省海警第一支队与福州市海洋与渔业局执法支队在闽江海域开展海上联合执法行动　（省海警一支队　供）

包括成品油、石油沥青、烟草、奢侈品、汽车及零部件、化工原料、资源性产品等商品。四是打击毒品、枪支走私,包括海洛因、可卡因、大麻、恰特草等走私入境毒品,以及冰毒、氯胺酮等走私出境合成毒品、易制毒化学品;各类枪支及其散件、弹药等。五是打击骗退税和虚假贸易违法行为,包括电子产品、汽车配件、空调设备、电梯设备、贵金属制品、化工产品等。9月14日,福州市召开打击走私“国门利剑2016”联合专项行动推进会。沿海五个县(市)打私办、主要缉私职能部门等21个单位分管领导参加会议。会议对上半年全市开展打击走私“国门利剑2016”联合专项行动、打击成品油走私“春雷”专项行动进行总结并部署下半年工作。

“春雷2016”专项行动　5月起,组织开展打击成品油走私“春雷2016”专项行动,兼顾打击冻品、烟草、电子产品、毒品、枪弹和国家战略性资源产品走私,海警部门加大重点海域、重点航线的巡逻力度,重点加强对油船、渔船、改装船、运输船和流动渔船的登临检查,封堵海上成品油走私通道。海关部门加大对进口成品油单证审核和实际监管力度,加强对承运成品油进出境运输工具的实际监管,加大对储罐类监管场所及码头的巡查力度,加强沿海非设关地以及内河的巡查,严防走私成品油过驳上岸。5月10日至8月底,组织开展私设(埋)输油管线(油罐)专项整治工作,铲除成品油走私的陆地基础。8月起,组织开展打击非法运输、储存、买卖无合法来源成品油专项整治行动,整治范围:一是贩运、销售走私油品及无合法来源的成品油行为;二是无照经营成品油行为;三是非法私设油罐;四是向成品油流动加油车出租、出借“成品油零售经营批准证书”。

专项督导工作　4月22日,省打私办专职副主任黄永忠带领福州海关缉私局、省边防总队、省海警总队等部门领导组成的督导组抵达福清市开展专项督导工作,福州市打私办、福清市打私办分别汇报开展“国门利剑2016”联合专项行动和打击成品油走私工作情况。11月3日,省打私办专职副主任、公安厅副巡视员黄永忠一行3人,抵达福州市罗源县、连江县调研指导反走私综合治理工作。

【重大案件】　福州禾诚贸易有限公司走私棉花案　2015年5月以来,福州海关稽查处发现福州禾诚贸易有限公司利用长乐市立峰纺织有限公司、长乐泰源纺织实业有限公司、长乐金磊纺织有限公司等10家公司为加工单位,向福州海关现场业务处申办加工贸易手册为张家港华芳集团有限公司进口棉花。经查,2014年8月11日至11月7日,福州禾诚贸易有限公司以进料加工贸易方式进口棉花25票9460吨,进口报关金额1687.86万美元,折合人民币约1.04亿元,涉及福州禾诚贸易有限公司10本进料加工贸易手册,涉案棉花实际为华芳集团购买并使用,秦某金涉嫌伪报贸易方式为华芳走私进口棉花。

货运渠道涉证走私系列案　破获福州顺兴砂石进出口有限公司走私出口天然砂案、台湾益钜企业集团走私出口天然砂案等4件系列案件,查证涉案天然砂约900万吨,案值5亿元。

海上非设关地冻品走私系列案　查获“丹鼎9号”走私冻品系列案7件,冻品1.4万吨。破获以洪某为首的犯罪团伙海上偷运绕关走私冻品系列案,至年底,已刑事立案4件,抓获犯罪嫌疑人17人,批捕8人,取保候审8人;查证走私进口的冻品由原来的2000余吨扩至7000余吨,案值由5000万元扩至1.5亿元。

走私毒品、枪支系列案　立案侦办朱某生走私制毒物品案、凌某恒走私制毒物品案、薛某彬走私毒品案等9件,查获制毒化学品8.46千克,各类毒品约3千克。10月,与市公安局禁毒支队组成联合侦破组,破获系列走私制毒物品案,该案被公安部列为目标督办案件(代号为RJDB1509),刑事拘留4人,查扣涉案制毒物品麻黄碱9.38千克,摧毁1个走私制毒物品团伙。破获1件涉嫌走私、贩卖枪支弹药案,摧毁一个制贩枪支弹药窝点,查获疑似气枪整枪3支,铅弹3660发,发令弹1.03万发,子弹23发,枪支配件一批,以及用于加工制造设备一批。

【职能部门打击走私】　马尾海关缉私分局　2016年刑事立案8件,立案案值3520.44万元,偷逃税款588.09万元。采取强制措施50人(刑事拘留25人,提请逮捕14人,批准逮捕13人,取保候审25人)。查扣走私货物主要有:成品油1167.92吨,冻猪耳、冻牛肉等冻品计715.47吨,台货146项。行政立案226件(一般案件12件,简单案件17件,简易案件192件,其他案件5件),立案案值49124万元。在打击走私“国门利剑2016”联合专项行动中,打掉一个长期利用非设关地进行走私冻品的团伙,并以此案为基础深挖扩线,形成“430系列走

2016年12月12日,福建省海警第一支队在平潭东庠海域查获一起特大海上走私冻品案
(省海警一支队　供)

私冻品专案”，查获走私冻品1742.8吨，案值2581万元，涉嫌偷逃税款500万元，案件涉及福建、广东、江西等地，被海关总署缉私局列为一级督办案件，对查扣的555.07吨冻品，配合马尾海关制定计划，完成该批冻品的理货和无害化销毁。

福清海关缉私分局　刑事立案11件，案值31115.44万元，涉嫌偷逃税额1922.63万元，其中走私天然砂案件4件，案值23303万元，该案被海关总署列为一级挂牌督办案件；成品油走私案4件9044吨，案值4181万元，涉税1657万元；奢侈品走私案件1件，案值236万元，涉税74万元；食品走私案件1件，案值895万元，涉税191.5万元；冻品走私案件1件，案值2500万元。行政立案51件（其中走私行为案件9件，违规案件15件，其他案件27件），立案案值3258.69万元，涉嫌偷逃税额416.17万元；结案46件（其中走私行为案件6件，违规案件18件，其他案件22件），结案案值3701.96万元，结案涉税403.00万元。罚没收入341.26万元，补税入库81.61万元。

福州长乐机场海关缉私分局　刑事立案3件（走私毒品出境案件2件、走私成品油案件1件），案值298.77万元。行政立案150件（违规案件134件、其他案件5件、走私行为案件11件），案值3172.81万元。主要为携带濒危动植物制品出入境案件37件，超量携带货币出入境案件81件等。

福州海关驻邮局办事处　查获毒品类案件10件25336克；管制器具案件18件；濒危野生动植物制品案件27件18901克；侵权类案件8件；伪造银联卡案件1件。

省海警一支队　受理涉私类案件49件，查获无合法、齐全手续成品油案47件9172.05吨，案值5503.23万元；查获涉嫌走私冻品案2件，查扣牛肉、鸡爪、猪脷等冻品1468.34吨，卷烟纸287袋1148盘，案值12164万元，抓获涉案人员254人，涉案船舶54艘、油罐车9辆。其中，移交海关缉私部门涉嫌走私案件12件，移交涉案成品油2546.48吨、冻品1468.34吨、卷烟纸287袋1148盘，涉案人员105人、船舶15艘、油罐车8辆。

市公安边防支队　查获成品油案件132件，抓获涉案人员318人，查获无合法、齐全手续成品油6658.08吨，油罐车149辆，改装油罐车27辆，船舶31艘，油罐32个。走私台货案件1件，抓获涉案人员3人，查获走私台货157件，涉案车辆1辆。走私冻品案件2件，抓获涉案人员8人，查获走私冻品94.74吨，涉案车辆5辆。

出入境检验检疫局　查验入境冷冻水产品3732批次、21.09万吨、2.36亿美元，检出不合格560批次、2.05万吨、2874.1万美元；检验检疫进口废物原料25批次、0.26万吨、97万美元，检出不合格10批次、885吨、37万美元；查获进境旅客禁止携带物128批（其中肉类及其制品25批、蛋及其制品15批、水生动物产品23批、新鲜水果64批、种子以及其他植物产品1批），退回4批，销毁处理124批。

市市场监管局　立案查处涉嫌走贩私案件78件，结案54件，案值131.65万元，罚没款69.62万元，其中，查处无合法来源成品油案20件（以不合格立案17件，以无合法来源立案3件），结案14件，罚没款28.21万元；立案查处进口商品类案件58件，结案40件，罚没款41.41万元。

市烟草专卖局　查获主要走私卷烟案件152件，其中，国标网络涉私案件3件、5万元以上涉私大要案34件、案值万元以上涉私案件115件，查获走私卷烟480.30件，涉案金额546.97万元，刑事拘留15人，提请批准逮捕10人。

（陈明亮）

（编辑　卓明顺）

新区 自贸区

福州新区

【概况】 2016年，福州新区初期规划范围800平方千米，完成地区生产总值1350亿元，固定资产投资1148亿元，规模以上工业增加值762.30亿元。新区于2015年8月30日正式获批成为全国第14个国家级新区，是拥有国家级新区、自贸试验区、生态文明示范区、21世纪海上丝绸之路核心区、国家自主创新示范区“五区叠加”独特优势的国家重点开发区域。

【体制创新】 2016年8月，组建成立福州新区党工委、管委会，并成立福州新区开发投资集团有限公司和总规模达150亿元的福州新区投资发展基金，构建福州新区投融资及开发建设综合平台。承接省政府下放福州新区121项省级经济管理权限，制订出台《承接121项省级经济管理权限的实施方案》，全年承接代办133个新区建设项目。

落实《福州新区开放开发体制改革实施方案》，推动五大方面18项改革工作。研究制定新区GDP年度基数测算方法，建立新区核算基数测算台账并运行实施。引进福建省高层次人才17人，制订出台《聘请福州新区顾问的工作方案》。建立实施银企对接长效机制，组织2次福州新区重大项目融资对接活动，征集97个项目，融资需求919.8亿元，达成融资意向36个项目，意向融资额近400亿元。与国开行福建省分行签订支持福州新区建设发展开发性金融合作备忘录，国开行提供2000亿元信贷资源支持新区发展。福建海峡银行推出总规模20亿元的“海峡·马尾周转贷”，帮助企业解决资金周转难题。

【规划编制】 2016年，福州市通过“院士领衔、专家参与、团队负责、地方合作”方式，邀请新加坡规划团队、清华大学等多名院士组成科研规划设计团队，创建具有国际影响力的福州新区规划“顶级智库”。年内完成《福州新区产业发展规划》编制，《福州新区总体规划》《福州新区综合交通规划》形成初步成果，启动《海岸带保护利用规划》等30多个新区专项规划编制工作。11月，省政府批复并确定实施《福州新区发展规划》。

结合《福州新区总体规划》编制，同步推进“多规合一”试点工作，新区范围内6个县(市)区“一张图”基本完成，福州新区“多规合一”信息联动管理平台、协调机制等逐步建立。

【开发建设】 双创示范基地建设 2016年5月，福州新区入选全国首批双创示范基地，福州市成立福州新区双创示范基地建设领导小组，同步启动《福州新区创建双创示范基地工作方案》编制和双创示范基地建设工作；9月，《工作方案》经省政府审议同意并向社会公布；10月，福州新区组团参加全国双创活动周深圳主会场活动，展示“双创”成果；12月，中国科协组织专家开展推进双创政策措施落实情况的第三方评估。

产业转型升级 扶持壮大高端制造业、化工新材料、大数据等产业集群，推进京东方8.5代面板、VR产业基地、聚酰胺一体化、海上风电装备产业园等高新技术和战略性新兴产业重大项目建设，推动华为NB-IoT(窄带物联网)项目、东旭集团玻璃基板生产基地、福能(江阴)化学园等重大项目的合作落地，培育形成捷联电子、华映显示等8家百亿工业企业。全年安排福州新区工业重点项目(含能源项目)112个，累计完成投资674亿元，占年度计划的119.7%。

基础设施建设 完成《福州新区市政公用基础设施规划纲要》初稿，实施管廊系统、供水系统、水系治理、污水垃圾处理设施等规划布局。加快滨海大通道、马尾大桥、道庆洲大桥、地铁1号线延伸段、地铁6号线、机场绕城公路东南段等重大交通设施建设。推进北京师范大学福清附属学校、严复纪念医院、马尾沿山棚户区改造等民生项目建设。全年福州新区交通、能源、市政、民生等领域的重大项目投资超过800亿元。探索推行先进管理模式和投资建设方式，在电力设施、垃圾处理、地下管网等公建设施项目实施PPP模式，三江口片区实施“海绵城市”技术措施。

重点区域开发 规划明确总面积210.34平方千米7个近期重点发展区域，集中力量推进滨海新城、三江口和江阴湾组团等重点片区的规划建设。蓝色经济产业园、临空经济区、数字福建产业园、江阴工业集中区等特色产业园区加快整合提升和配套完善，一批"镇级小城市"项目通过 PPP 等方式加快建设，现代化新区初步展现。

重点项目建设　实施推动 391 个福州新区重点项目，完成投资 1948.96 亿元，占年度投资计划的 122.05%，提前两个月完成投资任务。强化精准招商，做大重点项目"储备池"，举办多场大型招商推介活动，签约项目涉及先进制造业、"互联网+"、VR、创业平台、新能源等多个重点产业领域，促进中核建集团核电装备产业园、中铝集团铝精深加工、国家健康大数据等一批重大项目落户新区。

【国家战略对接】　2016 年，福州市组织召开首届海峡两岸福州新区发展论坛。出台专项鼓励和扶持办法，建立福州台湾青年创业创新创客基地，成立"台湾青年创业就业服务中心"，吸引台湾优秀青年到福州新区创业就业。对台工作创造多个全国"第一"：彰化银行福州分行成为大陆首家开业即可开办人民币业务的台资银行；建设银行设立国内首家总行级"海峡两岸跨境金融中心"；全国首家台企联合保险代理公司取得营业执照；成立全国首创台胞权益保障法官工作室；在全国率先启用电子台胞证等。

组织举办首届海丝（福州）国际旅游节等以"海丝"为主题的重大活动。推动中国—东盟海产品交易所发展，在全国首创"统一申报、集中查验、分批核放"海产品通检模式，搭建海交所跨境结算平台，实现"线上交易、线下交收、人民币结算"的交易模式。加快发展境内外会员和交易商，建立马来西亚分中心，筹建越南、柬埔寨和缅甸分中心。初步形成以台湾农产品、东盟海产品为主的冷链保税加工、配送体系，马尾港成为全国最大的远洋渔获物集散地。

【宣传推介】　2016 年，福州新区会同中央电视台等国内外知名媒体和各大门户网站开展多种宣传，海内外媒体关于福州新区的相关报道超过 3000 多篇次，在《人民日报》、新华社等权威官方媒体刊发 5 篇专题报道，《福建日报》《福州日报》报道 50 余篇。通过福州投资环境（北京）推介会、福州市异地商会（贵阳）工作交流会暨福州新区宣传推介会、福州新区（上海、广州）推介会等重大平台和活动，开展 30 余场专项宣传推介，鼓励各界人士特别是福州异地商会、新生代华侨华人到新区投资兴业。

（万　粒）

6 月 13 日，首届海峡两岸福州新区发展论坛举行。图为出席论坛的专家学者合影
（福州新区管委会　供）

中国（福建）自由贸易试验区福州片区

【概况】　2016 年，中国（福建）自由贸易试验区福州片区推进体制机制创新，在投资、贸易、金融、税务等领域推出创新举措 64 项，其中全国首创 19 项；整合集中 421 项行政许可和公共服务事项，压缩建设项目全流程审批时限；成立片区综合执法局。创新举措复制推广到全国、自贸试验区、全省的分别有 4 项、1 项、39 项。新增企业数 16569 家，注册资本 2362 亿元，其中内资 16110 家、外资 459 家。进出口总额 86.3 亿美元，比上年增长 3.1%，福州片区港口（江阴港、马尾港）集装箱吞吐量 232.23 万标箱，比上年增长 3.65%。

【体制创新】　2016 年，福建自贸区福州片区完成福建自贸区总体方案中由福州市牵头的 6 项试验任务，挂牌第一、二年需启动的 97 项试验任务完成 90 项，省里新增 57 项试验任务实施 56 项；在投资、贸易、金融、税务、事中事后监管、对台等领域推出 4 批创新举措 64 项，位居福建自贸区 3 个片区首位，其中全国首创 19 项。创新举措复制推广到全国、自贸试验区、全省的分别有 4 项、1 项、39 项。推出 14 项投资便利化举措，推行"一址多照、集群注册、简化注销流程"等 18 项重大商事制度改革，核准对外投资项目备案 34 项，协议投资总额 22.25 亿美元，比上年增长 318%，其中中方投资额 14.96 亿美元，比上年增长 3.28 倍。口岸部门推出 37 项贸易监管创新举措，海关信息化监管平台（一期）正式运行，国际贸易"单一窗口"、关检"三个一"运作顺利，通关效率明显提升，全区通关无纸化达 97.55%，企业进出口货物申报时间从 4 小时减至 5—10 分钟，24 小时进出口通关率分别高出全国平均水平 3.81 和 1.55 个百分点。

【金融创新】　2016 年，福建自贸区福州片区内金融机构和类金融企业达 1549 家，比挂牌前增长 4 倍，本外币存款余额 575.2 亿元，贷款余额 482.7 亿元,比挂牌前分别增长212.4%、241.8%。累计发布两批41个金融创新案例,引进福建摩尔投资管理公司、海峡金桥财产保险公司、福建省企业技术改造投资基金等项目,构建"金融机构+类金融企业"组织体系。

对台金融创新 中行、建行、平安银行分别设立专业对台服务中心,其中中行省分行累计为在闽台资银行代理支付清算量达120亿元。率先推动14家银行开通台企台胞在台湾地区信用记录查询业务,银行业机构支持区内台资企业83家,融资余额31.8亿元,办理台资企业跨境资金支付结算53.5亿元。

跨境金融创新 区内企业获境外融资折合人民币8.36亿元,降低融资成本0.8~1个百分点。厦门国际银行为企业办理内保外贷业务4307万欧元,支持收购AC米兰俱乐部;兴业银行为高龙集团办理自贸区首单外汇资金集中运营管理业务。

产融对接创新 引进文化产业基金、PPP引导基金等各类产业基金20多只,基金规模达1000亿元,兴业银行在区内发起设立福建省首只企业技术改造基金80亿元,实现投放23笔、金额21.85亿元,为技改企业节约费用6600万元;创新"银税互动""集中汇总征税保函""马尾周转贷"等特色金融产品,解决企业融资难题;银行业机构支持福建野马飞机制造、科立视触控显示屏等先进制造业项目11个,贷款余额14.5亿元,比上年增长2.42倍。

类金融企业服务创新 出台《关于加快福建自贸区福州片区融资租赁业发展的实施意见》,引进融资租赁企业387家,开办租赁业务近60亿元。引进莆田健康产业总会成立全省自贸区首家医疗器械融资租赁企业——福建福之源医疗器械融资租赁公司,开展医疗器械融资业务及两岸医疗产业合作;福建子西设备租赁公司率先在国内以"周转材料银行"模式实现材料异地存取运作,解决建筑材料长途运输问题;中金在线金融中心为中小企业融资金额超14亿元。

【重点平台建设】 2016年,福建自贸区针对福州片区重点试验任务和各区块功能定位、产业特色,配套出台产业扶持政策,推进重点平台建设,促进整车进口、跨境电商、物联网、现代物流等新型贸易业态发展。

整车进口口岸 建设4.9万平方米关检监管设施和国内最先进的汽车检测线2条,搭建5个平行汽车进口供应链综合服务平台,启动建设银河国际汽车园、福建省平行进口交易中心等重点项目,落地3C认证服务中心,为中小型进口车企设计"整车平行进口通宝"和"共用授信额度"等金融产品,推动中国人保与区内车企合作构建完善的平行进口汽车售后维保体系,通过海铁联运将整车业务的辐射面从省内向内地推广。年内江阴港成为全国第二个实施进口汽车保税仓储政策的口岸,车辆通关由4~6个工作日缩短至1个工作日,效率居全国前列。全年江阴整车口岸进口整车8136辆,比上年增长110%,居全国口岸第六位、新批口岸第二位。

跨境电商 福州跨境电商公共服务平台投入运营,完成对接67家电商企业;建立3个跨境电商货物监管中心和利嘉、世创等2个20万平方米的跨境电商产业园,引进阿里一达通、澳大利亚百斯顿等境内外知名跨境电商企业,保税进口20多个国家和地区530多种商品;福建优购机场跨境监管中心及国际快件监管中心竣工。全年福州片区跨境电商保税进口26.62万票、销售额1.35亿元,阿里一达通出口额137亿元,拉动全市外贸出口增长10.6个百分点。建立利嘉商贸城、海丝商城、海峡智贸城、世界风情小镇跨境电商O2O体验中心等近50万平方米的保税展示交易和进口直销中心,引进40多个国家上千种商品。

物联网产业 形成以上润精密、新大陆、福光数码、国脉科技、冠林科技、飞毛腿等为龙头的智能家居、智能交通、智能管网、车联网等物联网应用服务及相关配套产业链。新大陆成为国内唯一掌握核心芯片技术的终端厂家;星云电子填补国内大功率锂电池电性能高精度测试设备的空白;慧翰微电子向全球提供"中国制造"的物联网传输芯片模组和车联网控制单元,在国内汽车前装市场占有率第一;11月,华为在福州片区启用全国第一家NB-IoT(窄带物联网)商用局,标志福州率先进入窄带物联网大规模商用的阶段。至年底,区内通过认定的物联网企业有65家,关联企业超百家,掌握核心技术发明专利220多项,物联网产值达560亿元。

现代物流产业 实施"先进区、后报关"和检验检疫分类监管等通关通检便利化举措,全国首创冷链物流服务标准化制度,推动现代物流业升级发展。利嘉国际物流园一期、捷威仓储物流中心建成并投入使用;德国物流巨头爱马仕航空物流项目落地,开通榕欧空中邮件及电商快递通道;汉吉斯、太古(科乐通)、瑞联实业等冷链物流项目建设进展顺利;榕金公司在美国、阿根廷、澳大利亚、印尼等国家设立华侨采购联盟,为海外中餐馆、超市提供跨境生鲜食品供货配送。建成冷链仓库近30万平方米,集聚爱马仕物流、马士基物流、八方物流等300多家国内外知名物流企业,开展出口拼箱、进口分拨、贸易配送和城市配送等物流运作模式。年内为冠捷电子、华映光电、福耀玻璃等大型制造企业提供85亿美元的物流配送服务。

【先进制造业基地建设】 2016年,中航航空产业园野马飞机制造项目完成厂房主体施工;科立视二期项目开工建设;福建合纵福莱尔科技有限公司引进高帧率红外线热成像技术项目;创新全球维修和再制造产业的监管模式,帮助东北理光(福州)印刷设备公司获得全国首张再制造资质证书,实施入境旧工程复印机再制造近千台,并推动东北理光维修再制造经验在区外推广;依托科立视公司成立两岸先端材料研发合作中心,引进15名台湾科研人才,成功研发国内首个拥有自主知识产权的抗菌超薄玻璃;依托福建省质检院,建设福州片区两岸先进制造业技术服务中心,建成实验室面积近4万平方米,为60类2000多种产品提供5200多条标准认证服务。全年福州片区工业产值820亿元,比上年增长9.1%。

【"一带一路"倡议响应】 2016年,福建自贸区福州片区与美国加利福尼亚州自由贸易区、巴西塞阿腊州自由贸易区、法国敦刻尔克市、澳大利亚巴拉瑞特市等地区建立友好合作关系；有29家企业与欧盟、韩国、新加坡等31个国家和地区实现AEO(经认证经营者)互认；打造25个“一带一路”国家的进口商品展示馆，引进泰国、马来西亚、斯里兰卡、印尼、澳大利亚等“一带一路”沿线国家上千种进口食品；中国—东盟海产品交易所发展境内外会员358家、交易商2187家，全年线上电子议价交易总额3112亿元，现货交收1.6万吨、成交额7.66亿元，中国—东盟海产品交易所与马来西亚皆富集团共同在马来西亚建设占地面积4133公顷、总投资32.9亿元的产业合作基地，海交所马来西亚分中心进入实质性商务谈判和业务审批阶段；飞毛腿(福建)电子有限公司在日本设立公司，开发家用储能锂离子电池组等动力电池产品。核准对海丝沿线国家直接投资项目备案20项，协议投资总额69950万美元，其中中方投资额69212万美元。

【对台合作】　2016年，福建自贸区福州片区新增台资企业241家，占全市新增台资企业数67.32%，注册资本19474.82万美元，投资总额22846.09万美元。率先采信台湾检验结果和实施对台“源头管理、口岸验放”模式，开通大陆第二条对台邮件总包水路中转全球航线。全年福州市对台贸易33亿元，比上年增长12%。推动对台服务贸易17个领域的开放，促进海峡联合骨科医院、台湾扬运人才中介、两岸文化创意园等200多项对台服务业项目落地。落实自贸区对台旅游创新举措，联合马祖创新榕马旅游线路，设立2家台资合资旅行社和1家台资独资旅行社，福州市马祖旅游综合服务中心于11月建成并试营业。福州市赴台旅游总人数7.1万人次，比上年增长12.5%，其中赴马祖旅游人数增长1.48倍。

促进海峡两岸交流及创业基地集聚发展，有94个项目入驻台商创业园，80家企业入驻两岸众创·优空间，30家台湾文创企业入驻“左营·佐赢”园区；琅岐海峡青年交流营地项目一期11.7万平方米建成，将作为“海峡青年节”永久性基地，索佳艺陶瓷创意园引进15家台湾文创团队入驻；海峡智贸城海峡两岸文创生活体验中心对外开放。在全国率先启用电子台胞证，率先签发非闽户籍居民“一次有效往来台湾通行证”；对往来两岸直航客轮简化申报手续，允许免办卫生控制书，实施电讯检疫；推动闽江马尾对台综合客运码头建设。

【便民服务措施】　2016年，福建自贸区福州片区集中实施原分散在省、市、区三级政府部门的421项行政许可和公共服务事项，将建设项目全流程审批时限压缩至32个工作日，豁免7个行业79类建设项目环评审批手续，部分项目环评试行承诺备案制；公布行政许可和公共服务事项目录清单、办事指南，对审批全流程逐环节逐岗位进行监督，开设“周末综合服务窗口”“周末建审服务窗口”，服务大厅获批为省级社会管理和公共服务综合标准化试点项目；拟定“证照分离”改革方案，梳理确认实施分类改革的行政审批事项170项，经省政府批准作为全省首家改革试点。

【市场经济秩序监管】　2016年，福建自贸区福州片区建立部门协同随机抽查的综合监管体制，建设综合监管信息共享平台，归集片区内2.4万家企业政务信息12.6万条，实现“一处违法、处处受限”；梳理食药、小贷、典当等监管风险点55个，制定相应防控措施88条，梳理公布食药、质监、商贸、文广、金融等方面“市场经营行为负面清单”2084条；推行行业自治、企业自律的社会参与机制，依托名成莱茵检测等第三方检测公司及消费者协会，建立企业、行业自治与政府监管协同配合的管理模式，推动名城海峡水产品批发市场建设全国首家电子化可追溯水产品交易平台，首期纳入40个淡水鱼品种的全部经营商户。

自贸区法庭受理各类案件246件、涉案标的近15亿元；国际商事仲裁院累计受理涉自贸区案件100件、涉案标的12.8亿元；台胞权益保障法官工作室审理全市涉台案件103件、总标的超亿元；自贸区检察室与片区管委会签订《法治建设合作行动备忘录》，自贸区“两法”衔接平台，推动刑事司法与行政执法无缝对接，预防关口前移，实现区内45个行政执法部门全覆盖。建立“片区统筹、联合办理”的相对集中行政处罚权机制，在仓山区、马尾区、福清市市场监督管理局加挂自贸区福州片区管委会综合执法局仓山分局、马尾分局、福清分局牌子，在福州自贸片区范围内，以片区管委会综合执法局名义，行使相对集中行政处罚权，在福州片区未区政合一的体制下，实现对自贸区市场经济秩序的有效监管；由福州片区综合执法局建立完善统一的行政处罚程序规范、自由裁量权行使标准和案件管理平台，实现“一支队伍执法、一个标准执法”。建立知识产权服务工作站，为片区内企业提供专利信息分析、专利数据库建设、专利运营等服务，年内福州片区企业专利申请1289件，比上年增长72.8%，获授权691项，增长16.71%。

(林仕锋)

(编辑　周弭姣)

福州高新技术产业开发区

【概况】　2016年，福州市高新区完成工业总产值1190亿元，出口总额54亿美元，一般公共预算总收入47.2亿元。闽侯县托管区域完成固定资产投资154.9亿元（其中工业固定资产投资44.36亿元），实际利用外资5600万美元，出口8亿元，规模以上工业产值130.5亿元，一般公共预算总收入19.2亿元。推进绩效管理、相对集中行政许可权试点等改革，年内福州市市场监管局和闽侯县规划局等部门“2号公章”启用，市政管理服务中心、房屋征收服务管理办公室、项目审批前期手续代办服务中心等机构成立。

【创新创业】　2016年，福州市高新区牵头完成福厦泉国家自主创新示范区福州片区建设课题调研，推进中科院海西研究院（三期）、国家知识产权专利审查协作分中心、紫光科技园等项目建设，微软云暨移动应用孵化平台、启迪之星创业孵化基地等项目启动运营，海外留学人员创业园升格为国家级创业园区。新认定高新技术企业14家，获评省科技型企业和市知识产权示范企业11家，入选省“科技小巨人领军企业培育发展库”企业2家。

【项目建设】　2016年，福州市高新区推进市级“百日攻坚”项目52个，区级攻坚项目127个，全年完成交地面积163公顷，拆迁面积24万平方米。推进紫光科技园、福耀模具、菲格科工园等产业项目和江滨路、9号路、11号路一期、新保路、南港南岸防洪一期、南井溪二号支流、桐南溪等基础配套项目建设，国家LED国际创新园、创新园二期、智恒科技园、蓝碟光电、永通电缆等15个项目动工，国家电网智能装备制造基地、万润新能源、新药创制中心等项目投产运营。在建房建工程62项，建筑面积579万平方米。

【招商引资】　2016年，福州市高新区有力普石墨烯基超级涂层、吉特瑞医用引导组织再生材料等3个“海上福州”项目落地，国家地球空间信息产业基地、博奥基因检测技术应用示范中心、力普国家级海洋科研基地、宜美电子、艾密克新能源汽车等14个项目签约入驻，锐达互动、博思软件等企业挂牌上市，紫光科技园、万福中心、久策大厦等楼宇启动招商，新注册企业150家。

【环境整治】　2016年，福州市高新区推进锦溪改造工程一期等19个市级宜居环境项目建设，完成“绿化福州”项目投资2.64亿元。推进空气环境质量提升，完成燃煤锅炉改燃23台，淘汰黄标车60辆，关闭机砖厂4家，拆除“两违”面积20.9万平方米。推进农村土地承包经营权确权登记颁证工作，除治松材线虫病疫情面积222.8公顷，清理冻害桉树面积61公顷。

【民生保障】　2016年，福州市高新区推进旗山登山道二期、五峰里自行车绿道等为民办实事项目10个，保障性安居工程回迁安置32万平方米3437套，在建面积56万平方米4746套。高新区儿童学园、南屿第二中心小学等学校项目投入使用，新增学位1080个，教育经费投入1.1亿元，医疗卫生与计划生育事务经费投入0.21亿元。

（凌　托）

福州软件园

【概况】　2016年，福州软件园全年完成技工贸总收入518亿元，比上年增长20%，税收15亿元，增长15%；入驻企业486家，上市企业31家，上市公司分支机构14个。有全国软件收入百强企业4家，国家重点软件企业10家，集聚各类技术人才3万多人。

【基础设施建设】　2016年，福州软件园提升改造项目正式启动，采用PPP模式联合央企中建海峡共建，总投资12.39亿元，年内完成投资额2亿元。

响应市、区开展“全民动员　绿化福州”活动，考虑软件园1～4期道路提升、公园景观工程情况，建设林荫大道、林荫停车场，启动绿化提升工程，总投资2330万元，绿化总面积5.72万平方米，其中研发楼立体绿化首批面积1500平方米。年内完成樟树、芒果树、羊蹄甲、木棉树等大树种植510棵，茉莉花2.1万株，地被面积10647平方米。

【招商引资】 2016年，福州软件园上报鼓楼区招商办项目15个，其中投资额5亿以上项目4个，分别为基金大厦项目、闽台电子基地、大学科技园、应急通讯项目；外资项目1个，为希尔顿酒店项目；落地签约项目8个，分别为91IOS项目、便民自行车项目、百度创新中心、闽台电子基地、应急工程项目、长威软件项目、广州广电项目、谷歌体验中心项目。

【创业服务】 2016年，福州软件园创办"五凤论见"沙龙活动，由软件园牵头组织市、区各部门和园区内外企业、高校、行业组织参与，定期举办"五凤论见"沙龙活动，每期选取1个各方关注的话题展开探讨，向政府建言献策，为企业排忧解难，成为省内软件信息行业连接政府、企业、研究机构的沟通交流平台。

【人才服务】 2016年，福州软件园入选国家"万人计划"1人、国家科技创新创业人才1人、省特支人才"双百计划"4人，省引进高层次人才B类人才1人、省企业首席科技官1人；首届省互联网经济人才创业启动计划4人、福州市青年科技奖2人、福州市高层次人才2人；进入"千人计划"答辩3人，进入"百人计划"答辩4人与1支团队。福州软件园入围省级专家服务基地候选单位，瑞芯、睿能两家企业申报省级企业人才高地，同时促成中国海峡人力资源服务产业园落户园区，跟进推动人才公寓、小学、幼儿园等配套服务。

（叶敏英）

福州台商投资区

【概况】 2016年，福州台商投资区完成固定资产投资9.399亿元，占年度计划投资的108.53%。产业项目7个，完成投资3.17亿元，其中列入百日攻坚产业项目4个全面完成投资任务，创隆电器提前超额完成投资任务，中网电气产业项目一期厂房提前一个月竣工，澳蓝科技与百泓达门业于第四季度动工建设。

【基础设施建设】 2016年，福州台商投资区松山片区B片区基础设施进入攻坚收官阶段，其中，松山片区基础设施启动项目的大、小获片防洪排涝工程完成小获片防洪堤4900米填筑、小获闸（泵）站建设；完成小获片区路网工程第Ⅱ标段正式路面3.8千米、沿线给水及污水等综合管线项目；小获片区内河工程1.445千米河道开挖和驳岸施工等项目竣工；福州台商投资区创业园项目竣工验收，12幢标准厂房与行政服务中心投入使用；松山片区A片区基础设施建设完成政府与社会资本合作模式（PPP）招标工作，正式启动吹填工作。

【招商引资】 2016年，福州台商投资区签约落地产业项目7个，总用地面积36.77公顷，总投资15.766亿元，其中在建项目4个，创隆电器、汇昌纺织、中网电气一期3个项目建成投产，嘉寓福州节能科技产业园、航塑聚烯烃医用薄膜、澳蓝科技、百泓达消防科技4个项目正在建设。创业园标准厂房项目有福建榕工环保设备制造、福州鑫锐点智能科技有限公司、福州启瀚新能源有限公司3个项目落户。

【投融资工作】 2016年，福州台商投资区探索推进"PPP"合作开发模式，累计利用社会资金37.29亿元，有效突破项目资金瓶颈。争取政府债券与信贷支持，获得政府债券2亿元，农发行、农行等各类10年期以上长期贷款资金7亿多元。同时，争取省、市相关部门支持，累计争取省、市、县各项减免、返还和补助资金6188万元。

（龚小雨）

金山投资区

【概况】 2016年，金山投资区有企业959家，其中工业企业541家，商贸企业418家，员工8万多人。有上市企业6家（星网锐捷、中能电气、鸿博股份、联合动力、海欣食品、海源机械），"新三板"上市企业4家（森达电气、锐达互动、海药股份、圣力智能），上市后备企业2家（好事达、华威股份），"国家级企业技术中心"企业1家（星网锐捷），"省级企业技术中心"企业11家，"市级企业技术中心"8个。园区聚集世界500强爱默生控股子公司利莱森玛、通信行业百强企业星网锐捷、中华老字号北京同仁堂、全国农业龙头企业海欣食品、知名品牌淘帝童装等重点优质企业，形成机械制造、电子信息、生物医药、食品加工、纺织服装等支柱性产业。

全年完成规模工业产值355.03亿元，规模工业增加值91.7亿元，实现固定资产投资12.76亿元，社会消费品零售额24.96亿元，实现地方财政收入2.8亿元，财政总收入6.15亿元。全年新提升规上工业企业8家、限上商贸企业9家。

【项目建设】 2016年，金山投资区在建项目32项，完成投资12.76亿元。福建星网锐捷网络有限公司的"高端数据交换设备和核心路由器研发及产业化项目"等重点项目建设正在推进。

（王　霖）

福兴经济开发区

【概况】 2016年，福兴经济开发区实现工业产值250亿元，其中规模以上工业产值210亿元，比上年增长8%；新批合同外资2143万美元，增长673.6%；自营出口13.1亿美元，增长17.1%；实际利用外资3928万美元，增长8%。落实市、区关于推进供给侧结构性改革等政策措施，帮助喜相逢汽车租赁、盛丰小贷等申报楼宇经济奖励。新引进外资项目2个，内资项目4个，签约对接科技项目10个。坚持抓龙头、优结构、补短板，福州高意"光学晶体"扩大发展一期项目竣工投产，高意科技、华科光电厂房内部装修、电房改扩容项目抓紧推进。盛辉、盛丰等企业入列全国民营物流企业十强。楼宇经济迅速发展,有盛辉、盛丰、福晟等楼宇11幢,可供招商面积15万平方米,入驻公司194家。

【基础设施建设】 2016年,福兴经济开发区福光路南段征迁工作完成,南段西侧主车道通车,福光路北段征迁仅余下6户民房正在协商;红光路区位价评估完成,主体进场施工;湖塘路、双福路参照红光路设计补偿方案正进行区位价评估。为解决开发区逢雨必涝的情况,由市城乡建总牵头对开发区内磨洋河河道和樟林路、埠兴支路、福兴大道地下管网进行建设工程,年内完成樟林路、埠兴支路现场勘测。

【招商引资】 2016年,福兴经济开发区成立招商工作领导小组,参加市、区组织的各类招商推介会,重点围绕强化产业集群招商,突出光机电、精密机械制造、"互联网+"等项目招商,初步落实斐讯云计算中心、盈创科技项目、宜家项目、福州高意光学扩大发展项目、福州华科公司增资扩厂项目5个项目。其中,上海斐讯数据通信技术有限公司海峡总部项目达成初步意向,总投资20亿元;盈创科技正在对接中;宜家项目签订5.3公顷地块收储合同,土发中心正在做收储批文及注销土地证,并委托市规划院做控规(原工业用地改为商业用地);高意和华科项目正在进行电房改扩容及厂房内部装修。

【项目建设】 2016年,福兴经济开发区加大海王福药、大北农、日光照明、钜立机动车配件、茶花家居、天一同益等重大企业项目的技改扶持力度。考克电子、海王西药等企业通过高新科技技术企业复审认定。助推重点企业通过股改上市等方式做大做强,洁利来在"新三板"上市,茶花家居、盛丰物流、天一同益、德通容器等重点工业企业股改上市工作正在推进。推进企业自建总部大楼项目建设,投资5亿元、高23层、建筑面积5.5万平方米的福晟大厦全面招商入驻;投资1.5亿元、高4层、建筑总面积3.3万平方米的新华发行集团智能化图书包装车间项目和投资1.6亿元、建筑总面积4.2万平方米的海峡创意印刷中心项目主体工程基本竣工。钢材市场及周边面积40.9公顷收储土地基本完成征收,化工路南侧交地工作全部完成,湖塘村、鼓一村、新南方等4公顷土地签订征收协议,市三建、农工商等省市属及私营企业加快交地、拆旧工作进度,C1地块面积2.7公顷现代化厂房和南方建材商贸大楼动工建设。

(潘鸿杰)

融侨经济技术开发区

【概况】 2016年,融侨经济技术开发区完成规模以上工业产值843.21亿元,比上年增长4.34%;完成固定资产投资275亿元,增长74.75%,其中工业固定资产投资241.78亿元,增长149.25%;完成规模以上工业税收11.52亿元(不含免抵调),增长21.64%;实际利用外资1.144亿美元,增长41.09%;新增3家规模以上工业企业,新申报4家高新技术企业。

【基础设施建设】 2016年,融侨经济技术开发区基础设施建设投入4.4亿元,其中京东方供水专管及加压泵站完成建设并投入使用;京东方污水专管及提升泵站完成建设并开始试通水;第二污水处理厂完成工艺管道设备安装并实现通水;220千伏京东方变电站完成建设并实现东京线、林京线双回路供电;110千伏虎溪变电站完成选址、可研批复、进入设计招标阶段;京东方大道、洪智路、京东方北路建成通车;福百大道部分建成;福长路开始土方施工。

【招商引资】 2016年,融侨经济技术开发区新签项目13个,总投资106.74亿元,其中东旭光电项目总投资69亿元、冠城瑞闽项目总投资20亿元、联华林德气体项目总投资2亿元、旭友偏光片项目总投资2亿元、宇隆光电项目总投资1亿元、森达智能成套开关设备生产基地项目总投资2.34亿元、奋安智能门窗系统项目总投资1.8亿元、奋安铝业铝型材加工制造项目总投资3亿元等。在谈项目4个,总投资529亿元,其中京东方二期项目总投资465亿元、高端铝镁合金材料精细制造项目总投资8亿元、新成博光学仪器项目总投资6亿元等。

【项目建设】 2016年,融侨经济技术开发区建设项目41个,其中列入福清市级行动计划项目31个,总投资432.45亿元,年度计划投资182.53亿元,实际完成投资220.45亿元,完成年度计划的120.78%;列入福州、福清市两级百日攻坚建设项目17个,总投资415.87亿元,攻坚任务数81.77亿元,实际完成投资107.61亿元,完成年度计划131.60%。显示科技产业中,总投资300亿元的京东方面板项目较预期提前1个月进入精细化收尾阶段,捷联电子完成新厂区搬迁,嘉捷技改项目投产,东旭光电项目主体竣工,宇隆光电、京东方配套SMT项目开工建设。汽车配套产业中,三锋机械、三锋模具建成投产并成为规模以上企业,万达玻璃完成技改,三锋高端铝镁合金材料精密制造项目开始土地报批。光学仪器产业中,福光光电研发中心主体竣工,福光天瞳项目开工建设。

【安全生产管理】 2016年,融侨经济技术开发区聘请安全专业机构加强区内企业安全督查、咨询,推进企业安全生产标准化创建,229家企业通过市主管部门复评,128家企业三级达标,101家小微企业达标。

(林煜杰)

元洪投资区

【概况】 2016年,元洪投资区累计完成工业总产值134.37亿元,其中规模以上工业产值完成131.53亿元;上缴税收19873.02万元,比上年增长2.12%;实际利用外资4422万美元,增长0.5%;完成固定资产投资43.77亿元,增长21.83%,其中工业固定资产投资35.44亿元,增长3.37%。

【基础设施建设】 2016年,元洪投资区在建路网、供水、供热及生活配套等设施项目15个,总投资约19.74亿元,其

2016 年 2 月 15 日,元洪投资区新福兴玻璃有限公司举行光伏项目投产成功庆典　（念忠　摄）

中,新启动基础设施项目 6 个,总投资约 4.3 亿元;启动 5 个项目的前期准备工作,总投资 0.66 亿元;启动 17 条道路、4.83 平方千米填海 2 个 PPP 工程项目包前期工作,总投资 53 亿元。西部 BT 路网、东部 BT 路网、和特配套供电、城头变一期管沟工程 A 标段及元城四路 10 米绿化用地排水工程竣工验收,污水处理厂一期改造、二期扩建和园区公交车站投入使用,新东皋溪河道排洪闸、大坝溪河道综合整治、滨海大道城头山下至元洪区纵四路段(B 段)、华侨公园、华强山庄及创业服务中心等基础设施项目进展顺利。

【招商引资】　2016 年,元洪投资区在批在建项目 44 个,总投资 257.38 亿元,其中在建项目 14 个,总投资 115.8 亿元;在批项目 30 个,总投资 141.58 亿元,用地面积 566 公顷,完成农转用审批的项目 8 个,报农转用待批的项目 6 个,完成土地预审的项目 2 个,完成规划审批的项目 2 个,正在办理前期相关手续的项目 12 个。

启动省重点项目"元洪国际食品园"开发建设,相关招商引资、规划编制、征地收海、码头升级改造等工作交叉作业、并联推进,水果指定口岸得到国家质检总局批准立项,完成三林集团三个项目 91 公顷收海工作;同时,签订协议项目 24 个,总投资 221.5 亿元。

【项目建设】　2016 年,元洪投资区列入福清行动计划有 18 个项目,其中省重点项目 6 个,福州市重点项目 6 个,福清市重点项目 2 个,年度计划投资 20.23 亿元,实际完成投资 27.05 亿元,完成年度计划的 133.72%。列入福清市百日攻坚行动建设项目 12 个(含福州市 6 个),年度总投资 18.53 亿元,8—12 月计划投资 9.3571 亿元,实际完成投资 11.7913 亿元。至年底,集中供热项目、元洪污水处理厂一期改造及二期扩建工程投入运营;宇邦纺织、坤彩年产三万吨珠光材料项目部分车间及中节能电镀项目完成试投产;长德蛋白部分设备安装调试;40 万吨差别化涤纶化学纤维项目相关设备正在陆续安装;宏港高档纺织品研发、生产、后处理加工及贸易建设项目完成目标任务;华强山庄酒店、基础设施配套项目和鸿生建材生产项目开工动建;捷旺食品正在进行厂房外墙装修。三林集团万佳油脂项目填海造地工程开工建设,1～2 号和西 1～2 号码头泊位项目正在协调功能调整相关事宜。

（念　忠）

江阴工业集中区

【概况】　2016 年,江阴工业集中区完成工业总产值 162.6 亿元,其中规模以上工业产值完成 161.92 亿元,比上年增长 22.98%。完成固定资产投资 67.16 亿元,比上年下降 4.33%,其中工业固定资产投资 49.85 亿元,增长 8.72%。港区集装箱吞吐量累计完成 126.7 万标箱,比上年增长 14.28%。至年底,落地企业 111 家,总投资 968.7 亿元,其中已投产企业 70 家,在建企业 20 家,筹建项目 21 个。

组织实施《福州市江阴港城总体规划》,总体规划面积 158.29 平方千米,其中规划建设用地 120.2 平方千米。在江阴半岛形成 6 大功能区,分别为西部产业区、东部产业区、东部滨海新区、南部港口物流区、中部居住区及北部生态涵养区;在新厝片区形成 3 大功能区,即中心服务区、配套居住区和高新产业区。规划发展功能定位为:依托江阴港区的强劲动力,发展以港口运输与现代物流、临港石化、电力能源、海洋产业、现代服务业为核心,具备山海港城业独特空间特色、配套完善的新港城。

【基础设施建设】　港口建设　2016 年,江阴工业集中区 11 号泊位水工工程、陆域形成吹填工作全部完成,并交工验收;12 号泊位液体化工码头主体建设完成,工艺设备安装完毕,并交工验收。推进 6～9 号泊位建设工作,其中 6 号、7 号泊位工程成功招投标,于 12 月 18 日正式动建;8 号、9 号泊位工程沉箱预制场 4 个新建台座、材料堆场及道路改造、预制沉箱的模板加工完成,正在进行砂垫层、回填海砂、塑料排水板及预制沉箱的施工。

港城配套建设　完成西部片区高港大道南段和高港大道三期道路建设,西部路网建设基本成型。推进东部片区新建道路的前期工作,其中,港前路东段道路完成施工、监理招投标等前期工作并于 7 月动建;汽车园东侧规划路道路和福耀南侧规划路完成项目施工图预算、审核等工作。推进防潮排涝工程建设,启动西部片区滞洪区规划调整工作,圣发河和支河工程基本完成建设;启动东部片区钱塘河项目。完成西部片区公共化工管廊建设、验收和移交工作,管道投入使用。加快供热综合管网项目建设,采用长输热网专用技术,建设蒸汽管廊

7.5千米,蒸汽管道总长17.2千米,项目竣工投入运行。完成东部控制性详细规划,为东部产业区的发展提供规划依据;优化西片产业区布局,完成西部控制性规划和防潮排涝规划修编工作并上报审批。

拓展发展空间 实施东部填海造地和防潮工程,全年计划投资6亿元,累计完成投资9亿元,完成陆域回填方量4700多万立方米,占陆域回填总量约89%;3号临时施工道路包含涵管施工修建完成,整治原有堤顶路面2110米;东堤排水板完成15万米、抛石1.7万立方米;实施陆域填方工程并启动东堤建设。推进环保隔离带搬迁工作,完成签约房屋占总搬迁房屋幢数的85%。

【招商引资】 2016年,江阴工业集中区通过"三维对接""招大引强"和"腾笼换鸟"引进项目,推动产业转型升级,加快临港产业发展。年内签约项目5个,总投资50.25亿元,分别是投资40亿元福建三峡海上风电装备产业园项目、投资3亿元汇林危化品物流项目、投资6亿元闽海能源11号泊位罐区扩建项目、投资1亿元东进项目以及投资2500万元福日特种材料项目。促成福州市政府与福能集团达成总投资320亿元建设福能(江阴)化学园的框架协议。对接洽谈吉林康乃尔、宁波环洋新材料、福州百水环境科技等一批项目,形成良好的招商引资项目资料库。

【项目建设】 2016年,江阴工业集中区列入福建省重点项目9个、福建省行动计划项目10个;列入福州市(新区)重点项目15个、福清市行动计划项目19个;列入福州市百日攻坚项目9个,福清市百日攻坚项目17个(其中建设项目15个,征地项目2个)。江阴工业区百日攻坚项目总投资14.31亿元,累计完成投资17.54亿元,完成任务的122.57%,15个建设项目均达到或超过序时进度。中景石化聚丙烯第一套装置项目于3月份建成投产,第二套装置基本建成。三峡风电产业园于11月初正式开工建设,该项目由三峡集团和福州国投公司投资40亿元,计划建设集海上风电技术研发、设备制造及检测、设备安装及转运、电站运行及维护、人才培养及培训等于一体的海上风电研发中心和海上风电装备制造基地。启动江阴"镇级小城市"PPP项目建设,总建安费用约10亿元,包含12个项目,年内完成实施方案、物有所值和财政可承受能力论证编制工作。

(陈书强)

闽台(福州)蓝色经济产业园(筹)

【概况】 2016年,闽台蓝色经济产业园推进12个省市重点项目建设,引进园区首个产业项目——中铝东南沿海铝精深加工基地项目,于9月1日动工,完成固定资产投资17.5亿元,比上年增长92.7%。

【基础设施建设】 2016年,闽台蓝色经济产业园蓝色大道完成沥青层铺设3.5千米,江华大道及连接线完成沥青层铺设4.5千米,滨海大道完成软基处理4千米,园区道路网络初具雏形。推进包含4条道路的PPP项目前期工作。污水处理厂一期与福州市水务集团签订《排水项目投资框架协议》,9月签订BOT协议。结合企业需求对接供电部门,先行建设10千伏双回路和110千伏单回路供电设施。LNG气化站完成选址,正在推进用地报批和项目立项等前期工作。海洋研发中心一期进入主体施工阶段。华侨城一期安置房11栋798套全部封顶。

【招商引资】 2016年,中核建公司拟在闽台蓝色经济产业园建设核电装备产业园,主要建设核级石墨国产化生产基地、核电检修基地、核电辅助设备制造基地等,园区下一步将结合中核建产业园项目配套要求,倒排工期、加大投资,保障项目落地投产时水、电、气等基础设施配套需求。

【项目建设】 2016年,中铝东南沿海铝精深加工基地项目完成可研审批、园区备案手续。场地平整项目施工单位于7月5日进场,年内完成海砂回填93万立方米,面层砂性土覆盖30厘米,项目用地初步完成53.3公顷场地填方工作,提前交付使用,可以满足中铝项目一期"高端电子和环境友好型包装材料智慧工厂"面积46.6公顷用地建设需求。

(陈光松)

滨海工业集中区

【概况】 2016年,滨海工业集中区完成规模以上工业总产值949.79亿元,比上年增长10.04%;辖区财政收入6.79亿元,增长1.5%;固定资产投资124.25亿元,增长44.22%。年内,山力化纤、通宇电缆、德运科技3家企业列入省高新技术企业名单,全区高新技术企业达14家;兴航机械铸造、光隆精密2家企业进入省"科技小巨人领军企业培育发展库";凯邦锦纶、光隆精密2家企业列入省级创新型企业名单,园区省级创新型企业达4家。

【基础设施建设】 2016年,滨海工业集中区金纶大道拓宽改造主体工程建设基本完成,启动松下粮食物流园区3号支路建设,开展新宁路、湖文路、滨旺路前期工作。松下码头12号、13号泊位完成主体工程建设,4号泊位完成立项审批,5~11号泊位后方陆域回填工程正在进行用海报批等工作,松下码头年货运吞吐量达1500万吨。滨海污水处理厂二期扩建工程完成排放口论证,正在进行林地报批工作。二期供水及路灯等配套工程完成施工图审查工作;引进并完成园区配套幼儿园建设;恢复设立滨海警务中心并开展治安巡查;完成中心区15条道路命名、路牌及交通指示牌设置工作;新增10路全球眼监控探头,工业区中心片区全球眼监控探头达39路;开通长乐至工业区公交线路,解决职工出行难问题。

【招商引资】 2016年,滨海工业集中区引进福投新能源、永丰高档针织品等项目8个,总投资68亿元;安排技改项目5个,完成投资9.12亿元;完成奥博

位于数字福建(长乐)产业园的智慧中心、VR小镇 (滨海工业集中区 供)

针纺、海源木业、大旺食品等项目二次招商工作,盘活利用闲置土地20多公顷,推进鑫海冶金破产重组工作;上报审批恒盛管业、恒鑫实业等7批次18个项目用地31.33公顷,获批恒申合纤等9批22个项目用地42.93公顷,挂牌出让鸿泽针纺、精益花边等2个项目用地1.14公顷。

【项目建设】 2016年,滨海工业集中区实施29个重点项目,年度计划投资73.95亿元,完成投资83.66亿元,完成年度计划的113%。其中在建项目11个,年度计划投资48.35亿元,完成投资57.09亿元,完成年度计划的118%;计划新开工项目5个,年度计划投资25.6亿元,完成投资26.56亿元,完成年度计划的104%。

翔福物流项目 翔福物流一期建成并投入运营,吸引阿里巴巴、京东、德邦物流、浙江物产、日日顺等国内知名企业入驻,入驻率达95%,年营业额超亿元;二期建设冷链仓库、办公楼、宿舍等国际电商产业基地设施,正在进行主体工程施工、总部大楼装修、仓库改造及环境改造。11月,翔福保税物流中心获海关总署、财政部、国家税务总局、国家外汇管理局批准,设立福州唯一的(B)型保税物流中心。

数字福建(长乐)产业园 项目总体规划面积907公顷,东至滨海景观大道,南至东湖北侧,西至两港连接线,北至道庆路。数字福建云计算中心政务云和社会企业云项目主体工程竣工,11月,国家健康医疗大数据中心及产业园建设试点工程(福州园区)正式落户产业园;12月,360、浪潮、暴风影音、省电子信息集团等20多家企业的相关项目举行集体入园仪式。

恒申合纤项目 项目总投资62亿元,年内完成投资10.08亿元,已形成18万吨锦纶聚合、18万吨锦纶长丝和4.5万吨氨纶的生产能力,年产值达122.16亿元。恒申合纤品牌价值经权威认定达43.7亿元,列化纤领域第一名。12月,8万吨锦纶加弹项目启动建设,投产后将新增产值20亿元。

(江 航)

福州临空经济区(筹)

【概况】 2016年,福州临空经济区规模以上工业企业221家,完成规模以上工业总产值832.8亿元,完成税收10.54亿元(含机场税收1.51亿元),完成固定资产投资159.2亿元。临空经济区规划总面积174.48平方千米,其中纳入福州新区规划范围约126平方千米,范围北至闽江,南至机场高速,西至绕城高速东南段,东至东海;涵盖机场周边漳港(东北部)、湖南、文岭、金峰、潭头、梅花、鹤上(部分)7个镇街,总人口约25万人,规划区域内可开发建设用地总面积约60平方千米,海岸线长34.8千米。

【规划定位】 2016年,福州临空经济区区域定位为"海丝"核心区互联互通重要门户,以临空高端制造业与临空服务业为主导的生态型综合产业新城,主要依托福州长乐国际机场,借助空港这一独特资源,结合自身的综合基础条件,优化产业结构,整合优势资源,重点发展高端制造业、临空总部经济、航空保税物流、创意产业与航空配套服务业,适度发展商务会展、休闲旅游、酒店购物等产业,着力提升航空新城形象。产业布局上形成"两核三带"的空间总体布局结构,依托机场形成"空港服务核",依托金峰镇区形成"综合商贸居住服务核",并形成空港配套产业带、临空制造业产业带与滨海生态休闲文化产业带三大产业发展带。

【基础设施建设】 2016年,福州临空经济区江夏路、仙富路竣工,马山一路动建,福港路、东环路进场施工,并同步开展征交地工作;其余道路项目处于前期手续报批阶段。完善园区供电、供水、污水、通信、燃气等基础配套与公共设施建设,推进牛山职工公寓配租、金峰生活配套区等生活配套建设。湖南片区安置房配建项目,安置房面积4万平方米,商业店面3000平方米,进入主体工程建设阶段。

【招商引资】 2016年,福州临空经济区引进福达高端仪表项目、功誉实业机械制造项目、利嘉国际自由贸易产业园项目、泉康智慧金融总部创新园项目、新华源涡流纺纱项目、中建海峡总部项目等,其中新华源涡流纺纱正在办理林地审批手续;泉康物流正在办理土地批次前期手续;福达仪表、功誉实业、中建海峡正在办理土地招拍挂前期手续;利嘉国际自由贸易产业园项目正在洽谈。同时跟踪、对接洽谈伊藤忠商事机械制造、厦航机务维修、丰树仓储物流、林生记国际食品综合产业园等项目。

【重点项目建设】 2016年,福州临空经济区列入省市重点项目66个,总投资

783.5亿元,年度计划投资额70.5亿元,完成投资71.08亿元,占年度计划的100.82%。列入福州市百日攻坚行动重点项目14个,其中开工项目3个、竣工项目2个、技改项目5个、征交地项目4个,全面完成攻坚任务。

(郑师建)

青口投资区

【概况】 2016年,青口投资区完成规模以上工业产值367.5亿元,比上年增长16.5%,其中汽车行业规模以上工业产值255.8亿元,东南汽车产量11.6万辆,产值101.7亿元;奔驰汽车产量1.01万辆,产值41.21亿元。完成税收29.7亿元,完成固定资产投资55.9亿元,完成外资实际到资2600万美元。汽车4S店累计销售汽车26528辆,销售金额45.58亿元,二手车交易80409辆。新增福建鸿联实业有限公司、福建通益实业有限公司、福州得汇森包装制品有限公司等5个落地项目,总投资7亿元。东南(福建)汽车工业有限公司自主研发的车型DX3系列手动挡、自动挡分别于11月、12月量产上市,福建奔驰汽车工业有限公司VS20车型于4月量产上市。

【基础设施建设】 2016年,青口投资区以三港河河道整治、东台河下游段河道整治、林森大道至洋山路污水干管工程建设为重点,推进琯前河整治、青潭溪河道整治、三港河延伸段河道整治工程等项目建设。全年实施建设28个项目,其中续建项目13个,分别是市政道路工程3个、水利工程6个、管网工程2个、绿化工程1个、电力工程1个;新开工项目15个,其中市政工程6个,土方工程3个、绿化工程1个、管网工程3个、装修工程2个。年内完工项目11个,其中完成竣工验收工程6个。开展"美丽青口·清洁园区""市政管理提升"活动,强化市政公用设施建设和管理,完成道路维护建设、照明设施改造增亮工程、疏通污水管道工程等10多项工程。

【项目建设】 2016年,青口投资区完成福建奔驰VS20多功能乘用车项目、东南汽车多用途乘用车DX系列技改项目、海峡汽车文化广场项目、东南公路港物流园项目等项目百日攻坚任务。全年审批项目13个,工业项目12个,基础设施及工业配套项目1个,总建筑面积31.2万平方米,基建总投资2.77亿元,其中新增工业项目2个,总建筑面积8.1万平方米,基建总投资0.67亿元;改扩建工业项目10个,总建筑面积22.29万平方米,基建总投资1.99亿元;基础设施及工业配套项目1个,总建筑面积0.81万平方米,基建总投资0.11亿元;竣工投产项目8个,总建成面积25.76万平方米,完成基建总投资2.2亿元,工程在建5项。

【管理与服务】 2016年,青口投资区组织区内企业参加省市商务部门培训2场,参加培训的企业人员200多人次;邀请厦门德勤华永会计师事务所联合举办海关自查及解读42号公告的研讨会,提升企业办事人员业务水平。联系相关部门,为企业办理各类证件提供服务,对入区企业主动服务,提升服务质量。

(郑　瑜)

连江经济开发区

【概况】 2016年,连江经济开发区实现规模以上工业产值308亿元,比上年增长4.05%,完成固定资产投资70亿,实际利用外资555万美元,上缴税收2.08亿元,其中国税1.54亿元,地税0.54亿元。开发区集聚以青岛啤酒为龙头的酿酒产业,以龙和食品为龙头的食品加工产业,以马尾船政重工(连江)船舶与海洋装备园区为龙头的船舶修造产业,以清禄鞋业为龙头的鞋类服装产业的四大重点产业。有内外资企业296家,其中内资企业233家,三资企业63家;在产企业273家,新开工或在建企业15家,已签约待落地项目8个。工业年产值2000万元以上的规模以上企业62家,实现年产值1亿元以上的企业有世纪电缆、福泰钢铁、源博建材等28家,其中年产值10亿元以上的有清禄鞋业、龙和食品、德通金属等8家。有省级企业工程技术研究中心1个(百洋海味),省级企业技术中心1个(百洋海味),市级企业技术中心6个,高新技术企业7家,省级名牌企业7家。

【基础设施建设】 2016年,连江经济开发区基础设施建设项目13个,总投资3.73亿元,年内计划完成投资2.18亿元,完成基础设施建设投资2.31亿元,其中,粗芦岛环岛公路塘下至后一段项目全面竣工,实现贯通;粗芦岛防洪排涝工程H1蓄洪池正在开挖,H2水闸完成约2/3山塘砌石边坡及启闭机房加气混凝土砌块铺设,福斗水闸完成第一个闸门启闭机约一半安装工作,塘下养猪场附近水泥搅拌桩完成125根打桩工作,定岐和福斗河段正在开挖实验边坡,粗芦岛污水处理厂项目电缆沟封底,完成污泥干化机房一层地坪混凝土浇筑、设备基础混凝土浇筑,完成紫外线消毒渠外架搭设,综合楼、修车间及变配电间油漆涂刷工作正在进行;洋门至桂林公路(桂林)段工程与中标单位签订施工合同,施工队进场清表;丹港大道项目开展前期规划设计工作。

【招商引资】 2016年,连江经济开发区签约宏东食品、绿洲新型建材、信洋水产、贵安投资4个项目,总投资3亿元,用地8公顷。跟踪在谈项目有裸眼3D终端显示器、平安金融物流园、碧全集团家具制造、宜联管业、康师傅食品、大东源钢构、康盛投资、杭萧钢构、东方雨虹防水涂料等10个项目,总用地82公顷,总投资约30亿元。

【重点项目建设】 2016年,连江经济开发区省市县重点项目30个(含省重点项目5个,市重点项目10个),其中在建项目有马尾特船、海王福药、德力动漫等7个,计划新开工项目有西奥电梯、海峡现代农产品物流园、普洛斯物流园等9个,总投资165亿元,年度计划投资27.3亿元,比上年增长28.3%,实际完成投资31.2亿元,完成年度计划的114.3%。

列入"百日攻坚"行动建设项目10个,其中,列入市级的有粗芦岛马尾船政

2016年8月10日，福州市代市长尤猛军（前右二）赴南铝铝材工程有限公司调研 （罗源湾开发区 供）

（连江）船舶与海洋工程装备园区特种船舶、山岗园区的普洛斯（连江）仓储物流园、西北片区的东郊粮库及禾福油脂等4个，列入县级的有洋门至桂林公路（桂林）段工程、宏东远洋渔业产业园、宏东水产品交易中心、光辉食品、长恒食品、粗芦岛防洪排涝工程等6个，实际完成投资5.26亿元，完成计划投资的109.6%。

9月18日，马尾造船公司举行特种船舶项目试运行启动仪式，特种船舶项目正式进入试运行阶段。9月25日，马尾造船公司在特种船舶项目举办全球首制227米深海采矿船的开工点火仪式。陆域七区综合办公楼扫尾结束，一期工程竣工，项目实现全面投产。

【园区拓展】 2016年，连江经济开发区新开辟连江西北经济区，作为“十三五”规划内连江县承载“好项目、大项目”的重要平台与新的经济增长极。连江西北经济区位于连江县西北部，104国道、罗长高速在规划区内东侧穿过，北至蓼沿乡仁坂村，南至潘渡乡陀市村，西靠蓼沿乡大沧村、立畲村，东临东湖镇及丹阳镇朱山村、桂林村，总体规划用地约2266公顷，一期规划用地面积453公顷，主要涉及东湖镇飞石村、祠台村、岩下村及丹阳镇的桂林村、朱山村。至年底，《连江西北经济区总体规划》《连江西北经济区一期控制性详细规划方案》审批通过；《连江西北经济区防洪排涝规划报告》完成初审稿，正在组织专家评审；《连江西北经济区规划环境评价报告》正在编制。

园区入驻省武警总队应急训练救援基地、国家救灾物资储备中心、民政厅综合项目、海西国际现代农产品物流园、东郊粮库、禾福油库项目及武警边防大队训练基地等7个项目。

（陈济奋）

罗源湾开发区

【概况】 2016年，罗源湾开发区完成规模以上工业产值246亿元，比上年增长11%；完成固定资产投资18亿元，增长28.5%；地方级财政收入3.5亿元；社会消费品零售总额1.4亿元，增长2%；出口总额2.2亿元，增长5%；外资实际到资2217万美元，增长2%。

【基础设施建设】 2016年，罗源湾开发区金港工业区防洪排涝工程累计完成投资0.45亿元，其中白水排洪渠正在进行河道抛石，燕窝水闸改造工程正在进行水下工程，滞洪区防洪堤工程正在抛石压载；开发区南片基础设施工程完成投资0.5亿元，其中站前路路基工程完成，鹤屿泵站及滞洪区工程于年底开工建设；金港工业区横路工程完成施工图设计并委托招标；罗江路委托设计招标；新型建材产业园完成详规编制；滨海新城项目累计投入1.1亿元建设滨海旅游配套设施和医疗卫生配套设施，白鲸馆、5D飞行影院和浮潜馆均建成并投入使用。

【招商引资】 2016年，罗源湾开发区开工建设项目3个，其中宝钢德盛二期投资17.5亿元开工建设；南铝铝材工程二期项目落地建设，投资0.6亿元，土地平整完成，厂房建设正在进行；合普新能源汽车动力电池项目投资1亿元，厂房建设完成，第一条生产线设备进场安装。新引进项目1个，三钢闽光钢铁250万吨技改提升项目投资6亿元，于海交会签约成功。重组项目1个，蓝海湾游艇企业兼并重组成功完成。开发区累计引进项目123个，合同投资总额500多亿元，已投产项目95个，在建项目28个。

【重点项目建设】 2016年，罗源湾开发区列入市县重点项目12个，总投资30.8亿元，完成投资12.7亿元，其中列入百日攻坚项目包括罗源喷墨墙地砖项目、南片食品加工产业园项目、南铝罗源铝材加工基地项目、宝钢环保设施技改工程项目、闽光钢铁配套工程改造60万吨/年高速棒材项目、金港工业区防洪排涝工程、淡头作业区9～11号泊位及仓储工程8项，计划完成投资2.66亿元，实际完成投资6.5亿元，完成计划投资的244%。

（刘舒婷）

（编辑 周弭姣）

商贸流通与服务业

商贸经济

【概况】 2016年，福州市实现社会消费品零售总额3763.14亿元，比上年增长11.6%，比全省平均增幅高0.5个百分点，总量居全省第一，增幅居全省第三。实现第三产业增加值3106.81亿元，比上年增长10.7%，与全省平均增幅持平，总量居全省第一，增幅居全省第三。第三产业增加值占GDP比重达50.13%，首次超过50%，对全市经济增长贡献率达60.6%。

【商贸市场体系建设】 2016年，福州市商贸服务业重点投资项目182个，其中在建项目102个，计划新开工项目48个，预备前期项目32个，年度计划投资总额641.79亿元，全年累计完成投资709.47亿元，占年投资计划的110.55%。涉及福州新区的项目46个，其中在建重点项目34个，计划新开工项目12个，年度计划投资总额199.40亿元，全年累计完成投资238.21亿元，占年投资计划的119.47%。

全年完成新建和改造商品交易市场（含超市、农贸市场）17个，其中省级商品交易市场3个、市级农贸市场（超市）14个。作为2015年全国大型农产品流通骨干网示范市场——福州民天实业有限公司所属的海峡农副产品物流中心改造升级工程，完成大部分项目的招标工作。

【“菜篮子”工程】 2016年，福州市拥有市级直控蔬菜基地面积1万公顷（其中年内新建蔬菜基地200公顷）、副食品基地39个，年产蔬菜75万吨、出栏生猪60万头、肉禽200万千克、蛋2000万千克、羊2万头以上，可较大满足城区市民消费需求。39个副食品基地均通过无公害产地认证、无公害产品认证或绿色产品认证；蔬菜基地中有37个蔬菜品种获得有效“绿色食品”商标使用权、43个获得有效无公害蔬菜商标使用权；有13个副食品基地被列为省级副食品示范基地，4个蔬菜基地被列为国家、省、市标准化示范区。

【零售业】 2016年，福州市有大中型专业批发市场48个，总面积245.54万平方米，5000平方米以上零售网点99个，商品交易市场47个。连锁经营企业（五城区）32个、连锁网点992个，其中百货店16个、专业店59个、超市135个、便利店782个；商业特许经营企业43家。全市有11家商超企业成为全省首批指定退税商店。开展第五批“福建老字号”申报工作，全市有14家企业申报，7家企业通过评审。全市老字号企业43家，其中“中华老字号”10家、“福建老字号”企业33家。

【会展业】 2016年，在福州海峡国际会展中心举办各类展会85场，其中会议活动43场，展览42场；展会规模达112万平方米，比上年增长11%。举办“第34届中国国际体育用品博览会”“第11届中国餐饮食品博览会”“第95届全国糖酒商品交易会”“第52届中国制药机械博览会”“第22届中国国际化纤会议”“腾讯全球合作伙伴大会”等多场大型展会。

【物流业】 2016年，福州市“百日攻坚”16个物流业项目均按序时推进，其中，建设类项目10个计划投资11.55亿元，实际完成投资14.51亿元，完成计划投资的125.63%；征迁类项目6个，计划征迁用地25.93公顷，完成率100%。3个物流园区提升工程包项目完成投资6.8亿元，占年度计划投资额的107.87%。航空物流取得突破，德国爱马仕物流落户福州，完成优购跨境直邮监管中心及国际快件监管中心的硬件设备安装。全年推动4家企业通过A级评估，全市有A级企业49家，其中AAAAA级企业5家、AAAA级企业13家、AAA级企业28家。高速物流园、汇丰杜坞物流园被列为国家第一批智慧物流示范基地（园区），高速物流园获省级现代服务业示范区称号。

建成翔福电商物流园一期，30多家知名电商企业及20多家快递物流企业签约入驻。8家企业改造提升电商物流运作设施、3家企业建成投用跨境电商通道设施。全市建成快递公共投递服务站1871个、智能快件箱1870组，末端网点日均处理能力达11万件；福州大学城5所高校建成校园快递服务中心，120辆使用快递专用标识的快递专用车正式上路运营;福州市电商物流公共信息平台加盟电商企业、物流企业125家,平台注册会员14875个,加盟车辆589辆。

推进核心、重点港区建设,江阴港区6~9号集装箱深水泊位、罗源湾港区可门作业区14号泊位、江阴港区11~12号液体化工泊位、罗源湾港区可门1~3号等一批深水泊位、将军帽15万吨级散货泊位等项目在建。马尾太古(科乐通)冷链物流、出口加工区跨境电商保税物流仓库、闽台电子商务与现代物流园项目、福州保税港区利嘉国际物流园等物流园区开工建设。以长乐空港为依托发展邮政小包业务,并在江阴港和经济开发区出口加工区设立跨境电商特殊监管点,形成立体的跨境电商物流系统。

【拍卖业】 2016年,福州市有拍卖企业69家,分支机构15个,注册拍卖师163名;拍卖成交额107.563亿元,拍卖场次933场;拍卖企业利润总额1.385亿元。

按照《福建省公物拍卖企业指定与管理若干规定》和《福州市公物拍卖企业指定与管理若干规定》,经组织企业申报和审核公示,全市有22家拍卖企业被省商务厅确认为2016—2018年度福建省公物拍卖企业。

【餐饮业】 2016年,福州市餐饮业实现营业收入452亿元,比上年增长11.5%。小餐饮企业数366家,占全市限上餐饮企业的85.1%,小餐饮品牌近百个。举办"2016·中国(福州)餐饮食品博览会暨中国餐饮产业发展大会""小餐饮大市场——探秘福州之旅"福州小餐饮产业发展高峰论坛、2016年秋季全国糖酒会闽菜文化展等活动。开展福州市首届"十大名厨"系列活动,评选出福州十大餐饮名厨、名店、名菜、名小吃。承办第四届"海峡青年节两岸美食文化体验"活动,展示闽菜小吃及台湾美食,吸引1300余人参会。宣传推广闽菜,闽菜技艺研究会与省电视台合作拍摄4集纪录片《闽味传奇》,于4月30日在省电视台及网络媒体上首播。

【电子商务】 2016年,福州市电子商务交易额约1480亿元,网络零售额约380亿元。据阿里研究院发布的《2016年中国城市电子商务发展指数报告》,福州市列2016年中国"电商百佳城市"排行榜第25名。晋安区西园村,连江县贵安村,闽侯县关口村、建平村和浦口村入选2016年淘宝村。全市"双11"交易额达13.9亿元,居福建省首位,全国城市排名第17位。

【家庭服务业】 2016年,福州市18个单位被评定为2016年福建省示范性家政服务站,5家企业获颁福建省家庭服务业领军企业,15家企业获颁家庭服务示范企业,298名家政员获颁明星家政员,数量约占全省一半。推广《家政服务—母婴生活护理服务质量规范》,制定星级月嫂评定办法,开展政策宣传和教育培训,全年评定星级月嫂55名。举办2016年福州市家庭服务业职业技能大赛,并选拔、培训、组建代表队参加福建省家政服务业职业技能电视大赛,获团体第一名、优秀组织奖和个人第一、三、六名。

【废旧资源回收】 2016年,福州市完成1.61万辆的老旧汽车(含摩托车)及"黄标车"淘汰的拆解任务(其中"黄标车"9350辆)。完成省下达的2016年"黄标车"淘汰的任务,淘汰拆解率达100%。

根据《福建省商务厅关于做好报废汽车回收企业资格认定下放衔接工作的通知》,结合企业申请,新批福建顺程废旧汽车回收有限公司和福建昱晟再生资源有限公司两家回收拆解公司,预计日拆解能力达60辆。年内,全市有4家拆解公司、8个拆解场、13个回收站,分布在9个县(市)区。

(李晓明)

粮油贸易

【储备粮管理】 2016年,福州市储备粮规模44万吨,省政府下达2年4万吨增储任务全部到位。储备油9000吨,宜存率达100%。完成年度轮换计划10.74万吨(其中市级6.46万吨,县级4.28万吨)。年内制定出台《市级专项储备粮入库质量检验实施办法》。

【粮食安全保障】 2016年,《福州市落实粮食安全省长责任制考核办法》和《考核工作实施方案》出台,成立考核工作组,市政府分管领导任组长,由市直14个部门组成。组织企业参加粮食产销协作会议,签订粮食购销合同110.9万吨。组团赴东北等产区开展产销协作考察洽谈,与江苏省宿迁市粮食局签订产销协作框架协议,促进"引粮入榕"。粮食批发市场发挥福州国家粮食交易中心的平台优势,全年交易量达199.5万吨,入列全国十大粮食批发市场。落实粮食企业扶持政策,9家粮食企业获得省引粮入闽奖励574.7万元,14家骨干加工企业、25家骨干粮店获得补贴269.62万元。加强粮油应急供应体系建设,确定应急网点237个、骨干粮食企业16家。开展粮食应急演练与质量安全应急演练,提高各单位协同应急能力。开展粮食订单收购工作,收储订单储备粮162吨。加强对粮油市场的预警监控,建立21个市场粮情监测点,实行"每周一报"。

【依法管粮】 2016年,福州市推进"监管创新年"行动,实施"双随机"监督检查机制,出动1554人次,对1180家企业粮食收购、储存、加工、销售等活动进行检查,办理涉粮案件2件,履行粮食流通监管职责,维护粮食流通秩序,巩固"全国粮食流通监督检查示范单位"创建成果。办理粮食收购资格许可,全市有135家企业持有粮食收购许可证。向市委编办申报增设局政策法规处,强化普法执法职能。

【粮食物流项目建设】 2016年,福州市推进市区东郊粮库、禾福中心油库、洪山粮库迁建工作。推进县区22万吨中心库建设,马尾、连江(一期)储备粮库交付使用,闽侯、罗源储备粮库完工验收,完成总投资2.033亿元,福清、长乐、永泰、连江(二期)项目正在施工。"危仓老库"维修改造和功能提升7个项目均完工,完成总投资1562.2万元。

【国有粮食企业改革】 2016年,福州市国有粮食企业实现利润2310.98万元(其中市属企业实现利润1821.5万元),超额完成年初下达的经济目标。市面粉厂新建日处理400吨生产线于12月8日正式开机投产。依法开展"稻花香"省著名商标维权工作,最高人民法院开庭审理,正在申请全国驰名商标,利用品牌效应,筹组成立稻花香米业有限公司,发展混合所有制企业。发展禾盛粮油连锁产业,拥有17家直营粮店,实现年销售量6100吨、销售额3510万元。按政策保质保量供应军粮,推行军粮统一邀标采购,把好军粮质量安全关,确保质量合格率100%。落实企业负责人薪酬制度改革,增强国有粮食企业发展活力。加强资产项目统筹监管,成立"清产核资""房产拆迁""粮库建设"工作领导小组,通过摸清资产状况,规范拆迁安置,科学规划项目,实现资源有效整合,确保国有资产保值增值。开展"百日攻坚"行动,推进市怡园食品厂、粮运公司、粮贸大楼拆迁安置工作。启动粮食商用大楼、军供服务保障中心建设选址工作。

(胡艳霞)

烟 草

【概况】 2016年,福州市销售卷烟29.86万箱,比上年下降1.8%;单箱销售额31158元,增长2.28%;实现税利24.16亿元,增长7.86%。全市查办各类非法经营案件3628件,其中5万元以上大要案76件,万元以上案件340件。

【卷烟销售】 2016年,福州市调整品牌布局,全年引入卷烟规格45个,退出35个,新品全年销量贡献率2.07%。重点品牌累计销售26.9万箱,占总销售量比重90.1%;销售额88.67亿元,占卷烟总销售额比重95.3%。省产烟累计销售19.21万箱,占总销售量比重64.34%。创新性品牌快速成长,其中8毫克以下低焦卷烟销售7.52万箱,比上年增长13.6%;细支烟销售7869箱,增长261.53%。

【营销网络建设】 2016年,福州市推进终端建设提质升级,出台福州烟草终端资源管理办法和零售终端建设投入管理办法,因地制宜开展最小市场单元建设。全年配备柜台500台,配备扫码设备300台。实施限大扩中扶小客户分类发展,引导中小客户提升经营能力。客户满意度比上年提高1.44分,货源供应满意度提升4.8%,零售客户毛利率达到9%以上。物流运营提质增效,全年物流费用比上年减少89.17万元,下降1.48%。单箱物流可控费用31.07元,比上年下降3.96%;物流费用率0.75%,与上年持平;省内及毗邻省份烟箱回收率达到100%。

【专卖市场监管】 2016年,福州市查获违法卷烟1323.3件,比上年下降19.9%,其中非法生产卷烟396.4件,增长57.9%,非法渠道卷烟497.56件,下降54.3%,非法进口卷烟429.35件,增长37.8%。真烟非法流通得到遏制,公开摆卖"三乱"卷烟占比有所下降,市场净化率保持在95%以上。开展"百日行动""清网打非""集结号"以及打击走私烟专项行动,完成国标网络案件6件,其中部督案件2件,省督案件2件,违法卷烟现货案值超过100万元案件3件,发起全国集群案件2件,涉烟案件刑事拘留46人、提请批准逮捕30人、公安直诉5人,判刑19人。新办证3126户,注销证件4499户,办理其他证件类事项13061件,"12313"受理举报投诉事项973件,处理率100%,服务对象满意率100%。

【企业管理】 2016年,福州市推广125精益屋模式及"互联网+应用"、数字烟草、法治建设、降本增效、精益文化等管理经验。通过降本增效实现效益2543万元,完成目标进度112.3%。企业三项费用总额比上年减少1002万元。运用移动运维微平台,建立可视化的互联网运维新模式,提升信息化运维保障水平。全面推进GIS综合应用系统建设,打造一体化的企业信息展示分析平

表29 **2016年福州市成品油批发企业基本情况表**

企业名称	油库库容(万立方米)	成品油销售量(万吨)			
		汽油	柴油	煤油	合计
中国航油集团福建石油有限公司	4.81	60.12	44.56		104.68
福建省长乐市中海石化储运有限责任公司	3.83	6.53			6.53
中国石油天然气股份有限公司福建福州销售公司	3.60	0.30	4.60		4.90
福州港燃油供应有限公司	1.79	19.48	10.45		29.93
福建闽海石化有限公司	2.80	200.80	21.80		222.60
福州保税区联合石油有限公司	1.00		0.37	0.46	0.83
中国石化销售有限公司福建福州石油分公司	4.18	68.71	45.15		113.86
中国航空油料有限责任公司福建分公司	8.00			27.83	27.83
合 计	30.01	355.94	126.93	28.29	511.16

台;完成行业"三统一"专卖管理系统试点应用、五要素系统落地应用、最小市场单元分析系统开发等工作。加强法治宣贯,在全市43所院校开展禁止网络售烟普法宣传102场。2016年福州烟草以两个全市排名第一的成绩通过第五届全国文明单位届中检查和第八届省级文明行业初评,福州烟草物流公司获"全国模范职工小家"称号,市局烟草稽查支队获评"福建省工人先锋号"。

(林伟民)

石　油

【概况】　2016年,福州市有成品油零售企业478家,比上年增加20家,其中加油站336个、加油点22个、加油船63艘、配送企业57家;从业人员4096人,比上年增加734人;成品油零售汽油84.1万吨,比上年增长7.68%,零售柴油40.5万吨,下降39.5%,销售收入85.15亿元,下降32.19%。

全市成品油批发企业8家,拥有油库30万立方米,批发成品油511万吨,比上年增长1.03倍,销售收入246.86亿元,增长83.54%。　(李晓明)

【中石化森美福州分公司】　《中石化森美福州分公司完善经营管理体制实施方案》制订,重新设置8个机关职能部门,设立福清分公司,完善经营管理体制,初步构建"以块为主,条块结合"的管理架构。开展"IC卡折扣优惠""油非互促""周周惠"等组合营销活动;44座自助加油站恢复人工加油,提高现场通过率;成立小配中心,将车配业务划拨至小配中心统一管理;成立IC卡业务部门,为公务员上门办理IC卡;完善商客客户经理考核体系,将"吨油工资"及"销售同比"作为核心考核指标纳入绩效考核。加强进货管理,督促便利店提高商品进货率;便利店内设置"车e族"积分商品兑换区,鼓励员工引导客户多使用积分兑换商品。贯彻集团公司、销售公司、省公司关于安全生产指示精神,落实省公司QHSE工作总体部署,树立安全生产理念,坚守"发展决不能以牺牲安全为代价"红线,坚持党政同责、一岗双责、齐抓共管、失职追责,落实安全生产责任制,加大隐患排查与治理力度。全年安全环保和数质量实现零责任事故,未发生资金被盗、被抢等治安案件,未发生责任等级事故,全年安全生产态势总体平稳。

(陈小丽)

供销合作

【概况】　2016年,福州市供销合作系统实现商品销售总额161.82亿元,比上年增长42.93%,其中售给农民的农资7.14亿元,增长11.94%;消费品零售额75.91亿元,增长24.58%;农产品购进额90.49亿元,增长42.4%;再生资源购进额7.99亿元,增长11.95%。全系统利润汇总实现盈利4833万元,比上年增长28.9%。春节期间,全市(含七个县)销售各类烟花爆竹总量150258件,配送额达2291万元。

【农资供应服务】　2016年,福州市供销合作系统完成市政府下达的4.2万吨化肥冬储任务。各级供销社开展农资科技下乡,为农民提供农业科技咨询、技术指导、现场会诊、优质农资推介等系列服务活动。各县(市)供销社对所属经营网点开展自查自纠,接受工商、质监、农业等执法部门检查435人次,检查供销社农资经营网点314个,在供销社农资网点中均未发现有问题农资商品。

【"新网工程"建设】　2016年,福州市供销合作系统完成农资配送中心3个,消费品配送中心2个,再生资源交易市场(分拣中心)1个,按全国总社行业标准完成18个农资网点、17个消费品网点改造提升,完成14个农资连锁经营网点、15个日用消费品连锁经营网点建设。

【为农服务平台搭建】　2016年,福州市发展专业合作社40个,发展各类协会6个,发展村级综合服务社100个,改造提升基层社12个,新建农民专业合作社联合社3个,基层社实现全覆盖。闽清县东桥供销社成立专业合作社,申请生态林面积60公顷,种植铁皮石斛4公顷。罗源县城郊供销社与厦门海沧区蔬菜公司联合创办"厦源鑫"蔬菜专业合作社,在罗源县起步镇西山村建立农业生产基地,生产经营大棚蔬菜、食用菌栽培、果树种植。

【电子商务】　2016年,福清市供销社与福建便利宝电子商务有限公司合作,组建福清市惠农电子商务有限公司,通过整合系统网点、仓储资源,依托便利宝公司的电商技术平台,采用"互联网+快销品流通"的运营模式。罗源县社联合民营企业开展电商活动,对接全国总社的供销E家平台,年内有20多个系列60余种名优农产品,通过供销E家平台进行网上销售。

【供销社综合改革】　2016年10月19日,福州市委市政府印发《中共福州市委　福州市人民政府关于深化供销合作社综合改革的实施意见》,市政府和省供销社分别对《福州市供销合作社综合改革试点方案》进行批复。11月4日,市政府召开全市深化供销合作社综合改革推进会,福州市供销合作社综合改革工作全面启动。

(戴　新)

(编辑　周弭姣)

对外及港澳台经济贸易

利用外资及港澳台资

【概况】 2016年，福州市新批外商投资企业483家，合同外资16.3亿美元。实际到资18.14亿美元，比上年增长8.1%，排名全省第五，超过全省平均增幅（全省平均增幅6.7%）1.4个百分点。全年新批港资企业80家，合同港资9.63亿美元，实际到资11.06亿美元，占全市实际到资总额的61%。全年新批台资项目（不含第三地）319个，投资总额5.3亿美元，合同台资3.82亿美元，实际到资2.66亿美元。

【利用外资重大项目】 2016年，福州市新批总投资千万美元以上项目52个，合同外资8.73亿美元，占全市合同外资项目的53.5%。海上丝绸之路科技有限公司、长乐凯捷高科技农业有限公司、福建福盛康实业有限公司、福建艾密克新能源科技有限公司、华润电力（福建）销售有限公司、中植（福建）金融控股有限公司等项目获备案通过。永辉超市股份有限公司、液化空气（福州）有限公司、华映科技（集团）股份有限公司、科立视材料科技有限公司等已落地企业增资扩股。

【“海交会”和“厦洽会”】 2016年，第十八届“5·18”海峡两岸经贸交易会福州市签约外资项目161个，投资总额44.62亿美元，利用外资28.61亿美元，其中合同项目117个，投资总额16.39亿美元，利用外资10.58亿美元。上台签约外资项目13个，投资总额8.86亿美元，利用外资5.35亿美元。

第十九届“9·8”厦门国际投资贸易洽谈会福州市签约项目161个，投资总额57.08亿美元，利用外资36.13亿美元；合同项目128个，投资总额30.89亿美元，利用外资17.7亿美元。其中总投资1000万美元以上的合同项目58个，投资总额29.63亿美元，利用外资16.71亿美元；总投资1亿美元以上的合同项目9个，投资总额14.13亿美元，利用外资6.4亿美元。全市签约高端制造产业项目37个，投资总额14.55亿美元，利用外资7.14亿美元。涵盖国际贸易、咨询管理、农业科技、融资租赁、跨境电商、冷链物流、供应链管理等行业的项目签约落户福州新区、自贸试验区福州片区。福清东壁岛滨海旅游度假村项目、长乐欧洲风情海滨度假村项目、法国皮埃尔度假及中心公园项目、龙祥新世界项目等亿美元以上旅游项目签约落户。

服务外包

【外包服务金额】 2016年，福州市服务外包合同金额4.73亿美元，执行金额3.83亿美元，分别比上年增长47.03%

2016年5月18日，第18届海峡两岸经贸交易会在福州海峡国际会展中心举办。图为“亚洲合作对话（ACD）成员国映象”展区 （池远 摄）

和36.13%，其中离岸服务外包合同金额1.29亿美元，执行金额1.16亿美元，分别增长47.53%和31%；新增服务外包企业16家，注册服务外包管理系统企业196家。

【服务外包业务】 2016年，福州市服务外包业务以ITO（信息技术外包）为主，执行金额3.13亿美元，占全市服务外包执行金额81.75%，主要包含软件研发及开发服务与信息系统运营和维护服务；BPO（业务流程外包）执行金额0.15亿美元，比上年增长143.40%。承接东盟服务外包执行金额0.40亿美元，占全市国际服务外包执行金额34.25%，比上年增加14.9个百分点；主要包括新加坡、缅甸、泰国等国家，其中缅甸和泰国为新增主要发包国家。

对外及港澳台投资与劳务合作

【境外投资】 2016年，福州市企业境外投资项目106个（含增资项目），协议投资总额358199.57万美元，其中中方投资额299363.3万美元，分别比上年增长23%、186.59%。投资行业主要为远洋渔业、制造业、国际航运、国际贸易等，境外投资目的地涉及日本、韩国、印度尼西亚、马来西亚以及美国、加拿大、澳大利亚等国家和中国香港地区。全市境外投资项目数累计达460个，投资国别（地区）达71个。

【对外及港澳台劳务合作】 2016年，福州市对外劳务合作完成营业额28963万美元，比上年增长12%，对外劳务合作期末在外人数29323人，增长8%。主要派往目的地为中国澳门、中国香港、中国台湾。

对外及港澳台贸易与交流

【概况】 2016年，福州市进出口总值2082.2亿元，比上年增长1.8%，其中出口总值1406.8亿元，增长8.9%，占福州市GDP的34.42%，占全省出口总值的20.41%；出口商品销往215个国家与地区；进口总值675.4亿元，下降10.33%，进口商品来自130个国家与地区。

在贸易总值中，对中国台湾贸易总额17.24亿美元，比上年下降6.6%，其中销往台湾6.2亿美元，增长16.27%，占全市比重的2.9%；来自台湾11.03亿美元，下降15.9%，占全市比重的10.74%。与中国港澳地区贸易总额14.05亿美元，比上年下降12.02%，其中销往港澳13.69亿美元，下降4.03%；来自港澳3599万美元，下降78.87%。

【“一带一路”经贸交流】 2016年，福州市对接联合国工业发展组织和海陆丝绸之路城市联盟，举办首届联合国海陆丝绸之路城市联盟城市论坛，推动联合国海陆丝绸之路城市联盟项目投资和贸易专业委员会落户，并加入联合国工发组织“一带一路包容及可持续城市服务网络联络点”。

5月18日，第十八届海峡两岸经贸交易会期间，“首届联合国海陆丝绸之路城市联盟城市论坛”在福州举办。联合国有关机构和境外19个“一带一路”沿线国家的30个城市和国内12个“一带一路”沿线城市的600名代表出席论坛。论坛由联合国南南合作办公室、海陆丝绸之路城市联盟主办，福州市人民政府承办，并获得联合国开发计划署、联合国工业发展组织、联合国教科文组织、联合国世界旅游组织和中国国际经济技术交流中心等机构支持，联合国五大机构代表、城市联盟荣誉主席龙永图、国内外“一带一路”沿线城市市长和重要经贸组织领导人等嘉宾出席。论坛以“促进城市间投资、贸易与可持续发展”为主题，设置4个领导致辞、5个主旨演讲、1场开放式对话、3个分论坛和1场10个“一带一路”沿线城市的推介对接会。论坛期间，结合论坛主题，围绕福州与海丝沿线重点城市间合作发展的历史沿革、重要成果、瓶颈困难、趋势展望等方面展开一系列专访进行深度挖掘，突出展示福州“四区叠加”的独特魅力，全方位、多角度地对福州的国际化视野进行综合性报道宣传。

8月，组团赴伊朗、阿联酋、埃及3个国家，开展以推动与“一带一路”沿线国家经贸交流合作、宣传推介福州新区和福建自贸试验区福州片区为主题的访问活动，先后举办8场座谈及会见活动，签署一批涉及友城、经贸、渔业、会展合作等方面的协议、备忘录。

10月中旬，应联合国工发组织邀请组团赴奥地利维也纳参加“一带一路包容及可持续城市展览与对话”大型活动，会上进行3次主题发言，会间接受1次城市专访，举办1个城市风采展览，进行1场茶艺表演，宣传推介福州新区、福建自贸试验区福州片区，同时加入联合国工发组织发起的“一带一路包容及可持续城市服务网络联络点”，寻求与参会城市合作机会。这是福州市政府领导首次在联合国舞台展示和推介福州，提升福州在国际的城市知名度，同时在联合国舞台上奠定福州作为海丝重要城市的地位。

表30 **2016年福州市进出口主要分类情况表**

指　　标	绝对数（亿元）	比上年增长（%）
进出口总额	2082.17	1.8
出口额	1406.78	8.9
其中：一般贸易	1018.91	7.88

续表

指　　标	绝对数(亿元)	比上年增长(%)
加工贸易	382.79	-1.07
其中:机电产品	541	-1.03
其中:高新技术产品	137.49	-9.53
进口额	675.38	-10.2
其中:一般贸易	514.36	-10.1
加工贸易	140.68	-13.39
其中:机电产品	240	26.38
其中:高新技术产品	144.12	21.39

表31　**2016年福州市出口额3000万美元以上商品情况表**

金额分类	商品名称	出口金额(万美元)	占出口总额比重(%)
10亿美元以上(1项)	电视接收机(包括视频监视器)	271671	12.7
1亿美元以上(52项)	已加工碑石或建筑用石及其制品等,其他家具及其零件,上釉陶瓷贴面砖、铺面砖、马赛克,衣箱、手提包、及类似容器,橡胶或塑料制外底及鞋面的其他鞋靴,其他已加工花岗岩制品,塑料或纺织材料作面的衣箱、提箱,未列名液晶装置、光学仪器及器具,大理石、石灰华及蜡石碑石或建筑用石,其他木家具,毡呢或无纺织物制服装,未列名灯具及照明装置,其他电灯及照明装置,干蔬菜、干蘑菇及块菌,针或钩织女西便服套装、上衣、裙等,发电机组及旋转式变流机,有线电话、电报设备,橡、塑、皮革或再生革外底,女西或便服套装、上衣、裙、裙裤,绝缘电线、电缆及其他绝缘电导体,拖轮及顶推船,钢化或层压玻璃制的安全玻璃,车身(包括驾驶室)的其他零件,棉布(棉≥85%、平米重≤200g),针或钩织男西或便服套装、上衣,车辆、航空器、船用点火布线组,塑料制的餐具、厨房用具,合成纤维长丝纱线,活鲜冷冻干盐腌渍的软体,活、鲜、冷墨鱼及鱿鱼,车辆、航空器、航天器及船舶用层压安全玻璃,男西或便服套装、上衣、长短裤及男大衣,斗篷、带风帽防寒短上衣,贱金属铃、钟、锣、雕塑像和相框,其他贱金属雕塑像及其他装饰品,冻鱼,压燃式内燃机发电机组,针织或钩编的套头衫、开襟衫,羊毛或动物细毛制针钩织套头开衫,体育运动或户外游戏用品及设备,坐具(包括能作床用的两用椅)及其零件,其他木制品,网眼薄纱等网眼织物,电动机及发电机,网眼薄纱及其他网眼织物,卧室用木家具等	1283779	60.1

续表

金额分类	商品名称	出口金额（万美元）	占出口总额比重（%）
5000万~1亿美元（45项）	化纤制男式带风帽防寒短上衣，其他制品（包括服装裁剪样），其他纺织材料制女式裙子及裙裤，电动机（P≤37.5W），风动或液压及本身装有动力装置的手提式工具，镶嵌木、木珠宝盒及装饰品等，蓄电池，陶瓷洗涤槽、脸盆、浴缸，餐桌、厨房用或其他家用钢铁器具，合成纤维长丝纱线的机织物，电路开关、保护等电气装置，其他玩具、娱乐用模型，一般的体育活动、体操或竞技用品，含氮、磷、钾中二种或三种的矿物肥料或化学肥料，成卷或成张单面或双面涂布无机物，集成电路及微电子组件，水泥、混凝土或人造石制品，棉制男裤，针织或钩编的T恤衫、汗衫及其他，茶（不论是否加香料），天然石料制的长方砌石、路缘石，钢铁结构体及其部件，变压器、静止式变流器，印刷机（包括喷墨印刷机），木制小雕像及装饰品，其他水泥、混凝土或人造石制品，玻璃镜（包括后视镜），已装配光学元件、作为仪器或装置的零件、配件，传动轴及曲柄等传动部件，其他塑料制品，车辆、航空器、航天器及船舶用钢化安全玻璃，其他点燃式活塞内燃发动机的零件，未上釉陶瓷贴面砖、铺面砖，女大衣、斗篷、带风帽防寒短上衣，氢、稀有气体及其他非金属，含硅量不少于99.99%的硅，运动服、滑雪服及游泳服，静止式变流器，帚刷拖把及毛掸等，其他铝制品，成卷成张的涂布浸渍覆盖染面饰面，用蜡、石蜡、硬脂精、油或甘油浸涂的纸，其他纺织材料制女式上衣等	303734	14.2
3000万~5000万美元（59项）	其他铝制品，节日用品或其他娱乐用品，雨伞及阳伞，弹簧床垫、寝具及类似用品，其他纺织材料制女式便服套装，针或钩织女衬裙、短衬裤、睡衣裤，其他纺织材料制针织或钩编的女衬衫，手工锯、各种锯的锯片，狭幅机织物，狭幅起绒机织物及绳绒织物，初级形状的乙烯聚合物，齿轮及其他变速、传动装置，贵金属或包贵金属制的首饰及其零件，其他贵金属制首饰及其零件，塑像及其他装饰用陶瓷制品，针织或钩编的婴儿服装及衣着附件，巡航船、游船、渡船、驳船，用于家具、门窗、箱等的贱金属附件，活动房屋，活鱼，鳗鱼，其他抗菌素，电热水器、浸入式液体加热器，矿物氮肥及化学氮肥，化纤制女式带风帽的防寒短上衣，合成纤维短纤，其他非泡沫塑料的板、片、膜、箔，液体比重计、温度计、气压计，其他温度计及高温计，橡、塑或革外底，皮革、再生皮革或漆皮作面的衣箱，其他已加工大理石、石灰华及蜡石，棉制男式带风帽防寒短上衣，纸制包装容器，木材、软木、骨、硬橡胶等硬质材料，针织或钩编的运动服、滑雪服，其他钢铁制品，自行车或机动车辆电气照明，其他针织物或钩编织物，针织或钩织物（宽>30cm、弹性纱），白炽灯泡、放电灯管、弧光灯，其他已装配的光学元件，不锈钢板材（宽度小于600毫米），已组装的完整表芯，合成纤维制男裤，自动数据处理设备及其部件等，龙头、旋塞、阀门及类似品，鞋靴零件、活动鞋内底、跟垫、护腿，合成纤维短纤纱线，空气泵或真空泵、气体压缩机，聚酯变形纱线，运输或包装货物的塑料制品，收割机、脱粒机等	232595	10.90

续表

金额分类	商品名称	出口金额（万美元）	占出口总额比重（%）
合　计	157 项	2091779	97.9

表 32

2016 年福州市主要出口市场及对港台贸易情况表

国别(地区)	出口金额(万美元)	占出口总额比重(%)
美　国	496621	22.61
欧　盟	360611	16.42
东　盟	336979	15.34
中国香港	136490	6.21
中　东	126763	5.77
日　本	126472	5.76
韩　国	63543	2.89
中国台湾	62018	2.82
印度尼西亚	44509	2.03
新加坡	40651	1.85
澳大利亚	40200	1.83
加拿大	31808	1.45
印　度	31451	1.43
沙特阿拉伯	27915	1.27
墨西哥	23441	1.07
智　利	21217	0.97
俄罗斯	20536	0.93
巴　西	17099	0.78
南　非	14508	0.66
合　计	2022832	92.09

表 33

2016 年福州市进口额 3000 万美元以上商品情况表

金额分类	商品名称	进口金额（万美元）	占进口总额比重（%）
10 亿美元以上（1 项）	金(未锻造、半制成或粉末状)	176972	17.2
1 亿美元以上（17 项）	未列名液晶装置、光学仪器及器具，集成电路及微电子组件，环烃，非食用肉、鱼及其他动物的渣粉，非食用鱼、甲壳及软体动物等的渣粉，无环醇及其卤化、磺化、硝化或亚硝化衍生物，褐煤，煤、煤砖、煤球，铁矿砂及其精矿(包括焙烧黄铁矿)，烟煤、铁合金，主要载人的机动车辆，汽油型其他机动车辆(排量>3000)，油菜子等	438752	42.7

续表

金额分类	商品名称	进口金额（万美元）	占进口总额比重（%）
5000 万~1 亿美元（6 项）	机动车辆用变速箱，未列名检测仪器、器具及机器，镍矿砂及其精矿，石油气及其他烃类气，无环烃，车身（包括驾驶室）的其他零件	43758	4.26
3000 万~5000 万美元（22 项）	蒸馏高温煤焦油所得油类，其他非泡沫塑料的板、片、膜、箔，仅含有氮杂原子的杂环化合物，货运机动车辆，其他柴油货车（5t<车总重≤20t），压燃式活塞内燃发动机，仅冷轧、宽≥600mm 普通钢铁板材，其他动物皮革，猪皮革，初级形状的乙烯聚合物，工业用单羧脂肪酸、精炼酸性油，X 射线或 α 射线、β 射线、γ 射线的应用设备，表壳用贵金属或包贵金属制成的表，半导体器件等，光纤、光缆、偏振片及板，电气控制或电力分配盘、板、台等	85026	8.28
合　计	46 项	744508	72.49

表 34　　**2016 年福州市主要进口市场及对台贸易情况表**

国别（地区）	进口金额（万美元）	占进口总额比重（%）
韩　国	127118	12.38
中国台湾	110332	10.74
东　盟	107989	10.51
日　本	100086	9.74
欧　盟	85892	8.36
美　国	85874	8.36
巴　西	64086	6.24
澳大利亚	63945	6.23
印度尼西亚	51887	5.05
南　非	33760	3.28
中　东	26442	2.57
加拿大	26460	1.99
合　计	883871	85.45

（李晓明）

（编辑　周弭姣）

金 融 业

综 述

【概况】 2016年,福州市金融业增加值(含平潭)完成495.02亿元,居全省第一,比上年增长7.6%,占全市第三产业和GDP的比重分别达到15.93%和7.99%。

银行业 全市有银行业机构57个,其中外资11家。年末全市本外币各项存款余额12432.31亿元,比上年增长10.3%(高出全省增速0.42个百分点),比年初增加1161.35亿元,占全省新增总额的31.89%;本外币各项贷款余额12538.24亿元,增长12.81%(高出全省增速0.66个百分点),比年初增加1423.40亿元,占全省新增总额34.78%。全市涉农贷款余额3596.6亿元,比上年增长5.45%。全市小微企业贷款余额3958.78亿元,比上年增长13.59%,高于各项贷款平均增速0.78个百分点。

保险业 全市有保险公司主体55个(含法人机构1个),其中财产险公司25家、人身险公司30家。全年累计保费收入268.8亿元,比上年增长29.9%,占全省总额的29.29%;保险赔付支出累计86.83亿元,增长16.5%,占全省总额的27.38%。

证券业 全市有法人证券公司2家,证券分公司19家,证券营业部121家,全年手续费收入15.80亿元,利润总额7.58亿元;期货公司3家,期货营业部29家,全年手续费收入5977.25万元。

表35 **2016年福州市金融机构本外币存贷款情况表**

指 标	年末数(亿元)	比上年末增长(%)
各项存款余额	12432.31	10.3
其中:住户存款	4248.09	11.8
非金融企业存款	4755.38	10.3
其中:人民币存款	12076.5	11.0
各项贷款余额	12538.24	12.8
其中:短期贷款	3325.13	1.9
中长期贷款	8537.68	14.7
其中:人民币贷款	12124.69	14.0

企业上市 全市有境内上市公司32家、境外上市企业39家。年内有36家次上市公司从资本市场筹集资金1546.82亿元,比上年增长33.14%。全市重点上市后备企业231家,有22家企业进入实质上市程序,其中4家过会待发行、12家报中国证监会等待审核、7家报福建证监局辅导备案。场外融资方面,全市有场外市场挂牌交易企业98家,其中"新三板"92家;海峡股权交易中心挂牌255家,挂牌交易6家。

【地方类金融】 2016年,福州市在福建省融资性担保公司管理平台登记注册的担保机构有34个,注册资本合计38.07亿元,担保总额33.05亿元,在保余额13.11亿元。全市16家小额贷款公司,注册资本金合计31.7亿元,余额29.33亿元,其中涉农贷款余额11.19亿元,累计贷款46.57亿元。全市典当行52户、分支机构2个,注册资本总额21.228亿元,实现典当总额42.24亿元,典当余额11.95亿元。年内新筹建小额贷款公司1家,注册资本3亿元;新设典当行3家、典当行分支机构2个,注册资本2.81亿元。

【金融创新】 2016年,福建自贸区福州片区推出金融创新案例41项,挂牌第一年21项金融试验任务中有20项任务、挂牌第二年2项重点金融试验任务实施。自贸区内有银行业经营性机构52个,保险业经营性机构13个;招商银行等4家银行取得离岸业务牌照;彰化银行福州分行成为全国首家开业即可开办人民币业务的台资银行;建行省分行获总行支持在福州设立国内首家总行级"海峡两岸跨境金融中心";中行、农行省分行为台资银行开立同业账户。全年经开区跨境人民币结算量407.3亿元，比上年增长5.38倍。

（廖小晖）

中国人民银行福州中心支行

【概况】 2016年，福州市地方法人金融机构人民币贷款新增950.26亿元，比上年增加79.03亿元，贷款额度使用率99.57%，增量主要用于"三农"和小微企业领域。制定《关于做好福建省供给侧结构性改革金融服务工作的意见》，引导金融机构"有扶有控"做好"三去一降一补"金融服务。扩大直接融资，企业发债品种更趋完善和合理，发债总量再创历史新高。支持福建自贸试验区福州片区（简称福州自贸片区）建设，推进福州打造21世纪海上丝绸之路战略枢纽城市，榕台金融合作取得新进展。

【服务经济建设】 2016年，人行福州中心支行联动经信部门搭建产融合作平台，组织实施支持钢铁、煤炭行业化解过剩产能、实现脱困发展的金融政策，全年化解福州市钢铁行业过剩产能50万吨。支持房地产去库存，对福州实行差别化住房信贷政策，调整购房贷款首付比例，引导金融机构创新农民工购房信贷产品，年末个人住房贷款余额比上年同期增长25.94%，增加251.63亿元，全年减少福州市房地产库存26%。制定《关于进一步推进农村"两权"抵押贷款试点的指导意见》，福清市成为全市唯一农村"两权"试点县（市）。联合六部门制定《关于推进福建省金融精准扶贫打赢脱贫攻坚战实施意见》，引导金融机构创新推出对建档立卡贫困户直接帮扶、产业带动、信托分红等多种金融支持模式，福清、闽侯先后实现建档立卡贫困户全部脱贫，其中福清市比全国提前4年、比全省提前2年实现现行标准下农村贫困人口全部脱贫。全年银行业机构累计办理跨境人民币业务1337.01亿元，占全省业务量的28.70%，居全省第2位。全年企业银行间市场发债融资1875.1亿元，比上年增加425.1亿元。推进"引金入榕"工程，台湾银行福州分行正式开业运营，落户福州的台资银行分行达4家，数量居大陆省会城市之首。

支持福州自贸片区金融开放创新，推出2批41个金融创新案例，跟踪推进金融重点项目落地实施。实现两岸征信信息互通共享，区内银行可查询台企台胞在台湾地区的信用信息。推动福州自贸片区跨境电商内保直贷的首笔业务落地，打通区内跨境电商企业直接境外融资渠道；福建时代基金管理有限公司成为放开股权投资类企业注册后，福州自贸片区首家设立的基金管理公司；平安银行对台金融服务中心在福州正式挂牌，成为打通该行离岸金融中心、国际业务中心、保理业务中心及自贸区分行等跨境业务的机构。年内福州自贸片区累计办理人民币跨境结算503.93亿元。中国—东盟海产品交易所（简称"东盟海交所"）配套金融服务推出东盟海交所境内外会员子账户模式，规范仓单质押融资业务范围，支持东盟海交所与银行、第三方支付公司合作开发跨境结算平台；推动金融机构为福州与"一带一路"沿线国家和地区的经贸合作提供融资服务，支持有关金融机构与福州市政府合作设立100亿元战略合作基金。

【维护金融稳定】 2016年，人行福州中心支行加强重点领域及跨行业、跨市场的金融风险监测，全年向上级行、政府相关部门、金融监管机构等预警金融风险26次，涉及信贷资金87.06亿元。引导在榕8个新设金融机构加入人民银行管理与服务体系，完成辖区35个银行业金融机构综合评价工作。加强重大事项报告管理，全年收到银行业金融机构重大事项报告67次。

【金融服务与管理】 2016年，人行福州中心支行推进福州市全国信用示范城市建设，福州市公共信用信息平台正式上线运行，采集税务、市场监管、公安、法院等40余个单位在履职过程中归集的15万个法人单位256万余条信用信息，并按照信息分类分级原则，通过"信用福州"网站向政府部门和社会公众开放查询。福州自贸片区台企台胞征信查询业务落地，查询台企台胞信用报告7笔（含台企1笔、台胞6笔），累计发放贷款2500万元。

制定出台国库现金管理相关制度，试点开展省级国库现金管理。作为国库监管全国唯一试点单位，上线人民银行国库监管系统。在全国率先实现国库事后监督、非税收入缴库、省级财政支出等业务无纸化处理。扩大财关库银横向联网系统试点范围，福州市经济技术开发区支库和福州海关、马尾海关成功上线运行。

强化发行基金计划预测和科学调拨，确保辖内现金供应正常。理顺小面额辅币投放流通渠道，完成一元货币硬

2016年6月6日，台湾银行福州分行正式开业（市金融办　供）

币化的平稳过渡，开展硬币自循环工作，全市配备硬币兑换机 52 台，硬币清分机 32 台。提高钞票处理运行效率，福州钞票处理中心清分业务量居全国第 4 位，销毁设备运行时间居全国第 2 位。

【外汇监管服务】 2016 年，人行福州中心支行落实国家外汇管理局工作部署，防范跨境资金异常流动风险，组织督促银行业“展业三原则”落地，规范银行外汇收支行为，有效遏制净流出与净售汇加剧态势。

支持跨境电子商务发展，在福州海峡两岸电子商务经济合作实验区加快推行个人贸易外汇管理便利化政策。加强本外币联动监管，推进全口径跨境融资宏观审慎管理等政策实施。

在全国率先开展内保外贷与境外投资检查，继续参与开展“打击利用离岸公司和地下钱庄转移赃款”专项行动，向公安部门移交 3 条可疑线索。开展重点地区重点银行检查，发现各类违规业务 40 笔、1.05 亿美元，首次查实两类新型违规问题。

（王　勉）

银　行　业

【概况】 2016 年，福州地区银行业资产总额达 1.9 万亿元，比上年增长 11.8%。全市银行业不良贷款率 1.73%，比全省水平低 0.8 个百分点。福建海峡银行、福州农商行等地方法人银行的资本充足率、拨备覆盖率和流动性等主要指标均高于监管要求。

“引银入榕”工作成效显著，三菱东京日联银行福州分行、台湾银行福州分行获批开业。银行业机构深入社区和企业集中地区增设网点，全年银行业机构新设社区银行 31 家。

年末全市银行业机构小微企业贷款余额 3644.2 亿元，比上年增长 17.16%；小微企业贷款户数 7.72 万户，增长 8.69%；申贷获得率 91.81%，提高 1.92 个百分点，实现小微企业信贷“三个不低于”目标。推进无还本续贷业务、推动完善“无间押”工作，扩大无还本续贷覆盖面，全市有 22 个银行业机构开展无还本续贷业务，机构覆盖率达 100%。推进“银税互动”等新型服务模式，全市银行业机构运用纳税信用评价结果累计发放小微企业贷款 1848 户、金额 97 亿元。

完善“三农”金融服务，推出加强农村金融服务 10 条措施，通过“明确一个目标，聚合三军力量，突出三个重点，夯实三个基础”深入推进农村金融服务，基本实现乡镇银行业网点、行政村金融服务、农户及贫困户建档、评级、阳光信贷服务“六个全覆盖”。年末全市银行业机构涉农贷款余额 3596.6 亿元，比年初新增 375.07 亿元，增长 5.45%，高于全省

表 36　　**2016 年福州银行机构主要经营指标**　　单位：亿元

机构分类	银行机构	本外币各项存款年末余额	比上年增长(%)	比年初增减数	本外币各项贷款年末余额	比上年增长(%)	比年初增减数
政策性银行	国家开发银行	621.70	26.14	128.85	2493.29	11.46	256.43
	进出口银行	13.97	138.11	8.10	466.32	24.89	92.93
	农业发展银行	83.50	32.95	20.70	217.74	28.80	48.69
国有五大银行	中国工商银行	1188.74	4.30	49.01	1058.94	4.97	50.11
	中国农业银行	1098.93	12.64	123.34	878.18	7.70	62.76
	中国银行	1157.10	21.65	205.90	829.98	14.28	103.73
	中国建设银行	1694.54	10.30	158.26	1918.84	17.33	283.49
	交通银行	305.76	5.58	16.17	293.31	24.81	58.30
股份制商业银行	中信银行	475.19	6.55	29.20	384.02	23.28	72.51
	中国光大银行	262.62	-17.71	-56.54	313.78	11.69	32.83
	华夏银行	94.89	-13.45	-14.75	160.53	3.06	4.77
	广发银行	83.35	-3.90	-3.38	144.66	55.89	51.86
	平安银行	155.63	-9.72	-16.76	158.97	-11.98	-21.64
	招商银行	358.10	-20.21	-90: 70	351.43	2.79	9.54
	浦发银行	206.87	2.90	5.82	212.10	10.32	19.84
	兴业银行	1255.25	20.24	211.27	563.75	-1.52	-8.71
	中国民生银行	413.75	9.90	37.27	352.41	18.08	53.95
	恒丰银行	161.57	2.51	3.96	99.33	26.26	20.66
	渤海银行	42.14	17.78	6.36	55.29	111.29	29.12

续表

机构分类	银行机构	本外币各项存款年末余额	比上年增长（%）	比年初增减数	本外币各项贷款年末余额	比上年增长（%）	比年初增减数
城市商业银行	厦门银行	83.94	1.84	1.52	79.58	21.65	14.16
	泉州银行	33.29	28.08	7.30	19.12	83.08	8.68
	厦门国际银行	252.11	0.65	1.62	134.13	33.69	33.80
	稠州商业银行	25.56	-16.91	-5.20	30.33	3.16	0.93
	福建海峡银行	633.34	19.64	103.98	388.51	7.97	28.69
农村合作机构		993.57	20.31	167.72	581.08	7.01	38.05
其中：福州农商行		273.24	14.66	34.93	158.43	-2.26	-3.67
邮储银行		265.52	12.09	28.65	179.79	32.47	44.07
村镇银行		22.40	58.37	8.26	22.41	18.18	3.45
外资银行		66.93	31.10	15.88	70.77	20.67	12.12

平均增幅2.03个百分点。

出台《推进银行业支持扶贫开发行动方案》，实施金融精准扶贫“五项行动”，出台《创建福建银行业支持扶贫开发综合示范点指导意见》，发挥区域示范带动作用。年末实现福州地区建档立卡贫困户信用建档全覆盖，信贷对接772户贫困户，占全部建档立卡贫困户的18.07%，涉及信贷金融3039.56万元。

（张　丽）

【国家开发银行福建省分行】 2016年，国家开发银行福建省分行支持福州市棚改、地铁、高速、能源、新型城镇化、支柱产业等重大重点领域建设，累计向福州辖区提供融资总量612.50亿元，其中发放表内贷款373.43亿元。至年底，分行在福州地区表内贷款余额1084.01亿元，其中福州市本级（不含省级项目）贷款余额485.34亿元。

银政合作　5月，分行与福州市政府签署《支持福州新区建设发展开发性金融合作备忘录》，就农林水利、交通、能源环保、工业技术、社会事业、旧屋改和棚改、文化创意等多个领域70个项目开展合作，合作金额2000亿元。至年底，分行承诺上述合作备忘录清单内项目36个，承诺金额1138亿元，累计融资189亿元，其中累计发放贷款116亿元，专项基金73亿元；对接项目10个，融资金额292亿元；对10个项目投放专项基金73亿元。

服务国家战略　运用国家赋予开行的棚户区改造、专项建设基金等政策性金融工具，支持福州市促投资稳增长。全年向福州市承诺棚改项目3个，累计承诺额54.94亿元，重点支持连潘、加洋巷、清富、马尾魁岐、义井村等棚改片区；累计向福州市发放棚改贷款152.69亿元，占分行在福建全省棚改发放量的82.36%。同时向总行为福州排尾红星棚改项目争取到2016年东部分行唯一一笔PSL资金25亿元。配合国开发展基金推进专项建设基金在福州的投放工作，为福州地铁、“一闸三线”、京东方项目等在建重点项目提供资本金支持。全年累计投放金额123.05亿元，占分行在全省投放量的68.09%。

支持重点领域　发挥在重点领域的融资主力银行作用，支持福州新区基础设施、福州辖区交通等领域建设。全年累计向福州新区评审承诺贷款457.65亿元，累计发放贷款62.72亿元，重点支持福清核电5号、6号机组、京东方8.5代、长平高速、魁岐棚改等项目。牵头组建福州地铁2号线、6号线银团，并支持1号线通车运营。全年累计向福州市发放公路、铁路、轨道交通等重大交通领域项目贷款63.88亿元。

支持社会民生事业　支持福州市水利、现代农业、中小企业、抗灾救灾等社会民生领域建设，为平潭及闽江口水资源配置、塘坂引水二期等重大民生项目评审承诺贷款28.8亿元。全年累计向福州地区发放民生类表内贷款6.75亿元，年末表内贷款余额9.35亿元。面对台风等自然灾害对福州县区造成的重大影响，分行第一时间启动应急预案，开通绿色贷款通道，为闽清县及永泰县授信应急贷款3.5亿元，实现发放2.1亿元，并为鼓楼区、闽清县及永泰县捐赠救灾款90万元。

支持“一带一路”建设　支持福州市“一带一路”建设，为福州优势企业“走出去”提供融资支持，重点支持京东方8.5代及8.6代新型半导体显示器件生产线、宏龙水产、平潭远洋渔业、马尾造船等项目和企业。全年向福州市承诺外汇项目0.45亿美元，发放外汇贷款8.28亿美元。

（黄　羽）

【中国进出口银行福建省分行】 2016年末，中国进出口银行福建省分行福州地区人民币表内贷款余额194.35亿元，较年初新增49.96亿元；美元贷款余额2.35亿美元，较年初减少0.69亿美元；本外币贷款余额合计人民币210.63亿元，较年初新增46.49亿元。全年累计发放贷款109.52亿元。

支持基础设施建设　发挥政策性金融机构特殊优势，支持交通物流设施类项目8个，贷款余额26.9亿元，其中京福高速、福永高速等高速公路建设项目4个，贷款余额12.95亿元；平潭海峡大桥等港口桥梁建设类项目2个，贷款余额5.1亿元；福州保税港区利嘉国际物流园等仓储物流建设类贷款项目2个,贷款余额8.85亿元。同时,重点跟踪福厦高铁项目及福州地铁2号线、6号线项目。

支持能源产业发展　支持福州能源产业发展贷款余额51.38亿元,其中,重点支持国家级重点项目福清核电站建设,完成电站1~2号机组放款27.97亿元及3~4号机组放款21.5亿元。与福清核电签订贷款合同,金额110亿元,继续为福清核电站5~6号机组建设提供贷款支持;为华电可门三期项目批贷5亿元。重点跟踪永泰抽水蓄能等水力发电项目。

支持海洋经济提升　配合"海上福州"建设,支持福州船舶工业和海洋渔业发展,为船舶工业和远洋渔业发展分别提供23.84亿元、2.5亿元贷款支持,其中,为马尾造船股份有限公司高端海洋工程装备升级及特种船舶基地建设提供10亿元转型升级贷款;为世海渔业等企业建造和升级远洋渔船提供0.25亿元贷款;为宏龙海洋印尼金马安基地、宏东毛里塔尼亚渔业基地等境外综合性远洋渔业基地开发建设累计批贷7.1亿元,贷款余额3.39亿元。

支持纺织产业升级　为长乐纺织化纤行业17家企业提供信贷支持,贷款余额达63.57亿元。其中,支持福建省重点项目——申远新材料年产40万吨聚酰胺一体化项目一期、二期工程,全面建成后可年产40万吨高品质聚酰胺。

支持旅游文化产业　发放贷款7.6亿元。其中,为三坊七巷南街改造工程项目发放5亿元贷款,帮助景区提升改造旅游基础设施;与福建日报社集团签订战略合作协议,先后支持其大楼搬迁项目及其子公司海峡都市报服务贸易流动资金贷款项目,累计批贷金额达5.6亿元,累计发放2.6亿元。(李　寒)

【中国农业发展银行福建省分行营业部】

2016年,农发行福建省分行累放各项贷款116亿元,比上年增加28亿元;年末各项贷款余额206亿元,比年初增加53亿元,增长35%;各项存款余额72亿元,比年初增加12亿元,增长20%;累计审批48个政府重点重大项目中长期贷款242亿元,被评为福州市重点项目建设先进单位;所辖福清市、连江县支行贷款增量均位列当地金融机构之首,福清市支行在政府融资贡献度考评中获第一。全年累计向30家涉农企业投放贷款31亿元;采取精简收费项目、降低咨询顾问业务收费标准、免收所有开户企业常年财务顾问费等措施,让利于实体经济,为企业让利减负超百万元。

服务粮棉油收储　围绕"米袋子"工程,发挥粮油资金供应主渠道作用,及时足额供应粮油储备、"引粮入闽""北粮南调"信贷资金,稳定粮食市场,保障粮食安全。全年投放粮油购调储贷款9亿元,支持调入储入粮油74万吨;发放"北粮南调"贷款14亿元,支持调入粮食75万吨,促进引粮入闽和产销衔接,稳定市场供应;支持标准化现代粮食储备仓容建设,审批仓储设施建设贷款2亿元,支持建设仓库23座,增强仓容19万吨。

支持脱贫攻坚　成立脱贫攻坚领导小组,组建扶贫业务部,投放中国农发重点建设项目投资基金1.57亿元弥补福建易地扶贫搬迁项目资本金缺口,审批14.8亿元专项扶贫贷款支持福建省8.5万人国家建档立卡易地扶贫搬迁,支持省级扶贫县永泰和中央苏区县罗源的项目22个、审批金额59亿元。

支持新型城镇化　创建整体城镇化支持模式,发挥PSL贷款期限长、利率优、资金规模优先、审议审批优先等优势,支持水利、农村公路、涉农棚户区改造、农民集中住房建设、农村人居环境改善等项目工程建设,全年获批中长期项目48个、贷款金额242亿元,其中PSL贷款项目14个、金额107亿元,累计投放贷款72亿元。

对接政府项目需求　融入福州市政府"百日攻坚"行动,与重点区、县政府签订战略合作协议,向马尾红星周边地块棚户区改造、福清华侨城改造等25个福州市"百日攻坚行动"重大项目审批中长期贷款181亿元,其中实现投放项目17个、投放贷款65亿元;配合永泰、闽清、福清强台风灾后重建工作,审批投放应急救灾贷款3.8亿元。

重点建设基金投资　响应国家稳增长重大决策部署,全力开展中国农发重点建设基金项目资本金投资工作。推进2015年四批24个国家重点项目资金投放工作,获批农发重点基金9亿元,实现投放8.4亿元,完成支付8.1亿元,支付率96%。开展2016年三批20个重点项目资金审批投放工作,获批农发基金投资15.7亿元,实现投放12.8亿元,投放率81%,解决福州市闽江下游马尾亭江防洪防潮工程、永泰县东部新城污水处理厂、长乐市营前港闸桥及片区防洪堤工程等项目资本金不足问题,拉动投资136亿元。(倪晓颖)

【中国工商银行福建省分行营业部】

2016年末,中国工商银行福建省分行各项存款余额1200亿元,比上年末增加51亿元;各项贷款余额1060亿元,比上年末增加50亿元。资产质量保持基本稳定,实现安全经营无案件无事故。

信贷业务　对接福州市国家战略建设海上福州工作方案,选取其中73个项目确定落地支行及营销人员进行重点支持。全年累计投放项目贷款46.07亿元,其中重点项目贷款投放量30.16亿元。全年审批通过公共设施领域项目5个,金额85.37亿元,其中福州新区开发投资集团有限公司"梁厝片区整体城镇化"项目是全省工行首笔审批通过的政府购买服务项目;福州海峡文化艺术中心建设开发有限公司"海峡文化艺术中心"项目系全省工行首笔PPP项目贷款。投放房地产贷款35.65亿元,发放并购贷款6项13.14亿元,银团贷款8项12.97亿元,发行债券12亿元。加大小微企业支持力度,为海峡水产品专业市场、东南建材城专业、软件园5期项目及华威物流园等专业市场提供服务。监管口径小企业融资总余额49.3亿元,比年初增加2.3亿元。通过核心产品线投行业务多渠道满足客户融资需求,为省、市公积金中心出具公积金贷款资产证券化融资方案,中标由福建省能源集团和三峡资本控股有限责任公司联合发起设立的"海峡一期基金"大型产业股权基金。联手工银国际联合营销融信集团在香港成功上市。为融侨集团物业发行物业资产证券化8.1亿元,是工行系统首单以财务顾问身份全程主导运作并全部使用行外资金完成投资的资产证券化项目,福建省首笔以商业银行为主导运作成功的资产证券化项目。创新国际业务,支持"一带一路"建设,办理全省同业首笔内外联动项下人民币跨境直贷业务。在全省工行系统内率先与中东多哈分行、新加坡分行进行反向风险参贷的业务对接并实现突破。为华映光电办理内外联动项下人民币跨境直贷业务2060万元，系福建同业首笔中资企业开展的跨境人民币融资业务。发放助学贷款555笔，金额329.7万元。

个人金融业务　发展个人住房按揭贷款，优化合作机构及按揭项目准入政策，全年新准入合作机构31个，项目42个。在五一支行成立二手房金融服务中心支行，是福州金融同业中首家二手房金融专业支行。发放首批军人住房公积金贷款。与省、市公积金合作，由工行向借款人发放商业性个人住房贷款，公积金中心按月给予利差补贴，全年累计发放公转商贴息贷款8.31亿元。推广二维码支付服务，二维码支付新型商户达9785户。拓展车位、装修及小微逸贷分期，推动公务员购车分期业务，担保方式分期付款的受托支付正式开展。推出消费信用贷款及现金分期服务。以融e联、融e行、融e购三大平台为抓手，加大互联网金融服务推广力度。

风险管控　开展内控合规“基础强化年”主题活动和“两个加强、两个遏制”回头看检查与整改问责工作。开展反洗钱业务专项检查。该部专线、专席入驻福州市公安局反诈骗中心，配合对涉安账户进行快速查询、止付、冻结等工作，全年防堵诈骗2620笔，金额20637.53万元人民币、1.7万美元。

网点建设　实施网点智能化建设85家，累计投放智能设备120台。完成14个网点的装修改造，完成6个低效网点提质增效建设，完成7个网点布局优化。全辖有网点163个、附行式自助银行163个、离行式自助银行83个、自助点102个，覆盖全市各区县。　（陈　燕）

【中国农业银行福建省分行营业部】 2016年末，中国农业银行福建省分行各项存款余额1033亿元，比年初增加111亿元；各项贷款余额846亿元，比年初增加59亿元。

服务实体经济　围绕福建省、福州市“十三五”规划，服务供给侧结构性改革、百日攻坚项目，持续加大对小微企业、民生金融、重点项目建设、产业结构调整等重要领域的服务力度，全年拓展重大项目160亿元，累计投放小微企业贷款29亿元。新兴业务加快发展，多项新业务实现全国、全省首个突破，实现高端投行发生额101亿元。

服务“三农”　服务现代农业、特色产业、农村基础设施及城镇化建设，介入PPP项目和政府购买服务类项目，新增省级以上农业产业化龙头企业22家，服务覆盖率达80.18%。与市住房保障和房产管理局联合召开新闻媒体见面会，在全省率先开办“农民安家贷”业务，支持进城农民安居乐业，发放“农民安家贷”4243笔，金额27亿元，投放总量持续保持全省首位。推动“山海协作”“百企惠百村”等活动，开展“百村千户”行动，制订“一村一品”精准扶贫方案，完成4163户贫困人口信用建档工作；闽侯、罗源、永泰和闽清等地与“扶贫小额信贷风险担保金”合作机构签约协作，直接信贷支持建档立卡贫困户272户，金额700万元。

网点建设与服务　优化网点布局规划，整合渠道资源优势，扩大金融服务覆盖面和管理半径。以柜台转型深化、排班管理优化、柜面流程优化、大堂岗位转型、营销管理转型及绩效管理转型等“三化三转”为主要抓手，推进客户服务体系建设，提高网点的经营管理效能和服务营销水平。

风险防控　落实“一户一策一方案一团队”工作责任制，实施“火线图”作业，不良贷款持续“双降”。加大案件防控力度，创新内控合规和案防体系建设，完善流程管理，强化尽职监督，落实风险节点控制，提高问题管理、纠偏迁善能力，实现全行安全稳健运行。

（陈　鸿）

【中国银行福州地区直属支行】 2016年，中国银行福州地区人民币各项存款市场份额较上年提升0.73个百分点；外币各项存款市场份额较上年提升8.88个百分点，各项人民币贷款市场份额较上年提升0.06个百分点，各项外币贷款市场份额较上年提升1.24个百分点，国际结算市场排名第一，市场份额较上年提升8.44个百分点。

重点业务　承接市直机关事业单位养老金集中代发业务、中标平潭自贸区68亿元代理置换债务资金管理，营销拆迁“专业户”及天福集团资金归集，置换平安银行融信集团信托贷款21亿元。加大对重点楼盘、重点项目及二手房中介、公积金合作机构的营销力度，对内优化业务流程、提升审批效率，形成“营销一批、储备一批、投放一批”的良性循环。抓住流动性充沛、产品比较优势的市场机遇，找准市场切入点，发挥步步高、聚财通、大额存单等重点产品的带动作用，促进存款业务稳步健康增长。

自贸区业务　通过创新“中银跨境E商通”“虚拟子账户产品方案”等产品满足跨境电商企业、进出口企业外包服务平台、交易所等各项金融服务需求，实现跨境人民币自贸区联行代收业务首发。与福州市跨境电商公共服务平台、平潭跨境电商公共服务平台的系统直连对接。全年有福州自贸区第一批金融创新案例17项，占总数的60%。

中小企业服务　发挥各类助保贷、中银流水贷、中银税贷通宝等特色产品带动作用，开展具有中国银行特色的跨境撮合，全年福州地区中小企业条线实现贷款投放25亿元。

国际结算　坚持重点客户清单式营销，扩大存量客户的授信总量和贸易融资占比，实行客户分层管理，制定差异化营销策略和工作措施。福州地区全年累计国际贸易结算量7.93亿美元，市场份额30%。实现自贸区版跨境双向人民币资金池业务、直接投资、个人经常项下跨境人民币业务首发，年内福州地区与8家跨国企业开展跨境双向人民币资金池业务，市场份额44.44%，居同业第一。

渠道建设　网点建设方面，在保持机构总量总体稳定的基础上，以自贸区、国家新区、人流动向、服务空白为重点，新开业平潭新北、福州国际会展中心和福州五四北3个机构，优化网点布局。网点智能化改造方面，按照智能化、网络化、互动化、综合化思路，对智能化网点选址布局、设备配置以及客户销售服务流程予以规范，全年完成105个智能化网点的硬件建设工作，均通过验收，其中福清侨影支行被总行评选智能化“示范网点奖”。网络金融建设方面，依托消费金融,构建场景生态,加快创新步伐,注重场景打造,发挥跨境优势,实施组合营销。将中银e社区、中银e贷、易商理财、便民缴费、养老宝、E融汇等网络金融业务推向市场。跨境电商方面,于4月7日联合福州海关、福建省商务厅举办“遇见·未来——2016年中银跨境e商通产品推介会”,推介会作为福建地区金融业针对跨境电商新模式举办的产品推介会尚属首例。

风险管控　落实银监会和总行“两个加强、两个遏制”专项检查“回头看”工作要求,落实整改与问责,加强基层网点负责人和重点岗位人员管理,加强对员工异常行为监控。针对贸易融资等重点领域采取资产转让、核销等手段进行不良资产压降;针对重点客户通过积极协调政府、监管部门、运用组建银团、调整授信品种等多种手段盘活授信;针对房地产等重点业务加强贷后管理及准入审查,对于出现风险项目,采取“一户一策”手段化解不良资产。全年福州地区化解不良资产8.7亿元,不良率1.24%,资产质量同业领先。　(陈　琼)

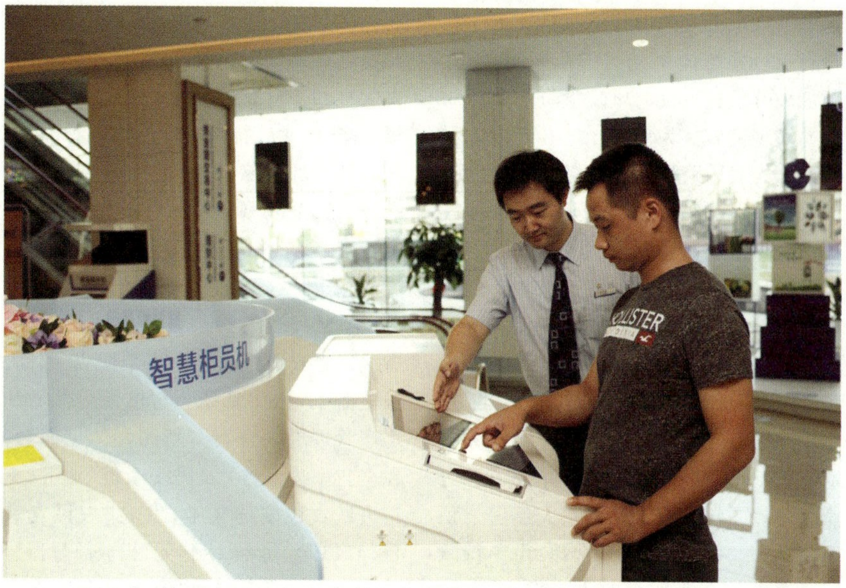

2016年,中国建设银行福建省分行全面推广智慧柜员机(市金融办　供)

【中国建设银行福建省分行】　2016年,中国建设银行福州地区存贷款总量3290亿元,其中存款余额1600亿元,新增181亿元,增长12.8%;贷款余额1690亿元,新增275亿元,增长19.4%,高出全行平均水平9.46个百分点,新增额占全行贷款新增额的70%以上。全年通过信贷与非信贷方式解决客户融资需求累计超过1528亿元。连续7届被评为全省“文明创建先进行业”,福州地区2个单位保持“全国文明单位”称号。连续17年实现安全稳定运营。

融资服务　对接重大投资项目融资需求,新增储备大中型项目贷款570.3亿元,投放138亿元,支持华能罗源电厂一期、福州绕城高速公路东南段、神华福建罗源湾储煤发电一体化项目、福州城市轨道交通1、2号线等省重点项目建设。为37家省内龙头企业提供综合金融服务;为省建工集团、省能源集团等重点建设项目企业提供专业现金管理服务,实现集团内部融资55.3亿元。为福州海峡奥体中心、福州海峡文化艺术中心等重点项目核减造价1.6亿元。重点支持福建日报社、省广播影视集团、福建广电网络集团等文化产业客户(项目)85个,贷款余额18亿元。

发挥建行集团优势,通过理财、短融、中票、租赁、信托、基金等非信贷渠道,满足福州区域客户资金需求140亿元。创新融资渠道方面取得突破,设立总规模1000亿元的“21世纪海上丝路”产业基金,获批435亿元,实现投放73亿元;组建省内金融机构第一个资产池,总规模近500亿元,投放224亿元;承销并认购地方政府债236.8亿元;投放全国建行系统首笔房地产综合金融服务客户前端土地款融资理财产品,规模7.2亿元。研究设立省国企改革改制基金。

支持小微企业　对“小微企业贷款”指标实施硬考核,“以小为主、以微为重”,创新“小微快贷”“善融券e贷”“诚信助保贷”等产品,推进小企业业务“小额化、标准化、综合化、集约化、网络化、智能化”转型。年内福州地区小微企业贷款余额134.87亿元,居四行首位;当期申贷获得率84%,高于2015年同期2个百分点,全面完成“三个不低于”监管要求。同时免收小微企业多项费用,为企业办理“无还本续贷”等业务,有效降低融资成本。

服务“四区建设”　支持海丝核心区、自贸试验区、平潭综合实验区、福州新区发展,通过远期信用证买方付息贴现等方式为客户境外融资达253亿元。发挥建设银行海峡两岸跨境金融中心的作用,加强与台湾金融同业及在闽台资银行跨境金融合作。为27家福州地区企业搭建跨境本外币双向资金池,流入上限总额262.7亿元;支持企业引入海外资金、降低融资成本、规避汇率风险。

服务“三农”　在福州首家推出城镇化建设贷款产品,累计审批通过项目3个、金额10.5亿元,发放4.97亿元。坚持把“三农”列为重点支持领域,加强资源倾斜,服务品牌农业、智慧农业、生态农业。年内福州地区涉农贷款余额257亿元,占各项贷款的35%。同时利用建行电子商务平台助力省内农副产品向全国销售,服务福州地区商户超1511户,交易额超65亿元。

服务民生　扩大与互联网电商平台、购车及家装消费等领域的合作,构建快速贷款等各类消费场景,推进个人消费金融发展。年内福州地区个人消费经营类贷款余额82亿元,增长16.6亿元。创新信用卡消费信贷功能,分期业务覆盖汽车、安居、旅游、商场消费等民生领域。全年信用卡消费交易额418.8亿元。支持公交、校园、医疗、旅游、车友、ETC、县域等20个金融消费生态圈消费升级。

加大对住房、教育、卫生、医疗、文化等民生领域的金融支持。福州地区个人住房贷款新增168.2亿元,居同业首位,惠及4.2万个家庭,创下历年同期最高纪录;教育行业客户贷款余额13亿元,支持13所高等院校、3所职业中专学校建设,市场占比超50%;卫生行业贷款客户3户,贷款余额1亿元。省级重点扶贫县永泰县年内新增贷款3000万元,余额达24.22亿元。

服务生态建设　自然生态方面,支持符合政策的节能环保企业,关注生物与新医药、新材料、新能源、节能环保等领域发展。将企业环境社会风险防控纳入信贷管理全流程,执行信贷审批"环保一票否决制";对产能严重过剩行业实施限额管控,采取"一行一策""一户一策"差异化信贷管理措施。支持核电、风电、污水处理、垃圾焚烧处理、福州市轨道交通等多个节能减排企业,贷款余额95.7亿元,比年初增长35.2亿元,增幅达58%。推进绿色金融产品创新,承销全国建行首笔绿色金融债券,全年累计承销100亿元,支持推进自然资源资产产权、集体林权、生态补偿等领域的创新。

金融生态方面,贯彻省委、省政府关于促进金融平稳运行和防控企业信贷风险等一系列举措,共同守住不发生系统性、区域性金融风险的底线。全年通过再融资、期限调整、贷款承接表外等业务195笔,审批金额34亿元,支持暂时困难企业发展。　(周　卉)

【交通银行福建省分行】　2016年,交通银行福建省分行本部人民币各项存款余额280.34亿元,比年初增加6.55亿元,人民币各项贷款余额291.58亿元,比年初增加57.6亿元。

业务结构优化　坚持"存款立行"与"资产立行"同步推进,持续优化负债结构,力压高成本负债产品规模,拓展低成本核心负债,同时拓展优质资产项目,实行重点项目储备常态化推进、制度化落实和规范化管理,加速实质性贷款有序投放。分行本部低成本负债占比提升11.27个百分点,低成本存款余额增长35.65亿元。推进客户工程建设,加大政府机构、金融同业、事业单位、国有企业类客户合作力度。与龙岩交通集团、进出口银行福建省分行、中国移动福建公司、农发行福建省分行等重点客户签署战略合作协议,中标福州住房公积金管理中心、闽江北岸中央商务区城市广场及地下停车场、海峡一期(平潭)新兴产业股权投资基金之产业并购子基金等重点公开招标项目。发展投行、同业等业务,拓宽创收渠道,提高盈利能力与效益水平。

风险防控　将风险管理摆在首位,创新管理机制,发挥准事业部制改革、风险客户集中管控、风险板块专项行动等举措效用,提高风险处置水平,遏制不良贷款上升势头。年内分行本部不良资产占比下降0.48个百分点。制定《交通银行福建省分行内控与合规考核办法》,突出过程管理,明确部门与条线的监督检查职责。落实"两个加强、两个遏制"回头看和"五大领域"专项整治工作要求,对发现的问题予以全面整改。贯彻从严治党、从严治行的要求,开展案件防控"长剑行动",并针对"五大领域"专项整治工作中发现的典型问题,开展"敲警钟、明底线、促合规"案件防控专项行动。下发《关于重申员工行为规范持续强化员工行为管控的通知》,重申加强员工行为管控的10类禁止行为。

网点布局优化　围绕"精准性打造综合型旗舰网点,动态性整合提升一般性网点,补充性布局普惠型网点,适度性铺设自助网点"的思路和"存量网点资源优化,增量网点资源优配"的原则来推进机构网点建设,塑造层次分明、比例均衡、热点覆盖、适应发展的网络渠道体系。贯彻落实总行基层营业机构转型提升精神,网点经营面积压降3134平方米,获总行2016年度"基层营业机构转型工程"成本节约奖。在"三位一体"建设上持续发力,探索低产网点向普惠型网点转型,加快柜员向客户经理转型。保持电子分流率领先优势,提升电子银行效益,支撑交易方式向电子渠道转移。分行本部电子分流率提升1.94个百分点。调整综合型网点、普惠型网点和自助银行布局,优化劳动力组合,扩大服务半径、辐射范围和单点产能,人均利润同比提升。开展消费者权益保护和服务提升工作,仓山支行在2016年度中国银行业文明规范服务千佳示范单位评选中获评"千佳"网点。　(林　俊)

【福建省农村信用社联合社福州办事处】

2016年,福建省农村信用社联合社福州辖区9个农信社、农商行有343个营业网点、2989名从业人员;资产总额突破1000亿元,达1167亿元,比年初增加197亿元,增长20.35%。各项存款余额976.99亿元,比年初增加167.51亿元,增长20.69%,增量连续3年保持全省农信系统首位;县域法人行社存款市场份额全部稳居当地第一。各项贷款余额575.37亿元,比年初增加38.92亿元,增幅7.25%;5家行社贷款市场份额居当地第一位。资产质量居全省农信、全市银行业金融机构前列;拨备覆盖率291.65%,拨贷比4.48%;资产利润率1.4%,资本利润率17.01%。"客户积分平台"上线,全市农信系统维护客户数72万户,积分5亿分,长乐、平潭、罗源等行社积分商城正式开放,实现积分的线上、线下兑换。各行社成立一、二级专营机构或配备专岗负责金融市场业务,8家行社获得银行间债券市场、发行理财等多种市场资质,9家行社开办同业、非同业业务等多种线上、线下金融市场业务;长乐农商银行发行首期大额存单。全市农信系统资金营运收入占全部收入27.35%。

支农支小　坚持"小额、流动、分散、阳光"信贷原则,下沉服务重心,创新服务产品,提升服务质量,支持新福州建设。试点农村土地承包经营权抵押贷款,发放贷款22户、金额1523万元;推广"小微宝""万通宝""普惠金融卡"等自助循环授信业务;推出"安居贷"个人住房按揭贷款,支持农民和农民工进城购房;推出福万通贷记卡"装修、购车"等分期付款业务。推进信用工程建设,创建信用乡镇6个、信用村401个,评定信用户6.67万户,给予贷款规模优先、额度提高、利率优惠等优惠政策。年末农户贷款户数13.26万户,余额251.87亿元;涉农贷款余额383.93亿元,增幅12%;小微企业贷款15698户,余额145.69亿元,增幅14.41%,申贷获得率99%;民生类贷款2.44万户,金额19.05亿元,增幅78.57%。

金融扶贫　闽侯、闽清、永泰、连江、罗源5家农信社与当地政府扶贫办建立精准扶贫工作全方位合作机制,其中4家农信社独家获得精准扶贫担保基金合作资格;永泰县联社成为福州市唯一的金融扶贫开发示范行社。全市建立贫困户金融档案4274户、13407人,完成建档户数100%;整合政府担保基金、生源地助学贷款、救灾贷款、其他政府贴息贷款等多种贷款产品,以直接帮扶、产业带动等方式,发放精准扶贫贷款500户、2233万元,满足贫困户金融需求。

抗洪救灾　台风"尼伯特"过后,福州农信社、农商银行派出170名员工、投入1543个工作日摸清受灾户资金需求;建立信贷员联络卡制度,组建81人灾区金融服务队伍,上门为受灾农户、企业提供金融服务;开通绿色通道,推出多项灾后重建信贷产品,实行优惠利率,采用信用贷款、无还本续贷等方式,满足灾后重建恢复生产资金需求。全市农信系统投放救灾贷款3516户、60760万元;向当地政府、受灾,乡镇、灾民捐款255.68万元。

服务社会　开展捐资助学活动,通过福万通慈善基金为福州地区175名家庭困难、品学兼优的大学生捐款87.5万元。累计发放助学贷款20442笔,金额1.25亿元,帮助8746名困难学生。开展"金融知识进万家""普及金融知识万里行"等宣传教育活动430次,分发6.87万份宣传材料,培训4.98万名客户。12月25日,"福建农信杯"福州国际马拉松开跑,9家农信社、农商银行参与赞助,闽侯、闽清、连江、福清、长乐5家行(社)为参赛运动员预制赛事主题银行卡。

(吴美香)

【福州农商银行】　2016年,福州农商银行各项存款余额273.24亿元,比上年末增加34.93亿元,增长14.66%,高于福州市城区银行业平均存款增速5.5个百分点,储蓄存款余额仅次于工农中建银行位居第五位,存款增量位居城区金融机构第九位。各项贷款余额158.43亿元,其中涉农贷款余额34.40亿元,占各项贷款的21.71%,比年初增长21.26%,高于各项贷款增幅23.55个百分点;小微企业贷款余额36.15亿元,占各项贷款的22.82%;日均贷款余额152.02亿元,增长6.8%。全年实现各项收入18.06亿元;拨备前利润7.4亿元,账面利润3.13亿元。全年缴纳各项税收3.82亿元。年末不良贷款余额4.68亿元,不良贷款占比2.95%。不良贷款主要以抵押类贷款为主,债权保障水平较高,风险可控性较强。主要监管指标持续达到监管要求,继续保持全年安全运行无案件、无重大责任事故。资本充足率11.13%,拨备覆盖率161.67%,拨贷比4.78%。继续提供创业贴息贷款、新农保业务、生源地信用助学贷款等民生金融服务。优化产品,扩大业务范围,开发厂抵贷、赎楼贷、老房贷、大学生"培训贷"、"小微宝"企业自助循环贷款等信贷产品,办理质押回购匿名点击业务、债券借贷业务、远期结售汇等业务。突破传统物理网点格局,在社区支行导入微贷中心营销团队,以资产业务带动社区金融服务发展,将产品和服务渗透、延伸至社区。年内华林支行智能化旗舰店正式开业,打造智能化网点服务新模式,为客户提供"自助、智能、智慧"的全新服务。

【招商银行福州分行】　2016年,招商银行福州分行实现经济利润6.49亿元,不良贷款余额10.66亿元,较年初下降0.08亿元;不良贷款率2.25%,较上年下降0.04个百分点,低于当地同业平均水平(2.53%)0.28个百分点。累计实现全口径现金清收6.9亿元,且零售信贷资产质量指标保持稳健。

零售业务　零售贷款较年初新增39.03亿元,占人民币一般性信贷资产比重53.57%,较上年提高10.63个百分点。住房贷款、消费信贷快速增长,其中全口径消费贷款余额28.63亿元,较年初新增14.25亿元,增幅99.14%,推出互联网金融产品白名单"闪电贷"产品;房贷余额141.7亿元,新增43.32亿元,增长44.04%,在闽首推"云按揭"房贷线上作业模式,让房贷业务进入互联网时代。零售经济利润实现4.67亿元,占全行经济利润的72.01%。零售营业净收入11.59亿元,占全行43.09%,比上年提高8.78个百分点。财富管理业务收入2.18亿元,其中固定收益类产品收入破亿,并在闽首推财富管理重磅应用摩羯智投功能,率先将"投资顾问服务"从人工化推向智能化;黄金业务累计中收457万元,比上年增长42%;保险业务累计实现应收中收2300万元,增长28%。

对公资产业务　全年累计退出低层级类平台客户表内外资产业务123.2亿元。"19+4"个产能过剩行业压缩6.79亿元,低价值、九宫格预警客户实现价值提升或压缩7.95亿元,单一预警客户较年初压缩4.86亿元,民营担保公司实现全部退出,大额预警名单客户基本完成全年压退任务目标。通过锁定省属大型集团企业、市属核心城投公司、地方行业龙头企业、优质上市公司和金融同业机构等重点营销目标,加强核心客群建设,获总行认定的分行级核心客户达46户。

批发业务　聚焦"三大主攻方向"和"两大主战场",突破传统资产负债表限制,发展大资管、大投行,变融资为"融资+融智"相结合、变商行服务为投商行一体化服务。投金板块全年实现业务收入4.64亿元,其中投资银行实现业务收入2.16亿元,同业实现业务收入2.48亿元。债券承销市场份额保持同业领先;投行创新业务实现永续债、影视基金等多项首发。交易银行加码创新型产品运用,上线多级现金池业务;付款代理实现首单突破,财务公司商票投融通业务开系统先河;创新型结算业务全面覆盖,在闽首推"移动支票"业务;衍生交易业务挖掘跨境业务中收新源头。票据业务聚焦电票直贴,直贴金额近80亿元,占74.07%。

客群建设　批发客户方面,实现小企业无贷户当年新开4091户,比上年增长20%,完成任务目标的112.42%。年末,福州分行小企业无贷户16926户,其中有收入客户11045户,占比65.25%。小企业无贷户时点存款61亿元,活期时点存款占比77.75%,年日均存款49.72亿元;新开小企业无贷户时点存款6.37亿元,年日均存款3.29亿元;新开小企业无贷户时点存款对分行当年公司新开户时点存款的贡献率达67.51%。小企业无贷户收入1.54亿元,占分行公司业务整体收入的13.41%。零售客户方面,全行存量零售大众客群28.74万户,较年初净增3.83万户;累计新增代发有效客户70745户,同比增幅7.16%;全渠道发力电子银行业务,手机银行客户数新增14.6万户;在闽首推Apple Pay、Huawei Pay、小米支付、一网通支付等一系列移动支付工具,帮助用户实现出门消费"刷"手机的无卡支付体验;在榕首推"ATM刷脸取款"业务,也是国内银行首次将人脸识别技术应用到自动取款机上的重大举措;深化"内建平台　外接流量"战略思路,发力"一网通"支付商户拓展获客新模式，通过场景争夺形成全新线上流量入口，实现电子支付中收1841万元，比上年增长4.06倍；与省市级税务部门签订“银税互动”战略合作协议，为小微批量获客搭建有效平台，实现获客500户，投放小微贷款5.81亿元。

（林　亮）

【浦发银行福州分行】　2016年，浦发银行福州分行账面本外币资产总额766.28亿元，负债总额790.96亿元，在岸本外币一般性存款余额322.44亿元，在岸本外币各项贷款余额382.25亿元。福州分行下辖4家二级分行，14家支行，60家社区(小微)支行。

明确以国企及政府平台、PPP项目为重点拓展方向，从全国范围募集多方资金支持省内重点项目建设，推动落实与省能源集团、福建建工集团、省电子信息集团、省旅投集团、泉州城建国投、漳州城投等一批优质客户合作，完成福建省首个财政部PPP示范项目业务落地。响应国家政策，支持产业结构调整、去产能过剩、绿色金融，12月就碳金融业务与海峡股权交易中心、福建罗源闽光钢铁有限责任公司签订合作协议。推进小微企业金融产品和服务方式创新工作，推出个人经营性融资易贷款、通联宝POS贷、中移动“和利贷”、无还本续贷等特色小微金融服务，满足小微客户不同金融服务需求，小微贷款余额69.55亿元，比年初增加13.83亿元，增长24.82%，完成监管部门“三个不低于”要求。小微企业无还本续贷11.8亿元，比年初增加5.42亿元。无还本续贷业务笔数、金额占比均完成监管部门要求。已开业的60家社区(小微)支行个人金融资产141.94亿元，开卡超过14.01万张。

履行爱心公益社会责任，年内向莆田市荔城区特殊教育学校捐赠价值3.6万元的爱心图书、阅览桌椅、书架等物资用于建设“爱心示范图书室”；组织新入职员工代表到福州市儿童福利院捐赠棉袄、帽子等保暖物品和零食；举办志愿者日活动“为爱开跑”，累积里程通过一定的折算方式换算成捐赠金额，捐助给“爱佑新生”上海宝贝之家病患孤儿关爱项目等。

（蓝晋平）

【兴业银行福州分行】　2016年，兴业银行福州分行资产总额1776.56亿元，本外币各项存款余额1256.39亿元，本外币各项贷款余额563.60亿元，次级以下不良贷款余额4.39亿元，不良率0.78%。

支持海西建设　发展现金管理、投资银行、供应链金融、绿色金融等重点业务，灵活运用新兴金融工具，为福州地区经济建设和企业发展拓宽资金来源渠道，提供金融支持。落地福建省高速公路和福建省投资集团DFI储架发行项目，注册银行间市场交易商协会首单混合所有制改革的并购私募债券。推进技改基金和福建省文化发展基金项目落地。推动跨境金融业务，实现高龙集团外币跨境资金池落地，成为福建自贸区内首家获批办理跨国公司外汇资金集中运营管理业务的企业。推进“智慧医疗”品牌营销，开发银医通、掌上医院、健康通等多个产品，并与10多所三甲医院开展业务合作。加速布局互联网移动支付，微信二清平台稳步上量。开展小企业集群营销，试点推广“兴业管家”移动支付产品。参与福建省生态文明示范省的试点工作，与海峡股权交易中心就碳金融和排污权交易达成全面金融合作。

网点服务　引入第三方机构进行服务质量监测，促进服务品质改善；推进厅堂标准化建设和转型改造，优化营业厅劳动组织模式，扩大“一岗多能”的广度和深度，通过服务明星、样板网点示范，以点带面促进服务水平提升。以创建“敬老文明号”为契机，完善老年人优先通道、专属休息区等敬老便老设施，开展“安愉人生”俱乐部活动，开创老年客群金融服务领域新局面。

风险防控　推动风险体系改革，完善“集中、垂直、专业”的风险管理组织架构，对同城民营企业实现尽职调查全覆盖。以资产质量管控为工作重心，改进考评指标，努力“控新降旧”，保持资产质量稳定。加强授信风险管控，推动业务流程再造，实现放款流程一站式服务。建立合规管理长效机制，加强案防管理，推动“员工行为十三条禁令”，建立员工异常行为管理常态化机制。加大违规问责力度，组织开展“啄木鸟”行动和“两个加强、两个遏制”回头看专项检查，提升合规和内控水平。

（陈　艳）

【福建海峡银行】　2016年，福建海峡银行实现拨备前利润21.97亿元，比上年增加1.88亿元，增长9.37%；净利润7.89亿元，增加0.72亿元，增长10.07%。年末全行资产总额1546.29亿元，比年初增加209.46亿元，增长15.67%；存款余额925.11亿元，比年初增加154.66亿元，增长20.07%；贷款余额602.45亿元，比年初增加66.94亿元，增长12.50%。资本充足率11.68%，比年初下降0.5%；不良贷款率2.63%，比年初上升0.15%。入列全国商业银行百强，全球银行千强排名651位、提升150位；获评“货币市场创新奖”“年度银行卓越董事会奖”；金融市场连续第10年获得公开一级市场交易商资格。

支持重点项目　向23家省属企业授信200亿元、向53家市属企业授信165亿元；开辟绿色通道，简化审批程序，对接百日攻坚、地铁建设、招商引资、城市建设管理等“三抓三促”活动，为地铁1号线等百日攻坚项目提供授信48亿元，累计发放金额19.38亿元。

服务转型升级　探索地方产业转型升级金融服务方式，作为主办行发起成立产业基金13只，审批金额317亿元；对接发展战略，制订支持海上福州建设金融服务方案；借助政银企合作优势，推出“海峡周转贷”“福州市中小企业周转基金”；创新“海洋助保贷”“优税贷”，设立远洋渔业发展基金、全省首个县级产业转型升级基金，推出首笔自贸区国内跨境电商内保直贷业务、首笔排污权抵押贷款，以“管家式服务”支持产业转型升级。

发展普惠金融服务　小微企业贷款余额378.08亿元，比上年末增加45.62亿元，增长13.72%，比各项贷款增速高0.9%；小微企业贷款户数16333户，比上年末增加25户；小微企业申贷获得率86.95%，比上年末提高2.98%，完成“三个不低于”指标。在全省率先设立首家科技支行，入驻福州高新技术产业开发区，累计为30家科技型小微企业提供贷款3亿元，为建设国家自主创新示范区注入金融活水。成立文化创意金融服务专营机构——文化产业金融部，推出“点石成金”寿山石系列金融产品，对省影视文化龙头企业——世纪长龙影视有限公司授信1.5亿元。发行支持福州地铁、公交出行的众行卡，新增市民卡11万张，累计发行656万张，激活金融功能52万张，实现“立等可取”服务；推出学区房贷款、汽车消费贷款，推出首期T+0开放式活期理财产品。

优化业务结构　坚持“快乐走在山水间”业务布局，加大特色金融业务营销，优化优质资产配置，加强同业投资，银行间市场交易量突破5万亿元，达5.2万亿元；储蓄存款首次突破百亿，增幅28.66%。重点发展“哑铃型”客户结构，向省属、市属企业主动授信，小微贷款余额、户数和申贷获得率超去年同期；零售有效客户数(金融资产口径)21.09万户，增加3.59万户，公司有效客户数(授信客户)5600户，增加400户。改善收入结构，中间业务收入4.33亿元，比上年增加1.83亿元，占比首次突破10%，达12.25%，零售金融、特色业务盈利贡献不断提升。

风险防控　强化信用风险控制，利用授信政策对重点行业和重点区域进行控制，定期分析信用风险状况，调整集团客户管理，新增授信风险得到有效控制，新增公司授信不良率0.16%。全年通过各种方式清收化解逾期贷款40.29亿元，全年核销贷款7.9亿元，挂牌转让不良资产9.99亿元，年末不良贷款率实现预期控制目标。结合“两加强　两遏制”回头看检查，完成23个常规检查项目，督促各分支机构整改问题424个，整改完成率99%。建立“大资产负债管理”与“大预算管理”相结合的经营预算体系，建立以提高风险资本报酬为导向的资本分配管理机制，以创利为导向配置资源，完善不良清收考核，对加大风险合规类权重。提升科技营运保障，优化业务流程，开展智慧厅堂建设，全行重要信息系统可用性达99.97%。强化督查督办，引入五星督办评价机制，建立分行挂钩帮扶工作机制。强化三防一保，强化案件防控，实现全年无安全保卫责任事故。　(郑　舒)

【东亚银行(中国)福州分行】　2016年，东亚银行(中国)福州分行总资产64.76亿元，各项存款余额20.24亿元，各项贷款余额6.37亿元。信贷资产质量优良，所有授信五级分类均为正常级，未发生逾期、欠息、垫款等情况。推进同业及外汇等业务发展，通过加强与非银同业机构的沟通互动，拓展公募基金公司、证券公司、消费金融公司等非银金融机构客户，获得同业业务稳步发展。同时利用福州自贸区的政策优势，推动跨境双向人民币资金池业务，获取低成本资金沉淀，并通过交叉销售，拓展结售汇、衍生产品等业务，增加中间业务收入。履行企业社会责任，在“六一”儿童节期间，前往农民工子弟学校开展“一字一句，书享童年”公益活动，前往中小学校开展“金融知识进校园”等金融知识普及活动；开展户外反洗钱知识宣传；募集各界慈善捐款，向宋庆龄基金会捐助等。年内分行在中国人民银行福州中心支行的银行业金融机构综合评价中获得B级评价。　(何恩典)

【合作金库商业银行股份有限公司福州分行】　2016年，合作金库商业银行股份有限公司福州分行以信贷业务为核心，并推及存款及国际结算等相关业务，各项业务均较同期及年初有所增长，资产质量良好。各类存款余额0.95亿元(不含同业)，比年初增加0.66亿元，同业存放7.36亿元；贷款余额8.76亿元，其中短期贷款1.93亿元，中长期贷款6.83亿元，贸易融资0.18亿元，无不良贷款；营业收入0.35亿元，净利润0.13亿元。中间业务收入0.03亿元，主要有表外业务保函、跟单信用证，中间业务余额1.57亿元，其中2家台商企业开立6笔保函担保业务，1家台资企业开立3笔跟单信用证。

(李师德)

证券期货业

【概况】　2016年，福州市有上市公司71家，其中境内上市公司32家，境外上市公司39家；有证券公司2家(兴业证券股份有限公司、华福证券股份有限公司)，证券分公司19家，证券营业部121家，期货公司3家(兴证期货有限公司、金友期货经纪有限责任公司、鑫鼎盛期货有限公司)，期货营业部29家。

【上市公司】　2016年，福州市新增2家境内上市公司和2家境外上市公司，分别为福建博思软件股份有限公司、中富通股份有限公司，在深圳证券交易所创业板挂牌上市，兴业证券股份有限公司、融信(福建)投资集团有限公司在香港联合交易所挂牌上市。全市有上市公司71家，其中境内上市公司32家，境外上市公司39家。全年有36家次上市公司从资本市场筹集资金1546.82亿元，比上年增长33.14%，其中首发融资3.8亿元、增发配股融资358.02亿元、公司债融资279亿元、短期融资券融资106亿元、金融债融资800亿元。

【场外市场】　2016年，福州市有上市后备企业231家，23家进入实质上市程序，其中4家过会待发行、12家进入首发审核程序、7家在福建证监局上市辅导；有92家中小企业进入全国中小企业股份转让系统(“新三板”)挂牌交易，1家企业取得挂牌函，6家企业进入海峡股权交易中心挂牌交易。

【证券期货】　2016年，福州市有证券公司2家，证券分公司19家，证券营业部121个，占全省(不含厦门)总数的40.74%；手续费收入158016.75万元，占全省(不含厦门)总数的48.82%；利润总额75756.75万元，占全省(不含厦门)总额的47.30%。全市有期货公司3家，期货营业部29个，占全省(不含厦门)总数的46.77%；手续费收入5977.25万元，占全省(不含厦门)总数的48.96%。

【债券融资】　2016年，福州市存续期企业债券有10只，发行企业8家，累计发行额度90亿元，债券总量位居全省第二位。其中福州建工(集团)总公司发行5亿元、福州市城乡建设发展总公司发行22亿元、福州京福高速公路有限责任公司发行6亿元、福清市国有资产营运投资有限公司发行20亿元、福建省连江县国有资产营运有限公司发行10亿元、福州高新区投资控股有限公司发行7亿元、长乐市国有资产营运公司发行10亿元、福州开发区国有资产营运有限公司发行10亿元。

【基金业】 2016年，福州市在中国证券投资基金业协会登记备案的私募基金管理公司136家、私募基金307只，认缴资金规模891亿元，基金管理人数量居全省第二，管理基金规模居全省第一。启动设立3只产业引导基金，分别为福州新区投资发展基金，首期规模100亿元，主要投向福州新区基础设施建设、公共事业发展、产业引导方面；福州紫荆海峡科技投资基金，基金规模50亿元，首期拟设立10亿元，将在福州市科技投资方面发挥作用；福州华侨母基金，首期基金规模100亿，引导华侨资本投资福州市建设。 （刘洪麟）

【华福证券】 2016年8月，华福证券公司注册资本由5.5亿元增至33亿元，形成全国化经营网点布局，在全国设有20家分公司及126个证券营业网点，有兴银成长资本管理有限公司和兴银投资有限公司2家全资子公司，控股1家子公司兴银基金管理有限责任公司，实现以福州为行政总部、上海和北京为业务总部的三总部制全国化经营管理体系。在证券监管部门组织的证券公司分类评级中，获A类A级，经纪业务市场份额蝉联福建辖区第一。

福州分公司本部下设机构业务部和零售业务部等业务部门，负责统筹管理辖区18个证券营业部，与福建投资银行总部联动，为私人客户、机构客户、上市公司等各类群体提供综合金融服务。年内福州分公司实现营业收入50192万元，净利润19040万元，其中经纪业务实现营业收入25560万元，占福州分公司营业收入的50.92%。

机构业务主要类型以票据、存单、债权投资、股票质押等类型业务为主，常规渠道集中在兴业、建行、浦发、平安、招商、上海、盛京等银行。股票质押业务合作渠道扩大到8个金融机构，服务包括雪人股份、东百集团、海源机械、中能电气在内的13家上市公司及其股东，为企业提供融资逾31亿元。

为福州辖区企业融资提供承销、财务顾问和辅导等投资银行专业服务。5月27日，承办由福建省证监局和福建省金融办联合举办的"福建省2016年交易所债券类融资工具发展论坛"。股权融资方面，"新三板"挂牌项目3个（"837536"坤兴海洋，"839257"中锐网络，"837394"功夫谷），完成定增备案3家。债权融资方面，在福州辖区发行长乐国资企业债，发行融侨物业ABS，担任兴业证券次级债联席主承销商，融资规模28.1亿元。 （崔 伟）

【兴业证券】 2016年，兴业证券组织实施公司第二个五年（2016—2020）战略规划首年各项经营活动。通过配股募集资金122.58亿元。集团公司总资产1365亿元，比上年增长20%，归属于母公司股东净资产317亿元，增长71%；公司总资产1098亿元，增长12%，净资产295亿元，增长73%，净资本308亿元，增长115%。净资产和净资本行业排名分别为第15位和第13位，较年初分别提升4位和10位。集团全年实现营业收入75.68亿元，净利润23.37亿，归属于母公司股东净利润20.39亿元，其中专项合并口径营业收入57.5亿元，行业排名第16位，与年初持平，净利润18.9亿元，行业排名第18位。

核心业务竞争力保持较高水平，其中机构客户融资服务业务全年承销业务净收入11.29亿元，行业排名第12位，财务顾问收入2.55亿元，行业排名第21位。股权融资业务完成股票主承销21家，行业排名第15位，累计融资262.38亿元，行业排名第14位。债权融资业务完成公司债企业债发行130家，行业排名第5位，较上年提升3位，公司债企业债融资额1198.03亿元，行业排名第7位。"新三板"业务完成172个项目挂牌，行业排名第4位。私人财富管理业务努力做大客户和客户资产，托管证券市值5290亿元，行业排名第18位，资金账户152万户，比上年增长38%；产品保有额321亿元，增长2.67%。融资融券余额121亿元，行业排名第17位；股票质押回购和约定购回余额260亿元，行业排名第20位。资产管理业务全年受托资管业务收入6.08亿元，行业排名第16位，管理资产规模1197亿元。子公司经营全部盈利，控股6家子公司全年累计营业净收入22.28亿元，净利润7.93亿元（不含资管）。其中兴全基金公司管理资产规模1740亿元，主动管理能力保持行业前10位；兴证期货公司日均客户权益93亿元，较年初增长45%，金融期货交易继续位居行业前10；兴证资本投资额较去年增长1倍，实现5个项目退出；兴证香港公司托管港股市值位居中资券商第5位，较上年提升3位，中资券商中增幅第一，10月在香港联交所上市，成为首家分拆登录香港的中资券商。

（赵 路）

保险业

【概况】 2016年，福州市有保险公司主体55个（含1个法人机构），其中财产险公司25家、人身险公司30家，各级营业机构网点204个，保险专业中介公司网点115个，保险从业人员4.6万人。实现保费收入268.9亿元，比上年增长29.9%，规模和增速均列省内9个设区市首位，其中财产保险69.9亿元，增长3.0%，人身保险198.9亿元，增长43.0%。人身保险项下包含寿险132.3亿元、比上年增长28.6%，健康险59.4亿元、增长96.9%，意外险7.3亿元、增长20.1%。全年累计各项赔付支出近87亿元，比上年增长16.7%。全市保险业累计承担风险总额8.8万亿元，总资产超过550亿元。

围绕人民群众健康、医疗、养老等方面的保险需求，参与构建多层次的社会保障体系。发展多样化健康保险服务，发展与基本医疗保险有机衔接的商业健康保险，健康险保费收入59.4亿元；推进福州市税优健康险试点，全年承保1085件，年化保费收入233.9万元，有10家公司参与。参与社会保障市场化运作，为150万名城镇职工、473万名城镇和农村居民提供大额医疗费用补充保险和大病保险保障；受托管理福州平潭、闽侯78万名参合群众的新农合业务；在福州地区试点职工个人账户结余资金购买商业健康险业务，累计承保177件，合计保费22.5万元。促进农业保险增品、扩面、提标,扩大农业保险覆盖面,全年实现保费收入3085万元。在开展水稻、森林、奶牛、农房、渔船等农险险种的基础上,探索茶叶、花卉、海水养殖风灾指数、生猪价格等特色农产品保险。同时推动农村小额信贷保险、农民养老健康保险、农村小额人身保险等涉农普惠保险业务发展。省政府办公厅印发《福建省政策性农村住房保险实施方案》,保险责任在原有15类主要自然灾害种类的基础上新增突发性滑坡(地陷)灾害,保险金额由每户1万元提高到最高2.5万元。

支持缓解小微企业融资难。继续在福州市启动小微企业贷款保证保险试点工作,福州地区试点保险公司与2家银行签订合作协议,保障发放贷款19笔1358万元。发挥责任保险作用,通过商业手段化解矛盾纠纷,全年实现责任险保费收入3.4亿元,比上年增长17.4%。推动省政府出台《关于推行环境污染责任保险制度的意见》,在环境高风险领域推行环境污染责任保险。与市市场监管局联合推行电梯、气瓶责任保险。出口信用保险为全市出口贸易提供约53亿美元收汇保障,保单融资业务协助福州出口企业获得银行贷款约3亿美元。福州市保险业为社会提供超过5万个就业岗位。

组织产险公司在各高速公路出口处设立保险理赔快速处理服务点,高速公路免费通行期间处理264起事故。推进交通事故快处中心建设工作,全年福州快处中心累计处理案件7.4万余件,日均处理219件,处理事故车14.7万辆,日均处理超400辆,调解存在责任争议的案件近2.5万件。防灾减损注重发挥保险功能作用,在应对“尼伯特”“莫兰蒂”“鲇鱼”三大台风中,保险业将灾后理赔作为工作重点,快速推进保险理赔工作。

开展扩大保险机构和高管人员备案制管理改革,对在自贸区内设立营销服务部和营业部、变更支公司及以下机构营业场所、福州辖内保险公司支公司高管人员任职资格均实行备案管理。配合自贸区洽谈设立保险法人机构事宜,为有意愿的投资主体提供政策咨询,指导计划在平潭自贸区注册设立的海峡人寿、国祥人寿开展筹建申请工作。福建自贸试验区(不含厦门片区)保险机构网点数达33家,保费收入11.4亿元,比上年增长13.7%。出口信保福建分公司在福州片区综合服务大厅金融区专设服务窗口。引导保险企业参与自贸区建设,福建省保险产品创新研发中心、福建省保险消费者权益保护服务中心和福建省保险消费者宣传教育中心等3个中心相继在平潭挂牌成立并稳步运行。保险服务保障“台车入闽”、支持对台外贸出口、平行进口车责任险等取得成效。同时,以股权、债权、企业债券、集合信托等多种形式参与福州市重大项目建设,中国人寿资产管理公司与福州市政府洽谈合作设立“国寿福州新区发展基金”,合众人寿总公司新引入保险资金5000万元购买福州城市建设投资集团有限公司债券。 (许　朗)

【人保财险福州分公司】 2016年,人保财险福州分公司实现保费收入16.30亿元,比上年增加0.87亿元,增长5.65%。家财险、意健险、责任险、农险、车险5个产品线实现正增长,其中车险增幅较大达8.72%,比上年增加1.12亿元;实收保费16.17亿元,增加0.95亿元,增长6.22%。市场份额40.1%,比上年同期上升1.81个百分点。赔付支出8.57亿元,赔付率57.38%,上升3.47个百分点;综合费用率38.3%,上升1.5个百分点;综合成本率95.68%,上升4.97个百分点。实现报表利润总额5570.78万元,比上年减少7312.93万元。

构建合作4S店与重点合作修理厂微信推修群联系平台,与106家4S店、48家综合经销商、153家二类修理厂开展业务往来。结合线下配套服务和线上产品推广资源服务,推进“人保之友”客户俱乐部建设,为客户提供覆盖售前保后服务、用车服务及个人门户管理的移动互联网应用,聚集存量客户并维护粉丝量74363人,俱乐部会员数达98090人,微信平台绑定率50%,会员活跃度60%,服务客户325899人次,主要活动参与达43003人次,会员续保率94%。启动大灾预案应对“尼伯特”“莫兰蒂”“鲇鱼”及“9·11”暴雨等台风、暴雨灾害,快速查勘定损,确保准确及时赔付。年内大灾案件结算3120件,支付大灾赔款4888.81万元。 (宁　蕊)

【中国人寿保险股份有限公司福州分公司】 2016年,人保福州分公司实现总保费31.037亿元,其中长期保险首年保费13.827亿元,长期保险首年期交保费6.347亿元,短期险保费1.467亿元,意外险保费6596万元,总保费占福州市场份额15.95%。以客户为中心,聚焦服务触点,创新服务方式,优化临柜客户感知,把柜面打造为“客户交流的平台、产品营销的平台、客户体验的平台”;增强电子化服务能力,拓宽业务受理渠道,提升业务处理时效,建立移动服务、电话服务、上门服务、网点服务协调联动的优势,提升保单基础服务水平;组织开展高端客户健康体检、“国寿客户节”、“牵手国寿　传递爱心”公益捐助、少儿绘画作品选、国寿大讲堂、金银卡客户年会等活动,丰富国寿“1+N”服务品牌内涵。开展以销售误导治理为主题的诚信合规专题教育和诚信文化建设工作,参与人民银行和反洗钱协会各项组织活动。《互联网金融迅猛发展形势下的反洗钱工作》一文获得福建省反洗钱协会反洗钱信息调研论文二等奖,并入选《福建论坛》人文社会科学版2016专刊;下属机构闽清支公司和福建自贸试验区福州片区支公司获得当地人民银行反洗钱非现场监管A级评级。 (姚　颖)

【中国太平洋财产保险股份有限公司福州中心支公司】 2016年,太平洋财险福州中心支公司保费收入6.07亿元,占福州产险市场份额的11.23%。发挥县域公司功能与作用,利用各县域机构地理位置优势及特色,加大当地在建项目的保险业务拓展力度,同时将保险服务向县域边区延伸。与各中介机构合作,制定和实施专管专营细则,同时配备专业技术人员,提升服务品质。推动产、寿交叉销售工作,建立业务互动机制。发展电话销售渠道,通过电话平台为客户提供更快捷的车险咨询快速报价、折扣讲解、免费送单等一条龙车险服务。拓展网销渠道,创新推出“码上保”投保方式,产品覆盖公司经营全险种,客户通过微信扫描识别二维码、扫描行驶证、录入相关信息、手机在线支付完成一系列投保动作,简化投保手续。拓宽车行合作面,建全车商渠道销售平台,与近220

家车行建立合作关系，并在各合作车行设立驻店服务人员，在店受理车辆投保、业务咨询、小额案件理赔等业务。

年内承保福建工业集团统保、江阴填海项目一期工程建工一切险、罗源港码头建工一切险及建工雇主险、全省电影院公众责任险统一保险，及涉外诉讼保全责任险、永泰抽水蓄能建工一切险、连江液化气气瓶责任险统一保险等项目。承保福建省委组织部、福州港口管理局、福建省汽车运输有限公司的车险业务。

年内有1132辆客户车辆在"尼伯特""莫兰蒂"和"鲇鱼"3次超强台风中不同程度受损，赔付2473万元；福建华科光电有限公司因暴雨灾害出险，赔付539万元；福建八方港口发展有限公司因台风受灾，赔付178万元；福建江阴国际集装箱码头有限公司因水灾出险，赔付132万元。"95500"客户服务平台推出赔款催领、关切回访、气象提示、短信提醒等一系列增值服务。每月下发《理赔时效分析》，强化车险理赔服务环节的时效性，逐月改善理赔服务时效。贯彻落实新《中华人民共和国保险法》，对理赔等业务流程进行梳理并整改提高。在"五一"、中秋、国庆等节假日开展现场服务活动，在高速路口及重点景区设置快速理赔服务点，现场为客户提供便民咨询、小额极速赔付、免费道路救援等服务，同时为车主和游客提供安全行车咨询、胎压监测、轮胎充气、备胎更换等增值服务，向客户发放饮用水、爱心雨伞、常用药品等物品。以"3721"人伤全程导赔工程项目为基础，面向交通事故出险的太平洋保险客户和伤者，提供6项人伤服务，包含3项赔付服务和3项关爱服务，推进太好赔人伤无忧服务，打造"太好赔"理赔服务品牌。 （赖建文）

【中国平安人寿保险股份有限公司福建分公司】 2016年，平安人寿福州地区累计实现保费收入411149万元，比上年增长17.9%，其中新单保费164114万元，续期保费247035万元。个险代理渠道保费、银邮代理保费、公司直销与其他兼业代理保费收入占比分别为89.2%、3.2%、7.6%。全年累计赔付保险金55978万元，比上年增长近12%。福州

2016年11月8日，海峡金桥财产保险股份有限公司举行开业新闻发布会
（市金融办 供）

地区个险营销员12322人，较年初增长33.1%。

全年福州地区个险代理渠道保费收入366825万元，比上年增长31.3%，其中个险新单保费141504万元，增长44.3%，个险续期保费225321万元，增长24.2%；银邮代理保费收入13219万元，下降72.2%，其中新单保费9340万元，下降78.5%；直销及其他兼业代理业务保费收入31104万元，增长43.7%。

全年普通寿险92361万元，保费比上年下降2.8%，占比22.5%；分红寿险196686万元，保费增长19.2%，占比47.8%；万能寿险10758万元，保费增长6.8%，占比2.6%；投资连结保险386万元，保费下降21.2%，占比0.1%；寿险合计增长10.9%，占比73.0%；健康险93544万元，保费增长41.3%，占比22.8%；意外险17413万元，保费增长45.9%，占比4.2%。年内健康险和意外伤害险实现快速增长，占比提升。

依托"平安金管家"APP平台，打造全流程的健康管理服务体验。在整合寿险全流程服务的同时，以医生资源为核心，加入日常健康管理服务项目，打造用户一对一的随身"移动医生"，同时增加生活助手模块，为用户提供更多专业的生活便利。推广移动理赔服务，简化客户理赔流程。年内"安E赔"理赔应用正式上线，通过手机拍照上传资料、电子签名等功能，办理过程实现减免复印资料、申请无需排队、补充资料无需往返等优势。5月，启动第二十一届平安人寿客服节，倡导家庭健康新生活，通过平安行、绿行家、欢乐秀三大线上线下相结合的活动，结合特色节点，分别从安全教育、亲子陪伴、家庭欢乐3个方面关注每个家庭身心健康，提升客户综合服务满意度。 （叶 兴）

【海峡金桥财产保险股份有限公司】 2016年8月23日，海峡金桥财产保险股份有限公司获中国保监会开业批复，8月25日领取营业执照，11月8日开业，是福建省首家国有控股全国性法人保险公司，注册地为中国（福建）自由贸易试验区福州片区。注册资本15亿元，国有资本占比80%，由福建省投资开发集团有限责任公司作为主发起人，福建发展高速公路股份有限公司、福州市投资管理公司、厦门象屿集团有限公司、福建省船舶工业集团有限公司等省内大型国有企业及民营企业共同参与发起设立。年末累计保费收入4745.65万元，承保中闽（福清）风电有限公司的福清3个山（大帽山、王母山、码头山）风电场建筑、安装工程保险业务。11月，海峡保险作为首席承包人中标永泰抽水蓄能电站建筑、安装工程保险业务，承保份额45%。
（张琳婧）

（编辑 周弭姣）

旅游业

综　述

【概况】 2016年，福州市旅游接待5522.34万人次，比上年增长18.3%；旅游收入663.30亿元，增长23.5%；接待入境游客108.68万人次，创汇13.47亿美元。其中，“十一”黄金周期间接待游客254.63万人次，比上年同期增长15.94%；实现旅游收入14.71亿元，增长18.97%。

全市有国家A级旅游景区34个，其中国家AAAAA级旅游景区1个，国家AAAA级旅游景区13个，有省级旅游度假区2个，星级乡村旅游经营单位26个，温泉旅游景区19个，福建观光工厂2个。

【景区管理】 2016年，福州市开展国家A级旅游景区创建。对照《旅游景区质量等级的划分与评定》国家标准，指导贵安新天地休闲旅游度假区、永泰百漈沟、源脉温泉园等景区在旅游基础配套设施、景区环境、服务质量等方面进行完善和优化。年内，贵安新天地休闲旅游度假区通过省旅游局的国家AAAAA级旅游景区初评，由省旅游局推荐上报至国家旅游局；永泰百漈沟景区通过省旅游局的国家AAAA级旅游景区评审；源脉温泉园正式获评国家AAA级旅游景区。

【乡村旅游】 2016年，福州市开展乡村旅游品牌创建工作。全市有乡村旅游休闲集镇6个，特色村35个，星级乡村旅游经营单位26个，其中四星级13个，三星级13个。

8月，举办第三期福州星级乡村旅游经营单位提升发展培训班，全市三星级及以上乡村旅游经营单位负责人、闽台乡村旅游乡村试验基地负责人、各县(市)区旅游局相关人员、乡村旅游发展重点村(镇)负责人160多人参加培训。

9月，市旅游局、市财政局联合出台《福州市乡村旅游精品示范点创建申报办法》，从各县(市)区筛选出9个符合创建条件的乡村旅游点，市财政连续3年给予每个乡村旅游点每年100万元的资金补助，所在县(市)区政府按不低于1:0.5的比例支持配套资金，力争3年内打造9个乡村旅游精品示范点。

【港澳旅游】 2016年，澳门同胞到榕旅游1.38万人次，比上年增长37.5%；香港同胞到榕旅游13.6万人次，增长12.7%。

6月15—20日，组织景区、乡村旅游经营单位等旅游企业赴香港参加第30届香港国际旅游展。开通赴港澳地区的夕阳红旅游专列；要求组团旅行社不推港澳游低价游线路；主推品质不购物旅游新线路；支持在榕开展港澳游推介活动。

【海峡旅游】 2016年，福州市旅行社组织7.33万名游客赴台旅游(含金马澎

表37　**2016年福州市国家A级旅游景区名单**

评级	景　区
AAAAA级	三坊七巷历史文化街区
AAAA级	福州国家森林公园、于山风景区、鼓山风景区、中国船政文化景区、青云山风景区、永泰天门山风景区、石竹山风景区、福清天生农庄、中国云顶、贵安新天地休闲旅游度假区、溪山休闲旅游度假区、旗山森林人家旅游区、罗源湾海洋世界
AAA级	长乐冰心文学馆、长乐显应宫、长乐九龙山庄、东壁岛滨海旅游度假区、连江青岛啤酒梦工厂、长乐猴屿洞天岩、灵石山森林公园、福州春伦茉莉花文化创意园、三叠井森林公园、罗源畲山水景区、闽清宏琳厝、源脉温泉园
AA级	福州市博物馆、福州文庙、邓拓故居、绿丰农业生态园、福建省委旧址纪念馆、闇亭寺、琴江满族村、卧龙谷

地区),比上年增长 4.1%;台胞到榕旅游 31.03 万人次,增长 10.4%。赴台游客组团直航本岛游和个人赴本岛游人数分别比上年下降 23.7%、19.2%,马祖、金门游人数分别增长 66.6%、1.6 倍。台籍游客经黄岐—马祖航线到榕旅游 23111 人,比上年增长 1.53 倍。海峡旅游服务质量良好,全年投诉率为零。福建省海峡发行集团、福建新华国际旅行社"福州市马祖旅游综合服务中心"建设项目,于年底试营业。

组织旅游景区、旅行社、餐饮等旅游企业赴台开展交流对接活动。8 月组织聚春园集团等企业赴台参加 2016 年台湾美食展,10 月组织三坊七巷等景区赴台参加"第十一届海峡两岸台北旅展"。推动台车入闽自驾游,指导市旅游协会自驾车游分会与台湾自驾车游协会等机构开展业务对接合作,组织两批次台湾车辆经平潭口岸入闽旅游。

支持榕台两地旅行社组织两岸青少年通过体育赛事、修学旅游等活动开展交流往来。上半年,指导旅行社接待 120 多名台湾青少年到榕开展修学旅游活动。8 月,指导旅行社组织到榕参加第四届海峡青年节的 600 多名台湾青少年开展福州名胜古迹考察活动。10 月,组织福州青少年赴马祖开展"体育 + 旅游"修学交流活动。

"两马"旅游工作先后推出"万人游两马""情系两岸,畅游两马""到连江走走　去马祖逛逛"等榕马旅游消费奖励政策,在全市星级饭店投放马祖旅游宣传资料,新增 5 家赴金马澎游组团旅行社,加大与马祖旅游客源互送、市场共享力度,提高福州—马祖旅游线路知名度。在台湾投放福州旅游广告,打造"温泉古都　有福之州"品牌,提高福州旅游在台湾知名度。

打造环马祖澳旅游区,支持连江县旅游局在该县 209 千米"三湾三口"的岸线上,加快环马祖澳旅游区建设步伐,指导连江县旅游局建设"环马祖澳旅游集散中心",携手马祖地区共同培育福州—马祖旅游目的地,组织景区、旅行社、媒体等业界代表到马祖开展踩线、交流活动 6 次,接待 3 批次台湾旅行社、媒体、立荣航空公司等近百名业界代表经福州—马祖航线到福州踩线。

【自贸区旅游】　2016 年,福州市推动自贸区对台旅游先行先试工作,制定三项执业管理办法、三项业务受理流程、三项事中事后监管办法。分别是《福州自贸区外资合资、台资合资旅行社管理办法(试行)》《福州自贸区台胞报考全国导游人员资格管理办法(试行)》《台湾导游领队在福州自贸区所在城市执业管理办法(试行)》《外资合资、台资合资旅行社在福州自贸区申请设立的工作流程》《台湾导游领队在福州自贸区执业申请工作流程》《福州自贸区内台胞报考全国导游证受理工作流程》。

推出八项自贸区对台旅游创新举措。允许台资合资旅行社试点经营福建居民赴台团队旅游业务;允许台湾导游经培训认证后在福州市执业;允许在福州自贸区内居住一年以上的持台湾方面身份证明文件的自然人报考导游资格证,并按规定申领导游证后在大陆执业;鼓励福州旅行社招聘台湾导游;设立赴马祖游"一站式审批服务中心";简化审批环节,承接福建省下放自贸区的"导游证核发、外商投资旅行社设立许可"业务;对台开放旅游服务业,批准台资独资旅行社落户自贸区;推进非闽籍居民赴马祖旅游便利化。

鼓励台资和台湾地区旅游从业人员在榕投资和就业,推动设立 1 家台资合资旅行社和 1 家台资独资旅行社,年内有 38 名台籍导游、领队申请培训换发证件。

2016 年 8 月 14 日,到榕参加第四届海峡青年节的台湾大学生到长乐琴江满族村参观考察　(郑帅　摄)

资源开发

【资源规划】　2016 年,《福州市"十三五"旅游业发展专项规划》开展编制工作。指导督促仓山、马尾、福清、长乐等县区开展区域旅游总体规划编制(修编)及重点景区规划编制,完成《马尾区"十三五"旅游发展规划》《马尾旅游发展总体规划》《琅岐汇侨休闲农庄提升规划》《琅岐四季休闲农庄提升规划》,《福州市仓山区旅游发展总体规划》《福州市仓山区林浦旅游发展策划》《福州市仓山区螺洲镇旅游发展策划》《长乐市"十三五"旅游业发展规划(2016—2020 年)》《福清市云峰湖休闲农业旅游发展总体规划》《福清市北池休闲农庄旅游总体规划》《长乐东洛岛保护和利用规划》通过专家评审。

【项目建设】　2016 年,福州市旅游"六大工程"项目 37 个,计划总投资 475 亿元,年度计划完成投资 46.75 亿元,1—12 月完成投资 50.26 亿元。

全市旅游列入市级攻坚项目 8 个,

其中罗源湾滨海旅游度假区三期项目、永泰闽商生态园基础设施建设项目、海峡(永泰)生态旅游度假项目、永泰东部温泉旅游项目、闽侯八闽文化旅游项目、福州光明旅游温泉小镇项目6个建设项目,8—12月计划完成投资13.53亿元,实际完成投资17.38亿元,占攻坚行动计划的128%;华润滨海城配套项目建设、闽侯宗地2013挂22号、宗地2014挂1号(八闽古城)等2个征迁项目,计划交地面积51公顷,全部完成交地。年内罗源时代大厦、福州罗源湾海洋世界旅游区等项目建成开业。

【项目招商】 2016年,福州市推出海峡国际智贸城项目三期泛娱乐文创生活体验中心项目、八仙过海旅游文化综合项目、东和昌公司达高动漫主题乐园等项目进行招商推介,其中,海峡国际智贸城项目三期泛娱乐文创生活体验中心以"福建二次元文化产业发展有限公司"的名称获得名称预先核准,12月10日,二次元众创空间正式启动;八仙过海旅游文化综合项目一期规划面积约150公顷,投资60亿元建设海洋极地世界、欧乐堡游乐场、自然博物馆等旅游文化项目,年内海洋极地世界项目动工建设。

表38 **2016年福州市五星级、四星级饭店名单**

星级	饭 店
五星级(8家)	福州西湖大酒店、福建外贸中心酒店、福州金源大饭店、福州美伦华美达大饭店、福州香格里拉大酒店、长山湖(长乐)国际酒店、福州万达威斯汀酒店、福州名城豪生大酒店
四星级(21家)	福州大饭店、福清融侨大酒店、福建金仕顿大酒店、福清兰天大酒店、福州梅峰宾馆、福清冠发君悦大酒店、福建山水大酒店、福建阳光假日大酒店、福建省闽江饭店、福州(晋都)戴斯酒店、福清瑞鑫大酒店、福建黄金大酒店、福州新紫阳大酒店、福建国惠大酒店、福建银河花园大饭店、最佳西方财富酒店、福州铭濠酒店、福州景城大酒店、福建丽景假日大酒店、福州聚春园大酒店、福州于山宾馆

表39 **2016年福州市金牌和AAAAA级、AAAA级旅行社名单**

评级	旅行社
金牌(4家)	福建省中国旅行社、福建省康辉国际旅行社、福建省旅游公司、福建春秋国际旅行社
AAAAA级(10家)	福建省中国旅行社、福建省康辉国际旅行社、福建省旅游公司、福建春秋国际旅行社、福建省康泰国际旅行社、福建省铁路国际旅行社、福建青旅国际旅行社、福建海外旅游实业总公司、福州建发国际旅行社、中国国旅(福建)国际旅行社
AAAA级(12家)	福建省白云旅行社、福建省中旅假日旅行社、福州市国际旅行社、福建省金龙国际旅行社有限公司、中青旅(福建)国际旅行社、福清南方国际旅行社、福清世纪假日旅行社、福清市光大旅行社、福清市信天游航空旅游、福建省假日国际旅行社、福建环球国际旅行社、福清市中信旅行社

旅游服务

【旅游公共服务】 2016年,福州市建成福清中旅旅游集散中心、永泰县旅游集散中心和罗源县旅游集散中心等3个旅游集散中心。委托福州文旅导游服务公司运营长乐机场游客服务中心,全年长乐机场咨询服务中心累计接待旅游咨询25万人次,发放观光旅游资料10万余份,为到榕游客提供购票、住宿、乘车等引导服务。

年内,全市纳入国家旅游局旅游厕所建设管理系统的新改建旅游厕所50座,其中新建42座、改扩建8座。根据省旅游局关于旅游厕所建设管理工作的要求,研究出台《2016年福州市旅游厕所验收方案》,成立福州市旅游厕所等级评定委员会,并组成6个检查组于11月起对50座旅游厕所进行验收。

【星级旅游饭店】 2016年,福州市有星级饭店46家,其中市区33家、福清市7家、长乐市5家、闽清县1家。有五星级饭店8家、四星级饭店20家、三星级饭店16家、二星级饭店2家;有客房8810间,床位1.45万张。

对取得星级资质的饭店,组织开展年度复核和满3年期星级饭店复评,福州西湖大酒店、福建银河花园大饭店、福清金榕酒店等3家星级饭店通过满三年期复评。

【旅行社】 2016年,福州市有旅行社161家,其中出境游组团社36家,赴台游组团社8家。发布第二批公开承诺诚信经营旅行社55家,加强文明行业创建工作。年内福建省旅游公司、福建省中国旅行社、福建省春秋国际旅行社有限公司、中国国旅(福建)国际旅行社有限公司、福建省康辉国际旅行社股份有限公司和福建康泰国际旅行社有限公司等6家旅行社获2015年全国百强旅行社称号,分列第34、40、45、48、51和67位。福建省旅游公司和中国国旅(福建)国际旅行社有限公司入列2015年度全国入境三十强旅行社,福建省中国旅行社和福建省康辉国际旅行社股份有限公司入选2015年度全国利税贡献三十强旅行社名单,福建省宝中旅游集团有限公司入选2015年度全国旅行社集团二十强。福建省旅游公司被评为全国旅行社业优秀企业。

【导游队伍】 2016年,福州市有持证导游4258人,其中初级导游4124人,中级导游101人,高级导游33人,中级以上占导游总人数的3.14%。全市有外语导游122人,其中英语75人,日语7人,德语4人,法语2人,印尼语3人,朝鲜语1人,俄语1人。

年内1903名导游通过年审,根据新导游上岗要求,组织开展4期岗前培训,605名导游参加,332名导游通过考核。

宣传营销

【主流媒体宣传营销】 2016年,福州市在中央电视台综合频道1套、新闻频道13套及中文国际频道4套继续投放福州城市旅游形象15秒宣传片。

与《中国旅游报》《海峡都市报》《福州日报》《福州晚报》、福州电视台等本地主流媒体合作,在小长假、黄金周等重要节点开展旅游专版宣传和系列新闻报道,展示福州以生态游、乡村游、温泉游、文化游、滨海滨江游等为特色的旅游资源与产品。

策划编印《福州旅游手绘地图》《遇见福州——旅游精品线路导览手册》,在全市80多家星级饭店实行定期配送,及时补充投放,为到榕游客免费提供旅游景点、交通、美食、酒店、购物、娱乐等资讯的一站式旅游服务资讯。年内新拍《榕城十八景》《爱我,就到这来找我》《美丽乡村系列专题》等多部旅游宣传片,宣传片摒弃以展示景观为主的传统拍摄手法,融入故事情节和文化元素,做到以情动人,通过镜头表达福州城市的"幸福感"。

【旅游形象宣传活动】 开拓国内旅游客源市场 2016年3月、4月、6月和12月,福州市组织各县(市)区旅游局及重点旅游企业分别赴珠三角、西北、西南地区以及合福高铁沿线12个城市开展旅游推介活动,从城市旅游形象、旅游产品建设、旅游政策扶持等方面展示闽东北五市一区的整体旅游形象,吸引当地旅游协会、主要组团社及主流媒体参与。推介会期间,还牵头搭建闽东北五市一区营销共建平台,通过统一主题、统一营销、统一产品,对闽东北旅游资源进行整体包装推介,组织旅行社编排多条精品旅游线路向当地旅游业同行和媒体发布。

拓展境外旅游客源市场 11月起,在CNBC电视台世界频道、美国频道、欧洲频道和亚洲频道等四大主频道投放福州城市旅游形象宣传片,面向超过3.8亿人的全球家庭用户展示"温泉古都有福之州"的城市形象。

展会营销 组织福州市重点县(市)区旅游局、旅游企业代表参加第十二届"5·8"海峡旅游博览会。福州市旅游局获评旅博会最佳组织奖和2016年福建旅游商品评选暨创意设计大赛最佳组织奖。全市有14件伴手礼入选"福建好礼"百佳作品,11件作品获评创意设计奖,在全省创意设计类获奖作品数量排名中位列第一。5月14日,配合省旅游局在三坊七巷举办2016年"5·19"中国旅游日福州分会场活动。

【旅游节庆活动营销】 2016年11月13日,第二届"海上丝绸之路"(福州)国际旅游节在福州海峡会展中心启动。旅游节由"会、展、赛、节"四大系列活动组成,印度尼西亚、哥伦比亚驻华大使,加拿大、希腊、西班牙、泰国、阿联酋、澳大利亚、约旦、马耳他、韩国、塞浦路斯等10个"一带一路"沿线国家城市旅游机构代表,以及来自25个国家和地区的300多名境外旅行商应邀参加。

【智慧旅游】 2016年,福州市联合市旅游局政务微博、政务微信、"遇见福州"手机APP及"福州欢迎您"宣传短信,通过举办各类主题活动,加强与市民、游客的互动交流。7月,市旅游局官方微博以高活跃度、传播力、覆盖度、影响力获全国市级旅游局官方博影响力TOP10。年内市旅游局新浪微博拥有粉丝512万人,全年发布微博770条。"遇见福州"微信公众号年内发布859篇旅游资讯,连续45周在福建省旅游局官方微信影响力排行榜中排名第一。2014年开通的针对到榕游客"福州旅游欢迎您"宣传短信业务,累计向游客发送欢迎短信近9378万条。

开展在线旅行商推广。2月18日,市旅游局与携程旅行网签订战略合作协议,双方议定在福州旅游品牌宣传、旅游产品研发、旅游目的地推广等方面开展合作,借助携程作为国内第一、世界第二的在线旅游集团在产品、渠道、数据等方面的优势,战略布局"旅游+互联网"。年内开展"春游福州、元宵福包大派送""千人自驾游福州""我要去福州"全球视频营销活动、"喜马拉雅有声攻势"等系列主题活动,并推出系列福州旅游线路,在携程旅行网上线。与携程旅行网合作以来,通过携程旅行网平台到榕旅游人次同比增长幅度达110%。

建设旅游电子信息系统。6月,福州市旅游电子信息系统(一期)项目通过"数字福州"专家评审。一期在全市重要节点安装投放100台旅游电子信息屏,与"遇见福州"手机APP、福州旅游资讯

2016年2月18日,福州市旅游局与携程旅行网签订战略合作协议

(市旅发委 供)

网共同构建三位一体的福州智慧旅游云服务体系。福州市旅游电子信息系统二期项目进入公开招投标阶段。

旅游管理

【旅游安全管理】 2016年,福州市举办全市旅游行业安全生产培训班,开展旅游行业安全生产大检查等专项整治活动,组织开展企业安全生产自查和整治工作,推动全市183家大中型旅游企业的安全生产标准化建设,均通过评审达标。加强与安监、消防、市场监督、交通等相关部门配合,开展旅游安全等专项整治活动,全年未发生旅游安全责任事故。

2016年11月14日,2016"遇见福州"全国旅游摄影大赛获奖作品展在三坊七巷南后街展览馆开幕。图为获奖作品颁奖仪式 (市旅发委 供)

【旅游服务质量管理】 2016年,福州市落实"双随机"抽查工作,建立旅游市场主体名录库、旅游执法检查人员名录库、随机抽查事项清单、多部门监管责任事项清单及《"双随机"抽查工作细则(试行)》,组织县(市)区旅游部门联合开展全市旅游市场随机抽查。组织开展"不合理低价游"专项整治行动,打击"不合理低价、零负团费及强制购物"等严重扰乱旅游市场秩序的违法违规行为,通过开展日常检查、联合检查、随机抽查等形式,整顿规范旅游市场秩序。落实福州旅游企业"红黑榜"制度,在福州市旅游局政务网和全省"一张网"对19家违规旅行社进行"黑名单"公开曝光,加大对违法失信行为的惩处力度。全年开展旅游市场检查行动次数125次,出动检查549人次,检查旅游企业155家次,作出行政处罚2起,对福州鑫康桥旅行社有限公司及有关责任人员未经许可经营旅行社业务的违法行为进行行政处罚,罚款1.2万元。对7名违规导游员予以导游IC卡扣分处理,对5家旅游企业下发《责令整改通知书》限期整改,对2家旅游企业的不规范经营行为全行业通报批评。落实"放心游福建"服务承诺,及时协调解决各类旅游咨询与投诉,全年接到各类旅游投诉与咨询427起,办结率为100%,为游客挽回经济损失519421.85元。

8月,承接省旅游局下放的行政审批项目,并入驻市行政服务中心常设窗口,及时办理旅行社设立和变更、导游证核发和变更、领队证核发和变更、出境旅游团队名单表审验等22项业务。按计划完成导游人员年审培训、岗前培训和旅行社管理人员和星级饭店管理人员服务质量提升培训,举办2016年福州市饭店企业服务技能大赛、第二届海上丝绸之路导游员邀请赛。持续开展"爱旅游·行文明"文明旅游主题活动,培育5个文明旅游示范点。

【旅游法治建设】 2016年,福州市以"3·15"国际消费者权益日、"12·4"国家宪法日暨全国法治宣传日为契机,举办法治宣传主题活动。在《福州日报》《福州晚报》等主流媒体上刊登实际发生的投诉案例,维护旅游消费权益,在旅游局官方网站发布信息,以案释法。宣传旅游法治、旅游消费和维权知识,引导旅游消费者文明旅游、理性消费、依法维权,引导旅游企业依法经营、诚信经营。12月,福州市旅游质量监督管理所被福州市依法治市领导小组评为"2011—2015年全市法治宣传教育先进集体"。

(洪惠淑)

(编辑 周弭姣)

科学技术

综　　述

【概况】　2016年，《中共福州市委福州市人民政府关于实施创新驱动发展战略建设创新型省会城市的决定》《福州市“十三五”创新驱动与科技发展专项规划》《福州市实施创新驱动发展战略行动计划工作任务分工方案》《福州市人民政府办公厅关于培育科技小巨人领军企业实施意见》出台；制定支持福建自贸区福州片区科技创新发展的政策、科技成果购买补助、科技重大专项等创新举措；落实科技创新优惠政策，兑现209家高新技术企业所得税优惠减免4.12亿元，344家科技型企业的研发费用抵扣税前应税所得额17.16亿元；88家企业获得科技小巨人领军企业研发费用，加计扣除奖励专项奖励资金，共3640万元，金额占全省一半；开展科技政策宣传活动，举办各类政策培训会，参加培训人员超过4500人次。推进科技社会事业发展，支持医疗卫生项目62个，实施市级重大疾病防治科技重大专项1个。

【科技投入】　2016年，福州市本级财政全年科技投入3.87亿元，占本级财政公共预算支出比例1.65%。全社会研究与实验发展（R&D）经费支出98.76亿元（错年值），占GDP的比重为1.76%，居全省第二位。

【科技示范建设】　2016年5月，福州新区入选国家首批双创示范基地，出台《福州新区创建双创示范基地工作方案》。6月8日，国务院召开常务会议，批准福州、厦门和泉州3个国家高新技术产业开发区建设国家自主创新示范区，为国务院批准建设的第15个自主创新示范区。年内福州市获“全国知识产权示范城市工作先进集体”称号。

【科技创新主体】　2016年，福州市新认定高新技术企业229家，至年底，全市有高新技术企业586家。全年有125家企业进入省首批“科技小巨人领军企业培育发展库”。推荐“福建省科技型企业”备案2批次，全年备案企业409家，有效省科技型企业备案总数超过631家。

【新技术培育】　2016年，福州市组织实施2016年市科技计划项目，支持各类项目163个；首次设立科技重大专项，重点支持VR、“互联网+”、车联网等5个领域；每个项目安排100万元，“虚拟现实云娱乐交互系统的研发及产业化”等8个获省区域发展项目；143家企业获科技创新券补助962.4万元，较上年增长82%，占全省的38%。

【科技创新平台】　2016年，福州市有4家企业获得省（企业）工程技术研究中心，成立“福建省VR产业技术研究院”

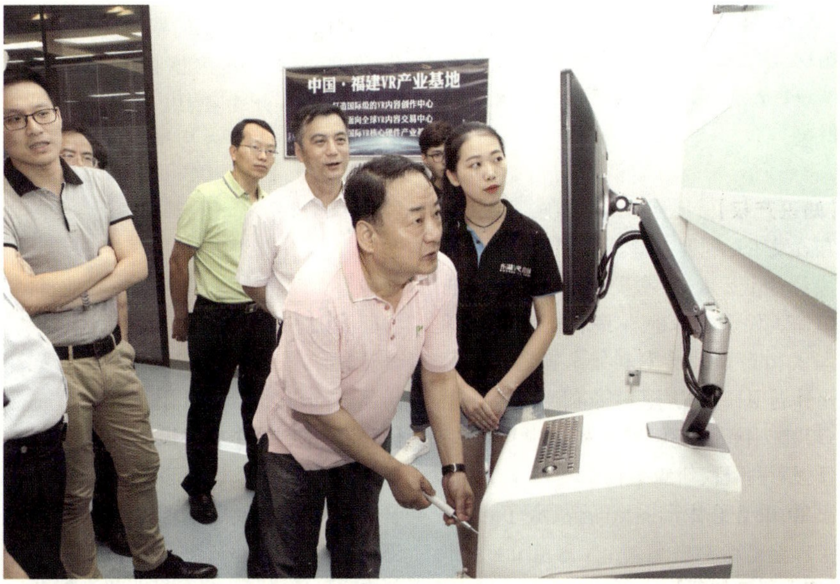

2016年8月27日，福建省科技厅组织调研位于长乐东湖镇的中国·福建VR产业基地　（市科技局　供）

"福州漆艺术研究院",并获得省科技厅科技创新平台建设计划项目扶持,扶持金额1000万元。至年底,福州市建成省级企业工程(技术)研究中心82个,重点实验室13家。年内市政府出台《建设创业创新示范中心实施方案》,并建立联席会议制度,明确各县(市)区政府和高新区要打造创业创新示范中心,城区除马尾外,均建成示范中心,并通过市政府的检查验收。鼓励企业、高校和各种社会力量创办多种形式的孵化器,特别是众创空间和"互联网+"孵化器。全市有4个国家级众创空间,22个省级众创空间,46个市级众创空间,总面积超10万平方米,创业团队总数900个,创业人数达6000人;13个孵化器获批省级互联网孵化器。引进在国内外有影响力的众创空间入驻,微软(中国)福州创业孵化基地和启迪(福州)孵化基地于"5·18"海交会期间开园,腾讯众创空间、百度开发者创业中心、车库咖啡均落地。推动火炬创业导师队伍建设,全市有4名中国火炬创业导师,43名福建省火炬创业导师,107名市级火炬创业导师。

【高层次人才创新创业平台体系建设】 2016年,福州市遴选高层次人才申报科技创业领军人才和科技创新领军人才。全年有5人入选国家"万人计划"科技创业领军人才,4人入选科技部创新人才推进计划"科技创新创业人才",6人入选省"科技创新、创业领军人才"。组织245家企业参加全国创新创业大赛,74家进入复赛,3家获全国总决赛优胜奖。

【知识产权】 至2016年底,福州市有效发明专利拥有量8640件,位居全省首位,每万人有效发明专利拥有量12.221件。22家企业专利技术项目列入2016年福建省专利技术实施与产业化计划项目。联合有关部门出动人员达300多人次,处理假冒专利案件158件,处理专利侵权纠纷案件25件。认定23家2016年度福州市知识产权示范企业。

【农业科技创新】 2016年,福州市安排农业科技、农业星火、科技扶贫项目52个,金额1035万元;开展省级扶贫开发重点县科技人员选派及培训工作,选派专家13人,为永泰提供公益性专业技术服务。

【产学研合作】 2016年,福州市支持市校合作项目43个,组织30个成果对接项目和15项技术需求项目参加"6·18"对接会,组织企业300多家次参加省科技厅组织的各类科技成果对接会,形成常态化成果转化机制。 (詹志勤)

福厦泉国家自主创新示范区(福州片区)建设 2016年6月,福厦泉国家自主创新示范区获得国务院批准,福州市成立由市政府主要领导为组长的工作领导小组,领导小组下设协调办公室和推进办公室。9月17日,市委办公厅、市政府办公厅联合出台《关于成立福州市推进国家自主创新示范区建设课题小组的通知》,成立以市政府副市长阮孝应为组长,高新区、科技、经信、金融、教育、人社等部门为成员的课题小组,围绕推进国家自主创新示范区福州片区建设,制定实施方案,建立完善相关人才创新、产业、职业教育、双创载体、金融政策等10项政策,并细化生成具体项目,列出任务清单,明确责任分工,实施方案和10项政策经由市政府常务会议通过,报市委常委会批准后转入组织实施。形成《福厦泉国家自主创新示范区福州片区空间布局规划》上报省科技厅,"福厦泉国家自主创新示范区福州片区"空间布局规划以福州高新区(辖一区六园)面积75.99平方公里为核心区,其余为延伸区,覆盖福州市各县(市)区,规划总面积为218.92平方公里(一区二十四园)。

(谢 辉)

科技创新体系建设

【行业技术创新中心建设】 2016年,福州市在原有45个行业技术创新中心基础上,依托考克(福建)工业设计有限公司建立"福州市工业设计行业技术创新中心",全市有46个行业技术创新中心,其中依托单位为高校科研院所的有32个,有效集成高校科研院所系统的科研成果在福州市落地转化。年内全市行业技术创新中心完成技术创新项目超过200个,为企业完成近5.5万批次的检测及成型服务;举办各种培训活动超过200场,培训各类人员1.2万人次;为企业提供新产品开发、配方工艺设计、技术咨询等服务3000多次;为企业引进专业技术人才800多人;举办近百场专项研讨会;取得市级以上各类奖项120多项;经济效益超7亿元。

年内,福州市电子政务安全行业技术创新中心获得第五届证券期货科学技术三等奖和福建省科学技术奖三等奖各1项,1人入选福建省百人计划。福州市功能材料行业技术创新中心获福建省科学技术进步奖一等奖1项。福州市动物疫病防控行业技术创新中心获得省科学技术奖二等奖1项,农牧渔业丰收奖三等奖1项。福州市海产品高值化利用行业技术创新中心实施专利成果转让2项,实施科技成果产业化2项,获省级地方标准1项,建立校企联合实验室3个。福州市电子信息产品质量检测行业技术创新中心制定的国家标准2项、地方标准1项,获福建省科技兴检二等奖1项。建筑智能化行业创新中心获福建省"闽江杯"优质专业工程奖2项,市科技进步奖二等奖1项,获省级服务业发展引导资金重大项目1个,获得200万元以上重大科技成果购买补助项目1个,省级信息消费专项项目1个。福州市气体行业技术创新中心获省质量技术监督局科技兴检奖三等奖1项,制定地方标准1项。福州市光电子晶体材料与器件行业技术创新中心3人获福建青年科技奖,7人入选第二批福建省特殊支持人才"双百计划"。福州市材料与模具行业技术创新中心获2015年度省科技进步奖一等奖1项、三等奖1项,福州市科技奖二等奖1项。福州市化工新材料行业技术创新中心实现产业化项目1个,该项目获省科技进步二等奖。福州市工业控制集成应用行业技术创新中心获福建省"工业机器人技术"职业技能竞赛省一等奖,获全国"机械设备装调与控制技术"职业技能竞赛全国二等奖。"6·18"海交会期间,福州市机电装备与自动化行业技术创新中心协办"泛珠三角区域高端装备产学研对接会”，推介福建机械装备企业技术需求116项，发布福州大学等省内外高校科研单位的项目成果及专利151项，现场对接签约项目11项。（倪添灵）

【现代农业技术创新基地认定】 2016年7月，福州市启动新一轮基地认定工作。市科技局会同市农业局制定“福州市现代农业技术创新基地考核评价指标表”，量化考核评价指标。经市县两级科技、农业管理部门审查、复审、公示，上报市政府发文认定。（林文亮）

【科技企业孵化器建设】 2016年，福州市有中国·福州“互联网+”产业园等16个科技孵化器新申请备案，福建鑫点梦谷创业园等2个科技孵化器（含省属1个）获评省级科技企业孵化器，并获省级科技企业孵化器50万元奖励；特力林孵化器等13家获得福建省互联网孵化器称号，各获省科技厅30万元奖励。至年底，全市有49个科技孵化器备案（含省属6个），其中国家级科技孵化器4个，省级科技孵化器7个，福建省互联网孵化器20个，总服务场地面积超过55万平方米，在孵企业近1000家。全市有市级以上众创空间46家，其中国家级4家，省级22家，总服务场地面积超过10万平方米，在孵企业和团队总数超过900家。（倪添灵）

表40 **2016年福州市新增福建省科技企业孵化器名单**

序号	孵化器名称	运营管理单位
1	福建鑫点梦谷创业园	福建鑫点梦谷创业园有限公司
2	福建省集成电路设计中心孵化器	福建电子信息教育中心

表41 **2016年福州市新增福建省互联网孵化器名单**

序号	孵化器（众创空间）名称	运营管理单位
1	福州开发区互联网游戏产业园	福州米默营销策划有限公司
2	稻田创业小镇	中联创商业发展有限公司
3	特力林孵化器	福建特力林孵化器管理有限公司
4	福建鑫点梦谷创业园	福建鑫点梦谷创业园有限公司
5	中国·福州互联网+产业园	福建高盛云谷产业园投资管理有限公司
6	紫藤青创	福州紫藤青创网络科技有限公司
7	优空间（中央第五街）	福州优空间商业管理有限公司
8	启迪之星（福州）孵化基地	福州启迪之星孵化器管理有限公司
9	零到壹	福州零到壹文化产业有限公司
10	云泽速创－福州微软云暨移动应用孵化平台	福州云泽信息科技有限公司
11	“工业互联网+”孵化器	福建海创百智投资管理有限公司
12	蒲公英创新工场	福州吾悦孵化器管理有限公司
13	网龙互联网孵化器	福建天晴在线互动科技有限公司

表42 **2016年福州市新增福建省众创空间名单**

序号	众创空间名称	运营管理单位
1	稻田创业小镇	中联创商业发展有限公司
2	网龙国际设计	福建天晴在线互动科技有限公司
3	闽江学院国际青年漆艺家孵化基地	福州艺生活文化艺术有限公司
4	清青创客空间	福州原味林电子商务有限公司
5	创之源	福建创之源实业有限公司
6	零到壹（海峡两岸青年创业孵化基地）	福州零到壹文化产业有限公司
7	智造空间	福州市集力众创空间企业咨询有限公司

续表

序号	众创空间名称	运营管理单位
8	海峡智谷	福州中平投资有限公司
9	点筑众创空间	福建筑影建筑工程设计有限公司
10	锦楠众创空间	福州锦楠建设创客文化有限公司
11	六度伯乐汇众创空间	麦斯特(福建)人力资源服务有限公司
12	福州外语外贸学院众创空间	福州英特投资集团有限公司
13	工业互联网+	福建海创百智投资管理有限公司

表43　**2016年福州市新增市级众创空间名单**

序号	众创空间名称	运营管理单位
1	福建农林大学大学生创业园	福建农林大学大学生就业创业指导中心
2	福州大学众创空间	福州大学国家大学科技园、福州大学学生工作部(处)
3	欧兔欧众创空间	福建欧兔欧商业管理有限公司
4	稻田创业小镇	中联创商业发展有限公司
5	网龙国际设计	福建天晴在线互动科技有限公司
6	铸梦创咖(特力林创客基地)	福建特力林孵化器管理有限公司
7	永鑫龙达创客空间	福清市永鑫龙达网络科技有限公司
8	至诚紫荆众创空间	福州紫荆动漫游戏股份有限公司
9	闽江学院国际青年漆艺家孵化基地	福州艺生活文化艺术有限公司
10	清青创客空间	福州原味林电子商务有限公司
11	新安古街	方古旅游投资有限公司
12	创之源	福建创之源实业有限公司
13	兼葭摄影众创平台	福州木艺联盟电子商务有限公司
14	零到壹(海峡两岸青年创业孵化基地)	福州零到壹文化产业有限公司
15	倒易空间	罗源县倒易空间投资管理有限公司
16	智造空间	福州市集力众创空间企业咨询有限公司
17	海峡智谷	福州中平投资有限公司
18	皇室雅集文化衍生众创空间	福州皇室雅集文化传播有限公司
19	点筑众创空间	福建筑影建筑工程设计有限公司
20	锦楠众创空间	福州锦楠建设创客文化有限公司
21	六度伯乐汇众创空间	麦斯特(福建)人力资源服务有限公司
22	福州外语外贸学院众创空间	福州英特投资集团有限公司
23	工业互联网+	福建海创百智投资管理有限公司
24	智慧海洋(连江)	福建新北斗科技有限责任公司
25	两岸众创空间	福州优空间商业管理有限公司
26	福建"创客家"	福州华盛传媒有限公司
27	福州创客街	福州创客街投资管理有限公司
28	软件园台湾青年创业基地示范中心	福州软件园产业服务有限公司
29	台创星秀	福州奕腾青年企业管理有限公司
30	新媒空间	福州吾悦孵化器管理有限公司

续表

序号	众创空间名称	运营管理单位
31	诺行天下	福州优沃投资管理合伙企业
32	福建工程学院大学生创业孵化基地	福建工程学院
33	微软云暨移动应用孵化平台	福州云泽信息科技有限公司
34	启迪之星福州孵化基地	福州启迪之星孵化器管理有限公司

（倪添灵）

表 44　**2015—2016 年福州市科学技术支出占市本级财政一般预算支出比例**

考核年份	本级科学技术支出（万元）	本级财政一般预算支出额（万元）	本级科学技术支出占本级财政决算支出比例(%)
2015	28500	1823519	1.56
2016	38729	2333736	1.65

表 45　**2015—2016 年福州市科学技术支出使用情况**

序号	使用领域	经费主管部门	经费金额(万元)	
			2015 年	2016 年
1	科学技术管理事务	市科技局等	573	695
2	基础研究	市科技局等	27	26
3	应用研究	市科技局等	1065	1821
4	技术研究与开发	市科技局等	5919	4210
5	科技条件与服务	市科技局等	14310	14009
6	社会科学	市社科院等	464	602
7	科学技术普及	市科协等	1458	1605
8	科技交流与合作	市科技局等	-	-
9	科技重大专项	市科技局等	2342	625
10	其他科学技术支出	市科技局等	1802	15133
合计			28500	38729

（林　硕）

【生产力促进体系建设】　2016 年，福州市生产力促进中心成立福州市科技项目审核小组，上半年完成 1381 名专家和 217 个企业的注册认证，以及 335 个项目申报材料受理审核工作，并开展福州市科技项目异地评审工作，完成 282 项 2016 年福州市科技计划项目宁波异地专家评审工作；下半年完成 2340 个 2017 年福州市科技计划项目的专家及企业的注册认证、483 次项目申报材料的受理审核工作，并完成 305 项 2017 年宁波市科技计划项目的福州异地评审工作。开展培训工作，依托“福建省知识产权远程教育平台福州分站”平台，组织举办“知识产权远程教育培训班”3 期，承办“2016 年福州市专利布局初级实战培训班”，全年全市培训近 1500 人；组织举办“福州市科技系统专业技术人员继续教育培训班”，市科技系统近 40 余人参加培训。年内福州市生产力促进中心被中国生产力促进中心协会授予“2015 年度全国生产力促进（发展成就奖）先进单位”。

（林　东）

【科学技术经费】　2016 年，福州市本级财政安排科技事业费用专项经费 3.87 亿元，比上年增长 35.8%。组织引导全市企事业单位申报国家、省级各类科技计划项目，全年争取省级以上项目经费 8790 万元，涉及新一代通信网络系统设备、新材料、装备制造等多个领域。

（林　硕）

高新技术产业

【高新技术企业】　2016 年，福州市推荐 247 家企业参加高新技术企业认定，通过 229 家，至年底，全市有高新技术企业 586 家。对福建省 2015 年新认定的福州众联信息科技有限公司等 103 家高

表 46　　**2016 年福州市新获批省创新型企业名单**

序号	企业名称	序号	企业名称
1	福建凯邦锦纶科技有限公司	14	福州通安电子有限公司
2	考克(福建)工业设计有限公司	15	福州伟通机械设备有限公司
3	福建博思软件股份有限公司	16	福州欣联达电子科技有限公司
4	福建永动力弹簧科技有限公司	17	福州永通电线电缆有限公司
5	福清市东威水产食品实业有限公司	18	光隆精密工业(福州)有限公司
6	福州大北农生物技术有限公司	19	鸿博股份有限公司
7	福州顶点信息管理有限公司	20	丽声助听器(福州)有限公司
8	福州富莱仕影像器材有限公司	21	中渔(福建)通信股份有限公司
9	福州固力工业成套设备有限公司	22	福建阿石创新材料股份有限公司
10	福州华虹智能科技股份有限公司	23	福州数码视讯智能卡有限公司
11	福州金瑞迪软件技术有限公司	24	金钱猫科技股份有限公司
12	福建星云电子股份有限公司	25	茶花现代家居用品股份有限公司
13	福州瑞华印制线路板有限公司		

新技术企业各奖励 10 万元,奖励总金额 1030 万元。　　(谢　辉)

【创新型企业】　2016 年,在省科技厅、省国资委和省总工会等部门联合开展的 2016 年度第 8 批“福建省创新型企业”评价活动中,福建阿石创新材料股份有限公司、茶花现代家居用品股份有限公司等 25 家企业新命名为“福建省创新型企业”。全市有国家创新型企业 3 家,国家创新型试点企业 4 家,省级创新型企业增至 139 家,省级创新型试点企业 47 家。

在 2016 年福建省创新型企业年度考评中,考克(福建)工业设计有限公司等 18 家企业获得创新型企业奖励,获得技术创新成果后补助奖励 225 万元。福州市给予福州钜立机动车配件有限公司等 36 家 2015 年度新认定的省创新型企业奖励 540 万元。

(方善明)

农业科技推广

【农业科技园区】　园区距福州市中心 10 千米,涵盖甘蔗、荆溪、竹岐、鸿尾、白沙 5 个乡镇(街道),规划工业用地 25 平方公里,区内引进企业主要涉及电气机械及器材制造、生物医药等行业。2016 年,园区实现规模以上工业产值 181 亿元,实现税收 2.36 亿元。

完善园区基础设施建设,建成市政道路总长约 18 千米。园区完成县道 112 线拓宽改造工程、道路交通设施完善工程的初步设计。推进重点项目建设,2016 年园区列入县重点的计划项目 20 个(含企业建设项目、基建项目),总投资 24.741 亿元,实际完成投资 10.27 亿元。在“6·18”海交会上签约海源自动化机械二期、福特科光电二期、天石源超硬材料、亿丰米业等 4 个项目,总投资 47 亿元。开展“抓招商、促发展”专项行动,确定“大项目、好项目”3 个,其中福建晶华生物科技有限公司项目落地开工。

引导休闲农业企业发展精细农业、现代设施农业,园区有国家级休闲农业示范点 1 个、省级休闲农业示范点 2 个、市级以上休闲农业示范点 11 个,年内新培育县级以上农业企业 22 家,新增家庭农场 4 个、蔬菜基地 33.33 公顷(500 亩),打造“孔元—白沙湾—梧桐下—朝阳农场—汤院温泉”等休闲农业精品观光路线。　　(陈　巍)

【农业科技项目】　2016 年,福州市 10 个农业科技项目获得省科技厅立项,资助金额 330 万元,其中省区域科技重大项目 1 个,省农科所专项 1 个,省星火计划项目 8 个。

市级农业科技项目立项 42 个,资助金额 705 万元,其中市科技重大项目 1 个,市区域科技重大专项 4 个,2015 年省区域发展项目市级配套 2 个,市农业科技项目 25 个,市平台建设 1 个,市科技扶贫项目 9 个。

表 47

2016 年福州市省级星火计划项目表

序号	项目名称	承担单位	项目类别
1	环保生态型营养饲料新技术研究及健康养殖应用示范	福建省新闽科生物科技开发有限公司、福建深纳生物工程有限公司、福建闽科饲料有限公司、福建省农业科学院畜牧兽医研究所	区域发展项目
2	都市特色园艺作物种质资源保护与创新利用	福州市农业科学研究所、福建金品农业科技发展有限公司	农科所专项
3	珍珠龙胆配合饲料的产业化开发与推广示范	福建天马饲料有限公司、福建天马科技集团股份有限公司	星火计划
4	鸡毒支原体病防控技术的完善与应用	福清市文华实业有限公司、福建农业职业技术学院	星火计划
5	甘薯新品种“榕薯 819”的示范与推广	福州市农业科学研究所、闽清县飞腾农业专业合作社	星火计划
6	茄子新品种“闽茄 3 号”和“闽茄 5 号”推广	福州市蔬菜科学研究所、福州市农福种苗有限公司	星火计划
7	草莓新品种“福莓一号”和“福莓二号”推广	福州市蔬菜科学研究所、福州市农福种苗有限公司	星火计划
8	绿叶菜新品种“福冠”小白菜、“绿星”菜心推广	福州市蔬菜科学研究所、福州市农福种苗有限公司	星火计划
9	优质、高产、抗病杂交稻新组合元优 919 示范与推广	福建亚丰种业有限公司、福建省农业科学院水稻研究所	星火计划
10	特色海带三明治产业化技术集成与示范	福建省连江远嘉冷冻食品有限公司、福州市食品工业研究所	星火计划

表 48

2016 年福州市级科技计划项目表(农业类)

序号	项目名称	承担单位	合作单位	起止时间	类别
1	主要绿叶蔬菜品种创新和配套技术研究与应用	福州市蔬菜科学研究所	福建金品农业科技发展有限公司		重大专项
2	高效能安全环保型石斑鱼配合饲料的研发	福州海马饲料有限公司		2016. 3—2018. 3	区域科技重大项目
3	白对虾高品质加工及副产物虾头酶解关键技术	福清市东威水产食品实业有限公司	福建省粮油科学技术研究所	2016. 3—2018. 2	区域科技重大项目
4	烤鳗调味汁研发及产业化	长乐聚泉食品有限公司	福州大学化学化工学院	2016. 3—2017. 2	区域科技重大项目
5	高食味大米生产新工艺和保鲜关键技术研究及产业化	福州恒丰米业有限公司	福建省粮油科学技术研究所、福州大学生物科学与工程学院	2016. 3—2018. 2	区域科技重大项目
6	福州市粮油深加工行业技术创新中心建设	福建省粮油科学技术研究所		2016. 3—2017. 12	平台项目
7	叶菜类蔬菜高效安全生产关键技术研究	长乐文武砂瑞祥农场		2016. 3—2018. 2	农业科技项目
8	低卡复合魔芋饮料产业化技术研究与开发	福州旺成食品开发有限公司	福州市食品工业研究所	2016. 3—2017. 12	农业科技项目

续表

序号	项目名称	承担单位	合作单位	起止时间	类别
9	高品质速冻春卷制品加工关键技术升级与示范	福建省福州外贸食品冷冻厂有限公司		2016.3—2017.2	农业科技项目
10	蛋鸭绿色环保型饲料的研发	闽清金水湾生态农业有限公司	福建农业职业技术学院	2016.3—2017.5	农业科技项目
11	台湾金花石蒜栽培关键技术研发与示范	福州施恩织和农有限公司		2016.3—2018.2	农业科技项目
12	龙须菜"鲁龙1号"引种产业化示范栽培与推广	连江罗源湾金牌渔业科技有限公司		2016.3—2017.12	农业科技项目
13	新鲜海蜇活性肽发酵制品加工工艺技术的研究与示范	福建亿达食品有限公司		2016.3—2017.2	农业科技项目
14	罗源七境绿茶节能提质加工新技术研究与应用	福建七境茶业有限公司	福建农林大学园艺学院	2016.3—2019.2	农业科技项目
15	抗伪狂犬病病毒阳性血清质量标准的建立	福州大北农生物技术有限公司		2016.3—2018.3	农业科技项目
16	赤灵芝袋栽新技术及精深加工技术的研究	福州东星生物技术有限公司		2016.3—2017.2	农业科技项目
17	营养高效斜带髭鲷全程配合饲料的研究和开发	福建大昌生物科技实业有限公司	中国水产科学研究院黄海水产研究所	2016.3—2017.6	农业科技项目
18	一种高品质茉莉花茶的研制及产业化生产示范	福建省粮油科学技术研究所		2016.3—2018.12	农业科技项目
19	福州茉莉花种植地适宜性评价与评价因子的筛选	福州市果树良种场	闽榕茶业有限公司	2016.3—2019.2	农业科技项目
20	新型物理法嫩化牛肉新技术的研究开发及产业化示范	福建佳客来食品股份有限公司	福建农林大学食品科学学院	2016.3—2018.2	农业科技项目
21	仿生魔芋葡甘聚糖纳米膜研发及其在鲜切果蔬中的应用	福建省粮油科学技术研究所		2016.3—2018.2	农业科技项目
22	秀珍菇种质资源收集评价及良种选育	福州市农业科学研究所	福建农林大学生命科学学院	2016.3—2019.2	农业科技项目
23	优质杂柑引种筛选与示范基地建设	福州市农业科学研究所		2016.3—2019.2	农业科技项目
24	耐热苦瓜新品种选育	福州市蔬菜科学研究所		2016.3—2019.2	农业科技项目
25	无抗绿色土鸡蛋生产新技术研究	福州市农业科学研究所		2016.3—2019.2	农业科技项目
26	大球盖菇福州地区引种栽培技术及初加工研究	福州市食用菌工作办公室	罗源县祥业食用菌专业合作社	2016.3—2017.12	农业科技项目

续表

序号	项目名称	承担单位	合作单位	起止时间	类别
27	福州市典型蔬菜产区安全生产栽培区划与土壤稳定化调控技术	福州市农田建设与土壤肥料技术站	福清市土壤肥料技术站、福清市大利现代农业发展有限公司	2016.3—2019.2	农业科技项目
28	双孢蘑菇双翅目害虫调查分析及综合防控技术研究	福州市农业科学研究所		2016.3—2019.2	农业科技项目
29	设施辣椒新品种选育	福州市蔬菜科学研究所		2016.3—2019.2	农业科技项目
30	优质、高产、抗病甘薯新品种选育与示范	福州市农业科学研究所		2016.3—2019.2	农业科技项目
31	活性微生物农药高优喷施技术的研究与应用	福州市农业科学研究所		2016.3—2019.2	农业科技项目
32	视频监控系统在新农村建设中的应用	福清市龙江街道小南洋村委		2016.3—2017.9	科技扶贫
33	小沧东风村油茶新品种技术开发	连江县畲风生态农业综合开发有限公司		2016.3—2017.2	科技扶贫
34	小沧乡樟后村蔬菜新品种种植示范推广	连江县小沧畲族乡众鑫农民专业合作社		2016.3—2017.2	科技扶贫
35	山垄湾紫玉淮山新品种有机种植示范与推广	罗源县禾青青生态农业专业合作社		2016.3—2018.3	科技扶贫
36	引进茭白种植示范推广	罗源县鑫农联生态农业专业合作社	罗源县农业局土壤肥料技术站	2016.3—2017.7	科技扶贫
37	罗源县松山镇八井村畲族科技文化公园	罗源县松山镇八井村民委员会		2016.3—2016.12	科技扶贫
38	雨水青红茶加工品质提升关键技术研究与示范	永泰县云山农林专业合作社	福建农林大学园艺学院	2016.3—2018.3	科技扶贫
39	白肉枇杷新品种引进与示范基地建设	永泰县芋坑村畲得枇杷专业合作社	福州市农科所	2016.3—2019.2	科技扶贫
40	山羊舍饲养殖技术研究	福州市晋安区春旺养殖专业合作社	福建省农科院畜牧所	2015.12—2017.11	科技扶贫
41	高品质婴幼儿营养米粉加工关键技术研发及其产业化	明一国际营养品集团有限公司	福建省农业科学院农业工程技术研究所		2015省区域发展配套
42	橄榄活性物质高值化开发关键及综合技术研究与示范	福州大世界橄榄有限公司	福建农林大学		2015省区域发展配套

（林文亮）

科技成果管理

【科学技术奖励】 2016年,福州市有18项科技成果被授予省科学技术奖,其中,中铝瑞闽股份有限公司完成的"3104H19易拉罐罐体用铝合金带材"等5项成果获福建省科学技术进步奖二等奖,福建汇川物联网技术科技股份有限公司完成的"智能远程测距技术研发及规模应用"等13项成果获福建省科学技术进步奖三等奖。

年内,福州市科技进步奖首次启用福州市科学技术奖励管理信息系统,进行在线申报、推荐、评审和管理。年内,授予82项科技成果为2016年度福州市科学技术奖,其中"嵌入式二维码识读引擎智能影像技术"等4项为市科技进步奖一等奖项目,"半甜型红曲黄酒单罐法发酵工艺关键技术研究与应用"等18项为市科技进步奖二等奖项目,"水资源信息分析管理平台"等39项为市科技进步奖三等奖项目;"蓝牙手机配对金融卡终端实现的方法"等2项发明专利为2016年度市专利奖金奖,"CTP版基及其制作方法"等19项发明专利为市专利奖优秀奖,并对获奖单位、个人予以表彰奖励。

2013—2015年,51项可统计经济效益的获奖成果累计新增销售额70.6亿元(其中亿元以上的有13项),新增利润84861万元。

表49 **2016年福州市获省科学技术奖项目**

序号	项目名称	获奖等级	主要完成单位	主要完成人员
1	3104H19易拉罐罐体用铝合金带材	二	中铝瑞闽股份有限公司	黄瑞银 廖明顺 罗筱雄 冉继龙 林梅钦 刘 旺 陈 聪
2	面向下一代互联网的分组通信数据网关键设备研发及产业化	二	锐捷网络股份有限公司、工业和信息化部电信研究院、福建省广播影视集团	林东豪 姚 辉 蒋林涛 陈若凡 宋树迎 徐 涛 彭晓军
3	XGHF51/1/26(200英寸)全电脑多梳带压纱板经编机	二	福建省鑫港纺织机械有限公司	郑依福 郑春乐 赖秋玉 郑春华 郑自海 谢春旺
4	嵌入式二维码识读引擎智能影像技术	二	福建新大陆自动识别技术有限公司	刘荣生 陈文传 张义锦 吴志宇 罗 烽
5	超视距透雾镜头	二	福建福光股份有限公司、福州大学	肖维军 王卫星 汪建平 陈良琴 屈立辉 李 娟 周宝藏
6	智能远程测距技术研发及规模应用	三	福建汇川物联网技术科技股份有限公司	郑 文 林 升 林 文
7	面向三网融合的全业务多媒体智能终端软件的产业化	三	福建星网锐捷通讯股份有限公司	林善和 陈嗣文 钟添华 刘寿峰 叶 辉
8	基于多制式多通道共缆传输信号覆盖系统	三	中邮科通信技术股份有限公司	张健荣 范叔亮 陈群峰 谭金生 林 玮
9	动力电池组工况模拟测试系统	三	福建星云电子股份有限公司	李有财 陈木泉
10	数字化城市管理云服务平台及产业化推广	三	福州市勘测院	高昭良 黄 磊 郑艳芬 陈能成 陈旭日
11	基于云计算的通信与信息融合管理平台	三	中邮科通信技术股份有限公司	林 宇 郑生华 李正茂 郑 锴 林贤标
12	国家级电子文件管理系统	三	福建亿榕信息技术有限公司、国网福建省电力有限公司、国网信息通信产业集团有限公司	倪时龙 石家标 林振天 翁 非 陈又咏

续表

序号	项目名称	获奖等级	主要完成单位	主要完成人员
13	84 米双体半潜自航式居住辅助平台	三	福建省马尾造船股份有限公司	占玉金 周　建 林　重 黄俊华 罗益根
14	新能源客车动力系统总成	三	福建万润新能源科技有限公司	黄　键 雷学国 李芳慧 李大敏 钟毅铭
15	F4000 横机智能控制系统	三	福建睿能科技股份有限公司	唐宝桃 张国利 林　杰 黄盛桦 魏永祥
16	橄榄精深加工关键及综合技术的研究与应用	三	福州大世界橄榄有限公司、福建农林大学	刘清培 曾绍校 郑秀丽 田玉庭 郑华淋
17	鲍鱼罐头加工新工艺及附产物酶解研究	三	福州日兴水产食品有限公司	江铭福 潘超然 赖谱富 刘忠明 黄凤珠
18	高效鳗鲡配合饲料的开发及其在鳗鲡健康养殖全过程中的应用	三	福建天马科技集团股份有限公司、厦门大学、福建天马饲料有限公司	张蕉南 艾春香 陈庆堂 胡　兵 张蕉霖

表 50　**2016 年福州市科学技术进步奖项目**

序号	项目名称	获奖等级	主要完成单位	主要完成人员
1	嵌入式二维码识读引擎智能影像技术	一	福建新大陆自动识别技术有限公司	刘荣生 陈文传 张义锦 吴志宇 罗　烽
2	84 米双体半潜自航式居住辅助平台	一	福建省马尾造船股份有限公司	占玉金 周　建 林　重 黄俊华 罗益根
3	面向下一代互联网的分组通信数据网关键设备研发及产业化	一	锐捷网络股份有限公司、工业和信息化部电信研究院、福建省广播影视集团	林东豪 姚　辉 蒋林涛 陈若凡 宋树迎
4	高档阳极氧化用铝带材的工艺开发	一	中铝瑞闽股份有限公司	谢金辉 江钟宇 冉继龙 张宸玮 黄瑞银
5	半甜型红曲黄酒单罐法发酵工艺关键技术研究与应用	二	福建福老酒业有限公司、福建师范大学	黄祖新 江信基 黄　镇 林云高 许旭萍
6	一种纵横纹理竹木板的制作工艺及竹木板制品研发应用	二	福州吉晟竹业有限公司	郭源水 谢政义
7	小白菜新品种选育	二	福州市蔬菜科学研究所	邵贵荣 郑学立 陈文辉 方淑桂 曾小玲
8	智慧应急可视化指挥平台	二	长威信息科技发展股份有限公司	林韶军 陈征宇 黄炳裕 林文国 黄　河
9	高淀粉甘薯新品种“榕薯 819”的选育	二	福州市农业科学研究所	鄢　铮 王正荣 骆志坚 张小红 钟林珍
10	郁瓜新品种“榕郁一号”的选育及应用	二	福州市蔬菜科学研究所	许端祥 高　山 林碧英 陈中钐 钟开勤
11	国家级抗肿瘤三类新药替吉奥片	二	福州海王福药制药有限公司	徐敏华 章卫中 陈志航 曹永辉 俞琴玉
12	利用同轴电缆实现宽带接入的装置	二	金钱猫科技股份有限公司	林大甲 黄宗荣 唐秋银 刘　兵 郑敏忠

续表

序号	项目名称	获奖等级	主要完成单位	主要完成人员
13	新型工业用耐高温脂肪酶生产技术开发	二	福建福大百特科技发展有限公司	叶秀云　靳伟刚　张　洋
14	公安监管信息化实战&应急指挥平台	二	恒锋信息科技股份有限公司	魏晓曦　欧霖杰　熊炳中 陈朝学　戴新富
15	云脉交互式电子白板系统的研发	二	福建云脉教育科技股份有限公司	郭喜国　赖金辉　严万文
16	具有高致密高耐热冲击性能的新型轮胎模具铸件关键技术研发及应用	二	福建兴航机械铸造有限公司、福建工程学院	陈忠振　郑建斌　戴品强 陈鼎宁　王火生
17	一种镶接相框的制作方法及相框结构的研发及应用	二	福州金雅工艺品有限公司	苏榕生　苏贝克
18	联迪终端管理系统(TMS)	二	福建联迪商用设备有限公司	姚祥健　林福雄　陈　垚 唐胤曦　陈瑞兵
19	铝及铝合金铸锭纯净度检验方法	二	福建麦特新铝业科技有限公司	柯东杰　陈　群
20	一种发动机的调速装置	二	福建永强力加动力设备有限公司	吕培源
21	一种钢琴面板嵌入式花边的制作工艺及开发应用	二	福州和声钢琴有限公司	林建忠　黄苏东
22	社区糖尿病环境因素研究与健康干预策略评价	二	福州市疾病预防控制中心、福建医科大学	徐幽琼　张晓阳　许榕仙 郑能雄　刘小华
23	水资源信息分析管理平台	三	福建四创软件有限公司	郑楚飞　汤成锋　江　峰 庄文鹏　单森华
24	自冷式多级蒸发制冷的系统及其制冷方法的研究应用	三	澳蓝(福建)实业有限公司	尹进福　黄华铃
25	城市道路检查井适用性提升研究	三	福州市规划设计研究院	陈　奕　高学珑　许乃星 李玉华　左俊中
26	Teleware国土资源数据中心平台研究应用	三	福建特力惠信息科技股份有限公司	陈曙光　张江辉　林荣洪 彭清新　高建清
27	B壳(3528)聚合物片式叠层铝电解电容器	三	福建国光电子科技股份有限公司	Yining Zhang　何腾云 王国平　陈巧琳
28	建设工程电子招投标平台V2.0	三	福州市勘测院	王建东　郑艳芬　黄　磊 陈旭日　黄　举
29	多网物理隔离机与虚拟桌面技术	三	福建伟思国瑞软件股份有限公司	池生全　严天添
30	海事北斗一体化船载终端	三	福建星海通信科技有限公司	丁　祥　陈秀平　李小霞
31	一种LNB电源及信源控制专用芯片	三	福州福大海矽微电子有限公司	刘伟城　江典棋　朱宇耀 陈宇凡　陈启俊

续表

序号	项目名称	获奖等级	主要完成单位	主要完成人员
32	高精度机芯	三	福州小神龙表业技术研发有限公司	林祥平
33	智能配电网监测及故障定位系统	三	福建奥通迈胜电力科技有限公司	吴孝彬 赵晖 梁丽军 许为钤 徐士华
34	农产品质量监测、信息预警及安全追溯系统集成与应用	三	福州宏泰分析技术有限公司	陈雅云 邹岚 杨永丽
35	鳗鱼养殖、加工质量安全可追溯体系建立与示范	三	福建铭发水产开发有限公司、福建农林大学	郑明锋 何亮华 杨新 陈丽娇 张志明
36	早熟甜油桃选育研究	三	福州市农业科学研究所	林永高 胡章琼 陈雪金 蔡力夫 曾洪挺
37	光动能全制式响闹背光电波手表的研发和产业化推广	三	福建瑞达精工股份有限公司	蒋苹 蒋维
38	数字化城市管理云服务平台及产业化推广	三	福州市勘测院	高昭良 黄磊 翁俊 王建东 陈旭日
39	鼻咽癌咽拭标本的拉曼光谱研究	三	福州市第一医院	孙丽清 张帆 林信衡 蔡友铮 陈秀华
40	高性能负离子合成革	三	福建宝利特科技股份有限公司	陈炳琪 陈尚泰 庄昌清 林芙蓉 陈金章
41	高稳定性液体细菌内毒素工作标准品	三	福州新北生化工业有限公司	丁友玲
42	舞台灯的光学透镜变焦传动机构的研发与应用	三	福建骏鹏通信科技有限公司	林啸 郭进东 马福
43	测定婴幼儿食品和乳品中维生素ADE的含量的方法	三	明一国际营养品集团有限公司	林玉宙
44	超超临界机组新材料P92焊缝微裂纹检测修复关键技术研究及应用	三	神华(福建)能源有限责任公司、西安热工研究院有限公司、神华福能发电有限责任公司	吴优福 刘鸿国 侯召堂 殷尊 王峰
45	新一代高性能、低成本、低功耗桌面云终端GM810	三	福建升腾资讯有限公司、福州大学物理与信息工程学院	张辉 杨明静 郑芳友
46	发电机试验工装	三	福建永强力加动力设备有限公司	林朝文
47	差别化纺丝生产用空压系统装置的研究与开发	三	长乐恒申合纤科技有限公司	谢卓能 王志武 叶冰
48	用电信息采集系统	三	福建网能科技开发有限责任公司	罗义钊 陈亮 刘丽丹 林雅南 倪堂森
49	光学镜片强稳定镀膜技术的开发	三	福建福光光电科技有限公司	田儒平 雷洪涛
50	四阶段变温脱水技术在蔬菜薯粉面上的应用	三	福州昌盛食品有限公司	陆昌盛 朱金燕 谢贞贞 林珍珍

续表

序号	项目名称	获奖等级	主要完成单位	主要完成人员
51	一种铅笔型管桩的制作方法	三	福建建华建材有限公司	郭汉彬
52	基于智能终端的应急指挥系统	三	福建数创信息技术有限公司	杨　亮　林伟彬　江诗海　杨庆旭　江　榕
53	灵芝多康粉剂现代加工技术研究	三	福州东星生物技术有限公司	林建英　林建平　陈　平　陈　亮
54	标准化蛋鸡场蛋品“无抗化”技术研发	三	福清市文华实业有限公司	杨　慧　林　平　徐　磊　林伯全　林秋敏
55	再造烟叶生产线提取固液分离工艺装备研究与应用	三	福建金闽再造烟叶发展有限公司	林书玉　黄　勇　施建在
56	VL1 系列户内交流高压真空负荷开关及其组合电器	三	福建森源电力设备有限公司	林　志　张继东
57	盐气溶胶疗法对哮喘患者的疗效及机制的研究	三	福建省福州肺科医院	李红艳　翁　恒　王　琳　陈力舟　王新航
58	基于物联网的桥梁结构安全监测与预警技术研究	三	福州市公路局、福州大学土木工程学院、福建省公路管理局	刘发水　卓卫东　方德铭　黄新艺　邱钰婷
59	难降解废水高效臭氧－生物活性炭处理技术	三	嘉园环保有限公司	黄开坚　陈泽枝　陈吕军　林春明　刘　锐
60	连续式蛋品烘烤生产机械	三	福州闽台机械有限公司	俞兆志　郭椿龄　林玉藤
61	Turner 综合征内分泌异常临床研究	三	福建省福州儿童医院	陈瑞敏　张　莹　袁　欣　杨晓红　林祥泉

(郑荣火)

技术市场管理

【产学研活动】 2016 年,福州市科技局协助福州技术市场完成网上交易平台的建设,完善福州市技术转移中心公共技术服务平台的服务功能。与仓山区科技局合作举办“仓山区专利和科技成果成果网上对接会”,实现 2 个项目的网下签约。全年举办 3 场科技成果及专利技术的网上对接会。

与中国技术交易所和浙江大学合作,入驻福建海峡技术转移中心,并承办“2016 年军转民科技成果对接会”和“浙江大学科技成果福州对接会”。邀请清华大学、北方工业大学、中科院上海微系统研究所、中科院北京纳米能源与系统研究所、浙江大学等高校院所的专家到福州与企业洽谈和交流,有 5 个项目达成对接意向。

与福建省发明家协会合作,举办 2016 年食用菌产业技术 5 项目成果推介对接会,省发明家协会分别与福建泰和生物质能源科技有限公司、古田县食用菌产业管理局、漳州东山开发区招商局等 3 家单位签订项目成果对接协议。

发挥县(市)区创新驿站工作站的作用,上半年组织开展为期 2 个月的科技服务企业专项活动,在马尾区、鼓楼区、台江区、仓山区、福清市、罗源县、连江县走访企业近 200 家,组织专家团队到企业直接与企业交流,达成多项产学研合作项目,辅导 1 家企业完成省科技厅的 STS 项目的申报等。年内鼓楼区和闽侯县创新驿站挂牌,全市有县区创新驿站工作站 10 个。

开展科技服务,为福清市科技局、福州高新区科技局、台江区科技局、马尾区科技局在科技项目的评审、中期监理和科技计划项目验收等提供服务;与仓山区合作共同开发“互联网＋”科技成果转化交易平台,举办网上科技成果对接会;与罗源县科技文体局签订专利运营合作协议,为罗源县提供专利运营服务;联合县市区科技部门在县区开展相关科技政策培训、宣传等活动。

【技术合同认定登记】 2016 年,福州市完成技术合同认定 1354 项,合同成交总额 12.715 亿元。其中,技术开发合同 806 项,金额 9.16 亿元;技术转让合同 178 项,金额 3.24 亿元;技术咨询合同 275 项,金额 2150 万元;技术服务合同 95

项,金额1000万元。

(李海峰)

知识产权保护

【国家知识产权示范城市建设】 2016年,福州市知识产权局制订《福州市开展新一轮国家知识产权示范城市工作方案(送审稿)》,草拟《福州市加快知识产权强市建设实施方案》,制定《2016年福州市国家知识产权示范城市建设工作计划》和《福州市2016年专利事业发展战略推进计划组织实施方案》,制定并印发《福州市"十三五"知识产权发展规划》等政策方案及措施。福州市在国家知识产权局对首批国家知识产权示范城市复审考核中,获全国第四名、全省第一名,并在全国2015年度专利执法维权工作绩效考核中获第九名。市知识产权局获"2015年度国家知识产权试点示范城市工作先进集体"称号和"2016年度全国知识产权系统人才工作先进集体"称号。

市知识产权局全年受理资助2301件,资助金额1100万元;受理奖励2161件,奖励金额745.75万元。全市专利申请量23455件,比上年增长51.88%,其中发明专利申请量9335件,比上年增长71.82%;全市专利授权量10740件,比上年增长4.57%,其中发明专利授权量2416件,比上年增长15.27%。至年底,全市有效发明专利拥有量8640件,居全省首位,每万人有效发明专利拥有量12.221件。

【知识产权试点示范工程】 2016年,新大陆科技集团有限公司等3家企业入选2016年度国家知识产权示范企业,福建金源泉科技发展有限公司等8家企业入选2016年度国家知识产权优势企业。福建金源泉科技发展有限公司通过《企业知识产权管理规范》国家标准化认定。福建新大陆自动识别技术有限公司等17家企业入选2016年度福建省知识产权优势企业,福州华鹰重工机械有限公司等23家企业被市科技局、知识产权局联合认定为2016年度福州市知识产权示范企业。

开展国家知识产权示范企业与优势企业复核、考核评审工作,参加三年复核的企业11家,复核通过9家,通过率81.82%;参加年度考核的企业有3家,均为优秀。年内2家企业通过《企业知识产权管理规范》标准化认定,全市有各级知识产权试点、示范企业、优势企业386家,其中国家级47家、省级130家、市级209家。

【知识产权运用】 2016年,福州市22家企业专利技术项目列入2016年福建省专利技术实施与产业化计划项目,获得省、市项目扶持资金553.8万元。推荐优秀专利参评国家、省、市专利奖,福建海源自动化机械股份有限公司"连续精确计量的连续纤维定长切断方法和装置"等3个企事业单位的发明专利获评第十八届中国专利优秀奖,福州宜美电子有限公司"手表(E1)"外观设计专利获评第十八届中国外观设计优秀奖。福建星网锐捷网络有限公司"报文转发处理方法、系统和运营商边缘设备"发明专利获评2015年度福建省专利奖二等奖,鸿博股份有限公司等5家企业的发明专利获评2015年度福建省专利奖三等奖。评选出第六届福州市专利奖21项,其中金奖2项、优秀奖19项。

全市16家企业累计获得专利权质押贷款23125万元,推荐8家企业列入2016年福建省企业专利权质押贷款贴息项目,获得省、市项目扶持资金311.8万元。全市68家企业667件专利投保专利保险,缴纳保费42.12万元,保障金额974.4万元。开展专利保险保费补贴工作,对42家符合保费补贴的企业按实际支出保费的50%给予补贴,金额9.24万元。

利用国家专利技术(福建)展示交易中心平台,探索开展专利运营和知识产权托管工作,对厦门大学、福州大学、福建师范大学、福建农林大学、福建省农科院、中科院物构所签订合作协议的6所高校院所的100多项专利进行收储。与中国技术交易所有限公司开展技术转让合作,转让专利技术4项,金额21.4万元。福建技术转移海峡中心联合福建省发明家协会、国家专利技术(福建)展示交易中心召开2016年海峡技术转移专场——食用菌产业技术等项目成果推介对接会,达成3项项目成果对接协议。推荐福州金源泉科技发展有限公司等3家企业申报2017年度福建省专利导航试点工作。

【专利行政执法】 2016年,福州市知识产权局联合其他部门全年检查涵盖医药、食品、玩具、电器等十几类逾万种商品,处理假冒专利案件158件,涉案金额数百万元;处理专利侵权纠纷案件25件;处理专利调解案件1件。

组织执法人员参与第34届中国国际体育用品博览会、"5·18"海交会、第95届全国糖酒商品交易会、第52届(2016年秋季)全国制药机械暨中国国际制药机械博览会等展会知识产权维权工作。全年受理展会侵权案件25件。

【知识产权宣传教育】 2016年,福州市利用"4·26"世界知识产权宣传日开展以"加强知识产权保护运用　加快知识产权强国建设"为主题的知识产权宣传活动,进社区、入企业开展知识产权现场咨询宣传活动。"6·18"期间,推荐专利参加"6·18"优秀专利展,征求几十项专利技术需求。年内福州第三中学入选首批全国中小学知识产权教育试点学校,推荐福州第八中学、台江区第六中心小学申报第二批全国中小学知识产权教育试点学校。

全年举办专利布局初级实战培训班1期,53人结业;专利分析初级实战培训班1期,64人结业;专利信息分析利用中级培训班,32人参训。组织开展3期远程教育培训,培训1275人次,培训对象主要是各级知识产权示范企业、高新技术企业技术研发和管理人员,培训重点为"企业专利的运用和有效保护""专利法律基础知识"等课程。省市知识产权局联合举办电商知识产权保护策略培训班,组织召开企业知识产权管理与运营培训会、知识产权业务培训班及企业知识产权挖掘、开发、管理与运营专题讲座等多场培训。

表 51　　**2016 年福州市专利申请与授权量统计**　　单位:件

县/市区	专利申请量				专利授权量			
	总数	发明	实用新型	外观设计	总数	发明	实用新型	外观设计
鼓楼区	7021	3485	2974	562	2295	568	1332	395
台江区	794	353	313	128	352	97	152	103
仓山区	3194	1325	1319	550	1687	515	805	367
晋安区	1179	471	540	168	592	119	331	142
马尾区	1807	790	853	164	904	182	615	107
闽侯县	3250	1547	1299	404	1730	592	875	263
长乐市	2625	376	2093	156	1631	192	1312	127
福清市	1458	679	571	208	598	105	338	155
连江县	791	71	646	74	365	7	307	51
罗源县	291	51	163	77	187	17	111	59
永泰县	574	78	449	47	161	6	123	32
闽清县	471	109	233	129	238	16	172	50
合计	23455	9335	11453	2667	10740	2416	6473	1851

说明:1. 该统计数据的原始资料由福建省知识产权局提供并校正确认,并经福州市知识产权局分离处理后所得

2. 各县(市)区数据以福建省知识产权局年度最终校正公布为准

表 52　　**2016 年第十八届中国专利奖福州市获奖项目**

序号	奖项	专利名称	专利号	专利权人	发明人
1	第十八届中国专利优秀奖	连续精确计量的连续纤维定长切断方法和装置	ZL201280014527.9	福建海源自动化机械股份有限公司	李良光　蒋鼎丰
2	第十八届中国专利优秀奖	一种能降低姬松茸病虫害的培养料堆积发酵方法	ZL200910111076.0	福建省农业科学院土壤肥料研究所	江枝和　雷锦桂 翁伯琦　肖淑霞 吴少风　王义祥 黄志龙　张惠珍 唐翔虬　郑峻
3	第十八届中国专利优秀奖	采用呼吸塑料袋制作大袋蘑菇栽培种	ZL200910111583.4	福建省农业科学院食用菌研究所	曾　辉　戴建清 程　翊　廖剑华 王泽生　杨　雷 梁　栋　陈　军 杨　辉　黄小菁
4	第十八届中国外观设计优秀奖	手表(E1)	ZL201430545585.6	福州宜美电子有限公司	陈祖元　文昌俊

表 53

2016 年第六届福建省专利奖福州市获奖项目

序号	奖项	专利名称	专利号	专利权人	发明(设计人)
1	二等奖	报文转发处理方法、系统和运营商边缘设备	ZL201010246870.9	福建星网锐捷网络有限公司	欧阳熙羽
2	三等奖	一种弯折线偶极子 RFID 标签天线优化设计方法	ZL201210302173.X	鸿博股份有限公司	叶金山 何爱平 阮文良
3	三等奖	一种应用于直放站的光纤数字化传输方法	ZL200910110821.X	中邮科通信技术股份有限公司	赖克中 张健荣 余 俊 翟红光 王瑶宝
4	三等奖	嵌入式系统加密备份还原方法及系统	ZL200810071394.4	福建升腾资讯有限公司	卓鸿添
5	三等奖	一种汽车玻璃商标标志印刷系统及方法	ZL201310208098.5	福耀玻璃工业集团股份有限公司	福原康太 张小荣
6	三等奖	用于臭氧发生器的放电单元	ZL2007101374596	福建新大陆环保科技有限公司	王 涛 陈 健

表 54

2016 年第六届福州市专利奖项目

序号	奖项	专利名称	专利号	专利权人	发明人
1	金奖	蓝牙手机配对金融卡终端实现的方法	ZL201210049102.3	福建联迪商用设备有限公司	林 魁
2	金奖	应用于室分无线局域网的智分无线接入方法、装置及系统	ZL201210345257.1	锐捷网络股份有限公司	刘声有 张 凯
3	优秀奖	CTP 版基及其制作方法	ZL201310591153.3	中铝瑞闽股份有限公司	魏祥昭 黄瑞银 吴建新 罗筱雄
4	优秀奖	煤矿井下瞬变电磁仪去除电磁干扰信号的方法	ZL201110037629.X	福州华虹智能科技股份有限公司	林 晓 李培根 许能清
5	优秀奖	并行计算的内存访问方法	ZL201010140502.6	福建福昕软件开发股份有限公司	熊雨前 林 芝
6	优秀奖	条码识读解码模块和手持电子装置	ZL201210531043.3	福建新大陆自动识别技术有限公司	施晓迪 罗 烽 刘继军
7	优秀奖	茶籽油低温精炼方法及精炼吸附剂	ZL201010101932.7	福建胜华农业科技发展有限公司	卢玉胜
8	优秀奖	小方坯中间包自动化浇铸的连铸机及自动化浇铸工艺	ZL201210513548.7	福建圣力智能工业科技股份有限公司	刘红军 杨学书 李卫彬 魏 琨
9	优秀奖	智能同步制动式分丝整经机	ZL201310332321.7	福建省航韩机械科技有限公司	鲍金利
10	优秀奖	甘露聚糖酶、其编码基因及其生产	ZL201080070526.7	福建福大百特科技发展有限公司	叶秀云 靳伟刚 陈 萍 张 洋 罗鋆琳

续表

序号	奖项	专利名称	专利号	专利权人	发明人
11	优秀奖	一种提高镍渣粉磨效率	ZL201210489829.3	福建源鑫环保科技有限公司	杨全兵 陈必松 张雅钦 罗永斌 陈尚鸿 陈尚霖
12	优秀奖	连续精确计量的连续纤维定长切断方法和装置	ZL201280014527.9	福建海源自动化机械股份有限公司	李良光 蒋鼎丰
13	优秀奖	基于激光与摄像机平行实现的远程测距系统测距激光点的定位方法	ZL201110310624.X	福建汇川物联网技术科技股份有限公司	林景辉 郑文
14	优秀奖	一种以核桃壳作为培养基质栽培赤芝的方法	ZL201410082773.9	福州东星生物技术有限公司	林建英 陈亮
15	优秀奖	埋地式高压电力电缆增强波纹(HFB)套管	ZL201010044852.2	福建和盛塑业有限公司	陈秀俊
16	优秀奖	基于CAN总线的车辆远程控制方法	ZL201210479511.7	福建星海通信科技有限公司	何德胜 陈昭胜
17	优秀奖	一种电脑横机控制装置、系统及方法	ZL201310292286.0	福建睿能科技股份有限公司	张国利 林云鹏 杨家荣 陈春尧
18	优秀奖	一种应用于连续等温淬水生产的进料控温装置	ZL201410175630.2	福州金锻工业有限公司	陈文重
19	优秀奖	一种汽车调光控制系统的导光结构及调节装置	ZL201310574785.9	福州丹诺西诚电子科技有限公司	林星 郑昕斌 冯超 朱书民
20	优秀奖	一种稳定型复方维生素B片剂及其制备方法	ZL201310394187.3	福州闽海药业有限公司	陈家煊
21	优秀奖	高温废气过滤装置	ZL201110408447.9	嘉园环保有限公司	陈泽枝 康志杰 罗福坤

表55　**2016年福州市入选国家知识产权示范企业名单**

序号	单位名称	序号	单位名称
1	新大陆科技集团有限公司	3	实达电脑设备有限公司
2	福建海源自动化机械股份有限公司		

表56　**2016年福州市入选国家知识产权优势企业名单**

序号	单位名称	序号	单位名称
1	福建金源泉科技发展有限公司	5	锦江科技有限公司
2	星网视易信息系统有限公司	6	天马科技集团股份有限公司
3	福建鑫诺通讯技术有限公司	7	福工动力技术有限公司
4	中邮科通讯技术股份有限公司	8	中建海峡建设发展有限公司

表 57 2016 年福州市入选福建省知识产权优势企业名单

序号	单位名称	序号	单位名称
1	福建伊时代信息科技股份有限公司	10	澳蓝(福建)实业有限公司
2	福建永强力加动力设备有限公司	11	福建晟扬管道科技有限公司
3	福建瑞达精工股份有限公司	12	福建宏宇电子科技有限公司
4	福建春伦茶业集团有限公司	13	福建仙芝楼生物科技有限公司
5	福建新大陆自动识别技术有限公司	14	福建福铭食品有限公司
6	海欣食品股份有限公司	15	福州小神龙表业技术研发有限公司
7	福建省大地管桩有限公司	16	福建省长乐市长源纺织有限公司
8	福州高意光学有限公司	17	福建森达电气股份有限公司
9	福州福光电子有限公司		

表 58 2016 年福州市知识产权示范企业名单

序号	单位名称	序号	单位名称
1	福州华鹰重工机械有限公司	13	福州海王金象中药制药有限公司
2	宝钢德盛不锈钢有限公司	14	福建福昕软件开发股份有限公司
3	福州金翔食品机械设备技术有限公司	15	福融辉实业(福建)有限公司
4	福建和盛塑业有限公司	16	福建蓝海汽车技术有限公司
5	福建易美特电子科技有限公司	17	福建建工建材科技开发有限公司
6	福建网能科技开发有限责任公司	18	福州帝豪服饰有限公司
7	福州市一建建设股份有限公司	19	福建万润新能源科技有限公司
8	福建中澳科技有限公司	20	福建华科光电有限公司
9	明一国际营养品集团有限公司	21	威尔(福建)生物有限公司
10	丽珠集团福州福兴医药有限公司	22	富春通信股份有限公司
11	福建景丰科技有限公司	23	福州星月家居装饰用品有限公司
12	中国水利水电第十六工程局有限公司		

（穆清龙）

科学普及

【科技政策宣传】 2016 年，福州市科技局重点举办 2 场科技政策宣传培训活动。6 月 17 日，在福州高新区组织 2016 创响中国(福州站)政策宣讲、创业培训活动，市科技局、市经信委、福州新区及福建火炬创业导师、特力林孵化器团队创始人、福州优空间商业管理有限公司等专家和团队围绕科技政策、创新创业、资本运作投资项目等方面内容进行介绍，数百名创业者、创投机构和科技工作者参加活动。7 月 28 日，举办高新技术企业申报培训会，邀请省科技厅、省高新技术产业创业服务中心和广业会计师事务所领导及专家对新修订的《高新技术企业认定管理办法》及工作指引进行解读，重点介绍高新技术企业认定条件、财务管理及专项审计报告、申报注意事项等内容，400 多家企业和县(市)区科技主管部门共 800 多人参加培训。

（王庆金）

【科普宣传活动】 2016 年，福州市科技系统组织开展科技下乡 24 场，其中大中型科技下乡宣传活动及科技知识有奖竞猜活动 5 场，科技下乡培训咨询服务 15 场，开展农家书屋建设工作 4 场。发放各类科普、农业资料和图书 598 册，发放有奖竞猜奖品 435 件，赠送优良蔬菜种子 1360 包，马铃薯种薯 450 千克。科技下乡参加的人数达 11397 人次，其中参加各类培训班人员 70 人次。

5 月 12—18 日，福州市举办以“创新引领，共享发展”为主题的 2016 年科技·人才活动周。12 日，2016 年福建省暨福州市科技活动周主会场启动仪式在闽江学院举行，省市科技、宣传、科协等单位干部、闽江学院的部分师生、专业技术人员、新闻媒体共 300 多人参加启动仪式。科技·人才活动周期间，开展健康医疗、防震减灾、气象科普、地理测绘、众创空间、消防科普、创意设计等专业咨询,各县(市)区也在活动周期间举行相应的启动仪式,全市组织活动项目达430多场,参与各项活动总人数达29万多人次。

自7月起,市科技局、市科协、市教育局、市环保局、市关工委联合启动第32届福州市青少年科技创新大赛,汇集全市各有关中小学校、幼儿园初审后推荐报送的涉及17个学科的科技创新参赛项目近700项,评出优秀科技创新项目125项,优秀科技实践活动21项,优秀科幻画作品120幅,优秀科技辅导员科教创新作品15项,优秀科技教师4名,优秀组织奖6个。 (王庆金 肖登峰)

2016年5月12日,2016年福建省暨福州市科技活动周启动仪式举行

(市科技局 供)

【科普场馆建设】 福州科技馆 位于仓山区金山橘园洲大桥下,占地面积2.53公顷;展区面积6000平方米,分为科学探索、儿童乐园、机器人世界、航天、光影世界、古生物、生态福州户外(开心农场、茉莉园、科普果园)等7个展区。2016年全面改造"科学探索"和"儿童乐园"展区,丰富完善"机器人世界"展区,更新升级"开心农场",为2008年以来首次进行展区大面积改造。全年参观量达35万人次。

福州科技馆分馆 2016年,福州市出台《福州科技馆分馆认定管理办法(试行)》,启动福州科技馆分馆认定工作。年内建立"福州科技馆大熊猫分馆〔海峡(福州)大熊猫研究交流中心〕、福州科技馆植物园分馆(福州国家森林公园)、福州科技馆动物园分馆(福州市动物园)、福州科技馆海洋知识分馆(罗源湾海洋世界)、福州科技馆军事与航天知识分馆(福建龙翔科普教育基地)、福州科技馆气象知识分馆(福建省气象台)、福州科技馆卫生知识分馆(福建省卫生职业技术学院)、福州科技馆农业知识分馆(超大集团高科技示范实验农场)"首批8个专业分馆。春节期间,动物园分馆(福州市动物园)举办生肖年特展和新春科普游园;3月23日"气象日",气象知识分馆(福建省气象台)举办系列主题活动;国庆节期间,海洋知识分馆(罗源湾海洋世界)举办海洋探索之旅活动。

(陈 贞)

(编辑 黄 铭)

社会科学

综　述

【概况】 2016年，福州市社会科学界2项课题获国家社科基金项目立项，20项获省社会科学规划项目立项，40项获市社会科学规划项目立项，29项获市中国特色社会主义理论体系研究基地课题立项，6项成果获省第十一届社科优秀成果奖，48项成果获市第九届社科优秀成果奖。

表59　**2016年福州市获国家社科基金项目立项课题**

项目名称	项目类型	负责人	所在单位
基于道德信仰的传统善恶报应思想研究	一般项目	孙长虹	闽江学院
台湾地区少数民族政策研究(1945—2012)	一般项目	李　颖	闽江学院

表60　**2016年福州市获省社会科学规划项目立项课题**

项目名称	项目类型	负责人	所在单位
本科高校向应用型转变下专业群与区域产业群耦合共生之研究	重点项目	赖美娇	福州外语外贸学院
明清金门作家系列研究	重点项目	陈庆元	福州外语外贸学院
“新常态”下的福建省普惠金融发展指标体系及评价研究	一般项目	耿庆峰	闽江学院
高校网络舆情演化特征及趋势预测分析研究	一般项目	何　伟	闽江学院
“一带一路”战略下两岸服务业跨界融合与包容性发展研究	一般项目	陈　颐	闽江学院
福建省体育用品企业现金流风险与价值管理研究	一般项目	雷　雯	闽江学院
福建省民间武术拳种参与中小学体育课程研究	一般项目	侯胜川	闽江学院
台湾地区档案典藏机构文创化转型策略研究	一般项目	王念祖	闽江学院
大数据背景下移动互联网传播对福建农产品品牌建设的影响研究	一般项目	戴　程	闽江学院
近世戏剧行业治理研究——以闽台戏剧行业习俗为例	一般项目	潘荣阳	闽江师范高等专科学校
福建省家庭林场发展的适宜性研究	一般项目	刘祖军	闽江学院
农村电商、生态资源与乡土文化的互动机制及发展模式研究	一般项目	李秋斌	闽江学院
葵晔·待麟：闽籍翻译家罗郁正与中国古诗词英译研究	一般项目	何晓花	闽江学院
20世纪90年代以来中国文论“本土”新范畴研究	一般项目	练暑生	闽江学院
林纾文学批评理论研究	一般项目	张胜璋	闽江学院

续表

项目名称	项目类型	负责人	所在单位
利益补偿视角下福建省财政转移支付研究	青年项目	邱　强	闽江学院
供应链环境下福建服装SPA业态创新发展研究	青年项目	邱　菱	福州外语外贸学院
基于语料库的语言学论文摘要双语学术语块使用研究	青年项目	郑凌茜	闽江学院
中国国家形象片的多模态话语分析研究	青年项目	王小梅	闽江学院
明清女性意识的文学书写研究	青年项目	郑珊珊	福州外语外贸学院

表61　**2016年福州市获省第十一届社会科学优秀成果奖项目**

成果名称	获奖等次	获奖作者	所在单位
批判的批判:生态主义与马克思主义	二等奖	林孟涛 陈开晟	闽江学院
中国创业板市场股价波动及风险测度研究	三等奖	耿庆峰	闽江学院
清代宾兴公益基金组织管理制度研究	三等奖	毛晓阳	闽江学院
超越审美现代性的困境——缘起与转义:从康德到韦尔默	三等奖	陈开晟	闽江学院
朱熹画像考略与伪帖揭秘	三等奖	方彦寿	福州理工学院
福建省农业转移人口市民化研究	青年佳作奖	李　为	福州外语外贸学院

表62　**2016年福州市第九届社会科学优秀成果奖项目**

成果名称	获奖等次	获奖作者
困境与超越——当代大学生精神需求研究	一等奖	廖志诚
中国村民自治权研究	一等奖	丁国民
关于在更高起点上加快建设闽江口金三角经济圈的若干建议	一等奖	福州市政协课题组 (课题负责人:范美先,执笔:陈小刚)
语文教学的真善美意韵	一等奖	林　珊
福州方言的结构与演变	一等奖	陈泽平
乡村治理与农村基层党组织建设	二等奖	周　挺
遵义会议前后中共最高领导职务的史实再思考	二等奖	李方祥
福州市新型城镇化规划(2014—2020年)	二等奖	郑庆昌
中国国家机关之间关系法制化研究	二等奖	沈跃东
关于深化简政放权、扩权强区(县、市)的调查与建议	二等奖	沈秋贵
福州新区开放开发的模式选择与体制创新问题研究	二等奖	林善炜
海峡两岸产业转移效应的评价与产业优化研究	二等奖	安增军
人民币汇率传递对福建省贸易收支影响的实证研究	二等奖	林　文
循环经济发展中市场失灵与优化政府调控路径研究	二等奖	吴飞美、沈佳丽
加快福州大都市区建设　带动福莆宁平同城化发展	二等奖	福州市政协课题组 (课题负责人:张献勇,执笔:曹波)
福州教育史	二等奖	郑　勇
福州年鉴(2012、2013、2014卷)	二等奖	福州市地方志编纂委员会
经典重释与中外文学关系新垦拓	二等奖	葛桂录

续表

成果名称	获奖等次	获奖作者
中国传统道德概论(修订本)	三等奖	陈桂蓉
福建省商会组织与私营企业主阶层的政治参与	三等奖	邢建华
福州市行政机关透明度报告(2011—2013年度)	三等奖	福州市社会科学院课题组 (课题负责人:张兰英,执笔:杨济亮 叶钦地 张宗柯 丁 琼)
新形势下健全完善协商民主工作机制研究	三等奖	福州市政协课题组 (课题负责人:方清海,执笔:陈小刚)
善恶报应与道德信仰的确立	三等奖	孙长虹
开放式自主创新对产业国际竞争力的影响——基于中国制造业2000—2010年面板数据	三等奖	何郁冰 曾 益
全球治理语境下国际环境法的拓展	三等奖	许 健
人大质询法院之规范	三等奖	黄晓辉
审计委员会与薪酬委员会委员交叠任职、盈余管理与经理人薪酬	三等奖	邓晓岚 陈运森 陈 栋
物流业服务创新机理及模式研究	三等奖	刘 丹
技术创新社会成本的治理制度研究	三等奖	李广培
博知创新——基于技术多样化战略的企业竞争优势构筑机理	三等奖	何郁冰 陈 劲
森林环境资源定价理论与实践	三等奖	杨建州
我国战略性新兴产业结构趋同成因与对策研究	三等奖	刘名远
贸易开放度是否影响了我国农村贫困脆弱性——基于CHNS微观数据的经验分析	三等奖	林 文 邓 明
滑动数据重心理论及中国钢材消费量预测应用研究	三等奖	张积林
关于加快推进福莆宁同城化发展的建议	三等奖	福建师范大学省政协委员小组 (课题负责人:李碧珍,执笔:李碧珍)
福州市"十二五"节能和循环经济发展专项规划	三等奖	郗永勤
中国木质家具产业国际竞争力研究	三等奖	王 波
新型城镇化——流动人员子女适应性研究	三等奖	黄爱玲
基于帕森斯功能理论的体育公共服务资源开发利用研究——福州市体育公共服务调查分析	三等奖	林 立
壶天墨痕——近现代榕医锦翰	三等奖	肖诏玮 黄秋云 沈 聪 李君君 施志强
闽商发展史·总论卷	三等奖	苏文菁
中国当代文学编年史·港澳台文学卷	三等奖	王金城 袁勇麟
日本内阁文库藏曹学佺《石仓全集》编年考证	三等奖	陈庆元
福建在台历代名人列传	三等奖	刘 琳
思行如一:青年马克思主义者培养教程	佳作奖	肖红新
侵权法上不作为因果关系之判定	佳作奖	杨垠红
海峡西岸经济区高等教育投入与经济增长协调发展研究——基于福建省普通高等教育实证研究	佳作奖	林春树
抑郁症计算机化治疗的效果及其影响因素:基于RCT的元分析与元回归分析	佳作奖	任志洪

学术交流活动

【"福州市老龄化社会与健康"研讨会】

2016年5月27日,由市老年学学会联合市老龄办、省中老年养生协会举办,社区老龄工作者、老年群团组织代表及论文作者90多人参加,收到论文82篇,51篇入选研讨会论文集。研讨会旨在探讨老龄化社会下如何关注老年人的健康(心理健康、生理健康),使老年人的晚年生活更加幸福,老年人尊严得到尊重,老年人权益得到得保障,共同享受改革开放的成果。

【海丝汉服文化艺术展】 2016年6月4日,市传统文化促进会联合市民革、市台办、市台联、市三坊七巷保护开发有限公司、市群众艺术馆举办首届海丝汉服文化展,邀请全国各地40余个汉服制作机构以及来自台湾的手工银饰、陶器、传统玻璃制作技艺传承人和福州油纸伞、脱胎漆器、软木画等传统手工技艺传承人,现场展示汉服文化、传统手工技艺文化。

【"近代以来福州与台湾"学术研讨会】

2016年8月31日,由市闽都文化研究会联合高雄师范大学、厦门大学台湾研究院在福州举办,收到论文31篇。来自福州、厦门和高雄师范大学的专家学者,省、市领导、有关部门负责人,高校学生等参会,研讨近代以来闽都文化与台湾关系。

【第五届闽都文化论坛暨闽都文化艺术巡回展】 2016年11月25日,由市闽都文化研究会联合高雄师范大学、厦门大学台湾研究院在高雄师范大学举办。两岸专家学者150余人参会并开展文化学术交流,收到论文35篇,内容涉及教育书院、船政文化、榕台近代历史人物、两岸经贸、榕台文化创意、宗教和民间信俗、旅游文化、榕台贸易等。25日、30日,论坛主办方联合福州市文联、台湾中华画院,分别在高雄和马祖举办"海峡流觞——闽都文化走进台湾书画摄影作品巡回展",展出闽都书画、摄影名家作品121幅;并在马祖举办闽都传统文化交流活动,表演闽剧折子戏、福州语歌曲、评话等曲艺节目。

【海丝智库高端论坛】 2016年11月29日,由市海洋经济学会与平潭综合实验区农村发展局联合举办。来自全国各地高校教授、讲师近70人参加。出版论文集《"一带一路"战略海丝智库高端论坛》。 (吴家松)

【船政图书首发式】 2016年12月19日,《船政文化研究选集——纪念船政创办150周年》首发式在马尾马江海战纪念馆举行,《船政志》首发式在中国船政文化博物馆举行。《船政文化研究选集——纪念船政创办150周年》收录船政文化研究论文80余篇,对多年来船政文化研究进行系统梳理。《船政志》由市方志委和市社科院组织,邀请国内船政研究专家及学者历时5年编撰完成,共计90余万字、图片300多幅,采用述、记、志、传、图、表、录等体裁,分章记述船政机构、产品制造、人才培养等各项事业发展情况。

(丁　琼)

12月19日,《船政志》首发式在中国船政文化博物馆举行 (市方志委　供)

社科研究成果

【福建师范大学研究成果】 2016年,全校获评立项中央马克思主义理论研究和建设工程重大项目1项、国家社科基金重大项目4项、教育部哲学社会科学研究重大课题攻关项目1项。获得国家级社科项目合计33项,其中2016年国家社科基金年度项目和青年项目(含单列学科项目)共21项(重点2项),首次获得国家社科基金中华外译项目1项,国家社科基金后期资助项目3项,国家艺术基金(创作类)2项。获教育部人文社科研究各类项目14项,其他省部级项目60余项。社会科学项目总经费突破4千万元。获省第十一届社会科学优秀成果奖69项,其中一等奖数量占全省总数53%。

推动学校闽台区域研究中心、经济综合竞争力研究中心、福建自贸区研究院、海峡两岸文化发展协同创新中心等继续发挥决策咨作用。印尼研究中心、福建红色文化研究中心、福建历史文化研究中心与中共中央党校国际战略研究院等单位共建的"二十国集团(G20)联合研究中心"等研究机构相继成立。

(陈金章)

【福建中医药大学研究成果】 2016年,全校获各级各类社科项目立项60项,其中省部级社科项目4项,市(厅)级社科项目31项,校管科研项目25项,资助经费达74.28万元。教师发表的105篇论文中被SSCI收录3篇,ISTP收录1篇。主编出版社科学术著作5部。

(吴镇聪)

【闽江学院研究成果】 2016年,闽江学院获各级各类社科项目立项141项(其中国家社科基金项目2项,国家艺术基金项目1项,省部级社科项目22项、市厅级社科项目72项、校级社科项目44项、政府企事业单位委托社科项目32项)。教师发表的55篇社科学术论文被SCIE、SSCI、EI、CSSCI等系统检索收录;教师主编出版社科类学术著作25部;福建省高校人文社科研究基地"新媒体传播研究中心"获批依托学院立项建设。主办货币金融圆桌会议。 (陈福虽)

【市委党校研究成果】 2016年全校教职工发表科研论文87篇,其中在省级CN以上期刊上发表69篇,市级CN刊物18篇。全年申报市级以上课题100项,立项68项。

主要立项项目有:省社科规划项目2个,分别为林善炜的《习近平同志在福建工作期间的思想与实践研究》、肖文桂的《习近平同志在福州工作期间推进行政审批制度改革与实践研究》;市社科规划项目1个,为薛寒欣的《基于创新2.0的智慧城市建设策略研究》;市中国特色社会主义理论体系研究中心重点项目3个,分别为林善炜的《习近平关于全面深化改革重要论述研究》、王青松的《构筑O2O同心圆创新基层社区治理研究》、黄加林的《绿色发展视角下的福州自贸区建设研究》。 (王鹏丽)

【闽江师范高等专科学校研究成果】 2016年,全校承接省、市科研项目24个。其中,《近世戏剧行业治理研究——以闽台戏剧行业习俗为例》获省社科规划项目立项,《规范和完善小学生托管教育研究》等4项获省教育规划项目立项,《利用开源虚拟化平台Proxmox建设高职院校私有云的可行性研究》等16项获省教育厅项目立项,《福州自贸区高专英语人才培养的目的与课程研究》等3项获市级项目立项。公开发表人文社科类论文84篇,其中有8篇发表在CSSCI、CSCD核心期刊上。年内创办学术期刊《创新教育论坛》。 (陈 玉)

【福州职业技术学院研究成果】 2016年,福州职业技术学院马克思主义学院发表论文6篇;社科研究课题立项9项,均为纵向课题,其中省级以上课题7项。《"青马社团"对接"学习大军"协同培育青年马克思主义理论骨干》为福建省大学生思想政治教育创新示范项目,《高职思政课"项目化管理"教学模式改革》为福建省第二批高校思想政治理论课教学改革试点立项。 (江允英)

【市社科院研究成果】 2016年,立项院重点课题8项,院一般课题14项。《福州新区开放开发与琅岐国际生态旅游岛建设研究》《创新乡贤文化完善福州乡村治理》和《福州地区碑刻历史文化资源现状及保护研究》等3项课题获2016年度市社科规划课题立项,《福州新区海丝文化资源调查》获2016年度市中特理论体系研究中心课题立项。完成课题32项,其中,院重点课题5项,院一般课题13项,院管理项目和管理课题5项,其他成果9项。有9项科研成果在公开刊物上发表。有16人次参加9场不同类型学术交流和考察活动。1项成果获评第九届市社科优秀成果三等奖。两项成果获评2015年度福州市优秀调研课题成果。

开展市委宣传部委托的"福州市深化文化体制改革"课题研究工作,完成《2015福州文化体制改革的调研报告》。与市政府数字办合作开展2016年度福州市行政机关政府透明度测评课题调研工作,完成调研报告《2016年度福州市行政机关政府透明度报告》。

开展船政文化研究,组织编撰《船政文化研究集萃》《船政文化研究选集——纪念船政创办150周年》,完成船政文化研究系列课题《船政学堂对近代中国翻译的影响》《船政人物在台事功述评》《船政文化与福州文化创意产业发展》。

推进新型智库建设,起草《福州市社科院海上丝绸之路智库建设方案》《福州市社会管理智库建设方案》《福州市社科院转型智库建设实施方案》。

年内出版《福州社会科学》6期,刊出文章67篇,其中党建研究12篇,经济研究18篇,社会研究22篇,文史研究15篇。刊物发放范围涵盖市直各单位。出版市社科院《科研成果选编(2015年)》,收录文章22篇。 (丁 琼)

【市政府发展研究中心研究成果】 2016年,完成各类调研成果100多项,其中《对接国家战略建设海上福州》获得市委主要领导批示。年内编发《研究报告》19期,《研究报告》83期,出版《福州经济》杂志6期。编印《2016年福州发展研究报告》文集。 (占 星)

【市委讲师团研究成果】 2016年,7个课题获省、市中国特色社会主义理论体系研究中心立项,其中,何芸的《全民直播时代的网络舆论引导研究》、肖建明的《探索福州新区与平潭一体化联动发展研究》均获省社科规划一般项目、省中国特色社会主义理论体系研究中心年度项目立项;何芸的《社交媒体时代拟态环境下常识性判断引导的研究》、林梅的《实现基层党建和农村社会治理共促双赢的路径探析》获省委讲师团中特理论体系研究中心课题一般项目立项;何芸的《培育社群网红引导网络舆论的研究》获福州市中国特色社会主义理论研究中心课题重点项目立项,林梅的《以基层党建引领农村社会治理创新——以福清市港头镇草柄村为例》、谢碧珠的《用法治思维和法治方式引导自媒体舆论》获福州市中特理论研究中心课题一般项目立项。

在《福建理论学习》《发展研究》等CN刊物上发表《"双微共生"推动社会主义核心价值观生活化的研究》《大数据思维重构网络舆论理性轨道的研究》《加快推进福州新区建设之对策研究》3篇研究文章,在《福州社会科学》上发表《习近平总书记关于文艺工作重要讲话精神的研究》《新常态下习近平总书记群众观及其实践路径研究:以福建省情为出发点》《根深才能叶茂 花红才能果硕——优秀传统文化在中国特色社会主义文化建设中的作用探析》等4篇研究文章。何芸的《大数据思维重构网络舆论理性轨道的研究》和林梅的《充分发挥基层党组织在农村社会治理创新中的作用》入选省社科联2016年学术年会、省社会建设研究会2016年学术年会论文集。谢碧珠《供给侧改革视阈下的机关党建工作思考》获全市机关党建2016年重点课题调研论文三等奖。

(黄 晓)

(编辑 黄 铭)

教 育

综 述

【概况】 2016年，福州市教育局安排部门支出预算21.43亿元，其中校安工程等教育建设和设施设备支出8.73亿元，落实义务教育阶段和中职全日制在校生免学费及各类贫困家庭学生资助等政策支出1.63亿元。超额完成2016年市重点教育项目建设任务，比年度计划超出11%。实施为民办实事项目，完成10所中小学扩容工程，建成学位6415个；新改扩建10所公办幼儿园，建成学位2250个；完成校舍安全工程18.49万平方米；实施义务教育薄弱学校改造校舍1.92万平方米，运动场地5.57万平方米，购置图书6.05万册、课桌椅9557套、多媒体204套。按计划全部解决13所过渡房办学问题。帮助闽清县、永泰县教育系统实施灾后重建。年内晋安区通过国家义务教育发展基本均衡区复检。

【师德教育】 2016年，福州市举办8场师德巡回报告会，推选教师参评全省“杰出教师”，表彰福州市“最美教师”“十佳班主任”等先进典型。出台《福州市乡村教师支持计划实施办法(2015—2020)》。组织各类教师培训1400余场，参训教师48万余人次。加强骨干教师、中青年学科带头人和优秀校长培养，评估认定一批省级、市级名师和名校长，新成立“周灵教育信息技术名师工作室”，

表63 **2016年福州市新建、改扩建幼儿园一览表**

序号	学校名称	建设类型	建成学位(个)
1	福州蓓蕾幼儿园	新建	300
2	闽侯大义幼儿园	新建	360
3	连江县新区幼儿园	新建	360
4	闽清县梅城镇中心幼儿园	新建	360
5	闽清县白中镇中心幼儿园	新建	180
6	永泰县长庆中心幼儿园	新建	150
7	福清市市直幼儿园	新建	120
8	福清市音西中心幼儿园	新建	180
9	福清市上迳油塘小学附设园	改扩建	120
10	福清市高山院西小学附设园	改扩建	120

表64 **2016年福州中小学扩容工程一览表**

序号	学校名称	建设类型	建成学位(个)
1	金山八期小学(暂名)	新建	1350
2	马尾区教师进修学校附属小学	新建	810
3	闽侯县昙石山中学	新建	810
4	长乐市附小一分校	新建	810
5	连江县第三附属小学	改扩建	430
6	连江县实验小学	改扩建	675
7	罗源县进修校二附小	改扩建	135
8	闽清县第一中学附属初级中学	改扩建	675
9	永泰县城峰中心小学	改扩建	315
10	福清市实验小学	改扩建	405

全市领衔名师 27 人，工作室成员 221 人。推进义务教育“小片区”教师校际交流，完善“师资互派、资源共享、统一教学、捆绑考核”的片区管理模式，全市交流教师 3324 人，占应交流人数的 18.8%；交流校领导 184 人，占应交流人数的 34.4%。派出 42 名教师到西藏、新疆、宁德以及闽清灾区等地支教；委派 9 所市属优质学校分别与 9 所闽清坂东片区受灾学校签订“手拉手帮扶协议”；接收 80 名省重点扶贫县教师到福州市区优质学校跟岗学习。

【素质教育】　2016 年，福州市推进社会主义核心价值观教育融入课堂教学、社会实践、校园文化等，开展纪念建党 95 周年、红军长征胜利 80 周年等主题教育实践活动，推动新版《中小学生守则》学习践行，规范经常性基础性德育工作。福州数字青少年宫等 22 个项目入选省中小学德育建设示范项目。推进教育系统精神文明创建工作，启动市教育系统“全民动员，绿化福州”宣传教育活动；总结推广福州教育学院附属第三小学精神文明创建做法，被中央文明网转发；开展“学法　明理　笃行”青少年学生法治安全文明网络教育实践活动，市教育局获首届全国青少年网络法治知识大赛“杰出组织奖”。新增 12 所省中小学心理健康教育特色学校、3 个“福州市青少年学生第二课堂”，评定首批 22 所市级禁毒示范校。出台《福州市青少年校园足球发展专项规划（2016—2020 年）》，市级青少年校园足球特色校增至 133 所。

【教育信息化】　2016 年，福州市优化“福州教育视频联播网”“名师课堂”“名校课堂”等建设，完善全市远程互动网络教学教研平台。探索制定全市智慧教育顶层设计，提前一年基本实现网络宽带校校通、优质资源班班通和网络空间人人通。全市义务教育阶段学校宽带网络进教室比例达 100%，城镇学校班均出口带宽达 4M 以上，农村学校班均出口带宽达 2M 以上。937 所中小学开通网络学习空间，开通教师空间 6.5 万多个、学生空间 82.5 万多个，义务教育阶段教师及初中以上学生空间普及率 100%。创建省教育信息化示范学校7所、实验学校 6 所。承办 2016 年新媒体新技术教学应用研讨会暨第九届全国中小学创新（互动）课堂教学实践观摩活动。开展教育信息化促进区域教育均衡发展试点，作为全省唯一优秀试点区域报教育部参评。福州市教育信息化建设经验在第四次全国基础教育信息化应用现场会上交流。

表 65　**2016 年福州市教育系统先进人物表**

获奖称号	获奖者	工作单位
全国“五一”劳动奖章	林碧云	福州屏东中学
省第四届杰出人民教师	张正坚	罗源县霍口乡东宅小学
	林　杰	福州第三中学
	林　苹	福州教育学院附属第四小学
	林　琴	福州教育学院附属第一小学
	周　灵	福州屏东中学
省“五一”劳动奖章	黄绣江	福州教育学院附属第二小学
	陈　炜	福州第八中学
	高晓晴	福州四中橘园洲中学
	王　晶	台江区实验幼儿园
	林　姗	福清市百合小学
省“五一巾帼标兵”	郑荔英	福州华侨中学

2016 年 10 月 12 日，福州教育学院附中、美国林肯中学正式建立友好学校关系
（市教育局　供）

【教育教学交流】　2016 年，福州市对接落实习近平总书记访美关于邀请百名美国学生来华访问交流的指示，协调福州教育学院附属中学承接并举办 117 名美国师生在榕访问交流活动。探索扶持中外合作办学，对接福州中加国际学校、福州滨海新城国际双语学校、福建辅仁国际学校（暂名）项目。选派 8 批 46 人次师生赴台开展教育教学交流，举办第四届海峡青年节教育项目、“海峡两岸好文章”青少年征文活动、“两马”青少年科技创新作品巡回展等活动，逾 15 万名海峡两岸学生参加。拓展对外教育交流，组织 39 个团组 649 名师生对外交流，接待 7 个境外团组 161 人。推动 8 所市属学校与境外学校缔结友好学校，福州教育学院附属中学入选 2016 中美

"千校携手"第三批项目学校。与闽江学院、市外侨办协作形成接纳肯尼亚友城蒙巴萨郡留学生方案,并获得省留学奖学金项目支持。

【民办教育】 2016年,福州市有民办学校1400所(不包括高校),其中小学35所,初中34所,高中12所,中职10所。县(市)区新设立民办幼儿园22所,民办培训机构22所。

加强对各民办学校的监管,及时发布民办学校基本信息、招生简章,公布无证培训机构和无证幼儿园名单。委托教育评估社会中介组织对市属民办学校开展办学许可证年检评估。发放300万元民办教育发展专项资金,加大奖补资助力度。举办民办学校教师人才招聘会,搭建民办学校师资补充交流平台,为应往届大中专毕业生提供1000多个教育教学岗位。定期组织民办学校招生咨询会、观摩培训和名师进民办中学课堂等活动。引进民间资本,推动福州至一教育集团在台江建设福州华伦中学新校区。

学前教育

【概况】 2016年,福州市有幼儿园1186所,附设幼儿班1212个,在园幼儿27.02万人,其中3~5周岁在园幼儿26.34万人,3~5周岁适龄幼儿入园率98.53%,农村3~5周岁适龄幼儿入园率达97.11%。全市有三级示范性幼儿园342所,在示范性幼儿园就读幼儿比率达40.2%。

【第二期学前教育三年行动计划】 2016年,福州市新建、改扩建公办幼儿园10所。开展小区配建幼儿园移交办园工作,全年有25所配套幼儿园采用"零租金"或"低租金"的方式移交所在区教育行政部门,公办学额比41.41%。

【政府购买学前教育服务试点】 2016年,福州市鼓励和扶持民办、集体办幼儿园提供普惠性学前教育服务。全市新增福州金山小金星幼儿园、仓山区爱唯大地幼儿园、仓山区东方幼儿园为普惠性民办幼儿园,政府购买服务普惠性民办园达9所,累计补助经费428.81万元。

【公办幼儿园招生改革】 2016年,下发《福州市教育局关于2016年秋季幼儿园招生工作的意见》,要求全市所有公办性质的幼儿园(不含省属部门办园、高校办园和部队办园)继续实行随机派位和自主招生相结合的办法。各公办园将不低于30%比例的学额,采取家长报名、随机派位(摇号或其他公平、公开的方式)的方式招生。剩余的学位由幼儿园自主招生,自主招生名单报送辖区教育主管部门审核。有178所独立公办幼儿园、51所附设公办幼儿园以及117个公办幼儿班参加公办幼儿园派位,总计划招生数1.93万人,用于公开派位的学位1.45万个,占其总计划招生数的75.18%,较上年同期增长12.74%。

【《3~6岁儿童学习与发展指南》落实】

2016年,福州市教育局开展"让孩子玩起来"系列研讨活动,研讨如何观察解读幼儿的游戏行为,从而促进教师的专业发展。集合8个幼儿园的活动区游戏案例开展"教师的观察与支持"专题现场研讨,300多名幼教工作者参与研讨活动。开展"福州市幼儿园活动区游戏优秀实例"评选活动和市级观摩开放活动,以福州市儿童学园、福州市旗汛口幼儿园等6所省、市两级示范性幼儿园的教育教学为研究展示平台,在全市范围内推广研究成果,850名教师参加。

【示范性幼儿园认定】 2016年,仓山区福一幼儿园认定为省级示范性幼儿园,连江县第二实验幼儿园、福清市龙田中心幼儿园、晋安区金蕾鹤林幼儿园、仓山区红博智能全纳江南水都幼儿园、仓山区华夏滨江幼儿园、闽清县第一幼儿园、仓山区马榕幼儿园7所幼儿园认定为市级示范性幼儿园。对3所省级示范性幼儿园和4所市级示范性幼儿园开展质量跟踪复评工作。

【幼教师资培训】 2016年,福州市开展福州市幼儿园骨干教师高级研修班培训活动,组织58名幼儿园骨干教师赴南京师范大学开展高级研修班第一阶段的集中培训。开展福州市第十期幼儿园骨干教师培训班第三阶段培训。举办以公办幼儿园为主的福州市第三十三、三十四期幼儿园园长任职资格培训班。组织开展福州市保育员专业能力提升研修班暨福州市第二届保育员技能大赛。

与福州市早教指导中心共同组织开展福州市0~3岁婴幼儿早期教育自制教玩具评选活动,赛后对获奖作品进行布场展示并汇编成册。委托闽江师范高等专科学校举办两期中级育婴师职业资格培训班,培训重点为0~3岁婴幼儿的

2016年12月28日,"海峡书屋"校园阅读基地启动仪式暨中韩、闽宁校标交流迎新联欢会在乌山小学举行 (叶诚 摄)

生活照料、日常生活保健、护理和教育，同时对参培人员开展理论鉴定和技能鉴定考核，颁发育婴师资格证。

初等教育

【概况】　2016年，福州市有小学900所，比上年增加7所；在校学生53.73万人，比上年增长2.8%；专任教师2.64万人，比上年增加1.1%。年内对全市小学五年级部分学生进行学业质量抽测，抽测科目为数学、科学和体育。

在闽清、永泰开展农村薄弱学校委托管理试点工作，使农村义务教育薄弱学校委托管理试点工作覆盖全市所有县(市)区。开展"义务教育管理标准化学校"创建工作，根据要求，到2020年，全省50%左右的学校需达到省定标准。根据县(市)区及市属校申报，全市77%以上学校将参评。年内创建60所市级管理标准化小学，其中51所被确认为省首批义务教育管理标准化学校。

【招生工作】　2016年，福州市小学招生9.26万人。小学一年级招生工作仍以县(市)区为主负责，执行"免试入学，划片招生"原则。鼓励多校划片，对5个区随迁子女设置优先派位等级，完善政策照顾对象认定办法和审核程序，明确军人子女、高层次人才等照顾对象的文件依据和申请入学时间。仓山区开展网络预报名试点，掌握辖区适龄儿童信息。

全市初中招生7.34万人。五城区初中招生工作实行中小学相对就近对口升学办法，公办小学毕业班学生按初招对口方案安排公办初中升学。照顾购买新建商品房的农民和农民工子女入学，首次将初招意见指导范围从5个区扩大到全市。5个区小学毕业生2.98万人，招生录取2.9万人，回5个区外原籍学生717人。

开展随迁子女入学政策的调研和制定工作，保证符合"三证"条件的随迁子女进入公办小学就读。对满足入学条件的进城务工人员随迁子女进行电脑派位，父(母)持有辖区内房产份额50%(含)以上的随迁子女派位优先等级高于父母一方在市区持续缴纳社保6个月(截至当年6月30日)以上的随迁子女，随迁子女父母一方在市区持续缴纳社保6个月(截至当年6月30日)以上的次之，无购房或无持续缴纳社保6个月以上的最末。随迁子女报名人数少于学校学位余额数时，学校应当全部予以录取；报名人数超过学位余额时，由县(市)区教育局或其授权的学校通过电脑派位的方式确定学校的录取对象，学校不得擅自接收未经过电脑派位录取的随迁子女入学。参加电脑派位未被录取以及因故未参加电脑派位的随迁子女，由县(市)区教育局统筹安排到生源不足的公办学校就读。

全市小学一年级招收随迁子女2.57万人，全市义务教育阶段随迁子女在校生19.19万人(小学14.48万人，初中4.71万人)，其中89%在公办学校就读。

【科技教育】　2016年，福州市组织小学生参加第十二届福州市青少年机器人竞赛、第十四届福建省青少年机器人竞赛青少年科技创新大赛等活动。组织学校教师参加青少年机器人指导教师培训班、科技辅导员培训班、科学工作室运行与管理培训，加强科技辅导员队伍建设。

【学籍管理】　2016年，福州市汇总上报无学籍学生补录信息592条。办理市属学校转学、休学67件，转学业务转移到市行政服务中心后，网络审核27件。根据省教育厅出台新学籍管理办法，网络核办市属小学转学256件、出国18件、休学8件、留级1件。审核市属学校初一新生学籍1.52万件，小学新生学籍2200件，特教学校新生学籍72件。

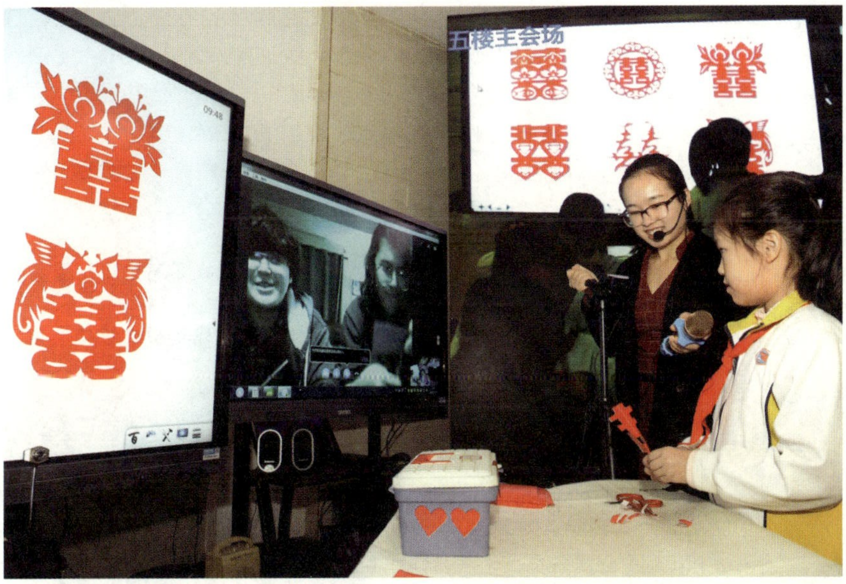

2016年12月29日，福州市鼓楼第五学区共同体信息技术应用能力提升研训活动在斗南小学举行，为全市小学首次利用信息技术公开架设跨国网络课堂。图为美国亚利桑那州的外教通过网络工具skype架设"跨洋课堂"，与福州小学生进行口语交流　（叶诚　摄）

中等教育

【概况】　2016年，福州市有普通中学319所，其中，完全中学69所，高级中学22所，初级中学193所，九年一贯制学校25所，十二年一贯制学校10所。在校初中生20.63万人，在校高中生10.12万人。

【义务教育管理标准化学校认定】
2016年，福州市有37所中学被省教育厅确认为义务教育管理标准化学校，分别为福州第一中学、福州屏东中学、福州金山中学、福州第十六中学、福州第十一中学、闽江学院附属中学、福州第十九中学、福州教育学院附属中学、福州外国语学校、福州华伦中学、福州时代中学、福州三牧中学、福州延安中学、福州杨桥中学、福州第十五中学、福州第十二中学、福州第十中学、福州第二十中学、福建师范大学第二附属中学、闽侯县实验中学、永泰县第一中学、永泰县城关中学、罗源县第三中学、连江文笔中学、长乐第一中学一分校、福清第二中学、福清华侨中学、福清文光中学、福清康辉中学、福清融城中学、福清元洪高级中学、福清市龙田初级中学、福清市元樵中学、福建师范大学附属福清德旺中学、福清市城兴初级中学、福清海口中学、福清市滨江初级中学。

【普高达标认定】 2016年,福州十八中、永泰一中晋级为省一级达标高中;文博中学、亭江中学晋级为省二级达标高中;连江文笔中学晋级为省三级达标高中。实际招生的普高学校94所,其中公办普高81所,民办普高13所;达标普高73所,占77.6%。福州一中、福州三中、师大附中、格致中学和福州八中被省教育厅确认为省普高课程改革基地校。

【普高备考】 2016年,福州市针对新出版的2016年《考试大纲》和《考试说明》,加强高中毕业班的教学研究、教学指导,针对第二轮复习的特点,提升学校课堂教学质量和高考复习效率。组织教师参加福建教育学院培训中心举办的福建省2017年高考"全国一张卷"名师指导学科教学与复习策略远程(秋季)培训班。组织开展第二轮高三毕业班教学和备考工作的专项视导。全市高考文史类和理工类平均分均位列全省第二名。建立基于中考、高中会考、高三质检网络阅卷、高考数据分析的立交桥式的质量监测体系,完善过程性管理和终结性管理相结合的质量评价体系。

【新疆内地高中班】 2016年,福州市有新疆内地高中班8个,在校生294人,年度毕业生66人。福清华侨中学参与高考33人,32人考上本科院校,其中14人被"211工程""985工程"院校录取;长乐华侨中学参与高考33人,本科一批上线13人,本科二批上线18人。年内协调下拨480万元内地新疆高中班定额补助金,协调发放8万元新疆班春节慰问金,并于春节组织慰问新疆班师生。

【中考中招】 2016年,福州市初中毕业学生6.42万人,其中市区2.57万人。参加初二地理生物考试6.37万人。全市中考设置90个考点,2133个考场。中招照顾政策实行减项减分办法,2844人获普高投档加分照顾,比上年减少173人。

【科技实践活动】 2016年,福州市培养科技教师,组织科教论文评选活动,举办福州市青少年电脑机器人指导教师培训班及福州市中小学校科技辅导员培训班。组织学生参加第31届省青少年科技创新大赛,获全省优秀青少年科技创新项目一等奖11项,获得卢嘉锡优秀科技辅导员奖2个、卢嘉锡青少年科技创新奖8个、卢嘉锡优秀科技实践活动奖2个、贤銮科学教育基金专项奖5个。省级获奖项目中6项(含马祖1项)晋级第31届全国青少年科技创新大赛,获一等奖1个、二等奖1个、三等奖3个。13支队伍获第十四届福建省青少年机器人竞赛一等奖。在第16届全国机器人赛VEX机器人工程挑战赛中,鼓楼第一中心小学获小学一等奖冠军,福清玉屏中心小学获小学一等奖亚军,三牧中学获初中组二等奖,福建师大附中获高中组一等奖亚军。参加省信息学奥赛,获一等奖53人,占全省40.5%;二等奖46人,占全省33.1%;三等奖9人,占全省28%。

表66 **2016年福州市参加青少年科技创新大赛、机器人比赛及高中学科竞赛获全国三等奖、福建省一等奖以上名单**

姓名	选送学校	奖项名称
林梓楠 席若辰 金舒洋	福建师大附中	第31届全国青少年科技创新大赛一等奖
陈子岩	福州第一中学	第31届全国青少年科技创新大赛二等奖
陈孜炯	福建师大附中	第31届全国青少年科技创新大赛三等奖
王德藩	福州时代中学	第31届全国青少年科技创新大赛三等奖
陈律安 陈姿佑 林可涵	马祖高级中学	第31届全国青少年科技创新大赛三等奖
陈星熠 林烁 李泽成	福建师大附中	第十六届中国青少年机器人竞赛VEX机器人挑战赛高中组一等奖
郑锦旸 刘星宇 汪昊楠 朱子锐	福建省福州三牧中学创未来机器人	第十六届中国青少年机器人竞赛VEX机器人挑战赛初中组二等奖
张楚涵 王煜阳 陈柏 林予睿	福州市鼓楼第一中心小学创未来机器人	第十六届中国青少年机器人竞赛VEX机器人挑战赛小学组一等奖
陈浩炜 游斌涛 林明源 赵佐泰	福清市玉屏中心小学	第十六届中国青少年机器人竞赛VEX机器人挑战赛小学组一等奖
林挺	福建师大附中	2016年全国高中数学联赛福建赛区一等奖
孙泽宇	福建师大附中	2016年全国高中数学联赛福建赛区一等奖
王匡云	福州第一中学	2016年全国高中数学联赛福建赛区一等奖

续表

姓　名	选送学校	奖　项　名　称
冯敏立	福州第一中学	2016年全国高中数学联赛福建赛区一等奖
胡尔东	福州第一中学	2016年全国高中数学联赛福建赛区一等奖
孙泽宇	福建师大附中	2016年全国高中数学联赛福建赛区一等奖
董焌锴	福州第一中学	2016年全国高中数学联赛福建赛区一等奖
林桁	福建师大附中	第33届全国中学生物理竞赛福建省赛区一等奖
严　格	福州第一中学	第33届全国中学生物理竞赛福建省赛区一等奖
吴桐尧	福建师大附中	第33届全国中学生物理竞赛福建省赛区一等奖
黄泊宁	福建师大附中	第33届全国中学生物理竞赛福建省赛区一等奖
赖逸君	福建师大附中	第33届全国中学生物理竞赛福建省赛区一等奖
林志懿	福州第一中学	2016年中国化学奥林匹克福建赛区竞赛一等奖
洪　鑫	福州第三中学	2016年中国化学奥林匹克福建赛区竞赛一等奖
叶子琰	福建师大附中	2016年中国化学奥林匹克福建赛区竞赛一等奖
何佳俊	福建师大附中	2016年中国化学奥林匹克福建赛区竞赛一等奖
黄婧怡	福建师大附中	2016年中国化学奥林匹克福建赛区竞赛一等奖
林瀚轩	福州第三中学	2016年中国化学奥林匹克福建赛区竞赛一等奖
朱萧谕	福建师大附中	2016年中国化学奥林匹克福建赛区竞赛一等奖
郑昱笙	福建师大附中	2016年中国化学奥林匹克福建赛区竞赛一等奖
吴一非	福建师大附中	2016年中国化学奥林匹克福建赛区竞赛一等奖
王浩任	福州第一中学	2016年中国化学奥林匹克福建赛区竞赛一等奖
林泽熙	福建师大附中	2016年中国化学奥林匹克福建赛区竞赛一等奖
林夷畅	福建师大附中	2016年中国化学奥林匹克福建赛区竞赛一等奖
陈　玮	福州第三中学	2016年中国化学奥林匹克福建赛区竞赛一等奖
林臣峰	福州第一中学	第二十五届全国中学生生物学竞赛福建赛区一等奖
许静蓉	福州第三中学	第二十五届全国中学生生物学竞赛福建赛区一等奖
郭心哲	福州第一中学	第二十五届全国中学生生物学竞赛福建赛区一等奖
曾令扬	福州第一中学	第二十五届全国中学生生物学竞赛福建赛区一等奖
陈　旭	福州第一中学	第22届全国青少年信息学奥赛福建省赛区一等奖
闫书弈	福州第三中学	第22届全国青少年信息学奥赛福建省赛区一等奖
潘云舟	长乐第一中学	第22届全国青少年信息学奥赛福建省赛区一等奖
陈俊锟	福州第一中学	第22届全国青少年信息学奥赛福建省赛区一等奖
孙泽宇	福建师大附中	第22届全国青少年信息学奥赛福建省赛区一等奖
周思源	长乐第一中学	第22届全国青少年信息学奥赛福建省赛区一等奖
周永隆	福建师大附中	第22届全国青少年信息学奥赛福建省赛区一等奖
郑人宁	福州第一中学	第22届全国青少年信息学奥赛福建省赛区一等奖
吴润哲	福州第一中学	第22届全国青少年信息学奥赛福建省赛区一等奖
高闻远	长乐第一中学	第22届全国青少年信息学奥赛福建省赛区一等奖
杨昊翔	福州第一中学	第22届全国青少年信息学奥赛福建省赛区一等奖
周　易	福州第三中学	第22届全国青少年信息学奥赛福建省赛区一等奖
吴作同	福州第一中学	第22届全国青少年信息学奥赛福建省赛区一等奖

续表

姓　名	选送学校	奖项名称
林济舟	福州第一中学	第22届全国青少年信息学奥赛福建省赛区一等奖
陈　彤	福州第一中学	第22届全国青少年信息学奥赛福建省赛区一等奖
邱而沐	长乐第一中学	第22届全国青少年信息学奥赛福建省赛区一等奖
林旭恒	福建师大附中	第22届全国青少年信息学奥赛福建省赛区一等奖
邵培圣	福州第三中学	第22届全国青少年信息学奥赛福建省赛区一等奖
叶若晴	福州第三中学	第22届全国青少年信息学奥赛福建省赛区一等奖
方泓杰	福州第三中学	第22届全国青少年信息学奥赛福建省赛区一等奖
罗立阳	福州第三中学	第22届全国青少年信息学奥赛福建省赛区一等奖
林润博	福建师大附中	第22届全国青少年信息学奥赛福建省赛区一等奖
王　颖	长乐第一中学	第22届全国青少年信息学奥赛福建省赛区一等奖
董欣然	长乐第一中学	第22届全国青少年信息学奥赛福建省赛区一等奖
李诺凡	福州第三中学	第22届全国青少年信息学奥赛福建省赛区一等奖
李朴凡	长乐第一中学	第22届全国青少年信息学奥赛福建省赛区一等奖
黄雨庭	福建师大附中	第22届全国青少年信息学奥赛福建省赛区一等奖
朱泽远	福州第三中学	第22届全国青少年信息学奥赛福建省赛区一等奖
胡学浚	福建师大附中	第22届全国青少年信息学奥赛福建省赛区一等奖
周鲲鹏	福州第三中学	第22届全国青少年信息学奥赛福建省赛区一等奖
吴　桐	福建师大附中	第22届全国青少年信息学奥赛福建省赛区一等奖
陈博宇	福州第一中学	第22届全国青少年信息学奥赛福建省赛区一等奖
邹连晟	福州第八中学	第22届全国青少年信息学奥赛福建省赛区一等奖
江熠玲	福州格致中学	第22届全国青少年信息学奥赛福建省赛区一等奖
江哲楷	福州第一中学	第22届全国青少年信息学奥赛福建省赛区一等奖
陈瀚嵩	福建师大附中	第22届全国青少年信息学奥赛福建省赛区一等奖
张孟航	福州第三中学	第22届全国青少年信息学奥赛福建省赛区一等奖
陈申洋	长乐第一中学	第22届全国青少年信息学奥赛福建省赛区一等奖
林涵宇	福州第一中学	第22届全国青少年信息学奥赛福建省赛区一等奖
张钧尧	福州第三中学	第22届全国青少年信息学奥赛福建省赛区一等奖
黄新炜	福州第一中学	第22届全国青少年信息学奥赛福建省赛区一等奖
黄泽诚	福州第三中学	第22届全国青少年信息学奥赛福建省赛区一等奖
陈喆桓	福建师大附中	第22届全国青少年信息学奥赛福建省赛区一等奖
陈劲鸿	福建师大附中	第22届全国青少年信息学奥赛福建省赛区一等奖
姚靖龙	福州第一中学	第22届全国青少年信息学奥赛福建省赛区一等奖
蔡　飞	福建师大附中	第22届全国青少年信息学奥赛福建省赛区一等奖
余锦天	长乐第一中学	第22届全国青少年信息学奥赛福建省赛区一等奖
陈惇显	福州第三中学	第22届全国青少年信息学奥赛福建省赛区一等奖
郭茁宁	福州第一中学	第22届全国青少年信息学奥赛福建省赛区一等奖
张　合	福州第一中学	第22届全国青少年信息学奥赛福建省赛区一等奖
丁　贤	福州第一中学	第22届全国青少年信息学奥赛福建省赛区一等奖
吴烨昌	福建师大附中	第22届全国青少年信息学奥赛福建省赛区一等奖

续表

姓　名	选送学校	奖　项　名　称
王恺欣	福州第三中学	第22届全国青少年信息学奥赛福建省赛区一等奖
陈子岩	福州第一中学	第31届福建省青少年科技创新大赛一等奖
陈孜炯	福建师大附中	第31届福建省青少年科技创新大赛一等奖
陈律安　陈姿佑　林可涵	马祖高级中学	第31届福建省青少年科技创新大赛一等奖
卢丹琪	福建师大附中	第31届福建省青少年科技创新大赛一等奖
陈靖一	福州第一中学	第31届福建省青少年科技创新大赛一等奖
李胤祺	福建师大附中	第31届福建省青少年科技创新大赛一等奖
钟诗叡　李泽屹　潘若云	福州时代中学	第31届福建省青少年科技创新大赛一等奖
陈致远　陈语晗	福州市茶园山中心小学	第31届福建省青少年科技创新大赛一等奖
林梓楠　席若辰　金舒洋	福建师大附中	第31届福建省青少年科技创新大赛一等奖
王德藩	福州时代中学	第31届福建省青少年科技创新大赛一等奖
李梓桐　饶　固　林　睿	福州时代中学	第31届福建省青少年科技创新大赛一等奖
陈霆旭　朱羿旭	福州屏东中学	第14届福建省青少年机器人竞赛一等奖(初中FLL)
郑东鑫　谢祥辉	福州华侨中学	第14届福建省青少年机器人竞赛一等奖(初中FLL)
郑锦旸　朱子锐　刘星宇　汪昊楠	福州三牧中学	第14届福建省青少年机器人竞赛一等奖(初中VEX)
陈星熠　林　烁　李泽成	福建师大附中	第14届福建省青少年机器人竞赛一等奖(高中VEX)
蔡致远　孔令炟　林　锟	福建师大附中	第14届福建省青少年机器人竞赛一等奖(高中VEX)
江兼达　魏中浩	福州第十中学	第14届福建省青少年机器人竞赛一等奖(高中综合技能)
龙思丞　陈思予	福州市第七中学	第14届福建省青少年机器人竞赛一等奖(初中足球)
肖志凡　山口英雄	福州市第七中学	第14届福建省青少年机器人竞赛一等奖(高中足球)
陈俊禾　宋一非	福州青少年活动中心	第14届福建省青少年机器人竞赛一等奖(小学FLL)
陈露萍　周紫妍	福州市远洋小学	第14届福建省青少年机器人竞赛一等奖(小学FLL)
陈浩炜　赵佐泰　林芃硕　郑建航	福清市玉屏中心小学	第14届福建省青少年机器人竞赛一等奖(小学VEX)
王煜阳　张楚涵　林予睿　陈柏霖	福州市鼓楼第一中心小学	第14届福建省青少年机器人竞赛一等奖(小学VEX)
胡霄阳　林之尧	福州市马尾实验小学	第14届福建省青少年机器人竞赛一等奖(小学足球)

特殊教育

【概况】　2016年,福州市有特殊教育学校13所,比上年增加1所,其中智障类6所,视障类1所,听障类1所,自闭症类1所,综合类4所。残疾在校生2978人,其中特教学校在校生1510人,随班就读1458人,附设特教班就读10人;残疾在校生中,小学生2232人,初中生678人,高中生58人;残疾在校生中,智障类2048人,视障类176人,听障类390人,其他364人。特教学校教职工457人,其中专任教师414人。年内长乐特教学校被省教育厅确认为“福建省特殊教育标准化学校”,仓山培智学校完成省级标准化学校评估验收。

【自闭症职业教育】　2016年,福州市推进自闭症学校向职业教育延伸。由福州市盲校开办自闭症职业中专班,由福州市星语学校协助该职业中专班教育教学管理工作,职专班于秋季开学,招收工艺美术专业学生9人。

【特教资源教室申报】　2016年,福州市申报特殊教育普通学校资源教室8所,分别为福州市梅峰小学、马尾区吴庄华侨小学、福清市龙田中心小学、长乐市梅花中心小学、闽侯县祥谦辅翼小学、连江县官坂中心小学、闽清县溪莲小学、永泰县大洋中心小学,作为残疾学生随班就读基地校,为普通学校残疾学生提供特殊教育、康复训练和咨询。

【"送教上门"试点】 2016年,福州市扩大重度残疾儿童少年"送教上门"试点面,新增永泰、闽清、罗源3个试点工作县(市)区,"送教上门"试点工作扩大到全市各县(市)区。全市129名教师参与送教,52名重度残疾儿童接受送教上门服务。

【特教研训工作】 2016年,福州市依托福州教育研究院,加强特殊教育学校的教学经验交流;组织指导教师参加省级赛事。开展教研和岗位培训活动13场,920人次参加;开展特殊教育教学论文征集和评选活动,有70篇论文收入汇编;开展优质课评选活动,40名教师参赛;协办2016年福建省特殊教育听障类学校片区教学研讨活动暨评优活动。

开展教育科研工作,特教教研员主持2项省级课题、1项市级课题研究工作,3个课题均结题,其中省级课题《福建省特殊教育教师职业倦怠的现状、影响因素及其对策研究》获评优秀课题。

表67 2016年福州市特教教师参加省级特殊教育竞赛获奖名单

参赛项目	奖项	姓名	所在学校
福建省特殊教育自闭症类教学评优活动	一等奖	李柳芳	福州市星语学校
	三等奖	汪晓燕	福州市星语学校
	三等奖	陈焕英	福清市特殊教育学校
福建省特殊教育听障类教学评优活动	一等奖	龚巍巍	福州市聋哑学校
	二等奖	林惠瑜	闽侯县特殊教育学校
	三等奖	林丽春	福州市聋哑学校
福建省特殊教育自闭症类片区教研活动	一等奖	卢荟伦	福州市星语学校
	二等奖	谭 薇	福州市星语学校
	二等奖	林爱金	长乐市特殊教育学校
福建省特殊教育视障类片区教研活动	三等奖	翁凤玉	福州市盲校

2016年5月14日,福州市2016年"职业教育活动周"集中展示活动举行,图为西点展示区 (福州日报社 供)

中等职业教育

【概况】 2016年,福州市有中等职业中专学校31所(不含技工和省属在榕学校),其中公办校24所(包括行业办4所),民办校7所。有省示范性现代职业院校建设工程培育项目学校7所;国家级中等职业教育改革发展示范校4所,省级中等职业教育改革发展示范校2所;国家级重点职专学校4所,省级重点职专学校7所;省达标中等职业学校18所,标准化县级职教中心6个。全市中等职业学校(不含技工校)全日制在校生3.55万人,非全日制学生4882人。

【职业教育改革】 2016年,福州市召开全市职业教育工作会议,出台《福州市人民政府关于加快发展现代职业教育的实施意见》《福州市职业院校管理水平提升行动计划实施方案(2016—2018年)》。首创福州职业院校联盟,探索职业院校集群化发展模式。推进"引企入校、入企办学""现代学徒制"和"二元制"技术技能人才培养改革试点,探索建立校企联合招生、联合培养、协同育人新机制。加强职业院校"一校一特色"校园文化创建。福清市被认定为第一批国家级农村职业教育和成人教育示范县。

开展未达标中职校整合提升工作,首批整合6所学校,申报达标2所学校;停办31个专业,新开设19个服务"五区叠加"产业发展的专业,4个专业群列入省职业院校服务产业特色专业群建设项目。组织7所学校实施省示范性现代职业院校建设工程培育项目。推进中高职贯通一体化人才培养试点,8所市属中职校16个专业与10所高职院校开展"3+2"中高职衔接办学,参加学生达918人。引入职业教育质量第三方评估机构,出台福州市职业教育质量年度报告。全市中职学生参加全国和全省职业院校技能大赛成绩均居全省首位。

【招生与就业】 2016年,福州市中等职业学校招收全日制学生1.56万人(含五年专918人),比计划招生数增长20.3%,其中省级以上优质中职学校招生1.35万人,占86.4%;招收非全日制学生1227人。全市中职学校全日制毕业生1.05万人(不含技工校),就业1.01万人,"双证书"发放比例达97.90%。全市中等职业学校就业率96.86%,对口就业率 77.76%，其中，直接就业 7314 人；升入高一级学校 2822 人（升学率比上年提高 8%），占毕业生总数 27%。

【公共实训基地建设】 2016 年，福州市职业教育公共实训基地启用并列入省级职业教育公共实训基地培育建设项目，该基地占地面积 4.67 公顷，建筑面积近 5 万平方米，总投资 1.63 亿元；建筑主体包括实训楼、学生公寓、食堂等；实训专业主要以工科类为主。新增 2 个县级职教中心实训基地，其中，罗源县职教中心建成二部实训基地，占地面积 7.36 公顷，建筑面积 1.07 万平方米，实训专业以车工、钳工、焊接等 10 个机械制造类为主；福清市职教中心建成二部实训基地，占地面积 2.33 公顷，建筑面积 3 万平方米，实训专业为汽车应用与维修、酒店服务与管理、烹饪技术、西餐制作等专业。

成人教育

【概况】 2016 年，福州市农民技术资格证书（“绿色证书”）培训招生 6692 人，获证 6387 人；举办富余劳动力转移培训与就业培训 296 期，培训 1.35 万人次，就业 10714 人；实用技术培训长中训培训 346 期 13674 人次，短训培训 6510 期 29.21 万人次；3608 人获职业资格证书；初中毕业生职前（3 + X）培训 2470 人次；巩固提高班 1960 人次；扫盲班 987 人次。年内福清市被认定为第一批国家级农村职业教育和成人教育示范县。

【终身教育】 2016 年，福州市创建 7 个市级社区教育品牌、2 个社区教育实验课题，均被列入市级建设项目。举办“9·28”终身教育系列活动 200 余场次。仓山区获批国家级社区教育实验区，“福清市街心公园基层读报点”获评全国终身学习品牌项目，全市有 14 本（套）自编教材获评省级社区教育优秀教材。

表 68　**2016 年福州市中职学校教师参加全国教学竞赛获奖名单**

参赛项目	奖项	姓名	所在学校	组别
全国职业院校信息化教学大赛	二等奖	黄碧卿　郭　清　詹晓燕	福州机电工程职业技术学校	心理
全国职业院校信息化教学大赛	三等奖	方　靖　齐　炜　卢　赏	福州建筑工程职业中专学校	建筑
全国职业院校信息化教学大赛	三等奖	张锦云　高芳华　李永军	福州建筑工程职业中专学校	语文
全国职业院校信息化教学大赛	三等奖	高　华　李素鸿　袁林海	福州市环保职业中专学校	环境治理技术

表 69　**2016 年福州市参加全国职业院校技能赛获奖名单**

参赛项目	获奖名次	参赛选手	所在学校	指导教师
电梯维修保养	一等奖	耿传志　刘主祥	福州建筑工程职业中专学校	陈江涛　翁寿俊
沙盘模拟企业经营	一等奖	林　莉　张　铭　林莹莹　张楚筠	福州财政金融职业中专学校	吴　洁　林汉镇
烹饪（西式烹调）	一等奖	林融杰	福州旅游职业中专学校	黄灵亮
服装设计与工艺（CAD 样板制作与推板模块）	二等奖	卓炎玲	福州财政金融职业中专学校	谢伟敏
户式中央空调安装与调试	二等奖	郑　杨　刘宇鸿	福州机电工程职业技术学校	郑敏旺　许孟韬
物联网技术应用与维护	二等奖	杨宏德　黄浩然　唐正军	福州机电工程职业技术学校	林　超　施　璇
单片机控制装置安装与调试	二等奖	张胜杰	福州机电工程职业技术学校	闫亚红
工程测量	二等奖	李泽福　黄国城　陈潇锋　吴邵勇	福州建筑工程职业中专学校	何伙珍
酒店服务（客房中式铺床）	二等奖	林锦广	福州旅游职业中专学校	杨　榕
烹饪（中西餐面点）	二等奖	杨燕丹	福州旅游职业中专学校	林　琴
艺术插花	二等奖	陈　燕	福州文教职业中专学校	林　娴
汽车运用与维修（车身涂装（涂漆））	二等奖	王　菲	长乐职业中专学校	范振武
数字影音后期制作技术	三等奖	陈乐燕	福州机电工程职业技术学校	王　斌
动画片制作	三等奖	张必杰	福州机电工程职业技术学校	陈赛玉

续表

参赛项目	获奖名次	参赛选手	所在学校	指导教师
建筑 CAD	三等奖	林　康	福州建筑工程职业中专学校	林　枫
酒店服务(中餐宴会摆台与服务)	三等奖	黄晓烨	福州旅游职业中专学校	程　恬
烹饪(西式烹调)	三等奖	倪旭斌	福州旅游职业中专学校	黄灵亮
烹饪(中餐热菜)	三等奖	张裕航	福州旅游职业中专学校	刘本坦
烹饪(中餐热菜)	三等奖	黄善臻	福州旅游职业中专学校	刘本坦
艺术专业技能大赛(戏曲表演)(地方戏)	三等奖	林仁冰	福州市艺术学校	林　特
模特表演(平面模特展示)	三等奖	聂雨鑫	福州文教职业中专学校	陈　怡
艺术插花	三等奖	陈　诗	福州文教职业中专学校	杨园园
汽车运用与维修(车身修复(钣金))	三等奖	沈孟于	长乐职业中专学校	袁志超
汽车运用与维修(定期维护和车轮定位)	三等奖	徐　军　罗　鑫	长乐职业中专学校	段清彬　张丽娟

高等教育

【概况】 2016年,福州地区有普通高校34所(市属11所),其中本科院校14所,二级学院4所,高职高专院校16所。在11所市属高校中,有应用型本科4所,高职7所,公办3所,民办8所。市属高校招生2.22万人,全日制在校生7.41万人,专任教师4845人;专业总数279个,其中第二与第三产业的专业比例为1∶4.14;有各类产学研中心12个,总体就业率达97.1%。

落实市属高校目标管理责任制,完成目标管理责任书的拟制和签订,推动闽江师范高等专科学校、福建华南女子职业学院分别通过教育部人才培养评估。

表70　**2016年福州地区普通高校一览表**

学校类型	院　校
本科院校	福建农林大学、福州大学、福建医科大学、福建中医药大学、福建师范大学、福建工程学院、闽江学院、福建江夏学院、福建警察学院、福州外语外贸学院、福建师大福清分校、福州理工学院、阳光学院、福建商学院(原福建商业高等专科学校)
二级学院	福建农林大学东方学院、福建农林大学金山学院、福建师范大学协和学院、福州大学至诚学院
高职高专院校	福建幼儿师范高等专科学校、福建卫生职业技术学院、福建信息职业技术学院、福建农业职业技术学院、福建船政交通职业技术学院(原福建交通职业技术学院)、福建体育职业技术学院、福建对外经济贸易职业技术学院、福建生物工程职业技术学院、福建艺术职业学院、福州职业技术学院、闽江师范高等专科学校、福州英华职业学院、福建华南女子职业学院、福州黎明职业技术学院、福州软件职业技术学院、福州科技职业技术学院

【高校改革试点】 2016年,福州市属各高校全面开展人才培养改革试点,其中福州职业技术学院、闽江师范高等专科学校、福州软件职业技术学院开展现代学徒制改革试点;福州理工学院、福州职业技术学院申报福建省职业教育公共实训基地培养建设项目并进行“二元制”技术技能人才培养改革试点;福州职业技术学院申报省示范性现代职业院校建设工程项目、福州职业技术学院和福建华南女子职业学院申报服务产业特色专业群项目、闽江师范高等专科学校建设省级示范专业。4所本科院校主动对接福州新区、福建自贸区福州片区发展战略,优化人才培养结构和培养方式,建设17个地方和行业急需的应用型特色专业和专业群。福州职业技术学院牵头8所优质中职学校共同组建职业院校联盟。

【高校招生】 2016年,福州市组织普通高考报考27563人,成人高考报考11227人,高职招考报考11972人,硕士学位研究生报考12270人。开展“平行志愿”和艺术类“一档多投”改革的宣传,全市举办40多场志愿填报咨询活动。

【自学考试】 2016年,福州市组织22次32项考试,报考总规模达39.54万人、46.8万科次,考生数量连续多年居全省第一;审定自考毕业生1330人,审批新增社会助学机构8所。各类考试实现安全考试“零事故”。　(郑　丹)

【福州大学】 2016年,福州大学完成学校“十三五”总体规划、11项专项规划和19个学院规划编制;实施《福州大学“十三五”发展规划纲要(2016—2020年)》;启动支撑规划纲要的建设项目、计划或工程。初步完成《福州大学一流大学和一流学科建设总体方案》,以及化学等若干个学科争列国家和福建省"双一流"建设方案的编制工作。实施《福州大学高水平"211 工程"大学建设规划(2014—2017 年)》。通过省教育厅对高水平大学建设中期检评和 2015 年建设绩效评估。

学科专业建设　举办第四轮全国学科评估专题系列会议,组织 33 个学科参加全国第四轮学科评估。新增 1 个一级学科博士点和 1 个一级学科硕士点。3 个专业通过全国工程教育专业认证,全校有福建省通过全国工程教育认证的全部 4 个专业。新增 3 个台湾 IEET 专业认证专业。

人才培养　全校有普通本科一批学生 2.4 万余人,各类研究生 1 万余人,其中博士生 670 余人。学生获国际级奖项 33 项、国家级奖项 290 项、省级奖项 525 项,其中 ACM 国际大学生程序设计竞赛等 10 类国家级以上学科竞赛成绩在省属高校中位居第一。在第二届中国"互联网 +"大学生创新创业全国总决赛中获 2 金 2 铜,金牌总数并列全国第三,并获先进集体奖。在校生中有 208 个创业项目在运营,实现工商注册 70 家,1000 多名学生参与创业项目运作,学生创业项目获各类投资逾 1.7 亿元。加强 11 个创新研究型实验班改革,开办远志创业实验班,开展 6 个专业创新创业教育改革试点。获批 42 项国家级、63 项省级大学生创新创业训练计划项目。3 个专业群列入福建省高校向应用型转变试点项目,10 个专业列入福建省服务产业特色专业。3 门省级创新创业教育改革精品资源共享课程获得立项建设,9 门慕课(MOOC)课程在教育部爱课程网上线授课。新增 1 个国家级实验教学示范中心,1 个省级实验教学示范中心,1 个省级虚拟仿真实验教学示范中心。完成 2 个专业学位硕士点的水平评估阶段工作和 120 多个博硕士学位点的学位标准编制。年内获全国研究生教育成果二等奖 1 项。

师资队伍　新引进具有博士学位教师 97 人。新增各类国家级人才 16 人次、省级各类高层次人才 53 人次,其中,国家"千人计划"专家 1 人,"万人计划"百千万工程领军人才 1 人,长江学者特聘教授 1 人,国家级教学名师 1 人,国家杰出青年科学基金获得者 1 人,百千万人才工程国家级人选 2 人,国家有突出贡献中青年专家 1 人,"青年千人计划"人选 4 人,国家优秀青年科学基金获得者 1 人,科技部"中青年科技创新领军人才"1 人,教育部"新世纪优秀人才计划"人选 2 人等。新增 5 个国家级引智项目、4 个省级引智项目,其中,2 名外国专家和 1 个团队入选"国家高端外国专家项目",2 个项目获批国家"教科文卫重点引智项目"。"能源与环境光催化创新引智基地"项目获批首批国家地方高校"高等学校学科创新引智计划"("111 计划")。1 名博士后入选全国首批"博士后创新人才支持计划"。

科研工作　新增 1 个国家地方联合工程研究中心,2 个省级工程研究中心,1 个省高等学校人文社会科学研究基地,成立福州大学军民融合创新研究院。科研总经费逾 3.98 亿元,国家基金总资助项目 110 个,其中重点项目 4 个。新增省部级科技奖 21 项,其中一等奖 5 项;获省第十一届社科优秀成果奖 30 项。新增知识产权授权 663 件,其中发明专利 447 件。三大检索论文总数 1510 篇,1 名教授入选 2016 年全球"高被引科学家"名单。

科研成果应用　新增福州市专家工作站 6 家,校企联合研发平台 8 个。横向到校经费逾 1.93 亿元,与福建省投资集团签订总值 12 亿元的战略合作协议,共同推进大学科技园铜盘园区产业化加速器建设。推进大学科技园阳光科技大厦主体入驻工程。石油化工学院泉港校区一期工程建设竣工,泉港校区正式启用。晋江科教园区正式动工建设。1 项校企合作项目获"中国产学研合作创新成果一等奖"。资政建议被省级以上信息刊物采用 30 多篇,其中,中央及国家相关部委信息刊物采用 20 篇,获省领导批示 5 人次。

合作交流　与美国、澳大利亚、德国、英国、意大利等国家的 20 多所高校新签校际合作协议,与德国科布伦茨·兰道大学联合申请的伊拉斯谟项目再次获得欧盟批准,成立福州大学"中意交流中心"。与爱尔兰梅努斯大学签约共同申报福建省首个中外合作办学机构——福州大学爱尔兰国际工程师学院。全年学校接受来华留学生 350 余人,海外访学学生 285 人次。聘请中长期海外专家 50 余人,土木工程学院获批首批"高校(地方)国际化示范学院推进计划"。获批福州大学首个留学生本科"汉语言"专业。与台湾元智大学合作获批福建省首个研究生层次的境外合作办学项目,闽台联合培养研究生双授学位项目启动签署。

(林　林　程龙吟)

【福建农林大学】　2016 年,福建农林大学设有 23 个以全日制本科生和研究生培养为主的学院,校园占地面积 320 公顷,有科教基地面积 78.53 公顷,教学林场面积 3060 公顷,拥有福州金山和旗山、南平、泉州安溪 4 个校区,其中总投资 5.11 亿元、建筑面积 13 万平方米的旗山校区一期正式投入使用。有国家和部省级创新平台 109 个,其中国家重点实验室 1 个、国家工程技术研究中心 2 个、国家地方联合工程实验室(工程研究中心)2 个,与安溪铁观音集团合作共建"国家茶叶质量安全工程技术研究中心"。

学科建设　全校有 2 个国家重点学科、2 个农业部重点学科、7 个国家林业局重点学科,9 个福建省特色重点学科、21 个福建省重点学科和 3 个省级优势学科平台。有 11 个一级学科博士点,25 个一级学科硕士点,11 个博士后科研流动站。植物学与动物学学科进入 ESI 全球排名前 1%;亚热带作物有害生物生态防控学科入选教育部、国家外专局联合实施的全国首批地方"高等学校学科创新引智计划"("111 计划");1 个博士点和 4 个专业学位授权点通过国家专项评估;调整增列 2 个硕士学位授权一级学科、3 个硕士专业学位授权点。

师资队伍　年内新增各类国家级人才 21 人次。其中,国家"千人计划"4 人,国家"万人计划"3 人,教育部"长江学者"2 人,国家杰青 2 人;新增引才"百人计划"等省级人才 35 人次;1 人当选第七届教育部科技委学部委员,1 人获得第十一届光华工程科技奖,36 人入选国务院政府特殊津贴专家和"闽江学者"等省级人才计划。全校有教职工 2941 人,专任教师 1671 人,其中中国科学院、中国工程院院士 10 人(含双聘院士 9

人),全国杰出专业技术人才2人,国家“千人计划”专家9人,“万人计划”科技创新领军人才3人,国务院学科评议组成员5人,“长江学者”7人,国家杰出青年科学基金获得者4人,国家优秀青年科学基金获得者3人,国家百千万人才工程一、二层次人选13人,国家级有突出贡献的专家12人,科技部中青年科技创新领军人才5人,教育部新世纪优秀人才支持计划5人,先后有157人享受国务院特殊津贴;有教育部创新团队1个,农业部创新团队2个,科技部重点领域创新团队1个。

人才培养　全日制在校生有2.7万人,其中博士、硕士研究生5000余人。5门课程被教育部批准为首批“国家级精品资源共享课”,数量居福建省属高校第一。新增全国教育科学“十三五”规划课题1项;入选国家级大型、专业出版社规划教材61部。4个专业群入选福建省首批普通本科高校向应用型转变试点项目名单,数量居福建省属高校第一。获大学生创新创业训练计划国家级项目43个、省级项目109个。2016届毕业生初次就业率95.25%,学生对学校就业指导工作满意度97.25%。学生参加各类学科竞赛获得国际级、国家级奖项137项,其中,在“创青春”全国大学生创业大赛上,学校再获“优胜杯”和“优秀组织奖”,总成绩继续位居全国农林院校第一。

科研工作　省部共建的闽台作物有害生物生态防控国家重点实验室获准立项建设,学校国家级创新平台增至5个;生物农药与化学生物学、作物遗传育种与综合利用2个教育部重点实验室通过2016年度评估;闽台作物害虫生态防控国际科技合作基地被科技部国际合作司认定为2016年度示范型国家国际科技合作基地。主持2016年度国家重点研发计划“杉木高效培育技术研究”项目;97个项目获得国家自然科学基金立项资助,比上年增长34%,项目数名列全国高校和科研院所第94名;获得国家级社科课题10项,比上年翻一番,其中1个项目获国家社科基金重大项目立项(全国农林高校仅2项)。在《Science》《Nature》《Cell》《PNAS》等国际著名学术刊物及其子刊发表系列论文,其中以福建农林大学为第一单位和第一作者在《Science》《Cell》分别发表1篇论文。1个团队获中国产学研合作创新成果一等奖;12项成果获省科学技术奖,其中一等奖2项。申请专利763项,获专利授权363项,申请专利数及授权专利数比上年分别增长60.3%和11.7%。

科研成果应用　遴选2项集成技术和系列新品种,助推茶产业、食用菌产业发展。选派56名专家到23个省级扶贫开发重点县开展科技帮扶;继续开展甘蔗技术援桂和菌草技术援宁、援疆、援藏、援贵工作。全年项目对接203个,计划投资24.9亿元,其中在第十四届“6·18”交易会期间签约19项,计划投资6500万元,达成对接意向312项,并获“优秀组织奖”。在农技人员培训方面,招收本科函授生1843人、新型职业农民函授专科生480人、台湾籍学生42人;举办各类新技术培训班36期,培训学员3419人。

合作交流　菌草项目被列为2016年“海丝”核心区建设“走出去”重大项目;与台湾中兴大学、台湾海洋大学联合培养人才项目正式招生;金山学院与加拿大圣文森山大学合作举办旅游管理专业获批,为全省第一家独立学院,全校中外合作办学项目数量增至5个。优秀本科生国际交流项目数量增至7个,选派专业增至25个,位列福建省属高校第一。国家公派研究生“国际联合培养项目”选派人数连续3年位居福建省属高校第一。　(沈必胜　刘静怡)

【福建医科大学】　2016年,福建医科大学有上街、台江2个校区,占地面积100余公顷。全年教育事业经费收入总额6.61亿元,比上年增长11%。新购置激光共聚焦、流式细胞仪等2台大型仪器,新电镜实验室完成装修并试运行。有直属附属医院5所,其中附属第三医院正在建设;有非直属附属医院14所(含临床医学院2所),临床教学医院24所,专业实践教学基地58个。编辑出版学术刊物《福建医科大学学报》《福建医科大学学报(社科版)》《中华高血压杂志》和《心血管康复医学杂志》等。

学科建设　有普通本科专业26个,有2个一级学科博士点、27个二级学科博士点、14个一级学科硕士点,拥有国家级特色专业4个,教学成果奖3项,实验教学示范中心2个,人才培养模式创新实验区、专业综合改革试点、教学团队、卓越医生教育培养计划、大学生校外实践教育基地等5个,精品视频公开课、精品资源共享课、精品课程等3门。拥有国家重点培育学科1个、国家临床重点专科10个、教育部重点实验室1个、国家地方联合工程研究中心1个、省部共建实验室2个、博士后科研流动站2个,院士工作站2个。9个省级重点学科通过教育厅考核验收,其中临床医学学科考核验收结果为优秀,基础医学、药学、护理学为良好。

师资队伍　新增国家“万人计划”领军人才1人,省“百人计划”2人,国务院特殊津贴2人,闽江学者讲座教授3人,省科技创新领军人才8人、省青年拔尖人才4人、省高校新世纪优秀人才5人、省高校杰出青年科研人才7人。新增1个省企事业人才高地。2名教授连续两年入选中国高被引学者榜单。1人入选“全国优秀科技工作者”,1人获2016年教育部霍英东教育基金会高等院校青年教师奖。专任教师(含附属医院临床教师)1440人,其中,具有博士学位占36.88%,硕士学位以上占84.66%,高级职称占62.57%。有博士生导师138人,硕士生导师787人。有国家“千人计划”人选、有突出贡献中青年专家、“新世纪百千万人才工程”人选和省“百人计划”人选、闽江学者等高层次人才350多人。

人才培养　全日制在校本科生1.29万人、博士研究生260多人、硕士研究生2700多人,在校留学生、港澳台生500多人,成人教育学生4900多人。2016届毕业生就业率96.02%。开展第二轮学院评估,完成本科教学审核评估工作。新增3个学士学位授权专业,口腔医学专业通过教育部认证。组建3个应用型人才培养专业群,4个专业获批省服务产业特色专业,1个专业获批省创新创业教育改革试点专业。推进“本科教学工程”项目建设,获批16项省级“本科教学工程项目”。教学改革项目立项55个,其中省级项目33个。获批省级精品在线开放课程和精品资源共享课各3门。建设省级计算机基础与医学应用实验教学示范中心和口腔医学虚拟仿真实验教学中心。6个校外教学点全部通过教育厅检查评估，举办省级继续教育医学项目培训班12项，培训人数1200多人。护理学获批省专业学位研究生联合培养示范基地，在生物学一级学科下自主设置"生物信息学"二级学科。

科研工作　与省科技厅签订战略合作框架协议，每轮投入2000万元用于鼓励中青年科研人员的创新活动。新增省级工程技术研究中心、2011协同创新中心各1个。学校被省科技厅认定为福建省闽台科技合作基地建设单位。获批各级各类科研项目526项，其中国家自然科学基金项目58个，位居省属高校第3位；国家社科基金项目1个，实现零的突破。5个建设项目获2016年中央财政支持地方高校发展专项资金1600万元。与大有华夏生物医药集团签署合作协议，获2500万元（500万元/年）用于肿瘤免疫治疗基础研究的专项资助。各级各类科研项目资助经费达1.4亿元，比上年增加5200万元。学校获2016年度教育部高等学校科学研究优秀成果奖（自然科学类）一等奖1项（学校为第三完成单位），中华医学科技三等奖1项，省科技进步奖8项（其中一等奖2项），福建医学科技奖14项，省青年科技奖3项，省紫金科技创新奖、运盛青年科技奖各1项。新增国家授权专利25项，其中发明专利22项。CSCD、CSSCI、SCI收录论文1326篇，EI收录论文59篇，获第十二届福建省自然科学优秀学术论文21篇。参与第十四届中国·海峡项目成果交易会，2个项目现场签约。

合作交流　举办2016年上消化道恶性肿瘤流行病学国际研讨会。全年接待60多名国外专家到校开展学术交流，130多人次赴国（境）外参加学术交流、访学、进修。设立研究生参加国际学术交流专项资金。8名学生分别赴日本东北大学和丹麦哥本哈根城市大学交流学习，13名学生赴台湾大学、台北健康护理大学、元培科技大学交流学习。附属医院选派21名医护人员参加第十五批援助博茨瓦纳医疗队。附属协和医院作为全省唯一代表加入"中国—中东欧国家医院合作联盟"。

附属医院　协和医院、第一医院分别与上海交通大学医学院附属瑞金医院、复旦大学附属华山医院开展合作共建，附属医院10个临床重点专科纳入省高水平临床医学中心建设。附三医院二期、附一医院皮肤病性病分院及新院区、附一全科医生临床培养基地、附二东海院区及附属口腔医院新院等5个项目列入福建省"十三五"规划，总投资约17亿元。附三医院依托协和医院融合管理，省政府在附三医院一期项目原有5000万元补助基础上，追加投入1.4亿元。协和医院进入全球最新自然指数（Nature Index 2017 Tables）中国医疗机构第61名。口腔医院在2016年度中国医院科技影响力排行口腔医学的榜单中，学术影响力位列全国第12位，科技影响力为全国第20位，较上年上升7位。

（薛昭曦）

【福建师范大学】　2016年，福建师范大学完成学校"十三五"事业发展规划编制，制订"一流学科"建设具体方案。学校综合实力位居中国管理科学院2016年中国大学排行榜第90位，首次进入英国QS"亚洲大学排行榜"前350强。

学科建设　有文、史、哲、理、工、教、经、法、管、农、艺等11个学科门类，本科专业81个，其中国家重点学科1个、省高校优势学科创新平台（含培育）3个、省特色重点学科9个、省重点学科26个。有博士后科研流动站19个，博士学位授权一级学科19个，硕士学位授权一级学科37个，硕士专业学位授权点13个。化学学科进入ESI全球前1%学科行列，"地球与环境科学"学科进入自然指数（Nature Index）领域中国内地大学排行50强。获批福建省重点马克思主义学院，接受第二批全国重点马克思主义学院实地考评。出台《学位评定委员会章程》和《学位授权点动态调整实施办法》，自主设置国际贸易学二级学科硕士点。在5个一级学科涵盖的所有二级学科中实行博士生"申请—考核"选拔制。

师资队伍　有专任教师1700多人。引进国家"千人计划"人选1人，1人获得国家杰出青年科学基金项目，2人入选全国文化名家暨"四个一批"人才、国家特支计划哲学社会科学领军人才，2人入选"长江学者奖励计划"青年学者。新增省杰出人民教师1人、省特支"双百计划"领军人才10人，省优秀人才"百人计划"文化名家3人，省高校领军人才4人，闽江学者特聘教授和讲座教授7人。1人获"高校思想政治理论课年度影响力人物"，再次入选中国高被引学者榜单1人。开展"优师行动"和"青蓝工程"，加速青年教师培养。辅导员获全国高校辅导员职业技能大赛一等奖、辅导员年度人物提名奖各1项。教工活动中心暨全国师德建设实践与创新基地揭牌。

人才培养　全日制普通本科学生2万多人，各类研究生7000多人。3个专业群被列为省级应用型人才培养专业群建设试点项目，10个专业获批省级服务产业特色专业建设项目，新增2个省级实验教学示范中心。开设MOOCs课程71门，思政课入选教育部"精彩一课"。招收福建省免费师范生184人，与晋安区、泉港区等开展教育合作。建立创业孵化基地和创业服务中心。2016届本科生、研究生就业率分别达97.04%、99%。

科研工作　获国家级社科项目33个，其中代表社科领域最高层次的中央"马克思主义理论研究和建设工程"重大项目、国家社科基金重大项目、教育部哲学社科重大课题攻关项目6个。受中宣部委托主持编写中国特色社会主义政治经济学权威教材。获国家自然科学基金项目42个，获省社会科学优秀成果奖69项、省科学技术奖7项。"森林土壤学"项目首获国家杰出青年科学基金资助。组建校技术转移中心，修订《科技成果转化管理办法》。成立印尼研究中心、福建红色文化研究中心、福建历史文化研究中心、G20联合研究中心。学校位居人大复印报刊资料（2015）转载指数高校排名百强，2016年中国大学国家社科奖励排行榜第20位。

合作交流　与境外6个大学或研究机构建立新的合作关系，聘请外国文教专家11人、技术类专家2人，举办大型国际学术会议6场，派出本科生、研究生出国（境）交流900余人次，教师出访560人次，接待来自各个国家和地区的40余个团组300余人次。出台资助本科生赴国外高水平大学学习，资助研究生参加国际交流与访学。创办暑期国际交流项目，选派3名大学生交流团赴波兰、捷克、俄罗斯的高校交流。主办冲绳县政府在国内的专场招聘会,首次组织汉语国际教育本科专业赴海外实习。举办印度尼西亚中学本土汉语教师培训、中—印尼高等教育合作发展论坛等活动。与泉港区政府、福建能源集团等单位的战略合作,建立与闽侯县委县政府、福州高新区管委会、大学城管委会的协调机制。 (陈金章)

【福建中医药大学】 2016年,福建中医药大学开展学科和学位点评估工作,开展第二轮中医药学术思想传承工作。新增闽台中药分子生物技术国家地方联合工程研究中心,附属康复医院成为全国首家通过国际康复质量认证委员会3年期认证的康复专科医院。

学科建设 组织中医学、中西医结合、临床医学、药学、中药学、护理学6个一级学科参加全国第四轮学科评估。开展学位点建设与评估,完成校内6个一级学科各学位点的第一轮自评与互评工作,形成博士学位、硕士科学学位和硕士专业学位3个类别14份自评报告。新增临床技能教学中心实训教学平台项目、智慧校园基础平台项目2个中央支持地方高校发展项目,获专项资金1400万元。

师资队伍 开展第二轮中医药学术思想传承工作,在全国遴选中医名师5人,在校本部遴选6名中青年骨干教师跟师学习。1名教师当选中国康复医学会副会长,1名教师代表中国当选国际物理与康复医学学会执行委员会中亚和东亚委员,1名教师获“全国优秀社会科学普及专家”称号,2名教师获“全国中医药高等学校教学名师”称号,1名教师获中国老年学学会骨质疏松委员会授予“杰出贡献奖”,新增福建省新世纪优秀人才支持计划人选5人、福建省高校杰出青年科研人才培育计划7人。

人才培养 2016届毕业生去向落实率93.01%。康复治疗学专业物理治疗(PT)和作业治疗(OT)两个培养方向分别通过世界物理治疗联盟(WCPT)、世界作业治疗联盟(WFOT)认证,中药学专业通过教育部高等学校中药学类教学指导委员会的认证初访。新增中医学、康复治疗学、护理学、中药学4个省级服务产业特色专业。实施“精彩一堂课”建设计划,38门课程被列入建设范畴,完成《发展康复服务,推动健康工程》《中医诊断思维原理》等18门课程的录制。高等教育出版社数字课程《中医诊断学》《中医健康理念》正式出版上线,《中医诊断学》《康复护理学》等2门教材被列为全国中医药行业高等教育“十三五”规划教材数字化教学改革立项项目,新增3门省级精品资源共享课。学生2015年中医执业医师通过率88.8%,在全国中医药院校中排名第5;中西医结合执业医师通过率73.77%,在全国中医药院校中排名第7。在第三届全国康复治疗学学生技能大赛中再次包揽物理治疗组、作业治疗组双项冠军。

科研工作 立项科研课题375项,获资助经费2158.38万元,其中,立项国家自然科学基金项目23个,获资助经费927.6万元;立项省部级项目101个,获资助经费831万元。新增闽台中药分子生物技术国家地方联合工程研究中心。新增2015年度福建省科学技术进步奖一等奖1项、三等奖1项;获2016中国产学研合作创新奖(个人)1项、中国产学研合作促进奖(单位)1项;获第十二届福建省自然科学优秀学术论文奖一等奖1项、二等奖4项;获2016年福建省百万职工“五小”创新奖一等奖1项。申请专利30件、授权专利8件;授权软件著作权2件;发表论文973篇,其中被SCI收录82篇、被EI收录7篇;主编及参编论著102部。

研究成果应用 脊柱牵伸床、智能康复管理系统、智能轮椅等10项产品进入调试阶段,认知康复训练平台、语言康复训练平台、上肢训练仪、下肢训练仪、壁挂式上下肢训练仪5项产品转化上市。建设康复大数据中心,建立中国人群心肺功能、步态常模,认知功能障碍、脊髓损伤、中风的康复结局大数据在建。与3地(县)签订合作协议,与14家企业开展技术服务合作。附属康复医院获得国际康复质量认证委员会(CARF)3年期认证,成为国内首家通过该认证的康复专科医院。 (吴镇聪)

【福建工程学院】 2016年,福建工程学院制订学院综合改革方案,实施学院“十三五”发展规划。开展学科验收和专业认证、评估工作。深化实验室建设,并向社会开放10个特色实验室。

学科建设 组织材料科学与工程、交通运输工程、土木工程、机械工程和管理科学与工程等5个省级重点学科开展学科验收工作。组织开展专业认证及评估工作,城乡规划(第二次)、工程管理和工程造价等专业顺利通过住建部土建类本科教育评估,土木工程(第二次)、给排水科学与工程等专业评估认证申请获得受理,机械设计制造及其自动化、材料科学与工程专业的CEEAA中国工程教育认证申请受理。开展数据科学与大数据技术、电子商务、国际商务3个新专业申报工作。化学工程与工艺、知识产权、交通运输、物联网工程4个本科专业获得学士学位授予权。

师资队伍 引进教育部新世纪优秀人才支持计划人选,聘请苍霞杰出学者、苍霞学者特聘教授。引进博士40余人,其中境外(台籍)博士14人。一批教师入选福建省百千万工程领军人才、国务院政府特殊津贴、省科技创新领军人才、省高等学校新世纪优秀人才支持计划等。全年派出近50人参加各类访学研修项目,其中赴境外36人。

人才培养 以“电子信息与电气技术实验中心”“土木工程虚拟仿真实验教学中心”国家级实验教学中心建设为推动,推进教学模式创新和实验室、实习基地建设。举办各类学术讲座和专题报告会121场次。组织开展全国科技活动周活动,并向社会开放福建省数字化装备重点实验室、福建省新材料制备与成形技术重点实验室、福建省汽车电子与电驱动技术重点实验室、先进制造生产力促进中心等省级重点实验室在内的10个特色实验室。年内成立创新创业教育学院。学生在省级以上的创新创业、学科竞赛中获奖603项,国际级18项,国家级95项,其中,2016年度GE高校自动化大奖赛获得全国第一名并获一等奖;2016年美国大学生数学建模竞赛获得5项二等奖,6项三等奖。应届毕业生初次就业率97.26%,初次签约率83.98%。

科研工作 获国家自科基金项目13个,科技部支撑计划协作项目1个,省发改委产业联合技术创新项目1个,省高校产学合作项目3个，省科技引导性项目4个，省科技其他项目34个，省建设厅专项1个。各类社科项目立项91个，其中，国家级项目立项1个，教育部人文社科项目4个，省社科联社科规划项目、国家知识产权局等省级项目立项23个。获2015年度福建省科学技术奖一等奖1项、二等奖1项、三等奖3项；第十一届福建省社会科学优秀成果奖三等奖3项。组织申报2016年度教育部科学技术优秀成果奖1项、2016年度福建省科学技术奖10项；获得授权专利141项，其中发明专利43项、实用新型97项。办理福建、福州专利奖励资助32.25万元，闽侯专利奖励53.55万元。组织向省发改委提交"智慧海洋"工程行业领域建议6项；完成科技成果登记5项。

科研成果应用　与捷克科技大学、哈尔滨工业大学、天津智控机电设备有限公司、上海飞乐信息技术有限公司等企事业签订40多项科技项目产学合作协议，与方圆建设集团有限公司、福建省招标采购集团有限公司、福建品成建设工程顾问有限公司、福建华翔通用航空科技有限公司等8个单位签订产学研合作协议。与福建省交通规划设计院、中铁十七局集团第六工程有限公司、中国环境科学研究院、厦门市特种设备检验检测院、福建省电力有限公司电力科学研究院、清华大学等企事业单位签订横向合同23项。与福州市工商业联合会签署福州市泛VR产业联盟成员入盟框架协议。下达11个省级科研平台运行费49万元，"北斗导航与智慧交通协同创新中心建设项目"基本建设资金预算200万元。组织200多项科技成果参加第十四届中国·海峡项目成果交易会高校成果展，征集项目参加第十八届中国国际高新技术成果交易会和第二届创新科技成果交易会，向企业推介智能装备制造等方面科技成果。组织征集海洋、交通运输、制造科学3个学科领域科学难题及中国制造业知识服务联盟典型案例。完成省招标集团对学校所办（属）4家企业增资扩股有关谈判事宜。

合作交流　举办"翻译与文化·国际对话暨学术论坛"。承办"2016年海峡两岸暨港澳大学生中华文化研习营"开营式。探索闽台高校联合培养人才项目分段对接"3+1"培养模式，532人赴台湾学习，校本部23人分赴台湾云林科技大学、逢甲大学进行一学期的交流学习。参与中美应用技术教育"双百计划"，学校被确定为中美应用技术教育"双百计划"首批培育院校。机械与汽车工程学院和交通运输学院参加国家留学基金委2016年创新型人才国际合作培养项目计划答辩，签署合作协议。推进中德国际工程师学院（BSK）合作培养工程硕士项目、"1+2+1中美人才培养计划"、留学基金委优秀本科生出国资助项目、马来亚大学留学资助项目。开拓英国华威大学短期语言项目，首批12名学生赴英进行为期一个月的语言培训。年内13名外国留学生来校学习，其中7名硕士研究生，5名本科生，1名语言进修生。　（宁启超）

【闽江学院】　2016年，闽江学院发布实施《闽江学院"十三五"发展规划纲要（2016—2020年）》，启动图书馆新馆、艺术教学楼二期、学生公寓等项目前期筹备工作，完成软件学院大楼主体工程建设，推进溪源江安全生态水系建设试点项目（闽江学院生态步道）建设工作。举行"百镇百村"精准扶贫社会调研活动。文献资源总量达300.94万册（其中纸质图书176.19万册）。全年全日制在校生近2万人，全校教师1100多人。

学科建设　制定实施《闽江学院"十三五"学科建设与发展专项规划》，启动学科分类建设工程，促进学科专业交叉融合渗透。启动转型发展工程，推进纺织服装、漆艺文化创意、跨境电商、测绘地理信息、功能纤维材料、信息技术和智能应用等六大应用型专业群建设，电气工程及其自动化、纺织工程、机械电子工程、高分子材料与工程、广告学、电子商务（精准扶贫类）和旅游管理（精准扶贫类）等7个本科专业获得省服务产业特色专业立项。新增机械电子工程专业。

人才培养　完成2016级人才培养方案修订工作，提高实践教学比重，适度压缩总学分、总学时。推动网络课程建设，正式开通"清华在线"网络教学综合平台手机客户端，访问量达530万人次，有效建设课程177门。加入福建省高校在线教育联盟，新增一批"国家级精品资源共享课"、福建省精品在线开放课程立项建设项目和福建省高等学校精品资源共享课（创新创业教育与专业教育融合类）立项建设项目。"化工虚拟仿真实验教学中心"被评为省级虚拟仿真实验教学中心，新增"国际化教育商科与文创实验教学中心""电子实验教学中心"为省级实验教学示范中心。委托省教育评估研究中心组织的专家组，按照审核评估要求对49个专业点开展全面评估。年内在校生获得国际级奖项32项、国家级奖项106项，2016届毕业生就业率达97.28%。

师资队伍　引进19名高层次人才，聘请10名高层次人才到校兼职。获聘"闽江学者"讲座教授5人、福建省新世纪人才2人、杰出青年4人。遴选产生"闽都学者""青年学者""优秀青年骨干教师"等3项人才工程首批人选14人。组织开展2016年青年教师教学竞赛及观摩活动。40名教师获得省委组织部、省教育厅、省人社厅、市人社局境内外各项访学培训项目资助；攻读博士学位5人，博士毕业6人。

科研工作　成立闽江学院非物质文化遗产研究与发展中心等5个校级科研机构。福建省高校人文社科研究基地新媒体传播研究中心、工业机器人应用福建省高校工程研究中心、福州市机器人技术应用联合实验室依托闽江学院立项建设。新增市厅级及其以上纵向科研立项158项（其中国家级4项、省部级41项），企事业单位委托项目41个，到校经费3867余万元。获授权发明专利11项、实用新型专利25项。为福建省白马船厂、福建省第一电力建设公司提供政府质量奖咨询，为福州市投资管理公司提供技术咨询，与福建星海通信科技有限公司、福建坤彩材料科技股份有限公司等合作开展技术服务，为罗源县环境保护局研制国家生态文明建设示范县规划，为建宁县溪源乡等编制美丽乡村建设规划。与福州艺生活文化艺术有限公司共建闽江学院国际青年漆艺家孵化基地获批省、市众创空间。

合作交流　召开中国人民大学对口支援闽江学院工作第一次联席会，实施《中国人民大学与闽江学院支援合作工作2016年度计划》。对接中国人民大学国

际小学期、千人百村项目,举办"货币金融圆桌会议·2015冬",启动"人大博雅名师讲坛",首期选送6名教师赴中国人民大学访学,委托中国人民大学举办党政领导干部培训班。全年赴台学习学生1300多人,教师赴台湾高校任教或进修访学交流36人次,台湾高校来校任教教师75人次。经管学院与台湾辅仁大学管理学院的"3+1+1"和"研修生"项目正式启动。拓展对外交流,与日本松荫女子学院大学签订校际交流协议,推进暑期文化研修双向交流项目按计划。5名学生通过外派汉语志愿者资格考试和培训并派出,招收1名澳大利亚籍MBA留学生和3名肯尼亚籍语言留学生。 (陈福虽)

【福州职业技术学院】 2016年,福州职业技术学院联合福州市职业教育实训中心及福州8所中职院校组成福州市职业院校联盟,申报中央电化教育馆首批"职业院校数字校园建设实验校"项目,牵头召开"福建省旅游行业职业教育指导委员会成立大会"。

学科建设　跨系多专业整合形成机电技术等7个对接产业的专业群,组建专业建设指导专家库和专业建设指导委员会。与福建未来信息职业教育有限公司合作成立福州机器人学院。

师资队伍　引进海内外高层次人才7人。选派77名专业教师下企业顶岗,新增19名"双师型"教师,选聘兼职教师99人。启动名师工作室建设,遴选并成立4个技能大师工作室、10个名师工作室。

人才培养　有在校生19000多人,其中全日制高职在校生8212人,应用型全日制本科在校生76人,各类成人学历在校生12063人。立项7个类别、38项院级教改项目,包括1个专业教学资源库、2个创新创业教育改革试点专业、4门精品在线开放课程、10门混合教学模式改革课程、14门校企共建专业核心课程、4个工学结合实践项目、3个教学改革研究项目。"高职思政课'项目化管理'教学模式改革"入选2016年福建省高校思政课教改试点项目。"'青马社团'对接'学习大军'协同培育青年马克思主义理论骨干"入选全省首批30个大学生思想政治教育创新示范项目。"项目制管理模块化教学——高职《概论》课教学模式改革探索"完成结项。学院《闽台两岸企业大学毕业生职场礼仪现状比较研究——以福州、台北为例》项目获得福建省教育科学"十三五"规划2016年度海峡两岸职业教育专项课题立项。"网络广告设计"获省级"精品在线开放课程",广告设计与制作专业获"省级专业教学资源库",机电技术专业群、文化创意专业群获"福建省职业院校服务产业特色专业群首批培育建设项目"。创建一批学生自主创业项目并开展工商注册,形成"福州福职金色旅游有限公司"等福职自主品牌公司。2016届毕业生初次就业率99.9%,初次签约率90.1%,就业专业对口率80%。

科研成果及应用　学院公开发表论文258篇,其中发表在核心期刊上的论文17篇;获省级和市级、厅级纵向科研项目39项,纵向项目到账经费11.5万元。其中,《标准化学生公寓建设与发展探究》获省教育规划重点课题立项资助,《闽台两岸企业大学毕业生职场礼仪现状比较研究——以福州、台北为例》《平潭综合实验区与台湾建筑产业对接中互通型人次培养问题研究》获省教育规划海峡专项立项资助,《福州新区金融支持新型城镇化建设实证研究》项目获市社会科学规划研究项目立项资助。学院与福州大饭店有限公司、福建荟源国际展览有限公司、福州来日视角文化传播有限公司、东方超捷国际货运代理、福建省旅游有限公司、福州市晋安区品陶斋文化艺术商行、东南(福建)汽车工业有限公司等企事业单位共同开发横向项目11项,项目到账经费226926元。

技能竞赛　学院毕业生获福建省第九届职业规划大赛一等奖(第一名)1项,二等奖(第三名)1项。承办"挑战杯——彩虹人生"全国职业院校学生创新创效创业大赛之"创绘青春——两岸优秀职校学生创新创业分享汇"活动。承办7个技能大赛赛项,其中2016年福建省职业院校(高职组)赛项3个,2017年福建省职业院校技能大赛(高职组)赛项4个。2016年技能大赛中,学院获国赛二等奖4项、国赛三等奖2项及省赛一等奖7项、团体优胜一等奖和2016年福建省职业院校技能大赛贡献奖;同时获2017年福建省职业院校技能大赛二等奖、三等奖各1项。13个项目获得第九届"挑战杯"福建省大学生创业计划竞赛专科组奖项,其中金奖2项、银奖3项、铜奖5项、优秀奖3个。学院特教学生作品《蛋雕》获"2016海峡两岸高校设计展"工艺美术类金奖,1支团队获得第九届挑战杯福建省大学生创业设计大赛铜奖。

实训基地　完成15个实训室建设及改造项目,新增立项27个院内实训室建设项目,院内实训室增至103个,整合形成10个实训中心;新增校外实训基地28个,达131个,大中型校外实训基地达49个。学院联合福建省、福州市电商协会、福州市瀚林职业培训学校和利嘉实业(福建)集团有限公司等单位及企业,共同建立福州第一家电商人才培训中心,并举办"借力互联网,高职教育与电商共赢未来"主题论坛。 (江允英)

【闽江师范高等专科学校】 2016年,福州工业学校和福州艺术学校并入闽江师范高等专科学校,年内新设立附属实验小学、附属实验幼儿园,成立学校董事会。学校有旗山、仓山、甘蔗、光禄坊4个校区,占地面积37.89公顷,总建筑面积17.4万平方米。学校设有福州教育研究院,承担全市基础教育(含特殊教育)、幼儿教育的教学研究、指导及服务工作,承担中小幼师资培训、培养,教育行政干部培训和教育科研等任务。

学科建设　新增表演艺术、美术教育、应用外语(马来语方向)、嵌入式技术与应用、工业分析技术(工业的分析检验方向)等5个专业。全校有"八系二部",即初等教育系、学前教育系、人文社科系、外语系、计算机系、艺术系、化学与食品工程系(筹)、机电工程系(筹)和公共基础部、思想政治理论课教研部。开设招生专业23个,包含小学教育(全科、综合文科、综合理科)、语文教育、数学教育、音乐教育、美术教育、舞蹈教育、英语教育、学前教育10个师范类专业,以及应用外语(马来语方向)、应用英语、表演艺术、行政管理、心理咨询、导游、文秘、社会工作、软件技术、物联网应用技术、计算机应用技术(网络应用方向)、嵌入式技术与应用、工业分析技术(工业的分析检验方向）13 个非师范类专业。其中，初等教育、心理咨询专业为福建省高等职业教育省级示范专业；导游专业和物联网应用技术专业为福建省高校创新创业教育改革试点专业；艺术系（福州市艺术学校）的戏曲表演（闽剧）专业为全国职业院校民族文化传承与创新示范专业点。

师资队伍　在编教职工 409 人，其中专任教师 259 人，具有副高级专业技术职务以上 101 人，占专任教师总数的 38.99%；具有研究生学历或学位的教师 96 人，占专任教师总数的为 37.06%；专任教师中的“双师型”教师 114 人，占专任教师总数的 44.01%。来自企业行业第一线兼课教师 61 人，列入福建省高校杰出青年科研人才培育计划 1 人。

人才培养　招生计划数 1950 人（含五年专 270 人、中专 280 人），录取新生 1751 人，完成招生计划数 89.79%。作为首批试点的免费师范男生招生计划全额完成。2016 届毕业生 678 人，初次就业率达 100%。年内有各类全日制在校生 4700 余人。计算机系的“基于现代学徒制的网络专业人才培养”和人文社科系的“社会工作专业人才现代学徒制建设”为福建省现代学徒制试点项目，“小学教育专业群”获福建省职业院校服务产业特色专业群建设项目立项，“青少年心理健康教育研究中心”和“基础教育书法教学研究中心”为福建省应用文科研究中心；与团省委、省少工委共建有福建省少先队协同创新研究中心、福建少先队辅导员培训基地。8 月，在 2016 年“挑战杯——彩虹人生”全国职业学校创新创效创业大赛决赛中，获一等奖 1 项、二等奖 2 项，总成绩居全省职业院校第二名、福州地区职业院校第一名。12 月，在 2017 年福建省职业院校技能大赛中，获一等奖 6 项。年内全校学生在各级各类职业技能大赛中获奖 150 余项。

校企合作　学校有 5 个校企合作的特色专业：社会工作专业与鼓楼区政府联办，为鼓楼区培养具有专业助人知识、熟知各类民政政策和能够开展各类社区服务的社会工作人才；软件技术专业与北大青鸟教育集团合作办学；物联网应用技术专业与新大陆科技集团（物联网行业龙头企业）合作办学；计算机应用技术专业（网络技术方向）与福建星网锐捷通讯股份有限公司合作共同开展现代学徒制试点，与北大青鸟、新大陆、星网锐捷、福州纵腾网络科技有限公司等企业（行业）集团建立合作关系；嵌入式技术与应用与上海智翔信息科技发展有限公司开展合作办学。6 月，学校与中国（福建）自由贸易试验区福州片区管理委员会签署战略合作意向书，在决策咨询、人才培养培训、创新创业等领域合作。10 月，学校与网龙网络公司签署战略合作协议，加强校企合作。

社会服务　学校繁星艺术团承接省教育厅 2016 年高雅艺术进校园活动，在 5 个省属职业学校开展 10 场演出活动。8 月，学校入选福建省乡村校长助力工程和乡村教师素质提升工程省级培训任务承担机构，承担小学校长和小学（数学、英语）、初中（物理、历史）学段的培训任务。9 月，学校承办第四届海峡青年节系列活动的海峡两岸“儿童歌舞剧”音乐教育高峰论坛暨青年教师风采展示活动。10 月，学校闽剧演出队赴香港演出。完善中学质量检测平台，对毕业班中考学科、高中学段非毕业班（部分学科）、高中毕业班（每学期）进行质量检测。开展教育培训，举办福州市中学、小学、幼儿园、特殊教育等学段的见习期培训、初级、中级教学岗位培训，并开展各类专项培训班 43 个，培训学员近 3 万人；组织培训 1204 场，其中在县（市）区举办培训 210 场，参训教师约 43 万人次。在第三届福建省中小学教师教学技能大赛活动中，由福州教育研究院推送的福州市代表队获特等奖第一名 2 人、一等奖 8 人、二等奖 24 人、三等奖 14 人。

合作交流　学校与台湾元智大学建立科学教育领域的合作关系，就师范生顶岗实习、订单式培养达成合作意向。11 月，与台湾东华大学的人文社会科学学院和花师教育学院分别开展心理咨询与社工实训、初等教育基础课程建设等方面学习交流。11 月，2 名教师赴南非开展“中国文化海外行——南非营”活动。年内学校增设应用外语（马来语）专业，首批招收 50 人，该专业与春申股份有限公司、印尼海洋发展股份有限公司合作，开展订单式培养。

（陈　玉）

（编辑　黄　铭）

文 化

专业文艺

【概况】 2016年，福州市有30项专业文艺获省级以上奖项。市文广新局制定《福州市文化广电新闻出版局文艺作品创作及演出审查暂行规定》。采取购买服务、申请专项资金等方式，加大对市属文艺院团扶持。闽侯县青橄榄合唱团获第十三届中国国际合唱节金奖，福州九日台音乐厅爱乐合唱团参加2016福建省城市合唱艺术节获评“A级合唱团”。年内承办第24届市运动会开闭幕式文体表演、第四届海峡青年节两岸青年《携手·同心》嘉年华等大型文化活动。围绕中国共产党成立95周年和中国工农红军长征胜利80周年等重大主题，举办“党旗下我们集合”文艺晚会、“为党献歌·七一红色经典歌曲”演唱音乐会。完成市政协2016年新年茶话会和2016年市委、市政府新春团拜会，

表71　　**2016年福州市专业文艺获奖情况**

获奖单位(个人)	奖项名称	项目	备注
福州闽剧艺术传承发展中心(福州闽剧院)　吴则文	全国地方戏优秀中青年演员名单	闽剧《林则徐复出》	国家级
福州闽剧艺术传承发展中心(福州闽剧院)	第三届丝绸之路国际艺术节演出奖；第六届福建艺术节剧目奖二等奖	闽剧《林则徐复出》	国家级 省级
福州市曲艺团	2016年国家艺术基金资助项目；第六届福建艺术节展演奖一等奖	曲艺《风雨苍霞人》	国家级 省级
福州市闽都文化艺术中心(福州市歌舞剧院)	第六届福建艺术节展演奖一等奖	音乐剧《啊！鼓岭》	省级
福州闽剧艺术传承发展中心(福州闽剧院)　陈德忠	第六届福建艺术节音乐奖一等奖	闽剧《林则徐与王鼎》	省级
福州闽剧艺术传承发展中心(福州闽剧院) 吴则文　杨　帅　陈德忠	第六届福建艺术节表演奖一等奖	闽剧《林则徐与王鼎》	省级
福州市曲艺团 黄林勇　陈　峰	第六届福建艺术节表演奖一等奖	曲艺《风雨苍霞人》	省级
福州闽剧艺术传承发展中心(福州闽剧院)　黄秀春	第六届福建艺术节表演奖二等奖	闽剧《林则徐与王鼎》	省级
福州市曲艺团 叶兆辰　林信清　林艳红	第六届福建艺术节表演奖二等奖	曲艺《风雨苍霞人》	省级

续表

获奖单位(个人)	奖项名称	项目	备注
福州闽剧艺术传承发展中心(福州闽剧院)　陈景桦　廖雄威	第六届福建艺术节表演奖三等奖	闽剧《林则徐与王鼎》	省级
福州市曲艺团 汤露莹　林荣雄　邓萍萍	第六届福建艺术节表演奖三等奖	曲艺《风雨苍霞人》	省级
福州市艺术创作研究中心 周祥光	第六届福建艺术节编剧奖一等奖	曲艺《风雨苍霞人》	省级
福州市艺术创作研究中心 金爱珠	第六届福建艺术节导演奖一等奖	芗剧《生命》	省级
福州市曲艺团 叶兆辰	第六届福建艺术节表演作曲奖(铙钹、诉牌设计)三等奖	曲艺《风雨苍霞人》	省级
福州市曲艺团	福建省丹桂奖第二届少儿曲艺大赛一等奖	伬艺《莲生送米》、评话《鲁达除霸》、民俗评话《搓糍齐搓搓》	省级
福州市曲艺团	福建省丹桂奖第二届少儿曲艺大赛二等奖	伬艺《销烟颂》《珍珠塔》《秦楼月·春回坊巷》《安安送米》	省级

以及2016年文化科技卫生"三下乡"启动仪式文艺演出活动。

【第24届市运动会开闭幕式文体表演】　2016年10月22日举办开幕式文体展示,分为《福运翱翔》《茉莉香榕城情》《我运动我快乐》《追梦福州》4个篇章;10月30日举办闭幕式文艺汇演,分为《收获金秋》《天地人和》《圆梦福州》3个篇章。其中,开幕式参加人数972人,闭幕式参加人数672人,市舞蹈家协会丝路舞韵艺术团、闽都文化艺术中心、福州歌舞剧团、市直机关老年人体育协会、省杂技团、福建省师范大学体育科学学院等组织参加表演。

【艺术创作】　2016年,福州市组织首届"金源杯"中青年闽剧演员比赛、第24届戏剧剧本征文和曲艺书曲目文本征文等创作活动。完成创作、排练福建文艺发展基金项目闽剧《沈绍安》和音乐剧《啊·鼓岭》旅游版并成功首演。修改提升闽剧《林则徐与王鼎》和曲艺《风雨苍霞人》。

【艺术演出】　2016年,伬艺《风雨苍霞人》入围国家艺术基金2016年度资助项目,伬艺《秦楼月·春回坊巷》和福州评话《搓糍齐搓搓》2个节目入选第七届全国少儿曲艺展演;国家一级演员吴则文作为全省唯一人选,携其代表作闽剧《林则徐复出》晋京参加全国地方戏优秀中青年演员汇报演出;闽剧《林则徐与王鼎》成为陕西西安第三届丝绸之路国际艺术节压轴剧目。推出"文化福州·共建共享"——2016福州市创建国家公共文化服务体系示范区惠民演出季,分成"戏剧季""话剧季""音乐季"和"合唱季"演出,以政府购买服务方式,引进话剧《再远我都听得见》、儿童剧《小屁孩的烦恼》、中国音协爱乐男声合唱团专场等。选送6个文艺院团19出折子戏参加"经典百折——福建戏曲折子戏展演活动",选派《窦氏女寻子》《珍珠塔·唱道》和《金龟母说胎》3部折子戏晋京展演。

2016年9月20—21日,闽剧《林则徐与王鼎》获选参演第三届丝绸之路国际艺术节　(市文广新局　供)

【传统戏剧保护】　2016年,福州市启动闽剧传统剧本修复与数字化保存工作。完成地方戏曲剧种普查,全市有公办闽剧团3家,民营闽剧团87家,闽剧团从业人员4000多人,民营闽剧团主要分布在福清、长乐、连江等地;有曲艺团4家,分布在福州城区、闽侯等地,曲艺从业人员90多人。

公共文化

【概况】 2016年,福州市继续推进创建国家公共文化服务体系示范区工作,打造“相约九日台”周末音乐会、“激情广场大家唱”、文化惠民“六进”等群众文化活动品牌。加快福州市图书馆新馆建设,完成103个乡镇(街道)综合文化站和1602个村(社区)综合文化服务中心达标提升。“激情广场大家唱”国家公共文化服务体系示范项目通过文化部验收,成为全国先进典型;市群众艺术馆被评为“2016年全国优秀文化馆”,成为全国15强之一;福清市文化馆等3个基层文化单位获“第六届全国服务农民、服务基层文化建设先进集体”称号。继续完善志愿者招募和管理机制,全市文化馆站系统注册志愿者增至1436人,建立服务基地262个,全年下基地开展活动200余次。

【国家公共文化服务体系示范区创建】 2016年,福州市政府出台《福州市国家公共文化服务体系示范区建设规划(2015—2017)》《福州市创建国家公共文化服务体系示范区制度设计研究方案》等文件,年内市、县两级财政安排创建经费8100万元,其中市级财政1600万元。完成中央广播电视节目无线数字化覆盖等工程建设;实施福州闽剧院剧场、九日台音乐厅、金山剧场等装修、改造,开展第三期“城市街区24小时自助图书馆”选址,推进广播电视村村通工程和农村有线广播应急预警系统建设,推进8个行政村农村电影室外转室内放映试点建设。举办6场全市性部署和培训会议,实现全市2500多名基层文化骨干培训全覆盖。

【群众性文化活动】 2016年,福州市完成非遗地方剧种展演、“周周有戏”、“相约九日台”周末音乐会、“文化惠民·六进”等公益性文艺演出超过500场;组织第十届福州市合唱音乐节、第十六届新福州人歌手大赛、“舞动榕城”2016年福州市广场舞大赛、第八届福州市少儿故事大王比赛、2016年福建省城市合唱艺术节等群众性文化赛事,举办各类专题展览100多个、艺术培训30多期。

【全民阅读活动】 2016年,福州市开展第十届“书香八闽”全民读书月暨第十一届“书香榕城”读书月、“4·23”世界读书日等全民阅读推广活动,5个家庭成为“全国书香之家”,内部资料出版物《素心》被授予“华夏书香地标”称号。

【福州市图书馆】 2016年,福州市图书馆馆内图书总藏量167万册(件),其中纸质普通图书82万册(含盲文图书143册),报刊8.5万册,古籍1143册,电子图书75万册(件),视听文献1.5万件(套)。获评“全省古籍保护工作先进单位”,馆员丁莹获评“全省古籍保护工作先进个人”。图书馆新馆大楼整体初步通过消防、人防验收,馆藏图书采购等工作基本完成,家具书架等专用设备、信息化及智能化建设项目进入生产安装阶段;确定“福州市图书馆”标识(LOGO)并应用于新馆标识引导系统。完成2015年540万元图书采购与入藏、2015年230万电子资源采购项目和20万视听文献光盘采购和验收,开展2016年90万元图书采购项目,全年保持每周开放时间不少于58小时。开展“文化三下乡”、“4·23”世界读书日、第二届“双拥杯”暨“传承长征精神,军民同心筑梦”纪念红军长征胜利80周年主题征文活动等系列阅读推广活动等。

【福州市少儿图书馆】 2016年,福州市少年儿童图书馆馆内图书总藏量46万册,年购书款60万元,新增图书3.9万册,报刊396种册,电子读物500件。年接待读者15.8万人次,流通书刊近30万册次,新增读者证9172本,新增图书流通点5个,流动图书2万多册,流通图书3万多册,文化下乡3次,举办图片巡回展出15次,读书阅读讲座15次,读书征文演讲竞赛5次,参加活动约5万人次。开展“无围墙图书角”和“亲子阅读服务流通点”试点建设。

【福州市群众艺术馆】 2016年,福州市群众艺术馆举办第九届海峡两岸民俗文化节、第十六届新福州人歌手大赛、第八届福州市少儿故事大王比赛、新丝路少儿歌曲演唱大赛、第二届福州语歌曲推新人大赛、“舞动榕城”2016福州市广场舞选拔大赛、2016福州市全民健身运动广场舞大赛、“文明福州晒幸福”随手拍摄影大赛、2016“文化遗产日”——走进三坊七巷摄影大赛等群众文艺活动。“相约九日台”周末音乐会每月至少推出3场省级以上的高端演出,全年举办各类活动近百场。组织创作、选送的文艺作品和综合性品牌项目多次获全国、省、市奖项,其中组织编创的小品《社区“大管家”》在第十三届华东六省一市戏剧小品大赛中获金奖第一名,选送的两篇论文获2016全国文化馆年会征文优秀奖,选送4件作品入选“传承红色基因 共建巩固国防”全省美术、书法、篆刻大赛。

【福州画院】 2016年,李木教书法作品入选第十一届中国艺术节书法篆刻作品展(国家级);王和平作品《春花集禽》入选第十一届中国艺术节全国优秀美术作品展(国家级);张剑作品《闲依田头纳凌霸》获福建省第二届当代花鸟画展优秀奖(最高奖);裴书鸿作品入选纪念红军长征80周年全省美术书法篆刻作品展(省级)。

2月8—13日,举办“丙申新春福州画院画师作品展”,展出福州画院老中青三代61名画师的书画作品计79幅。2月20—29日,主办“寂寞之墨——陈云写生画展”,展出福州画师陈云60幅写生作品。9月28日至10月6日,主办“清风雅韵——张剑山水·花鸟写生小品展”。11月,开办“中青年艺术人才培养计划”中国人物画主题创作高研班,首期招收25名学员。12月23—30日,在永泰、闽侯开展“福州画院画师作品巡回展”活动。

非物质文化遗产

【非遗宣传活动】 2016年2月20—21日,2016年海峡两岸民俗文化节在花海公园举行,以“福天福地福文化 海风海韵海峡情”为主题,涉及国家、省、市级非遗项目上百项,涵盖传统舞蹈、传统音乐、传统戏剧、曲艺、传统美术、传统技艺、民间文学、传统体育游艺与竞技等各大类别，现场演员近2000人，观众突破20万人次。

5月，福州市非遗项目闽剧、扇面书画等参加第十二届深圳文博会；非遗项目剪纸和中国结参加第十八届海峡两岸经贸交易会"福州市创建国家公共文化服务体系示范区"宣传。

6月11日，在上下杭历史文化街区开展第十一个文化遗产日中心场活动，主要有海峡两岸传统手工技艺传承人青年论坛、海丝汉服文化艺术展、走进三坊七巷非遗摄影大赛、传统手工艺与美食互动体验项目、非遗中心场展等五大板块活动，覆盖三坊七巷刘家大院、长乐国际机场、上下杭历史文化街区、三坊七巷主街四大区域，涉及福州市国家级、省级、市级非遗项目百余项。长年开展非遗进校园、进社区等活动，赴福州第十六中学开展咏春拳知识专题讲座；前往马尾区罗星中心小学传承剪纸技艺等。

【第二批市级非遗示范基地评选】 2016年，福州市组织开展第二批市级非遗示范基地评选，评选出福州市传统文化促进会(三坊七巷刘家大院基地)、闽江学院闽派古琴传承基地、南仙茉莉福州传统文化示范基地、福建省未成年犯管教所十番传承基地、福州盲校十番传承基地等5家单位。

文化市场监管

【概况】 2016年，福州市以创建平安文化市场为主线，开展"扫黄打非"工作，重点开展"护苗""清源""净网""秋风"4个专项行动及6个专项整治，加强对销售发行、印刷复制、网上传播、邮递物流等环节清查。推动互联网上网服务行业转型升级，鼓楼、台江2个场所被推荐为省互联网服务场所行业会员单位。

【文化市场管理】 2016年，福州市加强对校园周边文化环境管理，查处2家娱乐场所、1家网吧违规接纳未成年人，分别被处罚款2万元、1万元和1.5万元；福清市1个娱乐场所列入黑名单。开展打击"黑广播"专项行动，配合公安部门、无线电管理部门查处3个窝点，查扣5套发射设备。开展卫星地面接收设施专项检查，拆除3处非法安装的卫星地面接收设施。

加强游戏游艺场所监管，与市公安局联合下发《关于进一步加强游戏游艺场所监管促进行业健康发展的通知》，提出单件奖品最高价值不得超过1000元的标准。加强艺术品经营市场管理与普查，至年底，全市有艺术品经营单位162个，已备案14个，主要分布在三坊七巷历史文化街区、闽侯县上街根雕展示交易中心等5个艺术品聚集区行业。

【扫黄打非】 2016年，福州市查获违法出版物44864件，其中非法出版物4546件，违禁出版物7679件，侵权盗版出版物32639件；协调查办案件21件，其中网络案件11件。1月22日，市文化市场综合执法支队与公安机关联合查处位于台江区的一处盗版光碟批发窝点，查获盗版光碟7706张，其中疑似色情光碟约110张，抓捕犯罪嫌疑人2人；3月16日，在台江区一房间内查获22327张盗版光碟，从涉案嫌疑人身上扣押18张盗版光碟，抓获涉案嫌疑人2人；3月17日，市公安局治安支队破获1起利用百度云盘传播淫秽物品案，从犯罪嫌疑人使用的百度、QQ云盘中查获淫秽视频400余部，抓获犯罪嫌疑人7人，其中起诉5人，取保候审2人。年内市文化市场综合执法支队被全国扫黄打非领导小组授予"2015年度全国扫黄打非先进单位"，被国家版权局授予"2015年度查处侵权盗版案件有功单位一等奖"。

文博事业

【概况】 2016年，福州市加强三坊七巷、朱紫坊、上下杭历史文化街区和烟台山、冶山历史风貌区、苍霞历史建筑群及城市基建、旧改项目文物保护。公布全省首个廊桥保护办法《福州市廊桥保护管理办法》。完成灵济宫碑亭、福庐寺修缮工程，实施林则徐故居、陈太尉宫、安澜会馆、东关寨等文物保护修缮工程，全年争取国家、省级文物保护经费补助400万元。加强海上丝绸之路文化遗产保护及宣传。配合开展福州地铁4、5、6号线等基建工程考古调查勘测工作。与公安部门协作，加大文物保护安全巡查和执法力度。完成福州市第一次全国可移动文物普查。市博物馆及所属馆所全年接待观众132万人次，举办专题展览及免费鉴宝、道德讲座、第二课堂等活动210场次，免费讲解4500多场次，培训志愿者420人。年内公布第七批市级文物保护单位。

【《福州市廊桥保护管理办法》公布实施】 2016年5月由市政府出台，为全省首个廊桥保护管理办法。该办法由市文广新局拟定，2015年下半年起开展廊桥专题调研，并征求省内木拱廊桥研究专家以及规划等部门意见。办法规定，凡涉及文物保护单位廊桥的修缮、保护范围及建设控制地带内进行其他建设工程或爆破、钻探、挖掘等作业的，应依法履行相应报批手续后方可实施。在城乡建设中，建设项目涉及廊桥保护范围的，要做好规划控制工作，注重保护廊桥周边的古道、古村落以及古廊桥所依托的山水、地貌、风景、古树名木，不得破坏廊桥周边景观风貌。

至年底，全市有列入文物保护单位和文物登记点的廊桥27座，其中闽侯17座，闽清7座，永泰2座，晋安1座。全市廊桥中大部分为木拱廊桥，其中有省级文物保护单位4座(闽侯3座，闽清1座)，县区级文物保护单位5座(闽侯3座，闽清1座，晋安1座)，文物登记点18座。

【文物本体保护规划编制】 2016年，福州市组织编制全国、省级重点文物保护单位林则徐墓、报恩定光多宝塔(白塔)、《新店古城遗址保护规划》《福州文庙保护规划》等文物本体保护规划。

【第七批市级文物保护单位】 2016年2月，福州市政府公布福清会馆(清)、后洲建宁会馆(清)、魏杰故居(清)、陈若霖故居(清)、马限山圣教医院旧址(民国)和东岐码头旧址(唐五代)6处第七批市级文保名单及其保护范围，至年底，市级文保单位达100处。

表72　　第七批福州市级文物保护单位

类别	名　称	年代	坐落地点
古建筑	福清会馆	清	台江区老药洲街福清馆巷30号
古建筑	后洲建宁会馆	清	台江区上杭路128号
古建筑	魏杰故居	清	晋安区金鸡山公园
古建筑	陈若霖故居	清	仓山区螺洲镇店前村
古建筑	马限山圣教医院旧址	民国	马尾镇马限山西南麓
古遗址	东岐码头旧址	唐五代	马尾区东岐村

【福州市第一次全国可移动文物普查】

普查历时近5年，于2016年9月完成。福州市有国有文物收藏单位39个，藏品数量24923件(套)。普查结果通过省文物局审核并上报国家文物局。

【文物落点与建库】　2016年，福州市完成1077处五城区文物保护单位和不可移动文物登记点的落点工作。2011年起，委托福州市规划设计研究院分期开展福州五城区范围内各级文物保护单位落点与建库工作。2015年，委托福州市规划设计研究院开展福州五城区范围内不可移动文物登记点落点与建库工作。主要对文物在地形上进行电子化上图，明确其位置、本体范围和保护范围及其四至坐标，构建GIS数据库，形成文物的综合性专题数据库。至2016年12月28日，除因部分地块缺少地形图无法完成文物落点工作外，基本完成该项工作，并向市规划局提供上述文物的空间数据。

【旧改项目文物保护】　2016年，福州市文物局对共和路旧屋区改造、淮安污水处理场、尤溪洲大桥扩建等城市基建、旧改工程涉及文物保护的有关修复设计方案、异地迁移方案报批、文物修缮技术指导等方面给予支持。配合火车南站整治工程等重点项目，开展配套文物保护工作。

【海上丝绸之路文化遗产保护及宣传】

2016年，《海上丝绸之路：福州史迹文化遗产保护管理办法》列入市政府2016年规章制定工作计划，11月上报市政府法制办。修改完善《福州海丝文化遗产保护管理规划》上报市政府。“福州市琉球馆修缮技术团”赴那霸市考察，完成福州市对外关系友好史馆(琉球馆)陈列布展工程并对外开放。市博物馆联合全国八地市博物馆在香港举办《跨越海洋——中国海上丝绸之路文化遗产精品联展》。完成《福州朱子文化遗存图影集》样书，市博物馆完成《千年古港　海丝帆影》组稿。年内开展圣寿宝塔、登文道码头等遗产点周边环境整治和提升工作，完成怀安窑址等重点文物监控工程。

【福州市海上丝绸之路展示馆】　作为2016年市委、市政府为民办实事项目之一，市政府投资1777.5万元，在三坊七巷文儒坊尤氏民居内建设福州市海上丝绸之路展示馆，2017年1月1日建成并对外开放。分为“福地宝船”和“海丝帆影”两部分展览，其中“福地宝船”下分“风帆寻索”和“福船史话”，“海丝帆影”下分“探索海洋”“走向海洋”“跨越海洋”及多媒体展示厅、海丝瑰宝展示厅等五部分内容，采取“海丝”文物与复原场景相结合、“海丝”遗迹与多媒体三维展示相结合的方式，展示、突显福州在“海上丝绸之路”中具有肇始和奠定福建对外商贸格局、推动繁荣发展的作用。

【福州轨道交通4、5、6号线考古调查勘探及发掘】　2016年10—12月，配合福州轨道交通4号线一期、5号线一期和6号线项目，市考古队对项目范围涉及地面、地下遗存进行考古调查、勘探。12月开展地铁4号线化工路站遗址考古发掘，该处遗址是福州城区首次发现新石器时代遗存，遗址文化内涵丰富，地层完整，涵盖新石器、西汉、唐、宋、元、明、清各时期的地层，在福州地区少见，考古出土石锛、石斧、陶簋等一批文物，并发现商周墓葬1座、西汉水井等遗迹，对研究福州地区早期人类活动、海平面变迁，增强福州古城历史底蕴和内涵等方面具有重要意义。

【连江县宝林寺宋墓考古调查勘探】

2016年4—5月，完成调查勘探。整个墓园现存范围东西长约60米，南北长约120米，包括墓葬主体和夹矸石部分。墓葬主体东西长38.6米，南北长75米，高差近33米，沿中轴线从后往前共5级墓埕，墓葬规模浩大、规制完备，是研究宋墓形制难得的实物资料。

【马尾长柄铁冶场遗址考古调查勘探】

2016年5—7月，完成调查勘探，初步确定长柄铁冶场遗址分布范围，在征地红线范围内未发现与冶铁遗址有关的文化层堆积，所发现的零星遗迹破坏严重。

【福州华屏苑工地考古调查勘探】　华屏苑位于福州汉代冶城中心位置的偏北方向。2016年8月底进场，发现唐代夯土台基1处、土坑墓1座、唐代土井1座、宋代砖室墓3座，基本摸清该区域内地下文物遗存分布状况。

【水下考古】　2016年5—7月，福州市考古队组织闽江口—福州海域水下考古调查，重点调查长乐松下东洛岛海域、福清湾、福清莲峰海域、平潭海坛海峡大练岛南侧海域、草屿岛海域等，发现和确认5处水下文化遗存，复查3处沉船遗址。配合国家文物局水下文化遗产保护中心在泉州、安徽、江苏等地陆续开展水下考古工作。

【闽清永泰文物灾后修复】　2016年7月，闽清、永泰等地部分文物受台风侵袭严重损坏。灾情发生后，福州市文物局组织文物专家到闽清宏琳厝、永泰名山室进行现场察看，了解受灾情况，并下发《关于做好抗灾中文物保护工作的通知》，要求尽快摸清辖区范围内文物受损情况，并提出灾后文物保护具体要求。在市级文物保护经费中安排文物救灾应急款，并派出工作组赴闽清、永泰进行现场指导修缮。在专家指导、方案编制与审批、政策支持等方面对宏琳厝修复予以重点支持。至年底，闽清宏琳厝修缮工程正在进行中。

【文博展览】　2016年2—7月，在福州市博物馆举办“怀古雅集收藏精品展”。104件珍贵艺术品免费向市民开放展示，其中多数展品由海外拍卖回国。

5—6月，在市博物馆举办“坊巷情·丹青韵——福州市博物馆馆藏三坊七巷名人字画展”，展出馆藏的三坊七巷名人字画50余件，包括扇面、斗方、卷轴、条幅、册页等。

7—9月，在市博物馆举办“纪念中国共产党成立95周年暨中共福州组织成立90周年专题图片展”，分为新中国成立前的革命战争时期和新中国成立后的社会主义建设时期两部分。

7—10月，在市博物馆举办“怀古匠心收藏精品展”，展出85件漆器、寿山石雕等传统工艺品。

11月，“海丝遗珍——‘碗礁一号’沉船出水瓷器展”赴云南丽江博物馆展出。展出的100件瓷器是从沉船出水瓷器中遴选出的代表作品，多数为青花瓷器，少量青花釉里红器、五彩器、单色釉器等，展出持续至2017年2月。

12月10日，“2016年中国首饰玉器百花奖获奖作品巡回展”在市博物馆展出，25名艺术家的66件作品参展，展出持续至2017年1月7日。

【免费文物鉴赏】　2016年，由福州市博物馆每月开展一次，邀请文物专家林存琪、周端、陈卫三、陈赞尧等为150多名文物收藏爱好者免费鉴赏800多件各类收藏品，鉴赏的文物涵盖陶瓷、字画、铜器、寿山石、玉器等。

【林则徐纪念馆】　2016年被确定为首批“福建省高等学校思想政治理论课实践教学基地”和福州市重点打造的优秀传统文化教育基地示范点。年内举办“忠诚　干净　担当——学习用典廉政画展”“清廉自律　慎守儒风——林则徐家风展”“四有干部——谷文昌生平事迹展”“民族英雄林则徐与爱国名相王鼎”“伟大光辉的一生——陈云生平业绩展”等多个主题展览。外出到新疆伊犁、遵义、西安、渭南以及福州各县（市）送展8次。发行《清　慎　勤——林则徐廉政观》《林则徐与民族复兴》。

为纪念林则徐诞辰231周年，举办“则徐梦　书香情”——林则徐基金会赠书仪式，林则徐基金会赠送25种295册关于林则徐的图书；举办“夏梦莲心”——林则徐第六代外玄孙任宏先生漆画展；在福建公共频道推出电视专题片《恪尽职守　勤政廉洁——左海伟人林则徐》，并获福州市第三届茉莉花文艺奖三等奖。

文化交流活动

【概况】　2016年，福州市组团赴新加坡、泰国、日本、荷兰、丹麦、新西兰、澳大利亚等地参加对外文化交流活动，宣传和推介闽都文化。开展榕港澳台文化交流合作，举办2016年海峡两岸民俗文化节，观众超20万人次，第九届海峡两岸合唱节的总参与人数约800人。

【海外文化交流活动】　2016年，福州市组团参加新加坡妆艺大游行、荷兰第69届花车巡游、丹麦霍尔拜克丝路童话中国文化节、澳大利亚和新西兰“福州日”等对外文化交流活动，赴泰国、日本举办“榕情四海”主题活动。

【港澳台文化交流活动】　2016年9月9—12日，第九届海峡两岸合唱节在长乐举办，来自海峡两岸17支合唱队伍参加，其中台湾地区4支，总参与人数约800人。“相约九日台”推出两岸青年音乐会、两岸歌手跨年音乐会专场演出，“文化遗产日”系列活动设置两岸传统手工技艺传承人青年论坛。8月，市闽都文化艺术中心赴香港参加“舞动2016——闽港两地职工文艺汇演”。10月，市林则徐纪念馆组团赴澳门开展纪念林则徐巡阅澳门177周年暨林则徐诞辰231周年系列活动。

【内地文化交流活动】　2016年，福州市参与“大地情深”国家艺术院团志愿服务走基层，赴青海西宁参加“有福之州·文化共享”福州市2016“春雨工程”文化交流专场演出。闽剧《林则徐与王鼎》入选“第三届丝绸之路国际艺术节”，9月在西安和渭南公演，福州市林则徐纪念馆承办的《民族英雄林则徐与爱国名相王鼎》专题展在两市同步展出。

新闻出版

【概况】　2016年，福州市有印刷企业472家，其中出版物印刷企业69家，排

2016年4月23日，福州市组团参加荷兰第69届花车巡游（市文广新局　供）

版、制版、装订企业30家,包装装潢印刷企业265家,其他印刷品印刷企业108家;工业总产值70.8亿元,其中规模以上重点包装装潢印刷企业(年印刷总产值超过5000万元)22家,实施绿色印刷出版物印刷企业15家,数字印刷5家。

全市有出版物发行单位690个,发行网点数1292个,其中,出版物批发企业116个,出版物零售单位574个。通过年度核验的出版物发行单位542个,出版物销售总额20.98亿元,有从业人员19997人。

加强对4家市属报刊、8家侨刊乡讯、36家连续性内部资料的监督管理。参加"4·26"全国侵权盗版及非法出版物集中销毁活动福建分会场主场活动,参与"绿书签"活动。《福州日报》和《福州晚报》全年刊登公益广告442幅。

【出版管理】 2016年,福州市完成全市报纸、期刊、驻榕记者站的年检初审;年检初审侨刊乡讯9家、连续性内部资料36家,全部合格。完成出版物批发(连锁)经营单位年检104家,通过72家,缓检27家。规范福州市属书报刊审读制度,继续聘任9名报刊审读员。组织申报扶持资金,向省新闻出版广电局推荐优秀印刷企业5家,获得转型升级扶持资金42万元;推荐5家企业申报福建省实体书店扶持资金,获得28万元。

围绕"4·23"世界读书日·海峡读者节,组织福州市各大发行企业开展近2个月的全民阅读系列活动。9月28日至11月,在全市范围内开展第十届"书香八闽"全民读书月暨第十一届"书香榕城"读书月活动。

【版权管理】 2016年,福州市开展政府机关软件正版化检查,检查10家县(市)区政府,抽查21个县区级机关单位计100台电脑。开展"知识产权宣传周"和"4·26"世界知识产权日系列宣传活动,到企业开展作品登记及版权示范创建宣传和服务工作。福建声春园艺有限公司获评福建省版权示范单位。

组织开展"打击侵犯知识产权和制售假冒伪劣商品专项行动"、打击网络侵权盗版专项治理的"剑网行动",完成"赖某非法经营案"等光碟侵权认定工作,核查"千千小说网""蜗牛网"等网站涉嫌侵权案件10件。推荐上报的"1·27"非法音像制品案和"起点中文网被侵犯著作权案"两件挂牌督办件,获国家版权局2万元办案经费奖励。 (陈文浩)

【福州日报社】 2016年,福州日报社推进"两报一网"(日报、晚报、新闻网)及官方微信微博、"掌上福州"移动客户端融合发展,推进全媒体中心建设。组织策划百日攻坚行动、学习贯彻市第十一次党代会精神、推进供给侧改革、防抗台风"尼伯特"及灾后重建、城区水系治理、地铁建设、交通治堵、海上福州、绿化福州、文明创建及"5·18"海交会等30多项重大主题宣传报道活动,推出380多篇重大新闻报道。

《福州日报》时政新闻报道推出《视点》版和《今日看点》等栏目,加强深度报道。年内有10多篇新闻作品获奖,其中新闻漫画作品《手机时代我们的面孔》获得第二十六届中国新闻奖二等奖。日报专副刊部年内举办20余场小记者团活动,举办"海峡两岸好文章"中小学生作文大赛,以及省市机关篮球赛、短池游泳争霸赛等。至年底,日报微博粉丝数120万人,较上年增长4倍;日报微信粉丝数11万人,比上年增长3.66倍;"掌上福州"客户端用户7万人,比上年增长7倍。

《福州晚报》突出本土原创,打造《晚报求证》栏目,加强海外版在海外福州乡亲中的影响力。全年有10多篇新闻作品获奖。至年底,晚报微博粉丝数180万人,比上年增长1.8倍;晚报微信粉丝数13万人,比上年增长1.85倍。根据新媒体排行榜的调查显示,福州晚报微信在全省纸质媒体微信公号中位列前五。

福州新闻网推出《福州365·百姓》《闽都大家》《爱上福州城》《讲述福州》等品牌栏目,其中《闽都大家》被列入全省新闻网站十大品牌栏目。同时拓展视频报道,推出《对话榕商》《专家访谈》《直播福州》等网络视频品牌。

主题报道 年内开设《学党章党规 学系列讲话 做合格党员》等专栏,报道全市开展"两学一做"教育实践的新做法、新成效,并策划推出"我为什么入党"主题报道。开设《抓征迁 促落实——百日攻坚在行动》《重大项目百日攻坚行动》《百日攻坚战犹酣》等专栏专版。跟进地铁建设及拆除围挡恢复交通工作报道;配合治堵行动,推出《视点》专版,开设《全力打赢治堵攻坚战》专栏,下设《治堵进行时》《治堵曝光台》《交通畅通大家谈》等子栏目,对交通治堵举措内容进行系列解读。开设内河整治专栏专版,推出《我市专项督查城区水系综合治理——建立"2周预警、1周约谈"机制,层层传导压力》等文章。开设《对接国家战略 建设海上福州》专栏,报道全市推动"海上福州"建设的项目进展、创新举措。推出《发力供给侧改革 经济转型稳增长》专栏,挖掘本地企业转型升级、应对市场新挑战的新做法、新亮点,报道全市推进供给侧改革的好经验好做法,刊发《福州精准脱贫 向全面小康"最后一公里"发起冲刺》《福州重点领域改革向民生聚焦 形成全省独有政务服务新格局》等文章。开设《新春走新区》《聚焦自贸区》《福州新区建设进行时》《全力推进福建自贸试验区福州片区建设》等专栏,推出系列特刊。

民生报道及活动 开设《市政直通车》栏目,邀请市人社局、市自来水公司等单位做客热线值班室。与市人社局合作开设《就业在线》《在线创业》等专版专栏,向寻工人员发放就业地图10万份。与团市委等单位联合主办"爱洒寒门·希望圆梦"大型公益助学活动,募集善款172万元,资助186名寒门学子。组织开展"爱心茶摊送清凉"活动,在街头设立约百家免费茶摊。

对台宣传活动 与台湾大硕青年关怀基金会、台湾文化中国论坛社联合主办首届海峡青年交流营地金点子论坛,牵头组织海峡两岸第一个由两岸大学生共办的创业基地——两岸大学生工艺美术创业基地。承办由市政府主办的首届海峡两岸福州新区发展论坛、海峡两岸船政文化研讨会等。12月9日,晚报与马尾区委宣传部、福建师大历史文化学院、台湾文化中国论坛社等单位联合成立海峡两岸第一个高层次人才历史文化考察队——两岸青年博士历史文化考察队,并开展以"海丝历史文化遗存"为主题的首次联合大调查。

防抗台风宣传报道 7月，防抗台风“尼伯特”期间，“掌上福州”APP采用滚动播报的模式，报道台风动态消息；灾后恢复生产期间，开设《万众一心 重建家园》《凝心聚力 重建家园》《举全市之力全面推进灾后恢复重建工作》等专栏，报道闽清、永泰、闽侯等受灾县灾后重建进展情。

全媒体建设 日报全媒体中心于2015年12月16日建成并正式投入运行，实现新闻信息“一次采集、多种生成、多元传播、全时传播”。《中国记者》2016年第一期对福州日报全媒体中心媒体融合建设情况予以报道。2016年10月，报社完成晚报全媒体中心建设，初步实现“信息采集汇总、一体策划指挥、统一编辑把关、多元多媒传播”。报社全媒体演播室投用后，制作并植入视频、音频、长图、H5等可视化内容产品，网络视频节目除在福州新闻网上展播外，均上传至腾讯视频，并在微信、微博等渠道进行推广。

产业经营 探索实施建立地产项目制、文体工作室。日报策划推出的“三盛情怀·我的518故事”“晋安淘房节”等活动；晚报与阿里集团合作举办“文化中国·当非遗遇到新设计”，与省旅游局合作举办“全国晚报总编辑清新福建行”等活动。高考高招期间，报社依托全媒体中心推出“高招志愿宝”创新产品，邀请名校名师在全媒体演播室点评高考试卷，全程视频直播。年内报社与福州喜临门彩色印刷有限公司合作成立福州报业鸿升印务股份制公司，拓展商业印刷、数字印刷。 （游向东）

【新华书店】 2016年，福建新华发行（集团）有限责任公司福州分公司（福州市新华书店）实现销售码洋19567.36万元，比上年增长8.63%；实现利润总额600.80万元，比上年下降6.69%。其中，一般图书码洋6122.01万元，比上年增长12.15%；中小学教材教辅码洋8331.85万元，比上年增长5.91%；大中专教材码洋4632.42万元，比上年增长17.39%。

政治理论读物发行 通过电话、传真、网络、上门服务及在各书城设立政治理论专柜的方式，开展《全面小康热点面对面》《习近平总书记系列重要讲话读本》《胡锦涛文选（第1~3卷）》《中国共产党章程》《中国共产党廉洁自律准则中国共产党纪律处分条例》等政治理论读物的宣传征订，实现销售587万元，同比增长41.46%。

中小学教材教辅发行 完成教材的宣传报订、货源组织供应、调剂余缺、调退库存等各项业务工作，实现销售4816.68万元，比上年增长9.86%。开展评议推荐目录内的教辅材料宣传征订工作的同时，推动目录内教辅用书的征订发行工作，实现销售3478.95万元，比上年增长1.16%。

大中专院校教材发行 参与13所大中专院校教材投标，中标9所院校，中标率69%；与福建医科大学等5所大中专院校续签1760万元的订购合同。邀请机工、铁道、北大、电子、人大、人邮、社科文献7家出版社到福建医大、闽江学院开展书皮进校园活动。全年实现大中专教材销售4632.42万元，比上年增长17.39%。

馆配图书市场建设 举办2016年福州“中小学馆藏图书现采会”，64家出版社参展，98所中小学参与现场采购，实现图书销售275万元。全年实现中小学馆配图书销售500多万元（不含第二届海峡读者节期间和2016年福州中小学馆藏图书现采会的图书采购）；参与20家各类公共图书馆的投标，中标13家，中标率65%。

图书网点布局 探索以图书合作加盟形式开发图书销售的新网点。4月，与福州映山红实业有限公司在金鸡山公园入口处合作开设集图书销售、咖啡茶艺、休闲聚会、文化沙龙于一体的复合经营休闲书吧——至圣书院。与福州传初文化创意有限公司、三坊七巷严复翰墨馆在三坊七巷的南后街7号合作开发图书经营网点，网点依托三坊七巷严复翰墨馆内的私人藏品、咖啡茶艺、高端会员文化沙龙以及爱国主义教育基地，开展社科、经济、文史、教育理论等图书销售。

第二届海峡读者节主会场活动 4月21—27日，第二届海峡读者节主会场活动在省田径自行车运动管理中心田径馆举行，上百所所学校和单位参加图书看样采购、现场采购、自主采购，活动现场实现图书销售420.52万元，其中福建新华发行（集团）有限责任公司福州分公司在读者节实现图书零售码洋119万元。在主会场筹备期间还组织发放“书香悦读卡”5.5万张，储值金额70余万元。

营销活动 开展体验式营销活动，与福建少年儿童出版社在安泰新华图书城共同举办“庆六一大型游园”“小书虫童书志工”“DIY明信片”“运动与保健——宝贝不生病的秘密”讲座等活动；在金山新华图书城开展“昆虫科普体验小讲堂”“丫好小记者团采访”“沙画小课堂”“书虫大作战”等系列体验活动，在安泰新华图书城举办“中央人民广播电台《小喇叭》节目六十周年暨中国家庭故事大赛福建赛区选拔赛”“第七届少年儿童电影配音大赛选拔赛”“晚安宝贝”作文诵读比赛。邀请名师、名家开展图书讲座、签售活动，邀请小学语文学科带头人陈敏、何捷，台湾儿童文学作家桂文亚，电子工业出版社线上名家在书城开展读写示范教学和读书分享会；邀请作家张旭玲、职业生涯规划师林少波、百万畅销书作家卢思浩、著名电视媒体人白岩松开展读者见面会；邀请演员六小龄童到福清高山等7所小学开展“苦炼七十二变 笑对八十一难”主题演讲及签售活动，实现销售44.5万元。开展微信营销策划。

约读吧筹建 10月27日，创立自主经营的全新咖啡休闲阅读文化空间——约读吧，并于12月31日正式对外营业。约读吧位于安泰新华图书二层，经营面积150平方米，系全省新华书店系统首家咖啡自营品牌，主要以咖啡轻食、图书销售、文创营销等活动为主。

（林 云）

广播电视电影

【概况】 2016年，福州广播电视台有新闻广播（FM94.4）、音乐频率（FM89.3）、交通之声（FM87.6）、左海之声（FM90.1）4个广播频率，新闻综合高清频道、影视频道、生活频道、少儿频道、家禧购物、移动电视6个电视频道，以及

表73 2016年福州市广播电视(动画、公益广告)获奖作品一览表

序号	剧　目	奖　项	颁奖单位	获奖单位
1	《上杭和下杭》	2014年度“福建省广播电视艺术奖”一等奖(长篇电视纪录片)	省文联	福州广播电视台
2	《出水芙蓉》	2014年度“福建省广播电视艺术奖”二等奖(短篇电视纪录片)	省文联	福州华文影视传媒有限公司
3	《家》	2014年度“福建省广播电视艺术奖”三等奖(短篇电视纪录片)	省文联	福州广播电视台
4	《功夫鸡》	2014年度“福建省广播电视艺术奖”一等奖(动画片)	省文联	福州零壹动漫有限公司
5	《福州“民汤”》	2014年度“福建省广播电视艺术奖”三等奖(广播播音与主持人节目作品)	省文联	福州广播电视台
6	《聊斋夜话》	2014年度“福建省广播电视艺术奖”一等奖(电视播音与主持人节目作品)	省文联	福州广播电视台
7	《英雄》	2014年度“福建省广播电视艺术奖”二等奖(广播剧)	省文联	长乐市广播电视台
8	《军医》	2014年度“福建省广播电视艺术奖”三等奖(广播剧)	省文联	福州广播电视台
9	《席慕容:诗歌般美丽的妻子和母亲》	2014年度“福建省广播电视艺术奖”二等奖(广播文艺作品)	省文联	福清市广播电视台
10	《80年代中国乐坛刮起西北风》	2014年度“福建省广播电视艺术奖”二等奖(广播文艺作品)	省文联	福州广播电视台
11	《反腐倡廉新编古装闽剧〈兰花赋〉录音剪辑》	2014年度“福建省广播电视艺术奖”二等奖(广播文艺作品)	省文联	福州广播电视台
12	《母爱》	2014年度“福建省广播电视艺术奖”三等奖(广播文艺作品)	省文联	福州广播电视台
13	《海上的碎片——即将沉没的岛屿》	2014年度“福建省广播电视艺术奖”三等奖(广播文艺作品)	省文联	福清市广播电视台
14	《光影留声机之王家卫电影特辑》	2014年度“福建省广播电视艺术奖”三等奖(广播文艺作品)	省文联	福州广播电视台
15	《“滚石30年”——等到青春终于也见了白发》	2014年度“福建省广播电视艺术奖”三等奖(广播文艺作品)	省文联	福州广播电视台
16	《为你朗读》	2014年度“福建省广播电视艺术奖”三等奖(广播文艺作品)	省文联	福州广播电视台
17	《首届丝绸之路国际电影节福州分会场启动仪式》	2014年度“福建省广播电视艺术奖”二等奖(电视综艺作品)	省文联	福州广播电视台
18	《寻梦鼓岭》	2014年度“福建省广播电视艺术奖”一等奖(歌舞、音乐、原创歌曲、戏曲、文学节目)	省文联	福州广播电视台
19	《一个外来工的小巷情怀》	2014年度“福建省广播电视艺术奖”二等奖(电视艺术片)	省文联	福州广播电视台

续表

序号	剧　目	奖　项	颁奖单位	获奖单位
20	《星星之火》	2014年度"福建省广播电视艺术奖"三等奖(电视艺术片)	省文联	福清市广播电视台
21	《勿以恶小而为之勿以善小而不为》	2014年度"福建省广播电视艺术奖"二等奖(科普作品、包装作品)	省文联	福州广播电视台
22	《沟通也是一种孝道》	2014年度"福建省广播电视艺术奖"三等奖(科普作品、包装作品)	省文联	福州广播电视台
23	《向前看齐》	2014年度"福建省广播电视艺术奖"一等奖(少儿电视节目)	省文联	福州广播电视台
24	《警犬的秘密》	2014年度"福建省广播电视艺术奖"二等奖(少儿电视节目)	省文联	福州广播电视台
25	《吴航大地》	2014年度"福建省广播电视艺术奖"二等奖(电视栏目)	省文联	长乐市广播电视台
26	《侨乡纪事》	2014年度"福建省广播电视艺术奖"三等奖(电视栏目)	省文联	福清市广播电视台
27	《电视娱乐类节目跨界行》	2014年度"福建省广播电视艺术奖"二等奖(论文类)	省文联	福州广播电视台
28	《浅谈方言节目打造城市形象的策略——以福州电视台<攀讲>为例》	2014年度"福建省广播电视艺术奖"二等奖(论文类)	省文联	福州广播电视台
29	《传播学院视野下的中国人类学纪录片再认识》	2014年度"福建省广播电视艺术奖"三等奖(论文类)	省文联	福州广播电视台
30	《体现地方特色　服务群众生活——浅谈县级广播"本土化"策略》	2014年度"福建省广播电视艺术奖"三等奖(论文类)	省文联	长乐市广播电视台
31	《全媒体语境下广播音乐节目的困境与出路—以福州电台音乐频道节目为例》	2014年度"福建省广播电视艺术奖"三等奖(论文类)	省文联	福州广播电视台
32	《用文字的修行温暖一座城——哈雷诗歌印象》	2015年度"福建省广播电视艺术奖"一等奖(广播播音与主持人节目作品,广播文艺作品)	省文联	福州广播电视台
33	《新闻110》(12.10)	2015年度"福建省广播电视艺术奖"一等奖(电视播音与主持人节目作品)	省文联	福州广播电视台
34	《新闻110晚报》	2015年度"福建省广播电视艺术奖"二等奖(电视播音与主持人节目作品)	省文联	福州广播电视台
35	《夜巡者》	2015年度"福建省广播电视艺术奖"三等奖(广播剧)	省文联	福州广播电视台
36	《评话《风雨苍霞人》录音剪辑》	2015年度"福建省广播电视艺术奖"二等奖(广播文艺作品)	省文联	福州广播电视台

续表

序号	剧　目	奖　项	颁奖单位	获奖单位
37	《青春风——唱响青春集结号》	2015年度“福建省广播电视艺术奖”三等奖(广播文艺作品)	省文联	福州广播电视台
38	《话说闽侯——闽侯古石桥》	2015年度“福建省广播电视艺术奖”二等奖(电视艺术片)	省文联	闽侯县广播电视台
39	《跟着老爸有事干——我是小小消防员》(周末版)	2015年度“福建省广播电视艺术奖”三等奖(少儿电视)	省文联	福州广播电视台
40	《承诺》	2015年度“福建省广播电视艺术奖”二等奖(科普作品、包装作品)	省文联	福州广播电视台
41	《不能忘却的记忆》	2015年度“福建省广播电视艺术奖”三等奖(长篇电视纪录片)	省文联	福州广播电视台
42	《我们的鹭鸟》	2015年度“福建省广播电视艺术奖”一等奖(短篇电视纪录片);49届休斯敦国际电影节短纪录片最高奖白金雷米奖	省文联	福州广播电视台
43	《暮光之村》	2015年度“福建省广播电视艺术奖”三等奖(短篇电视纪录片)	省文联	福州广播电视台
44	《敢为天下先》	2015年度“福建省广播电视艺术奖”一等奖(微视频)	省文联	福建省丽正文化传媒有限公司
45	《满分》	2015年度“福建省广播电视艺术奖”三等奖(微视频)	省文联	福建庄臣文化传播有限公司
46	《拗九“福”粥》	2015年度“福建省广播电视艺术奖”三等奖(微视频)	省文联	福州广播电视台
47	《山不在高》	2015年度“福建省广播电视艺术奖”一等奖(动画片)	省文联	福建神话时代数码动画有限公司
48	《成成学法律》	2015年度“福建省广播电视艺术奖”三等奖(动画片)	省文联	福建省成成传媒有限公司
49	《聆听中国风——走进中国好声音选手、长乐本土歌手朱强调中国风音乐世界》	2015年度“福建省广播电视艺术奖”三等奖(广播文艺作品)	省文联	长乐市广播电视台
50	《爱与温暖的城市》	2015年度“福建省广播电视艺术奖”二等奖(歌舞、音乐、原创歌曲、戏曲、文学作品)	省文联	长乐市广播电视台
51	《恋黄岐》	2015年度“福建省广播电视艺术奖”三等奖(电视艺术片)	省文联	连江县广播电视台
52	《聊斋爱读书》	2015年度“福建省广播电视艺术奖”二等奖(电视栏目)	省文联	福州广播电视台
53	《功夫鸡(三)(四)》	“2015年度优秀国产动画片”三等奖	国家新闻出版广电总局	福州零壹动漫有限公司
54	《土豆侠(第二季)出征》	“2015年度优秀国产动画片”三等奖	国家新闻出版广电总局	福州天之谷网络科技有限公司

续表

序号	剧　目	奖　项	颁奖单位	获奖单位
55	《逗逗虎之好好少年》	2016 年度广播电视剧本扶持项目	福建省新闻出版广电局	福建神话时代数码动画有限公司
56	《晚安宝贝》	2016 年度广播电视品牌栏目扶持项目	福建省新闻出版广电局	福州广播电视台
57	《美丽城市从我做起》	"2014—2015 年度广播电视公益广告"三类优秀广播类作品	福建省新闻出版广电局	福州广播电视台
58	《承诺》	"2014—2015 年度广播电视公益广告"二类优秀电视作品	福建省新闻出版广电局	福州广播电视台
59	《微笑是您最美的表情》	"2014—2015 年度广播电视公益广告"三类优秀电视类作品	福建省新闻出版广电局	福州广播电视台
60	《垃圾围城》	"2014—2015 年度广播电视公益广告"三类优秀创意脚本类作品	福建省新闻出版广电局	福州广播电视台
61	福州市广播电视台	"2014—2015 年度广播电视公益广告"二类优秀传播机构	福建省新闻出版广电局	福州广播电视台
62	福州市广播电视台	"2014—2015 年度广播电视公益广告"国家级三类优秀传播机构	国家新闻出版广电总局	福州广播电视台
63	追梦老"玩"童	"中国梦　福建故事"全省短纪录片优秀作品	福建省新闻出版广电局	福州广播电视台
64	《扶郎花开》	2016"中国梦"原创网络视听节目推选活动获奖作品(剧情类)	国家新闻出版广电总局	海视(福建)影业有限公司
65	《老兵》	2016"中国梦"原创网络视听节目推选活动获奖作品	福建省新闻出版广电局	福建韵唯文化传媒有限公司
66	讲述福州	2016"中国梦"原创网络视听节目推选活动获奖作品	福建省新闻出版广电局	福建福州新闻网
67	《海峡风尚 MV 音乐电视》栏目	2016"中国梦"原创网络视听节目推选活动获奖作品	福建省新闻出版广电局	福州华文影视传媒有限公司
68	艺次元—新生儿摄影师 Emily:记录生命伊始的模样	2016"中国梦"原创网络视听节目推选活动获奖作品	福建省新闻出版广电局	福州广播电视台
69	灯笼	2016"追寻中国梦　留住故乡情"全省微广播剧扶持对象	福建省新闻出版广电局	福州广播电视台音乐广播

文化生活报、福州明珠网、3 面 LED 户外大屏、"福视悦动 APP"、各栏目微博微信公众号。全台采编制作的自办节目量广播 18802 小时,电视 3060 小时。

年内完成建党 95 周年、长征胜利 80 周年和省市党代会等重大主题的宣传报道。完成春节、各级"两会"、G20 峰会、国庆等重要保障期安全播出工作。举办第三届丝路电影节福州会场。开展农村公益电影放映 2.7 万场,199.5 万人次观影。全年广播电视播出公益广告超 11 万条次,时长超 6 万分钟。在年内举办的 2014—2015 年度广播电视、动漫、公益广告各类评选中,福州市有 69 件作品获省级以上奖项,数量位列全省各设区市前茅。

在 2015 年度福建新闻奖评选中,市广播电视台有 5 件作品获奖,其中二等奖 4 件,三等奖 1 件;在 2014 年度、2015 年度福建广播电视艺术奖评选中,有 32 件作品获奖,其中创新奖 1 件,一等奖 7 件,二等奖 10 件,三等奖 14 件。

（陈文浩　黄登权）

【广播影视公共服务体系建设】 2016 年,福州市推进广播电视节目无线数字化覆盖工程,确定在福州董凤山发射台、福州市广播电视台、福清五马山发射台、闽清馥桂山发射台、永泰通天隔发射台实施广播电视节目无线数字化覆盖工程,并将罗源县高岗山发射台、闽侯县雪峰发射台、连江县仓尾山发射台列入补点建设单位。该工程于年底基本建成,可为全市城乡居民免费提供12套中央(中央1、2、4、7、9~16套频道)、2套省级(福建1、2套频道)数字电视节目。推进广播电视村村通工程建设,完善直播卫星用户档案。完善农村有线广播应急预警系统建设,选取马尾区对辖区内有线广播设施进行改造。 (陈文浩)

【广播电视频道频率】 2016年,福州市广播电视台加强《福州新闻》《新闻110》《聊斋夜话》《攀讲》等重点栏目编排,推动《闽剧大讲坛》《聪明逗》《逗眼观天下》《小萍姐姐会客室》等栏目的改版创新。新闻广播频率在市民服务中心开设第二直播间。左海之声广播频率《福州好行》节目继落地美国纽约、澳洲墨尔本、台湾地区马祖、"海峡号"后,年内通过台湾城市广播网(FM90.1台北健康电台,FM92.9台中城市广播,FM97.1台南知音电台,FM99.9高雄大众电台)在台湾本岛播出,节目每周一期,每期一小时,实现在台湾主要地区(含台北、新北、基隆、台中等城市)落地。

电视晚间市场总份额16.6%,其中生活、影视、新闻、少儿频道分别位列福州地区电视台份额排名第1、2、11、21名。广播市场总份额27.5%。

【广播电视新闻报道】 2016年,福州市组织开展"供给侧改革""福州新区建设""聚焦福州自贸片区一周年""两学一做""党风廉政建设""交通治堵""纪念中国共产党成立95周年暨中共福州组织建立90周年""海峡青年节""丝绸之路国际电影节""防抗尼伯特、莫兰蒂、鲇鱼台风""一线考察干部""党代会"等80多个重大宣传报道项目;围绕"我们的节日""八不准行为规范""文明交通""禁毒""安全生产""防灾减灾"等系列主题制作28件电视公益广告作品和80多件广播公益广告。

制订出台《突发事件新闻报道应急预案》《时政新闻和主题报道快速反应机制》等规章制度。在防抗强台风"尼伯特""莫兰蒂""鲇鱼"期间,快速启动预案,派出记者前往防抗台风、抢险救灾一线,推出多档《防抗台风直播特别报道》。

年内市电视台节目被省电视台播出929条,被中央电视台播出141条,其中《新闻联播》播出11条。完成上宣专题片12部(集)。市广播电台节目被省广播电台播出211条,被中央广播电台播出117条,其中中央台中国之声的重点栏目《新闻和报纸摘要》及《全国新闻联播》播出22条,获中央人民广播电台颁发的"全国城市台发稿总分'十强'称号"。

【全媒体传播】 2016年,福州市广播电视台开展全媒体融合报道,整合福州明珠网、"福视悦动"手机客户端、"福视悦动"微信公众号、台官方微博等新媒体资源,形成全媒体宣传格局。"福视悦动"微信端推出"摇福""拍福""眼疾手快""大求真"等多款线上互动产品,吸引近百万人次参与活动。影视频道、少儿频道和广播各频率加强对自身媒体公众号和服务号的运营,通过信息内容推送和加强自身服务,加强与微信用户、观众进行交流互动。

在市第十一次党代会期间,电视与广播联合打造"融媒体直播间",实现广播、电视、手机、网站同时在线,实时直播党代会访谈节目,随时滚动播出党代会的最新消息,邀请嘉宾做客直播间解读工作报告,累计点击量超30多万次。制作动画《未来5年新福州》、沙画《马上就办 真话实干》2个创意小视频。在防抗台风宣传中,通过"福视悦动"客户端、微信公众号,实现电视端、手机端对防抗台风特别报道进行同时直播,台风期间"福视悦动"累计点击量超50万次。

【产业经营】 2016年,福州广电传媒公司正式运营。市广播电视台4个电视频道全部实行目标管理责任制改革,以收视率、经营创收、节目质量为指标,对栏目的采编、经营团队进行动态考核,并建立节目进退、广告协调、运营监管、节目广告联动等配套措施。推动广播中心总体改革,推行分频率运营、实行总监负责制,将经营创收、收听率、市场份额等综合指标分解下达,全面绩效挂钩,落实目标责任制。《文化生活报》立足闽都文化资源的挖掘与经营,介入寿山石、漆艺、木雕、书画艺术、金融等行业,在进行主题性宣传报道的基础上,拓展文化市场经营。

通过广告业务代理招标、频道目标责任制管理、开展活动营销,加强媒体主业经营。扩展专题制作、技术转播服务、影视投资、新文生公司的艺术品文化项目、LED户外大屏、公交移动频道、家禧购物频道及地铁媒体资源运营等媒体延伸产业。开展"县委书记悦读汇"、"福视悦动粉丝团"系列活动、第二届海峡两岸名家篆刻展暨首届两岸青年篆刻大赛、"进校园、进社区、进家庭"系列活动、电台系列品牌推广活动等近百场线下活动。 (黄登权)

【第三届丝路电影节福州分会场】 2016年9月19日,福州分会场开幕,组织启动仪式、电影展映、"互联网+"电影高峰论坛、看片推介会、电影项目创投会等五大主体主题活动及VR设备体验展、影享福州·电影乐园、公益电影欢乐送等配套活动,28个国家和地区的500余名嘉宾参加,海内外近100家媒体关注报道。活动期间展映近60部中外影片,观影人次达1.5万人次。

【电影与动画】 2016年,福州市有影院54家,每个县(市)区至少有1家数字影院,总屏幕数360块,约每2.5万人拥有一块屏幕,超过全国文明城市创建"每5万人拥有一块屏幕"的要求。全年电影票房达5.03亿元,占全省总票房31.5%,蝉联全省第一。全市有影视制作企业92家,电影剧本通过备案审查77部。纪录片《我们的鹭鸟》获第49届休斯敦国际电影节短纪录片最高奖"白金雷米奖",微电影《扶郎花开》获2016年度总局"弘扬社会主义核心价值观共筑中国梦"主题原创网络视听优秀作品。福建神画时代创作的全省首部3D动画电影《猿创世界》于1月在全国院线公映。

推进农村电影室外转室内放映试点建设工作,年内有7个行政村列入室外转室内放映试点村,每个试点村获省局配发一套 1.3K 数字放映设备和 5 万元配套建设资金。推进“电影进校园”活动，全年放映 1638 场次，观影学生达 21 万多人次。在元旦、春节期间组织开展“影享福州”电影文化惠民活动，放映近百部的优秀国产影片，观影人数达 20 多万人次。

协助市文投集团在三坊七巷文儒坊建立“丝绸之路国际电影艺术馆”，并向省新闻出版广电局争取到 30 万元建设补助经费。组织辖区内播出机构及制作单位参加 2016 年中国（广州）国际纪录片节、第九届厦门文博会和 2016 年香港国际授权展、家庭用品展、国际影视展等行业展会，举办 2016 年闽东北经济协作区文化产业协作会议。

（陈文浩）

主流媒体看福州

【概况】 2016 年，中央、省属新闻媒体对福州市各类正面报道达 1.6 万多篇（条）。其中，《人民日报》刊登 62 篇，新华社播发 700 多篇（条），中央电视台各频道播出新闻 160 多条，福建电视台主要频道播出新闻 1100 多条，《福建日报》刊发 1200 多篇。

【元旦、春节期间宣传报道】 2016 年元旦、春节期间，《人民日报》、新华社、《光明日报》、《经济日报》、中央人民广播电台、中央电视台、《福建日报》、福建电视台等中央、省属主要新闻媒体通过文字、图片、视频等形式，对福州新年新春新气象进行报道。中央、省属新闻媒体刊发各类稿件 100 余篇。

《人民日报》刊发图片新闻《欢乐祥和闹元宵》，稿件展示以“两马同心两岸同梦”为主题的第十四届“两马同春闹元宵”活动在福州东江滨公园举行；中央人民广播电台播出《变化的年俗福州太平燕》；中央电视台《新闻联播》播出《福建福州：暖心的王威服务台》，讲述福州火车站的王威服务台为旅客提供周到服务；《新华每日电讯》头版刊登图片新闻《鸟落枝头春意闹》；《光明日报》刊登《“两马同春闹元宵”花灯运抵马祖》《万家灯火暖春风》等 2 篇报道；《福建日报》刊登《福州启动元旦春节廉洁纪律督查》《辛苦了，值守春节长假的交通运输人》等报道；《福建新闻联播》播发《福州：浓浓诗意　开启新年第一天》《福州西湖：10 万株郁金香绽放　喜迎新春》《福州：新春全家福　定格幸福瞬间》等多条报道。

【全国两会宣传报道】 2016 年全国“两会”期间，《人民日报》、新华社、《光明日报》、《经济日报》、中央人民广播电台、中央电视台及《福建日报》、福建电视台等中央、省属主要媒体，通过文字、图片、视频、访谈等形式，对来自福州的代表委员及福州工作进行报道。

《人民日报》两会特刊《代表委员结合政府工作报告热议创新发展理念》中刊发全国人大代表杨益民专题稿件，展示福州新机制激发新活力亮点；新华社以《代表委员热议新区经济如何领跑新经济》为题刊发采访全国人大代表杨益民访谈稿件，展示福州新区开放开发成果；《光明日报》刊发全国人大代表杨益民访谈稿件《“内外兼修”攻坚供给侧改革》；《经济日报》刊登《福州市市长杨益民代表——自贸区创新释放活力》；《中国日报》刊登《全国人大代表杨益民：打造先行先试示范区是自贸区建设的活力源泉》；《福建日报》头版刊登《自贸试验区，为供给侧改革搭台》，展示福建自贸区福州片区通过改革制度供给，调动创新、资本、人才等全要素的供给动力，打造营商环境。

【第十八届海峡两岸经贸交易会宣传报道】 2016 年“5·18”海交会期间，邀请中央、省属新闻媒体 50 多家，200 多名记者参与采访报道。中央、省属新闻媒体刊播各类新闻报道 1200 多篇（条）。

《人民日报》刊发《海峡两岸经贸交易会开幕》，报道海交会开幕；新华社持续刊发《第十八届海峡两岸经贸交易会凸显“海峡”“海丝”元素》等报道；中央人民广播电台连续刊播《亚洲合作对话工商大会暨青年企业家创新峰会今天在福州举行》等报道；中央电视台《新闻联播》播出《第十八届海交会今天开幕》、中央电视台经济频道（CCTV2）、国际频道（CCTV4）、英语频道（CCTV9）也先后播发相关消息。《光明日报》、中新社、《中国国际广播电台》等媒体结合自身特点报道海交会相关情况。《福建日报》在重要版面设置《今日聚焦“5·18”海交会》专栏，通过组稿和图片新闻等多种方式全方位展现海交会盛况，连续刊发 14 篇报道；《海峡都市报》《东南快报》持续推出海交会系列报道，并以多个整版的形式进行大篇幅刊发。

【第四届海峡青年节宣传】 2016 年，第四届海峡青年节活动期间，中央、省属新闻媒体各类正面报道 200 多篇（条），其中，《人民日报》1 篇，新华社 5 篇、中央电视台 1 篇，中新社 14 篇，《福建日报》7 篇。《人民日报》刊发《第四届海峡青年节在福州举行》；新华社刊发《“未来已来，时不我待”——两岸青年共聚海峡青年峰会》等报道；中央电视台《海峡两岸》栏目播出《第四届海峡青年节在福州举行》；中新社刊发《海峡青年节：搭建起两岸青年交流合作的连心桥》等报道。中央人民广播电台、福建人民广播电台、海峡之声广播电台、华艺广播公司等在新闻时段播发海峡青年节的消息。

【福州新区报道】 2016 年是福州新区建设年，《人民日报》、新华社、中央电视台、《福建日报》等中央、省属主要新闻媒体以专版、专题、专栏、通讯、消息等形式，对福州新区进行全媒体全景式的全面深入报道、介绍和解读，共 400 多篇（条）。其中，《人民日报》在重要版面发表《风起闽江口　引潮逐浪高》《福州新区：争当转型升级的领头雁》《央企入榕舞动龙头　新区开发高潮迭起》等报道，9 月在《治国理政新思想新实践》专栏中刊发消息《新区领跑　福州日新》、通讯《福州新区　新歌嘹亮》，报道福州市推进新区开放开发，加快建设“机制活、产业优、百姓富、生态美”新福州；《新华每日电讯》发表《福州新区“新”在哪儿》《向“海”而生，创造向“海”跃进新格局

福建自贸试验区福州片区周年巡礼》等消息；《光明日报》在头版头条刊发通讯《福州：奏响“海丝蓝”梦想曲》；《经济日报》发表《福州新区迎来央企投资热》《福州新区：加速启动产业发展“引擎”》

《福州推广福建自贸区二十项创新成果》等报道;中央电视台《财经频道》大型纪录片《五年规划》第一集:《规划中国》中介绍福州新区建设发展情况;《福建日报》刊登《福州新区:启动加速引擎》等报道。

【第二届“海上丝绸之路”(福州)国际旅游节宣传报道】 2016年,第二届“海上丝绸之路”(福州)国际旅游节期间,邀请中央、省属新闻媒体20多家、50多名记者参与采访报道,中央、省属新闻媒体各类新闻报道100多篇(条)。其中,《人民日报》推出《第二届“海上丝绸之路”(福州)国际旅游节盛大开幕》专版;中央电视台《中国新闻》栏目播出《“9+9”国际旅游城市联盟成立　推进区域合作》;中新社刊发《第二届“海上丝绸之路”国际旅游节福州开幕》等报道;《中国旅游报》刊登《福州上演“海丝国际旅游嘉年华”》;《福建日报》刊发《福州举办海丝国际旅游嘉年华》《第二届“海上丝绸之路”(福州)国际旅游节启动》等报道。

【中共福州市第十一次代表大会宣传报道】 2016年,中共福州市第十一次党代会召开期间,《人民日报》在《治国理政新思想新实践》专栏刊发消息《新区领跑　福州日新》、通讯《福州新区　新歌嘹亮》,报道福州市推进新区开放开发,加快建设“机制活、产业优、百姓富、生态美”新福州;新华社《半月谈》杂志刊发《福州:唱响文化共建共享的“大合唱”》;《经济日报》在头版刊发《福州市发力供给侧结构性改革——加快转型升级　实现动能转换》;中新社刊发《倪岳峰:切实把“五区叠加”机遇转化为省会发展优势》的报道;《福建日报》连续刊登通讯《抓住项目牛鼻子　加快建设新福州》《加快建设新福州　当好全省发展排头兵》《未来五年怎么干,这些市党代会上绘蓝图》《新起点　新福州　新跨越》;《海峡都市报》持续推出5个专版,刊发《态度更坚决一点　行动更快一点》《建设新福州　当好排头兵》《马上就办　真抓实干　未来五年福州大变样》《建设新福州——破解城市顽疾》等。

【中共福建省第十次代表大会宣传报道】 2016年,中共福建省党代会召开期间,中央电视台《新闻联播》播出《“两学一做”　重在实效》专题,其中讲述福州市一线考察党员新做法;新华社刊登《投资更便利　准入更开放　往来更便捷——福建自贸区对台合作新观察》报道,其中反映台胞在榕创业的相关情况;《光明日报》刊登《“新台阶”托起“新福建”蓝图》,其中讲述闽侯县红峰村农村集体产权改革试点情况;《福建日报》围绕福州经济建设、百日攻坚行动、一线考察干部、百姓民生、生态建设等方面,连续刊登《传承接力续绘蓝图　更高起点再出发—加快建设新福州　当好全省发展排头兵》等报道。

【“尼伯特”台风抗灾救灾宣传报道】 2016年,《人民日报》、新华社、中央电视台、《福建日报》等中央、省属主要媒体围绕福州市抢险救灾、灾后重建等各方面情况进行报道。其中,《人民日报》刊登《“红色防洪堤”筑起来》《老支书最后的背影》等报道;《新华每日电讯》发表《暴风雨中的永生:追记福建永泰旗山村书记林新华》《洪流中,他把生的希望留给战友——记抗洪中失踪的90后战士刘景泰》等报道;中央电视台新闻频道播出《台风“尼伯特”过后·福建闽清:维修清理工作全面展开》,《新闻30分》播出《林新华:用生命践行党员承诺》。《光明日报》、《经济日报》、中央人民广播电台、中新社等媒体结合自身特点报道闽清县抗灾救灾的相关情况。《福建日报》刊登《八方力量,凝聚成重建信心》《他,永远留在了山里——记永泰县清凉镇旗山村村支书林新华生命的最后时刻》《福建抗击尼伯特灾害纪实:致敬这些“最可爱”的人》等报道。福建电视台、《海峡都市报》、《东南快报》持续推出抢险救灾及灾后恢复重建的相关报道。

【地铁1号线(一期)全线开通试运营宣传报道】 2016年,福州地铁1号线(一期)全线开通试运营后,中央、省属主要新闻媒体进行相关报道。其中,中央电视台《新闻联播》栏目播出《福建首条地铁全线试运营》,《朝闻天下》栏目播出《福州地铁一号线明年1月将全线试运营》;中新社刊登《福州首条轨道交通即将试运营　组织20万市民全线试乘体验》;《福建日报》刊登　《我省首条地铁开通在即　福州地铁,福州味浓》等报道。福建广播影视集团、《海峡都市报》、《东南快报》等媒体结合自身特点报道地铁1号线建设、运营等各方面情况,持续推出地铁相关情况的系列报道。

(雷振宇)

(编辑　黄　铭)

体 育

群众体育

【全民健身设施】 2016年，福州市制订下发《福州市“十三五”全民健身工程规划总体任务》和《2016年福州市全民健身工程实施方案》，以农村为重点，城区补充空白点，主要建设多功能运动场、球场、体育公园和提升改造健身工程，完成省、市为民办实事项目，实施14个多功能运动场、6个室内健身房、4个笼式足球场、1个拆装式游泳池、358条健身路径的项目建设，提升改造100个行政村农民体育健身工程，建设50片球场、4个体育公园、2个市级农民全民健身中心、20套五城区纳凉点轨道棋等项目。建成健身气功站点140余个，全市建点覆盖率达100%。对器材维护管理实行责任制，采取受赠单位、使用单位、受益单位，谁使用谁负责的方法，对健身器材实行责任制管理，继续推广鼓楼区器材维护服务外包模式，发挥社会体育指导员的管理指导作用，加大管理维护力度。

【全民健身活动】 2016年，福州市突出“海峡”元素，针对老中青少不同年龄段设计以登山、健步行、门球、龙舟、全民健身日为重点的活动计划。通过政府搭台，市县互动、各协会（俱乐部）、社会企业广泛参与的模式，举办2016中华龙舟大赛（福建·福州站）、农村百队千场篮球赛、第三十一届冬泳比赛、“福茅杯”篮球邀请赛、2016年中国门球公开赛（福州站）暨福建·福州第十届海峡两岸门球邀请赛、中国台球公开赛、福州12小时超级马拉松赛等较高水平赛事活动，以及2016年全国徒步大会开幕式暨“中国体彩杯”福建·福州“红红火火过大年”第十二届十万人健步行活动、8月8日全民健身运动会、“中国体育彩票”2016年全国新年登高健身大会福建福州分会场活动等健身展示类活动32大项1080场次，参与人数超100万人次，其中，各县（市）区均举办不少于10项次活动；各类市属体育协会（俱乐部）开展体育活动和竞赛约30项次，参与人数达10万多人次，依托社会筹措活动经费200多万元；各地老年体育协会组织开展太极、腰鼓、地掷球、象棋等展示交流300多场次。

【两岸体育交流】 2016年，福州市举办“两马”（马尾、马祖）体育联谊赛、海峡两岸全民健身交流展示、海峡两岸篮球锦标赛、海峡两岸门球邀请赛等“海峡”主题示范性赛事活动。其中，5月12—15日，第十一届“两马”体育联谊赛在马尾举行，马祖代表团约110多人参赛，主要开展篮球、羽毛球、篮球赛、网球、乒乓球、门球、公路越野跑步、自行车公路比赛等项目为主的联谊赛；11月18—21日，2016·第二届海峡两岸武术文化节在马尾体育馆举行，来自美国、新加坡、加拿大、俄罗斯、英国、法国等国家及中国香港、澳门、台湾等地区共30多个国家和地区的100多个武术代表团参加。

组织相关体育团体赴台湾地区参加体育赛事。4月16日，福州市棒垒球协会受邀前往清华大学参加海峡两岸大学生棒垒球锦标赛开幕式，该赛事为国台办批准的两岸体育交流赛事和国台办重点规划交流项目。9月2—3日，应金门教育部门邀请，福州市传统武术协会赴金门进行交流，并在1所小学和1所中学教授福州传统武术。11月18—20日，组织仓山区盖山镇江边村龙舟队，参加在台北花莲县鲤鱼潭举行的2016年花莲太平洋国际龙舟赛。

【体育组织建设】 2016年，福州市新增市属体育协会6个及体育俱乐部2个，分别为市棒垒球协会、市风筝协会、市社会体育指导员协会、棒垒球运动协会、市黄氏太极拳协会、市轮滑协会及市八闽龙足球俱乐部、市闽都文体艺术团；各市属体育协会及体育俱乐部完成年检登记；指导市老年体育协会、市直机关老年体育协会、市棋类协会、市桥牌协会、市冬泳协会、市体育舞蹈协会、市健美协会、市跆拳道协会、市铁人三项运动协会完成换届筹备。

年内组织培训群众体育运动骨干3000多人，其中，市体育局牵头举办3期，分别为4月在福州市老年人体育活动中心举办广场舞社会体育指导员培训班，5月在市老年人体育活动中心一楼广场举办有氧行进健身操辅导员培训班，9月在福州市老年人体育活动中心枚铜牌，共36枚奖牌。举办福州市二级健身气功社会体育指导员培训班。

【健身科学指导】 2016 年,福州市新增 162 名国家二级社会体育指导员、30 名国家二级健身气功社会体育指导员,指导各级老年体育协会发展新会员 3934 人。引导鼓楼、仓山等县(市)区建立健全社会体育指导员工作表彰奖励制度,扶持获得 AAA 以上的社会组织承接各项体育公共服务。在新建的福州市老年人体育活动中心内,专设国民体质监测站,免费为群众提供体质监测。

竞技体育

【奥运会省运会参赛保障】 2016 年,福州运动员徐云丽(女排)、林莉(女排)、王哲林(男篮)、李小红(田径女子三级跳远)等 4 人入选 2016 年里约奥运会中国代表团,其中,徐云丽、林莉所在的中国女排摘得里约奥运会金牌,为福州运动员时隔 32 年后重夺奥运金牌。

组织 1322 名运动员参加 2016 年省运会年度赛,福州运动员参加 28 个项目 32 场次比赛,获 8 枚金牌,16 枚银牌,12

【第二十四届市运会】 2016 年 9 月 7 日开赛、10 月 22 日开幕、10 月 30 日闭幕,其中开、闭幕式均在福州海峡奥体中心体育馆举行。市运会设县(市)区组 25 个大项 433 个小项,行业组 16 个大项 80 个小项,参赛单位有 12 个县(市)区和 43 个行业系统单位,赛事规模接近 7000 人。赛事历时 54 天,分两个阶段,第一阶段从 9 月 7 日—10 月 21 日,进行 19 个项目的比赛;第二阶段从 10 月 23—29 日,进行 10 个项目的比赛。有 1 人 1 次破 1 项福州市最高纪录(田径),8 队 37 人 72 次破 57 项福州市少年纪录(游泳、举重)。

【体育后备人才培养】 2016 年,福州市体育局审批发放 290 名二级运动员等级证书;组织近 500 名青少年参加省中学生联赛;利用周末时间举办排球、武术套路、篮球、举重、乒乓球、羽毛球、游泳、田径、网球等 9 项少儿比赛,参赛人数达

10 月 22 日,福州市第二十四届运动会开幕式在海峡奥体中心综合馆举行
(市体育局　供)

1000 人;创建体育传统项目学校和体育后备人才培养基地;组织对全市 27 个单项体育后备人才基地、30 个重点体育传统学校进行复评;指导福州市体校、福清市体校创建全国高水平体育后备人才基地。

【赛风赛纪教育】 2016 年,福州市实行大型赛事赛前裁判员、教练员赛风赛纪集中培训制,自行车赛、羽毛球公开赛、沙滩排球赛、国际马拉松赛等大型赛事委托赛事公司组织 5 期赛风赛纪培训;指导第二十四届市运会各参赛单位完成 23 期赛风赛纪、反兴奋剂专题培训;督促各承办单位完成 10 期中小学生项目比赛赛风赛纪培训等。

体育产业

【产业政策研究】 2016 年,2016 年,福州市体育局配合深圳维度公司完成福州市第二次全国体育产业普查工作,开展"理顺公共文化服务体系管理职能""进一步做好我市大型体育赛事市场运作的研究""关于做大做强体育服务产业""推动大型体育赛事市场运作"等课题调研。编制《福州市体育产业发展专项基金使用管理暂行办法》,着重针对体育产业发展专项资金管理,提高公共财政资金使用效益;编制《福州市公共体育设施专项规划(2016—2030)》(含福州市足球场地建设专题),制订差别化体育用地政策,规划群众体育设施和体育赛事场馆建设,扩大体育服务业用地供给;编制《福州市体育设施向社会开放管理办法》,规范公共体育设施开放管理。

【产业发展平台】 2016 年,福建省内唯一以体育为主题的天翔体育文化创意产业园(天翔·悦动城),在第 34 届中国国际体育用品博览会作为唯一的体育项目签约,项目位于福州市仓山区金洲北路 9 号,占地面积 2.4 公顷,总建筑面积 3 万多平方米,总投资近 2 亿元,年内完成项目建设。与上海体育国家大学科技园合作,拟选址飞凤山公园打造"福州体育科技园"合作项目,引进 1~2 家国内外体育旅游知名品牌企业在科技园区落地发展,并围绕全民健康和大众体育,促进以"互联网+"、云计算、大数据在体育全产业链的集成应用,完善体育科技研发、检验检测、科技服务、信息服务等公共服务平台。与北京行知探索文化发展股份有限公司达成战略合作初步意向,围绕寿山石、船政、古镇、温泉等福州文化特色,打造特色户外体育赛事等方面开展合作。

【体育基础设施建设】 2016 年,福州市体校改扩建项目完成年度投资 7150 万元,占年投资额 113%,其中,第 1 标段工程于年初竣工,完成 7 号训练辅助综合楼、8 号综合教学楼建设及装修;第

2标段完成射击馆、综合馆桩基工程及渠道改迁、室外附属工程道路施工等工程，开始土方开挖；制定第3标段施工计划。市水上运动中心长乐训练基地项目完成立项、设计招投标，该项目位于长乐市文武砂镇东湖东侧，用地面积4160平方米，年内进行勘察设计及办理供地、建设用地批准书等相关前期工作。

【体育市场管理】　2016年，福州市有体育彩票销售站点1422个，体彩销售额15.09亿元，比上年增长5.59%。有依法许可经营的攀岩场1个，游泳场馆(池)110个。5月初，市体育局下发《关于加强游泳场所安全工作的通知》，要求各县(市)区推进辖区内经营性游泳场所的许可审批和安全检查工作，并于8月11—12日联合市卫生局、安监局对游泳场所进行抽查。6月1日，下发《关于进一步加强户外运动场所安全工作的通知》，指导各县(市)区开展安全生产检查31场次。

【专项资金申报】　2016年，福州市省体育产业发展专项资金评审委员会成立，制订2016年度福建体育产业发展专项资金评审发放实施方案。全年补助体育产业品牌类项目1个、公共服务平台建设类项目9个，体育休闲健身服务类项目5个、体育竞赛表演类项目5个，共发放体育产业发展专项资金447.1万元。

【百日攻坚行动】　2016年，福州市体育局百日攻坚行动工作小组、市体育局灾后体育设施恢复重建工作领导小组成立，对挂钩的海峡交流营及永泰、闽侯、闽清体育设施灾后重建项目进行切块管理。百日攻坚期间，海峡交流营项目完成投资3.255亿元，占攻坚行动计划的342.63%，超序时进度，完成会展中心、旅社室内装修及室外附属、景观绿化施工。实施4大类75个灾后重建项目，其中，重建健身路径64条、篮球场2个、体育公园2个，将闽清、永泰县体育馆重建项目申报为“十三五”公共体育服务设施建设规划储备项目，筹措6批次重建资金共计568万元。

大型赛事

【2016年全国拳击锦标赛华东赛区资格赛】　2016年3月1—4日在闽侯青口体育馆举办，设男子49公斤、52公斤、56公斤、60公斤、64公斤、69公斤、75公斤、81公斤、91公斤、91公斤以上共10个级别比赛，来自上海、江苏、浙江、安徽、福建、江西、上海体院的华东赛区7支代表队90名运动员、教练员参赛。福建队7名拳手参加6个级别的比赛，其中吴平城、魏旺振、陈科亮、彭聚鹏、陈燕飞、白英鹤6名拳手获得全国拳击锦标赛资格赛决赛阶段比赛资格。

【2016国际排联世界沙滩排球巡回赛福州公开赛】　2016年4月19—24日在南江滨公园沙滩排球场举办。比赛为里约奥运积分赛，有美国、德国、意大利等38个国家和地区的123支球队参赛。中国队有女子组薛晨(福州籍)/夏欣怡、王凡/岳园、陈春霞/唐宁雅，男子组李焯新/李健、哈力克江/包健、陈诚/张立增共6支队伍参加正赛，其中，男子组包健/哈力克江位列第17名，女子组薛晨/夏欣怡获得第9名，获得240个奥运积分。美国的达尔豪瑟/卢森纳、沃尔什/罗斯包揽男子组、女子组冠军。新华社、中新社、中央电视台等60多家媒体参与赛事报道，中央电视台5套于4月23日、24日下午分别对男子组和女子组的决赛进行直播。

【2016年中华龙舟大赛(福建·福州站)】　2016年6月8—9日在海峡国际会展中心浦下河龙舟池举行。比赛设标准龙舟和传统龙舟赛，有职业22人组24支标准龙舟(18支男队、6支女队)、青年组12人组12支龙舟(6支男队、6支女队)及22支福州当地传统龙舟队参赛。标准龙舟竞赛项目有100米、200米、500米直道赛，传统龙舟进行500米直道赛，其中有1支台湾队伍参加标准龙舟比赛，1支由福州市台江红星吴颜龙舟队和美国友好城市塔科马市组成的瑞年福龙舟队参加传统龙舟比赛。佛山乐从家具城队获职业男子组总成绩第一名，常州武进嬉戏谷队获职业女子组总成绩第一名，山东聊城大学队获青少年组男子、女子总成绩第一名。在传统龙舟500米直道赛中，福州市仓山江边龙舟队获冠军。该赛事首次于端午节期间在福州举办，比赛期间组织“旱龙舟划进福州校园”和包粽子比赛等活动，推广传播龙舟文化。中央电视台1套、5套、5+体育赛事频道连续两天并机直播，收视率达0.4。

【2016姚基金篮球慈善赛】　2016年8月28日在海峡奥体中心举办，慈善赛系列活动持续3天，由高尔夫球赛、慈善晚宴、学校探访、公益交流会、慈善赛正赛等组成，中央电视台5套对慈善赛正赛进行直播。活动筹集善款1000万元，用于姚基金希望小学篮球季项目及闽清县、永泰县等地受灾地区学校体育场地、设施设备的重建。

【2016年全国皮划艇赛艇锦标赛】　2016年9月22—25日在长乐文武砂镇东湖水上运动中心举办。来自北京、河北、山西、辽宁、上海、浙江等全国23支

2016年中华龙舟大赛首次在端午节期间落户福州　(市体育局　供)

2016年8月28日,2016姚基金篮球慈善赛在福州海峡奥体中心举办。图为姚明参加27日的赛前发布会　　（市体育局　供）

队伍、808条赛艇、508名运动员参赛。赛事项目分1000米、500米、200米男子单人、双人、四人皮艇;1000米、500米、200男子单人、双人、四人划艇;1000米、500米女子单人、双人、四人皮艇;500米、200米女子单人划艇;200米女子单人、双人皮艇。福建省选手林文君夺得女子200米单人划艇金牌、500米单人划艇银牌,福州市运动员康佳美在女子200米单人皮艇取得第7名。

【2016福州国际马拉松赛】　2016年10月25日举办。竞赛项目为全程马拉松(42.195千米)、半程马拉松(21.0975千米)和迷你马拉松(5千米),赛事路线围绕福州南北江滨大道,起点设在海峡奥体中心,终点设在海峡会展中心,2万余人参赛。中国选手李丹获全程马拉松女子第三名。中央电视台5套对赛事进行全程航拍直播,观看人数突破3000万人次,51家媒体参与报道,新闻转载量超过11.5万次。

【2016年中国羽毛球公开赛】　2016年11月15—20日在福州海峡奥体中心综合馆举办。比赛设女双、男双、女单、男单、混双等5个单项,正赛设32个位置,预赛设16个位置。赛事吸引来自中国、印尼、丹麦、马来西亚、韩国、日本、德国、印度等19个国家和地区的214名运动员参赛,其中,福建籍运动员谌龙获男单季军,中国选手孙瑜获女单季军,中国组合黄东萍/李茵晖获女双季军、张楠/李茵晖获混双季军,福州籍运动员田厚威晋级男单八强,福建籍运动员柴飚/洪炜晋级男双半决赛。比赛期间举办为期6天的“中羽赛三十周年嘉年华”活动,安塞龙、石宇奇等参赛运动员与市民互动。中央电视台5套、5+体育赛事频道对赛况进行直播,时长超17个小时。

【2016年环福州·永泰国际公路自行车赛】　2016年起,环福州·永泰国际公路自行车赛由UCI2.2级升级为UCI2.1级,比赛天数增至5天(原为福州1天,永泰2天,新增长乐1天,连江1天)。赛段安排为第一赛段马尾江滨东大道—鼓岭柳杉王公园113.2千米,第二赛段长乐滨江滨海路—长乐新区体育中心126.3千米,第三赛段连江贵安—连江人民广场133.3千米,第四赛段永泰城关—嵩口古镇—永泰青运会中国云顶景区131.8千米,第五赛段永泰绕圈赛127.4千米,总里程631千米。

比赛时间为11月16—20日,来自美国、英国、日本等国内外22支车队参赛,伊朗PISHGAMAN捷安特洲际队名列团队第一名,环宇LOOK车队位列大中华团体第一名。伊朗捷安特洲际队的拉希姆收获黄衫和圆点衫,中国智美—恒翔车队的赵京彪获得冲刺王绿衫,中国环宇LOOK车队的那扎尔别克·别肯获得大中华最佳白衫。

表74　**2016年福州市运动员参加全国以上比赛冠军汇总表**

类别	项目	姓名	比赛名称	比赛小项
奥运会	排球	徐云丽	奥运会排球比赛	女子排球
奥运会	排球	林　莉	奥运会排球比赛	女子排球
国际	网球	何佳颖	ITF国际青少年网球巡回赛(第二站)	女双
国际	网球	何佳颖	ITF国际青少年网球巡回赛(第七站)	女双
国际	网球	何佳颖	ITF国际青少年网球巡回赛(第三站)	女双
国际	网球	何佳颖	ITF国际青少年网球巡回赛(第十一站)	女双
国际	网球	何佳颖	ITF国际青少年网球巡回赛(第五站)	女双
国际	武术套路	梁永达	第一届世界杯武术套路比赛	男子南刀冠军
国际亚锦	武术套路	梁永达	第七届亚洲武术锦标赛	男子南拳

续表

类别	项目	姓名	比赛名称	比赛小项
国际亚锦	武术套路	陈惠颖	第七届亚洲武术锦标赛	女子南拳
国际亚锦	赛艇	包永智	亚洲赛艇锦标赛	男子 2000M 八人单桨有舵手
国内	蹦床	刘灵玲	第四届华东区蹦床交流协作赛	女子团体
国内	蹦床	刘灵玲	第四届华东区蹦床交流协作赛	女子网上个人
国内	蹦床	刘灵玲	里约奥运会蹦床项目选拔积分赛	女子个人
国内	蹦床	刘灵玲	全国蹦床冠军赛	女子网上团体
国内	帆板	陈秀惠	全国帆船帆板冠军赛	女子 T293 级障碍赛
国内	击剑	黄梦恺	全国冠军赛(第二站花剑)	男花个人
国内	击剑	陈　羽	全国冠军赛(第二站花剑)	男花团体
国内	击剑	黄永希	全国冠军赛(第二站花剑)	男花团体
国内	击剑	李　冰	全国冠军赛(第二站重剑)	男重团体
国内	击剑	林宗毅	全国冠军赛(第二站重剑)	男重团体
国内	击剑	黄梦恺	全国击剑冠军赛总决赛	男花团体
国内	击剑	黄永希	全国击剑冠军赛总决赛	男花团体
国内	击剑	黄梦恺	全国击剑冠军赛总决赛 U19	男花个人
国内	击剑	王超麒	全国击剑冠军赛总决赛 U19	女花团体
国内	击剑	邢佳慧	全国击剑冠军赛总决赛 U19	女花团体
国内	举重	乌天琪	第二十四届中日韩青少年举重运动会	女子 75kg 总成绩
国内	举重	张　容	全国举重冠军赛	女子 48kg 抓举(成年组)
国内	举重	柴丽娜	全国举重冠军赛	女子 58kg 抓举(成年组)
国内	举重	李发彬	全国举重冠军赛	男子 56kg 抓举
国内	举重	李发彬	全国举重冠军赛	男子 56kg 总成绩
国内	跆拳道	魏小菁	全国跆拳道冠军赛	女子 53kg
国内	田径	郑幸娟	全国田径大奖赛绍兴站	女子跳高
国内	田径	郑幸娟	全国田径大奖赛太原站	女子跳高
国内	田径	郑幸娟	全国田径冠军赛暨大奖赛总决赛	女子跳高
国内	武术套路	陈惠颖	全国武术套路冠军赛(传统项目赛区)	女子南刀
国内	武术套路	梁永达	全国武术套路冠军赛(传统项目赛区)	男子其他象形拳
国内	武术套路	庄莹莹	全国武术套路冠军赛(传统项目赛区)	女子 42 式太极剑
国内	武术套路	梁永达	全国武术套路冠军赛(传统项目赛区)	双人南拳
国内	武术套路	陈惠颖	全国武术套路冠军赛(传统项目赛区)	双人南拳
青年	举重	柴丽娜	全国青年举重锦标赛	女子 58kg 挺举(21~23 岁)
青年	举重	柴丽娜	全国青年举重锦标赛	女子 58kg 总成绩(21~23 岁)
青年	羽毛球	陈天源	全国青年羽毛球锦标赛	男团
青年	羽毛球	陈　铿	全国青年羽毛球锦标赛	男团
青年	羽毛球	翁泓阳	全国青年羽毛球锦标赛	男团
青年	羽毛球	翁泓阳	全国青年羽毛球锦标赛	男单
青年	羽毛球	陈　铿	全国青年羽毛球锦标赛	男双

续表

类别	项目	姓名	比赛名称	比赛小项
青年	羽毛球	翁泓阳	全国青年羽毛球锦标赛	男双
青少年	技巧	陈　楠	全国技巧冠军赛暨全国青少年锦标赛	混双静力套
青少年	技巧	张　磊	全国技巧冠军赛暨全国青少年锦标赛	混双静力套
青少年	技巧	陈　楠	全国技巧冠军赛暨全国青少年锦标赛	混双联合套
青少年	技巧	张　磊	全国技巧冠军赛暨全国青少年锦标赛	混双联合套
青少年	羽毛球	陈　铿	全国青少年羽毛球赛	男双
青少年	羽毛球	翁泓阳	全国青少年羽毛球赛	男双
青少年	羽毛球	陈颖颖	全国青少年羽毛球赛	男双
青少年	羽毛球	陈　铿	全国青少年羽毛球赛(甲组)	男双
青少年	羽毛球	翁泓阳	全国青少年羽毛球赛(甲组)	男双
少年	田径	郑　艳	全国少年(14～15岁)田径锦标赛	女子跳远
少年	田径	林雨薇	全国少年(16～17岁)田径锦标赛	女子100米栏
最高级	帆板	肖垒业	全国帆板锦标赛	男子T293级长距离
最高级	击剑	黄永希	全国击剑锦标赛	男花团体
最高级	击剑	林　声	全国击剑锦标赛	女重个人
最高级	技巧	陈　楠	全国技巧锦标赛	混双全能套
最高级	技巧	张　磊	全国技巧锦标赛	混双全能套
最高级	马拉松游泳	张子彬	全国马拉松游泳冠军赛	男子团体
最高级	射击	吴剑锋	全国射击团体、个人锦标赛	男子50米手枪慢射团体
最高级	射箭	王文选	全国室外射箭锦标赛	男子团体淘汰赛、决赛
最高级	跆拳道	魏小菁	全国跆拳道锦标赛	女子53kg
最高级	田径	郑幸娟	全国田径锦标赛	女子跳高
国内	击剑	黄梦恺	全国击剑冠军赛(第一站)	男花团体
国内	击剑	林　声	全国击剑冠军赛(第一站)	女重个人

(卢余清)

(编辑　黄　铭)

卫生 人口与计划生育

卫生事业

【综述】 2016年，福州市编制《福州市卫生计生事业“十三五”专项规划》。全市有各级各类医疗机构1995个（含省属，不含平潭及卫生室，下同），其中医院107所；医疗卫生机构床位3.39万张，比上年增长2.33%，其中医院床位2.76万张，增长2.31%；专业卫生技术人员5.17万人，增长3.54%，其中医生1.88万人，增长2.92%，护士2.24万人，增长6.98%。每千人拥有卫生机构床位4.75张，每千人拥有卫生技术人员7.25人。全市社区卫生服务中心49个，卫生技术人员1689人；社区卫生服务站123个，卫生技术人员975人；乡镇卫生院124个，卫生技术人员5000人。市属13所医院总诊疗量556.24万人次、住院量14.29万人次、总收入38.63亿元。

【公立医院综合改革】 2016年，福州市出台《公立医院改革“三合一”政策落实情况考核评估办法》，1月完成对各县（市）区考核，全市公立医院药品耗材零差率改革医保、价格、财政政策基本到位，省级对福州市考核全部合格。4—5月，福州市分别通过国家医改办、国家卫生计生委2015年公立医院综合改革效果评价督查。市医管委印发《关于调整市属公立医院管理委员会成员的通知》《关于市属公立医院管理委员会工作规程的通知》《福州市属公立医院管理委员会关于设立工作机构的通知》，加强市属公立医院综合改革组织领导，明确市医管委（办）职责、议事制度、公文管理和工作程序，建立市医管委内部分工协作、各司其职工作机制。出台《市属公立医院院长目标年薪制管理办法（试行）》《市属公立医院院长年度绩效考核办法（试行）》，在市一医院、市中医院、儿童医院试点实行院长目标年薪制，院长年薪由财政全额负担，并从社会效益、医疗服务、综合管理、可持续发展等4个方面33项指标对院长实施考核，考核结果与院长薪酬、任免、奖惩等挂钩。出台《2016年市属公立医院药品耗材费用控制工作方案》，确定量化控费指标，通过药品带量议价采购、加强行政监管、开展医保支付方式改革、严格考核奖惩等措施，落实医院主体责任，控制医药费用不合理增长，优化收支结构，全年药占比36.09%，百元耗材27.25元，每门（急）诊人次医药费用213.70元，出院患者平均医药费用8848.34元，每门（急）诊人次药品费用101.79元，出院患者平均药品费用2793.04元。

【医疗保障】 2016年，福州市新农合筹资水平提高到550元/人，其中各级政府补助标准提高到430元/人，参合人数达335万人，参合率达99.9%。完善新农合信息系统的升级改造，在各级定点医疗机构实现新农合补偿、大病补充补偿、医疗救助“一站式”结算全覆盖。全

2016年11月26日，福州市第二医院举行建院150周年庆祝大会

（市卫计委　供）

面实施城乡居民基本医保一体化政策，落实参保登记、缴费标准、报销目录、待遇水平、结算办法“五统一”管理。基本医疗保障管理体制改革初步完成，为“医疗、医药、医保”三医联动奠定基础。全年新农合报销受益251.88万人次，年受益率75.22%，参合患者住院、门诊特殊病种、普通门诊次均补偿分别达4245元、233元、22元，其中38495人年度累计补偿金额超1万元。

【基层医疗卫生】 2016年，福州市开展1所中央预算内投资乡镇卫生院标准化建设、2所上级医院“家庭医生远程门诊中心”建设、10个社区卫生服务中心“家庭医生工作站”建设、15个社区卫生服务中心“移动医疗—社区慢性病防治管理网”建设和39所“幸福家园工程”村卫生所建设，提升分级诊疗网底承接能力。出台《关于进一步完善福州市基层医疗卫生机构收入分配和绩效激励机制的实施意见(试行)》，推进基层医疗卫生综合改革，建立基层医务人员绩效工资总量动态调整机制，提高基层医务人员工作活力。开展“福州市基层卫生岗位练兵和技能竞赛”活动，取得省级竞赛活动团队二等奖、个人二等奖、优秀组织奖。创建全国“建设群众满意的乡镇卫生院”活动，福清渔溪、闽侯祥谦等12所卫生院获评第二批全国满意的乡镇卫生院。全面启动乡村医生养老保障政策实施工作，有1581名条件符合的村医参加城镇企业职工养老保险，参保率98.6%，有1553名60周岁以上的在岗或退岗老年村医经认定符合条件，自2015年10月开始计发乡村医生养老生活补助金。安排市级补助资金117万元支持医联体建设，6月1日在全省率先成立儿科专科医联体。落实《福建省深化城乡医院对口支援工作的实施意见(2016—2018年)》，安排省市级对口支援专项补助资金184.6万元，鼓励优质医疗资源下沉。启动为期3年的新一轮城乡对口支援工作，确定对口支援关系名单，确保对口支援县级医院全覆盖。出台《福州市加快推进分级诊疗制度建设工作实施方案》，以医联体、家庭医生签约、慢病为抓手，通过用药、医保、价格、财政等引导，建立运行福州特色的分级诊疗制度初现雏形。

【基本公共卫生服务】 2016年，福州市城乡居民人均基本公共卫生服务经费提高到45元，服务项目拓展到12类45项。高血压患者规范管理率66.7%；糖尿病患者规范管理率65.2%；重性精神疾病患者规范管理率82.4%。优化基本公共卫生服务家庭医生团队网格化管理模式，引入第三方考核评价机制，提高项目实施效果。5月，基本公共卫生服务项目省级考核全省第二名。

【疾病预防与控制】 2016年，福州市报告甲、乙类传染病22298例，报告发病率315.3890/10万，比上年下降9.08%；报告丙类传染病18111例，发病率256.17/10万，比上年下降17.77%。开展霍乱、登革热、人感染H7N9和手足口病等重点传染病疫情防控。开展免疫规划工作，各县(市)区以县为单位的适龄儿童免疫规划疫苗报告接种率维持在95%以上。全市174个接种门诊通过规范化预防接种门诊复核。落实艾滋病相关政策和防治措施，扩大检测覆盖面，加强高危人群特别是男男性行为人群干预力度，将符合条件的非福州籍流动人口纳入免费治疗，艾滋病抗病毒治疗覆盖率提高到90%以上。推进结核病“三位一体”防治服务体系建设，五区和长乐市完成“三位一体”建设，全市新涂阳肺结核病人发现率保持70%以上、治愈率保持85%以上。推进精神卫生工作，推行“病重治疗在医院，康复管理在社区”的服务模式，配合综治等部门推进福州市严重精神障碍患者肇事肇祸专项治理行动和“以奖代补”工作。推进国家级、省级慢性病综合防控示范区建设，加强死因监测、空气污染对人群健康影响监测和饮用水监测工作，按照要求对地铁站点开展卫生学环境检测。开展“尼伯特”“莫兰蒂”“鲇鱼”等台风与城区47个易涝点灾后疾病防控工作。

【卫生监督执法】 2016年，福州市落实各项卫生行政许可审批管理工作，简化审批流程和办事环节，压缩办事时限，提高审批时效。开展以医疗机构、学校卫生、生活饮用水及公共场所监管为重点的专项整治工作，打击非法行医，查处生活饮用水、公共场所违法行为，立案32件，罚没金额9.3万元。加强放射卫生监督，切实履行卫生计生控烟监督职能。开展食品安全企业标准备案工作。推进治理出生人口性别比，严格落实怀孕14周以上终止妊娠手术审批制度，健全完善新生儿出生、死亡登记报告制度，持续保持打击“两非”案件查处高压态势，全年全市查处“两非”案件134件(其中重大案件2件)。

【卫生应急处置】 2016年，福州市加强4支省级卫生应急队伍装备建设，强化规章制度，加强培训演练等，规范卫生应急队伍和装备的管理。在全市二级以上公立医院推进卫生应急机构建设，市级在福州市第一医院开展应急扩充能力建设，各县(市)区卫计局分别指定1所综合性医院开展卫生应急扩充能力建设工作。制订《福州市突发事件紧急医学救援应急预案》等5个卫生应急预案。规范福州市反恐应急处置队伍勤务工作和装备配备标准等。组织生物处置和院前急救两支最小作战单元开展紧急集结和应急演练。深入开展军民融合工作，有9所驻榕部队医疗机构纳入新农合定点范围。组建福州市抗洪抢险医疗卫生队5类11支160人。完成“尼伯特”台风等自然灾害事件卫生应急处置工作，统筹协调省、市、县医疗资源，组建31支医疗队赴灾区开展医疗救援，累计出动救护车277辆次1844人次，诊疗22359人次；累计出动各级防疫消毒人员2968人次，消毒面积1383万平方米；派出各级监督监测人员185辆次760人次对6280个水源进行水质检测，指导灾后饮用水消毒11273户，指导消毒水井2880口。累计向闽清、永泰等受灾县(市)区调拨漂白粉129吨、漂白精片81箱，533消毒液1220箱。未接到洪灾相关性疫情报告，实现大灾之后无大疫。及时有效处置人感染H7N9、福建幼儿师范高等专科学校诺如病毒暴发、输入性黄热病和登革热疫情等突发公共卫生事件。承担市政府登革热防控工作领导小组办公室工作，每日汇总上报疫情和工作信息。全年全市疾病监测61.98万人，主动搜索排查登革热病例，全市登革热确诊病例均治愈出院，未出现死亡病例；蚊媒密度监测27.9万户；培训各级医务人员308场次1.4万人次。

2016年10月24日，台江区举办2016年健康中国行台江站大型中医文化宣传活动　（市卫计委　供）

【妇幼保健】　2016年，福州市开展创建妇幼健康优质服务示范工程创建工作，福清市被评为国家级示范县，罗源县被评为省级示范县。9所妇幼保健院（所）开展基本设备达标建设项目，建成婚前保健规范化门诊7个，孕产妇保健规范化门诊6个，儿童保健规范化门诊5个。全面优化整合妇幼保健和计划生育服务资源，市、县级6月30日前完成机构整合工作，乡级12月31日前完成机构整合工作。全市二级以上妇幼健康服务机构结合孕前保健门诊设立再生育咨询门诊，实施婚前孕前优生健康检查、产前筛查、新生儿疾病筛查等优生优育综合措施，保障全面两孩政策实施，全年孕前优生健康检查率94.6%。联合市教育局等部门开展青春健康工作，编制福州市青春健康教育读本，提升福州市10~24岁青少年和未婚青年的性与生殖健康水平。加强孕产妇和儿童保健管理，继续实施各项妇幼重大公共卫生免费服务项目，全年农村孕产妇住院分娩补助、增补叶酸预防神经管缺陷、农村妇女两癌（乳腺癌和宫颈癌）检查、城乡已婚低保妇女病检查、农村孕妇和城市低保孕妇免费产前筛查等各项妇幼重大公共卫生项目总计惠及90793人。组织开展妇幼卫生专项督导6次，举办各项妇幼健康技术培训班7场。

【卫生人才队伍】　2016年，福州市制定出台在市属卫生计生系统开展一线考察干部工作实施意见，建立"三单一档案一平台"，在地铁卫生防疫验收等工作一线掌握考察对象实绩情况，作为评优评先、选拔任用、职称聘任等重要依据。支持市传染病院、市精神病院和闽清精神病院进行自主人员招聘工作，公开招聘105名卫生专业技术人员。完成2016年度福州市卫生计生系统事业单位461名卫生专业技术人员公开招聘工作。完成2016年全国卫生专业技术资格考试暨护士执业资格考试相关工作，5553人参加考试。完成2015年度卫生系列高级专业技术职务任职资格和基层高级专业技术职务任职资格评审工作，256人（其中基层副高39人）通过面试评审。组建"福州市卫生计生科技评审与监理专家库"。全年获各级各类科技项目立项131项。市二医院、市传染病医院、东南眼科医院通过2016年福建省临床和口腔类别住院医师规范化培训基地评审。推荐福建省卫生计生科技评审专家库专家65名，推荐福建省医学教育专家（考官）407名。

【中医药服务工作】　2015—2016年，福州市实施35个省社区乡镇"中医馆"项目，建成19家"中医馆"。永泰县、闽清县中医院开展中央预算内标准化项目建设，夯实健全中医药服务体系。启动2个市级综合医院中医药综合服务示范基地项目建设，市级中医专科项目福清市中医院儿科通过达标评估。第五批全国老中医药专家学术继承完成结业考核，推进第三批省级老中医药专家师承工作。开展省级基层老中医药专家临床师承带教，推荐25名老中医药专家作为师承指导老师，遴选122名中医师作为继承人。组织第二轮传统医学师承跟师学习人员省级备案151名。邓正明、唐江山的国家名老中医传承工作室项目通过省级达标评估；市传染病院李芹、罗源县中医院陈霖完成第三批全国优秀中医临床人才研修项目。

【医疗服务监管】　2016年，福州市各级公立医院与在榕省属医院组成药品集中采购联合体，合并为1个采购片区，3月1日起正式执行新一轮药品集中采购结果和医保支付标准。落实《福州市医疗质量控制中心管理办法（试行）》，完成16个市级质控中心2015年度考核，印发《福州市医疗质量控制与持续改进行动计划（2016—2018年）》，建立纵向到底的医疗质控网络，促进医疗质量持续改进。开展2016年市级临床重点专科（西医类别）建设，遴选出小儿内分泌科、妇产科、呼吸内科3个专科，提升市级学科建设水平。组织4个检查组240余人次对全市42所医院开展医院评价检查，评价情况全市通报，不合格的给予医疗机构不良执业行为记15分处理。组织开展全市医疗机构科室运行与管理、医疗技术临床应用、医疗广告等专项整治，对13所市属医院进行全面排查、清理。

【医学鉴定】　2016年，福州市受理医疗事故技术鉴定案件45件，其中按照法定程序完成鉴定28件，鉴定为医疗事故8件，占28.6%，不属于医疗事故20件，占71.4%。鉴定案例涉及前三位的学科：普通外科、妇产科与骨科。鉴定案例涉及的医疗机构级别：省级10件、市级3件、县（市）级9件、民营（诊所）6件；完成首次职业病鉴定2件，其中职业噪声类维持原诊断结论,职业中毒类改变原诊断结论,并协助其他设区市医鉴办完成职业病诊断鉴定8件。完成预防接种异常反应鉴定1件,改变原诊断结论的级别,并协助其他设区医鉴办完成预防接种异常反应鉴定2件。受理法院委托的医疗损害鉴定5件,完成鉴定2件,鉴定结论为医疗机构不存在过错,委托单位撤销1件,另有2件正在提交材料。承接福州市病残儿医学鉴定27件,完成鉴定24件,另有3件因患儿及家属未参会,予以中止。

【民营医疗】 至2016年底,福州市批准筹建14所民营医院,床位5617张,其中三级综合医院3所(利嘉医院、严复纪念医院、三江口医院)、三级专科医院2所(中盛肿瘤医院、福能三博脑科医院),三级中医医院1所(福建长安中医院),三级医院投资47.4亿元,床位4800张;二级医院7所,投资10.6亿,床位802张;一级医院1所,投资3446万元,床位15张。批准筹建2个血透中心(长乐狮瑞血液透析中心、福州金山齐鲁血液透析中心),血透机70台,投资1000万元。出台《关于加快推进社会办医的实施意见》,加大财政、地价、医保、人才等政策支持力度,促进优质社会办医在我市落地。进一步简政放权,原市卫生局审批发证的18所民营医院、3所行业医院移交相应县(市)区卫计局登记管理。鼓励福州东南眼科医院、福州东南口腔医院、福州民卫医院加入福州市第一医院医疗联合体,享受公立成员单位同等待遇。落实财政补助办法,引导符合条件的3所非营利性民营医院按综合医院每年4千元/床、专科医院3千元/床的标准获得省财政医疗机构持续运营补助。 (张先玲)

【国家卫生城市长效管理】 2016年,福州市开展"清洁家园、灭蚊防病"为主题的春季爱国卫生运动。2月,全市召开2016年度爱国卫生工作电视电话会议,部署春季爱国卫生运动及年度爱国卫生工作。3月3日,春季爱国卫生运动启动仪式由省、市爱卫会联合在仓山区螺洲镇举行。同日,在螺城路集中开展以清除蚊虫孳生地为主的环境卫生整治工作。

落实城乡环境卫生整洁行动工作。在城区,开展"三整治"行动,即整治市容市貌、小区环境卫生,加强环保、食品安全的监督,对占道经营、"门前三包"、停车泊位等进行专项梳理。设置流动商贩疏导点,引导商贩入市入点经营,取缔路面违章占道销售流动摊点;整治城乡结合部、背街小巷、城中村、旅游景点及集贸市场等重点场所环境卫生脏乱差现象;整治施工扬尘、垃圾焚烧、餐饮油烟污染等空气污染现象,改善环境质量,保持空气质量位居全国74个重点城市前列。在农村,治理垃圾乱倒、粪土乱堆、污水乱泼、柴草乱堆、杂物乱摆"五乱"现象。开展幸福家园工程建设,打造美丽乡村,推动农村环境综合治理。市委、市政府印发《福州市2016年新农村"幸福家园工程"建设村名单的通知》,按照"生产发展、生活富裕、生态优良、社会和谐、文明幸福"的原则,完善农村基础设施和公共服务,开展新农村"幸福家园工程"建设,根据"十个一"标准,完成420个"幸福家园工程"示范村建设。同时建成129个美丽乡村,3条美丽乡村景观带。

开展文明城市乱张贴专项整治工作。各区爱卫办组织各街镇、社区(村)每半月收集一次辖区内的乱张贴、乱涂写的小广告电话号码,移交市执法局和市公安局,由市公安局统一处置违法类乱粘贴的电话号码。全年清理乱张贴小广告23596处、乱粘贴电话号码982个,对其中359个违法类电话号码进行停机处理。

【爱国卫生活动】 *爱国卫生月活动* 2016年,福州市开展以"清洁家园、除害防病、促进健康"为主题的第28个爱国卫生月活动。开展健康教育宣传,倡导推广全面健康生活方式,在五城区210座阅报栏、县(市)80座阅报栏张贴城乡环境卫生整洁、勤洗手、防蚊灭蚊宣传口号;向200个社区发放灭蚊防病宣传海报1万份,以"灭蚊防病　健康你我"行动为内容,普及寨卡病毒病、登革热、黄热病等蚊媒传染病防治要点,提高群众防病意识。各县(市)区爱卫办组织爱卫会成员单位在辖区内举办爱国卫生月大型宣传活动,免费赠送除四害药械,发放各类宣传资料,开展健康咨询、义诊等活动。

农村改厕工作 按照《2016年福州市农村改厕工作实施方案》要求,以新农村幸福家园工程建设、安居造福工程、水流域周边村庄、老少边贫地区和灾后重建地区为重点实施农村改厕项目。选择符合要求的项目村,组织相关人员进行技术培训,不定期地组织对项目村进行督导。闽侯县将改厕工作与造福工程相结合;罗源县开展老少边贫及水流域地区的改厕工作;闽清县、永泰县将改厕项目"三结合",即与美丽乡村建设结合、与幸福家园工程建设结合、与"尼伯特"台风灾后重建工作相结合。永泰县制作三格化粪池立体模型下发到项目乡镇。全年完成市级改厕项目任务1273户。

农村卫生镇村创建工作 按照国家卫生镇标准,组织晋安区岳峰镇、马尾区亭江镇"国家卫生镇"复审市级考核,10月通过省爱卫会组织复审并将结果报送全国爱卫办予以审核。结合新型城镇化、幸福家园、美丽乡村建设和城乡环境卫生整洁行动,推进农村卫生创建工作,年内申报省级卫生镇8个、卫生村87个,新创市级卫生镇6个、卫生村65个。

【健康城市建设试点】 2016年,福州市推动健康城市细胞工程建设,实施第四批9所市属学校健康食堂创建试点工作,各校贯彻落实《中华人民共和国食品安全法》,加强食品卫生安全知识培训,以《学校健康食堂标准》(试行)为依据,普及健康营养知识,实行控油、控盐,科学营养配餐。启动建设健康村镇试点工作。

【病媒生物防制】 2016年,福州市开展全市统一除"四害"活动。城区开展统一外环境消杀活动12次,其中外环境统一灭鼠2次,下水道灭蚊蟑4次和外环境灭蚊蝇6次。在城区外环境,旧住宅小区、农贸市场和城中村建设灭鼠毒饵站3.3万个。

台风灾后消杀工作。7月9日,"尼伯特"台风造成闽清县、永泰县严重洪涝灾害。市爱卫办下发《"尼伯特"台风灾后病媒生物防制工作方案》，组织7支消杀队伍分赴闽清、永泰灾区，开展灾后病媒生物应急防制工作，分发《灾后四害防制知识要点》。市、县爱卫办举办灾后“四害”防制工作现场宣传，免费分发各种除“四害”消杀药品和宣传资料，指导群众开展灾后自救。至7月28日解除应急防控警报，PCO公司出动消杀人员343人次，消杀车76辆次，使用大型车载喷雾器66台次，背负式喷雾器207台次，使用卫生杀虫剂1208升（稀释药水约79200升），喷洒面积约62万平方米。

【登革热疫情防控】　2016年7月底，福州市部分县（市）、区陆续出现登革热疫情，市政府办公厅下发《关于加强防蚊灭蚊工作全力防控登革热疫情的通知》，成立以市长尤猛军为组长的福州市登革热防控工作领导小组，市爱卫办下发《关于进一步加强全市防蚊灭蚊工作的通知》和《福州市蚊虫防制工作指引》，在疫情严重的县（市）区成立市、县联合督导组，指导开展防蚊灭蚊工作。市容、建设、教育、园林、省直机关等有关部门开展登革热防控专项检查。全市组织召开专题会议、培训班488场，举办宣传活动1013次，悬挂宣传标语、张贴宣传画13万条（张），发放121万份灭蚊科普材料。清除各种蚊虫孳生地约21万处，清理各种卫生死角8万多处，清理沟渠3万多米。15家消杀公司300多专业技术人员参与灭蚊消杀工作，使用卫生杀虫剂约210吨，投放灭蚊蚴药物8000多千克。

（韩　建）

人口与计划生育

【卫生计生宣传】　2016年，福州市印发《政务微信运行管理办法》，推进卫生计生宣传工作规范化建设。开展“最美医护工作者”评选、“最美护士”评选推荐活动。针对全面二孩政策实施，市卫计委与福州电视台合作，对政策实施进行解读。建立官方微信平台等宣传载体，开展卫生计生单位优秀网站评选活动，推出福州市卫生计生系统“十佳”官方微博、微信。在福州市电视台开播每周一期的《健康福州》栏目，与福州电视台《关注》栏目合作拍摄三期专题访谈宣传片，强化控烟宣传，引导公众养成健康生活、科学就医、理性就医、文明就医的良好风尚。

【计划生育目标责任制】　2016年，福州市改进目标管理责任制考核办法，重点加强对乡镇（街道）的考核抽查。开展新一轮全国计划生育优质服务先进单位创建活动，鼓楼区、台江区、马尾区被国家卫计委授予“2014—2016全国计划生育优质服务先进单位”称号。2016年计生统计年度，全市常住人口632.26万人，出生人口7.77万人，出生率12.28‰，自然增长率7.4‰。出生人口政策符合率93.74%，出生人口性别比108.08，人口信息统计准确率97.23%，孕前优生健康检查覆盖率89.62%，各项指标均控制在责任指标以内。

【计划生育特殊家庭帮扶】　2016年1月1日起，福州市计划生育特殊家庭扶助金标准提高到一般人员1200元/月，低保人员1500元/月。全年纳入特别扶助2475人，其中低保245人。将计划生育特殊家庭作为第二类救助对象纳入福州市城乡医疗救助范围。建立完善特殊家庭联系人制度，为每户计划生育特殊家庭建立帮扶档案，确定帮扶联系人，做到针对性帮扶。实施计生贫困家庭安居工程，完成250户计生困难家庭房屋修缮任务。

【全面二孩】　2016年，福州市贯彻落实中央《决定》和新修订的《中华人民共和国人口与计划生育法》《福建省人口与计划生育条例》，完善配套政策措施和服务管理办法，从2016年开始实施全面二孩政策，对生育第一个和第二个孩子的家庭，实行生育登记服务制度，不再实行审批，由家庭自主安排生育。对符合政策生育第三孩的受理审批工作进行重新规范。依法妥善处理全面两孩政策实施前后有关政策衔接问题，完善生育支持、幼儿养育、计划生育奖励等相关经济社会政策，并做好调整独生子女父母奖励政策、实施避孕节育措施知情选择等相关计划生育政策调整的衔接工作，优化办事流程，简化办理手续，进一步简政便民。

做好新法新条例的政策宣传解释工作，加强对群众的政策宣传、普及和教育引导。配合有关部门调整完善生育产假和配偶陪产假制度，特别是做好婚假、产假、再婚家庭再生育、全面二孩政策实施前违法生育的处罚及避孕节育等方面问题的解释解答。加强出生人口监测优化人口结构，综合评估本地人口发展形势、计划生育工作基础和政策实施风险，确保全面二孩政策平稳落地，生育水平不出现大幅波动。加大对计划生育家庭的扶助保障力度，完善奖励扶助、特别扶助制度，实行奖励扶助标准动态调整。2016年城镇部分计划生育家庭奖励扶助77679人，其中低保户315人，农村部分计划生育家庭奖励扶助25241人，其中低保户1475人，奖励扶助资金12565.2万元。

【流动人口服务】　2016年，福州市流动人口170.41万人，流入人口122.74万人，其中跨省流入人口76.74万人，占流入人口总数的62.52%。全面实施电子婚育证明，福州市育龄妇女跨地市、跨省流动无需办理纸质婚育证。开展流动人口卫生计生专项清查活动，清查活动期间全市与8217个用工单位签订协议、与36759个出租户签订合同，将企业和出租户密集地区流动人口数据变动纳入源头管理。开展2016年流动人口动态监测调查工作，及时完成全市监测调查任务。

（张先玲）

（编辑　周弭姣）

社会生活

人民生活

【概况】 2016年，福州市居民人均可支配收入30045元，比上年增长8.1%；居民人均消费支出21913元，增长6.5%。居民消费价格走势温和；工业生产者出厂价格降幅逐月缩小；住宅销售价格涨幅冲高回落。

【城镇居民收入】 2016年，福州市城镇居民人均可支配收入37833元，比上年增长8.2%，扣除价格因素实际增长5.6%。其中，工资性收入23620元，比上年增长7.6%；家庭经营净收入3408元，增长9.0%；财产净收入4738元，增长8.8%；转移净收入6067元，增长9.5%。

【城镇居民消费支出】 2016年，福州市城镇居民人均消费支出26392元，比上年增长6.3%，扣除价格因素实际增长3.7%。其中，食品烟酒类、居住类、交通通信类、教育文化及娱乐类、医疗保健类分别比上年增长7.7%、16.5%、4.5%、11.5%、15.9%；衣着类、生活用品及服务类、其他用品及服务类分别下降18.7%、17.2%、8.6%。

【农村居民收入】 2016年，福州市农村居民人均可支配收入16346元，比上年增长7.5%，扣除价格因素实际增长5.7%。其中，工资性收入8663元，比上年增长8.8%；家庭经营净收入4328元，增长4.1%；财产净收入779元，增长8.8%；转移净收入2576元，增长8.9%。

【农村居民消费支出】 2016年，福州市农村居民人均消费支出14033元，比上年增长6.7%，扣除价格因素实际增长4.9%。其中，食品烟酒类、衣着类、居住类、交通通信类、教育文化及娱乐类分别比上年增长8.1%、10.5%、16.0%、8.8%、13.2%；生活用品及服务类、医疗保健类、其他用品及服务类分别下降11.3%、23.4%、13.2%。

【市场物价】 2016年，福州市居民消费价格总水平比上年上涨2.3%，其中，

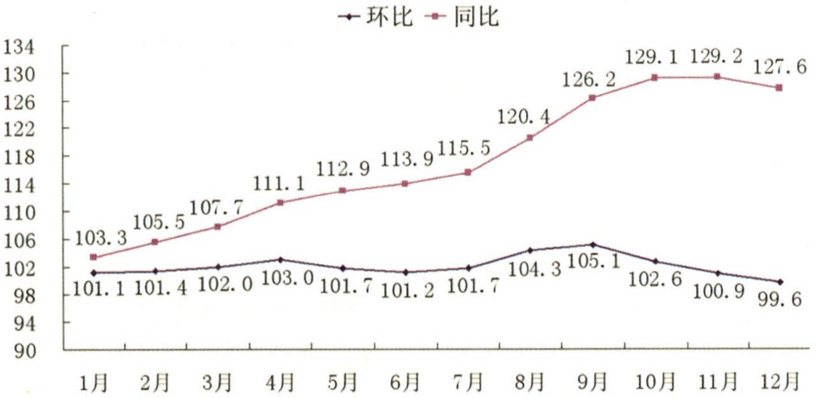

图37 2016年福州新建商品住宅销售价格分月指数

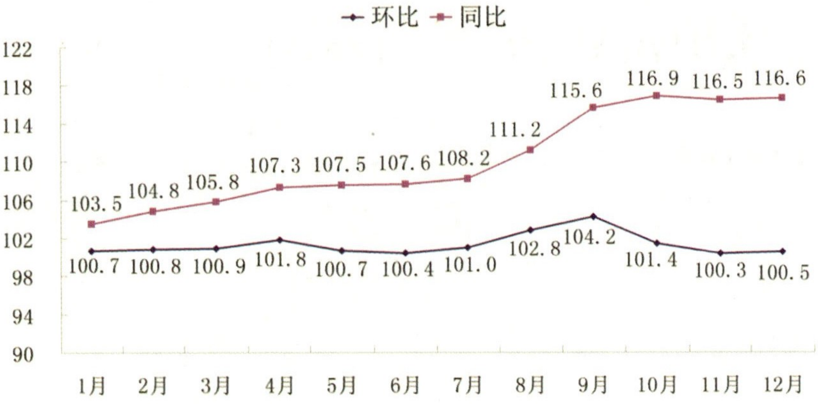

图38 2016年福州二手住宅销售价格分月指数

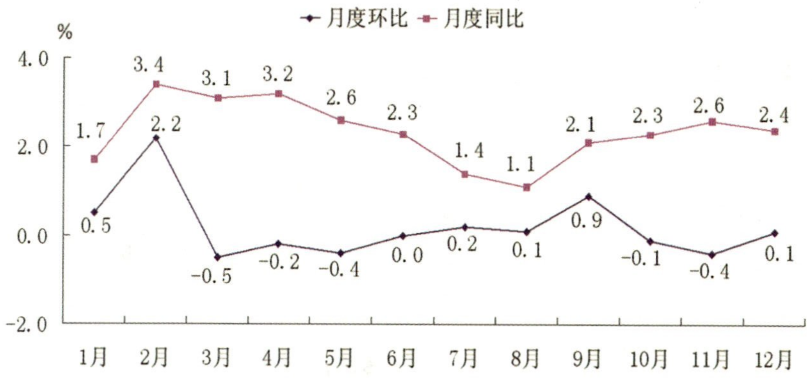

图 39　2016 年福州市居民消费价格月度涨跌幅度

表 75　**2016 年福州市居民消费价格同比涨跌幅**

指　标	全市(%)
居民消费价格总水平	102.3
市区居民消费价格总水平	102.5
食品烟酒	103.3
衣着	100.6
居住	102.8
生活用品及服务	98.9
交通和通讯	99.0
教育文化和娱乐	101.6
医疗保健	111.4
其他用品和服务	102.8

消费品价格上涨 1.6%,服务价格上涨 3.5%;食品类价格上涨 4.8%,非食品类价格上涨 1.7%。八大类商品价格“六涨二降”,其中食品烟酒类上涨 3.5%、衣着类上涨 1.0%、居住类上涨 2.2%、教育文化和娱乐类上涨 1.5%、医疗保健类上涨 9.1%、其他用品和服务上涨 2.6%,生活用品及服务类下降 0.9%、交通和通信类下降 1.0%。工业生产者出厂价格比上年下降 1.6%,购进价格比上年下降 1.3%。全市 35 个工业大类行业中,有 14 个行业出厂价格同比出现上涨,1 个行业持平,20 个行业下降。上涨的重点行业有皮革毛皮羽毛及其制品和制鞋业、农副食品加工业、黑色金属冶炼和压延加工业,分别比上年上涨 1.4%、1.2%、1.1%。在各级去库存、稳房价的政策指导下,福州市区新建商品住宅及二手住宅销售价格涨幅均冲高回落。

（黄梦融）

劳动就业

【概况】　2016 年,福州市城镇新增就业 13.36 万人,完成任务 12.4 万人的 107.73%;失业人员再就业 0.9 万人,完成任务 0.85 万人的 105.82%;就业困难人员再就业 0.41 万人,完成任务 0.38 万人的 107.87%;全市城镇登记失业率 2.43%,控制在省下达的年度任务指标 3.5%范围以内。

【就业创业】　创业助推行动　2016 年,福州市制定《创业福州助推行动计划(2016—2018)》,力争 3 年内帮扶 1.5 万人创业,培育创业示范基地 20 个,扶持重点优秀创业项目 300 个,全市 30% 以上的街道(乡镇)、社区(村)达到创业型要求。同时各县(市)区制定创业助推行动计划,首批次在市本级、鼓楼、台江、马尾、闽侯、永泰、连江、长乐等县(市)区投放创业担保贷款基金 6950 万元,与邮储银行、农商银行签订创业担保贷款相关合作协议。全市创业担保贷款发放 86 笔,累计发放 1146 万元,直接扶持创业 86 人,带动就业 396 人。认定首批 4 个民营互联网创业孵化基地和 1 个农村创业园,给予市级补助 210 万元。

公共就业服务　每周三、周五在劳动保障大厦举办免费公益招聘会,每周六在市人才储备中心举办人才集市,大年初六起在各级公共就业服务机构、火车站、汽车站开展为期 1 个月的“天天招聘会”,全年举办各类招聘会 300 场,累计发布用工岗位信息 16 万多个。升级手机“摇工作”平台 2.0 版,覆盖所有社区、大部分村,每天保持 4 万多条岗位信息更新,用户达 20 万人。举办第十一届(春季)、第十二届(秋季)校企用工对接洽谈会,组织福耀玻璃、京东方电子等 173 家企业与 92 所技工、职业院校签订校企用工对接协议,引进技工院校毕业生 9500 人。全市各级公共就业和人才服务机构建立综合性创业服务专门窗口,为创业者提供政策咨询、创业指导、创业培训以及开业补贴、租金补贴、创业带动就业补贴、创业担保贷款等“一站式”服务。

高校毕业生就业　在榕高校毕业生 8.7 万人,就业 8.1 万人,就业率 93%,其中福州生源高校毕业生 4.2 万人,就业 3.8 万人,就业率 91%。下发《做好 2016 年普通高校毕业生就业创业工作的通知》,为大学生创业提供场地补贴、开业补贴。12 个高校毕业生创业项目获得省 3 万～10 万元创业项目资助,4 个高校毕业生创业孵化基地各获省 20 万元资助。统筹实施高校毕业生服务基层项目,招募 177 名高校毕业生到基层服务,其中选调生 51 人,大学生村官 90 人、省级“三支一扶”计划 21 人、服务社区计划 15 人。为 4036 名获得国家助学贷款的毕业年度在榕高校、技工院校高级工班、预备技师班和特殊教育院校职业教育类毕业生发放求职创业补贴 807 万元。持续推进离校未就业高校毕业生储备工作,为储备人员发放为期一年每人每月 480 元的生活补贴,并免费提供住宿、就业培训、档案保管等服务,全年新储备671人,发放生活补贴141万元。在全省率先出台《福州市高校毕业生就业见习管理暂行办法》,对参加见习的离校未就业高校毕业生予以每人每月1350元补贴,对见习期满留用率超过50%的见习单位按照留用人数每人每月2700元给予补贴,全年参加见习161人,发放补贴119万元。组织122名清华大学、北京大学、台湾大学等海峡两岸知名高校的博士(硕士)研究生到榕参加社会实践和短期挂职活动,完成课题研究、项目攻关60个。

精准就业扶贫 制订《福州市精准就业扶贫实施方案(2016—2017)》,明确精准就业扶贫的目标任务、政策措施、路线图和时间表,对建档立卡的有就业能力和意愿的贫困人员开展"一户一培训、一户一就业"。全年完成12458名农村扶贫对象就业入户调查,建立人员基本情况、转移就业意愿、技能培训意愿台账,帮助1529人办理"就业创业证"。结合"幸福家园工程"和"美丽乡村"建设,开发保洁、护绿等公益性岗位,对市场难以就业的贫困劳动力实行兜底安置。

【职业能力建设】 职业技能培训 2016年,福州市印发《关于做好职业培训、技能鉴定见证补贴有关工作的通知》,规范技能培训和技能鉴定补贴申报流程。全年开展各类职业培训4.7万人次,职业培训见证补助1.2万人,发放补助资金1122.5万元。完成职业技能鉴定7.4万人,发放各等级职业技能证书6.1万人。

技工教育 制定《关于加强福厦泉国家自主创新示范区福州片区创业创新人才队伍建设的若干意见》的技工教育配套政策。为3980名技工院校学生发放免学费补助金423.52万元,完成省市属国企技校退休教师身份确认工作。福州第一技师学院年内新招全日制新生1310人,承办第44届世界技能大赛福建省选拔赛,联合中国福建紫光智能科技公司共同生产出国内首台IIIE4.0工业教育机器手臂。福州第二技师学院二期扩征教育用地1562.04万元留用地补偿余款全部缴清,投入131.5万元进行学生宿舍楼、教工宿舍楼、办公楼、道路、围墙修缮以及绿化美化工程建设。

【劳动关系】 构建和谐劳动关系 2016年,福州市制定《关于进一步构建和谐劳动关系的实施意见》,将构建和谐劳动关系纳入福州市国民经济发展"十三五"规划、政府绩效管理考核体系、党政领导综治工作(平安建设)考评项目。全市企业劳动合同签订率达96.12%;全市集体合同签订率达94%,覆盖职工114.8万人;许可劳务派遣经营单位83个;审批实行特殊工时制企业145家,涉及职工4.04万人;31家企业、乡镇(街道)、工业园区被评为市级劳动关系和谐单位,其中16个被推荐为省级劳动关系和谐单位。

劳动争议调解仲裁 全市成立13个劳动人事争议仲裁院,为独立的全额拨款事业单位,获批71个编制,其中正式编制58个,政府购买服务13个,聘有专兼职仲裁员108人。全市建有仲裁庭15个,其中标准仲裁庭5个。成立基层调解委员会建设工作领导小组,指导各县区在乡镇(街道)、工业园区,行业、商会、协会内部以及企业分类成立290家企业劳动争议调解组织。全年处理劳动人事争议案件16084件,涉及劳动者16608人,当期结案率98.67%以上,调解率达69.96%,获团中央、人力资源社会保障部授予"青少年维权岗"荣誉称号。

治理拖欠农民工工资问题 在全省率先出台《工程建设领域企业工资保证金缴存暂行规定》,根据行业特点对2年内未发生工资拖欠行为且已实行农民工用工实名制管理的企业实行免存措施,对发生工资拖欠的企业,根据情节严重度提高缴存额度。曝光恶意欠薪、恶意讨薪等严重违法行为,将福建金伯鸿建设工程有限公司等3家拖欠人数多、款项大、拒不配合查处的企业列入"黑名单",并通过媒体进行曝光,约谈警戒福建鑫盖建建筑工程有限公司等3家企业法人代表,组织泉州亿民建设公司等67家企业召开3场教育警示会。推动在建设领域政府投资工程开展创建"无欠薪项目部"活动,全市政府投资项目创建106个"无欠薪项目部",选择华大街道和福州软件园作为市本级"无欠薪网格"和"无欠薪工业园区"试点。开展跨年度解决企业工资拖欠问题专项检查,两节期间,检查企业2864家,发现并处置欠薪企业127家,为1853人追回欠薪3515万元。

社会保障

【概况】 2016年,福州市参加城镇职工基本养老保险198.5万人,城乡居民基本养老保险212.4万人,基本医疗保险290.7万人,失业保险119.5万人,工伤保险151.8万人,生育保险109.3万人,规模居全省首位。

【养老保险】 2016年,福州市将12个县(市)区全部纳入省里第二批"全民参保登记计划"试点,全面开展入户调查。印发《关于福州市机关事业单位参加养老保险基础数据采集和参保登记经办核对工作的通知》等机关事业单位养老保险制度改革配套政策,对接发放原财政供养人员退休金。连续12年调整提高企业退休人员基本养老金,由2015年的2161.01元增至2314.86元。首次与企业同步调整机关事业单位退休人员基本养老金,月人均增加295.45元。城乡居民社会养老保险基础养老金标准从每人每月100元提高到130元,惠及全市71.21万名城乡居民社会养老保险参保人员。全市41.14万人纳入被征地农民养老保障,其中60岁以上人数20.15万人,审批预留被征地保障金200批次,预留被征地保障金3.92亿元。全市参加城镇职工基本养老保险198.5万人,城乡居民基本养老保险212.36万人。养老保险基金累计收入76.83亿元,累计支出76.75亿元,历年滚存结余4.99亿元。市本级累计收入52.94亿元,累计支出59.3亿元,滚存结余1.4亿元。

【医疗保险】 2016年,福州市选择100个病种开展单病种付费结算试点,提高医保基金使用效率。制定出台《福州市城镇基本医疗保险定点医药机构服务协议评估管理办法》《福州市城镇基本医疗保险健康体检定点医药机构服务协议评估管理办法》等文件，完善定点单位服务协议管理，新增城镇基本医疗保险定点医疗机构44个和健康体检定点医疗机构5个。开展“两定单位”稽核管理，拒付违规金额1484万元，冻结违规超量开药医保卡22张，查处违规定点单位22个。全市职工医保参保人数155万人，城镇居民医保参保人数135.7万人。职工医保统筹基金收入26.24亿元，支出18.74亿元，当期结余7.5亿元，累计结余46.67亿元。城镇居民医保统筹基金收入6.27亿元，支出5.36亿元，当期结余0.91亿元，累计结余5.39亿元。

【工伤保险】 2016年，福州市率先在全省实行工伤认定联络员制度，市本级与县(市)区分别结对子，共同研究案件共同上庭应诉，立卷归档速度和质量居全省首位。全市工伤保险基金累计收入2.8亿元，累计支出1.36亿元，滚存结余17.89亿元。市本级累计收入1.67亿元，累计支出6126.48万元，滚存结余17.32亿元。全市工伤保险参保企业7.25万家，参保职工151.8万人，其中市本级参保职工90.92万人。

【失业保险】 2016年，福州市失业保险参保人数119.5万人，失业保险基金总收入9.03亿元，总支出4.67亿元，失业保险基金滚存结余45.56亿元。“两节”期间，慰问困难企业的特困职工、困难农民工、特困登记失业人员4800人，发放慰问金290万元。为永辉超市股份有限公司等1597家企业发放失业保险稳岗补贴12371万元，为7.64万人次失业人员发放失业保险金7461万元、基本医疗保险费2682万元，为3268名农民工发放一次性生活补助费1456万元，为5.64万人次失业人员发放物价补贴353万元。

【生育保险】 2016年，福州市与定点医疗机构签订《生育保险服务协议》，实行产前检查包干管理，生育医疗费用即时刷卡结算、网络化发放生育津贴。加强职工医保和生育保险比对，将符合生育保险参保对象的职工医保参保人员全部纳入生育保险参保。全市生育保险参保人数达到109.3万人，其中市本级生育保险参保人数达到66.46万人。生育保险基金收入2.15亿元，支出2.51亿元，当期结余-0.36亿元，累计结余5.55亿元。

（羊　潇）

民　政

【概况】 2016年，福州市完成农村低保、医疗救助、临时救助标准提标、残疾人两项补贴提标扩面等4个为民办实事项目。开展“尼伯特”台风救灾和灾后重建工作，下拨自然灾害生活救助资金1.06亿元。完成《福州市养老服务设施专项规划》，推进市、县社会福利中心、农村幸福院以及“百日攻坚”项目建设，推行养老机构责任保险。加强基层组织建设，对全市2627名社区书记、村主任进行全员培训，加快社区网格化综合服务平台建设整合工作，部署开展行业协会商会与行政机关脱钩试点。同时优化区划地名、边界联检、婚姻登记、殡葬服务等各项民政公共服务。

【社会救助】 2016年，福州市完善社会救助体系建设。贯彻落实《福州市人民政府关于进一步作好社会救助工作的意见》，发挥社会救助工作协调小组作用，推进社会救助制度完善、政策落实和监督管理等各项工作。

完成4个为民办实事项目。农村低保标准由家庭年人均收入不低于2300元提高到不低于3000元，超过省定年标准(省定年标准为2650元)。全市保障城市低保对象9600人，发放城市低保金8410.21万元，人均月补助水平达452元；保障农村低保对象47783人，发放农村低保金27451.53万元，人均补助水平达262元。修订出台《福州市城乡居民医疗救助办法》，医疗救助筹资标准由救助对象每人每年200元提高到400元，实施医疗救助28.2万人次，发放救助金6508.61万元。完善城乡困难居民临时救助制度，临时救助筹资标准从按户籍人口每人每年1元提高到7元，实施临时救助2.07万人次，发放临时救助金1786.78万元。制订出台《福州市困难残疾人生活补贴和重度残疾人护理补贴制度的实施办法》，全面落实残疾人两项补贴制度，生活补贴受益24225人，护理补贴受益29924人，发放补助资金6659.68万元。

开展精准扶贫、精准脱贫工作。立足“精准扶贫、保障基本”原则，完成城乡低保对象数据收集、信息核对和确认清核工作，清退城乡低保对象28649人，清退比率32%，建档立卡贫困对象中有2165人纳入低保。

推进特困人员供养工作。严格执行特困人员供养标准，城区特困人员分散供养标准每月812元、集中供养标准每月975元。各县(市)特困人员供养标准均上调。推进农村敬老院建设，启用34所，集中供养601人(其中“五保”对象225人)，分散供养7059人。全市保障农村五保对象7246人，发放农村五保供养金6857.31万元，人均补助水平达723元。

推进未成年人社会保护试点工作和留守儿童关爱保护工作。制订出台《福州市未成年人社会保护工作实施方案》，推进未成年人社会保护试点工作。完成农村留守儿童摸底排查，全市摸底排查农村留守儿童9955人。开展农村留守儿童“合力监护、相伴成长”关爱保护专项行动，建立健全工作机制，为广大农村留守儿童健康成长创造更好的生活环境。

落实物价联动机制，为全市城乡低保对象、农村五保对象、重点优抚对象、革命五老人员等困难群众发放物价补助28.5万人次、1349.3万元。

【救灾工作】 2016年，福州市开展受灾人员救助，全年累计下拨自然灾害生活救助资金1.06亿元，专项用于解决灾民衣、食、住、医等生活困难问题。在“尼伯特”“莫兰蒂”超强台风中，向受灾地区调拨应急救灾物资352.36万元，做好2469户农户倒房重建工作，筹集重建资金4.649亿元，倒房户春节前全部搬入新居。推进农村住房保险工作，为5900户受灾农户办理农房保险理赔9030.97万元，确保受灾农户按新的理赔标准得到合理补偿。开展防灾减灾宣传工作和避灾点建设工作，年内下达市级避灾点建设维护补助资金160万元，用于全市

3200个避灾点改造和日常维护、检测等工作。

【福利慈善】 2016年,《福州市养老机构设置规划》完成,为养老机构用地预留发展空间。制定出台《关于推行养老机构责任保险的实施意见》,降低养老机构经营风险。加快养老机构场所建设,推进双湖新城安置房改造为老年公寓"百日攻坚"项目以及市本级和县(市)区社会福利中心、农村幸福院、农村敬老院、居家养老照料中心建设,全市有607所农村幸福院、61所农村敬老院、4个居家养老照料中心,市级社会福利中心完成工程主体验收,鼓楼和罗源社会福利中心投入使用。有序推进鼓楼老年公寓和马尾文澳老年公寓作为医养结合机构试点工作,推动市社会福利院和市一医院合作。

建立孤儿、艾滋病病毒感染儿童基本生活保障制度,落实散居孤儿每月900元生活补助、机构儿童每月1500元生活补助、艾滋病病毒感染儿童每月900元生活补助。同时贯彻落实省政府关于困境儿童保障工作的文件精神,出台《福州市人民政府加强困境儿童保障工作的实施办法》,推动福州市儿童福利工作向适度普惠型发展。

出台《福州市人民政府关于促进慈善事业健康发展的指导意见》,以9月1日《慈善法》正式施行和9月5日首个"中华慈善日"为契机,开展慈善法专题宣传活动。

【优抚安置】 2016年,福州市接收自主就业退役士兵1989人,转业士官80人,其中1382名退役士兵参加职业技能培训。做好军休干部服务工作,全面落实"两个待遇",全年接收安置军休干部87人。加大优抚事业单位基础设施建设力度,推进文林山革命烈士纪念广场和爱国主义教育陈列馆建设工作。开展"9·30"烈士纪念日公祭活动。

【基层政权和社区建设】 2016年,福州市制定出台《关于深入推进农村社区建设的实施意见》,依托福州市新农村"幸福家园工程"建设,开展农村社区民主协商和农村社区示范创建活动,以点带面推进全市农村社区建设,16个村被评为福建省第一批农村社区建设省级示范单位。

市民政局与市数字办在鼓楼、晋安、福清、长乐4个试点区(市)13个社区合作开展社区政务服务综合受理平台建设试点工作。开展社区治理和服务创新实验区实践,鼓楼区被民政部列为"全国社区治理和服务创新实验区",台江区被列为省级"社区治理和服务创新实验区"。确定9个社区组织工作用房补助项目,投入资金140万元,完善社区组织工作用房建设。强化社区专职工作人员和社区党组织书记培训,为49个精品社区主干开展培训,完成全市436名社区党组织书记省、市两级轮训任务。

【民间组织管理】 2016年,福州市推进市本级和五城区社会组织孵化基地建设。市级社会组织孵化基地选址鼓楼区杨桥东路142号原市房管局办公大楼10—11层,面积1260平方米。晋安区开始运作,马尾区全面完工。台江区正另行选址扩大规模,鼓楼区由广州市广爱社会工作服务中心承担孵化基地的运营管理,仓山区选址确定。开展政府购买服务,确定7家社会组织参与2016年省财政支持社会组织参与社会服务项目,争取项目资金98万元。

出台《福州市行业协会商会与行政机关脱钩工作方案》,完成有业务主管单位的268家全市性行业协会商会的调查摸底,开展行业协会商会与行政机关脱钩试点工作。

开展全市社会组织团队带头人能力提升训练营,组织115名社会组织负责人进行培训。开展社会组织党建工作,建立社会组织党组织88个,覆盖社会组织106家,覆盖率达80.3%。

【专项社会事务】 2016年,福州市基本完成全国第二次地名普查任务,对全市11大类地名7万多条地名信息进行普查,完成5.47万条地名普查成果,设置地名标志4913块。开展58条总长1129.97千米市县乡界线联检任务。完成1990年以来婚姻登记历史数据录入工作,上传婚姻登记历史数据约200万条。全市办理婚姻登记7.32万例。推动省市公安部门制定落户新政策,为无法办理收养登记的事实收养儿童办理"非亲属"落户登记,有效解决事实收养儿童无法办理落户问题。开展公办殡仪馆火化设备设施环保技改工作,提升绿色生态殡葬建设水平。全年福彩销售量达3.13亿元。

【老区建设】 2016年,福州市开展老区扶建和革命"五老"人员生活保障工作。推动市革命老区扶建领导小组各成员单位加大对革命老区扶持力度,倾斜支持省、市级扶贫开发老区重点村和老区贫困村开发建设,下达市级扶持革命老区建设专项资金800万元,下拨革命"五老"人员定期生活补助市级配套经费144.47万元、医疗补助市级配套资金6.91万元。

【老龄事务】 2016年,福州市贯彻《中华人民共和国老年人权益保障法》,推进高龄老人补贴工作。全年享受补贴待遇的80岁以上高龄老人9.4万人,发放高龄老人补贴1.1亿元。70周岁及以上老年人免费乘坐城市公交车政策全面落实。全市有百岁老人337人,发放百岁营养补贴30.33万元。市民政局与福州日报社共同举办福州市首届"孝亲敬老之星"评选活动。推进基层老年协会规范化建设,城市社区老年协会创建率达100%,农村老年协会创建率达90.4%。

(林志鸿)

民族宗教事务

【概况】 2016年,福州市民族宗教工作以贯彻落实中央、省、市民族宗教工作会议精神为指导,围绕两个共同(共同团结奋斗、共同繁荣发展)、三个离不开(汉族离不开少数民族,少数民族离不开汉族,各少数民族之间也互相离不开),推进民族乡村基础设施建设,发展"一村一品"特色产业,加强少数民族文化保护和传承,促进民族乡村经济社会事业全面发展。全面铺开民族团结进步试点社区创建工作,加强城市民族工作;指导宗教界加强自身建设，不断提升宗教团体和宗教活动场所规范化管理水平。

【少数民族乡村社会经济事业】 2016年，福州市贯彻落实国务院《加强和改进新形势下民族工作的意见》和市委、市政府《关于进一步加快少数民族乡村发展的意见》，协调落实2016年度中央、省、市少数民族专项补助资金962万元，出台《福州市市级帮扶少数民族地区发展专项资金管理办法》。加大基础设施扶持建设力度，推进62个民族村（自然村）共37.39千米通村道路、3.1千米防洪护坡、4个村部修建等基础设施建设，解决惠及5个民族村（自然村）1761人安全卫生饮用水提升工程建设，造福搬迁少数民族群众170户663人，推进34个民族村优先列入2016年“幸福家园工程”建设名单。全年脱贫少数民族群众252户705人。

5月，举办1期全市少数民族村主干培训班，指导少数民族乡村发挥资源和区域优势，及时调整产业结构，因地制宜，发展特色经济项目和民族特色生态旅游业。引导和扶持12个民族村发挥资源和区域优势，发展水果、蔬菜、花卉、油茶、樱花等种植，家禽林下放养，垦复毛竹，开垦现代化采摘园，畲家酒酿制等“一村一品”特色产业。连江天竹村的中草药，罗源竹里村的大棚蔬菜、霍口乡的畲家黄酒，永泰雁门村的茶叶、芭蕉村的樱花种植等“一村一品”特色产业初具规模。落实少数民族中、小学生助学金363.60万元，其中独立设置的民族小学、普通小学民族班及民族村的少数民族小学生3202人计320.2万元（每生每年1000元），独立设置少数民族中学及中学民族班少数民族初中生、高中生共43.40万元。加强对少数民族传统文化的保护和传承。指导连江、罗源分别举办“三月三”畲族文化节，推介民族文化旅游。全市3个民族村被评为国家民委第二批“少数民族特色村寨”，2个民族村列入全国乡村旅游扶贫重点村，2个民族村被列为市级2016年度旅游精品示范创建点。年内民族工作政策落实首次列入县（市）区绩效管理特色考核指标体系，占县（市）区年度绩效考核的3‰。

【城市民族工作】 2016年9月，福州市通过电视、广播、墙报、的士车顶灯等立体宣传渠道，播放民族团结进步宣传标语、宣传先进典型。组织开展少数民族文艺展演、摄影图片展、非遗传承展示、贫困学生助学等形式多样的“六进”（进机关、进企业、进社区、进乡镇、进学校、进寺庙）活动。在全市各县（市）区全面铺开民族团结进步试点社区创建工作，并在试点社区加挂“少数民族服务站”牌子，增加引导经商、就医、就业等服务内容，将少数民族流动人口纳入到街道、社区服务中。8月，组织公安、城管委、人大、政协等相关部门人员到甘肃、新疆和泉州等地学习城市少数民族流动人口的服务和管理经验，并与外来少数民族流动人口主要输出地新疆和田地区、甘肃临夏回族自治州有关部门签订协议，建立沟通协调机制，实现人员往来信息互通，促进突发事件的处置，共同加强对外来经商、务工少数民族流动人口的教育引导和服务管理工作。

【宗教事务依法管理】 2016年，福州市推进以“规范”为主题的和谐寺观教堂创建活动、宗教活动场所主要教职认定备案、宗教活动场所财务管理、宗教活动场所数据库基本信息登记和宗教佛、道教场所挂牌工作专项工作，维护宗教领域安定稳定。召开全市宗教工作会议，省委副书记、市委书记倪岳峰出席会议并作重要讲话。

1月，完成市道教协会、市基督教两会换届工作。3月，对全市佛教、道教场所挂牌工作进行部署，并在开元寺举行福州市佛教、道教场所标识牌挂牌仪式。全市共有556处佛教、道教活动场所悬挂宗教活动场所标识牌，其中佛教场所384处、道教场所172处。在全市宗教领域开展佛、道教专项治理工作，指导连江县开展佛、道教宗教活动场所典型案例处理，督促指导宗教活动场所整改提高，推动各宗教活动场所依法依规办事，建立健全各项规章制度。6月，在全市4200辆出租车LED顶灯上每天100万次高频率滚动播出福州市宗教政策法规知识学习宣传口号。分教别组织宗教活动场所负责人、财务人员、教职人员1000多人次开展宗教政策法规、财务管理和安全工作培训。全年备案宗教教职人员44人，推荐25名宗教界人士就读宗教高等院校。

9月，开展宗教慈善周助学活动，引导宗教界积极参加社会公益事业活动，募集资金44万元，帮助113名少数民族贫困学生就学。全年宗教界通过捐资助学、扶贫助残等公益慈善活动，共捐款1200多万元，其中，向受“尼伯特”台风影响严重的闽清县和永泰县捐款捐物160多万元。

【宗教文化宣传与交流】 2016年9月，在福州开元寺举办“21世纪海丝佛教·福建论坛”。来自缅甸、斯里兰卡、泰国、柬埔寨、越南、印度尼西亚、马来西亚、新加坡、菲律宾、日本、美国以及中国港澳台地区300多名佛教界人士对佛教助力“一带一路”建设进行研讨。10月，在旗山万佛寺举办第八届闽台佛教文化交流周活动。11月，编辑出版《中国宗教·福州专刊》7000册，展示和宣传福州市宗教文化深厚底蕴。12月，在福清石竹山道院举办第五届中华梦乡福清石竹山梦文化节，来自海峡两岸、港澳地区等地约1000人参加活动。全年在海峡卫视、福州公交移动频道、分众电梯媒体和居然之家LED大屏刊播福州市宗教文化宣传片《福慧人生》。

（郭莉萍）

气　象

【概况】 2016年，福州市气象局下辖气象台（预警信息发布中心）、气象信息网络与装备保障中心、气象服务中心、福州农业气象试验站、气象灾害防御技术中心、财务核算中心及7个县（市）气象局、晋安区气象局及马尾气象分局。建有1934个LED气象灾害预警发布终端，281个自动气象站、285个乡镇气象信息服务站，2部风廓线雷达、1部移动应急指挥车、1部卫星接收站。

强化短时临近天气的监测预警业务。开展精细化气象格点预报业务。规范和改进全市天气会商工作，完成市县预报预警服务手册编制和应用。开展春运、春播期、汛期等重要季节气象服务,世界沙滩排球赛、国际龙舟联合会世界杯赛、体育博览会、渔博会、海交会、元宵灯会、海峡论坛、国际公路自行车赛等重大社会活动以及春节等节假日气象服务保障工作,制作专题服务材料94份。

制定业务科技人才培养管理细则,建立专业人才联系制度,实施人才培养导师制。继续开办“气象学坛”“十分钟业务学堂”,授课达23场次,受训人员500多人次。全市气象干部职工参加各类面授学习培训252人次;参加远程课程学习140人次。选派业务一线人员赴台学习。出台《福州市气象局创新团队组建与管理办法》。与南京信息工程大学共同研究单模式统计降尺度和多模式集成项目。联合环境保护部门举办学术年会。

2016年3月19日,福州市气象科技人员为《福州日报》小记者团讲解气象科普知识 (市气象局 供)

【气象防灾减灾】 2016年,福州市有效防御7个影响台风、20场暴雨、2次强冷空气、3次强对流等灾害性天气过程,启动或提升重大气象灾害应急响应37次,其中Ⅰ级2次。全市发布决策服务材料859份,预警信号504次,预警短信180万条;发布微博7000条,推送微信1408条,新媒体用户达26万人。年内福州市本级及8个县(市)区政府均批复成立预警信息发布中心。市、县两级气象部门为县(市)区、乡(镇)、村的防汛责任人培训气象灾害防御知识。

【气象服务】 2016年,福州市气象局与市城区水系联排联调中心建立天气预警和应急排涝联动机制;共享交通信息,为内涝预警和交通服务提供参考;与环保部门联合开展空气质量指数预报、重污染预警业务;与海事、旅游部门合作开展黄岐—马祖、马尾—马祖气象预报服务;与地方海事局对接水上交通气象监测站建设和预报预警服务机制;建立“福莆宁岚”区域气象协作联席会议制度,在农业气象服务、人才队伍建设、海洋精细化预报预警研究、人员培训交流、项目申报等方面开展合作。

农业气象服务 制订《福州市农业气象周年服务方案》,建立农业、林业、海洋渔业及养殖大户等专家联盟,开展“一县一品”“灾害性天气”专题农业气象服务,面向新型农业经营主体开展直通式气象服务。在全市63个设施农业基地安装“农气宝”152套,其中福清和长乐分别安装84套和31套,初步建成“智慧农业”气象服务网络,为农户提供具体针对性的农业气象服务。“福莆宁岚”区域为农气象服务平台投入运行。连江县通过中国气象局认定,成为全省第一个标准化气象为农服务县。

台风气象服务 年内福州市受到7个台风影响,包括1号台风“尼伯特”,4号台风“妮妲”,14号台风“莫兰迪”,16号台风“马勒卡”,17号台风“鲇鱼”,19号台风“艾利”,22号台风“海马”,其中“尼伯特”“莫兰迪”“鲇鱼”给福州市带来严重风雨影响。台风“尼伯特”的强降雨导致闽清和永泰发生严重山洪灾害,造成严重人员伤亡和经济损失;台风“莫兰迪”“鲇鱼”带来大范围强降雨,导致福州城区出现严重内涝。三个台风影响期间,福州市、县两级报送决策气象服务材料370期,获得领导批示7次,发送预警短信626条,受众81万余人次。与通信管理部门合作向公众全网发布防台风预警短信,全市接收约2000万人次。此外,累计发布微博681条,微信251条。开展新浪微博#尼伯特最新信息#等微话题讨论累计,阅读量超过3500万人次,最高列新浪公益类话题第2名;累计与福州市电视台开展台风专题连线直播36次,直播时长超过3小时。

公共气象服务 开展城市精细化预报、分区预警、城市内涝预警服务。改版电视天气预报节目。完善微信服务功能,开通城市气象服务,推出“下一场雨”“雨量预报”“气温预报”及逐时气温、雨量和风预报产品。共享5800辆公交车和出租车电子显示屏、25个自助图书馆及10个志愿服务驿站等社会公共渠道发布气象预警信息,公共气象预警信息覆盖率达95%。联合环保部门开展空气质量指数(AQI)预报、重污染预警业务。全年开展人工影响天气作业18次。开展气象灾害防御和内涝风险普查项目建设。

【气象基础设施建设】 经省气象局综合评估,2016年福州市气象现代化综合得分97.35分,基本实现气象现代化阶段性目标。24小时晴雨准确率达84.5%,24小时气温准确率达86.49%,24小时台风路径误差为54公里,灾害性天气预警提前量达44.74分钟。年内,气象现代化指标列入县(市)区绩效考评。升级改版青运会城市精细化预报服务平台。为农服务信息监控平台投入运行。启用市气象局第二高清演播室。启动北峰固定人影作业示范点建设。推进“鼓岭”旅游气象观测系统项目建设。连江国家气象观测站迁建项目完成新址总平方案设计报批,项目立项审批。闽清国家气象观测站搬迁建设项目建议书获批。

【气象观测】 2016年,福州市地面气象观测业务质量综合指数为99.983%。新建6个自动气象站、6个负氧离子观测站，改造4个自动气象站点，基本实现城区站网空间分辨率达3×3千米。完成全市281个区域自动站点电子标签。完成全市观测业务标准化建设。建成20套水位站，确定主城区47个主要内涝点预警阈值。

【气象行政管理】 2016年，福州市取消防雷工程专业资质的审核转报行政审批事项。在开展防雷装置设计审核和竣工验收行政审批时，改变防雷装置设计技术评价和防雷装置检测2项中介技术服务委托方式，由审批部门委托开展。建立行政许可和公共服务事项审查工作制度。市行政审批窗口受理各类行政许可293件，办结276件，办结率94.2%。建立“双公示”及“双随机”抽查，规范事中事后监管工作制度。全面梳理并公布“一表两单”内容。建立气象法律顾问制度。动态更新雷电灾害防御重点单位名录，开展防雷安全专项检查工作。完成88个雷电防御重点单位防雷安全检查，随机抽查188个易燃易爆场所，累计出动检查组154次，参加检查人员达380人次，部门联合执法检查24次，立案查处3件。推进社会信用体系建设，完成“全省一张网”“福州市行政处罚信息公开系统”等平台信息录入工作。

【气象科普宣传】 2016年，福州市气象局与市数办、市科协、媒体共同开展防灾减灾知识宣传；联合福建高校招募90名大学生气象志愿者，并开展气象科普知识培训。采取知识竞赛、讲座、夏令营等多种形式，通过电视、网站、微博、微信、手机客户端等多种渠道，传播气象科普知识。开展气象防灾减灾知识进校园、进社区、进农村等活动。福州市中小学均配备气象科普教材。

（蓝巧玲）

防震减灾

【概况】 2016年，福州市完成《福州市“十三五”防震减灾事业发展规划》编制，出台“十三五”期间加强防震减灾工作的意见。启动福州新区部分地区地震小区划前期工作。防震减灾工作纳入福州市政府对县（市）区绩效考核。年内建成13个国家级地震安全示范社区。开展福州市地震应急避难场所演练，启动四级地震应急预案应对2月6日台湾高雄6.7级地震。

【防震减灾工作纳入对县（市）区的绩效考核】 2016年，福州市地震局组织筹划将防震减灾工作纳入福州市政府对县（市）区绩效考核并获市政府同意，与市效能办、市统计局沟通考评指标设定、数据采集和计分方式，制定考核办法和细则，确定与市级考评相结合的考核和数据采集方式。7月下发《福州市2016年县（市）区防震减灾工作绩效管理考评办法》。市地震局防震减灾工作绩效考评领导小组9月到各县（市）区开展调研，指导防震减灾绩效考评工作。

【地震监测预报设施建设】 2016年，福州市地震局启动永泰县前兆地下流体观测台站项目，年内永泰县政府提供台站建设用地。开展台站仪器设备和福州市动物园宏观观测点视频监控系统巡检，维修更换鹦鹉馆舍等监控设备。召开半年和年度地震趋势会商会。更新防震减灾“三网一员”名单并组织培训，全市有助理员173人，速报员1033人，宣传员1014人，宏观观测员16人。

【地震灾害防御】 2016年，福州新区地震小区划项目启动，建成13个国家地震安全示范社区，完成福州市“十三五”防震减灾事业发展规划编制工作。推进防震减灾宣传基地建设，完成福州市中小学综合实践基地的防震减灾科普主题馆初步设计方案，启动晋安区地震消防科普体验馆建设工作。市政协将防震减灾工作列入2016年对口协商活动，向市政府提交《关于进一步加强防震减灾系统建设的建议》。对市一医院新建外科病房大楼、福州市妇幼保健院新院、福州华润万象城、福州市中医院、福州市第七医院、福州屏东中学、福州教育学院附属第一小学等7个项目进行抗震设防监督检查。制定《福州市地震局推广随机抽查机制规范事中事后监管工作实施方案》。

【福州新区地震小区划】 2016年，福州市地震局融入福州新区建设，制订《福州新区部分地区地震小区划方案》并获市政府原则同意。根据福州市建设海上福州的部署，重新调整新区地震小区划范围，以滨海新城为核心，范围约200平方千米。福州新区重点地区地震小区划项目主要开展区域地震活动性调查与分析、区域地震构造及主要断裂活动性调查与鉴定、近场区地震活动性调查与评价、近场区地震构造与主要断裂活动性调查与鉴定、地震衰减关系、地震危险性概率计算与分析、地震工程地质条件勘测与工程地质分区、地震动参数分区、地震地质灾害分区等工作。该项目成果将为新区经济社会发展规划、防震减灾规划、基础设施建设布局规划、国土资源合理开发利用、一般建设工程抗震设防以及进行震害预测和制定减轻地震灾害计划提供科学合理的依据和基础资料。

【国家地震安全示范社区】 2016年，福州市与各县（市）区政府、相关社区联系，建立社区数据库，实地指导协助开展活动。年内全市新建成13个国家地震安全示范社区，总数累计达20个。7月28日，国家地震安全示范社区授牌仪式在晋安区第五中心小学举办。

【防震减灾宣传】 2016年5月，防灾减灾宣传周、“科技·人才”活动周和“7·28”唐山地震40周年纪念日期间，福州市地震系统开展46场活动，其中市地震局联合相关单位开展8场主题专场活动，在学校、社区、相关企事业单位举办9次科普宣传活动，举行4场科普讲座，发放各类地震科普宣传资料1.55万份，展示科普展板150余面次，发放地震应急包10个，参与活动公众达1.03万人次；各县（市）地震办联合相关单位开展5场主题专场活动，在学校、社区、相关企事业单位举办13次科普宣传活动，举办5场科普讲座，发放各类地震科普宣传资料1.4万份，展示科普展板40余面次，发送科普短信近10万条，参与活动公众达2.3万余人次。

在《福州日报》以《切实增强防震减灾能力　服务福州经济社会发展》为题，专版报道福州市近年来的防震减灾工作情况;在福州电视台“关注”栏目播出以“共话防震减灾”为题专访;与FM876交通之声广播电台联合开展以“纪念”为主题的防震减灾活动。7月27—29日,在福州移动频道播出地震预警知识宣传片《哨兵》;7月28日,在《福州晚报》刊载《抗震设防有了新标准》《地震预警基本知识问答》两篇报道,专版宣传新修订的《中国地震动参数区划图》(GB 18306—2015)和地震预警科普知识及福州市震灾防御工作。

【地震应急救援】 2016年,《福州市地震系统地震应急预案》修订,细化震后2小时内地震应急工作流程;调整市抗震救灾指挥部成员单位。由市应急办牵头、市地震局具体组织,联合有关部门赴福清市等开展地震应急检查。福清市、罗源县各建立1支地震应急救援志愿者队伍;市地震局与福建省曙光救援队签署合作协议,将其纳入福州市地震应急救援志愿服务体系;全市地震部门依托武警消防部队累计建成10支专业地震灾害紧急救援队伍。开展闽清县体育场的Ⅲ类地震应急避难场所重建。开展福州市“5·12”防震减灾综合演练暨科普宣传活动和“7·28”地震应急避难场所演练。组织地震灾害紧急救援队、现场工作队,参加“闽动—2016”跨地区地震应急救援联动演练。应对2月6日台湾高雄6.7级地震。年内市地震局与福州消防支队特勤大队开展共建工作。开展福州市地震信息处理和应急指挥系统数据更新维护工作。

【地震应急避难场所】 2016年,福州市地震局每季度对地震应急避难场所巡检,督查全市各应急避难场所建设维护情况,要求各地震应急避难场所建设管理单位加强硬件设施建设,对检查中发现的问题组织整改。至年底,全市累计建成76处地震应急避难场所,其中Ⅰ类2处、Ⅲ类28处、其他类46处;总面积252.5万平方米,其中市区29处186.5万平方米,七个县(市)47处66万平方米;可容纳人数166.8万人,其中市区123.5万人,七个县(市)43.3万人。“尼伯特”超强台风后,闽清县体育场Ⅲ类地震应急避难场所基础设施损毁较严重,市地震局协调请示灾后恢复重建资金等事宜,并列入重建计划。

【应对台湾高雄6.7级地震】 2016年2月6日,台湾高雄发生6.7级地震,市地震局启动四级地震应急预案,进行震情跟踪,同时将地震信息在福州市地震局微博发布;通过公开电话及时回答市民的情况咨询,解答市民提出的有关问题。

表76 **2016年福州市国家地震安全示范社区名单**

序号	地　区	社区名称
1	鼓楼区	福州市鼓楼区温泉街道河东社区(阳光城小区)
2	台江区	福州市台江区茶亭街道洋头口社区
3	台江区	福州市台江区鳌峰街道武夷绿洲社区
4	台江区	福州市台江区宁化街道长汀社区(万科金域花园小区)
5	仓山区	福州市仓山区金山街道金骏社区
6	仓山区	福州市仓山区金山街道金洲社区
7	仓山区	福州市仓山区金山街道新筑社区
8	晋安区	福州市晋安区新店镇新秀社区
9	晋安区	福州市晋安区鼓山镇东城社区
10	晋安区	福州市晋安区王庄街道砌池社区(阳光城二期小区)
11	晋安区	福州市晋安区王庄街道紫阳社区(福晟·钱隆大第小区)
12	晋安区	福州市晋安区新店镇新盛社区(三盛果岭小区)
13	福清市	福清市龙山街道明越社区(卓越观天下小区)
14	福清市	福清市音西街道清华社区
15	长乐市	长乐市吴航街道航华社区(金色海岸小区)
16	闽侯县	闽侯县甘蔗街道滨江社区(滨江苑小区)
17	连江县	连江县凤城镇鲤鱼山社区(丽景华府小区)
18	罗源县	罗源县凤山镇凤嘉社区
19	闽清县	闽清县梅城镇洋桃社区(恒晟晶都小区)
20	永泰县	永泰县樟城镇樟树坂社区(日出东方小区)

表 77　**2016 年福州市区地震应急避难场所基本情况表**

序号	场所名称	类　别	场地地址
1	温泉公园	Ⅰ类	福州市温泉公园路 8 号
2	屏山公园	其他类	福州市福飞路 141 号
3	左海公园	其他类	福州市铜盘路 29 号
4	西湖公园	其他类	福州市湖滨路 70 号
5	金牛山公园	其他类	福州市西洪路 588 号
6	五一广场	其他类	福州市古田路于山前
7	省体育中心	其他类	福州市五四路 310 号
8	闽江公园	Ⅲ类	福州市台江区江滨大道
9	滨江休闲广场	其他类	福州市江滨路 68 号
10	南公园	其他类	福州市国货西路 309 号
11	白马河公园	其他类	福州市交通西路至工业路段
12	亚峰公园	其他类	福州市鳌峰路(万达广场对面)
13	鳌峰公园	其他类	福州市鳌峰路 192 号
14	金山文体中心	Ⅲ类	福州市仓山区闽江大道旁
15	市体育学校	其他类	福州市上三路
16	榕城广场	其他类	福州市仓山区金榕南路
17	金山公园	其他类	福州市仓山区洪湾路
18	高盖山公园	其他类	福州市盖山镇首山路
19	火车南站休闲广场	其他类	福州市城门镇站前路
20	儿童公园	Ⅲ类	福州市晋安区新店镇西庄
21	光明港公园	其他类	福州市长乐南路 58 号
22	晋安第六中心小学	其他类	福州市晋安区新店镇桂山村(火车站后面)
23	晋安第五中心小学	其他类	福州市晋安区政府大院北侧
24	鼓山沃尔玛广场	其他类	福州市晋安区招贤路 1 号
25	师大二附中	Ⅲ类	福州市马尾区文体路 1 号
26	马江渡广场	其他类	福州市马尾区江滨大道 200 号
27	西提丽府广场	其他类	福州市马尾区君竹路 47 号
28	罗星塔公园	其他类	福州市马尾区港口路 83 号
29	海博馆	其他类	福州市马尾区昭忠路 7 号

表 78　**2016 年福州各县(市)地震应急避难场所基本情况表**

序号	场所名称	类　别	场地地址
1	两馆一中心	Ⅰ类	福清市清荣大道富贵世家对面
2	市人民体育场	Ⅲ类	福清市体育路
3	体育文化公园	其他类	福清市东门街
4	街心公园	其他类	福清市一拂路 114 号
5	龙江文化广场	其他类	福清市江滨路(西门车场旁)
6	虎溪公园	其他类	福清市虎溪路

续表

序号	场所名称	类　别	场地地址
7	洪春松涛园	其他类	福清市洪宽大道
8	玉屏中心小学	Ⅲ类	福清市小北口清荣大道北侧
9	东张中心小学	Ⅲ类	福清市东张镇玉井街147号
10	宏路中心小学	Ⅲ类	福清市宏路街道西环南区
11	三山镇政府	Ⅲ类	福清市三山镇北坪埔
12	新厝镇政府	Ⅲ类	福清市新厝镇坂顶街
13	石竹中心小学	Ⅲ类	福清市石竹街道龙塘村14号
14	江镜中心小学	Ⅲ类	福清市江镜镇江镜村10号
15	江阴中学	Ⅲ类	福清市江阴镇田头村6号
16	阳下街道办事处	Ⅲ类	福清市阳下街道
17	音西街道办事处	Ⅲ类	福清市清荣大道
18	长山湖公园	Ⅲ类	长乐市航城街道人民会堂西侧
19	爱心公园	其他类	长乐市吴航街道爱心路1号
20	南山公园	其他类	长乐市吴航街道南山路
21	体育中心	其他类	长乐市吴航街道郑和东路
22	吴航中学	其他类	长乐市吴航街道东鹤路
23	儿童公园	其他类	长乐市航城街道大同路
24	江滨市民广场	Ⅲ类	闽侯县甘蔗街道江滨路
25	县委党校	其他类	闽侯县甘蔗街道校园路2号
26	街心公园	其他类	闽侯县甘蔗街道街心路
27	闽侯一中	其他类	闽侯县甘蔗街道昙石村
28	县体育场	Ⅲ类	连江县凤城镇玉荷西路
29	县人民广场	其他类	连江县凤城镇文笔西路
30	陈第公园	其他类	连江县凤城镇八一六中路
31	江滨公园	其他类	连江县凤城镇江滨西路
32	县体育场	Ⅲ类	闽清县龙洲路、台山路和梅溪路之间
33	乃裳广场	其他类	闽清县世纪大厦旁
34	溪滨公园	其他类	闽清县溪滨路
35	九大中心	Ⅲ类	罗源县东区九大中心广场
36	凤蝶广场	其他类	罗源县四坊街凤蝶广场
37	民族中心田径场	其他类	罗源县西外路
38	城南小学	Ⅲ类	永泰县城峰镇马洋小区355号
39	东门小学	Ⅲ类	永泰县城峰镇东门新村旗山路365号
40	永泰一中	Ⅲ类	永泰县城峰镇龙头大道
41	火车站站前广场	Ⅲ类	华南快速干线与同泰路交界东侧
42	城关中学	Ⅲ类	永泰县樟城镇龙峰园1号
43	青云中学	Ⅲ类	永泰县樟城镇杨梅路58号
44	第二实验小学	Ⅲ类	永泰县城峰镇里岛村里岛路
45	江滨公园	Ⅲ类	永泰县城峰镇龙峰园北江滨路
46	梧桐中心小学	其他类	永泰县梧桐镇梧桐街366号
47	樟城影剧院广场	其他类	永泰县樟城镇上坪路36号

（郑彩蝉）

（编辑　周弭姣）

历史文化街区

综　述

【概况】　2016年，三坊七巷、朱紫坊、上下杭等历史文化街区累计完成投资19.26亿元，超年度计划0.9%，主营业务收入8700万元，实现利润1580万元。

【历史文化街区文化展览】　2016年，福州市推进“三坊七巷海峡两岸交流基地”建设，完成严复故居布展提升工作，打造三坊七巷闽台青年创业基地。以天后宫、福建省海峡民间艺术馆、福建省非物质文化遗产博览苑等场馆为依托，三坊七巷历史文化街区全年组织开展“春节文化”“中秋诗会”“非遗宣传”等26场大型文化活动及“非遗新生百城万匠文化展”等216场文化展览活动；朱紫坊历史文化街区举办以“漆语时代”为主题的2016福州国际漆艺双年展，打造漆文化街区，重塑福州“中国漆都”文化品牌。

发挥闽台（福州）文化产业园核心区作用，通过市国资委指定的竞租平台，组织商铺（院落）招租7批次、50处，成交42处；引进中国工艺（集团）公司、福建唯美客文化创意有限公司等知名公司和国家级非物质文化遗产旅游观光体验项目，开辟专营漆艺衍生产品和具有三坊七巷旅游元素的旅游伴手礼专卖店。

【历史文化街区规划编制】　2016年，福州市组织编制《三坊七巷历史文化街区保护修复工程消防专项规划》《福州市保护修复建筑照明工程技术导则》，探索解决街区消防、安全难题。

保护修复

【三坊七巷保护修复】　2016年，三坊七巷保护修复完成投资3.8亿元，完成三坊七巷坊巷打通和第六批历史建筑保护修复工程；完成三坊七巷高位水箱消防给水加压改造工程；完成唐坊宋街遗址博物馆工程图纸设计并开始施工；推进M2－M3－M5地块项目工程。

【南街改造项目】　2016年，南街改造项目完成投资8.8亿元，上部与下部建筑主体完成竣工验收，并完成地下立体停车场建设，项目建设基本完成。

【朱紫坊保护修复】　2016年，朱紫坊保护修复项目完成投资3.58亿元，一期芙蓉园及周边保护修复工程完成竣工验收；二期及二期扩征项目全面启动，完成二期府学里7号、文昌弄3号等6处建筑修复；完成安泰河沿岸及法海路、津门路沿线立面改造；完成区级文保单位张钰哲故居和董见龙先生祠、不可移动文物点陈兆锵故居和郑大谟故居及朱紫坊11号等10处建筑修复；基本完成朱紫坊沿河部分八一七路口至津门路之间的管线综合整治及环境景观工程。

【上下杭保护修复】　2016年，上下杭保护修复项目完成投资3.08亿元，完成141处文保单位及历史建筑设计，面积8.1万平方米；动工文保单位、历史建筑项目76处（建筑面积5.4万平方米），已完工院落72处，正在修缮院落4处；完成上杭路、隆平路北段市政管网及道路景观工程；完成三捷河6个更新地块等工程。

【中共福州市委旧址修复】　中共福州市委旧址位于三坊七巷安民巷立本弄3号，建筑面积约200平方米。2015年8月经中共福州市委批准进行修复，2016年4月完成修复并对外展出。同时被列为福建省党史教育基地、福州市爱国主义教育基地。

文化宣传活动

【品牌资源宣传利用】　2016年，福州市推进三坊七巷官网、官博、官微等宣传平台建设，实时发布街区活动信息，打造《漫游坊巷》导览手册（试刊号）。配合并借助省市旅游局、省品牌景区推广中心宣传资源，举办第二届三坊七巷文创节、2016“遇见福州”全国旅游摄影大赛获奖作品展、2016中国旅游日福建省分会场活动等。三坊七巷吸引近百家媒体前来拍摄宣传片、真人秀、采访，其中有中央电视台发现之旅《行走华夏》、《探索·发现》之“锦绣华屋之广厦万千”，

2016年7月17日,“漆语时代”2016福州国际漆艺双年展在朱紫坊历史文化街区开幕。图为日本籍漆艺大师大西长利介绍他的作品

(历史文化名城管委会 供)

《国宝档案》坊巷寻珍之“古宅的前世今生”“严复的暮年生活”“林则徐的视野”,环球时报《旅游社区》,海峡卫视真人秀《未解之谜》等。

【主题文化及交流活动】 2016年2月3日,“记住乡愁——中国民间文化艺术之乡漳浦剪纸精品展”在三坊七巷海峡民间艺术馆展出。展出漳浦“四大名剪”等近百件作品。

4月30日,“妙手生花——闽、贵传统刺绣展”在三坊七巷福建省非遗博览苑展出。展览展示贵州苗族刺绣、福建畲族刺绣、闽绣、漳绣等制作技艺。

6月9日,第四届“海峡青年节”两岸茶文化交流活动在三坊七巷光禄吟台举办。现场举行“茶帮拜妈祖、溯源海丝路、共寻平安茶”系列活动之“茶帮拜妈祖”祭祀典礼等活动。

6月11日,“2016年文化遗产日系列活动”在三坊七巷举行。现场举行三明非遗进坊巷、文化遗产日邮票首发式、文化馆志愿者联盟成立、“坊巷非遗快拍”摄影展、“灵秀泰宁　美丽乡村”——清华美院教授写生作品展等系列活动。

6月24日,“当非遗遇见新设计”文化中国百城万匠全球巡展·福州站在三坊七巷南后街展览馆和福建省非物质文化遗产博览苑举办。

7月17日,以“漆语时代”为主题的2016福州国际漆艺双年展在朱紫坊历史文化街区开幕,展出8个国家(地区)、125位漆艺家的625幅作品。以“漆彩匠心”为主题的外围展区在三坊七巷历史文化街区的海峡民间艺术馆、南后街展览馆、宗陶斋、雕刻艺术馆以及沈绍安漆艺馆等7处举办。

7月27日,“情系青春——两岸青年八闽行”活动在三坊七巷举办。200名海峡两岸大学生参加活动。

8月15日,“福建茶文化主题收藏展”在三坊七巷举办,展示300多件有关福建,特别是福州茶文化的史料及实物品。

9月17日,“第三届丝绸之路电影节VR体验展”在三坊七巷宗陶斋举行。

9月18日,“全国百名著名作家书画作品展”在三坊七巷海峡民间艺术馆开展。

10月13日,“永远的长征”——纪念红军长征胜利80周年福州市寿山石雕·篆刻艺术作品展在三坊七巷雕刻艺术馆举行,展出100余件涵盖革命领袖人物、长征场景雕刻、长征线路图以及表达长征精神的主题雕刻、篆刻作品。

11月12日,“肝胆相照——福建华侨与孙中山”图片展在三坊七巷福建华侨文化展示中心举行开展仪式,展出260多幅图片。

12月26日,“毛泽东手迹展”在三坊七巷福建省非物质文化遗产博览苑举办,展示54件毛泽东的手迹墨宝,包括诗词、题词、书信等。

【民俗节庆活动】 2016年,结合传统节日在三坊七巷举办丙申年春节坊巷系列活动、拗九节公益活动,以及端午、七夕、中秋等传统节日民俗文化活动。其中,春节系列活动包括金猴迎春民俗体验活动、福州语歌曲专场、“贺新春庆团圆　寻找全家福”、喜娘喝唱迎新春、大圣归来、五路小财神送财源、元宵节台湾民俗文化展演等;端午节民俗文化活动包括兰汤浴、点雄黄、赠送五色缕、插艾草等端午文化展示,端午粽子友谊赛女子成人礼,茶帮拜妈祖典礼等;中秋节民俗文化活动包括中秋拜月典礼、天后宫非物质文化禅和乐习奏会、中秋诗会,摆塔擂台及鲤鱼饼制作等。

旅游开发

【旅游接待】 2016年,福州市历史文化街区旅游接待1090万人次,接待团队游客7.4万人次,实现旅游总收入约650万元。来访街区的有坦桑尼亚革命党主席、前总统,巴西塔皮纳斯市和赛阿腊州代表团,澳大利亚塔斯马尼亚州代表团,缅甸少数民族政党干部考察团,泰国外交部代表团,新加坡国际企业发展局代表团,马绍尔群岛共和国司法部代表团,马来西亚沙捞越州代表团,非洲使节团等外国政要、代表团20多批次。

【旅游营销】 2016年,福州市参加国家旅游局组织的第30届香港国际旅游展、2016年台北国际观光博览会等旅游推介活动,以及省、市旅游局组织的第十二届海峡旅游博览会、深圳珠海广州旅游推介会等宣传推广活动。

【景区建设】 2016年,三坊七巷完成安民巷、大光里、丰井营等旅游厕所提升建设工程。开展福建省首批省级旅游标准化试点创建工作,并通过省旅游局、省质量技术监督的终期评估,正式成为全省首批旅游标准化示范单位。

(林妙花)

(编辑　周弭姣)

县（市）区

鼓楼区

【概况】　鼓楼区区域面积35.7平方千米。辖9个街道、1个镇，有69个社区，户籍人口57.8万人。

2016年，鼓楼区31个市级行动计划项目完成投资66亿元，30个市级重点项目完成投资94亿元，分别超额完成年度投资17个百分点、20个百分点。在全市绩效考评中连续13年获评优秀，被确定为国家服务业综合改革示范典型，列全国综合实力百强区、最具投资潜力中小城市百强区，被授予中小城市新型城镇质量百强区和中小城市创新创业百强区称号。

【经济建设】　2016年，鼓楼区实现地区生产总值1264.8亿元，比上年增长9.3%，经济总量列全省县区第二，列全国省会城市辖区前十，三次产业结构为0:20:80。一般公共预算总收入65.6亿元，比上年增长7.5%，地方一般公共预算收入40.3亿元，增长10.7%；规模以上工业增加值83.9亿元，增长8.3%；城镇以上固定资产投资459.2亿元，增长2.3%；外贸出口330.1亿元，增长4.3%；城镇居民人均可支配收入44364元，增长8.6%。

服务业　社会消费品零售总额1017.9亿元，比上年增长11.1%。福州软件园、三坊七巷被列入省级第一批现代服务业聚集区。改造提升外贸中心大楼等旧商务楼宇11栋56.15万平方米，海西商务大厦、三盛国际中心等4栋35.2万平方米商务楼宇落成，税收超亿元、超千万元楼宇分别增至24栋、115栋，列全国楼宇经济十大潜力城区。上市企业数居全市首位，市级总部企业数占全市48%。推进东街口商圈改造提升、南街地下空间建设、东百B楼建设，新增161家限上商贸企业。入驻“正统网”电商企业830家，线上交易额350亿元，网购人口比例居全省首位；年接待游客突破1600万人次，文化产业实现主营收入200亿元，总量占全市1/3。推行“五证合一、一照一码”和电子营业执照等商事改革举措，市场主体户数7.6万户，市场主体户数及注册资本总额均居全市首位。

招商引资　实际利用外资3.17亿美元，比上年增长13%。有18家上市企业，33家“新三板”挂牌企业，55家企业列入省级上市后备企业，境内上市企业和“新三板”挂牌企业数列全市首位。开展“抓招商、促发展”专项行动，建立招商六项工作机制，年内引进智度科技、东海航运保险等205个项目，总投资438亿元。

高新技术企业数占全市1/3。推进福州软件园创业创新新城建设、海峡软件新城招商，闽台软件与集成电路合作基地、谷歌体验中心、百度开发者创业中心等项目落户园区，实现技工贸总收入518亿元，比上年增长20%；推进洪山科技园改造提升，新增百城新能源、网格商用等3家高新技术企业，蓝海天网卫星导航及船联网项目被列入“海上福州”重点项目，实现技工贸总收入214亿元，比上年增长11.3%。

【城乡建设与管理】　2016年，鼓楼区105个攻坚项目完成建设投资80亿元，实现交地66.67公顷，征迁1882户，完成征收房屋面积60万平方米。义井村、福州教育学院一附小教育预留地、白马河东侧等15个旧屋区改造项目顺利推进，新启动的旧改项目100%完成民房征迁工作。完成华大村下后营、杨桥新村二期等19个征迁项目后期工作。建成陆庄庭苑、龙峰雅居园等4个项目28万平方米安置房，回迁居民1097户。

基本建成文林南路等5条道路，改造提升崎下路、井关外路等10条小街巷，新增1002个路外公共停车泊位，南街地下空间停车场等7个项目投用。完成13个地下配电房改造、54个易涝点及5个地灾点整治。开展市容卫生管理百日会战，建立“街长制”管理模式，新增20条“市容环卫严管示范街”，拆除“两违”建筑7.37万平方米。城区文明测评指数列全省首位，蝉联省级文明城区。

全区取消区级审批项目44个、调整职权63项，审批时限平均压缩到法定时限的23.57%。向社会公开区政府各部门及街镇的权责清单，南街街道被列为全省街道权责清单梳理工作试点单位。开展“法律六进”活动，建成7个社区律

表 79　**2016 年鼓楼区街道(乡镇)基本情况一览表**

街道(乡镇)	辖地面积(平方千米)	人口		社区(经合社)(个)	财政总收入(万元)	地方财政收入(万元)	规模以上工业产值(万元)
		户数(户)	人数(人)				
鼓东街道	1.084	14988	48144	5	112209	65255	95749
鼓西街道	1.837	19327	62658	6	38306	27196	4229
温泉街道	2.242	19567	76048	7	107399	62426	27546
东街街道	0.720	10147	33190	4	57817	38969	79653
南街街道	1.544	16244	47323	6	15901	12638	3428
安泰街道	1.588	9675	27561	4	41854	30838	23974
华大街道	3.349	24390	89212	9	66845	36186	87954
水部街道	1.310	11469	33746	5	50402	38665	33083
五凤街道	9.625	24704	71340	11	31391	17248	93941
洪山镇	12.401	30149	89201	12	76020	51404	793586

说明:数据来自鼓楼区统计局

师工作室,政府部门、街镇、社区实现法律顾问全覆盖。在全省率先建立芍园家庭综合服务中心和社会组织孵化基地,推动"三社联动"社区治理创新。年内,鼓楼区蝉联全国和谐社区建设示范城区称号。

【社会事业】　科技　2016 年,鼓楼区专利申请量居全省县区前三,被列入国家知识产权强县工程试点县(区),蝉联全国科技进步先进区。科技小巨人领军企业增至 45 家,省级企业技术工程研究中心增至 19 家,省、市级众创空间 7 家,云端创咖、凤凰谷咖啡入选国家级众创空间。鼓楼区被评为福州市创业创新示范中心。

教育　推行区属高中免费教育;向全省推广"鼓楼少年好习惯"做法;重建旗汛口幼儿园,扩大普惠性幼儿园覆盖面;建成模范小学、铜盘中心小学等 3 所小学 2.8 万平方米教学综合楼。

文化体育　完成区数字图书馆一期建设、7 个街道文化站、55 个社区文化普及服务站达标提升,区文化馆改造提升达到国家一级馆标准。举办第十一届全民健身运动会、楼宇羽毛球活力赛、"福聚鼓楼·爱在社区"文化公益行等群众性活动。"激情广场大家唱"入选国家公共文化服务体系示范项目。

卫生和计划生育　率先推行"互联网+社区医疗"服务,在鼓东街道建成五城区规模最大的社区卫生服务中心。全年出生人口 5884 人,出生人口政策符合率 97.45‰,出生人口性别比 104.95,人口自然增长率 9.53‰。年内创建省级慢性病综合防控示范区,鼓楼区代表福建省参加公共卫生服务体系考评成绩居全国第 5,通过全国计划生育优质服务先进单位省级评估验收。

社会保障　全区新增就业 25528 人、失业人员再就业 2356 人。被征地群众 100% 参加养老保险,城镇居民社会养老保险参保率 99.4%;全年发放各类补助资金 4498.4 万元,将家庭人均月收入 1000 元以下群体纳入低保边缘户,帮助 305 户住房困难家庭申请保障性住房。

生态建设　实施环境综合整治,改造铜盘路西侧、大洋百货等 7 个重要节点 30 栋楼体立面,美化提升省府路、达明路等 15 条道路沿街店牌店招。启动大腹山休闲步道建设和温泉公园二期改造提升,左海—金牛山城市森林步道主轴基本贯通,城区新增绿化 23 万平方米。推进大气污染防治工作,淘汰黄标车 2276 辆,城区空气质量优良率 95% 以上,空气质量综合指数在五城区排名上升一位。鼓楼区获评国家级生态区,成为全省唯一、全国第二个获评国家级生态区的核心城区。

平安建设　开展隐患整治攻坚年活动,安全生产各项指标均控制在市下达指标范围内。加强 15 个行业调解委员会规范化建设,率先建成基层劳动争议调解中心,排查化解矛盾纠纷 1550 起。开展"六个专项治理",群众安全感率 94.8%,综治考评得分居全市首位。办结人大代表建议 77 件、政协委员提案 139 件。全区审批服务窗口推行"窗口无否决权"服务机制,区政府门户网站实现全省政府网站绩效考核七连冠。

(郑福春　吴锦地　林　萍)

台　江　区

【概括】　台江区陆域面积 18 平方千米,水域面积 1.91 平方千米。辖 10 个街道,有 52 个社区,常住人口 32.63 万人。

2016 年,台江区 18 个建设项目完成投资 79.15 亿元,超额完成年度计划 31 个百分点,开工、竣工率均 100%;13 个征迁项目实现交地 18.2 公顷,征迁面积 45 万平方米,征迁户数 4120 户,其中 9 个项目提前完成交地任务。

【经济建设】　2016 年,台江区实现地区生产总值 407.90 亿元,比上年增长 8.3%,三次产业结构比为 0:21:79,第三产业增加值贡献率提升至 81.5%。一般公共预算总收入 24.13 亿元,其中地方一般公共预算收入 14.74 亿元;规模以上工业增加值30.96亿元,比上年增长1.7%;全社会固定资产投资261.29亿元。

服务业　实现社会消费品零售总额389.14亿元,比上年增长9.5%;商品销售额1111.61亿元,增长11.2%,出口总额75.94亿元,增长10.05%。全年新增提升限上商贸企业111家,智恒科技、华莱士等5家企业在新三板挂牌上市。海峡电子商务产业基地年交易额超45亿元,基地二期主体结构封顶。新中冠获评中国互联网百强企业、省级电子商务示范企业。腾讯众创空间(福州)引进创新型企业20多家,深圳摩天之星加速器启动运营,"优空间"获评国家级众创空间。"营改增"惠及纳税人约9000户,减税1.49亿元。"闽江游"接待游客19.8万人次,比上年增长6.5%。

重点项目建设　全年安排64个区级重点项目,完成投资185.7亿元,超年度计划15个百分点;33个市级重点项目完成投资204.9亿元,超年度计划31个百分点。海峡银行大楼、福晟·钱隆广场等8个项目交付使用;升龙环球大厦、科技电子商务中心等5个在建项目实现主体结构封顶;推进省交通银行大楼、富闽时代广场等9个项目建设。推进对口援建永泰县红星乡灾后重建工作,安居工程项目提前封顶,道路修复、自来水厂重建等4个配套设施建设提前完工。

招商引资　实际利用外资1.6亿美元,比上年增长12.57%。40座超百米高端商务写字楼投用,新增商务楼宇面积50万平方米。新引进楼宇企业约700家,其中金融、类金融企业400多家,完成金融业税收107亿元。中航赛凡、海邦科技等企业入驻;台湾银行福州分行、日本三菱东京日联银行福州分行、长江证券、福汇资本等一批金融机构开业运营。升龙汇金大厦、宇洋金座大厦入驻企业年度税收首度超过1亿元。全区新增公司类经济主体5146家,同比增长19.8%。

【城乡建设与管理】　2016年,台江区完成闽江北岸中央商务区二期、市一医院、同晖地块一期、群众西路旧屋区地块等6个征迁项目,推进太平汀洲等征迁遗留地块的收尾工作,全年完成房屋征收52万平方米、涉迁群众4291户。推进保障性安居工程建设,锦祥佳园、新港苑交房,回迁3701户居民。

实行城区易涝点"一点一策"治理,淘汰黄标车1625辆,新建公共便民自行车站点7个,空气质量优良天数占全年的98%。拆除"两违"面积5.27万平方米。全面实施25个治堵项目建设,整治超标、无牌电动车和残疾人机动车非法营运行为,新增公共停车泊位1141个。

【社会事业】　科技文化教育　2016年,台江区新认定高新技术企业11家,福建骏鹏通信科技有限公司等5家企业被认定为2016年省级科技小巨人领军企业。完成7个街道综合文化站、31个社区文化室、区级"三馆"、游泳馆、社区室内健身房改造提升,新增健身路径20条。实施瀛滨小学、实验园等20所学校改造修缮,完成台六小扩建、双虹小学教学楼重建、祥坂小学修复提升等项目。

社保卫生　民生社会事业支出10.34亿元,占一般公共支出比例72.12%。完成24个为民办实事项目,实现年度投资4.53亿元。新增城镇就业7098人,安置下岗失业人员2186人,动态消除"零就业"家庭。发放低保金、医疗补助金、救济金等3000多万元。城镇居民基本医疗保险参保人数7.7万人。区妇幼保健所、后洲街道社区卫生服务中心改扩建全面完成,人次均门诊费用下降21%,瀛洲街道、宁化街道社区卫生服务中心分别获评"全国百强社区卫生服务中心""全国社区卫生协会优秀培训基地",台江区获"全国计划生育优质服务先进单位"称号。

生态建设　完成三捷河、茶亭河(南段)、光明港一支河、光明港二支河等内河综合整治项目,闽江北港驳岸整治一期水利工程通过验收。南公园完成改造修复并对外开放,光明港南岸休闲步道(一期工程)初步建成,推进三通路、工业路及南公园周边等主次干道沿线景观建设,完成7条内河、11条市政道路、10条小街巷、18个老旧小区整治提升。采峰别墅等重点文物修缮工程竣工。

平安建设　7个街道通过首批"平安街道"复核验收,全区平安创建覆盖面70%以上。开展危险化学品、烟花爆竹、消防安全、民爆物品、道路交通运输、建筑施工、燃气、特种设备、食品药品等领域的安全生产专项重点整治行动,全年出动检查人员8042人次,检查生产经营单位5629家次,整改安全隐患4054项。

表80　**2016年台江区街道基本情况一览表**

街道	辖地面积(平方千米)	人口		社区(个)	规模以上工业总产值(万元)	财政总收入(万元)	地方财政收入(万元)	财政支出(万元)
		户数(户)	人数(人)					
合计	18.86	120158	326314	52	1724900	207704	104793	11821
瀛洲	2.20	13515	37232	5	5100	18524	8509	1145
义洲	0.87	11580	31331	5	9600	3889	1887	903
洋中	0.88	9952	26770	4	117000	16329	11215	1082
新港	1.35	13000	37443	5	14635000	49536	18774	886
上海	2.65	17354	47743	7	35000	15392	9710	1275
宁化	2.90	9034	24409	5	45100	34018	17618	879
后洲	0.96	13714	33321	6	15200	14899	7210	1164

续表

街道	辖地面积(平方千米)	人口		社区(个)	规模以上工业总产值(万元)	财政总收入(万元)	地方财政收入(万元)	财政支出(万元)
		户数(户)	人数(人)					
茶亭	0.88	9036	25214	4	13000	21366	10773	1072
苍霞	1.07	12501	32739	5	4400	6130	3157	2421
鳌峰	5.10	10472	30112	6	17000	27621	15940	993

说明:数据来自台江公安分局、台江区经信局、台江区财政局 (张　宇)

仓山区

【概况】 仓山区区域面积142平方千米。辖8个街道、5个镇,有72个社区、102个行政村,户籍人口555881人。

2016年,仓山区完成为民办实事项目7类26个,其中市级项目10个。市级重点项目32个,累计资金166.15亿元;新区市级重点项目15个,累计投入资金116.75亿元;区级重点项目82个,累计投入资金290.2亿元。

【经济建设】 2016年,仓山区实现地区生产总值474.49亿元,比上年增长9%;一般公共预算总收入46.95亿元,增长9%;地方一般公共预算收入30.7亿元,增长9%(同口径增长12.3%);固定资产投资558亿元,增长13.1%;居民人均可支配收入34736元,增长7.6%。

农业　实现农业总产值53388万元,比上年增长0.1%。扶持花卉、茶叶等特色产业,新增茉莉花等区外种植基地面积366.67公顷。

工业　星网锐捷完成并购四创软件,中能电气吸收合并汉斯电气。瑞达精工等6家企业获批省级两化融合重点项目。发展互联网经济,培育壮大"互联网+"产业园,雨石林电子科技等23家企业入驻。

服务业　实现社会消费品零售总额427亿元,比上年增长12%。纵腾网络、华威物流等一批龙头企业发展势头强劲,海峡智贸城进口商品直销中心、聚春园会展酒店开业,推进三迪创富广场等19个重点项目建设,国安中海基金、中商汇金融服务等16个重大招商项目落地,新增(提升)限上商贸业、规上服务业企业104家。

招商引资　引进中植金控、融信租赁等金融、类金融企业200多家。引进荟源会展等企业,举办"2016·EPIC贸易投资洽谈会"等展会。利嘉国际商业城保税展示交易中心入驻企业150家,营业面积5万平方米。累计引进4000多家企业,注册资本300多亿元。

【城乡建设与管理】 2016年,仓山区出台加快福州新区三江口片区发展实施意见。马尾大桥南连接线等9项重大基础设施项目动工建设,推进13个新区重大项目征迁工作,累计完成交地任务106.67公顷。海峡文化艺术中心封顶,南江滨生态公园(二期)动工建设。

完成交地358.67公顷,马尾大桥南连接线、利嘉六凤村地块、奥体19号地等38个市级征迁项目完成交地291.67公顷、拆迁面积135.11万平方米、征迁户数4587户。建成胪雷新城(一、三、五区)、南江滨8号地、双湖新城、螺洲新城一区(东部10号地)等4个安置房项目,建筑面积63.22万平方米,完成安置回迁5176套、50.15万平方米;调剂房源6172套,建筑面积55.54万平方米。完成金山城市广场、金山生活区八期、金山生活区九期等7个征迁项目1.36万平方米协议回购工作。

建成南江滨东大道等7个项目。实施共和路、朝阳路周边旧屋区等9个旧城镇、旧厂房、旧村庄改造项目,面积100万平方米;完成10个旧住宅小区整治。完成牛浦河(一期)、流花溪(一期)整治,建成飞凤山水厂、连坂污水处理厂(二期)项目。完成盖山西路北段等9项治堵工程,浦上大道等道路拓宽工程。完成六一南、浦下、洋洽、高湖等4个垃圾转运站的场地建设、设备安装及车辆采购。推进螺洲、阵坂垃圾转运站和港头等4座公厕提升改造。建成金山文体中心等8个停车场,新增停车位1743个。拆除违法建筑972宗、面积67.2万平方米,查处渣土车1200多辆次。开展火车南站地区综合治理,完成落客平台整治提升等11个建设项目。完成"迎峰会、保平安"综合整治等10余项任务。

【社会事业】 科技　2016年,仓山区建成省级科技企业孵化器和互联网孵化器6个、省市级众创空间13个。全年新

自贸区保税商品交易中心　(仓山区政府办　供)

增高新技术企业40家,新增省级创新型(试点)企业、知识产权优势企业9家。加强产学研合作,组建省级企业工程技术研究中心13个、院士(专家)工作站21个,转化15项科研成果。

教育　新建、改扩建金山八期小学等6所学校,移交11个住宅小区配套幼儿园,增办3所普惠性民办幼儿园,新增中小学学位4180个、幼儿园学位1296个。率先在全市推出新生"网上预报名系统"。启动仓山区"网络云课堂"项目建设,年内有30位名师对1.3万人次的学生进行在线互动授课。

文化体育　启动国家公共文化服务体系示范区创建工作,完成8个镇街文化站和93个村(社区)综合文化服务中心提升改造工程。全年投入近500万元建成健身路径、篮球场等体育场所55个。举办第九届(闽台)陈靖姑民俗文化旅游节。完成全区第一次全国可移动文物普查工作;完成第六批市级文物保护单位和第七批省级文物保护单位保护碑制作工作;完成烟台山爱国路2号、亭下山洋衣房等不可移动文物登记点的修缮审批和指导工作。出版《仓山宗祠》,记录仓山区现存70座宗祠的情况。

卫生和计划生育　实行药品零差率销售,推进医疗卫生服务模式改革,家庭医生签约率28%,提升改造3所基层卫生院(服务中心),实现13个镇街"中医馆"全覆盖。防控登革热疫情,年内全区报告的登革热病例均已病愈。开展"智慧卫生"信息化建设,全区10个社区卫生服务中心和乡镇卫生院建立微信公众平台,全区13个基层医疗机构实现手机APP预防接种预约服务。

全区育龄妇女11.80万人;全年出生人口8829人,人口出生率16.14‰,政策符合率97.80%,出生性别比106.88。实现婚前医学检查与孕前优生健康检查项目"一站式"便捷服务,全年免费孕前优生健康检查6188人,免费婚检785人;发放《出生医学证明》7460张。实行一孩、二孩生育登记制度,全年办理一孩、二孩生育登记5899本,办理再生育服务证67本。

社会保障　实现新增城镇就业15806人、失业人员再就业1635人。办结劳动保障投诉案件763件,劳动争议仲裁案件382件。实行城乡低保一体化,实现"应保尽保",发放低保金3855万元。城乡居民养老保险续缴率95.33%,实现社区居家养老服务站全覆盖。完善新型农村合作医疗制度,完成住院支付方式改革,农民参合率100%。

生态建设　完成燃煤锅炉整治,淘汰黄标车2662辆,空气质量优良率97.2%。围绕"生态仓山"建设,全区绿地建设率40.35%、绿化覆盖率43.65%、人均公园面积13.56平方米。完成江心公园改造工程,春节期间重新对外开放。开展清水蓝天危险废物专项整治行动和小流域专项整治行动;开展辖区水流域环境综合整治,完成4个市级饮用水源地保护区调整后的边界及标示牌验收工作。

平安建设　推进社会治理体制改革,开展"五微"试点,健全动态立体化社会治安防控体系。通过政府购买服务选派28名律师进村(社区)担任法律顾问。全年办结化解历史遗留信访积案47件、初信初访648件、省市信访件18件,办结化解率分别为43.1%、94.6%、100%。开展安全隐患排查整治攻坚年行动,全年依法检查各类企业7435家,督促整改隐患4.3万处。增强防灾减灾能力,完成易涝点29处整治,加强对17个地质灾害点及各类隐患的巡查整治。

表81　**2016年仓山区街道(乡镇)基本情况一览表**

街道(乡镇)	辖地面积(平方千米)	人口		社区(村)(个)	财政总收入(万元)	地方财政收入(万元)	财政支出(万元)
		户数(户)	人数(人)				
下渡	1.700	11362	32603	5	4353	3276	1271.97
仓前	1.900	9700	29200	5	4229	2670	1125.75
上渡	2.000	11425	32912	5	3865	3022	1532.21
临江	1.980	7052	20060	4	4775	2690	1417.61
对湖	2.500	12207	35444	5	3584	2654	1623.68
三叉街	0.597	6693	19129	4	3933	2203	1145.62
东升	1.200	3819	10341	3	1966	1673	886.45
金山	13.090	29219	87204	16(8)	18114	13819	13073.80
仓山镇	5.800	—	—	1(10)	29102	18930	4290.68
城门镇	55.000	26729	93233	25	51698	31806	10083.50
盖山镇	36.000	28873	93243	2(30)	63450	39823	8614.16
建新镇	30.000	31172	89737	15(22)	59436	47008	17700.14
螺洲镇	6.400	4059	12775	1(7)	11572	8108	2161.36

说明:1.仓山镇人口分属在对湖、仓前、上渡和下渡街道中统计;2.东升街道人口分属在三叉街街道中统计;3.数据来自仓山区公安局、统计局、财政局、民政局

(陆范欣怡)

晋安区

【概况】 晋安区区域面积552平方千米,辖3个街道、4个镇、2个乡,有75个社区、113个行政村。常住人口85.5万人。年内新成立横屿佳苑等7个社区,完成6个村级组织场所改造。

2016年,晋安区45个市级重大项目完成投资202亿元,超年度计划20.5%;65个市级行动计划项目完成投资197亿元,超年度计划22.4%。全年出让土地12宗30.9公顷,成交金额64.4亿元。

【经济建设】 2016年,晋安区实现地区生产总值558.8亿元,比上年增长10.1%,三次产业比例为0.92:33.73:65.35。一般公共预算总收入38.8亿元,比上年增长13.5%,其中地方一般公共预算收入25.1亿元,增长8.4%;全社会固定资产投资560.6亿元,增长15.8%;自营出口(海关口径)19亿美元,增长13.5%;城镇居民人均可支配收入38467元,增长8.0%,农民人均可支配收入16701元,增长6.7%。

农业 实现农业总产值9.41亿元,比上年增长5%。培育发展生态农业、休闲农业,制定扶持薄弱村集体经济、发展竹产业等政策,新增市级以上农业龙头企业4家、省级农民创业示范园2个,鑫农高科等一批重点农业企业持续壮大。发展"互联网+现代农业",推进农村电子商务、订制农业物联网示范点建设。基本完成全域永久基本农田划定,实施农村土地承包经营权确权颁证工作。

工业 实现规模以上工业总产值434.9亿元,比上年增长8%;规模以上工业增加值114.5亿元,增长8.2%;工业固定资产投资99.59亿元,增长23.3%。推进供给侧结构性改革,落实"三去一降一补"任务。实施福兴经济开发区道路、管网等一批基础设施改造项目,基本建成新华智能图书包装车间等一批现代化厂房。出台企业应急保障金、出口扶持、知识产权奖励、鼓励创新和品牌创建等政策,支出9100多万元用于扶持企业发展。茶花家居通过中国证监会上市审核。

服务业 实现服务业增加值365.5亿元,比上年增长15.7%;实现社会消费品零售总额635.8亿元,增长13.6%;物流业营业收入230亿元,增长7%。年内闽台AD创意产业园获评省级服务业集聚示范区,雪品家政、福君生物基因检测、喜相逢汽车租赁服务等新兴业态企业以及凯宾斯基、梅园等高端酒店开业。

招商引资 新批合同外资7145万美元,实际利用外资(验资口径)1.1亿美元。第十八届海峡两岸经贸交易会签约项目13项,内资总投资85.05亿元,利用外资9478万美元。第二十届"9·8"投洽会签约项目19个,投资总额4.515亿美元,利用外资1.92亿美元。全区商业楼宇增至74栋,税收超千万元楼宇12栋,其中超亿元楼宇2栋。深化"四个万家"活动,完善领导挂钩帮扶重点企业机制,帮助企业解决520多个实际困难和问题。

【城乡建设与管理】 2016年,晋安区完成火车北站南广场、洋下危房等42个遗留多年的征迁项目;推进地铁1号线、地铁2号线、福平铁路、104国道、城区北向第二通道、高水高排、湖东东路、晋安湖、省儿童医院、省疾控中心、省安全生产应急救援中心等一大批省市重点项目征迁建设。百日攻坚期间,完成建设投资185亿元,交地222.87公顷,征收房屋面积110.5万平方米。"百日攻坚"综合考评并列全市第三名。开展"回迁安置"攻坚行动,回迁38个项目,安置房屋1.58万套、130万平方米,约占全市百日攻坚回迁总量的70%。新建、改造垃圾转运站3座,拆除各类违法建设66万平方米。

完成各类绿化提升项目44个,牛岗山公园休闲步道(一期)基本建成,森林公园至宦溪、岭头至桂湖道路沿线景观带建设如期完工。缓解城区交通拥堵,推进43条市政道路建设,开展站东路、西岭互通等"接二连三"工程,新建公共停车泊位1850个。开展火车北站综合治理,推进11大系统127个改造提升项目。开展城市"微改造",完成9个旧住宅小区整治、21个小区配电房防涝改造,实施7个片区背街小巷改造。统筹农村建设,建成9个"美丽乡村"和10个"幸福家园工程",新改扩建山区道路15条,建设亮灯工程8个,山区农村客运站基本建成。应对"莫兰蒂""鲇鱼"台风影响,修复北峰山区水毁道路、水利、农业生产设施,对口支援永泰县灾后重建。

【社会事业】 科技 2016年,晋安区安排科技专项经费2900多万元,实施电子信息、光电通讯、智能制造等"新兴产业培强"行动计划,3家企业获评省创新型企业,9家企业获评省科技小巨人领军企业,"稻田创业小镇"获批市级创业创新示范中心。年内1人入选国家"千人计划"专家库,6人被评为省引进高层次人才。

教育 新建成4所中小学校,启动5所中小学改扩建和3所幼儿园新园建设工程,实现"一师一机"教学电脑全配置和班班通多媒体全覆盖。开展教改试点及经验延伸共享工作,年内通过国家义务教育发展基本均衡区复检。

文化体育 创建国家公共文化服务体系示范区,改造提升乡镇(街道)文化站5个、村(社区)综合文化服务中心108个,省图书馆五四北分馆建成开馆,区未成年人心理健康咨询室被评为省级示范点。新建球场6个,更新健身路径30条,晋安区少体校被命名为全国射箭重点体校。

卫生和计划生育 完成区医院、区妇幼保健院改扩建项目前期工作。发放各类计生补助4000多万元,常住人口计生政策符合率97.12%,全年出生人口数(常住人口口径)4095人,人口出生率10.49‰,出生人口性别比108.5,人口自然增长率6.31‰。

社会保障 财政用于民生支出21.5亿元,占公共财政支出的73.5%。出台扶持就业创业15条措施,企业稳岗补贴惠及6700多人,新增城镇就业2.2万人。落实城乡居民基本医保一体化政策,城乡居民养老保险缴费率94.8%,4.3万人参加被征地农民养老保障。推进居家养老社会化服务工作,建成区社会福利中心一期主体工程。

生态建设 启动晋安河扩河快排工程建设,推进"四湖三园"工程,开展连潘河、磨洋河、凤坂一支河等内河综合整治以及11条黑臭水体整治。实施水污染

表 82　**2016 年晋安区街道(乡镇)基本情况一览表**

街道(乡镇)	辖地面积(平方千米)	人口		社区(村)(个)	规模以上工业总产值(万元)	财政总收入(万元)	财政总支出(万元)
		户数(户)	人数(人)				
鼓山镇	50.0	37040	104642	40	2540388	44780	16532
新店镇	48.3	26146	68967	44	998029	33160	12351
岳峰镇	11.3	52400	130400	18	72846	44929	7834
宦溪镇	133.0	3437	12637	24	524890	9985	6586
寿山乡	170.8	3618	11917	22	199001	4553	7579
日溪乡	130.6	2267	6969	12	—	2987	5157
茶园街道	4.7	26972	71266	12	14004	24600	9747
王庄街道	3.6	12373	35647	9	—	14815	8407
象园街道	1.6	8252	23565	7	—	4603	5530

说明:晋安区统计局、财政局、民政局

防治行动计划,控制建筑扬尘等污染源,全年淘汰黄标车 3036 辆,超额完成任务。年内环境空气质量居五城区第一。

平安创建　组建治安巡防大队,建设流动治安岗 35 个,实现信息掌握、矛盾化解、治安防控、便民服务有机结合。推行流动人口与常住人口"同管理、同参与、同服务"模式,提升流动人口"旅店式、物业式"管理水平。全年刑事案件数量比上年下降 14.6%,"两抢"案件下降 47.6%,八类严重暴力案件下降 20.9%。人民群众对社会治安满意率 97.38%,居全市第一位、全省县区第十位;平安建设知晓率 93.46%,居全省县区第一位;对公检法执法工作满意率 98.92%,居全省县区第一位。年内,区国安办被评为全国一级国安办,福兴经济开发区被命名为"福建省安全园区"。开展"隐患排查整治攻坚年"行动,排查整改各类安全生产隐患 1.25 万个,安全事故死亡人数、直接经济损失分别同比下降 55.6%、41.6%,全年无重特大安全事故发生。

(郑　强)

马尾区

【概况】　马尾区区域面积 275.58 平方千米,其中福州经济技术开发区面积 23 平方千米。辖 1 个经济区、3 个镇、1 个街道,75 个村居,户籍人口 174480 人。

2016 年,马尾区完成重点项目 183 个,总投资 217 亿元,完成年度计划 109.3%。青洲旧屋区改造提前 45 天完成,亭江镇率先完成东部快速通道 98.33 公顷征地工作,琅岐镇提前 74 天完成东南绕城高速公路征地任务。科立视二期生产线提前 3 个月点火,中日达技改项目提前两个月建成投产,深海时代项目提前 82 天完成交地。

【经济建设】　2016 年,马尾区实现地区生产总值 424.91 亿元,比上年增长 8.1%;三次产业结构比例为 1.4∶62.2∶36.4;一般公共预算总收入 34.38 亿元,增长 8.1%,其中地方一般公共预算收入 21.46 亿元,增长 16.2%;固定资产投资 309.74 亿元,增长 13.1%;出口总额 184.10 亿元,增长 9.5%;城镇居民人均可支配收入 4.14 万元,增长 8.2%;农村居民人均可支配收入 2.12 万元,增长 7.2%。

农业　实现农业产值 10.9 亿元,比上年增长 4.7%。推进对台农业合作,引进台湾优良品种,推广先进管养经验。培育名成、大昌、坤兴等农业龙头企业。全区省级农业产业化龙头企业 2 家、市级农业产业化龙头企业 12 家,上半年总销售收入(含水产品市场交易额)约 128 亿元。8 月,福建佳客来食品股份有限公司、福建坤兴海洋股份有限公司、福建名成集团有限公司等 3 家公司被认定为第八轮农业产业化省级龙头企业。

工业　规模以上工业增加值 266.05 亿元,比上年增长 7.7%。推进"马尾制造 2025"行动计划。实施大通机电新能源汽车漆包线等技改项目 22 个,推进飞毛腿高密度新能源电池、星云电子电池智能装备等项目。推动传统产业转型升级,扶持万德电气高效同步电机、中日达镀锡生产线技改等项目建设。开展互联网与工业融合创新试点,建成飞毛腿智能工厂。扩大物联网在智慧水务、城市管理、家居安防等领域的应用,推动物联网应用产业化、规模化。发挥新大陆、上润精密、福光股份、冠林科技等物联网骨干企业的引领作用,引进物联网龙头企业及关联企业,加快形成物联网产业集聚园区。

服务业　社会消费品零售总额 160 亿元,比上年增长 16.5%。沃动科技、摩格网络等企业在新三板挂牌。推进互联网游戏产业园发展,扩大互联网游戏产业规模。推进汉吉斯、太古冷链等项目建设。建设名城中心、中环自贸广场等商圈。

招商引资　实际利用外资 2.93 亿美元,比上年增长 12.2%。推进海峡金桥保险等本土金融机构发展。以金融小镇、多层次资本交易中心等项目为载体,引入银行、证券、保险等金融和类金融机构,吸引融资租赁、第三方支付等现代金融产业入驻马尾区,鼓励金融企业设立区域总部。出台扶持基金加快发展的政策,引进产业引导、股权投资等基金项

2016年3月7日，马尾大桥北接线工程完成过半（马尾区政府办 供）

目，打造福州“基金小镇”。

【城乡建设与管理】 2016年，马尾区实施基础设施项目46项，累计投资28.3亿元。完成快安、马江、长安、琅岐4个片区控制性详细规划编制。启动31.6万平方米旧屋区改造，完成房屋征收2252户。启动中国—马尾船政文化城规划建设，马尾造船厂搬迁基本完成。

新改扩建道路7.5千米，建成沿山通道(二期)等9条市政道路。新建、改建雨污管网25千米，完成年度主要污染物减排任务。完成亭江岱溪下游渠道整治、白眉下游河道清障等工程。完成水利投资9.2亿元，动建天台水库，建成琅岐西部防洪堤。启动琅岐引水工程，建成琅岐污水处理厂。开展“两违”整治，拆除违法建筑24万平方米。优化延伸3条公交线路，新增28辆公交车。新增259个停车位。实施交通治堵专项行动，整治魁岐互通、青洲环岛、东江滨儿童公园等路段的交通拥堵。新改扩建魁岐大道、儒江大道等40千米市政道路。易安居、儒江和谐家园实现回迁。完成聚英花园、济安苑等5个老旧小区综合整治。儒江苑、龙津苑、闽江佳园安置房提前完工，启动104国道景观改造，建设天马山休闲步道(一期)，新增绿地16.7万平方米。

【社会事业】 科技 2016年，全国首个窄带物联网规模化商用局、清华大学智能系统与技术国家重点实验室落户马尾区。科立视研发国内首个拥有自主知识产权的超薄抗菌玻璃，东北理光获全国首张再制造资质证书，创高安防被认定为省级工业设计中心，伊时代与福建高交所签署战略投资协议。全年新增6家省级创新型企业和12家高新技术企业。省、市重点技改项目23个，完成投资19.5亿元，比上年增长52.5%。年内马尾区获批省级智能制造试点示范基地。

教育 教育支出6.6亿元，较上年增长3倍，基本完成中小学标准化建设，通过国家义务教育发展基本均衡县(市、区)评估。推进马尾实验小学扩建工程等11个教育建设项目，琅岐中学(三期)、魁岐小学(二期)建成投用，新增学位500个。

文化体育 开展纪念船政创办150周年系列活动，举办第十四届“两马同春闹元宵”灯会和首届海峡两岸篮球锦标赛等活动。年内获评省级文明城区。

卫生与计划生育 医疗卫生支出2.1亿元，较上年增长4.7倍。建成琅岐闽江口医院。开发区医院通过二甲医院评审。全年出生人口1141人，人口出生率8.02‰，出生人口政策符合率97.63%，出生人口性别比104.85。人口和计划生育工作保持全省先进水平。年内被国家卫计委评为计生“新国优”先进单位。

社会保障 新增城镇就业人口7677人，转移农村劳动力1505人。企业退休人员养老金人均每月增加161元，城乡居民基础养老金标准提高至每人每月130元，城乡新农合、城镇居民基本医疗保险政府补助标准提高至430元，城乡低保人员补助标准提高至570元。

生态环境 推进琅岐岛生态红线划定工作。实施2016年度空气质量提升行动，完成黄标车年度淘汰任务，全年空气质量优良率98.3%，饮用水源水质达标率100%。

平安建设 调解各类矛盾纠纷3934件，完成法律援助案件226件，受理群众来信来访711件。办结“数字城管”7.7万件和“12345”便民服务热线诉求6988件。落实安全生产责任制，完成企业安全生产标准化建设三年行动任务，各类事故总量同比下降37.5%。在全省率先实行食品经营户第三方检测。完成“尼伯特”“莫兰蒂”“鲇鱼”等强台风的防范工作。年内获评全省第三轮首批平安县(市、区)。

表83 2016年马尾区街道(乡镇)基本情况一览表

街道(乡镇)	辖地面积(平方千米)	人口		社区(村)(个)	规模以上工业总产值(亿元)	财政总收入(万元)	财政总支出(万元)
		户数(户)	人数(人)				
罗星街道	28.08	11057	35482	10	255.8	1515	2080
马尾镇	53.62	11610	36790	17	546.95	2602	2978
亭江镇	105.60	10142	28272	20	141.39	14689	6532
琅岐镇	88.28	21454	73936	28	—	—	—

说明：数据来自马尾区公安局、民政局、统计局、财政局 （邓华健）

福 清 市

【概况】 福清市区域面积2430平方千米。辖7个街道、17个镇。户籍人口135.87万人。有旅居海外华侨和新移民近90万人,遍布世界近130多个国家和地区。

2016年,福清市安排“行动计划”项目380个,全年完成投资761.79亿元,占年度计划投资的121.7%;重点项目118个,完成投资590亿元,占年度计划投资的123.96%。开展“大干150天”和“抓征迁、促落实”百日攻坚行动,福清市级攻坚项目251个,完成拆迁面积107.71万平方米,交地面积410.31公顷,完成投资373.92亿元。位居2016年度福建省县域经济实力第3位、中国中小城市综合实力“百强县市”第26位。

【经济建设】 2016年,福清市实现地区生产总值859.2亿元,比上年增长8.8%,三次产业结构为11.96:48.62:39.42;公共财政总收入88.67亿元,增长9.1%,其中地方公共财政收入56.63亿元,增长7.4%;社会消费品零售总额374.17亿元,增长13.5%;固定资产投资63+.52亿元,增长13.3%;出口总额375.7亿元,增长11.4%;城镇居民人均可支配收入3.81万元,增长8.9%,农村居民人均可支配收入1.92万元,增长7.8%。

农业 2016年,福清市实现农业生产总值174.6亿元,比上年增长5.3%。推进国家现代农业改革与建设试点工作,三年绩效总评在全国25个试点县中名列第11位。新培育省级休闲农业示范点2个、森林人家2个,福州市级示范点1个,签约3个融台对接合作项目。国家现代农业示范区项目17个,完成投资1.16亿元。福州市级以上产业化龙头企业销售收入165亿元。年内获全国首批、福州市第一个国家农产品质量安全县称号。

工业 规模以上工业总产值1603.2亿元,比上年增长7.8%。全社会固定资产投资800亿元,核电3号机组、中景石化科技园等85个项目投产;核电5号、6号“华龙一号”示范机组、三峡集团海上风电装备产业园、中铝铝精深加工产业园、中景石化多元共聚聚丙烯、东旭集团玻璃基板等36个重大项目动建;京东方8.5代液晶面板生产线进入设备安装阶段。新增中国驰名商标1件、福州市政府质量奖2件、省著名商标7件、福州市知名商标10个。全年新增3家企业在“新三板”挂牌。福耀集团获评中国智能制造示范企业。

服务业 实现服务业增加值338.74亿元,比上年增长11.8%;社会消费品零售总额374.17亿元,增长13.5%。组织实施利嘉中心等14个总投资206.3亿元的重点项目。推进福州自贸片区保税港区建设,推出3项全国首创举措,整车进口通关时间缩短至1~2个工作日,实现汽车整车进口8311辆。全市本外币存贷款余额分别为1006.73亿元、726.16亿元,全年新增贷款79.53亿元。永鸿文化旅游城一期等项目投入运营。全年接待游客524.5万人次,旅游业收入16.8亿元。

招商引资 举办第二届世界融商大会,新成立3个省级异地福清商会。全年实际利用外资3.32亿美元,同比增长10.7%。

【城乡建设与管理】 2016年,福清市融入福州新区规划,基本完成城乡总体规划、“多规合一”编制。实施滨海大通道一期、大真线安民至三山段“白改黑”、新江公路路面改造等工程,建成清昌大道A段、北江滨路A段、东塘大道等21条道路,打通瑞亭街、福唐路等13条“断头路”。完成观音埔水厂主体工程建设并开始调试,市第二污水处理厂投入试运营,完成龙田镇、高山镇污水处理厂主体工程。改造供水管网126千米、新建雨污管网9千米。新增纯电动公交车40辆投入运行。

投入4亿元打造96个新农村建设示范村、创建村;投入9750万元打造48个“美丽乡村”、1条美丽乡村景观带。

【社会事业】 科技 2016年,福清市推进福清核电、宏港纺织二期等40个企业技改项目,全年新增高新技术企业5家、福州市级以上企业技术中心1个。全市专利申请量1458件、授权量598件。

教育 建成校安工程26项,总投资2.4亿元,总建筑面积10.56万平方米,新增学位2600个;新增4所公办幼儿园;实施市属公办职业教育资源整合。年内有幼儿园在校生53676人,小学在校生117529人,初中在校生44999人,高中在校生21234人,特殊教育在校生194人,中等职业技术学校在校生7931人。

文化体育 创建国家公共文化服务体系示范区,实施市镇村三级文体设施提升工程,市图书馆、档案馆新馆启用。启动以东关寨为重点和以塔为主题的重点文物修缮工程。举办中国女排联赛福清赛区、世界职业搏击王者争霸赛、中国汽车越野巡回公开赛、福建省城市合唱艺术节等重大赛事。融籍女排运动员徐云丽、林莉在里约奥运会获金牌。

福州京东方项目 (福清市政府办 供)

表 84　　2016 年福清市街道(乡镇)基本情况一览表

街道(乡镇)	辖地面积(平方千米)	人口		社区(村)(个)	规模以上工业总产值(亿元)	固定资产投入(万元)	财政总收入(万元)
		户数(户)	人数(人)				
玉屏街道	7.30	24076	70434	18	—	232325	69540.50
龙山街道	34.00	19070	57473	19	94457	358756	16897.35
龙江街道	31.10	12010	38936	12	1077408	407522	20088.54
音西街道	51.10	17760	56594	21	600390	2352092	185588.58
宏路街道	36.60	10693	35268	14	631923	681251	52958.68
石竹街道	15.40	5413	16334	10	4768607	421200	80557.71
阳下街道	69.00	13391	43205	24	2771294	681251	40845.30
镜洋镇	88.60	8615	26916	17	674885	50830	11397.94
东张镇	128.50	9525	31591	19	17254	29197	3582.91
一都镇	108.00	3578	11944	7	—	15600	406.40
渔溪镇	115.30	15776	51112	22	251117	208629	9024.12
上迳镇	52.53	9490	33633	16	288344	131971	8632.45
江阴镇	69.75	26161	89910	23	1619178	739636	48806.88
新厝镇	73.60	8100	27095	16	274247	139411	7411.09
海口镇	52.64	23653	78179	20	149296	109330	10269.15
南岭镇	34.30	2258	7690	8	—	32238	707.710
城头镇	70.50	18023	63101	26	1207339	314108	22262.68
龙田镇	88.00	36789	138184	42	861247	123106	11606.85
江镜镇	56.70	26283	102903	26	59484	261480	9039.35
港头镇	45.00	24993	85450	31	46683	113533	1614.45
三山镇	102.00	35787	124543	36	558218	930171	24672.68
高山镇	40.50	20289	71829	24	58962	306245	8722.17
东瀚镇	74.00	12208	43945	17	—	35434	1127.80
沙埔镇	40.00	13174	52406	22	21388	171289	2066.55

说明:资料来自福清市统计局、财政局、公安局

卫生和计划生育　福清市医院新院一期、高山镇中心卫生院新院投入使用,福清市医院与上海长征医院开展技术合作;推进药品耗材零差率改革,公立医院药占比全福州地区最低;完善乡村医生养老保障工作,将流动人口纳入基本公共卫生服务范畴。全年出生人口 17061 人,人口出生率 12.57‰,人口自然增长率 7.83‰,出生人口性别比 108.6。开展安居工程工作,发放安居工程款 102.8 万元,帮助 70 户计划生育困难家庭完成房屋修缮。年内国家级妇幼健康优质服务示范县创建获国家卫计委命名。

社会保障　民生支出 62.64 亿元,占一般公共预算支出 79.6%,比上年增长 3.9%。实施社保“提标扩面”工程,机关事业单位退休人员养老金人均每月增资 298 元,城乡居民养老保险基础养老金提高至 130 元。实施城乡居民基本医疗保险一体化政策。提高村(社区)干部报酬待遇标准。免除城乡居民基本殡葬服务费用,市社会福利中心和残疾人福乐家园主体封顶。开展精准扶贫工作,全市标准口径的 1631 名贫困人口全部脱贫。新开工保障性住房 294 套,基本建成 431 套。新增城镇就业人数 26678 人,转移农村富余劳动力 4675 人。全年共发放慈善捐助资金 3603.84 万元,临时困难补助 273.56 万元。

生态环境保护　推进新一轮全国文明城市创建,开展环卫网格化、景观改造、绿化美化等城市环境整治“七大战役”。推进“两违”综合整治,全年拆除违法建筑 934 宗,有 4695 宗个人建房通过审批挂牌施工。拆除畜禽养殖场 1431 个面积 198 万平方米,淘汰黄标车 2062 辆,空气质量优良率 96.7%。推进城乡环境综合整治,投入 44.38 亿元实施 245 个宜居环境建设项目。新建成观音埔湿地公园、溪下湿地公园,新增建成区绿地 1058 公顷、公园绿地面积 10 公顷,植树造林面积 1300 公顷。

平安建设　开展提高平安"四率"专项行动,建成"智慧福清"管理服务平台,健全社会治理网格化服务管理机制。全年破获各类刑事案件4168件。

【园区建设】　2016年,福清市建成融侨开发区福俱大道、京东方大道等基础设施配套、江阴工业区供热综合管网、江阴港区11、12号码头及元洪投资区污水处理厂改造扩建等园区重点项目。

【第二届世界融商大会】　2016年9月12—13日,以"凝聚融商大智慧,共建美好大福清"为主题的第二届世界融商大会在福清举办,大会邀请海外融商代表、内地融商代表、在融国有企业负责人、在融异地企业家、台商代表等600多人参加。

(何　琛)

长　乐　市

【概况】　长乐市陆域面积723平方千米,海域面积3313平方千米,江海岸线总长130多千米。辖4个街道、12个镇、2个乡,22个社区、231个行政村,户籍总人口726461人。有海外华人、华侨及港澳同胞50余万人,遍布世界近百个国家(地区),是福建省著名侨乡和台胞祖籍地。

2016年,长乐市安排重点项目270个,总投资4065.5亿元,年度计划投资396.6亿元,全年完成投资407.89亿元,完成年度计划投资的103.1%。列入省重点项目37个,总投资794.21亿元,年度计划投资75.2亿元,全年完成投资80.39亿元,完成年度计划的106.9%。列入福州市重点项目85个,总投资2083.23亿元,年度计划投资355.25亿元,全年完成投资424.41亿元,完成年度计划的119.5%。

【经济建设】　2016年,长乐市实现地区生产总值628.71亿元,比上年增长9.5%,三次产业比例为8.2∶62.9∶28.9;一般公共预算总收入(不含基金)55.37亿元,增长10.4%,其中地方一般公共预算收入38.79亿元,增长15.3%;全社会固定资产投资497.68亿元,增长11.3%;出口总值44.95亿元,增长17.8%,进口总值85.44亿元,增长28.6%;城镇居民人均可支配收入39231元,增长7.7%;农民人均纯收入18835元,增长8.5%。

农业　实现农林牧渔业总产值96.12亿元,比上年增长5%,推进省级农民创业园、飞思农庄等高优农业项目。

工业　实现规模以上工业总产值2115.09亿元,比上年增长8.3%。规模以上纺织业完成产值1556.5亿元,增长14%。锦纶产量100万吨。景丰科技加弹项目等37个重点技改项目完成投资80亿元,18家企业被列为省级龙头企业,9家企业被列为省工业和信息化高成长企业,新增福州市级企业技术中心3个;恒申合纤获省级两化融合补助,永荣控股等4家企业获福州市级两化融合补助。年内,长乐市获批"互联网+纺织业"区域化链条化省级试点,获"纺织行业创新示范集群"称号。

服务业　实现社会消费品零售总额191.16亿元,比上年增长10%。数字福建云计算中心政务云和社会企业云项目主体工程竣工,国家健康医疗大数据中心及产业园等15个项目入驻数字福建(长乐)产业园,翔福物流园获国家海关总署等部委批准设立,为福州唯一(B)型保税物流中心,推进金港城商贸中心、德诚黄金项目,基本建成中影万星影城综合体、鹤上商贸物流园、福建优购电子商务中心跨境直购项目、博那德钢构等一批商贸服务、现代物流、新型环保建材产业重点项目。全市有国家AAA级旅游景区4个(显应宫、猴屿洞天岩、冰心文学馆、九龙山生态旅游区),董奉山国家森林公园、闽江河口国家湿地公园等各类公园200多个、文化展馆35座,三星级酒店3家、四星级酒店1家,五星级酒店1家。

招商引资　全年内资实际到资107.22亿元,比上年下降92.1%;实际利用外资15160万美元,增长9.2%。

【城乡建设与管理】　2016年,《长乐市城市总体规划》开展修编工作。推进"多规合一"编制,完成全市重点区域108.01平方千米控制性详细规划编制,控规覆盖率89%。完善"智慧长乐"管理服务中心数字化平台建设。推进"两违"整治,全年拆除"两违"492宗,面积101.5万平方米,审批农村村民个人建房(含旧房改造)351宗。启动不动产统一登记。治理占道经营、占道停车、建筑渣土滴撒漏和乱倾倒等问题。试点推进环卫保洁、市政维护、园林绿化等城市管理市场化运作。推进土地收储工作,全年收储存量土地面积82.567公顷。

推进福平铁路、长平高速、福州东南绕城高速长乐段建设,启动地铁6号线、长福高速长乐段建设,福北路、两港路改扩建工程和营滨路建成通车。新增公交

松下深水港口　　　　(长乐市政府办　供)

通车里程133千米，其中公交601线的开通实现与福州公交联网。推进长乐国际机场第二轮扩能工程，完成厦航福州基地扩建工程建设。

松下港区及闽江口内港区建成码头泊位27个，其中万吨级以上泊位12个，年总吞吐量2015万吨。启动松下港区12号、13号泊位建设和防波堤二期工程前期工作。湖南仙富及江田长林等两座110千伏变电站投入使用，LNG管道及分输站基本建成，启动大樟溪引水工程长乐段建设。

【社会事业】 文化教育 2016年，长乐市投入6010万元实施35项中小学校安工程，投入668万元用于乡镇中心幼儿园建设。年内实验幼儿园通过“省级示范性幼儿园”复评。承办“相约长乐”第九届海峡两岸合唱节、省社会科学普及宣传周主会场活动，举办长乐市第九届民俗文化节等活动。

卫生体育 推进公立医院综合改革，构建分级诊疗制度，推进新农合住院付费方式改革，实行大病补充补偿“一站式”即时结算。吴航街道社区卫生服务中心、湖南镇卫生院新院投用。承办省青少年皮划艇、赛艇锦标赛、全国皮划艇锦标赛和“恒申杯”环福州·永泰国际公路自行车赛(长乐段)等赛事。全年出生人口数8361人，人口出生率11.2‰，人口自然增长率6.99‰，出生人口性别比107.99。

社会保障 安排6大类31个为民办实事项目，完成投资5.56亿元，全年市财政用于民生领域支出37.91亿元，占一般公共预算支出的75.2%。新增城镇就业7957人，转移农村富余劳动力6231人，发放城乡低保金、特困人员供养金等各类补助金4456.36万元，受益群众7559人次，续建保障性住房908套，解决513户低收入群众及外来务工人员住房问题。依托慈善总会、红十字会、计生协会、老区建设促进会等，开展扶贫济困、医疗救助、老区帮扶等活动，累计救助金额3100多万元，受益群众8万多人次。实施精准扶贫，帮扶1030人脱贫。

生态环境保护 完成福州市下达的节能减排任务，吴航不锈钢公司完成改燃工作。推进莲柄港主河道整治，基本完成罗联溪整治二期工程及城区下洞江内河整治工程建设。拆除畜禽养殖场165个。投入1549.2万元淘汰黄标车1264辆。潭头污水处理厂完成主管网铺设15.4千米，乡镇支管网铺设31.9千米。开展“全民动员、绿化长乐”活动，实施“四绿”工程，实现造林绿化807公顷，建成南山公园一期休闲步道1.8千米、闽江河口国家湿地公园巡护步道及牛山栈道景观。年内获“国家生态市”称号。

平安建设 推进“诚信长乐”建设稳步推进，人民群众对社会治安满意率达93.89%。开展双拥共建和科学普及工作，推进食品放心工程建设。年内获“全国双拥模范城”“福建省食品安全社会共治示范县”“福建省社会科学普及示范创建市”等称号。

表85 **2016年长乐市街道(乡镇)基本情况一览表**

街道(乡镇)	辖地面积(平方千米)	人口		社区(村)(个)	规模以上工业总产值(万元)	财政总收入(万元)	财政总支出(万元)
		户数(户)	人数(人)				
吴航	8.25	21447	54770	13	—	63375	1534.68
航城	57.00	15565	47565	21	1134853	42307	2767.12
营前	34.56	11069	36038	13	825533	15755	1509.22
首占	30.90	7988	29482	14	84070	46722	1940.93
玉田	54.50	11426	42798	11	94467	2732	1582.26
罗联	21.50	3443	11643	8	61000	561	873.09
鹤上	48.50	18469	61145	22	1740904	13621	1722.62
古槐	51.80	17537	62489	23	481571	10625	1318.56
江田	86.40	15869	59821	17	3495094	22749	3620.97
松下	38.60	7035	27371	9	1686612	17217	1066.08
文武砂	32.00	6699	24952	9	2555096	11203	1855.09
漳港	42.40	17091	55896	19	3091942	22493	3908.54
湖南	32.80	9613	30490	11	2042677	27875	2414.61
金峰	29.88	19888	70577	21	1163690	25083	2216.59
文岭	28.80	10447	34910	12	1189768	8020	885.15
梅花	5.80	5904	15531	6	154619	1101	2272.41
潭头	56.00	16960	55176	23	685501	5696	1568.35
猴屿	22.02	1999	4884	4	—	346	755.60

说明：数据来自长乐市统计局

(陈锦泰)

闽侯县

【概况】 闽侯县区域面积2136平方千米,辖1个街道、8个镇、6个乡,325个行政村(社区),户籍人口67.3万人(不含驻地高校在校生)。

2016年,闽侯县实施重点项目337个,完成投资360亿元,为年度计划的107.2%。县域经济与县域基本竞争力跃居全国第59位,连续7年成为全省县域经济实力"十强县"。

【经济建设】 2016年,闽侯县实现地区生产总值483.73亿元,比上年增长9.3%,三次产业结构调整为7.9:59.6:32.5;一般公共预算总收入突破100亿元,位居全省县(市)第2位,增长11.6%;固定资产投资461.58亿元,增长20.4%;社会消费品零售总额230亿元,增长13.4%;城镇居民人均可支配收入35531元,增长7.2%;农村居民人均可支配收入15646元,增长7.5%。

农业　实现农业总产值66.16亿元,比上年增长5.2%。安排农林水资金6.23亿元,增长28.99%。新增蔬菜基地面积33.33公顷,培育"三品"认证企业2家,省、市级休闲农业示范点2个,家庭农场4个。治理水土流失面积133.33公顷,开发复垦补充耕地面积45.27公顷。推进农村集体资产股份权能改革国家级试点工作,完成全县农村集体经济组织成员界定、清产核资,以及14个试点村折股量化等工作。

工业　实现工业总产值978.9亿元,比上年增长11%。全年完成规模以上工业产值907.7亿元,增长11.7%。汽车、机电、工艺、建材、轻纺、食品六大主导产业分别完成产值255.8亿元、197.4亿元、100.4亿元、99.1亿元、94.7亿元、81.9亿元。天宇电气、众安药业等20个项目建成投产,新培育规上企业20家。青口投资区、闽侯经济技术开发区分别实现产值383亿元、180亿元。推进中科(福州)数据产业园、奥德瑞电子等项目。

服务业　实现服务业增加值157.18亿元,比上年增长11.6%。天泽奥莱时代一期、上街永嘉天地、南通奥特莱斯商业综合体等项目开业,海盛环球物流、海峡工程机械物流园等4个商贸物流项目投产。全年接待游客440万人次,实现旅游收入8.8亿元,分别比上年增长13%、14%。

招商引资　全年实际利用外资1.2亿美元;出口总额93.6亿元,比上年增长9.8%。对接福建奔驰重组项目、福建晶华生物科技项目等项目16个。全年引进项目48个,总投资379亿元,其中外企项目17个,投资21.36亿美元;民企项目27个,投资146.98亿元;央企项目4个,投资93.3亿元。

【城乡建设与管理】 2016年,闽侯县实现"多规合一",基本完成县城总体规划编制。基本形成"三大城市组团、两个特色小镇、一个生态园区"发展格局,城镇化率54.3%。

推进城乡基础设施和公共服务项目160个,甘蔗滨河路(一期)、祥谦新榕路、京台高速白沙连接线、青岐排涝闸站、县城CNG汽车加气站等一批项目投入使用。实施环境宜居项目159个,完成投资13.12亿元,完工项目139个。开展"两违"综合治理,拆除"两违"面积92.2万平方米。推进"智慧闽侯"平台建设。

推进白沙上寨、小箬福田等65个美丽乡村和"幸福家园工程"示范(创建)村建设。实施造林绿化和森林经营面积4606.67公顷,改造提升公园绿地面积169公顷,建成休闲步道24.4千米,建成塔礁洲湿地公园(一期)、闽江北岸休闲生态公园、甘蔗街心公园改造等项目。

【社会事业】 科技教育　2016年,闽侯县完成旺成食品、斯狄渢新能源等技改项目14个,落实产学研项目20个,新认定高新技术企业8家,培育省市级创客空间6个。投入2.5亿元实施校舍项目20个,南通中心幼儿园等6个项目投入使用,全年新增学位1200个。

文化　开展"2016文化闽侯"系列活动,完成大型电视纪录片《家住闽江边》拍摄,青橄榄合唱团获第十三届中国国际合唱节金奖,"小葵"科普体验中心、"彩虹桥——农村留守儿童城市融入计划"两个项目分别获全国青年志愿服务大赛银奖、省赛金奖。

卫生和计划生育　开展医疗卫生体制改革试点工作,祥谦卫生院门诊病房大楼主体完工,大湖卫生院建成投用。全年出生人口7376人,人口出生率12.3‰,人口自然增长率6.8‰。

社会保障　全年财政用于民生支出68.76亿元,占公共财政预算支出81.61%。新增城镇就业9443人,转移农村富余劳动力4525人。新农合和城镇居民医保支出3.3亿元,31.3万人次受益;被征地老龄农民生活补助支出1.15亿元,惠及5.3万人;建成安置房4111套,总面积41.4万平方米,安置回迁2031户。年内提前实现省定标准贫困人口1824人全部脱贫。

生态建设　推进生态文明先行示范区建设。建成青口、南通等垃圾转运站5座,新建(改造)污水管网24.5千米。完成14个节能减排项目,开展黄标车、建筑扬尘、燃煤锅炉等专项整治。开展畜禽养殖污染整治,拆除生猪养殖场8家0.4万平方米。推进水污染防治项目33项,溪源江、洋里溪万里生态水系动工建设。年内通过"国家生态县"考核验收。

平安建设　开展"六个专项"治理,提高平安"三率"。开展道路交通安全综合整治、食品药品安全监管等工作。推进"法治闽侯"建设,加强行政复议、法律援助、社区矫正、人民调解、信访接访等工作。

表 86　　**2016 年闽侯县街道(乡镇)基本情况一览表**

街道(乡镇)	辖地面积(平方千米)	人口		社区(村)(个)	农林牧渔业总产值(万元)	规模以上工业总产值(万元)	财政总收入(万元)
		户数(户)	人数(人)				
青口镇	127	26438	86716	40	85326	2736064	260645
尚干镇	5	5825	18038	13	11134	200035	12389
祥谦镇	89	19179	65715	20	62476	739016	24418
南通镇	112	16487	48350	17	74121	153623	30337
南屿镇(含高新区)	171	20807	63509	24	40557	1304996	182859
上街镇	157	20653	83941	23	19058	321876	68135
竹岐乡	224	8433	30212	22	48215	143422	6788
鸿尾乡	157	9470	34033	20	43738	289787	6840
荆溪镇	131	15063	47536	19	65723	1545648	51653
甘蔗街道	47	17368	49018	19	16799	1413918	133902
白沙镇	175	10053	33997	25	35886	191181	7238
洋里乡	151	8548	30117	23	53945	18323	1303
大湖乡	282	10225	36749	27	54559	19173	429
廷坪乡	217	9689	35299	25	26441	—	431
小箬乡	46	2701	10190	8	15203	—	511

说明:数据来自闽侯县统计局

(林　烁)

连　江　县

【概况】　连江县区域总面积 4280 平方千米,其中陆地面积 1168 平方千米,海域面积 3112 平方千米。辖 22 个乡镇,有 277 个村居,人口约 66 万人。

2016 年,连江县实施重点项目 220 个,完成投资 226.6 亿元,占年度计划投资的 101.2%,11 个项目获国家专项建设基金 10.8 亿元。全年列入市级百日攻坚项目共 37 个,其中建设类项目 19 个,完成投资 76.4 亿元;征迁类项目 18 个,完成征迁总户数 445 户,拆迁面积 3.8 万平方米,交地面积 158.31 公顷,完成福州市下达的"两逾"项目任务。

【经济建设】　2016 年,连江县实现地区生产总值 387.4 亿元,比上年增长 6.5%,三次产业结构为 35.7:38.5:25.8。一般公共预算总收入 43.1 亿元,比上年增长 13.0%,其中,地方一般公预算收入 28.6 亿元,增长 11.3%。城乡居民人均可支配收入 20875 元,比上年增长 7.6%。

农业　实现农林牧渔业总产值 250.0 亿元,比上年增长 5.6%。完成粮食播种任务面积 0.95 公顷,年产量 5.5 万吨。完成土地流转面积 0.43 万公顷,涉及农户 1.6 万户。棋盘山胜肽农业科技园等项目动工建设,全县新增市级以上示范性新型农业经营主体 21 家。设立连江县海洋经济区管委会,推动海峡现代渔业经济区、宏东远洋渔业产业园建设,苔菉后港二级渔港、筱埕屿仔尾二级渔港建成。年内连江县获评"中国海带之乡",被列为国家农村产业融合发展试点示范县、全国水产品质量安全示范县、全省农产品质量安全生产示范县。

工业　实现规模以上工业增加值 151.5 亿元,比上年增长 9.2%。固定资产投资 474.3 亿元,比上年下降 8.6%。安排 1000 多万元支持工业企业技改、增产增效。实现"6·18"中国海峡项目成果交易会项目成果对接 52 项、项目技术需求对接 10 项,提升规模以上工业企业 8 家。实施省市级节能循环经济及节能项目 8 个,年节能量 5500 多吨标准煤。申远新材料一期机械竣工,马尾船政重工一期建成投产,推进神华港储电一体化、省建工集团建筑工业化研发生产基地、瑞玻玻璃等项目建设。

服务业　实现社会消费品零售总额 130.6 亿元,比上年增长 16.5%。提升限上商贸企业 21 家。奥特莱斯购物广场、世纪鸿腾酒店开业,万星商业广场、时代广场基本建成,普洛斯物流园、海峡国际农产品物流园动工建设。贵安花海拓展公园开业,溪山温泉、贵安温泉分别获评国家"五星级温泉""四星级温泉"。黄岐至马祖海上客运航线往返游客超过 5 万人次。

招商引资　实际利用外资 11315 万美元,比上年增长 14.6%。实施"回归工程",组织参加"海丝博览会""9·8"投洽会,签约项目 66 个,总投资 476 亿元。

【城乡建设与管理】　2016 年,连江县城市景观风貌专项规划编制完成,可门工业园区官坂片区控规、黄岐镇区控规等规划编制基本完成,开展"多规合一"工作。

2016 年 5 月,连江县投资 5000 万元、占地 14 公顷的西滨公园建成开放
(连江县政府办　供)

建成江滨西段绿化景观等项目,金凤大桥竣工通车,推进“两所一队”市政配套工程、解放大桥重建工程等项目建设。新建雨污水管网各 2.5 千米,新建供水管网 10.8 千米。新增西滨公园等城区公共停车泊位 109 个,推进文笔小学地下停车场 250 个停车泊位建设。北江滨慢道延长线工程加快建设,完成敖江南路、客运东站周边路网等行道树种植工程,新增绿地面积 17.8 公顷。

打造美丽乡村 12 个,新农村“幸福家园工程”52 个,江南乡梅洋村被评为全国造林绿化先进集体、福建省最美休闲乡村。加大城乡交通基础设施建设,通港大道改扩建工程三期、滨海大通道安海至蚶坞段、201 省道马鼻至文山段路面改造等竣工通车。新建、改造农村公路 16.119 千米。年内闽东苏区敖江流域防洪防潮工程列入省水利“十三五”规划项目库,推进敖江下游防洪排涝等重点水利工程及小型农田水利建设。

【社会事业】　科技　2016 年,连江县有省级高新技术企业 9 家,省、市级企业技术中心 9 个,院士工作站 1 个,专家工作站 9 个。全年专利申请量 791 件,专利授权量 365 件,其中发明专利 7 件,实用新型专利 307 件,外观专利 51 件。

教育　全县幼儿园在校生 26423 人,小学在校生 45048 人,初中在校生 16283 人,高中在校生 8224 人,中职在校生 1729 人,特教在校生 212 人。全年投入 3.6 亿元推进农村薄弱学校改造、城区学校扩容等 19 个教育民生工程,改造危旧校舍 2.4 万平方米,新建校舍 10.1 万平方米,新增学位 2877 个。第二实验幼儿园分园、凤城中心幼儿园分园、文笔小学、实验小学教学楼投入使用。年内连江县获“全省教育工作先进县”称号。

文化体育　推进国家公共文化服务体系示范区创建工作,达标提升乡镇综合文化站 22 个,建成乡村文体公园 40 个,村级综合文化服务中心 164 个。连江十番古乐《雁来红》等乐曲被列入国家记忆典藏,开展各类文化展览、文艺活动 140 多场,放映农村公益电影 3400 多场。承办 2016 年环福州·永泰国际公路自行车赛(连江赛段)、第三届丝绸之路国际电影节福州会场、第二届“海上丝绸之路”国际旅游节暨第七届福州温泉国际旅游节等活动。

卫生和计划生育　投资 4500 万元优化县、乡医疗卫生单位基础设施和设备配置。建成省立医院贵安门诊部,组建连江县妇幼保健院,新建 6 个乡镇卫生院配套工程、5 个乡镇卫生院“中医馆”。推动计生工作重点由管理向服务转变,全年出生人口 8285 人,人口出生率 11.96‰,出生人口性别比 111.14,人口自然增长率 6.83‰。

社会保障　全县城镇新增就业 3079 人,新增农村劳动力转移就业 5517 人,提供就业岗位 19466 个。城乡居民养老保险参保率和新农合参合率分别达到 97.49% 和 100%。建成保障房 1161 套,配租 16 套,改造城市棚户区 900 套。祥和小区公租房、桶街片区旧城改造二期安置房、可门迁建区二期安置房建成,罗山造福搬迁安置小区在建。安排“莫兰蒂”“鲇鱼”超强台风灾后重建专项补助 2800 万元。

生态建设　开展敖江流域水环境综合整治,敖江流域饰面石板材加工企业全面退出。改造提升规模化畜禽养殖场 23 个,拆除关闭养猪场 204 个。淘汰黄标车 346 辆。实施“绿化连江”提升工程,全县造林绿化面积 2666.67 公顷。连江县顺利通过国家生态县考核验收并正式命名。开展“两违”认定和分类处置,拆除违章建筑面积 55.9 万平方米,查处违法占地面积 48.3 万平方米。

平安建设　打击非法采捕红珊瑚行为,拆解涉渔“三无”船舶 128 艘。建成农村交通安全劝导站 190 个,整改道路交通隐患点 245 处。年内通过全国“平安农机”示范县评估验收。建立食品安全监管指挥系统。安全生产责任体系实现“四级五覆盖”,推进重点行业、重点领域安全隐患排查整改工作。落实社会稳定风险评估机制,完善领导干部接访、约访、下访和领导包案制度,调处矛盾纠纷 1365 件。

表 87　**2016 年连江县街道(乡镇)基本情况一览表**

乡镇	辖地面积(平方千米)	人口		社区(村)(个)	农林牧渔业总产值(万元)	规模以上工业总产值(万元)	财政总收入(万元)
		户数(户)	人数(人)				
凤城镇	6.19	25825	82433	14	861	3224	29815
敖江镇	41.54	10672	39176	14	7294	594792	32848

续表

乡镇	辖地面积(平方千米)	人口		社区(村)(个)	农林牧渔业总产值(万元)	规模以上工业总产值(万元)	财政总收入(万元)
		户数(户)	人数(人)				
江南乡	75.18	7703	26068	16	14118	21445	3892
东湖镇	45.85	4973	16933	10	15553	99135	4144
浦口镇	52.40	10636	36972	14	90201	18448	4385
东岱镇	24.73	10019	34830	9	116658	40786	1736
晓澳镇	20.08	11169	36232	7	198714	119330	6206
琯头镇	61.09	18381	57228	28	247445	25625	11742
潘渡乡	142.87	6264	21382	14	62289	—	25091
小沧乡	65.24	1193	4404	5	3345	—	108
丹阳镇	111.53	8538	29429	19	30949	103.9	2298
蓼沿乡	124.57	8391	30258	23	13309	106.9	1612
长龙镇	66.51	3796	13048	7	21829	108.9	1043
透堡镇	25.81	6307	23010	8	46934	100.2	6479
马鼻镇	38.82	12919	48201	15	100716	125.5	6145
官坂镇	49.44	8978	33898	16	104588	114.5	1125
坑园镇	39.33	6490	25261	8	155711	85.5	4844
下宫乡	32.36	4228	15747	9	62465	104	2426
筱埕镇	32.99	8274	28085	11	172312	106.5	1533
黄岐镇	13.43	7334	24216	11	353550	94.6	1993
安凯乡	30.87	4968	17584	11	152819	107	629
苔菉镇	8.30	7844	26546	8	377560	102.2	1613
其他	—	—	—	—	150526	120.1	278996

说明：数据来自连江县统计局 (王　宇)

闽　清　县

【概况】　闽清县区域面积1466平方千米，辖11镇、5乡，有20个社区、271个行政村，户籍人口32.2万人。有20余万侨胞旅居新加坡、马来西亚、印度尼西亚等国家和地区。全年实施重点项目78个，完成投资80.2亿元，其中攻坚项目51个，完成投资32.6亿元。

【经济建设】　2016年，闽清县实现地区生产总值148.2亿元，比上年增长4.4%，三次产业结构为18.7∶53∶28.3；一般公共预算总收入15.3亿元，增长13.7%，其中地方一般公共预算收入8.8亿元，增长6.2%；固定资产投资77.6亿元，增长25.2%，其中工业固定资产投资22.7亿元，增长13.1%；出口总额8.1亿元，增长4.1%；建筑业总产值436亿元，增长23.9%；城镇居民人均可支配收入26781元，增长7.4%；农村居民人均可支配收入12168元，增长6.3%。

农业　实现农林牧渔业总产值46.4亿元，比上年增长4.1%。新培育4家省级、13家市级农业产业化龙头企业，全县75家县级以上农业龙头企业销售收入12.1亿元，带动2.1万户农户增收。完成陶洋、革命等5座小型水库除险加固和云龙乡吉溪小流域治理，实施岭里灌区续建配套与节水改造，新增防渗灌溉渠道22.7千米，治理水土流失面积530公顷。葫芦门水库大坝建成封顶。

工业　实现规模以上工业增加值49.4亿元，比上年增长0.2%。青龙管业、农博士等17个项目建成投产，实施民天食品、礼恩电缆等26个项目开工建设，实施小神龙表业、豪业陶瓷等25个技改项目。白金工业园区新入驻企业11家，年创产值22.1亿元。东桥表业园工业一期项目动建，推进安置区、自来水厂等配套设施建设。中建(福建)绿色产业园PC构件厂建成投产，二期4个产业链项目落地。

服务业　实现第三产业增加值42亿元，比上年增长9.2%；社会消费品零售总额45.8亿元，增长3.4%。成功创建“中国温泉之乡”，全年接待游客94.6万人次，增长13.4%；旅游总收入1.1亿元，增长13.3%。县电子商务创业园新入驻电商企业15家，“村淘”服务站48个，全年电商交易额1.6亿元。

招商引资　引进澳牛原产地肉牛羊

全品类产业链基地、瓷天下文化旅游、三峡新能源上莲风电场等46个项目,总投资80.9亿元。

【城乡建设与管理】 2016年,闽清县推进梅溪新城建设,建成新城主干三道路、渡口110千伏变电站、新城防洪整治工程等基础设施,基本建成渡口江滨公园、大王仑公园,推进新“三馆”、学校、医院等公共服务设施建设。推进中心城区改造提升,实施燕垅里片区拆迁改造,启动南山停车场项目征迁安置、实验小学人行天桥工程建设,完成溪滨路、商贸街等路段亮夜工程,城关小学新校区人行天桥投用。推进横五线梅溪渡口至云龙段、联一线坂东楼下至云龙段等道路建设,完成农村公路建设30千米,完成316国道石潭溪大桥改建,北溪闽江大桥至闽清北站连接线道路实现通车。实施城乡面貌“大变样、大提升”项目148个,宜居环境建设项目141个,“幸福家园”示范村建设项目419个,“美丽乡村”建设项目20个,拆除“两违”面积43万平方米。

【社会事业】 教育 2016年,闽清县投入2145万元实施“全面改薄”工程,建成文定中心小学等5所学校教学综合楼,推进闽清一中初中部、县第三实验小学和梅城等5个乡镇中心幼儿园建设。

文化体育 改造提升13个乡镇综合文化站和151个村(居)综合文化服务中心,完成白樟等7个乡镇有线电视网络升级和整转,开展全民健身、激情广场、文艺下乡等群众性文体活动。

卫生和计划生育 推进县级公立医院改革,完成县医院、六都医院、县中医院院长年薪制改革。落实分级诊疗制度,推进县中医院、梅溪卫生院等迁建项目。全年出生人口4279人,人口出生率12.62‰,人口自然增长率6.18‰,出生人口性别比110.37。

梅溪新城一角 (闽清县政府办 供)

社会保障 实施10大类48个为民办实事项目,完成年度投资8.4亿元。完成“造福工程”及地灾搬迁572户、危房改造232户,实现脱贫2033人。建成保障性住房887套,新开工建设336套。城乡医疗保险、养老保险提标扩面,农村低保标准由家庭年人均收入2300元提高至3000元,新型农村合作医疗和城镇居民基本医疗保险政府补助标准从每人每年400元提高至430元。

生态建设 实施重点减排项目44个,完成建陶企业“煤改气”32家,淘汰黄标车438辆,全年空气质量优良率99.4%,比上年增长11.5%。关闭拆除畜禽养殖场529个,建成白金工业园区污水处理厂(一期)和梅溪新城污水处理厂(一期)。全年造林绿化面积1153.33公顷,森林覆盖率提高至66.4%。

【1号台风“尼伯特”灾害】 2016年7月9日,受1号台风“尼伯特”影响,闽清县遭遇特大暴雨,造成特大洪涝灾害。坂东、塔庄等11个乡镇道路、电力、通信全面中断,农作物受灾面积7.95万亩,全县房屋倒塌8672间,因涝受淹停产工业企业317家,商贸企业3114家。全县11.69万人受灾,占总人口的三分之一,死亡76人,失踪13人,各项经济损失52.3亿元。

全县紧急动员一切力量投入抢险救灾,解救被困群众1080人,安全转移群众34397人。灾后安置受灾群众,抢通基础设施,开展清淤和灾后防疫,争取对口援建和社会捐赠捐助,成立灾后指挥部和16个工作组,组织实施重建项目87个,总投资约40.4亿元,开工项目80个,完成年度投资21.5亿元。至2017年春节前,全县复垦水毁耕地0.22万公顷,重建或修复桥梁81座、公路水毁点1882处,1859户农村住房灾后重建基本建成,受灾群众春节前全部迁入新居。河道疏浚、农田水利修复基本完成,受灾医疗机构、学校附属工程全面恢复,电力、通讯各项指标恢复并超过灾前水平。

表88

2016年闽清县乡镇基本情况一览表

乡镇	辖地面积(平方千米)	人口		社区(村)(个)	农林牧渔业总产值(万元)	工业总产值(万元)	地方财政收入(万元)	地方财政一般预算支出(万元)
		户数(户)	人数(人)					
梅城镇	9.27	14083	41122	12	4967	66722	8736.01	1762.75
梅溪镇	144.13	6829	23257	22	29329	38742	4023.64	2152.94
云龙乡	40.42	3730	11688	10	47261	235075	4940.70	2804.88
白樟镇	80.78	5699	19014	14	41189	320346	5451.89	3531.56

续表

乡镇	辖地面积(平方千米)	人口		社区(村)(个)	农林牧渔业总产值(万元)	工业总产值(万元)	地方财政收入(万元)	地方财政一般预算支出(万元)
		户数(户)	人数(人)					
金沙镇	156.67	4212	14306	19	27136	56892	630.65	1558.70
白中镇	41.80	5479	19126	14	29166	337152	3922.48	2455.23
池园镇	89.47	7025	24479	20	31065	161866	1451.97	1930.02
上莲乡	122.68	3728	13549	18	30447	11858	241.18	874.17
坂东镇	58.53	13267	44696	28	41948	77996	3273.38	13894.93
三溪乡	47.00	2980	9964	12	14410	2492	226.15	1186.37
塔庄镇	73.27	7658	26239	25	38554	15938	616.4	4700.15
省璜镇	116.67	5489	20177	27	38641	3656	991.00	2352.97
雄江镇	111.20	2106	6207	13	13130	12039	304.56	858.51
桂林乡	107.20	2086	6855	13	18418	2097	1642.26	1944.18
东桥镇	187.34	5978	22545	23	31320	44730	641.25	1480.85
下祝乡	80.14	5372	20406	22	27443	9573	223.81	1221.03
其他	—	—	—	—	—	255361	—	—

说明:数据来自闽清县统计局

(涂传宏)

罗 源 县

【概况】 罗源县区域面积1187平方千米。辖6个镇、5个乡,有9个社区、189个行政村。户籍人口26.65万人,为福建省畲族主要聚居区和老区县之一。

2016年,罗源县65个重点项目完成投资78.6亿元,其中市级重点项目32个,完成投资74.5亿元。

【经济建设】 2016年,罗源县实现地区生产总值195.2亿元,比上年增长6.5%,三次产业结构为20:60.1:19.9;一般公共预算总收入14.3亿元,其中地方一般预算收入8.87亿元;固定资产投资137.8亿元;出口总值3.4亿元,增长20.3%;社会消费品零售总额49.2亿元,增长8.9%;城镇居民人均可支配收入28120元,增长7.8%;农村居民人均可支配收入12790元,增长7%。

农业 实现农业总产值69.6亿元,比上年增长5.5%;农业增加值38.8亿元,增长5.5%。食用菌销量8.9万吨,产值7.55亿元;新改建茶园133.34公顷,茶叶产量6300吨,产值1.65亿元。年内新增农民专业合作社46个,“下廪羊”获国家地理标志证明商标。

工业 实现规模以上工业产值340亿元,比上年增长9.8%;工业增加值109.4亿元,增长5.5%;工业固定资产投资54.8亿元,增长7.5%。闽光钢铁年产60万吨高速棒材生产线、创隆电器、汇昌纺织等项目投产;推进宝钢德盛二期、南铝铝材二期、金闽烟叶二期、喷墨薄型高档墙地砖等项目。

服务业 实现第三产业增加值39.9亿元,比上年增长10.3%;建筑业增加值7.4亿元,增长7.3%。县旅游集散服务中心、海洋世界白鲸馆、5D飞行影院和尖峰国际马戏馆等项目投入运营。全年接待游客超过100万人次,旅游业产值11亿元,增幅连续3年位居福州市第一。建成时代大厦综合体,东方星城商场引进金源超市、东方国际影院等零售、娱乐服务企业。

招商引资 全年签约和对接项目97个,实际利用外资3397万美元,比上年增长0.2%。新增登记内资企业420家,增长15.7%;注册资本19.4亿元,增长11.5%。新增登记私营企业359户,增长31%;注册资本14.3亿元,增长10%。引进福州鉴江海洋生物产业园、新型建材产业园、白对虾工厂智能化养殖、百地茂城市生活广场等项目。

【城乡建设与管理】 2016年,罗源县完成“多规合一”编制工作,建成滨海新城,推进中心城区改造提升。完成五里大桥改建,修缮井巷路等10条背街小巷,实施东环路综合改造和东大路等4条道路地下管网改造,启动长桥立体智能停车库、北江滨公园三期和林荫游步道一期等项目的建设。建成16个美丽乡村和40个新农村“幸福家园工程”,西兰洋坪明清文化古镇建设初步成型,中房镇岭兜村、飞竹镇塔里洋村入选国家传统村落名录。完成20千米农村公路新改建和起步镇兰港、杭山等一批农村危桥改造,生活污水、垃圾无害化处理设施实现集镇区域全覆盖。

将军帽、滨海新城110千伏输变电工程、起步溪护国段和余家塘段防洪堤二期工程投入运营,海西天然气管网二期罗源段、将军帽15万吨级码头、博澳码头和县粮食中心储备库等项目基本建成,推进霍口大型水库、半章(起步)220千伏输变电工程、源鑫码头、104国道五里至白塔段改线、滨海大通道碧里经鉴江至宁德城澳段等工程建设。

表 89　　**2016 年罗源县乡镇基本情况一览表**

乡镇	辖地面积(平方千米)	人口		社区(村)(个)	农林牧渔业总产值(万元)	规模以上工业总产值(万元)	财政总收入(万元)
		户数(户)	人数(人)				
凤山镇	31.6490	17877	56440	17	5799.3	64908	11165
松山镇	117.8551	10233	38862	23	215814.5	—	5483
碧里乡	100.6794	7501	26000	12	161111.3	—	3310
鉴江镇	66.6910	3826	13345	9	80817.3	16961	714
起步镇	73.0939	8277	28285	21	67455.6	33133	732
洪洋乡	70.1113	4077	13617	18	19865.9	120664	1145
中房镇	132.1026	7295	24538	23	40322.0	18958	528
白塔乡	71.4368	4428	15265	15	24211.6	174526	1943
西兰乡	77.6415	4067	13638	17	24429.3	249750	1717
飞竹镇	120.7924	4641	16147	19	24477.2	53434	697
霍口畲族乡	197.5540	6006	20408	24	32284.6	—	482
开发区	10.1713	—	—	—	—	2448952	34988

说明:数据来自罗源统计局

【社会事业】　科技　2016 年,罗源县全年申请发明专利申请 33 项,授权 14 项,获批福州市知识产权示范企业 1 家。

教育　建成县特殊教育学校,推进义务教育“全面改薄”工程、校安工程、教育信息化和县职业中学实训基地标准化建设。年内有在园幼儿 8052 人,小学在校生 15368 人,初中在校生 5753 人,高中在校生 2865 人,中等职业技术学校在校生 1613 人。

文化体育　完成 6 个乡镇和 113 个行政村(居)综合文化服务场所改造提升。建成八井村畲族非物质文化遗产展示馆,编纂出版《罗源家训》《红韵罗川》等,举办第九届“畲族·凤”民俗文化旅游节。

卫生和计划生育　县医院远程会诊中心投入运行,启动罗源湾海宁医院建设,建成县精神病防治院二期、滨海新城医疗门诊大楼和一批乡镇卫生院“中医馆”。年内霍口乡福湖村被列入市级健康村试点。全年出生人口 3804 人,人口出生率 13.68‰,出生人口性别比 104.3,人口自然增长率 7.72‰。

社会保障　新增城镇就业 2568 人,城镇登记失业率 1.51%,转移农业富余劳动力 6323 人。完成 2000 人的脱贫任务。年内松山镇吕洞村、白塔乡钟下村等 5 个村庄被列入国家乡村旅游扶贫重点村。启动县老年大学综合楼建设,完成“造福工程”搬迁 850 人,建成县级农村幸福院 30 所、慈善安居楼 11 座。

生态建设　实施敖江流域水环境综合整治项目 22 个,拆除禁养区畜禽养殖场 3 万平方米,动建白塔万里安全生态水系项目,重点流域水质持续向好;完成造林绿化面积 1593.33 公顷,超年度计划 36 个百分点;清理淘汰“黄标车”218 辆,城区空气质量位列福州市中上水平。

平安建设　推进“六个专项治理”,执法工作满意率 94.44%,位列全市第一,公众安全感满意率 94.92%,位列全市第二,平安建设知晓率 71.22%,位列全市第七。启动“七五”普法,配置配齐镇村法律顾问。完善应急预案,建全应急保障和防灾减灾体系。

(陈新强　兰克辉)

永泰县

【概况】　永泰县区域面积 2230 平方千米。辖 9 个镇、12 个乡,255 个行政村、12 个社区,户籍人口 38 万人。有畲族、傣族、蒙古族、回族等 12 个少数民族,人口 6000 多人。

2016 年,永泰县实施重点项目 89 个,完成投资 88 亿元,其中,37 个结转项目全部动工,52 个计划新开工项目动工 29 个。全社会固定资产投资完成 89.1 亿元,比上年增长 11.4%,其中项目(不含房地产)投资 43.3 亿元,增长 44.9%。

【经济建设】　2016 年,永泰县实现地区生产总值 144.4 亿元,比上年增长 7.7%;一般公共预算总收入 11.4 亿元,增长 11.2%,其中地方一般公共预算收入 8 亿元,增长 13.3%;城镇居民人均可支配收入 26135 元,增长 8.5%;农村居民人均可支配收入 11790 元,增长 6.5%。

农业　实现农林牧渔业总产值 69.4 亿元,比上年增长 5.3%。完成灾毁耕地复耕面积 2533.33 公顷,稳定粮食生产面积 10533.33 公顷,粮食产量 11.3 万吨,县级储备粮规模增加到 1.1 万吨。发展名特优水果面积 400 公顷,创建李果绿色食品原料基地县。新增培育 15 家市级农业龙头企业,新增 1 家省级农业龙头企业。新增省级休闲农业示范点 2 个、市级示范点 3 个。推进“三品一标”认证,获国家地理标志保护产品 2 个、国家地理标志证明商标 3 个、农产品地理标志 1 个。年内永泰县入选全国休闲农业和乡村旅游示范县。

工业　完成规模以上工业增加值

13.4亿元,比上年增长8.1%,工业固定资产投资完成4.9亿元,增长64.8%。抽水蓄能电站动工建设;轻质加气板材项目竣工投产;新增规模以上工业企业4家。举办中日韩三国注册建筑师交流会,申报一级总承包企业9家,完成建筑业总产值359.6亿元,比上年增长21.2%,建筑业和房地产业税收入库5.58亿元,增长11.6%。税收入库2.64亿元。实现商品房销售面积38.9万平方米,比上年增长21.5%。

服务业　社会消费品零售总额52.6亿元,比上年增长9.7%。冠景温泉酒店、日出东方酒店、青云山假日酒店开业,新增5家限额以上电商企业。举办首届福州(永泰)民俗旅游节、第四届永泰美食节、全国网络媒体旅游宣传主题研讨会等活动。全年接待游客651.4万人次,创旅游产值22.1亿元,分别比上年增长25.1%、30.8%。年内永泰县入选"国家全域旅游示范区"试点县,获国家生态县命名,获评福建省旅游标准化试点县。

招商引资　赴北京、上海、山东等地开展招商工作,收集投资线索120条,达成投资意向34个,签约31个项目,总投资143亿元,促成山东蓬莱八仙过海、东方园林、今日头条等企业项目签约落地。内资实际到资64.8亿元,实际利用外资1840万美元,出口总值38703万元,比上年增长20.3%。

【城乡建设与管理】　2016年,永泰县完成"多规合一"编制工作。推进南城新区开发、县城三环路、环城北路、仙佛路、小汤山周边道路等项目。启动沙浮棚户区改造,完成西门大桥、如意大桥加固工程,完成下林地下停车库、城市片林和南江滨绿道提升等工程。年内省级森林县城创建通过验收。

实施重点项目房屋征收(包括在建续建项目)41个,其中列入市"百日攻坚行动"项目5个,列入县"百日攻坚行动"项目36个;国有土地上房屋征收4宗,集体土地上房屋征收37宗。全年完成房屋征收面积22.7万平方米。开展"两违"综合整治,拆除违法建设597宗、面积35.9万平方米。建设保障性安居工程646套。

美丽乡村建设实施"三边三节点"改造、绿道网建设等131个宜居环境项目,完成投资5.48亿元。推进25个美丽乡村重点村整治,建成市级"幸福家园"示范村6个、县级54个。完成"造福搬迁"130户513人。关闭拆除畜禽养殖52家,新建垃圾转运站8座、污水处理站4座。实施农村路网改造58.7千米,危桥改造3座,完成生态示范路20千米。推进葛岭示范性小城镇建设,嵩口古镇入选首批中国特色小镇。

【社会事业】　科技教育　2016年,永泰县专利申请量574件,比上年增长245.8%,全市排名第一;专利授权量161件,增长57.8%,全市排名第三。永泰一中晋升省一级达标高中,实验幼儿园通过省级示范园验收。动工建设福州市中小学生实践基地、第三实验幼儿园、赤锡中学教学楼;加固三洋中学、二十一中、清凉中心小学教学楼;完成福建农林大学东方学院一期主体装修。出台紧缺学科新任教师补充及教师轮岗工作方案和乡村教师支持计划实施办法。年内创建义务教育基本均衡发展县通过国家评估验收,"全面改薄"通过国家督查。

文化体育　启动第三批国家公共文化示范区创建,"六馆一中心"主体基本建成,实施综合布展和二次装修,艺术中心动工。《永泰县志(1986—2005)》编纂出版。环福州·永泰国际公路自行车赛升级为国内第三个UCI2.1级国际大赛。举办第17届县运会,参加第24届市运会,获金牌30枚。

卫生和计划生育　县中医院和妇幼保健院迁建项目动工建设,县精神病院住院部大楼、城峰卫生院新门诊投用,富泉卫生院门诊楼封顶。落实乡村医生养老保障,整合计生技术服务与妇幼保健资源。全年出生人口5347人,人口出生率13.65‰,人口自然增长率8.95‰,出生人口政策符合率91.43%,出生人口性别比110.26。全年完成免费孕前优生健康检查1059对,依法查处"两非"案件8件。

社会保障　在全市率先成立扶贫开发协会,建立"1+3+N"扶贫捆绑机制,37个贫困村村级收入超过10万元,实现农村富余劳动力转移就业4286人,新增城镇就业2125人,下岗失业人员再就业131人,城镇登记失业率下降至1.94%。完成社会福利中心项目验收,在樟城镇7个社区先行开展社区居家养老专业化服务试点工作。推进农村敬老院建设,在建乡镇敬老院4所,建成乡镇敬老院15所。城镇职工基本养老保险覆盖1.63万人,城乡居民养老保险参保率93%,城镇基本医疗合计参保率96.9%。农村低保标准从2300元提高到3000元,全年发放城乡低保资金3375万元。实施临时救助政策,救助困难群众3350人,发放救济金241万元,城乡医疗救助2万人次,发放救助资金435万元。

生态环境保护　筹备成立永泰县林

鼓樟新苑—鼓楼区对口援建灾后重建安置房项目　(永泰县政府办　供)

业交易中心和国有林业投资公司,完成重点生态区位商品林赎买面积251.6公顷。加强大樟溪流域水环境和村庄整治,设立全省首个水资源保护巡回审判点,治理水土流失面积2033.33公顷。完成造林绿化面积666.67公顷,森林抚育面积2733.33公顷,建设防火林带216.33公顷。注销黄标车147辆,关闭拆除畜禽养殖52个,主要污染物排放总量和单位GDP能耗控制在市下达指标内,空气质量居全市前列。年内国家重点生态功能区获国务院批复。

平安建设　落实安全生产"党政同责、一岗双责"制度。调处矛盾纠纷952件,调处完成946件。推进"一县(市)区一品牌"普法依法治理工作示范点创建,开展一村一法律顾问活动,年内被评为全省依法治理和法制宣传教育工作先进县。

【抗灾救灾】　2016年7月9日,永泰县遭遇特大暴雨洪灾。受1号台风"尼伯特"影响,永泰县全境普降暴雨,从凌晨至上午11时全县21个乡镇降雨量均超100毫米,其中10个乡镇超200毫米,丹云乡、红星乡最大雨量达354毫米。清凉溪流域发生超百年一遇洪水,清凉溪水位最大上涨10米,大樟溪城关水位达32.54米,超警戒1.54米。全县各乡镇均不同程度受灾,樟城、城峰、清凉、白云、红星、丹云等6个乡镇为重灾区;受灾人口9.39万人,转移人员4.18万人,人员失踪2人,死亡9人;倒塌房屋1230间,交通、水利等基础设施损毁严重,直接经济损失15.56亿元。

防抗"尼伯特""莫兰蒂""鲇鱼"3次超强台风灾害,及时转移群众6.2万人次,筹集各方重建资金6.5亿元,实施140个灾后重建项目,完成102个重建项目,完成610户安居工程重建工作。道路交通、农田水利等重建项目按时完成或超前完成建设任务。

表90　**2016年永泰县乡镇基本情况一览表**

乡镇	辖地面积(平方千米)	人口		社区(村)(个)	农林牧渔业总产值(万元)	规模以上工业总产值(万元)	财政总支出(万元)
		户数(户)	人数(人)				
塘前乡	89.45	1578	4770	6	16806	70449	1352.70
葛岭镇	239.04	5025	17443	16	59085	49150	2256.78
樟城镇	5.04	12195	34024	8	2147	35004	762.43
城峰镇	88.18	9779	29168	18	34857	174311	1921.79
清凉镇	105.05	3831	12197	12	60684	36459	4152.50
富泉乡	64.52	2298	7115	9	20293	7283	822.75
岭路乡	114.63	2286	8254	10	27568	—	1084.22
赤锡乡	98.70	4545	16508	15	26072	21395	1028.23
梧桐镇	171.92	12011	40378	22	56976	13372	2498.83
嵩口镇	248.82	10543	32780	21	58855	10013	2509.80
洑口乡	133.12	4280	13795	10	21210	11672	1208.94
盖洋乡	114.54	2969	9705	10	21983	—	623.31
长庆镇	160.72	8231	25393	15	46649	47492	1671.77
东洋乡	48.57	2986	9043	10	18848	7283	586.42
霞拔乡	59.54	5476	17837	11	20648	—	975.80
同安镇	138.90	9923	32370	23	49657	8991	1228.68
大洋镇	107.71	9976	35381	18	47635	12986	1730.58
盘谷乡	30.28	3319	10735	6	19196	11455	790.55
红星乡	46.17	2983	8925	8	21941	2554	713.04
白云乡	105.17	4491	13685	13	42086	—	1843.16
丹云乡	59.80	1284	3955	6	19854	—	534.34

说明:数据来自永泰县统计局、财政局、公安局

(汪文波)

(编辑　郭秋廷)

2016 年在福州市工作的院士

姓　名	出生年月	籍贯	当选年度	职务（职称）	毕业院校	研究领域
谢联辉	1935.3	福建龙岩	1991	中国科学院院士、福建农林大学植物病毒研究所所长（教授）	福建农学院	植物病理学、植物病毒学及天然产物
吴新涛	1939.4	福建晋江	1999	中国科学院院士、中国科学院福建省物质结构研究所研究员	厦门大学	结构化学和簇化学
洪茂椿	1953.9	福建莆田	2003	中国科学院院士、中国科学院福建物构所党委书记、第三世界院士（研究员）	福州大学	无机化学（纳米功能分子和新型无机－有机聚合物）
谢华安	1941.8	福建龙岩	2007	中国科学院院士，福建省农业科学院学术委员会主任，福建省作物品种审定委员会副主任，福建省科学技术协会副主席（研究员）	龙岩农校	三系杂交稻和超级杂交稻育种
付贤智	1957.7	福建邵武	2009	中国工程院院士、福州大学党委副书记、校长（教授）	北京大学	光催化

（苏燕铃）

2016 年福州市先进人物

2016 年全国“五一”劳动奖章获得者（4 人）

姓　名	工　作　单　位	职务（职称）
刘用辉	盛辉物流集团有限公司	董事局主席
王锦萍（女）	福清市城头镇卫生院	村　医
林碧云（女）	福建省屏东中学	数学教研组副组长
田云超	福州华威公交巴士有限公司	副经理

2016年福建省“五一”劳动奖章获得者(33人)

姓　名	工　作　单　位	职务(职称)
刘志强	福建水口发电集团有限公司	机械专工
黄绣江(女)	福州教育学院附属第二小学	教　师
赵美玉(女)	福州市仓山环境卫生管理处	驾驶员
陈　芹(女)	福州市绿化管理处	办公室副主任
倪政云	福州天福集团有限公司	市场部经理
刘栋银	福州顺丰速运有限公司	收派员
陈　飞	福州市交通综合行政执法支队一大队二中队	中队长
陈子荣	东南(福建)汽车工业有限公司	管理部部长
李　芳(女)	中国石化销售有限公司福建福州石油分公司	财务科长
蔡小明	茶花现代家居用品股份有限公司	模具部经理
曾幼菊(女)	福州开发区钜联鞋业有限公司	财务部经理
翁国华	福清市公安局龙田派出所	所　长
刘雁翎	长乐市人民检察院	控告申诉检察科科长
林孔亮	闽侯县人民法院	刑事审判庭审判员
缪　欢	连江县公安局	交通警察大队科员
程道忠	闽清县城建监察大队	监察员
林晓平(女)	罗源县医院	护理部副主任、儿科护士长
兰　平(女)	中共永泰县葛岭镇	纪委副书记
陈望青(女)	福州市鼓楼区城市社会经济调查队	队　长
赵　鼎	福州市天虹百货有限公司	总办主管
沈　波	福州市疾病预防控制中心	预防医学检查科副科长
陈　云	德艺文化创意集团股份有限公司	总经理助理兼研发中心项目组组长
王　林(女)	福州市城乡规划局	机关党委专职副书记
陈明月	福州市公安局鼓楼分局刑侦大队	两抢犯罪侦查队队长
郭德章	福州市农业科学研究所	副所长
陈　炜	福建省福州第八中学	校　长
王香华	中共福州市仓山区建新镇	党委书记
陈润根	福建兴航房地产有限公司	安保员
谢智波	杭州路桥市政设施管养有限公司福州分公司	管理员
冯清山	华能(福建)海港有限公司	作业区经理助理
吴声枝	福建宝中海洋工程股份有限公司	技术主管
何世猛	福耀玻璃工业集团股份有限公司	副总裁
叶晨琛	中国邮政集团公司福州市分公司长寿路支行	行　长

(余荣发)

2016年福州市入选“中国好人榜”“福建好人榜”身边好人名单

姓名	荣誉	工作单位	职务
许鸿升	2016年3月“中国好人榜”身边好人	闽清县公安局刑事侦查大队	副大队长
胡廷枫	2016年5月“中国好人榜”身边好人	福州榕城大学生公益联盟	发起人
林新华	2016年9月“中国好人榜”身边好人	永泰县清凉镇旗山村支部	原书记
潘福惠	2016年1月“福建好人榜”身边好人	闽侯县大湖乡仙山村	村医
郑锦娇	2016年1月“福建好人榜”身边好人	长乐市公路局	原职工
薛秀华	2016年2月“福建好人榜”身边好人	福清市海口镇岑兜村	村民
叶振炎	2016年2月“福建好人榜”身边好人	闽侯县天兴食品有限公司	负责人
林剑	2016年6月“福建好人榜”身边好人	永泰县白云乡白云村	村民
林莹	2016年9月“福建好人榜”身边好人	福清市中医院	退休护士
何友银	2016年10月“福建好人榜”身边好人	长乐鹤上何朱裡村	村民
林花灵	2016年12月“福建好人榜”身边好人	晋安区检察院公诉科	科员

（林艺红）

（编辑　郭秋延）

地方重要文献

为建设“机制活、产业优、百姓富、生态美”的新福州而努力奋斗

——倪岳峰在中国共产党福州市第十一次代表大会上的报告

现在，我代表中国共产党福州市第十届委员会向大会作报告。

这次大会的主要任务是：全面贯彻党的十八大和十八届三中、四中、五中全会精神，认真总结市第十次党代会以来的工作，研究确定今后五年的发展目标和主要任务，选举产生中共福州市第十一届委员会和纪律检查委员会，团结带领全市党员和干部群众，为率先全面建成小康社会，加快建设“机制活、产业优、百姓富、生态美”的新福州而努力奋斗！

过去五年的工作回顾

市第十次党代会以来，十届市委深入学习贯彻习近平总书记系列重要讲话精神和对福建、福州工作的重要指示，认真贯彻落实中央和省委的一系列决策部署，团结带领全市人民抢抓机遇、攻坚克难、砥砺前行，市第十次党代会确定的各项目标任务全面完成，福州新区、海丝核心区、福建自贸试验区福州片区、生态文明试验区、自主创新示范区等“五区叠加”的国家战略优势显现，第一届全国青年运动会圆满举办，蝉联全国文明城市、全国科技进步先进市、国家知识产权示范城市、国家卫生城市等，荣获全国双拥模范城“八连冠”，开创了省会科学发展跨越发展的新局面。

综合实力跃上新台阶。积极引领经济发展新常态，加快转变经济发展方式，经济规模和质量效益实现“双提升”，地区生产总值突破5000亿元、年均增长11.2%，人均地区生产总值超过1.2万美元，一般公共预算总收入、地方一般公共预算收入、固定资产投资比2010年翻一番。现代产业体系加速形成，三次产业结构优化调整为7.7∶43.6∶48.7，形成5个千亿元产业、10家百亿元企业和4个七百亿元园区，纺织化纤成为首个超两千亿元产业，高新技术产业增加值占GDP比重比2010年提高4.8个百分点，第三产业占GDP比重比2010年提高2.6个百分点。转型发展加速推进，规上工业经济效益综合指数达286%，单位GDP能耗降低率超额完成省里下达的节能目标。

城乡发展呈现新面貌。闽江口、三江口等重点组团建设取得突破，城市建成区面积达260平方公里，常住人口城镇化率提高到67.7%。承载功能持续增强，合福高铁、京台高速、三环快速、琅岐闽江大桥等重大基础设施项目建成，福州航空成功组建并投入运营，福州机场旅客年吞吐量突破千万人次。宜居品质不断提高，旧屋区改造、景观整治等扎实推进，新型智慧城市标杆市启动建设。城乡一体化进程加快，新型城镇化、新农村“幸福家园工程”和美丽乡村建设加速推进。历史文化名城保护力度加大，闽都文化发掘传承持续加强，朱紫坊、上下杭等历史文化街区保护开发取得新成效，三坊七巷荣获联合国亚太地区“文化遗产保护奖”并获评国家5A级景区，“福州茉莉花与茶文化系统”入选联合国全球重要农业文化遗产。精神文明创建活动深入开展，市民素质和社会文明程度不断提升。生态文明建设持续推进，建成区绿化覆盖率达43.4%，森林覆盖率位居全国省会城市第二位，空气质量优良率保持全国前列，被评为全国首批创建生态文明典范城市。

改革开放取得新成果。政府职能加快转变，政府机构改革和三轮简政放权顺利实施，市行政服务中心、市民服务中心、市公共资源交易服务中心建成运行，市行政服务中心获得全国“质量之光”质监改革创新示范奖。国资监管和国企改革稳步推进，成为国务院国资委指导监督地方国资监管工作联系点。民主法制、社会治理、财政金融、社会事业、农业农村等领域改革深入开展。开放型经济快速发展，五年实际利用外资72.73亿美元，新增11家来榕投资或设立机构的世界500强企业，落地民资回归项目143项、总投资1855亿元。福州新区全面推进5大方面18条改革任务，福建自贸试验区福州片区推出7批77项体制创新举措，中国—东盟海产品交易所、江阴整车进口口岸等取得新的成效，丝绸之路国际电影节、海丝国际旅游节等成功举办。榕台交流合作深入拓展，五年累计批准台资项目338项、合同台资18.77亿美元，海峡青年节等重大活动成功举办，黄岐至马祖的海上客运航线实现通航，福州被列为海峡两岸电子商务经济合作实验区、赴台个人游试点城市，成为大陆省会城市中台湾银行入驻最多的城市。

民生福祉获得新提升。五年累计为民兴办实事项目115项431件，每年财政支出用于民生方面比重保持70%以上，城乡居民人均可支配收入年均分别增长10.9%、12.8%，实现城镇新增就业73.95万人，转移农业富余劳动力26.7万人。城乡居民基本养老保险制度实现全覆盖，城乡低保、医保财政补助等标准持续提高，建成保障性安居工程11.6万套，实施旧屋区改造项目259个。社会福利、社会救助、社会慈善等工作有效开展，残疾人事业发展和关心下一代工作进一步加强，居家养老服务工作入选“中国社会治理创新范例”。老干部民生督导作用充分发挥，一批民生问题得到有效解决。县域义务教育基本均衡率先实现，基层医疗卫生服务覆盖率达100%，国家公共文化服务体系示范区启动创建，“城市15分钟、农村30分钟公共文化服务圈”初步形成。环福州·永泰国际公路自行车赛、中国羽毛球公开赛等大型体育赛事成功举办。精准扶贫、精准脱贫成效明显，五年全市贫困人口减少13.5万人。安全生产“党政同责、一岗双责”严格落实，网格化社会服务管理工作全面开展，省会城市保持安定稳定。

民主法治迈出新步伐。进一步发挥地方国家权力机关作用，积极支持市人大及其常委会依法履行职责，制定修改了22项地方性法规，监督“一府两院”的职能不断加强。积极支持市政协发挥协商民主重要渠道和专门协商机构作用，注重政协专题调研、委员视察、提案办理等协商议政成果应用，推动协商民主广泛多层制度化发展。切实加强党对统战工作的领导，抓好新形势下党外代表人士队伍建设，政党关系、民族关系、宗教关系、阶层关系、海内外同胞关系和谐发展。全面推进依法治市，立法、执法、司法、普法工作取得新成效。全面加强党管武装工作，军民融合发展深入推进，国防动员后备力量建设和双拥共建取得新进展。切实改进党的群团工作，工会、共青团、妇联等人民团体的桥梁纽带作用有效发挥。

五年来，在推动经济社会发展的同时，我们始终坚持党要管党、从严治党，全面落实党建主体责任，以改革创新精神全面推进党的建设新的伟大工程，各级党组织的创造力、凝聚力、战斗力不断提升，为福州各项事业发展提供了坚强组织保证。

理论武装全面加强。落实党的意识形态工作责任制，稳步推进思想政治建设，精心组织广大党员干部深入学习习近平总书记系列重要讲话精神和对福建、福州工作的重要指示，增强“四个意识”，坚定“四个自信”。扎实开展党的群众路线教育实践活动，探索形成市委常委会改进作风《意见》等一批制度成果。从严开展“三严三实”专题教育，全市县处级以上干部查摆出问题2173个，逐一建立清单抓好整改。注重分类指导，扎实开展“两学一做”学习教育。

基层组织创新发展。坚持抓基层、打基础，强化各级党委（党组）抓党建的主体责任，完善市县乡三级“联述联评联考”制度，层层抓落实的党建工作格局进一步形成。持续开展软弱涣散基层党组织整顿转化工作，“135”社区党建工作模式、基层党建责任“查述问评”考评机制获全国基层党建创新最佳案例。坚持问题导向，自觉接受监督，中央和省委巡视工作的整改意见有效落实。

队伍建设持续加强。按照“好干部”标准，出台加强干部队伍建设意见，顺利完成县（市）区、乡镇党委换届工作。创新开展选拔自贸试验区中层正职领导干部及市场化选聘市管国有企业副职工作，积极从省外和省直单位引进市管干部，干部队伍结构进一步优化。实施年轻干部培养锻炼“墩苗计划”和“四个双向”挂职锻炼工程，选派290名优秀干部到对口帮扶地区、先进地区、革命老区以及省直单位、平潭等地挂职锻炼。完善干部选任工作“一报告两评议”制度，扎实做好整治“三超两乱”、“裸官”等工作。实施闽都人才聚集工程，入选省级以上各类人才计划的高端人才数量位居全省前列。

作风建设深入推进。大力弘扬“马上就办、真抓实干”优良传统，坚持开展拉练式检查、“四个万家”、“三比一看”、“企业服务月”等活动，完善重大项目协调例会、“一把手”集体约谈等制度，引导广大干部深入基层、解决问题、服务发展。严格执行中央八项规定精神，建立常态化监督机制，纠正“四风”工作取得阶段性成效，共查处违反中央八项规定精神问题641起，处理1186人。创新民主评议政风行风工作，开展“让人民满意”媒体直播民评活动，政风行风建设得到加强。出台整肃“为官不为”、实行“下课问责”《暂行办法》，问责295人次（单位），给予党纪政纪处分60人次。

惩治腐败坚决有力。认真落实“五抓五看”要求，出台落实党风廉政建设党委主体责任和纪委监督责任《实施意见》，制定责任清单，层层传导压力，压实“两个责任”。完善行政权力阳光运行平台，在全省率先开展廉政风险防控工作，加强公共资源交易监管，深入开展清理公务用车、治理“小金库”、整改办公用房等专项整治。坚持惩治与教育相结合，把握运用“四种形态”，去年以来廉政谈话函询、轻处分、组织（适当）处理占79.1%。保持惩治腐败高压态势，五年来全市纪检监察机关共立案4136件，党纪政纪处分3848人，其中县处级干部案件80件。

回顾五年历程，成绩来之不易，这是中央和省委坚强领导的结果，是历届市委市政府接续努力、全市人民共同奋斗的结果。在此，我代表中共福州市第十届委员会，向全市广大党员干部群众，向中央驻闽机构、省直机关，向驻榕部队、武警官兵，向各民主党派、工商联、无党派人士，向所有关心支持福州发展的港澳台同胞、海外乡亲和国际友人，表示衷心感谢和崇高敬意！

在总结成绩的同时，我们也必须清醒地看到，当前国际形势继续发生深刻复杂变化，国内区域竞争更趋激烈，我们的工作还存在不少问题和不足。主要是：转方式、调结构、促转型面临不少困难，产业结构不够优、规模不够大、创新不够强等问题比较突出；全面深化改革进入攻坚期和深水区，突破思想观念的禁锢和利益固化的藩篱难度加大；城市建设发展带来的新矛盾和历史遗留问题日益突出，交通拥堵、内河污染、城市内涝以及公共服务资源供给能力不强等问题亟待解决；城乡、区域发展还不平衡，新型城镇化进程需要加快；社会建设和社会治理任务繁重，全社会崇尚法治的环境有待进一步形成；一些党员干部政治素养、能力素质与新形势新任务的要求不相适应，精神懈怠、脱离群众、为官不为、消极腐败等问题还不同程度地存在，党要管党、从严治党十分紧迫。这些都有待我们在今后工作中精准施策、认真解决。

今后五年的目标任务

福州是习近平总书记曾经长期工作生活的地方，是习近平总书记治国理政思想的重要形成地和实践地。上个世纪90年代，习近平同志亲自领导福州的现代化建设，确立了“3820”工程、闽江口金三角经济圈、“海上福州”、现代化国际城市等符合科学发展规律的战略思路，倡导了“马上就办、真抓实干”、“四个万家”等优良作风，有力推动福州实现历史性大发展，这是福州人民的骄傲和自豪，更是我们奋发进取的巨大精神动力。我们必须倍加珍惜这一宝贵财富，继续按照习近平总书记亲自描绘的美好蓝图，万众一心，奋勇前进，不断续写福州发展新篇章。

今天，福州发展的“接力棒”历史性地交到我们手中。面对新形势新任务，我们要有敢于担当的使命感、时不我待的紧迫感、奋起赶超的危机感。使命感源自不容懈怠的省会责任。福州作为省会，在全省新一轮发展中勇于挑大梁、当好排头兵，充分发挥龙头引领作用，这既是省委寄予的殷切期望，更是省会义不容辞的神圣使命。紧迫感源自不可错失的大好机遇。伴随着中央对福建的支持力度持续加大，闽江口金三角经济圈的战略地位进一步凸显，“五区叠加”重大机遇效应势必加速释放，福州迎来了历史上少有的机遇最多、最优、最密集的黄金发展期，能不能用好机遇、跨越赶超，是对我们最现实、最紧迫的考验。危机感源自不进则退的竞争格局。经过改革开放30多年的快速发展，福州既蓄积了实现新一轮创业的强大势能，也面临着矛盾交织叠加的复杂挑战，更置身于百舸争流、千帆竞发的发展格局，乘势而上、奋勇争先是我们必须面对的现实抉择。我们要认真贯彻省委尤权书记提出的“四个新的进展”重要要求，认清责任使命，强化省会担当，珍惜大好局面，坚定发展信心，夙夜在公，奋发进取，努力为再上新台阶、建设新福建作出新的更大贡献。

今后五年全市工作的指导思想是：高举中国特色社会主义伟大旗帜，坚持以马克思列宁主义、毛泽东思想、邓小平理论、“三个代表”重要思想、科学发展观为指导，深入贯彻习近平总书记系列重要讲话精神和对福建、福州工作的重要指示，紧紧围绕“五位一体”总体布局和“四个全面”战略布局，自觉践行五大发展理念，积极抢抓“五区叠加”战略机遇，以务实的精神补短板，以创新的思维促改革，以赶超的勇气谋发展，“马上就办、真抓实干”，加快建设“机制活、产业优、百姓富、生态美”的新福州，率先全面建成小康社会，努力当好带动全省经济社会发展的排头兵。

今后五年主要发展目标是：

——龙头引领更加凸显。发展的平衡性、协调性、可持续性位居全省前列，区域中心城市辐射带动能力显著提升，省会排头兵地位更加突出。福州新区建设取得重大突破，成为带动全省加快发展的新引擎。先行先试、率先发展的作用明显增强，引领全省发展方式转变。

——经济实力大幅提升。地区生产总值年均增长9%左右，经济总量提前实现比2010年翻一番，在全国省会城市中位次前移。供给侧结构性改革取得明显成效，产业发展迈向中高端。培育形成1个三千亿元产业、4个两千亿元产业、2个一千亿元产业和20家百亿元企业，服务业增加值占地区生产总值比重超过50%。

——发展活力全面增强。重要领域和关键环节改革取得决定性成果，法治化、国际化、便利化的营商环境加快形成。“一带一路”战略深入实施，福建自贸试验区福州片区建设取得重大突破，开放型经济发展水平不断提升。自主创新示范区福州片区建设提速，科技进步贡献率持续提高，创新型省会城市建设取得明显进展。

——城乡面貌明显改善。中心城市功能加快完善，老城区提升和新城区拓展协调推进。以人为核心的新型城镇化加快推进，户籍人口城镇化率加快提高，城乡一体化进入新阶段。交通拥堵明显缓解，内河污染有效整治，城市内涝加快解决。生态环境质量保持全国领先，绿色发展水平显著提升，美丽福州的魅力进一步凸显。

——幸福指数显著提高。提前实现城乡居民人均可支配收入比2010年翻一番，现行标准下贫困人口提前实现脱贫。教育、医疗、文化、养老、安全、住房等公共服务体系更加健全，基本公共服务均等化和社会保障水平稳步提升。社会主义核心价值观深入人心，闽都文化和城市精神传承发扬，人民素质、法治水平和社会文明程度显著提高，省会城市保持和谐稳定。

同志们，习近平总书记当年确立的“3820”工程、闽江口金三角经济圈的战略思路，引领着福州波澜壮阔的改革开放历程，奠定了省会加速崛起的坚实基础。建设“机制活、产业优、百姓富、生态美”的新福州，是我市贯彻落实习近平总书记对福建工作重要指示的具体实践，是新时期传承延续“3820”工程、闽江口金三角经济圈战略思路的重要载体,也是我省再上新台阶、建设新福建宏伟蓝图在榕城大地的生动体现。“百姓富、生态美”是奋斗目标,“机制活、产业优”是实现路径,两者相辅相成、互为一体,构成了未来福州发展的总方略。实现这一愿景,关键在“马上就办、真抓实干”。全市广大党员干部都要坚决一点、快一点,积极投身建设新福州的火热实践,主动参与攻坚行动,以快的节奏、快的效率、快的行动,努力把美好蓝图变成现实。

今后五年,我们要突出抓好以下四个方面工作:

(一)强化动力支撑,着力建设机制活的新福州。紧紧盯住阻碍福州发展的体制机制问题,坚持大胆闯、大胆试、自主改,全面增强省会发展的动力和活力,在改革开放上不断取得新的进展。

用活战略机遇。认真落实国家赋予的重大战略,创新体制机制,释放改革红利,切实把“五区叠加”机遇转化为省会发展优势,努力拓展更大发展空间,培育更强发展动能。聚焦福州新区开放开发,着眼打造改革开放试验田,以行政管理体制、投资贸易便利化机制等为重点,探索建立充满活力、富有效率、更加开放的体制机制,努力建设具有较强经济影响力、区域带动力和环境吸引力的国家级新区,切实在新一轮改革开放中发挥引领示范作用。创新全面融入海丝核心区建设机制,加快互联互通枢纽、经贸合作基地和人文交流平台建设,更高层面、更广领域加强与海丝沿线国家和地区的开放合作,打造海丝战略支点城市。加快福建自贸试验区福州片区建设,在投资管理、贸易服务、金融开放、事中事后监管等领域探索形成一批可复制、可推广的创新成果,打造体制创新和对外开放新样板。推进国家生态文明试验区建设,探索建立生态保护补偿、资源有偿使用、破坏环境终身追责等制度,建立地方财力与保护责任、收益程度相匹配的管理体制,形成生态文明建设新模式。坚持制度创新与科技创新相结合,加快国家自主创新示范区福州片区建设,探索创业创新孵化新机制,打造一批具有较强区域竞争力的产业,形成以创新为主要引领和支撑的经济体系和发展模式。

激活市场活力。着眼充分发挥市场在资源配置中的决定性作用和更好发挥政府作用,推出一批既解决当前难题、又利于长远安排的改革举措,让市场主体真正受益。加强供给侧结构性改革,着力去产能、去库存、去杠杆、降成本、补短板,以机制创新矫正要素配置的扭曲,增强供给结构对需求变化的适应性和灵活性。深化国有企业改革,完善现代企业制度,推进经营性国有资产集中统一监管,稳妥发展混合所有制经济。实施强县(市)扩权改革,完善有利于县域经济发展的行政管理、财税管理、指标考核等机制。加快政府职能转变,健全完善政府权责清单制度,积极探索相对集中行政许可权改革,加快建设服务型政府。拿出当年为企业“松绑放权”的勇气,进一步加快行政审批制度改革,着力在简政上下功夫,对于没有法律法规依据的审批事项一律取消,对于市场能够有效调节的审批事项一律取消。加强行政服务中心、市民服务中心、公共资源交易服务中心改革创新,建立健全服务窗口动态增减机制,彻底消除市民办事排长队问题。积极构建“亲”、“清”新型政商关系,营造风清气正的发展氛围。

搞活对外开放。探索推行跨部门招商协作机制和跨园区、跨地区招商效益分享机制,大力实施定向定点精准招商,着力引进一批大项目、好项目,增强招商引资的针对性和有效性。探索建设一批经贸合作示范区,建立促进双向投资新模式,推动福州企业“走出去”。深化与海内外乡亲的沟通联络机制,持续实施“回归工程”,吸引更多的榕籍乡亲回乡投资创业,广泛汇聚侨资侨力侨智。推进对台合作体制机制创新,加快建设海峡两岸电子商务经济合作实验区、两岸金融创新合作示范区、环马祖澳旅游区,深化海峡两岸经贸交易会、海峡青年节、海峡两岸民俗文化节、两马同春闹元宵、海峡两岸合唱节、石竹山梦文化节等对台交流活动,不断增强交流合作实效。完善常态长效的区域协作机制,推进政策、信息、技术、市场等对接共享,扎实做好援藏、援疆、援宁等工作,加强与渭南、延安等城市的对口合作,密切与省内兄弟城市的交流协作,做好与省内扶贫开发重点县的结对帮扶等工作。

(二)加快转型升级,着力建设产业优的新福州。坚持以提高经济发展质量和效益为中心,在创新驱动中加速转型,在做大总量中优化结构,在加快发展中提升质量,着力构建具有福州特色的现代产业体系。

强化创新驱动。坚持把创新作为推动产业转型升级的核心动力,以建设国家自主创新示范区为抓手,以建设福州新区国家级“双创”示范基地为重点,整合创新资源,广纳创新要素,优化创新环境,加快建设创新型省会城市。持续提升自主创新能力,加大研发投入,在重点企业、产业基地、产业园区建设一批高水平的创新平台,努力攻克和掌握一批核心关键技术,抢占未来发展制高点。强化企业创新主体地位,大力支持企业应用现有技术创新提升,鼓励企业强化质量控制,加强知识产权保护,着力培育一批创新企业群。发挥在榕科研院所和高校技术密集优势,大力推进产学研合作,共建研发平台,构建创新联盟,促进更多科研成果就地转化,催生一批高科技企业。加快建设众创、众包、众扶、众筹“四众”支撑平台,大力扶持青年创新创业。深入实施人才优先战略,加快推进闽都人才聚集区和中国福州海西引智试验区建设,着力打造人才高地,营造有利于大众创业、万众创新的良好环境。

优化产业结构。围绕消费升级和市场需求,坚持做优存量、做大增量,着力推进产业结构战略性转型,加快构建以战略性新兴产业为引领、现代服务业为主体、先进制造业为支撑的现代产业体系。坚持把主导产业作为基本盘,抓龙头、铸链条、建集群,逐一梳理产业链条短板,突出引进培育龙头企业,精准招引上下游配套企业,推动纺织化纤、轻工食品、机械制造、冶金建材、电子信息等主导产业分别跃上一个新的千亿元层级,石油化工、新能源产业进入千亿元产业序列,更好地发挥产业集聚效应和规模优势。主动融入“互联网+”战略,更大力度推进工业化、信息化深度融合发展,着力培育物联网、大数据、云计算、汽车电子、人工智能、可穿戴设备等战略性新兴产业和高新技术产业，努力催生更多新的经济增长点。以推进鼓楼区国家服务业综合改革试点等为契机，大力发展现代服务业，着力打造海西现代服务业中心。加快发展都市现代农业，做强农业优势产业和龙头企业，鼓励发展农民合作社和家庭农场，提升农业产出效益和管理水平。理顺管理体制，提升发展园区经济，按照特色化、差异化的发展思路，进一步做大做强23个重点园区，引导企业向同类产业或配套产业相对集中的园区集聚，大力培育特色鲜明的主导产业，促进形成分工明确、优势互补的园区布局体系，加速培育一批千亿元园区。

着力特色发展。立足各县(市)区的区位条件、资源禀赋和产业基础，发挥比较优势，选准发展重点，注重分工协作，坚持错位发展，做大做强县域经济。发挥金融机构集聚优势，继续实施“引金入榕”工程，加快建设海西现代金融中心区，培育发展新型金融业态，拓宽金融业增加值来源，提高金融业经济贡献率。发挥生态、区位等优势，加强总部企业的招引力度，加快建设闽江北岸中央商务区、三江口中央商务区等服务业集聚区，打造总部经济高地。发挥旅游资源优势，大力发展清新生态旅游、闽都文化旅游、温泉休闲旅游等，打造国际旅游城市。发挥海洋资源优势，坚持以海岛、海岸带、海域开发为主攻方向，点、线、面有机结合，大力发展高端临海产业、涉海服务业、生物医药、现代渔业等产业，重点抓好蓝色经济产业园建设，着力打造海峡蓝色产业带，提升海洋经济发展水平，加快建设“海上福州”。

(三)突出共建共享，着力建设百姓富的新福州。坚持以人民为中心的发展思想，按照人人参与、人人尽力、人人享有的要求，坚守底线、突出重点、完善制度、引导预期，不断增强人民群众的获得感和幸福感。

增进民生福祉。人民群众关注的问题，就是党委政府工作的重点。要持续加大民生投入，补齐民生事业发展短板。实施收入倍增计划，多渠道增加居民财产性收入。实行更加积极的就业政策，推动创业带动就业，继续抓好高校毕业生、残疾人、就业困难人员等重点群体就业工作。实施教育优先战略，深化教育领域综合改革，解决学前教育“入园难”问题，推进义务教育优质均衡发展，逐步实施高中阶段免费教育，打造现代职业教育体系，支持市属高等院校建设，办好人民满意教育。深化医药卫生体制改革试点工作，建立覆盖城乡居民的基本医疗卫生制度，加快市妇幼保健院新院等医疗卫生基础设施建设，全面提升公共医疗服务水平，有效解决“看病难、看病贵”问题。坚持保基本、全覆盖、兜底线、促公平、可持续，扩大城乡基本养老、基本医疗和失业、工伤、生育保险覆盖面，健全保障性住房建设、分配和退出机制，提升居家养老和社区服务专业化水平，完善社会救助体系，发展公益慈善事业。积极应对人口老龄化，大力发展老龄事业。坚持输血、造血相结合，坚决打赢精准扶贫、精准脱贫攻坚战，确保2017年现行扶贫标准贫困人口全部脱贫。推进健康福州建设，广泛开展全民健身活动，促进群众体育和竞技体育协调发展。

弘扬先进文化。切实加强舆论阵地建设和新闻舆论工作，牢牢把握正确舆论导向。坚持社会主义先进文化前进方向，大力培育和自觉践行社会主义核心价值观，持续深入开展精神文明建设活动，繁荣发展哲学社会科学，弘扬主旋律，传播正能量，不断提升公民的道德素质和文明素养。以创建国家公共文化服务体系示范区为目标，推进文化惠民工程，加快海峡文化艺术中心、海峡青少年活动中心等重大公共文化设施建设，切实保障人民群众的基本文化权益，不断满足人民群众日益增长的精神文化需求。加强历史文化名城、非物质文化遗产和海上丝绸之路福州史迹保护，持续推进三坊七巷、朱紫坊、上下杭、烟台山等历史文化街区(风貌区)和名镇名村保护修复，加强红色文化保护、传承和弘扬，打响闽剧、陈靖姑文化等优秀传统文化品牌，让闽都文化焕发新的光彩。实施文化精品工程，坚持以人民为中心的创作导向，创作一批优秀文化作品。进一步深化文化体制改革，持续推动市属媒体改革创新，促进传统媒体和新媒体融合发展。加快推进闽台(福州)文化产业园、中国船政文化城和福州漆艺术研究院等建设，大力扶持创意设计、动漫游戏、现代传媒、传统工艺美术等产业快速发展，努力使文化产业成为新的支柱产业。

创新社会治理。立足人口变化新趋势新结构，全面推进网格化服务管理、公共安全云平台建设和群防群治工作，不断健全社会治安立体化防控体系。坚持在社会治理中发挥群众主体作用，主打“全民牌”，努力走出一条党政主导、社会动员、群众参与的社会善治之路。深化“平安福州”建设，依法打击各类违法犯罪行为，预防暴力恐怖活动，维护省会城市安全稳定。加强诚信福州建设，逐步建立覆盖全社会的信用档案，健全完善守信激励和失信惩戒体系。高度重视安全生产，强化食品药品安全责任落实，扎实抓好自然灾害防灾救灾减灾工作，切实维护人民群众生命财产安全。

建设法治福州。坚持“科学立法、严格执法、公正司法、全民守法”的方针，深入推进全面依法治市进程。加强市委对立法工作的领导，理顺立法体制机制，加快重点领域立法，推动立法与市委重大决策相统一、相衔接，不断提升立法质量。建设法治政府，明晰政府权力清单，深化行政执法体制改革，加强执法队伍建设和监督，坚决查处和纠正各类执法不公、不廉、不规范行为。积极稳妥推进司法体制改革，完善司法权力运行和司法监督管理机制。深入开展法治宣传教育，扎实推进“七五”普法工作，引导人民群众争做社会主义法治的忠实崇尚者、自觉遵守者、坚定捍卫者。

(四)构筑共同家园，着力建设生态美的新福州。以建设现代化国际城市为目标，遵循城市发展规律，着力围绕精致、人文、生态、特色做文章，提升城市规划建设管理水平，推动城市发展从规模扩张向内涵提升转型，让人民群众有更强的归属感和认同感。

提升城市品质。严格落实城市总体规划，加快推进“多规合一”，提升城市规划设计水平，保护城市自然山水环境格局。

强化国际空港、海港、国家铁路、高快速路网枢纽功能,大力实施公交优先战略,加快地铁项目建设,优化城区路网结构,建设海西重要交通枢纽城市。推进城市修补、生态修复工作,加大旧屋区改造力度,持续抓好交通拥堵、"两违"等综合整治,推进城区道路及附属设施全面更新改造,开展老城社区微改造,提升物业管理服务水平,推动老城焕发新颜。以海绵城市试点建设为抓手,坚持系统综合施策,持续推进城区水系综合治理,强化雨污水管网新建改造和黑臭水体治理,完善沿河截污调蓄系统,加快闽江防洪防潮等工程建设,着力构建生态水系。加快城市地下综合管廊建设,加大地下空间开发利用力度。加强城市精细化管理,建设国家新型智慧城市标杆市,打造管理、执法、服务"三位一体"城市管理模式。

推进城乡统筹。发挥中心城区核心带动功能,以福州新区为战略支撑,加快建设一批卫星城、区域中心城、小城镇,努力打造梯次分明、结构合理、功能互补、城乡交融的城镇体系。深入实施"大城关"战略,加强公共资源优化配置,提升吸纳就业、集聚人口的能力。以江阴、青口等省级"小城市"培育试点为示范,加快发展一批经济强镇、文化重镇、特色小镇,培育壮大城镇群。深入实施新农村"幸福家园工程",持续开展农村环境综合整治,加快古村落、古建筑保护修复,建设美丽乡村。推进福州大都市区建设,促进福莆宁连片繁荣、共同发展。

建设生态家园。践行绿色发展理念,加强资源环境生态红线管控,建立生态文明绩效评价体系,大力发展绿色、低碳、循环经济。加强生态环境保护,筑牢生态安全屏障,建立陆海统筹的生态系统保护修复和污染防治区域联动机制,抓好大气、水环境、噪声污染、近海水域环境污染等治理。创建国家森林城市,扎实推进城市绿道与慢行系统建设,努力提升城市绿化水平。发挥禀赋优势,做足山水文章,注重景观设计"借山用水",建筑布局"显山露水",让群众看得见山、望得见水、记得住乡愁,真正让"有福之州"成为靓丽的城市名片。

推进全面从严治党

为建设新福州提供坚强保障

建设新福州、当好排头兵,核心在党,关键在人。全市各级党组织要把全面从严治党的要求贯穿始终,增强自我净化、自我完善、自我革新、自我提高能力,坚持不忘初心、继续前进,为建设"机制活、产业优、百姓富、生态美"的新福州提供坚强政治和组织保障。

(一)加强思想理论武装,坚定正确政治方向。深入学习贯彻习近平总书记系列重要讲话精神和对福建、福州工作的重要指示,引导广大党员干部准确把握中央治国理政新理念新思想新战略,补足精神之"钙",筑牢思想之"魂",牢固树立"四个意识",自觉增强"四个自信",始终在思想上政治上行动上同以习近平同志为总书记的党中央保持高度一致。严格落实意识形态工作责任制,始终牢牢掌握意识形态工作的领导权、管理权、话语权。持续深化党内经常性学习教育,引导党员干部尊崇践行党章党规。进一步加强学习型党组织建设,落实和完善党委(党组)中心组学习、党员干部定期培训等制度,促进党员干部知识结构更新和素质能力提升。

(二)强化基层服务功能,筑牢坚强战斗堡垒。坚持把党建工作的重心放在基层,统筹推进农村、社区、机关、企事业单位、学校等基层党组织建设,加大"两新"组织党建工作力度,实现党的组织、党的工作和党员作用发挥全覆盖。加强基层服务型党组织建设,持续创新服务载体,改进服务方式,健全服务机制,强化服务功能,通过服务贴近群众、团结群众、引导群众、赢得群众。持续深化"135"社区、"168"农村、"1263"机关、"365"非公企业基层党建工作模式,选优配强基层党组织带头人,坚决整顿软弱涣散基层党组织,不断提升基层党建整体水平。加强党员队伍建设,把好党员入口关,畅通出口关,关心爱护长期在基层和艰苦岗位工作的党员和基层干部,激发广大党员干部的积极性、主动性和创造性,增强基层党组织的凝聚力、向心力和创造力。

(三)马上就办、真抓实干,持续加强作风建设。坚持"三严三实",持之以恒反"四风"、转作风。继承和发扬"四下基层"、"四个万家"等好作风好做法,推动党员干部深入基层、深入群众、深入企业,更好地解民忧、促发展,进一步密切党群干群关系。深化机关效能和作风建设,强化重大决策和重大事项落实情况的监督检查,大力整治"为官不为"、"庸懒散拖",推动各级干部贯彻上级决策部署态度坚决一点、行动快一点,让人民群众早一点得实惠、多一份获得感。发扬"钉钉子"精神,以锲而不舍的韧劲持续推进项目攻坚行动,全力抓好工作落实,确保干一件成一件、积小胜为大胜。

(四)坚持一线考察干部,彰显鲜明用人导向。认真贯彻《党政领导干部选拔任用工作条例》,改进干部评价和选拔任用方式,建立一线考察干部工作机制,在抢险救灾、精准扶贫、维稳处突、征地拆迁、项目建设等急难险重任务和日常工作一线,坚持通过收集"责任清单"、掌握"问题清单"、核实"成绩单"等办法,客观准确评价干部责任担当、能力水平和实际成效。重视考察结果运用,将其作为干部培养、使用和奖惩的重要依据,真正让"能者上、庸者下、劣者汰"成为鲜明导向。

(五)严明党的纪律规矩,永葆清正廉洁本色。坚决把纪律和规矩挺在前面,严格执行《中国共产党廉洁自律准则》《中国共产党纪律处分条例》《中国共产党问责条例》《中国共产党党内监督条例(试行)》等党内法规,严明政治纪律和政治规矩,全面净化党内政治生态。严格贯彻落实民主集中制、请示报告制度、党内组织生活制度、领导干部保密工作责任制等制度要求,确保党的每一项制度都执行到位。按照"五抓五看"的要求,全面落实党风廉政建设党委主体责任和纪委监督责任,用好监督执纪"四种形态",始终保持反腐高压态势,无禁区、全覆盖、零容忍惩治腐败行为。坚决整治和查处侵害群众利益的不正之风和腐败问题,全面推进市县党委巡察制度,持续发力加压,推动全面从严治党向基层延伸。加强对权力运行的监督,加快构建具有福州特色的惩防体系,形成不敢腐、不能腐、不想腐的有效机制。

（六）强化党的领导核心作用，凝聚团结干事合力。落实各级党委（党组）抓党建的主体责任，完善市县乡三级“联述联评联考”等制度，推动形成上下联动、齐抓共管的党建工作格局。加强市委常委会自身建设，完善全委会、常委会工作和议事规则，提高决策能力和领导水平，更好发挥总揽全局、协调各方的作用，持续巩固团结干事、合力攻坚的良好局面。支持各级人大及其常委会依法行使职权，加强立法、决定、监督、任免等各项工作。支持政府依法充分履行职责，增强执行力，全力以赴抓好重大决策部署贯彻落实，集中精力推动经济社会发展。支持人民政协履行职能，推进政治协商、民主监督、参政议政制度化、规范化、程序化。支持和保障司法机关依法独立公正行使审判权和检察权。全面加强统一战线工作，积极为各民主党派、工商联、无党派人士发挥作用搭建平台。做好新形势下党的群团工作，保持和增强各级群团组织的政治性、先进性、群众性。加强党管武装工作，突出武装干部队伍建设，发扬拥军优属、拥政爱民的光荣传统，深入开展“百村百连结对子、军民融合促发展”等双拥共建活动，努力创建军民融合创新示范区，推动双拥工作再上新水平。

各位代表、同志们，再过五年，我们就将迎来建党 100 周年，谱写中国梦福州篇章的冲锋号角已经吹响。让我们更加紧密地团结在以习近平同志为总书记的党中央周围，在省委的正确领导下，马上就办、真抓实干，为率先全面建成小康社会，加快建设“机制活、产业优、百姓富、生态美”的新福州而努力奋斗！

加快建设新福州全力当好排头兵

——中共福建省委副书记、福州市委书记倪岳峰 2016 年 12 月 27 日在全市经济工作会议上的讲话

这次会议的主要任务是，认真学习贯彻中央、全省经济工作会议精神，总结今年经济工作，部署明年工作任务，动员全市上下抢抓机遇、加压奋进，全力推动经济社会持续健康发展，加快建设“机制活、产业优、百姓富、生态美”的新福州，努力为“再上新台阶、建设新福建”作出新的贡献。根据市委常委会研究的意见，我讲三点意见。

一、深刻领会精神，科学研判形势，坚定做好明年经济工作的信心和决心

12 月 14 日至 16 日，中央经济工作会议在北京举行。习近平总书记发表重要讲话，深刻总结了党的十八大以来特别是今年经济工作，深入分析了国际国内经济形势，科学阐明了明年经济工作的主要目标和宏观政策，全面部署了深化供给侧结构性改革、加快推进关键性改革等重点工作，并对加强和改善党对经济工作的领导提出了明确要求。讲话通篇贯穿辩证唯物主义和历史唯物主义的立场、观点、方法，思想性、战略性、指导性很强，闪耀着马克思主义真理的光芒，是一篇中国特色社会主义政治经济学的重要文献，是党的十八大以来，以习近平同志为核心的党中央治国理政新理念新思想新战略的最新成果。李克强总理在讲话中回顾了今年的经济工作，阐释了经济工作的政策取向，部署了明年的目标任务。习近平总书记的重要讲话和李克强总理的工作部署，对于我们做好明年乃至今后一段时期经济工作具有重要的指导意义。我们要深刻把握党的十八大以来党中央领导和推动经济工作的宝贵经验，形成以新发展理念为指导、以稳中求进为总基调、以供给侧结构性改革为主线的思维方法和工作举措，不断开拓我市经济发展新局面；深刻把握中央对明年经济形势的重大判断，既要看到面临的风险和挑战，更要看到新的机遇和有利条件，牢牢掌握经济工作主动权；深刻把握明年经济工作的总体要求和主要目标，坚持稳中求进工作总基调，在稳的前提下推动关键领域有所进取，在把握好度的前提下奋发有为；深刻把握中央对深化供给侧结构性改革和推进关键性改革的部署安排，进一步强化共识、加大力度，更好地解决经济社会发展面临的突出矛盾和问题；深刻把握加强和改善党对经济工作领导的新要求，切实把全面从严治党要求体现在党领导经济工作之中，为全市经济社会发展提供有力保证。

12 月 23 日召开的全省经济工作会议，认真贯彻中央经济工作会议精神，对做好明年我省经济工作作出全面部署。尤权书记在会上强调，要科学把握当前经济形势，进一步坚定信心、保持定力；明确目标突出重点，扎实做好明年经济工作；进一步加强和改善党对经济工作的领导，提振干事创业精气神。于伟国省长从优供给、调结构、抓项目、深改革、惠民生等五个方面进行了部署。中央和全省经济工作会议提出了一系列新思想、新观点、新任务、新要求，我们要认真学习、深刻领会，切实把思想和行动统一到中央和省委、省政府的决策部署上来，马上就办、真抓实干，全力推动省会经济社会平稳健康发展。

即将过去的一年，在中央和省委、省政府的坚强领导下，我们紧紧围绕“再上新台阶、建设新福建”的中心任务，切实按照市第十一次党代会的决策部署，牢牢把握“五区叠加”战略机遇，全力当好带动全省经济社会发展的排头兵，各项工作取得了新进展新成效，预计全市地区生产总值增长 8.3%—8.5% 左右，固定资产投资增长 6.5%，地方一般公共预算收入（同口径）增长 7.5%，实现了“十三五”发展的良好开局。我们通过开展“抓征迁、促落地”百日攻坚行动，推动一批久拖不决的问题得以解决、一些项目得以落地，截至 12 月 15 日，百日攻坚 482 项建设项目完成投资 1450 亿元，341 个征迁交地项目完成交地 3.6 万亩；通过开展“抓招商、促发展”专项行动，争取到国家健康医疗大数据中心及产业园、三峡集团海上风电、窄带物联网开放实验室等一批新的项目落地；通过推进供给侧结构性改革，实施创新驱动发展战略，着力转方式、调结构，1—11 月规上战略性新兴产业产值占全市规上工业增加值的比重达 22.8%，预计全年第三产业比重超过 50%；通过深化改革、扩大开放，着力创新体制机制，完成了第四轮简政放权，自贸试验区福州片区推出 15 项全国首创的创新举措、新增市场主体 15976 家，1—11 月全市出口总额增长

13.7%、实际利用外资增长7.8%;通过积极回应群众关切,全力推动闽清、永泰等受灾地区灾后重建,全面加快地铁建设、水系综合治理、交通治堵、脱贫攻坚等工作,地铁1号线提前到明年1月6日全线试运营,空气质量近三个月持续位居全国74个重点城市前3位,城区交通高峰拥堵延时指数从二季度的第35位退到三季度的第49位,预计精准脱贫人数超过省下达年度计划4367人。在今年宏观环境复杂、转型升级任务艰巨、自然灾害较多的情况下,这样的成绩来之不易,为做好明年工作奠定了坚实基础。

明年宏观经济形势,中央和省里为我们作出了科学判断,指出明年经济发展希望和困难并存,但希望大于困难,机遇大于挑战。从福州来看,当前经济发展中的积极因素和有利条件在不断增多,市场供求正在发生积极变化,社会预期向好,经济筑底回升态势明显,反映在主要经济指标上,地区生产总值累计增幅从7月的7.8%逐月回升到11月的8.3%,固投增幅从7月当月的负增长17.5%转为11月增长8.6%,1—11月工业投资增幅高于全市固投7.6个百分点、且呈逐月提升态势,高新技术产业投资增长84.9%,民间投资实现正增长。这种趋稳回暖的态势,可望在明年持续下去。但同时也要看到,经济运行中依然存在一些突出矛盾和困难问题,部分行业和企业生产经营状况不容乐观,1—11月规上工业减停产企业共829家、占全部规上企业总数的36.5%,特别是中小企业仍处于艰难爬坡阶段;结构调整步伐还不够快,新业态、新模式还没有形成规模;部分地区财政收入增长困难,经济运行潜在风险不容忽视,等等。对这些问题,必须高度重视,增强忧患意识,着力加以解决。总之,我们既要坚定发展信心和决心,又要做好应对困难挑战的充分准备,增强定力,主动作为,不断拓展新的发展空间,努力保持经济社会发展良好势头。

二、明确目标任务,突出重点工作,扎实推进明年全市经济平稳健康发展

根据中央和省委、省政府部署,明年我市经济工作总体要求是:深入贯彻以习近平同志为核心的党中央治国理政新理念新思想新战略,统筹推进"五位一体"总体布局和协调推进"四个全面"战略布局,认真落实中央、全省经济工作会议精神,紧紧围绕"再上新台阶、建设新福建"的中心任务,坚持稳中求进工作总基调,全面落实新的发展理念,积极适应经济发展新常态,以提高发展质量和效益为中心,以推进供给侧结构性改革为主线,适度扩大总需求,深化创新驱动,加快转型升级,推进改革开放,统筹城乡发展,增进民生福祉,加强风险防控,促进经济平稳健康发展和社会和谐稳定,加快建设"机制活、产业优、百姓富、生态美"的新福州,以优异成绩迎接党的十九大胜利召开。

按照这一总体要求,明年经济发展的预期目标是:地区生产总值增长9%,力争更快更好一些;固定资产投资增长12%;地方一般公共预算收入(同口径)增长8%;城乡居民收入分别增长8%和8.5%;居民消费价格涨幅3%左右。把明年经济增长预期目标设定为9%,高于全省0.5个百分点,贯彻了稳中求进工作总基调,体现了市第十一次党代会的精神,保持了与市"十三五"规划目标的有机衔接,综合考虑了建设新福州、争当排头兵的现实需要。从发挥省会龙头引领作用来看,我们必须立足于稳,着力于进,保持比全省更高一点的发展速度,力求尽快缩小与泉州、厦门在地区生产总值、财政收入方面的差距,真正成为带动全省经济社会发展的排头兵。从当前发展态势来看,我们稳有基础,进有机遇,"五区叠加"战略机遇效应加速释放,一批代表未来发展方向的重大产业项目陆续动建,全市上下干事创业的热情高涨,我们完全有条件、有可能实现9%的经济增长速度。当然,我们今年的GDP、固投规模预计将分别突破6000亿元和5000亿元,基数已经比过去大了许多,实现这一目标,需要付出艰辛的努力,需要各县(市)区和市直部门坚持高标准、严要求,拿出"跳起来摘桃子"的精神,科学制定明年经济增长目标,全力以赴抓好各项经济工作。具体工作中,要重点抓好以下六个方面:

一要坚持创新引领,深化供给侧结构性改革。明年是供给侧结构性改革的深化之年,我们必须增强定力、巩固成果,乘势而上、全力落实,不断培育发展新动能和竞争新优势。要深化创新驱动。供给侧结构性改革的核心是创新驱动。但从我市实际来看,创新不足是制约供给侧结构性改革的关键所在,目前我市全社会研发经费投入仅占GDP的1.76%、低于2.09%的全国平均水平,高新技术企业数量不多,高水平创新平台缺乏,关键技术和核心环节受制于人。要以建设国家自主创新示范区为契机,全面实施创新驱动发展战略,抓紧研究出台系列成套有利于推动创新的政策,支持企业运用先进成熟技术开展技改;全力创建全国质量强市示范城市,支持企业全面加强质量控制,用质量优势来对冲成本上升劣势;支持企业发扬"工匠精神",加强品牌建设,打造"百年老店";支持企业积极尝试上市融资,集聚更多创新要素;要抓紧筹备召开全市创新大会,向企业家全面介绍我市支持创新的利好政策,把全市企业家的精气神提振起来,充分发挥企业创新主体作用,加快建设创新型省会城市。要创新产学研合作模式,加快建设中科院海西研究院等创新平台,密切与清华大学等13所重点大学产学研合作,不断提升原始创新和集成创新能力。要扩大有效投资。有效投资既是优化供给结构、提高供给质量的必由之路,也是稳定经济增长的重要抓手。从我市近10年的情况看,投资增速与GDP、财政收入增速的相关系数分别为0.85、0.67,明年经济要实现9%的增长,必须有一定规模的有效投资作为支撑。要紧扣"有效"二字,积极对接国家产业政策和重点投向,瞄准交通基础设施、农业和水利、生态环保、美丽乡村等重点领域,加快实施一批事关新福州建设全局和长远发展的重大项目,充分发挥重点领域投资的带动作用。要全力推进明年省、市重点项目建设和"攻坚2017"行动,下大力气解决项目推进中的难题,争取各类项目早建成、早投产、早见效。明年中央预算内投资增加300亿元,达到5076亿元,这是财政积极发力的明显信号。要抓住这一有利契机,充分利用专项建设基金、地方融资平台、债券市场等工具,拓展项目建设资金来源，发挥好财政建设资金的撬动作用。要加强政府引导，积极推进政府和社会资本合作，破除准入限制、项目审批等制度性障碍，形成有利于民间投资的体制机制。要提高供给质量。供给侧结构性改革的主攻方向就是要减少无效供给、扩大有效供给，着力提升整个供给体系质量。当务之急，就是要通过补齐短板，提高供给结构对需求结构的适应性。目前来看，我市基础设施、产业发展、民生事业等领域仍然存在许多短板和不足。比如，城市路网密度仅为6.7公里/平方公里，道路面积率为13%，与一线城市还有较大差距；五城区有黑臭水体43条，长度60.68公里。补齐这些短板，既能增加有效供给，又能拉动经济增长。省里在续建22个工程包的同时，还将充实拓展一批新项目，各有关部门要在保证完成省里任务的基础上，抓紧筛选上报项目，积极争取省里政策和资金支持。同时，加快实施我市第一批工程包，抓紧启动第二批11个工程包。要坚持从最薄弱、最紧要、最关键的短板发力，全力推进水系综合治理、缓解城区交通拥堵、绿化福州等领域已经生成的1800多个项目建设，形成更多有效的实物投资。

二要加快产业转型升级，着力发展实体经济。习近平总书记强调，不论经济发展到什么时候，实体经济都是我国经济发展、我们在国际竞争中赢得主动的根基。要针对经济脱实向虚的苗头，把产业作为实体经济发展的“顶梁柱”，紧紧围绕“产业优”这一目标，坚持做大总量与提升质量并重、做优增量与盘活存量并举，全力打造省会产业升级版，推动实体经济大发展。要做大做强主导产业。坚持抓龙头、铸链条、建集群，围绕打造“142”主导产业，积极推动京东方8.5代面板、三峡海上风电装备产业园、神华港储电一体化等重大项目建设，做好产业链上延下伸，着力培育更多千亿元产业集群和百亿元企业。要着力改造提升传统产业，积极对接省里新一轮技术改造工程，加快实施一批投资规模大、技术水平高、市场前景好的技改项目，全面提升设计、制造、工艺、管理水平，实现产业升级换代，推动传统产业强筋健骨、提质增效。要加快培育新兴产业。当前，福州物联网、大数据、VR等产业已经具备了一定的发展基础和优势，省里也将集中力量在产业政策、平台建设、示范应用上给予重点支持。我们要抓住这个有利契机，大力推进数字福建（长乐）产业园、马尾物联网产业园等专业园区建设，加快推进国家健康医疗大数据中心及产业园、窄带物联网开放实验室等项目建设，推动新兴产业规模化发展。要积极对接中德“工业4.0”战略，探索设立中德（福州）产业园，加强在电子信息、工业机器人、节能环保装备等高成长性行业的对接合作力度，努力引进一批新一代信息技术、智能制造等领域企业，推动福州制造迈上新台阶。要全面落实建设“海上福州”工作方案，积极培育海洋装备制造、水上飞机、海洋生物医药等海洋产业，把海的优势充分发挥出来。要大力发展现代服务业。作为省会城市，发展现代服务业优势独特、潜力很大。要全面抓好我市服务业综合改革试点和鼓楼区服务业综合改革示范典型工作，实施服务业跨越发展《行动计划》，做大做强金融、会展、旅游等重点产业，推动物流、服务外包等生产性服务业社会化专业化，促进健康养老、家庭服务等生活性服务业便利化精细化，着力打造一批服务业集聚示范区和特色小镇，不断提升服务业对省会经济发展的贡献率。要着力提高农业综合质量和效益。在稳定粮食生产的基础上，把增加绿色优质农产品供给放在突出位置，深入推进农业供给侧结构性改革，狠抓农产品标准化生产、品牌创建、质量安全监管，做好农产品精深加工文章，大力发展特色现代农业。要依托福清国家现代农业示范区、省级农民创业园（示范基地）、市农民创业园等特色园区，以发展设施农业为抓手，加快发展品牌农业、智慧农业、生态农业，推动农业产业发展“接二连三”，培育农村电商、乡村旅游等新产业新业态。要狠抓招商引资。继续把招商引资工作作为重中之重，进一步围绕产业链缺失环节开展精准招商，密切跟踪对接重点闽商、知名跨国公司和行业龙头、企业总部或区域事业部、发达城市外迁优质企业等，努力形成大项目、好项目密集落地的强劲势头。要认真落实市里出台的招商工作机制，引导项目向同类产业或配套产业相对集中的园区集聚，推进23个重点园区特色化、差异化发展，不断提高园区产业集约集聚水平。

三要强化改革攻坚，激发发展活力动力。改革是激发市场活力、破解发展难题、营造良好发展环境的根本途径。要着眼“机制活”，用好用足中央和省里赋予的先行先试政策，充分发挥改革的突破性和先导性作用，增创省会发展新优势。要推动重大改革试验区快出成效。认真落实中央和省里要求，充分发挥福州新区、自贸试验区等重大改革试验区示范引领作用，积极探索、先行先试，力争形成一批可复制、可推广的新经验。福州新区要创新管理体制和管理方式，加快重点组团和区域开发建设，探索产城融合及新型城镇化建设路径，建立以产业园为载体的与平潭合作机制，建设全国双创示范基地。自贸试验区福州片区要重点推进实施方案挂牌第二、第三年需完成的27项试验任务落地，争取国家在福州片区开展更多的压力和风险测试，着力在申请FT账户、整车进口口岸建设、对台金融开放等方面取得新突破。要深化重点领域改革。深入推进“放管服”改革，扎实开展第五轮简政放权，积极探索“证照分离”试点改革，开展相对集中行政许可权改革，大力推进“互联网+政务服务”。要落实好中央关于完善产权保护制度改革依法保护产权的《意见》，进一步清理废止妨碍市场和公平竞争的相关规定做法，营造公平竞争的市场环境。要深化市属国有企业改革，建立完善现代企业制度，着力推进经营性国有资产集中统一监管，加快海峡环保、聚春园食品公司等上市融资，促进国有企业做强做优做大。要深化投融资体制改革，推动福建金融结算中心、福建茶业联合交易中心等项目建设，支持海峡银行、海峡金桥保险等本土金融保险机构加快发展，培育壮大多层次资本市场。要拓展对外开放平台。开放也是改革，开放倒逼改革。要积极融入“一带一路”战略，深化与以东盟为重点的海丝沿线国家和地区的开放合作，加快建设海丝战略支点城市。要打好“侨”牌，深化与海外乡亲沟通联络机制,加快设立福州新区华侨基金,积极实施“回归工程”,广泛汇聚侨资侨力侨智。要引导企业“走出去”,积极赴境外开展经贸合作与项目建设,探索建设一批经贸合作示范区。要以海峡两岸电子商务经济合作实验区、两岸金融创新合作示范区建设为契机,促进榕台产业深度融合,办好海峡青年节等对台交流活动,支持台湾青年创新创业。

四要坚持城乡统筹,持续提升城市宜居品质。要围绕建设现代化国际城市目标,加快编制福州市空间发展战略规划和重要发展区概念性空间发展总体规划,着力在精致、人文、生态、特色上下功夫,不断提升城市规划建设管理水平,推动城市发展从规模扩张向内涵提升转型。要全力建设滨海新城。这是遵循习近平总书记当年提出的“东进南下”城市发展思路的具体实践,也是加快福州新区建设的主攻方向。要着眼打造现代化国际滨海新城、福州新区核心区、产城融合发展的宜居宜业智慧城市,先行启动基础设施建设,同步推进地下综合管廊建设,加快推进福平铁路福州段、地铁6号线、东部快速通道等重大交通基础设施项目建设,解决中心城区与滨海新城之间的交通问题,推动福州从知道海的城市向真正的滨海城市跨越。要坚持“以产促城、产城融合、以城带产”的发展路子,依托长乐国际空港、松下港、数字福建(长乐)产业园等载体和产业基础,积极争取国家部委、金融机构、央企等大数据相关项目落户,把滨海新城打造成为全国重要的区域大数据中心。要加快新型城镇化进程。坚持以人为核心的新型城镇化,提高户籍人口城镇化率,注重城乡基本公共服务均等化,着力发展一批中小城市,有效疏解中心城区部分城市功能。要抓好福清国家新型城镇化综合试点工作,积极推进扩权强镇建设,加快培育一批经济强镇、文化重镇、特色小镇,打造新型城镇化的福州样板。要深入开展农村环境综合整治,加快古村落、古建筑保护修复,持续推进美丽乡村建设。要加快福州大都市区建设,推动福莆宁和平潭一体化发展,加强闽东北五市一区的区域协作、与宁德的山海协作,提升区域协作水平,实现共同繁荣发展。要保护生态家园。生态资源是福州最宝贵的资源,生态优势是福州最具竞争力的优势。最近一段时间,市环保、交警、建委、城管、气象等有关部门针对PM2.5、PM10等污染因子,即时响应、精准施策、靶向整治,分别采取相应措施,推动空气质量持续排名靠前,“福气”已经正在成为福州靓丽的名片。要着力推进国家生态文明试验区建设,加大生态环境保护力度,强化大气、水、土壤等生态治理,全面开展生态修复、城市修补,加快创建国家森林城市,努力把绿水青山的生态优势转化为金山银山的发展优势。要全民绿化福州,广植市树市花,打造一批绿化精品工程,让人民群众享受更多的绿色福利。

五要聚焦民生关切,不断提高人民群众获得感。牢固树立以人民为中心的发展思想,把人民群众关注的问题作为党委政府工作的重点,努力让人民群众更多更好地分享改革发展成果。要创新民生工作理念。习近平总书记指出,抓民生也是抓发展。我们要以发展的眼光看待民生社会事业,全面把握发展和民生相互牵动、互为条件的关系,既要通过加快发展、做大蛋糕,为保障和改善民生奠定坚实的物质基础;又要以改善民生来扩大消费需求,培育新的经济增长点。要加大民生投入,充分运用项目化手段发展民生事业,持续谋划、滚动实施一批民生工程,把有限的资金最大限度地向民生倾斜。要织密扎牢民生保障网。把提高城乡居民收入摆在突出位置,多渠道增加居民财产性收入,重点做好高校毕业生、农民工就业和失业人员再就业,确保城镇登记失业率控制在3.5%以内。要实施全民参保计划,推动社会保险全覆盖,稳妥做好社会托底工作。要实施学前教育三年行动计划,加快义务教育均衡发展,推动中职学校优化重组和政校企深度合作,办好人民满意的教育。要加快建设健康福州,深化公立医院综合改革,加快推进分级诊疗体系建设,让老百姓看得起病、看得好病。要大力发展养老服务事业,推动养老服务多元化、产业化,努力构建适度普惠型养老服务体系。要全面完成脱贫攻坚任务。目前全市农村建档立卡扶贫对象13816人,预计今年可脱贫10667人,剩下的3000多人必须确保明年全部脱贫,这是一项硬责任、硬任务。要落实脱贫攻坚责任制,加大精准扶贫、精准脱贫力度,探索制定稳定脱贫长效机制,推动各项扶贫政策和措施落实到位。要加大对闽清、永泰等扶贫开发重点县的帮扶力度,紧盯因残致贫、因病返贫等特殊群体,确保脱贫不返贫,坚决打赢脱贫攻坚战。要做好与甘肃省定西市的东西部扶贫协作工作,主动对接服务,拿出务实举措,助推定西市加快脱贫攻坚进程。

六要加强风险防控,全力维护社会安定稳定。明年是党的十九大召开之年,金砖国家领导人第九次会晤等重大活动将在我省举办,做好重点领域风险防范,维护省会安定稳定,是摆在我们面前的一项重大政治任务。要高度重视抓好金融风险防控。目前我市工业企业资产负债率(55.69%)、银行不良贷款率(1.83%)、政府综合债务率(30.9%)在全省都不算高,但这并不代表没有杠杆、没有风险,如1—11月全市受理民间借贷的案件同比上升34.4%,部分县(市)政府综合债务率偏高。要坚持“控新化旧”两手抓,做好重大风险企业资金链、担保链风险化解协调工作,扎实开展互联网金融专项整治活动,坚决打击恶意逃废债、非法集资等违法行为,坚决守住不发生系统性和区域性金融风险的底线。要高度关注房地产市场发展趋势。针对前段时间我市房价过快上涨,市里相继出台了三轮房地产调控政策,9月以来连续三个月房价出现回落,达到了“稳市场、控房价”的效果。要坚决贯彻中央调控思路,按照“房子是用来住的、不是用来炒的”定位,进一步巩固调控成果,综合运用金融、土地、财税等手段,加强住房市场监管和整顿,严厉打击炒房、投机等行为。要顺应住房消费化的趋势,落实人地挂钩政策,合理增加土地供应,支持合理自住购房,完善购租并举住房制度,坚决遏制房价大起大落。要高度重视社会风险稳控。各级各部门务必增强守土意识,落实属地责任,加强信访、安全生产等工作,着力解决经济新常态下出现的民事纠纷、欠薪、民间“标会”等突出问题,有效遏制重特大事故和群体性事件发生，努力把各类矛盾隐患化解在萌芽状态，确保省会和谐稳定。

三、加强组织领导，着力真抓实干，确保明年各项目标任务落到实处

习近平总书记强调，做好经济工作，要贯彻落实党的十八届六中全会精神，把全面从严治党要求体现在党领导经济工作之中。各级各部门特别是各级领导干部要把落实党中央经济决策部署作为政治责任，加强学习，提高本领，增强推动决策部署落实的执行力，确保明年工作目标任务顺利完成。

一要勇于解放思想。现在经济形势变化很快，一些抓经济工作的老套路、老办法，已经跟不上节奏，有的已经不管用。我们必须主动适应新情况、新任务、新要求，主动学习研究新知识、新技术、新模式、新概念，不断增强谋划发展、推动发展的本领。要深入调研，虚心听取企业家、基层干部、普通群众的意见和建议，把各项政策制定得更加符合实际、更加务实管用。要主动对接国家部委、省直部门，及时掌握国家和省里重点产业布局、重大项目建设等前沿情况，积极争取更多政策、资金和项目支持。要眼睛向外、拓宽视野，善于学习借鉴先进地区的发展经验，抓好消化吸收再创新，把外地的好经验、好做法用活用好。

二要强化责任担当。福州要在全省发展中挑大梁，当好排头兵，必须站位全局、自加压力，高标准、严要求抓好各项工作。要勇于担当尽责，敢于直面困难，积极主动作为，切实履行好深化改革、推动发展、维护稳定的责任。要坚持一线考察干部，客观评价干部责任担当、能力水平和工作成效，健全正向激励机制，真正让"能者上、庸者下、劣者汰"成为鲜明导向。要建立容错纠错机制，为敢于担当的干部担当，为敢于负责的干部负责，宽容干部在工作中特别是改革创新中的失误，促进他们创造性开展工作。

三要狠抓工作落实。明年的各项目标任务已经明确，关键在抓好落实。要大力弘扬"马上就办、真抓实干"优良传统，细化分解任务，倒排工作进度，强化督查考核，以快的节奏、快的效率、快的行动，推动各项工作落地生根。要扎实开展"攻坚2017"行动，进一步增强攻坚意识，提高攻坚能力，推动攻坚成为常态。要增强工作的前瞻性和预见性，及时发现和着力破解经济运行、项目建设中的困难和问题，避免小问题拖成大问题，一般性问题变成老大难问题。

四要营造优质环境。环境也是生产力。良好的营商环境，不仅需要创新体制机制，更需要用心呵护。要加强机关效能建设，加大整治"庸懒散拖"力度，全力破除服务"中梗阻"和办事"潜规则"，让企业、群众办事更便捷、更高效。要落实市领导跟踪服务100家大企业、重点企业季谈会等机制，深入企业了解情况，多为企业打气鼓劲，帮助企业渡过难关。要按照构建"亲"、"清"新型政商关系的要求，坦诚与企业家公开接触交往，营造重商、亲商、安商、富商的良好环境。

这段时间，全市干部的精气神总体上是好的。从市直部门来看，近期市政府分管领导和各县（市）区、高新区党政主要领导对市直有关部门工作进行了评价，总体与我们平常掌握的情况比较吻合，接下来就要用好这个评价结果，对服务不到位、普遍不满意的，部门主要领导要作出调整；对服务好的、"成绩单"优异的，就要提拔重用干部，给予政策倾斜。从县（市）区来看，12个县（市）区、高新区都在比学赶超，有的县（市）区继续走在前列，一些原本处于中下游的县（市）区已经焕发出精气神，但还有一些县（市）区仍然没有看到走出困境的曙光。各县（市）区一定要敢于正视经济指标完成不理想的问题，群策群力研究解决办法。就像马拉松比赛，这是一个长跑的过程，前半程虽然落后了，只要不放弃，通过中程和后半程发力，照样可以迎头赶上。总之，各级各部门都要结合做好年终总结、谋划明年工作、开好年度民主生活会等，认真查摆问题，明确努力方向，进一步提振精气神。

同志们，让我们紧密团结在以习近平同志为核心的党中央周围，坚定信心、保持定力，开拓进取、攻坚克难，努力完成好明年经济工作任务，加快建设"机制活、产业优、百姓富、生态美"的新福州，为"再上新台阶、建设新福建"作出新的贡献，以优异成绩迎接党的十九大胜利召开！

政府工作报告

——福州市人民政府代市长尤猛军2017年1月10日在福州市第十五届人民代表大会第一次会议上的报告

各位代表：

现在，我代表福州市人民政府，向大会报告政府工作，请予审议，并请市政协各位委员提出意见。

一、2016年暨市十四届政府工作回顾

2016年，在省委、省政府和市委的正确领导下，市政府全面贯彻党的十八大和十八届三中、四中、五中、六中全会精神，深刻领会习近平总书记系列重要讲话精神，认真落实省第十次党代会、市第十一次党代会决策部署，更新工作理念，改进工作方法，以一线考察干部为契机，以解决问题为导向，以落实项目为抓手，深入开展"抓征迁、促落实""抓招商、促发展""抓治理、促提升"等专项行动，着力破解群众关注的热点难点问题，各项工作都取得新的进展。一年来的主要工作和成效是：

（一）经济增长稳中有升。预计全市地区生产总值6050亿元，增长8.3%；一般公共预算总收入934.06亿元，增长10.1%；地方一般公共预算收入598.91亿元，同口径增长11.7%；固定资产投资5170亿元，增长6.5%；出口总额1430亿元，增长9%；实际利用外资18.14亿美元，增长8.1%；社会消费品零售总额3883亿元，增长11.3%；居民消费价格总水平上涨2.5%；城镇居民人均可支配收入3.78万元，增长8%；农村居民人均可支配收入1.65万元，增长8.5%；城镇登记失业率2.43%。省下达的节能减排降碳任务全面完成。

（二）产业发展提质增效。服务业增加值突破3000亿元，占 GDP 的比重超 50%。规模以上工业增加值 1980 亿元,增长 7.8%。工业技改投资 800 亿元,增长 1.3%。申远聚酰胺、吴航不锈钢技改等 136 个重点产业项目加快建设。出台供给侧结构性改革"1+5"系列文件,化解钢铁行业过剩产能 50 万吨,减少房地产库存 26%,减轻企业负担 217 亿元。全国首个 VR 产业基地落户中国东南大数据产业园,全国首家窄带物联网规模化商用局在马尾启用。福州入选全国服务外包示范城市、全国"十三五"服务业综合改革试点区域、全国"十三五"海洋经济创新发展示范城市、国家首批健康医疗大数据中心与产业园建设试点城市、中国领军智慧城市。海峡金融商务区和闽江北岸中央商务区已落户总部经济项目 44 个。成功举办第 95 届全国糖酒会、第 34 届体博会等 85 场展会活动。

(三)国家战略扎实推进。加快福州新区开放开发,完成年度投资 1780 亿元,占年度计划的 111.5%,组建新区开发投资集团,设立新区投资发展基金。全面融入海丝核心区建设,制定"海上福州"建设工作方案,启动实施 10 项任务、195 个重点项目。推动福建自贸试验区福州片区先行先试,推出三批共 46 项创新举措、两批共 41 个金融创新案例,新增企业 1.6 万户。推进国家生态文明试验区建设,完成 10 项改革任务,工业排污企业推行排污权交易,顺利通过国家生态市考核验收。启动国家自主创新示范区福州片区建设,着手实施 5 大任务。

(四)"三农"基础不断夯实。全市农林牧渔业总产值 839 亿元,增长 3.5%。新增全国休闲农业与乡村旅游示范县 1 个、国家级农业产业化重点龙头企业 1 个、省级农业产业化重点龙头企业 50 个。新建改造农村公路 213 公里,"一闸三线"工程、闽清葫芦门水库等 69 个重大水利项目加快建设。江阴、青口省级"小城市"培育试点扎实推进。建成 420 个新农村"幸福家园工程"示范村、129 个美丽乡村。农村土地承包经营权、宅基地及集体建设用地确权登记颁证工作有序推进,土地流转面积 59.44 万亩。10667 人实现脱贫,完成"造福工程"搬迁 4683 人。

(五)各项改革持续深化。取消和暂停 110 项行政审批事项、74 项前置审批条件,取消 65 个办理环节。在全省率先全面推行企业登记"五证合一、一照一码",在行政审批中全面推行"窗口无否决权"机制。出台市属国有企业负责人薪酬制度改革意见,"海峡环保"上市顺利推进,福州成为国务院国资委指导监督地方国资工作联系点。全面实施"营改增",为企业减税 40 亿元。落地 PPP 项目 9 个,总投资 174.85 亿元。完成全市党政机关公务用车制度改革。全面启动不动产统一登记。

(六)对外开放有效拓展。建立大招商工作机制,在北京等地成功举办福州投资环境推介会,引进八仙过海旅游、福能(江阴)化学园等一批重大项目。成功举办第十八届海交会。新批千万美元以上外(台)资项目 77 项、境外投资项目 83 项。跨境电子商务公共服务平台正式运行,中国—东盟海产品交易所设立马来西亚分中心,江阴整车进口 8311 辆。成功举办第四届海峡青年节、第九届海峡两岸合唱节、2016 海峡两岸民俗文化节等重大交流活动,台湾银行福州分行在榕开业,台商投资区、台湾农民创业园等加快建设。成功举办首届联合国海陆丝绸之路城市联盟论坛、第二届海上丝绸之路国际旅游节、第三届丝绸之路国际电影节等重大活动,建成海上丝绸之路展示馆。

(七)城市建设管理水平稳步提高。完成全市"多规合一"工作。建成晋安南路等 57 条市政道路,绕城高速东南段、长平高速等 9 个重点快速通道项目建设进展顺利。地铁 1 号线全线试运营,2 号线全线动建,6 号线启动建设。新辟优化公交线路 88 条,新增更新新能源公交车 594 辆,新增公共停车泊位 7509 个,新投放便民自行车 2055 辆。三江口、鹤林两个海绵城市试点片区启动建设,建成琅岐环岛路西北段等地下综合管廊主体结构 4.5 公里。实施旧屋区改造 692 万平方米,拆除"两违"692.16 万平方米。基本建成保障性安居工程 3.3 万套,五城区完成回迁安置 1.71 万户、239.16 万平方米。城市空气质量优良率 98.6%,综合指数位居全国 74 个重点城市第 5 位。新型智慧城市标杆市启动建设。

(八)百日攻坚专项行动深入开展。针对项目落地难问题,启动百日攻坚专项行动,完成拆迁 578.39 万平方米,完成交地 3.66 万亩,解决问题 1562 个,提速项目 223 个,开工项目 139 个,完成投资 1473.47 亿元。围绕群众关注的热点难点问题,启动实施城区内涝治理项目 71 个、内河水体黑臭治理项目 194 个、内河沿岸污染源整治项目 66 个、水系周边环境整治项目 39 个、城区交通拥堵治理项目 252 个、南北火车站综合整治项目 228 个、全民绿化项目 534 个、休闲步道项目 12 个。城区 47 个易涝点建立责任人制度。新改扩建江心公园、南公园等 10 座城市公园。完成造林绿化 12.16 万亩。

(九)社会事业协调发展。完成 63 件为民办实事项目。在全省率先成立职业院校联盟,增设 19 个中职专业,5 所普通高中达标晋级,数字青少年宫等 22 个项目入选省中小学德育建设示范项目。基本完成 103 个文化站建设和 1602 个文化服务中心达标提升工程,成功举办第五届闽都文化论坛暨闽都文化艺术巡回展。实施城乡居民基本医保一体化政策,初步建立分级诊疗制度,组建福州儿科医疗联合体,有效防控登革热疫情,全面两孩政策平稳实施。成功举办第 24 届市运会、中国羽毛球公开赛、环福州·永泰国际公路自行车赛、福州国际马拉松赛等大型体育赛事,实施 590 个全民健身工程,开展 32 项 1080 场全民健身活动。建立重大安全隐患点责任人制度,安全生产形势持续保持平稳。全力抗击"尼伯特""莫兰蒂"等超强台风,有序有效开展灾后恢复重建,闽清、永泰 227 项灾后重建项目按计划推进。

(十)政府自身建设切实加强。深入开展"两学一做"学习教育,持续纠正"四风"问题。认真贯彻市委的决策部署,马上就办、真抓实干,抓好各项工作落实,初步构建上下贯通、横向联动的督查工作机制。坚决整治"为官不为""庸懒散拖”等问题,实施效能问责221人次。行政监察、审计监督力度加大,反腐倡廉深入推进。认真执行市人大及其常委会决定决议,自觉接受市人大及其常委会的法律监督、工作监督和市政协的民主监督,积极支持市政协开展民主协商。提请市人大常委会审议地方性法规草案2件,制定政府规章和规范性文件37件。办复441件省、市人大代表建议和446件省、市政协提案,满意率分别为98.4%、99.8%。

2016年各项任务的完成,为市十四届政府的工作画上了圆满的句号。回顾过去的五年,全市上下抢抓机遇、奋力拼搏,团结一心、砥砺前行,谱写了福州科学发展、跨越发展的新篇章。

过去的五年,是福州产业集聚壮大、综合实力稳步提升的五年。地区生产总值突破6000亿元,年均增长10.3%;人均地区生产总值突破1.2万美元,年均增长9.2%;一般公共预算总收入突破900亿元,年均增长13%。形成了纺织化纤、轻工食品、机械制造、冶金建材、电子信息等5个千亿元产业,培育了捷联电子、金纶高纤等12家百亿元企业。福清、长乐、闽侯进入全国综合实力百强县,鼓楼区进入全国综合实力百强区。福州成为全国十大“互联网+”标杆城市、全国首批创建国家电子商务示范城市,蝉联全国文明城市、全国双拥模范城、国家卫生城市、全国科技进步先进市、国家知识产权示范城市等称号。

过去的五年,是福州改革开放不断深化、发展活力持续增强的五年。开展五轮简政放权,共取消、下放审批事项528项,市行政服务中心、市市民服务中心、市公共资源交易服务中心建成运行。国资监管和国企改革稳步推进,实施市属国企布局调整和资产整合重组,出台国资监管责任清单和履职服务清单,38家国企实现政企脱钩。社会治理、农业农村、财政金融、投融资及社会事业领域改革取得新进展。开放型经济快速发展,累计实际利用外资72.72亿美元,来榕投资或设立机构的世界500强企业新增11家。榕台合作不断深化,累计批准台资项目317项、实际利用台资3.44亿美元。对外交流更加紧密,福州成为联合国海陆丝绸之路城市联盟创始成员城市,新增国际友城和友好交流城市5个。榕港榕澳合作、省内省外协作、对口帮扶等工作扎实开展。

过去的五年,是福州城市框架逐步拉开、城乡统筹发展扎实推进的五年。建成区面积从232.12平方公里扩大到265.33平方公里,常住人口城镇化率从63.3%提高到68.3%。基础设施日趋完善,福州航空公司成立并投入运营,新增高速公路196公里、城市道路214公里,在全省率先实现“县县通高速、镇镇有干线、村村通客车”。宜居品质不断提高,旧屋区改造、环境综合整治、内河整治、“两违”治理等工作深入开展,建成海峡奥体中心等一批标志性建筑。大力开展国家森林城市创建活动,森林覆盖率、空气质量优良率保持在全国前列。新型城镇化、新农村“幸福家园工程”和美丽乡村建设加速推进,农村面貌明显改观。

过去的五年,是福州社会事业迅速发展、公共服务全面提升的五年。全社会研究与试验发展经费投入占GDP比重1.76%,每万人有效发明专利拥有量12件,均位居全省前列。各级各类教育协调发展,在全省率先实现全市县域义务教育基本均衡,在线德育、幸福教育、未成年人思想道德建设等工作走在全国、全省前列,整合组建闽江师范高等专科学校。基层卫生服务覆盖率达100%,全市公立医院改革深入推进,组建6个医疗联合体。朱紫坊、上下杭等历史文化街区(风貌区)保护开发稳步推进,三坊七巷荣获联合国亚太地区“文化遗产保护奖”并获评国家AAAAA级景区,“福州茉莉花与茶文化系统”入选联合国全球重要农业文化遗产,获得“中国脱胎漆艺之都”称号。成功举办第一届全国青运会、2012年央视中秋晚会等重大文体活动。广播影视、哲学社会科学、科普、气象、防震、地方志、档案、老龄、妇女儿童、残疾人、慈善等各项事业全面发展。

过去的五年,是福州民生保障日益完善、人民幸福指数不断提高的五年。全市各级财政累计用于民生支出2372.24亿元,累计为城乡人民兴办实事项目368件。城镇居民人均可支配收入、农村居民人均可支配收入分别比2011年增长57.8%、67.2%。累计实现城镇新增就业71.99万人,转移农业富余劳动力25.15万人。累计建成保障性安居工程12.8万套,实施259个旧屋区改造项目。城乡居民基本养老保险制度实现全覆盖,城乡居民基础养老金、城乡低保和医保财政补助标准持续提高,养老服务体系初步形成,社会救助、社会福利、优抚安置等工作有效开展。精准扶贫、精准脱贫成效明显,实现国定扶贫标准下贫困人口全部脱贫。计划生育服务管理不断改进,居民健康水平明显提升。平安福州、法治福州建设不断深化,网格化社会服务管理工作全面开展,省会城市保持安定稳定。民族宗教、信访、行政复议、司法以及国防动员、双拥共建、民兵预备役建设、海防、人防、反走私等工作进一步加强。

各位代表,成绩来之不易,这是省委、省政府和市委坚强领导的结果,这是全市人民团结奋斗、社会各界大力支持的结果。在此,我代表市人民政府,向全市人民,向人大代表、政协委员、各民主党派、工商联、无党派人士、各人民团体、离退休老同志和社会各界人士,向中直、省直机关企事业单位和驻榕部队、武警官兵、公安政法干警,向关心支持福州发展的港澳台同胞、海外侨胞和国际友人,表示衷心的感谢!

在总结成绩的同时,我们也看到当前福州发展中存在的困难和问题,主要是:经济总量不够大,产业结构不够优,创新能力不够强;城乡、县域之间发展不够均衡,优质教育、医疗供给不足,社会保障水平不够高,社会诚信体系尚未健全;生态环境保护与节能减排压力较大,应对重大自然灾害能力亟待提升。此外,少数公务人员推诿扯皮、消极腐败等问题还时有发生。对此,我们将采取有效措施,认真加以解决。

二、新一届政府努力方向和2017年工作安排

各位代表,根据市第十一次党代会部署,今后五年我市经济社会发展的总体要求是:高举中国特色社会主义伟大旗帜,坚持以马克思列宁主义、毛泽东思想、邓小平理论、“三个代表”重要思想、科学发展观为指导,深入贯彻习近平总书记系列重要讲话精神和对福建、福州工作的重要指示,紧紧围绕“五位一体”总体布局和“四个全面”战略布局,自觉践行五大发展理念,积极抢抓“五区叠加”战略机遇,以务实的精神补短板,以创新的思维促改革,以赶超的勇气谋发展,“马上就办、真抓实干”,态度再坚决一点、行动再快一点,坚持高标准、严要求,加快建设“机制活、产业优、百姓富、生态美”的新福州,率先全面建成小康社会,努力当好带动全省经济社会发展的排头兵。为此,今后五年,新一届政府应朝着以下目标进行不懈努力:

——排头兵作用更加凸显。省会、生态、海洋、侨台等比较优势得到充分发挥,发展的平衡性、协调性、可持续性位居全省前列。福州新区建设取得重大突破,成为带动全省加快发展的新引擎。福州大都市区建设格局加快形成,带动全省区域一体化发展。先行先试、率先发展的示范作用持续增强,引领全省发展方式转变。

——产业支撑更加有力。全面完成“十三五”发展规划,地区生产总值年均增长9%左右,经济总量提前实现比2010年翻一番,在全国省会城市中位次前移。构建现代产业体系,产业发展迈向中高端,培育形成1个三千亿元产业、4个两千亿元产业、2个一千亿元产业和20家百亿元企业。“海上福州”建设全面推进,国际旅游城市建设取得突破,现代服务业主体作用不断增强。

——体制机制更加灵活。主动对接国家战略,“五区”建设取得重大进展。打造最优投资软环境,法治化、国际化、便利化的营商环境加快形成,对外开放不断拓展。重点领域和关键环节改革取得决定性成果。闽都人才集聚区建设加快推进,创新型省会城市建设取得明显成效。

——人民生活更加幸福。提前实现城乡居民人均可支配收入比2010年翻一番,省定扶贫标准下贫困人口全部脱贫。教育、健康、文化、养老、安全、住房等公共服务体系更加健全,基本公共服务均等化和社会保障水平明显提高。社会主义核心价值观深入人心,闽都文化和城市精神传承发扬,市民素质、法治水平和社会文明程度显著提高,省会城市保持和谐稳定。

——人居环境更加优美。中心城市功能加快完善,老城区提升和新城区拓展协调推进,现代化国际城市建设取得实质性进展。新型城镇化加快推进,城乡面貌得到新改善,城乡统筹发展进入新阶段。交通拥堵、内河污染、城市内涝等突出问题有效解决,城市绿化亮化水平明显提高,生态环境质量保持全国领先,省会城市的个性、内涵、魅力不断彰显。

各位代表,省第十次党代会作出了“再上新台阶、建设新福建”的战略部署,市第十一次党代会发出了“马上就办、真抓实干,为建设‘机制活、产业优、百姓富、生态美’的新福州而努力奋斗”的号召。当好带动全省经济社会发展的排头兵,是省委、省政府对福州的殷切期望。2017年,我们要紧紧围绕建设新福州、当好排头兵这一目标,坚持稳中求进工作总基调,适应把握引领经济发展新常态,以提高发展质量和效益为中心,以供给侧结构性改革为主线,适度扩大总需求,扎实开展“攻坚2017”行动,狠抓各项工作落实,推动新一届政府工作开好局、起好步。今年经济社会发展主要预期目标是:地区生产总值增长9%,力争更快更好些,地方一般公共预算收入同口径增长8%,固定资产投资增长12%,出口总额稳中有升,实际利用外资增长7%,社会消费品零售总额增长11.5%,居民消费价格总水平涨幅控制在3%左右,城镇居民人均可支配收入增长8%,农村居民人均可支配收入增长8.5%,城镇登记失业率控制在3.5%以内,确保完成省下达的节能减排降碳任务。为实现上述目标,我们要抓好以下四个方面工作:

(一)聚焦“机制活”,全面增强发展动力活力。

深化供给侧结构性改革。全面落实“三去一降一补”工作任务,努力实现供求关系新的动态平衡。加强产业政策引导,支持钢铁、船舶、陶瓷等行业开展产能整合、兼并重组。坚持“房子是用来住的、不是用来炒的”的定位,严格限制投资投机性购房,合理增加土地供应,促进房地产市场平稳健康发展。强化金融风险防控,优化企业资产负债结构,降低杠杆率和融资成本,提升金融服务实体经济和创新驱动发展的水平。加大减税、降费、降低要素成本的工作力度,降低各类交易成本特别是制度性交易成本。扩大有效投资,加强基础设施、产业发展、社会事业和民生保障等领域补短板,推进投资工程包建设,实施省级重点项目192项、年度计划投资480亿元,市级重点项目700项、年度计划投资2500亿元。

加快福州新区建设。完成《福州新区总体规划》及各项专项规划编制。积极承接省政府下放的121项省级审批权限,研究制定新区行政许可事项目录清单。发挥新区投资发展基金的作用,设立福州华侨基金。抓好神华港储电一体化、恒申合纤10万吨差别化纤维等重大产业项目建设,推进104国道连江至晋安段改线工程、长乐前塘至福清庄前高速公路等一批重大交通设施建设,启动新区国际学校、三甲医院等公共服务项目建设,年度计划投资1800亿元。

推进自贸试验区建设。完成福州片区实施方案第二阶段试验任务和省里新增试验任务,推出30项以上可复制、可推广的创新举措。推动中航无人机等项目落地。争取普资租赁资产交易中心、中海债权平台中心获批,在两岸人民币跨境使用等方面先行先试。加强与国机集团、庞大集团等公司对接,力争江阴整车进口突破1.5万辆。推进中国—东盟海产品交易所在越南等国家设立分中心。

拓展重点领域改革。全力推进市属国企改革,理顺管理体制机制,推进经营性国有资产集中统一监管,完善国有企业负责人绩效考核与薪酬确定机制,开展国有控股混合所有制企业员工持股试点,实现市属国企主板上市零的突破。深化投融资体制改革,推广PPP等融资模式,加快组建金控集团,强化海峡银行经营管理。完善“五证合一、一照一码”等商事制度改革，在自贸试验区福州片区先行实施“证照分离”改革。健全完善生态补偿和资源有偿使用制度，建立碳排放权交易市场。继续做好农村土地承包经营权、宅基地及集体建设用地确权登记颁证工作，加强土地流转管理服务，完成闽侯国家级农村集体资产股份权能改革试点工作。

扩大对外开放。持续开展“抓招商、促发展”专项行动，推动宝武钢铁集团不锈钢400系生产线、旭友偏光片等重大项目落地。重点支持华映光电、德艺文化创意集团等一批具有自主知识产权、自主品牌出口企业加快发展，促进外贸出口转型升级。办好第十九届海交会、第四届丝绸之路国际电影节、第三届海上丝绸之路国际旅游节等活动，加强怀安窑址等文化遗址保护，推进“海上丝绸之路：福州史迹”申报世界文化遗产，加快筹建福州海上丝绸之路博物馆。继续实施“回归工程”，吸引更多榕籍乡亲回乡投资创业。充分发挥海峡青年交流体验营地的作用，扩大海峡青年节影响力，新建3—5个台湾青年创业就业基地，加快台商投资区基础设施建设。深化国际友城合作，做好榕籍华侨华人新生代工作，加强与港澳在金融、物流、文化创意等领域的合作。做好泛珠三角、闽浙赣皖、闽东北区域协作，力争实现闽东北经济协作区内通信一体化。继续抓好援藏援疆援宁工作，加强与定西的扶贫协作以及与渭南、延安等对口合作。

打造最优投资软环境。推进服务企业常态化，建立市领导跟踪服务100家大企业工作机制、重点企业季度座谈服务机制，及时解决企业各类问题。推进审批服务便捷化，力争40%的行政审批、70%的公共服务事项实现以小时为单位的服务。推进政务服务智慧化，拓展行政审批全流程电子证照应用，加快“企业服务网上平台”“惠企政策发布平台”建设。加强与重点城市环境质量的对比，加大福州优美生态环境宣传力度，促进招商引资。

（二）聚焦“产业优”，持续做大做强省会经济。

构建创新型省会城市。按照“一区多园”模式，加快推进国家自主创新示范区福州片区建设。加快中科院海西研究院三期、国家知识产权专利审查协作分中心、力普国家级海洋科研基地等创新平台建设。落实扶持“双创”7条措施，抓好福州新区国家首批双创示范基地建设，新增科技孵化器5家以上、众创空间10家以上。落实鼓励引进高层次人才7条措施，打造吸引人才的“洼地”。落实促进现代职业教育发展5条措施，加强技能型人才培养。

壮大都市现代农业。认真实施“粮安工程”，确保粮食种植面积稳定在150万亩、总产量达52万吨。加快发展特色优势农业和品牌农业，积极发展设施农业、生态农业、休闲观光农业和林下经济，新扩建设施农业重点项目44个。推进农业标准化生产基地建设，完善农资监管和农产品质量安全追溯监管信息平台。推动闽清澳洲肉牛羊产业基地项目落地。推广福清国家现代农业示范区试点经验。继续推动连江、长乐、罗源、闽清等省、市级农民创业园建设，建立农业科技试验示范基地20个，培训新型职业农民1000名。大力发展远洋捕捞，鼓励开展境外养殖，建设一批远洋渔业产业园、综合性远洋渔业境外基地。扎实开展第三次全国农业普查工作。

提升传统制造业。大力振兴实体经济，落实扶持企业技改、研发、上市、创建品牌16条措施，实施重点技改项目114个，完成技改投资860亿元，着力培育一批上市企业和国内、国际品牌。推进实施质量强市战略，创建全国质量强市示范城市。纺织化纤产业重点加快山力化纤、唐源合纤等项目建设，实现产值2800亿元。轻工食品产业重点加快元洪国际食品产业园等项目建设，实现产值1900亿元。机械制造产业重点加快东南汽车、马尾造船、上润精密等龙头企业发展，实现产值1700亿元。电子信息产业重点加快京东方8.5代面板、东旭光电玻璃基板等项目建设，实现产值1300亿元。冶金建材产业重点加快中铝集团铝精深加工、博那德低碳建筑生产一体化等项目建设，实现产值1200亿元。石油化工产业重点加快申远聚酰胺、中景石化产业园等项目建设，实现产值300亿元。

培育新兴产业。落实加快大数据产业发展3条措施，依托中国东南大数据产业园，推进国家健康医疗大数据中心、海上丝绸之路海洋大数据中心、国家信息中心360安全大数据中心、浪潮集团（东南）运营总部等项目落地，做好国家级互联网骨干直联点建设，大力发展大数据产业。落实加快物联网产业发展3条措施，促进窄带物联网开放实验室落地，推动物联网在水务等行业的应用，加快马尾物联网产业园区建设，大力发展物联网产业。加快三峡海上风电装备产业园、永泰抽水蓄能电站等项目建设，大力发展新能源产业。加快中科院海西研究院新材料创新研制与支撑平台、阿石创新型靶材等项目建设，大力发展新材料产业。

发展现代服务业。全力推进全国“十三五”服务业综合改革试点。落实加快总部经济发展的扶持政策，力争新引进市级总部企业20家以上。加快兴业资产管理公司落地，推动福建金融结算中心、福建茶业联合交易中心等项目筹建，吸引设立一批股权投资基金。加快国家电子商务示范城市建设，推进大龙网、香港中睿等电子商务项目落地。持续推进大东街口商圈改造提升，培育壮大东二环泰禾广场等新兴商圈。进一步打响“闽都文化、温泉养生、滨江滨海、清新生态”等旅游品牌，推动温泉资源综合开发利用，做旺“两马”旅游航线，加快环马祖澳旅游发展，推进琅岐国际生态旅游岛等四大滨海旅游度假区建设。办好第72届中国教育装备展示会、2017中国饲料工业展览会等大型展会。

建设“海上福州”。认真实施“海上福州”建设工作方案，以发展港口经济为着力点，集中力量打造福州国际深水大港。加快江阴港区6—9号泊位、罗源湾港区1—3号和14号泊位等项目建设，完善港口配套设施。加快江阴工业区化工新材料专区、罗源湾南岸可门临港产业基地、罗源湾北岸冶金建材产业基地等园区建设，大力发展临港工业。加快利嘉国际物流园、福建捷威仓储等项目建设，大力发展临港物流。加快蓝色经济产业园、临空经济区等项目建设，大力发展海洋特色产业。争取罗源湾港区扩大开放通过国家级验收。

打造专业特色园区。优化管理体制、运行机制,理顺园区与辖区关系,不断激发园区活力。全面落实《推进园区特色发展鼓励异地招商试行办法》,明确23家重点产业园区招商方向,引导企业向同类产业或配套产业相对集中的园区集聚,推进园区差异化、特色化、专业化发展。推进水、电、道路等生产配套和学校、商贸、文化娱乐、职工公寓等生活配套设施建设,提升园区公共服务能力,增强园区吸引力。

(三)聚焦"百姓富",切实推进社会民生各项事业。

坚决打赢脱贫攻坚战。落实脱贫攻坚责任制,实施"造福工程"搬迁脱贫、发展教育脱贫、医疗救助脱贫、低保兜底脱贫,加大老少边贫岛地区扶贫力度,确保全市农村建档立卡扶贫对象全部脱贫。积极引导民营企业、社会组织和个人参与扶贫,探索制定稳定脱贫长效机制。加强县(市)区对口协作,实现永泰省级扶贫开发工作重点县"摘帽"。

提高城乡居民收入。争取城镇新增就业12.4万人,转移农业富余劳动力3.8万人,城镇失业人员再就业8500人,实施职业技能培训6万人次。全面实施创业福州助推行动计划,统筹推进高校毕业生、就业困难人员和退役军人等重点群体就业创业,加快中国福州留学人员创业园建设。健全企业职工工资决定和正常增长机制、劳动关系协调机制,完善最低工资、工资支付保障和企业工资集体协商制度,构建和谐劳动关系。

促进教育全面发展。实施第三期学前教育行动计划,新改扩建中小学15所、公办幼儿园13所,新增中小学学位8700个、公办幼儿园学位3600个。继续实施"校安工程",改造校舍面积5万平方米,全面改善义务教育薄弱校办学条件。强化师德建设,加强骨干教师、学科带头人和优秀校长的培养,完善教师交流制度。大力开展素质教育,争取实现青少年校外活动中心县(市)区全覆盖。加快现代职业教育发展,全力对接省职业教育园区项目,培育2个市级以上中等职业教育公共实训基地。支持市属高等院校建设,完善福州地区大学新校区基础设施配套。支持民办教育发展。抓好特殊教育、老年教育、继续教育、终身教育。

保障群众健康。加快建设市妇幼保健院新院、市一医院外科楼等重点项目。进一步推进公立医院综合改革,提高基层医疗服务能力,完善分级诊疗制度,鼓励医师多点执业。加大全科医生培养力度,实施名医、名科工程。支持中医药事业发展,建设福州儿科名中医馆。完善计划生育服务管理。持续开展爱国卫生运动。加强卫生应急队伍装备建设,提升疾病预防控制和突发公共卫生事件应急处置能力。强化医德医风建设,构建和谐医患关系。积极备战第16届省运会,继续办好环福州·永泰国际公路自行车赛、中国羽毛球公开赛、中华龙舟大赛等大型体育赛事。

推进文化惠民。建成市图书馆新馆,规划建设船政文化博物馆新馆、市少儿图书馆新馆。全面完成基层公共文化设施达标提升工程,推进国家公共文化服务体系示范区创建。加强历史文化名城和文化遗产保护,持续推进三坊七巷、上下杭、冶山、烟台山等历史文化街区(风貌区)保护修复。深入挖掘闽都文化,办好船政文化、漆文化等文化交流活动。鼓励发展文化产业,加快海峡非物质文化遗产生态园等文化产业园区建设。大力支持文艺创作,促进哲学社会科学、新闻出版、广播影视、文学艺术等事业繁荣发展。

完善社会保障体系。实施全民参保登记计划,进一步提高城乡低保和城乡居民医保财政补助标准,探索建立城乡居民医保个人筹资长效增长机制。加快保障性安居工程建设,新开工建设1.3万套,基本建成1万套。积极应对人口老龄化,健全城乡养老服务体系,继续推进养老服务场所建设,鼓励社会力量参与养老服务。加快市、县两级社会福利中心以及农村幸福院建设,积极发展社会救助、慈善和残疾人事业。坚持"五个最严"的要求,创建国家食品安全示范城市,加强从"农田到餐桌"全过程监管,让群众吃得放心、安心。加强药品安全监管,保障群众用药安全。

深化精神文明建设。大力开展以中国梦和社会主义核心价值观为引领的精神文明建设,加强社会公德、职业道德、家庭美德和个人品德教育。积极推进群众性精神文明创建,深化文明城市、文明村镇、文明单位(行业)、文明家庭、文明校园创建活动。强化未成年人思想道德建设,鼓励发展志愿服务。深入实施"有福之州·文明同行"工作方案,全力创建第五届全国文明城市。加快信用福州建设,开展自然人信用信息征集和查询工作,初步建成市、县两级公共信用信息共享平台,加强守信联合激励和失信联合惩戒,促进形成崇尚诚信、践行诚信的社会风尚。

维护社会安定稳定。积极应用互联网技术,新建1万路高清视频监控系统,完善社会治安立体化防控体系,推进更高水平的平安福州建设。切实抓好"七五"普法,推进公共法律服务体系建设。健全重大决策社会稳定风险评估机制和突发事件应急处置机制,加大社会矛盾纠纷调处力度。强化安全生产监管和隐患排查整治,坚决防范重特大事故发生。推动社会组织多元健康发展,支持工会、共青团、妇联等人民团体发挥更大作用。加强民族工作,依法管理宗教事务。扎实做好防震减灾、科普、气象、保密等工作。巩固提升双拥模范城创建成果,全力支持驻榕部队和武警部队调整改革,加强国防教育、国防动员和海防、人防、反走私等工作,推进军民融合发展取得新成效。

(四)聚焦"生态美",加快构建和谐宜居城市。

加快建设滨海新城。坚持规划引领,着力将滨海新城打造成为现代化国际新城、福州新区核心区、产城融合发展的宜居宜业智慧城市。坚持基础设施先行,加速福平铁路福州至松下段等项目建设,加快推进福平铁路莲花山延伸至机场城际铁路的前期工作,开展新一轮轨道交通线网规划修编及第三轮建设规划编制报批,动建文松快速路、东部快速通道二期工程等项目。坚持产城融合,依托空港、海港、信息港等现有载体与产业基础,把滨海新城打造成为全国重要的区域大数据中心。

改善城市宜居环境。落实城区水系治理工作方案，完成晋安河重点段疏浚、清障和生态驳岸改造，完成井店湖等“四湖一园”建设；建设雨水管网50公里、污水管网50公里，实现四城区42条水系的水体黑臭基本消除，20条以上的河道水质达标；完成沿河16个旧屋区拆迁，新增水系周边绿化92万平方米，基本杜绝内河沿岸污水超排和污水偷排。落实缓解城区交通拥堵工作方案，加快打通二环五四路口、尤溪洲北桥头等重要堵点，完成125个整治项目，实现出行环境显著改善。推进南北火车站、长乐机场整治，严厉打击机场非法营运，完成127个南北火车站整治项目。大力推进“全民动员、绿化福州”专项行动，完成359个绿化项目，建成7个榕树、茉莉花主题公园，改造提升39条林荫路，建成12条休闲步道，通过国家森林城市考核验收。提升城市亮化水平，实施闽江两岸等重要节点夜景灯光改造。加快新型智慧城市标杆市建设步伐，提高城市管理精细化水平。继续抓好鹤林片区等海绵城市建设试点，积极申报国家第三批综合管廊建设试点城市。

增强城市承载功能。积极在海峡西岸城市群建设中发挥中心引领作用。启动新一轮城市总体规划修编，编制完成福州市空间发展战略规划。推进城市“双修”工作。制定出台优化综合交通体系建设方案，推进福厦客运专线、洪山大桥等项目建设。全面加快地铁1号线延伸段、2号线、6号线建设，动建5号线，争取动建4号线。新改扩建福马路等47条市政道路，打通湖东东路、义北路北段等断头路，推进南台大道南段等“接二连三”工程建设。大力实施公交优先战略，新增更新公交车300辆，优化公交线路20条，新投放便民自行车3000辆。新增公共停车泊位4000个。加快推进超山变电站、洋浛变电站等45个重点输变电项目建设，优化电力设施布局。

统筹城乡协调发展。推动福清市国家新型城镇化综合试点，提升江阴、青口省级“小城市”试点建设水平，加快永泰嵩口、长乐东湖VR小镇等国家级、省级特色小镇建设，争取新建1—2个省级以上特色小镇。继续实施新农村“幸福家园工程”，建设425个示范村。持续开展以垃圾、污水为重点的农村环境综合治理，新建100个美丽乡村、12个美丽乡村示范村、4条美丽乡村景观带。创建9个乡村旅游精品示范点、25个乡村旅游特色村和1个休闲集镇。加强古村落、古建筑的保护修复，继续推进历史文化名镇、名村建设。

推进生态文明建设。全面落实《国家生态文明试验区(福建)实施方案》和我市贯彻意见，完成15项改革任务，抓好长乐、闽清、永泰生态文明体制改革试点。严格落实生态红线保护制度，实施生态环境分区分级管控，加快永泰国家重点生态功能区示范试点建设。继续实施“大气十条”及提升环境空气质量行动计划，保持空气质量位居全国74个重点城市前列，实现“保八争四”目标。落实河长制，加强小流域治理、饮用水水源地保护。加大土壤污染防治力度，启动建设餐厨垃圾和危险废物处理场，依法严厉查处非法排放有毒有害污染物等违法行为。深入开展节能减排，实施30项节能技术改造项目，执行县(市)区污染物减排刚性约束。大力发展绿色循环经济，积极倡导垃圾分类、绿色消费、低碳出行的生活方式。

三、马上就办、真抓实干，建设为民务实廉洁的服务型政府

各位代表，福州新一轮的发展，既有机遇，更有挑战。我们必须进一步振奋精神，转变职能，改进方法，提速增效，不断开创政府工作新局面。

坚定政治方向。牢固树立“四个意识”，严明政治纪律和政治规矩，自觉向党中央看齐，向习近平总书记看齐，向党的理论和路线方针政策看齐，向党中央的决策部署看齐，始终在思想上政治上行动上同以习近平同志为核心的党中央保持高度一致。坚决维护市委在推动福州发展中总揽全局、协调各方的领导作用，以实际行动确保党的政令畅通、决策落地生根。

严格依法行政。加快法治政府建设，严格按照法定权限和程序行使权力、履行职责。健全完善政府法律顾问制度，做好规范性文件备案和审查。主动接受市人大及其常委会的法律监督、工作监督和市政协的民主监督，加强与各民主党派、工商联和各人民团体、社会各界人士的沟通联系，进一步提高办理市人大代表建议、市政协提案的落实率和满意率。完善政府议事规则和决策程序，全面推进政务公开，主动接受舆论监督和群众监督。

提升行政效能。秉持系统、综合、整体的工作理念，运用针对问题提出措施、对照措施生成项目、盯紧项目抓好督查的工作方法，更好更快促进工作任务全面落实。坚持全体动员、组团攻坚、集中发力，积极破解阻碍发展的瓶颈制约。深化机关效能建设，持续整治“为官不为”“庸懒散拖”等不良作风。

强化责任担当。加强一线考察干部，坚持在重大项目建设、招商引资、灾后重建等急难险重任务和日常工作一线培养干部、识别干部、使用干部。深入开展“四个万家”等活动，引导广大干部深入基层、服务群众、促进发展。倡导敢想敢试、敢闯敢为，让想干事的人有机会，能干事的人有舞台，敢干事的人有发展，进一步提振干事创业的“精气神”。

改进工作作风。大力弘扬“马上就办、真抓实干”精神，态度再坚决一点、行动再快一点，以敢于担当的使命感、时不我待的紧迫感、奋起赶超的危机感，雷厉风行，紧抓快办，一抓到底，全力推动落实。坚持高标准、严要求，不甘平庸，自加压力，勇于争先，敢争一流。

加强廉洁建设。严格执行党内政治生活若干准则、党内监督条例等党内法规，持之以恒落实中央八项规定精神。强化行政监察，积极推进审计监督全覆盖，加强对行政权力运行的制约和监督。健全完善惩治和预防腐败体系，增强拒腐防变能力。

各位代表，建设新福州、当好排头兵，责任重大、任务艰巨。光荣的使命，鼓舞我们砥砺奋进；人民的期盼，鞭策我们勇往直前。让我们更加紧密地团结在以习近平同志为核心的党中央周围,在市委的坚强领导下,凝心聚力,开拓进取,全力拼搏,加快建设“机制活、产业优、百姓富、生态美”的新福州,以优异成绩迎接中国共产党第十九次全国代表大会的胜利召开!

2016年福州市全面深化改革工作情况

2016年,福州市学习贯彻中央和省委关于全面深化改革的决策部署,先后组织召开5次改革领导小组会议和2次联络员会议、1次改革办工作会议,研究审议了《关于进一步深化海域使用管理改革的若干意见》、《关于深化供销合作社综合改革的实施意见》、《关于取消一批行政审批事项的通知》等23份改革文件,全市各领域共形成改革制度成果198份文件。

一、改革任务

制定《福州市2016年全面深化改革工作要点》,并形成细化分解《工作方案》,确定59大项242小项改革任务。其中,经济社会事业领域重点推进供给侧结构性改革、行政审批制度改革、国企国资改革、教育卫生改革等57项改革;民主法制领域重点推进社会组织管理、司法管理体制改革等29项改革;文化领域重点推进现代文化市场运营机制改革、文化管理体制改革等28项改革;社会治理领域重点推进公共安全体系建设、社会调解机制改革等19项改革;生态文明领域重点推进生态红线管控制度、完善生态补偿制度和资源有偿使用制度等20项改革;农业农村领域重点推进新型农业经营体系、农村集体产权制度改革等24项改革;福州新区开放开发领域重点推进管理机制创新、规划体系建设、重大项目推动机制等18项改革;榕台交流与对外开放领域重点推进自贸试验区福州片区改革、榕台交流合作机制、“一带一路”建设机制等22项改革;党的建设领域重点推进一线考察干部机制、干部人事制度改革等14项改革;纪律检查领域重点推进落实党风廉政主体责任等11项改革。

二、改革试点

建设国家级改革试点。福州成为国家第二批“十三五”综合服务改革试点区域,鼓楼区获批国家服务业综合改革示范典型。国家电子商务示范城市电子商务诚信交易服务平台试点有效开展,跨境电子商务公共服务平台正式运行。闽侯县农村集体资产股份权能改革国家级试点基本完成清产核资、成员界定等关键性环节。永泰县国家主体功能区《建设试点示范方案》获国家发改委、环保部批复实施。福清市入选国家新型城镇化综合试点地区。

建设省级改革试点。实施第四轮、第五轮简政放权,在全国率先推出服务窗口动态增减机制,在全省率先推行“窗口无否决权”服务机制,成为全省行政审批项目最少、环节最简、时限最短、材料最省、流程最优的设区市。福清市农村土地承包经营权确权登记颁证省级试点进入验收阶段。《连江县开展领导干部能上能下课题研究》获省委组织部重点调研课题一等奖。福清“多规合一”、马尾“人才强区”等省级试点取得阶段性成果。

推广改革试点经验。开展全省第一批改革典型经验复制推广工作,印发实施复制推广农村金融普惠制改革、公共法律服务(平台)改革、创新公共文化服务体系建设“六联六创”工作机制、社会治理体制改革典型经验、深化小型水利工程管理体制改革经验、台胞权益保障法官工作室、便民代办和民情工作一体化服务机制、查办腐败案件体制机制改革等8个实施方案。公共法律服务(平台)建设、台胞权益保障法官工作室等改革做法在市、县两级全面铺开。

三、改革宣传

在中央、省属主要媒体刊发反映福州市供给侧结构性改革、行政审批制度改革、福州新区、一线考察等有关改革系列报道80多篇,在《海峡通讯》刊发《风劲潮涌正当时劈波斩浪勇前行——福州市2015年全面深化改革综述》、《简政提效转作风优化服务促发展——福州市深化行政审批制度改革综述》两篇文章。全年共刊发《福州改革情况交流》45期,被《福建改革情况》采刊8篇,采登量居各设区市首位。

四、改革机制

健全组织架构,增设生态文明体制改革专项工作小组,将“三农”与生态文明体制改革专项工作小组更名为农业农村体制机制改革专项工作小组,市全面深化改革领导小组共设10个专项工作小组。12个县(市)区均成立改革办常设机构。完善深改绩效考评机制,在继续实施市级机关单位深改绩效考评工作基础上,增设县(市)区深改绩效考评项目(分值为5分)。

(市委办综合协调处)

2016年市委、市政府为民办实事项目完成情况

一、改善农村生产生活条件

(一)实施新农村幸福家园工程,投入7307.64万元,落实9个市级幸福家园示范村和2个市级少数民族幸福家园示范村任务。

(二)实施“千村整治、百村示范”美丽乡村建设工程。

投入4.61亿元,落实129个村庄美丽乡村建设任务。

投入3700万元,落实3条美丽乡村景观带建设任务。

(三)落实农村危房改造976户。

(四)落实造福工程1073户4523人。

(五)落实建成农村公路213公里,新增更新农村客车100辆,建成晋安北峰客运站、农村候车亭24个。

(六)完成水土流失治理3781.67公顷。

（七）建成3个二级渔港项目（连江县北茭二级渔港和筱埕屿仔尾二级渔港、长乐市松下长屿二级渔港），在建2个（长乐市梅花五显鼻二级渔港和漳港三营澳二级渔港），另有3个正在推进立项审批、工程预算等工作（连江县下宫乡松皋二级渔港和坑园下屿二级渔港、福清市东瀚镇海亮沃口二级渔港）。

（八）落实计生困难家庭房屋修缮263户。

（九）投入661万元，落实除险加固长乐市罗联水库、闽侯县地状水库和磨里水库等3座一般小2型水库。

二、继续推进菜篮子工程和食品放心工程建设

（一）市食品安全监管部门组织联合执法18469次，出动人员42317人次，查处案件349起，涉案金额398.24万元。全市主要食品安全检测指标达标，其中：生猪“瘦肉精”尿样检测合格率100%；主要水果农药残留快速检测合格率96.09%；蔬菜农药残留快速检测合格率99.36%；水产药物残留养殖环节抽检合格率100%；市、县城区市政管网末梢水质抽检合格率99.91%；县级以上集中式饮用水源地水质达标率100%；瓶（桶）装饮用水生产企业产品抽检合格率100%；加工食品（含酱油、鱼露、食醋、豆制品、食用油等）卫生市场抽检合格率98.17%。

（二）落实新建蔬菜基地200公顷。

三、推进道路交通安全隐患整治和公路安保等工程

（一）落实事故多发及危险段隐患路段整治53处，农村地区主要出村道路交叉路口隐患整治396处。

（二）落实国省道安保工程50公里和农村公路安保提升工程295公里。

（三）落实罗源县黄鹤新桥、闽清县里洋桥、永泰县南坪桥、闽侯县大模桥、长乐市感恩二桥和青桥桥、福清市后安桥和柏渡桥等8座危桥改造。

四、实施公交服务便民和游客公共交通服务工程

（一）落实新增、更新公交车594辆，新辟和优化公交线路87条，改造公交站台104个，建成海峡奥体中心公交枢纽站和海峡奥体中心运动员村公交站。

（二）建立3个旅游集散中心，开通1条旅游直通车。

1. 建成福清中旅、罗源县、永泰县等3个旅游集散中心，海峡奥体文化旅游集散中心完成主体建设，正进行项目规划设计及招商引资工作。

2. 福州（闽江饭店停车场）至福清（福清创元千禧大酒店）旅游直通车于3月底开通（6月15日发车点调整为福州闽江饭店—三坊七巷—福清创元千禧大酒店—福清六鑫酒店），并投入10辆14座电动车进行运营。

五、新增公共停车泊位6000个，缓解停车难问题

超额建成公共停车泊位7383个。

六、实施扶贫小额贷款和贫困人口临时救助等政策

（一）完善扶贫小额贷款政策。投入2050万元，落实在闽侯县、连江县、闽清县、罗源县、永泰县建立扶贫小额信贷风险担保金任务。其中，罗源县450万元，连江县、闽侯县、永泰县、闽清县各400万元，并为281户建档立卡贫困户发放无抵押担保贷款1274万元。

（二）实施贫困人口临时救助制度。五城区临时救助政策统一使用《福州市人民政府关于进一步完善城乡困难居民临时救助工作的意见》（榕政综〔2015〕357号），其他各县（市）均出台临时救助政策。全市共筹集临时救助资金3085.29万元。

七、加快保障性安居工程建设

落实新开工保障性住房、棚户区改造住房20281套，基本建成33335套。

八、加强“四绿”工程建设

（一）落实8754.73公顷全市沿海基干林带建设任务。其中，基干林带造林262公顷、林带修复完成3006.07公顷、封山育林完成5486.67公顷。

（二）改造提升金山公园。

落实金山公园改造提升任务，并对外开放。

九、实施城乡环境综合整治，整治背街小巷36条。

投入6.96亿元，落实背街小巷整治38条。

十、继续推进一批内河综合整治

（一）实施琴亭湖清淤工程。

投入1580万元，完成琴亭湖清淤工程，共完成清淤7.85万方。

（二）实施晋安河—打铁港水量分流工程。

投入5950万元，建成晋安河—打铁港水量分流工程主体工程。

（三）投入2.7亿元，完成南公园水环境综合整治工程。

（四）计划投入1.15亿元，实施连潘河综合整治工程。现正进行征迁和勘探工作，将于2017年6月30日完成整治任务。

（五）实施螺洲河（锦绣水乡段）、流花溪（三环路—周宅段）、胪雷河（胪雷新城段）、马洲河（利嘉商贸城段）等内河综合整治工程。

1. 螺洲河（锦绣水乡段）：长约1705米，工程投入2800万元，正进行挡墙砌筑、土方清运等施工，2017年春节前竣工。

2. 流花溪（三环路至周宅段）：第一标段（三环至湾边水闸）完工，长约360米，工程投入944万元；第二标段（三环湾边立交至浦上大道）长约3950米，工程投入15924万元，正在施工，计划于2017年年底前竣工。

3. 胪雷河（胪雷新城段）：长约1170米，工程投入2877万元，正在施工，2017年春节前竣工。

4. 马洲河（利嘉商贸城段）：长约1061米，宽为50米。工程投入1437万元，正在施工，2017年春节前竣工。

十一、进一步完善市政道路交通

（一）建成南江滨东大道。

项目总投资8.5亿元，2016年完成投资1.2亿元（占年度任务100%）。该项目道路全长约3.8公里基本建成通车。

（二）建成南台大道。

项目总投资26.4亿元,2016年完成投资5.5亿元。

南台大道北段:全长约1740米,建成通车。

南台大道南段:第一、二合同段的螺洲互通立交完工;第三、四合同段正在施工。

(三)投入1357.23万元,完成聚龙立交桥下环岛改造施工。

(四)投入450万元,建成乌山西路天桥。

十二、建设人民满意的教育

(一)落实改造校舍1.92万平方米(占年度任务112.9%),运动场地5.57万平方米(占年度任务111.4%),购置图书6.05万册、课桌椅9557套、多媒体204套。

(二)落实新建公办幼儿园8所、改扩建2所,新增学位2250个。

(三)落实新建中小学4所、改扩建6所,新增学位6415个。

十三、实施文化惠民工程

(一)对全市乡镇(街道)综合文化站和村(社区)综合文化服务中心进行达标、提升建设。

投入7900万元,落实99个乡镇(街道)综合文化站和1524个村(社区)综合文化服务中心达标、提升工作,剩余74个乡镇(街道)综合文化站和577个村(社区)综合文化服务中心于2017年完成达标提升任务。

(二)落实开展非物质文化遗产地方剧种公益性演出299场。

(三)投入1777.5万元,建成福州海上丝绸之路展示馆。

十四、提升公共卫生服务能力

(一)将城乡医疗救助基金政府筹集标准从医疗救助对象每人每年200元提高到400元。《福州市城乡医疗救助实施办法》于2016年9月8日印发实施。全市共筹集医疗救助资金7735.47万元。

(二)将基本公共卫生服务政府补助标准从每人每年40元提高到每人每年45元。全面落实基本公共卫生服务政府补助提标任务。

(三)继续为福州市3类4支省级卫生应急队伍配备必要医疗装备,并保证购置设备、仪器和材料等日常维护、更新。投入2195万元,建成省级紧急医学救援福州市队(市二医院承建)、省级突发急性传染病防控二队(市传染病院承建)、省级突发急性传染病防控三队(市肺科医院承建)、省级心理干预救援一队(市神经精神病防治院承建)。

十五、建设一批体育健身场所和设施

(一)落实健身路径更新、更换358条(占年度任务143.2%)。其中,鼓楼区、台江区和永泰县各20条,仓山区35条、晋安区30条、马尾区38条、连江县和长乐市各50条、闽侯县40条、罗源县25条、福清市和闽清县各15条。

(二)超额落实14个多功能运动场,6个室内健身房,1个拆装式游泳池,4个笼式足球场。

(三)超额落实全民健身活动项目75个,110场次,参与人数120万人。

十六、加强环保、供排水等基础设施建设

(一)投入12426.5万元,完成供水管网改造103.6公里。

(二)实施一批中心城区涝点改造。投入800万元,完成福飞路口、得贵路口、桂山路、葫芦阵、祥坂支路口和三高路口等涝点改造施工。

(三)建设东南区水厂原水管道建设工程。项目总投资15000万元,2016年完成投资11863万元(占年度任务114.7%),建成原水管道6.8公里。

(四)落实建成连坂污水处理厂厂区二期工程,并开始联动调试,完成投资11400万元。

(五)落实建成5个环境空气质量自动监测站,即:金鸡山环保大楼超级站,马尾区、晋安区、仓山区和高新区空气站。

十七、推进众创空间建设

超额落实创建市级众创空间34家。

十八、提高农村居民最低生活保障、城乡居民基本医疗保险政府补助等标准

(一)将农村低保标准由家庭年人均收入2300元提高到2650元。

超额落实全市农村低保标准提标任务。其中,五城区农村低保标准为每人每月570元(即年标准6480元),福清市、长乐市、闽侯县农村低保标准为每人每月350元(即年标准4200元),连江县农村低保标准为每人每月280元(即年标准3360元),罗源县、闽清县、永泰县农村低保标准为每人每月250元(即年标准3000元)。

(二)落实将新型农村合作医疗和城镇居民基本医疗保险政府补助标准从每人每年400元提高到430元。

十九、加强养老服务

新建一批养老机构,建成市社会福利院二期老年公寓、闽清县社会福利中心和永泰县社会福利中心等三个项目。2016年全市新增养老床位1099张,每千名老人床位数较上年度增长4.36%。

二十、实施助残工程

(一)《福州市困难残疾人生活补贴和重度残疾人护理补贴制度的实施办法》(榕政综〔2016〕197)于6月27日印发实施,落实对符合条件的城乡困难残疾人发放每人每月50元生活补贴。

(二)《福州市困难残疾人生活补贴和重度残疾人护理补贴制度的实施办法》(榕政综〔2016〕197)于6月27日印发实施,将一级重度残疾人护理补贴标准从每人每月50元提高到100元,对二级重度残疾人发放每人每月50元的护理补贴。

(三)投入235万元,超额落实扶持470户农村残疾人家庭就业创业,主要扶持农村贫困残疾人家庭开展种植、养殖、生产经营等。

(四)投入290万元,超额落实资助1450名智力、精神和重度肢体残疾人居家养护。

(五)超额落实残疾儿童康复救助777名。

（六）全面落实1500件盲人辅助器具组合免费适配工作。市残联、市辅具中心将语音电饭煲、语音电磁炉、语音电压力锅、体重秤和手提秤等辅具以组合包形式向全市1190名有需求的盲人群众发放，共计1500件。

二十一、推进“平安福州”建设

（一）建设智能化信号灯管理控制平台。落实建成智能化信号灯管理控制平台并于7月份投入使用。

（二）全面完成在福新路、远洋路等道路增设或更换隔离护栏60公里，有效保障了机动车和非机动车通行路权，规范了道路通行秩序。

（三）建设主城区交警大队交通指挥室，加强路面指挥调度。全面完成主城区鼓楼、台江、晋安、仓山、上街交警大队交通指挥室建设并投入使用，实现对本辖区交通流量监测、交通状态检测、交通诱导发布、交通技术监控汇聚、警员警车定位等功能，提升了福州市区应用科技手段管理城市交通工作水平。

二十二、支持驻榕部队改善生产生活

投入88万元，落实支持驻榕部队建设科技、文化拥军项目10个。

（张兴亮）

2016年福州市重大招商项目对接工作情况

一、项目对接成效显著

截至2016年底，福州市重大招商项目库储备项目总数达581项，总投资5885.97亿元。其中央企65项，总投资1492.62亿元；外企204项，总投资1236.82亿元；民企312项，总投资3156.53亿元。

重点产业项目加快升级转化。京东方第8.5代新型半导体显示器项目实现“当月签约、当季落地、当年动工”，将于2017年6月投产；中铝铝精深加产业园项目正式落地闽台（福州）蓝色产业园，于2016年9月1日开工动建，一期总投资达300亿元，可望于2018年建成投产；旭友偏光片生产项目开工建设。

二、围绕重点产业区域开展链式招商

进一步加大与县（市）区的联动，一是针对各工业园区的产业定位特点突出特色招商；二是围绕重点产业和龙头企业，加强调研与产业链分析，开展“点对点”精准招商；三是围绕新兴产业开展龙头企业引进；四是围绕资源与分布特点开展旅游项目引进。围绕京东方面板项目，紧盯东旭玻璃基板、京东方二期柔性面板、裸眼3D等项目；针对中铝铝精深加工，盯紧汽车铝边框、东南研究院、高端电子材料等衍生项目；推进中车株洲、比亚迪等新能源汽车项目；推动三峡海上风电延伸装备制造；依托鼓岭、永泰等旅游资源，推进永泰葛岭、富之卿四季牡丹博览园、港中旅北峰城市避暑休闲度假项目；围绕大数据产业园和物联网产业园，推动阿里巴巴创新中心，腾讯“双创”，浪潮大数据、东华软件等“互联网+”项目。

三、“走出去”“引进来”凸显成效

参与并依托“5·18”“6·18”“9·8”等传统大型招商平台的作用，做好全市会前、会中、会后的各项促进工作，进一步整合提升会展和经贸合作活动的水平。2016年“5·18”海交会期间，全市签约项目357项，总投资达2462.88亿元，项目数和总投资均超过上届。其中，市投资促进局牵头组织的上台签约重点项目60项，总投资759.49亿元。综合运用招商顾问、委托招商、中介招商、商会招商等招商方式，进一步扩大招商成果。创新“小分队”招商机制，市投资促进局成立3个招商小分队，围绕装备制造、冶金建材、石油化工、新能源等产业项目，主动上门招商与对接。

四、多维度扩大宣传推介

在北上广深、港澳等重点招商区域，举办座谈会、推介会、签约会等多形式招商活动，扩大福州影响力。根据市委、市政府的部署，2016年4月，在北京举办2016美国商会福州市投资环境专场推介会，寻求投资合作契机。在广州、上海举办福州新区推介会，提升新区的集聚效应，促进生成一批线索项目。11月8日，福州市投资促进局与北京市投资促进局联办福州投资环境（北京）推介会。

五、强化制度保障

2016年，福州市出台《关于加强投资促进工作的意见》《福州市“抓招商、促发展”专项行动招商引资指导考评指导意见》《推进园区特色发展鼓励异地招商试行办法》《福州市招商成效评估扣分办法》等一系列规范性文件和工作措施，初步构建起适应新常态下的投资促进工作机制，为全市持续开展“抓招商、促发展”提供保障。

（姚岑姗）

法规、规范性文件目录

表91　　**2016年福州市人大常委会通过、颁布地方法规目录**

法规名称	通过时间	批准时间	生效时间
福州市人民代表大会及其常务委员会立法条例	2016年2月20日福州市第十四届人民代表大会第五次会议	2016年4月1日福建省第十二届人大常委会第二十二次会议	2016.4.14
福州市轨道交通条例	2016年10月26日福州市十四届人大常委会第三十九次会议	2016年12月2日福建省十二届人大常委会第二十六次会议	2017.1.1
福州市湿地保护管理办法	2016年10月26日福州市十四届人大常委会第三十九次会议	2016年12月2日福建省第十二届人大常委会第二十六次会议	2017.1.1

(鄢权炜)

表92　　**2016年福州市政府发布政府令目录**

文件文号	文件名称	发布日期	实施日期
政府令第67号	福州市市场监督管理机关行政处罚程序暂行规定	2016.1.29	2016.3.1
政府令第68号	福州市轨道交通运营管理办法	2016.5.16	2016.6.18
政府令第69号	福州市机动车排气污染防治管理办法	2016.9.5	2016.10.8

(魏善庆)

表93　　**2016年福州市政府(办公厅)规范性文件目录**

文件文号	规范性文件名称	公布日期	实施日期
榕政办〔2016〕1号	福州市人民政府办公厅关于福州市小微企业贷款保证保险试点工作的实施意见	2016.1.6	2016.1.6
榕政办〔2016〕12号	福州市人民政府办公厅转发市市场监督管理局关于促进中国(福建)自由贸易试验区福州片区开放开发建设的若干意见的通知	2016.2.15	2016.2.15
榕政综〔2016〕46号	福州市人民政府关于印发《福州市网络交易监督管理暂行办法》的通知	2016.2.24	2016.2.24
榕政综〔2016〕59号	福州市人民政府关于废止《福州市仓山区东部新城农村集体土地房屋征收补偿安置实施细则(试行)》的通知	2016.3.8	2016.3.8
榕政〔2016〕2号	福州市人民政府关于实施第五阶段机动车排放标准的通告	2016.3.18	2016.3.18
榕政综〔2016〕102号	福州市人民政府关于加快推进建筑产业现代化工作有关事项的通知	2016.4.6	2016.4.6

续表

文件文号	规范性文件名称	公布日期	实施日期
榕政综〔2016〕112号	福州市人民政府关于电镀企业搬迁进入电镀工业集控区集中生产管理的实施意见	2016.4.9	2016.4.9
榕政综〔2016〕133号	福州市人民政府关于进一步推进跨境电子商务发展暨海峡两岸电子商务经济合作实验区建设的通知	2016.4.29	2016.4.29
榕政综〔2016〕132号	福州市人民政府关于公布市级行政审批中介服务事项的通知	2016.4.28	2016.4.28
榕政办〔2016〕65号	福州市人民政府办公厅关于印发动漫游戏产业发展扶持奖励办法实施细则的通知	2016.5.4	2016.5.4
榕政综〔2016〕139号	福州市人民政府关于印发福州市廊桥保护管理办法的通知	2016.5.5	2016.5.5
榕政办〔2016〕79号	福州市人民政府办公厅关于印发《福州市乡村教师支持计划(2015－2020年)实施办法》的通知	2016.5.16	2016.5.16
榕政综〔2016〕161号	福州市人民政府关于印发福州市外地机关和事业单位驻榕派出机构备案(登记)管理办法的通知	2016.5.26	2016.6.1
榕政办〔2016〕88号	福州市人民政府办公厅转发市计生协关于福州市计划生育困难家庭房屋修缮工作实施方案的通知	2016.6.6	2016.6.6
榕政〔2016〕8号	福州市人民政府关于将13条热线(专线)便民电话统一整合到福州市"12345"政府公共服务热线电话的通告	2016.6.21	2016.6.21
榕政综〔2016〕197号	福州市人民政府关于印发《福州市困难残疾人生活补贴和重度残疾人护理补贴实施办法》的通知	2016.6.27	2016.6.27
榕政综〔2016〕199号	福州市人民政府关于公布市级前置审批事项的通知	2016.6.28	2016.6.28
榕政办〔2016〕124号	福州市人民政府办公厅关于转发福建省人民政府办公厅关于全面治理拖欠农民工工资问题的实施意见的通知	2016.7.25	2016.7.25
榕政办〔2016〕165号	福州市人民政府办公厅关于进一步做好中国(福建)自由贸易试验区福州片区行使相对集中行政处罚权工作的通知	2016.9.7	2016.9.7
榕政综〔2016〕271号	福州市人民政府关于印发福州市城乡居民医疗救助办法的通知	2016.9.7	2016.9.7
榕政〔2016〕11号	福州市人民政府关于实施第五阶段机动车排放标准的通告	2016.9.18	2016.9.18
榕政办〔2016〕171号	福州市人民政府办公厅转发市城镇集体工业联合社关于进一步深化城镇集体企业改革指导意见的通知	2016.9.14	2016.9.14

续表

文件文号	规范性文件名称	公布日期	实施日期
榕政综〔2016〕286 号	福州市人民政府关于调整规范市级行政审批中介服务事项的通知	2016. 9. 18	2016. 9. 18
榕政办〔2016〕189 号	福州市人民政府办公厅关于印发福州市政府和社会资本合作(PPP)项目管理办法的通知	2016. 10. 6	2016. 10. 6
榕政办〔2016〕186 号	福州市人民政府办公厅关于进一步促进房地产市场平稳健康发展的补充通知	2016. 10. 6	2016. 10. 6
榕政办〔2016〕193 号	福州市人民政府关于《福州市人民政府办公厅关于进一步完善基层医疗卫生机构收入分配和绩效激励机制的实施意见》(试行)	2016. 10. 16	2016. 10. 16
榕政综〔2016〕324 号	福州市人民政府关于印发霍口水库供水原水水价及水费征收方案的通知	2016. 11. 4	2016. 11. 4
榕政办〔2016〕232 号	福州市人民政府办公厅关于印发《福州市区道路交通安全设施管理办法》的通知	2016. 11. 28	2016. 11. 28
榕政〔2016〕15 号	福州市人民政府关于加强对超标电动自行车、残疾人机动轮椅车销售和改装源头治理的通告	2016. 12. 1	2016. 12. 1
榕政综〔2016〕351 号	福州市人民政府印发关于深化出租汽车行业改革实施方案的通知	2016. 11. 30	2016. 11. 30
榕政办〔2016〕243 号	福州市人民政府办公厅关于加快推进城乡社区居家养老专业化服务的通知	2016. 12. 5	2016. 12. 5
榕政〔2016〕16 号	福州市人民政府关于贯彻《福建省实施＜居住证暂行条例＞办法》的意见	2016. 12. 12	2016. 12. 12
榕政办〔2016〕253 号	福州市人民政府办公厅关于印发福州市促进现代物流业(含快递业)加快发展的若干措施的通知	2016. 12. 14	2016. 12. 14
榕政办〔2016〕260 号	福州市人民政府办公厅转发福州高新区管委会关于促进国家自主创新示范区福州片区商事制度改革的若干意见的通知	2016. 12. 21	2016. 12. 30

(魏善庆)

(编辑　郭秋延)

统计资料

表 94

2016 年福州市经济社会主要指标完成情况

项目	单位	2016 年	2015 年	2016 年比 2015 年增长(%)
一、人口与就业				
年末常住总人口	万人	757.00	750.00	0.9
年末户籍总人口	万人	687.06	678.37	1.3
#市区人口	万人	203.06	199.96	1.6
全社会从业人员	万人	536.24	511.77	4.8
#城镇非私营单位年末从业人员数	万人	156.83	156.28	0.4
#城镇非私营单位年末在岗职工人数	万人	141.15	141.27	-0.1
城镇私营个体从业人员	万人	146.58	122.83	19.3
二、经济总量				
地区生产总值	亿元	6197.64	5618.08	8.5
第一产业	亿元	492.25	434.69	4.1
第二产业	亿元	2590.43	2449.55	6.7
第三产业	亿元	3114.96	2733.83	10.7
工业增加值	亿元	1978.83	1875.26	6.7
人均地区生产总值	元	82251.00	75259.00	7.4
三、工业				
规模以上工业总产值	亿元	8419.65	7845.00	9.7
#轻工业	亿元	4329.92	3911.87	13.5
重工业	亿元	4089.73	3933.13	6.2
#集体企业	亿元	26.86	35.77	-3.9
外商及港澳台商投资企业	亿元	3050.00	2865.36	9.7
#大中型工业企业	亿元	5894.02	5407.91	10.3

续表

项目	单位	2016 年	2015 年	2016 年比 2015 年增长(%)
规模以上工业销售产值	亿元	8141.22	7593.21	7.7
#出口交货值	亿元	1688.95	1601.56	4.6
四、农林牧渔业				
农林牧渔业总产值	亿元	866.25	764.88	4.1
#农业产值	亿元	241.21	214.66	4.8
林业产值	亿元	23.21	22.39	7.1
牧业产值	亿元	86.77	75.90	-1.3
渔业产值	亿元	489.86	428.33	4.5
农林牧渔业主要产品产量				
粮食总产量	万吨	52.87	54.34	-2.7
水果产量	万吨	54.64	53.38	2.4
蔬菜产量	万吨	372.97	360.00	3.6
茶叶产量	万吨	3.09	2.75	12.4
食用菌产量	万吨	18.57	17.40	6.7
肉类总产量	万吨	24.73	24.71	0.1
禽蛋总产量	万吨	9.71	10.42	-6.7
水产品总产量	万吨	220.96	228.22	-3.2
农业机械总动力	万千瓦	145.74	145.40	0.2
五、固定资产投资				
全社会固定资产投资	亿元	5218.07	4893.91	6.6
#固定资产投资(不含农户)	亿元	5184.36	4853.61	6.8
#项目投资	亿元	3504.92	3472.49	0.9
#房地产开发投资	亿元	1679.44	1381.12	21.6
施工房屋建筑面积	万平方米	7760.77	7800.01	-0.5
#住宅	万平方米	4919.79	4992.32	-1.5
竣工房屋建筑面积	万平方米	823.82	1064.05	-22.6
#住宅	万平方米	524.62	745.09	-29.6
商品房销售额	亿元	1354.29	1065.93	27.1
六、交通运输、邮电				
客运				
公路旅客发送量	万人次	10152.00	10964.00	-7.4
水路旅客发送量	万人次	188.00	196.00	-4.4
旅客出港量(航空)	万人	591.81	556.22	6.4
货运				

续表

项目	单位	2016 年	2015 年	2016 年比 2015 年增长(%)
公路货物发送量	万吨	15694.00	14651.00	7.1
水路货物发送量	万吨	9797.00	8062.00	21.5
货邮出港量(航空)	万吨	7.32	6.62	10.6
沿海港口货物吞吐量	万吨	11812.10	11361.09	4.0
集装箱吞吐量	万标箱	260.77	237.19	9.9
年末邮电局(所)	处	238.00	238.00	0.0
年末固定电话用户	万户	181.37	183.59	-1.2
年末移动电话用户	万户	868.38	908.33	-4.4
七、贸易旅游、物价				
社会消费品零售总额	亿元	3763.14	3488.74	11.6
接待境外旅游人数	万人次	108.68	96.62	12.5
居民消费价格指数(以上年为100)		102.30	101.70	—
八、对外经贸				
进出口总额	亿元	2082.17	2065.48	1.8
出口总额	亿元	1406.79	1312.28	8.9
进口总额	亿元	675.38	753.20	-10.2
新批外资项目	项	483.00	339.00	42.5
合同外资金额	亿美元	16.31	31.75	-48.6
实际利用外资(验资口径)	亿美元	18.14	16.79	8.1
九、财政、金融				
一般公共预算总收入	亿元	934.06	848.04	10.1
一般公共预算收入	亿元	598.91	560.46	6.9
一般公共预算支出	亿元	829.93	725.93	14.3
金融机构年末存款余额(本外币)	亿元	12432.31	11270.96	10.3
金融机构年末贷款余额(本外币)	亿元	12538.24	11114.84	12.8
金融机构年末存款余额(人民币)	亿元	12076.50	10875.62	11.0
金融机构年末贷款余额(人民币)	亿元	12124.69	10638.44	14.0
十、教育				
学校数				
高等院校	所	32.00	32.00	0.0
中等职业技术学校	所	52.00	53.00	-1.9
普通中学	所	319.00	322.00	-0.9
高中	所	101.00	103.00	-1.9
小学	所	900.00	893.00	0.8

续表

项目	单位	2016年	2015年	2016年比2015年增长(%)
在校学生数				
高等院校	人	317477.00	320965.00	-1.1
中等职业技术学校	人	92392.00	101619.00	-9.1
普通中学	人	307509.00	300024.00	2.5
高中	人	101237.00	100157.00	1.1
小学	人	537312.00	522914.00	2.8
专任教师数				
高等院校	人	19822.00	19982.00	-0.8
中等职业技术学校	人	4573.00	4703.00	-2.8
普通中学	人	24243.00	24091.00	0.6
高中	人	8016.00	8027.00	-0.1
小学	人	26421.00	27251.00	-3.0
招生数				
普通高校招生数	人	85829.00	87396.00	-1.8
中等职业学校招生数	人	33943.00	37960.00	-10.6
普通中学	人	107945.00	103275.00	4.5
高中	人	34509.00	34652.00	-0.4
小学	人	92589.00	96586.00	-4.1
成人高校在校生数	人	81884.00	95154.00	-13.9
十一、文化				
文化馆	个	12.00	12.00	0.0
博物馆、纪念馆	个	36.00	34.00	5.9
博物馆、纪念馆收藏文物	万件/套	17.01	17.01	0.0
艺术表演团体	个	9.00	9.00	0.0
艺术表演团体演出场次	场	2640.00	2700.00	-2.2
公共图书馆	个	13.00	13.00	0.0
公共图书馆图书藏量	万册	886.98	835.79	6.1
广播综合人口覆盖率	%	100.00	98.64	—
电视综合人口覆盖率	%	100.00	99.17	—
有线电视用户	万户	180.00	180.40	-0.2
十二、卫生				
卫生机构数	个	1995.00	2020.00	-1.2
#医院	个	107.00	109.00	-1.8
卫生机构床位数	张	33877.00	33106.00	2.3

续表

项目	单位	2016 年	2015 年	2016 年比 2015 年增长(%)
#医院	张	27554.00	26932.00	2.3
卫生技术人员数	人	51703.00	49934.00	3.5
#医生	人	18841.00	18307.00	2.9
每千人拥有卫生机构床位数	张	4.75	4.69	1.3
#医院	张	3.86	3.81	1.4
每千人拥有卫生技术人员数	人	7.25	7.07	2.5
#医生	人	2.64	2.59	2.0
十三、人民生活				
在岗职工工资总额	亿元	937.85	864.73	8.5
在岗职工年平均工资	元	67630.00	62478.00	8.2
城镇居民人均可支配收入	元	37833.00	34982.00	8.2
城镇居民人均消费支出	元	26392.00	24825.00	6.3
农村居民人均可支配收入	元	16346.00	15203.00	7.5
农村居民人均消费支出	元	14033.00	13152.00	6.7
十四、城市基本情况				
城市道路长度	公里	1467.00	1256.00	16.8
城市道路面积	万平方米	3228.00	2834.00	13.9
建成区绿化覆盖面积	公顷	11639.00	11288.00	3.1
建成区绿化覆盖率	%	43.90	43.40	1.2
建成区绿地面积	公顷	10773.00	10422.00	3.4
年末公园绿地面积	公顷	3507.00	3273.00	7.1
年末人均公园绿地面积	平方米	14.10	13.50	4.4
年末公交营运车辆	辆	5414.00	5071.00	6.8
年末公交营运线路	条	378.00	354.00	6.8
自来水厂	座	26.00	26.00	0.0
自来水综合生产能力	万吨/日	249.20	251.40	-0.9
供水总量	万吨	54431.00	53798.00	1.2
#生活用水量	万吨	21280.00	19486.60	9.2
液化气供气总量	吨	65635.00	71849.00	-8.6
#家庭用气	吨	32452.00	35422.00	-8.4
天然气供气总量	万立方米	43555.80	36834.48	18.2
#家庭用气	万立方米	5583.34	6147.67	-9.2

表95 **全国26个省会城市主要经济指标**

城市	地区生产总值		第一产业增加值		第二产业增加值	
	绝对数(亿元)	比上年增长(%)	绝对数(亿元)	比上年增长(%)	绝对数(亿元)	比上年增长(%)
福州	6197.64	8.5	492.25	4.1	2590.43	6.7
广州	19610.94	8.2	240.04	-0.2	5925.87	6.0
成都	12170.23	7.7	474.94	4.0	5232.02	6.7
南京	10503.02	8.0	252.51	1.0	4117.20	5.3
哈尔滨	6101.60	7.3	691.20	6.1	1896.70	6.7
沈阳	5460.00	-5.8	266.40	-17.8	2135.60	-13.7
长春	5928.50	7.8	323.50	3.7	2926.20	7.0
济南	6536.12	7.8	317.31	4.1	2368.90	6.9
武汉	11912.61	7.8	390.62	3.4	5227.05	5.7
西安	6257.18	8.5	232.01	3.8	2197.81	8.6
杭州	11050.49	9.5	304.84	1.9	3977.39	4.7
石家庄	5857.80	6.8	480.90	0.9	2638.00	4.4
太原	2955.60	7.5	38.22	2.6	1068.04	7.3
合肥	6274.30	9.8	270.20	2.2	3189.20	8.9
南昌	4354.99	9.0	181.77	3.9	2307.24	8.3
郑州	7994.16	8.4	156.35	3.0	3780.68	5.9
长沙	9323.70	9.4	370.95	3.0	4513.23	7.3
南宁	3703.39	7.0	400.67	3.9	1427.16	5.8
贵阳	3157.70	11.7	137.14	5.9	1218.79	12.1
昆明	4300.43	8.5	200.51	6.0	1660.46	7.6
兰州	2264.23	8.3	60.36	6.0	790.09	4.3
西宁	1248.16	9.8	39.15	5.2	595.64	10.6
银川	1617.28	8.1	58.61	4.3	825.46	6.6
海口	1257.67	7.7	67.68	3.3	233.56	5.8
乌鲁木齐	2458.98	7.6	28.37	3.0	704.94	1.7
呼和浩特	3173.59	7.7	113.49	3.0	884.43	8.7

续表

城市	第三产业增加值		工业增加值		社会消费品零售总额	
	绝对数（亿元）	比上年增长（%）	绝对数（亿元）	比上年增长（%）	绝对数（亿元）	比上年增长（%）
福州	3114.96	10.7	1978.83	6.7	3763.14	11.6
广州	13445.03	9.4	5369.40	6.2	8706.49	9.0
成都	6463.27	9.0	4508.59	6.9	5647.40	10.4
南京	6133.31	10.2	3581.72	4.8	5088.20	10.9
哈尔滨	3513.80	7.9	1285.40	5.4	3744.20	10.3
沈阳	3058.00	2.3	1729.30	-17.3	3985.90	2.5
长春	2678.80	9.4	2470.30	6.9	2650.30	9.8
济南	3849.91	8.7	1878.80	6.9	3764.80	10.4
武汉	6294.94	9.9	—	—	5610.59	10.0
西安	3827.36	8.8	1396.69	9.5	3730.70	9.6
杭州	6768.26	13.0	3578.67	5.2	5176.20	10.5
石家庄	2738.90	10.3	2360.85	4.5	2975.20	10.5
太原	1849.34	7.7	709.87	6.7	1666.24	8.1
合肥	2814.80	11.6	2562.60	9.8	2445.70	12.0
南昌	1865.98	10.3	1708.30	9.0	1868.00	11.8
郑州	4057.14	11.1	3315.06	5.7	3665.83	11.3
长沙	4439.52	12.4	3727.18	7.5	4117.40	11.6
南宁	1875.57	8.5	1063.14	5.6	1980.36	10.8
贵阳	1801.77	11.9	771.33	9.9	1195.34	12.7
昆明	2439.46	9.3	1039.41	4.5	2310.09	12.1
兰州	1413.78	10.9	526.83	2.8	1263.33	9.7
西宁	613.37	9.3	479.39	9.3	513.07	11.1
银川	733.21	10.3	603.74	8.0	514.19	7.7
海口	956.43	8.5	134.92	2.4	653.89	9.8
乌鲁木齐	1725.67	10.4	535.26	-0.2	1236.69	7.5
呼和浩特	2175.67	7.7	679.30	21.4	1481.46	9.5

续表

城市	固定资产投资额		房地产开发投资额		出口总额	实际利用外资
	绝对数（亿元）	比上年增长（%）	绝对数（亿元）	比上年增长（%）	绝对数（亿元）	绝对数（亿美元）
福州	5184.36	6.8	1679.44	21.6	1406.79	18.14
广州	5703.59	8.0	2540.85	18.9	5187.05	57.01
成都	8370.50	14.3	2638.90	6.5	1450.50	86.17
南京	5533.56	2.0	1845.60	29.2	1952.28	34.79
哈尔滨	5040.10	9.7	512.10	-12.0	111.59	32.10
沈阳	1631.60	-69.4	709.70	-46.9	282.30	8.20
长春	4659.00	10.5	596.60	17.9	126.87	12.90
济南	3974.30	13.7	1163.90	14.8	408.00	16.91
武汉	7093.17	-2.6	2517.44	-2.5	905.80	85.23
西安	5191.36	2.0	1955.82	6.8	946.75	45.10
杭州	5842.42	5.1	2606.41	5.4	3313.80	72.09
石家庄	5916.00	5.4	2663.90	6.3	466.29	12.19
太原	2027.71	0.1	681.90	12.9	549.71	4.62
合肥	6501.17	11.1	1352.59	7.4	839.25	28.08
南昌	4540.26	13.5	674.60	39.0	379.75	28.90
郑州	6998.60	11.3	2778.90	38.9	2100.62	40.33
长沙	6693.32	13.9	1260.55	26.5	502.31	48.14
南宁	3824.73	13.6	854.00	30.0	211.13	7.70
贵阳	3380.73	20.5	927.32	-7.7	216.61	11.20
昆明	3920.07	12.1	1530.50	5.5	274.53	7.40
兰州	1990.95	10.4	391.15	15.4	—	—
西宁	1399.30	10.0	316.50	12.9	75.60	0.91
银川	1723.31	11.8	474.94	16.1	31.66	0.36
海口	1271.73	25.7	551.09	20.7	52.23	0.36
乌鲁木齐	1607.78	0.0	362.50	-6.7	277.73	2.37
呼和浩特	1849.17	14.2	520.52	2.3	45.30	—

续表

城市	一般公共预算收入		城镇居民人均可支配收入		居民消费价格环比指数（%）	农村居民人均可支配收入	
	绝对数（亿元）	比上年增长（%）	绝对数（元）	比上年增长（%）		绝对数（元）	比上年增长（%）
福州	598.91	6.9	37833	8.2	102.3	16346	7.5
广州	1393.85	5.2	50941	9.0	102.7	21449	11.0
成都	1175.40	7.0	35902	8.1	102.2	18605	9.4
南京	1142.60	12.0	49997	8.4	102.7	21156	8.6
哈尔滨	376.20	7.5	33190	7.1	101.8	14439	8.0
沈阳	620.90	2.4	39135	6.8	101.7	14445	7.1
长春	415.50	7.0	31069	6.8	101.4	12576	7.0
济南	641.20	9.9	43052	7.9	102.7	15346	7.8
武汉	1322.10	10.1	39737	9.1	102.4	19152	8.1
西安	641.10	11.1	35630	7.4	100.9	15191	8.0
杭州	1402.38	13.2	52185	8.0	102.6	27908	8.5
石家庄	410.70	9.5	30459	9.1	101.6	12345	7.9
太原	282.69	3.1	29632	6.9	101.2	14591	7.1
合肥	614.85	7.6	34852	9.0	102.6	17059	8.4
南昌	402.18	3.3	34619	8.4	102.1	14952	9.2
郑州	1011.20	14.3	33214	6.8	102.3	18426	7.6
长沙	743.70	3.4	43294	8.3	101.9	25448	7.8
南宁	312.76	5.3	30728	7.7	101.4	11398	9.5
贵阳	366.32	4.4	29502	8.3	101.1	12967	8.8
昆明	530.00	5.5	36739	8.2	101.7	12555	9.7
兰州	215.50	16.4	29661	9.5	100.8	10391	8.0
西宁	75.22	9.7	27539	9.1	102.1	9678	9.2
银川	173.13	13.0	30478	7.8	101.7	12037	8.0
海口	115.51	11.2	30775	7.9	103.0	12679	9.0
乌鲁木齐	369.67	0.3	34200	8.2	101.5	16400	9.2
呼和浩特	269.70	9.0	40220	7.7	101.4	14517	7.6

表96 **2016年福建省及九个设区市主要经济指标**

指　　标	单位	全省		福州市	
		绝对数	比上年增长(%)	绝对数	比上年增长(%)
年末常住总人口	万人	3874.00	0.9	757.00	0.9
城镇化率	%	63.60	1.0	68.50	0.8
地区生产总值	亿元	28519.15	8.4	6197.64	8.5
第一产业	亿元	2363.22	3.6	492.25	4.1
第二产业	亿元	13844.96	6.8	2590.43	6.7
第三产业	亿元	12310.97	11.3	3114.96	10.7
工业增加值	亿元	11449.29	6.8	1978.83	6.7
农林牧渔业总产值	亿元	4155.68	3.7	866.25	4.1
固定资产投资	亿元	23107.49	8.5	5184.36	6.8
一般公共预算总收入	亿元	4295.36	3.7	934.06	10.1
一般公共预算收入	亿元	2654.83	4.3	598.91	6.9
社会消费品零售总额	亿元	11674.54	11.1	3763.14	11.6
居民消费价格环比指数	%	101.70	1.7	102.30	2.3
实际利用外资(验资口径)	亿美元	81.95	6.7	18.14	8.1
出口总额	亿元	6838.87	-2.2	1406.79	8.9
城镇居民人均可支配收入	元	36014.00	8.2	37833.00	8.2
农村居民人均可支配收入	元	14999.00	8.7	16346.00	7.5
城镇非私营单位在岗职工平均工资	元	63138.00	7.5	67630.00	8.2

续表

指　　标	单位	厦门市		莆田市	
		绝对数	比上年增长(%)	绝对数	比上年增长(%)
年末常住总人口	万人	392.00	1.6	289.00	0.7
城镇化率	%	89.00	0.1	58.10	1.5
地区生产总值	亿元	3784.27	7.9	1823.43	8.9
第一产业	亿元	23.19	-5.1	126.45	0.9
第二产业	亿元	1544.59	5.7	1022.45	7.8
第三产业	亿元	2216.49	9.8	674.53	12.4
工业增加值	亿元	1307.47	5.5	843.21	7.8
农林牧渔业总产值	亿元	43.70	-4.9	230.54	1.3
固定资产投资	亿元	2159.81	14.4	1938.08	11.8
一般公共预算总收入	亿元	1083.35	8.1	180.09	-2.8
一般公共预算收入	亿元	647.94	6.9	115.73	0.1
社会消费品零售总额	亿元	1283.46	9.8	623.13	11.5
居民消费价格环比指数	%	101.70	1.7	101.30	1.3
实际利用外资(验资口径)	亿美元	22.24	6.2	4.00	6.0
出口总额	亿元	3094.22	-6.7	199.15	1.5
城镇居民人均可支配收入	元	46254.00	8.6	31818.00	8.7
农村居民人均可支配收入	元	18885.00	7.6	15131.00	9.0
城镇非私营单位在岗职工平均工资	元	69218.00	7.6	56511.00	7.9

续表

指　　标	单位	三明市		泉州市	
		绝对数	比上年增长（%）	绝对数	比上年增长（%）
年末常住总人口	万人	255.00	0.8	858.00	0.8
城镇化率	%	57.50	1.2	64.50	0.9
地区生产总值	亿元	1860.82	7.8	6646.63	8.0
第一产业	亿元	275.59	4.2	198.49	2.3
第二产业	亿元	932.20	7.3	3886.68	7.0
第三产业	亿元	653.03	10.0	2561.46	10.1
工业增加值	亿元	751.82	7.6	3465.02	7.0
农林牧渔业总产值	亿元	455.34	4.4	357.26	2.5
固定资产投资	亿元	2141.72	12.0	3748.01	10.0
一般公共预算总收入	亿元	134.37	2.8	769.86	-4.3
一般公共预算收入	亿元	94.70	1.1	424.08	9.2
社会消费品零售总额	亿元	480.63	9.6	2724.65	10.8
居民消费价格环比指数	%	101.10	1.1	101.70	1.7
实际利用外资(验资口径)	亿美元	1.71	9.3	16.28	3.0
出口总额	亿元	131.02	12.0	1072.72	-5.0
城镇居民人均可支配收入	元	29677.00	8.3	39656.00	6.4
农村居民人均可支配收入	元	13918.00	8.7	17179.00	8.3
城镇非私营单位在岗职工平均工资	元	62712.00	8.5	57141.00	5.7

续表

指　　标	单位	漳州市		南平市	
		绝对数	比上年增长（%）	绝对数	比上年增长（%）
年末常住总人口	万人	505.00	1.0	266.00	0.8
城镇化率	%	56.20	1.4	54.80	0.8
地区生产总值	亿元	3125.35	9.3	1457.74	6.8
第一产业	亿元	415.59	4.1	322.30	4.3
第二产业	亿元	1461.11	7.8	614.24	6.7
第三产业	亿元	1248.64	13.1	521.19	8.3
工业增加值	亿元	1220.17	8.0	455.66	7.0
农林牧渔业总产值	亿元	766.10	4.3	555.03	4.5
固定资产投资	亿元	2827.93	12.4	1694.40	-4.5
一般公共预算总收入	亿元	287.68	4.7	119.26	-4.0
一般公共预算收入	亿元	187.64	4.8	82.97	-4.0
社会消费品零售总额	亿元	875.59	12.7	556.68	10.5
居民消费价格环比指数	%	101.50	1.5	101.30	1.3
实际利用外资(验资口径)	亿美元	11.64	7.2	1.62	11.8
出口总额	亿元	478.77	3.3	79.06	13.4
城镇居民人均可支配收入	元	30726.00	9.4	27818.00	6.5
农村居民人均可支配收入	元	15320.00	10.5	13331.00	8.7
城镇非私营单位在岗职工平均工资	元	61085.00	8.6	59537.00	8.1

续表

指　　标	单位	龙岩市		宁德市	
		绝对数	比上年增长(%)	绝对数	比上年增长(%)
年末常住总人口	万人	263.00	0.8	289.00	0.7
城镇化率	%	53.80	1.2	54.40	0.8
地区生产总值	亿元	1895.67	8.1	1623.11	7.5
第一产业	亿元	223.39	3.6	285.97	3.9
第二产业	亿元	966.67	7.4	806.70	7.3
第三产业	亿元	705.61	10.5	530.44	9.5
工业增加值	亿元	765.95	7.5	663.17	7.6
农林牧渔业总产值	亿元	378.03	3.8	503.44	4.0
固定资产投资	亿元	2188.04	15.2	1225.15	-2.6
一般公共预算总收入	亿元	266.07	-1.4	155.09	5.2
一般公共预算收入	亿元	131.41	5.5	100.97	-3.3
社会消费品零售总额	亿元	729.00	14.0	512.35	10.1
居民消费价格环比指数	%	101.50	1.5	101.40	1.4
实际利用外资(验资口径)	亿美元	2.95	10.0	2.31	10.1
出口总额	亿元	156.52	-1.8	213.07	-12.1
城镇居民人均可支配收入	元	30408.00	7.8	28164.00	8.2
农村居民人均可支配收入	元	14429.00	8.7	13516.00	9.1
城镇非私营单位在岗职工平均工资	元	59329.00	7.0	61309.00	8.3

(王　勇)

(编辑　黄　铭)

索引

说明

一、本索引采用主题词分析法，按主题词首字汉语拼音字母顺序排列。同音字按声调升序排列。音调相同的字，按笔画升序排列；如笔画相同，按起笔形横（一）、竖（丨）、撇（丿）、点（丶）、折（乛）的次序排列。

二、栏目、分目标题用黑体字。“特载”“大事记”“人物”“文献　法规”“统计资料”内容不作索引。

三、索引主题词后的数字表示页码，数字后的 a、b、c 表示栏别左中右。

四、空一字起排的款目为上一主题的“附见”。

《福州年鉴（2017）》优秀撰稿人

（按栏目顺序排序）

撰稿单位	撰稿人
市委办公厅	林吓清
市纪委	刘　煜
市委文明办	林艺红
市人大常委会研究室	鄢权炜
市数字办	叶伟奇
市委编办	李中平
市总工会	翁若菁
市公安局	曹友权
市法院	吴旭华
市市场监督管理局	白　亮
市地税局	谢浩忱
市水利局	陈　嘉
市城市管理委员会	林秀忠
市环保局	谢冠君
元洪投资区管委会	念　忠
市商务局	李晓明
市金融办	廖小晖
市文化广电新闻出版局	陈文浩
市卫生和计划生育委员会	张先玲
市统计局	王　勇